U0856229

中国投资年鉴

2010

CHINA INVESTMENT YEARBOOK

中国计划出版社

图书在版编目（C I P）数据

中国投资年鉴．2010/《中国投资年鉴》编辑委员会编，—北京：中国计划出版社，2011.7
ISBN 978-7-80242-648-1

Ⅰ．①中… Ⅱ．①中… Ⅲ．①投资-中国-2010-年鉴Ⅳ．①F832.48-54

中国版本图书馆CIP数据核字（2011）第129782号

中国投资年鉴2010

《中国投资年鉴》编辑委员会 编

☆

中国计划出版社出版
（地址：北京市西城区木樨地北里甲11号国宏大厦C座4层）
（邮政编码：100038　电话：63906433　63906381）
新华书店北京发行所发行
北京市凯鑫彩色印刷有限公司

787×1092毫米　1/16　49.50印张　1400千字
2011年7月第一版　2011年7月第一次印刷
印数1—2000册
☆
ISBN 978-7-80242-648-1
定价：680.00元

《中国投资年鉴》编辑委员会

李干明　深圳市发展改革局副局长
李宝卿　山西省发展改革委主任
初　鹏　中国石油化工集团公司发展计划部副主任
陈元先　中国航空工业集团公司副总经济师
陈俐民　西安市经委主任
张东生　国家发展改革委就业和收入分配司司长
张　工　北京市发展改革委委主任
张汉亚　中国投资协会会长
张志强　天津市发展改革委主任
张金铸　福建省经贸委副主任
张维宁　河南省发展改革委主任
张守成　青海省经委原主任
张光进　陕西省发展改革委副主任
张海东　民航局规划司副司长
张晓刚　鞍山钢铁集团公司原总经理
沈小平　河北省发展改革委主任
沈卫国　安徽省发展改革委主任
沈晓钟　重庆市发展改革委副主任
沈传立　青海省发展改革委副主任
余和平　西藏自治区发展改革委副书记、副主任
余自甦　攀枝花钢铁（集团）公司总经理
杨伊波　新疆自治区发展改革委副主任
杨贵民　铁道部发展计划司司长
沙先华　中国长江三峡集团公司副总经理
周建平　国家发展改革委国民经济动员办公室主任
周学文　水利部总规划师
范恒山　国家发展改革委地区经济司司长
郄建伟　国家粮食局副局长
郑栅洁　福建省发展改革委党组副书记、副主任
罗云毅　国家发展改革委投资研究所所长
赵家荣　国家发展改革委副秘书长、资源节约和环境保护司司长
赵庆波　国家电网公司发展部主任
胡祖才　国家发展改革委副秘书长、社会司司长
胡成栋　哈尔滨市发展改革委副主任
姚昌恬　国家林业局发展规划与资金管理司原司长
姜　周　大连市发展改革委市长助理、主任
徐水师　中国煤炭地质总局局长
徐　莹　江苏省发展改革委副主任
袁进琳　宁夏回族自治区发展改革委主任
秦　柯　山东省发展改革委副主任
贾　康　财政部财政科学研究所所长
隋　斌　农业部发展计划司副司长
章远新　广西省发展改革委主任
梁铁城　内蒙古自治区发展改革委主任
黄晓舟　厦门市发改委党组成员、副巡视员
黄春旺　中国国旅集团有限公司总经理助理
董贺义　国家发展改革委办公厅巡视员
舒　庆　环境保护部规划财务司原司长
蒋作斌　湖南省发展改革委原主任
蒋为民　宝钢集团有限公司总经理助理
韩　勇　海南省工业和信息化厅副厅长
彭　林　沈阳市发展改革委主任
程晓蔚　南京市发展改革委副主任
窦　皓　中国国际工程咨询公司副总经理
裴伟东　辽宁省发展改革委副主任
蔡　勇　广东省经贸委副主任
谭成旭　辽宁省经济和信息化委员会副主任
臧秋华　甘肃省发展改革委副主任
潘建国　广州市发展改革委主任
魏国旗　国家海洋局政策法规和规划司助理巡视员

《中国投资年鉴》主办与编辑名单

主　　　　管：国家发展和改革委员会

主 办 单 位：中国投资协会

中国投资学会

国家发展和改革委员会投资研究所

财政部财政科学研究所

主 编 单 位：《中国投资》杂志社

总　编　辑：刘慧勇　罗云毅　贾　康

总　策　划：张汉亚　董景良　程北平

副 总 编 辑：苏　明　程　选　张长春

编辑部主任：肖静秋

办　公　室：武雪龚

编 辑 人 员：张锦霞　张　梅　牛艳宇　金嘉文　闫建军

2010年《中国投资年鉴》编辑说明

2010年，是不平凡的一年。面对国际国内环境的复杂变化，全国人民团结一致、开拓进取，成功举办了上海世博会、广州亚运会；战胜了青海玉树强烈地震、甘肃舟曲特大山洪泥石流等重大自然灾害，经济保持平稳较快发展，胜利实现“十一五”规划确定的目标任务，经济实力和综合国力进一步增强。

2011年，中国进入“十二五”时期的开局之年。中国人民继续高举中国特色社会主义伟大旗帜，以邓小平理论和“三个代表”重要思想为指导，深入贯彻落实科学发展观，以科学发展为主题，以加快转变经济发展方式为主线，实施积极的财政政策和稳健的货币政策，加快推进经济结构调整，着力保障和改善民生，不断深化改革开放，保持经济平稳较快发展，促进社会和谐稳定。

作为记录国家投资和经济发展历程的《中国投资年鉴》，通过宏观经济、行业投资、地区发展、投资政策等栏目，翔实地反映了2009年的经济变革和2010年的政策导向，为中国经济持续向好发展提供了翔实的佐证。

调整后的《中国投资年鉴》编委会，对《中国投资年鉴》的编辑工作给予了大力支持，在内容上今年增加了国家出台的10项发展政策和行业发展10项指导意见，新增了部分行业“十一五”期间的发展概况，使内容更加丰富和充实。

为使《中国投资年鉴》办的更好，我们诚恳欢迎广大读者提出宝贵意见和建议，积极和编辑部互动，反映地方和企业发展情况。

按往年惯例，本卷《中国投资年鉴》数据部分仍为2009年全年的完整资料，其他栏目资料截止到2010年10月底，具有较好的时效性。

《中国投资年鉴》编辑部

2010年12月

目　　录

特　载

第一部分　宏观经济

第二部分 行业发展与投资

第三部分　中国区域投资与发展

第四部分　财政与金融

第五部分　低碳经济与节能减排

第六部分　利用外资和境外投资

第七部分　国家发展政策

第八部分　投资法规

国家法规

部门法规

第九部分　投资统计

第十部分　盘点“十一五”

附　录

特载

共创世界和平与发展的美好未来

——2010年新年贺词

中华人民共和国主席 胡锦涛

女士们、先生们、同志们、朋友们：

新年的钟声就要敲响，2010年的帷幕即将拉开。在这辞旧迎新的美好时刻，我很高兴通过中国国际广播电台、中央人民广播电台和中央电视台，向全国各族人民，向香港特别行政区同胞、澳门特别行政区同胞、台湾同胞和海外侨胞，向世界各国的朋友们，致以新年的祝福！

2009年是中华人民共和国历史上十分重要的一年。中国各族人民隆重庆祝新中国成立60周年，为伟大祖国的发展进步感到无比自豪，决心在新的起点上把中国特色社会主义事业继续推向前进。面对国际金融危机的严重冲击，中国各族人民坚定信心、迎难而上、万众一心、共克时艰，坚持把保持经济平稳较快发展作为经济工作的首要任务，统筹做好保增长、保民生、保稳定各项工作，实现了经济总体回升向好。中国改革开放和社会主义现代化建设取得新的显著成就，人民生活继续改善，社会保持和谐稳定。中国积极参加应对国际金融危机、气候变化等问题国际合作，扩大同世界各国交流合作，为世界和平与发展作出了新的贡献。

2010年是中国实施“十一五”规划的最后一年。在新的一年里，我们将坚定不移高举中国特色社会主义伟大旗帜，以邓小平理论和“三个代表”重要思想为指导，深入贯彻落实科学发展观，保持宏观经济政策的连续性和稳定性，继续实施积极的财政政策和适度宽松的货币政策，根据新形势新情况着力提高政策的针对性和灵活性，更加注重提高经济增长的质量和效益，更加注重推动经济发展方式转变和经济结构调整，更加注重推进改革开放和自主创新、增强经济增长活力和动力，更加注重改善民生、保持社会和谐稳定，更加注重统筹国内国际两个大局，努力实现经济平稳较快发展，继续推进全面建设小康社会进程。我们将坚持“一国两制”、“港人治港”、“澳人治澳”、高度自治的方针，同广大香港同胞、澳门同胞携手努力，保持香港、澳门长期繁荣稳定。我们将坚持“和平统一、一国两制”的方针，牢牢把握两岸关系和平发展的主题，加强两岸交流合作，更好造福两岸同胞。

当今世界正处在大发展大变革大调整时期。世界多极化和经济全球化深入发展，国际金融危机影响继续显现，气候变化、能源资源、公共卫生安全等全球性问题突出，国际和地区热点问题此起彼伏。继续推进人类和平与发展的崇高事业，需要世界各国人民加强合作、同舟共济。借此机会，我愿郑重重申，中国将高举和平、发展、合作旗帜，恪守维护世界和平、促进共同发展的外交政策宗旨，始终不渝走和平发展道路，始终不渝奉行互利共赢的开放战略，坚持在和平共处五项原则的基础上同所有国家发展友好合作，继续积极参加应对国际金融危机、气候变化等问题国际合作，同各国人民一道推动建设持久和平、共同繁荣的和谐世界。

此时此刻，在我们共同生活的这个星球上，还有不少民众正蒙受着战争、贫穷、疾病、自然灾害等苦难的煎熬。中国人民深切同情他们的不幸境遇，将一如既往向他们提供力所能及的帮助。我相信，经过世界各国人民不懈努力，世界文明必将不断发展，人类福祉必将不断增进。

2010年，以“城市，让生活更美好”为主题的世界博览会将在中国上海举行。我们热忱欢迎五大洲的朋友们共襄这一盛举，共同谱写增进相互了解和友谊的新篇章。

最后，我从北京祝大家在新的一年里幸福安康！

关于发展社会事业和改善民生的几个问题

中华人民共和国国务院总理　温家宝

党的十六大以来，以胡锦涛同志为总书记的党中央从新世纪新阶段我国经济社会发展面临的新形势新任务新特点出发，提出了科学发展观的重大战略思想和构建社会主义和谐社会的重大战略任务。这是我们党执政理念的丰富和发展，是对社会主义现代化建设规律认识的深化。2003年在抗击非典斗争中，我们得到了许多启示，其中最重要的一条，就是必须统筹经济社会发展，加快解决经济社会发展“一条腿长、一条腿短”的问题。几年来，我们在发展经济的同时，更加重视发展社会事业和改善民生，经济发展与社会发展的协调性明显增强。我们取消农业税，结束了种田交税的历史；实行真正免费的义务教育；建立覆盖城乡的社会保障制度框架；实施标准更高的扶贫开发政策；制定和实施国家中长期科学和技术发展规划纲要等，这些都是我国经济社会发展中具有重要影响的大事。在应对这场历史罕见的国际金融危机冲击中，我们进一步深化了对加快转变经济发展方式重要性和紧迫性的认识。只有加快推动我国经济增长由主要依靠投资、出口拉动向依靠消费、投资、出口协调拉动转变，由主要依靠第二产业带动向依靠第一、第二、第三产业协同带动转变，由主要依靠增加物质资源消耗向主要依靠科技进步、劳动者素质提高、管理创新转变，才能更好地应对可以预见和难以预见的国际风险，不断提高我国经济的国际竞争力；才能更好地发展社会生产力，不断满足人民群众日益增长的物质文化需要；才能加快解决经济发展中不平衡、不协调、不可持续的问题，切实推动科学发展，保持社会和谐稳定。我们必须深刻认识加快发展社会事业和改善民生的重要意义，始终坚持把发展社会事业和改善民生作为贯彻落实科学发展观的重要任务，作为全面建设小康社会的迫切要求，作为转变经济发展方式、扩大国内需求的重要途径。我们已经初步具备了加快发展社会事业、改善民生的物质基础和条件，必须以更大的决心和力度，推动这方面工作取得新的更大进展。

一、用科技的力量推动经济发展方式转变

当今时代，科技与人们的生产生活越来越紧密地融合在一起。中华民族要屹立于世界民族之林，必须有强大的科技，有创新型的人才，这是发展的力量所在、后劲所在。新中国成立60年来特别是改革开放以来，党和政府始终把科技摆在重要战略地位，独立自主地建立起现代科学技术体系，走出了一条中国特色自主创新道路。2006年开始实施的国家中长期科学和技术发展规划纲要，提出了建设创新型国家的战略目标，确定了自主创新、重点跨越、支撑发展、引领未来的方针，对我国科技发展作出了前瞻性、战略性的部署。

近年来，我们不断加大科技投入，加快建设创新型国家，在基础研究和高科技领域取得了一批重大成果，突破了一批关键技术。具有代表性的是：高性能计算机“天河1号”研制成功，每秒运算速度超过1000万亿次，使我国在这个领域进入世界领先行列。TD—SCDMA无线通信标准研制成功，成为以我国知识产权为主的无线通信国际标准。“龙芯”系列高性能处理器研制成功，实现了高性能处理器从无到有的历史性跨越。在量子通信这个通信技术尖端领域，建成了世界首个全通型量子通信网。双价转基因抗虫杂交棉培育成功，使我国成为世界上两个拥有转基因抗虫棉知识产权的国家之一。2009年我国科学家首次利用诱导性多功能干细胞成功培育存活并具有繁殖能力的小鼠，标志着我国在干细胞研究领域进入世界前沿。今天的中国，已经成为世界上有影响的科技大国和经济大国。

2008年9月以来，历史罕见的国际金融危机，使世界经济遭受了上世纪大萧条以来最为严重的挑战。我们预感到，这场国际金融危机将推动全球进入一个创新密集和新兴产业快速发展的时代。历史经验表明，经济危机往往孕育着新的科技革命。正是科技上的重大突破和创新，推动经济结构重大调整，提供新的增长引擎，使经济重新恢复平衡并提升到更高水平。谁在科技创新方面占据优势，谁就能够掌握发展的主动权，率先复苏并走向繁荣。西方各国在应对国际金融危机冲击的同时，都在对本国科技和产业发展进行新的部署，开始了新一轮抢占科技和产业发展制高点的竞争。对我国来说，挑战前所未有，机遇也前所未有。我们把大力加强科技支撑作为应对国际金融危机冲击一揽子计划的重要组成部分，一个重要的战略考虑，就是要紧紧把握世界科技革命和产业革命的大趋势，紧紧抓住这个历史性机遇，努力实现跨越式发展，缩小与发达国家在经济和科技等方面的差距。

当前，要着力抓好以下几方面工作。

一是大力发展战略性新兴产业。战略性新兴产业是新兴科技和新兴产业的深度融合，既代表着科技创新的方向，也代表着产业发展的方向，完全可能推动新一轮产业革命。要把新能源、新材料、节能环保、生物医药、高性能宽带信息网等作为重点，选择其中若干重点领域作为突破口，例如新能源汽车、“三网融合”等，科学制定发展规划，重点增加研发投入，集中力量，加强攻关，力争在较短时间内见到成效，使战略性新兴产业尽快成为国民经济的先导产业和支柱产业。

二是运用高新技术加快改造传统产业。我国传统产业规模大，总体上技术水平比较低。加快运用高新技术改造传统产业，大幅度提高传统产业的科技含量，提高传统产业的质量效益和竞争力，是我们必须作好的一篇大文章。在能源资源方面，我国是生产大国，也是消费大国。利用新技术降低消耗，提高能源资源利用效率，潜力很大，也是当前的迫切需要。在制造业方面，我国是制造大国，但不是强国。“中国制造”总体上还处于国际产业链的低端。我国许多工业品产量居世界前列，但核心部件和重大装备严重依赖进口。2009年汽车产销量超过美国，但制造汽车的关键设备还依靠进口。还有农业方面，我国有13亿人口要吃饭，土地资源有限，粮食安全始终是最大的隐忧。解决这个问题别无他途，必须依靠高科技改造传统农业，培育优质、高产、安全的农作物新品种和健康、专用的动物新品种，大幅度提高农业综合生产能力。总之，利用高新技术改造和提升传统产业，是我们走向现代化强国必须完成的一项重大任务。

三是大力推动自主创新。自主创新是经济结构调整和经济发展方式转变的中心环节。特别是要提高原始创新能力和关键核心技术创新能力。只有形成强大的原始创新能力，才能在突飞猛进的科技革命中把握先机；只有具备强大的关键核心技术创新能力，才能在日益激烈的世界经济科技竞争中抢占制高点并赢得主动权。原始创新源于基础研究，基础研究需要花费心血长年积累，需要脚踏实地潜心钻研，需要敢冒风险艰辛探索。我们要目光远大，选择若干对国家长远发展具有带动作用的领域进行前瞻性部署，比如加强生物、纳米、量子调控、气候变化、空天海洋等领域重大基础研究。同时，要紧紧扭住科技为经济社会发展服务的中心任务，加快实施国家重大科技专项，着力突破制约经济社会发展的关键技术问题，满足我国当前和长远发展对科技的紧迫需要。

四是加强知识产权的创造、运用和保护。保护知识产权就是保护创新的原动力。加强知识产权保护，是激励创新、推动经济发展方式转变的必然要求，也是提升对外开放水平、加快结构调整的迫切需要。要坚定不移地实施国家知识产权战略，大力营造保护知识产权的法制、市场和文化氛围，大力提升知识产权的创造、运用、保护和管理能力，不断提高经济发展的质量和效益。

五是进一步深化科技体制改革。要大胆革除一切阻碍科技生产力发展的体制机制障碍，充分发挥市场配置科技资源的基础性作用。加快建立以企业为主体、市场为导向、产学研相结合的技术创新体系，支持创新要素向企业集聚，促进科技成果向现实生产力转化，有效解决科技与经济脱节问题。努力提高全社会研发投入占国内生产总值的比重，进一步加强财政对基础研究和社会公益性研究的投入，建立健全经费保障机制。要通过推进科技体制改革和完善科技政策，最大限度地激发科技工作者和全社会科技创新的活力。

二、面向时代要求谋划教育发展

教育是国家发展的基石，事关民族兴旺、人民福祉和国家未来。只有一流教育，才能培养一流人才，建设一流国家。在党和国家工作全局中，必须始终坚持把教育摆在优先发展的位置。

党的十六大以来，我们采取有力措施加快教育发展。第一，全面普及九年义务教育。实施西部地区“两基”攻坚计划。加快农村义务教育阶段寄宿制学校建设，发展农村中小学现代远程教育，使农村和边远地区的孩子也可以共享优质教育资源。从2005年开始，推行全面免费九年义务教育，同时建立国家财政对九年义务教育的经费保障机制，当年在国家重点扶贫县实施免学杂费、免费提供教科书、为家庭困难的寄宿生提供生活补助的“两免一补”政策。2008年这项政策扩大到全国城乡，九年义务教育全面纳入国家财政保障范围。这是我国教育体制的一个历史性变革。第二，适应经济社会发展对技能人才的需要和提高青年就业能力的要求，以发展中等职业教育为重点，大力调整教育结构。目前中职教育年招生规模达到860万人。高中和大学阶段，职业教育年招生规模和在校生数量都已占全部招生和在校生的一半。从2009年开始，中等职业教育对农村家庭经济困难学生和涉农专业学生逐步实行免费。第三，在发展高等教育方面，坚持稳步发展和提高质量相结合，重点放在提高质量上。高等教育毛入学率达到23.3%，进入大众化阶段。推进世界一流大学和高水平大学建设，高等教育适应经济社会发展要求的能力进一步提高。第四，在非义务教育阶段建立健全国家助学制度。开展师范生免费教育试点。目前中职学生受助面达到90%，高校学生受助面达到20%。通过实行免费义务教育和建立国家助学制度，基本解决了人民群众反映强烈、矛盾突出的“上不起学”问题。

根据党的十七大提出的优先发展教育、建设人力资源强国的新要求，2009年初我们组织有关部门和各方面专家，开始研究制定国家中长期教育改革和发展规划纲要，主要是对2020年前我国教育改革发展作出规划。目前这项工作已接近完成，进一步征求意见修改完善后，争取尽快公布实施。制定一个反映中国国情和时代特点、符合教育发展规律、让人民群众满意的规划，对教育发展乃至整个现代化事业都具有重大意义，是本届政府要致力做好的一件大事。

关于教育改革发展，需要强调三个问题：

第一，加快推进教育改革。教育要发展，根本靠改革。要解放思想，大胆突破，勇于创新，鼓励试验。树立先进教育理念，把教书和育人很好地统一起来。要对办学体制、教育内容、教育方法、考试评价制度进行系统改革，大力推进素质教育。要积极探索适应各类学校的办学体制。不同类型学校领导体制和办学模式应有所不同，不能千校一面，不能用一个模式办教育，不能用一个模式培养人才。教育应当由懂教育的人办，要倡导教育家办学，要培养一大批有志于献身教育事业的教育家。

第二，努力促进教育公平。教育公平是社会公平的起点，是缩小不同群体发展差距的重要途径。为群众提供公平的受教育机会，满足群众对发展教育的期望，不仅要切实解决“上学难、上不起学”的问题，还要进一步提高教育质量，努力解决“上好学”问题，推动教育在更高起点上实现更大的发展。一要把义务教育办好。教育公平首先就是人人都有上学的机会。要依法确保每个孩子免费接受九年义务教育，关爱农村留守儿童，防止辍学问题发生。二要逐步解决义务教育资源配置不均衡问题。这也是促进教育公平的重要方面。要把农村义务教育作为重点。公共教育资源配置要向薄弱地区倾斜，着力推动地区之间、城乡之间、不同学校之间的教育均衡发展。三要进一步完善国家助学体系。确保每一个孩子接受教育的基本权利，无论哪个教育阶段，都不能因家庭经济困难导致孩子们辍学。

第三，为经济社会发展培养大批各类人才。经济发展能不能跃上更高层次，人才是十分重要的因素。发展科技、教育、文化、卫生等社会事业，推进民主法制建设、维护社会公平正义，也都需要大批高素质人才。一要进一步办好职业教育。职业教育是面向人人、面向整个社会的教育，根本目的是让人学会技能和本领，能够就业，能够成为社会有用之才。我国正处在工业化、城镇化加快发展阶段，办好职业教育可以提高劳动者素质，有利于缓解技能型、应用型人才紧缺的矛盾，有利于农村富余劳动力转移和扩大就业。二要着力提高高等教育质量。从长远看，我们还要不断扩大高等教育的规模，满足群众对高等教育的需求，更重要的是必须提高办学质量。要进一步扩大高等学校办学自主权，鼓励高等学校适应就业和经济社会发展需要，调整专业和课程设置，推动高等学校人才培养与科技创新、学术发展紧密结合。要加强有特色、高水平大学建设，努力创建若干世界一流大学，为国家培养更多高质量创新人才。

三、用新的理念推动文化发展繁荣

文化建设是现代化建设事业的重要组成部分。加强文化建设直接关系社会文明进步，关系民族素质提高，关系广大人民群众精神需求。国家发展、民族振兴，不仅需要强大的经济力量，更需要强大的文化力量。文化是一个民族的精神和灵魂，是一个民族真正有力量的决定性因素。思想、文化的力量，可以深刻影响一个国家发展的进程，改变一个民族的命运。30多年来，正是因为解放思想、改革开放，推动我国经济社会发展取得了举世瞩目的伟大成就，社会面貌发生了巨大变化。解放思想、改革开放，已经成为时代的文化精神，使中华民族充满生机与活力。没有先进文化的发展，没有全民族文明素质的提高，就不可能真正实现现代化。

目前人民群众对提高自身文化素质、丰富精神文化生活的要求日益迫切。近些年来，我们从更好地满足人民群众的精神文化需要出发，大力发展公益性文化事业，以基层公共文化体育设施为重点，建设覆盖城乡的公共文化体育服务体系，推进公共博物馆、纪念馆、美术馆、图书馆、文化馆、体育场馆免费开放，努力满足人民群众基本文化体育需求。我们加快发展文化体育产业，实施重大文化产业项目带动战略，扶持骨干文化企业，培育新型文化业态，使文化市场更加繁荣。我们不断深化文化体制改革。经营性文化单位整体转制取得突破，社会资本以多种方式参与文化发展，激发了文化发展创新的活力。

适应现代化建设和人民群众日益增长的精神文化需要，我们必须进一步加强文化建设。政府要履行好发展公益性文化体育事业的责任，保障人民群众的基本需要和权益。公共投入和基础设施建设要向基层、特别是农村和中西部地区倾斜，丰富基层群众的精神文化生活。大力发展公共体育事业，广泛开展全民健身运动，提高人民体质。继续推进文化体制改革，进一步完善扶持公益性文化事业、发展文化产业、鼓励文化创新的政策，创造更加有利于文化繁荣发展社会环境。

我们必须高度重视经济中的文化因素。在现代经济中，文化因素越来越重要，经济与文化越来越融为一体。例如著名品牌，就是经济具有文化特性的表现。它以非物质形态存在，却可以反复地转化成物质财富。一些跨国公司由于创立了自有品牌，即使没有工厂、不直接从事生产，也能获得丰厚的利益。长期以来，我们对创造、培育文化形态的无形资产重视不够。一个国家，当文化表现出比物质和货币资本更强大力量的时候，当经济、产业和产品体现出文化品格的时候，这个国家的经济才能进入更高的发展阶段，才能具有可持续发展和持续创造财富的能力。

国家的影响力，取决于经济、科技和军事实力，但归根结底取决于文化实力。文化的影响力更深刻、更具渗透性。我国有五千年的文明史，文化发展源远流长、底蕴深厚，从哪个方面讲，我们都有足够的理由感到自豪。一方面因为中华民族在文化上具有强大的创造力；另一方面我们对外来文化具有开放兼容、海纳百川的胸襟。“太山不让土壤，故能成其大；河海不择细流，故能就其深”。今天的中华民族，在经济上能够创造奇迹，在文化上同样能够再创辉煌。

四、把促进就业放在经济社会发展的优先位置

就业是民生之本。保障民生的第一件大事，就是保障就业。一个人如果没有工作，没有收入来源，不仅他本人失去了安身立命的基础，他的家庭也会因此陷入困境。一个社会如果失业率过高，就很难保持和谐稳定，经济也不可能持续健康发展。

多年来，党和政府始终把就业作为事关民生、事关全局的大事紧抓不放，不敢有丝毫松懈。我们不断深化就业体制改革，坚持劳动者自主择业、市场调节就业和政府促进就业相结合；不断强化政府促进就业的责任，实施积极的就业政策，持续加大就业公共投入，大力开展职业技能培训，完善就业服务体系；建设城乡统一的就业市场，促进平等就业；不断加强就业援助，帮助就业困难人员和零就业家庭实现就业。国际金融危机爆发以来，我们在研究应对措施的时候，首先想到的就是保就业。我们实施更加积极的就业政策，采取了一系列有针对性的政策措施，对企业实施了“五缓四减三补贴”政策，2009年中央财政安排就业专项资金420亿元，比上年增长66.7%，全年实现城镇新增就业1102万人，好于年初的预期。几年来，我国就业总量一直稳步增长，每年城镇新增就业保持在1000万人以上，城镇登记失业率控制在4.3%以下，社会就业大局保持稳定。

但是，无论从当前还是从长期看，我国就业形势都不容乐观。首先，我国是人口大国，需要就业的人口多，劳动力总量供过于求。根据人口结构测算，今后一个时期，每年城镇新增就业人口约1000万人，加上失业

人员、退役军人等，需要就业的城镇劳动力超过2000万人。其中，高等学校毕业生今年就有630万人，以后还会增加；初高中毕业没有升学直接进入就业市场的，今年预计是520万人。农村有超过1.5亿富余劳动力需要向城镇和非农产业转移。在正常增长条件下，每年新增就业岗位只有1000万个左右，劳动力供大于求的矛盾相当突出。其次，劳动力总体素质偏低，结构性短缺日趋严重，不能适应经济发展和结构调整的需要。大量农民工包括青年农民工，只能从事简单的体力劳动，而技术工人特别是技师、高级技师却相当紧缺。即使大学生这个整体素质较高的群体，也有相当一部分难以适应市场需求，就业比较困难。

同时我们也要看到，大量富余劳动力对我国经济社会发展既是压力，也是动力。丰富的劳动力资源是我们的一大优势。我国经济之所以能够保持长期较快发展，外资之所以长期看好中国，我国产品在国际市场上之所以有较强的竞争力，很大程度上得益于此。我们一方面要充分发挥劳动力资源丰富的优势，努力提高劳动者素质，把人口大国转变为人力资源强国；另一方面，要努力为每一个有劳动能力的人创造就业机会，使每个人都各尽所能、各得其所，让所有劳动者的活力和创造力都得到充分发挥。这既是我国经济社会发展的需要，也是每个人全面发展的需要。

解决我国的就业问题，保持就业形势稳定，主要应当从以下几个方面考虑：

一是发展经济促进就业。解决就业问题，根本途径还是发展经济，通过扩大经济规模来扩大就业容量。近年来中央一直把我国经济增长预期目标确定在8%左右，从宏观调控上看，每年都有不同的考虑和要求，但是有一条始终没有变，这就是促进就业。从我国目前所处的发展阶段和劳动力供求状况看，经济增长只有保持在8%左右，才能保持就业的基本稳定，低了就会出问题。所以，今后相当长的时期内，我们都要把保持经济平稳较快发展作为重要的战略方针。

二是调整经济结构扩大就业。同样的经济增长速度，经济结构不同，就业情况大不一样。从我国国情出发，推动经济结构调整，必须同时考虑扩大就业问题。世界各国就业结构演变的基本趋势，都是从第一产业向第二产业、再从第二产业向服务业转移。发达国家70%以上的就业在服务业。我们必须加快推动经济结构调整，努力扩大就业。重点把握好三个方面：一要大力发展服务业。服务业除了一部分技术和资本密集型行业用人较少之外，大量服务业包括许多现代服务业，都是劳动和知识密集型行业，还有许多产业二者兼有。例如软件开发和服务外包、信息服务、动漫、文化创意、金融保险、市场营销等，既可以吸纳大量的中高端人才就业，又能够推动新型产业发展，并为第二产业发展提供有效的服务和支持。还有面向农村农业、生产生活和个人多元化需求的服务业，在我国还比较落后，远远不能满足需求。加快发展教育、医疗、文化、旅游、健身、养老、物业、家政、社区服务等服务业，既可以创造大量就业岗位，也能更好地提高人民生活质量。二要大力发展劳动密集型产业。在我国工业化进程中，要大力发展高新技术产业、现代制造业，这是必然趋势；但同时任何时候也不能放弃劳动密集型产业，这是由我国人口总量和结构、生产力水平多层次、社会需求多元化所决定的。在结构调整中，要特别支持那些技术先进、附加值较高、就业容量大的制造业和出口加工业发展，这是扩大就业的需要，也是发挥我国人力资源优势、保持国际竞争力的需要。各省、自治区、直辖市的发展水平有较大差距，产业结构也不尽相同，要结合本地特点，发挥自身优势，加大结构调整力度，不断提高产业结构水平和吸纳就业能力。三要大力支持中小企业和非公有制经济发展。我国的中小企业绝大多数是非公有制企业，支持这两类企业发展的含义是一致的。从各国情况看，中小企业普遍在促进就业方面发挥着极其重要的作用。我国2008年底城镇就业人员为3.02亿，其中私营企业从业人员7900万，个体工商户从业人员5800万，私营和个体经济加起来共有1.37亿人就业，占城镇就业总人数的45.4%。近年来我们出台了不少支持中小企业发展的政策，但还不完善，落实也不够有力。还需要进一步深化改革，完善政策，加大落实力度，为中小企业发展创造一个好环境，更好地促进富余劳动力就地就近就业。

三是发挥劳动者、市场、政府促进就业的合力。要充分发挥市场配置劳动力资源的基础性作用。促进就业不仅仅是政府的事情，更要依靠劳动者个人的努力。要支持和鼓励劳动者自主创业和自谋职业。要积极引导人们转变就业观念，大力鼓励灵活就业，包括在较小单位就业、在一些单位临时就业、参与社区便民利民服务，还有家庭手工业、工艺作坊等自谋职业和自雇就业。这些都是重要的就业形式。从今年开始，我们对小型微利企业实行所得税优惠政策，鼓励这类企业发展，扩大就业容量。各级政府要加强服务和管理，鼓励和规范发展灵活就业，有效保护劳动者的合法权益。

四是加强和改善就业公共服务。各级政府都要加大就业投入，完善和落实财政税收、金融信贷、社会保险补贴等各项就业扶持政策。加强就业援助，通过开发公益性就业岗位和实行岗位补助等措施，帮助有就业能力和愿望的就业困难人员和零就业家庭人员实现就业。要进一步加大职业培训力度，加大政府职业培训投入，提高劳动者整体素质。特别是对新增就业和转岗就业人员，要帮助他们获得一技之长，提高他们的就业能力。

五、提高城乡居民收入和改革分配制度

合理的收入分配制度是社会公平正义的重要体现。改革开放以来，我国收入分配制度发生了深刻变化，打破“大锅饭”和平均主义，形成了按劳分配为主体、多种分配方式并存的分配制度。近些年来，我们采取一系列措施，努力提高城乡居民特别是低收入群众的收入，积极调节收入分配，人民生活得到显著改善。一是普遍提高城乡居民收入。在城市，不断提高最低工资标准并严格执行，引导企业职工工资合理增长，促进城市居民财产性收入较快增加。在农村，全面取消农业税，对种粮农民实行直补，实行良种补贴、农机具购置补贴和农业生产资料综合补贴等，积极引导农村富余劳动力外出务工增加收入。2002年到2009年，城镇居民人均可支配收入从7703元增加到17175元，年均实际增长9.6%；农村居民人均纯收入从2476元增加到5153元，年均实际增长7.2%。这是改革开放以来城乡居民收入增长最快的时期。二是重点改善低收入群体和困难群众生活。在城市，从2005年起连续5年提高企业退休人员基本养老金。在农村，五保户由集体供养改为国家供养；大力开展开发式扶贫，提高了扶贫标准。全面建立城乡居民最低生活保障制度，并稳步提高保障标准。积极开展城乡医疗、教育等社会救助。从2009年开始，计划用3年时间解决750万户城市低收入住房困难家庭、240万户林区垦区煤矿等棚户区居民的住房问题。三是推进收入分配制度改革。我们不断健全公共财政体制，推进基本公共服务均等化，中央财政转移支付规模不断扩大，2009年达到2.4万亿元。深化个人所得税改革，调高个人所得税起征点。从2010年1月起，对个人转让限售流通股所得，按照“财产转让所得”适用20%的比例税率征收个人所得税。

但是必须看到，收入分配制度改革至今仍相对滞后，主要是劳动报酬在初次分配中所占比重偏低，社会成员收入差距过大，城乡之间、地区之间、行业之间的收入差距都有拉大的趋势，收入分配秩序不规范。对这些问题，人民群众意见很大。

当前，收入分配问题已经到了必须下大力气解决的时候。如果收入差距继续扩大，必将成为影响经济发展和社会稳定的重大隐患。加快收入分配制度改革，逐步解决收入差距过大问题，普遍提高城乡居民收入水平，有利于刺激消费、扩大内需，促进经济平稳较快发展；也有利于平衡不同群体利益关系，化解社会矛盾，维护社会稳定和国家长治久安。我们不仅要通过发展经济，把社会财富这个“蛋糕”做大，也要通过合理的收入分配制度把“蛋糕”分好，让全体人民都能够共享改革发展成果。这是贯彻落实科学发展观的要求，也是促进社会公平正义、构建社会主义和谐社会的要求。现在，我国经济社会发展态势良好，各方面承受能力增强，应该说有条件、有能力逐步解决这一问题。

深化收入分配制度改革，理顺收入分配关系，要坚持正确的指导原则：一是坚持和完善按劳分配为主体、多种分配方式并存的分配制度，鼓励一部分人通过劳动和创造先富起来，切实保护公民合法收入和私人财产。二是坚持走共同富裕的道路，尽快扭转城乡、地区和不同社会成员之间收入差距扩大趋势，坚决防止两极分化。三是兼顾效率与公平，初次分配和再分配都要处理好效率与公平的关系，再分配要更加注重公平。四是逐步形成中等收入者占多数的“橄榄型”分配格局。当前和今后一个时期，重点采取以下措施：

第一，加快调整国民收入分配格局。主要是逐步提高居民收入在国民收入分配中的比重、劳动报酬在初次分配中的比重。关键是提高城乡居民收入特别是中低收入者的收入水平，逐步提高最低工资标准和社会保障标准，创造条件让更多群众拥有财产性收入。建立企业职工工资正常增长机制和支付保障机制，加强国家对企业工资的调控和指导，全面推行劳动合同制度和工资集体协商制度，确保工资按时足额发放。特别要抓紧解决农民和农民工两个群体收入增长较慢的问题。

第二，加大税收对收入分配的调节作用。要完善

个人所得税制度，建立综合与分类相结合的个人所得税制，降低中低收入者的税收负担。加强税源监控和税收征管，加大对高收入的调节力度。加强个人收入信息体系和个人信用体系建设，减少税收流失。研究适时开征物业税。鼓励发展社会慈善事业，对公益事业的捐赠款项实行全额税前列支或抵扣。

第三，深化垄断行业收入分配制度改革。要进一步打破行业垄断。完善对垄断行业工资总额和工资水平的双重调控政策。完善垄断性企业资本收益的收缴和使用办法，合理分配国有和国有控股企业利润。严格规范国有企业、金融机构经营管理人员特别是高层管理人员的收入，建立根据经营管理绩效、风险和责任确定薪酬的制度，完善监管办法，并对职务消费作出严格规定。

第四，进一步规范收入分配秩序。要坚决打击取缔非法收入，规范灰色收入，逐步形成公开透明、公正合理的收入分配秩序。堵住国企改制、土地出让、矿产开发等领域的漏洞，深入治理商业贿赂。严厉打击走私贩私、偷税漏税、内幕交易、操纵股市、制假售假、骗贷骗汇等经济犯罪活动，切断违法违规收入渠道。加大党政机关和事业单位"小金库"治理工作力度，并向社会团体和国有企业延伸。推进事业单位工资制度改革，清理和规范工资外的各种津贴补贴、非货币性福利等。加强反腐倡廉建设，深化政务公开，严禁国家机关和教育、卫生等事业单位以及供水、供气、供电等企业乱收费、乱罚款、乱摊派、乱涨价，严厉查处官商勾结、以权谋私、权钱交易的行为。大力加强反腐倡廉制度建设，从源头上消除腐败行为滋生的土壤。

第五，保障城乡低收入困难群众基本生活。这是政府的一项基本职责。要通过发展生产、完善公共服务体系、健全社会保障制度等途径，让低收入群体有一个基本的收入，同时解决好教育、医疗、住房、就业等民生问题，保证他们的基本生活和基本权益。要保障困难群众平等参与、平等发展的权利，有效发挥和调动他们依靠自己力量改善生活的积极性。

第六，继续抓好农村扶贫工作。现在有一种观点认为，农村有了低保制度，就不再需要扶贫了。这种看法显然是不正确的。低保只能解决温饱问题，要从根本上提高贫困地区和贫困人口自我发展能力、实现脱贫致富奔小康，还必须坚持走开发式扶贫的路子，这一点不能动摇。现有农村贫困人口主要集中在生存环境恶劣、生态脆弱的地区，扶贫难度大，返贫问题严重。要把扶贫开发的重点放在贫困程度较深的集中连片贫困地区和特殊类型贫困地区。对一些生态环境脆弱、不适合人类生活居住地区的居民，要逐步迁移到发展条件较好的地区，实行生态移民、异地扶贫。继续加大对革命老区、民族地区、边疆地区和贫困地区发展扶持力度。不断完善劳动力转移培训、产业化扶贫等政策。创新工作机制，实现农村低保制度和扶贫开发政策的有效衔接。

六、加快完善中国特色社会保障体系

社会保障作为一项基本制度，是社会的"安全网"，也是经济的调节器。从世界范围看，社会保障已有120多年的发展历史，历经多次世界经济大萧条而日益完善，显示出其在调节收入分配、纾解社会矛盾、推动经济发展、促进国家长治久安方面的强大功能。尤其是在经济危机条件下，社会保障不仅是消除民众恐惧、安定人心的重要保证，而且对于拉动消费、刺激经济复苏具有特殊重要的作用。建立社会保障制度是现代国家的重要标志，也是现代政府的重要职责。

我国的社会保障制度是新中国建立以后从零起步的。经过多年的努力，中国特色社会保障框架体系已初步建立：基本养老、基本医疗、失业、工伤、生育五项社会保险制度基本建立并逐步完善，以最低生活保障为重点的城乡社会救助体系基本形成，各项社会保障覆盖范围不断扩大，保障水平稳步提高。特别是近些年来，我们进一步加快了社会保障制度建设步伐：2003年开始建立新型农村合作医疗制度，同年国务院颁布《工伤保险条例》；继续完善城镇基本养老保险制度，扩大做实个人账户试点，全国普遍实现了养老保险省级统筹；2007年开始建立农村居民最低生活保障制度和城镇居民基本医疗保险制度；2009年在全国开展新型农村社会养老保险试点，出台重点针对农民工的养老保险关系转移接续办法。我国社会保障制度建设取得的巨大成就，标志着我们正在实现从传统的家庭保障和计划经济时期的单位保障，到今天社会保障的历史性跨越。

但总体上看，我国社会保障体系还不完善。主要问题是：城乡社会保障发展不平衡，广大农村地区严重滞后；一些基本保障制度覆盖面比较窄，基金统筹层次低，保障水平不高。尤其是农民、农民工、被征地农民、城市无业人员和城乡残疾人等群体的社会保障问题比较突出。这些都要求我们加快完善社会保障体系。

党的十七大对建立中国特色社会保障体系作出全面部署，提出要以社会保险、社会救助、社会福利为基础，以基本养老、基本医疗、最低生活保障制度为重点，以慈善事业、商业保险为补充，加快完善社会保障体系；到2020年，实现“覆盖城乡居民的社会保障体系基本建立，人人享有基本生活保障”的目标。这是对当前和今后一个时期我国社会保障制度建设的总体规划和部署。实现这一目标，关乎国运、惠及全民，造福当代、泽被子孙，在建设中国特色社会主义伟大事业中具有特殊重要的意义。做好完善社会保障体系工作，要重点把握好以下三个方面：

第一，明确完善社会保障体系的基本方针。世界各国社会保障的覆盖范围有大有小、保障水平有高有低，这与其经济社会发展阶段和水平有关，也与政治体制和历史传统有关。但就制度建设的基本原则和基本保障项目而言，却是大同小异的。经过多年的实践，我们总结出12个字，即“广覆盖、保基本、多层次、可持续”，也可以说是社会保障体系的基本方针。完善社会保障体系是一项浩大的民生工程，不可能一蹴而就，需要长期坚持不懈地努力。

第二，深化社会保障制度改革。要继续完善城镇基本养老保险制度，逐步做实个人账户，加快覆盖包括农民工在内的城镇各类劳动者。新型农村社会养老保险要注意在实践中总结经验，完善制度，努力加快扩大覆盖面。改革机关事业单位退休金制度。大力发展企业年金和职业年金。健全城乡居民最低生活保障制度，做到应保尽保，并稳步提高保障标准。加快制度整合，逐步实现基本社会保障制度的统一和城乡衔接。要加快建立全国统一的社会保障社会化服务体系，实现社会保障关系跨地区转移接续。健全社会保障管理信息系统，建立个人终身社会保障号，并尽快实现全国联网。

第三，加大社会保障投入。要加快完善公共财政体制，稳步增加财政性社会保障支出占国家财政支出的比重。财政性社会保障投入要重点向农民、农民工、被征地农民、城市无业人员和城乡残疾人等特殊困难人群倾斜。社会保障投入是用人单位、职工和政府的共同责任，要合理划分三方责任，形成科学的分担机制。要加快扩大社会保障覆盖面，加强基金征缴，增加缴费收入，强化基金监管。

七、积极稳妥地推进医药卫生体制改革

医药卫生问题实际上包括两个方面：一是谁来提供医疗服务，是医药卫生事业问题；二是谁来支付医疗费用，是医疗保障问题。

最近几年，我国医药卫生事业发展成效显著。2003年非典之后，我们进行了新中国成立以来规模最大的公共卫生体系建设，基本建成了覆盖城乡、功能比较完善的疾病预防控制体系和应急医疗救治体系。同时，对艾滋病、结核病、血吸虫病等重大传染病患者实行免费药物治疗，对儿童普遍实行免疫规划，免费疫苗接种预防的传染病已达到15种。妇幼保健得到加强，在中西部农村地区实行了住院分娩补助政策。基本医疗保障制度建设加快推进，到目前城镇职工基本医疗保险、城镇居民基本医疗保险、新型农村合作医疗三项制度参保人数总计12.2亿人，其中新型农村合作医疗8.2亿人，初步实现了城乡居民医疗保障全覆盖。县、乡、村三级医疗卫生机构基础设施建设步伐加快，农村医疗服务条件逐步改善。以社区为基础的新型城市医疗卫生服务体系初步建立。药品生产、流通、监管体系不断完善。

随着经济社会的发展，人民群众对生活质量和健康的要求越来越高。当前，人民群众对“看病难”、“看病贵”的反映还比较强烈。深层次的矛盾及其原因主要有三个方面：一是医疗服务供给总量相对不足，滞后于经济社会发展水平，特别是社会力量提供的医疗服务所占比重不高，没有形成多元化的医疗服务供给体系，不能满足群众多样化的医疗服务需求。二是医疗卫生资源配置不均衡，过多的资源特别是优质资源集中在城市，城市又主要集中在公办大医院，而偏远农村、城市社区和厂矿基层等医疗服务比较缺乏，造成农村人要进城看病、城市人要到大医院看病，进一步增加了医疗服务供给紧张的压力。三是城乡医疗保障体系不完善，特别是农村医疗保障制度才刚刚建立、保障水平比较低，城乡居民个人负担的医药费用比较高。

为此，2009年，中央作出深化医药卫生体制改革的重大决策。按照改革目标，到2020年，要基本建立覆盖城乡居民的基本医疗卫生制度，实现人人享有基本医疗卫生服务。概括起来是两个方面：一是要使人人都有基本医疗保障；二是让人人享有方便可及的基本医疗卫生服务。让全体人民病有所医，这是我国医药卫生事业发展从理念到体制的重大变革。基本医疗卫生制度包括公

共卫生服务、医疗服务、医疗保障、药品供应保障等四大体系，健全这一制度是一个逐步的、长期的甚至是艰苦的过程。2011年底前，我们要重点推进基本医疗保障制度、国家基本药物制度、基层医疗卫生服务体系、基本公共卫生服务、公立医院改革试点等五项改革。为保证改革顺利实施，中央特别作出财力保障安排，计划从2009年到2011年由各级政府投入8500亿元，其中中央政府投入3318亿元。中央鼓励各地大胆实行试点，进行改革探索和体制机制创新。医药卫生体制改革意义重大，我们一定要把好事办好，让广大人民群众满意。

医改是世界性难题，在我们这样一个13亿人口的大国，解决好医药卫生问题确实不是件容易的事。我们要坚持立足国情，建立中国特色医药卫生体制，基本医疗卫生服务水平要与经济社会发展相协调、与人民群众的承受能力相适应。政府要履行好职责，突出工作重点，优先解决广大人民群众的基本医疗卫生保障和服务需求；同时，鼓励社会力量以多种方式进入医药卫生领域，满足不同层次人群的多样化需求。

今后一个时期，要重点抓好三方面工作：第一，进一步加强公共卫生体系建设，促进基本公共卫生服务逐步均等化。提供公共卫生服务，是政府在医药卫生方面最为优先的、最基本的职责。要认真实施并不断完善国家基本公共卫生服务项目，稳步扩大服务范围、提高服务标准，向城乡居民统一提供疾病预防控制、妇幼保健、健康教育等基本公共卫生服务，实现人人享有。逐步在全国建立统一的居民健康档案，提高国民自我保健意识和公共健康管理水平。

第二，加快健全城乡基本医疗保障体系，切实减轻群众医药费用负担。总的方向是，加快建立和完善以基本医疗保障为主体，其他多种形式补充医疗和商业健康保险为补充，覆盖城乡居民的多层次医疗保障体系，实现人人享有基本医疗保障。近期重点要加快完善城镇职工基本医疗保险、城镇居民基本医疗保险、新型农村合作医疗和城乡医疗救助四项制度。从重点保大病起步，逐步向门诊小病延伸，不断提高保障标准，并做好制度之间的衔接，缩小不同制度保障水平差距。加快探索城乡一体化的基本医疗保障管理制度。此外，要鼓励工会等人民团体开展多种形式的医疗互助活动，引导各类组织和个人发展社会慈善医疗救助，积极发展商业健康保险。

第三，改革和完善医药服务体系，全面提高医药服务的效率和质量。坚持政府主导与发挥市场机制作用相结合，政府要维护公共医疗卫生服务的公益性，促进社会公平公正；同时，注重发挥市场机制作用，动员社会力量参与，促进有序竞争机制的形成，提高医疗卫生运行效率、服务水平和质量。要优化医疗卫生资源配置，新增卫生资源重点向农村和城市社区等薄弱环节倾斜，进一步健全以县级医院为龙头、乡镇卫生院和村卫生室为基础的农村医疗卫生服务网络，完善以社区为基础的新型城市医疗卫生服务体系。在坚持公益性的基础上推进公立医院改革，健全基层医疗卫生机构补偿机制。放宽准入门槛，推进公平竞争，鼓励和引导社会资本发展医疗卫生事业。要加快建立以国家基本药物制度为基础的药品供应保障体系，保障人民群众安全用药。基本药物全部纳入医保药物报销目录。进一步规范药品生产流通秩序。

八、大力推进社会事业领域的改革

改革开放以来，与经济体制改革相适应，我国社会事业领域的改革也一直在向前推进，并取得了重要进展。其标志就是打破了过去完全由国家经办的体制，调动了社会积极性。但是总的看，我国社会事业领域的改革开放仍然相对滞后。比较突出的问题是，政府责任不到位和包揽过多同时并存，该管的没有管到位，该放的没有真正放下去，发挥市场机制、社会资本和民间组织的作用不够，调动各方面积极性的体制机制不健全，社会事业发展的活力不足。这种情况制约了社会事业发展，也制约经济发展。当前公共产品供给不足，公共服务的资源配置不合理、不公平，与社会事业发展滞后有关，也与社会事业领域改革滞后有关。我们必须着眼于促进经济社会协调发展、促进社会公平正义、促进社会和谐稳定的大局，充分认识加快社会事业领域改革的重要性和紧迫性，大力推进社会事业领域的改革，为社会事业加快发展增添新的动力。

从我国社会事业领域改革的历程和经验看，推进社会事业改革开放，必须处理好政府和市场的关系，公平和效率的关系，尽力而为和量力而行的关系。在工作上，要从以下几个方面入手。

第一，把维护社会事业的公益性、保障人民群众基本公共服务需求作为政府的主要职责。社会事业涉及人民群众基本需求和普遍公共利益，公益性是其基本特征。社会事业的公益性一旦受到损害，人民群众的基本需求和权益就得不到保障，社会就会失去起码的公平和正义。在社会主义市场经济条件下，政府的主要职责就是保障人民群众的基本需求、保障公共利益。目前我们在这方面做得还不到位。为此，要进一步转变政府职能，加强公共服务职能，加快健全覆盖全民的基本公共服务体系，推进基本公共服务均等化。在社会事业特别是涉及基本民生方面，包括就业、社保、教育、文化、医药卫生等，都要建立健全保障人民基本需求的制度，这是政府义不容辞的责任。

要强调一点，就是保“基本”需求的标准，要与经济社会发展水平和阶段相适应，随着经济发展、财力增强而逐步提高。既不能滞后也不能超前。滞后了，人民群众的基本需求得不到有效保障，就会产生不满情绪，积累社会矛盾；超前了，财政压力过大或无力支撑，反而不可持续。也就是说，既要尽力而为，又要量力而行。愿望超前和能力滞后永远是一对矛盾。要加快建立健全公共财政体制，调整财政支出结构，投入更多的资金，支持社会事业与经济协调发展。

第二，把应该由社会和市场发挥作用的真正交给社会和市场。社会需求总是呈现多层次和多样性。怎样确定政府的责任范围、划分政府与市场的界限，这是社会事业领域改革必须明确的一个问题。当前各方面反映公共服务领域政府包揽多，社会资本进入难。政府把责任和保障面定得过宽，不仅会降低保“基本”的能力和水平，还会影响社会各方面参与发展社会事业的积极性和活力。各项社会事业都应当区分“基本”和“非基本”。“非基本”的社会事业交给社会和市场，通过发展相关产业，满足多层次、个性化的需求，政府要履行监管责任。现在看，政府办了许多应当交给市场和社会办的事。使用公共资源办高档服务，满足少数人的需求，会加剧分配不公和社会不满。少数人的需求也需要满足，但应当交给社会和市场。这次新医改的最大特点，就是区分“基本”和“非基本”，政府主要保“基本”，包括基本保障、基本医疗、基本公共卫生和基本药物，强调人人有基本保障，人人享有基本医药卫生服务。高档的、选择性的、个性化的医药卫生服务要逐步交给社会办，由市场调节。教育、科技、文化、体育等社会事业都要这样做。对此，思想要解放一点，胆子要大一点，步子要快一点。在社会事业所有领域，都要进一步放宽准入，调动全社会参与的积极性。这样不仅可以为社会资本开辟更大的投资空间，利用社会资本加快社会事业发展，同时也有利于政府集中力量办好该办的事情。

第三，由政府保障的基本公共服务，也要深化改革、提高绩效。在服务提供上，应该更多地利用社会资源，建立购买服务的机制。要逐步做到凡适合面向市场购买的基本公共服务，都采取购买服务的方式；不适合或不具备条件购买服务的，再由政府直接提供。要鼓励社会资本投资建立非营利性公益服务机构。各类社会机构和企业愿意参与基本公共服务的，只要具备资质、符合条件，就应当鼓励进入。政府择优为人民群众购买服务，基本公共服务领域就会逐步形成有序竞争和多元化参与的局面。这样就能有效动员和综合利用社会资源来加强和改善基本公共服务，提高服务质量和效率。

事业单位改革也是下阶段必须努力抓好的一项重要工作。事业单位改革与社会事业发展密切相关，也是公共管理和服务体制改革的重要方面。这项改革已经进行了多年，取得了很大进展。但随着形势发展，一些事业单位的职能和属性已经发生变化，即使仍然从事公益服务的事业单位，管理体制和运行机制不适应新形势的问题也越来越突出。中央准备近期下发一个文件，进一步推动这项改革。主要是按照政事分开、事企分开和管办分离原则，积极稳妥地对现有事业单位分类进行改革。将主要承担行政职能的，逐步转为行政机构或将其行政职能划归行政机构；将主要从事生产经营活动的，逐步改制为企业；对面向社会提供公益服务的，要强化公益属性，继续保留，但要改革管理体制、运行机制，探索建立法人治理结构，改革人事制度、收入分配制度、社会保险制度，完善财政支持政策。今后不再设立承担行政职能和主要从事生产经营活动的事业单位。事业单位改革涉及面广、情况复杂，一定要在做好整体规划的基础上，积极稳妥地推进，确保改革中公共服务得到改善，社会事业得到加强，社会保持基本稳定。

关于调整经济结构促进持续发展的几个问题

中华人民共和国国务院副总理　李克强

党的十七大从实现未来发展目标出发，明确提出了加快转变经济发展方式的战略任务。去年底召开的中央经济工作会议，综合分析国际国内经济形势，对加快经济发展方式转变作了全面部署，强调加快经济发展方式转变是我国经济领域的一场深刻变革，关系改革开放和社会主义现代化建设全局。转变经济发展方式关键是要在“加快”两个字上下功夫、见实效。

调整经济结构是转变发展方式的重要内容，对加快经济发展方式转变具有决定性意义。调整经济结构既是着眼于解决经济运行中的深层次矛盾，也是为了拓展发展空间，增强经济发展的长期动力，使经济增长建立在结构优化的基础之上，持续性得到增强。调整经济结构是提升国民经济整体素质和抗风险能力、在后国际金融危机时期赢得国际经济竞争主动权的根本途径。

一、我国已进入只有调整经济结构才能促进持续发展的关键时期

新中国成立60年来特别是改革开放30多年来，我国经济发展取得了辉煌成就，在经济总量迅速扩大的同时，经济结构不断得到调整和优化。但经济结构不合理的深层次矛盾和问题始终存在。这次国际金融危机使我国发展的外部环境发生了重大变化，经济结构既面临十分严峻的挑战，又面临一次新的战略性调整机遇。我们必须从全面建设小康社会、加快推进社会主义现代化的高度，按照加快经济发展方式转变的要求，切实增强经济结构调整的紧迫感和自觉性，促进国民经济长期平稳较快发展。

（一）推进经济结构调整是继续应对国际金融危机、顺应后国际金融危机时期世界经济发展趋势的必然要求

当前，世界经济在大调整大变革之中出现了一些新的变化趋势，对我国经济结构调整形成了巨大压力和倒逼机制。

一是世界经济增速放缓，国际市场需求受到抑制。当前，世界经济总体上度过了最困难阶段，出现回暖迹象。但世界经济全面复苏的基础并不牢固，国际金融危机的影响尚未消除。美国、欧盟等发达经济体失业率仍处高位，在金融危机中受到重创的房地产、金融业仍待恢复，实体经济增长乏力，新的经济增长点短期内还难以形成，一些国家主权债务风险不断暴露，实现世界经济全面复苏将是一个缓慢而复杂的过程。在这种情况下，全球贸易和投资增长短期内还难以恢复到国际金融危机前的水平，同时，一些国家还酝酿把碳排放与贸易挂钩，征收所谓的“碳关税”，各种形式的保护主义抬头，可能对我国保持乃至拓展外需形成较大制约。

二是世界经济原有增长模式难以为继，发展格局面临深度调整。这场国际金融危机，使发达国家过度依赖虚拟经济的增长模式受到很大冲击，一些国家的政府官员和学者提出了世界经济“再平衡”、“再工业化”以及贸易逆差国扩大出口等政策设想及目标。虽然经济全球化的长期趋势不可逆转，但这种全球性的经济格局调整和转型，无疑会给我国经济发展模式带来深刻影响。

三是世界科技创新孕育新突破，产业升级步伐加快。国际金融危机刺激了科技进步和创新步伐的加快，推动着世界产业变革与结构调整。发达国家加快调整科技和产业发展战略，把绿色、低碳技术及其产业化作为突破口。去年美国推出绿色经济复苏计划、欧盟实行绿色技术研发计划等，都是为了塑造新的竞争优势，抢占新的制高点。从总体上看，我国的产业还处于国际产业链的低端，如果不能把握趋势、抢占先机，就会拉大与

发达国家之间的差距。

四是我国经济结构调整面临的外部压力有所加大。随着我国综合国力和国际影响力的增强，与世界其他国家的经济合作将更加密切，在一些领域的竞争也可能趋于增加。气候变化、粮食安全、能源资源安全等全球性问题错综复杂，外部环境不稳定、不确定的因素依然很多。在这种情况下，加快经济发展方式转变和经济结构调整，进一步做好应对气候变化、能源资源合作等方面的工作，在妥善解决热点问题和全球性问题中发挥建设性作用，有利于保持和平发展的外部环境。

（二）推进结构调整是解决国内经济发展深层次矛盾的根本举措

改革开放30多年来，我国经济持续快速发展，目前经济总量已位居世界前三位，成为全球具有重要影响的最大新兴经济体和世界工业与制造业大国。但也要看到，我们的发展也付出了很大代价，经济结构不合理的矛盾长期积累，发展不平衡、不协调、不可持续的问题日益显现，突出表现在需求结构失衡、供给结构不协调、要素利用效率低下、环境损害大、空间布局不够合理等方面。

从需求结构看，主要是内需与外需、投资与消费失衡。多年来，我国经济对外贸的依存度不断上升，经济增长在较大程度上依赖国际市场。同时，投资率偏高，消费率偏低。据测算，我国的资本形成率由上世纪80年代初的32％左右上升到2009年的46.8％，最终消费率则由同期的67％左右下降到48.6％。消费不足又与收入分配结构不合理相关，居民收入在国民收入分配中的比重偏低，影响了居民消费需求的提高。我国作为一个大国，长期主要依赖投资、外需拉动经济增长，会加大经济的不稳定性，不利于国民经济良性循环。

从产业结构看，主要是三次产业发展不协调、农业基础薄弱、工业大而不强、服务业发展滞后，部分行业产能过剩。2009年，我国服务业占国内生产总值的比重为42.6％。按照世界银行数据，近年来，中等收入国家服务业比重为53％，高收入国家服务业比重为72.5％，低收入国家服务业比重为46.1％，我国服务业发展明显滞后。与此同时，我国工业增加值占国内生产总值的比重，则已超出发达国家工业化时期的最高值。产业结构不合理，加大了资源环境压力和就业压力，也制约着国民经济整体素质的提高和经济的持续发展。

从城乡和区域结构看，主要是城镇化发展滞后、中西部地区发展滞后、城乡和区域之间生活条件和基本公共服务差距较大。2009年，我国城镇与农村居民收入之比为3.33：1，东部地区与中西部地区人均国内生产总值之比为2.2：1。城乡和区域结构不合理问题，不仅关系到内需扩大和发展空间拓展，也关系到社会和谐稳定。

从要素投入结构看，主要是资源消耗偏高，环境压力加大，资源环境的约束日益突出。我国主要资源性产品消费占全球总消费的比重，明显大于国内生产总值占全球经济的比重。虽然生产的产品有不少是用于出口的，但单位产品资源消耗明显高于发达国家水平。同时，水资源和土地资源消耗也很大，生态环境的代价也很大。经济发展与资源环境的矛盾，是我国现代化建设中需要长期面对的重大挑战。

经济结构调整涉及许多方面，上述结构性问题是我国经济增长质量和效益不高的主要根源。未来一个时期，这些结构性矛盾将更加凸显。不调整经济结构，就难以保持经济平稳运行，就难以实现经济持续发展。

（三）推进经济结构调整是巩固当前经济回升向好势头的迫切需要

调整经济结构，不仅是一项长期战略任务，而且是当前的一项紧迫工作。做好今年的经济工作，关键是要正确处理保持经济平稳较快发展、调整经济结构和管理好通胀预期的关系。在三者关系中，调整经济结构是结合点和突破口，可以起到重要的平衡和调节作用。

调整经济结构，有利于保持经济平稳较快发展。一年多来，我们全面实施并不断丰富完善应对国际金融危机冲击的一揽子计划及政策措施，保增长、保民生、保稳定取得明显成效。但经济增长的内生动力仍显不足。巩固和发展经济回升向好的势头，需要面向现实和潜在的市场需求，挖掘需求潜力；需要调结构，抓创新，培育新的增长点，使短期的恢复性增长成为长期的持续发展。同时，针对部分行业尤其是一些高耗能、高排放行业产能过剩的情况，也需要及时淘汰落后产能，防止重复建设。这方面动手越早、损失越小，动手越晚、代价越大。

调整经济结构，有利于管理好通胀预期。当前我国价格水平总体平稳。但去年11月份以来，居民消费价格指数同比增幅由负转正。受国际市场大宗商品价格和国内部分资产价格上涨等多种因素影响，通胀预期有所显现。加大经济结构调整力度，加强需求侧管理，可以减缓对能源资源产品进口的依赖，防范输入型通胀，这有利于管理好通胀预期。

总之，经济结构调整是促进经济又好又快发展的有效保证。我们进行的经济结构调整是有保有压、有促有控的。这种调整是提高质量、效益和竞争力的重要基础，是实现有后劲、可持续发展的重要保障，是有利于发展的调整。要把调整经济结构作为转变经济发展方式的重要内容，从解决对国民经济影响较大的结构性问题入手，既为当前保持经济平稳较快发展提供支撑，又为实现未来发展目标创造条件。

二、立足扩大内需调整结构，增强持续发展能力

扩大内需是我国经济发展的基本立足点和长期战略方针，也是调整经济结构的首要任务。要在处理好扩大内需与稳定外需关系、增加投资与扩大消费关系的前提下，着力扩大居民消费需求，努力实现消费、投资、出口协调拉动经济增长。

（一）坚持内需为主、内外需结合

改革开放以来，外需对推动我国经济持续快速发展起到了重要作用。2009年，尽管受到国际金融危机的严重冲击，我国货物出口额仍达1.2万亿美元，成为世界第一大出口国。同时，我国进口规模不断扩大，去年货物进口额超过1万亿美元，成为世界第二大进口国。通过利用国际市场和引进资金，不仅拓展了我国的市场空间，增加了就业，而且带来了先进技术、管理经验、高素质人才和机制创新、观念更新。外需在我国经济发展中有着不可或缺的重要地位。

同时也应看到，立足内需是我国持续发展的必由之路。国际经验表明，大国经济增长主要靠内需支撑。2008年，美国、印度内需占总需求的比重分别为92%、88%。而同年我国这一比重仅为72.8%，在各大国中是较低的。我国人口多，幅员广，回旋余地大，正处于工业化、城镇化快速发展阶段，扩大内需有着巨大的空间和潜力。

立足扩大内需也是牢牢把握发展主动权的需要。应当看到，外需往往受到许多不可预料和突发性因素的影响，其变化不是我们能控制的。1997年发生的亚洲金融危机和这次国际金融危机，我们均成功地加以应对，抵御了外部冲击，实现了经济回升，靠的就是扩大内需。

需要指出的是，扩大内需并非压缩外需，而是在稳定和拓展外需的同时，着力增强内需特别是居民消费需求对经济增长的持续拉动作用。我国的扩大内需，是在开放条件下的扩大内需，而不是自求平衡；稳定和拓展外需，是建立在转变外贸增长方式基础上的稳定和拓展外需，而不是单纯扩大出口规模。我们在保持对外贸易大国地位的同时，还应逐步扮演好对外投资大国的新角色，进一步充分利用好国际国内两个市场、两种资源。因此，以内需为主，内需和外需共同构成了我国经济发展的市场空间。要统筹国内国际两个大局，统筹国内发展和对外开放，既要充分发挥比较优势，保持并增加我国在国际市场上的份额，更要充分发挥内需潜力巨大的优势，把经济增长建立在稳固的内需基础上。这些都是调整经济结构的应有之义。

（二）积极寻求投资与消费的结合点

扩大内需包括扩大投资需求和消费需求。在我国目前的发展阶段，投资需求还有很大空间。从应对国际金融危机冲击看，投资对经济增长的拉动作用见效最快，对经济企稳回升起到了重要作用。同时也要看到，长期过度依赖投资拉动的经济增长是难以持续的。要把重点放在投资结构的调整上，使投资进一步向保障和改善民生倾斜，向经济社会发展的薄弱环节倾斜，向自主创新倾斜，向节能环保倾斜。同时，要完善促进民间投资的政策措施，鼓励和引导民间投资更多地投向基础设施、社会事业、市政公用和社会服务等领域，更好地发挥民间投资在扩大内需中的积极作用。

优化投资结构的重点应放在以投资促进消费上。消费需求是最终需求，投资需求与消费需求密切相关。寻求投资与消费的结合点，不仅可以增投资、保增长，而且可以扩消费、惠民生，促进持续发展，起到“一石多鸟”的作用，这是我们应对国际金融危机冲击的一条成功经验。如2008年11月中央出台的扩大内需促进经济增长10项措施中，摆在首位的就是保障性安居工程。它不仅可以缓解部分低收入居民的住房困难，而且刺激了装修、家具、家电等消费的支出，带动了居民消费。又如投资于农村的民生工程和基础设施，为家电下乡、汽车下乡创造了条件，支持了居民消费。还有一部分投资可以直接转化为劳动工资，有利于增加居民消费。在相当一段时间里，我国投资与出口之间逐步形成了较强的循环

关系，出口的增加带动了投资，投资的扩大又促进了出口能力的增加。今后，应努力实现投资与消费之间的良性循环，以投资带消费，以消费促投资。促进投资消费的有机结合不是权宜之计，是优化投资结构、扩大内需的长效之策。

（三）把扩大消费需求作为扩大内需的主要着力点

扩大居民消费是扩大内需的重点。我们说内需不足，主要是居民消费需求不足。我国居民消费率较低，可开拓的空间很大。扩大居民消费需要多措并举。一是完善消费政策。要总结家电下乡等刺激消费政策的经验，不断丰富和完善相关政策。但扩大居民消费不能长期依赖政府补贴，还要探索多种办法，建立长效机制。二是改善消费环境。要建立健全消费法规标准、市场流通体系，整顿和规范市场秩序，保障食品和药品安全，同时要完善信用体系，发展消费信贷，提供优质服务，让群众安心消费、方便消费。三是培育消费热点。要支持居民自住和改善性购房需求，增加文化、体育、旅游、培训和家政等消费，引导消费结构升级。

扩大居民消费的关键是提高居民消费能力，这就需要调整国民收入分配结构，提高居民特别是中低收入居民的收入水平。当前，应更加注重就业和劳动报酬在一次分配中的作用，更加注重社会保障和公共服务在二次分配中的作用，以此作为调整国民收入分配结构的重要突破口。

就业是民生之本、收入之源。要实施更加积极的就业政策，千方百计增加就业。只有就业规模扩大了，劳动者的收入增加了，扩大消费才有条件。社会保障是一张“安全网”。通过加快社会保障体系建设，可以解除居民消费的后顾之忧，增强消费意愿。要加大投入力度，加快健全养老、医疗卫生、最低生活等社会保障体系。社会保障和公共服务本身也是社会消费。应合理区分基本与非基本保障和服务，把重点放在“保基本、强基层、打基础”上，集中力量提供基本公共服务，办好群众需求最迫切、政府又力所能及的实实在在的事情。

提高居民消费能力，根本举措是提高居民收入在国民收入分配中的比重和劳动报酬在初次分配中的比重，努力做到城乡居民收入增长、劳动报酬增长与经济增长相协调。这要求逐步扩大中等收入者比重，努力形成“橄榄型”收入分配结构。调整国民收入分配结构是一项关系到改革发展稳定全局的大事，需要高度关注，切实采取措施。这方面的调整涉及方方面面的利益格局调整，需要深入研究，积极稳妥加以推进。

三、把城镇化作为扩大内需的战略重点，拓展持续发展空间

城镇化是经济社会发展的客观趋势。我们讲扩大内需，最大的内需在城镇化，最雄厚的内需潜力在城镇化。当前和今后相当长一段时间，我国城镇化处于快速发展阶段。在这个历史阶段，应以加快城镇化为依托，调整优化城乡和区域结构，扩大消费需求和投资需求，促进经济长期平稳较快发展。

（一）推进城镇化是关系现代化建设全局的重大战略

城镇化水平是一个国家工业化、现代化的重要标志。从工业革命以来的世界发展史看，一国要成功实现现代化，在推进工业化的同时，必须同步推进城市化。一些国际组织常用人均国内生产总值、工业化率、三次产业结构、城市化率等指标衡量一国的发展水平。改革开放以来，我国城镇化稳步发展，2009年城镇人口占总人口比重达到46.6%。但总的来看，我国城镇化水平与工业化水平相比，仍明显滞后，不仅远低于发达国家，而且也低于世界平均水平。据统计，发达国家城市化率一般已接近或高于80%，人均收入与我国相近的马来西亚、菲律宾等周边国家，城市化率也在60%以上。城镇化发展水平偏低，制约着我国国内需求的扩大，影响着产业结构的升级，也是区域经济发展不协调的重要原因。因此，加快城镇化进程是经济结构调整的重要内容。

我国城镇化蕴含着巨大的内需空间。据有关部门预测，我国城镇化快速发展还能持续相当长时间，到2030年，城镇化率将达到65%左右，各类城镇将新增3亿多人口，这将为扩大消费和投资需求提供强大、持久的动力。一是城镇化可以有效扩大城市消费群体，增加居民消费。据统计，2008年我国农村居民人均消费支出为3661元，城关镇居民人均消费支出为8869元，地级市居民人均消费支出为10599元，36个大中城市居民人均消费支出为14326元。这表明从乡村到城市，居民消费明显增加。二是城镇化可以提高农村居民消费水平。农村人口逐步转为城镇居民，有助于推进农业适度规模经营，对

增加农民收入和提高农民消费水平具有明显效果。三是城镇化可以有力拉动投资需求。城镇人口的增加，可以带来城镇基础设施、公共服务设施建设和房地产开发等多方面投资需求。从更广阔的视角来看，在后国际金融危机时期，全球市场需求相对短缺，由城镇化带来的国内市场扩大，不仅对我国经济发展具有重要意义，而且其产生的巨大需求，有可能成为我国与主要发达国家互利合作的重要条件。

“十二五”时期，我国城镇化率将突破50%，人们的生活方式和经济社会结构会随之发生一系列深刻变化。在这个关键时期，必须牢牢把握城镇化发展蕴含的巨大机遇，清醒地认识这一变化可能带来的各种挑战和问题，因势利导，趋利避害，推进城镇化健康发展。要看到，在十几亿人口的大国推进城镇化，进而实现现代化，在人类历史上没有先例可循。有序引导这个宏伟进程，也是对我们党执政能力和政府行政能力的重大考验。我们必须按照科学发展观的要求，从基本国情出发，借鉴国际经验，稳步推进这一历史进程。

（二）以推进城镇化带动区域协调发展

城镇化是带动区域协调发展的重要途径。近现代以来，一个沿海国家的经济发展，首先从该国沿海地区开始，然后沿着内河向内地延伸，同时生产要素和人口在空间上合理聚集，成了一个普遍规律。我国经济发展也经历了类似的情况。改革开放30多年来，珠三角、长三角、环渤海等地区率先开放发展，在形成外向型经济格局的同时，形成了人口经济集聚程度较高的城市群，有力地带动了东部沿海地区的迅速发展，成为国民经济重要的增长极。但也要看到，在东部地区快速发展的过程中，区域经济发展的差距有所扩大，中西部地区发展相对滞后，一个重要表现就在于中西部地区城镇化水平相对滞后。2008年，东部地区城镇化率平均达到56%，而中部、西部地区分别只有43%、38%。通过推动中西部地区城镇化加快发展，带动中西部地区的经济发展，是解决区域协调发展的一条有效途径。

因此，在优化发展东部沿海地区城市群的同时，要在中西部一些资源环境承载能力较强的区域，通过加快承接产业转移、完善公共服务体系和有序集聚人口，培育和发展一批城市群，促进经济增长和市场需求空间由东向西、由南向北梯次拓展。有序推进中西部城镇化过程，既是创造和扩大内需的过程，也是带动和促进区域协调发展的过程。

在城镇化进程中，要把加强中小城市和小城镇建设作为重点。在中西部地区，以县城为基础积极发展中小城市；在东部沿海地区，把有条件的中心镇发展成中小城市，与大城市和现有中小城市形成有序分工、优势互补的空间布局。这既可以形成并发挥集聚效应和规模效应，又能避免城镇过于分散造成的土地浪费，还可以避免一些特大城市过于膨胀造成的“城市病”。

从国际经验看，城市群是城市化发展的一条重要途径。城市群可以通过现代交通网络，把大中小城市和小城镇联结起来，促进不同规模的城市和小城镇共同发展。所以，要坚持促进大中小城市和小城镇协调发展，逐步把城市群作为推进城镇化的主体形态。

（三）在城镇化进程中统筹城乡发展

城镇化和社会主义新农村建设是相互促进的，应当统筹推进。没有农业和农村的发展，城镇的繁荣与发展就没有基础和保障。我国作为一个人口大国，任何时候都要立足自己解决粮食问题。要始终绷紧粮食安全这根弦，始终坚持最严格的耕地保护制度和最严格的节约用地制度，切实保障粮食安全。

同时也要看到，城镇化是解决“三农”问题的重要途径。只有减少农民，才能富裕农民。随着农村富余劳动力和农村人口逐步向城镇转移，农村居民人均占有资源量会相应增加，从而提高农业生产效率和商品化率，增加农民收入。减少农村人口，可以提高农业生产的规模化和市场化水平，促进现代农业的发展。城镇化水平的提高，城市经济实力的提升，可以增强以工补农、以城带乡的能力，有利于改善农村面貌，带动农村经济社会发展。

（四）把符合条件的农业人口逐步转变为城市居民

近些年来我国城镇化率提高较快，但在现行统计的城镇人口中，约有1.5亿农民工及其家属虽然常住城镇，但在公共服务等方面还没有完全享受与城镇居民相同的待遇。因此，推进城镇化的一个重要任务，就是要把符合条件的农业人口逐步转变为城市居民，这样可以在实质上提高人口城镇化水平。要按照党的十七届三中全会和去年中央经济工作会议的要求，稳步解决符合条件的农民工在城镇落户问题。对一时难以落户的，也要注意解决他们在劳动就业、工资待遇、子女教育、社会保障等方面遇到的问题。特别是上世纪80年代以后出生的农村人口已经成为农民工的主体，他们融入城市的意愿更为迫切，逐步解决好他们的身份转换问题，对城镇化健康发展和社会和谐稳定意义重大。

稳步推进符合条件的农业人口转变为城市居民，关系到上亿人口的切身利益，也关系到国家的长治久安。这是一项长期复杂的系统工程，需要统筹考虑城市综合承载能力和其他各方面条件，因地制宜，稳步推进。在这个过程中，不能把农民变为城市贫民，因此需要努力帮助他们提高工作技能，增强收入保障能力。不仅要考虑农民工的落户和享受公共服务等问题，还要从长远出发，从下一代出发，为农民工子女创造良好的教育条件，加强技能培训，使他们具备自身发展能力和适应能力。

推进城镇化既是一项艰巨复杂的任务，也是一个长期过程。推进城镇化既要积极，也要稳妥。我国农村人口十分庞大，长期积累的城乡二元结构不可能在短期内改变，需要有一个过渡。在这个过程中，有不少重大问题需要深入研究，如怎样形成合理的城镇化布局，怎样筹措城市建设和公共服务资金，怎样使城市规划和管理水平与城镇化相适应等。总之，要因地制宜，积极探索，努力走出一条中国特色城镇化道路。

房地产与城镇化紧密相连，加快推进城镇化必须保持房地产市场平稳健康发展。一方面，要大规模推进保障性安居工程，加快廉租住房、经济适用住房、棚户区改造住房等建设，解决好低收入群众住房困难问题。另一方面，要增加中低价位、中小套型等普通商品房供应，规范发展住房市场，抑制房价过快上涨，满足不同层次居民住房需求。房地产市场属地性很强，在国家政策指导下，需要各地从实际出发采取有效措施，努力做到人民群众住有所居、安居乐业。

四、加快产业结构优化升级，提升持续发展水平

调整产业结构，最重要的就是面向市场需求。后国际金融危机时期，市场需求可能是最稀缺的资源之一，产业发展最终要接受市场的检验。应及时调整产业结构、产品结构，努力使供给结构更好地适应市场需求变化。要进一步加强农业基础地位，培育壮大现代产业体系，促进三次产业协同发展。

（一）面向国内国际两个市场促进产业结构优化升级

我国正处在消费结构快速变动和升级的时期。居民消费正由以衣、食为主的生存型、温饱型，向以住、行为代表的小康型、享受型转变，这就要求产业结构适应消费结构的这种变化。首先，农业结构调整的潜力很大，随着消费水平的提高，人们对优质、生态、安全的农产品需求越来越迫切。这就要求我们进一步调整农业的产品结构和产业结构，加快发展现代农业。其次，随着人均收入提高，居民消费结构加快变化，工业品和服务需求的结构调整方兴未艾，并呈现出多元化和个性化的新特征。这就要求我们通过调整和改善供给来满足不断变化和升级的消费需求，通过不断开发新产品和发展新业态，创造和引领新的消费需求。如新一代移动通信进入市场，已经催生出手机电视等空间广阔的消费需求。

在适应国内市场变化的同时，还应敏锐捕捉国际市场变化新趋势。全球主流消费市场正在向健康、节能、环保、低碳和个性化、智能化等方向发展，新的技术和创意正在推动形成一些新的消费热点。我们应主动适应这种变化，推动产业结构优化升级，拓展海外市场空间。

抑制产能过剩行业盲目投资，也是从市场需求出发推进经济结构调整的一项重要举措。无论是发展现有产业，还是培育新的产业，都要充分考虑现实和未来的市场容量，考虑竞争能力，考虑资源环境承载能力，否则终究会被市场所淘汰。

（二）通过提高自主创新能力和加强质量、品牌和标准建设，争创国际竞争新优势

我国传统的低成本竞争优势正在逐步减弱，培育新的竞争优势迫在眉睫，增强自主创新能力和培育自主品牌是塑造新竞争优势的根本途径。

多年来，我们通过引进资金、技术，发挥低成本优势，逐渐成长为世界制造业大国。但大而不强一直是发展中的软肋，许多关键技术、大型成套设备、核心元器件和重要基础件都依赖进口。缺乏自主创新能力是制约我国产业结构优化升级的主要因素。如果不能尽快改变这种状况，就难以在新的国际竞争条件下形成新的核心竞争力。日本和韩国的经历表明，在低成本竞争优势丧失后，应努力提高自主创新能力，掌握知识产权，形成新的竞争优势。其经验值得借鉴。

提高自主创新能力，要走中国特色自主创新道路。应当清醒地看到，重要产业、重要领域的核心技术是买

不来的，只有依靠自主创新特别是原始创新。同时，要发挥我国市场规模巨大的优势，继续搞好引进消化吸收再创新，重视走集成创新的新路子。这在三峡工程、高速铁路工程建设和装备研制中已有成功例子。要加快构建以企业为主体、市场为导向、产学研相结合的技术创新体系。抓住国际金融危机以来出现的新机遇，通过企业并购、技术合作、建立海外研发机构、吸纳科技等各类人才等一系列举措，广泛而多渠道地吸收全球创新资源和最新成果，用于增强我们的自主创新能力。

增强自主创新能力，要着眼于抢占未来技术和产业制高点，与培育发展战略性新兴产业更好地结合起来。从当前世界科技和产业发展的新动向来看，“物联网”、“云计算”和“智慧地球”等新兴技术将极大地改变人类生产、生活和创新方式，新能源、新材料、新医药、节能环保、航空航天等产业发展空间巨大。要准确把握这些新技术和新产业的变化方向，明确主攻重点，加强基础研究，突破核心技术，力争实现跨越式发展。

近年来我国产品质量、品牌、标准建设取得明显成绩。但与世界先进水平相比还有很大差距，标准建设尤为滞后。质量是企业的生命，是自主创新的基础，也是竞争力的根本保障。品牌是自主创新的结晶，是质量和信誉的载体，具有广泛的认知度和市场空间。标准是自主创新的制高点，谁掌握了标准制定的话语权，谁就掌握了市场竞争的主动权。我们要在这些方面继续努力，力争获得新的突破。

（三）加快服务业特别是现代服务业发展

服务业的繁荣发展是现代化的重要标志，也是产业结构优化升级的重要内容。大力发展服务业特别是生产性服务业，对于加强和改善供给，扩大就业，拓宽服务消费，减轻资源环境压力，具有十分重要的战略意义。

我国无论是生产性服务业还是生活性服务业都有着旺盛的市场需求，但服务业的供给能力和水平还难以满足这种需求。首先要高度重视生产性服务业的发展。为工农业生产服务的第三产业发展滞后，在很大程度上制约着国内消费市场的扩大以及出口产品附加值的提高，影响了我国产业结构的优化升级。以物流为例，我国现代物流的发展严重滞后，全社会物流成本相当于国内生产总值的20%左右，比发达国家平均水平高出一倍。加快发展物流、商务、金融、保险、研发等生产性服务业，潜力巨大，效益明显。

我国生活性服务业也有着巨大的发展空间。随着城乡居民生活水平的提高，对餐饮、音乐、图书、旅游、健身、新媒体、心理咨询等全方位的服务需求不断增加，一些适应新的消费需求的服务业也开始加速发展，对满足人民生活需要、提高人民生活质量、拉动经济增长和创造就业机会发挥了重要作用。还要看到，人口集中到一定程度后，服务业的不同领域之间可以相互创造需求，相互创造就业岗位。我们要适应服务业的特点和新的变化，创造良好的外部环境，使生活性服务业获得更大的发展空间。

文化产业是现代服务业的重要组成部分，是朝阳产业。在应对国际金融危机冲击中，逆势而上，丰富了人民群众精神文化生活，为调结构、促发展作出了贡献。要继续深化文化体制改革，大力发展文化创意、出版发行、影视、演艺娱乐、动漫等文化产业，促进社会主义文化大发展、大繁荣，满足人民群众日益增长的精神文化需求，增强中华文化在国际上的影响力。

五、统筹人口资源环境和经济社会发展，破解持续发展难题

要素投入结构不合理，是我国粗放型增长方式难以根本转变的重要原因。推进经济结构调整，要把调整优化要素投入结构作为一项重要任务，从需求和供给两方面进行管理，加强节能增效和生态环保，大力发展绿色经济、循环经济和低碳技术，并从战略上把握好人口发展问题，促进经济社会发展与人口资源环境相协调。

（一）加深对我国基本国情的认识和把握

人口多、底子薄、发展不平衡是我国的基本国情。现在看，人口多的格局长时间不会改变，多年快速发展使我们的底子厚了一些，但人均水平不高、城乡和区域发展不平衡的问题仍然突出。同时，资源环境对经济社会发展的制约越来越明显，资源相对不足、环境承载能力弱日益成为我国在新的发展阶段的基本国情。发达国家200多年工业化进程中分阶段出现的人口资源环境问题，在我国现阶段集中凸显，尤其是资源环境问题，已经成为影响经济持续发展的突出因素。

人口多始终是我国经济持续发展进程中需要面对的一大难题。我国实行计划生育政策30多年来，实现了人口再生产的历史性转变。但要看到，今后20至30年，我国将先后迎来劳动力人口、总人口、老年人口三大高

峰，人口数量、结构和分布问题集中显现、相互交织，呈现前所未有的复杂局面。

我国人均资源占有量低，能源资源消耗大，单位产品能耗高。我国石油、天然气人均储量都不足世界平均水平的1/10；即使是比较丰富的煤炭资源，人均储量也不到世界平均水平的40%。我国已成为全球第二大能源消费国，但能源效率不高，一些重化工行业单位产品能耗比世界先进水平高10%—50%，矿产资源总回收率比世界先进水平低20%，加剧了能源资源短缺的状况。目前，我国石油、铁矿石、铝土矿、铜矿等重要能源资源消费对进口的依存度都超过了50%，对涉外工作提出了新的要求。保障能源资源安全的任务重大。

近年来，我国环境治理和生态保护取得明显成效，但生态环境总体恶化的趋势没有根本扭转，对经济社会发展形成严重制约。主要表现在，我国在大气污染治理上取得了一定成效，但城市空气污染问题尚未有效改观，水污染问题更加突出，工业污染依然严重，农村面源污染、生活污染问题进一步凸显，一些地方长期积累的重金属污染严重威胁当地群众健康。环境污染已经成为当前关系社会和谐稳定的一个重大问题，亟待加大防治力度，持续推进治污减排，务求取得进一步的成效。

（二）把节能增效和生态环保作为经济结构调整的重要抓手

通过节能增效和生态环保推进经济结构调整，不仅是落实节约资源、保护环境基本国策的现实和长远需要，而且是加快经济发展方式转变的关键举措。加强节能增效，不仅可以给企业带来可观的经济效益，而且可以减少资源消耗和污染排放，带来显著的社会效益和环境效益。这是当前企业提高效益的现实途径，是企业技术改造和设备更新的重要方向。许多企业虽然引进了技术先进的设备，但节能环保指标仍然落后，加快改造更新大有可为，也十分必要。

节能环保产业属于战略性新兴产业，可以发展成一个大产业。我国新能源、节能环保等产业和技术已经具有一定基础，新技术、新产品、新服务方兴未艾，显示出蓬勃生机。据估算，未来5年我国节能环保产业总产值可达4万亿元。比如，我国高效电机技术水平已经较高，但绝大多数用于出口，如果对国内低效电机进行全面改造，每年可以节约1500亿度电，得到750亿元的节电效益，还可以形成1000亿元左右的增加值。

同时，从我国国情出发，应在消费领域倡导绿色消费、适度消费的理念，加快形成有利于节约资源和保护环境的消费模式，从需求侧减缓对资源和要素的供给压力。而且，消费观念和消费模式改变，也有利于扩大节能环保产品的市场，促进经济结构调整。

（三）从战略上把握好人口发展问题

人口问题在经济社会发展中始终处于基础性地位，与经济结构调整密切相关，也是影响经济长远发展的重要因素。我国经济社会发展仍将面临人口问题带来的双重压力。一是人口多带来的就业压力。据测算，本世纪30年代我国总人口将达到峰值。未来10年内，我国劳动力人口将达到峰值，但到本世纪中叶，劳动力人口仍多于上世纪90年代，也多于欧洲国家现在的人口总和，就业压力将长期存在。二是人口老龄化带来的压力。本世纪初，我国60岁以上人口占总人口的比例已超过10%，按国际标准，已进入老龄社会。今后一个时期，我国老年人口将持续增加，“人口红利”逐步减少。当然我们要看到，人口问题的双重压力，处理得好，可在一定程度上转化为发展的动力。为此，应当充分发挥人力资源仍然丰富的优势，把人口压力转化为人力资源、人才资源，同时把握好发展老龄产业的机遇，使经济结构调整更好地适应人口结构的变化。

把握好人口问题，需要统筹兼顾、综合施治。必须坚持计划生育基本国策，稳定低生育水平，这个大方向不能动摇，否则就会犯历史性错误。同时，也要着眼于长远发展，科学分析人口问题带来的影响，加紧完善人口与相关经济社会政策，统筹人口数量、素质、结构、分布的均衡发展，为经济结构调整创造条件。这就需要深入研究一些重大人口战略问题。

六、推进改革创新，完善经济结构调整的体制机制

实现经济结构调整的战略任务，促进经济发展方式转变，难点和关键都在于调整利益格局，最大的症结在于体制机制不合理。这就要求我们必须坚持社会主义市场经济改革方向，坚持从实际出发，充分发挥各方面积极性，锐意推进改革创新。

（一）完善体现科学发展观的评价体系

面对新的发展环境，需要深刻理解又好又快发展的深远意义，既要看到“快”的重要，也要对“好”有更

积极的认识，努力做到又好又快。改革开放30多年来，我国经济实现了持续快速增长，今后一些年只要保持平稳较快增长势头，就可以实现2020年比2000年人均国内生产总值翻两番的战略目标。如果我国经济再平稳较快发展几十年，到本世纪中叶，就能够实现社会主义现代化的宏伟目标，创造出一个大国长达半个多世纪持续较快发展的奇迹。这要求我们立足当前，着眼长远，保持经济长期平稳较快发展。

国际上越来越重视用经济结构、资源环境、人的发展等方面的指标，作为评价发展水平的依据。上世纪80年代，联合国开发计划署就提出了包括人均国内生产总值、平均预期寿命、成人识字率在内的“人类发展指数”，用于评价各国的发展水平。我国在对传统计划经济体制进行改革的过程中引入国内生产总值指标，是一个大的进步。随着我国经济社会的不断发展进步，我们对发展的认识也在不断深化，也需要拓宽发展评价体系的内涵，在重视增长速度的同时，更加重视增长的质量和效益，更加重视对结构优化、自主创新、资源节约、环境保护、就业和民生改善等方面的评价，形成较为完善的体现科学发展观的评价体系。

（二）增强市场经济主体的动力和活力

推进经济结构调整，需要完善社会主义基本经济制度，健全现代市场体系，完善宏观调控体系。正确处理政府与市场的关系，更好地发挥市场在资源配置中的基础性作用，增强市场主体在经济结构调整中的动力和活力。着眼于建立经济结构调整的长效机制，进一步转变政府职能，尽可能减少行政手段，更多地运用经济手段和法律手段。

发挥好市场机制对经济结构调整的作用，需要推进重点领域和关键环节改革。其中一个重要方面是理顺价格关系，完善价格形成机制，这对于抑制过度需求、增加有效供给和调整分配关系具有关键作用。当前，推进资源性产品价格改革，对于促进结构调整、资源节约和环境保护意义重大。去年初，成品油价格和税费改革成功实施。通过价税费联动，初步健全了反映市场供求状况的成品油价格形成机制，并且公平了税负。改革的一个重要经验，就是把价格形成机制改革与税费改革结合起来，着眼于建立有利于资源节约环境保护、促进可持续发展的新机制。今后一段时期，资源要素价格改革的任务仍然繁重，环保收费改革也要摆上日程，目的就是要使资源性产品价格在反映市场供求关系的同时，更加充分地反映资源稀缺程度和环境损害成本，从而更好地促进能源资源节约和环境保护。

下一步，需要重点研究水、气、电等资源性产品的阶梯式价格改革思路，对基本需求部分可以考虑大体保持原有价格水平，对超量使用部分考虑累进加价。这样做既有利于解决好低收入群众的基本生活保障问题，又可以在公平和效率相统一的原则下稳步推进改革。在价格改革中，既要充分考虑资源稀缺程度，抑制不合理需求，也要考虑保障低收入群众的基本生活和宏观调控需要，防止价格大幅波动，避免对生产生活造成大的影响。推进价格等改革，要加强科学论证，通过听证等程序广泛征求社会各界意见，赢得群众的理解和支持。医药卫生体制改革等社会事业领域的改革，也要积极稳妥地推进。

（三）健全有利于经济结构调整的财税和金融体制

财政税收具有作用直接、定点调控的特点，是促进经济结构调整的有力杠杆和重要工具。深化财税改革，完善公共财政体系，加快形成有利于科学发展的财税体制机制，不仅是调整经济结构的迫切需要，也是完善社会主义市场经济体制的内在要求。

要进一步优化财政支出结构，加强社会事业和改善民生。过去，各级财政资金在保运转的基础上，较多地用于工业建设、基础设施，这对于我们建立完整的工业体系和加强基础设施建设发挥了十分重要的作用。现在，我国的发展已经到了一个新的阶段，适应经济结构调整的需要，财政资金应该更多地用于促进就业、社会保障、教育、医疗卫生、科学研究与普及、农村基础设施等公共服务领域，以更好地发挥在改善民生、扩大消费中的重要作用。近年来特别是在应对国际金融危机冲击中，中央财政在这方面的投入大幅增加。地方财政也根据这样一个思路，从各地实际出发，调整财政支出结构，使财政支出与保民生、扩内需、调结构更好地结合起来。今后，应逐步建立起长效机制。

要健全中央和地方财力与事权相匹配的体制，促进城乡、区域协调发展和产业结构调整。我国城乡之间、区域之间的发展差距，也体现在财力和公共服务水平的差距上。今后，要根据党的十七大关于推进基本公共服务均等化和主体功能区建设的要求，在合理划分中央与地方政府事权和支出责任的基础上，进一步理顺各级政府间收入分配关系。既要增加地方自有财力，调动地方推进经济结构调整的积极性，增强提供公共服务的能力，也要保持中央财政适度的调控能力，以更好地均衡地区间的财力，用于支持农村、中西部地区的发展。要完善省以下财政体制，建立健全县级基本财力保障机制，促进财力下移，增强基层政府提供基本公共服务的能力。

要积极稳妥地推进税制改革，形成有利于经济结构调整的税收制度，更好地发挥税收在促进资源节约、环境保护和调节收入分配上的作用。税收制度改革，既要考虑收入功能，也要增强调节功能，有利于引导经济结构调整。推进资源税改革就是一个重要方面。此外，对国家鼓励发展的产业，要继续实施更加有力的税收扶持政策，支持企业自主创新、促进服务业和战略性新兴产业发展。税制改革中，应减少收费，均衡税负，进一步规范税收和经济秩序。

在经济结构调整中，金融发挥着十分关键的作用。要根据国家产业政策和宏观调控的需要，及时调整和完善信贷政策，实现有保有压。继续深化金融体制改革，进一步完善国有金融企业治理结构，积极发展中小金融机构，促进资本市场特别是债券市场的健康发展。同时，要进一步推进人民币汇率形成机制的改革，在保持人民币汇率在合理、均衡水平上基本稳定的原则下，发挥汇率对经济结构调整的积极作用。在加强金融有效监管、防范金融风险的同时，积极稳妥推进金融创新，继续完善货币政策传导机制。

2009年，我国人均国内生产总值接近3700美元。国际经验表明，人均收入从1000美元到10000美元的发展阶段，是经济结构变动比较快的时期。在这个阶段，既有一些国家通过积极的结构调整实现成功跨越的经验，也有一些国家因调整不力导致经济停滞、社会动荡的教训。对这一发展阶段的特殊性和可能面临的挑战，我们要有足够的认识，积极主动地推动经济结构调整，努力实现新发展、新跨越。当前我国仍处在发展的重要战略机遇期，又面临一系列前所未有的挑战。面对这种形势，我们既要把握发展大势，明确方向，坚定信心，也要增强忧患意识，以强烈的使命感和责任感，在加快经济发展方式转变和经济结构调整上狠下功夫，切实取得成效。

让我们更加紧密地团结在以胡锦涛同志为总书记的党中央周围，高举中国特色社会主义伟大旗帜，以邓小平理论和“三个代表”重要思想为指导，深入贯彻落实科学发展观，扎实工作、锐意进取、开拓创新，努力开创科学发展新局面。

增强经济增长内生动力 促进发展方式加快转变

——在中国发展高层论坛2010年会开幕式上的致辞

中华人民共和国国务院副总理　李克强

很高兴参加中国发展高层论坛2010年会。现在正值仲春时分，春天是播种希望、谋划未来的季节。在世界经济逐步走出危机阴影、迈上复苏征程的关键时刻，本次论坛以“中国与世界：增长、调整、合作”为主题进行探讨，对于继续应对国际金融危机、探索在调整与合作中推动发展的路径，很有现实意义。在此，我谨代表中国政府对论坛的召开表示热烈祝贺！对各位来宾表示诚挚欢迎！

一年多来，为应对国际金融危机和严重经济衰退，各国普遍采取了稳定金融和刺激经济的措施。目前，世界经济总体上度过了最困难阶段，并开始出现回暖迹象。预计今年国际贸易和投资将呈现恢复性增长，世界经济形势会好于去年。中国全面实施并不断完善应对国际金融危机冲击的一揽子计划和政策措施，保增长、保民生、保稳定取得明显成效，经济回升向好趋势不断巩固。应对国际金融危机的行动和成效，坚定了我们继续开拓前行的信心。

同时必须清醒地看到，世界经济全面复苏的基础并不稳固，可能是一个缓慢而复杂的过程。现在，主要经济体失业率高位徘徊，一些国家债务危机还在暴露，金融领域风波未平，各国刺激经济政策进退的抉择十分艰难，全球大宗商品价格上涨较快，世界经济不确定、不稳定因素仍然很多。中国经济在发展中也存在一些突出矛盾。经济增长的内生动力不足，结构调整难度加大，财政金融领域潜在风险增加，一些关系民生的问题亟待解决。国际因素和国内因素相互影响，短期矛盾和长期矛盾相互交织，“两难”问题增多，今年中国经济发展面临的形势依然复杂。对此，我们将高度重视，努力运用智慧和勇气加以应对。

当前，我们面临的挑战和机遇前所未有，但机遇大于挑战。在应对国际金融危机中，世界经济大变革大调整的步伐进一步加快，科技进步和产业发展正在酝酿新的突破，不少国家积极推进调整转型、探索发展的新模式新路径，国际经济金融秩序处在改革之中。人们期待着这些调整和变革能够构筑新的发展平台，推动世界经济走上健康复苏和持续发展的道路。需要强调的是，国际金融危机没有改变中国经济的基本面和长期向好的趋势。中国是世界上最大的发展中国家，正处于工业化、城镇化快速推进的阶段，有广阔的市场空间和巨大的发展潜力，有丰富的人力资源和较为充裕的资金要素，有不断改善的基础设施和产业配套条件，有长期积累的宏观调控经验，我们有信心有能力也有条件保持经济长期平稳较快发展。

今年是中国继续应对国际金融危机、保持经济平稳较快发展、加快经济发展方式转变的关键一年。几天前闭幕的中国十一届全国人大三次会议和全国政协十一届三次会议，受到了国际社会的高度关注。人大会议审议通过的政府工作报告，对新的一年中国经济社会发展作出了总体部署。我们将继续实施积极的财政政策和适度宽松的货币政策，保持宏观经济政策的连续性和稳定性，根据新情况新问题不断提高政策的针对性和灵活性，把握好政策实施的重点、力度和节奏，处理好保持经济平稳较快发展、调整经济结构和管理好通胀预期的关系。

面对复杂多变的环境，无论是顺应后国际金融危机时期世界经济发展的新趋势、增强中国经济抗风险的能力，还是巩固当前中国经济回升向好的势头、解决经济运行中深层次的矛盾，都要求我们加快经济发展方式转变，加大经济结构调整力度。经济结构不合理是经济发展方式存在问题的主要症结。调整经济结构，是保持经济平稳较快发展、管理好通胀预期的重要结合点，也是提升国民经济整体素质、实现全面协调可持续发展的根本途径。因此，我们将立足当前，着眼长远，推动经济转型和发展模式创新，着力提高经济增长质量和效益，把调整经济结构作为加快经济发展方式转变的重大举措，坚定不移地推进下去。

扩大国内需求是中国经济发展的基本立足点和长期战略方针，也是加快经济发展方式转变、调整经济结构的首要任务。我们将坚持以内需为主、内外需结合，着力扩大内需特别是居民消费需求，使巨大的回旋余地转化为广阔的发展空间。目前，中国人均收入水平还比较低，农村和中西部地区还有不少贫困人口，保障和改善民生的任务十分繁重。我们将继续优化投资结构，积极寻求投资与消费的结合点，努力实现增投资、扩消费、惠民生一举多得。同时，进一步做好就业、养老、教育、医疗、住房等方面的基本民生工作，构筑社会保障的安全网，合理调节收入分配，提高居民消费能力，改善居民消费环境，培育新的消费热点。中国还有8亿左右农村人口，城镇化是最大的内需所在，蕴涵着雄厚的发展潜力。我们将在继续加强“三农”工作的基础上，积极稳妥推进城镇化，统筹大中小城市和小城镇协调发展，努力形成东部地区和中西部地区城市群并立的格局，推动城乡和区域结构调整优化，为经济长期平稳较快发展提供重要支撑。

推进产业结构调整是加快经济发展方式转变的重要内容。现在，中国三次产业发展还不协调，产业层次还比较低。针对这方面问题，我们将面向国内外市场需求，紧紧依靠科技管理创新和人力资源开发利用，加快改造提升传统产业，积极发展战略性新兴产业，提高服务业产值和就业比重，培育壮大现代产业体系。加大节能减排力度，既可以减少资源消耗和污染排放，又能够增加经济效益、带动技术进步。我们将以节能增效和生态环保为重要抓手，强化技术改造，淘汰落后产能，加快发展绿色经济、循环经济和节能环保产业，推广应用低碳技术，积极应对气候变化，实现产业升级和结构优化。

加快经济发展方式转变、调整经济结构，关键在理顺体制机制，难点是调整利益格局，解决办法从根本上要靠改革创新。如果没有体制上的重大突破，就难以实现经济发展方式的根本性转变。我们将坚定不移深化改革，坚持社会主义市场经济的改革方向，从制度上更好地发挥市场在资源配置中的基础性作用，形成有利于科学发展的宏观调控体系，更多地依靠体制机制创新推动经济发展。这就需要加快企业、价格、财税、金融等重点领域和关键环节改革，切实放宽市场准入，积极鼓励创业创新，支持和引导民间投资，调动和发挥各方面积极性，健全和完善激励与约束机制，不断增强经济增长的内生动力，为加快经济发展方式转变提供制度保障。

开放是增强经济增长内生动力的重要条件。中国加快经济发展方式转变、调整经济结构，是在经济全球化的大背景下进行的。中国的发展离不开世界，我们将始终不渝奉行互利共赢的开放战略，以更加开放的姿态参与国际经济技术合作，不断提高开放型经济发展水平。世界的发展也需要中国，中国已是全球第二大进口国，经济平稳较快发展必将对国际社会作出更大贡献。当今时代各国的命运紧密相连，只有合作发展才能互利互惠。我们应当采取实际行动，共同反对贸易保护主义，消除各种形式的进口壁垒，放宽对出口的种种限制，促进世界经济健康复苏和持续发展。在座的嘉宾有不少来自知名跨国公司，是世界工商界的杰出代表。中国的进一步发展，将会为各位提供更多的商机。祝中外企业合作结出更加丰硕的成果。

友谊只有交流才能加深，智慧只有碰撞才能升华。我真诚希望，各位代表围绕论坛的主题，广泛交流、深入研讨，形成更多有益于中国和世界持续发展的箴言良策，在稳定增长中促进复苏，在结构调整中推动发展，在加强合作中实现共赢。

政府工作报告

2010年3月5日第十一届全国人民代表大会第三次会议

中华人民共和国国务院总理　温家宝

各位代表：

现在，我代表国务院向大会作政府工作报告，请予审议，并请全国政协各位委员提出意见。

一、2009年工作回顾

2009年是新世纪以来我国经济发展最为困难的一年。去年这个时候，国际金融危机还在扩散蔓延，世界经济深度衰退，我国经济受到严重冲击，出口大幅下降，不少企业经营困难，有的甚至停产倒闭，失业人员大量增加，农民工大批返乡，经济增速陡然下滑。在异常困难的情况下，全国各族人民在中国共产党的坚强领导下，坚定信心，迎难而上，顽强拼搏，从容应对国际金融危机冲击，在世界率先实现经济回升向好，改革开放和社会主义现代化建设取得新的重大成就。国内生产总值达到33.5万亿元，比上年增长8.7%；财政收入6.85万亿元，增长11.7%；粮食产量53082万吨，再创历史新高，实现连续6年增产；城镇新增就业1102万人；城镇居民人均可支配收入17175元，农村居民人均纯收入5153

元，实际增长9.8%和8.5%。我国在全面建设小康社会道路上又迈出坚实的一步。实践再次证明，任何艰难险阻都挡不住中华民族伟大复兴的历史进程。

过去的一年，极不平凡，令人振奋。我们隆重庆祝新中国成立60周年。抚今追昔，伟大祖国的辉煌成就极大地激发了全国人民的自信心和自豪感，极大地增强了中华民族的向心力和凝聚力，极大地提升了我国的国际地位和影响力，必将激励我们在中国特色社会主义道路上继续奋勇前进。

一年来，我们主要做了以下工作：

（一）加强和改善宏观调控，促进经济平稳较快发展

我们实行积极的财政政策和适度宽松的货币政策，全面实施并不断完善应对国际金融危机的一揽子计划。大规模增加财政支出和实行结构性减税，保持货币信贷快速增长，提高货币政策的可持续性，扩大直接融资规模，满足经济社会发展的资金需求，有效扩大了内需，很快扭转了经济增速下滑趋势。

着力扩大居民消费。我们鼓励消费的政策领域之宽、力度之大、受惠面之广前所未有。中央财政投入资金450亿元，补贴家电汽车摩托车下乡、汽车家电以旧换新和农机具购置。减半征收小排量汽车购置税，减免住房交易相关税收，支持自住性住房消费。全年汽车销售1364万辆，增长46.2%；商品房销售9.37亿平方米，增长42.1%；社会消费品零售总额实际增长16.9%，消费对经济增长的拉动作用明显增强。

促进投资快速增长。我们发挥政府投资“四两拨千斤”的作用，引导带动社会投资。实施两年新增4万亿元的投资计划。2009年中央政府公共投资9243亿元，比上年预算增加5038亿元，其中，保障性住房、农村民生工程、社会事业投资占44%，自主创新、结构调整、节能减排和生态建设占16%，重大基础设施建设占23%，灾后恢复重建占14%。全社会固定资产投资增长30.1%，投资结构进一步优化。投资快速增长有效弥补了外需下降的缺口，加强了薄弱环节，为经济社会长远发展奠定了坚实的基础。

我们加快推进汶川地震灾后恢复重建，重灾区已完成投资6545亿元，占规划总投资的65.5%。国家的大力支持，全国人民的无私援助，灾区群众的艰苦奋斗，使遭受重大创伤的灾区呈现出崭新面貌。一座座新城拔地而起，一个个村庄焕发出蓬勃生机。这充分体现了中华民族的无疆大爱，有力彰显了社会主义制度的无比优越。

（二）大力调整经济结构，夯实长远发展基础

我们把保增长与调结构紧密结合起来，加快解决制约经济发展的结构性矛盾。

“三农”工作进一步加强。中央财政用于“三农”的支出7253亿元，增长21.8%。大幅度提高粮食最低收购价。启动实施全国新增千亿斤粮食生产能力建设规划。继续改善农村生产生活条件，农村饮水安全工程使6069万农民受益，新增510万沼气用户，新建和改造农村公路38万公里、农村电网线路26.6万公里，又有80万户农村危房得到改造，9.2万户游牧民实现了定居。我们加大扶贫力度，贫困地区的生产生活条件得到明显改善。

产业结构调整力度加大。制定并实施十大重点产业调整振兴规划。鼓励企业加快技术改造，安排200亿元技改专项资金支持4441个技改项目。重点行业兼并重组取得新进展。下大力气抑制部分行业产能过剩和重复建设，关停小火电机组2617万千瓦，淘汰落后的炼钢产能1691万吨、炼铁产能2113万吨、水泥产能7416万吨、焦炭产能1809万吨。加快实施国家科技重大专项，中央财政用于科技的支出1512亿元，增长30%。积极支持自主创新产品推广应用，清洁能源、第三代移动通信等一批新兴产业快速发展。大力加强基础设施建设，新建铁路投入运营5557公里，高速公路新建通车4719公里，城市轨道交通建设加快，新建、改扩建民用机场35个；新增发电装机8970万千瓦，西气东输二线西段工程实现供气，南水北调工程建设加快推进，6183座病险水库除险加固工程开工建设。

节能减排和环境保护扎实推进。安排预算内资金，支持重点节能工程、循环经济等项目2983个；实施节能产品惠民工程，推广节能空调500多万台、高效照明灯具1.5亿只。继续推进林业重点生态工程建设，完成造林588万公顷，森林覆盖率达到20.36%。综合治理水土流失面积4.8万平方公里。加强“三河三湖”等重点流域水污染防治和工业废水废气废渣治理。“十一五”前四年累计单位国内生产总值能耗下降14.38%，化学需氧量、二氧化硫排放量分别下降9.66%和13.14%。积极开展应对气候变化工作，明确提出2020年我国控制温室气体排放行动目标和政策措施。气象预报预警和地震监测工作得到加强，灾害防御能力不断提升。

区域协调发展迈出新步伐。深入实施区域发展总体

战略，制定若干区域发展重大规划和政策。中西部和东北地区加快开放开发，积极承接产业转移，发展基础不断夯实；东部地区加快结构调整和自主创新，经济发展活力增强。区域发展呈现布局改善、结构优化、协调性提高的良好态势。

（三）坚持深化改革开放，不断完善有利于科学发展的体制机制

我们把深化改革开放作为应对国际金融危机的强大动力，努力消除体制障碍，不断提高对外开放水平。

重点领域和关键环节改革加快推进。增值税转型全面实施。成品油价格和税费改革顺利推进，新的成品油价格形成机制规范运行。国家开发银行商业化转型和农业银行股份制改革扎实推进，跨境贸易人民币结算试点启动实施。创业板正式推出，为自主创新及其他成长型创业企业开辟了新的融资渠道。地方政府机构改革有序开展，事业单位分类改革试点稳步进行。集体林权制度改革全面推开，1亿公顷林地确权到户，占全国集体林地面积的60%，这是继土地家庭承包之后我国农村经营制度的又一重大变革。

开放型经济水平不断提高。出台一系列稳定外需的政策措施，采取符合国际惯例的方式支持出口企业，完成短期出口信用保险承保900亿美元，安排421亿美元大型成套设备出口融资保险。鼓励增加进口。去年下半年开始进出口降幅明显收窄，国际市场份额得到巩固，全年进出口总额2.2万亿美元。扭转利用外资下降局面，全年实际利用外商直接投资900亿美元。企业“走出去”逆势上扬，非金融类对外直接投资和对外工程承包营业额分别达433亿美元和777亿美元。积极参与国际宏观经济政策对话协调和经贸金融合作，在共同应对国际金融危机中发挥了建设性作用。

（四）着力改善民生，加快发展社会事业

在应对国际金融危机的困难情况下，我们更加注重保障和改善民生，切实解决人民群众最关心、最直接、最现实的利益问题。

实施更加积极的就业政策。强化政府促进就业的责任。中央财政安排就业专项资金426亿元，比上年增长59%。实施困难企业缓缴社会保险费或降低部分费率、再就业税收减免及提供相关补贴等政策，鼓励企业稳定和增加就业。开展系列就业服务活动，多渠道开辟公益性就业岗位，促进高校毕业生到基层就业、应征入伍和到企事业单位就业见习。全年组织2100万城乡劳动者参加职业培训。这些措施促进了就业的基本稳定。

加快完善社会保障体系。普遍建立养老保险省级统筹制度，出台包括农民工在内的城镇企业职工养老保险关系转移接续办法。在320个县开展新型农村社会养老保险试点，推动我国社会保障制度建设迈出历史性步伐。中央财政安排社会保障资金2906亿元，比上年增长16.6%。企业退休人员基本养老金连续5年增加，去年又人均提高10%。农村五保户供养水平、优抚对象抚恤补助标准、城乡低保对象保障水平都有新的提高。中央财政安排保障性安居工程补助资金551亿元，比上年增长2倍。新建、改扩建各类保障性住房200万套，棚户区改造解决住房130万套。全国社会保障基金积累6927亿元，比上年增长44.2%。社会保障体系得到加强。

进一步促进教育公平。大幅度增加全国教育支出，其中中央财政支出1981亿元，比上年增长23.6%。全面落实城乡义务教育政策，中央下达农村义务教育经费666亿元，提前一年实现农村中小学生人均公用经费500元和300元的目标。实行义务教育阶段教师绩效工资制度。中等职业学校农村家庭经济困难学生和涉农专业学生免学费政策开始实施。国家助学制度不断完善，资助学生2871万人，基本保障了困难家庭的孩子不因贫困而失学。

稳步推进医药卫生事业改革发展。组织实施医药卫生体制改革。中央财政医疗卫生支出1277亿元，比上年增长49.5%。城镇职工和城镇居民基本医疗保险参保4.01亿人，新型农村合作医疗制度覆盖8.3亿人。中央财政安排429亿元，解决关闭破产国有企业退休人员医疗保险问题。基本药物制度在30%的基层医疗卫生机构实施。中央财政支持建设了一批县级医院、乡镇中心卫生院和社区卫生服务中心。启动实施扩大乙肝疫苗接种等重大公共卫生服务专项。加强食品、药品安全专项整治。面对突如其来的甲型H1N1流感疫情，我们依法科学有序地开展防控工作，有效保障了人民群众生命安全，维护了社会正常秩序。

在国际金融危机严重冲击、世界经济负增长的背景下，我国取得这样的成绩极为不易。这是以胡锦涛同志为总书记的党中央统揽全局、正确领导的结果，是全党全军全国各族人民和衷共济、团结奋斗的结果。在这里，我代表国务院，向全国各族人民，各民主党派、各人民团体和各界人士，表示诚挚的感谢！向香港特别行

政区同胞、澳门特别行政区同胞、台湾同胞和海外侨胞，表示诚挚的感谢！向关心和支持中国现代化建设的各国政府、国际组织和各国朋友，表示诚挚的感谢！

一年来，我们认真贯彻落实科学发展观，积极应对国际金融危机，全面做好政府工作，有以下几点体会：必须坚持运用市场机制和宏观调控两种手段，在坚持市场经济改革方向、发挥市场配置资源基础性作用、激发市场活力的同时，充分发挥我国社会主义制度决策高效、组织有力、集中力量办大事的优势。必须坚持处理好短期和长期两方面关系，注重远近结合、标本兼治，既克服短期困难、解决突出矛盾，又加强重点领域和薄弱环节、为长远发展奠定基础。必须坚持统筹国内国际两个大局，把扩大内需作为长期战略方针，坚定不移地实行互利共赢的开放战略，加快形成内需外需协调拉动经济增长的格局。必须坚持发展经济与改善民生、维护社会公平正义的内在统一，围绕改善民生谋发展，把改善民生作为经济发展的出发点、落脚点和持久动力，着眼维护公平正义，让全体人民共享改革发展成果，促进社会和谐稳定。必须坚持发挥中央和地方两个积极性，既强调统一思想、顾全大局，又鼓励因地制宜、探索创新，形成共克时艰的强大合力。这些经验对我们坚持中国特色社会主义道路，提高驾驭社会主义市场经济能力，推进现代化进程，具有重要而深远的意义。

二、2010年主要任务

今年是继续应对国际金融危机、保持经济平稳较快发展、加快转变经济发展方式的关键一年，是全面实现“十一五”规划目标、为“十二五”发展打好基础的重要一年。

今年发展环境虽然有可能好于去年，但是面临的形势极为复杂。各种积极变化和不利影响此长彼消，短期问题和长期矛盾相互交织，国内因素和国际因素相互影响，经济社会发展中“两难”问题增多。从国际看，世界经济有望恢复性增长，国际金融市场渐趋稳定，经济全球化深入发展的大趋势没有改变，世界经济格局大变革、大调整孕育着新的发展机遇。同时，世界经济复苏的基础仍然脆弱，金融领域风险没有完全消除，各国刺激政策退出抉择艰难，国际大宗商品价格和主要货币汇率可能加剧波动，贸易保护主义明显抬头，加上气候变化、粮食安全、能源资源等全球性问题错综复杂，外部环境不稳定、不确定因素依然很多。从国内看，我国仍处在重要战略机遇期。经济回升向好的基础进一步巩固，市场信心增强，扩大内需和改善民生的政策效应继续显现，企业适应市场变化的能力和竞争力不断提高。但是，经济社会发展中仍然存在一些突出矛盾和问题。经济增长内生动力不足，自主创新能力不强，部分行业产能过剩矛盾突出，结构调整难度加大；就业压力总体上持续增加和结构性用工短缺的矛盾并存；农业稳定发展和农民持续增收的基础不稳固；财政金融领域潜在风险增加；医疗、教育、住房、收入分配、社会管理等方面的突出问题亟待解决。我们必须全面、正确判断形势，决不能把经济回升向好的趋势等同于经济运行根本好转。要增强忧患意识，充分利用有利条件和积极因素，努力化解矛盾，更加周密地做好应对各种风险和挑战的准备，牢牢把握工作的主动权。

做好今年的政府工作，要认真贯彻党的十七大和十七届三中、四中全会精神，以邓小平理论和“三个代表”重要思想为指导，深入贯彻落实科学发展观，着力搞好宏观调控和保持经济平稳较快发展，着力加快经济发展方式转变和经济结构调整，着力推进改革开放和自主创新，着力改善民生和促进社会和谐稳定，全面推进社会主义经济建设、政治建设、文化建设、社会建设以及生态文明建设，加快全面建设小康社会进程，努力实现经济社会又好又快发展。

今年经济社会发展的主要预期目标是：国内生产总值增长8%左右；城镇新增就业900万人以上，城镇登记失业率控制在4.6%以内；居民消费价格涨幅3%左右；国际收支状况改善。这里要着重说明，提出国内生产总值增长8%左右，主要是强调好字当头，引导各方面把工作重点放到转变经济发展方式、调整经济结构上来。提出居民消费价格涨幅3%左右，综合考虑了去年价格变动的翘尾因素、国际大宗商品价格的传导效应、国内货币信贷增长的滞后影响以及居民的承受能力，并为资源环境税费和资源性产品价格改革留有一定空间。

今年要重点抓好八个方面工作：

（一）提高宏观调控水平，保持经济平稳较快发展

要继续实施积极的财政政策和适度宽松的货币政策，保持政策的连续性和稳定性，根据新形势新情况不断提高政策的针对性和灵活性，把握好政策实施的力

度、节奏和重点。处理好保持经济平稳较快发展、调整经济结构和管理通胀预期的关系。既要保持足够的政策力度、巩固经济回升向好的势头，又要加快经济结构调整、推动经济发展方式转变取得实质性进展，还要管理好通胀预期、稳定物价总水平。

继续实施积极的财政政策。一是保持适度的财政赤字和国债规模。今年拟安排财政赤字10500亿元，其中中央财政赤字8500亿元，继续代发地方债2000亿元并纳入地方财政预算。这样的安排主要是考虑到今年财政收支矛盾仍然十分突出。从财政收入看，上年一次性特殊增收措施没有或减少了，还要继续实施结构性减税政策，财政收入增长不会太快；从财政支出看，继续实施应对国际金融危机的一揽子计划，完成在建项目、加强薄弱环节、推进改革、改善民生、维护稳定等都需要增加投入。二是继续实施结构性减税政策，促进扩大内需和经济结构调整。三是优化财政支出结构，有保有压，把钱花在刀刃上。继续向“三农”、民生、社会事业等领域倾斜，支持节能环保、自主创新和欠发达地区的建设。严格控制一般性支出，大力压缩公用经费。四是切实加强政府性债务管理，增强内外部约束力，有效防范和化解潜在财政风险。同时，要依法加强税收征管和非税收入管理，严厉打击偷骗税行为，做到应收尽收。

继续实施适度宽松的货币政策。一是保持货币信贷合理充裕。今年广义货币M2增长目标为17%左右，新增人民币贷款7.5万亿元左右。这两个指标虽然都低于去年实际执行结果，但仍然是适度宽松的政策目标，能够满足经济社会发展的合理资金需求。同时也有利于管理好通胀预期、提高金融支持经济发展的可持续性。二是优化信贷结构。落实有保有控的信贷政策，加强对重点领域和薄弱环节的支持，有效缓解农户和小企业融资难问题，严格控制对“两高”行业和产能过剩行业的贷款。强化贷后管理，确保信贷资金支持实体经济。三是积极扩大直接融资。完善多层次资本市场体系，扩大股权和债券融资规模，更好地满足多样化投融资需求。四是加强风险管理，提高金融监管有效性。探索建立宏观审慎管理制度，强化对跨境资本流动的有效监控，防范各类金融风险。继续完善人民币汇率形成机制，保持人民币汇率在合理、均衡水平上的基本稳定。

积极扩大居民消费需求。继续提高农民收入、企业退休人员基本养老金、部分优抚对象待遇和城乡居民最低生活保障水平，增强居民特别是中低收入者消费能力。巩固扩大传统消费，积极培育信息、旅游、文化、健身、培训、养老、家庭服务等消费热点，促进消费结构优化升级。扩大消费信贷。加强商贸流通体系等基础设施建设，积极发展电子商务。整顿和规范市场秩序，努力营造便利、安全、放心的消费环境。继续实施和完善鼓励消费的各项政策措施。大幅提高家电下乡产品最高限价，增加品种和型号，扩大补贴范围，完善补贴标准和办法，加强对中标企业的管理和考核，提高产品质量和服务水平；完善家电、汽车以旧换新和汽车、摩托车下乡政策，小排量汽车购置税按7.5%征收。我们一定要落实好这些政策措施，把好事办好，真正让广大群众得到实惠。

着力优化投资结构。各级政府投资都要集中力量保重点，严格控制新开工项目，资金安排主要用于项目续建和收尾，切实防止出现“半拉子”工程。扎实推进地震灾区恢复重建，保质保量完成任务。鼓励扩大民间投资，完善和落实促进民间投资的相关政策。加强和改进投资管理，严格执行用地、节能、环保、安全等市场准入标准和产业政策，切实防止重复建设。对有财政资金投入的建设项目，要加强全程监督，坚决避免以扩大内需为名，搞劳民伤财的形象工程和政绩工程。坚持科学民主决策，确保公共投资真正用于推进经济社会发展和改善人民生活，经得起实践和历史的检验。

（二）加快转变经济发展方式，调整优化经济结构

转变经济发展方式刻不容缓。要大力推动经济进入创新驱动、内生增长的发展轨道。

继续推进重点产业调整振兴。一是加大技术改造力度。用好技改专项资金，引导企业开发新产品和节能降耗。二是促进企业兼并重组。打破行业垄断和地区封锁，推动优势企业兼并困难企业，加快淘汰落后产能。三是全面提升产品质量。引导企业以品牌、标准、服务和效益为重点，健全质量管理体系，强化社会责任。切实加强市场监管和诚信体系建设，努力把我国产品质量提高到新水平。

大力培育战略性新兴产业。国际金融危机正在催生新的科技革命和产业革命。发展战略性新兴产业，抢占经济科技制高点，决定国家的未来，必须抓住机遇，明确重点，有所作为。要大力发展新能源、新材料、节能环保、生物医药、信息网络和高端制造产业。积极推进新能源汽车、“三网”融合取得实质性进展，加快物联网的研发应用。加大对战略性新兴产业的投入和政策支持。

进一步促进中小企业发展。一是建立和完善中小企业服务体系。抓紧修订中小企业划分标准，加快中小企业公共服务平台、信息服务网络和小企业创业基地建设，进一步减少、简化行政审批，坚决清理和取消不合理收费。二是继续落实财政对中小企业支持政策。中央财政扶持中小企业发展专项资金安排106亿元。对部分小型微利企业实行所得税优惠政策。中央财政预算内技术改造专项投资要覆盖中小企业，地方政府也要加大投入。三是加强对中小企业的金融支持。完善小企业信贷考核体系。鼓励建立小企业贷款风险补偿基金。中小企业贷款税前全额拨备损失准备金。发展多层次中小企业信用担保体系，落实好对符合条件的中小企业信用担保机构免征营业税、准备金提取和代偿损失在税前扣除的政策。拓宽中小企业融资渠道，切实解决中小企业特别是小企业融资难问题。

加快发展服务业。进一步提高服务业发展水平和在国民经济中的比重。大力发展金融、物流、信息、研发、工业设计、商务、节能环保服务等面向生产的服务业，促进服务业与现代制造业有机融合。大力发展市政公用事业、房地产和物业服务、社区服务等面向民生的服务业，加快发展旅游业，积极拓展新型服务领域。农村服务业基础薄弱、发展潜力大，要加快构建和完善以生产销售、科技信息和金融服务为主体的农村生产生活服务体系。加快建立公开平等规范的服务业准入制度，鼓励社会资本进入。进一步完善促进服务业发展的政策，逐步实现国家鼓励类服务业用电、用水、用气、用热与工业基本同价。

打好节能减排攻坚战和持久战。一要以工业、交通、建筑为重点，大力推进节能，提高能源效率。扎实推进十大重点节能工程、千家企业节能行动和节能产品惠民工程，形成全社会节能的良好风尚。今年要新增8000万吨标准煤的节能能力。所有燃煤机组都要加快建设并运行烟气脱硫设施。二要加强环境保护。积极推进重点流域区域环境治理及城镇污水垃圾处理、农业面源污染治理、重金属污染综合整治等工作。新增城镇污水日处理能力1500万立方米、垃圾日处理能力6万吨。三要积极发展循环经济和节能环保产业。支持循环经济技术研发、示范推广和能力建设。抓好节能、节水、节地、节材工作。推进矿产资源综合利用、工业废物回收利用、余热余压发电和生活垃圾资源化利用。合理开发利用和保护海洋资源。四要积极应对气候变化。加强适应和减缓气候变化的能力建设。大力开发低碳技术，推广高效节能技术，积极发展新能源和可再生能源，加强智能电网建设。加快国土绿化进程，增加森林碳汇，新增造林面积不低于592万公顷。要努力建设以低碳排放为特征的产业体系和消费模式，积极参与应对气候变化国际合作，推动全球应对气候变化取得新进展。

推进区域经济协调发展。继续深入推进西部大开发，全面振兴东北地区等老工业基地，大力促进中部地区崛起，积极支持东部地区率先发展。认真落实促进区域经济社会发展的各项规划和政策。加快推进主体功能区建设。加强对革命老区、民族地区、边疆地区和贫困地区的支持。重点抓好西藏和四省藏区、新疆经济社会发展政策的制定和实施工作。实施区域发展总体战略，重在发挥各地比较优势，有针对性地解决各地发展中的突出矛盾和问题；重在扭转区域经济社会发展差距扩大的趋势，增强发展的协调性；重在加快完善公共财政体系，促进基本公共服务均等化。

（三）加大统筹城乡发展力度，强化农业农村发展基础

在连续 6 年增产增收之后，更要毫不松懈地抓好“三农”工作。要按照统筹城乡发展的要求，坚持把解决好“三农”问题作为全部工作的重中之重，进一步强化强农惠农政策，协调推进工业化、城镇化和农业农村现代化，巩固和发展农业农村好形势。

促进农业稳定发展和农民持续增收。稳定粮食生产，扩大油料种植面积，增加重要紧缺农产品供应，大规模开展粮棉油糖高产创建，大规模开展园艺产品生产和畜牧水产养殖标准化创建，保障“米袋子”、“菜篮子”安全。继续实施对种粮农民直接补贴，增加农资综合补贴、良种补贴、农机具购置补贴，中央财政拟安排补贴资金1335亿元，比上年增加60.4亿元。进一步提高粮食最低收购价，早籼稻、中晚籼稻、粳稻每50公斤分别提高3元、5元和10元，小麦每50公斤提高3元，继续实施重要农产品临时收储政策，让农民得到更多实惠。加强对产粮大县、养猪大县、养牛大县的财政扶持。大力发展农产品加工业，推进农业产业化经营，支持批发市

场和农贸市场升级改造，推动生产与市场对接。促进农民就业创业，多渠道增加农民收入。进一步加大扶贫开发力度。我们要坚持不懈地消除贫困落后，让农民群众早日过上富裕安康的生活。

加强农业基础设施建设。坚持财政支出优先支持农业农村发展，预算内固定资产投资优先投向农业基础设施和农村民生工程，土地出让收益优先用于农业土地开发和农村基础设施建设。中央财政拟安排“三农”投入8183亿元，比上年增加930亿元，地方各级财政也要增加投入。以主产区为重点，全面实施全国新增千亿斤粮食生产能力建设规划。以农田水利为重点，加强农业基础设施建设，加快大中型灌区的配套改造，扩大节水灌溉面积，建设高标准农田，完成大中型和重点小型病险水库除险加固任务。以良种培育为重点，加快农业科技创新和推广，实施好转基因生物新品种培育科技重大专项。积极推进现代农业示范区建设。加快建设乡镇和区域性农技推广、动植物疫病防控、农产品质量监管等公共服务机构。

深化农村改革。毫不动摇地坚持农村基本经营制度，加快完善有关法律法规和政策，现有土地承包关系要保持稳定并长久不变。加强土地承包经营权流转的管理和服务，在依法自愿有偿流转基础上发展多种形式规模经营。继续推进农村综合改革。完善集体林权制度改革配套政策。启动国有林场改革。继续推进草原基本经营制度改革。发展农民专业合作社，提高农业组织化程度。加快培育小型农村金融机构，积极推广农村小额信用贷款，切实改善农村金融服务。深入推进乡镇机构改革。

统筹推进城镇化和新农村建设。坚持走中国特色城镇化道路，促进大中小城市和小城镇协调发展，着力提高城镇综合承载能力，发挥城市对农村的辐射带动作用，促进城镇化和新农村建设良性互动。壮大县域经济，大力加强县城和中心镇基础设施和环境建设，引导非农产业和农村人口有序向小城镇集聚，鼓励返乡农民工就地创业。城乡建设都要坚持最严格的耕地保护制度和最严格的节约用地制度，切实保护农民合法权益。推进户籍制度改革，放宽中小城市和小城镇落户条件。有计划有步骤地解决好农民工在城镇的就业和生活问题，逐步实现农民工在劳动报酬、子女就学、公共卫生、住房租购以及社会保障方面与城镇居民享有同等待遇。进一步增加农村生产生活设施建设投入，启动新一轮农村电网改造，扩大农村沼气建设规模，今年再解决6000万农村人口的安全饮水问题，实施农村清洁工程，改善农村生产生活条件。我们要让符合条件的农业转移人口逐步变为城镇居民，也要让农民有一个幸福生活的美好家园。

（四）全面实施科教兴国战略和人才强国战略

教育、科技和人才，是国家强盛、民族振兴的基石，也是综合国力的核心。

优先发展教育事业。强国必先强教。只有一流的教育，才能培养一流人才，建设一流国家。要抓紧启动实施国家中长期教育改革和发展规划纲要。着重抓好五个方面：一是推进教育改革。要解放思想，大胆突破，勇于创新，鼓励试验，对办学体制、教学内容、教育方法、评价制度等进行系统改革。坚持育人为本，大力推进素质教育。探索适应不同类型教育和人才成长的学校管理体制和办学模式，提高办学和人才培养水平。鼓励社会力量兴办教育，满足群众多样化的教育需求。二是促进义务教育均衡发展。在合理布局的基础上，加快推进中西部地区初中校舍改造和全国中小学校舍安全工程，尽快使所有学校的校舍、设备和师资达到规定标准。为农村中小学班级配备多媒体远程教学设备，让广大农村和偏远地区的孩子共享优质教育资源。加强学前教育和特殊教育学校建设。加大对少数民族和民族地区教育的支持。三是继续加强职业教育。以就业为目标，整合教育资源，改进教学方式，着力培养学生的就业创业能力。四是推进高等学校管理体制和招生制度改革。进一步落实高等学校办学自主权，鼓励高等学校适应就业和经济社会发展需要，调整专业和课程设置，推动高等学校人才培养、科技创新和学术发展紧密结合，激励教师专注于教育，努力建设有特色、高水平大学。创建若干一流大学，培养杰出人才。中央财政要加大对中西部高等教育发展的支持。五是加强教师队伍建设。从多方面采取措施，吸引优秀人才投身教育事业，鼓励他们终身从教。重点加强农村义务教育学校教师和校长培训，鼓励优秀教师到农村贫困地区从教。加强师德教育，增强教师的责任感和使命感。教育寄托着亿万家庭对美好生活的期盼，关系着民族素质和国家未来。教育不普及不提高，国家不可能强盛。这个道理我们要永远铭记。

大力发展科学技术。要认真贯彻自主创新的方针，全面推进创新型国家建设。加快实施科技重大专项，着力突破带动技术革命、促进产业振兴的关键科技问题，突破提高健康水平、保障改善民生的重大公益性科技问题，突破增强国际竞争力、维护国家安全的战略高技术问题。前瞻部署生物、纳米、量子调控、信息网络、气候变化、空天海洋等领域基础研究和前沿技术研究。深化科技体制改革，着力解决科技与经济脱节的问题，推动以企业为主体、市场为导向、产学研相结合的技术创新体系建设，促进科技资源优化配置、开放共享和高效利用。要大力实施知识产权战略，加强知识产权创造、应用和保护。进一步激发广大科技工作者和全社会的创新活力。

加快人才资源开发。人才是第一资源。要统筹推进各类人才队伍建设，突出培养创新型科技人才、经济社会发展重点领域专门人才和高技能人才，积极引进海外高层次人才。建立健全政府、社会、用人单位和个人等多元化的人才培养投入机制，充分发挥市场配置人才资源的基础性作用，努力营造人才辈出、人尽其才的制度环境，建设人力资源强国。

（五）大力加强文化建设

国家发展、民族振兴，不仅需要强大的经济力量，更需要强大的文化力量。文化是一个民族的精神和灵魂，是一个民族真正有力量的决定性因素，可以深刻影响一个国家发展的进程，改变一个民族的命运。没有先进文化的发展，没有全民族文明素质的提高，就不可能真正实现现代化。解放思想、改革开放的时代精神，已经成为推动社会前进的先进文化力量，使中华民族充满生机与活力。

一年来，我们大力发展公益性文化事业，加快推进文化体制改革，加强公共文化服务体系建设，促进文化产业快速成长，繁荣文化市场，有效扩大了内需。新的一年，我们要更加重视和大力加强文化建设。继承和弘扬中华民族优秀传统文化，吸收和借鉴世界各国文明成果，建设中华民族共有精神家园。政府要更好地履行发展公益性文化事业的责任，保障人民群众的基本需求和权益。文化基础设施建设和公共文化资源配置要向基层、特别是农村和中西部地区倾斜，推进美术馆、图书馆、文化馆、博物馆免费开放，丰富人民群众的精神文化生活。要继续推进文化体制改革，扶持公益性文化事业，发展文化产业，鼓励文化创新，培育骨干文化企业，生产更多健康向上的文化产品，满足人民群众多样化的文化需求。促进哲学社会科学、广播影视、新闻出版、档案事业发展，繁荣文学艺术创作，加强文物和非物质文化遗产保护。积极开展对外文化交流，增强中华文化国际影响力。大力发展公共体育事业，广泛开展全民健身运动，提高人民的身体素质。中华民族不仅能够创造经济奇迹，也一定能够创造新的文化辉煌。

（六）着力保障和改善民生，促进社会和谐进步

改善民生是经济发展的根本目的。只有着力保障和改善民生，经济发展才有持久的动力，社会进步才有牢固的基础，国家才能长治久安。

千方百计扩大就业。这是保障和改善民生的头等大事。今年就业形势依然严峻，工作上不能有丝毫松懈。要继续实施积极的就业政策。中央财政拟投入433亿元用于促进就业。重点做好高校毕业生、农民工、就业困难人员就业和退伍转业军人就业安置工作。2009年到期的“五缓四减三补贴”就业扶持政策延长一年。加强政策支持和就业指导，鼓励高校毕业生到城乡基层、中西部地区和中小企业就业；拓宽就业、择业、创业渠道，鼓励自主创业、自谋职业等多种形式的灵活就业，以创业带动就业。建立健全公共投资带动就业的机制。继续加强职业技能培训，重点提高农民工和城乡新增劳动力的就业能力。完善就业服务体系，健全劳动力输出输入地区协调协作机制，引导劳动力特别是农民工有序流动。加快建立统一规范的人力资源市场。维护劳动者合法权益，构建和谐的劳动关系。我们要通过持之以恒的努力，创造更多的就业机会，让广大劳动者各尽所能、各得其所。

加快完善覆盖城乡居民的社会保障体系。扎实推进新型农村社会养老保险试点，试点范围扩大到23%的县。加快解决未参保集体企业退休人员基本养老保障等遗留问题。将全国130万“老工伤”人员全部纳入工伤保险范围。积极推进农民工参加社会保险。加强城乡低保工作，逐步提高保障水平，切实做到动态管理、应保尽保。加强残疾人社会保障和服务体系建设，进一步落实好扶残助残的各项政策，为他们平等参与社会生活创造更好的环境。企业退休人员基本养老金今年再提高10%。各级政府要进一步增加社会保障投入，中央财政拟安排3185亿元。要多渠道增加全国社会保障基金，加强监管，实现保值增值。鼓励和支持慈善事业发展。我们要加快构建更加完善的社会保障安全网，使人民生活有基本保障、无后顾之忧。

改革收入分配制度。合理的收入分配制度是社会公平正义的重要体现。我们不仅要通过发展经济，把社会财富这个“蛋糕”做大，也要通过合理的收入分配制度把“蛋糕”分好。要坚持和完善按劳分配为主体、多种分配方式并存的分配制度，兼顾效率与公平，走共同富裕的道路。一要抓紧制定调整国民收入分配格局的政策措施，逐步提高居民收入在国民收入分配中的比重，提高劳动报酬在初次分配中的比重。加大财政、税收在收入初次分配和再分配中的调节作用。创造条件让更多群众拥有财产性收入。二要深化垄断行业收入分配制度改革。完善对垄断行业工资总额和工资水平的双重调控政策。严格规范国有企业、金融机构经营管理人员特别是高管的收入，完善监管办法。三要进一步规范收入分配秩序。保护合法收入，调节过高收入，取缔非法收入，逐步形成公开透明、公正合理的收入分配秩序，坚决扭转收入差距扩大的趋势。

促进房地产市场平稳健康发展。要坚决遏制部分城市房价过快上涨势头，满足人民群众的基本住房需求。一是继续大规模实施保障性安居工程。中央财政拟安排保障性住房专项补助资金632亿元，比上年增加81亿元。建设保障性住房300万套，各类棚户区改造住房280万套。扩大农村危房改造试点范围。各级政府要切实负起责任，严格执行年度建设计划，确保土地、资金和优惠政策落实到位。二是继续支持居民自住性住房消费。增加中低价位、中小套型普通商品房用地供应，加快普通商品房项目审批和建设进度。规范发展二手房市场，倡导住房租赁消费。盘活住房租赁市场。三是抑制投机性购房。加大差别化信贷、税收政策执行力度。完善商品房预售制度。四是大力整顿和规范房地产市场秩序。完善土地收入管理使用办法，抑制土地价格过快上涨。加大对圈地不建、捂盘惜售、哄抬房价等违法违规行为的查处力度。

加快推进医药卫生事业改革发展。积极稳妥推进医药卫生体制改革，全面落实五项重点工作。继续扩大基本医疗保障覆盖面。今年要把城镇居民基本医保和新农合的财政补助标准提高到120元，比上年增长50%，并适当提高个人缴费标准。开展农村儿童白血病、先天性心脏病医疗保障试点，尽力为这些不幸的儿童和家庭提供更多帮助。在60%政府举办的基层医疗卫生机构实施基本药物制度，其他医疗机构也要优先选用基本药物。推进基本药物集中采购和统一配送。基本完成城乡基层医疗卫生机构建设规划，大规模开展适宜人才培养和培训。进一步完善支持村卫生室建设和乡村医生发展的政策措施。完善基层医疗卫生机构补偿机制，落实岗位绩效工资。开展社区首诊试点，推动形成基层医疗卫生机构和医院功能区分合理、协作配合、互相转诊的服务体系。切实加强甲型Ｈ１Ｎ１流感等重大传染病防控和慢性病、职业病、地方病防治，提高突发公共卫生事件应急处置能力。开展公立医院改革试点，坚持基本医疗的公益性方向，创新体制机制，充分调动医务人员积极性，提高服务质量，控制医疗费用，改善医患关系。大力支持社会资本兴办医疗卫生机构，在服务准入、医保定点等方面一视同仁。扶持和促进中医药、民族医药事业发展。医药卫生事业改革发展关系人民身体健康和家庭幸福，我们要克服一切困难，把这个世界性难题解决好。

做好人口和计划生育工作。继续稳定低生育水平。做好流动人口计划生育服务工作。落实好农村妇女妇科疾病定期检查和住院分娩补助政策。加强出生缺陷干预，开展免费孕前优生健康检查试点，做好孕产妇和婴幼儿保健工作。继续实施农村部分计划生育家庭奖励扶助制度和西部地区少生快富工程。切实保护好妇女和未成年人权益。加强应对人口老龄化战略研究，加快建立健全养老社会服务体系，让老年人安享晚年生活。

（七）坚定不移推进改革，进一步扩大开放

今年要继续深化重点领域和关键环节改革，努力实现新的突破。

我们要继续推进国有经济布局和结构战略性调整。加快大型国有企业特别是中央企业母公司的公司制改革，实现产权多元化，完善法人治理结构。加快推进垄断性行业改革，推进公用事业改革，切实放宽市场准入，积极引入竞争机制。着力营造多种所有制经济公平竞争的市场环境，更好地促进非公有制经济发展。

深化资源性产品价格和环保收费改革，是节约能源资源、保护环境、实现可持续发展的重要举措。要扩大用电大户与发电企业直接交易试点，推行居民用电用水阶梯价格制度，健全可再生能源发电定价和费用分摊机制。完善农业用水价格政策。改革污水处理、垃圾处理收费制度。扩大排污权交易试点。在推进这些改革中要注意协调好各方面利益关系，决不能让低收入群众的基本生活受到影响。

要继续推进财税体制改革。健全公共财政体系。完善财政转移支付制度，加大一般性转移支付，增强地方

政府提供基本公共服务的能力。健全省以下财政管理体制，完善县级基本财力保障机制，推进省直管县财政管理方式改革。全面编制中央和地方政府性基金预算，试编社会保险基金预算，完善国有资本经营预算制度。增强财政预算的透明度。继续做好增值税转型工作。推进资源税改革。统一内外资企业和个人城建税、教育费附加制度。

健全金融体系是应对国际金融危机冲击的重要举措。要继续完善国有控股金融机构公司治理，改善经营管理机制，提高风险管控能力。继续推动政策性金融机构改革。稳步推进资产管理公司转型。深化农村信用社改革。推动中小金融机构规范发展。大力发展金融市场，鼓励金融创新。推进跨境贸易人民币结算试点，逐步发展境外人民币金融业务。推进存款保险制度建设。加快发展农业保险。

要按照政事分开、事企分开和管办分离的要求，在科学分类的基础上，积极稳妥推进事业单位改革。

我们的改革是全面的改革，包括经济体制改革、政治体制改革以及其他各领域的改革。没有政治体制改革，经济体制改革和现代化建设就不可能成功。要发展社会主义民主，切实保障人民当家作主的民主权利，特别是选举权、知情权、参与权、表达权和监督权。进一步扩大基层民主，健全基层自治组织和民主管理制度，让广大群众更好地参与管理基层公共事务。要依法治国，健全法制，特别要重视那些规范和监督权力运行的法律制度建设。创新政府立法工作的方法和机制，扩大立法工作的公众参与。

我们要全面适应国际形势变化和国内发展要求，拓展对外开放的广度和深度。

稳定发展对外贸易。今年的主要着力点是拓市场、调结构、促平衡。坚持实施市场多元化战略和以质取胜战略，落实和完善出口退税、出口信贷、出口信用保险等各项政策措施，继续改善海关、质检、外汇等方面的服务。巩固传统市场，大力开拓新兴市场。优化出口产品结构，稳定劳动密集型产品出口，扩大机电产品和高新技术产品出口，大力发展服务贸易和服务外包，努力培育出口品牌和营销网络，继续严格控制“两高一资”产品出口。积极推进加工贸易转型升级。促进进出口平衡发展，重点扩大先进技术装备、关键零部件和国内紧缺物资进口，稳定各项进口促进政策和便利化措施，敦促发达国家放宽高新技术产品出口限制。

推动利用外资和对外投资协调发展。优化利用外资结构，鼓励外资投向高端制造业、高新技术产业、现代服务业、新能源和节能环保产业，鼓励跨国公司在华设立地区总部等各类功能性机构，鼓励中外企业加强研发合作。鼓励外资参与国内企业改组改造和兼并重组，加快建立外资并购安全审查制度。促进“引资”与“引智”相结合。引导外资向中西部地区转移和增加投资。加快实施“走出去”战略，鼓励符合国外市场需求的行业有序向境外转移产能，支持有条件的企业开展海外并购，深化境外资源互利合作，提高对外承包工程和劳务合作的质量。进一步简化各类审批手续，落实企业境外投资自主权。“走出去”的企业要依法经营，规避风险，防止恶性竞争，维护国家整体利益和良好形象。

深化多边双边经贸合作。加强和改善与发达国家的经贸关系，深化与发展中国家的互利合作，认真落实中非务实合作八项新举措。发挥经济高层对话和双边经贸联委会作用。加快自由贸易区建设步伐。积极参与多哈回合谈判，推动早日达成更加合理、平衡的谈判结果。反对各种形式的保护主义，妥善处理贸易摩擦。

上海世博会即将拉开帷幕。要加强与各参展国家、地区和国际组织的合作，把上海世博会办成一届成功、精彩、难忘的盛会，办成一届促进人类文明进步，促进科技创新，促进我国与世界各国交流合作、共同发展的盛会。

（八）努力建设人民满意的服务型政府

一年来，政府自身改革和建设取得新进展。为应对各种困难，我们特别注意发扬民主、倾听基层群众意见，重视维护群众利益。广大公务员兢兢业业、勤勉尽责，为保增长、保民生、保稳定作出了积极贡献。但是政府工作与人民的期望还有较大差距。职能转变不到位，对微观经济干预过多，社会管理和公共服务比较薄弱；一些工作人员依法行政意识不强；一些领导干部脱离群众、脱离实际，形式主义、官僚主义严重；一些领域腐败现象易发多发。我们要以转变职能为核心，深化行政管理体制改革，大力推进服务型政府建设，努力为各类市场主体创造公平的发展环境，为人民群众提供良好的公共服务，维护社会公平正义。

我们要全面正确履行政府职能，更加重视公共服务和社会管理。加快健全覆盖全民的公共服务体系，全面增强基本公共服务能力。健全重大自然灾害、突发公共安全事件应急处理机制。加强防灾减灾能力建设。加强食品药品质量监管，做好安全生产工作，遏制重特大事故发生。

要适应新形势，推进社会管理体制改革和创新，合理调节社会利益关系。认真解决企业改制、征地拆迁、环境保护、劳动争议、涉法涉诉等领域损害群众利益的突出问题，保障人民群众的合法权益。加强和改进信访工作。改善流动人口管理和服务。加强社会治安综合治理，着力解决突出治安问题，防范和依法严厉打击各类违法犯罪活动，维护国家安全和社会稳定。

要努力提高执行力和公信力。坚持决策的科学化、民主化，使各项政策更加符合实际、经得起检验。加强对政策执行情况的检查监督，做到令行禁止。强化行政问责，对失职渎职、不作为和乱作为的，要严肃追究责任。各地区、各部门对中央的决策部署要执行有力，绝不允许各自为政。各级行政机关及其公务员要自觉遵守宪法和法律，严格依法行政。切实改进行政执法工作，努力做到规范执法、公正执法、文明执法。加快建立健全决策、执行、监督相互制约又相互协调的行政运行机制。

要把反腐倡廉建设摆在重要位置，这直接关系政权的巩固。各级领导干部特别是高级干部要坚决执行中央关于报告个人经济和财产，包括收入、住房、投资，以及配偶子女从业等重大事项的规定，并自觉接受纪检部门的监督。要把查处违法违纪大案要案，作为反腐败的重要任务。充分发挥监察、审计部门的作用，加强对行政权力运行的监督。要建立健全惩治和预防腐败体系的各项制度，特别要健全公共资源配置、公共资产交易、公共产品生产等领域的管理制度，增强制度约束力。要坚持勤俭行政，反对铺张浪费，不断降低行政成本。严格控制楼堂馆所建设，禁止高档装修办公楼，加快公务接待、公车使用等制度改革，从严控制公费出国出境。切实精简会议和文件，特别要减少那些形式重于内容的会议、庆典和论坛。要深入推进政务公开，完善各类公开办事制度和行政复议制度，创造条件让人民批评政府、监督政府，同时充分发挥新闻舆论的监督作用，让权力在阳光下运行。

我们所做的一切都是要让人民生活得更加幸福、更有尊严，让社会更加公正、更加和谐。

促进民族团结，实现共同进步，是中华民族的生命、力量和希望所在。要巩固和发展平等、团结、互助、和谐的社会主义民族关系。认真落实中央支持少数民族和民族地区发展的政策措施，优先支持边疆民族地区加快发展。加快完成边境一线地区危旧房改造，实施游牧民定居工程。新型农村社会养老保险要优先在边境县、民族地区贫困县试点。加大扶持人口较少民族发展力度。继续推进兴边富民行动。重视保护少数民族文化遗产和民族地区生态环境。切实做好少数民族流动人口公共服务、就业和管理工作，保障他们的合法权益。同时，加强国家意识、公民意识教育，旗帜鲜明地反对民族分裂，维护祖国统一。要让少数民族和民族地区各族群众充分感受到祖国大家庭的温暖。

我们要全面贯彻党的宗教工作基本方针，依法管理宗教事务。发挥宗教界人士和信教群众在促进经济发展和社会和谐中的积极作用。

我们要认真贯彻党的侨务政策。维护海外侨胞、归侨侨眷的合法权益，支持他们传承中华文化，参与祖国现代化建设和促进和平统一大业。

过去一年，国防和军队现代化建设取得新的成就。人民解放军和武警部队圆满完成国庆首都阅兵、重点地区维稳等重大任务，为维护国家安全和发展利益发挥了重要作用。新的一年，要紧紧围绕党和国家工作大局，着眼全面履行新世纪新阶段军队历史使命，按照革命化现代化正规化相统一的原则，加强军队全面建设。以增强打赢信息化条件下局部战争能力为核心，提高应对多种安全威胁、完成多样化军事任务的能力。大力加强军队思想政治建设。加快全面建设现代后勤步伐。加强国防科研和武器装备建设。依法治军、从严治军，提高军队正规化水平。积极稳妥地深化国防和军队改革。加强武警部队现代化建设，增强执勤、处置突发事件、反恐、维稳能力。加强国防动员和后备力量建设。各级政府要一如既往地关心支持国防和军队建设，巩固和发展军政军民团结。

我们将坚定不移地贯彻“一国两制”、“港人治港”、“澳人治澳”、高度自治的方针，全力支持香港、澳门保持长期繁荣稳定。支持香港巩固并提升国际金融、贸易、航运中心地位，发展优势产业，培育新的经济增长点。支持澳门发展旅游休闲产业，促进经济适度多元化。要认真实施珠江三角洲地区改革发展规划纲要，积极推进港珠澳大桥等大型跨境基础设施建设和珠海横琴岛开发，深化粤港澳合作，密切内地与港澳的经济联系。伟大祖国永远是香港、澳门的坚强后盾。只要特别行政区政府与各界人士同心协力，包容共济，共同维护繁荣稳定发展的大局，香港、澳门的明天一定会更加美好。

过去的一年，两岸关系在新的历史起点上取得重要进展，呈现和平发展良好势头。两岸交流合作不断深入，全面直接双向“三通”得以实现。经济关系正常化迈出重要步伐，经济合作制度化建设逐步推进。两岸关系持续改善和发展，给两岸同胞带来了实实在在的利益。在新的一年里，我们要继续坚持发展两岸关系、促进祖国和平统一的大政方针，牢牢把握两岸关系和平发展的主题，不断开创两岸关系和平发展新局面。密切两岸经贸金融交往，深化产业合作，支持在大陆的台资企业发展，维护台胞合法权益。鼓励有条件的大陆企业赴台投资。支持海峡西岸经济区在两岸交流合作中发挥先行先试作用。通过商签两岸经济合作框架协议，促进互利共赢，建立具有两岸特色的经济合作机制。拓展文化教育交流，共同弘扬中华文化。加强两岸民众和社会各界交流，共同分享两岸关系和平发展成果，进一步凝聚推动两岸关系和平发展的共识。坚持大陆和台湾同属一个中国，巩固两岸关系和平发展的政治基础，增强两岸政治互信。我们坚信，全体中华儿女同心协力，祖国完全统一的宏伟大业一定能够实现！

过去的一年，外交工作取得新的重大成绩。我国积极参加应对国际金融危机、气候变化等国际合作，在一系列重大多边会议上发挥了独特的建设性作用。我们积极开展全方位外交，与各大国、周边国家和广大发展中国家的对话合作稳步推进。大力加强人文等领域外交。有效维护我国公民和法人在海外的合法权益。

新中国外交走过了60年光辉历程，在国际舞台上留下了闪光足迹。我们将继承发扬光荣传统，始终高举和平、发展、合作旗帜，坚持独立自主的和平外交政策，坚持走和平发展道路，奉行互利共赢的开放战略，推动建设持久和平、共同繁荣的和谐世界，为我国现代化建设创造良好的外部环境。新的一年，我们将继续以20国集团金融峰会等重大多边活动为主要平台，积极参与国际体系变革进程，维护发展中国家利益。统筹协调好双边外交与多边外交、国别区域外交与各领域外交工作，推动我国与各大国、周边国家和发展中国家的关系全面深入发展。紧紧抓住中国－东盟自贸区全面建成、上海合作组织召开峰会等契机，积极推进区域合作。进一步做好应对气候变化、能源资源合作等方面的对外工作，在妥善解决热点问题和全球性问题中发挥建设性作用。中国政府和人民愿与国际社会携手努力，共同应对风险挑战，共同分享发展机遇，为世界和平与发展作出新贡献！

艰辛成就伟业，奋斗创造辉煌。让我们在以胡锦涛同志为总书记的党中央领导下，凝聚起亿万人民的智慧和力量，再接再厉，开拓进取，全面完成“十一五”规划的各项任务，不断夺取改革开放和社会主义现代化建设事业的新胜利！

注释：

1.应对国际金融危机的一揽子计划：是指我国在应对国际金融危机中出台的一系列政策措施组合。主要包括四个方面：一是全面促进经济平稳较快发展，大规模增加政府投资，实施总额4万亿元的两年投资计划，其中中央政府拟新增1.18万亿元，实行结构性减税，扩大国内需求；二是大范围实施调整振兴产业规划，提高国民经济整体竞争力；三是大力推进自主创新，增强发展后劲；四是大幅度提高社会保障水平，扩大城乡就业，促进社会事业发展。

2.“三网”融合：是指电信网、广播电视网和互联网融合发展，实现三网互联互通、资源共享，为用户提供话音、数据和广播电视等多种服务。加快推进三网融合对于提高国民经济信息化水平，满足人民群众日益多样的生产、生活服务需求，形成新的经济增长点，具有重要意义。

3.物联网：是指通过信息传感设备，按照约定的协议，把任何物品与互联网连接起来，进行信息交换和通讯，以实现智能化识别、定位、跟踪、监控和管理的一种网络。它是在互联网基础上延伸和扩展的网络。

4.森林碳汇：是指森林系统减少大气中二氧化碳浓度的过程、活动或机制。森林植物在生长过程中通过光合作用吸收二氧化碳、放出氧气，并把大气中的二氧化碳固定在植被和土壤中。

5.“五缓四减三补贴”就业扶持政策：是指为应对国际金融危机，有关部门于2008年底出台的一系列减轻企业负担、稳定就业局势的措施。主要包括：允许困难企业在一定期限内缓缴养老、失业、医疗、工伤、生育五项社会保险费；阶段性降低城镇职工基本医疗保险、失业保险、工伤保险、生育保险等四项社会保险费率；使用失业保险基金向困难企业支付社会保险补贴或岗位补贴，使用就业专项资金支持困难企业开展职工在岗培训。为保持积极就业政策的连续性和稳定性，这些政策的执行期均延长到2010年底。

6.医药卫生体制改革的五项重点工作：是指为深化医药卫生体制改革，实现2020年基本建立覆盖城乡居民的基本医疗卫生制度、实现人人享有基本医疗卫生服务的改革目标，在2009－2011年需要重点抓好的五项改革。主要包括：加快推进基本医疗保障制度建设，初步建立国家基本药物制度，健全基层医疗卫生服务体系，促进基本公共卫生服务均等化，推进公立医院改革试点。

7.中非务实合作八项新举措：是指2009年11月8日温家宝总理代表中国政府在中非合作论坛第四届部长级会议上宣布的推进中非合作的新措施。主要包括：在建立中非应对气候变化伙伴关系、加强科技合作、增加非洲融资能力、扩大对非产品开放市场、加强农业合作、深化医疗卫生合作、加强人力资源开发和教育合作、扩大人文交流等八个方面，采取一系列措施，推进中非合作。

国务院关于落实《政府工作报告》重点工作部门分工的意见

国发〔2010〕8号

国务院各部委、各直属机构：

根据党中央关于2010年工作部署和十一届全国人大三次会议通过的《政府工作报告》，今年国务院工作总的要求是：以邓小平理论和“三个代表”重要思想为指导，深入贯彻落实科学发展观，着力搞好宏观调控和保持经济平稳较快发展，着力加快经济发展方式转变和经济结构调整，着力推进改革开放和自主创新，着力改善民生和促进社会和谐稳定，全面推进社会主义经济建设、政治建设、文化建设、社会建设以及生态文明建设，加快全面建设小康社会进程，努力实现经济社会又好又快发展。为做好今年的政府工作，实现国民经济和社会发展的预期目标，现就《政府工作报告》明确的重点工作提出部门分工意见如下：

一、提高宏观调控水平，保持经济平稳较快发展

（一）积极做好宏观调控工作

继续实施积极的财政政策和适度宽松的货币政策，保持政策的连续性和稳定性，根据新形势新情况不断提高政策的针对性和灵活性，把握好政策实施的力度、节奏和重点，处理好保持经济平稳较快发展、调整经济结构和管理通胀预期的关系，稳定物价总水平。（发展改革委牵头。明确一个部门牵头的，有关部门配合，但不一一列出。下同）

（二）继续实施积极的财政政策

保持适度的财政赤字和国债规模，安排中央财政赤字8500亿元，继续代发地方债2000亿元。继续实施结构性减税政策。优化财政支出结构，继续向“三农”、民生、社会事业等领域倾斜，支持节能环保、自主创新和欠发达地区的建设。严格控制一般性支出，大力压缩公用经费。切实加强政府性债务管理，增强内外部约束力，有效防范和化解潜在财政风险。依法加强税收征管和非税收入管理，严厉打击偷骗税行为，做到应收尽收。（财政部、发展改革委、税务总局负责。列第一位者为牵头部门或单位，其他部门按职责分工负责。下同）

（三）继续实施适度宽松的货币政策

保持货币信贷合理充裕。优化信贷结构，落实有保有控的信贷政策，加强对重点领域和薄弱环节的支持，有效缓解农户和小企业融资难问题，严格控制对“两高”行业和产能过剩行业的贷款。强化贷后管理，确保信贷资金支持实体经济。积极扩大直接融资，完善多层次资本市场体系，扩大股权和债券融资规模，更好地满足多样化投融资需求。加强风险管理，提高金融监管有效性，探索建立宏观审慎管理制度，强化对跨境资本流动的有效监控，防范各类金融风险。继续完善人民币汇率形成机制，保持人民币汇率在合理、均衡水平上的基本稳定。（人民银行、金融监管机构、发展改革委等负责）

（四）积极扩大居民消费需求

继续提高农民收入、企业退休人员基本养老金、部分优抚对象待遇和城乡居民最低生活保障水平，增强居民特别是中低收入者消费能力。巩固扩大传统消费，积极培育信息、旅游、文化、健身、培训、养老、家庭服务等消费热点，促进消费结构优化升级。扩大消费信贷。加强商贸流通体系等基础设施建设，积极发展电子商务。整顿和规范市场秩序，努力营造便利、安全、放心的消费环境。继续实施和完善鼓励消费的各项政策措

施。大幅提高家电下乡产品最高限价，增加品种和型号，扩大补贴范围，完善补贴标准和办法，加强对中标企业的管理和考核，提高产品质量和服务水平；完善家电、汽车以旧换新和汽车、摩托车下乡政策，小排量汽车购置税按7.5%征收。（发展改革委、工业和信息化部、财政部、商务部、人力资源社会保障部、民政部、人民银行、税务总局、旅游局等负责）

（五）着力优化投资结构

各级政府投资要集中力量保重点。严格控制新开工项目，资金安排主要用于项目续建和收尾，切实防止出现“半拉子”工程。扎实推进地震灾区恢复重建，保质保量完成任务。鼓励扩大民间投资，完善和落实促进民间投资的相关政策。加强和改进投资管理，严格执行用地、节能、环保、安全等市场准入标准和产业政策，切实防止重复建设。对有财政资金投入的建设项目，要加强全程监督，坚决避免以扩大内需为名，搞劳民伤财的形象工程和政绩工程。坚持科学民主决策，确保公共投资真正用于推进经济社会发展和改善人民生活。（发展改革委、财政部、工业和信息化部、监察部、国土资源部、环境保护部、住房城乡建设部、安全监管总局、审计署等负责）

二、加快转变经济发展方式，调整优化经济结构

（六）继续推进重点产业调整振兴

加大技术改造力度，用好技改专项资金，引导企业开发新产品和节能降耗。打破行业垄断和地区封锁，推动优势企业兼并困难企业，促进企业兼并重组。认真落实《国务院关于进一步加强淘汰落后产能工作的通知》（国发〔2010〕7号），加快淘汰落后产能。全面提升产品质量，引导企业以品牌、标准、服务和效益为重点，健全质量管理体系，强化社会责任，切实加强市场监管和诚信体系建设。（发展改革委、工业和信息化部、财政部、商务部、国资委、工商总局、质检总局、证监会、电监会、能源局负责）

（七）大力培育战略性新兴产业

大力发展新能源、新材料、节能环保、生物医药、信息网络和高端制造产业。积极推进新能源汽车研发和推广应用，推动“三网”融合取得实质性进展，加快物联网的研发应用。加大对战略性新兴产业的投入和政策支持。（发展改革委、工业和信息化部、科技部、财政部、商务部、证监会、广电总局、能源局等负责）

（八）进一步促进中小企业发展

认真落实《国务院关于进一步促进中小企业发展的若干意见》（国发〔2009〕36号）。建立和完善中小企业服务体系，抓紧修订中小企业划分标准，加快中小企业公共服务平台、信息服务网络和小企业创业基地建设，进一步减少、简化行政审批，坚决清理和取消不合理收费。继续落实财政对中小企业支持政策，对部分小型微利企业实行所得税优惠政策，中央财政预算内技术改造专项投资覆盖中小企业，中央财政扶持中小企业发展专项资金安排106亿元，地方政府也要加大投入。加强对中小企业的金融支持，完善小企业信贷考核体系，鼓励建立小企业贷款风险补偿基金，中小企业贷款税前全额拨备损失准备金。发展多层次中小企业信用担保体系，落实好对符合条件的中小企业信用担保机构免征营业税、准备金提取和代偿损失在税前扣除的政策。拓宽中小企业融资渠道，切实解决中小企业特别是小企业融资难问题。（工业和信息化部、财政部、发展改革委、人民银行、科技部、税务总局、银监会、证监会、统计局、监察部等负责）

（九）加快发展服务业

进一步提高服务业发展水平和在国民经济中的比重。大力发展金融、物流、信息、研发、工业设计、商务、节能环保服务等面向生产的服务业，促进服务业与现代制造业有机融合。大力发展市政公用事业、房地产和物业服务、社区服务等面向民生的服务业，加快发展旅游业，积极拓展新兴服务业领域。加快构建和完善以生产销售、科技信息和金融服务为主体的农村生产生活服务体系。加快建立公开平等规范的服务业准入制度，鼓励社会资本进入。进一步完善促进服务业发展的政策，逐步实现国家鼓励类服务业用电、用水、用气、用热与工业基本同价。（发展改革委牵头）

（十）打好节能减排攻坚战和持久战

以工业、交通、建筑为重点，大力推进节能，提高能源效率。扎实推进十大重点节能工程、千家企业节能行动和节能产品惠民工程，今年新增8000万吨标准煤的节能能力。所有燃煤机组都要加快建设并运行烟气脱硫设施。加强环境保护，积极推进重点流域区域环境治理及城镇污水垃圾处理、农业面源污染治理、重金属污

染综合整治等工作，新增城镇污水日处理能力1500万立方米、垃圾日处理能力6万吨。积极发展循环经济和节能环保产业。支持循环经济技术研发、示范推广和能力建设。抓好节能、节水、节地、节材工作。推进矿产资源综合利用、工业废物回收利用、余热余压发电和生活垃圾资源化利用。合理开发利用和保护海洋资源。积极应对气候变化，加强适应和减缓气候变化的能力建设，大力开发低碳技术，推广高效节能技术，积极发展新能源和可再生能源，加强智能电网建设。加快国土绿化进程，增加森林碳汇，新增造林面积不低于592万公顷。努力建设以低碳排放为特征的产业体系和消费模式。积极参与应对气候变化国际合作，推动全球应对气候变化取得新进展。（发展改革委、环境保护部、科技部、财政部、工业和信息化部、国土资源部、住房城乡建设部、交通运输部、铁道部、水利部、农业部、林业局、气象局、能源局、电监会、海洋局等负责）

（十一）推进区域经济协调发展

继续深入推进西部大开发，全面振兴东北地区等老工业基地，大力促进中部地区崛起，积极支持东部地区率先发展。认真落实促进区域经济社会发展的各项规划和政策。加快推进主体功能区建设。加强对革命老区、民族地区、边疆地区和贫困地区的支持。重点抓好西藏和四省藏区、新疆经济社会发展政策的制定和实施工作。（发展改革委、财政部、扶贫办、工业和信息化部、国家民委等负责）

三、加大统筹城乡发展力度，强化农业农村发展基础

（十二）促进农业稳定发展和农民持续增收

稳定粮食生产，扩大油料种植面积，增加重要紧缺农产品供应，大规模开展粮棉油糖高产创建，大规模开展园艺产品生产和畜牧水产养殖标准化创建，保障“米袋子”、“菜篮子”安全。继续实施对种粮农民直接补贴，增加农资综合补贴、良种补贴、农机具购置补贴，中央财政安排补贴资金1335亿元。进一步提高粮食最低收购价，早籼稻、中晚籼稻、粳稻每50公斤分别提高3元、5元和10元，小麦每50公斤提高3元。继续实施重要农产品临时收储政策。加强对产粮大县、养猪大县、养牛大县的财政扶持。大力发展农产品加工业，加快发展农业机械化，推进农业产业化经营，支持批发市场和农贸市场升级改造，促进农民就业创业，多渠道增加农民收入。进一步加大扶贫开发力度。（农业部、财政部、发展改革委、商务部、扶贫办、粮食局、科技部等负责）

（十三）加强农业基础设施建设

坚持财政支出优先支持农业农村发展，预算内固定资产投资优先投向农业基础设施和农村民生工程，土地出让收益优先用于农业土地开发和农村基础设施建设。中央财政安排“三农”投入8183亿元，地方各级财政也要增加投入。以主产区为重点，全面实施全国新增千亿斤粮食生产能力建设规划。以农田水利为重点，加强农业基础设施建设，加快大中型灌区的配套改造，扩大节水灌溉面积，建设高标准农田，完成大中型和重点小型病险水库除险加固任务。以良种培育为重点，加快农业科技创新和推广，实施好转基因生物新品种培育科技重大专项。积极推进现代农业示范区建设。加快建设乡镇和区域性农技推广、动植物疫病防控、农产品质量监管等公共服务机构。（发展改革委、财政部、国土资源部、水利部、农业部、科技部、质检总局、林业局等负责）

（十四）深化农村改革

毫不动摇地坚持农村基本经营制度，加快完善有关法律法规和政策，现有土地承包关系要保持稳定并长久不变。加强土地承包经营权流转管理和服务，在依法自愿有偿流转的基础上发展多种形式规模经营。继续推进农村综合改革。完善集体林权制度改革配套政策。启动国有林场改革。深化农垦体制改革。继续推进草原基本经营制度改革。发展农民专业合作社，提高农业组织化程度。加快培育小型农村金融机构，积极推广农村小额信用贷款，切实改善农村金融服务。深入推进乡镇机构改革。（农业部、法制办、林业局、人民银行、国务院农村综合改革工作小组、国土资源部、银监会、保监会、中央编办等负责）

（十五）统筹推进城镇化和新农村建设

坚持走中国特色城镇化道路，促进大中小城市和小城镇协调发展，着力提高城镇综合承载能力，发挥城市对农村的辐射带动作用，促进城镇化和新农村建设良性互动。壮大县域经济，大力加强县城和中心镇基础设施和环境建设，引导非农产业和农村人口有序向小城镇集聚，鼓励返乡农民工就地创业。城乡建设坚持最严格的耕地保护制度和最严格的节约用地制度，切实保护农民合法权益。推进户籍制度改革，放宽中小城市和小城镇

落户条件。有计划有步骤地解决好农民工在城镇的就业和生活问题，逐步实现农民工在劳动报酬、子女就学、公共卫生、住房租购以及社会保障方面与城镇居民享有同等待遇。进一步增加农村生产生活设施建设投入，启动新一轮农村电网改造，扩大农村沼气建设规模，今年再解决6000万农村人口的安全饮水问题，实施农村清洁工程，改善农村生产生活条件。（发展改革委、住房城乡建设部、人力资源社会保障部、国土资源部、财政部、公安部、农业部、水利部、教育部、科技部、能源局等负责）

四、全面实施科教兴国战略和人才强国战略

（十六）推进教育改革

抓紧启动实施国家中长期教育改革和发展规划纲要。对办学体制、教学内容、教育方法、评价制度等进行系统改革。坚持育人为本，大力推进素质教育。探索适应不同类型教育和人才成长的学校管理体制和办学模式，提高办学和人才培养水平。鼓励社会力量兴办教育，满足群众多样化的教育需求。（教育部、发展改革委、财政部负责）

（十七）促进义务教育均衡发展

在合理布局的基础上，加快推进中西部地区初中校舍改造和全国中小学校舍安全工程，尽快使所有学校的校舍、设备和师资达到规定标准。为农村中小学班级配备多媒体远程教学设备，让广大农村和偏远地区的孩子共享优质教育资源。加强学前教育和特殊教育学校建设。加大对少数民族和民族地区教育的支持。（教育部、发展改革委、财政部、住房城乡建设部、国家民委负责）

（十八）继续加强职业教育

以就业为目标，整合教育资源，改进教学方式，着力培养学生的就业创业能力。（教育部、发展改革委、财政部、人力资源社会保障部、国资委负责）

（十九）推进高等学校管理体制和招生制度改革

进一步落实高等学校办学自主权，鼓励高等学校适应就业和经济社会发展需要，调整专业和课程设置，推动高等学校人才培养、科技创新和学术发展紧密结合，激励教师专注于教育，努力建设有特色、高水平大学。创建若干一流大学，培养杰出人才。中央财政加大对中西部高等教育发展的支持。（教育部、发展改革委、财政部负责）

（二十）加强教师队伍建设

从多方面采取措施，吸引优秀人才投身教育事业，鼓励他们终身从教。重点加强农村义务教育学校教师和校长培训，鼓励优秀教师到农村贫困地区从教。加强师德教育，增强教师的责任感和使命感。（教育部、财政部、人力资源社会保障部负责）

（二十一）加快实施科技重大专项

认真贯彻自主创新的方针，全面推进创新型国家建设，着力突破带动技术革命、促进产业振兴的关键科技问题，突破提高健康水平、保障改善民生的重大公益性科技问题，突破增强国际竞争力、维护国家安全的战略高技术问题。前瞻部署生物、纳米、量子调控、信息网络、气候变化、空天海洋等领域基础研究和前沿技术研究。（科技部、发展改革委、财政部、工业和信息化部、教育部、能源局负责）

（二十二）深化科技体制改革

着力解决科技与经济脱节的问题，推动以企业为主体、市场为导向、产学研相结合的技术创新体系建设，促进科技资源优化配置、开放共享和高效利用。大力实施知识产权战略，加强知识产权创造、应用和保护。进一步激发广大科技工作者和全社会的创新活力。（科技部、知识产权局、财政部、工商总局负责）

（二十三）加快人才资源开发

统筹推进各类人才队伍建设，突出培养创新型科技人才、经济社会发展重点领域专门人才和高技能人才，积极引进海外高层次人才。建立健全政府、社会、用人单位和个人等多元化的人才培养投入机制，充分发挥市场配置人才资源的基础性作用，努力营造人才辈出、人尽其才的制度环境，建设人力资源强国。（人力资源社会保障部、发展改革委、教育部、科技部、财政部等负责）

五、大力加强文化建设

（二十四）大力发展文化、体育事业

完善公共文化服务体系，保障人民群众的基本需求和权益。文化基础设施建设和公共文化资源配置向基层特别是农村和中西部地区倾斜，推进美术馆、图书馆、文化馆、博物馆免费开放。继续推进文化体制改革，扶持公益性文化事业，发展文化产业，鼓励文化创新，培育骨干文化企业，生产更多健康向上的文化产品，满足人民群众多样化的文化需求。促进哲学社会科学、广播影视、新闻出版、档案事业发展，繁荣文学艺术创作，

加强文物和非物质文化遗产保护。积极开展对外文化交流，增强中华文化国际影响力。大力发展公共体育事业，广泛开展全民健身运动，提高人民的身体素质。办好广州亚运会、亚残运会。（文化部、发展改革委、财政部、广电总局、新闻出版总署、体育总局、社科院、档案局、文物局、教育部、中国残联、侨办负责）

六、着力保障和改善民生，促进社会和谐进步

（二十五）千方百计扩大就业

继续实施积极的就业政策，中央财政投入433亿元用于促进就业。重点做好高校毕业生、农民工、就业困难人员就业和退伍转业军人就业安置工作。继续实行“五缓四减三补贴”就业扶持政策。加强政策支持和就业指导，鼓励高校毕业生到城乡基层、中西部地区和中小企业就业；拓宽就业、择业、创业渠道，鼓励自主创业、自谋职业等多种形式的灵活就业，以创业带动就业。建立健全公共投资带动就业的机制。落实《国务院办公厅关于进一步做好农民工培训工作的指导意见》（国办发〔2010〕11号），继续加强职业技能培训，重点提高农民工和城乡新增劳动力的就业能力。完善就业服务体系，健全劳动力输出输入地区协调协作机制，引导劳动力特别是农民工有序流动。加快建立统一规范的人力资源市场。维护劳动者合法权益，构建和谐的劳动关系。（人力资源社会保障部、民政部、财政部、教育部、农业部等负责）

（二十六）加快完善覆盖城乡居民的社会保障体系

组织实施《国务院关于开展新型农村社会养老保险试点的指导意见》（国发〔2009〕32号），扎实推进新型农村社会养老保险试点，试点范围扩大到23%的县。加快解决未参保集体企业退休人员基本养老保障等遗留问题。将全国130万“老工伤”人员全部纳入工伤保险范围。积极推进农民工参加社会保险。企业退休人员基本养老金今年再提高10%。进一步增加各级政府对社会保障的投入，中央财政安排3185亿元。多渠道增加全国社会保障基金，加强监管，实现保值增值。（人力资源社会保障部、民政部、财政部等负责）

（二十七）进一步健全社会救助体系

健全城乡低保制度，逐步提高保障水平，做到动态管理、应保尽保。完善孤儿救助制度。加强残疾人社会保障和服务体系建设，进一步落实好扶残助残的各项政策。（民政部、财政部、中国残联负责）

（二十八）改革收入分配制度

抓紧制定调整国民收入分配格局的政策措施，逐步提高居民收入在国民收入分配中的比重，提高劳动报酬在初次分配中的比重。加大财政、税收在收入初次分配和再分配中的调节作用。创造条件让更多群众拥有财产性收入。深化垄断行业收入分配制度改革。完善对垄断行业工资总额和工资水平的双重调控政策。严格规范国有企业、金融机构经营管理人员特别是高管的收入，完善监管办法。进一步规范收入分配秩序。保护合法收入，调节过高收入，取缔非法收入，逐步形成公开透明、公正合理的收入分配秩序，坚决扭转收入差距扩大趋势。（发展改革委、财政部、人力资源社会保障部、人民银行、国资委、税务总局、金融监管机构等负责）

（二十九）促进房地产市场平稳健康发展

认真落实《国务院办公厅关于促进房地产市场平稳健康发展的通知》（国办发〔2010〕4号）。坚决遏制部分城市房价过快上涨势头，满足人民群众的基本住房需求。继续大规模实施保障性安居工程，中央财政安排保障性住房专项补助资金632亿元。建设保障性住房300万套，各类棚户区改造住房280万套，扩大农村危房改造试点范围。各级政府要切实负起责任，严格执行年度建设计划，确保土地、资金和优惠政策落实到位。继续支持居民自住性住房消费，增加中低价位、中小套型普通商品房用地供应，加快普通商品房项目审批和建设进度，规范发展二手房市场，倡导住房租赁消费，盘活住房租赁市场。抑制投机性购房，加大差别化信贷、税收政策执行力度，完善商品房预售制度。大力整顿规范房地产市场秩序，完善土地收入管理使用办法，抑制土地价格过快上涨。加大对圈地不建、捂盘惜售、哄抬房价等违法违规行为的查处力度。（住房城乡建设部、发展改革委、财政部、国土资源部、人民银行、税务总局、工商总局、银监会、证监会等负责）

（三十）进一步提高基本医疗保障水平

继续扩大基本医疗保障覆盖面。把城镇居民基本医保和新农合的财政补助标准提高到每人120元，并适当提高个人缴费标准。开展农村儿童白血病、先天性心脏病医疗保障试点，尽力为这些不幸的儿童和家庭提供更多

帮助。（人力资源社会保障部、卫生部、民政部、发展改革委、财政部负责）

（三十一）推进实施国家基本药物制度

在60%政府举办的基层医疗卫生机构实施基本药物制度，其他医疗机构也要优先选用基本药物。推进基本药物集中采购和统一配送。（发展改革委、卫生部、人力资源社会保障部、财政部、工业和信息化部、商务部负责）

（三十二）健全基层医疗卫生服务体系

基本完成城乡基层医疗卫生机构建设规划，大规模开展适宜人才培养和培训。进一步完善支持村卫生室建设和乡村医生发展的政策措施。完善基层医疗卫生机构补偿机制，落实岗位绩效工资。开展社区首诊试点，推动形成基层医疗卫生机构和医院功能区分合理、协作配合、互相转诊的服务体系。（发展改革委、卫生部、财政部、人力资源社会保障部负责）

（三十三）加强基本公共卫生服务

切实加强甲型H1N1流感等重大传染病防控和慢性病、职业病、地方病防治，提高突发公共卫生事件应急处置能力。（卫生部牵头）

（三十四）开展公立医院改革试点

坚持基本医疗的公益性方向，创新体制机制，充分调动医务人员积极性，提高服务质量，控制医疗费用，改善医患关系。大力支持社会资本兴办医疗卫生机构，在服务准入、医保定点等方面一视同仁。扶持和促进中医药（包括民族医药）事业发展。（卫生部、发展改革委、财政部、人力资源社会保障部、中央编办负责）

（三十五）做好人口和计划生育工作

继续稳定低生育水平。做好流动人口计划生育服务工作。落实好农村妇女妇科疾病定期检查和住院分娩补助政策。加强出生缺陷干预，开展免费孕前优生健康检查试点，做好孕产妇和婴幼儿保健工作。继续实施农村部分计划生育家庭奖励扶助制度和西部地区少生快富工程。切实保护好妇女和未成年人权益。加强应对人口老龄化战略研究，加快建立健全养老社会服务体系。（人口计生委、卫生部、发展改革委、财政部、民政部、公安部、中国残联、全国老龄工作委员会负责）

（三十六）进一步做好民族和宗教工作

认真落实中央支持少数民族和民族地区发展的政策措施，优先支持边疆民族地区加快发展。加快完成边境一线地区危旧房改造，实施游牧民定居工程。新型农村社会养老保险优先在边境县、民族地区贫困县试点。加大扶持人口较少民族发展力度。继续推进兴边富民行动。重视保护少数民族文化遗产和民族地区生态环境。切实做好少数民族流动人口公共服务、就业和管理工作。加强国家意识、公民意识教育。旗帜鲜明地反对民族分裂，维护祖国统一。全面贯彻党的宗教工作基本方针，依法管理宗教事务。发挥宗教界人士和信教群众在促进经济发展和社会和谐中的积极作用。（国家民委、财政部、宗教局负责）

七、坚定不移推进改革，进一步扩大开放

（三十七）继续推进国有经济布局和结构战略性调整

加快大型国有企业特别是中央企业母公司的公司制改革，实现产权多元化，完善法人治理结构。加快推进垄断性行业改革，推进公用事业改革，切实放宽市场准入，积极引入竞争机制。着力营造多种所有制经济公平竞争的市场环境，更好地促进非公有制经济发展。（国资委、发展改革委、工业和信息化部、住房城乡建设部、铁道部、电监会等负责）

（三十八）深化资源性产品价格和环保收费改革

扩大用电大户与发电企业直接交易试点，推行居民用电用水阶梯价格制度，健全可再生能源发电定价和费用分摊机制。完善农业用水价格政策。改革污水处理、垃圾处理收费制度。扩大排污权交易试点。（发展改革委、环境保护部、财政部、水利部、电监会、能源局等负责）

（三十九）继续推进财税体制改革

健全公共财政体系。完善财政转移支付制度，加大一般性转移支付，增强地方政府提供基本公共服务的能力。健全省以下财政管理体制，完善县级基本财力保障机制，推进省直管县财政管理方式改革。全面编制中央和地方政府性基金预算，试编社会保险基金预算，完善国有资本经营预算制度。增强财政预算的透明度。继续做好增值税转型工作。推进资源税改革。统一内外资企业和个人城建税、教育费附加制度。（财政部牵头）

（四十）健全金融体系

继续完善国有控股金融机构公司治理，改善经营管理机制，提高风险管控能力。继续推动政策性金融机构改革。稳步推进资产管理公司转型。深化农村信用社改

革。推动中小金融机构规范发展。大力发展金融市场，鼓励金融创新。推进跨境贸易人民币结算试点，逐步发展境外及跨境人民币金融业务。推进存款保险制度建设。加快发展农业保险。（人民银行、金融监管机构、财政部负责）

（四十一）分类推进事业单位改革

按照政事分开、事企分开和管办分离的要求，在科学分类的基础上，积极稳妥推进事业单位改革。（中央编办牵头）

（四十二）加强社会主义民主法制建设

发展社会主义民主，切实保障人民当家作主的民主权利，特别是选举权、知情权、参与权、表达权和监督权。进一步扩大基层民主，健全基层自治组织和民主管理制度，拓宽群众参与管理基层公共事务的渠道和形式。依法治国，健全法制，重视规范和监督权力运行的法律制度建设。创新政府立法工作的方法和机制，扩大立法工作的公众参与。（民政部、法制办负责）

（四十三）稳定发展对外贸易

坚持实施市场多元化战略和以质取胜战略，巩固传统市场，大力开拓新兴市场。落实和完善出口退税、出口信贷、出口信用保险等各项政策措施，继续改善海关、质检、外汇等方面的服务。优化出口产品结构，稳定劳动密集型产品出口，扩大机电产品和高新技术产品出口，大力发展服务贸易和服务外包，努力培育出口品牌和营销网络，继续严格控制“两高一资”产品出口。积极推进加工贸易转型升级。促进进出口平衡发展，重点扩大先进技术装备、关键零部件和国内紧缺物资进口，稳定各项进口促进政策和便利化措施，积极推动发达国家放宽高新技术产品出口限制。（商务部、财政部、发展改革委、工业和信息化部、海关总署、税务总局、质检总局、外汇局等负责）

（四十四）推动利用外资和对外投资协调发展

优化利用外资结构，鼓励外资投向高端制造业、高新技术产业、现代服务业、新能源和节能环保产业，鼓励跨国公司在华设立地区总部等各类功能性机构，鼓励中外企业加强研发合作。鼓励外资参与国内企业改组改造和兼并重组，加快建立外资并购安全审查制度。促进“引资”与“引智”相结合。引导外资向中西部地区转移和增加投资。加快实施“走出去”战略，鼓励符合国外市场需求的行业有序向境外转移产能，支持有条件的企业开展海外并购，深化境外资源互利合作，提高对外承包工程和劳务合作的质量。进一步简化各类审批手续，落实企业境外投资自主权。“走出去”的企业要依法经营，规避风险，防止恶性竞争，维护国家整体利益和良好形象。（商务部、发展改革委、工业和信息化部等负责）

（四十五）深化多边双边经贸合作

加强和改善与发达国家的经贸关系，深化与发展中国家的互利合作，认真落实中非务实合作八项新举措。发挥经济高层对话和双边经贸联委会作用。加快自由贸易区建设步伐。积极参与世界贸易组织多哈回合谈判，推动早日达成更加合理、平衡的谈判结果。反对各种形式的保护主义，妥善处理贸易摩擦。（商务部、外交部、财政部、发展改革委会同有关部门负责）

（四十六）做好上海世博会筹办举办工作

把上海世博会办成一届成功、精彩、难忘的盛会。（上海世博会组委会、执委会等负责）

八、努力建设人民满意的服务型政府

（四十七）大力推进服务型政府建设

以转变职能为核心，深化行政管理体制改革，大力推进服务型政府建设。全面正确履行政府职能，更加重视公共服务和社会管理。加快健全覆盖全民的公共服务体系，全面增强基本公共服务能力。加强防灾减灾能力建设。加强食品药品质量监管，做好安全生产工作，遏制重特大事故发生。（中央编办、监察部、发展改革委、财政部、民政部、水利部、住房城乡建设部、食品安全办、卫生部、农业部、质检总局、工商总局、食品药品监管局、安全监管总局等负责）

（四十八）健全重大突发事件应急处理机制

修订国家总体应急预案，开展“十二五”期间全国应急体系建设规划编制工作。完善统一指挥、反应灵敏、协调有序、运转高效的应急处置与救援机制。建立健全目标考核、督导检查、责任追究制度，提高重大突发事件应急处置能力。（国务院办公厅牵头）

（四十九）完善社会管理，维护社会稳定

推进社会管理体制改革和创新，合理调节社会利益关系。认真解决企业改制、征地拆迁、环境保护、劳动争议、涉法涉诉等领域损害群众利益的突出问题，保障人民群众的合法权益。加强和改进信访工作。改善流动人口管理和服务。加强社会治安综合治理，着力解决突出治安问题，防范和依法严厉打击各类违法犯罪活动，

维护国家安全和社会稳定。（公安部、发展改革委、安全部、信访局、司法部、国家民委、宗教局负责）

（五十）努力提高执行力和公信力

坚持决策的科学化、民主化，使各项政策更加符合实际、经得起检验。加强对政策执行情况的检查监督，做到令行禁止。强化行政问责，对失职渎职、不作为和乱作为的，严肃追究责任。切实改进行政执法工作，努力做到规范执法、公正执法、文明执法。加快建立健全决策、执行、监督相互制约又相互协调的行政运行机制。（监察部、审计署、法制办负责）

（五十一）加强反腐倡廉建设

坚决执行中央关于各级领导干部特别是高级干部报告个人经济和财产，包括收入、住房、投资，以及配偶子女从业等重大事项的规定。把查处违法违纪大案要案，作为反腐败的重要任务。充分发挥监察、审计部门的作用，加强对行政权力运行的监督。建立健全惩治和预防腐败体系的各项制度，特别要健全公共资源配置、公共资产交易、公共产品生产等领域的管理制度，增强制度约束力。坚持勤俭行政，反对铺张浪费，不断降低行政成本。严格控制楼堂馆所建设，禁止高档装修办公楼，加快公务接待、公车使用等制度改革，从严控制公费出国出境。切实精简会议和文件，特别要减少形式重于内容的会议、庆典和论坛。深入推进政务公开，完善各类公开办事制度和行政复议制度，创造条件让人民批评政府、监督政府，同时充分发挥新闻舆论的监督作用。（监察部、审计署、发展改革委、财政部、外交部、国管局、法制办等负责）

九、加强国防、港澳台侨、外交工作

（五十二）积极支持国防和军队建设

加强国防科研和武器装备建设。全面加快现代军队后勤建设。加强武警部队全面建设，增强执勤、处置突发事件、反恐、维稳能力。加强国防动员和后备力量建设。巩固和发展军政军民团结。（发展改革委、工业和信息化部、民政部、公安部、财政部、国家国防动员委员会负责）

（五十三）全力支持香港、澳门保持长期繁荣稳定

支持香港巩固并提升国际金融、贸易、航运中心地位，发展优势产业，培育新的经济增长点。支持澳门发展旅游休闲产业，促进经济适度多元化。认真实施珠江三角洲地区改革发展规划纲要，积极推进港珠澳大桥等大型跨境基础设施建设和珠海横琴岛开发，深化粤港澳合作，密切内地与港澳的经济联系。（港澳办、发展改革委、财政部、商务部、人民银行等负责）

（五十四）不断开创两岸关系和平发展新局面

密切两岸经贸金融交往，深化产业合作，支持在大陆的台资企业发展，维护台胞合法权益。鼓励有条件的大陆企业赴台投资。支持海峡西岸经济区在两岸交流合作中发挥先行先试作用。建立具有两岸特色的经济合作机制。拓展文化教育交流，加强两岸民众和社会各界交流。（台办牵头）

（五十五）进一步做好侨务工作

认真贯彻党的侨务政策。维护海外侨胞、归侨侨眷的合法权益，支持他们传承中华文化，参与祖国现代化建设和促进和平统一大业。（侨办、外交部负责）

（五十六）继续推进全方位外交

积极参与国际体系变革进程，维护发展中国家利益。统筹协调好双边外交与多边外交、国别区域外交与各领域外交工作，推动我国与各大国、周边国家和发展中国家的关系全面深入发展。抓住中国-东盟自贸区全面建成、上海合作组织召开峰会等契机，积极推进区域合作。进一步做好应对气候变化、能源资源合作等方面的对外工作，在妥善解决热点问题和全球性问题中发挥建设性作用。（外交部会同有关部门负责）

各部门和各单位要认真履行职责，充分发挥主动性、积极性和创造性，抓紧制定本部门、本单位落实重点工作的实施方案，并在落实过程中进一步细化、实化；要加强相互配合，及时做好沟通和协调，牵头部门应主动会同有关部门，有关部门应予积极配合；要加强督促检查，对各项工作要明确责任、周密部署，做到有布置、有督促、有检查，不折不扣地把各项政策措施落到实处；要根据形势的变化和督查中发现的问题，不断完善有关政策措施，促进经济平稳较快发展。

国务院

二〇一〇年三月二十一日

2009年中央经济工作会议综述

中央经济工作会议12月5日至7日在北京举行，胡锦涛、温家宝在会上发表重要讲话。胡锦涛在讲话中全面分析了当前国际国内经济形势，深刻阐述了加快经济发展方式转变的重要性和紧迫性，明确提出了明年经济工作的总体要求、重要原则、主要任务。温家宝在讲话中全面总结了今年经济工作，阐述了明年经济社会发展主要预期目标和宏观经济政策，具体部署了明年经济工作。

会议指出，2009年是新世纪以来我国经济发展最为困难的一年。2008年第四季度以后，世界经济形势险象环生，国际金融危机持续扩散蔓延，世界经济严重衰退。受国际金融危机严重冲击，我国经济社会发展遇到严重困难。面对严峻复杂的经济形势，党中央、国务院全面分析、准确判断、果断决策、从容应对，团结带领全国各族人民坚定信心、迎难而上、共克时艰，努力化挑战为机遇，有效遏止了经济增长明显下滑态势，率先实现经济形势总体回升向好。我们隆重庆祝新中国成立60周年，极大激发了全国各族人民的爱国热情。我们对加强和改进新形势下党的建设作出全面部署，继续开展深入学习实践科学发展观活动，为推动经济社会又好又快发展提供坚强政治保证。经过全党全国共同努力，我国社会主义经济建设、政治建设、文化建设、社会建设以及生态文明建设和党的建设都取得了新的重大进展。今年我国经济社会发展取得这样的成绩极其不易。这是党中央、国务院科学应对、坚强领导的结果，是充分发挥中央和地方两个积极性，各地区各部门齐心协力、扎实工作的结果，是充分发挥社会主义制度优势的结果，是全党全国各族人民团结一心、共同奋斗的结果。

会议强调，在应对国际金融危机冲击、保持经济平稳较快发展这场重大考验中，我们既取得了显著经济成果，又积累了在复杂经济环境中推动经济社会又好又快发展的重要经验。我们必须坚持市场机制和宏观调控有机结合，充分发挥市场在资源配置中的基础性作用，不断加强和改善宏观调控，通过推进改革为经济社会发展提供强大动力和制度保障；必须坚持长期发展目标和短期增长目标有机结合，注意把握好宏观经济政策实施的力度和节奏，增强政策针对性和有效性，着力提高经济增长质量和效益、提高可持续发展能力；必须坚持扩大内需和稳定外需协调发展，更加自觉、更加主动地坚持扩大国内需求特别是消费需求的方针，实现内需和外需有效互补；必须坚持改善民生和扩大内需内在统一，更加注重围绕保障和改善民生来谋划发展，把增加居民消费作为扩大内需的重点，通过保障和改善民生促进经济结构优化、增强经济发展拉动力。

会议指出，在充分肯定成绩的同时，我们也要清醒地认识到，当前我国经济回升的基础还不牢固，积极变化和不利影响同时显现，短期问题和长期问题相互交织，国内因素和国际因素相互影响，保持经济平稳较快发展、推动经济发展方式转变和经济结构调整难度增大。从外部环境看，世界经济复苏基础并不稳固，国际金融危机影响仍然存在，全球性挑战压力增大。从国内环境看，经济回升内在动力仍然不足，结构性矛盾仍很突出，农业基础仍不稳固，就业形势依然严峻。全党全国既要增强必胜信心，又要增强忧患意识，努力在新的起点上把改革发展稳定各项工作做得更好。

会议强调，这场国际金融危机使我国转变经济发展方式问题更加突显出来。综合国际国内经济形势看，转变经济发展方式已刻不容缓。我们要把加快经济发展方式转变作为深入贯彻落实科学发展观的重要目标和战略举措，从制度安排入手，以优化经济结构、提高自主创新能力为重点，以完善政绩考核评价机制为抓手，增强加快经济发展方式转变的自觉性和主动性，不断在经济发展方式转变上取得实质性进展。做好明年经济工作，重点要在促进发展方式转变上下功夫，真正把保持经济平稳较快发展和加快经济发展方式转变有机统一起来，在发展中促转变，在转变中谋发展。

会议强调，2010年是实施“十一五”规划的最后一年。做好明年经济社会发展工作，对夺取应对国际金融危机冲击全面胜利、保持经济平稳较快发展、为“十二五”规划启动实施奠定良好基础具有十分重要的意义。会议提出，明年经济工作的总体要求是：全面贯彻党的十七大和十七届三中、四中全会精神，以邓小平理论和“三个代表”重要思想为指导，深入贯彻落实科学发展观，保持宏观经济政策的连续性和稳定性，继续实施积极的财政政策和适度宽松的货币政策，根据新形势新情况着力提高政策的针对性和灵活性，特别是要更加注重提高经济增长质量和效益，更加注重推动经济发展方式转变和经济结构调整，更加注重推进改革开放和自主创新、增强经济增长活力和动力，更加注重改善民生、保持社会和谐稳定，更加注重统筹国内国际两个大局，努力实现经济平稳较快发展。

会议提出了明年经济工作的主要任务。

一、提高宏观调控水平，保持经济平稳较快发展

要处理好保持经济平稳较快发展、调整经济结构、管理通胀预期的关系，巩固和增强经济回升向好势头。要继续实施积极的财政政策和适度宽松的货币政策，把握好政策实施的力度、节奏、重点。要突出财政政策实施重点，加大对民生领域和社会事业支持保障力度，增加对“三农”、科技、教育、卫生、文化、社会保障、保障性住房、节能环保等方面和中小企业、居民消费、欠发达地区支持力度，支持重点领域改革。要保持投资适度增长，重点用于完成在建项目，严格控制新上项目。要加强税收征管和非税收入管理，继续从严控制一般性支出。货币政策要保持连续性和稳定性，增强针对性和灵活性。要密切跟踪国内外经济形势变化，把握好货币信贷增长速度，加大信贷政策对经济社会薄弱环节、就业、战略性新兴产业、产业转移等方面的支持，有效缓解小企业融资难问题，保证重点建设项目贷款需要，严格控制对高耗能、高排放行业和产能过剩行业的贷款，着力提高信贷质量和效益。要积极扩大直接融资，引导和规范资本市场健康发展。

二、加大经济结构调整力度，提高经济发展质量和效益

要以扩大内需特别是增加居民消费需求为重点，以稳步推进城镇化为依托，优化产业结构，努力使经济结构调整取得明显进展。一是扩大居民消费需求，增强消费对经济增长的拉动作用。要加大国民收入分配调整力度，增强居民特别是低收入群众消费能力。要保持政策连续性，进一步做好家电、汽车摩托车下乡工作，继续实施家电和汽车以旧换新政策，增加农机购置补贴，增加普通商品住房供给，支持居民自住和改善性购房需求，加大农村危房改造支持力度。要适应群众生活多样性、个性化的需要，引导消费结构升级。二是积极稳妥推进城镇化，提升城镇发展质量和水平。要坚持走中国特色城镇化道路，促进大中小城市和小城镇协调发展，着力提高城镇综合承载能力，发挥好城市对农村的辐射带动作用，壮大县域经济。当前，要把重点放在加强中小城市和小城镇发展上。要把解决符合条件的农业转移人口逐步在城镇就业和落户作为推进城镇化的重要任务，放宽中小城市和城镇户籍限制，提高城市规划水平，加强市政基础设施建设，完善城市管理，全方位提高城镇化发展水平。三是发展战略性新兴产业，推进产业结构调整。要抓紧研究提出培育我国战略性新兴产业的总体思路，强化政策支持，加大财政投入，培育新的经济增长点。要抓紧落实国家重大科技专项，落实重点产业调整振兴规划，大力推进技术改造，加快传统产业优化升级。四是推进节能减排，抑制过剩产能。要强化节能减排目标责任制，加强节能减排重点工程建设，坚决管住产能过剩行业新上项目，开展低碳经济试点，努力控制温室气体排放，加强生态保护和环境治理，加快建设资源节约型、环境友好型社会。五是推进基本公共服务均等化和引导产业有序转移，促进区域协调发展。要继续实施西部大

开发、东北地区等老工业基地振兴、中部地区崛起、东部地区率先发展的区域发展总体战略，积极扶持革命老区、民族地区、边疆地区、贫困地区加快发展，加大扶贫开发力度，提高自主发展能力，改善群众生产生活条件，让各族人民共享改革发展成果。

三、夯实“三农”发展基础，扩大内需增长空间

要坚持中国特色农业现代化道路，完善强农惠农政策，增加涉农补贴规模，加快发展现代农业，扎实推进社会主义新农村建设，稳步扩大农村需求，巩固和发展农业农村好形势。要巩固农产品保障供给能力、促进农民增收，提高农业综合生产能力，完善农业补贴和价格支持制度，保持主要农产品价格基本稳定，提高主要粮食品种最低收购价格水平。要搞好主要农产品市场调控，深入推进农业结构调整，加强对农民创业的金融和财税支持，培育农民收入新的增长点。要大力加强农业农村基础设施建设，重点加强农业综合生产能力建设，实施新增千亿斤粮食生产能力规划，全面完成大中型水库除险加固任务，加强水利特别是中小型农田水利建设，加快建设高标准农田，推进电网改造、饮水安全、农村道路等建设。要加强农村公共服务能力建设，改进教育培训、医疗卫生、公共文化服务，强化乡村正常运转的财力保障，培育农村新型金融组织，解决好农村融资难问题。要推动农村改革创新，加快健全有利于农业农村发展的制度体系，完善农业经营体制，引导家庭经营向生产集约化方向发展，鼓励农户运用现代科技和物质装备，加快发展农民专业合作组织，培育发展专业化、市场化的农业社会化服务体系。

四、深化经济体制改革，增强经济发展动力和活力

要坚持社会主义市场经济的改革方向，坚定信心、锐意改革，统筹兼顾、综合配套，加强调查研究和战略规划，不失时机地推进重要领域和关键环节改革。一是进一步推动政府职能转变，建设服务型政府。要深化行政审批制度改革，减少和规范行政审批；深化资源价格和财税体制改革，完善财政转移支付制度，扎实推进综合配套改革试验。二是进一步深化金融体制改革，增强金融对经济服务功能。要加强金融监管机制建设，改善境外投资外汇管理和服务，继续推进跨境贸易人民币结算试点。三是进一步优化所有制结构，完善市场竞争机制。要推进国有经济战略性调整，深化国有企业改革，推进垄断性行业体制改革。要增强非公有制经济和小企业参与市场竞争、增加就业、发展经济的活力和竞争力，放宽市场准入，保护民间投资合法权益。

五、推动出口稳定增长，促进国际收支平衡

要坚持开拓国际市场和扩大国内市场并举，坚持“引进来”和“走出去”相结合，拓展对外开放广度和深度，健全开放型经济体系。一是努力促进出口稳步回升，加快转变外贸发展方式。要保持外需政策的连续性和稳定性，深入实施市场多元化战略，稳定传统市场，开拓新兴市场，提高出口产品档次、附加值、竞争力，继续严格控制“两高一资”产品出口，努力增加进口，促进贸易平衡。二是做好利用外资工作，提高引资质量。要发挥利用外资在推动科技创新、产业升级、区域协调发展等方面的积极作用，坚持以我为主、择优选择，积极稳妥推进服务业开放，促进“引资”与“引智”相结合，引导外资向中西部地区转移和增加投资。三是大力实施“走出去”战略，拓展经济发展空间。要加强同周边国家的协力共建和优势互补，积极支持有条件的企业对外投资，加快完善境外投资促进体系。

六、着力保障和改善民生，全力维护社会稳定

保障和改善民生是我们发展经济的最终目的，也是实施扩大内需战略和推动经济发展方式转变的重大举措。明年要把改善民生、发展社会事业作为扩大内需、调整经济结构的重点，坚定不移加以推进。要坚持更加积极的就业政策，努力扩大就业。引导和促进劳动密集型企业、中小企业、民营经济、各种服务业加快发展，积极鼓励和支持劳动者自主创业和自谋职业，鼓励高校毕业生到城乡基层、中西部地区、中小企业就业和自主

创业；加强农民工职业技能培训，鼓励就地就近就业和返乡创业。各级政府要加强职业技能培训和公共就业服务，加强对就业困难人员和零就业家庭的就业援助，鼓励有实力的大企业创造更多智力密集型就业机会。要完善社会保障体系，提高社会保障水平。加大对低收入群众的帮扶救助力度，提高城乡低保标准，提高企业退休人员基本养老金和部分优抚对象待遇水平，抓紧制订实施全国统一的社会保险关系转移接续办法，深入扎实地做好新型农村社会养老保险试点的各项工作。加快落实医药卫生体制改革近期重点实施方案，提高应对突发公共卫生事件能力。加强廉租住房等保障性住房建设，支持棚户区改造。要优先发展教育，改善教育办学条件。提高教育现代化水平，健全教育投入保障机制，促进城乡、区域教育均衡发展，提高教育质量，解决好困难家庭子女上学问题。要大力发展文化事业和文化产业，把满足人民日益增长的文化需求作为扩大内需的重要组成部分，积极推进广播影视、新闻出版等领域重大文化建设项目和产品创新，精心组织和办好上海世博会和广州亚运会。

会议强调，各级党委和政府要加强对影响社会稳定因素的分析和把握，完善维护社会稳定的体制机制，高度重视和正确处理新形势下人民内部矛盾，加强源头治理，依法按政策及时妥善处理群众反映的问题，加强社会治安综合治理，有效防范和坚决遏制重特大安全事故，切实抓好维护社会大局稳定工作，切实维护国家安全。

会议指出，在明年经济工作中，必须把保持经济平稳较快发展与结构调整结合起来，切实提高发展的可持续性；把扩大内需特别是消费需求与稳定外需结合起来，着力增强经济发展的均衡性；把统筹城乡区域协调发展与推进城镇化结合起来，大力拓展发展空间；把推动自主创新与培育战略性新兴产业结合起来，努力实现创新发展；把深化改革与促进发展结合起来，全面提升经济发展的内生动力；把发展经济与改善民生结合起来，进一步提高经济社会发展的协调性。

会议强调，完成明年经济工作各项任务，必须加强和改进党对经济工作的领导，统一认识、顾全大局，统筹兼顾、创新发展，用好干部、提高素质，转变作风、真抓实干。各级党委和政府要把思想认识统一到中央对国内外经济形势的判断上来，坚决贯彻中央对明年经济工作的总体要求，理清发展思路，创新发展模式，突破重点难题，坚持有利于科学发展的正确用人导向，务必在保持经济平稳较快发展、转变经济发展方式上取得新成效，不断在推动科学发展、促进社会和谐方面取得新进展。要坚持立党为公、执政为民，加强党的作风建设，加强反腐倡廉建设，坚决克服形式主义、官僚主义，反对铺张浪费，以优良党风促政风带民风，形成凝聚党心民心的强大力量。

会议强调，全党全国要更加紧密地团结在以胡锦涛同志为总书记的党中央周围，高举中国特色社会主义伟大旗帜，同心同德，顽强拼搏，为全面实现“十一五”时期经济社会发展目标、夺取全面建设小康社会新胜利而努力奋斗。

第一部分

宏观经济

关于2009年国民经济和社会发展计划执行情况与2010年国民经济和社会发展计划草案的报告

2010年3月5日第十一届全国人民代表大会第三次会议 国家发展和改革委员会

受国务院委托，现将2009年国民经济和社会发展计划执行情况与2010年国民经济和社会发展计划草案提请十一届全国人大三次会议审议，并请全国政协各位委员提出意见。

一、2009年国民经济和社会发展计划执行情况

去年是新世纪以来我国经济发展最为困难的一年。面对严峻复杂的国内外经济形势，全国各族人民在中国共产党的领导下，深入贯彻落实科学发展观，按照十一届全国人大二次会议审议批准的国民经济和社会发展计划，坚持把保持经济平稳较快发展作为经济工作的首要任务，实行积极的财政政策和适度宽松的货币政策，全面实施并不断丰富完善应对国际金融危机的一揽子计划，有效遏制了经济增长明显下滑态势，在全球率先实现经济形势总体回升向好，保增长、调结构、促改革、惠民生各项工作取得显著成效。计划执行情况总体是好的。

（一）内需扩大有效拉动经济增长

消费持续较旺。通过实施政策力度大、群众受惠面广的促进家电、汽车、节能产品和住房消费等措施，优化市场消费环境，有效挖掘了居民特别是农村居民的消费潜力。社会消费品零售总额125343亿元，比上年增长15.5%，超过计划1.5个百分点，剔除价格因素，实际增长16.9%。汽车销售1364.5万辆，增长46.2%；家电下乡中标生产企业累计出货量近9000万台，全年销售额1500多亿元；全国商品房销售面积93713万平方米，增长42.1%，带动了建筑及装潢材料、家具等商品的消费。市场物价基本稳定，全年居民消费价格下降0.7%，低于计划4.7个百分点。

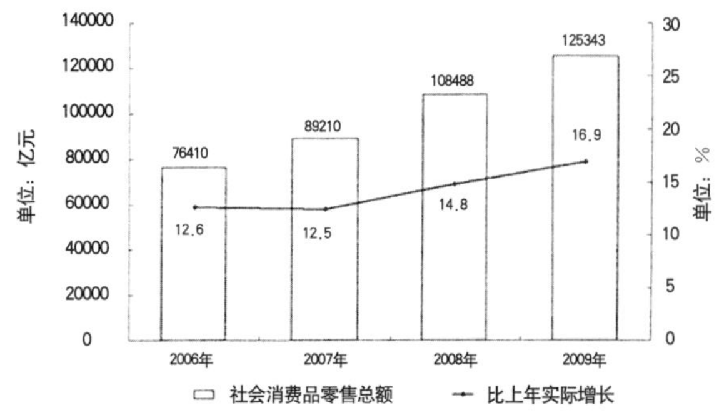

图1 社会消费品零售总额增长情况

投资快速增长。全社会固定资产投资224846亿元，比上年增长30.1%，超过计划10.1个百分点。城镇固定资产投资194139亿元，增长30.5%，其中，一、二、三产业投资分别增长49.9%、26.8%和33%。实施两年新增4万亿元的投资计划，2009年安排中央投资9243亿元，比上年预算增加5038亿元。其中，保障性安居工程、农村民生工程和农村基础设施、社会事业投资占44%，自主创新和结构调整、节能减排和生态建设占16%，重大基础设施建设占23%，灾后恢复重建占14%，其他公共支出占3%。政府投资的扩大，直接增加了即期需求，引导带动社会投资，对促进经济企稳回升起到了至关重要的作用；同时加强了经济社会发展的薄弱环节，为长期发展夯实了基础。

经济增速逐季加快。四个季度的当季同比增幅分别为6.2%、7.9%、9.1%和10.7%，全年国内生产总值335353亿元，比上年增长8.7%，超过计划0.7个百分点。其中，一、二、三产业增加值分别增长4.2%、9.5%、8.9%，超过计划1.2个、0.9个和0.3个百分点。消费、投资为经济增长分别贡献了4.6个和8个百分点，

弥补了净出口下拉3.9个百分点的缺口。财政金融对经济发展发挥了重要作用。全年国家财政收入6.85万亿元，增长11.7%，超过预算3.7个百分点，财政赤字控制在预算规模之内；广义货币供应量M2增长27.7%，超过计划10.7个百分点，新增人民币贷款95940亿元。经济效益逐步好转。规模以上工业企业利润由降转升，1－11月实现利润2.59万亿元；在39个工业大类中，30个行业利润同比增长；亏损企业亏损额同比减少33.5%。

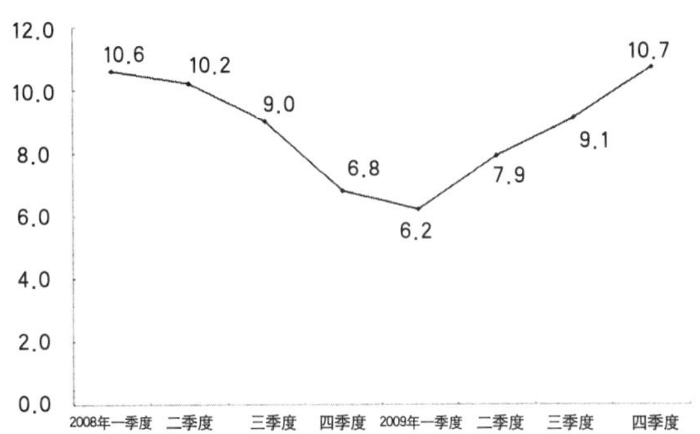

图2 2008年以来国内生产总值季度增长情况（单位 %）

（二）农业基础进一步巩固

农业保持稳定发展。粮食生产克服严重自然灾害影响，实现连续六年增产，全年总产量53082万吨，比上年增长0.4%，超过计划3082万吨。棉花640万吨，没有实现计划目标；油料、糖料产量分别达到3100万吨和1.22亿吨，超过计划100万吨和200万吨。畜牧业、渔业在调整中发展，奶牛养殖下滑势头得到扭转，肉类总产量7642万吨，增长5%，超过计划242万吨；水产品产量5120万吨，增长4.6%，超过计划220万吨。

强农惠农政策继续完善。出台了《关于当前稳定农业发展促进农民增收的意见》。较大幅度提高了粮食

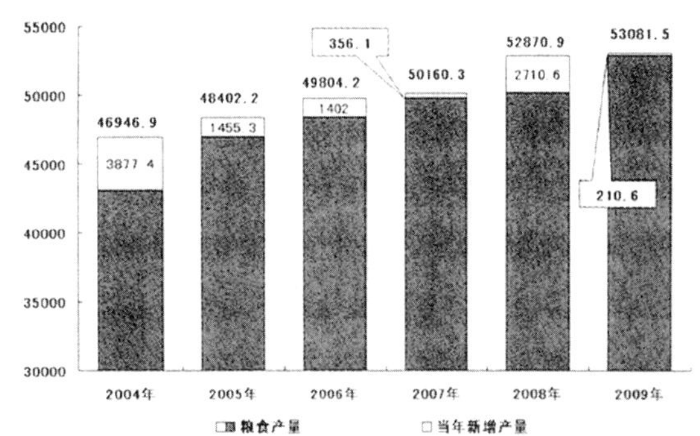

图3 粮食总产量及其增产情况（单位 万吨）

最低收购价，小麦、稻谷最低收购价平均每公斤分别提高0.22元和0.26元。实施了玉米、大豆、油菜籽国家临时收储政策，加大了棉花、食糖的收储力度，玉米、大豆、油菜籽、棉花、食糖的收储量分别达到3589.1万吨、686.3万吨、556.9万吨、272万吨和36万吨。制定并及时启动防止生猪价格过度下跌调控预案，奶业整顿和振兴纲要得到较好落实。运用多种手段加强重要农产品市场调控，解决了农民"卖难"的问题，保持了主要农产品和农资价格稳定。

"三农"投入大幅增加。全年中央财政用于"三农"的支出达7253.1亿元，比上年增长21.8%，其中，中央基建投资1890亿元，增长1.5倍；对农民的四项补贴1274.5亿元，增加244.1亿元。银行涉农贷款年末余额突破9万亿元，增长34.8%。启动实施《全国新增1000亿斤粮食生产能力规划（2009－2020年）》。大型灌区节水改造、大型泵站更新改造、病险水库除险加固，以及粮棉油糖等重要农产品生产基地和仓储物流设施的建设继续加强，对种养业良种工程、生猪和奶牛标准化规模养殖、植保工程和动物防疫体系、农产品质量检验检测体系以及粮食丰产科技工程等支持力度加大。

农村生产生活条件继续改善。农村饮水安全工程使6069万农民受益，农村自来水普及率达到68.7%，比上年提高3.2个百分点，完成计划任务。建设大中型沼气工程1579处，年初确定的增加500万农村沼气用户的目标

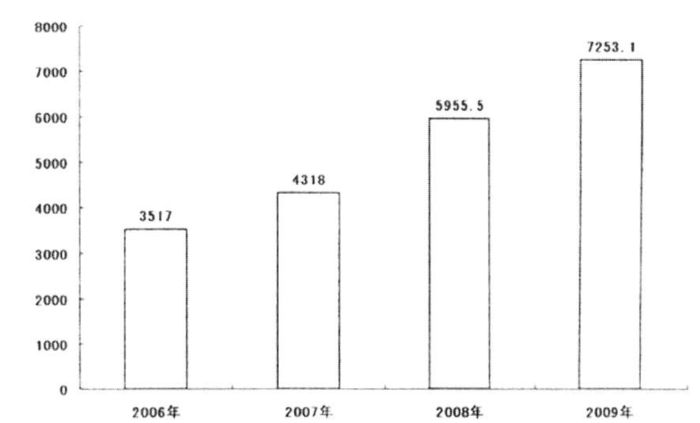

图4 中央财政用于"三农"的投入情况（单位 亿元）

顺利实现。新建和改造农村公路38万公里，新增农村电网线路26.6万公里。对80万户农村危房实施了改造，又有9.2万户游牧民实现了定居。农村信息化继续推进，全国已有99.8%的行政村通电话，99.5%的乡镇接通互联网。"万村千乡"市场工程、农村科技服务体系、"双百"市场工程建设取得新的成效。

（三）结构调整取得新进展

重点行业结构优化升级积极推进。钢铁、汽车、

造船、石化、轻工、纺织、有色金属、装备制造、电子信息、物流十大产业调整振兴规划以及相关细则有序实施。鼓励企业加快技术改造，中央投资安排200亿元技改专项资金支持了4441个技改项目。机械、钢铁、有色、造纸等行业兼并重组取得重要进展。新疆独山子、福建炼化和天津石化3套千万吨级炼油和百万吨级乙烯一体化项目建成投产。高技术制造业扭转了下滑态势，全年增长7.7%。数字电视、生物等产业政策发布实施，卫星应用、生物技术、集成电路、平板显示、直升机等重大产业化项目和专项建设启动，天津总装厂首架空客A320飞机首飞成功，以TD－SCDMA为代表的3G网络建设和业务推广力度加大。重大装备本地化工作进展顺利，大型锻件等核电关键设备自主研制取得重大突破，高速动车组和城市轨道交通装备本地化水平明显提高。

产能过剩行业调整工作稳步推进。制定并组织实施了《抑制部分行业产能过剩和重复建设引导产业健康发展的若干意见》，提出了促进钢铁、水泥、平板玻璃、煤化工等行业健康发展的主要原则和政策措施。建立了部门联合信息发布制度，信息引导工作得到加强。落后产能退出机制进一步完善。去年又关停小火电机组2617万千瓦，提前一年半实现了“十一五”期间关停5000万千瓦小火电机组的目标，炼钢、炼铁、煤炭、水泥、电石、铁合金、焦炭、造纸、化纤行业分别淘汰落后产能1691万吨、2113万吨、5000万吨、7416万吨、46万吨、162万吨、1809万吨、50万吨、137万吨。

自主创新步伐加快。《国家中长期科学和技术发展规划纲要（2006－2020年）》顺利实施。中央财政用于科技的支出1512亿元，增长30%。极大规模集成电路制造装备及成套工艺、高档数控机床与基础制造装备等16个重大科技专项全面实施，大天区天文望远镜、北京正负电子对撞机改造等重大科学工程顺利完成。知识创新三期工程加快推进。“863”、“973”等国家科技计划和技术创新工程取得重要进展。新建了25个国家工程实验室、63个国家重点实验室，支持了58个国家工程（技术）研究中心提高持续创新能力，实施了85个国家重大产业技术开发项目，积极推动企业完善研发试验条件。

基础设施和基础产业不断加强。南水北调等大中型水利工程投资力度加大。京沪、哈大、石武、兰新等一批重大铁路项目进展顺利，国家高速公路网建设有序推进，港珠澳大桥开工建设，全国新增铁路通车里程5557公里，新增公路通车里程9.8万公里，其中高速公路4719公里。新建、改扩建民用机场35个。大型专业化深水码头和长江干线航道项目加快建设。西气东输二线东段工程、呼伦贝尔煤电基地、宁夏能源化工基地全面开工，西气东输二线西段工程实现供气。新增发电装机8970万千瓦，又核准了6台百万千瓦机组核电建设项目，青海黄河积石峡、广东清远抽水蓄能电站等大型水电项目建设进展顺利，我国第一个千万千瓦级风电基地——甘肃酒泉基地开工建设。城市电网改造有序推进。国家石油储备二期工程开始实施。全年原煤产量30.5亿吨，比上年增长8.8%，超过计划1.5亿吨；原油产量1.89亿吨，低于计划300万吨；发电量3.7万亿千瓦小时，增长6.3%，超过计划738亿千瓦小时。

服务业稳定发展。鼓励服务业发展的政策措施得到进一步落实，财税、供地、价格、金融等方面对现代服务业的支持力度加大，一批跨地区、跨行业、带动功能强、支撑作用大的服务业重大项目建设顺利开展。金融保险、信息服务、物流配送、社区服务等发展迅猛，新兴业态不断涌现。第三产业增加值占国内生产总值的比重达42.6%，比上年提高0.8个百分点。

（四）节能环保和应对气候变化工作进一步加强

节能减排取得新成效。安排中央投资和奖励资金支持了1318个重点节能项目，可形成年节能能力7500万吨标准煤。全年新增节能建筑面积9.6亿平方米，可形成900万吨标准煤的节能能力。采用财政补贴方式，推广

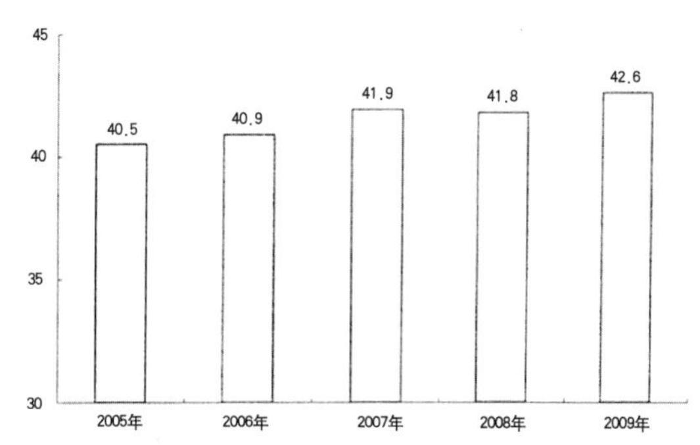

图5 第三产业增加值占国内生产总值比重变化情况(单位 %)

高效节能房间空调器（定频）500多万台、高效照明灯具1.5亿只，北京、上海、重庆等13个城市节能与新能源汽车示范工作进展顺利。安排中央投资支持了132个循环经济和资源节约重点项目。“节能减排全民行动”等宣传活动向纵深推进。单位国内生产总值能耗下降2.2%，

二氧化硫、化学需氧量排放量分别下降4.6%和3.3%。万元工业增加值用水量下降8.2%，超过计划2.6个百分点。工业固体废物综合利用率达66.6%，比上年提高2.3个百分点，超过计划0.7个百分点。

生态建设和环境保护力度加大。天然林资源保护、防护林体系建设、退耕还林、京津风沙源治理、退牧还草等重点生态工程积极推进，完成造林面积588.5万公顷，森林覆盖率达到20.36%。重点地区水土流失治理工作不断加强，岩溶地区石漠化综合治理工程启动实施。"三河三湖"等重点流域水污染防治和工业废水、废气治理工作进展顺利。全国新增城镇污水日处理能力1330万立方米、城镇垃圾日处理能力5万吨，城市污水处理率和生活垃圾无害化处理率分别达到72.3%和69%，比上年提高2.1个和2.2个百分点，超过计划3.3个和2个百分点。发布了11个行业清洁生产评价指标体系，又有1.02亿千瓦火电机组安装了脱硫设施，累计占火电装机总量的72%。

应对气候变化取得新进展。国家方案得到认真落实，大力推进清洁发展机制项目，积极推动气候友好技术的研发与应用。提出了到2020年我国控制温室气体排放行动目标。建设性参与应对气候变化国际谈判和国际规则的制订，积极开展国际交流和项目合作，加强与有关国家的合作和对话，维护了我国正当的发展权益。

（五）区域协调发展迈出新步伐

区域发展总体战略深入实施。西部大开发重点工作扎实推进，新开工18项重点工程，投资总规模4689亿元，特色优势产业加快发展，基础设施、社会事业和民生建设进一步加强。东北地区等老工业基地振兴步伐加快，《关于进一步实施东北地区等老工业基地振兴战略的若干意见》发布实施，资源型城市可持续发展政策体系初步形成，装备制造业不良贷款处置工作深入开展，现代农业和现代服务业加快发展。中部崛起取得新进展，促进中部地区崛起规划发布实施，"三个基地、一个枢纽"建设稳步推进，城市群发展势头强劲，承接产业转移步伐加快，总体经济实力进一步提升。东部地区努力减轻外需下降的影响，加快结构调整和自主创新，积极培育战略性新兴产业，经济发展活力增强，综合竞争力进一步提高，经济特区、上海浦东新区、天津滨海新区开发开放向纵深发展。

区域发展的协调性继续增强。出台实施了一批支持重点地区发展的规划和政策措施，落实长江三角洲发展意见和珠江三角洲发展规划，制定上海"两个中心"建设、海峡西岸经济区和海南国际旅游岛的发展意见，编制江苏沿海地区、辽宁沿海经济带、黄河三角洲生态经济区、关中－天水经济区、江西鄱阳湖生态经济区以及横琴、中国图们江地区发展规划。对革命老区、民族地区、边疆地区、贫困地区发展的扶持力度加大，促进新疆、宁夏、广西、西藏以及青海等省藏区发展的各项措施逐步落实。生产要素跨区域流动呈现良好态势，区域产业分工调整加快，各地区比较优势进一步发挥。

（六）改革开放继续深化

重点领域和关键环节改革取得新进展。农村改革深入推进，集体林权制度改革在全国范围推开，1亿公顷确权到户，占全国集体林地面积的60%。企业改革迈出新步伐，中央企业由年初的142户调整到129户，规范董事会试点扩大到24户。基础电信行业相关企业资产业务重组基本完成，3G行业市场竞争格局初步形成。进一步促进中小企业发展的若干意见发布实施，积极研究制定鼓励和引导民间投资的政策措施，市场准入范围扩大，准入门槛降低，企业融资渠道拓宽，投资环境改善。财税金融改革取得积极成果，增值税转型改革全面实施，成品油价格和税费改革进展顺利，公路养路费等6项收费彻底取消。金融机构和资本市场改革继续深化，创业板市场正式推出，国家开发银行商业化转型和农业银行股份制改革扎实推进，跨境贸易人民币结算试点启动实施。投资体制改革继续深化，继续清理投资审批项目，改进政府投资计划安排和管理方式。资源性产品价格和环保收费改革稳步推进，开展了电力用户与发电企业直接交易试点。深化医药卫生体制改革全面启动，出台了改革实施方案及15个配套文件，基本医疗保障制度建设和实施国家基本药物制度、健全基层医疗卫生服务体系、促进基本公共卫生服务均等化等重点改革有序推进。绩效工资改革在义务教育学校、公共卫生与基层医疗卫生事业单位开始实施，文化新闻出版体制改革稳步推进。综合配套改革试验区的各项改革工作有序展开。

对外开放取得积极成效。4次提高6955个税号的劳动密集型和高技术含量、高附加值产品出口退税率，取消或降低粮食、化肥以及部分工业产品等102项出口关税，调减1804项加工贸易限制类和禁止类目录，积极应对贸易摩擦，有效减缓了外部环境急剧变化的不利影响，进出口降幅逐步缩小，年末实现由降转升。全年进出口总额22072.2亿美元，其中，出口12016.6亿美元，进口10055.6亿美元。受国际市场大幅萎缩、全球商品价格下降的影响，加上我国出口产品档次有待提高，进出口总额下降13.9%，没有完成增长8%的计划目标。利用外资结构继续调整。出台并组织实施中西部地区外商投资优势产业目录，引导外资投向高技术产业和高端制造、研发环节，投向资源节约型环境友好型产业。全年吸收外商直接投资（不含银行、证券、保险领域）900亿美元，低于计划24亿美元。年末国家外汇储备23992亿美元，比上年末增加4531亿美元。对外投资合作逆势上扬，能源资源合作开发、企业海外并购、对外工程承包和劳务合作取得新进展，全年对外直接投资（非金融部分）433亿美元，增长6.5%；对外承包工程完成营业额777亿美元，增长37.3%。

（七）惠民生促和谐成效明显

就业和社会保障工作进一步加强。中央财政安排就业资金426亿元，增长59%。城镇新增就业人数1102万人，超过计划202万人；城镇登记失业率4.3%，实现了不高于4.6%的计划目标。应届高校毕业生就业率达到87.4%。外出农民工总量1.45亿人，增加492万人。中央财政用于社会保障的资金2905.75亿元，增长16.6%。城镇企业职工基本养老保险省级统筹基本实现，养老保险关系转移接续办法发布实施，城镇参加基本养老保险人数达2.35亿人，超过计划700万人，新型农村社会养老保险试点正式启动。城镇居民基本医疗保险制度全面实施，关闭破产国有企业退休人员的医疗保障问题得到妥善解决，城镇职工医保、居民医保参保人数增加8239万人，参保人口超过4亿人；新型农村合作医疗参保人数增加1630万人，参合人口达到8.33亿人。企业离退休人员、城乡低保和优抚对象的保障水平继续提高，社保基金筹集渠道进一步拓宽。

人民生活继续改善。城乡基础设施建设进一步加强，服务能力不断提高。物资供应充裕，市场繁荣稳定。全年城镇居民人均可支配收入和农村居民人均纯收入分别达到17175元和5153元，剔除价格因素，比上年实际增长9.8%和8.5%，超过计划3.8个和2.5个百分点。保障性安居工程建设取得重要阶段性成果，中央财政安排专项建设资金550.56亿元，增长2倍，基本建成各类保障性住房200万套，改造国有林区、垦区、煤矿棚户区和部分城市棚户区住房130万套，使城市近千万困难群众的居住条件得到改善。安排以工代赈资金56亿元，易地扶贫搬迁试点资金18亿元，支持贫困地区增强发展能力和贫困人口脱贫致富。水库移民后期扶持政策得到认真落实，2356万大中型水库农村移民受益。

各项社会事业全面进步。社会事业基础设施建设得到加强，2008年四季度以来，中央政府用于社会事业发展方面的基建投资550多亿元，超过“十五”时期的总和。城乡免费义务教育政策全面落实，中西部地区农村初中校舍改造和全国中小学校舍安全工程积极推进，改造农村初中校舍面积670万平方米，建成中等职业学校和特殊教育学校校舍314万平方米。初中阶段三年保留率达到94%，提高0.3个百分点，高中阶段毛入学率达79.2%，提高5.2个百分点，超过计划2.2个百分点；普通高校招生639.5万人，增加31.8万人，超过计划10.5万人，研究生招生51.1万人，增加6.5万人，超过计划3.6万人。基层医疗卫生服务体系和计划生育设施建设继续加强，建成17171个基层医疗卫生服务机构、4522个基层计划生育服务项目，甲型H1N1流感防控工作依法科学有序进行。人口自然增长率5.05‰，实现了7‰以内的计划目标。国家博物馆、国家图书馆二期等重大文化项目建设进展顺利，建成乡镇综合文化站5062个，免费开放的博物馆、美术馆、图书馆等公共文化设施1444家。广播、电视人口覆盖率分别达到96.3%和97.2%，广播电视村村通工程提前一年完成“十一五”规划任务。红色旅游精品景区建设规划目标全面实现。哲学社会科学、新闻出版、文学艺术和体育等事业繁荣发展。第十一届全国运动会成功举办。上海世博会园区建设基本完成。

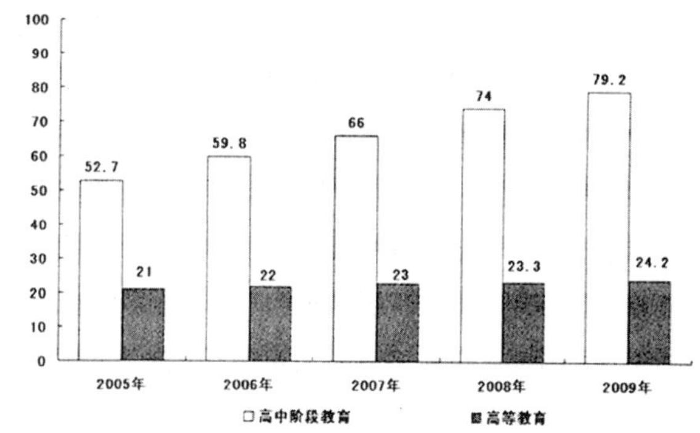

图6 高中阶段和高等教育毛入学率增长情况（单位 %）

汶川地震灾后恢复重建规划实施取得重大阶段性成果。重灾区累计完成投资6545亿元，占规划总投资的65.5%，农村住房重建任务基本完成，城镇住房重建加固全面展开，学校、医院和基础设施建设进展顺利，北川、汶川、青川县城以及映秀、汉旺等重灾城镇建设加快。震区文化遗产保护得到加强。对口支援工作成效显著。

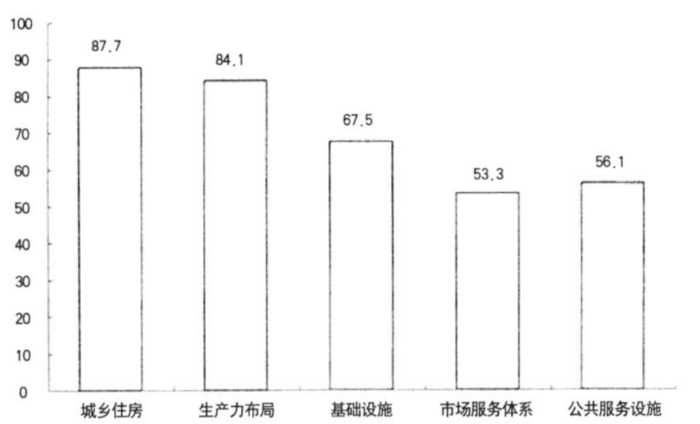

图7 灾后恢复重建主要任务完成情况（单位 %）

在国际金融严重动荡、世界经济陷入衰退、国内外形势严峻复杂的情况下，我们较好地完成了2009年国民经济和社会发展计划提出的主要目标。取得这样的成绩极为不易。这是党中央、国务院科学应对、坚强领导的结果，是全国上下深入贯彻落实科学发展观、全面落实应对国际金融危机一揽子计划和相关政策措施，齐心协力、共同奋斗的结果，是充分发挥社会主义制度动员能力强、决策效率高、能够集中力量办大事政治优势的结果。

在充分肯定成绩、增强必胜信心的同时，我们也清醒地认识到，当前和今后一个时期，我国经济社会发展仍面临严峻挑战。从国际看，虽然世界经济步入了复苏进程，但基础依然脆弱，金融领域风险没有完全消除，主要发达经济体失业率居高不下，保护主义持续升温，国际大宗商品价格和主要货币汇率可能加剧波动，世界经济发展中的不稳定不确定因素依然很多。从国内看，也存在一些突出矛盾和问题。一是经济增长的内生动力仍然不足。居民消费难有较大幅度增长，民间投资的潜力尚未充分发挥，刺激消费和投资的政策效应有可能减弱，进一步扩大国内需求存在较大制约。受国际市场需求依然疲软，贸易摩擦增多等影响，外需短期内很难恢复到危机前的水平。二是发展方式转变和结构调整压力进一步加大。企业自主创新能力不强，经济增长在很大程度上还是依赖物质资源的大量投入，土地和资源环境约束矛盾加剧，投资、消费比例关系不尽合理，部分行业产能过剩和盲目重复建设问题突出。三是推进节能减排任务艰巨。随着经济企稳回升，高耗能、高排放行业扩张明显，有的企业由于经营困难减少了节能减排技术改造和污染治理投入，有的地方节能减排工作有所放松。四是农业稳定发展和农民持续增收的基础不稳固。农田水利基础设施薄弱，农业抗灾能力不强、比较效益偏低，农民持续增收困难较多。五是就业形势依然严峻。普通高校毕业生和新成长劳动力规模很大，一些困难群体实现就业越来越难，农村劳动力转移就业任务仍很艰巨。六是货币信贷超常增长，结构不尽合理，流动性管理压力加大。此外，部分城市房地产价格涨幅过大，安全生产、收入分配、社会稳定以及城乡、区域不平衡等方面的问题也比较突出。对于上述问题，我们将高度重视，采取有效措施，认真加以解决。

二、2010年经济社会发展的总体要求和主要目标

今年是实施“十一五”规划的最后一年，做好经济社会发展的各项工作，对夺取应对国际金融危机冲击的全面胜利、保持经济平稳较快发展、加快发展方式转变、为“十二五”规划启动实施奠定良好基础，具有十分重要的意义。2010年的经济社会发展工作，要全面贯彻党的十七大和十七届三中、四中全会精神，以邓小平理论和“三个代表”重要思想为指导，深入贯彻落实科学发展观，保持宏观经济政策的连续性和稳定性，继续实施积极的财政政策和适度宽松的货币政策，根据新形势新情况着力提高政策的针对性和灵活性，特别是要更加注重提高经济增长质量和效益，更加注重推动经济发展方式转变和经济结构调整，更加注重推进改革开放和自主创新、增强经济增长活力和动力，更加注重改善民生、保持社会和谐稳定，更加注重统筹国内国际两个大局，努力实现经济平稳较快发展。

按照上述总体要求，考虑处理好保持经济平稳较快发展、调整经济结构和管理通胀预期关系的需要，并与“十一五”规划《纲要》相衔接，今年经济社会发展的主要预期目标是：

——保持经济稳定增长。国内生产总值增长8%左右。主要考虑是：从扩大就业、增加居民收入、改善民生、维护社会稳定的要求看，我国经济需要保持一定的增长率，预期目标不宜定得过低。但目标定得过高，不仅实现难度大，而且经济运行条件也会绷得过紧，资源环境难以承受。从今年的发展条件分析，消费需求有望保持平稳增长，投资增速会有所回落，但仍将保持一定

规模，进出口形势也会好于上年，实现经济增长目标是有条件的。8%左右的目标比去年实际增长率略低一些，这样的安排主要是强调经济工作的着力点不在于盲目追求更高的速度，而在于下更大的功夫推动经济发展方式转变和经济结构调整，下更大的功夫提高经济发展质量和效益、增强发展的可持续性，实现又好又快发展。8%左右的增长速度是就全国来说的，是一个预期性、指导性目标，各地应结合自身实际，科学确定增长目标，切不可盲目追求高速度，更不应层层加码。

——优化经济结构。农业发展基础进一步加强，战略性新兴产业和服务业发展加快，一、二、三次产业增加值占国内生产总值的比重分别为10.1%、46.6%、43.3%；研究与试验发展经费支出占国内生产总值比例提高到1.75%以上；抑制盲目重复建设、推动兼并重组和淘汰落后产能取得积极成效；单位GDP能耗力争实现“十一五”规划目标，主要污染物排放总量继续下降；城镇化率达到47%，区域发展更趋协调。加快发展方式转变是落实科学发展观、保持经济平稳较快发展、促进社会和谐稳定的内在要求。提出这个组合目标，就是为了引导各方面在巩固经济回升向好基础的同时，充分发挥政府调控和市场调节“两只手”的作用，着力优化经济结构，加快培育战略性新兴产业，依法淘汰落后产能，推动企业转型升级，强化节能减排和环境保护。同时，加大统筹城乡、区域协调发展力度，加快城镇化步伐，形成新的经济增长点和增长极，进一步拓展国内需求特别是消费需求的增长空间。只有这样，才能更好地满足广大人民群众的新期待新需求，才能突破资源环境对经济发展的瓶颈制约，才能进一步提高发展的质量和效益，在复杂、激烈的国际竞争中抢占先机、赢得主动。

——保障和改善民生。城镇新增就业900万人以上，城镇登记失业率控制在4.6%以内；城乡居民收入稳定增长，其中农民人均纯收入实际增长6%以上；各项社会保障制度进一步完善，保障性安居工程建设和棚户区改造加快推进；人口自然增长率控制在7‰以内。虽然当前和今后一个时期就业形势依然严峻，但随着经济回升向好的基础进一步巩固，积极就业政策的实施力度加大，就业服务和培训不断加强，新增就业岗位将会继续增加。受国内外经济环境变化的影响，部分企业生产经营尚未根本摆脱困境，影响了农民工就业岗位的稳定，再加上农产品价格和生产效益总体偏低，制约了农民现金收入的增加。但是，随着国民收入分配格局的逐步调整，提高居民收入政策的进一步完善，统筹城乡发展力度的加大，农村劳动力就业渠道和农村内部增收空间的不断拓展，农村居民收入仍可继续稳定增长。

——保持价格总水平基本稳定。居民消费价格涨幅3%左右。当前，我国总供给大于总需求，绝大多数产品供应充足，特别是农业连年丰收，粮食库存充裕，有利于保持物价基本稳定。但是，推动今年物价上行的因素不容忽视，主要包括：国际大宗商品价格上涨的传导效应，国内货币信贷投放的滞后作用，资源税和资源性产品价格改革的影响，以及上年居民消费价格变动的翘尾因素等，在一定程度上加大了价格上涨的压力。提出上述目标，既有利于管理好通胀预期，也为推进改革留有一定空间。

——改善国际收支状况。外贸进出口总额增长8%左右，贸易顺差有所缩小，服务贸易发展加快；利用外资质量提升、结构优化；对外投资稳步扩大、效益提高。在着力扩大内需的同时努力稳定和拓展外需，有利于更好地利用两个市场两种资源，也有利于增加就业岗位，在国际竞争中促进结构优化、提升发展质量。尽管国际经济环境依然严峻复杂，贸易保护主义进一步抬头，但如果不发生大的意外事件，今年世界经济和贸易形势会好于去年，再加上2009年我国进出口下降较多、基数较低，只要我们抓住国际分工调整的有利时机，发挥比较优势，加快转变对外经济发展方式，坚持走以质取胜、集约化、多元化的路子，不断提高我国经济的国际竞争力和抗风险能力，就能实现对外贸易的恢复性增长。

按照上述安排，对照“十一五”规划《纲要》，预计到年底，经济增长、城镇新增就业、城乡居民收入、新型农村合作医疗覆盖率、城镇基本养老保险覆盖人数、主要污染物排放总量、城镇化率等大部分指标，可以实现或超额完成“十一五”规划目标；单位国内生产总值能耗、研究与试验发展经费支出占国内生产总值比例等指标，完成目标任务需要付出更大的努力。

三、2010年经济社会发展的主要任务和措施

综观国内外发展环境和条件，今年改革发展稳定任务十分繁重。实现经济社会发展的主要目标，要把保持经济平稳较快发展与结构调整结合起来，切实提高发展的可持续性；把扩大内需特别是消费需求与稳定外需结

合起来，着力增强经济发展的均衡性；把统筹城乡区域协调发展与推进城镇化结合起来，大力拓展发展空间；把推动自主创新与培育战略性新兴产业结合起来，努力实现创新发展；把深化改革与促进发展结合起来，全面提升经济发展的内生动力；把发展经济与改善民生结合起来，进一步提高经济社会发展的协调性。

（一）进一步提高宏观调控水平，努力实现经济平稳较快发展

保持宏观经济政策的连续性和稳定性，把握好政策实施的力度、节奏、重点。（1）继续实施积极的财政政策。保持适度的财政赤字和发债规模，建议今年全国财政赤字规模10500亿元，赤字率与去年基本持平，控制在3%以内。其中，中央财政赤字8500亿元，代发地方债2000亿元并纳入地方财政预算。继续落实结构性减税政策。进一步优化财政支出结构，按照突出重点、有保有压的要求，加大对重点领域和薄弱环节的支持力度，坚持勤俭办一切事业的原则，继续从严控制一般性支出，努力降低行政成本。（2）继续实施适度宽松的货币政策。合理增加货币供应和信贷规模，综合运用多种货币政策工具加强流动性管理，保持银行体系流动性合理充裕。今年广义货币供应量M2增长17%左右，新增人民币贷款规模7.5万亿元左右。着力优化信贷结构，加强对经济社会发展薄弱环节、就业、战略性新兴产业、产业转移等方面的信贷支持，有效缓解农业和小企业融资难问题，保证重点建设项目贷款需要，严格控制对“两高”行业和产能过剩行业的贷款。继续扩大直接融资，完善多层次资本市场体系，扩大企业债券融资规模，优化融资结构。（3）防范财政、金融风险。加强地方政府债务管理，规范地方政府融资平台和担保行为。严格执行放贷条件，加强审慎管理，防范系统性金融风险。切实把握好信贷投放节奏，防止季度之间、月度之间异常波动。进一步完善人民币汇率形成机制，保持人民币汇率在合理均衡水平上的基本稳定。

进一步扩大消费需求。社会消费品零售总额增长15%。（1）加快调整国民收入分配格局。尽快出台国民收入分配格局调整的方案和政策措施。继续多渠道增加农民收入，提高企业退休人员基本养老金和部分优抚对象待遇水平，落实在义务教育学校、公共卫生与基层医疗卫生事业单位实施绩效工资的政策。逐步提高最低工资标准。（2）完善促进消费的各项政策措施。加大家电、汽车、摩托车下乡实施力度，把家电以旧换新和汽车下乡政策实施的时限延长到年底，扩大家电以旧换新试点地区。（3）促进合理的住房消费。增加中小套型、中低价位普通商品住房和公共租赁房用地供应，支持居民自住和改善性住房消费，倡导住房租赁消费，继续实施差别化住房信贷、税收政策，抑制投机性购房，满足人民群众的基本住房需求。继续整顿规范房地产市场秩序，加大对圈地不建、捂盘惜售、哄抬房价等违规行为的查处力度，遏制部分城市房价过快上涨势头。（4）发展服务消费。大力发展文化创意、影视制作、出版发行、演艺娱乐、会展、动漫等文化产业，加快宽带网络建设，支持“三网”融合性业务发展，积极促进文化、旅游、体育健身、教育培训、老年护理等服务消费。（5）优化消费环境。扩大消费信贷，加强商贸流通体系等基础设施建设，深入推进“万村千乡”市场工程。大力整顿和规范市场价格秩序，进一步强化产品特别是食品药品质量安全监管。

保持合理的投资规模，优化投资结构。全社会固定资产投资增长20%，其中，建设与改造投资增长21%，房地产开发投资增长18%。（1）切实抓好政府投资项目建设。继续实施4万亿元投资计划，按照两年新增中央政府投资1.18万亿元的要求，2010年拟新增5722亿元，全年共安排中央政府投资9927亿元，其中中央基本建设投资3926亿元。在投资安排上继续向“三农”、保障性安居工程、卫生教育等民生领域倾斜，向中西部地区、革命老区、民族地区、边疆地区、贫困地区倾斜，继续支持节能环保、自主创新和技术改造。资金主要用于在建和收尾项目，严格控制新开工项目，避免“半拉子工程”。（2）积极扩大民间投资。抓紧出台并落实鼓励和引导民间投资健康发展的政策措施，切实放宽民间投资准入领域，进一步消除限制民间投资进入的障碍，支持民间投资投向公用事业、社会事业等经济社会发展薄弱环节。(3)加强和改进投资管理。建立健全部门联动联控和信息共享机制，研究进一步把好用地、环评、节能、信贷、产业政策等关口的办法，控制银行贷款用于新开工项目的比例。严格控制“两高”、产能过剩行业的新上项目和不切实际的“政绩工程”。加快投资管理法制化进程。加强对政府投资项目的检查、稽察和专项审计，严肃查处违规问题，确保资金安全和项目工程质量。

稳定粮油等重要商品的市场供应和价格。加强主要农产品市场调控，灵活把握储备吞吐、进出口调节的

力度和节奏，做好粮油等重要商品的购销调运，保证市场供应。强化价格监测、预警和形势分析，完善应急预案，规范价格行为，正确引导舆论，稳定市场预期，保持价格总水平的基本稳定。

搞好经济运行调节。强化动态监测和综合分析，针对煤电油气运紧平衡、局部紧张的局面，做好重点时段、重点地区的保障供应工作。加强煤炭产运需衔接，统筹电力供需平衡，组织好跨区跨省输电，强化电力需求侧管理，搞好成品油和天然气的总量平衡和稳定供应，保障重点物资运输。充实应急物资储备，完善应急机制，加强应急能力建设。

（二）加快产业优化升级和战略性新兴产业发展，促进发展方式转变和结构调整

（1）大力增强自主创新能力。继续落实中长期科技规划纲要。积极推进新一代宽带移动通信网、重大新药创制等国家科技重大专项的实施。加大对研发的支持和投入力度，推进落实激励自主创新的政策措施。加快集成电路、平板显示、新支线飞机、核电等重大工程的实施。加强重大科技基础设施、知识创新工程和技术创新工程建设，在数字电视、新能源、新材料、电子商务等领域新建一批国家工程（技术）研究中心和工程实验室，加快培育具有自主创新示范和带动作用的龙头企业，推动形成一批技术创新战略联盟。继续支持基础研究和前沿技术研究，加快发展农业和民生科技，集中力量突破核心技术。扩大国家创新型城市试点，组织实施区域创新能力建设专项。完善知识产权保护政策。（2）培育和发展战略性新兴产业。抓紧研究提出总体思路、重大政策措施和发展规划，在新能源、节能环保、新材料、生物医药、生物育种、信息、新能源汽车、航空航天、海洋等领域，选择具备突破条件的关键技术和产业化应用作为主攻方向，确定技术路线和市场推进措施，启动一批重大专项工程。落实好研发投入抵扣所得税政策，健全支持创新的投融资体制，加快实施新兴产业创投计划，推动设立高技术产业创业投资引导基金，通过贷款、债券、股市、创业投资等多渠道筹措资金。加快物联网的研发应用。（3）继续推进重点产业的调整振兴。认真落实产业调整振兴规划和实施细则，修订并实施《产业结构调整指导目录》及相关政策。在船舶、石化、有色、环保、新能源、节能减排等领域，组织实施技术研发和产业化示范。围绕节能降耗和发展循环经济，加大用高新技术改造和提升传统产业力度，提高企业信息化水平。支持重大技术装备自主开发，鼓励使用国产首台（套）重大装备，推动重大装备的本地化。加大地质勘探力度，提高国内能源资源保障能力。积极调整能源结构，促进能源产业持续健康发展。2010年，原煤、原油、天然气产量分别达到31.5亿吨、1.9亿吨、920亿立方米，增长3.3%、0.5%、8%；发电量39600亿千瓦小时，增长6.6%，其中，水电6600亿千瓦小时，增长7.2%，核电750亿千瓦小时，增长7.1%。积极推进风电及其配套工程建设。加快兼并重组步伐，推动重点产业合理布局、集约发展。（4）压缩和疏导过剩产能，加快淘汰落后产能。综合运用法律、经济和必要的行政手段，严格市场准入，建立落后产能退出机制，健全市场信息发布制度，引导产业健康发展。今年拟淘汰火电、炼钢、炼铁、水泥、造纸、平板玻璃等落后产能分别达到1000万千瓦、600万吨、2500万吨、5000万吨、53万吨、600万重箱。（5）促进服务业加快发展。第三产业增加值达16.15万亿元，增长8.7%，服务业就业比重达到34.8%，比上年提高0.8个百分点。进一步放宽市场准入，完善和落实鼓励服务业发展的投资、税收、用地、价格等政策。加快制定促进高技术服务业发展的指导意见。2010年，全国电信业务总量增长18%。出台促进现代物流业发展的政策措施，支持现代物流重点项目建设。改善重点旅游景区基础设施条件，促进生态旅游、文化旅游、休闲度假旅游，推进海南国际旅游岛建设。积极发展社区服务、家政服务、养老服务和市政公用事业，满足人民群众多层次多样化的需求。到今年底，全国城镇社区服务设施数达18万个，增长2.9%。开展服务业综合改革试点，推动服务业集聚发展示范区建设。组织好上海世博会。（6）抓好重要通道和关键枢纽建设，提高交通运输综合效能。有序推进铁路客运专线、煤运通道、西部干线、城际客运系统、城市轨道交通建设。完善国家高速公路网，提升国省干线公路技术等级和服务水平。以专业化码头、现代化港区和进出港深水航道为重点，有序推进沿海港口建设，发展长江等内河水运。推进枢纽机场和干线机场改扩建，安排好支线机场建设。2010年，全国铁路营业里程、公路通车里程分别增长5.8%、2.6%，累计达到9.1万公里、392.7万公里；通航机场增加8个，达到174个。（7）积极支持中小企业特别是小企业发展。加快建设中小企业公共服务平台、信息服务网络和小企业创业基地。

落实促进小企业发展的金融和税收优惠政策，扩大中央财政中小企业发展专项资金规模，鼓励各地建立小企业贷款风险补偿基金，发展多层次小企业信用担保体系。

（三）加大统筹城乡发展力度，增强农业农村经济发展和农民增收的基础

（1）抓好主要农产品生产。继续严格保护耕地，加强耕地特别是基本农田建设，稳定粮食播种面积，优化品种结构，着力提高粮食单产和品质。2010年，力争粮食产量稳定在5亿吨水平；棉花、油料、糖料产量分别达到670万吨、3150万吨、12500万吨，增长4.7%、1.6%和2.5%。全面实施新增千亿斤粮食生产能力规划，加强棉花、油料、糖料生产基地建设，着力提高农业机械化水平，因地制宜发展旱作农业、设施农业和保护性耕作，改造中低产田165.3万公顷，增长1.6%。完善生产补贴和奖励政策，稳定大宗农产品生产。继续推进种养业良种繁育体系、动植物疫病防控体系、基层农业技术推广体系和农产品质量安全检验检测体系建设，实施国家现代农业示范项目和现代农业生产发展项目，支持生猪、奶牛等规模化、标准化养殖。2010年，肉类、水产品产量分别达到7800万吨和5200万吨，增长2.1%和1.6%。支持大宗农产品仓储物流设施、骨干农产品批发市场升级改造和农产品冷链物流建设。（2）努力促进农民持续增收。提高粮食最低收购价，小麦、稻谷平均每50公斤分别提高3元和6元，其中粳稻提高10元。健全重点农产品收储机制。增加良种补贴，扩大农机具购置补贴规模和种类，落实农资综合补贴动态调整机制。积极培育农业农村社会化服务体系，提高农业生产经营组织化程度，支持龙头企业提高辐射带动能力。大力发展农村二三产业，壮大县域经济。加强农村劳动力转移就业培训，优化农民工就业和创业环境，千方百计促进农民多渠道就业，今年农村劳动力转移就业培训力争600万人以上。（3）扎实推进新农村建设。继续改善农村生产生活条件。增加农村水电路气房等民生工程的中央基建投资，今年拟安排200亿元，再解决6000万农村人口饮水安全问题，农村自来水普及率达到71.5%；安排120亿元用于农村电网改造；安排30亿元用于农村公路改造；安排52亿元用于加快推进农村户用沼气、大中型沼气和集中供气工程建设。继续加强农村基础设施建设，加快大中型灌区续建配套节水改造，按期完成规划内6240座大中型和重点小型病险水库除险加固任务。加强渔政渔港建设。实施农村清洁工程。积极推进农村土地整治。增强农村教育培训、医疗卫生、文化等公共服务能力，加快农村信息化和通信普遍服务建设。（4）积极推进城镇化。加快中小城市和小城镇发展，完善城镇供气、供热、供水等市政公用基础设施，提高城镇综合承载能力。放宽中小城市和城镇户籍限制，推动有条件的城市允许有稳定职业和收入的农民工及其子女转为城镇户口并纳入城镇公共服务体系，改善农民工就业、居住、就医等基本生活条件，解决好农民工子女就学问题。

（四）认真落实促进区域发展的各项规划和政策，增强区域发展的协调性

（1）深入推进西部大开发。抓紧研究制定下一个十年深入实施西部大开发战略的若干意见，及时出台实施方案。继续开工一批基础设施和改善民生方面的重点工程，巩固退耕还林成果，完善退牧还草政策，建立健全生态补偿机制和资源开发补偿机制，开展生态文明示范建设。加快制订成渝经济区等区域规划。推动重点边境城镇开发开放试验区建设。（2）全面振兴东北地区等老工业基地。支持重点行业、重点企业的兼并重组、技术改造和自主创新，培育壮大特色优势产业，进一步推动资源型城市可持续发展，加快现代农业建设，大力发展旅游、物流等现代服务业。积极推进辽宁沿海经济带和长吉图开发开放先导区建设。编制大小兴安岭林区生态保护和经济转型规划。（3）扎实推进中部崛起。认真实施促进中部地区崛起规划，制定支持中部地区发展的具体政策措施，编制“三个基地、一个枢纽”为重点的专项规划。加快制定丹江口库区及上游地区经济社会发展等区域规划。出台并组织实施促进中西部地区承接产业转移的意见。（4）积极支持东部地区率先发展。落实好已出台的珠三角等重点区域规划和政策措施，抓紧出台并组织实施长江三角洲、京津冀都市圈、海峡西岸经济区等区域规划，研究促进海洋经济发展的意见。积极鼓励东部地区体制机制创新和产业优化升级，全方位参与国际竞争与合作。（5）加强区域合作。在发展规划、产业布局、基础设施、生态环保、公共服务等方面加强统筹协调，促进各地区分工协作、优势互补。加大对革命老区、民族地区、边疆地区和贫困地区发展的支持力度，增加资金投入，改善基本公共服务。加大扶持人口较少民族发展力度。继续推进兴边富民行动。扎实做好东中部地区对西部困难地区的对口支援工作。加快推进主体功能区建设。

（五）抓好节能减排和应对气候变化工作，加快建设资源节约型环境友好型社会

（1）强化目标责任和监督检查。继续实施节能减排问责制，开展对地方和重点企业的评价考核。加强节能减排工作督查指导，确保节能减排设施有效运行。深入开展节能减排全民行动等宣传活动。（2）完善相关政策、标准。尽快出台固定资产投资项目节能评估和审查管理办法。制定和修订一批终端用能产品强制性能效标准、单位产品能耗限额标准和强制回收产品的技术标准。健全节能产品认证和节能产品政府采购制度。加快推行合同能源管理，落实节能节水环保产品和节能环保改造项目企业所得税优惠、脱硫电价，完善鼓励余热余压发电上网的经济政策。（3）加快重点工程建设。继续推进十大重点节能工程，新增8000万吨标准煤的节能能力。抓好城镇污水垃圾处理、燃煤电厂脱硫、钢铁烧结机脱硫、尾矿综合治理等重大项目建设。2010年，新增城镇污水日处理能力1500万立方米、垃圾日处理能力6万吨；城市污水处理率、垃圾无害化处理率分别达到75%、71%，提高2.7个和2个百分点。认真落实重金属污染综合整治实施方案。（4）加强建筑节能。强化对新建建筑执行节能标准的监管，推行民用建筑能效测评标识和节能信息公示。加大北方采暖地区现有居住建筑供热计量及节能改造力度。加强国家机关办公建筑和大型公共建筑的节能管理。（5）全面实施节能产品惠民工程。在做好财政补贴推广高效节能空调的基础上，制定冰箱、洗衣机、平板电视、燃气热水器、电机等产品的财政补贴推广实施细则，推广1.5亿只节能灯，并向农村倾斜。（6）大力发展循环经济。深化循环经济示范试点，完善循环经济指标体系，建立循环经济发展专项资金，启动城市矿产等示范工程，制定再制造产业发展意见，大力推进建筑废弃物、餐厨垃圾资源化和秸秆综合利用。2010年，万元工业增加值用水量114立方米，下降2.1%，工业固体废物综合利用率68.4%，提高1.8个百分点。（7）加强生态建设和环境保护。继续推进京津风沙源治理、天然林资源保护、重点地区防护林体系建设。加大“三河三湖”、渤海、三峡库区、南水北调等重点流域、重点区域污染防治力度。抓紧开展黄土高原综合治理、西藏生态安全屏障的保护与建设，加快实施三江源、石羊河以及石漠化等生态综合治理规划。2010年治理水土流失面积2.16万平方公里，增长1.4%。积极开展农村环境综合整治。（8）积极应对气候变化。研究制定落实到2020年控制温室气体排放行动目标的政策措施。继续实施应对气候变化国家方案。加强应对气候变化能力建设和宣传教育。加快国土绿化进程，增加森林碳汇，今年新增造林面积592万公顷。完善清洁发展机制项目相关工作。继续推动应对气候变化国际谈判进程，加强国际交流与合作。

（六）加快重点领域和关键环节改革，增强经济社会发展的动力和活力。

（1）深入推进医药卫生体制改革。进一步扩大基本医疗保障覆盖面，加快国家基本药物制度建设，落实重大公共卫生项目和基本公共卫生服务项目，提高突发公共卫生事件应急救治能力，开展公立医院改革试点，加快医药价格形成机制改革，今年基本药物制度覆盖60%的政府办基层医疗卫生机构。（2）稳步推进资源性产品价格和环保收费改革。继续开展发电企业竞价上网、大用户与发电企业直接交易等试点，推行居民用电阶梯价格制度，完善可再生能源发电定价和费用分摊机制。继续推进水价改革，加大污水处理费征收力度。改革垃圾处理收费方式。推进排污权交易试点。（3）深化国有企业改革。继续推进国有经济的战略性调整和重组，加快大型国有企业特别是中央企业母公司层面的公司制股份制改革，推进中央企业加快建立规范董事会，完善法人治理结构和高管人员薪酬制度。继续推进垄断性行业体制改革，进一步放宽市场准入，积极引入竞争机制。（4）毫不动摇地鼓励、支持、引导非公有制经济发展。在金融、财税等方面加大政策支持力度，在招投标、政府采购等方面提供同等政策待遇，清理融资、外汇管理、土地使用等方面的歧视性法规和政策，着力营造多种所有制经济公平竞争的市场环境。（5）健全有利于农业农村发展的体制机制。稳定和完善农村基本经营制度，有序推进农村土地管理制度改革。深化集体林权制度改革，启动国有林权改革。推进草原承包、国有农垦体制改革。（6）加快财税体制改革步伐。建立健全财力与事权相匹配的财政体制，完善财政转移支付制度，增强地方政府提供基本公共服务的能力。完善消费税和房产税制度。推进资源税改革。统一内外资企业和个人城建税、教育费附加制度。（7）继续推进金融体制改革。规范商业银行公司治理，积极推动进出口银行、农业发展银行深化内部改革，继续推进农村信用社改革，加快发展面向农村和中小企业的小型金融机构，扩大中小企业发债试点。完善金融监管体制。（8）深化投资体制改

革。完善投资项目后评价、重大项目公示和责任追究制度，制定代建制管理办法，健全政府投资管理制度。加快建立产业投资基金管理制度，完善创业投资机制。

（七）更加注重统筹国内国际两个大局，稳定发展开放型经济。

（1）促进对外贸易稳步回升。保持外需政策的连续性和稳定性，深入实施市场多元化战略，稳定传统市场，开拓新兴市场，积极调整出口商品结构，继续鼓励传统优势产品、自有品牌产品和自主技术及标准的出口，严格控制“两高一资”产品出口。支持先进技术、装备、关键零部件和国内紧缺物资的进口。妥善应对贸易摩擦，积极推进国际经贸合作。继续扩大对外援助。（2）提高利用外资水平。修订外商投资产业指导目录，扩大开放领域，引导外资投向高端制造业、高新技术产业、现代服务业、新能源和节能环保等产业，鼓励外商在中西部地区发展符合环保要求的劳动密集型产业。积极承接国际服务外包。深化外商投资管理体制改革，缩小审批、核准范围，增加审批透明度。今年外商直接投资力争达到960亿美元。继续用好国外贷款。（3）支持和规范企业对外投资合作。修订境外投资项目核准管理办法和产业指导政策，加强和改善对境外中资企业的指导、协调、监督和服务，引导企业依法经营。今年力争实现对外直接投资增长15.5%。

（八）加强以改善民生为重点的社会建设，全力维护社会和谐稳定。

（1）实施更加积极的就业政策。大力发展劳动密集型产业、中小企业、民营经济和服务业，建立公共投资带动就业增长的机制，努力创造更多的就业岗位。今年将有630万应届高校毕业生，加上历年尚未实现就业的，就业压力很大，要做好高校毕业生就业服务工作，支持高校毕业生到基层就业。加强对困难群体的就业帮扶，鼓励自主创业和自谋职业。落实好农民工就业的各项政策。（2）完善社会保障体系。实施全国统一的城镇企业职工基本养老保险关系转移接续办法。扩大新型农村社会养老保险试点，并优先在边境县、民族地方的贫困县和牧区进行。研究解决未参保集体企业已退休人员基本养老保障和其他社会保障遗留问题。完善城镇居民基本医疗保险和新型农村合作医疗制度，逐步提高筹资水平、政府补助标准和保障水平。加大对低收入群体的帮扶救助力度，完善城乡低保制度，进一步提高低保标准。加快社会保障公共服务能力建设。今年城镇参加基本养老保险、基本医疗保险人数分别增加500万人、940万人。继续做好以工代赈和易地扶贫工作，易地扶贫搬迁人口76万人，再使410万农村贫困人口脱贫。（3）优先发展教育。发布实施国家中长期教育改革和发展规划纲要。积极改善农村和贫困地区办学条件，推进中西部地区农村初中校舍改造和全国中小学校舍安全工程，加强学前教育和特殊教育学校建设。继续实施“985工程”、“211工程”三期和中等职业教育基础能力建设工程。支持民族院校建设和民族地区“双语”教育。加大对中西部高等教育发展的支持。2010年，高中阶段教育毛入学率达到80%，普通高校计划招收本专科生657万人，研究生53.4万人，分别比上年增长2.7%和4.5%。（4）加强公共医疗卫生工作。完善基层医疗卫生服务体系和基层计划生育服务体系，继续改造建设一批县级医院和乡镇、社区卫生服务设施，支持重点中医院建设，启动实施精神卫生防治体系建设规划。2010年，每千人口医院和卫生院病床数达3.08张，增长3.7%。做好甲型H1N1流感等重大传染病防控工作。（5）加强住房保障。加大政府投入力度，安排中央基建投资440亿元，加快廉租住房等保障性安居工程建设，支持城市棚户区、国有工矿棚户区及国有林区、垦区棚户区改造和农村危房改造，继续实施游牧民定居工程。落实好土地出让净收益不低于10%用于廉租住房建设的规定。2010年，拟新增保障性住房300万套，各类棚户区改造280万户，农村危房改造120万户，游牧民定居6万户。（6）大力加强文化建设。加大基层公共文化设施和群众体育设施建设力度，并向农村和中西部地区倾斜，加快实施文化信息资源共享、乡镇综合文化站等文化惠民工程，加强国家自然文化遗产地、历史文化名城、抢救性文物以及非物质文化遗产的保护。继续推进文化体制改革，完善扶持公益性文化事业、发展文化产业、鼓励文化创新的政策。繁荣发展哲学社会科学。推进广播影视、新闻出版等领域重大文化建设项目和产品创新。大力开展全民健身活动，今年拟新增体育场地2000个，增长4.1%。（7）重视发展老龄事业，切实保障妇女和未成年人权益，关心和支持残疾人事业。2010年，拟新增各类社会福利床位10万张，增长3.3%；新增残疾人综合服务设施384个，增长15.1%。（8）继续抓好汶川地震灾后恢复重建工作，今年9月底前基本完成主要任务。

继续加强内地与香港、澳门两个特别行政区在经贸、科技、教育、文化、卫生、体育等领域的交流合作，支持香港、澳门克服国际金融危机不利影响、促进经济发展。抓住历史机遇，积极推动两岸经济文化合作与交流，扩大两岸直接“三通”。支持海峡西岸经济区在两岸交流合作中发挥先行先试作用。

今年还有一项任务，就是切实做好“十二五”规划的编制工作。在广泛听取各地区、各部门和社会各界意见建议的基础上，起草“十二五”规划纲要草案，完成提交十一届全国人大四次会议审议的准备工作，并组织好相关专项规划和区域规划的编制。

各位代表，做好2010年经济社会发展各项工作，任务艰巨，意义重大。我们将更加紧密地团结在以胡锦涛同志为总书记的党中央周围，高举中国特色社会主义伟大旗帜，坚持以邓小平理论和“三个代表”重要思想为指导，深入贯彻落实科学发展观，自觉接受全国人大的指导和监督，虚心听取全国政协的意见和建议，坚定信心，开拓创新，扎实工作，为实现“十一五”规划目标，促进经济社会又好又快发展而努力奋斗！

关于2009年中央和地方预算执行情况与2010年中央和地方预算草案的报告

2010年3月5日第十一届全国人民代表大会第三次会议 财政部

受国务院委托，向大会报告2009年中央和地方预算执行情况，提出2010年中央和地方预算草案，请予审议，并请全国政协各位委员提出意见。

一、2009年中央和地方预算执行情况

2009年是新世纪以来我国经济发展最为困难的一年。在中国共产党的坚强领导下，全国各族人民坚持以邓小平理论和“三个代表”重要思想为指导，深入贯彻落实科学发展观，全面贯彻中央的战略部署，认真落实十一届全国人大二次会议的有关决议，实行积极的财政政策和适度宽松的货币政策，全面实施并不断丰富完善应对国际金融危机冲击的一揽子计划和政策措施，改革开放和社会主义现代化建设取得新的重大成就。在此基础上，中央和地方预算完成情况较好，财政改革与发展取得新进展。

全国财政收入68476.88亿元，比2008年（下同）增加7146.53亿元，增长11.7%。其中：中央本级收入35896.14亿元，地方本级收入32580.74亿元。从中央预算稳定调节基金调入505亿元。全国财政支出75873.64亿元，增加13280.98亿元，增长21.2%。其中：中央本级支出15279.84亿元，地方本级支出60593.8亿元。地方财政结转下年支出2608.24亿元。全国财政收支相抵，差额9500亿元。

中央财政收入35896.14亿元，完成预算的100.1%，增加3215.58亿元，增长9.8%。从中央预算稳定调节基金调入505亿元，中央财政使用的收入36401.14亿元。中央财政支出43901.14亿元，完成预算的100.1%，增加8512.58亿元，增长24.1%。其中：中央本级支出15279.84亿元，增长14.5%；中央对地方税收返还和转移支付28621.3亿元，增长29.8%。中央财政收支相抵，赤字7500亿元，与预算持平。2009年末中央财政国债余额60237.68亿元，控制在年度预算限额62708.35亿元以内。

中央对地方税收返还和转移支付情况。2009年中央对地方税收返还和转移支付28621.3亿元，完成预算的99.1%，与预算的差异，主要是救灾支出实际数低于年初预计，相应减少对地方专项转移支付。其中：税收返还4942.27亿元，增长48.2%，主要是实施成品油税费改革，中央财政增加的成品油消费税收入按规定返还给地

方；一般性转移支付11319.89亿元，增长29.4%；专项转移支付12359.14亿元，增长24.1%，主要是中央政府增加公共投资和拉动消费的支出，通过专项转移支付补助给地方。地方财政支出的39.1%来源于中央财政转移支付。

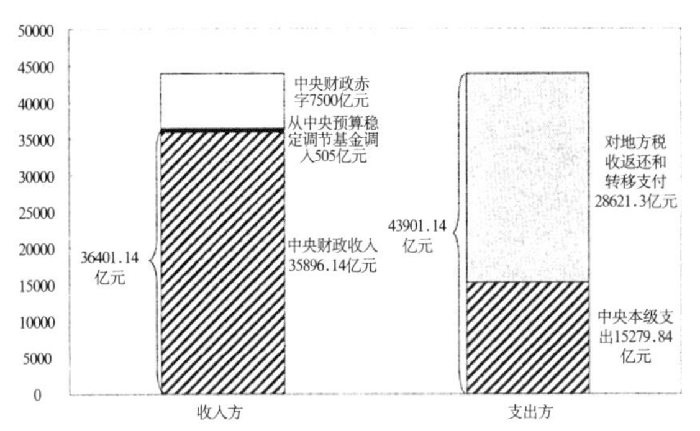

图1 2009年中央财政平衡关系

地方财政收入61202.04亿元，增加10507.86亿元，增长20.7%。其中：地方本级收入32580.74亿元，占53.2%；中央对地方税收返还和转移支付收入28621.3亿元，占46.8%。地方财政支出60593.8亿元，增加11345.31亿元，增长23%。地方财政结转下年支出2608.24亿元（主要是一些支出项目当年尚未全部完成，部分资金下年仍按原用途继续使用）。地方财政收支相抵，差额2000亿元，经国务院同意由财政部代理发行地方政府债券弥补。

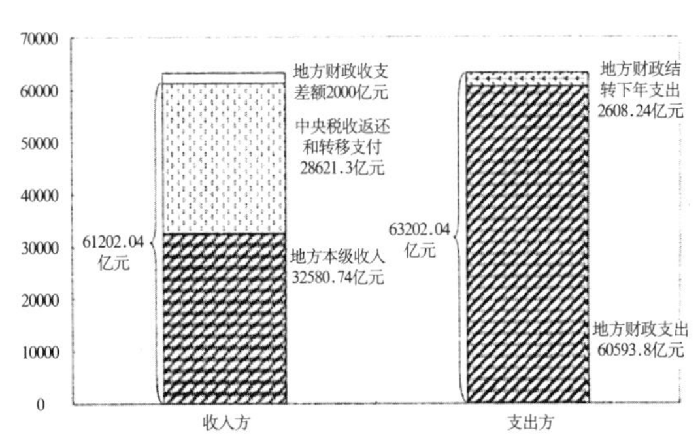

图2 2009年地方财政平衡关系

（一）中央财政收入预算执行情况

2009年是近年来财政完成收入预算难度最大的一年。各级财政积极会同税务、海关等部门，坚决贯彻中央的决策部署，认真实施积极的财政政策，努力促进经济平稳较快发展，为财政收入增长奠定了基础。同时，切实加强财政科学化精细化管理，依法严格收入征管，并采取了调整烟产品消费税政策、清缴以前年度欠缴收入等增收措施，确保了全年收入预算的实现。

中央财政主要收入项目。国内增值税13915.99亿元，完成预算的95.6%，增长3.1%，未完成预算主要是工业品出厂价格水平下降减少了收入。国内消费税4759.12亿元，完成预算的107.3%，增长85.3%，比预算超收主要是执行中提高烟产品消费税税率增加了收入。进口货物增值税、消费税7729.15亿元，完成预算的96.7%，增长4.6%；关税1483.57亿元，完成预算的78.1%，下降16.2%，主要是进口额比预计减少较多。出口货物退增值税、消费税6486.56亿元（账务上作冲减收入处理），完成预算的96.7%，增长10.6%，未完成预算主要是出口额比预计减少较多。企业所得税7618.82亿元，完成预算的100.2%，增长6.2%。个人所得税2366.72亿元，完成预算的99%，增长5.9%。证券交易印花税495.04亿元，完成预算的202.1%，下降47.9%，超过预算主要是股票交易量比预计数增加。车辆购置税1163.17亿元，完成预算的119.9%，增长17.5%，主要是汽车销售量增长较快。非税收入2536.66亿元，完成预算的123.6%，增长48.2%，主要是清缴企业欠缴的石油特别收益金等增加了收入。

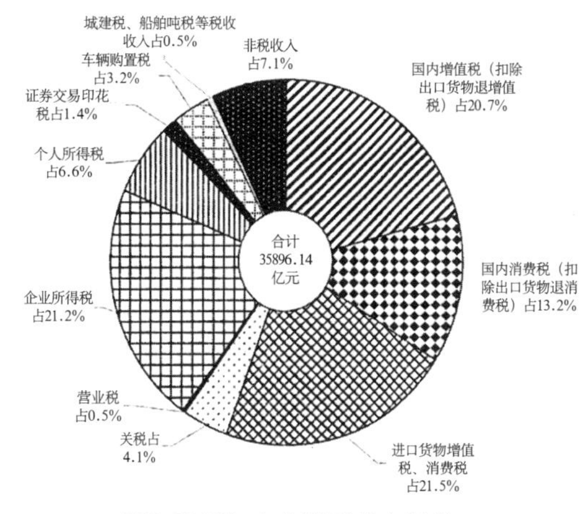

图2 2009年中央财政收入结构

（二）中央财政主要支出项目执行情况

2009年预算安排，按照中央的决策部署，进一步优化财政支出结构，加大对农业、教育、医疗卫生、社会保障、就业、保障性住房、科学技术、环境保护等方面的投入。在预算执行中，预备费的安排也主要用于上述领域，使各项重点支出（包括中央本级支出和中央对地方转移支付）得到较好保障。

1. 农林水事务支出3501.24亿元，完成预算的101.6%，增加792.93亿元，增长29.3%。其中，中央本级支出318.69亿元，对地方转移支付3182.55亿元。完善农资综合补贴动态调整机制，水稻、小麦、玉米、棉花良种补贴实现全国全覆盖，大豆良种补贴在东北地区全面实施，启动马铃薯原种补贴试点，农机具购置补贴覆盖到全部农牧业县，上述补贴共1123.5亿元。测土配方施肥补贴范围扩大到所有农业县。推动现代农业发展，支出65亿元。农业综合开发投入165亿元，支持改造中低产田、建设高标准农田2660万亩，增加粮食综合生产能力327.3万吨。农业保险保费补贴59.7亿元，累计参保农户达到1.27亿户次。对农村低收入人口全面实施扶贫政策，并提高扶贫标准，补助资金197.3亿元，覆盖扶贫对象4007万人。加强农村、农业基础设施建设支出1168.7亿元，大力支持南水北调等重大水利工程建设，对3970座大中型和重点小型病险水库除险加固，实施农村饮水安全工程使6069万农民受益。中央财政森林生态效益补偿基金支持的国家级公益林扩大到10.49亿亩。

2.教育支出1981.39亿元，完成预算的100%，增加377.69亿元，增长23.6%。其中，中央本级支出567.62亿元，对地方转移支付1413.77亿元。农村义务教育经费保障机制改革支出666.1亿元，全国近1.5亿名农村义务教育阶段学生全部享受免除学杂费和免费教科书政策，中西部地区约1120万名农村义务教育阶段家庭经济困难寄宿生获得生活费补助。免除城市义务教育阶段学生的学杂费，支持解决880万农民工随迁子女的就学问题，对符合当地政府接收条件的全部免除学杂费、借读费，补助资金51.7亿元。义务教育学校绩效工资政策稳步实施。启动全国中小学校舍安全工程，支出80亿元，改造校舍1.2亿平方米。加强职业教育实训基地等建设，支出11.3亿元。对约426万名中等职业学校农村家庭经济困难学生和涉农专业学生免除学费，补助资金24亿元。全国约470万名高校和1120万名中等职业学校品学兼优及家庭经济困难学生，获得国家奖助学金资助，支出162.3亿元。从2009年9月1日起，中央高校博士研究生普通奖学金标准由原来的240－280元/月提高到1000元/月。启动中央高校减轻债务负担试点工作，补助103亿元。实施“211工程”等，支出420亿元，促进高等教育发展。

3.医疗卫生支出1277.14亿元，完成预算的108.2%，增加422.69亿元，增长49.5%，超预算主要是增加了基层医疗卫生支出。其中，中央本级支出63.5亿元，对地方转移支付1213.64亿元。积极支持医药卫生体制改革，中央财政支出1162亿元。新型农村合作医疗参合人数达到8.3亿人，城镇居民基本医疗保险参保人数达到1.8亿人，财政补助标准达到人均80元。支持未参保的关闭破产国有企业退休人员参加当地城镇职工基本医疗保险。加大城乡医疗救助力度，资助困难城乡居民参保，减轻医疗费用负担。在30%的基层医疗机构实施基本药物制度。健全基层医疗卫生服务体系，支持2.9万所乡镇卫生院、5000所中心乡镇卫生院建设。建立完善城乡基本公共卫生服务经费保障机制，实施重大公共卫生服务项目。

4.社会保障和就业支出3296.66亿元，完成预算的98.4%，增加553.07亿元，增长20.2%，与预算的差异主要是救灾支出实际数低于年初预计。其中，中央本级支出454.36亿元，对地方转移支付2842.3亿元。社会保障支出2905.75亿元，增加414.24亿元，增长16.6%。在320个县开展新型农村社会养老保险试点。分别按月人均15元、10元增加城乡低保补助资金，支出540.85亿元。对全国城乡7570多万困难群众发放一次性生活补贴，支出90.67亿元。对企业养老保险基金共补助1326.29亿元，开展做实企业职工基本养老保险个人账户试点，继续提高企业退休人员基本养老金水平，并向特殊对象倾斜，普遍建立基本养老保险省级统筹制度。提高优抚对象抚恤补助标准，补助173亿元。

落实更加积极的就业政策，就业资金支出390.91亿元（加上列入其他科目的就业资金为426.21亿元），增加138.83亿元，增长55.1%。在政府公共投资工程建设中，积极推行以工代赈。允许困难企业在一定期限内缓缴基本养老保险等5项社会保险费，阶段性降低失业保险等4项社会保险费率，帮助困难企业稳定就业岗位。继续实行鼓励下岗失业人员从事个体经营、企业吸纳下岗失业人员的税收扶持政策。落实代偿学费和国家助学贷款等政策，促进高校毕业生就业。实施鼓励骨干企业及科研项目吸纳和稳定高校毕业生就业的优惠政策。完善困难高校毕业生就业援助制度。对2100万返乡农民工、城镇失业人员等实施特别职业培训计划。

5.保障性住房支出550.56亿元，完成预算的111.7%，增加368.66亿元，增长202.7%，高于预算主要是加大了保障性住房建设支持力度。其中，中央本级支出26.43亿元，对地方转移支付524.13亿元。提高对地方新建廉租住房的投资补助标准，加强廉租住房等保障性住房建设，解决260万户城市低收入住房困难家庭的住房问题，支出330亿元。加快实施国有林区、垦区、煤矿等棚户区改造，帮助解决130万户居民住房问题，支出100亿元。推进少数民族地区游牧民定居工程，使9.2万户游牧民实现定居，支出23亿元。扩大农村危房改造试点，80万户农村居民受益，补助40亿元。

6.文化体育与传媒支出320.73亿元，完成预算的114.6%，增加67.92亿元，增长26.9%，超预算主要是增加了农村公共文化支出。其中，中央本级支出154.75亿元，对地方转移支付165.98亿元。大力推动公益性文化事业发展，支持博物馆、纪念馆和全国爱国主义教育示范基地免费开放，中央财政对1444家博物馆、纪念馆给予经费补助。农家书屋、广播电视村村通等重点文化惠民工程顺利实施，大遗址、重点文物和非物质文化遗产保护工作得到加强。

7.粮油物资储备等事务支出1746.62亿元，完成预算的98.1%，增加647.89亿元，增长59%。其中，中央本级支出805.43亿元，对地方转移支付941.19亿元。继续实施粮食直补，支出151亿元。加强储备体系建设，支出721.19亿元，逐步增加中央储备粮油库存和临时存储粮油库存，有色金属、特种钢材等重要物资储备增加249万吨。支持大幅度提高粮食最低收购价，补贴利息费用99亿元。实施家电、汽车摩托车下乡以及家电、汽车以旧换新政策，补贴320亿元。促进商贸流通服务业发展，完善农村流通体系，支出76亿元。

8.科学技术支出1512.02亿元，完成预算的103.5%，增加348.79亿元，增长30%。其中，中央本级支出1433.85亿元，对地方转移支付78.17亿元。强化基础研究和应用研究，支出946.76亿元。加快推进科技重大专项，支出328亿元。实施十大重点产业调整振兴规划，支持4441个技改项目，促进企业技术改造和自主创新，支出技改资金200亿元。推动区域科技创新体系建设，促进产学研用有机结合。

9.环境保护支出1151.8亿元，完成预算的93.1%，增加111.5亿元，增长10.7%，低于预算主要是退耕还林补助据实结算，实际数少于预测数。其中，中央本级支出37.9亿元，对地方转移支付1113.9亿元。推动节能减排，支出567.47亿元。支持1318个重点节能项目、132个循环经济和资源节约重点项目，促进1116户企业开展节能技术改造。不断提高环境监管能力，共推动497个环境监测站和617个环境监察执法机构开展标准化建设。实施重点流域水污染防治等重大减排工程，建设了1049个项目。支持城镇污水处理设施配套管网建设1.38万公里。实施节能产品惠民工程，推广高效节能空调500多万台、高效照明灯具1.5亿只。推广高效节能产品和新能源汽车。加快发展可再生能源，支出76.79亿元。推动实施金太阳工程，发展光伏产业。促进生物质能源、风电等发展。实施天然林保护工程，巩固退耕还林成果，推进草原生态保护，支出466.36亿元。在1465个村庄开展农村环境综合整治和生态示范创建。

10.公共安全支出1287.45亿元，完成预算的110.9%，增加414.41亿元，增长47.5%，超预算主要是增加了政法装备和办案经费。其中，中央本级支出845.79亿元，对地方转移支付441.66亿元。实施政法经费保障体制改革，加大对地方特别是中西部地区县级政法经费补助，加强政法司法能力建设。政法机关、武警部队的信息化工作继续强化。

11.地震灾后恢复重建支出969.99亿元（不含用车辆购置税、彩票公益金等安排的地震灾后恢复重建支出），完成预算的100%。其中，中央本级支出130.6亿元，对地方转移支付839.39亿元。按照规划用于住房、基础设施、公共服务、产业重建、生态环境治理等方面。

12.国防支出4829.85亿元，完成预算的102.1%，增加728.44亿元，增长17.8%。其中，中央本级支出4825.01亿元，对地方转移支付4.84亿元。支持改善军队官兵生活待遇，加强信息化建设，适当增加装备及配套设施，提高军队抢险救灾应急能力等。

13.交通运输支出2178.71亿元，完成预算的115.4%，增加606.77亿元，增长38.6%，超预算主要是车辆购置税超收按规定相应增加公路建设支出。其中，中央本级支出1069.18亿元，对地方转移支付1109.53亿元。推进高速公路网、铁路客运专线、西部干线铁路等建设，支出765.1亿元。提高中西部民族地区、边疆地区、贫困地区农村公路建设补助标准，新建和改造农村公路38万公里，支出620亿元。对城市公交、农村道路客运等部分公益性行业给予油价补贴，支出105亿元。取消政府还贷二级公路收费，补助地方260亿元。支持邮政改善服务，支出61亿元。

14.一般公共服务支出1326.63亿元，完成预算的101%，增加111.45亿元，增长9.2%。其中，中央本级支出1084.22亿元，对地方转移支付242.41亿元。主要用于保障机关正常运转，以及支持地方落实自主择业军转干部退役金。

15. 国债付息支出1320.7亿元，完成预算的96.3%，增加42.01亿元，增长3.3%。

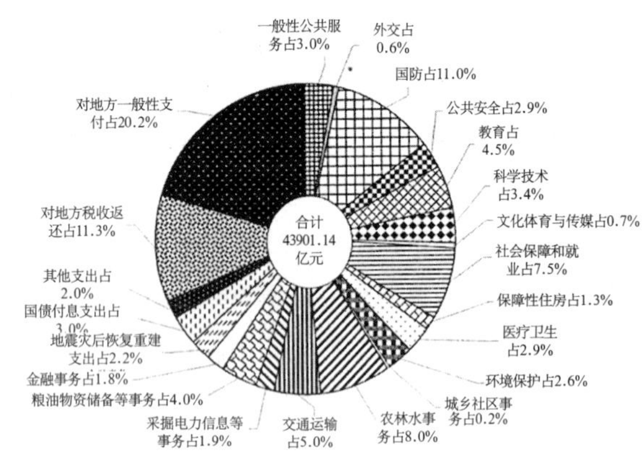

图4 2009年中央财政支出结构

汇总以上各项支出，2009年中央财政用在与人民群众生活直接相关的教育、医疗卫生、社会保障和就业、保障性住房、文化方面的民生支出合计7426.48亿元，增长31.8%。如包括环境保护、交通运输等方面涉及民生的支出，中央财政实际用于民生的投入还要更大一些。中央财政用于“三农”的支出合计7253.1亿元，增长21.8%。其中：支持农业生产支出2679.2亿元，对农民的四项补贴（粮食直补、农资综合补贴、良种补贴、农机具购置补贴）支出1274.5亿元，促进农村教育、卫生等社会事业发展支出2723.2亿元，农产品储备费用和利息等支出576.2亿元。地方对中央税收返还和一般性转移支付的安排，也有很大部分用于民生和“三农”支出。

（三）政府性基金收支情况

2009年全国政府性基金收入18335.04亿元，全国政府性基金支出16118.79亿元。其中：

中央政府性基金收入2507.67亿元，完成预算的108.8%，增加0.82亿元，超预算主要是新增建设用地有偿使用费、彩票公益金等收入超收较多。其中：三峡工程建设基金收入195.98亿元，铁路建设基金收入544.11亿元，民航机场管理建设费收入114.99亿元，港口建设费收入105.55亿元，新增建设用地有偿使用费收入274.94亿元，大中型水库移民后期扶持基金收入158.82亿元，彩票公益金收入201.17亿元等。加上2008年结转收入574.58亿元，使用的收入总量3082.25亿元。中央政府性基金支出2426.54亿元，完成预算的84.2%，下降3.2%，主要是部分新增建设用地有偿使用费、大中型水库移民后期扶持基金结转下年使用。其中：三峡工程建设支出199.23亿元，铁路建设支出544.11亿元，民航机场管理建设支出110.14亿元，港口建设支出102.2亿元，新增建设用地相关支出198.11亿元，大中型水库移民后期扶持支出151.14亿元，彩票公益金用于社会福利、体育、教育等社会公益事业支出207.9亿元等。中央政府性基金结转下年支出655.71亿元。

地方政府性基金本级收入15827.37亿元。其中：国有土地使用权出让收入（包括国有土地使用权出让金收入、国有土地收益基金收入、农业土地开发资金收入和新增建设用地有偿使用费收入）13964.76亿元，彩票公益金收入211.75亿元，城市基础设施配套费收入336.60亿元，地方教育附加收入178.44亿元。地方政府性基金支出14291.55亿元。其中:用国有土地使用权出让收入安排的支出12327.1亿元，包括征地拆迁补偿以及补助征地农民支出5180.58亿元、土地开发支出1429.71亿元、农村基础设施建设支出433.1亿元、城市建设支出3340.99亿元、土地整理和耕地开发支出477.56亿元、土地出让业务支出86.89亿元、廉租住房以及破产或改制国有企业土地收入用于职工安置等支出1378.27亿元。彩票公益金用于社会福利、体育、教育等社会公益事业支出231.47亿元，城市基础设施配套支出214.69亿元，地方教育支出128.83亿元。

政府性基金当年收入与支出不完全相等，主要原因是根据有关管理规定实行专款专用，部分收入结转下年使用。

以上有关预算执行的具体情况详见《中华人民共和国2009年全国预算执行情况2010年全国预算（草案）》。

（四）积极的财政政策落实情况

努力应对国际金融危机冲击，坚持把保持经济平稳较快发展作为财政工作的首要任务，积极发挥财政职能作用，实施积极的财政政策，综合运用预算、国债、税收等政策工具，把握政策实施的力度和节奏，着力扩大内需，保障和改善民生，推动经济结构调整，促进经济回升向好。

增加政府公共投资，加强各项重点建设。通过统筹使用公共财政预算拨款、政府性基金收入、国有资本经营收益等，中央政府公共投资支出9243亿元，完成预算的101.8%，比上年预算增加5038亿元。其中：农业基础设施及农村民生工程投资2567亿元，教育卫生等社会事业建设投资965亿元，保障性住房建设投资551亿元，节能减排和生态建设投资777亿元，自主创新、技术改造及服务业投资681亿元，重点基础设施建设投资2151亿元，地震灾后恢复重建资金1305亿元。加强对中央投资的统一领导和督促检查，确保资金按规定有效使用。发行2000亿元地方政府债券，保障地方政府的配套资金需要。这些投资增加了即期需求，带动了民间投资和消费，加强了经济社会发展的薄弱环节。

优化税制，实行结构性减税。在全国范围内实施消费型增值税，调整增值税小规模纳税人的划分标准，并降低征收率，促进企业增加自主创新和技术改造投入。实施成品油税费改革，公平税费负担，推动节能减排。对1.6升及以下排量乘用车暂减按5%征收车辆购置税。4次提高纺织、服装、石化、电子信息等产品的出口退税率，多次调整部分商品进出口关税政策。取消和停征100项行政事业性收费。继续实施原有的税费减免政策。上述各项税费减免政策减轻企业和居民负担约5000亿元，促进了企业扩大投资，拉动了居民消费。

增加城乡居民收入，增强居民消费能力。进一步加大对农民的补贴力度，较大幅度提高粮食最低收购价格，促进农民增收。提高城乡低保对象、企业退休人员和优抚对象等群体的补助水平。实施家电、汽车摩托车下乡以及家电、汽车以旧换新政策，并不断完善操作办法，提高财政补贴使用效益。初步统计，家电下乡产品销售达3450万台。

（五）财税及相关改革进展情况

全面实施增值税转型改革，消除重复征税因素，优化税收制度。顺利推进成品油税费改革，进一步理顺税费关系，规范政府收费行为，建立筹集公路发展资金的长效机制和税收引导能源消费的新机制。完善企业所得税法相关配套政策。全面实施修订后的营业税暂行条例及其实施细则，健全营业税相关政策。调整烟产品消费税政策。统一内外资企业和个人的房产税制度。完善民族地区转移支付制度，改进资源枯竭城市转移支付办法，健全重点生态功能区转移支付办法。探索建立县级基本财力保障机制，稳步推进省直管县财政管理方式改革。深化预算管理制度改革，继续推进部门预算、国库集中收付和政府采购制度改革。集体林权制度改革全面推开。支持14个试点省份偿还农村义务教育“普九”债务493亿元。村级公益事业建设一事一议财政奖补试点范围扩大到17个省份，带动村级公益事业建设总投入600多亿元，2.6亿农民受益。

（六）落实全国人大预算决议有关情况

按照十一届全国人大二次会议有关决议，以及十一届全国人大财政经济委员会的审查意见，认真执行税费改革政策，加强收入征管；落实惠农政策，用好支农资金；着力保障和改善民生；提高政府投资效益；推进公共财政体制改革。加强财政科学化精细化管理。预算法修订取得重要进展，彩票管理条例颁布实施，财政法制建设不断推进。研究建立完整的政府预算体系，进一步健全政府性基金预算管理制度和国有资本经营预算制度，启动试编社会保险基金预算。预算支出执行进度加快，预算执行的均衡性和效率逐步提高。实施新增资产配置预算专项审核，推进资产管理与预算管理有机结合。中央部门预算支出绩效评价试点，从2008年的74个部门108个项目扩大到94个部门167个项目。建立健全收费基金管理制度和政策，将全国性及中央部门和单位行政事业性收费纳入预算管理，全面推进非税收入收缴管理改革。继续完善基本支出定员定额标准体系，扎实推进实物费用定额试点，加快项目支出定额标准体系建设。开展项目清理工作，加强项目库建设。强化基层财政建设，保障各项民生政策的有效落实。加大财政监督检查力度，重点加强扩大内需促进经济增长政策落实和资金监管工作，督促地方加快中央政府公共投资预算执行进度，确保财政资金安全有效。继续推进财政信息化建设和会计等基础管理工作。财政政务公开力度进一步加大，及时性和透明度逐步提高。密切监控地方融资平台公司债务情况，研究提出切实防范地方政府性债务风险的政策措施。“小金库”专项治理取得阶段性成果。

2009年预算执行等财政工作取得新进展，这是党中央、国务院科学决策、坚强领导的结果，是全国人大、政协监督指导、大力支持的结果，是各地区、各部门密切配合、共同努力的结果。同时，我们也清醒地认识到，在财政运行和管理工作中还存在一些突出问题：财政收入增长结构不够协调，对民生的保障力度还需加大；部门预算制度尚不完善，预算支出执行进度不够均衡；地方政府性债务不断积累，财政风险不容忽视；转移支付制度还不够规范，省以下财政体制需进一步健全，一些地区的基层财政比较困难；财政管理仍比较薄弱，资金使用效益亟待提高。我们将高度重视这些问题，继续采取有效措施，努力加以解决。

二、2010年中央和地方预算草案

今年是继续应对国际金融危机、保持经济平稳较快发展、加快转变发展方式的关键一年，也是全面实现“十一五”规划目标、为“十二五”发展打好基础的重要一年。

（一）当前我国财政形势

总体上看，2010年财政面临的环境好于上年，但形势仍极其复杂。收入方面，宏观经济形势和企业经营状况好转，价格水平回升，将有利于财政收入增长。但执行结构性减税政策以及上年提高部分产品出口退税率等因素，将影响财政收入增长。外贸进出口短期内难以恢复到危机前的水平，进出口环节税收增加不多。部分行业企业效益较低，企业所得税增长困难。上年一些特殊增收措施也将影响今年财政收入增长。支出方面，在建项目需要继续投入大量资金。增加低收入群体收入，加强“三农”、教育、科技、社会保障和就业、医疗卫生、保障性住房、节能减排等经济社会发展关键环节，以及对民族地区、边疆地区的支持，需要进一步加大财政投入，且基数大、刚性强。支持地震灾后恢复重建，开展新型农村社会养老保险试点，推进医药卫生体制等各项改革，也需要增加大量财政投入。因此，2010年仍是财政非常困难的一年。

对此，我们既要充分看到有利条件和积极因素，增强信心，又要充分估计各种困难和挑战，防止盲目乐观。要增强忧患意识和风险意识，更加周密地做好应对各种风险和挑战的准备，牢牢把握工作的主动权。

（二）财政预算编制和财政工作总体要求

按照中央提出的正确处理保持经济平稳较快发展、调整经济结构和管理好通胀预期的关系，保持宏观经济政策的连续性和稳定性，并根据新形势新情况着力提高政策的针对性和灵活性的要求，2010年财政预算编制和财政工作的指导思想是：认真贯彻党的十七大、十七届三中、四中全会以及中央经济工作会议精神，以邓小平理论和“三个代表”重要思想为指导，深入贯彻落实科学发展观，继续实施积极的财政政策，着力调整国民收入分配格局，推进财税制度改革，优化财政支出结构，加大对“三农”、教育、科技、医疗卫生、社会保障、保障性住房、节能减排以及欠发达地区的支持力度，促进经济增长、结构调整、地区协调和城乡统筹发展，切实保障和改善民生。坚持依法理财和统筹兼顾、增收节支的方针，加强财政科学管理，从严控制一般性支出，提高财政资金使用效益，促进经济平稳较快发展。

根据这一指导思想，2010年财政工作将更加注重推进结构调整，切实提高经济发展的质量和效益；更加注重扩大内需特别是消费需求，切实保持经济平稳较快增长；更加注重保障和改善民生，切实推动经济社会协调发展；更加注重深化财税改革，切实增强经济财政发展的内在动力和活力；更加注重加强财政科学化精细化管理，切实提高财政资金绩效。继续实施积极的财政政策，主要体现在以下几个方面：

一是提高城乡居民收入，扩大居民消费需求。促进调整国民收入分配格局，增加财政补助规模，提高居民特别是中低收入者消费能力，完善引导消费的财税政策，增强消费对经济增长的拉动作用。进一步增加农民补贴，提高主要粮食品种最低收购价水平，增加农民收入。提高城乡居民最低生活保障标准，增加企业退休人员基本养老金，提高优抚对象等人员抚恤补贴和生活补助标准。努力扩大就业，支持落实最低工资制度，提高低收入者劳动报酬。在义务教育学校、公共卫生和基层医疗卫生事业单位实施绩效工资。健全家电、汽车摩托车下乡和家电、汽车以旧换新政策，引导居民消费。

二是安排使用好政府公共投资，着力优化投资结构。重点支持保障性住房、农村基础设施、教育和医疗卫生等社会事业、节能环保和生态建设，以及自主创新、结构调整等领域和欠发达地区。资金安排主要用于项目续建和收尾，避免“半拉子工程”，严格控制新上项目，防止重复建设。支持地震灾区恢复重建。扩大政府公共投资“以奖代补”范围，带动社会投资。

三是落实结构性减税政策，引导企业投资和居民消费。巩固增值税转型以及成品油税费改革成果。对部分小型微利企业实施所得税优惠政策。对1.6升及以下排量乘用车暂减按7.5%征收车辆购置税。继续落实各项税费减免政策，研究清理到期的税收减免政策。严格行政事业性收费和政府性基金项目的审批管理。

四是优化财政支出结构，保障和改善民生。坚持统筹兼顾、有保有压、突出重点的原则，向社会主义新农村建设倾斜，向社会事业发展的薄弱环节倾斜，向困难地区、基层和群众倾斜。加大公共服务领域的投入，增加对“三农”、科技、教育、医疗卫生、社会保障、保障性住房、节能环保等方面的支出，促进民生改善和社会事业发展。控制出国（境）经费、车辆购置及运行费、公务接待费，大力压缩公用经费等一般性支出，降低行政成本。

五是大力支持区域协调发展和经济结构调整，推动经济发展方式转变。增加中央对地方转移支付，加大对革命老区、民族地区、边疆地区、贫困地区的支持，研究制定进一步支持西部大开发的财税政策，推动全面振兴东北地区等老工业基地，大力促进中部地区崛起，积极支持东部地区率先发展。加大对科技创新的支持，促进重点行业企业提高自主创新能力。增加中小企业特别是小企业发展专项资金，推动技术创新、结构调整、扩大就业。大力推进节能减排、淘汰落后产能，支持战略性新兴产业发展。改革资源税制度，全面推进矿产资源有偿使用制度改革，健全排污权有偿取得和交易制度，扩大排污权交易试点，促进资源节约和环境保护。

2010年预算收支和财政赤字安排情况。根据中央经济工作会议确定的2010年经济发展预期指标和继续实施积极的财政政策的要求，对各项收支进行分项目测算，2010年公共财政预算主要指标拟安排如下：

中央财政收入38060亿元，比2009年执行数（下同）增加2163.86亿元，增长6%。从中央预算稳定调节基金中调入100亿元。合计收入为38160亿元。中央财政支出46660亿元，增加2758.86亿元，增长6.3%。其中，中央本级支出16049亿元，增加769.16亿元，增长5%；中央对地方税收返还和转移支付30611亿元，增加1989.7亿元，增长7%。中央财政收支相抵，赤字8500亿元，增加1000亿元。相应增加国债发行规模，中央财政国债余额限额71208.35亿元。

地方本级收入35870亿元，增长10.1%，加上中央对地方税收返还和转移支付收入30611亿元，地方财政收入合计66481亿元，增加5278.96亿元，增长8.6%。地方财政支出68481亿元，增加7887.2亿元，增长13%。地方财政收支相抵，差额2000亿元，国务院同意由财政部代理地方发行债券弥补，并列入省级预算管理。汇总中央预算和地方预算安排，全国财政收入73930亿元，增长8%，加上从中央预算稳定调节基金调入100亿元，可安排的收入为74030亿元；全国财政支出84530亿元，增长11.4%。全国财政收支差额10500亿元。

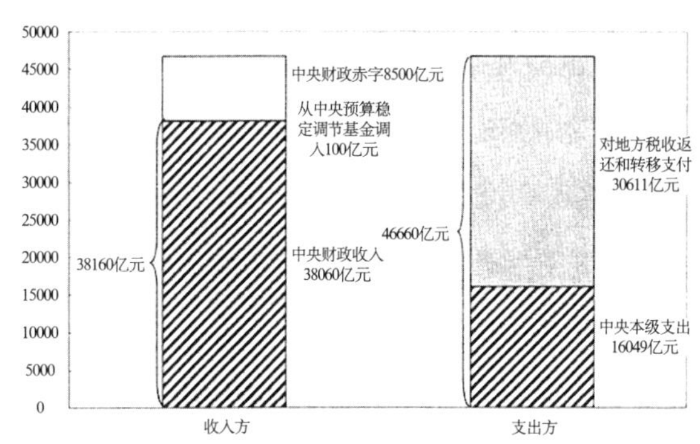

图5 2010年中央财政预算平衡关系

2010年全国财政收支差额预计占GDP的2.8%，与上年基本持平。主要考虑：我国经济虽呈现回升向好势头，但基础还不稳固，需要保持财政政策的连续性、稳定性。财政收入增长较低，支出压力又很大，财政收支矛盾突出，2010年财政赤字仍需保持适度规模。同时，促进财政可持续发展，积极防范财政风险，为以后年度逐步缩减赤字留有余地，要将赤字率控制在3%以内。

中央预算稳定调节基金情况。2009年底余额为119亿元，2010年预算调入使用100亿元，剩余19亿元。

（三）中央财政主要收入项目安排情况

国内增值税15350亿元，增加1434.01亿元，增长10.3%。主要依据2010年GDP增长8%左右、规模以上工业增加值增长11%左右，以及价格水平变化等因素进行测算。

国内消费税5241亿元，增加481.88亿元，增长10.1%。主要依据烟、酒、成品油、汽车等商品预计销售情况，以及提高烟产品消费税税率翘尾增收进行测算。

关税和进口货物增值税、消费税9650亿元，增加437.28亿元，增长4.7%。其中：关税1580亿元，增长6.5%；进口货物增值税、消费税8070亿元，增长4.4%。

企业所得税8061亿元，增加442.18亿元，增长5.8%。主要考虑企业利润情况，以及从2010年起对部分小型微利企业实施所得税优惠政策等因素。

个人所得税2542亿元，增加175.28亿元，增长7.4%。

证券交易印花税516亿元，增加20.96亿元，增长4.2%。

出口退税7070亿元，增加583.44亿元，增长9%，相应冲减财政收入。主要依据一般贸易出口预计增长情况，以及2009年多次提高部分产品出口退税率翘尾导致2010年出口退税增加等因素进行测算。

车辆购置税1338亿元，增加174.83亿元，增长15%。主要依据汽车预计销售增长情况，以及1.6升及以下排量乘用车减按7.5%征收车辆购置税进行测算。

非税收入2077亿元（含从中央国有资本经营预算调入10亿元），减少459.66亿元，下降18.1%。主要是2009年清缴以前年度企业欠缴石油特别收益金415亿元，今年相应减少。

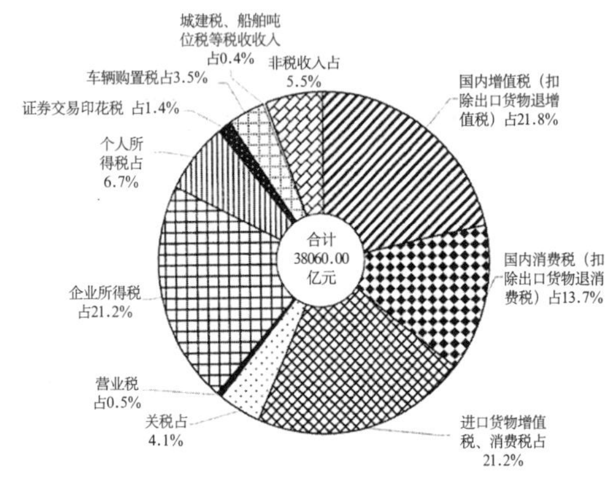

图6 2010年中央财政收入结构

（四）中央财政主要支出项目安排情况

2010年中央财政可用收入增加较少，中央财政支出比上年增长6.3%。在支出安排中，严格控制一般性支出，降低行政性支出，优先保障农业、教育、社会保障和就业、保障性住房等重点支出。为便于人大代表审议，更好地反映财政支出情况，对2010年政府支出科目又进行了一些调整细化。中央主要支出项目（包括中央本级支出和中央对地方转移支付）拟安排情况是：

1.教育支出2159.9亿元，增加178.51亿元，增长9%，高于中央财政支出平均增幅2.7个百分点。其中，中央本级支出610.35亿元，对地方转移支付1549.55亿元。进一步完善农村义务教育经费保障机制，落实免除城市义务教育阶段学生学杂费政策，解决进城务工人员子女平等接受义务教育问题，共安排731.5亿元。对农村义务教育学校实行绩效工资，安排补助197.8亿元。实施中等职业学校农村家庭经济困难学生和涉农专业学生免学费政策，安排补助60亿元。推进中西部地区农村初中校舍改造和全国中小学校舍安全工程，安排补助100亿元。落实家庭经济困难学生奖助学金及国家助学贷款贴息等政策，安排经费226亿元。加强学前教育和特殊教育学校建设。继续推动中央高校减轻债务负担试点工作，并启动新一轮“985工程”建设，安排资金116亿元。支持推进“211工程”、中西部高等教育发展等，提高高等教育质量，安排资金426亿元。实施国家中长期教育改革和发展规划纲要，安排100亿元。

2.科学技术支出1632.85亿元，增加120.83亿元，增长8%，高于中央财政支出平均增幅1.7个百分点。其中，中央本级支出1597.19亿元，对地方转移支付35.66亿元。实施科技重大专项，安排301.9亿元。支持基础研究、前沿技术研究、社会公益研究和重大共性关键技术研究开发，安排1101.16亿元。扩大重大科研装备自主研制试点范围。创新科技投入方式，推动产学研用有机结合，提高科技发展能力。健全有利于科技成果产业化的分配制度。鼓励关键设备和元部件进口，引进先进技术。

3.文化体育与传媒支出314.49亿元，下降1.9%。其中，中央本级支出157.96亿元，对地方转移支付156.53亿元。鉴于广播电视村村通等项目已基本完成“十一五”规划任务，相应减少项目支出；其他方面支出增长9.5%，继续支持博物馆、纪念馆免费开放，推进实施全国文化信息资源共享等重点文化工程，加强文化遗产保护，强化新闻媒体传播能力建设，加大文化产业发展的扶持力度，积极支持文化体制改革，重点推进中央各部门（单位）148家经营性出版社转企改制。

4.医疗卫生支出1389.18亿元，增加112.04亿元，增长8.8%，高于中央财政支出平均增幅2.5个百分点。其中，中央本级支出43.31亿元，对地方转移支付1345.87亿元。支持医药卫生体制改革，安排1268.2亿元。进一步提高新型农村合作医疗和城镇居民基本医疗保险参保率，并将财政补助标准由上年的每人每年80元提高到120元。加大城乡医疗救助力度。健全城乡基本公共卫生服务经费保障机制，继续实施重大公共卫生服务项目。支持60%的基层医疗卫生机构实施基本药物制度。推进公立医院改革试点，健全基层医疗卫生服务体系。促进中医药事业发展。

5.社会保障和就业支出3582.25亿元，增加285.59亿元，增长8.7%，高于中央财政支出平均增幅2.4个百分点。其中，中央本级支出307.97亿元，对地方转移支付3274.28亿元。安排社会保障支出3185.08亿元，增加279.33亿元，增长9.6%。安排补助资金70亿元，开展新型农村社会养老保险试点，稳步推进事业单位养老保险改革试点。对企业养老保险基金共安排补助资金1561亿元，提高企业退休人员基本养老金水平，实施全国统一的企业职工基本养老保险关系转移接续办法，巩固养老保险省级统筹制度。提高城乡最低生活保障标准，共安排补助资金633亿元。调整优抚对象等人员抚恤和生活补助标准，安排补助资金213亿元。继续做好国有企业政策性关闭破产工作，安排补助资金80亿元。

继续实施更加积极的就业政策，安排就业资金397.17亿元（加上列入其他科目的就业资金为432.67亿元）。将2009年底到期的就业扶持政策延长一年，并根据就业形势变化调整完善。鼓励普通高校毕业生到中小企业、基层和中西部地区就业，促进劳动者自谋职业和自主创业。支持开展职业技能培训，大力开发公益性就业岗位，加大对就业困难家庭人员和零就业家庭的就业援助力度。

6.住房保障支出992.58亿元，增长1.4%。其中，中央本级支出376.58亿元，对地方转移支付616亿元。保障性住房支出安排632亿元，增加81.44亿元，增长14.8%，进一步推进廉租住房等保障性住房建设，支持解决375万户城市低收入住房困难家庭的住房问题，全面启动城市、林区、垦区、煤矿等棚户区改造，实施农村危房改造试点和少数民族地区游牧民定居工程；住房改革支出安排360.58亿元，减少68.18亿元，主要是军队转业及离退休干部享受住房补贴的人数减少，相应减少了支出。

7.农林水事务支出3778.94亿元，增加267.7亿元，增长7.6%，高于中央财政支出平均增幅1.3个百分点。其中，中央本级支出321.95亿元，对地方转移支付3456.99亿元。农资综合补贴安排835亿元。农作物良种补贴安排204亿元，启动青稞良种补贴，推进花生良种补贴试点并逐步完善实施办法。健全农机具购置补贴制度，增加补贴规模，扩大补贴种类，安排144.9亿元。推动现代农业建设和优势特色产业发展，安排资金80亿元。支持实施全国新增千亿斤粮食生产能力建设规划。以粮食主产区为重点，改造中低产田，建设高标准农田，促进农业产业化经营，提高粮食和农业综合生产能力，安排农业综合开发资金190亿元。加强农村扶贫开发，安排资金222.3亿元。实施农作物保险、能繁母猪保险、奶牛保险等保费补贴，安排资金103.2亿元。强化农业基础设施建设，全面完成大中型水库除险加固任务，推进大中型灌区续建配套节水改造以及农村电网改造等，安排资金1150.1亿元。进一步扩大小型农田水利重点县建设和国家水土保持重点建设工程实施范围。继续实施农村沼气等工程。支持解决6000万农村人口的安全饮水问题。完善村级组织运转经费保障机制，全面清理化解农村义务教育债务，健全村级公益事业建设一事一议财政奖补制度。

8.国土气象等事务支出336.25亿元，增加91.87亿元，增长37.6%。主要是探矿权采矿权使用费及矿产资源补偿费收入增加较多，按有关规定专项用于矿产资源开发与利用、矿山地质环境治理等。其中，中央本级支出131.32亿元，对地方转移支付204.93亿元。

9.环境保护支出1412.88亿元，增加261.08亿元，增长22.7%。其中，中央本级支出55.26亿元，对地方转移支付1357.62亿元。促进开发低碳技术，大力支持节能技术改造、淘汰落后产能、建筑节能、新能源汽车等，将节能产品惠民工程实施范围扩大到高效节能空调、高效电机等产品，加强重金属污染治理、重点流域水污染防治，支持环境监管能力建设，推进城镇污水、垃圾处理设施配套管网及重大减排工程，促进农村环境综合整治和生态示范创建，安排节能减排资金833亿元。支持实施金太阳工程等，推动发展可再生能源，安排109亿元。加强林业重点工程和草原生态建设，巩固退耕还林成果，安排资金365.26亿元。鼓励重要能源、资源、原材料进口，严格控制“两高一资”产品出口。支持实施《应对气候变化国家方案》。

10.交通运输支出2119.19亿元，下降2.7%，主要是铁路、高速公路、机场建设资金减少。其中，中央本级支出1288.74亿元，对地方转移支付830.45亿元。推进农村公路、国省干线等公共交通基础设施建设，计划新建、改造30万公里农村公路，安排资金1323亿元，增加175亿元。继续对城市公交等部分公益性行业给予油价补贴。支持取消政府还贷二级公路收费，安排补助地方260亿元。铁路、高速公路、机场等项目建设安排125亿元，减少140.6亿元。

11.资源勘探电力信息等事务支出696.12亿元，下降18.2%，主要是用电力资产出售变现收入安排的支出减少。其中，中央本级支出432.44亿元，对地方转移支付263.68亿元。推进资源勘探电力信息等基础设施建设，安排资金428亿元。安排专项资金93.7亿元（加上列在其他科目的中小企业发展专项资金为105.7亿元），促进各类中小企业发展。鼓励使用国产首台（套）重大技术装备。

12.粮油物资储备管理等事务支出1078.41亿元，下降4.4%，主要是推迟消化粮食政策性财务挂账。其中，中央本级支出781.61亿元，对地方转移支付296.8亿元。完善粮食风险基金政策，继续加大中央财政补助力度，安排粮食风险基金236亿元。支持提高稻谷、小麦最低收购价，安排补贴资金100亿元。增加粮油以及石油、有色金属等重要物资储备，安排利息和费用补贴657.1亿元。

13.商业服务业等事务支出852.58亿元，增加234.55亿元，增长38%，主要是为进一步扩大居民消费，增加了补贴支出。其中，中央本级支出201.92亿元，对地方转移支付650.66亿元。将补贴对象扩大到国有农（林）场职工，安排家电下乡补贴资金152亿元。继续实施汽车摩托车下乡政策，安排补贴资金135亿元。落实家电、汽车以旧换新政策，安排补贴资金103亿元。安排国家储备棉、肉等补贴134.57亿元。推进新农村现代流通服务网络工程建设，支持商贸流通服务业发展，安排资金81亿元。

14.地震灾后恢复重建支出780.01亿元。其中，中央本级支出42.93亿元，对地方转移支付737.08亿元。此外，中央国有资本经营预算安排20亿元，车辆购置税专项收入安排100亿元，彩票公益金安排54.42亿元，中央分成的新增建设用地有偿使用费安排20亿元，用于地震灾区恢复重建。以上合计，中央财政地震灾后恢复重建基金安排974.43亿元，用于基础设施、产业重建、生态环境、防灾减灾等方面。加上2008年安排的740亿元和2009年安排的1304.51亿元，合计3018.94亿元，可以实现中央财政对地震灾后恢复重建投入的规划目标。

15.国防支出5190.82亿元，增加360.97亿元，增长7.5%。其中，中央本级支出5185.77亿元，对地方转移支付5.05亿元。主要用于支持军队现代化建设。

16.公共安全支出1390.69亿元，增加103.24亿元，增长8%。其中，中央本级支出816.74亿元，对地方转移支付573.95亿元。继续深化政法经费保障体制改革。支持上海世博会等大型活动安全保卫，加强防灾减灾和灾害应急救援体系建设。

17.一般公共服务支出1014.95亿元，减少67.3亿元，主要是2009年安排的实施事业单位绩效工资支出结转使用，2010年预算不再安排，以及继续压缩出国（境）经费等一般性支出。其中，中央本级支出857.2亿元，对地方转移支付157.75亿元。

18.国债付息支出1535.16亿元，增加214.46亿元，增长16.2%。

汇总以上各项支出，2010年中央财政用在与人民群众生活直接相关的教育、医疗卫生、社会保障和就业、保障性住房、文化方面的民生支出安排合计8077.82亿元，增加651.34亿元，增长8.8%。中央财政用于“三农”方面的支出安排合计8183.4亿元，增加930.3亿元，增长12.8%。其中：用于农业生产方面的支出3163.8亿元，对农民的四项补贴（粮食直补、农资综合补贴、良种补贴、农机具购置补贴）支出1334.9亿元，支持农村教育、卫生等社会事业发展方面的支出3108.5亿元，农产品储备费用和利息等支出576.2亿元。地方对中央税收返还和一般性转移支付的安排，大部分也将用于民生和“三农”支出。

汇总公共财政预算安排的资金，加上政府性基金收入、国有资本经营收益用于公共投资的部分，2010年中央政府公共投资安排9927亿元，比2008年预算增加5722亿元。加上2008年第四季度新增的1040亿元和2009年新增的5038亿元，可以实现中央政府新增公共投资1.18万亿元的计划。

（五）中央对地方税收返还和转移支付支出安排情况

2010年中央对地方税收返还和转移支付30611亿元，增加1989.7亿元，增长7%。其中：税收返还5004.36亿元，增加62.09亿元，增长1.3%。一般性转移支付12295.73亿元，增加975.84亿元，增长8.6%，占转移支付总量的48%。专项转移支付13310.91亿元，增加951.77亿元，增长7.7%，占转移支付总量的52%，所占比重较大，主要是继续实施积极的财政政策，扩大内需的大部分支出，通过专项转移支付补助给地方。在一般性转移支付中，均衡性转移支付安排4168亿元，增加250亿元，主要用于增强中西部地区以及三江源等生态功能区的财政保障能力。民族地区转移支付安排330亿元，增加54.12亿元，大力支持西藏、新疆等少数民族地区经济社会发展。帮助资源枯竭城市化解历史遗留的社会负担，安排转移支付75亿元，增加25亿元。支持地方建立县级基本财力保障机制，增强基层政府基本公共服务保障能力，安排资金660亿元，增加112.21亿元。成品油税费改革转移支付安排108亿元，加强交通基础设施养护和建设。

（六）其他政府预算收支安排情况

从2010年开始，除以上公共财政收支预算外，国务

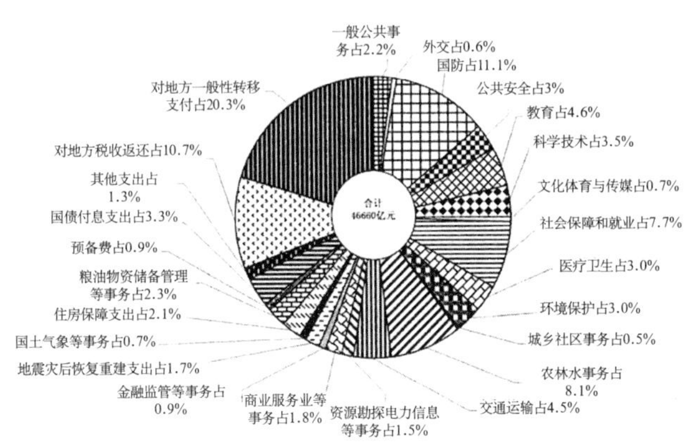

图7 2010年中央财政支出结构

院还向全国人大报告政府性基金预算、中央国有资本经营预算，并试编社会保险基金预算，为今后报全国人大审批社会保障预算奠定基础。公共财政预算、国有资本经营预算、政府性基金预算和社会保障预算，将形成有机衔接、更加完整的政府预算体系。

1.政府性基金预算收支安排。2010年中央政府性基金预算收入2554.49亿元，增加46.82亿元，增长1.9%。其中：三峡工程建设基金收入10亿元，铁路建设基金收入582亿元，港口建设费收入100亿元，民航机场管理建设费收入121亿元，彩票公益金收入204.69亿元，大中型水库移民后期扶持基金收入150亿元等。加上上年结转收入655.71亿元，可安排的中央政府性基金收入总量为3210.2亿元。中央政府性基金预算支出3210.2亿元，增加783.66亿元，增长32.3%。其中：中央本级支出2050.12亿元，增加222.88亿元，增长12.2%，包括三峡工程建设支出27.9亿元，铁路建设支出582亿元，港口建设支出48.2亿元，民航机场管理建设支出70.31亿元，彩票公益金用于社会福利、体育、教育等社会事业支出167.94亿元等；对地方转移支付1160.08亿元，增加560.78亿元，增长93.6%。

地方政府性基金本级收入16150亿元，增加322.63亿元，增长2%。其中：国有土地使用权出让收入（包括国有土地使用权出让金收入、国有土地收益基金收入、农业土地开发资金收入和新增建设用地有偿使用费收入）13655.17亿元，城市基础设施配套费收入340亿元，彩票公益金收入215亿元，地方教育附加收入180亿元。加上中央转移支付1160.08亿元，地方政府性基金收入为17310.08亿元。地方政府性基金支出17310.08亿元，增加3018.53亿元，增长21.1%。其中：用国有土地使用权出让收入安排的征地拆迁补偿、土地开发等支出14214.12亿元，彩票公益金用于社会福利、体育、教育等社会事业支出316.15亿元，城市基础设施配套支出340亿元，地方教育支出180亿元。地方政府性基金收支预算，由各级政府报同级人大审查批准。

汇总中央和地方政府性基金收支，全国政府性基金收入18704.49亿元，增加369.45亿元，增长2%，加上中央政府性基金上年结转收入655.71亿元，可安排的全国政府性基金收入总量为19360.2亿元；全国政府性基金支出19360.2亿元，增加3241.41亿元，增长20.1%。

2.中央国有资本经营预算收支安排。2010年中央国有资本经营预算编制范围，包括国务院国有资产监督管理委员会监管企业、中国烟草总公司、中国邮政集团公司，以后还将逐步扩大。预计收取中央企业国有资本收益421亿元，增加32.26亿元，增长8.3%。加上上年结转收入19亿元，可安排的预算收入440亿元。中央国有资本经营预算支出440亿元，其中：汶川地震灾后恢复重建资金20亿元，国有经济和产业结构调整支出183亿元，中央企业改革脱困补助支出120亿元，中央企业重大科技创新支出32亿元，中央企业重大节能减排支出30亿元，中央企业境外投资支出30亿元，中央企业社会保障等支出5亿元，调入公共财政预算用于社会保障等民生支出10亿元，预留资金10亿元。

以上有关预算安排的具体情况详见《中华人民共和国2009年全国预算执行情况2010年全国预算（草案）》。

此外，国务院决定从2010年起试编全国社会保险基金预算，先将企业职工基本养老、失业、城镇职工基本医疗、工伤、生育等五项社会保险基金，纳入预算编制范围。根据国家法律法规建立的其他社会保险基金，也将积极创造条件，逐步纳入社会保险基金预算管理。待条件成熟时，全国社会保险基金预算将由国务院向全国人大报告。

三、依法理财，科学管理，确保完成2010年预算

（一）扎实实施积极的财政政策

认真落实各项财政政策措施，密切跟踪政策的实施情况，根据国内外经济形势的发展变化，把握好政策实施的重点、力度和节奏，及时完善相关政策措施。注重运用财政资金和政策引导民间投资和消费，调动企业和居民等市场主体的积极性，更好地发挥市场机制在资源配置中的

基础性作用。加强宏观经济政策的协调配合，形成宏观调控合力。

（二）完善有利于科学发展的财税体制机制

建立健全财力与事权相匹配的财政体制。完善转移支付制度，优化转移支付结构，加大一般性转移支付，进一步规范专项转移支付，完善转移支付分配办法。健全省以下财政体制，完善县级基本财力保障机制，推进省直管县财政管理方式改革。改革资源税制度。完善消费税和房产税制度。统一内外资企业和个人城建税、教育费附加制度。继续做好增值税转型工作，进一步完善增值税制度。落实成品油税费改革各项措施。密切跟踪政府预算体系的运行情况，完善政府性基金预算、国有资本经营预算制度，做好社会保险基金预算的试编工作。全面推进县级部门预算改革。继续健全国库单一账户体系。深化国库集中收付制度和政府采购制度改革。完善政府收支科目体系。研究推进政府会计改革。深化农村综合改革。积极支持收入分配、金融体制和基础产品价格机制等其他改革。

（三）大力推进财政科学化精细化管理

加快修订预算法和注册会计师法。积极推动增值税法、车船税法等财税法律法规的立法进程。规范预算编制程序，提前编制预算，细化预算内容，减少代编预算规模，提高年初预算到位率，严格部门预算管理。加快预算执行进度，完善预算支出执行责任制度，强化基本支出和项目支出管理，健全当年预算编制与上年预算执行的有效衔接机制，进一步提高预算执行的均衡性和有效性。强化各类政府预算收支管理，建立健全覆盖所有政府性资金运行的全过程监督机制。重点加强对重大财税政策实施情况的监督检查，改进和加强中央政府公共投资预算执行和资金管理，坚决查处违反财政预算法规行为，提高政府投资的质量和效益。积极开展预算支出绩效评价，探索建立绩效评价结果公开机制和有效的问责机制。加强基础管理工作和基层财政建设。积极推进预算公开，建立健全规范的预算公开机制，自觉接受社会监督。加大“小金库”专项治理力度，研究建立防范“小金库”的长效机制。强化政府性债务管理，有效防范和化解潜在财政风险。

（四）努力增收节支

强化收入形势监测，依法加强税收征管，坚决制止和纠正越权减免税收，严厉打击利用假发票等手段偷骗税违法活动，努力完成财政收入预算。按照强化税收、清理收费的原则，严格非税收入管理，在全国范围内将预算外资金纳入预算管理。保障“三农”、民生等重点支出需要，压缩一般性支出。严格控制党政机关楼堂馆所建设，严禁超标准装修。继续加强公务支出管理，深化公务卡管理改革。牢记“两个务必”，牢固树立过紧日子的思想，严肃财经纪律，坚决反对大手大脚花钱和铺张浪费行为。

各位代表，完成2010年预算意义重大。我们要在以胡锦涛同志为总书记的党中央领导下，高举中国特色社会主义伟大旗帜，坚持以邓小平理论和“三个代表”重要思想为指导，深入贯彻落实科学发展观，自觉接受全国人大的指导和监督，虚心听取全国政协的意见和建议，坚定信心，迎难而上，开拓进取，扎实工作，实施好积极的财政政策，确保圆满完成预算，为全面实现2010年经济社会发展和“十一五”规划的各项目标做出积极贡献！

2009年国民经济和社会发展统计公报

国家统计局(2010年2月25日)

2009年，全国各族人民在党中央、国务院的领导下，以邓小平理论和“三个代表”重要思想为指导，深入贯彻落实科学发展观，认真贯彻积极的财政政策和适度宽松的货币政策，全面落实应对国际金融危机的一揽子计划和政策措施，国民经济形势总体回升向好，各项社会事业取得新的进展。

一、综合

初步核算，全年国内生产总值335353亿元，比上年增长8.7%。分产业看，第一产业增加值35477亿元，增长4.2%；第二产业增加值156958亿元，增长9.5%；第三产业增加值142918亿元，增长8.9%。第一产业增加值占国内生产总值的比重为10.6%，比上年下降0.1个百分点；第二产业增加值比重为46.8%，下降0.7个百分点；第三产业增加值比重为42.6%，上升0.8个百分点。

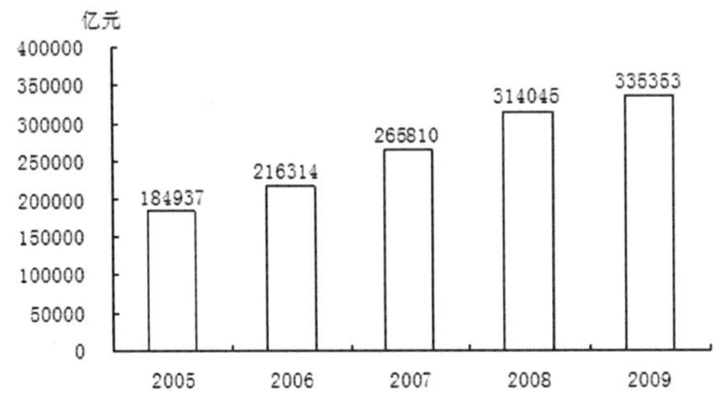

图1 2005—2009年国内生产总值

全年居民消费价格比上年下降0.7%，其中食品价格上涨0.7%。固定资产投资价格下降2.4%。工业品出厂价格下降5.4%，其中生产资料价格下降6.7%，生活资料价格下降1.2%。原材料、燃料、动力购进价格下降7.9%。农产品生产价格下降2.4%。农业生产资料价格下降2.5%。70个大中城市房屋销售价格上涨1.5%，其中新建住宅价格上涨1.3%，二手住宅价格上涨2.4%；房屋租赁价格下降0.6%。

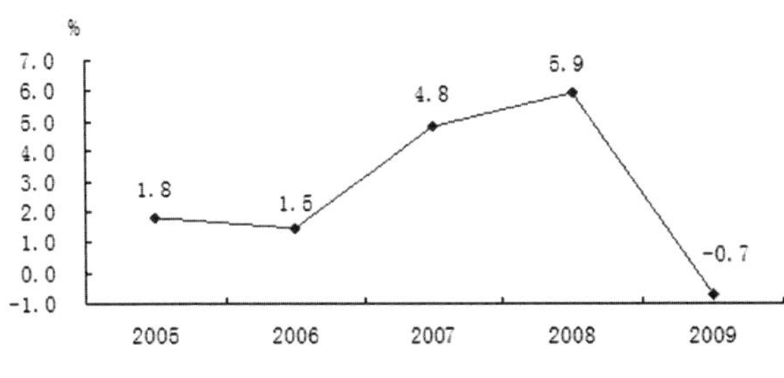

图2 2005—2009年居民消费价格涨跌幅度

年末全国就业人员77995万人，比上年末增加515万人。其中城镇就业人员31120万人，增加910万人，新增加1102万人。年末城镇登记失业率为4.3%，比上年末上升0.1个百分点。

表1 2009年居民消费价格比上年涨跌幅度

指　　　标	全　国	城　市	农　村
居民消费价格	-0.7	-0.9	-0.3
食　品	0.7	1.0	0.1
其中：粮食	5.6	5.7	5.5
肉禽及其制品	-8.7	-8.5	-9.2
油脂	-18.3	-17.9	-18.8
鲜蛋	1.5	1.3	2.0
鲜菜	15.4	15.0	16.7
鲜果	9.1	9.0	9.5
烟酒及用品	1.5	1.7	1.3
衣　着	-2.0	-2.2	-1.6
家庭设备用品及服务	0.2	0.3	0.0
医疗保健及个人用品	1.2	1.1	1.5
交通和通信	-2.4	-2.7	-1.8
娱乐教育文化用品及服务	-0.7	-1.2	0.6
居　住	-3.6	-4.6	-1.5

年末国家外汇储备23992亿美元，比上年末增加4531亿美元。年末人民币汇率为1美元兑6.8282元人民币，比上年末升值0.1%。

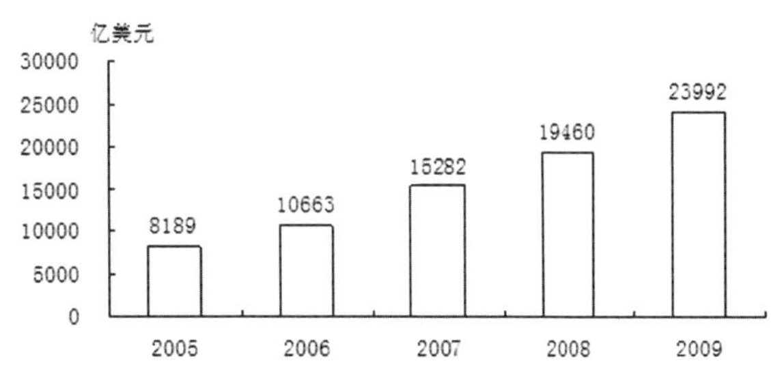

图3 2005—2009年年末国家外汇储备

全年财政收入68477亿元，比上年增加7147亿元，增长11.7%；其中税收收入59515亿元，增加5291亿元，增长9.8%。

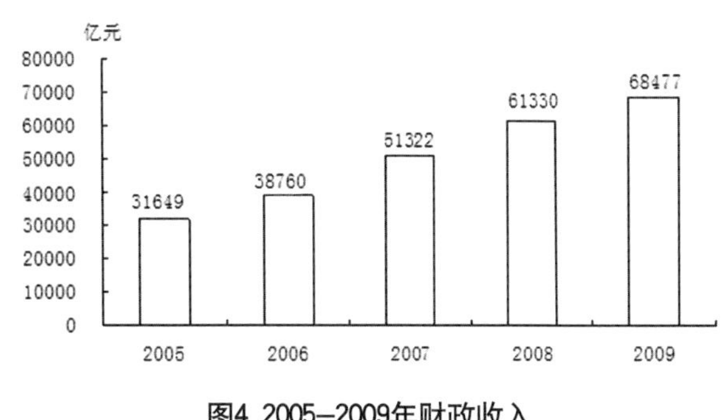

图4 2005—2009年财政收入

二、农业

全年粮食种植面积10897万公顷，比上年增加217万公顷；棉花种植面积495万公顷，减少80万公顷；油料种植面积1360万公顷，增加76万公顷；糖料种植面积188万公顷，减少11万公顷。

全年粮食产量53082万吨，比上年增加211万吨，增产0.4%。其中，夏粮产量12335万吨，增产2.2%；早稻产量3327万吨，增产5.3%；秋粮产量37420万吨，减产0.6%。

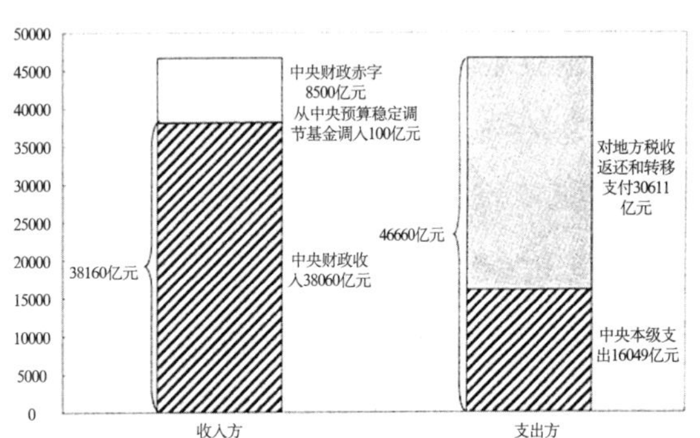

图5 2010年中央财政预算平衡关系

全年棉花产量640万吨，比上年减产14.6%。油料产量3100万吨，增产5.0%。糖料产量12200万吨，减产9.1%。烤烟产量280万吨，增产6.7%。茶叶产量135万吨，增产7.1%。

全年肉类总产量7642万吨，比上年增长5.0%。其中，猪肉产量4889万吨，增长5.8%；牛肉产量636万吨，增长3.6%；羊肉产量389万吨，增长2.4%。生猪年末存栏46985万头，增长1.5%；生猪出栏64507万头，增长5.7%。牛奶产量3518万吨，下降1.1%；禽蛋产量2741万吨，增长1.4%。

全年水产品产量5120万吨，增长4.6%。其中，养殖水产品产量3635万吨，增长6.5%；捕捞水产品产量1485万吨，增长0.1%。

全年木材产量6938万立方米，比上年下降14.4%。

全年新增有效灌溉面积147.1万公顷，新增节水灌溉面积182.6万公顷。

三、工业和建筑业

全年全部工业增加值134625亿元，比上年增长8.3%。规模以上工业增加值增长11.0%，其中国有及国有控股企业增长6.9%；集体企业增长10.2%，股份制企业增长13.3%，外商及港澳台商投资企业增长6.2%；私营企业增长18.7%。分轻重工业看，轻工业增长9.7%，重工业增长11.5%。

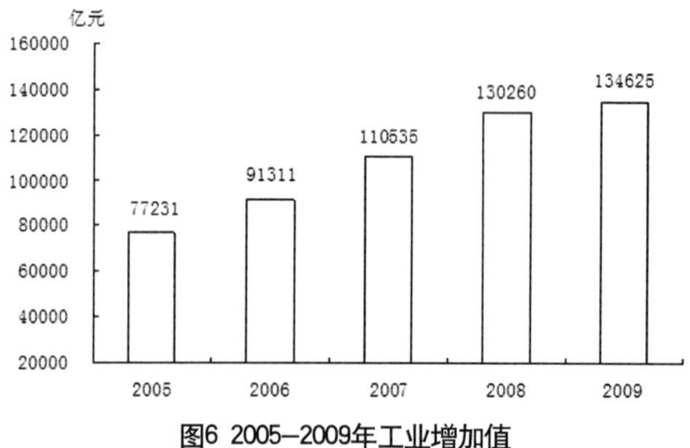

图6 2005—2009年工业增加值

表2 2009年主要工业产品产量及其增长速度

产品名称	单 位	产 量	比上年增长%
纱	万吨	2393.5	12.7
布	亿米	740.0	4.2
化学纤维	万吨	2730.0	13.0
成品糖	万吨	1321.2	−8.9
卷 烟	亿支	22901.5	3.2
彩色电视机	万台	9898.8	9.6
其中：液晶电视机	万台	6765.3	85.2
家用电冰箱	万台	5930.5	24.7
房间空气调节器	万台	8078.2	−1.9
一次能源生产总量	亿吨标准煤	28.0	5.8
原 煤	亿吨	30.50	8.8
原 油	亿吨	1.89	−3.1
天然气	亿立方米	851.7	6.1
发电量	亿千瓦小时	37146.5	6.3
其中：火电	亿千瓦小时	29827.8	10.2
水电	亿千瓦小时	6156.4	−3.3
核电	亿千瓦小时	701.3	2.5
粗 钢	万吨	56803.3	12.9
钢 材	万吨	69626.3	15.2
十种有色金属	万吨	2650.1	5.2
其中：精炼铜（电解铜）	万吨	413.5	9.1
原铝（电解铝）	万吨	1296.5	−1.5
氧化铝	万吨	2379.3	3.3
水 泥	亿吨	16.5	16.0
硫 酸	万吨	5960.2	16.9
纯 碱	万吨	1938.4	3.0
烧 碱	万吨	1832.4	−1.1
乙 烯	万吨	1066.3	8.0
化 肥（折100%）	万吨	6599.7	9.8
发电机组（发电设备）	万千瓦	11729.3	−11.9
汽 车	万辆	1379.5	48.2
其中：基本型乘用车(轿车)	万辆	748.5	48.6
大中型拖拉机	万台	37.1	30.6
集成电路	亿块	414.4	−0.7
程控交换机	万线	4147.4	−9.5
移动通信手持机	万台	61924.5	10.7
微型计算机设备	万台	18215.1	33.3

全年规模以上工业中，煤炭开采和洗选业增加值比上年增长8.3%；石油和天然气开采业增长4.8%；农副食品加工业增长15.9%；纺织业增长8.5%；通用设备制造业增长11.0%；专用设备制造业增长13.0%；交通运输设备制造业增长18.4%，其中汽车制造增长20.3%，船舶制造增长20.7%；通信设备、计算机及其他电子设备制造业增长5.3%；电气机械及器材制造业增长12.0%。6大高载能行业比上年增长10.6%，其中，非金属矿物制品业增长14.7%，化学原料及化学制品制造业增长14.6%，有色金属冶炼及压延加工业增长12.8%，黑色金属冶炼及压延加工业增长9.9%，电力、热力的生产和供应业增长6.0%，石油加工、炼焦及核燃料加工业增长5.2%。高技术制造业增加值比上年增长7.7%。

1-11月全国规模以上工业企业累计实现利润25891亿元，比上年同期增长7.8%。

表3 2009年1—11月规模以上工业企业实现利润及其增长速度

单位：亿元

指　标	利润总额	比上年同期增长%
规模以上工业	25891	7.8
其中：国有及国有控股企业	7514	-4.5
其中：集体企业	545	10.3
股份制企业	13890	4.2
外商及港澳台商投资企业	7511	16.9
其中：私营企业	6849	17.4

全年全社会建筑业增加值22333亿元，比上年增长18.2%。全国具有资质等级的总承包和专业承包建筑业企业实现利润2663亿元，增长21.0%，其中国有及国有控股企业697亿元，增长23.9%。

四、固定资产投资

全年全社会固定资产投资224846亿元，比上年增长30.1%。分城乡看，城镇投资194139亿元，增长

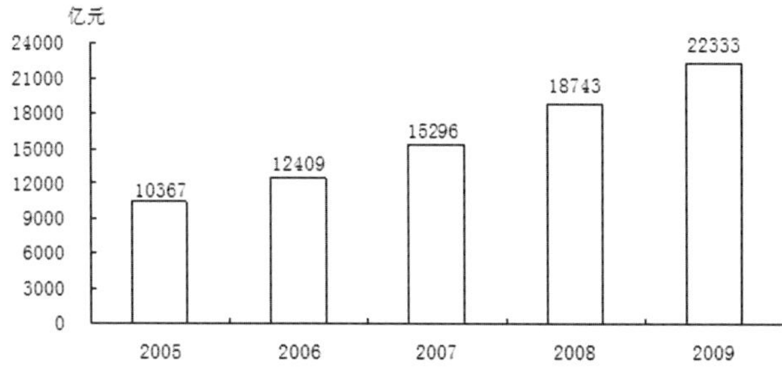

图7 2005—2009年建筑业增加值

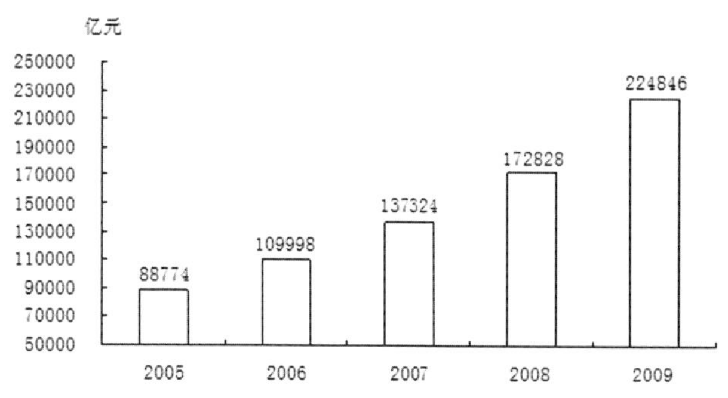

图8 2005—2009年全社会固定资产投资

表4 2009年分行业城镇固定资产投资及其增长速度

单位：亿元

行　业	投资额	比上年增长%
总　计	194139	30.5
农、林、牧、渔业	3373	49.9
采矿业	8093	18.2
其中：煤炭开采及洗选业	3021	25.9
石油和天然气开采业	2793	4.4
制造业	58817	26.8
其中：农副食品加工业	2826	38.2
食品制造业	1513	32.4
纺织业	1768	14.8
纺织服装、鞋、帽制造业	1051	17.0
石油加工、炼焦及核燃料加工业	1835	0.4
化学原料及化学制品制造业	6006	26.9
非金属矿物制品业	5948	43.5
黑色金属冶炼及压延加工业	3206	-1.3
有色金属冶炼及压延加工业	2202	16.8
金属制品业	2836	29.2
通用设备制造业	4465	37.6
专用设备制造业	3111	37.3
交通运输设备制造业	4965	31.3
电气机械及器材制造业	3545	51.2
通信设备、计算机及其他电子设备制造业	2627	6.7
电力、燃气及水的生产和供应业	13482	28.5
其中：电力、热力的生产与供应业	11078	22.8
建筑业	1884	57.6
交通运输、仓储和邮政业	23278	48.3
信息传输、计算机服务和软件业	2515	18.0
批发和零售业	4451	39.4
住宿和餐饮业	2333	34.4
金融业	349	38.2
房地产业	43065	19.9
租赁和商务服务业	1887	50.4
科学研究、技术服务和地质勘查业	1066	48.5
水利、环境和公共设施管理业	17814	45.1
居民服务和其他服务业	506	61.8
教育	3231	37.2
卫生、社会保障和社会福利业	1689	58.5
文化、体育和娱乐业	2117	47.4
公共管理和社会组织	4189	29.3

30.5%；农村投资30707亿元，增长27.5%。分地区看，东部地区投资95653亿元，比上年增长23.0%；中部地区投资49846亿元，增长35.8%；西部地区投资49662亿元，增长38.1%；东北地区投资23733亿元，增长26.8%。

在城镇投资中，第一产业投资3373亿元，比上年增长49.9%；第二产业投资82277亿元，增长26.8%；第三产业投资108489亿元，增长33.0%。

表5 2009年固定资产投资新增主要生产能力

指　　标	单　位	绝对数
新增发电机组容量	万千瓦	8970
22万伏及以上变电设备	万千伏安	27161
新建铁路投产里程	公里	5557
增建铁路复线投产里程	公里	4129
电气化铁路投产里程	公里	8448
新建公路	公里	121013
其中：高速公路	公里	4391
港口万吨级码头泊位新增吞吐能力	万吨	31318
新增光缆线路长度	万公里	149
新增数字蜂窝移动电话交换机容量	万户	27580

全年房地产开发投资36232亿元，比上年增长16.1%。其中，商品住宅投资25619亿元，增长14.2%；办公楼投资1378亿元，增长18.1%；商业营业用房投资4172亿元，增长24.4%。

表6 2009年房地产开发和销售主要指标完成情况

指　　标	单 位	绝对数	比上年增长%
投资完成额	亿元	36232	16.1
其中：住宅	亿元	25619	14.2
其中：90平方米以下住宅	亿元	8351	24.1
其中：经济适用房	亿元	1139	17.3
房屋施工面积	万平方米	319650	12.8
其中：住宅	万平方米	250804	12.5
房屋新开工面积	万平方米	115385	12.5
其中：住宅	万平方米	92463	10.5
房屋竣工面积	万平方米	70219	5.5
其中：住宅	万平方米	57694	6.2
商品房销售面积	万平方米	93713	42.1
其中：住宅	万平方米	85294	43.9
本年资金来源	亿元	57128	44.2
其中：国内贷款	亿元	11293	48.5
其中：个人按揭贷款	亿元	8403	116.2
本年购置土地面积	万平方米	31906	−18.9
完成开发土地面积	万平方米	23006	−19.9
土地购置费	亿元	6039	0.7

五、国内贸易

全年社会消费品零售总额125343亿元，比上年增长15.5%。分地域看，城市消费品零售额85133亿元，增长15.5%；县及县以下消费品零售额40210亿元，增长15.7%。分行业看，批发和零售业零售额105413亿元，增长15.6%；住宿和餐饮业零售额17998亿元，增长16.8%；其他行业零售额1932亿元，增长2.5%。

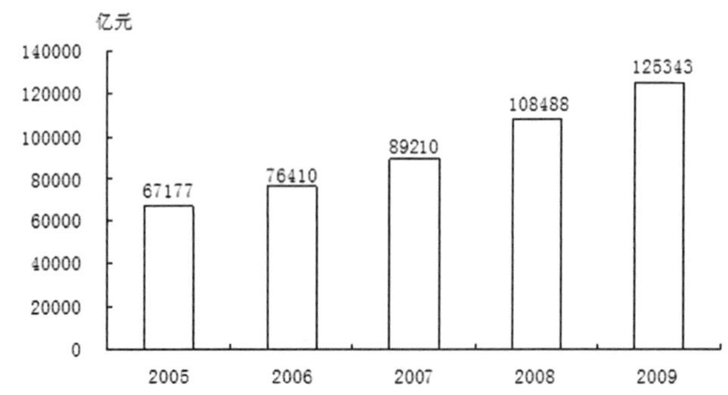

图9 2005—2009年社会消费品零售总额

在限额以上批发和零售业零售额中，汽车类零售额比上年增长32.3%，粮油类增长13.0%，肉禽蛋类增长8.3%，服装类增长20.8%，日用品类增长15.6%，文化办公用品类增长6.7%，通讯器材类下降1.3%，化妆品类增长16.9%，金银珠宝类增长15.9%，中西药品类增长21.7%，家用电器和音像器材类增长12.3%，家具类增长35.5%，建筑及装潢材料类增长26.6%。

表7 2009年货物进出口总额及其增长速度

单位：亿美元

指　　标	绝对数	比上年增长%
货物进出口总额	22072	−13.9
货物出口额	12017	−16.0
其中：一般贸易	5298	−20.1
加工贸易	5870	−13.1
其中：机电产品	7131	−13.4
高新技术产品	3769	−9.3
其中：国有企业	1910	−25.8
外商投资企业	6722	−15.0
其他企业	3384	−11.6
货物进口额	10056	−11.2
其中：一般贸易	5339	−6.7
加工贸易	3223	−14.8
其中：机电产品	4914	−8.7
高新技术产品	3098	−9.4
其中：国有企业	2885	−18.5
外商投资企业	5452	−12.0
其他企业	1719	7.9
进出口差额（出口减进口）	1961	–

六、对外经济

全年货物进出口总额22072亿美元，比上年下降13.9%。其中，货物出口12017亿美元，下降16.0%；货物进口10056亿美元，下降11.2%。进出口差额（出口减进口）1961亿美元，比上年减少1020亿美元。

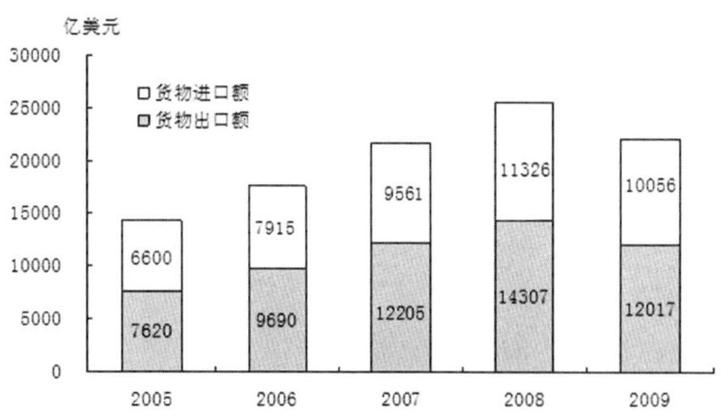

图10 2005—2009年货物进出口总额

全年非金融领域新批外商直接投资企业23435家，比上年减少14.8%。实际使用外商直接投资金额900亿美元，下降2.6%。其中，制造业占52.0%；房地产业占18.7%；租赁和商务服务业占6.8%；批发和零售业占6.0%；交通运输、仓储和邮政业占2.8%。

表8 2009年主要商品出口数量、金额及其增长速度

商品名称	单位	数量	比上年增长%	金额（亿美元）	比上年增长%
煤	万吨	2240	−50.7	24	−54.7
钢材	万吨	2460	−58.5	223	−64.9
纺织纱线、织物及制品	——	—	—	600	−8.4
服装及衣着附件	——	—	—	1071	−11.0
鞋类	——	—	—	280	−5.7
家具及其零件	——	—	—	253	−6.0
自动数据处理设备及其部件	万台	131331	−8.5	1224	−9.4
	万台	58280	9.4	396	2.7
集装箱	万个	69	−77.2	19	−78.6
集成电路	百万个	56608	16.8	233	−4.2
液晶显示板	万个	192414	−5.1	192	−14.1
汽车(包括整套散件)	万辆	35	−45.2	47	−47.3

表9 2009年主要商品进口数量、金额及其增长速度

商品名称	数量（万吨）	比上年增长%	金额（亿美元）	比上年增长%
谷物及谷物粉	315	104.6	9	22.7
大豆	4255	13.7	188	−13.9
食用植物油	816	8.4	59	−30.1
铁矿砂及其精矿	62778	41.6	501	−17.4
氧化铝	514	12.1	13	−26.6
煤	12583	211.9	106	201.3
原油	20379	13.9	893	−31.0
成品油	3696	−5.4	170	−43.7
初级形状的塑料	2381	34.5	348	2.2
纸浆	1368	43.7	68	2.1
钢材	1763	14.3	195	−16.9
未锻造的铜及铜材	429	62.7	226	18.0

表10 2009年对主要国家和地区货物进出口额及其增长速度

国家和地区	出口额（亿美元）	比上年增长%	进口额（亿美元）	比上年增长%
欧盟	2363	−19.4	1278	−3.7
美国	2208	−12.5	774	−4.8
中国香港	1662	−12.8	87	−32.6
东盟	1063	−7.0	1067	−8.8
日本	979	−15.7	1309	−13.1
韩国	537	−27.4	1026	−8.5
印度	297	−6.1	137	−32.3
中国台湾	205	−20.8	857	−17.0
俄罗斯	175	−47.1	213	−10.7

表11 2009年分行业外商直接投资及其增长速度

行　　业	企业数（家）	比上年增长%	实际使用金额（亿美元）	比上年增长%
总　　计	23435	−14.8	900.3	−2.6
农、林、牧、渔业	896	−2.3	14.3	20.0
采矿业	99	−33.6	5.0	−12.6
制造业	9767	−15.6	467.7	−6.3
电力、燃气及水的生产和供应业	238	−25.6	21.1	24.5
建筑业	220	−16.0	6.9	−36.7
交通运输、仓储和邮政业	395	−24.5	25.3	−11.4
信息传输、计算机服务和软件业	1081	−15.9	22.5	−19.0
批发和零售业	5100	−12.9	53.9	21.6
住宿和餐饮业	502	−20.7	8.4	−10.1
金融业	52	108.0	4.6	−20.3
房地产业	569	25.9	168.0	−9.7
租赁和商务服务业	2864	−8.7	60.8	20.2
科学研究、技术服务和地质勘查业	1066	−42.0	16.7	11.2
水利、环境和公共设施管理业	183	32.6	5.6	63.4
居民服务和其他服务业	207	1.0	15.9	178.3
教　育	20	−16.7	0.1	−63.0
卫生、社会保障和社会福利业	18	80.0	0.4	127.0
文化、体育和娱乐业	158	−7.1	3.2	23.0
公共管理和社会组织	—	—	—	—
国际组织	—	—	—	—

全年非金融类对外直接投资额433亿美元，比上年增长6.5%。

全年对外承包工程业务完成营业额777亿美元，比上年增长37.3%；对外劳务合作完成营业额89亿美元，增长10.6%。

七、交通、邮电和旅游

全年交通运输、仓储和邮政业增加值17058亿元，比上年增长3.7%。

表12 2009年各种运输方式完成货物运输量及其增长速度

指　　标	单　　位	绝对数	比上年增长%
货物运输总量	亿　　吨	278.8	7.5
铁路	亿　　吨	33.3	1.9
公路	亿　　吨	209.7	9.4
水运	亿　　吨	31.4	3.0
民航	万　　吨	445.5	9.3
管道	亿　　吨	4.4	1.3
货物运输周转量	亿吨公里	121211.3	9.8
铁路	亿吨公里	25239.2	0.5
公路	亿吨公里	36383.5	10.7
水运	亿吨公里	57439.9	14.0
民航	亿吨公里	126.3	5.6
管道	亿吨公里	2022.4	4.1

表13 2009年各种运输方式完成旅客运输量及其增长速度

指　　标	单　　位	绝对数	比上年增长%
旅客运输总量	亿　　人	297.7	3.8
铁路	亿　　人	15.2	4.3
公路	亿　　人	278.0	3.6
水运	亿　　人	2.2	2.9
民航	亿　　人	2.3	19.7
旅客运输周转量	亿人公里	24773.6	6.8
铁路	亿人公里	7878.9	1.3
公路	亿人公里	13450.7	7.8
水运	亿人公里	69.1	5.8
民航	亿人公里	3374.9	17.1

全年规模以上港口完成货物吞吐量69.1亿吨，比上年增长8.2%，其中外贸货物吞吐量21.4亿吨，增长8.6%。港口集装箱吞吐量12082万标准箱，下降5.8%。

年末全国民用汽车保有量达到7619万辆（包括三轮汽车和低速货车1331万辆），比上年末增长17.8%，其中私人汽车保有量5218万辆，增长25.0%。民用轿车保有量3136万辆，增长28.6%，其中私人轿车2605万辆，增长33.8%。

全年完成邮电业务总量27313亿元，比上年增长14.6%。其中，邮政业务总量1632亿元，增长16.4%；电信业务总量25681亿元，增长14.4%。全年局用交换机容量减少1644万门，总容量49219万门；新增移动电话交换机容量27580万户，达到142111万户。固定电话年末用户31369万户。其中，城市电话用户21178万户，农村电话用户10191万户。新增移动电话用户10614万户，年末达到74738万户。年末全国固定及移动电话用户总数达到106107万户，比上年末增加7947万户。电话普及率达到79.9部/百人。互联网上网人数3.8亿人，其中宽带上网人数3.5亿人；互联网普及率达到28.9%。

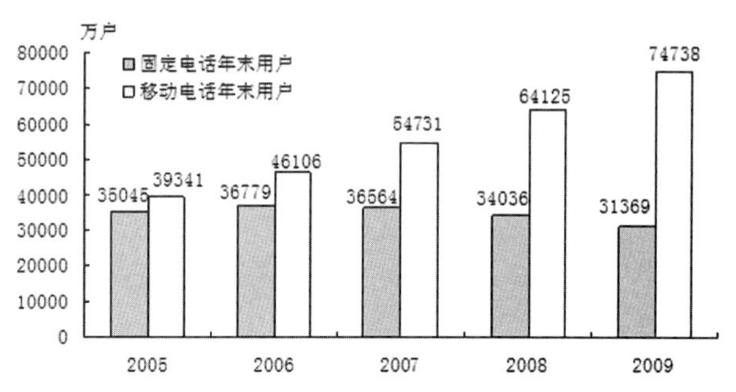

图11 2005—2009年年末电话用户数

全年国内出游人数达19.0亿人次，比上年增长11.1%；国内旅游收入10184亿元，增长16.4%。入境旅游人数12648万人次，下降2.7%。其中，外国人2194万人次，下降9.8%；香港、澳门和台湾同胞10454万人次，下降1.1%。在入境旅游者中，过夜旅游者5088万人次，下降4.1%。国际旅游外汇收入397亿美元，下降2.9%。国内居民出境人数达4766万人次，增长4.0%。其中因私出境4221万人次，增长5.2%，占出境人数的88.6%。

八、金融

年末广义货币供应量（M2）余额为60.6万亿元，比上年末增长27.7%；狭义货币供应量（M1）余额为22.0万亿元，增长32.4%；流通中现金（M0）余额为3.8万亿元，增长11.8%。

年末全部金融机构本外币各项存款余额61.2万亿元，比年初增加13.2万亿元。其中人民币各项存款余额59.8万亿元，增加13.1万亿元。全部金融机构本外币各项贷款余额42.6万亿元，增加10.5万亿元。其中人民币各项贷款余额40.0万亿元，增加9.6万亿元。

表14 2009年全部金融机构本外币存贷款及其增长速度

单位：亿元

指 标	年末数	比上年末增长%
各项存款余额	612006	27.7
其中：企业存款	224357	36.5
城乡居民储蓄存款	264761	19.5
其中：人民币	260772	19.7
各项贷款余额	425597	33.0
其中：短期贷款	151353	17.7
中长期贷款	235579	43.5

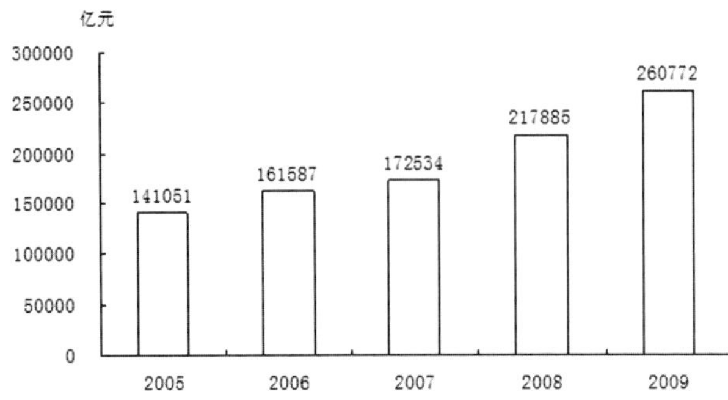

图12 2005—2009年城乡居民人民币储蓄存款余额

全年农村金融合作机构（农村信用社、农村合作银行、农村商业银行）人民币贷款余额4.7万亿元，比年初增加9727亿元。全部金融机构人民币消费贷款余额5.5万亿元，增加17976亿元。其中，个人短期消费贷款余额0.6万亿元，增加2465亿元；个人中长期消费贷款余额4.9万亿元，增加15511亿元。

全年上市公司通过境内市场累计筹资3653亿元，比上年增加1255亿元。其中，首次公开发行A股99只，筹资2062亿元，增加995亿元；A股再筹资（包括配股、公开增发、非公开增发、认股权证）筹资1591亿元，增加259亿元；上市公司通过发行可转债、可分离债、公司债筹资813亿元，减少185亿元。全年首次公开发行创业板股票36只，筹资204亿元。

全年发行非上市公司企业（公司）债券4252亿元，比上年增加1885亿元。企业发行短期融资券4612亿元，增加281亿元；中期票据6987亿元，增加5250亿元。发行中小企业集合票据12.7亿元。

全年保险公司原保险保费收入11137亿元，比上年增长13.8%，其中寿险业务原保险保费收入7457亿元；健康险和意外伤害险业务原保险保费收入804亿元；财产险业务原保险保费收入2876亿元。支付各类赔款及给付3125亿元，其中寿险业务给付1269亿元；健康险和意外伤害险赔款及给付281亿元；财产险业务赔款1576亿元。

九、教育和科学技术

全年研究生教育招生51.1万人，在学研究生140.5万人，毕业生37.1万人。普通高等教育本专科招生639.5万人，在校生2144.7万人，毕业生531.1万人。各类中等职业教育招生873.6万人，在校生2178.7万人，毕业生619.2万人。全国普通高中招生830.3万人，在校生2434.3万人，毕业生823.7万人。全国初中招生1788.5万人，在校生5440.9万人，毕业生1797.7万人。普通小学招生1637.8万人，在校生10071.5万人，毕业生1805.2万人。特殊教育招生6.4万人，在校生42.8万人。幼儿园在园幼儿2657.8万人。

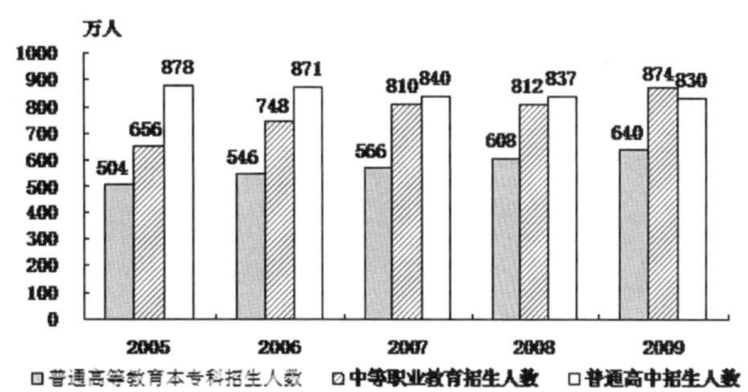

图13 2005—2009年普通高等教育、中等职业教育及普通高中招生人数

全年研究与试验发展（R&D）经费支出5433亿元，比上年增长17.7%，占国内生产总值的1.62%，其中基础研究经费272亿元。全年国家安排了639项科技支撑计划课题，1328项“863”计划课题。累计建设国家工程研究中心127个，国家工程实验室85个。国家认定企业技术中心达到636家。省级企业技术中心达到5011家。启动实施新兴产业创投计划，支持设立20家创业投资基金。全年受理国内外专利申请97.7万件，其中国内申请87.8万件，占89.9%。受理国内外发明专利申请31.5万件，其中国内申请22.9万件，占72.8%。全年授予专利权58.2万件，其中国内授权50.2万件，占86.2%。授予发明专利权12.8万件，其中国内授权6.5万件，占50.9%。截至2009年底，有效专利152.0万件，其中国内有效专利119.3万件，占78.5%；有效发明专利43.8万件，其中国内有效发明专利18.0万件，占41.1%。全年共签订技术合同21.4万项，技术合同成交金额3039亿元，比上年增长14.0%。全年成功发射卫星6次。首台千万亿次超级计算机系统“天河一

号”研制成功；嫦娥一号卫星成功受控撞月。

年末全国共有产品检测实验室25000个，其中国家检测中心414个。全国现有产品质量、体系认证机构168个，已累计完成对4.1万个企业的产品认证。全国共有法定计量技术机构3760个，全年强制检定计量器具4560万台（件）。全年制定、修订国家标准3158项，其中新制定2102项。全年中央气象台和省级气象台共发布气象预警信号2737次，警报3950次。全国共有地震台站1457个，地震遥测台网32个。全国共有海洋观测站66个。测绘部门公开出版地图2060种，测绘图书307种。

十、文化、卫生和体育

年末全国共有艺术表演团体2478个，文化馆3214个，公共图书馆2833个，博物馆1996个。广播电台251座，电视台272座，广播电视台2087座，教育台44个。有线电视用户17398万户，有线数字电视用户6200万户。年末广播节目综合人口覆盖率为96.3%；电视节目综合人口覆盖率为97.2%。全年生产故事影片456部，科教、纪录、动画和特种影片102部。出版各类报纸437亿份，各类期刊31亿册，图书70亿册（张）。年末全国共有档案馆4035个，已开放各类档案7991万卷（件）。

年末全国共有卫生机构28.9万个，其中医院、卫生院6.0万个，社区卫生服务中心（站）2.6万个，妇幼保健院（所、站）3013个，专科疾病防治院（所、站）1315个，疾病预防控制中心（防疫站）3543个，卫生监督所（中心）2706个，诊所及其他19.3万个。卫生技术人员522万人，其中执业医师和执业助理医师216万人，注册护士174万人。医院和卫生院床位396万张。乡镇卫生院3.9万个，床位91万张，卫生技术人员89.8万人。全年甲、乙类法定报告传染病发病人数377.6万例，报告死亡15105人；报告传染病发病率284.34/10万，死亡率1.14/10万。

全年运动健儿在30个项目中共获得142个世界冠军，11人3队22次创22项世界纪录。在第十一届全国运动会上，共有7人9次创超5项世界纪录；12人3队21次创16项亚洲纪录；29人5队52次创39项全国纪录。

十一、人口、人民生活和社会保障

年末全国总人口为133474万人，比上年末增加672万人。全年出生人口1615万人，出生率为12.13‰；死亡人口943万人，死亡率为7.08‰；自然增长率为5.05‰。出生人口性别比为119.45。

表15 2009年人口数及其构成

单位：万人

指　标	年末数	比重%
全国总人口	133474	100.0
其中：城镇	62186	46.6
乡村	71288	53.4
其中：男性	68652	51.4
女性	64822	48.6
其中：0–14岁	24663	18.5
15–59岁	92097	69.0
60岁及以上	16714	12.5
其中：65岁及以上	11309	8.5

全年农村居民人均纯收入5153元，剔除价格因素，比上年实际增长8.5%；城镇居民人均可支配收入17175元，实际增长9.8%。农村居民家庭食品消费支出占消费总支出的比重为41.0%，城镇为36.5%。按2009年农村贫困标准1196元测算，年末农村贫困人口为3597万人。

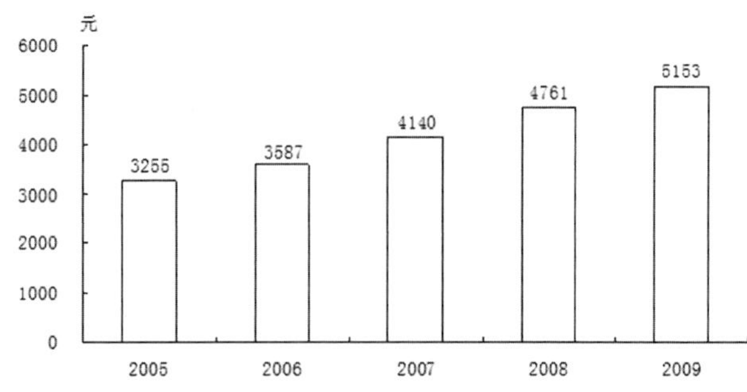

图14 2005–2009年农村居民人均纯收入

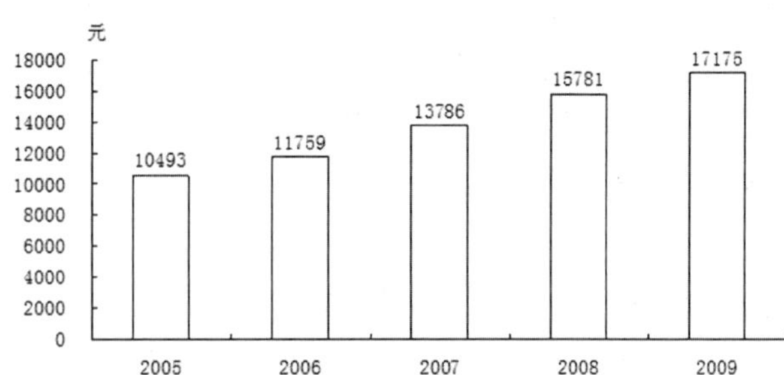

图15 2005–2009年城镇居民人均可支配收入

年末全国参加城镇基本养老保险人数23498万人，比上年末增加1607万人。其中参保职工17703万人，参保离退休人员5795万人。参加城镇基本医疗保险的人数40061万人，增加8239万人。其中，参加城镇职工基本医疗保险人数21961万人，参加城镇居民基本医疗保险人数18100万人。参加城镇医疗保险的农民工4335万人，增加69万人。参加失业保险的人数12715万人，增加316万人。参加工伤保险的人数14861万人，增加1074万人。其中参加工伤保险农民工5580万人，增加638万人。参加生育保险的人数10860万人，增加1606万人。2716个县（市、区）开展了新型农村合作医疗工作，新型农村合作医疗参合率94.0%。新型农村合作医疗基金累计支出总额为646亿元，累积受益4.9亿人次。新型农村社会养老保险试点顺利启动。年末全国领取失业保险金人数为235万人。

年末全国共有各类提供住宿的收养性社会服务机构3.9万个，床位275.4万张，收养各类人员208.8万人。其中，农村养老服务机构3.0万个，床位188.5万张，收养各类人员151.1万人。各类不提供住宿的社区服务设施14.0万个，其中，社区服务中心9726个，社区服务站2.5万个。全年2347.7万城市居民得到政府最低生活保障，比上年增加12.9万人；4759.3万农村居民得到政府最低生活保障，增加453.8万人；554.3万农村居民得到政府五保救济，增加5.7万人。全年救助城市医疗困难群众417.2万人次，救助农村医疗困难群众688.4万人次；资助1047.8万城镇困难群众参加城镇医疗保险，资助3689.8万农村困难群众参加新型农村合作医疗。全年销售社会福利彩票756亿元，直接接收社会捐赠款41亿元。

十二、资源、环境和安全生产

全年土地整理复垦开发补充耕地26.9万公顷。

全年全国国有建设用地供应总量31.9万公顷，比上年增长44.2%。其中，工矿仓储用地11.9万公顷，增长44.1%；房地产用地10.3万公顷，增长36.7%；基础设施等其他用地9.7万公顷，增长53.0%。全年全国105个重点监测城市综合地价比上年上涨5.0%，其中商业地价上涨5.6%，居住地价上涨7.9%，工业地价上涨1.6%。

全年水资源总量23763亿立方米，比上年减少13.4%；人均水资源1784.9立方米，减少13.8%。全年平均降水量583.1毫米，减少10.9%。年末全国大型水库蓄水总量1805亿立方米，比上年末少蓄水156亿立方米。全年总用水量5933亿立方米，比上年增加0.4%。其中，生活用水增加2.9%，工业用水减少0.6%，农业用水增加0.6%，生态补水减少9.8%。万元国内生产总值用水量209.3立方米，比上年下降7.6%。万元工业增加值用水量116.4立方米，下降8.2%。人均用水量445.7立方米，下降0.1%。

国土资源调查及地质勘查新发现大中型矿产地398处，其中，能源矿产地107处，金属矿产地177处，非金属矿产地109处，水气矿产地5处。有65种矿产新增查明资源储量，其中，石油11.2亿吨，天然气7234亿立方米，原煤503.6亿吨。

根据第七次全国森林资源清查结果，截至2008年，森林面积19545万公顷，森林覆盖率20.36%，活立木总蓄积量149.13亿立方米，森林蓄积量137.21亿立方米。

全年完成造林面积588万公顷，其中人工造林389万公顷。林业重点工程完成造林面积447万公顷，占全部造林面积的76.0%。全民义务植树24.8亿株。截至年底，自然保护区达到2529个，其中国家级自然保护区319个。新增综合治理水土流失面积4.8万平方公里，新增实施水土流失地区封育保护面积2.7万平方公里。截至2009年底，已确权集体林地面积为10093万公顷，其中发放林权证的面积为7573万公顷。

全年平均气温为9.8℃，共有9个台风登陆。

初步测算，全年能源消费总量31.0亿吨标准煤，比上年增长6.3%。煤炭消费量30.2亿吨，增长9.2%；原油消费量3.8亿吨，增长7.1%；天然气消费量887亿立方米，增长9.1%；电力消费量36973亿千瓦小时，增长6.2%。全国万元国内生产总值能耗下降2.2%。主要原材料消费中，钢材消费量6.9亿吨，增长22.4%；精炼铜消费量753万吨，增长39.7%；电解铝消费量1439万吨，增长14.4%；乙烯消费量1066万吨，增长8.0%；水泥消费量16.3亿吨，增长17.0%。

七大水系的408个水质监测断面中，Ⅰ～Ⅲ类水质断面比例占57.1%，比上年提高2.1个百分点；劣Ⅴ类水质断面比例占18.4%，比上年下降2.4个百分点。七大水系水质总体上持续好转，部分流域污染仍然严重。

近岸海域299个海水水质监测点中，达到国家一、二类海水水质标准的监测点占72.9%，比上年上升2.5个百分点；三类海水占6.0%，下降5.3个百分点；四类、劣四类海水占21.1%，上升2.8个百分点。

在监测的612个城市中，有504个城市空气质量达到二级以上（含二级）标准，占监测城市数的82.4%；有100个城市为三级，占16.3%；有8个城市为劣三级，占1.3%。在监测的327个城市中，城市区域声环境质量好的城市占4.9%，较好的占70.0%，轻度污染的占23.9%，中度污染的占1.2%。

年末城市污水处理厂日处理能力达8664万立方米，比上年末增长6.9%；城市污水处理率达到72.3%，提高2.1个百分点。集中供热面积35.6亿平方米，增长2.0%。建成区绿地率达到34.4%，提高1.1个百分点。

全年各类自然灾害造成直接经济损失2524亿元，比上年下降78.5%。全年农作物受灾面积4721万公顷，增加18.1%。其中，绝收492万公顷，增加22.0%。全年因洪涝灾害造成直接经济损失655亿元，增加0.5%；死亡902人，下降10.8%。全年因旱灾造成直接经济损失1099亿元，增加2.58倍。全年低温冷冻和雪灾造成直接经济损失172亿元，死亡40人。全年因海洋灾害造成直接经济损失100亿元，下降51.3%。全年累计发生赤潮面积14102平方公里，增加2.7%。全年实际发生各类地质灾害1.0万起，直接经济损失18.3亿元，死亡331人。全年大陆地区共发生5级以上地震24次，成灾8次，造成直接经济损失27.4亿元，死亡3人。全年共发生森林火灾8808起，下降37.7%。

全年生产安全事故死亡83196人，比上年下降8.8%。亿元国内生产总值生产安全事故死亡人数为0.248人，下降20.5%；工矿商贸企业就业人员10万人生产安全事故死亡人数为2.4人，下降14.9%；煤矿百万吨死亡人数为0.892人，下降24.5%。全年共发生道路交通事故23.8万起，造成6.8万人死亡，27.5万人受伤，直接财产损失9.1亿元；道路交通万车死亡人数为3.6人，减少0.7人。

注：

1.本公报中数据均为初步统计数。

2.各项统计数据均未包括香港特别行政区、澳门特别行政区和台湾省。

3.部分数据因四舍五入的原因，存在着与分项合计不等的情况。

4.国内生产总值、各产业增加值绝对数按现价计算，增长速度按不变价格计算。

5.6大高载能行业分别为：化学原料及化学制品制造业、非金属矿物制品业、黑色金属冶炼及压延加工业、有色金属冶炼及压延加工业、石油加工炼焦及核燃料加工业、电力热力的生产和供应业。

6.钢材产量及消费量数据中均含部分使用钢材加工成其他钢材的重复计算因素。

7.固定资产投资按东部、中部、西部和东北地区计算的合计数据小于全国数据，是因为有部分跨地区的投资未计算在地区数据中。其中：东部地区是指北京、天津、河北、上海、江苏、浙江、福建、山东、广东和海南10省市；中部地区是指山西、安徽、江西、河南、湖北和湖南6省；西部地区是指内蒙古、广西、重庆、四川、贵州、云南、西藏、陕西、甘肃、青海、宁夏和新疆12省（区、市）；东北地区是指辽宁、吉林和黑龙江3省。

8.房地产业投资除房地产开发投资外，还包括建设单位自建房屋以及物业管理、中介服务和其他房地产投资。

9.表11中“金融业”是指国民经济行业分类中的证券分析与咨询、保险辅助服务和其他金融活动等。

10.原保险保费收入是指保险企业确认的原保险合同保费收入。

11.特种影片是指那些采用与常规影院放映在技术、设备、节目方面不同的电影展示方式，如巨幕电影、立体电影、立体特效（4D）电影、动感电影、球幕电影等。

12.城镇职工基本医疗保险人数包括参保职工和参保退休人员。城镇居民基本医疗保险的参保对象是不属于城镇职工基本医疗保险覆盖范围的城镇非从业人员。

13.农村五保救济是指老年、残疾或者未满16周岁的村民，无劳动能力、无生活来源又无法定赡养、抚养、扶养义务人，或者其法定赡养、抚养、扶养义务人无赡养、抚养、扶养能力的村民，在吃、穿、住、医、葬方面得到的生活照顾和物质帮助。

14.建设用地供应总量是指报告期市、县人民政府根据年度土地供应计划依法以出让、划拨、租赁等方式将国有建设用地使用权提供给单位或个人使用的国有建设用地总量。

15.地价是指根据《城市地价动态监测技术规范》，以城市监测点地价为基础，综合土地市场和房地产市场交易价格测算反映城市整体状况的土地价格水平。综合地价是指同一城市或地区的不同用途土地的平均价格水平。

16.万元国内生产总值用水量按2005年不变价格计算，邮电业务总量按2000年不变价格计算。

关于2009年度中央预算执行和其他财政收支的审计工作报告

2010年6月23日第十一届全国人民代表大会常务委员会第十五次会议

审计署审计长 刘家义

委员长、各位副委员长、秘书长、各位委员：

我受国务院委托，向全国人大常委会报告2009年度中央预算执行和其他财政收支的审计情况，请予审议。

根据《中华人民共和国审计法》的规定，审计署对2009年度中央预算执行和其他财政收支进行了审计。今年的审计工作紧紧围绕应对国际金融危机、促进经济平稳较快发展这个中心，加强对重大政策执行情况、重大投资项目和重点民生资金的跟踪审计，积极推进绩效审计，在严肃查处重大违法违规问题的同时，注重分析、揭示和反映体制制度方面的问题，着力保障中央宏观经济政策措施的贯彻落实，维护民生和国家经济安全，推进反腐倡廉建设和深化改革，在更高层面发挥了审计的“免疫系统”功能。

2009年，在党中央、国务院的坚强领导下，各地区、各部门全面实施应对国际金融危机的一揽子计划和政策措施，全力保增长、保民生、保稳定，克服了异常艰巨的困难，经济建设和社会事业发展取得新的重大成就，中央预算执行和其他财政收支情况总体较好，圆满完成了十一届全国人大二次会议批准的中央预算。中央财政收入35 915.71亿元，完成预算的100.2%，从预算稳定调节基金调入505亿元，中央财政使用的收入36 420.71亿元；支出43 819.58亿元，完成预算的99.9%；赤字7500亿元，与预算持平；国债余额60 237.68亿元，控制在全国人大批准的年度预算限额内。

——实施积极的财政政策，促进经济平稳较快发展。为迅速扭转经济增速下滑趋势，综合运用预算、国债、税收和信贷等政策工具，加强和改善了宏观调控；中央政府公共投资比上年增长119.8%，中央财政安排家电、汽车摩托车下乡等补贴支出320亿元，通过结构性减税等减轻了企业和居民的负担，有力推动了经济回升向好。

——进一步优化财政支出结构，重点保障和改善民生。中央财政用于教育、医疗卫生、社会保障和就业等民生方面的支出共计7422.56亿元，比上年增长31.7%；用于“三农”的支出比上年增长21.8%，促进了农村基础设施建设和农民增收；从一般预算、基金预算和国有资本经营预算中安排1318.25亿元，加快推进了汶川地震灾后恢复重建。

——加大科技、环保和基础设施建设等方面投入，着力推动经济发展方式转变。中央财政用于科技、环保和交通运输等方面的支出分别比上年增长30%、10.7%和38.7%，实施十大重点产业调整振兴规划，大力支持企业技术改造和自主创新，推进重点节能减排工程、高速公路网、铁路和机场建设，为经济的可持续发展奠定了基础。

——继续深化财税体制改革，逐步健全公共财政体系。深入推进部门预算、国库集中收付和政府采购制度改革，优化和完善税制，取消和停征了100项行政事业性收费；探索建立县级基本财力保障机制，加快实施省直管县财政改革，强化基层财政建设；坚持厉行节约，压缩出国费等三项费用，“小金库”专项治理取得阶段性成果。

各部门各单位按照国务院的部署，在做好2009年各项工作的同时，依法认真整改去年审计发现的问题，被挤占挪用的资金已全部追回或归还，并根据审计建议完善了1222项制度规定。审计发现的119起涉嫌违法犯罪案件线索移送纪检监察部门和司法机关后，有31人被依法逮捕、起诉或判刑，60人受到党纪政纪处分，有的案件正在进一步依法查处中。去年审计查出问题的具体整改情况，国务院已向全国人大常委会专题报告，审计署已于2009年12月向社会公告。

一、中央财政管理审计情况

2009年，财政部和发展改革委等部门始终把保持经济平稳较快发展作为首要任务，组织实施积极的财政政策，深入推进财税体制改革和投资体制改革，中央财政的宏观调控和保障作用不断增强。财政部注重提高财政管理的精细化程度，积极推进资产管理与预算管理有机结合，实施新增资产配置预算专项审核。发展改革委注重加强中央投资的统一组织、统筹协调和督促检查，改进投资计划管理方式，促进发挥了政府投资对经济增长的拉动作用。但中央财政管理中仍存在年初预算不够细化、资金分配不够规范等问题。

1. 2009年，财政部代编160个项目预算1702.83亿元，代编预算规模仍较大。

2. 财政部批复的中央部门年初预算中，有财政拨款之外的基本支出1793.05亿元未细化到人员经费和日常公用经费；有27个项目支出170.20亿元、6项政府性基金支出59.40亿元未落实到具体项目或单位，其中三峡工程建设基金等4项政府性基金只列了预算支出总额。

3. 基本支出定员定额改革从2001年开始试点，目前中央财政尚未建立完善的定员定额体系，不利于规范预算分配和执行。

4. 在卫生部所属的15家医院2007年和2008年修购基金年末结余分别为45.15亿元、49.99亿元的情况下，财政部2009年仍安排其新建固定资产等项目预算16.39亿元，这不利于统筹安排资金，提高资金使用效益。

5. 发展改革委等5部门2009年1月下达天津、河北等6省区市2008年巩固退耕还林成果任务计划35.58亿元，财政部2009年6月才拨付资金，影响预算执行进度。

6. 2009年12月，中央本级库款支出为2166.53亿元，是前11个月平均数的1.87倍，占全年支出的14.2%，预算执行进度不够均衡。

7. 2009年，中央财政本级实际支付以前年度结转资金1343.10亿元，1至11月实际支付时均记列为当年预算支出，年末再一次性调减，使财政部向社会公布的1至11月中央本级财政支出数据不够准确。

8. 2009年，发展改革委向尚未取得初步设计批复的中国铁道科学研究院城市轨道交通试验线等2个项目、未取得环境影响评价审批意见或征地手续的无锡国家大型涡轮叶片研发和检测中心等3个项目、未完成评估论证的兰州国家石油储备基地工程等下达投资计划共计6.37亿元。截至2010年3月，上述项目均未开工建设，资金全部闲置。

9. 发展改革委在下达重点产业振兴和技术改造中央预算内投资计划时，将4.72亿元下达给了不属于该专项范围的22个建材项目和50个医药项目。

10. 2009年，发展改革委下达重点流域水污染治理项目中央预算内投资计划30亿元，涉及314个项目。抽查其中124个项目发现，实际投资补助标准存在较大差异，同流域同省份实际补助标准不一致的项目有60个，涉及11个省，如陕西省8个项目的实际补助标准最高为30%、最低仅4.3%。

11. 因相关建设单位前期准备不充分等，截至2010年3月底，发展改革委下达的2009年农网完善工程等中央预算内投资计划79.79亿元中，有32.03亿元国家电网公司尚未向财政部申请使用，占40.14%；有11.03亿元滞留在省级电网公司未用。

12. 截至2009年底，发展改革委向国家文化和自然遗产地保护、抢救性文物保护设施建设等2个专项下达的中央投资分别占“十一五”规划项目任务的37.5%和52.36%。若按此投资进度，在规划期内很难完成建设。

13. 审计18个省中等职业教育基础能力建设和农村初中校舍改造两个专项的437个项目发现，发展改革委把关不够严格，向地方申报材料不真实的项目下达中央预算内投资5154万元，其中2081.21万元被挪用于偿还欠款或其他项目建设。由于前期准备不足、选址变更和配套设施不全等，截至2009年底，有13个项目未开工、9个项目建成后闲置，涉及中央投资5382万元。一些地方还存在转嫁配套责任等问题，有12个项目的1301万元配套资金被转嫁给下级政府和学校，另有4所学校向职工个人有偿集资1445.4万元。

14. 审计18个直属海关关税和进口环节税征管情况发现，截至2009年底，有11个海关对进口货物完税价格、适用税率以及减免税等审核把关不严，造成税款流失3664.55万元；有6个海关对13户企业擅自将尚在海关监管期内的免税进口货物移作他用的行为，未按规定要求企业补税或提供税收担保，涉及减免税款7.75亿元，存在税款流失隐患。此外，天津海关为调节收入进度，对22家企业2009年12月申报的进口货物，在符合征税条件的情况下，先以各种理由征收税款保证金8.01亿元，在2010年1月才转为税款入库。

对上述问题，财政部、发展改革委和有关部门正在逐项研究，加以整改。

二、中央部门预算执行审计情况

此次共审计56个中央部门，延伸审计310个所属单位；审计预算支出1224.83亿元，占这些部门预算支出总额的33.23%。2009年，这些部门重视和加强预算管理，不断完善财务管理制度，加大对财政资金使用的监督力度，在审计前对其本级和所属912个单位进行了自查，还有24个部门制定和完善了117项规章制度。审计结果表明，部门预算的执行力与约束力有所增强，预算管理水平有所提高，违纪违规问题明显减少。但预算执行和预算管理中也存在一些问题：

一是预算执行还不完全到位。56个部门中，有16个部门当年超预算支出8.74亿元，占这些部门预算支出的3.38%，主要是动用以前年度财政拨款结余等未编入本年预算，还有个别部门因人员经费定额偏低而使用其他经费弥补，造成实际支出超预算；有40个部门年末预算结余161.26亿元，占这些部门预算支出的16.69%，主要是一些部门的项目库建设滞后，项目论证不够充分，年初预算未按要求落实到具体项目，有的预算资金下达晚，造成预算执行进度慢，当年项目预算没有完成而形成结转资金。

二是预算管理还不够严格和规范。56个部门中，有16个部门存在以拨代支等问题，涉及金额5.60亿元；19个部门存在未严格执行政府采购规定的问题，涉及金额14.09亿元；23家受托代征单位未按规定征收或上缴港口建设费50.85亿元。

三是一些部门及所属单位仍存在违反财经制度规定的问题，涉及金额34.84亿元，具体是：

1. 挤占挪用财政资金和违规发放津贴补贴10.95亿元。其中：35个部门本级和83个所属单位因项目预算编制不够细化、执行不严格等，造成挤占和挪用预算资金9.22亿元；两个部门本级和25个所属单位未严格执行国家有关规定，新增项目或提高标准发放津贴补贴1.73亿元。

2. 多申领财政资金或瞒报收入和资产等6.21亿元。其中：1个部门本级和6个所属单位采取虚报或重复申报项目等方式，多申领财政资金2962.68万元；14个部门本级和33个所属单位瞒报各项收入和资产等5.91亿元，未在法定账簿内核算。

3. 违规收费及未按规定征缴非税收入等16.26亿元。其中：1个部门本级和17个所属单位违规收费或摊派等2.44亿元；3个部门本级和10个所属单位未按规定征收和上缴非税收入13.82亿元。

4. 接受和使用虚假发票列支问题比较普遍。抽查56个中央部门已报销的29 363张可疑发票中，有5170张为虚假发票，列支金额为1.42亿元。其中：8个部门本级和34个所属单位在无真实经济业务背景的情况下，利用虚假发票套取资金9784.14万元，主要用于发放职工福利补贴等；12个部门本级和37个所属单位对票据审核把关不严，接受虚假发票报账4456.66万元。

四是部门决算（草案）编报不够准确。在决算（草案）审计中发现，有49个部门决算（草案）反映的收入、支出、结余不够准确、资产不够完整，涉及金额25.21亿元，占报表反映资金总量的0.70%。对这些问题，审计长已签署意见，要求被审计单位在财政部批复决算前调整相关账目和报表。

目前，中央部门已纠正自查中发现的各类问题54.40亿元，整改审计中发现的问题2.94亿元，并制定了91条落实审计建议的具体措施。

各部门的审计结果将依法予以公告。

三、对地方财政和地方政府性债务管理的审计情况

审计结果表明，随着财政改革的不断深入，中央和地方各级政府逐步完善地方财政管理以及举债、用债和偿债等方面制度，积极采取措施化解普及九年制义务教育负债等历史债务，审计调查地区的政府性债务有96%用于交通运输、市政建设等公益性项目，促进了地方经济和社会事业的发展。但地方财政和政府性债务管理还不够严格和规范，尤其是地方政府性债务形成时间长，总体规模大，历史遗留债务负担仍比较重。

一是对地方预决算编报和税费管理不够严格，有的地方财政资金管理分散。审计调查的17个省区市2008年1月至2009年6月，应征未征非税收入等794.16亿元，有的地方还自定政策向企业或个人返还税费130.36亿元。这些地方省本级财政部门除国库存款账户外，在商业银行开设账户1197个，其中应清理归并的账户有920个，平均每个省50多个，这种分散存储状况，不利于财政资金的统筹管理和使用。

二是地方政府性债务总体规模较大，融资平台公司的政府性债务平均占一半以上。审计调查的18个省、16个市和36个县本级截至2009年底，政府性债务余额合计2.79万亿元。其中：2009年以前形成的债务余额为1.75万亿元，占62.72%；当年新增1.04万亿元，占37.28%。在这些新增债务中，仅有8.92%用于中央扩内需新增投资项目的配套资金，还有相当部分用于建设2008年前已开工的交通、市政等基础设施。这些地区共有各级融资平台公司307家，其政府性债务余额分别占省、市、县本级政府性债务总额的44.07%、71.36%和78.05%，余额共计1.45万亿元。

三是部分地方政府偿债压力较大，存在一定的债务风险。上述地方政府性债务中，政府负有直接偿债责任、担保责任及兜底责任的债务分别为1.8万亿元、0.33万亿元和0.66万亿元，分别占债务总额的64.52%、11.83%和23.65%。从债务余额与当年可用财力的比率看，省、市本级和西部地区债务风险较为集中，有7个省、10个市和14个县本级超过100%，最高的达364.77%。从偿债资金来源看，2009年这些地区通过举借新债偿还债务本息2745.46亿元，占其全部还本付息额的47.97%，财政资金偿债能力不足。

审计指出上述问题后，有关部门和地方制定了整改措施，核实调整了预决算报表，已追缴入库非税收入714.67亿元，撤销合并银行账户100多个，正在研究完善政府性债务管理办法。

四、重大投资项目审计情况

按照中央关于加强工程建设领域突出问题专项治理工作的总体部署，审计署加大了对政府投资项目的审计力度，并重点组织对京沪高速铁路、西气东输二线工程西段、金沙江向家坝水电站和1981个扩内需投资项目等进行了跟踪审计和审计调查。结果表明，相关部门和地方积极安排扩内需投资，不断强化对投资项目的组织和管理，督促建设单位严格资金管理，确保工程质量，较好地完成了建设任务，也为经济的持续较快发展奠定了基础。但在建设项目的招投标、投资管理、执行土地和环境保护相关政策等方面仍存在一些较为突出的问题：

一是招投标管理不严格、违规转分包等问题比较普遍。目前，建设项目招投标由各行业主管部门负责监管，独立性和权威性相对较弱，加之尚未建立起各部门互通互联的工程建设信息系统，对招投标违规问题的处理处罚力度偏轻，审计抽查的投资项目中均不同程度地存在未严格执行招投标规定的问题。有的建设单位为获得价差收入，还将部分分项工程层层转分包给不具备相应资质的单位，影响到工程质量。如西气东输二线工程西段截至2009年5月，已签订的36亿多元施工合同中，有近80%未按规定招标，其中1.01亿元被违规直接发包，27亿多元合同的招标中存在人为拆分标段、违规确定中标人等问题。

二是部分项目投资管理不够规范。有的前期准备不足，初步设计批复和执行概算编制滞后，投资控制目标不明确，如金沙江向家坝水电站工程2008年底已完成投资96.36亿元，但至审计时尚未编制完成项目执行概算。一些工程建设和监理单位对施工单位上报的验工计价审核把关不严，财务核算也不够规范，在对京沪高速铁路和西气东输二线工程西段等项目的审计中，共发现超进度计价和多计工程款8.15亿元，建设成本中列支其他费用和用虚假发票报账等问题17.94亿元。

三是土地和环境保护等政策措施未完全落实到位。抽查17个省区市的1981个扩内需项目发现，有140个项目占用或征收土地审批手续不完备，占抽查项目总数的7%；有53个项目不完全符合环保要求，占抽查项目总数的2.68%。有的工程建设对生态环境造成了一定影响，如西气东输二线工程西段在穿越甘肃、新疆等地的3个自然保护区时，施工单位违规采用机械开挖，擅自增加施工作业宽度，导致植被损毁面积增加110多万平方米。

目前，相关部门和单位已纠正验工计价中存在的问题7.25亿元，166个项目通过补办征地用地或环评手续、进行耕地复垦等方式进行了整改，并清理了违规分包的施工队伍。各地还出台了18项贯彻落实中央扩内需政策、加强政府投资项目管理的制度措施。

五、重点民生资金和民生工程审计情况

一是对城市最低生活保障资金、政府投资保障性住房资金、农业综合开发资金和农村饮用水安全工程资金等民生资金的审计情况。2009年，在受国际金融危机影响财政收入增幅减缓的情况下，各级财政仍大幅度增加民生投入，着力提高社会保障能力和生产生活水平，相关地区收到中央财政安排的农业综合开发资金比上年增长21.02%，各级财政筹集的城市最低生活保障资金、廉租住房保障资金分别比上年增长25.58%和61.50%，对扩大内需、促进社会和谐稳定发挥了重要作用。从审计情况看，上述政策执行和资金管理中存在以下值得关注的问题：

1.部分政策在执行中存在偏差，影响相关政策目标的实现。按规定，中央财政新增农业综合开发资金的80%以上应集中用于农业主产区特别是粮食主产区，但2007年至2009年，中央财政新增农业综合开发资金分配至全国农业主产区的比例分别为69.98%、76.97%和78.72%，其中分配至13个粮食主产省区的比例分别仅为61.84%、65.19%和69.12%。在城市最低生活保障资金、廉租住房保障资金的分配中，由于对保障对象的审核和监管机制不够健全，人口变动、收入财产等信息尚未实现共享，有194个区县向不符合条件的6.29万户家庭发放城市最低生活保障补助3.3亿元，其中向1.19万户登记拥有个人企业、车辆或2套以上住房的家庭发放7376.65万元；9个城市向705户不符合条件的家庭发放廉租住房租赁补贴86.89万元、分配廉租住房74套。

2.部分项目进展缓慢，有的未能达到预期效果。审计调查发现，有些地方简单按人口数量或行政区域平均分配资金，有的地方性工作计划与中央下达的年度计划未能有效衔接，加之普遍存在的地方配套资金不到位问题，影响到一些项目的实施进度。抽查19个省市的448个新建廉租住房和10个棚户区改造项目，截至2009年底，分别仅完成计划投资额的41%和42%，其中225个项目的地方配套资金落实率平均为44%；抽查19个省区的103个县，2006年至2008年计划内还有123.3万人的饮水不安全问题未解决，占计划的15.79%；抽查18个省区的156个农业综合开发产业化经营项目，有60个未能发挥预期效益，占38%。

3.部分项目管护措施落实不到位，后续管理尚需加强。随着廉租住房大批建成并逐步投入使用，一些地区出现了租金收取难、日常管理维护难和不符合保障条件的住户退出难等现象，不利于形成廉租住房入住和退出的良性循环机制。抽查的1181处农村饮用水安全工程均未落实所有权，工程运营和后续维护前景堪忧，有的已建成工程存在供水水质合格率偏低、运营成本偏高、管理维护不到位和工程利用率不高等问题。

审计还发现套取、滞留、转移挪用或挤占财政资金等问题7.14亿元，其中：涉及农业综合开发资金3.57亿元、农村饮用水安全工程项目资金3.06亿元、城市最低生活保障资金0.51亿元。

针对农村饮用水安全工程资金审计反映的问题，水利部下发了《关于加强农村水资源保护工作的通知》（办资源函〔2009〕289号）等文件，并派出督导组前往19个省区市督促整改；针对城市最低生活保障资金审计发现的问题，有关地方进行了集中清理和核实，已归还被挤占资金824.98万元。

二是汶川地震灾后恢复重建跟踪审计情况。按照国务院批准下发的《关于汶川地震灾后恢复重建审计工作安排意见》，审计署先后组织8000余名审计人员对1.3万个重建项目进行了跟踪审计，审计覆盖面分别占中央和地方投资额的60%和80%，并从审计署选派33名干部到重灾地区挂职。从审计情况看，有关部门和地方积极调配资源，注重加强统筹协调，保证了重建资金的安全完整和建设项目的顺利推进。但灾后重建中也存在一些问题：

1.中央重建基金结存于多个部门和单位，部分资金使用不够规范。重建项目多、资金来源广，由于缺乏统筹管理，资金拨付进度与重建进展衔接不够，一些项目建设进度较慢，造成部分资金结存。截至2009年底，8家中央单位结存中央重建基金51.79亿元，灾区各级财政部门和使用单位结存298.63亿元。此外，还有58.19亿元重建资金被违规用于规划外项目、日常经费支出和归还欠款等；一些地方通过重复申报、重复统计人数等方式多申领重建资金2.41亿元，部分已用于项目建设或发放给个人。

2.部分项目的规划内容与实际情况不尽相符，有的规划要求未完全落实。3个受灾省2009年下半年对重建规划进行中期调整后，仍有274个项目的规划内容与实际情况不符，占抽查数的24%。在规划落实方面，有82所学校的3967亩新增建设用地未办理审批手续；有28个项目超规模、超标准建设22.51万平方米，平均超出37.8%；有138个项目存在731项工程管理缺陷，158个项目的监理

和施工技术管理人员未按合同要求到位。

在跟踪审计中，审计机关与各地各部门紧密配合，坚持边审计、边督促整改、边促进规范提高，推动改进了2649个项目的质量管理，加快了1692个项目的建设进度，节约重建资金和挽回损失14.71亿元，建立健全规章制度974项。审计机关还向社会发布了48期灾后恢复重建阶段性审计结果公告。

三是玉树地震抗震救灾资金物资跟踪审计情况。青海玉树地震发生后，审计署紧急部署救灾资金物资跟踪审计工作。对18个中央部门单位、31个省区市及新疆生产建设兵团的审计情况表明，各地各部门按照党中央、国务院的部署，及时启动灾害应急预案，积极筹集调拨救灾款物，并对接受救灾捐赠的单位、捐赠资金的统计、汇缴和使用提出了明确要求，保证了抗震救灾各项工作的迅速和有效推进。

总的看，救灾资金的拨付、使用和物资发放情况较好，审计尚未发现重大违纪违规问题。目前，审计署已制定玉树地震灾后恢复重建跟踪审计方案，将救灾资金物资审计与灾后恢复重建审计结合起来，实行全过程跟踪，并适时向社会公告审计情况。

六、资源环境审计情况

近年来，各地各部门认真贯彻中央关于节能减排和环境保护的政策要求，普遍实行了节能减排工作目标责任制，加强了土地

规划、审批和执法监察等制度建设，资源节约和环境保护工作取得较好效果。但对18个省区的节能减排资金和11个省区的土地专项资金的审计发现，政策执行中还存在一些问题：

一是部分地方违法违规用地问题仍较突出。重点检查的13个城市有10.19万亩土地存在未批先用、违规出让和擅自改变用途等问题，其中7个市的用地单位未批先用土地3.18万亩，包括0.72万亩耕地和0.27万亩基本农田。

二是部分地区节能减排项目建设进展较慢。抽查的18个省区中，有两个省2007年至2009年实施的十大节能工程项目，仅完成计划的69%；至2009年底，6个省的既有居住建筑供热计量及节能改造项目、15个省区的污水处理厂项目和垃圾处理场项目仅完成“十一五”规划要求的28%、62%和41%。

三是专项资金管理和使用不够严格和规范。此次审计发现，11个省区应征未征土地出让金等收入381.81亿元，未将683.99亿元土地专项资金纳入预算管理；16个省区滞留、闲置节能减排资金9.67亿元；还有20个省区挤占、挪用和套取土地专项资金77.85亿元、节能减排专项资金2.82亿元，主要用于公共工程建设和弥补公用经费等。

针对审计指出的问题，财政部、国土资源部等部门下发了《关于进一步加强土地出让收支管理的通知》（财综〔2009〕74号），各地制定和完善了48项制度，已追缴、拨付和归还专项资金209.19亿元，收回土地或补办用地审批手续4.31万亩，并给予40名责任人员党纪政纪处分。

七、金融机构审计情况

对中国农业银行、中国农业发展银行和中国出口信用保险公司的审计结果表明，这些金融机构认真贯彻执行适度宽松的货币政策，加大了对重点领域和薄弱环节的金融支持力度；注重深化改革和加强信贷风险管理，保持了资产质量的持续稳定。同时，审计也发现，一些政策性金融机构近年来大力发展商业性业务，在一定程度上影响到政策性业务的深入开展，部分政策性信贷支持未能完全落到实处，违规操作或超范围经营问题也比较突出，涉及金额共计203.01亿元。如2006年4月至2007年6月，中国农业发展银行乌兰浩特市支行在已取得该市第三粮库经审计的财务报表的情况下，仍依据企业伪造的财务报表，向其发放粮食收购贷款2.85亿元，最终造成8236万元贷款损失。

跟踪审计中国工商银行、中国建设银行和中国银行2009年新增贷款的结构和投向发现，部分新增贷款结构不尽合理，主要是中长期贷款占比高、房地产贷款业务增长快、对农业和小企业的信贷支持力度不够，还有部分贷款的投向不符合规定。

有关金融机构认真整改审计发现的问题，截至2010年3月底，中国农业银行已整改90项问题，整改完成率为93.75%，处理责任人员263人；中国农业发展银行已收回贷款7.03亿元，资产保全38.67亿元，处理责任人员463人；中国出口信用保险公司制定和完善了82项制度；商业银行制定了调整和优化信贷结构的措施，2010年1季度对农业和小企业的贷款增幅明显。

八、企业审计情况

审计中国航空集团公司、中国华电集团公司等10户中央企业的资产量共计1.2万亿元，占这些企业资产总额的62%。结果表明，这些企业认真贯彻落实中央宏观调控措施，积极应对国际金融危机，加快结构调整，经营稳步发展。但在财务收支和内部管理方面还存在以下问题：

一是重大经济事项决策不规范。抽查10户企业的重大工程项目投资、资产处置、资本运作等538项决策，发现违规决策30项，造成国有资产损失及潜在损失8.33亿元。

二是资产负债损益不实。10户企业资产不实89.13亿元，占资产总额的0.46%；负债不实80.39亿元，占负债总额的0.63%；损益不实56.22亿元，占利润总额的5.23%。还有8户企业的50家下属单位通过虚列成本、截留收益等方式，将7.49亿元在法定账簿外核算，主要用于发放职工补贴、代职工出资入股等，个别人员涉嫌职务侵占。

目前，相关企业全部纠正了资产负债损益不实的问题，并健全完善制度538项，对112名责任人员进行了处理处罚。

此外，受有关部门委托，审计署还对10名中央企业领导人员、6名省市长和8名中央部门部长任职期间的经济责任履行情况进行了审计，并按规定向有关部门提交了审计结果报告。对其所在单位和地方存在的需要纠正和改进的问题，已依法下达审计决定。

九、重大违法违规问题揭露和查处情况

在以上各项审计中，审计署上报国务院或直接向有关部门移送重大违法违规问题和经济犯罪案件线索104起，涉案人员473人。这些案件主要有以下特点：

一是案件发生的环节和领域相对集中，主要涉及审批、决策、信贷发放和招投标等环节，其中发生在金融交易、国有股权转让和土地矿产资源管理这3个领域的有56起，占53.8%。

二是内外勾结牟取私利的“串案”、“窝案”仍较多。如吉林四平九丰酒业有限责任公司实际控制人李树岩、李树君两兄弟，伙同当地中国农业发展银行部分工作人员，采取编造虚假财务资料及收粮凭证等手段骗贷2.66亿元，部分资金被用于境外赌博挥霍等。

三是一些管理较为薄弱的政策性金融机构和事业单位违法违规问题日益显现。在39起金融案件中，有19起发生在政策性金融机构，占48.7%；在涉及行政事业单位的42起案件中，有16起发生在出版社、咨询中心和科研院所等事业单位。如卫生部公报杂志社编辑部聘用人员傅捷、傅雪华等，以编辑部名义向全国医疗机构等征订广告，并印制刊登广告和不刊登广告两个版本的公报和年鉴欺瞒领导，2007年至2009年共骗取广告宣传费900余万元，全部转入傅捷担任法定代表人的公司。

四是犯罪手法更加隐蔽，呈专业化和高智能化。有的不法分子通过网上银行等便捷平台异地大规模转移资金，有的通过关联企业虚开信用证或增值税发票贴现等方式骗贷，有的利用内幕交易信息或专业知识背景操纵股市牟利。此类案件专业性和隐蔽性较强，很多交易甚至以合法形式出现，查处难度高，涉案金额也比较大。

上述案件移送后，有关部门正在依法立案查处，查处结果将在明年作审计工作报告时一并公告。今年，我们将对2008年以来已结案的部分典型案件进行公告。

对本次中央预算执行和其他财政收支审计发现的问题，审计署依法征求了被审计单位意见，已出具审计报告、下达审计决定。各部门各单位认真整改，迄今已追缴或归还资金941.16亿元，挽回或避免损失53.38亿元，有790多人被追究责任，还根据审计建议完善了1700多项制度规定。最终整改结果，国务院将在年底前向全国人大常委会专题报告。

对各部门和单位的审计结果和整改情况，审计署依法予以公告。

十、加强财政管理的意见

1.进一步健全政府预算体系，逐步将政府全部收支纳入预算管理范围。研究细化一般预算和基金预算，加快推进社会保障预算和国有资本经营预算，将国有金融机构纳入国有资本经营预算范围，并着手研究建立债务预算，清晰反映债务收入和支出。

2.进一步加快推进财政体制改革，健全事权与财力相匹配的财政体制。在合理界定各级政府的事权与支出责任的基础上，围绕基本公共服务均等化和主体功能区建设，合理调整中央与地方收入划分，着力增强县级财政的保障能力；不断改进预算编制办法，尽快健全完善定员定额支出标准，严格规范部门预算口径，促进部门预算编制与业务工作计划安排相协调、中央转移支付分配与地方政府预算编制相衔接。

3.进一步优化财政支出结构，整合财政资源，提高

财政资金使用效益。科学处理政府与市场的关系，增加财政对公益性和保障性领域的投入，把更多的财政资源用于改善民生和发展社会事业；清理和整合专项转移支付项目，对上级政府职责范围内的项目，应尽量减少地方配套；对不同层级政府共同负责的项目，应合理确定地方配套要求，切实保障资金配套需要。

4.进一步强化对地方财政的管理，健全地方政府性债务管理制度，防范财政潜在风险。推动地方加强预算管理，提高预算编制的准确性和完整性，及时纠正违反国家统一政策、有碍社会公平的地方优惠政策；在摸清地方政府性债务底数的情况下，制定逐步清理化解逾期债务方案，落实偿债责任，有效管理存量债务，严格控制增量债务，防范金融风险向财政转移；清理整合现有融资平台公司，加强地方政府对融资平台公司债务的集中统一管理，规范融资平台公司的设立、经营和筹资行为。

附件：1. 已发布的单项审计结果公告

2. 56个中央部门2009年度预算执行审计结果（公告稿）

3. 2008年以来已结案的审计署移送的部分典型案件和事项

2009年投资体制改革取得积极进展

国家发展和改革委员会（2009年12月31日）

2009年的投资体制改革，以保增长、扩内需、调结构为主线，以转变投资管理职能、加强投资立法工作为重点，同时狠抓改革措施的贯彻落实、努力推进重大问题研究，取得了积极进展。

一、以保增长、扩内需、调结构为主线，制定改革措施，改进投资管理

一是及时调整固定资产投资项目资本金比例。为了提高社会投资能力、激发投资者的积极性，同时也为了缓解地方政府配套资金困难、保证新增中央投资项目的顺利实施，研究起草了《国务院关于调整固定资产投资项目资本金比例的通知》，于5月份以国务院文件发布实施，取得了良好效果。《通知》较大幅度降低了投资项目资本金比例的总体水平，在重点降低基础设施、基础产业、民生工程等项目资本金比例的同时，还根据有保有压、区别对待的原则，提高了“两高一资”等项目的资本金比例，有利于抑制盲目重复建设、防止产能过剩、促进节能减排和加强环境保护，从而推动经济结构调整和经济增长方式转变。

二是积极研究制定鼓励和引导民间投资的政策措施。进一步鼓励和引导民间投资，有利于形成经济增长的内生动力机制、巩固经济回升向好趋势、稳固经济可持续发展的基础，有利于充分发挥市场配置资源的基础性作用、坚持和完善我国社会主义初级阶段基本经济制度，有利于扩大社会就业、增加居民收入、促进社会和谐，党中央、国务院对此高度重视，社会各界也十分关注。按照国务院的部署和要求，在深入调查研究、广泛听取民营企业和有关方面意见的基础上，研究起草了《关于鼓励和引导民间投资健康发展的若干意见》，于7月中旬正式上报国务院，其中许多政策措施已纳入《国务院关于进一步促进中小企业发展的若干意见》发布实施，目前正在按照国务院领导同志的指示精神抓紧修改完善，力求在扩大民间投资准入领域等方面取得实质性进展。

三是出台加强重大工程安全质量保障的措施。为更好地贯彻落实促进经济平稳较快增长的一揽子计划，在加快工程建设进度、保证项目顺利实施的同时，有效保证重大工程安全质量，保障人民生命和财产安全，按照国务院领导同志的指示，研究制定了《关于加强重大工程安全质量保障措施的通知》，报经国务院批准后联合

有关部门于12月中旬共同发布实施。《通知》从科学确定项目建设周期、做好项目前期准备工作、加强工程安全质量管理、落实安全质量责任、建立应急救援体系和提高基础保障能力等方面提出了具体要求，对于有效预防和解决工程安全质量方面存在的突出问题，确保工程质量，具有重要意义。

四是开展政策文件清理工作。为适应经济形势的变化和宏观调控政策的调整，按照国务院的部署，对过去几年出台的防经济过热、防明显通货膨胀的政策措施进行了全面清理，对近3万份政策性文件逐一进行排查，研究提出了修改废止87份政策性文件的建议，废止了我委发布的28个文件。通过政策文件清理，消除了抑制投资、消费和进出口的政策障碍，为促进经济平稳较快发展营造了良好的制度政策环境。

二、积极转变投资管理职能，减少微观事务管理，加强宏观调控

一是修订企业投资项目核准目录。按照十七届二中全会精神和国务院机构改革的要求，我委要进一步转变职能，减少微观管理事务和具体审批事项，集中精力抓好宏观调控。我委"三定"方案中更是明确提出，要及时修订调减投资核准目录，缩小投资审核范围，下放投资审核权限。按照这一要求，在多次征求国务院有关部门、中央管理企业和地方发展改革部门意见的基础上，我委提出了核准目录的修订建议，已于4月底正式上报国务院。此次目录修订，进一步大幅缩减我委的核准事项，扩大地方和部门的核准权限。根据测算，缩减我委核准范围的共有43类项目，我委核准的项目数量将下降约60%。修订核准目录，是我委转变投资管理职能、减少微观事务管理、集中精力加强宏观调控的一项重要举措。

二是改进政府投资计划安排和管理方式。对中央补助地方的点多、面广、单项资金少的项目，改变中央直接安排到具体项目的管理方式，按照"转变职能、下放权限、明确责任、强化管理"的原则，充分发挥地方政府的积极作用，实行中央下达投资规模计划、地方安排具体项目、责任更加明确、管理更加完善的管理方式，发布实施了《国家发展改革委关于改进和完善中央补助地方投资项目管理办法的通知》。我委在下达2008年新增1000亿元和2009年新增1300亿元中央投资计划时，按照这一模式对部分中央补助地方项目的投资计划安排办法进行了改进，取得了较好效果，得到地方和有关部门的好评。

三、加强投资领域立法建设，不断提高投资管理的法制化水平

一是制定起草《政府投资条例》。抓紧制定《政府投资条例》，是转变政府职能、深化投资体制改革的客观需要，对于规范政府投资行为，提高政府投资效益，发挥政府投资在保持经济平稳较快发展中的作用，具有重要意义。《政府投资条例》已经连续九年列入国务院立法计划，九年来，在全面总结政府投资体制改革经验、深入调查研究和广泛征求各方面意见的基础上，对《政府投资条例》进行了反复修改，于11月中旬正式上报国务院，取得了重要进展。《条例》对政府投资的投资方式、决策程序、投资年度计划和建设实施等做出了规定，是加强政府投资领域法制建设、把政府投资管理纳入法制化轨道的重要措施。

二是研究起草《企业投资项目核准和备案管理条例》。2009年，全社会固定资产投资总规模预计将超过22万亿元，其中90%以上是企业投资。如此庞大规模的经济活动，迫切需要一部专门法规来加以约束和规范。制定和颁发《企业投资项目核准和备案管理条例》，是把企业投资活动纳入法制化管理轨道、加快推进投资领域法治化进程的当务之急，也是进一步深化投资体制改革、加快转变政府投资管理职能的重要内容。《条例》已连续两年列入国务院立法计划，我们在深入调查研究的基础上，认真总结了企业投资项目核准制、备案制的推行情况，完成了《条例》初稿的起草工作，在征求委内有关司局意见后进行了修改，将于近期征求部门、地方和企业的意见，力争尽快上报国务院。

三是进一步完善中央预算内投资管理的规章制度。为了进一步规范中央预算内投资管理，正在按照投资体制改革精神，抓紧研究起草《中央预算内资本金注入项目管理办法》和《中央预算内直接投资项目管理办法》。《资本金注入项目管理办法》已经征求了委内有关司局意见，正在修改完善；《直接投资项目管理办法》正在抓紧起草。这两个管理办法颁布实施后，将连同已经颁发的《中央预算内投资补助和贴息项目管理暂行办法》和《国际金融组织和外国政府贷款投资项目管理暂行办法》，共同构成适应投资体制改革要求、较为

系统完整的新型中央预算内投资管理体系。

四、加强改革措施的贯彻落实，推动投资体制改革不断深入

一是进一步规范委托咨询评估工作。为不断健全投资决策机制，提高咨询评估的质量和水平，修订了《国家发展改革委委托投资咨询评估管理办法》，对承担我委咨询评估任务的咨询机构名单进行了相应调整，要求各咨询评估机构切实转变咨询评估理念，严格按照投资体制改革的要求开展委托评估，真正将企业投资项目咨询评估的重点转到“外部性”上来。

二是加强中央预算内投资项目概算调整管理。为切实加强和规范中央预算内投资项目管理，努力防止和解决超概算问题，经与审计署协商一致，印发了《国家发展改革委关于加强中央预算内投资项目概算调整管理的通知》，在概算调整管理中首次引进了审计监督，强调“先审计、后调概”。这是加强政府投资项目监管、提高政府投资项目管理水平和效益的一项重要措施，将有效地遏制人为擅自超规模、超标准建设工程项目的行为。

三是积极推进代建制。大力推行代建制，对于规范政府投资管理、控制投资项目概算、提高政府投资效益具有重要作用。我们在总结各地经验的基础上，起草了《关于推进和规范政府投资项目代建制的指导意见》，征求了各地发展改革委的意见，正在进一步修改完善。同时，进一步扩大了中央预算内投资项目代建制的试点范围。

四是积极开展中央投资项目后评价试点工作。为改变政府投资项目“重审批、轻监管、少总结”的状况，2009年首次组织开展了中央投资项目后评价试点工作，并努力将后评价成果转化为规划编制、项目决策的重要参考依据。首次开展后评价试点工作的有京津城际轨道交通、沈大高速公路改扩建、上海浦东机场扩建、黄河小浪底水利枢纽、审计信息系统一期工程、北大第一医院病房楼工程等6个项目。

五、加强重大问题研究，为进一步深化改革提供理论支撑

一是开展企业投资项目核准评价理论方法专题研究。为推动核准制的正确贯彻执行，联合有关方面开展了企业投资项目申请报告编写与评估理论方法的专题研究，形成了《企业投资项目核准评价理论方法研究》的课题报告，先后获国家发展改革委机关优秀研究成果一等奖、国家发展改革委优秀研究成果二等奖。

二是开展建立政府投资责任追究制度课题研究。为推进从源头上预防和惩治腐败行为，按照中纪委要求，配合驻委纪检组监察局开展了“建立政府投资责任制和责任追究制”课题研究，完成了《建立政府投资责任追究制度研究》的课题报告，为起草政府投资项目责任追究指导意见奠定了良好基础。

2009年中央政府投资项目进展顺利

国家发展和改革委员会（2009年10月29日）

10月28日，第十一届全国人民代表大会常务委员会召开第十一次会议，国家发展和改革委员会主任张平受国务院委托，向全国人大常委会报告了今年中央政府投资的安排及实施情况。

去年第四季度以来，为有效应对国际金融危机的冲击，中央及时把保持经济平稳较快发展作为经济工作的首要任务，实施了积极的财政政策和适度宽松的货币政策。经十一届全国人大二次会议批准，2009年中央政府投资总额9080亿元。主要用于保障性安居工程，农村民生工程和农村基础设施，重大基础设施，卫生、教育等社会事业建设，节能减排、生态环境建设，自主创新和结构调整，汶川地震灾后恢复重建等。

为了管好用好中央政府投资，各地区各部门开展的大量富有成效的工作。一是突出投资重点，科学选择项目。二是强化组织协调，加快工作进度。三是完善配套政策，推进制度创新。四是严格项目管理，确保资金安全。五是加强监督检查，提高投资效益。中央检查组已经开展的两轮检查和审计署的审计结果表明，尚未发现中央投资用于“两高一资”和产能过剩、楼堂馆所项目，尚未发现重大违法违规问题。截至8月底，已下达中央政府投资7170亿元，占今年投资总额的79%。

经过各地区各部门的积极努力，中央政府投资项目进展顺利，管理不断加强，资金使用比较规范，项目建设在确保工程质量和施工安全的前提下加快推进。当前，中央政府投资项目的总体情况是好的，在保增长、调结构、促改革、惠民生中发挥了重要作用，有力地促进了经济企稳回升态势的形成和发展，有力地推动了结构调整和发展方式转变，有力地加强了经济社会发展的薄弱环节，有力地保障和改善了民生。

下一步，要继续坚定不移地落实中央扩大内需的政策措施，重点抓好六方面工作：一是加快推进中央政府投资项目建设，确保及时发挥效益。二是采取多种有效措施，积极落实配套资金。三是严格各项管理制度，加大监督检查力度。四是抓紧出台鼓励和促进民间投资健康发展的办法，并及时落实相关措施。五是保持合理投资规模，继续优化投资结构。六是着力推进制度创新，健全投资管理长效机制。

2009年1—12月投资运行情况

国家发展改革委固定资产投资司(2010年01月26日)

一、全社会固定资产投资

2009年1—12月，全社会固定资产投资完成224845.59亿元，比上年同期增长30.1%，增幅同比提高4.6个百分点。其中，城镇投资完成194138.62亿元，增长30.5%，提高4.4个百分点；农村投资完成30706.97亿元，增长27.5%，提高6个百分点。

二、地区投资保持较快增长

2009年1—12月，东部地区投资增长23.9%，增速比去年同期加快2.6个百分点。中部地区投资增长36.0%，增速同比加快2.5个百分点。西部地区投资增长35.0%，增速同比加快8.3个百分点。中西部地区投资占全国城镇投资比重为50.9%，同比提高1.9个百分点。

三、新开工和施工项目概况

2009年1—12月，全国新开工项目344769个，比去年同期增加87694个；施工项目461544个，比去年同期增加102331个。新开工项目计划总投资151941.73亿元，同比增长67.2%；施工项目计划总投资420140.71亿元，同比增长32.3%。

四、三次产业投资概况

2009年1—12月，第一产业投资增长49.9%，增速同比回落4.6个百分点。第二产业投资增长26.8%，增速同比回落1.2个百分点。第三产业投资增长33.0%，增速同比加快8.9个百分点。

2009年金融市场运行情况

中国人民银行

2009年，我国金融市场总体运行平稳，特别是债券市场快速发展，充分发挥了保证国家宏观经济政策实施、推动金融体制深化改革、加大金融支持经济发展力度的积极作用。2009年，银行间市场继续保持健康发展，债券发行规模快速扩大；市场交易活跃，成交量同比大幅增加，货币市场利率低位运行；收益率曲线整体呈现上移趋势；机构投资者类型进一步多元化。2009年，股票市场指数总体上行，市场交易量大幅增加。

一、债券发行规模快速扩大[1]，中短期债券发行比重较大

2009年，债券市场累计发行人民币债券4.9万亿元，同比增长68.5%。国债、次级债券、中期票据、企业债券等债券品种发行量，较去年均有较大幅度增加。截至2009年末，债券市场债券托管[2]总额达13.3万亿元，其中，银行间市场债券托管额为13万亿元，同比增长30%。

2009年，财政部通过银行间债券市场发行债券1.5万亿元（包括地方政府债券2000亿元），国家开发银行、中国进出口银行、中国农业发展银行在银行间债券市场发行债券1.2万亿元。2009年，23家商业银行发行次级债券总计2669亿元，发行量为前一年的3.7倍，2家商业银行发行混合资本债券65亿元。普通金融债券发行量稳步增长，金融机构融资渠道进一步拓宽，包括商业银行、企业集团财务公司等在内的10家金融机构，发行普通金融债券337亿元，发行量较前一年增长34.8%。亚洲开发银行再次发行人民币债券10亿元，至此我国境内国际开发机构人民币债券已达40亿元。非金融企业债务融资工具市场迅速发展，2009年银行间债券市场共发行短期融资券263只，累计发行面额4612.1亿元，中期票据172只，累计发行面额6885亿元，同时为支持中小企业发展，创新推出中小非金融企业集合票据，已成功发行12.65亿元。2009年，企业通过企业债券与公司债券融资约5000亿元。

目前银行间债券市场的债券发行机构范围包括财政部、铁道部、政策性银行、商业银行、非银行金融机构、国际开发机构和非金融企业等各类市场参与主体，债券种类日趋多样化，信用层次更加丰富。

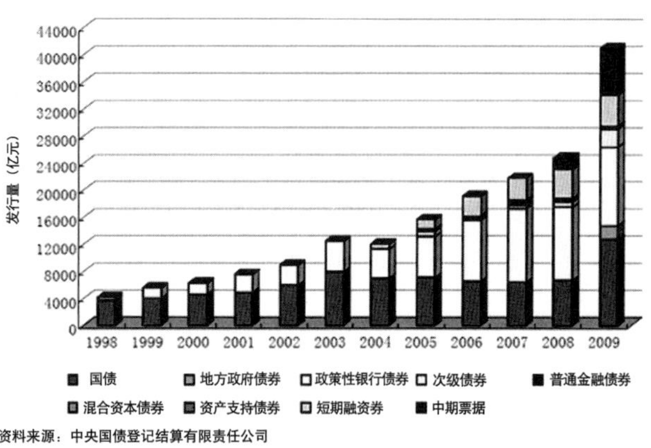

图1 近年来银行间债券市场主要债券品种发行量变化情况[3]

2009年，银行间市场债券发行期限结构总体较前一年变化不大，依然以中短期债券为主。其中，期限5年以内的债券发行量占比48.8%，比2008年上升1.6个百分点；期限5（含）到10年的债券发行量占比26.8%，比2008年下降2.3个百分点；期限10年（含）以上的债券发行量占比24.4%，比2008年上升0.7个百分点。

二、市场成交量同比继续大幅增加，债券价格走势相对平稳

2009年，银行间市场累计成交137万亿元，市场运行主要有以下特点：

一是成交量继续大幅增加。2009年，银行间市场成

交量突破130万亿元，同比增长24.2%。其中，现券成交量为47.3万亿元，同比增长27.4%；同业拆借成交量为19.4万亿元，同比增长28.6%；

质押式回购与买断式回购成交量70.3万亿元，同比增长20.9%。

二是货币市场短期交易占比依然较高。2009年货币市场交易中，隔夜拆借成交16.2万亿元，占拆借成交总量的83.5%，较去年增加13个百分点；1天质押式回购成交54.6万亿元，占回购成交总量的77.7%，较去年增加14个百分点。

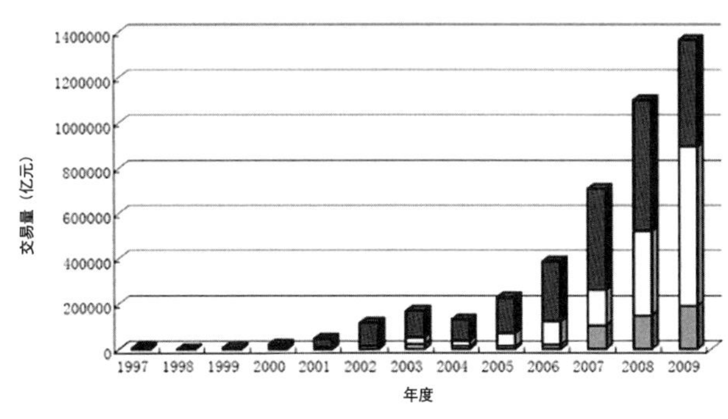

资料来源：全国银行间同业拆借中心

图2 近年来银行间市场成交量变化情况

2009年，市场流动性总体充裕。债券价格走势相对平稳，债券指数窄幅波动。全年来看，银行间市场债券指数由年初的132.11点降至年末的130.23点，下降1.88点，降幅1.4%；交易所市场国债指数由年初的121.22点升至年末的122.35点，上升1.13点，升幅0.9%。

三、货币市场利率与收益率曲线阶段性变化显著

2009年，货币市场利率低位运行，大致可分为两个阶段：第一阶段为年初至6月份，货币市场利率在0.9%至1.2%的利率区间内小幅波动。第二阶段为7月份至年底，货币市场利率再次呈现阶段性宽幅波动，特别是新股恢复发行，股票市场对货币市场利率的影响再次显现，大额新股发行冻结资金与货币市场利率阶段性波动相伴，货币市场利率波幅加大，如7月中下旬7天拆借加权平均利率最高为2.12%，最低为1.29%，波幅超过80个基点。全年来看，12月份同业拆借加权平均利率为1.25%，比1月份上升35个基点；12月份质押式回购加权平均利率为1.26%，比1月份上升36个基点。

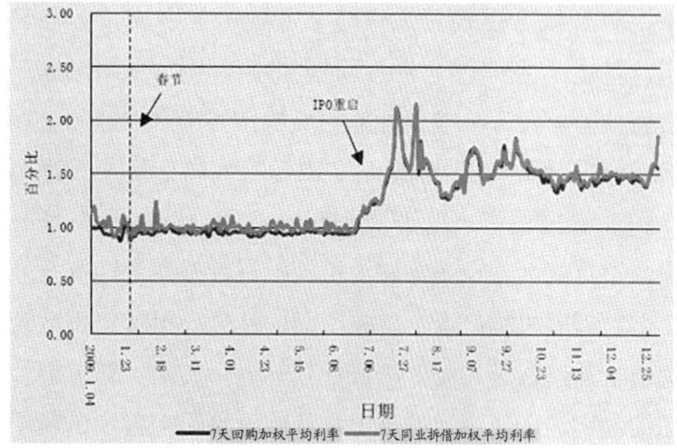

资料来源：全国银行间同业拆借中心

图3 2009年货币市场利率走势图

银行间市场国债收益率曲线整体上移，其中中长端收益率曲线呈现陡峭化上移。全年来看大致可分为三个阶段：第一阶段为年初至6月份，收益率曲线呈现陡峭化趋势，短端下行而中长端上升。第二阶段为7至8月份，收益率曲线整体上移并呈现平坦化趋势。第三阶段为9月份至年底，收益率曲线再次呈现陡峭化变化，短端下行而中长端上升。

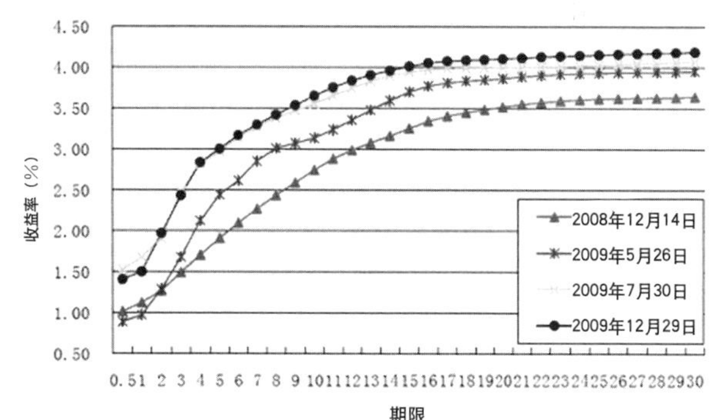

资料来源：中央国债登记结算有限责任公司

图4 2009年银行间市场国债收益率曲线变化情况

四、投资者类型进一步多元化

截至2009年末，银行间同业拆借市场参与者包括银行、证券公司、财务公司等多种类型机构投资者854家，比2008年末增加66家。银行间债券市场参与者9247家，包括各类金融机构和非金融机构投资者，形成了以做市商为核心、金融机构为主体、其他机构投资者共同参与的多层市场结构，银行间债券市场已成为各类市场

主体进行投融资活动的重要平台。

2009年，银行间债券市场参与主体类型进一步丰富，资金集合型投资主体与非金融企业增加较多，其中，基金新增536家，企业新增309家，银行新增50家，信用社新增42家，非银行金融机构新增10家，证券公司新增6家，保险机构新增3家。基金公司特定资产管理组合和证券公司资产管理计划获准在银行间债券市场开户，银行间债券市场非法人机构投资者类型已涵盖企业年金、保险机构产品、信托产品、基金公司特定资产管理组合和证券公司资产管理计划等五个类别。随着银行间债券市场创新产品的推出和基础设施的完善，市场层次更加丰富，运行效率进一步提高，银行间债券市场的影响日益扩大，正在吸引越来越多的非金融企业与金融机构积极参与市场活动。

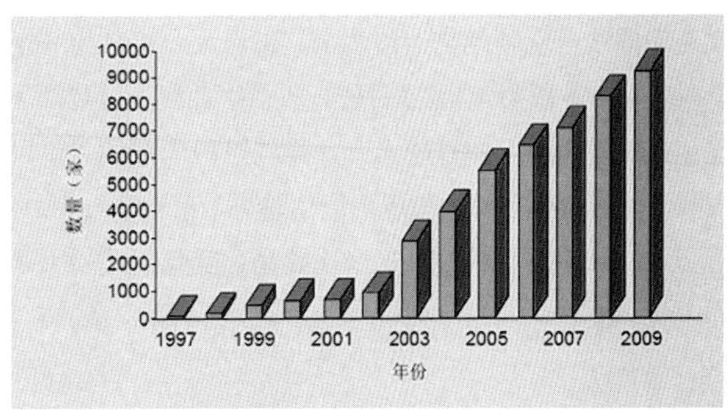

资料来源：中央国债登记结算公司

图5 银行间债券市场参与者增长情况

五、商业银行柜台交易量增加

2009 年，商业银行柜台业务运行平稳，8 家试点商业银行开展记六、股票指数总体上行，成交量放大2009年，股票指数总体上行。股指自2008年11月份反弹以来，逐级上证 A 股市场为例，全年累五账式国债柜台交易业务。从2008年开始，所有关键期限国债全部纳入柜台交易品种，截止2009年12月底，柜台交易的国债券种包含1年、3年、7年、10年和15年期五个品种，柜台交易的国债数量达到64只。2009年商业银行柜台记账式国债交易量大幅增加，全年累计成交61.6亿元，同比增长102.4%。截至2009年12月底，商业银行柜台开户数量达到772万户。

六、股票指数总体上行，成交量放大

2009年，股票指数总体上行。股指自2008年11月份反弹以来，逐级上证 A 股市场为例，全年累五账式国债柜台交易业务。从2008年开始，所有关键期限国债全部纳入柜台交易品种，截止2009年12月底，柜台交易的国债券种包含1年、3年、7年、10年和15年期五个品种，柜台交易的国债数量达到64只。2009年商业银行柜台记账式国债交易量大幅增加，全年累计成交61.6亿元，同比增长102.4%。截至2009年12月底，商业银行柜台开户数量达到772万户。震荡走高，至2009年8月份见顶后出现调整，随后震荡上行。2009年末上证指数收于3277.14点，与2008年底的1820.81点相比，上涨1456.33点，涨幅达80%。本年，上证指数最高为3478.01点，最低为1844.09点，波幅为1633.92点。

2009年，股票市场成交明显放大。以计成交金额34.5万亿元，日均成交金额1415.8亿元，较2008年分别增长92.2%和93.7%。

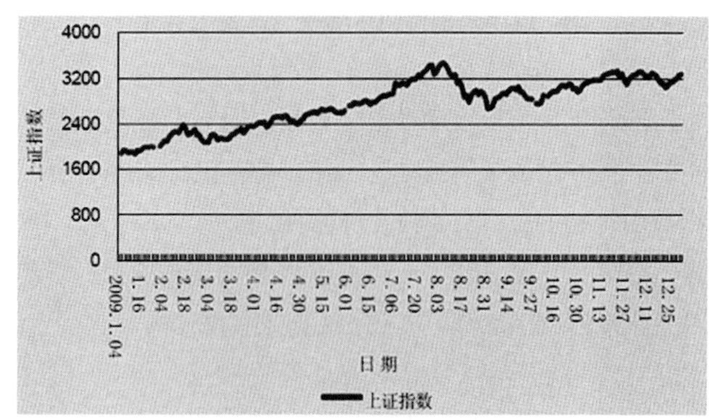

资料来源：上海证券交易所

图6 2009年上证指数走势图

注：

1. 仅指我国债券市场发行的人民币债券情况（不含央行票据）。

2. 不含央行票据托管量。

3. 不包括2007年特别国债。

2009年支付体系运行总体情况

2009年，我国经济经受住国际金融危机的冲击，较快扭转了增速明显下滑的局面。作为支撑国家经济金融运行的重要基础设施，支付体系继续保持安全、稳定运行，保障了社会资金的高效运转，有力地促进国民经济总体回升向好。初步判断，随着经济环境进一步好转，国民经济的快速增长，2010年我国社会资金交易规模将进一步扩大，非现金支付交易量仍将保持快速增长态势。

非现金支付工具应用日益广泛，社会经济交易活跃。票据业务规模保持在较高水平，商业汇票业务快速发展，交易金额迅速增长，商业汇票逾期垫款金额增长较快，票据违约风险有所放大。社会公众银行卡使用意识不断提高，受理环境不断改善，银行卡支付在刺激消费需求，推动社会消费品零售市场发展，拉动内需方面的积极作用逐渐显现。信用卡授信总额增加较快，信用卡贷款坏账风险逐步加大。

支付系统业务量持续攀升。大额实时支付系统业务量继续增长，增速放缓；银行业金融机构行内支付系统全年业务继续较快增长，增速小幅回落；银行卡跨行支付系统业务继续保持较快增长，笔数增速放缓，金额增速加快；小额批量支付系统代发工资、代缴水电等业务的便民作用进一步发挥，业务量大幅增长；境内外币支付系统业务量稳步增长；随着支付工具电子化程度的不断深化，同城票据清算系统业务金额稳中有降。

企业经营日趋活跃，人民币银行结算账户继续增长。基本存款账户在各类单位账户中同比增长最快；中小企业经济活动活跃，注册资金在100万元以下的单位银行结算账户同比增长最快；企业法人账户构成单位账户的主要部分，民办非企业组织、社会团体、个体工商户银行结算账户保持较快增长。个人银行结算账户数量增速加快，北京、上海等经济较发达省份人均个人银行结算账户拥有量居全国前列。

一、非现金支付工具

2009年，我国非现金支付工具业务量继续保持较快增长，业务金额增速明显加快，非现金支付需求不断加大。全年使用非现金支付工具办理支付业务2141 438.58万笔，金额7157545.23亿元，同比分别增长16.8%和13.1%，笔数增速较上年回落1.8个百分点，金额增速较上年加快6.3个百分点。其中，票据业务87554.57万笔，金额2700334.86亿元，占非现金支付工具业务量的4.1%和37.7%；银行卡业务1969119.89万笔，金额1659914.59亿元，占非现金支付工具业务量的91.9%和23.2%；汇兑、委托收款等结算方式业务84764.12万笔，金额2797295.78亿元，占非现金支付工具业务量的4.0%和39.1%。

随着我国经济持续向好，社会资金支付需求不断加大，2009年各季度我国社会非现金支付工具使用量连续保持较快增长，业务发展呈加速上升趋势。2009年各季度非现金支付工具交易笔数环比平均增长9.4%，金额环比平均增长9.5%。

（一）票据

企业经营状况持续改善，资金往来频繁。票据业务保持在较高水平，呈现笔数下降，金额小幅增长的态势。经济欠发达地区票据业务增幅较大。2009年，全国共发生票据业务87554.57万笔，金额2700334.86 亿元，同比笔数下降0.8%，金额增长7.4%。票据业务日均239.88万笔，金额7398.18亿元。江苏、广东、上海、浙江、北京、山东六省（市）的票据业务笔数同比减少7.7%，金额增长7.7%；同期西藏、青海、宁夏、新疆、贵州、内蒙古等欠发达地区票据业务合计笔数和金额同比分别增长8.5%和16.1%。

支票业务发展平稳。2009年，支票业务85373.72万笔，金额2486214.83亿元，笔数同比下降0.8%，金额同比增长6.3%。日均233.90万笔、金额6811.55亿元。北京、上海、江苏、广东、浙江、山东六省（市）共发生支票业务36539.69万笔，占全国支票业务量的42.8%，占比同比下降3.1个百分点；北京、上海、江苏、广东、浙江、山东六省（市）共发生支票业务金额1628616.70亿元，占全国支票业务量的65.5%，占比同比增长0.4个百分点。

商业汇票业务快速发展，交易金额迅速增长，企业短期融资需求旺盛。2009年，全年实际结算商业汇票821.58万笔，金额96244.60亿元，同比分别增长6.0%和40.0%。其中，银行承兑汇票业务800.59万笔，金额91061.44亿元，同比分别增长6.0%和43.8%；商业承兑汇票业务20.99万笔，金额5183.16亿元，笔数同比增长3.6%，金额同比减少3.9%。

商业汇票逾期垫款金额增加，票据违约风险有所放大。2009年商业汇票逾期垫款金额连续在100亿元以上，截至2009年末全国银行业金融机构商业汇票逾期垫款金额为105.52亿元，同比增长12.9%。上半年，随着票据融资规模呈现出爆发性增长态势，商业汇票逾期垫款金额在第二季度末达到了112.8亿的全年最高值。下半年受金融机构压缩票据满足中长期贷款需求影响，票据融资占新增贷款的比重明显下降，与此同时，第三季度、第四季度商业汇票逾期垫款金额环比出现小幅下降，商业汇票逾期垫款金额连续上升的形势才得到初步缓解。

（二）银行卡

银行卡发卡机构持续增加。截至2009年底，加入银联网络的发卡机构261家，较2008年底增加26家。其中，境内发卡机构218家，境外发卡机构43家。

银行卡发卡量增速放缓，信用卡占比进一步提高。目前，银行业金融机构逐渐加强了银行卡的经营管理，由单一数量营销逐步向提高银行卡质量，提升银行卡效率方向改进，更加注重提升银行卡服务的内在品质，银行卡营销策略逐渐转变。截至2009年底，全国累计发行银行卡206594.37万张，同比增长14.8%，增速回落5.2个百分点。其中，借记卡发卡量为188038.81万张，同比增长13.4%，增速回落4.2个百分点，占银行卡发卡量的91.0%；信用卡发卡量为18555.56万张，同比增长30.4%，增速回落27.3个百分点。我国信用卡发卡增速明显回落，信用卡发卡从高速增长逐渐转向平稳增长。2009年底，我国借记卡发卡量与信用卡发卡量之间的比例约为10.13:1。

银行卡受理环境不断改善，促进了银行卡的方便使用。截至2009年底，银行卡跨行支付系统联网商户156.65万户，联网POS机具240.83万台，ATM21.49万台，较2008年底分别增加38.48万户、56.32万台和4.74万台。2009年底，我国每台ATM对应的银行卡数量为0.96万张，同比减少10.3%；每台POS对应的银行卡数量为858张，同比减少12.1%。银行卡受理市场建设成效显著，银行卡使用更加方便、快捷。

银行卡业务增长迅速，转账、消费业务增速快于存取现业务。银行卡非现金支付功能进一步发挥。2009年，发生银行卡业务1969119.89万笔，金额1659914.59亿元，同比分别增长18.1%和30.5%，日均业务5394.85万笔，金额4547.71亿元。其中，银行卡存现374827.74万笔，金额344993.18亿元，同比分别增长11.1%和7.1%；取现942784.85万笔，金额371762.13亿元，同比分别增长12.2%和11.0%；消费349123.89万笔，金额68612.95亿元，同比分别增长32.0%和73.8%；转账302383.41万笔，金额874 546.33亿元，同比分别增长34.5%和52.1%。

银行卡消费呈现快速增长态势，全年银行卡渗透率突破30%，达到32.0%，比2008年提高7.8个百分点，社会消费品零售市场进一步活跃。2009年，全国银行卡卡均消费金额和笔均消费金额分别为3321元和1965元，与2008年相比分别增长38.8%和31.7%。银行卡跨行消费业务297537.97万笔，金额60 389.95亿元，同比增长34.9%和85.2%，分别占银行卡消费业务量的85.2%和88.0%。

信用卡授信总额进一步增加，信用卡期末应偿信贷总额（信用卡透支余额）持续增长，信用卡短期信贷消费规模不断扩大。截至2009年底，信用卡授信总额13634.96亿元，同比增加39.1%；期末应偿信贷总额2457.58亿元，同比增加55.3%。期末应偿信贷总额占金融机构人民币居民户短期消费性贷款余额的38.5%，同比提高了0.3个百分点。

信用卡逾期半年未偿信贷总额大幅增加，占期末应偿信贷总额比例上升，信用卡坏账风险加大。截至2009年底，信用卡逾期半年未偿信贷总额76.96亿元，同比增长127.9%；信用卡逾期半年未偿信贷总额占期末应偿信贷总额的3.1%，较2008年底增长1个百分点，信用卡违约率增加，坏账风险加大。

农民工银行卡特色服务业务量继续保持快速增长。截至2009年12月31日，贵州、湖南等23个省（市、自治区）辖内5.2万个县及县以下的农村合作金融机构营业网点、全国31个省（市、自治区）辖内1.5万个县及县以下的中国邮政储蓄银行营业网点开通了农民工银行卡特色服务受理方业务。2009年，农民工银行卡特色服务实现交易221.02亿元，较2008年增长1.77倍，对于方便农民群众，改善农村地区用卡环境，提升农村地区金融服务水平起到积极作用。

（三）结算方式

汇兑、委托收款等结算方式业务量小幅增长。2009年，汇兑、委托收款等结算方式业务84764.12万笔，金额2797295.78亿元，同比分别增长9.5%和9.9%。其中，汇兑业务81820.33万笔，金额2701907.96亿元，同比分别增长10.5%和9.5%；托收承付业务77.91万笔，金额6567.89亿元，同比分别增长3.9%和13.3%；委托收款业务2865.88万笔，金额88819.93亿元，同比笔数减少14.2%，金额增长24.9%。

二、支付系统

2009年，支付系统业务量持续增长，社会资金交易规模进一步扩大，增速有所放缓。支付系统处理资金量达到全年国民生产总值的36倍，有力的支撑国民经济迅速回升向好。支付系统全年共处理支付业务882044.28万笔，金额12075777.19亿元，同比增长21.4%和6.8%，增速分别较2008年回落13.4和20.3个百分点。

（一）大额实时支付系统

大额实时支付系统业务量继续增长，社会资金运动大动脉的作用进一步发挥。2009年，大额实时支付系统共处理业务24801.90万笔，金额8039463.72亿元。笔数同比增长15.9%，增速较2008年回落8.6个百分点；金额同比增长25.6%，增速较2008年回落1.4个百分点。全年大额实时支付系统日均处理业务98.81万笔，金额32029.74亿元，较2008年分别增长21.4%和31.6%。大额实时支付系统作为我国资金运动的大动脉，业务量逐季上升，在第四季度达到最高值。2009年第四季度，大额实时支付系统处理业务7102.44万笔，金额2263050.96亿元，同比笔数增长19.4%，金额增长42.5%，增速较上年同期分别增长0.3%、54.1%，日均处理业务首次突破100万笔。

从资金往来情况看，省（市、自治区）内资金流动量依然较大。2009年，全国25个省（市、自治区）的辖内资金流动量占本省（市、自治区）资金流动总量的比例超过40%，10个省（市、自治区）占比超过50%。北京、上海和广东三地资金流动总量继续保持较快增长。2009年，处理资金总量最大的三个地区是北京、上海和广东，这三个地区的资金流动总量分别占全国资金流动总量的37.8%、14.4%和10.9%。三地资金流动总量占全国总量的63.1%。北京是全国最大的资金净流入地，上海是全国最大的资金净流出地。从地区间资金流动来看，居全国资金净流入量前五位的地区依次为北京、江苏、广东、辽宁，福建,资金净流入量分别为12668.48亿元、2416.23亿元、2330.64亿元、1020.08亿元和1012.28亿元；居全国资金净流出量前五位的地区依次是上海、江西、河南、湖南和河北，资金净流出量分别为24013.56亿元、405.58亿元、387.39亿元、362.39亿元和313.37亿元。

2009年，中央国债登记结算有限责任公司通过大额实时支付系统完成资金清算8.45万笔，金额250215.65亿元，日均DVP结算额996.88亿元；外汇交易0.38万笔，金额35910.56亿元；同业拆借资金1.68万笔，金额59279.28亿元。

（二）银行业金融机构行内支付系统

居于基础地位的银行业金融机构行内支付系统业务量持续快速增长，有力促进了社会资金往来。2009年，银行业金融机构行内支付系统处理业务338783.44万笔，金额3147552.55亿元。笔数同比增长17.5%，增速回落11.8个百分点；金额同比增长29.8%，增速回落9个百分点。日均处理业务928.17万笔，金额8623.43亿元。银行业金融机构行内支付系统业务笔数第四季度出现大幅增长。第四季度，银行业金融机构行内支付系统共处理业务94568.33万笔，同比增长22.9%，金额949499.60亿元，同比增长40.2%。

（三）银行卡跨行支付系统

银行卡跨行支付系统业务继续保持较快增长，为银行卡各项业务发展起到了积极推动作用。2009年，银行卡跨行支付系统共处理业务452806.82万笔，金额76636.31亿元，同比分别增长25.9%和68.4%，笔数增速较2008年回落19.6个百分点，金额增速较2008年增长22.3个百分点。日均处理业务1240.57万笔，金额209.96亿元。银行卡跨行支付系统业务量全年大幅增长，金额环比增速高于笔数增速，季度业务量在第四季度达到峰值，第四季度共处理业务126147.37万笔，金额23735.43亿元，同比分别增长23.36%和88.13%。

（四）小额批量支付系统

小额批量支付系统为社会公众资金往来提供了高效、低成本的支付清算服务，代发工资、代缴水电等业务的便民作用进一步发挥。2009年，小额批量支付系统办理业务22580.53万笔，金额114617.04亿元，同比分别增长60.5%、123.9%。日均处理业务64.52万笔，金额327.48亿元，同比分别增长60.9%、124.6%。小额批量支付系统业务笔数全年逐季上升，业务金额在第四季度达到最高点，第四季度小额批量支付系统共处理业务7094.74万笔，金额32565.16亿元，笔数同比增长63.3%，金额同比增长83.8%。

（五）同城票据清算系统

同城票据清算系统业务笔数基本不变，金额略有下降。2009年，同城票据清算系统处理业务43043.30万笔，金额694061.69亿元。笔数同比增长0.5%，增速较2008年上升2.7个百分点；金额同比下降3.5%，增速较2008年回落2.9个百分点。同城票据清算系统业务笔数逐季上升，金额在下半年大幅增长，第四季度处理业务11503.10万笔，金额193711.64亿元，同比笔数增长2.0%，金额增长9.0%。

（六）境内外币支付系统

境内外币支付系统业务量不断增长，提供了安全、高效的外币支付服务。2009年境内外币支付系统共处理业务28.29万笔，金额折合人民币3445.88亿元，日均处理业务1131.48万笔，金额折合人民币13.78亿元。2009年境内外币支付系统季度业务量不断增长，笔数、金额季度环比平均增长率达到35.5%、66.1%。

三、银行结算账户

2009年，随着经济形势快速回暖，企业经营环境逐步改善，作为社会资金往来的基础，人民币银行结算账户数量稳步增长。截至年末，全国共有各类银行结算账户281418.48万户，同比增加42458.3万户，增长17.8%，增速较2008年加快8.5个百分点。其中，单位银行结算账户2191.12万户，占银行结算账户的0.8%，同比增加225.43万户，增长11.5%；个人银行结算账户279227.36万户，占银行结算账户的99.2%，同比增加42232.87万户，增长17.8%。

（一）单位银行结算账户

2009年单位银行结算账户数量稳步增长，基本存款账户在各类单位存款账户中同比增长最快，资金活跃程度日益提升。

2009年，各类单位银行结算账户按季度稳步增长，年末同比增速较2008年加快0.2个百分点。2009年末基本存款账户1288.67万户，一般存款账户655.67万户，专用存款账户223.46万户，临时存款账户23.32万户，同比分别增长12.9%、11.7%、4.1%和6.2%。基本存款账户和临时存款账户同比增速分别比2008年加快0.9个百分点和0.6个百分点，一般存款账户和专用存款账户同比增速分别回落0.3个百分点、2.1个百分点。

单位银行结算账户数量主要集中在东部经济发达地区。截至2009年末，东、中、西和东北地区单位银行结算账户数量分别为1313.74万户、335.45万户、383.06万户和158.87万户，分别占全国单位银行结算账户的60.0%、15.3%、17.5%和7.2%，东、中、西部占比同比分别减少0.8个百分点、增加0.5个百分点、增加0.3个百分点。

不同注册资金规模的单位银行结算账户持续增长，注册资金在100万元以下的单位银行结算账户同比增长最快，中小企业经济活动活跃。2009年末，注册资金规模在100万元以下、100万元-1000万元、1000万元-1亿元、1亿元以上的单位银行结算账户分别为1625.55万户、353.76万户、160.88万户、50.93万户，同比增速分别为12.6%、6.9%、10.5%、12.5%。

与国民经济基础密切相关的农林牧渔业，与社会公众生活紧密联系的居民服务和其他服务业、租赁和商务服务业、批发和零售业以及关系国计民生的水利环境和公共设施管理行业等行业银行结算账户增长较快。上述5个行业银行结算账户增速分别为29.1%、19.5%、19.3%、15.8%和13.5%，同比增速分别放缓2.3个百分点、4.3个百分点、2.2个百分点和加快0.2个百分点、0.7个百分点；房地产行业单位银行结算账户继续保持增长，2009年末房地产业单位银行结算账户数量共计63.82万户，同比增长13.0%，同比增速加快1.3个百分点；制造业单位银行结算账户共计391.83万户，同比增长6.5%，增速提高0.1个百分点。

企业法人账户构成单位账户的主要部分，民办非企业组织、社会团体、个体工商户银行结算账户保持较快增长。2009年末，企业法人存款人银行结算账户1440.51万户，占全部账户数量的65.7%，同比增长12.2%。民办非企业组织、个体工商户、社会团体存款人银行结算账户同比增长17.6%、17.0%和12.7%，异地常设机构银行结算账户同比减少4.5%。

（二）个人银行结算账户

银行业个人金融服务水平不断提高，社会公众个人支付需求不断增长，个人银行结算账户数量迅速增加，增速加快。2009年末，个人银行结算账户279227.36万户，同比增加42232.87万户，同比增长17.8%，增速较2008年末加快8.5个百分点。其中，广东、江苏、浙江、河南、山东、福建、北京、上海的个人银行结算账户共计146686.28万户，占全国个人银行结算账户的52.5%；甘肃、海南、宁夏、青海、西藏的个人银行结算账户数量较少，共计5266.10万户，仅占全国个人银行结算账户的2%。

北京、上海等经济较发达、金融服务水平较高的省份人均个人银行结算账户拥有量居全国前列。2009年末，全国人均个人银行结算账户2.13户。其中，北京、上海、广东、浙江、福建的人均个人银行结算账户数分别为7.71户、6.82户、4.39户、4.04户和3.72户，五省（市）人均账户数量远超全国人均水平。

2009年金融机构贷款投向统计

2010年1月20日

一、中长期贷款增长较快

2009年全年，全部金融机构本外币中长期贷款累计新增7.1万亿元；年末余额同比增长43.5%，比上年末加快23.4个百分点。本外币短期贷款累计新增2.3万亿元，同比多增7585亿元。票据融资累计新增4584亿元，同比少增1845亿元。

二、工业中长期贷款保持较快增长

2009年全年，主要金融机构本外币工业中长期贷款累计新增1万亿元；年末余额同比增长26.0%，比上年末加快6.9个百分点。其中，轻工业中长期贷款累计新增1524亿元；年末余额同比增长36.3%，比上年末加快20.2个百分点。重工业中长期贷款累计新增7968亿元；年末余额同比增长24.4%，比上年末加快5.1个百分点。

三、基础设施主要行业中长期贷款增速加快，水电气的生产和供应业中长期贷款增速有所回落

2009年全年，主要金融机构基础设施主要行业本外币中长期贷款累计新增2.5万亿元；年末余额同比增长43.0%，比上年末加快19.6个百分点。其中，水利、环境和公共设施管理业中长期贷款余额同比增长85.2%，比上年末加快55.2个百分点;交通运输、仓储和邮政业中长期贷款余额同比增长40.1%，比上年末加快19.5个百分点;水电气的生产和供应业中长期贷款余额同比增长14.9%，比上年末回落7.2个百分点。

四、房地产开发贷款增速明显加快

2009年全年，主要金融机构及农村合作金融机构和城市信用社人民币房地产开发贷款累计新增5764亿元；年末余额同比增长30.7%，增速比上年末加快20.4个百分点。

五、金融机构继续加大对中小企业的支持力度。

2009年全年，主要金融机构及农村合作金融机构、城市信用社和外资银行中小企业人民币贷款（含票据贴现）累计新增3.4万亿元；年末余额同比增长30.1%，比年初高16.6个百分点。其中，小企业贷款同比增长41.4%，比年初高34.2个百分点。全年累计新增企业贷款5.7万亿元，其中大、中、小企业新增贷款占比分别是40.9%、34.3%和24.8%，小企业新增贷款占比较前三季度提高了2.5个百分点。

六、“三农”贷款增长保持平稳上升势头

初步统计，2009年12月末，主要金融机构及农村合作金融机构、城市信用社、村镇银行和财务公司农村贷款本外币余额同比增长33.4%，比上年末提高15.0个百分点，比同期各项贷款增速高0.4个百分点。农户贷款本外币余额同比增长31.7%，比上年末提高15.3个百分点。农林牧渔业贷款本外币余额同比增长25.9%，比上年末提高15.9个百分点。

七、中西部地区贷款增速较快

2009年全年，东、中、西部地区全部金融机构本外币各项贷款分别累计新增6.5、1.8和2.0万亿元；年末余额分别同比增长32.5%、33.5%和37.8%。

八、外汇贷款持续快速增长

2009年全年，全部金融机构外汇贷款累计新增1362亿美元；年末余额同比增长56.0%，增速比上年末加快44.1个百分点。其中进出口贸易融资累计新增580亿美元，年末余额同比增长124.8%，比上年末加快125.4个百分点（上年末同比增长-0.65%）。

九、个人消费贷款增速显著提升

2009年全年，全部金融机构人民币个人消费贷款累计新增1.8万亿元；年末余额同比增长48.6%，增速比上年末加快34.6个百分点。其中个人消费性住房贷款累计新增1.4万亿元；年末余额同比增长47.9%，增速比上年末加快37.4个百分点。

2009年税收收入完成情况

国家税务总局

据快报统计，2009年，全年完成税收收入（不包括关税、船舶吨税、耕地占用税和契税）63104亿元，比上年增加5241亿元，增长9.1%；扣除成品油税费改革和卷烟消费税政策调整直接增加的消费税收入后，增长5.5%。全国共办理出口退税6487亿元，增加621亿元，增长10.6%。

主要税种中，国内增值税完成18820亿元，增长3.8%；国内消费税完成4761亿元，增长85.4%；营业税完成9015亿元，增长18.2%；车辆购置税完成1164亿元，增长17.6%；企业所得税完成12157亿元，下降0.3%；个人所得税完成3944亿元，增长5.9%；证券交易印花税完成514亿元，下降47.9%；海关代征进口税收完成7747亿元，增收342亿元，增长4.6%。

2009年国民经济总体回升向好

国家统计局局长 马建堂

2009年是新世纪以来中国经济发展最为困难的一年，面对百年不遇的国际金融危机的严重冲击和极其复杂的国内外形势，党中央、国务院审时度势，科学决策，带领全国人民万众一心，共克时艰，坚持实行积极的财政政策和适度宽松的货币政策，全面实施并不断完善应对国际金融危机的一揽子计划，较快扭转了经济增速明显下滑的局面，实现了国民经济总体回升向好。

初步测算，全年国内生产总值335353亿元，按可比价格计算，比上年增长8.7%，增速比上年回落0.9个百分点。分季度看，一季度增长6.2%，二季度增长7.9%，三季度增长9.1%，四季度增长10.7%。分产业看，第一产业增加值35477亿元，增长4.2%；第二产业增加值156958亿元，增长9.5%；第三产业增加值142918亿元，增长8.9%。

1.农业生产继续稳定发展，粮食实现连续六年增产。全年粮食总产量达到53082万吨，比上年增长0.4%，连续6年增产。其中，夏粮产量12335万吨，增长2.2%；早稻3327万吨，增长5.3%；秋粮37420万吨，下降0.6%。油料产量预计增长5%左右，糖料下降9%左右。肉类产量保持稳定增长，全年猪牛羊禽肉产量7509万吨，增长5.0%。其中，猪肉产量4889万吨，增长5.8%。生猪出栏6.4亿头，增长5.7%；生猪存栏4.7亿头，增长1.5%。

2.工业生产逐季回升，实现利润由大幅下降转为增长。全年规模以上工业增加值比上年增长11.0%，增速比上年回落1.9个百分点。其中，一季度增长5.1%，二季度增长9.1%，三季度增长12.4%，四季度增长18.0%。分经济类型看，国有及国有控股企业增长6.9%；集体企业增长10.2%；股份制企业增长13.3%；外商及港澳台投资企业增长6.2%。分轻重工业看，重工业增长11.5%，轻工业增长9.7%。分行业看，39个大类行业全部实现同比增长。分地区看，东、中、西部地区分别增长9.7%、12.1%和15.5%。工业产销衔接状况良好，全年规模以上工业企业产销率达到97.67%。

1-11月份，全国规模以上工业企业实现利润25891亿元，同比增长7.8%，比上年同期加快2.9个百分点。在39个工业大类中，30个行业利润同比增长。

3.投资持续快速增长，涉及民生领域的投资增长明显加快。全年全社会固定资产投资224846亿元，比上年增长30.1%，增速比上年加快4.6个百分点。其中，城镇固定资产投资194139亿元，增长30.5%，加快4.4个百分点；农村固定资产投资30707亿元，增长27.5%，加快6.0个百分点。在城镇投资中，第一产业投资增长49.9%，第二产业投资增长26.8%，第三产业投资增长33.0%。分地区看，东部地区投资增长23.9%，中部地区增长36.0%，西部地区增长35.0%。涉及民生领域的投资大幅增长。全年基础设施（扣除电力）投资41913亿元，增长44.3%。其中，铁路运输业增长67.5%，道路运输业增长40.1%，城市公共交通业增长59.7%。居民服务和其他服务业增长61.8%，教育增长37.2%，卫生、社会保障和社会福利业增长58.5%。全年房地产开发投资36232亿元，增长16.1%，增速比上年回落4.8个百分点。

4.市场销售增长平稳较快，部分产品销售快速增长。全年社会消费品零售总额125343亿元，比上年增长15.5%；扣除价格因素，实际增长16.9%，实际增速比上年同期加快2.1个百分点。其中，城市消费品零售额85133亿元，增长15.5%；县及县以下消费品零售额40210亿元，增长15.7%。分行业看，批发和零售业消费品零售额105413亿元，增长15.6%；住宿和餐饮业消费品零售额17998亿元，增长16.8%。在限额以上批发和零售贸易业商品零售中，除通讯器材类外，其他20类商品零售均实现较大幅度增长。其中，服装、鞋帽、针纺织品类增长18.8%，家具类增长35.5%，汽车类增长32.3%。

5.居民消费价格和生产价格全年下降，年底出现上升。全年居民消费价格比上年下降0.7%。其中，城市下降0.9%，农村下降0.3%。分类别看，八大类商品价格四涨四落：烟酒及用品上涨1.5%，医疗保健和个人用品上涨1.2%，食品上涨0.7%，家庭设备用品及维修服务上涨0.2%；居住下降3.6%，交通和通信下降2.4%，衣着下降2.0%，娱乐教育文化用品及服务下降0.7%。居民消费价格11月份同比涨幅由负转正，当月上涨0.6%，12月份上涨1.9%。全年工业品出厂价格下降5.4%，12月份由负转正，当月上涨1.7%。全年原材料、燃料、动力购进价格下降7.9%；商品零售价格下降1.2%。

6.进出口总额全年下降，自11月份由降转升。全年进出口总额22073亿美元，比上年下降13.9%。11月份进出口总额同比涨幅由负转正，当月增长9.8%，12月份增长32.7%。全年出口12017亿美元，下降16.0%；进口10056亿美元，下降11.2%。进出口相抵，贸易顺差1961亿美元，比上年减少994亿美元。

7.城乡居民收入稳定增长，就业形势好于预期。全年城镇居民家庭人均总收入18858元。其中，城镇居民人均可支配收入17175元，比上年增长8.8%，扣除价格因素，实际增长9.8%。在城镇居民家庭人均总收入中，工资性收入增长9.6%，经营净收入增长5.2%，财产性收入增长11.6%，转移性收入增长14.9%。农村居民人均纯收入5153元，比上年增长8.2%，扣除价格因素，实际增长8.5%。其中，工资性收入增长11.2%，第一产业生产经营收入增长2.2%，二、三产业生产经营收入增长10.0%，财产性收入增长12.9%，转移性收入增长23.1%。全年城镇就业人员比上年净增910万人。年末农村外出务工劳动力1.49亿人，比一季度末增加170万人。

8.货币供应量增长较快，新增贷款大幅增加。12月末，广义货币（M2）余额60.6万亿元，比上年末增长27.7%，增幅同比加快9.9个百分点；狭义货币（M1）22.0万亿元，增长32.4%，加快23.3个百分点；市场货币流通量（M0）38246亿元，增长11.8%，回落0.9个百分点。金融机构各项贷款余额40.0万亿元，比年初增加9.6万亿元，同比多增4.7万亿元。

当前世界经济复苏的基础还比较脆弱，国内经济运行中还存在一些不确定因素。面对困难和机遇并存的复杂形势，我们要坚定不移地贯彻中央经济工作会议的各项部署，深入贯彻落实科学发展观，保持宏观经济政策的连续性和稳定性，着力提高政策的针对性和灵活性，进一步提高经济增长的质量和效益，加快推动经济发展方式转变和经济结构调整，积极推进改革开放和自主创新，注重改善民生和保持社会和谐稳定，加强统筹国内国外两个大局，努力实现国民经济平稳较快发展。

2009年我国工业经济运行情况

工业和信息化部

2009年是进入新世纪以来我国工业发展最为困难的一年。我国工业受到国际金融危机的严重冲击，产品出口持续下滑，工业品价格低位运行，生产增速在年初跌至近十年最低点。在中央“保增长、扩内需、调结构、惠民生”一揽子计划的持续作用下，工业经济较快扭转了增速下滑局面，回升向好的运行态势不断明朗并得到巩固，全年工业运行呈现出“前低后高”走势。

2009年，全国规模以上工业增加值同比增长11%，增速比上年回落1.9个百分点;其中，一季度增长5.1%，二季度增长9.1%，三季度增长12.4%，四季度增长18%，工业生产回升向好态势基本确立。12月份，规模以上工业增加值同比增长18.5%，比上月回落0.7个百分点;环比增长1.3%。

轻工业增长平稳，重工业反弹强劲。轻工业受国内消费需求拉动运行平稳，全年增长9.7%，比上年回落2.6个百分点;重工业从二季度开始表现出强劲回升势头，全年增长11.5%，比上年回落1.7个百分点。12月份，轻、重工业分别增长12.1%和21.4%，比上月回落0.5个和0.8个百分点。

东部地区率先回升，中西部地区实现两位数增长。东、中、西部地区工业增加值分别增长9.7%、12.1%和15.5%。东部地区增速在头两个月下滑到2.3%后触底回升，11、12月份增速分别达到16.6%和16.4%。中部地区进入6月份以后、西部地区进入10月份以后加快攀升，11月份增速分别达到23.3%和25.1%，12月份分别达到23.6%和20.5%。分省市看，全年24个省份达到两位数增长，其中内蒙古、天津、安徽、四川分别增长24.2%、22.8%、22.6%和21.2%。工业大省山东、江苏、河南、辽宁同比分别增长14.9%、14.6%、14.6%和16.8%;广东增长8.9%。山西、上海分别于12月和10月结束累计负增长，全年分别增长2.5%和3%。12月份，全国26个省份增加值增速超过20%。

产销衔接较好。全国工业产品销售率97.7%，与去年持平;12月份，全国产销率99.3%，同比提高0.9个百分点。

工业品出口下降一成。全年规模以上工业完成出口交货值72882亿元，同比下降10.1%，其中前8个月降幅均在13%以上，9月份以后由于去年同期基数较低，降幅持续收窄，9、10月份分别下降9.9%和7.3%，11、12月份转为增长5.3%和12.4%。另据海关统计，2009年我国外贸出口额12017亿美元，同比下降16%;其中12月份增长17.7%。

工业投资持续增长。工业投资8.04万亿元，同比增长26.2%，占城镇固定资产投资的比重为41.4%;其中制造业投资5.88万亿元，增长26.8%。

工业品出厂价格持续回升。工业品出厂价格从上年四季度开始大幅下滑后，4月份开始回升，12月份累计比3月份上涨4.7%。全年工业品平均出厂价格同比下降5.4%，其中11月份同比下降2.1%，12月份增长1.7%。原材料、燃料、动力购进价格指数同比下降7.9%，当月增长3%。

企业效益状况明显改观。1-11月，规模以上工业企业实现利润25891亿元，同比增长7.8%。从3月份开始企业效益状况明显改善，3-5月、6-8月、9-11月分别实现利润6310亿元、8245亿元和9144亿元。规模以上工业企业亏损面17.4%，比1-8月收窄2.9个百分点;亏损企业亏损额3270亿元，同比下降33.5%(1-8月下降18.8%)。11月末，产成品资金占用2.4万亿元，同比增长0.2%(1-8月下降0.8%);应收账款5.3万亿元，增长14%，增幅比8月末上升4.8个百分点。

2009年工业行业运行情况之一：原材料工业

总体运行态势是：上半年低位回升，下半年特别是进入四季度，在去年同期生产基数较低的基础上加快增长，年末增速恢复到较高水平。全年规模以上原材料工业增加值比上年增长12%，同比加快1.6个百分点;12月份增长20.1%，增速已连续3个月保持在20%以上。1-11月，原材料工业实现利润5276亿元，同比下降11.2%，降幅比1-2月收窄62.4个百分点。

冶金：上半年生产震荡调整，下半年持续回升，四季度增速达到20%以上，全年增加值同比增长11.9%，比上年加快1.4个百分点。全年粗钢产量56784万吨，同比增长13.5%，日均产量156万吨。钢材产量69244万吨，同比增长18.5%。1-11月，冶金行业实现利润1433亿元，同比下降40.8%，降幅比1-2月缩小49.2个百分点;亏损面由1-2月的25.4%缩小到22.8%。

钢材出口大幅下降。2009年，出口钢材2460万吨，同比下降58.5%,降幅比上半年收窄6.9个百分点;进口钢材1763万吨，增长14.3%;进口钢坯459万吨，同比增长17.7倍。全年钢材、钢坯进出口折合粗钢净出口287万吨(其中3-7月连续五个月折合粗钢净进口)，同比下降94%。进口铁矿石62778万吨，同比增长41.6%;12月31日，青岛港印度矿粉价格为890元/吨，比上年末上涨250元/吨。

钢材价格呈W型震荡运行。国内市场钢材综合价格指数分别于2月初、8月初两次上升到109.26和116.32高点，又分别在4月底、10月初跌至95.01和100.06的低点，12月末回升到107.23;主要钢材品种年度平均价比上年下降20%以上。据钢铁工业协会统计，12月末，6.5mm普线、10mm中厚板吨钢价格分别为3744元和4012元，比上月末上涨108元、107元;0.5 mm冷轧薄板价格为5586元，比上月末上涨307元。

钢材库存量小幅回升。据钢铁协会统计，12月末，全国26个大中城市经销商库存1233万吨，比11月末增加36.5万吨，主要品种中，螺纹钢、冷轧卷板库存比上月略有增长，热轧卷板、中板和线材库存有所下降。

建材：总体运行态势平稳，生产增速各月均保持在13%以上，利润增速由负转正。建材行业增加值同比增长15.1%，同比回落2.5个百分点。据中国建材协会统计，生产水泥164559万吨，增长16%;生产平板玻璃57515万重量箱，下降1.6%。1-11月，建材行业实现利润1346亿元，由1-2月同比下降0.5%转为增长32.6%。

水泥价格保持平稳，玻璃价格持续攀升。据建材联合会统计，全年重点建材企业水泥平均出厂价290.2元/吨，比上年下降2.6%;平板玻璃平均出厂价67.4元/重量箱，与上年基本持平。12月份，水泥平均出厂价为291元/吨;平板玻璃出厂价为80元/重量箱，已连续10个月上涨，比2月份年内最低价累计上涨38.3%。12月末，重点建材企业水泥库存1389万吨，同比增长29.8%;平板玻璃库存1298万重量箱，下降38.3%。

有色：随着市场需求回升，有色行业生产稳步增长。全年十种有色金属产量2681万吨，同比增长5.8%，一季度日均产量5.98万吨，二、三、四季度逐季上升到6.95万吨、7.68万吨和8.73万吨;电解铝、电解铜产量分别达到1299万吨和425万吨，同比增长1%和9.6%。

铜、铝进口量大幅增长。据海关快报统计，全年未锻轧铜及铜材进口429万吨，增长62.7%;未锻轧铝及铝材232万吨，增长1.6倍。

有色产品价格持续回升。12月份，国内市场铜、铝现货月度平均价格均创年内新高，分别达到55695元/吨和15839元/吨，比年初累计上涨114.4%和31.4%。上海期货市场主要有色金属价格持续走强，12月31日，三个月期铜、铝、锌价格分别为60020元/吨、17390元/吨和21375元/吨，皆创年内最高收盘价。

经营状况好转。1-11月，有色金属行业实现利润809亿元，下降20.4%，比1-2月缩小79.1个百分点。

化工：化工行业生产形势总体好于全国平均水平，

下半年运行情况继续好转，主要化工产品市场出现回暖迹象。全年化工行业增加值同比增长15.9%，同比加快5.9个百分点。主要产品中，烧碱、纯碱、乙烯产量分别增长8.6%、8.7%和8.3%;化肥、农药产量分别增长16.3%和12.3%。1-11月，化工行业实现利润1687亿元，由1-2月下降55.5%转为增长13.7%。

2009年工业行业运行情况之二：装备工业

总体运行态势是：在投资拉动和政策推动下，生产增速温和上升，其中汽车消费拉动作用明显，利润加速回升。全年规模以上装备工业增加值增长13.8%，同比回落3.3个百分点;其中头两个月增长5.4%，此后逐月攀升，从5月份开始连续8个月实现两位数增长，11、12月分别增长20.8%和22.8%。1-11月，机械行业实现利润6018亿元，由1-2月同比下降24.3%转为增长23.7%。

通用设备生产总体向好。全年通用设备制造行业增加值同比增长11%，12月份增长18.2%，比上月加快0.6个百分点。主要产品中，发动机增长30.1%，其中汽车用发动机增长44.6%;金属切削机床、金属成形机床产量分别为58.1万台和21.9万台，我国首次成为世界机床第一大生产国。

农机购置补贴政策带动作用显著。2009年中央财政投入130亿元用于农机购置补贴，惠及到全国所有农牧区县，覆盖12大类38种农机产品，拉动地方和农民投入360亿元。全年大、中、小型拖拉机分别增长30.7%、29%和9.8%，收获机械和粮食机械分别增长55.4%和23%。

汽车产销双双超过1300万辆。据中国汽车工业协会统计，全年汽车产销分别达到1379万辆和1364万辆，同比增长48.3%和46.2%;年内汽车产销连续十个月达到百万辆水平，月度历史最高纪录五次被刷新。小排量乘用车市场快速增长。全年乘用车销售1033万辆，同比增长52.9%;其中，1.6升及以下排量乘用车销售720万辆，增长71.3%，占乘用车销售市场的69.7%，占有率同比提高8个百分点。自主品牌市场份额扩大。全年自主品牌乘用车共销售457万辆，占乘用车销售总量的44%，比上年提高4个百分点。企业兼并重组稳步推进。2009年销量超百万辆企业集团达5家，共销售汽车966万辆，占汽车销售总量的71%，比上年提高9个百分点，集中度进一步提高。

船舶生产实现平稳较快增长。2009年，我国造船完工4243万载重吨，同比增长47%，占世界市场份额的34.8%。新接船舶订单国际市场份额大幅提高。2009年，全球成交新船订单4219万载重吨，较2008年下降71%，但在出口买方信贷等政策支持下，我国新接订单达2600万载重吨，占世界市场份额的61.6%，居世界第一位，同比提高23.9个百分点。

2009年工业行业运行情况之三：消费品工业

总体运行态势是：在国内消费支撑下，消费品工业总体运行态势平稳;提高出口退税率政策减缓了轻纺等产品出口大幅下滑趋势。全年消费品工业增加值同比增长10.8%，其中12月份增长13.4%。1-11月，消费品工业实现利润7675亿元，同比增长20.9%，比1-2月加快20个百分点。

轻工：生产平稳上升，效益状况好于整体工业。全年轻工行业增加值同比增长11.2%，比上年回落3.1个百分点;出口交货值同比下降5.4%，其中11、12月份分别增长3.9%和10.9%。1-11月，轻工行业实现利润4846亿元，增长23.8%，高于全国平均水平16个百分点。

食品生产保持较快增长水平。农副食品加工、食品制造和饮料制造行业增加值同比分别增长15.9%、14.1%和14.6%;主要产品中，精制食用植物油产量增长22.9%，肉类和冷冻水产品产量分别增长39.9%和20.8%，饮料酒和软饮料分别增长9.5%和24.3%。

家电产品产销两旺。家用电冰箱、洗衣机、电热水器产量分别达到6064万台、4936万台和1989万台，同比分别增长18.8%、13%和15.7%。据家电下乡信息系统数据显示，截至12月31日，累计销售家电下乡产品3768万台，销售金额692.5亿元。

纺织：全年纺织行业增加值同比增长9.1%，出口交货值同比下降3%。全年纱产量2406万吨，增长12.7%;布产量568亿米，增长5.3%;服装237.5亿件，增长6.9%。1-11月，纺织行业实现利润1307亿元，增长25.4%，比1-8月提高12.7个百分点;其中纺织业实现利润777亿元，增长17.8%，服装及其制造业实现利润416亿元，增长21.3%。

国内棉花价格总体攀升。12月份，国内棉花价格指数(328级)价格在10月份创下年内新高后继续上扬，达到14873元/吨，比上月末上涨115元/吨;聚脂切片、涤纶短纤、涤纶长丝价格有不同程度回落，比上月下降250-800元/吨。

医药：全年医药行业增加值增长14.9%，同比回落2.5个百分点。生产化学药品原药194万吨，同比增长

3.4%;中成药180万吨，增长29.2%。1-11月，医药行业实现利润896亿元，同比增长25.9%，增幅比1-8月提高9.7个百分点。

烟草：全年烟草行业增加值同比增长8.2%。生产卷烟22909亿支，同比增长3.2%。1-11月，烟草行业实现利润626亿元，下降8.1%(去年同期增长16.4%)，比今年1-8月收窄2.9个百分点。

2009年工业行业运行情况之四：电子制造业

总体运行态势是：由于外贸依存度高，电子工业在工业大门类中受国际金融危机冲击最为明显，生产持续低迷，回升相对乏力。全年电子制造业增加值同比增长5.3%，其中11、12月份分别增长14.4%和19.8%。主要产品中，微型计算机设备产量18215万台，增长27.5%，其中笔记本计算机增长38.8%;手机61788万台，增长9.8%;彩电产量9966万台，增长9.3%，其中液晶电视机增长85.2%;集成电路416亿块，同比下降6.6%。

出口交货值降幅收窄。全年规模以上电子制造业出口交货值同比下降5.5%，降幅比年初1-2月收窄13.5个百分点;其中，11、12月份分别增长9.8%和17.7%，结束了此前连续12个月的出口持续下滑。

2009年工业行业运行情况之五：能源保障

受需求增加、恶劣天气等因素影响，进入四季度特别是11月份以后，煤炭需求迅速增加，煤炭市场形势从供应相对宽松、供需基本平衡迅速转为向大部分地区紧平衡方向发展，部分地区出现煤炭、电力、天然气供应紧张状况。发、用电量快速回升。成品油市场需求有所恢复，生产经营出现好转。

煤炭：煤炭生产稳步回升。全年煤炭产量29.6亿吨，同比增长12.7%。据海关统计，煤炭出口2240万吨，下降50.7%;进口12584万吨，增长2.1倍；全年净进口10344万吨，首次成为煤炭净进口国。煤炭价格基本平稳，四季度后快速上涨。12月末，秦皇岛5500大卡山西优混煤价格升至770-790元/吨附近，比上月末上涨80-100元/吨，比年初上涨220-225元/吨，创年内新高。前11个月，煤炭行业实现利润1827亿元，同比下降9.4%(去年同期增长133.7%)。库存回落。12月末，统调电厂存煤4156万吨(比上月下降3.6%)，平均可用 10天，同比减少13天;秦皇岛港存煤536万吨，同比减少38万吨。

电力：全年规模以上工业企业发电量36506亿千瓦时，同比增长7%。其中火电增长7.2%，同比加快4.2个百分点;水电增长4.3%，同比减缓13.2个百分点。工业用电快速回升。据中国电力企业联合会统计，全国工业用电量为26664亿千瓦时，同比增长4.3%，比上年加快0.4个百分点。前11个月，电力行业实现利润891亿元，同比增加624亿元，增长2.3倍(去年同期下降82.3%)。

石油：石油供应基本平稳。全年原油产量1.89亿吨，同比下降0.4%；据海关统计，进口原油2亿吨，增长13.9%。原油加工量3.7亿吨，增长7.9%;其中汽油产量增长13.1%，同比加快7.3个百分点；柴油产量增长6%，回落2个百分点。12月份，全国原油产量1607万吨，同比增长1.6%；进口原油2126万吨，同比增长47.9%。原油加工量3460万吨，同比增长24.8%。受国际油价变化影响，国家发展改革委2009年共8次调整国内成品油价格，汽、柴油每吨分别累积上调了1520元和1390元。

国际油价总体呈现逐步回升的走势。12月份，布伦特原油现货月度平均价为74.3美元/桶(比上月回落2.4美元/桶)，比年初上涨30.7美元/桶，已连续三个月保持在70美元/桶之上。

2009年全国国有及国有控股企业经济运行情况

2009年1-12月，纳入本月报统计范围的国有及国有控股企业（以下简称国有企业）实现利润增速同比由负转正，营业收入和应交税金同比继续保持增长。

一、主要经济效益指标

(一) 营业收入

1-12月，国有企业累计实现营业收入225087.3亿元，同比增长5.9%，12月比11月环比增长16.3%。（1）中央企业（包括中央管理企业和部门所属企业，下同）累计实现营业收入143455.9亿元，同比增长6.5%，12月比11月环比增长18.4%。其中，中央管理企业累计实现营业收入124035.5亿元，同比增长5.9%，12月比11月环比增长20.8%。（2）地方国有企业累计实现营业收入81631.4亿元，同比增长4.8%，12月比11月环比增长12.8%。

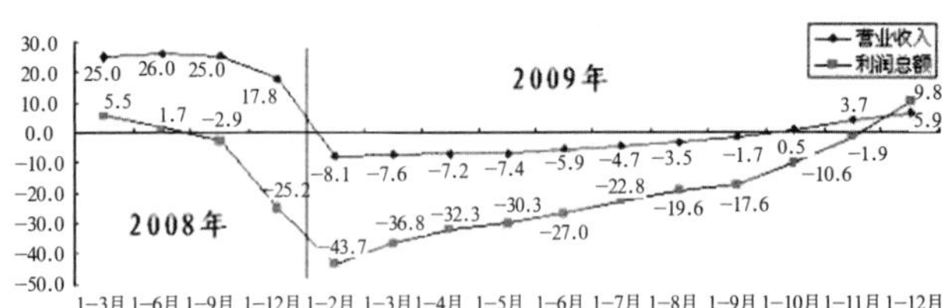

图1 2008年至2009年12月营业收入、实现利润增幅变化情况（单位:%）

（二）实现利润

1-12月，国有企业累计实现利润13392.2亿元，同比增长9.8%，12月比11月环比增长23.8%。（1）中央企业累计实现利润9445.4亿元，同比增长10.3%，12月比11月环比增长7.3%。其中，中央管理企业累计实现利润7652.6亿元，同比增长14.3%，12月比11月环比增长14.6%。（2）地方国有企业累计实现利润3946.8亿元，同比增长8.4%，12月比11月环比增长58.7%。

（三）应交税金和已交税金

1-12月，国有企业应交税金19200亿元，同比增长12.1%，12月比11月环比增长13.2%。（1）中央企业累计应交税金14682.5亿元，同比增长15.5%，12月比11月环比增长11.3%。其中，中央管理企业累计应交税金10479.8亿元，同比增长14%，12月比11月环比增长24.7%。（2）地方国有企业累计应交税金4517.5亿元，同比增长2.5%，12月比11月环比增长18.5%。

1-12月，国有企业已交税金19400.6亿元，同比增长8.1%，12月比11月环比增长12.9%。（1）中央企业

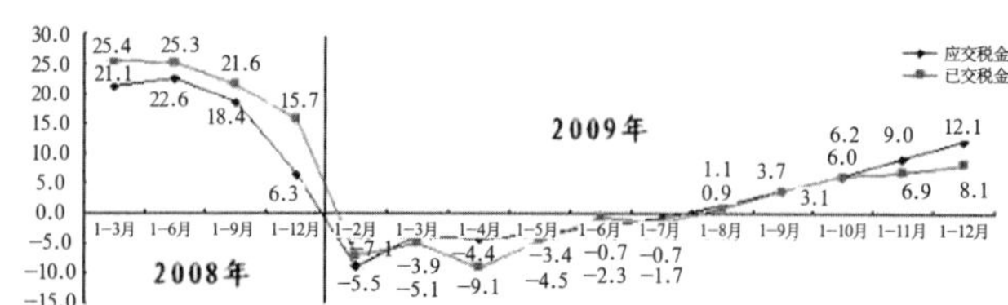

图2 2008年至2009年12月应交税金、已交税金增幅变化情况（单位:%）

累计已交税金14858.7亿元，同比增长10.3%，12月比11月环比增长15.9%。其中，中央管理企业累计已交税金10623.3亿元，同比增长8.1%，12月比11月环比增长14.5%。（2）地方国有企业累计已交税金4541.9亿元，同比增长1.4%，12月比11月环比增长4.7%。

（四）成本费用和盈利水平

1-12月，国有企业成本费用总额为212612.1亿元，同比增长6.3%。其中：管理费用、财务费用同比分别增长6%、3.2%，增幅比1-11月分别下降1.2、2.6个百分点。

销售利润率为6%，同比上升0.2个百分点；成本费用利润率为6.3%，同比上升0.2个百分点；净资产利润率为8.2%，同比下降0.4个百分点。

中央企业销售利润率、成本费用利润率和净资产利润率分别为6.6%、7.1%和9.2%；地方国有企业分别为4.8%、5%和6.4%。

（五）存货

1-12月，国有企业存货同比增长16.2%，增幅比1-11月增加5.5个百分点。存货周转率为4.6次，比去年同期减慢0.5次。应收账款周转率为10.9次，比去年同期减慢1.5次。平均总资产周转率为0.6次，与上年同期基本持平。

二、主要行业效益情况

1-12月，石化、汽车、施工房地产、建材等行业利润继续大幅增长；电网企业和铁路运输行业扭亏为盈；钢铁、有色、化工等行业利润降幅明显收窄；石油、煤炭、烟草等行业利润同比仍处下降区间。

2009年我国进出口总体情况

2009年，全国进出口总值22073亿美元[1]，同比下降13.9%。其中出口12017亿美元，下降16%；进口10056亿美元，下降11.2%。实现贸易顺差1961亿美元，比去年同期减少34.2%。

12月份出口增速由负转正，进口继续回升。当月，全国进出口总额2430亿美元，同比增长32.7%，比上月加快22.9个百分点。其中，出口总额1307亿美元，同比由上月下降1.2%转为增长17.7%；进口1123亿美元，增长55.9%。当月，机电产品出口同比增长26.9%；纺织品出口增长25.2%；家具、玩具、箱包出口分别增长10.7%、4.4%和1.9%；鞋类、服装出口分别下降2.2%和4.8%。

提高出口退税率政策发挥积极作用。从2008年下半年到2009年上半年国家七次提高轻纺、机电等产品的出口退税率，主要劳动密集型产品出口降幅明显小于外贸总体出口降幅16%的水平。2009年，纺织品、服装、鞋类、家具出口额分别下降8.4%、11%、5.7%和6%；集成电路下降4.2%，彩电增长1.8%。

铁矿石、石油、铜、铝等大宗商品进口量有不同程度增长。2009年，铁矿砂进口6.3亿吨，同比增长41.6%;原油进口2亿吨，增长13.9%；未锻轧铜及铜材进口429万吨，增长62.7%；未锻轧铝及铝材232万吨，增长1.6倍。机电产品进口4915亿美元，下降8.7%；其中进口汽车42万辆，增长2.8%。

钢材出口大幅下降。2009年，出口钢材2460万吨，同比下降58.5%(降幅比上半年收窄6.9个百分点)；进口钢材1763万吨，增长14.3%；进口钢坯459万吨，同比增长17.7倍。全年钢材、钢坯折合粗钢净出口287万吨(其中3-7月连续五个月折合粗钢净进口)。

2009年乡镇企业发展总体情况

农业部（2010年1月25日）

2009年，预计全国乡镇企业实现增加值92500亿元，同比增长10%，增幅比上年同期回落1.69个百分点，其中工业增加值64500亿元，同比增长9.68%，增幅比上年回落1.48个百分点；完成营业收入381600亿元，同比增长9.72%，增幅比上年回落1.47个百分点；实现利润22400亿元，同比增长8.18%，增幅比上年回落3.67个百分点；上交税金9500亿元，同比增长8.39%，增幅比上年回落4.49个百分点；出口交货值30000亿元，同比下降14.51%；支付劳动者报酬17000亿元，同比增长7.39%，增幅比上年回落2.56个百分点。全年累计完成工业总产值265000亿元，实现工业销售产值251000亿元，产品销售率为94.72%，产销衔接良好。各项主要经济指标完成情况如下表：

一、东部地区企稳回升，中西部及东北地区总体发展稳定

乡镇企业连续几年保持平稳较快发展，一个重要原因是出口保持高速增长，特别是东部地区的上海、江苏、浙江、广东、福建等省市的乡镇企业产品出口交货值占工业总产值的比重达到20%-30%，大大高于全国平均14%的水平。由于国际金融危机，出口额大幅下降，给东部各省市的乡镇

表1 2009年乡镇企业主要指标情况表（预计）

指　标	绝对值（亿元）	同比增长	增幅增减百分点
乡镇企业增加值	92500	10.00	−1.69
其中：工业增加值	64500	9.68	−1.48
其中：规模以上工业增加值	48000	9.92	−1. 35
乡镇企业总产值	388000	9.81	−1.89
其中：工业总产值	265000	9.75	−1.88
工业销售产值	251000	9.76	−1.86
乡镇企业营业收入	381600	9.72	−1.47
利润总额	22400	8.18	−3.67
上交税金	9500	8.39	−4.49
出口产品交货值	30000	−14.51	−
劳动者报酬	17000	7.39	−2.56

企业带来严重冲击，上半年，多数东部省市乡镇企业增长速度明显低于全国平均水平。中西部和东北地区绝大多数省市区都表现良好，辽宁、吉林、内蒙古、河南、湖北、湖南、安徽、江西、重庆、四川、陕西等省市全年各月基本保持稳定增长。除山西、新疆等少数几个省区外，多数基本保持两位数增长。进入下半年，东部地区企稳向好的趋势逐步明显，河北、山东、江苏等经济大省的增长速度从7月份开始接近或达到全国平均水平；北京、上海、浙江、广东、福建等省增速虽然低于全国平均水平，但增幅呈逐月上升趋势。中西部地区发展较快的原因之一是东部地区的劳动密集型传统产业向中西部地区梯度转移步伐加快，投资拉动了当地经济增长；此外，中西部地区农产品加工业占乡镇工业的比重较大，农产品加工业近年来一直维持较快的发展水平，同时在出口上受本轮危机的影响也不大，因此中西部省份总体发展速度明显高于东部地区。

二、固定资产投资总体增长较快，投资结构明显优化

受相对宽松的货币政策和产业结构升级等因素的影响，乡镇企业固定资产投资也呈现出快速增长局面。据年末预报初步统计，全国乡镇企业固定资产投资达40000亿元左右，比上年增长20.2%。这个数字虽然低于全社会固定资产投资的增幅，但投资的盲目性减少了，投资的行业结构和产业结构更加合理。河北省固定资产投资增长达28.5%，投资重点是新能源、新材料、农产品加工业和第三产业等行业，而往年大量投资到钢铁、水泥、玻璃等耗能高、污染严重行业的现象不见了，投资结构得到了根本上的优化。乡镇企业固定资产投资快速增长的同时，优势产业尤其是农产品加工行业获得快速发展机遇。河南省食品工业固定资产投资前5个月增长57.3%，是河南省投资增长最快的行业；吉林省全年农产品加工业固定资产投资比上年增长36.8%，比乡镇企业投资平均增幅高20.8个百分点。固定资产投资的较快增长，不仅拉动了本年乡镇企业的经济增长，同时也为乡镇企业今后的发展奠定了坚实的基础。

三、农产品加工业蓬勃发展

今年以来各地对农产品加工业，尤其是食品行业的投入有上升趋势，全国农产品加工业保持了较快的增长水平，在稳定农村种植业、养殖业的发展，吸收农民转移就业和增加农民现金收入上做出了突出贡献。定单农业、公司加农户等好的生产经营模式把广大农民和企业紧密联系起来，实现了农户和企业双赢的良性循环。农产品加工业最发达的山东省全年规模以上农产品加工业完成增加值预计达3450亿元，同比增长12.03%，全省农产品加工业多元化格局已经形成，特色专业经济区和优势产业带已经具有相当大的规模。陕西省农产品加工业营业收入同比增长20%以上，全省农产品加工业支付农民原料款约140亿元，为全省农民人均增加现金收入400多元。此外，全国农产品加工业比较发达的辽宁、吉林、内蒙古、河北、江苏、浙江、福建、河南、湖北、湖南、广东、四川等省也都保持了稳定的发展态势。预计全年全国规模以上乡镇工业中的农产品加工业累计实现增加值14800亿元，同比增长10.2%，其中食品工业实现增加值4500亿元，同比增长10.4%，农产品加工业依然是发展最快的行业之一。

四、第三产业持续快速发展

全年全国乡镇企业中第三产业预计实现增加值21200亿元，同比增长12.3%，比全国乡镇企业平均增幅高2.3个百分点，占全部乡镇企业增加值的比重由上年同期的22.4%上升到22.9%。家电下乡、农机下乡等刺激农村市场的扩内需措施见到成效，农村商业、服务业保持了稳健的发展态势。同时休闲观光农业的迅速发展，有力地带动了住宿及餐饮业的繁荣。各地落实科学发展观，统筹城乡建设与发展取得了可喜的成果，在全国范围内初步形成了农业观光型、度假体验型、古村民俗型、依托景点型、综合娱乐型、田园风光型、农家食宿型和高科示范型等八大农村观光旅游业态。特别是一些大中城市郊区的都市型农业更具科技、观光、休闲于一体的多功能，成为都市人观光、休闲和消费的好去处，尤其是7、8月份暑假期间和国庆黄金周更是火爆。北京、山西、辽宁、吉林、江苏、浙

江、安徽、福建、江西、山东、河南、湖北、湖南、广东、广西、重庆、四川、云南、陕西等省市的休闲观光人数和旅游收入均比上年增长15%以上。以休闲农业、观光农业和农家乐为代表的第三产业已成为乡镇企业发展的新亮点。

五、就业情况好转，企业用工需求增加

受国际金融危机影响，2008年底全国有近2000万农民工返乡，这其中约有40%左右是在乡镇企业工作的。由于沿海地区部分外向型企业倒闭或开工不足，劳动报酬降低等原因，很多农民工春节过后没有返回工作地，相当一部分人处于失业状态。而中西部地区受金融危机冲击影响较小，特别是中部地区各省和西部的内蒙古、重庆、四川、陕西等省区的乡镇企业总体规模较大，并且基本保持平稳较快发展，对农村富裕劳动力有一定的吸纳能力；同时，四川等省地震灾后重建以及国家大量的基础设施建设，吸收了大量返乡农民工和富裕劳动力就地就近就业；此外，各地纷纷出台优惠政策，鼓励外出打工人员回乡创业，使大部分返乡农民工实现了就地就业。进入下半年，特别是进入三季度，东部地区大部分劳动力密集型企业的接单量迅速提高，促进了就业形势进一步好转。6月末广东省企业员工数量比上季末增加6.29万人，企业用工需求总体上呈增长趋势；同时，长三角和珠三角等地区的乡镇企业从第三季度开始出现较大用工缺口，仅温州市就存在4万多人的缺口，而东莞和深圳用工缺口分别达到10万和12万人，第四季度就业将进一步好转。实际上，到8月末全国乡镇企业从业人数已经达到上年末的水平，预计全年乡镇企业净增就业120-150万人，总就业人数达15580万人左右，为农民就业和增收，为保民生、保稳定作出了重要贡献。

2009年1-12月我国农产品进出口情况

农业部（2010年1月25日）

1-12月，我国农产品进出口总额为921.3亿美元，同比下降7.1%。其中，出口395.9亿美元，同比下降2.3%；进口525.5亿美元，同比下降10.4%。贸易逆差为129.6亿美元，同比下降28.6%，连续六年呈逆差走势。

12月，农产品进出口总额为105.3亿美元，同比增长31.3%。出口额为44.8亿美元，同比增长18.2%，环比增长19.1%；进口额为60.5亿美元，同比增长43.1%，环比增长36.6%。逆差为15.7亿美元，同比增长256.8%，环比增长134.3%。

一、谷物进口量增加一倍，出口量减少两成多

1-12月，谷物进口315.1万吨，同比增长104.5%；进口额9.0亿美元，同比增加22.7%。出口137.1万吨，同比下降26.3%；出口额7.4亿美元，同比下降5.7%。逆差1.6亿美元，2008年顺差0.5亿美元。

大米、玉米出口持续下降。大米出口76.1万吨，同比下降19.6%。玉米出口12.9万吨，同比下降48.9%。

小麦、大麦进口大幅增加。小麦进口89.4万吨，而2008年仅进口3.2万吨。大麦进口173.8万吨，同比增加61.5%。

二、棉花进口量下降近三成，食糖进口量增加近四成

棉花：1-12月，进口量159.8万吨，同比下降27.0%；进口额21.5亿美元，同比下降39.0%。出口8831.0吨，同比下降58.8%；出口额1884.8万美元，同比下降54.9%。逆差21.3亿美元，同比下降38.8%。

食糖：1-12月，进口106.4万吨，同比增长36.5%；进口额3.8亿美元，同比增长18.8%。出口6.4万吨，同比增长2.4%；出口额3365.2万美元，同比增长18.2%。逆差3.5亿美元，同比扩大20.7%。

三、油籽及食用油进口量增近两成，饼粕出口增一倍多

食用油籽：1-12月，进口4633.1万吨，同比增长

2009年各省、自治区、直辖市单位国内生产总值（GDP）能耗等指标公报

国家统计局 国家发展和改革委员会 国家能源局

现将2009年各省、自治区、直辖市单位GDP能耗、单位工业增加值能耗、单位GDP电耗公布如下：

地区	单位GDP能耗		单位工业增加值能耗		单位GDP电耗	
	指标值（吨标准煤/万元）	上升或下降（±%）	指标值（吨标准煤/万元）	上升或下降（±%）	指标值（千瓦时/万元）	上升或下降（±%）
北京	0.606	−5.76	0.909	−12.30	681.85	−2.74
天津	0.836	−6.03	0.911	−13.54	782.88	−8.49
河北	1.640	−5.02	2.999	−9.54	1449.94	−2.52
山西	2.364	−5.73	4.550	−8.81	1921.93	−8.50
内蒙古	2.009	−6.91	3.557	−15.10	1686.72	−9.73
辽宁	1.439	−5.08	2.257	−6.95	1119.99	−6.82
吉林	1.209	−6.19	1.621	−8.19	809.13	−8.64
黑龙江	1.214	−5.85	1.382	−9.64	798.67	−7.72
上海	0.727	−6.17	0.957	−5.00	808.49	−6.39
江苏	0.761	−5.17	1.107	−10.17	1064.25	−5.50
浙江	0.741	−5.41	1.123	−4.96	1176.50	−2.33
安徽	1.017	−5.39	2.100	−11.13	1088.76	−1.83
福建	0.811	−3.81	1.150	−2.70	1032.05	−5.87
江西	0.880	−4.54	1.674	−10.13	922.46	−1.52
山东	1.072	−5.46	1.543	−9.20	972.49	−3.86
河南	1.156	−6.16	2.708	−11.56	1218.36	−4.79
湖北	1.230	−5.97	2.350	−12.27	1018.45	−5.52
湖南	1.202	−5.10	1.570	−13.68	911.00	−3.05
广东	0.684	−4.27	0.809	−6.94	1002.09	−6.13
广西	1.057	−4.43	2.235	−6.68	1279.87	−2.00
海南	0.850	−2.81	2.613	−4.53	922.89	−2.61
重庆	1.181	−5.50	1.854	−11.95	894.27	−4.69
四川	1.338	−5.83	2.249	−9.18	1085.91	−4.66
贵州	2.348	−4.12	4.320	−0.03	2328.02	−0.83
云南	1.495	−4.60	2.739	−3.78	1591.10	−4.16
陕西	1.172	−4.56	1.367	−5.82	1078.51	−7.98
甘肃	1.864	−6.97	3.530	−12.84	2398.81	−5.55
青海	2.689	−6.46	2.936	−9.46	3862.12	−2.24
宁夏	3.454	−6.26	6.509	−8.71	4720.74	−5.90
新疆	1.934	−1.53	3.095	−1.72	1408.20	5.73

说明：

1.计算公式

$$单位GDP能耗 = \frac{能源消费总量}{GDP}$$

单位GDP能耗上升（+）或降低（-）% =

$$(\frac{2009年能源消费总量/2009年GDP}{2008年能源消费总量/2008年GDP} -1)\times 100\%$$

$$单位GDP电耗 = \frac{全社会用电量}{GDP}$$

单位GDP电耗上升（+）或降低（-）% =

$$(\frac{2009年全社会用电/2009年GDP}{2008年全社会用电/2008年GDP} -1)\times 100\%$$

$$单位工业增加值能耗 = \frac{工业能源消费量}{工业增加值}$$

单位工业增加值能耗上升（+）或降低（-）% =

$$(\frac{2009年工业能耗增长指数}{2008年工业增加值增长指数} -1)\times 100\%$$

2.单位工业增加值能耗的统计范围是年主营业务收入500万元及以上的工业法人企业。

3.GDP和工业增加值按照2005年价格计算。

4.根据能源消费总量和GDP年度统计结果计算，2009年全国单位GDP能耗为1.077吨标准煤/万元，降低3.61%。

5.根据第二次经济普查结果，2005年至2008年全国单位GDP能耗分别修订为1.276、1.241、1.179、1.118吨标准煤/万元，2006年至2008年单位GDP能耗降低率分别修订为-2.74%、-5.04%、-5.20%。各地区数据也进行了相应修订。

6.西藏自治区的数据暂缺。

7.公报不含香港特别行政区、澳门特别行政区和台湾省。

2009年全国各地GDP数据一览

编者按：为方便广大网友阅读和分析，中国经济网记者参考和梳理国家统计局网站、各地统计局网站及各省区市2010年政府工作报告，综合整理出各地GDP总量和增速数据（按GDP总量排序）。

广东 39082亿元 增速9.5%

广东省应对国际金融危机见事早、行动快、出拳重，促进了经济平稳较快增长。完成生产总值39082亿元、比上年增长9.5%，人均生产总值40748元、增长8.4%，均提前实现“十一五”规划目标。

江苏 34061亿元 增速12.4%

实现地区生产总值34061亿元，比上年增长12.4%，人均地区生产总值44232元，折合6475美元。地方财政一般预算收入3229亿元，增长18.2%。全社会固定资产投资增长24.5%，社会消费品零售总额增长18.9%。

山东 33805.3亿元 增速11.9%

全省实现生产总值 33805.3亿元，增长11.9%；地方财政收入 2198.5亿元，增长12.3%；城镇居民人均可支配收入17811元，农民人均纯收入6119元，分别增长9.2%和8.5%。

浙江 22832亿元 增速8.9%

2009年，全省生产总值22832亿元，比上年增长8.9%；地方财政收入按可比口径增长7.2%；研究与试验发展经费支出占生产总值比例1.7%；单位生产总值能耗预计下降5.6%，城镇居民人均可支配收入24611元，农村居民人均纯收入10007元，实际增长9.7%和9.5%；居民消费价格总水平下降1.5%；城镇新增就业81.9万人，城镇登记失业率3.26%；人口自然增长率4.63‰。

河南 19367亿元 增速10.7%

初步核算，全省生产总值19367亿元，比上年增长10.7%；地方财政一般预算收入1126亿元、支出2903亿元，分别增长11.6%和27.2%；全社会固定资产投资13705亿元，增长30.6%；社会消费品零售总额6746亿元，增长19.1%。

河北 17026.6亿元 增速10%

经初步核算，2009年全省生产总值实现17026.6亿元，总量排全国第六位，比上年增长10%。

辽宁 15065.57亿元 增速13.1%

预计全省地区生产总值完成15065亿元，增长13.1%；地方财政一般预算收入1591亿元，增长17.3%;全社会固定资产投资13075亿元，增长30.5%;社会消费品零售总额5812亿元，增长18.2%。经济增长保持了不低于振兴以来的平均速度，不低于东部地区的平均速度。

上海 14900.93亿元 增速8.2%

2009年，上海市生产总值比上年增长8.2%，地方财政收入达到2540.3亿元，比上年增长7.7%，全社会固定资产投资总额完成5273.3亿元比上年增长9.2%，社会消费品零售总额比上年增长14%，居民消费价格总水平比上年下降0.4%，扭转了工业生产持续下滑的走势，初步遏制了对外贸易降幅持续扩大的势头。

四川 14151.3亿元 增速14.5%

初步统计，全省生产总值14151.3亿元，增长14.5%；地方财政一般预算收入1174.2亿元，增长21.9%；城镇新增就业72万人，城镇登记失业率4.3%；城镇居民人均可支配收入13904元，增长10.1%；农民人均纯收入4462元，增长8.3%；居民消费价格上涨0.8%；人口自然增长率2.7‰。

湖南 12930.7亿元 增速13.6%

全省实现生产总值12930.7亿元，增长13.6%；财政总收入1504.6亿元，增长14.5%；全社会固定资产投资7695.4亿元，增长36.2%；社会消费品零售总额4913.8亿元，实际增长21.1%；居民消费价格总水平下降0.4%。

湖北 12831.52亿元 增速13.2%

初步统计，全年生产总值12831.5亿元，增长13.2%，规模以上工业增加值4742.2亿元，增长20.1%；全社会固定资产投资8211.8亿元，增长41.6%；社会消费品零售总额5928.4亿元，增长19.0%；城镇居民人均可支配收入14367元，增长9.2%；农民人均纯收入5035.3 元，增长8.1%；城镇新增就业人数68.8万人，城镇登记失业率为4.2%；人口自然增长率为3.5‰；居民消费价格指数下降0.4个百分点。

福建 11949.53亿元 增速12.0%

初步核算，2009年全省实现地区生产总值11949.53亿元，比上年增长12.0%。投资对经济增长的贡献率达67.6%，比上年提高5个百分点。全年工业增加值4918亿元、增长12.1%，建筑业增加值894亿元、增长18.6%。农林牧渔业总产值2001亿元，增长5%，粮食总产量667万吨，连续三年增产。省级重点龙头企业实现销售收入增长9%，农产品出口增长12.8%。

北京 11865.9亿元 增速10.1%

初步核算，全市地区生产总值达到11865.9亿元，比上年增长10.1%，人均地区生产总值超过1万美元；完成地方财政收入2026.8亿元，增长10.3%。城镇登记失业率为1.44%。城镇居民人均可支配收入26738元，农民人均纯收入11986元，实际增长9.7%和13.4%。

安徽 10052.9亿元 增速12.9%

初步核算，2009年，我省共实现GDP 10052.9亿元，成为第14个“万亿大省”。按可比价格计算，比上年增长12.9%，增幅比上年提高0.2个百分点，比全国高4.2个百分点。

内蒙古 9725.78亿元 增速16.9%

初步核算，经国家统计局审定，2009年，全区完成生产总值9725.78亿元，按可比价格计算，同比增长16.9%，比全国平均增速高8.2个百分点，增速连续八年保持全国各省区市第一位。

黑龙江 8288亿元 增速11.1%

初步核算全年地区生产总值达到8288亿元，比上年(下同)增长11.1%，连续8年保持两位数增长。规模以上工业增加值实现2905.5亿元，增长12.1%。全社会固定资产投资完成5029.1亿元，增长37.6%。财政一般预算收入实现641.6亿元，增长10.9%。社会消费品零售总额实现3401.8亿元，增长19.2%。

陕西 8186.65亿元 增速13.6%

全年实现生产总值8186.65亿元，增长13.6%；完成财政总收入1389.5亿元，增长25.8%;城镇新增就业38.8万人，登记失业率3.94%。

广西 7700.36亿元 增速13.9%

初步统计，全年地区生产总值7700.36亿元，按可比价格计算，比上年增长13.9%，比全国高5.2个百分点，增速在全国排第5位；财政收入966.89亿元，增长14.7%，其中一般预算收入620.83亿元，增长19.8%，比全国高6.1个百分点，增速在全国排第6位。

江西　7589.2亿元　增速13.1%

全省实现生产总值7589.2亿元，增长13.1%，财政总收入928.7亿元，增长13.7%。全社会固定资产投资6642.4亿元，增长40%社会消费品零售总额2484.4亿元，增长19.3%。

天津　7500亿元　增速16.5%

初步核算，2009年全市生产总值是7500亿元，比上年增长16.5%，其中第一产业增加值131亿元，第二产业增加值4110亿元，第三产业增加值3259亿元，分别增长3.4%、18.2%和15.1%。按常住人口计算，全市人均生产总值62403元，折合9136美元，增长11.1%。

山西　7300亿元（对比2008年数据）增速6%

预计全年生产总值同比增长6%左右(7300亿元——对比2008年数据)；一般预算收入增长8%左右；全社会固定资产投资增长40%，增速创15年以来新高；社会消费品零售总额增长19%，明显高于全国平均水平；居民消费价格总水平下降0.4%。

吉林　7200亿元　增速13.5%

预计全省地区生产总值完成7200亿元，比上年增长13.5%。地方级财政收入达到487亿元，增长15.2%。

重庆　6527亿元　增速14.9%

2009年，是重庆在逆境中化危为机、挑战中克难奋进的一年。初步统计，全市生产总值比上年增长14.9%，达到6527亿元。

云南　6168亿元　增速12.1%

去年，全省生产总值完成6168亿元，增长12.1%；财政总收入1490.8亿元，增加130.6亿元，增长9.6%，地方财政一般预算收入698.3亿元，增加84.2亿元，增长13.7%，地方财政一般预算支出1949.8亿元，增加479.6亿元，增长32.6%。

新疆　4270亿元　增速8%

全区生产总值预计4270亿元，增长8%。全社会固定资产投资完成2825亿元，增长25%。社会消费品零售总额1178亿元，增长14.8%。全口径财政收入883.7亿元，财政一般预算收入388.8亿元，分别增长7.9%和7.7%；地方财政支出1474.9亿元，增长28.9%。城镇居民人均可支配收入12120元，增长6%；农民人均纯收入4000元，增加497元，增长14%，实现历史性突破。

贵州　3887亿元　增速11%

预计全省生产总值3887亿元，增长11%；财政总收入和一般预算收入分别为779.58亿元和416.46亿元，增长15.9%和19.7%，一般预算支出1358.76亿元，增长28.9%；全社会固定资产投资2438.18亿元，增长30.8%；社会消费品零售总额1247.25亿元，增长19.1%；城镇居民人均可支配收入和农民人均纯收入分别实际增长10.9%和10%左右；年末全省金融机构存、贷款余额分别比年初增加1161.2亿元和1087.2亿元。

甘肃　3380亿元　增速10%

预计，完成生产总值3380亿元，增长10%，其中：第一产业486亿元，增长4.9%；第二产业1508亿元，增长10.5%；第三产业1386亿元，增长11.1%。

海南　1646.6亿元　增速11.7%

全省经济持续回升。全省生产总值1646.6亿元，比上年增长11.7%。全社会固定资产投资1002.5亿元，增长41.4%；社会消费品零售总额534.5亿元，增长19.2%，投资、消费成为拉动经济增长的主要动力。

宁夏　1334.6亿元　增速11.6%

全区实现生产总值1334.6亿元，增长11.6%。财政总收入突破200亿元，达213.6亿元，增长19.6%；地方一般预算收入超百亿元，达111.5亿元，增长17.4%。税收增幅居全国第六。粮食总产实现“六连增”。扩内需取得重大成效。全社会固定资产投资突破千亿元大关，达1119.1亿元，增长30.3%。

青海　1081.27亿元　增速10.1%

经济总量持续攀升，实现生产总值1081.27亿元，比上年增长10.1%。完成全社会固定资产投资800.5亿元，增长37.5%。全社会消费品零售总额突破300亿元，增长18.8%，实际增幅为近20年来最高。一般预算收入达到166.5亿元，增长21.9%，增幅超过全国水平10.2个百分点。城镇登记失业率控制到3.8%；城镇居民人均可支配收入达到12692元，增长9%；农牧民人均纯收入达到3346元，增长9.3%。

西藏　437亿元（预计）　增速12.1%

今年西藏自治区的生产总值预计达到437亿元，比上年增长12.1%；地方财政一般预算收入大幅增长，预计达到30亿元，连续4年保持20%以上的增速。

表一：2009年各省（区、市）GDP总量

单位：亿元

	GDP	位次	第一产业	位次	第二产业	位次	第三产业	位次
北京	11865.93	13	118.25	28	2743.16	23	9004.52	5
天津	7500.80	20	131.01	26	4110.54	15	3259.25	16
河北	17026.60	6	2218.91	4	8874.89	6	5932.80	7
山西	7365.74	21	477.60	24	4021.19	17	2866.95	19
内蒙古	9725.78	15	929.02	18	5101.39	13	3695.37	14
辽宁	15065.57	7	1414.90	11	7821.67	7	5829.00	8
吉林	7203.18	22	980.50	17	3491.96	20	2730.72	21
黑龙江	8288.00	16	1154.32	14	3920.36	18	3213.32	17
上海	14900.93	8	113.82	29	5939.96	9	8847.15	6
江苏	34061.19	2	2201.64	5	18416.13	3	13443.42	2
浙江	22832.43	4	1161.65	13	11843.30	4	9827.48	4
安徽	10052.86	14	1495.57	9	4902.77	14	3654.52	15
福建	11949.53	12	1182.87	12	5812.42	11	4954.24	13
江西	7589.22	19	1098.31	15	3890.31	19	2600.60	22
山东	33805.30	3	3226.60	1	19035.03	2	11543.67	3
河南	19367.28	5	2768.99	2	10968.63	5	5629.66	9
湖北	12831.52	11	1915.90	8	5909.42	10	5006.20	12
湖南	12930.69	10	1969.67	7	5682.19	12	5278.83	10
广东	39081.59	1	2006.02	6	19270.48	1	17805.09	1
广西	7700.36	18	1458.71	10	3377.72	22	2863.93	20
海南	1646.60	28	461.93	25	443.43	30	741.24	28
重庆	6528.72	23	606.80	21	3447.48	21	2474.44	24
四川	14151.28	9	2240.61	3	6711.87	8	5198.80	11
贵州	3893.51	26	554.02	22	1474.33	27	1865.16	25
云南	6168.23	24	1063.96	16	2580.34	24	2523.93	23
西藏	441.36	31	63.99	31	136.19	31	241.18	31
陕西	8186.65	17	789.63	19	4312.11	15	3084.91	18
甘肃	3382.35	27	497.50	23	1510.98	26	1373.87	27
青海	1081.27	30	107.40	30	576.34	29	397.53	30
宁夏	1334.56	29	127.13	27	680.20	28	527.23	29
新疆	4273.58	25	759.73	20	1951.87	25	1561.97	26

表二：2009年各省（区、市）GDP增速

单位：%

	GDP	位次	第一产业	位次	第二产业	位次	第三产业	位次
北京	10.1	23	4.6	17	9.7	26	10.3	25
天津	16.5	2	3.4	24	18.2	5	15.1	1
河北	10.0	25	3.3	25	10.5	24	11.4	17
山西	5.5	31	4.2	20	2.3	31	10.3	25
内蒙古	16.9	1	2.3	29	21.4	2	15.0	2
辽宁	13.1	10	3.1	27	15.6	12	12.1	16
吉林	13.3	8	2.8	28	16.7	10	12.7	9
黑龙江	11.1	21	5.2	5	13.0	17	10.1	28
上海	8.2	29	−1.1	31	3.1	30	12.6	10
江苏	12.4	13	4.5	18	12.5	20	13.6	6
浙江	8.9	28	2.3	29	6.8	29	12.5	12
安徽	12.9	12	5.0	8	16.8	9	11.1	19
福建	12.0	16	4.7	16	12.9	18	12.5	12
江西	13.1	10	4.5	18	17.1	8	10.7	23
山东	11.9	17	4.2	20	13.7	15	10.7	23
河南	10.7	22	4.2	20	12.2	21	10.9	22
湖北	13.2	9	5.2	5	16.0	11	12.3	15
湖南	13.6	6	5.0	8	18.9	4	11.0	20
广东	9.5	27	4.9	11	8.7	28	11.0	20
广西	13.9	5	5.3	4	17.6	7	13.8	5
海南	11.7	18	7.2	1	12.6	19	14.1	3
重庆	14.9	3	5.5	3	17.8	6	13.3	8
四川	14.5	4	4.0	23	19.5	3	12.4	14
贵州	11.2	20	4.8	14	12.0	22	12.6	10
云南	12.1	15	5.2	5	13.6	16	13.4	7
西藏	12.4	13	3.3	25	21.7	1	10.3	25
陕西	13.6	6	4.9	11	14.7	13	14.1	3
甘肃	10.0	25	4.9	11	10.4	25	11.3	18
青海	10.1	23	5.0	8	11.3	23	9.8	29
宁夏	11.6	19	7.2	1	14.4	14	9.4	30
新疆	8.1	30	4.8	14	9.0	27	8.3	31

2009年中国经济宏观数据及八大类数据一览

2009年GDP335353亿元，比上年增8.7%

国家统计局今日公布，2009年国内生产总值335353亿元，按可比价格计算，比上年增长8.7%，增速比上年回落0.9个百分点。分季度看，2009年一季度增长6.2%，二季度增长7.9%，三季度增长9.1%，四季度增长10.7%。

2009年粮食总产量达53082万吨，比上年增长0.4%

国家统计局今日公布，农业生产继续稳定发展，粮食实现连续六年增产。全年粮食总产量达到53082万吨，也就是10616亿斤，比上年增长0.4%，连续6年增产。

2009年规模以上工业增加值比上年增长11%

工业生产逐季回升，实现利润由大幅下降转为增长。全年规模以上工业增加值比上年增长11%，增速比上年回落1.9个百分点。其中，规模以上工业增加值一季度增长5.1%，二季度增长9.1%，三季度增长12.4%，四季度增长18%。1-11月份，全国规模以上工业企业实现利润25891亿元。

2009年固定资产投资224846亿 比上年增长30.1%

固定资产投资快速增长，涉及民生领域的投资增长明显加快。2009年全社会固定资产投资224846亿元，比上年增长30.1%，增速比上年加快4.6个百分点。

2009年CPI比上年下降0.7% 城乡居民收入增长8.8%

国家统计局21日在国务院新闻办发布2009年经济数据。2009年国内生产总值335353亿元，按可比价格计算，比上年增长8.7%，增速比上年回落0.9个百分点。农业生产继续稳定发展，粮食实现连续六年增产。全年粮食总产量达到53082万吨，也就是10616亿斤。

2009年社会消费品零售总额125343亿 增长15.5%

市场销售增长平稳较快，部分产品快速增长。全年社会消费品零售总额125343亿元，比上年增长15.5%；扣除价格因素，实际增长16.9%，实际增速比上年同期加快2.1个百分点。

2009年进出口总额22073亿美元 比上年下降13.9%

进出口总额全年下降，自11月份由降转升。全年进出口总额22073亿美元，比上年下降13.9%。11月份进出口总额同比涨幅由负转正，当月增长9.8%，12月份增长32.7%。去年全年的出口12017亿美元，下降16%；进口10056亿美元，下降11.2%。进出口相抵，去年的贸易顺差1961亿美元..

2009年城镇居民家庭人均总收入18858元

城乡居民收入稳定增长，就业趋势好于预期。全年城镇居民家庭人均总收入18858元。其中，城镇居民人均可支配收入17175元，比上年增长8.8%，扣除价格因素，实际增长9.8%。去年农村居民人均纯收入5153元，比上年增长8.2%，扣除价格因素，实际增长8.5%。

2009年金融机构各项贷款余额40万亿元

货币供应量增长较快，新增贷款大幅增加。去年12月末，广义货币(M2)余额60.6万亿元，比上年末增长27.7%，增幅同比加快9.9个百分点；狭义货币(M1)22万亿元，增长32.4%，加快23.3个百分点。金融机构各项贷款余额40万亿元，比年初增加9.6万亿元，同比多增4.7万亿元。

第二部分

行业发展与投资

行业发展综述

温家宝主持召开国务院常务会议 审议并原则通过《国务院关于加快培育和发展战略性新兴产业的决定》

2010年9月8日国务院总理温家宝主持召开国务院常务会议，审议并原则通过《国务院关于加快培育和发展战略性新兴产业的决定》。

会议指出，加快培育和发展以重大技术突破、重大发展需求为基础的战略性新兴产业，对于推进产业结构升级和经济发展方式转变，提升我国自主发展能力和国际竞争力，促进经济社会可持续发展，具有重要意义。必须坚持发挥市场基础性作用与政府引导推动相结合，科技创新与实现产业化相结合，深化体制改革，以企业为主体，推进产学研结合，把战略性新兴产业培育成为国民经济的先导产业和支柱产业。

会议确定了战略性新兴产业发展的重点方向、主要任务和扶持政策。（一）从我国国情和科技、产业基础出发，现阶段选择节能环保、新一代信息技术、生物、高端装备制造、新能源、新材料和新能源汽车七个产业，在重点领域集中力量，加快推进。（二）强化科技创新，提升产业核心竞争力。加强产业关键核心技术和前沿技术研究，强化企业技术创新能力建设，加强高技能人才队伍建设和知识产权的创造、运用、保护、管理，实施重大产业创新发展工程，建设产业创新支撑体系，推进重大科技成果产业化和产业集聚发展。（三）积极培育市场，营造良好市场环境。组织实施重大应用示范工程，支持市场拓展和商业模式创新，建立行业标准和重要产品技术标准体系，完善市场准入制度。（四）深化国际合作。多层次、多渠道、多方式推进国际科技合作与交流。引导外资投向战略性新兴产业，支持有条件的企业开展境外投资，提高国际投融资合作的质量和水平。积极支持战略性新兴产业领域的重点产品、技术和服务开拓国际市场。（五）加大财税金融等政策扶持力度，引导和鼓励社会资金投入。设立战略性新兴产业发展专项资金，建立稳定的财政投入增长机制。制定完善促进战略性新兴产业发展的税收支持政策。鼓励金融机构加大信贷支持，发挥多层次资本市场的融资功能，大力发展创业投资和股权投资基金。

会议强调，加快培育和发展战略性新兴产业是我国新时期经济社会发展的重大战略任务。要加强组织领导和统筹协调，编制国家战略性新兴产业发展规划，制定产业发展指导目录，优化区域布局，形成各具特色、优势互补、结构合理的战略性新兴产业协调发展格局。

会议还研究了其他事项。

国家启动加快培育战略性新兴产业发展思路研究

国家发展和改革委

2月7日，国家发展改革委会同科技部、工业和信息化部、财政部等部门组织召开了“战略性新兴产业总体思路研究工作启动暨协调小组第一次会议”，标志着我国正式启动加快培育战略性新兴产业发展思路研究工作。国家发展改革委主任张平同志主持会议，并传达了党中央、国务院领导同志近期对加快培育战略性新兴产业的一系列重要指示，学习了2009年中央经济工作会议提出的要“研究加快培育战略性新兴产业的总体思路”和国务院关于加快培育战略性新兴产业发展总体要求，研究了贯彻落实的具体方案。

会议认为，为应对金融危机后经济发展方式转变和结构调整，提高我国经济竞争力，要抓紧研究战略性新兴产业的发展方向，编制战略性新兴产业发展“十二五”规划，明确战略性新兴产业在国民经济和社会发展中的战略定位，确定我国战略性新兴产业发展的指导思想、基本原则、主要目标任务、发展重点领域、主攻方向和产业区域布局等重大部署，系统提出加快其发展的重大政策措施，为促使其成为经济社会发展的主导力量奠定政策基础。

会议决定，成立由国家发展改革委主任张平任组长，国家发展改革委副主任张晓强、科技部副部长杜占元、工业和信息化部副部长苗圩、财政部副部长张少春任副组长，共由20个部门或单位领导同志组成的加快培育战略性新兴产业研究部际协调小组，统一协调发展思路研究以及规划编制工作中的重大问题。同时成立由国家发展改革委副主任张晓强任组长的加快培育战略性新兴产业发展思路研究文件起草组，负责文件和规划起草工作。会议审议通过了战略性新兴产业发展思路研究下一步主要任务和工作安排建议。

张平同志在会上强调，战略性新兴产业是推动经济社会发展的革命性力量。大力发展战略性新兴产业，已经成为当今国际社会应对金融危机、实现经济社会可持续发展的共同选择。加快培育战略性新兴产业对巩固和发展我国经济回升势头、转变经济发展方式、调整产业结构、走新型工业化道路具有重大意义。在新的形势下，开展加快培育战略性新兴产业发展思路研究，要深入贯彻落实科学发展观，以国际视野和战略思维，把握好当前和长远的关系，坚持有所为有所不为的原则，处理好市场、企业与政府的关系。要加强对重大问题的研究，做好与国家有关规划的衔接，强化各部门、各单位的协同配合，精心组织，齐心协力，当好参谋，扎扎实实完成发展思路研究和规划起草工作。

把握全球产业调整机遇 培育和发展战略性新兴产业

全国政协副主席、科学技术部部长 万钢

最近召开的中央经济工作会议强调要发展战略性新兴产业，这是中央统筹国内国际两个大局，既着眼于现时应对国际金融危机又着眼于未来可持续发展而作出的重要战略部署。历史经验表明，科学技术在应对经济危机中具有不可替代的关键作用。依靠科技创新培育战略性新兴产业，激发经济增长的内生动力，是走出危机、实现新一轮经济繁荣的根本途径。

一、发展战略性新兴产业已经成为发达国家应对危机、提振经济的战略选择

面对国际金融危机的严重冲击，主要发达国家纷纷加大对科技创新的投入、加快对新兴技术和产业发展的布局，力争通过发展新技术、培育新产业，创造新的经济增长点，率先走出危机，抢占新一轮经济增长的战略制高点。

首先，把绿色能源的研发作为经济复苏的重中之重。美国除了将189亿美元投入能源输配和替代能源研究、218亿美元投入节能产业、200亿美元用于电动汽车的研发和推广外，还将投入7.77亿美元支持建立46个能源前沿研究中心。在欧盟经济复苏计划中，强调“绿化”的创新和投资，加速向低碳经济转型。日本将新能源研发和利用的预算由882亿日元大幅增加到1156亿日元。韩国计划到2012年投资60000亿韩元研发绿色能源新技术。

其次，把加快“三网融合”作为信息产业发展的重要方向。美国提出要在宽带普及率和互联网接入方面重返世界领先地位，加大对信息传感网、公共安全网、智能电网等现代化基础设施的建设。欧盟提出加快建设全民高速互联网，到2010年实现高速网络100%覆盖率。英国、法国相继出台了“数字国家”战略，德国推出“信息与通信技术2020创新研究计划”，倾力增强信息通信领域的国际竞争力。

第三，加大对生物技术和产业发展的支持力度。近年来，全球生物技术产业销售额的年增长率达到25%—30%。即使在经济危机的严峻形势下，各国不但没有减少对生物技术研发的资助，反而加强了对这些领域的支持。美国总统奥巴马提出，未来10年间要使国立卫生研究院的经费翻一番。英国计划10年内在癌症和其他疾病领域投入150亿英镑用于相关的生物医学研究，这比英国以往任何时候对生物医学研究的投入都要多。

第四，积极拓展纳米技术和产业的发展空间。目前，纳米技术已拓展到信息、生物、医药、能源、资源、环境、空间等诸多领域，纳米领域继续成为各国创新投资的重点。美国纳米技术计划2010年的研发预算是16亿美元。俄罗斯则在2009年6月宣布将投资2000亿卢布发展纳米技术，使其成为国家“科技战略的火车头”。

二、充分发挥科学技术在应对国际金融危机、促进我国经济平稳较快发展中的重要支撑作用

为应对国际金融危机、促进经济平稳较快发展，党中央、国务院作出一系列重大决策和部署，在一揽子计划中强调要发挥科技的支撑作用。2009年3月，国务院下发了《关于发挥科技支撑作用促进经济平稳较快发展的意见》。按照标本兼治、远近结合的原则，各地、各部门认真落实科技支撑的各项部署和措施，取得了显著成效。

一是加快实施重大专项。调整并加快实施了一批需求迫切、基础较好、有望快速实现产业化的创新项目。在安排重点任务时，充分考虑与国家重大工程、相关科技计划项目相结合，注重发挥行业龙头企业的带动作用，一大批专项成果取得重要进展。

二是为重点产业调整和振兴提供科技支撑。结合十大产业振兴的科技需求，调整科技发展计划，推动产学研用结合，加强了“高速铁路装备技术”、“高品质特殊钢生产技术”、“油气田安全高效开采技术”、“制造业信息化工程”等一批重点产业关键技术和共性技术的研发力度。

三是大力实施自主创新技术和产品示范推广工程。相继实施了节能与新能源汽车、半导体照明、太阳能光伏和并网输配、高性能宽带信息网（3Tnet）的规模化应用或示范工程，加大了自主创新技术和产品的推广应用力度，释放了多年技术创新成果积蓄的能量，对于培育新的经济增长点、形成未来竞争优势，都将产生积极的推动作用。

四是努力提升企业的创新能力。实施技术创新工程，在重点产业领域积极组建一批产业技术创新战略联盟，搭建面向企业的技术创新服务平台，培育创新型企业。广泛组织科技人员深入基层、服务企业，帮助企业破解难题。

五是加大自主创新各项政策的落实力度。国家自主创新产品认定管理办法的实施，将对支持企业自主创新、保护知识产权、提高产品质量发挥重要的推动作用。针对中小企业融资难的问题，积极落实支持科技型中小企业产品创新、信贷担保、集约债券等措施，努力推进创业板等多层次资本市场建设，深入推动创业投资、科技保险、知识产权质押贷款的试点工作。

三、加快培育和发展战略性新兴产业是提升国家竞争力、掌握未来发展主动权的必然要求

科技创新将深刻影响或改变未来的经济发展和竞争格局。依靠科技创新，发展战略性新兴产业，既可以对当前调整产业结构起到重要支撑作用，更可以引领未来经济社会可持续发展的方向。要积极发展具有广阔市场前景、资源消耗低、带动系数大、就业机会多、综合效益好的战略性新兴产业，并在有基础、有条件的领域率先取得突破。

新能源产业。我国幅员辽阔，风能、太阳能和生物质资源比较丰富，核能的关键元素具有一定的储量，新能源产业发展的潜力巨大。要抓住世界范围内产业结构调整的机遇，用节能减排和新能源技术改造传统产业；用生态安全的绿色产品拉动内需；用循环经济的总体思路构筑区域经济结构；用低耗环保的行为构建新的生活模式。

电动汽车产业。电动汽车将成为未来汽车消费市场的引领性产品，发展电动汽车已经在全球范围内演变成一场抢占未来产业制高点的竞争。当前，要努力攻克动力电池、驱动电机、电控系统等关键技术，研究具有商业可行性的电动汽车充电站建设和运营模式，加快实现现有成果的规模化和市场化。

智能网络产业。以网络融合和智能化为特征的下一代网络产业是全球IT产业发展的重要方向之一。以“三网融合”为目标的智能网络技术与产品的研发与应用推广，将形成庞大的产业链和巨大的产业规模。要重点突破下一代网络与通讯、物联网、语义网、云计算等关键技术，促进通信设备制造业、信息安全产业、软件产业、高性能计算产业和空间信息产业的加速发展。

生物技术产业。生物技术为解决粮食、医疗、能源和环境等领域的重大问题奠定了基础，并为现代生物产业发展提供了广阔空间。要大力发展主要农作物转基因新品种，实现规模化种植，大幅度提高农业综合生产能力。通过实施新药创制、传染病防治等重大专项，推动生物医药产业的快速发展。

新材料和先进制造产业。半导体照明、碳纤维和高强钢等新材料研发和产业化进展迅速，纳米技术开始应用于材料和制造领域。加快发展先进制造产业，提升我国关键材料和重大装备的整体水平，对于推动我国从制造大国向制造强国的迈进具有重要意义。

四、把握战略性新兴产业发展的规律

产业技术特征是决定战略性产业成长的关键因素。此外，战略性新兴产业的培育和发展还受到市场前景、成长潜力、资源条件、产业结构等要素影响。因此，在推动战略性新兴产业发展过程中必须认真把握好产业发展规律。

一是把握好科技超前部署的规律。在经济复苏过程中，充分发挥科技支撑作用的关键在于核心技术上要有所积累。因此，一定要把握方向、超前部署、率先投入和引领发展。早在“十五”期间国家就实施了一批重大科技专项，为我国新兴产业发展打下了坚实基础。《国家中长期科学和技术发展规划纲要（2006—2020）》选择了16个重大科技专项作为未来科技发展的战略重点，

对于带动新产品开发、产业技术升级、催生和引领产业发展变革都将起到直接的推动作用，对于培育和形成我国具有自主知识产权的战略性产业和增强国家核心竞争力具有重要意义。

二是把握好新兴产业发展的规律。在培育战略性新兴产业过程中，由于投资热情高、配套技术和基础设施发展不同步，往往会出现后续环节阶段性的“阻塞”和前端技术配套性的“过剩”现象。要科学分析新兴产业发展过程中的各种问题，把握好产业发展的规律和节奏，充分发挥科技支撑、政府引导和市场推动的共同作用，从调整产业结构的根本着手，打通新兴产业发展各个环节间的障碍，持之以恒地促进战略性新兴产业发展。

三是把握好政策引领和推动作用的规律。要继续加大对前沿性、关键性、基础性和共性技术研究的支持力度，把自主创新政策的着力点聚焦到支持产品研发的前端和推广应用的后端上来，创新适应新兴产业发展的商业模式，为自主创新产品打开市场做好服务工作。在鼓励大企业开展创新活动的同时，更加关注创新型中小企业的发展，创造宽松的投融资环境，激励民营企业发挥创新的积极性。

四是把握好人才聚集和成长的规律。新一轮人才争夺战已成为新一轮产业结构调整的关键。为此，国家实施了吸引高层次人才的“千人计划”，在重点学科、重大专项、高新技术和金融管理领域加快引进海外高层次人才。在重大专项实施过程和战略性新兴产业的发展中，要大力培养和造就一大批创新型人才，高度重视管理人才和创业型专业人才的培养，给那些勇于创新创业的人才创造良好的环境。

2009年主要高载能行业运行情况

国家发展和改革委

2009年，规模以上工业增加值同比增长11%，增速比上年减缓1.9个百分点。各季度分别增长5.1%、9.1%、12.4%和18%，呈逐季回升之势。前11个月，规模以上工业企业实现利润25891亿元，同比增长7.8%，增幅同比提高2.9%。

钢铁、有色金属、水泥等主要高耗能产品生产恢复较快；钢材、水泥、多数化工产品价格小幅波动，主要有色金属、平板玻璃价格呈上涨之势。

冶金行业。2009年，全国粗钢产量56784万吨，同比增长13.5%，增速同比加快12.4个百分点；钢材产量69244万吨，增长18.5%，加快14.9个百分点。焦炭产量34502万吨，增长10.5%，上年为下降0.4%。铁合金产量2209万吨，增长20.4%，加快16.5个百分点。钢坯出口4万吨，下降96.6%；进口459万吨，增长17.7倍。钢材出口2460万吨，下降58.5%；进口1763万吨，增长14.3%。铁矿砂进口62778万吨，增长41.6%。焦炭出口54万吨，下降95.5%。

钢材价格小幅波动。12月份，国内市场月平均钢材价格综合指数为105.62点，比上月上涨2.97点，同比上涨2.32点。6.5mm高线、20mm螺纹钢、20mm中厚板、1.0mm冷轧板卷平均价分别为3746元/吨、3736元/吨、3833元/吨和5330元/吨，比上月上涨3%、2.1%、4.1%和6.3%，同比上涨2.3%、1%、5.6%和20.8%。

前11个月，冶金行业实现利润1433亿元，同比下降40.8%，上年同期为增长9.2%。其中，黑色金属矿采选业利润284亿元，下降48.8%，上年同期为增长1.1倍；黑色金属冶炼及压延加工业利润812亿元，下降42.6%，降幅同比扩大28.9个百分点。

有色金属行业。2009年，全国十种有色金属产量2681万吨，同比增长5.8%，增速同比减缓2.4个百分点。电解铝产量1299万吨，增长1%，减缓6.7个百分点；铜产量增长9.6%，减缓0.4个百分点；铅产量增长16.4%，减缓2.8个百分点；锌产量增长11.6%，加快7.3

个百分点。氧化铝产量增长4.4%，减缓13.3个百分点。

主要有色金属价格逐步回升。12月份，国内生产资料市场铜、电解铝、铅、锌现货平均价分别为56054元/吨、15992元/吨、15986元/吨和18922元/吨，比上月上涨7.9%、5.8%、0.8%和11.2%，同比上涨1.1倍、43.4%、52.9%和93.2%。

前11个月，有色行业实现利润809亿元，同比下降20.4%，降幅同比缩小5.4个百分点。其中，有色金属矿采选业利润257亿元，下降26.7%，降幅同比扩大22.6个百分点；有色金属冶炼及压延加工业利润553亿元，下降17.1%，降幅同比缩小17个百分点。

建材行业。2009年，全国水泥产量162898万吨，同比增长17.9%，增速同比加快12.7个百分点；平板玻璃产量56073万重箱，增长1.7%，减缓4.8个百分点。

水泥价格小幅波动，平板玻璃价格持续上涨。12月份，重点建材企业水泥平均出厂价为291元/吨，与上月基本持平，同比下降11元/吨；平板玻璃出厂价80元/重量箱，比上月上涨1元/重量箱，同比上涨14元/重量箱。年末，重点建材企业水泥库存1389万吨，同比上升29.8%；平板玻璃库存1298万重量箱，下降38.3%。

前11个月，建材行业实现利润1346亿元，同比增长32.6%，增幅同比提高6个百分点。其中，水泥行业利润366亿元，增长39%，增幅同比提高8.2个百分点；平板玻璃行业利润22.4亿元，增长12.3倍，上年同期为下降94.3%。

化工行业。2009年，化工行业增加值同比增长15.9%，增幅同比提高5.9个百分点。主要产品中，烧碱产量1891万吨，增长8.6%。纯碱产量2001万吨，增长8.7%。化肥产量6706万吨，增长16.3%；其中，氮肥、磷肥、钾肥产量分别增长14.1%、21.9%和24.6%。农药产量226万吨，增长12.3%。橡胶轮胎外胎产量65464万条，增长18.1%。电石产量1503万吨，增长8.5%。

重点监测的化工产品中，烧碱、氯化钾价格逐步下滑，黄磷价格呈上涨之势，纯碱、电石、尿素、国产磷酸二胺价格小幅振荡。12月份，烧碱（片碱）平均价格为2200元/吨，比上月上涨20元/吨，同比下降29%；纯碱1280元/吨，比上月上涨10元/吨，与上年同期持平。尿素1780元/吨，比上月上涨180元/吨，同比上涨3.5%；国产磷酸二胺2690元/吨，比上月上涨190元/吨，同比下降10.3%；进口氯化钾3400元/吨，比上月上涨20元/吨，同比下降22.7%。电石3100元/吨，比上月上涨120元/吨，同比上涨3%。

前11个月，化工行业实现利润1687亿元，同比增长13.7%，上年同期为下降1.2%。其中，化肥行业利润150亿元，下降46.1%，上年同期为增长45.5%。

十大产业振兴规划再回顾

上年末，国际金融危机刚刚爆发后，中央政府迅速出台了“4万亿”投资计划。今年初，金融危机仍在肆虐之时，十大产业振兴规划又依次出炉，为促进经济复苏、实现“保增长”目标提供了重要推手。

时至年末，在“4万亿”投资和十大产业振兴规划的共同拉动下，中国经济的复苏势头已经确立。在2010年政府投资拉动力度可能有所减弱的情况下，要确保国民经济的进一步回升，如何在“调结构”上下功夫，通过技术创新和产业升级来激活经济的内生增长机制便成了重要课题。

以拯救实体经济的方式应对金融危机

回想年初，“4万亿”计划推出之时，经济下滑使市场弥漫着一片悲观情绪。在这种情况下，从1月14日起，国务院常务会议先后审议并原则通过了汽车、钢铁、纺织、装备制造、船舶、电子信息、石化、轻工业、有色金属和物流业等十个重要产业的调整振兴规划，其涉及范围之广、决策效率之高，都令公众大受鼓舞。

如今回头审视这十个被视作“保增长”发力点的十大产业，可以发现除了物流业，其他九个都是工业行业。而这九个产业的增加值，占全部工业增加值的近

80%，占G D P的比重达1/3。对此，社科院工业经济研究所所长金碚指出，这种选择实际上蕴含着两层意思：第一，中国的工业化进程远未结束，工业在国民经济中仍占有举足轻重的地位。第二，应对金融危机要从实体经济发力，在这点上中国的政策取向非常清晰。

从实际情况看，十大产业振兴规划对经济的拉动效果十分明显。国家统计局公布的数据显示，在第一批产业振兴规划发布后的4月，国内工业增加值增速为7.3%，其后逐月回升，进入下半年后回升速度明显加快。10月国内工业增加值增速达到16.1%，这一数字超出了很多市场人士的预期。

“由于去年同期的基数较低，我们判断11月的工业增加值增速还能再创新高。”海通证券高级分析师刘铁军表示。如此一来，工信部之前预测的四季度工业增加值同比增长15%—16%是完全有保证的。由于近年来工业增加值占GDP的比重在40%以上，因此工业的强劲复苏将为“保增长”目标的完成提供重要支撑。

以扩内需的方式刺激工业企业强劲复苏

十大产业振兴规划何以促成了工业企业的强劲复苏？在这点上市场人士的认识较为一致，那就是内需市场的启动，让相关制造业企业迎来了关键转机。

在扩内需的方针指导下，受益最明显的莫过于汽车产业。中国汽车工业协会公布的统计数据显示，在购置税减免和汽车下乡等优惠政策的拉动下，前10月国内汽车销量达到1089.14万辆，同比增长37.71%，历史上首次突破千万辆大关。

目前，市场普遍预计今年国内汽车销量将达到创纪录的1300万辆，从而跃居世界第一大汽车消费市场。也正是因为如此，包括中汽协秘书长董扬在内的诸多业界人士均希望政府能保持汽车消费政策的稳定性和连续性，避免由于不确定因素促使消费者年底提前购车，预支2010年汽车需求。

相比于汽车业，扩大内需对出口依赖型的纺织业更是起到了“雪中送炭”之效。工信部消费品工业司司长张莉之前在上海指出，自《纺织工业调整与振兴规划》发布后，工信部对牵头负责的每一项任务进行了细化分解，并联合其他部委出台了《关于加快推进我国服装家纺自主品牌建设的指导意见》，引导纺织企业千方百计扩内需。

据张莉介绍，前三季度在拉动国内纺织经济增长的“三驾马车”中，固定资产投资增长缓慢（6.6%），远低于全国工业投资30%左右的增长水平。出口继续下降（－11.8%），而国内衣着类消费增长21%，成为保增长的主要动力。纺织品内销比例从2008年底的77%上升到今年上半年的80%，多年来对国际市场依存度较高的局面有所改善，依靠消费拉动的行业健康发展格局初步形成。

“调结构”任重而道远

“人无近忧，必有远虑”。纵观十大产业振兴规划，其目的均不是简单应对危机，而是长短兼顾、标本兼治。不过，在实际情况中，由于“保增长”的任务非常迫切，部分行业“调结构”的步伐有所滞后。

以最先出台的钢铁业调整和振兴规划为例，参与文件起草的冶金工业规划研究院院长李新创告诉记者，该规划既解决眼前困难，也考虑到中长期的产业发展问题。比如规划中明确提到，要推进联合重组工作，使排名前五的钢铁企业产能占全国产能的比例达到45%以上。

然而在实际发展过程中，由于国家基建投资的拉动，对建筑钢材的需求猛增，而建筑钢材正是地方中小钢厂的主打产品。中钢协的统计数据显示，今年前三季度国内粗钢产量4.2亿吨，同比增加2936万吨。其中，大中型企业产量同比增加919万吨，仅占总增量的31.3%，其余68.7%的增量事实上来自地方中小企业。如此一来，中国钢铁工业的集中度不升反降，与规划精神背道而驰。

“由于明年国内的固定资产投资将继续保持相对高位，因此2010年的钢材需求是比较乐观的。在行业增长无忧的情况下，今后我们要着重考虑调结构的问题。”李新创表示，当前钢铁工业还有两大结构上的痼疾待解：一是落后产能太多，二是布局不合理。对此，工信部正在组织制定《促进钢铁企业兼并重组指导意见》和《钢铁行业准入条件》。可以预见，2010年将是钢铁行业启动结构大调整的一年。

金碚也表示，金融危机实际上反映了实体经济中存在的深刻缺陷。它让中国企业普遍接受严峻考验之时，也给那些有竞争力的公司提供了一次特殊的战略调整机遇。他认为，未来中国产业必须告别“粗放制造”“快速扩张”的时代，形成“精致制造”“清洁生产”的机制，进一步夯实制造业竞争力的微观基础真正具备现代工业文明的精髓。

农、林、水、资源、环境

加快发展现代农业

农业部部长 韩长赋

《中共中央关于制定国民经济和社会发展第十二个五年规划的建议》（以下简称《建议》）明确提出，在工业化、城镇化深入发展中同步推进农业现代化，是“十二五”时期的一项重大任务。这是中央科学把握现代化发展规律、着眼于全面建设小康社会作出的重大战略部署，对于推进我国社会主义现代化建设健康发展、加快实现农业现代化具有重大而深远的意义。我们要深刻领会、全面贯彻中央精神，进一步夯实农业基础地位，加快发展现代农业，强化工业化、城镇化和农业现代化“三化统筹”，为经济社会发展提供坚实基础。

在工业化、城镇化深入发展中同步推进农业现代化

工业化、城镇化和农业现代化是人类文明进步的标志，是现代化的基本内容。从世界现代化发展的历程看，工业化、城镇化和农业现代化“三化”相互影响、相辅相成。工业化、城镇化可以带动和装备农业现代化，农业现代化则为工业化、城镇化提供支撑和保障。工业化、城镇化不发展，农业现代化就缺乏动力；反过来，农业现代化若跟不上工业化、城镇化发展步伐或者忽视农业现代化，就会导致工业化、城镇化陷入停滞，造成“三化”都难以为继。

当前，我国已进入工业化、城镇化快速推进、现代化加快发展的关键阶段，农业的支撑保障任务日益艰巨。随着城市人口增多以及人们生活水平不断提高，客观上要求农业提供更多更好的食物和原料。我国农村人口庞大，在现代化过程中还要解决好农民问题，包括农民转移就业、增收及农民市民化问题，从而为农业规模化、专业化创造条件。同时也要看到，我国农业现代化建设明显滞后于工业化和城镇化，农业基础还比较薄弱，成为现代化建设的瓶颈。因此，我们必须在工业化、城镇化深入发展中同步推进农业现代化，加快现代农业发展步伐。

基于对现代化发展规律的认识、对国际经验教训的总结和对我国国情的科学把握，我们党历来高度重视“三农”工作，高度重视农业现代化问题，坚持走中国特色农业现代化道路。“十一五”期间，不断完善强农惠农政策框架体系，加大“三农”投入力度，使农业基础地位得到有力巩固，农业生产条件得到不断改善，农业综合生产能力得到持续提高，农业农村经济发展取得巨大成就，为我国成功应对各种困难和风险、保持经济社会平稳较快发展提供了重要支撑，也为农业现代化奠定了坚实基础。

“十二五”时期是我国全面建设小康社会、实现现代化建设“三步走”战略承上启下的关键5年，也是加快推进农业现代化的重要时期。总体判断，农业发展面临诸多有利条件。家庭承包经营制度的巩固和不断完善，极大地保护和调动了广大农民的积极性、创造性。农业科技创新步伐加快，为我国农业现代化提供了强大的科技支撑。中央强农惠农力度不断加大，农业支持保护体系日益完善。据测算，“十二五”期间，我国城镇化率将超过50%，城镇人口将首次超过农村人口。大量农民转移进城，为推动农村土地适度规模经营创造了条件，

也扩大了农产品的市场需求，为农业现代化建设提供了空间。因此，必须科学把握“三化”统筹推进的内在要求和基本规律，加大强农惠农力度，加大农业现代化的推进力度，充分发挥工业化、城镇化对发展现代农业、转移农村劳动力的带动作用，对加快农村基础设施建设、提高农村公共服务水平等的辐射作用，努力实现农业现代化与工业化、城镇化协调发展。

把握加快发展现代农业的总体思路

加快发展现代农业，必须深入贯彻落实科学发展观，坚持工业反哺农业、城市支持农村和多予少取放活方针，坚持走中国特色农业现代化道路，按照高产、优质、高效、生态、安全的要求，以加快转变农业发展方式为主线，以促进专业化、标准化、规模化、集约化为重点，强化政策、科技、装备、基础设施等支撑，提高农业综合生产能力、抗风险能力、市场竞争能力，保障国家粮食安全，增加农民收入，繁荣农村经济，为经济社会持续稳定发展提供坚实支撑，使我国农业现代化取得阶段性明显进展。为此，须把握好以下几个方面。

坚持在城乡统筹中不断夯实农业基础。按照统筹城乡发展的要求，不断加大以工补农、以城带乡的力度，加大国家对农业的支持和保护力度，促进公共财政向农村倾斜、公共服务向农村覆盖、公共设施向农村延伸，借助工业化、城镇化的力量推进农业现代化，逐步实现城乡要素平等交换，不断巩固和加强农业基础地位。

坚持把提高农业综合生产能力作为发展现代农业的主攻方向。大力加强高标准农田、农田小型水利设施等农业基础设施建设，大幅度提高农业综合生产能力，尤其要提高粮食综合生产能力。

坚持把调整优化农业结构作为提高质量和效益的根本途径。积极推进区域结构、产业结构、产品结构调整，优化农业生产力布局，确保总量平衡和品种结构平衡，确保农产品质量安全，提高农业效益，增加农民收入。

加快转变农业发展方式，不断提高标准化、专业化、规模化和集约化水平。加强农业物质技术装备建设，大力培育现代农业生产经营主体，发展适度规模经营和产业化经营，加大农业资源和生态环境保护与建设力度，促进资源高效永续利用。

加快农业科技进步和创新，为农业现代化提供支撑。依靠高科技改造传统农业，用先进技术装备农业，大力发展现代种业，培育优质、高产、安全的农作物新品种和健康、专用的动物新品种，依靠科技提高资源利用效率，降低生产成本，提高质量效益。

坚持改革创新，增强农业发展后劲和活力。稳定和完善农村基本经营制度，坚持城市改革与农村改革统筹推进，正确处理和调整国家、集体与农民的关系，城市与农村的关系，工业与农业的关系，力争在粮食主产区利益补偿、农业支持保护、农村金融服务、完善城乡平等的要素交换关系等体制机制创新上取得突破。

坚持在统筹国际国内两个市场、两种资源中提升农业国际竞争力。在扩大农业对外开放中提高统筹利用国际国内两个市场、两种资源的能力，坚持“引进来”和“走出去”相结合，实现优势互补，保障国内供给和产业安全，提升我国农业的综合素质和市场竞争力。

采取有效措施加快发展现代农业

《建议》对“十二五”时期现代农业发展的任务和政策措施作出了具体部署，提出了明确要求。我们要从我国国情和农业发展实际出发，突出重点，强化政策措施，扎实推进农业现代化。

加强粮食综合生产能力建设。解决好十几亿人的吃饭问题，保障国家粮食安全，始终是治国安邦的头等大事，也是农业现代化建设的首要任务。要把提高粮食综合生产能力作为重点，实施全国新增千亿斤粮食生产能力规划；多渠道筹集资金，按照成片开发、整体推进的原则，突出农田水利建设和耕地质量建设，加快改造中低产田，大规模建设旱涝保收的高标准农田；在全国范围内划定永久基本农田，实施最严格保护；加快农村土地整理复垦，积极稳妥地开发后备耕地资源；建立和完善粮食主产区投入和利益补偿机制，调动粮食主产区发展粮食生产的积极性。

加快农业科技进步，大幅提高农业技术装备水平。农业科技是农业现代化的重要支撑。近年来，我国农业科技迅速发展，农机化加速推进，支撑能力明显增强。但2009年农业科技进步贡献率仍只有51%，农业耕种收综合机械化率仅为49%，远低于发达国家水平。要加大农业科技投入，深入实施科教兴农战略，大力推进农业科技体制机制创新，强化现代农业产业技术体系建设，加强农业科技创新，强化技术集成配套，特别是抓好种业这个农业科技创新的重点、农业机械这个农业科技的重要载体，抓好重大适用技术推广，大规模开展高产创建。

着力培育现代农业经营主体。加快发展现代农业，生产经营者是主体也是关键。当前，农业劳动力结构正面临大的调整和新的变化。大量有文化的年轻人进城务工，农业劳动者队伍老化、后继乏人问题日益凸显，培养适应现代农业发展要求的新型农民显得尤为重要。要大力推进人才强农战略，强化农民职业培训，着力培育一大批种养业能手、农机作业能手、科技带头人等新型农民。同时，多渠道培养适应现代农业发展的经营主体，发展种养业大户、农民专业合作社和农业产业化龙头企业，发展多种形式的适度规模经营。

完善现代农业产业体系。加强现代农业产业体系建设，是提高农业发展质量和效益、增强农业竞争力的重要举措，也是农业现代化的重要内容。要大力优化农业生产力布局，加快实施优势农产品区域规划，形成优势突出、特色鲜明的农产品产业带；加快推进农业标准化、规模化种养，提高农产品品质和安全水平，加快发展高效经济作物和园艺产业、现代畜牧水产业；大力发展设施农业，加大投入力度，研发、推广先进适用设施农业技术，支持企业和农户发展设施农业；大力推进农产品生产、加工、流通一体化经营，提高农业的附加值和效益；加强农产品质量安全监管，逐步使农产品生产成为可控过程、可追溯过程、可量化过程；加快发展无公害农产品、绿色食品和有机农产品，培育一批国内外公认的农产品知名品牌。

加强农业资源环境保护与建设。节约农业资源，保护生态环境，推进可持续发展，是农业现代化建设的一项艰巨任务。要完善草原承包经营制度，加大草原保护与建设力度；加强水资源保护，加大水生生物资源养护力度，强化水生生态修复和建设；大力推进农业节本增效，按照减量化、资源化、再利用的发展理念，大力推广节地、节水、节种、节肥、节药、节能、节油的农业技术；继续实施农村沼气工程，抓好户用沼气、大中型沼气工程和沼气服务体系建设，促进农业资源循环利用；大力推进农村清洁工程建设，以农村废弃物资源化利用为突破口，加快开发以农作物秸秆等为主要原料的生物质燃料、肥料、饲料，有效治理农业面源污染。

推进现代农业示范区建设。我国是一个农业大国，各地发展水平存在较大差异，需要在一些地区率先实现农业现代化，示范带动，梯次推进，进而全面实现农业现代化。要坚持因地制宜、突出特色，在保护耕地和尊重农民意愿的前提下，充分发挥农户、农民专业合作社、农业产业化龙头企业等建设主体作用，大力发展粮食、高效经济作物、养殖、农产品加工等产业，高起点、高标准和高水平地创建一批国家现代农业示范区，探索发展中国特色现代农业的路子，辐射带动全国农业现代化的发展。

2009年全国林业发展情况

国家林业局最新发布的2009年全国林业统计年度报告称，我国造林面积、林业产业总产值、林业建设投资连续多年保持增长，2009年的增速为近年之最。一组组统计数据表明，我国通过深入推进集体林权制度改革，有效应对国际金融危机对林业的影响，狠抓中央扩大内需及各项林业政策的落实，生态建设得到全面加强，林业产业发展及林业经济总体上保持了平稳发展态势，各项林业事业取得了新成就。

造林绿化连续四年保持增长，呈现五大特点

随着集体林权制度改革的深入推进，林农拥有自主的山林产权，从事造林生产的积极性得到激发，造林面积不断扩大。2009年全国共完成荒山荒地造林面积626.23万公顷（9393万亩），超计划任务14.28%，比2008年增长16.97%。这一结果表明，2006-2009年连续四年全国造林面积保持大幅增长态势。

2009年全国完成的荒山荒地造林面积中，人工造林415.63万公顷，飞播造林22.63万公顷，无林地和疏林地新封山育林187.97万公顷。西部12个省区（含新疆兵团）完成的造林面积占全国造林面积的61.32%。

林业统计年度报告分析认为，2009年我国以造林绿

化为主体的生态建设呈现五大特点：一是生态公益林造林保持较高比重。生态公益林（防护林和特种用途林）占全部造林面积的70.81%。二是国有经济造林面积大幅增长。国家造林投资补助标准提高一倍，人工造林由每亩100元提高到每亩200元，国有经济造林182.09万公顷，比2008年增长30.77%，所占比重比2008年提高3.07个百分点。集体经济造林176.22万公顷，非公有经济造林267.92万公顷。三是森林经营得到加强。中央财政首次将森林经营纳入年度预算，全年中央财政共安排了5亿元在内蒙古、吉林、黑龙江等11个省区实施了中幼林抚育补贴试点，中幼龄林抚育力度不断加大。四是油茶林发展加快。国务院批准实施《全国油茶产业发展规划（2009-2020年）》，油茶产业已上升为国家战略性产业，2009年新造和改造油茶林面积26.95万公顷。五是林木种苗产业发展较快。随着造林面积的持续增长，林木种苗产量明显增加。2009年全国林木育苗面积66.18万公顷，苗木产量334.38亿株，分别比2008年增长11.97%和5.71%。

林业产业总产值近9年年均增19.92%

2009年，为了有效应对国际金融危机对我国林业产业的影响，国家林业局、国家发展改革委、财政部、商务部、国家税务总局联合印发了《林业产业振兴规划（2010-2012年）》，各级政府出台了一系列促进林业产业发展的政策措施，林业工业企业生产情况逐月好转，林业产业发展基本面保持稳定。2009年全国林业产业总产值达到1.75万亿元（按现价计算），比2008年增长21.43%。2001年以来的9年，全国林业产业总产值年平均增速为19.92%。

据统计，2009年全国林业产业总产值中，东部10省林业产业总产值占全国的46.96%；中部六省增长较快，占全国的21.22%；西部12省和东北地区分别占20.48%和11.34%。林业产业总产值超过800亿元的省份共有9个，广东、福建、浙江省仍然名列前茅。

林业统计年报显示，近年来，林业一二三产业的产值结构不断进行优化和调整，已由2001年的66:30:4调整为2009年的41:50:9。在所有产业中，木竹浆造纸、木竹家具制造和林业旅游与休闲服务增长速度最快，分别为41.06%、40.02%和39.96%。

在林业第一产业中，2009年，各类经济林产品总量1.27亿吨。包括干鲜果品、茶、中药材以及森林食品等在内的经济林产品种植与采集业产值所占比重最大，为54.02%。油茶、竹等经济林造林比重不断增大，竹材产量为13.56亿根，竹产业产值达709亿元；油菜籽产量为117万吨，油茶产业产值达82亿元。

在林业第二产业中，包括锯材、人造板等在内的木材加工及木竹制品制造业产值为3929.28亿元，所占比重最大，为45.07%。2009年我国锯材产量3299.77万立方米，比2008年增长13.69%。人造板产量首次突破1亿立方米，达到11546.65万立方米，比2008年增长22.71%，主要集中在东部地区，江苏、河南、山东和河北四省产量均已突破1000万立方米，广西、福建、安徽、广东四省区产量均超过500万立方米。以上八省区人造板产量共计8694.49万立方米，占全国人造板总量的75.30%。2009年木地板产量达到3.78亿立方米，与2008年基本持平，木地板产量最大的省份是浙江省，产量达到7224万平方米。

在第三产业中，林业旅游与休闲服务业产值为965.23亿元所占比重最大，为62.25%。

林业投资2009年递增36.88%，增速为近年之最

近几年来，随着社会各方对林业支持力度的加大，强林惠林政策实现重大突破，中央林业投入屡创历史新高。2009年全国林业投资总量大幅增长，林业投资完成额达到1351.33亿元，林业系统实际到位各类建设资金1377.86亿元，均比2008年增长36.88%，是近年来增速最快的一年。

在2009年林业投资完成额中，国家投资完成额占52.58%。全部林业投资完成额中，营林固定资产投资占82.6%，森工固定资产投资占17.4%。以地区划分，西部省区林业投资完成额占全部林业投资完成额的56.76%，中部省区、东部省区以及东北地区分别占15.93%、14.18%和13.13%。

在2009年实际到位的各类林业建设资金中，国家预算内资金到位额占60.84%；国内贷款、利用外资、自筹资金和其他资金分别占5.38%、0.98%、15.83%和16.97%。这些林业建设到位资金用于天然林资源保护、退耕还林、京津风沙源治理、三北及长江流域防护林建设等几个林业重点工程的资金为736.16亿元，用于林业基础设施建设资金为136.70亿元，用于生态效益补偿、林业救灾和集体林改工作经费等林业专项补助资金181.05亿元。

2009年我国林业利用外资项目580个，实际利用外资规模达11.70亿美元，比2008年增长16.03%。国外借款、外商直接投资、无偿援助分别占我国林业实际利用外资总规模的62.67%、35.69%和1.64%。东部地区省份利用外资占全国林业利用外资额的78.97%。

2009年全国林业经济运行状况报告

2009年，是全面推进现代林业建设的关键之年，也是我国集体林权制度改革全面实施的关键时期，各地区各部门深入贯彻落实中央林业工作会议精神，紧紧围绕国家大局，狠抓中央扩大内需及各项林业政策落实，林业经济整体企稳向好。总的看，生态建设进一步加强，集体林权制度改革全面展开，林业产业发展保持稳定，生态文化建设形式多样，林业政策取得重大进展，主要林产品进出口出现回暖迹象，但森林防火和林业有害生物防治形势依然严峻，林业基础建设仍需加强，林业经济好转的基础尚需巩固，林产品进出口前景不容乐观，林业经济运行中面临的困难和挑战仍较多。

一、生态建设进一步加强

2009年，全国共安排造林计划8220万亩（其中包括2008年四季度新增投资中安排的造林任务3820万亩），比2008年增长13.99%。据电快报统计，全年完成造林面积8827.35万亩，比2008年增长9.92%。其中，人工造林5838.28万亩、飞播造林343.51万亩、新封山育林2645.56万亩，分别占全年计划任务的121.0%、102.4%和86.5%。林业重点工程完成造林6708.20万亩，占全部造林面积的75.99%。另外，还完成中幼龄林抚育面积11970万亩。

2009年，全国参加义务植树共计5.9亿人次，植树24.8亿株。其中，有4.1亿人次直接参加义务植树劳动，栽植树木18.1亿株；另有1.8亿人次通过间接方式履行植树义务，折合栽植树木6.7亿株。义务植树尽责率为63%，较2008年提高4个百分点。

截至2009年底，全国林业系统已建立森林生态系统、湿地生态系统、荒漠生态系统、野生动物和野生植物5种类型自然保护区2011处，面积18.42亿亩，约占国土面积的12.79%，其中，国家级自然保护区246处，面积11.55亿亩，构成了我国自然保护区的主体。这些自然保护区有效保护着我国90%的陆地生态系统类型、85%的野生动物种群和65%的高等植物群落，涵盖了20%的原生林、47%的自然湿地和30%的典型荒漠地区，对维护生态和生物多样性、促进可持续发展发挥了重要作用。

截至2009年底，全国共发生森林火灾8808起，其中重大火灾35起，特大火灾1起。火场总面积319.72万亩，受害森林面积68.97万亩。因森林火灾伤亡110人，其中死亡39人，重伤25人，轻伤46人。与2008年相比，森林火灾次数下降38%，受害森林面积下降12%，人员伤亡下降37%。

2009年，全国林业有害生物发生面积16751万亩，与2008年基本持平。各级森防机构采取积极有力的预防和除治措施，遏制了灾情发展，减轻了灾害损失。全年完成防治面积14155万亩，占发生总面积的84.5%，最大程度地降低了灾害损失。

二、中央扩大内需等政策得到落实

2008年四季度以来，为有效应对全球金融危机对我国经济的冲击，中央采取了一系列扩大内需促进经济平稳较快增长的重大举措。在中央扩大内需新增投资中，中央先后分三批安排林业投资，投资总额达到148.2亿元，其中：第一批36.5亿元，主要用于天然林资源保护、重点防护林建设和国有林区棚户区改造试点；第二批22亿元，全部用于国有林区棚户区改造；第三批89.7亿元，主要用于天然林资源保护、退耕还林等林业重点工程和林业基础设施建设。

第一批新增中央林业投资计划落实情况。截至2009年11月底，2008年新增中央林业投资到位36.5亿元，累计完成36.40亿元。完成天然林资源保护工程项目13个，三北防护林项目14个，长江、沿海等防护林工程项目34个。14个国有林区棚户区改造工程项目已全部开工建设，2009年底可全部建成。

第二批新增中央林业投资计划落实情况。截至2009年11月底，第二批新增中央林业投资到位22亿元，累计完成21.7亿元。119个国有林区棚户区改造工程项目已开工110个，其余项目2009年底可大部分建成使用。

截至2009年11月底，国有林区棚户区改造共计到位资金66亿元，到位率71.3%，累计完成投资59.65亿元。国有林区棚户区改造工程项目各建设单位已全部开工，竣工面积539万平方米，占总工程量的68.8%。交付入住10.8万户，占总户数的68.9%，其余工程结转2010年春或初夏竣工；国有林场危旧房改造也于2009年10月底启动试点，安排试点任务2400户，预计到2010年春节前可取得初步成果。

第三批新增中央林业投资计划落实情况。第三批新增中央林业投资因计划下达较晚，受季节影响，一些地方造林困难，加上2009年8月～9月份持续干旱，影响了工程进度，一些高寒地区的工程项目错过了最佳施工期。截至2009年11月底，第三批新增中央林业投资到位57.73亿元，累计完成28.6亿元。682个建设项目已开工284个，预计2009年底前绝大部分项目可基本建成。

另外，据国家统计局固定资产投资统计快报显示，截至2009年11月底，受造林任务超额完成、国有林区棚户区改造等扩大内需政策实施的影响，全国林业及相关行业完成投资比2008年同期均大幅增长，其中：营造林完成投资537.57亿元，同比增长66.9%；木材加工业完成投资890.02亿元，同比增长25.4%；家具制造业完成投资587.06亿元，同比增长26.0%；造纸及纸制品业完成投资1086.13亿元，同比增长19.7%。

三、林业产业发展企稳向好

2009年，为有效应对国际金融危机对我国林业产业的影响，国家林业局、国家发展改革委、财政部、商务部、国家税务总局联合印发了《林业产业振兴规划（2010～2012年）》，进一步明确了林业产业发展的指导思想、基本原则、目标任务和主要措施。截至2009年11月底，全国规模以上林业工业企业生产情况逐月好转，林业产业发展基本面保持稳定。

据国家林业局初步统计，2009年林业产业总产值（按现价，下同）达到1.58万亿元，与2008年相比增长9.81%，增速回落5.13个百分点，林业产业形势呈现企稳向好态势。2009年全国木材产量预计6938.21万立方米，比2008年减少14.43%，回落到2007年木材生产水平，原因是2008年受地震灾害和雨雪冰冻灾害影响，清理受损林木和灾后重建导致木材产量大幅增加。2009年竹材产量12.06亿根，与2008年基本持平。人造板产量11353.36万立方米，比2008年增长20.65%。

另据国家统计局规模以上工业企业月度统计，截至2009年11月底，全国主要林产品产量比2008年同期普遍增长。全国累计生产木质家具18260万件，比2008年同期增长2.7%；实木地板9515万平方米，比2008年同期减少3.5%；实木复合地板27183万平方米，比2008年同期增长0.7%。林业相关行业规模以上工业企业增加值增长速度较快，其中木材加工业比2008年同期增长17.1%，家具制造业比2008年同期增长8.5%，造纸及纸制品业比2008年同期增长9.7%。（见表1）

表1 2009年主要林产品生产情况表

林产品名称	2009年产量	2008年产量	增减(%)
木材（万立方米）	6938.21	8108.34	-14.43
竹材（亿根）	12.06	12.62	-4.43
人造板（万立方米）	11353.36	9409.95	20.65
木质家具*（万件）	18259.61	17788.13	2.65
实木地板*(万平方米)	9514.52	9862.08	-3.52
实木复合地板*(万平方米)	27182.87	26980.82	0.75

注：标*的数据资料来自国家统计局

据国家统计局重点林产品价格监测数据显示，11月上旬主要经济林果价格环比下降，苹果价格3.87元/公斤，比10月下旬下降4.6%；柑橘2.44元/公斤，比10月下旬下降5.7%。

2009年10月下旬，国务院正式批准了《全国油茶产业发展规划（2009～2020年）》，这是从国家层面针对单一树种批复的专项规划，充分体现了党中央、国务院对油茶产业的高度重视。各油茶产区采取一系列行之有效的政策措施，加快油茶产业发展，成效明显。2009年全国新造油茶林134万亩，改造低产林298万亩，油茶产量达到89万吨。

四、集体林权制度改革取得新进展

2009年，在中央林业工作会议精神的激励下，国家林业局认真贯彻落实中央决策部署，精心谋划、周密组织，地方各级党委、政府积极响应中央号召，把林改作为当前农村改革发展的重要突破口，认真部署、全力推进，集体林权制度改革取得了显著成效。

福建、辽宁、江西、浙江、云南、河北、湖北、安徽、重庆9省（市）基本完成了明晰产权、承包到户的主体改革任务，河南、贵州、四川、湖南、内蒙古、陕西、山西、广西、吉林、海南、江苏、黑龙江、甘肃、广东14省（区）改革已全面铺开，天津、北京、山东、青海、新疆、宁夏、西藏、上海等省（区、市）正在进行林改试点。截至2009年9月底，全国已确权的林地面积达15.14亿亩，占集体林地总面积的59.42%，其中承包到户林地面积为9.96亿亩，占确权面积的65.7%，核发林权证的林地面积为11.36亿亩，占已确权林地面积的75%。发放林权证4804万本，拿到林权证的农户数为4391万户。

截至目前，全国已建立林权管理交易服务机构480多个，集体林权流转面积达7270万亩，流转金额达192亿元。全国林权抵押面积达2260万亩，获得贷款132亿元。森林保险投保面积达1.77亿亩，保险金额为820亿元。全国已建立各类林业专业合作组织3.6万多个，1300万农户加入合作组织，经营林地面积达到1.26亿亩，有效地解决了单家独户分散经营的困难。

林改扩大了农村就业空间，呈现出“城里下岗、山上创业”，“一户承包、全家就业”的可喜局面。据2009年初步统计，已经全面推进集体林权制度改革的13个省份，林改开展以来已吸纳劳动力3689.3万人，农民人均纯收入4922.7元，其中：来自林业的收入为613.9元。林改有力地推动了农村的政治文明建设，促进了林区社会和谐稳定。全国已调处林权纠纷57万起，调处率为开展林改的县发生林权纠纷案件的83.8%，消除了大量历史遗留问题和不稳定因素。

五、林业重大政策取得新突破

1.国家林业局联合中国人民银行、财政部、银监会、保监会出台了《关于做好集体林权制度改革与林业发展金融服务工作的指导意见》。该意见对加大林业信贷投放、开发林业信贷产品、拓宽林业融资渠道、完善财政贴息政策、健全林权抵押贷款制度、建立政策性森林保险制度做出了明确规定。

2.国家林业局联合财政部修订并出台了《育林基金征收使用管理办法》。新办法降低了征收标准，规定育林基金征收标准由现行的20%降低为不超过10%，减轻了林业生产经营者的负担；明确了育林基金的计征依据和征收环节，规范了育林基金的使用和管理，明确了林业基层单位经费纳入地方财政预算予以妥善解决。

3.启动了中央财政森林保险保费补贴试点工作。2009年中央财政在福建、江西和湖南3省开展了森林保险保费补贴试点工作，在省级财政至少补贴25%的基础上，中央财政再补贴30%的保费。

4.探索建立森林抚育财政补贴政策。按照中央林业工作会议明确的“开展造林苗木、森林抚育补贴试点，中央财政对造林优质苗木、中幼林和低产林抚育给予补贴，并逐步扩大试点范围”精神，今年中央财政安排2009年中幼林抚育补贴试点资金5亿元，并在11个省区和大兴安岭集团公司开展试点补贴工作。

5.继续完善森林生态效益补偿制度，提高中央财政补偿标准。国家林业局会同财政部研究修订并出台了《国家级公益林区划界定办法》。按照中央林业工作会议精神，从2010年起对属集体林的国家级公益林，中央财政补偿基金补偿标准由每年每亩5元提高到10元，国家林业局会同财政部修订并联合印发了《中央财政森林生态效益补偿基金管理办法》，其中明确规定：中央财政补偿基金依据国家级公益林权属实行不同的补偿标准。国有的国家级公益林平均补偿标准为每年每亩5元，其中管护补助支出4.75元、公共管护支出0.25元；集体和个人所有的国家级公益林补偿标准为每年每亩10元，其中管护补助支出9.75元、公共管护支出0.25元。

6.落实2009年有关省区集体林改工作补助经费2.43亿元。中央财政累计下达集体林改工作经费25.48亿元，其中：2007年安排15.79亿元，2008年安排7.26亿元，2009年安排2.43亿元。除上海市的24万亩集体林外，其余都已安排了林改工作经费。

7.明确了以林区“三剩物”和次小薪材为原料生产加工的综合利用产品实行增值税即征即退政策。经国务院批准，财政部和国家税务总局印发通知，自2009年1月1日起至2010年12月31日，对纳税人销售的以三剩物、次小薪材、农作物秸秆、蔗渣4类农林剩余物为原料自产的综合利用产品由税务机关继续实行增值税即征即退办法，具体退税比例2009年为100%，2010年为80%。涉及林业的有8类综合利用产品，即：木（竹）纤维板、木（竹）刨花板、细木工板、活性炭、栲胶、水解酒精、炭棒和以沙柳为原料生产的箱纸板。这是国家鼓励林业资源综合利用的一项重要政策，充分体现了建设资源节约型、环境友好型社会的要求，必将对促进林业生态体系和产业体系协调发展发挥重要作用。

六、生态文化活动形式多样

2009年，全国生态文化活动形式多样。1月16日，第一部《中国湿地百科全书》面世。2月3日，“2009年关注森林活动”在北京启动。3月28日，来自党中央和国务院各部门的185名部级领导参加义务植树活动，这是共和国部长义务植树活动自2002年启动以来连续开展的第八个年头。4月3日，全国绿化委员会、中国绿化基金会与国家林业局联合举办生态中国颁奖典礼。5月7日，第六届中国城市森林论坛在浙江省杭州市举办。中共中央政治局委员、全国政协副主席、关注森林活动组委会主任王刚出席开幕式并讲话。6月15日，国家林业局机关响应有关倡议，举行了“中央国家机关抵制商品过度包装万人签名”活动，所有局领导均参加了这一活动。7月23日，国家林业局政府网实现访问量突破1000万次。8月1日～2日，第二届中国生态文明建设高层论坛在黑龙江省漠河县举行。9月26日，第七届中国花卉博览会开幕式在北京展区主场馆广场隆重举行，中共中央政治局委员、国务院副总理、全国绿化委员会主任回良玉和中共中央政治局委员、北京市委书记刘淇共同为博览会揭幕。10月19日，中国生态文化协会成立一周年庆典暨全国生态文化示范基地、全国生态文化村授牌仪式在北京人民大会堂举行。11月1日，以“森林产品、健康时尚”为主题的2009中国义乌国际森林产品博览会在浙江义乌国际展览中心开幕。12月23日，关注森林活动开展10周年总结表彰大会在北京举行。中共中央政治局常委、全国政协主席贾庆林会见了全体与会代表。

七、主要林产品进出口形势总体向好

据海关统计，受国际金融危机影响，2009年前10个月主要林产品进出口同比仍然下降。从单月看，自2009年3月以来林产品进出口出现回暖迹象后，5月～10月呈现振荡回升的态势，其中，7月、9月两月出口环比明显增加，9月当月的出口额实现同比增加。总体来看，我国林产品进出口整体形势已显示出总体向好的趋势。

1. 主要林产品进出口运行情况 1月～10月全国主要林产品进出口贸易总额477. 06亿美元，同比下降10. 98%，低于全国外贸降幅9个百分点，占全国进出口总额的2. 72%。其中，进口总额为202. 44亿美元，同比下降14. 13%，低于全国外贸进口降幅4. 87个百分点，占全国进口总额的2. 54%；出口总额为274. 62亿美元，同比下降8. 51%，低于全国外贸出口降幅11. 99个百分点，占全国出口总额的2. 87%。（见表2、图1）

表2 2009年1月～10月林产品进出口情况表

单位：亿美元

	2009年1～10月	2008年1～10月	增数（%）
进出口总额	477.06	535.90	−10.98
出口额	274.62	300.16	−8.51
进口额	202.44	235.75	−14.13

注：数据来自国家海关总署

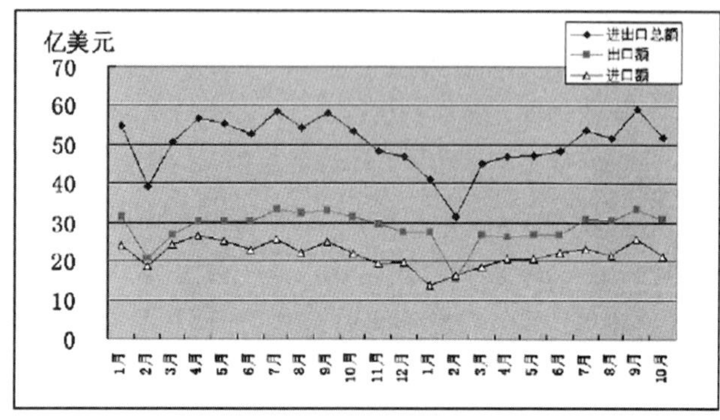

图1 2008年1月–2009年10月林产品进出口变化图

2. 主要林产品出口形势 1月～10月主要林产品出口同比依然呈下降趋势，但部分产品环比开始振荡回升。受国家两次调整林产品出口退税政策的影响，木制家具出口在平稳中回升，但强化地板和复合地板的出口继续下降。 胶合板（含复合木地板） 1月～10月累计出口量456. 71万立方米、金额20. 46亿美元，同比分别下降28. 3%和31. 5%。10月当月出口量50. 83万立方米、金额2. 26亿美元，环比分别减少15. 5%和11. 5%。

纤维板（含强化木地板） 1月～10月累计出口量115. 56万吨、金额6. 94亿美元，同比分别下降30. 9%和27. 8%。10月当月出口量16万吨、金额9345. 49万美元，环比分别增长6. 35%和5. 30%。

木制家具 仍为我国第一大宗出口林产品。1月～10月累计出口量1. 99亿件、金额93. 30亿美元，同比分别下降1. 75%和增加2. 41%。10月当月出口量2153. 14万件、金额11. 12亿美元，趋于平稳。

纸类产品 1月～10月累计出口量493. 22万吨、金额61. 27亿美元，同比分别下降7. 14%和5. 8%。10月当月出口量52. 08万吨、金额6. 53亿美元，环比分别降低

15.64%和14.86%。

（三）主要林产品进口形势 1月～10月主要林产品进口同比仍处于下降态势，但大部分产品进口形势有所好转。资源性产品进口仍然竞争激烈，原木进口降幅有所收窄。由于不断加大境外森林资源合作力度，推动锯材、纸浆进口增长。主要林产品进口情况如下：

原木 1月～10月累计进口量2309.50万立方米、金额32. 71亿美元，同比分别下降9.3%和26.6%。10月当月进口量218.41万立方米、金额3.38亿美元，环比分别降低13.57%和16.47%。

锯材 1月～10月累计进口量792.04万立方米、金额18.31亿美元，同比进口量增长34.12%，进口金额增长8.14%。10月当月进口量88.87万立方米、金额2.14亿美元，环比分别降低10.62%和9.43%。

纸浆 1月～10月累计进口量1171.07万吨、金额56.58亿美元，同比进口量增长41.81%，进口金额下降5.08%。10月当月进口量107.2万吨、金额5.94亿美元，环比分别降低21.21%和18.26%。

深入贯彻中央水利工作新要求全面推进民生水利新发展

2010年1月17日全国水利厅局长会议

水利部部长 陈 雷

这次会议是在我国应对国际金融危机取得明显成效、经济发展回升向好、水利基础地位不断强化的背景下召开的。会议的主要任务是：全面贯彻党的十七届三中、四中全会和中央经济工作会议、中央农村工作会议精神，深入贯彻落实科学发展观，积极践行可持续发展治水思路，总结工作，表彰先进，分析形势，部署任务，在新的起点上全面推进民生水利新发展。

这次会议之所以在湖南省召开，主要是因为，湖南是水利大省，也是治水任务十分艰巨，水利发展与改革成效显著的省份。多年来，湖南省委、省政府对水利工作高度重视，把治水兴湘作为一项重要任务，给予了大力支持和有力指导，水利基础不断夯实，水利管理不断加强，水利改革不断深化，水利工作走在全国前列，有许多值得全国水利部门学习借鉴的做法和经验。今天，张春贤书记和周强省长、杨泰波秘书长、徐明华副省长亲临会议指导，周强省长发表了热情洋溢的致辞，全面介绍了湖南省情水情和经济社会又好又快发展情况，勾画了湖南水利发展与改革蓝图，听后倍感振奋，深受鼓舞。中央有关部门对水利工作十分关心，中组部、中央国家机关工委、中农办、发展改革委、财政部、国家公务员局、审计署、国务院法制办、国务院研究室、中国农林水利工会等部门有关负责同志莅临会议指导。刚才，水利部与人力资源和社会保障部联合对全国水利系统先进集体、劳动模范和先进工作者进行了表彰，3位先进代表发了言。下面，我讲几点意见。

一、全面回顾2009年水利工作

2009年是应对国际金融危机取得显著成就的一年，也是水利发展与改革加快推进的一年。各级水利部门坚决贯彻落实中央保增长、保民生、保稳定的各项决策部署，奋发努力，迎难而上，锐意改革，扎实工作，防灾减灾成效突出，扩大内需水利建设加速推进，水利管理取得突破，水利改革逐步深入，水利又好又快发展势头强劲，为保持经济平稳较快发展提供了有力支撑。

第一，防汛抗旱与防台风取得全面胜利。2009年我国气候异常，一些地区降雨之多、台风之强、旱情之重历史罕见。在党中央、国务院的正确领导下，水利部门坚持以人为本，超前部署，科学决策，精心调度，各级地方党委、政府全力以赴，广大军民奋力抗灾救灾，最大程度地减轻了洪涝干旱台风灾害损失。

抗旱减灾成效显著。2009年，我国旱情来得早、去得晚、范围广、影响大，特别是冬麦主产区年初的冬春连旱，东北西部、华北北部和西北东部的夏伏旱，江南大部、华南大部和西南局部的秋冬连旱，对农业生产带来严重影响。面对严峻旱情，国家防总首次启动抗旱Ⅰ级应急响应，全面加强旱情监测预报，全力开展抗旱工作。通过组织松花江水量应急调度、黄河抗旱调水、引黄济津济淀、引江济太、长江中下游集中补水、珠江压咸补淡等应急调水措施，及时解除了松嫩平原、黄河中下游等地区缺水状况，有效缓解了天津、珠海、澳门等城市用水紧张局面，改善了太湖、白洋淀以及黄河河口和珠江三角州地区生态环境。全年完成抗旱浇地面积4.5亿亩，减少粮食损失499亿公斤，解决了1979万人、1131万头大牲畜临时饮水困难，为全国粮食连续6年丰收和粮食产量再创历史新高提供了重要水利保障。

台风损失大为降低。2009年，有9个台风在我国沿海登陆，其中7号“天鹅”和8号“莫拉克”半天内相继生成并登陆，出现强风、暴雨、高潮三碰头的最不利形势。各级水利部门突出抓好防、避、救工作，预警及时、防范到位、管理有序、措施得力，安全转移群众278.6万人次，单次台风平均死亡人数明显减少，在防御“浪卡”“苏迪罗”“莫拉菲”“彩虹”工作中实现了零死亡。特别是在防范“莫拉克”过程中，国家防总提前4天召开视频会议进行部署，强化各项防御措施，提升应急响应级别，加大安全转移力度，有效减少了人员伤亡和经济损失。

洪灾死亡降至新低。2009年，受多次大范围、高强度降雨过程影响，全国有210多条河流相继发生超警戒水位以上洪水。各级水利部门扎实备汛、加强监测、科学调度，夺取了防汛抗洪工作的全面胜利，重要堤防无一决口，水库无一垮坝，重要城市和重要保护目标无一受淹；全国洪涝受灾面积较常年减少近四成；全国洪涝灾害死亡人数538人，较常年减少近八成，是新中国成立以来最少的一年。

第二，水利基础设施建设实现重大跨越。2009年，在中央应对国际金融危机政策措施的带动下，在各级党委、政府的重视下，在发展改革、财政等部门的大力支持下，水利基础设施建设再掀新高潮。水利投资保持较高强度，全年落实预算内中央水利投资637亿元，落实省级地方水利投资790亿元，年度水利投资规模达1427亿元。重点水利项目深入实施，淮河、太湖、洞庭湖等大江大河大湖治理继续加强，西藏旁多、贵州黔中、四川亭子口、太湖走马塘等工程开工建设，黄河古贤、珠江大藤峡、淮河出山店等重点项目前期工作取得新进展。按照“三年重建任务两年基本完成”的要求，大力推进四川等地震灾区水利恢复重建工作。在扩大内需水利建设中，各地层层建立责任制，领导挂帅、分片包干、对口支援、挂牌督办，千方百计落实配套资金，干成了一些多年想干而没有条件干的大事，解决了一批多年欠账的水利问题，为促进经济平稳较快增长做出积极贡献。

第三，涉及民生的水利问题加快解决。列入专项规划的6240座病险水库各项前期工作全面完成，已开工建设6124座，开工率超过98%。解决了6069万农村人口的饮水安全问题，提前一年完成“十一五”饮水安全规划任务，提前6年实现联合国千年宣言提出的到2015年将饮水不安全人口比例降低一半的目标。对364处大型灌区和92处中型灌区实施了续建配套和节水改造，对99处大型灌排泵站进行更新改造。

农田水利建设态势趋好，2008～2009年度冬春水利建设完成投资和出动机械台班数均创历史新高，新增蓄水能力11.7亿立方米，新增灌溉面积1368万亩，改善灌溉面积5770万亩，新增节水灌溉面积2499万亩。启动400个小型农田水利重点县、103个山洪灾害防治试点县和273条中小河流治理项目建设。地方党政领导带头参加农田水利建设，坚持不懈开展农田水利竞赛活动。水利血防工作得到加强。

水土保持生态建设扎实推进，完成水土流失综合防治面积7.5万平方公里，其中综合治理面积4.8万平方公里，实施封育保护2.7万平方公里。治理小流域3200条，新建淤地坝208座。全面推进生态清洁型小流域建设，深入开展水土保持监督执法专项行动。

农村水电持续快速发展，全年新增装机容量超过300万千瓦，全国农村水电装机容量达5400万千瓦，年发电量1500多亿千瓦时。小水电代燃料工程全面启动，水电农村电气化县建设扎实推进，全国首次农村水能资源调查评价工作全面完成，农村水能资源管理取得新成效。

第四，水资源管理和保护取得重要突破。按照实行最严格水资源管理制度的要求，研究建立用水总量控制、用水效率控制、水功能区限制纳污指标体系。完成了流域取水许可总量控制指标编制工作，通过水资源论证否决了上百个不符合国家产业政策、高耗水、高污染的建设项目；节水型社会建设深入推进，水资源利用效率不断提高。加大全国水功能区管理工作力度，对2000多个水功能区实施动态监测，加强入河排污口监督管理和饮用水水源地保护，成功应对多起突发水污染事件。组织实施第九次黄河调水调沙，黄河连续10年不断流，黑河水资源统一调度和首都应急调水成效明显。大力实施太湖流域水环境综合治理，太湖水质明显改善。深入开展地下水保护行动，继续推进水生态系统保护与修复。水利风景区建设取得长足进展。

第五，依法治水管水进程不断加快。水利规划工作取得新进展。国务院批复淮河等流域防洪规划、全国大型水库建设规划、全国蓄滞洪区建设与管理规划等重要水利规划。全国水资源综合规划已通过八部委审议并于近期上报国务院审批，七大江河流域综合规划修编已完成主要任务，全国水利发展“十二五”规划编制正式启动，全国第一次水利普查前期工作全面展开。

水利法治建设取得新成果。国务院颁布抗旱条例，国务院法制办审查通过水土保持法修订草案，水利部发布海河独流减河永定新河河口管理办法、黑河干流水量调度管理办法。进一步规范水利行政审批制度，稳步推进水利政务公开。与交通运输部建立长江河道采砂管理合作机制，与河南省共同开展黄河滩区“黑砖窑”专项执法。加强水事矛盾纠纷预防和调解，全年未发生一起由省际水事纠纷引发的大规模群体性事件。加强水利工程建设管理，强化水利建设市场主体信用和资质监管，大力开展安全生产专项行动，水利安全生产形势趋好。

流域管理取得新成效。进一步加强对流域管理工作的指导，明确了流域管理工作的总体要求、目标任务和工作重点。各流域机构加大工作力度，长江委实施流域水库群优化调度，黄委构建具有流域特色的综合管理体制、强化水资源统一管理和调度，淮委狠抓治淮骨干工程建设，海委强化应急调水和水土资源保护，珠委推动“泛珠三角”区域水利协作，松辽委深化水权制度建设，太湖局推进流域水环境综合治理，流域管理进一步加强。

第六，体制机制创新逐步深入。水管体制改革继续深化，落实公益性管理人员基本支出79.15亿元，占应落实经费的94%；落实公益性工程维修养护经费52.15亿元，占应落实经费的81%。水务一体化步伐加快，天津市水务局、海南省水务厅、石家庄市水务局挂牌，四川省基本完成市县水务管理体制改革，全国67%的县级以上行政区实行城乡涉水事务一体化管理。农业水价综合改革试点取得显著成效。全面开征水资源费，建立合理的水价形成机制，促进了节约用水。加快构建区域水利发展协作机制，与青海、广西、陕西、湖南、河南、黑龙江等省签订加快水利发展与改革合作备忘录。全面落实水库移民后期扶持政策，为维护水库移民合法权益、保障社会稳定作出贡献。扎实搞好水利扶贫和援藏、援疆工作。

第七，水文、水利科技与国际合作成果丰硕。水文和信息化建设不断推进。加强水文站网建设，推进水文测报信息化，水文预测预报能力和水平不断提升。理顺水文管理体制，地方水文管理职能不断加强。国家防汛抗旱指挥系统一期工程建设基本完成，全国水土保持监测网络和信息系统建设二期工程启动实施。

全面推进水利科技创新体系建设。完成南北2个国家级创新基地建设规划，组建国家大坝安全工程技术研究中心，与科技部、中国科学院建立战略合作机制。加强水利科学研究、技术开发和质量技术监督工作，实施“948”等水利科技推广项目，落实公益性行业科研专项，取得一批重要水利科研成果。

水利国际交流与合作深入开展。组团参加第五届世界水论坛，加入世界水理事会，大力推进多边、双边交流与高层互访。成功举办第四届中国水博览会、第三届长江论坛、第四届黄河国际论坛。水利利用外资工作有序推进，国际河流工作全面加强。

第八，党的建设、干部队伍建设、反腐倡廉建设和精神文明建设扎实推进。顺利完成水利部深入学习实践科学发展观活动，群众满意率达99.82%，认真进行整改落实及“回头看”，着力建立学习实践科学发展观长效机制。深入学习贯彻党的十七届四中全会精神，以改革创新精神全面落实党的建设各项任务。

加强干部选拔任用和交流锻炼，强化干部监督管理，优化领导班子和干部队伍结构。加强公务员队伍建设，大力推进“5151人才工程”，开展第六届水利行业技能人才评选表彰和第三届全国水利高等职业院校“楚天杯”技能竞赛。全面推进新一轮大规模干部培训工作。

坚持标本兼治、综合治理、惩防并举、注重预防，狠抓党风廉政建设责任制落实。积极开展水利工程建设领域突出问题专项治理，与审计署共同建设水利审计免疫系统，落实党政机关厉行节约有关规定。大力推进政风行风建设，进一步强化水利巡视工作，认真抓好案件查办工作。深入开展信访积案化解年活动，水利信访和维护稳定工作进一步加强。

围绕新中国成立60周年组织系列庆祝活动，开展集中宣传展示。深入开展讲党性、重品行、做表率活动和“创建文明机关、争做人民满意公务员”活动，大力推进水利系统文明创建工作，表彰一批精神文明建设先进单位，成功举办首届中国水文化论坛。重视离退休干部工作，注重发挥工青妇组织和学会、协会等社团作用。

水利工作成绩来之不易，这是党中央、国务院高度重视、坚强领导的结果，是社会各界、广大干部群众同心协力、团结治水的结果，是各级水利部门、广大水利职工顽强拼搏、开拓进取的结果。特别是通过开展深入学习实践科学发展观活动，水利系统贯彻落实科学发展观的自觉性和坚定性进一步增强，推进水利科学发展的思路进一步完善，解决关系群众切身利益水利问题的力度进一步加大，水利系统行风政风进一步转变。借此机会，我代表水利部，向长期关心支持水利工作的各有关部门，地方各级党委、政府和社会各界，表示衷心的感谢!向长年奋战在水利一线的广大干部职工，致以崇高的敬意！向受到表彰的全国水利系统先进集体、劳动模范和先进工作者，表示热烈的祝贺!

在充分肯定水利工作成绩的同时，我们也要看到存在的问题和不足：水资源管理依然比较薄弱，一些地方过度开发、粗放利用的现象尚未得到根本扭转；关键领域的水利改革进展缓慢，制约水利发展的体制机制问题仍然比较突出；地区之间水利建设进度不平衡，少数项目监管不到位，个别工程出现质量问题。对此，我们务必保持清醒的认识，切实采取有效措施，认真加以解决。

二、准确把握当前水利工作形势

当前我国经济社会发展正处在关键时期。中央经济工作会议决定，继续实施积极的财政政策和适度宽松的货币政策，提出五个“更加注重”的要求，强调要把农业基础设施建设重点放在水利上，对十二项直接涉及水利的工作提出明确要求，充分体现了党中央、国务院对水利工作的高度重视。中央农村工作会议把突出抓好水利基础设施建设作为夯实农业农村基础、统筹城乡经济社会发展的重要手段，对各项水利工作作出全面部署，强调国家固定资产投资要把水利建设放在重要位置，大幅度增加中央和省级财政小型农田水利设施建设补助专项资金规模，拓宽水利建设基金筹资渠道，完善“一事一议”财政奖补政策，把抗旱、节水机械设备纳入农机补贴范围，深化水管体制改革，推广农民用水户参与管理模式，加大财政对农民用水合作组织的扶持力度，加强基层抗旱和农村水利技术服务体系建设。我们要深刻领会中央经济工作会议、中央农村工作会议对水利工作提出的新任务新要求，牢牢把握水利发展的新形势新机遇，努力在新的起点上做好水利建设、管理、改革各项工作。

第一，实现经济发展回升向好，水利发展亟需加快。当前，我国经济回升基础还不稳定、不巩固、不平衡，积极变化和不利影响同时显现，短期问题和长期问题相互交织，国内因素和国际因素相互影响，保持经济平稳较快发展、推动经济发展方式转变和经济结构调整难度增大。水利建设不仅为经济社会长远发展打基础、增后劲、添活力，同时也以其面广量大、吸纳投资多、产业链条长、提供就业能力强的独特优势，在扩大内需、拉动经济增长中发挥重要作用。我们必须抓住中央继续实施扩大内需政策措施的良好机遇，加快水利发展，巩固经济发展回升向好的态势。

第二，加快经济发展方式转变，水利管理亟需强化。中央经济工作会议强调，要把加快经济发展方式转变作为深入贯彻落实科学发展观的重要目标和战略举措，不断在经济发展方式转变上取得实质性进展。水利是经济社会发展的重要基础，也是加快经济发展方式转变的重要内容和重要保障。一方面，要通过加快水利基础设施建设，增强水利保障能力，为加快经济发展方式转变创造条件和奠定基础。另一方面，要通过实行最严格的水资源管理制度，完善相关法律制度，划定水资源管理红线，制定水资源开发利用和节约保护等关键控制性指标，在水资源统一管理的基础上，实行流域综合管理、城乡统筹管理、不同主体功能区分类管理，引导经济社会发展与水资源和水环境承载能力相适应、相协调，推动经济结构调整，促进经济发展方式转变。

第三，保障和改善民生，水利建设亟需提速。尽管近年来民生水利建设取得很大成效，但我们必须清醒地看到，涉及民生的水利问题仍然十分突出，特别是在革命老区、贫困地区、民族地区、边远山区，不少群众饮水、用电和防洪安全等基本水利需求还没有得到有效保障。与此同时，随着经济社会的发展，民生水利服务范围亟待扩大，功能效用亟待强化，规程规范亟待完善，技术标准亟待提高，保障能力亟待增强。这就要求我们必须立足经济社会发展新阶段，顺应人民群众新期待，找准民生水利着力点，全面推动民生水利新发展，在更大范围、更广领域、更高程度、更好水平上造福人民群众。

第四，持续提高农业综合生产能力，水利基础亟需夯实。我国粮食生产已连续6年实现稳定增产，连续3年超万亿斤。但粮食安全保障的基础并不牢固，持续增产的难度进一步加大，保障粮食供求平衡的压力丝毫没有减轻。中央农村工作会议强调，要稳粮保供给，确保粮食生产不滑坡。全国新增1000亿斤粮食生产能力规划提出，到2020年，我国粮食生产能力达到11000亿斤以上。在影响粮食生产的光、温、水、土、肥、种等要素中，水的增产效用最为突出，灌溉耕地的粮食产量通常是非灌溉耕地的2～4倍，实现新增1000亿斤粮食生产能力，关键在于水。目前，我国农田水利仍然薄弱，全国有一半以上耕地望天收，缺少基本灌排条件，现有灌区普遍存在标准低、配套差、老化失修、效益衰减等问题。保障国家粮食安全，水利任重道远。

第五，贯彻国家区域协调发展战略部署，水利支撑亟需先行。今年是我国实施西部大开发战略10周年。近些年来，国家在实施西部大开发、促进中部崛起、推动东部地区率先发展、振兴东北老工业基地等区域经济发展战略的基础上，又相继制定了一系列区域发展规划。我国水资源分布与区域发展布局很不匹配，区域水利发展不平衡、不协调问题十分突出，水利发展相对滞后已成为一些地区经济社会发展的突出制约因素。我们要从经济社会发展大局的战略高度，统筹流域区域水利协调发展，优化水利工程布局，完善区域水利发展政策，为促进区域协调发展提供水利支撑和保障。

第六，应对全球气候变化，水利保障能力亟需提高。应对气候变化是当前人类社会面临的重大挑战。水资源是受气候变化影响的重点领域。受气候变化影响，近年来我国气候异常，局部地区强暴雨、极端高温干旱以及超强台风等事件突发多发并发，水利基础设施和综合防灾减灾能力薄弱问题愈加凸显。我们要采取更加有力的措施与行动，加快完善水利基础设施体系，强化应急管理和灾害管理，提高预案预警预报水平，在水资源开发、利用和配置中充分考虑气候变化因素，努力提高应对全球气候变化和防灾减灾能力。

三、全面推进民生水利新发展

可持续发展治水思路提出十年来，推动水利工作发生了深刻转变。实践表明，可持续发展水利是符合国情水情、富于创新的治水之路，是解决我国复杂水问题的必然选择。我们要根据新形势新情况，更加注重把握经济社会发展大势，增强发展的针对性；更加注重统筹城乡和区域发展，增强发展的协调性；更加注重水资源节约保护管理和生态文明建设，增强发展的可持续性；更加注重保障和改善民生，增强发展的普惠性；更加注重推动水利改革创新，增强发展的开拓性；更加注重抓基层打基础，增强发展的稳定性。

以人为本是水利工作的根本要求。以人为本体现在水利工作中，就是要大力发展民生水利，这不仅是可持续发展治水思路的应有之义，也是积极践行可持续发展治水思路的着力点。我们必须深刻认识到，水利工作与民生息息相关，不能简单地把民生水利局限于某些具体工程项目上。强调民生水利，旨在树立一种发展理念，倡导一种价值取向，确立一种实践要求，实现一种目标追求。从民生角度审视和发展水利，蕴含着以下重要意义：一是更好地诠释水利工作“为谁干”。要把解决涉及人民群众切身利益的水利问题作为各项工作的出发点和落脚点，紧紧围绕保障民生推进水利发展，通过发展水利促进民生改善，让最广大人民群众共享水利发展成果。二是更好地诠释水利工作“干什么”。水利工作要统筹兼顾、重心下移，把人民群众最关心、最直接、最现实的水利问题作为工作重点，既要锦上添花、更要雪中送炭。三是更好地诠释水利工作“谁来干”。政府要发挥主导作用，公共财政要给予更大支持，充分调动全社会的积极性，形成治水兴水的合力。四是更好地诠释水利工作“怎么干”。在建设、管理、改革等各个领域和环节，都要以是否符合民生要求、是否有利于解决民生问题作为决策的根本依据，把群众受益与否、满不满意作为衡量工作的基本标准，努力形成保障民生、服务民生、改善民生的水利发展格局。

当前和今后一个时期，我们要在加快水利工程建设、加强水资源管理、深化水利改革的同时，着力解决问题最突出、矛盾最集中、群众要求最紧迫的水利问题，增强民生水利保障能力，扩大民生水利成果，使水利更好地惠泽民生，造福人民群众。

第一，加快完成三大任务。各级水利部门要以对国家和人民高度负责的精神，全力抓紧抓实抓好病险水库除险加固、农村饮水安全和大型灌区节水改造三大任务。

一是确保如期完成病险水库除险加固任务。今年是实施规划内病险水库除险加固的最后一年，现在已经到了全力冲刺的关键时刻。各地要进一步加大工作力度，按照汛前完成主要工作，年底全面完成任务的要求，倒排工期，控制节点，在保证工程质量和安全的前提下，千方百计加快工程建设步伐，确保如期完成建设任务。东部地区1116座重点小型病险水库要与专项规划同步实施，同期完成。在完成大中型和重点小型病险水库除险加固的基础上,统筹考虑规划外病险水库除险加固，编制全国小Ⅰ型病险水库除险加固规划，力争用2～3年时间完成除险加固任务。

二是进一步加快农村饮水安全工程建设步伐。要进一步加大力度，因地制宜地采用集中供水、分散供水、城乡供水管网向农村延伸等方式，加快解决饮水安全问题。要健全农村供水工程管理体制与运行机制，确保工程建得成、管得好、用得起、长受益。近期，水利部将与各地签订农村饮水安全工程建设责任书。各地要对照既定的目标任务和工作进度安排，逐级落实责任，提前做好各项前期工作，提前安排落实地方配套资金，提前做好各项协调工作，确保中央投资下达后，能迅速开工并尽早完成建设任务。要抓紧完成新增农村饮水不安全人口复核工作，编制2010～2013年全国农村饮水安全工程规划，统筹解决新增饮水不安全问题。

三是全面推进大型灌区续建配套和节水改造。要加强与有关部门的沟通协商，大幅度增加投资规模，进一步加快大型灌区节水改造步伐。要抓紧研究提出优化前期审批程序、提高实施方案审批效率的具体措施，集中力量进行大型灌区续建配套和节水改造，做到每年完成一批，验收一批，销号一批。对于进度严重滞后的项目，要强化责任、明确时限、严格奖惩、挂牌督办，确保工程顺利实施并取得实效。

第二，着力做好四项工作。在加快完成三大任务的同时，抓住群众期盼、成效显著的民生水利项目，进一步扩大实施范围和规模。

一是着力做好中小河流治理工作。新中国成立以来，我国大江大河治理成就显著，但中小河流治理严重滞后。2/3的中小河流达不到规定的防洪标准，一般年份中小河流洪涝灾害损失占全国的70%～80%，死亡人数占全国洪涝灾害死亡人数的2/3，成为防汛抗洪工作的薄弱环节。各地要高度重视中小河流治理，在扎实搞好第一批试点项目建设的基础上，加快实施全国重点地区中小河流近期治理建设规划，集中对分布在1700多个县，流域面积在200～3000平方公里、保护人口和耕地面积较多、洪涝灾害发生频繁的2200条中小河流(段)进行系统治理，达到规定的防洪标准。同时，要全面开展山洪灾害防治工作，在山洪灾害频发地区建成以监测、通信、预报、预警等非工程措施为主，非工程措施与工程措施相结合的防灾减灾体系，提高山洪灾害防御能力。

二是着力做好中型灌区续建配套与节水改造工作。我国现有中型灌区7300多处，有效灌溉面积接近全国有效灌溉面积的1/3，在保障国家粮食安全方面发挥着重要作用。要在加快大型灌区骨干工程续建配套与节水改造的同时，抓住农业综合开发重点支持中型灌区节水改造的有利时机，加快中型灌区节水改造步伐，抓好水源及渠首工程加固改造、排灌渠道疏浚衬砌及渠系建筑物改造配套，力争在2020年前基本完成全国1500多处重点中型灌区节水改造任务，新增灌溉面积7600万亩，改善灌溉面积1.6亿亩。同时，要加大末级渠系节水改造力度，解决农田灌溉“最后一公里”问题。

三是着力做好节水灌溉推广工作。节水灌溉是一项革命性措施，是我国农业灌溉的发展方向。经过多年发展，我国节水灌溉取得了明显成效，但节水灌溉发展不平衡，与发展现代节水高效农业还有很大差距。按照全国节水灌溉规划，到2020年，我国节水灌溉面积要达到7.65亿亩，年节水能力达到600亿立方米。要把灌区节水改造、小型农田水利重点县建设与发展节水灌溉紧密结合起来，大幅度增加节水灌溉投入，用好灌排设备农机具购置补贴政策和节水灌溉贷款财政贴息政策，充分调动农民群众发展节水灌溉的积极性，实现节水灌溉从项目示范向全面推广的跨越。要因地制宜发展渠道防渗、管道输水、喷灌、滴灌、微灌等高效节水技术，抓好输水、灌水、用水及管理过程节水。在山丘区建设水窖、山塘等雨水集蓄利用工程，发展集雨节灌。在有条件的牧区，发展灌溉草场，建设以水利设施为支撑的饲草料基地。要建立农业灌溉总量控制和定额管理制度，强化计划用水和科学用水。要积极开发具有中国特色、质优价廉的节水灌溉技术和设备，建立健全节水灌溉技术服务体系。

四是着力做好水电新农村电气化县建设和小水电代燃料工作。农村水电是山区农村发展和农民增收的重要依托，是改善民生和保护生态的重要举措。在如期完成“十一五”水电农村电气化县建设规划任务的基础上，要积极谋划“十二五”水电新农村电气化县建设，以中西部地区为重点，加快解决无电缺电人口用电问题，不断提高边远贫困山区农村用电水平。全面实施2009～2015年全国小水电代燃料工程规划，新增代燃料电站装机170万千瓦，解决170万户、677万农村居民生活燃料问题。同时，积极推动农村水电增效减排改造和农村水电配套电网改造工程，对现有老化失修、效益衰减的农村水电站进行更新改造，恢复原有装机和发电能力。

第三，努力实现五个突破。民生水利发展是一个长期的动态过程，要不断把握人民群众的新要求，开辟兴水惠民新领域，实现民生水利新突破。

一是抓好小型农田水利重点县建设。小型农田水利设施是农业基础设施的重要组成部分，是提高农业综合生产能力的重要前提条件。去年，我们会同财政部选择400个农业增产增效潜力大、示范作用显著、前期工作充分的县，作为第一批小型农田水利建设重点县予以扶持，计划用3～5年时间，平均每个县投入中央财政小型农田水利专项资金4000万元左右，连同地方配套资金，集中资金投入，连片配套改造，以县为单位整体推进，建设高效节水灌溉、现代化灌排渠系、雨水集蓄利用、末级渠系节水改造等工程，着力改善农业生产条件，增强农业综合生产能力，提高抗御自然灾害能力。要在编制县级农田水利规划基础上，进一步扩大小型农田水利重点县建设范围，逐步改变小型农田水利设施建设滞后的状况。

二是实施坡耕地综合整治。我国现有3.59亿亩坡耕地，不仅是我国水土流失的主要策源地，也严重影响山丘区群众脱贫致富。要尽快启动实施坡耕地水土流失综合整治工程，以坡改梯、小流域综合治理、建设高标准基本农田为重点，结合退耕还林还草和封禁保护，对西北黄土高原区、南方红壤丘陵区、西南土石山区等重点地区坡耕地实施综合整治，力争用10年左右时间，建设1亿亩高标准基本农田。

三是开展蓄滞洪区安全建设。长期以来，蓄滞洪区建设与管理严重滞后。要抓紧实施全国蓄滞洪区建设与管理规划，用10年左右的时间，基本完成使用频繁、洪水风险较高、防洪作用突出的蓄滞洪区建设任务，使重度风险区内的居民得到妥善安置，防洪安全得到保障，生产生活条件得到改善，实现洪水“分得进、蓄得住、退得出”。要根据流域防洪规划合理调整蓄滞洪区布局。当前，要着重抓好长江城陵矶附近100亿立方米蓄滞洪区、淮河蓄滞洪区和海河重要蓄滞洪区安全建设。

四是搞好病险水闸除险加固。目前全国4万多座水闸约有2/3存在不同程度的病险问题，对防洪安全构成重大隐患。要尽快完成全国大中型病险水闸除险加固专项规划编制工作，在水闸注册登记和安全鉴定的基础上，重点对全国大中型和重点小型病险水闸实施除险加固，消除水闸险情，确保水闸防洪、排涝和兴利等功能的正常发挥。

五是开展农村水环境整治。当前，农村水系紊乱、河湖围垦侵占、河道淤积堵塞、水质污染恶化、功能丧失、效益衰减等问题十分突出。要结合新农村建设，积极开展农村水系治理、河道清淤疏浚、山丘区山塘整治、水污染防治等农村水环境综合整治工程，治山、治水、治污相结合，建设生态清洁型小流域，沟通河网水系，改善水域水质，恢复河道功能，美化人居环境。

四、科学编制“十二五”水利发展规划

科学编制水利发展“十二五”规划，对于全面落实科学发展新要求、积极适应发展形势新变化、妥善应对发展阶段新挑战，推动传统水利向现代水利、可持续发展水利加快转变，具有十分重要的意义。各级水利部门要进一步提高认识，加强领导，扎实做好规划编制各项工作。

第一，深入研究水利发展“十二五”规划编制的重大问题。在去年召开的全国水利发展“十二五”规划编制工作视频会议上，我提出规划编制中需要着力研究的12个重大问题，包括深入研究“十二五”水利发展目标问题，提出“十二五”水利发展的目标和指标体系；

深入研究民生水利发展问题，建立和完善民生水利发展的长效机制；深入研究水利投资和接续项目问题，抓紧提出一批符合国家投资方向和投资政策的重大水利工程项目和接续项目；深入研究落实最严格水资源管理制度问题，促进水资源的可持续利用；深入研究河湖水系连通、水量调配和提高水环境承载能力问题，发挥河湖水系的综合功能，实现水量优化调配；深入研究流域和区域水利发展布局问题，明确流域和区域水利发展的重点和要求；深入研究水土保持与生态修复问题，对水生态系统进行综合治理；深入研究促进水资源节约保护和优化配置的工程、技术、经济、法律、行政等措施，保障国家水资源安全；深入研究流域、区域、城乡水资源统一配置和调度，强化城乡水资源统一管理；深入研究应对全球气候变化问题，增强应急管理能力；深入研究洪水风险管理问题，加强洪水调度管理和洪水资源化利用；深入研究水利发展重大体制机制问题，逐步建立水利良性发展长效机制。各地可结合自身特点和实际，围绕上述重大问题，有针对性地开展调查研究，提出切实可行的对策措施。

第二，准确把握水利发展“十二五”规划编制的指导思想。全国水利发展“十二五”规划编制指导思想的确定，要把社会主义初级阶段的基本国情与现阶段的基本水情紧密结合起来，把科学发展观的根本要求与可持续发展治水思路的实践探索紧密结合起来，把全面建设小康社会的宏伟蓝图与民生水利发展的长远目标紧密结合起来，把加快转变经济发展方式与建立和落实最严格水资源管理制度紧密结合起来，综合分析、深入研究、系统梳理、科学概括。要注意处理好以下六个关系：一是近期与远期的关系。统筹考虑水利发展的长远目标和阶段性任务，科学制定“十二五”规划目标，有序安排年度实施计划。二是流域与区域的关系。流域的总体布局要与相关区域经济社会发展规划相协调，区域水利发展要符合流域总体部署。三是重点与一般的关系。解决好事关流域经济社会发展全局的水利问题，突出重要目标、重点领域、重大工程和重要管理措施。四是需要与可能的关系。既要考虑经济社会发展对水利的需求，又要充分考虑资源环境承载能力和国家的综合财力，注重规划方案的实效性和可操作性。五是满足社会需要与强化社会管理的关系。既要统筹兼顾各方面的利益关切，又要有效约束不合理的水事行为，促进社会的和谐发展。六是预期性指标与约束性指标的关系。既要提出反映水利发展规模速度等方面的预期性指标，又要制定加强水资源管理等方面的约束性指标。

第三，合理设置水利发展“十二五”规划的指标体系。确定“十二五”规划指标体系，要做到四个结合：一是把发展经济与改善民生结合起来。既要提出增强水利对经济社会发展保障方面的目标和指标，也要提出水利对保障和改善民生方面的目标和指标。二是把开发利用与节约保护结合起来。按照生态文明建设的要求，提出推进节水型社会建设的水资源节约保护目标和指标，以及遏制水土流失和修复河湖生态的目标和指标，促进经济社会与人口、资源、环境协调发展。三是把项目建设与行业建设结合起来。既要提出一批接续项目建设的目标和指标，又要提出推进水利工作法治化进程，加强水利科技、水文、水利信息化以及水利管理基础等方面的目标和指标，增强行业自我发展能力。四是把加快发展与深化改革结合起来。从建立健全保障水利长远发展的体制机制出发，提出深化水利改革、强化水利管理、促进水利工程良性运行等方面的目标和指标。

第四，进一步明确“十二五”水利发展的战略重点。要根据党的十七大和十七届三中全会提出的目标和要求，综合考虑“十二五”时期水利发展环境的新变化、新要求，把握好未来五年水利发展的战略重点。一要按照全面建设流域、区域防洪减灾体系的要求，提出防洪方面的主要建设任务；二要按照优先解决人民群众最关心、最直接、最现实的水利问题的要求，提出民生水利方面的主要建设任务；三要按照提高城市及重要地区供水保障能力的要求，提出水资源开发利用方面的主要建设任务；四要按照全面推进节水型社会建设的要求，提出水资源节约保护方面的主要建设任务；五要按照坚持综合治理与生态修复相结合的要求，提出水土保持与河湖生态修复方面的主要建设任务；六要按照增强发展的可持续性、建设资源节约型和环境友好型社会的要求，以落实最严格的水资源管理制度为重点，提出加强水利管理的主要任务；七要按照加快行政管理体制改革、大力推进资源性产品价格改革、建立健全统筹城乡发展的体制机制等要求，以完善水利体制机制为重点，提出进一步深化水利改革的主要任务；八要根据加强水利社会管理和公共服务的要求，针对基层水利等薄弱环节，提出全面推进水利法治建设和加强水利行业能力建设的主要任务。

五、统筹做好2010年水利工作

2010年，是实施水利“十一五”规划的最后一年，也是加快水利发展与改革的关键之年，水利工作的总体要求是：全面贯彻党的十七届三中、四中全会和中央经济工作会议、中央农村工作会议精神，深入贯彻落实科学发展观，积极践行可持续发展治水思路，加快民生水利发展，着力做好防汛抗旱防台风工作，着力抓好扩大内需水利项目建设，着力落实最严格水资源管理制度，着力推进水利改革攻坚，全面完成水利“十一五”规划目标任务，为应对国际金融危机冲击、保持经济平稳较快发展提供有力的水利保障。

第一，扎实做好防汛抗旱防台减灾工作。目前，南方地区主要河流湖泊仍处于低水位，城市供水紧张形势还没有彻底缓解，黄河封河1100多公里，北方河流防凌形势严峻。据气象部门预测，今年春季我国华北等地降水偏多，华南大部可能出现春旱；夏季全国大部气温偏高，华北地区南部至黄淮海大部、华南等局地可能出现暴雨洪涝。要全面落实以行政首长负责制为主要内容的各项防汛抗旱责任制，提早做好防汛抗旱各项准备工作。要突出抓好大江大河大湖大库、大中城市、主要交通干线和重要工矿企业的防洪安全，高度重视并着力加强中小河流、中小水库水电站、在建水利工程安全度汛工作，切实强化山洪灾害和台风灾害防御工作，及时做好防凌汛工作。要认真抓好汛期检查、监测预报、预案预警、指挥调度、抢险救灾等关键环节，落实“防、抢、撤、救”各项预案，提高防汛应急能力。要坚持防汛抗旱两手抓，完善抗旱应急供水方案，搞好抗旱应急水源工程建设，强化抗旱水源统一管理和科学调度，确保城乡生活用水安全，努力满足工农业生产用水需求。要做好向北京应急供水，黄河、长江、珠江、太湖水量统一调度等工作，确保重点城市和地区供水安全。

第二，全面加快重点水利工程建设步伐。如期完成6240座大中型和重点小型病险水库除险加固任务，解决6000万农村人口的饮水安全问题。抓住国家提高大型灌区投资强度的重要机遇，完善大型灌区前期工作程序，加快大型灌区续建配套与节水改造，确保销号30座以上，完成50处大型排灌泵站更新改造。全面启动新一轮治淮工程建设，抓好太湖、洞庭湖、鄱阳湖综合治理，推进黄河下游、长江中下游河势控制等大江大河重点河段治理，搞好重点蓄滞洪区建设，开展渭河、湖南“四水”、江西“五河”等大江大河重要支流治理。加快甘肃引洮、吉林哈达山、西藏旁多、四川亭子口等骨干水利工程以及西南地区中型水库等重点水源工程建设。积极协调加快珠江大藤峡、淮河出山店、陕西引汉济渭、湖南涔天河等工程的审批进度，深入推进黄河古贤、湖南金塘冲、西藏拉洛水利枢纽等重点水利工程前期工作。进一步扩大小水电代燃料规模，突出抓好水电新农村电气化县建设，编制农村水电增效减排改造工程规划，搞好农村水电供电区电网改造。全面落实水库移民后期扶持政策，抓好新建、在建水利工程移民工作。

第三，努力掀起农田水利基本建设新高潮。认真贯彻落实国务院冬春农田水利基本建设工作会议精神，广泛发动群众，开展以小型灌排工程、小型水源工程、水毁工程修复为重点的农田水利建设，对山丘区小塘坝、小水池、小水窖等小微型农田水利工程进行清淤扩容、整修加固、除险增效，大力发展牧区水利。要加强与有关部门的协调，积极拓宽农田水利投资渠道，不断增加财政专项资金投入。要完善民办公助、以奖代补等政策措施，用好“一事一议”政策，鼓励和引导农民投工投劳开展农田水利建设。

第四，切实加强水土保持生态建设和水环境治理。继续搞好长江上游、黄河上中游、东北黑土区、西南石漠化区、丹江口库区及其上游等重点区域的水土流失治理和黄土高原淤地坝建设，完成水土流失综合治理面积5.5万平方公里。启动坡耕地水土流失综合整治和南方崩岗治理工程，加大革命老区、贫困地区和民族地区水土流失治理力度。加强封育保护，重点推进青海“三江源”、新疆内陆河流域、西藏等地区生态自然修复。加强水土保持执法监督，组织开展好第四次全国土壤侵蚀调查。积极推动资源和能源富集地区建立开发项目水土保持生态补偿机制。推进石羊河、塔里木河、黑河近期综合治理，加快太湖水环境综合整治，实施敦煌水资源生态保护工程。继续推动生态清洁型小流域建设，积极推进水生态系统修复保护与地下水保护行动，开展城乡水环境整治，建设和管理好水利风景区。

第五，全面推进最严格的水资源管理制度。抓紧建立和完善水资源开发利用、水功能区限制纳污、用水效率控制等指标体系，做到能操作、可检查、易考核、有奖惩。要在国家批复全国水资源综合规划的基础上，加快制定重要江河流域的水量分配方案，抓紧批复各流域取水许可总量控制指标，全面启动区域取水许可总量控制指标编制工作，严格规范水资源费的征缴与使用管理。要加紧组织制定和完善各行业用水定额，逐步建立区域、行业用水效率考核体系和用水产品用水效率标识管理体系，加强对重点行业和用户的节水监督检查。要确定水域纳污能力，提出限制排污总量意见，严格水功能区监督管理，完成太湖流域水功能区划报批工作。要加强饮用水水源保护，进一步建立和完善水污染事件快速反应机制。要加大节水型社会建设力度，积极推进水权制度建设，加快节水技术改造，健全节水责任制和绩效考核制。

第六，大力提升依法治水和社会管理能力。要加快水法规体系建设，大力推进水土保持法修订、太湖管理条例和南水北调供用水管理条例的审查审议工作，争取尽快出台；完成节约用水条例和洪水影响评价管理条例的起草工作，积极推进河道管理条例、珠江水量调度条例和农村供水条例等行政法规的修订制订工作。要大力加强水行政执法队伍及其能力建设，建立健全水行政执法主体资格制度，落实水行政执法责任制，开展以水资源管理、河道管理和水工程设施保护、水土保持为重点的专项执法活动。要高度重视水事纠纷预防和调处机制建设，及时有效处理水事纠纷和涉水行政争议，维护社会和谐稳定。要广泛深入开展水法制宣传教育，全面完成“五五”普法任务。要进一步深化水利行政审批制度改革，大力推进水利政务公开和办事公开。要加大政策研究力度，全力配合中央有关部门做好加快水利发展与改革的政策性文件调研起草工作。采取有效措施抓好水法规制度的贯彻落实。

第七，加快推进水利发展体制机制创新。要加快水利投融资体制改革，稳定并强化现有投资来源，积极开辟新的投资渠道；加强与有关部门的沟通协调，尽快出台延长水利建设基金征收年限的政策文件。要不断完善流域管理与行政区域管理相结合的水资源管理体制，加快城乡水务一体化进程，搞好水资源综合管理试点。要抓好水利工程建设管理体制改革，研究从源头上规范水利建设领域的治本之策，全面落实“三制”，积极推行代建制，加快水利建设市场主体信用体系建设，加大质量管理和安全生产监管力度，坚决防止重特大安全生产事故和各种质量事故发生。要深化水利工程管理体制改革，稳定经费渠道，足额落实“两费”，解决好人员分流安置、社会保障落实等问题，将水管体制改革向小型水利工程、基层水利单位延伸。要搞好农村水利改革，落实农村饮水安全、灌溉排水等水利工程的产权主体和管护责任，加快农民用水及农村水利合作组织建设，实现工程良性运行。要建立合理的水价形成机制，积极稳妥地推进水价改革。

第八，继续强化水利行业基础能力建设。加强水利科技工作，基本建成2个国家级创新基地和7个流域创新中心，开展地方科研中心和试验站建设试点，启动新一轮部级重点实验室和工程中心建设，积极申报国家实验室。组织实施节水型社会建设科技专项行动，做好“948”项目、水利科技推广等项目的组织实施，引进50项国外先进技术，推广转化100项实用技术成果。深化高层互访机制，推进多边、双边水利国际交流与合作。加强水文站网建设和水文巡测基地建设，加快中央、流域、省级水文数据中心建设和水文业务应用系统建设。大力推进水利信息化资源整合与共享，充分发挥水利管理信息系统作用。启动并做好全国第一次水利普查工作。要适应民生水利快速发展的形势和需要，抓紧制定、修订和完善相关规程规范和技术标准。

第九，逐步建立健全基层水利服务体系。乡镇水利站等基层水利服务体系建设滞后是当前水利发展的薄弱环节，必须着力加以解决。要积极争取有关部门的支持，制定加强基层水利的相关政策意见，从根本上解决乡镇水利站的性质、编制、经费和体制问题。要加大对抗旱服务队、防汛抢险队以及水利科技推广组织的政策扶持力度，因地制宜设立乡村水管员，加强乡村河道及堤防、泵站、水闸等水利工程的管护。要多渠道增加培训资金，分期分批对基层水利职工进行集中培训。要充分发挥基层水利单位水土资源优势，因地制宜地开展水利多种经营，增强自我发展能力。

第十，着力落实党的建设各项任务。深入贯彻落实党的十七届四中全会精神，广泛开展学习型党组织和学习型领导班子建设活动，坚持用中国特色社会主义理论体系武装党员干部，着力增强推动水利科学发展的能力。认真贯彻落实2010～2020年深化干部人事制度改革规划纲要，不断完善干部选拔任用机制，抓好后备干部队伍建设和公务员队伍能力建设。深入实施水利人才战略，积极推进新一轮大规模干部教育培训工作。全面落实党风廉政建设责任制，紧紧围绕教育、制度、监督、改革、纠风、惩治等工作，扎实推进水利反腐倡廉制度建设，加强对制度执行情况监督检查，健全和完善水利惩治和预防腐败体系。加强对贯彻落实中央有关方针政策情况的监督检查，加大水利基础设施建设项目审计、稽查和专项检查力度，抓好水利建设领域突出问题专项治理，大力推进水利系统政风行风建设。抓好信访维稳工作。深入开展精神文明创建活动，加强水文化建设，大力弘扬“献身、负责、求实”的水利行业精神。全面做好离退休干部工作，搞好社团建设和管理，抓好后勤保障工作。加强水利新闻宣传工作，营造促进水利又好又快发展的良好氛围。

同志们，治水实践永无止境，水利发展任重道远。让我们更加紧密地团结在以胡锦涛同志为总书记的党中央周围，深入贯彻落实科学发展观，积极践行可持续发展治水思路，团结和带领广大水利干部职工，开拓进取，勤奋工作，全面推进民生水利新发展，为夺取全面建设小康社会新胜利做出更大贡献！

2009年全国水利投资与重点水利建设

2009年是水利发展与改革加快推进的一年，水利基础设施建设实现重大跨越，各级水利部门牢牢把握水利发展的新形势新机遇，全面推进民生水利新发展，在水利建设、管理和改革等方面取得了显著成效，有利地支撑了国民经济和社会发展。

一、水利固定资产投资

2009年，全社会共落实水利固定资产投资计划1702.7亿元（含南水北调143.0亿元），较上年增加6.1%。分投资来源看，中央政府投资657.1亿元，较上年增加0.8%；地方政府投资785.4亿元，较上年增加12.3%；利用外资3.5亿元，较上年减少80%；国内贷款 192.1亿元，较上年增加7.9%；企业和私人投资37.5亿元，较上年增加21.0%；其他投资27.1亿元，较上年增加3.8%。分投资方向看，防洪工程建设投资744.2亿元，较上年增加12.1%；水资源工程建设投资732.6亿元，较上年增加2.6%；水土保持及生态环境保护投资66.4亿元，较上年减少20.7%；水电及专项工程投资159.5亿元，较上年增加12.1%。

全年共落实中央水利建设投资计划592亿元（不含小型农田水利建设中央财政专项补助资金45亿元），比上年增加166.61亿元，增幅达39.2%。其中：国家预算内拨款480亿元（含南水北调45亿元），较上年增加37.4%；水利建设基金12亿元，与上年持平；重点小型病险水库除险加固中央财政专项资金80亿元，较上年增加20%；中小河流近期治理20亿元。

全年正式施工的水利建设项目10715个，在建项目投资总规模7821亿元，较上年增加17.1%。当年中央投资的水利建设项目4593个，较上年增加26.1%，在建投资规模3340.6亿元，较上年增加2.2%。当年新开工项目5992 个，比上年增加35.6%，新增投资规模2048.5亿元，比上年增加了一倍。

全年水利建设完成投资1894.0亿元，较上年增加805.8亿元，增幅达74.0%。其中，建筑工程完成投资1297.2亿元，较上年增加66.0%；各类安装工程完成投资113.4亿元，较上年增加68.2%；机电设备及各类工器具购置完成投资125亿元，较上年增加108.3%；其他完成投资（包括移民征地补偿等）358.4亿元，较上年增加99.9%。

在全部完成投资中，防洪工程建设完成投资674.8亿元，水资源工程建设完成投资866.0亿元，水土保持及生态工程完成投资86.7亿元，水电、机构能力建设等专项工程完成投资266.5亿元；七大江河流域完成投资1612.9亿元，东南诸河、西北诸河以及西南诸河等其他流域完成投资281.1亿元；东部、东北、中部、西部地区完成投资分别为625.1亿元、135.8亿元、555.6亿元、577.5

亿元，占全部完成投资的比例分别为33.0%、7.2%、29.3%和30.5%。

在全年完成投资中，中央项目完成投资206.9亿元，地方项目完成投资1687.1亿元；大中型项目完成投资450.3亿元，小型及其他项目完成投资1443.7亿元；各类新建工程完成投资1169.7亿元，扩建、改建等项目完成投资724.3亿元。

全年水利建设项目部分投产项目1025个，全部投产项目5499个，共新增固定资产781.3亿元。全年完成投资新增固定资产1554.7亿元，固定资产形成率为82.1%。截至2009年底，在建项目累计完成投资4620.8亿元，投资完成率为59.1%，比上年上升1.5个百分点；在建项目累计新增固定资产3129.5亿元，固定资产形成率为67.7%，比上年增加2.1个百分点。

全年水利建设完成土方、石方和混凝土方分别为20.8亿立方米、2.7亿立方米、0.5亿立方米。至2009年底，在建项目计划实物工程量完成率分别为:土方59.7%、石方66.0%、混凝土方63.9%。

二、重点水利建设

大江大河治理。全年在建江河治理工程1027处，累计完成投资1089.6亿元，项目投资完成率65.1%。新增达标堤防长度4515公里，其中，一、二级堤防新增达标长度947公里。当年河道整治长度1788.5公里，完成1460.3公里。治淮骨干工程建设已累计完成投资96.7%，累计完成工程实物量97%以上。在19项治淮骨干工程中，已有13项竣工验收，17项全面完成，2项正在加快实施。启动太湖综合治理，开工建设太湖走马塘拓浚延伸工程；洞庭、鄱阳“两湖”治理二期、黄河下游及宁蒙河段治理、漳卫新河治理工程等重点项目进展顺利。

水库枢纽工程。全年在建枢纽工程334座,累计完成投资695.3亿元，项目投资完成率54.5%。其中，水库枢纽工程176座，累计完成投资477.3亿元，项目投资完成率52.2%。辽宁三湾、吉林哈达山、黑龙江桃山水库二期、福建仙游金钟、江西山 口岩、四川永定桥等工程进展顺利；江西峡江、四川亭子口、贵州黔中、西藏旁多等工程已开工建设，形成新一轮骨干工程建设格局；当年在建病险水库除险加固工程3671座,累计完成投资461.2亿元，项目投资完成率67.8%；当年安排中央投资168亿元，用于大中型和重点小型水库除险加固任务，基本完成除险加固任务1314座。

水资源配置工程。全年在建各类水资源工程投资规模1282.2亿元，累计完成投资727.4亿元，项目投资完成率56.7%。南水北调东、中线一期工程主体工程有 20项单项工程的67个设计单元工程开工建设，在建规模697.8亿元，累计完成投资389.4亿元，当年完成投资147.9亿元，在建项目进展顺利。辽宁锦凌、广西漓江补水等重大工程开工建设，吉林引嫩入白供水工程、海南大广坝水利水电二期（灌区）、甘肃引洮供水一期等工程建设顺利，润滇、泽渝等部分西南中型水库已建成，发挥效益。

农村水利。全年农村饮水安全工程在建投资规模583.8亿元，累计完成投资508.6亿元。当年新增农村饮水日供水能力601万立方米，解决7295万人的饮水安全问题。截至2009年底，农村饮水安全人口已达6.3亿人，农村自来水普及率达48.1%。

中央安排76.6亿元用于大型灌区节水改造、节水灌溉示范项目及牧区水利试点为重点的农村水利设施建设，在建规模1193.3亿元，累计完成投资467.1亿元，当年完成投资194.8亿元。新增有效灌溉面积1533.1千公顷，新增节水灌溉面积2238.1千公顷。实施长江流域水利血防项目98项。当年安排中央投资15亿元,用于99处大型灌溉排水泵站更新改造。

农村水电。当年安排中央投资3亿元用于25个省（自治区、直辖市）和新疆生产建设兵团的424个水电农村电气化建设项目。当年安排小水电代燃料中央投资3亿元用于19个省（自治区、直辖市）和新疆生产建设兵团的108个项目。当年全国农村水电站建设共完成投资255亿元，新增电站1213座，投产发电设备容量380万千瓦。当年在建电站2069座，装机容量1290万千瓦。全国农村水电电网建设共完成投资46亿元，新增110千伏及以上变电站容量417万千伏安；新增35千伏变电站容量167万千伏安；配电变压器容量272万千伏安。新投产10千伏及以上高压线路2.6万公里，低压线路4.5万公里。累计解决80万无电人口用电问题。

水土保持。全年水土保持及生态工程在建规模达287.2亿元，累计完成185.1亿元。全国新增水土流失综合治理面积4.3万平方公里，其中小流域治理面积新增1.8万平方公里。当年新增封育保护面积2.5万平方公里。实施3200条小流域水土流失综合治理，新建黄土高原淤地坝210座。当年新修水平梯田412千公顷，新增沟坝淤地面积38千公顷，新栽种水保林面积1647千公顷，新增种草面积470千公顷。长江上中游、黄河上中游、丹江口库区及上游、首都水源区、晋陕蒙砒砂岩区、京津风沙源、岩溶石漠化区、东北黑土区水土保持治理工程稳步推进。

行业能力建设。全年水利行业能力建设完成投资21.0亿元。其中，防汛通信设施（含视频会商系统）投资2.4亿元，水文设施投资5.9亿元，科研教育设施投资1.4 亿元，水利前期投资9.2亿元，其他投资2.1亿元。

水利信息化建设进入全方位、多层次推进的新阶段。省级以上水利部门中，局域网数量达到616个；接入网络的各种类型PC机数量达到58524台，服务器设备2124套；建成连接水利部、七个流域机构的政务内网，流域机构对直属二级单位的政务外网覆盖率达到97.7%，省级水行政主管部门对地市级水行政主管部门的政务外网覆盖率达到67.8%；因特网接入总带宽3612MB。省级以上水利部门已配备的各类在线存储设备的存贮能力达215317.6GB；各类水利信息采集点63324个，工程视频监控点2645个；流域机构和省级水行政主管部门视频会议系统有23家实现了对下一级单位的全覆盖；各级网站公开的行政许可事项达816项以上，网上办理的行政许可事项达到了374项；省级以上水利部门正常运行的各类业务应用系统917套，涵盖了水利行政和业务的各个方面。

依法管地 集约用地 促进经济发展方式转变

——写在第20个全国“土地日”

国土资源部部长、党组书记、国家土地总督察 徐绍史

土生万物，地发千祥。大地是人类永恒的母亲。在第20个全国“土地日”到来之际，我们格外深切地感念土地。把今年全国“土地日”主题确定为“土地与转变发展方式——依法管地 集约用地”，并隆重举行系列纪念活动，既希望藉此表达我们对大地母亲的殷殷情怀，也希望进一步唤醒我们的土地意识，把握好形势和要求，倍加珍惜土地，倍加节约土地，集约利用土地。

土地是民生之本，发展之基，财富之源。人类社会的进步、经济的发展和财富的积累，无不与土地息息相关。中国人多地少的矛盾突出，土地问题始终是现代化发展进程中带有全局性、根本性、战略性的重大问题。改革开放30年，我国发生了翻天覆地的变化，从以家庭联产承包责任制发端的农村土地改革，到日新月异的城市建设，我们创造了连续多年高速增长的经济奇迹，最深刻的动因源于土地，最强大的支撑来自于土地。

在看到我国经济飞速增长的同时，我们也要清醒地看到，囿于粗放型经济增长的模式，我们付出了巨大的资源、环境代价。2009年我国GDP总量已经达到33万亿元，如果支撑和保障国民经济发展的，仍然是投资拉动、规模扩张、资源高耗的粗放外延型增长模式，那么，我国资源、环境必将更加紧张，人地矛盾必将更加尖锐。我国工业化、城市化、现代化的根本出路，在于坚持以科学发展观为指导，转变经济发展方式，统筹好保障发展与保护资源的关系。一方面，坚持保障科学发展，以土地供应政策和利用方式转变促进经济发展方式转变，推动国民经济全面、协调、可持续发展；另一方面，坚持保护耕地红线，牢牢守住子孙后代生存发展、安邦立国的根基，实现土地资源的永续利用。

实践证明，转变土地利用方式是促进经济发展方式转变的重要而有效的途径。实施土地用途管制，

强化土地供给刚性约束，可以有效抑制建设用地过度扩张，促进形成节约集约用地的“倒逼机制”，进而促进经济发展方式转变。这是关系经济社会发展全局的紧迫而重大的战略任务，也无疑是一项艰巨而复杂的系统工程。目前，我国节约集约利用土地的管理体制、政策体系和技术标准还不健全、不完善，促进节约集约用地的法律法规，城乡规划，产业发展，财税、社会保障政策等还不够协调配套，对节约集约用地科学机制还在探索。新形势下，我们必须树立强烈的忧患意识和机遇意识，赋予土地管理工作更高的站位、更开阔的视野、更深刻的内涵，用新理念、新机制强化国土资源管理工作，使国土资源管理从单纯的数量管理走向数量、质量、生态并重的综合管理，从单纯的资源管理走向资源、资产、资本统一的综合管理，从单纯满足需求转向供给和需求双向调节的差别化管理，进而推动经济发展方式从单纯依赖资源消耗拉动走向依靠提高资源利用效率拉动。我们要积极探索建立差别化的土地供应管理政策，优先保障交通、水利、能源等基础设施项目和民生项目用地，严格限制高能耗、高排放、产能过剩和重复建设项目上马，切实保障自主创新与战略性新兴产业建设用地，推动经济结构调整和经济发展方式转变。我们要积极探索建立节约集约用地的激励机制、责任机制、考核机制、用地全程监管机制，努力优化土地利用布局和结构，依法从严从紧管理土地，实现土地利用由粗放型向集约型转变，促进土地利用方式的根本转变，走出一条节约集约用地的新路子。

促进经济发展方式转变，节约集约用地是关键，严格保护耕地是硬任务。我们要充分运用法律、行政、经济和科技的综合手段，建立健全共同责任机制，不断完善耕地保护机制，推进农村土地综合整治，加快农村土地产权制度建设，切实维护农民的土地权益，把最严格的耕地保护制度落到实处，坚守住18亿亩耕地红线。当前，尤其要以贯彻落实监察部、人力资源和社会保障部、国土资源部《违反土地管理规定行为处分办法》为契机，充分发挥违法问责制的警示和震慑作用，对违法严重的地区实行严格问责，依法查处、严厉打击违法违规用地行为，切实维护国家法律法规和土地调控政策措施的权威性、严肃性、一致性。要充分运用国土资源“一张图”和综合信息监管平台，全面加强卫片执法检查，着力构建“天上看得见、网上查得实、地上管得住”的土地执法监管新格局，从根本上遏制土地违规违法的高发态势，真正开辟出一个依法管地、集约用地的科学发展新天地。

2010年是贯彻中央“夺取应对国际金融危机全面胜利、加快转变经济发展方式”决策部署，服务经济平稳较快发展的关键一年。面对复杂多变的形势，我们将继续坚持“积极主动服务、严格规范管理”的原则，既要保稳定增长，又要转变经济发展方式、调整经济结构、优化产业升级布局。国土资源部已在全系统作出部署，从今年起持续深入开展“保经济发展保耕地红线工程”，坚定不移地推进土地利用方式转变，进而推进经济发展方式转变。实施“双保工程”是一项立足现实、着眼长远的重大决策，是事关经济社会持续健康较快发展的系统工程。借助这一平台和抓手，国土资源部门将不遗余力地动员全社会，弘扬科学的发展观和文明的用地观，使有限的土地资源始终为经济社会可持续发展提供坚实保障，承载起中华民族的伟大复兴和持久繁荣。

土地关系国计民生，关系千秋万代。在土地问题上，我们绝不能犯不可改正的历史性错误，遗祸子孙。让我们从依法管地、集约用地做起，不断加强和改进土地管理，探索建立节约集约用地新机制，推动土地利用方式根本转变，为促进经济发展方式转变和经济社会又好又快发展作出应有的贡献。

2009年建设用地情况

2009 年批准用地类型和地区分布

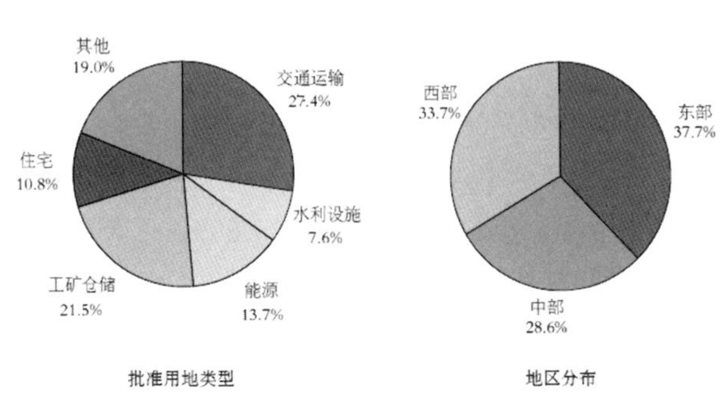

2005—2009 年土地出让及招拍挂出让面积和价款变化情况

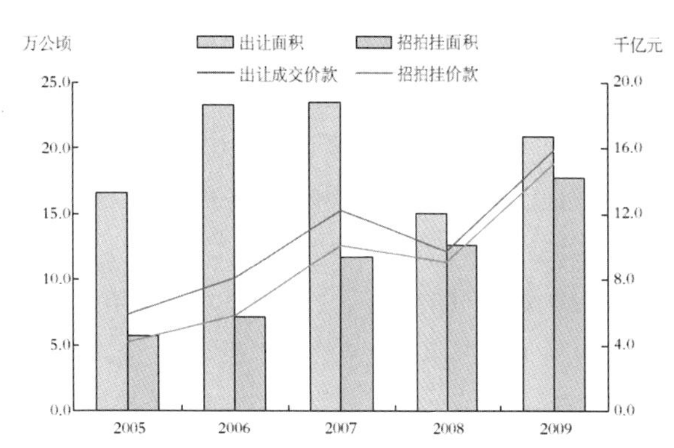

2005—2009 年国有建设用地供应情况

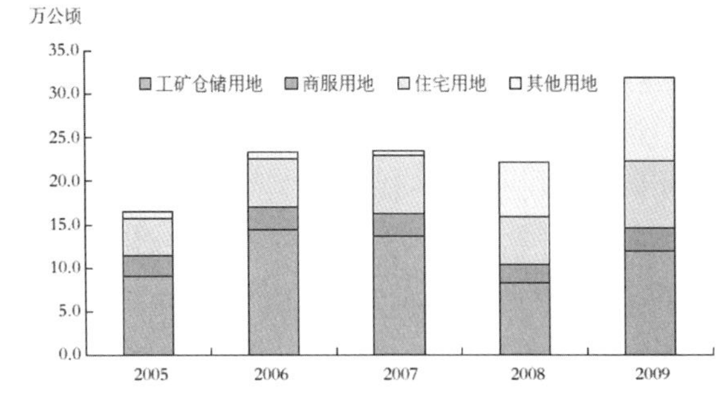

84 个重点城市土地抵押情况

截至 2009 年末，全国 84 个城市土地抵押面积 21.7 万公顷，抵押贷款 25856.0 亿元，比上年分别增长 30.9% 和 42.8%。全年抵押土地面积净增 5.1 万公顷，抵押贷款净增 7749 亿元，比上年分别增长 35.5% 和 59.7%。全年新增土地抵押贷款率 50.0%。

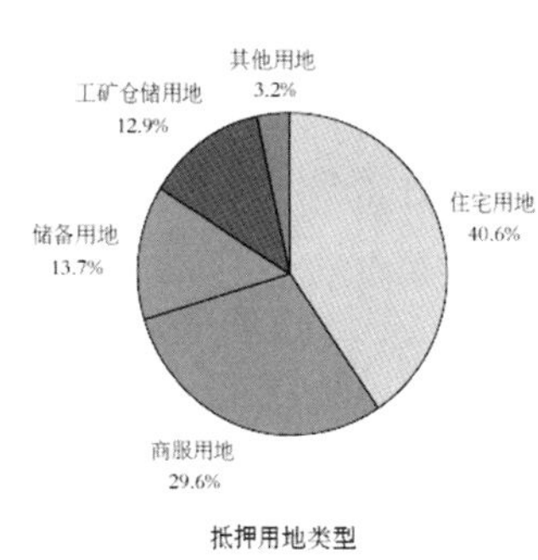

2005—2009 年土地出让及招拍挂出让面积和价款变化情况

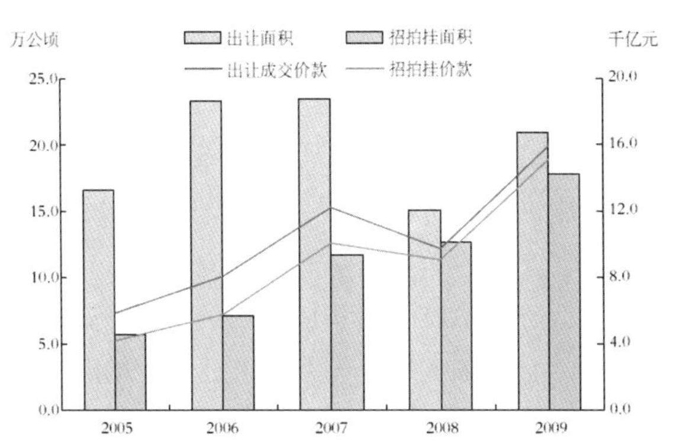

2001—2009 年全国 35 个重点城市平均地价增长率

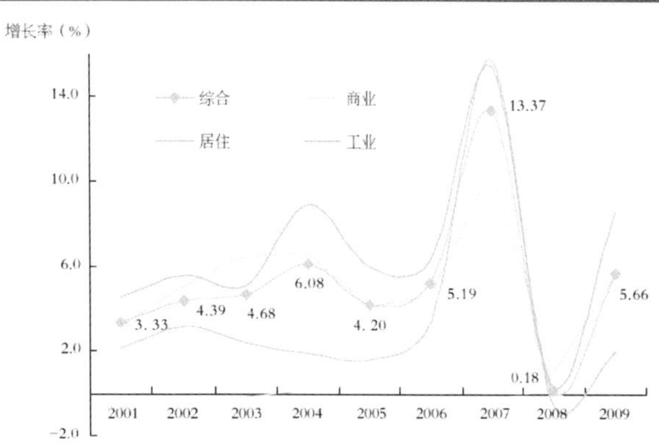

2009年全国主要城市地价情况

中国土地勘测规划院全国城市地价监测组

一、2009年全国主要城市地价状况

1.2009年全国地价水平值商业用地最高，居住其次，工业最低；36个重点监测城市各用途均价略高于全国平均水平。

2009年全国(105个监测城市)总体综合地价水平值为2653元/平方米，其中商业地价最高，为4712元/平方米；其次为居住地价，3824元/平方米；工业地价最低，为597元/平方米。36个重点监测城市综合地价水平值为3565元/平方米，各用途均价略高于全国平均水平，与全国各用途地价变化规律一致，其中商业地价为5837元/平方米，居住地价为5117元/平方米，工业地价为719元/平方米。

2.2009年全国总体地价水平涨幅较明显，各用途地价涨幅均高于2008年、但低于2007年水平。

2009年全国105个监测城市综合地价增长率为5.05%，同比较上年提高了4.58个百分点。商业、居住、工业地价增长率都有所上升，其中，商业地价增长率为5.54%，提高了4.58个百分点；居住地价增长率为7.92%，提高了7.71个百分点；工业地价增长率为1.56%，提高了1.02个百分点。

2009年全国36个重点监测城市综合地价增长率为5.66%，与2008年0.18%的综合地价增长率相比，提高了5.48个百分点。从2001～2009年36个重点监测城市分用途地价增长率变化情况来看，2004年、2007年和2009年呈现出三个波峰，特别是2007年到2009年的各用途地价增幅均呈现出“V”型走势，2009年各用途地价涨幅均高于2008年，但低于2007年。

3.全年综合地价增长率呈逐季度上升趋势；其中，36个重点监测城市变化趋势与全国保持一致，波动幅度大于全国水平。

4.三个重点地区中，长江三角洲地区综合地价水平值最高；珠江三角洲地区综合地价增长率最高；环渤海地区综合地价水平值和综合地价增长率均为最低。

从地价增长率来看，环渤海地区城市综合地价增长率最低，为2.83%，远低于全国5.05%的平均水平；商业、居住、工业地价均低于全国平均水平，分别为2.10%、5.03%和0.55%，并且商业、居住地价增长率低于其他两个重点监测区域。珠江三角洲地区综合地价增长率最高，为9.47%，商业、居住、工业地价增长率均高于全国及其他两个重点监测区域平均水平，分别为16.07%、14.83%、4.28%。长江三角洲地区的综合地价增长率居中，为6.37%，工业地价增长率低于全国及其他两个重点监测区域，为0.07%。

5.全国东中西部城市地价水平差异较大，东部地区地价水平明显高于中西部地区。

从地价水平值来看，全国36个重点监测城市中，东中西部地区地价水平差异较大，东部地价水平最高，达5080元/平方米；中部地区最低，为1766元/平方米；西部地区高于中部地区水平，但远低于东部地区水平，为2549元/平方米。

从地价变化态势来看，地价增长率是东部地区最高，为7.77%，中部和西部增长率相近，分别为3.87%、3.83%。从不同用途地价增长率来看，东中西部地区均是居住地价增长率最高，商业次之，工业最低。

6.全国六大区域地价水平值总体呈现南高北低、东高西低的特点，地价增长率与地价水平值的变化趋势基本一致。

全国36个重点监测城市中，各区域城市平均综合地价水平由高到低依次是华东区、中南区、西南区、华北区、东北区、西北区，其综合地价水平分别为6604元/平方米、3346元/平方米、3189元/平方米、2978元/平方

米、1981元/平方米、1485元/平方米，其中，只有华东区的城市地价高于3565元/平方米的全国平均水平，其它区域均低于全国平均水平。从地价的区域分布来看，基本呈现从南到北、从东到西的地价递减规律。

从不同区域的地价增长率变化情况来看，2009年地价增长率与地价水平值的变化趋势基本一致。

二、2009年全国城市地价与房地产市场关系分析

1.商住综合地价与商品房价格均呈快速上涨趋势，房价上涨幅度远高于地价，商品房价格及增长率均为2001年以来最高水平。

2.2009年全年房地产开发用地供应呈现量价齐涨态势，房地产开发用地供应中居住用地所占比重略有提高。

2009年全年房地产开发用地供应102840.16公顷，同比增加36.7%，占土地供应总量的32.2%，同比下降1.8个百分点。其中，居住用地供应76460.89公顷，同比增加38.8%。居住用地供应量占房地产开发用地供应总量的74.3%，同比提高1.1个百分点；商服用地供应26379.27公顷，同比增加31.1%。商服用地供应量占房地产开发用地供应总量的25.7%，同比下降1.1个百分点。

3.多数城市房价、地价同步增长；一、二线城市住宅价格和居住地价水平值均出现较大增幅。

总体来看，2009年全国各主要城市土地及房地产市场出现明显回升，土地供应量和监测地价、商品房交易量和交易价格均明显上升，特别是深圳、宁波、上海等一、二线城市的地价和房价都出现了较大反弹(35个重点监测城市居住用地地面价与住宅价格变化比较见图9所示)。

4.住宅租赁供应房源相对不足，租金水平稳步回升，但不及价格涨势；商业物业租金水平受金融危机影响相对较小，但较上年同期亦呈下降趋势；厂房租售需求快速增加。表现为：住宅和商业物业租价比较上年均小幅下降，工业厂房租价比小幅上涨。

三、2009年全国城市地价变化与社会经济发展关系分析

1.城市地价与宏观经济基本保持同步增长趋势，GDP增长率高于地价增长率。

据国家统计局发布的2009年经济运行数据，全年国内生产总值335353亿元，按可比价格计算，比上年增长8.7%，增速比上年回落0.9个百分点；全国主要城市综合地价增长率5.05%，增速同比上升4.58个百分点。总体来看，宏观经济稳定增长带动了土地需求，在投资性需求等各种影响因素的推动下，发达城市地价出现快速上升。

2.全国固定资产投资增长率有较大提高，增速加快，土地需求加大，土地市场量价齐升。

2009年全社会固定资产投资达到224846亿元，比上年增长30.1%，增速比上年提高了4.6个百分点。其中，城镇固定资产投资194139亿元，增长30.5%，比上年提高了4.4个百分点。2009年全年房地产开发投资达到36232亿元，比上年增长16.1%，增速较上年低4.8个百分点，36个重点监测城市综合地价增长率为5.66%，增速较上年提高了5.48个百分点。固定资产投资增长率和房地产投资增长率都大幅超过5.05%的全国综合地价增长率，房地产开发投资增长率与综合地价增长率的变化趋势一致，且房地产投资增长率增速从2007年开始呈逐年减慢的趋势。

从各季度看，一季度固定资产投资增长6.2%，二季度增长7.9%，三季度增长9.1%，四季度增长10.7%，呈逐季度上升趋势。在城镇投资中，东部地区投资增长23.9%，中部地区增长36.0%，西部地区增长35.0%，与上年同比东、中、西部地区的增长率分别提高了2.6个百分点、2.5个百分点和8.3个百分点。固定资产投资的增加，一定程度上拉动了土地需求，这也是引起2009年土地交易量价齐升的主要原因之一。

四、2009年影响全国城市地价变化的主要因素分析

1.国家扩内需、保增长及4万亿投资等各项政策措施，带动了土地需求的快速增长。

为应对全球性金融危机，2008年末国家出台了一系列的政策措施，提出了“保增长、扩内需、调结构”的总体部署，实施积极的财政政策和适度宽松的货币政策，尤其4万亿救市资金的逐步投放，既促进了宏观经济逐步向好，也一定程度上刺激了土地需求增长，加之房地产市场投资性需求不断增加，引起土地价格不断上涨，土地供应也大幅增加。同时，国家一系列区域性规划的发布，如国家发改委发布了《珠江三角洲地区改革发展规划纲要(2008-2020年)》、国务院批复了《关于支持福建省加快建设海峡西岸经济区的若干意见》、

《关中-天水经济区发展规划》、《江苏沿海地区发展规划》、《横琴总体发展规划》、《辽宁沿海经济带发展规划》、《促进中部地区崛起规划》、《中国图们江区域合作开发规划纲要》、《海南国际旅游岛规划》等，一定程度上促进了区域性土地开发需求的增加，引起土地价格上涨。

2. 潜在的通胀预期、投资性需求不断增长，是引起房价、地价快速上涨的直接因素。

在后金融危机时期，尤其是全球性救市资金的大量投放，潜在的通货膨胀预期成为所有投资者关心的重点；加之在金融危机时期蓄积的购房需求需要释放，蓄积的流动性资金需要找到投资领域，在实体经济尚不明朗、土地资源有限而房地产需求不断增长的背景下，最终导致了2009年的全国性房价、地价快速上涨的现实。2008年居民购房普遍存在观望态度，导致房价略有下跌(-1.61%)，2009年初很快出现“小阳春”，紧接着是持续上涨，最终达到了全年房价上涨25.92%的历史高点，这在很大程度上拉动了地价快速上涨。随着商品房交易量的激增，一方面个人及房企对房价走高的预期较为乐观，另一方面也造成部分持观望态度居民在恐慌心理下购房，刺激投资性需求，房屋销售市场逐渐显现非理性增长，同时拉动城市地价的持续上涨。

3. 国家在房地产投资领域的金融政策调整，在刺激经济增长的同时，也促进了房地产投资增加，一定程度上推动了地价上涨。

2008年9月16日至2009年底，央行5次降息和4次下调存款准备金率，2009年国务院办公厅落实和出台有关信贷、税收系列政策措施，如废止《城市房地产税》、实行首套住房七折优惠贷款利率、将转让个人住房征收营业税的期限从5年调整为2年、首次下调商品房固定资产投资项目比例、支持房地产开发企业应对市场变化等，这一系列措施的出台，既鼓励了住房合理消费、增加了内需，但也放松了房地产“银根”、降低房企融资门槛，一定程度上促进房地产开发需求增加，进而引起房价、地价快速上涨。据国家发改委数据显示，2009年全国GDP增长8.7%，全社会固定资产投资增长30.1%[2]，房地产开发投资增长16.1%，广义货币供应量(M2)余额为60.62万亿元，增幅比上年末高9.86个百分点；狭义货币供应量(M1)余额为22.00万亿元，增幅比上年末高23.29个百分点，货币流通量(M0)余额为3.82万亿元，同比增长11.77%。

五、2010年全国城市地价变化趋势分析

1. 金融与税收政策的调整将作用于房地产市场，并直接影响地价走势。

首先，2009年，宏观经济在各项调控措施作用下已经逐步回暖，2010年国家在宏观调控方面的各项措施预期有所调整，这将对土地及房地产开发的金融环境、供求关系产生直接影响，并进而影响地价走势；其次，2009年全国各主要城市普遍出现了房价、地价过快上涨的局面，对此，国家必将进一步研究制订抑制地价、房价过快上涨的政策措施。2009年下半年国土资源部发布《关于严格建设用地管理促进批而未用土地利用的通知》，要求地方政府要加强建设用地批后监管，切实预防和制止未批即用、批而未征、征而未供、供而未用等现象发生，提高土地利用效率；五部委联合公布《关于进一步加强土地出让收支管理的通知》，将开发商拿地的首付款比例提高到了五成，且分期缴纳全部价款的期限原则上不超过一年；国务院常务会议决定：个人住房转让营业税征免时限由2年恢复到5年。从目前的国家政策趋势来看，2010年，还会有一系列调控政策的跟进，地价上涨幅度或会有所放缓。

2. 一线城市居住地价增长将趋于平稳，须防止二、三线城市地价跟风上涨。

总体来看，2009年地价上涨幅度较大的主要是一线经济较发达的城市和东部沿海地区市场经济较活跃的城市。随着这些城市的地价达到一定水平，其用地成本已经大幅增加，受土地成本辐射效应影响，部分用地和开发需求必将转向二、三线城市。同时，随着我国城镇化步伐加快，中小城市对住房用地需求会持续增大，首套购房优惠政策的持续实施落实、刚性购房需求的释放，将刺激二、三线城市房价的增长，从而激发城市居住地价的上涨。但是，二、三线城市的经济环境、基础设施状况、产业聚集程度等必然存在一定的差距，其市场需求弹性往往受到很多限制，因此必须防止二、三线城市地价跟风过快上涨。

3. 随着宏观经济逐步向好，工业用地需求有所上升，应密切关注工业用地价格变化趋势。

2009年GDP增长达到8.7%，其中第二产业增加值达到546320.04万亿元，比上年增加9.4%，随着宏观经济逐步向好，多数地区正在逐步进行产业转型。2009年年末闭幕的中央经济工作会议强调提高宏观调

控水平，保持经济平稳较快发展，继续实施积极的财政政策和适度宽松的货币政策，把握好政策实施的力度、节奏、重点。国家政策对宏观经济已提出明确导向，随着经济形式的好转和四万亿投资及其后续效应的持续作用，以及工业用地最低价实施政策的调整，预计2010年工业用地需求将会增加，在满足用地供应的同时，应关注工业用地价格的变化，制订实施差别化的工业用地价格政策。

2009年我国重要矿产品供需形势分析及2010年预测

编者的话

在金融危机的严重影响下，经历艰难爬坡的矿产品市场在2009年年底迎来了曙光。近期，矿产品价格低位回升，呈现出“先抑后扬，缓慢上涨”特点。同时，我国主要矿产品需求相对年初显得活跃，煤炭、原油、铁矿石、铜、铝等大宗矿产品需求规模均有集中增长、集中释放的迹象，只是不同品种之间存在步调上的差异。随着经济企稳回升，2010年主要矿产品价格保持稳定上升态势将基本没有悬念。而受经济回暖的影响，矿产品需求将拉动国内矿业迅速回升，刺激勘查开发投资。本期让我们简要回顾2009年部分重要矿产品供需形势，并对今年的走向做出预测。

煤炭：周期性递增

2009年总体态势：尽管我国宏观经济受金融危机的影响，但是煤炭作为我国能源消费的核心，与其他商品相比相对具有刚性，因而在中央政府一系列调控政策的扶植下，我国原煤生产仅继承了以往年度周期性递增的生产规律，月度产量基本呈螺旋式的增长趋势，同时随着宏观经济逐步走出金融危机阴影，原煤产量增速有提高的潜力。2009年1～10月份，全国原煤产量24.2亿吨，同比增长11.4%。

随着我国煤炭消费规模逐步扩张，出口转内销倾向也非常明显。去年1～10月份，我国出口煤炭1890万吨，同比减少50.6%；与此同时，1～10月进口煤炭9687万吨，增长1.7倍；净进口7797万吨，2008年同期为净出口236万吨。贸易格局自2009年2月实现净进口以来，目前月度净进口规模约为1000万吨。

煤炭价格基本保持平稳，波动变化不大。例如，秦皇岛市场5500大卡山西优混含税车板价，2009年1月为560元/吨左右，回落至2008年年初的水平；2月以来，价格以在550元/吨～600元/吨之间震荡为主基调。10月23日，价格约为630元/吨，随着经济的进一步回暖，从目前的价格走势看，正呈现新一轮上涨势头。

2010年形势分析：2009年，随着政府投资拉动，煤炭下游钢铁、水泥、电力等需求不断恢复，煤炭行业景气度不断回暖。然而目前行业发展仍然面临不少困难和问题。从外部环境看，全球经济复苏的基础尚不牢固，且贸易保护主义有抬头的倾向。从国内经济看，外需萎缩还在持续，内需增长动力不足，并且结构性矛盾仍然突出。预计 2010 年结构调整和节能减排将成为宏观政策的重要方面。这意味着 2010 年煤炭行业产能过剩、环境污染两大问题将面临政策性挑战：一是结构调整与产能过剩。2009 年的高投资环境在 2010 年难以复制，受下游钢铁、水泥、化工等行业结构调整以及山西复产、各地扩产等因素影响，行业产能过剩风险加大。二是节能减排与环境污染。国家为推行节能减排，必将对传统能源行业施加税赋，用于补贴新型清洁能源。煤炭行业有关人士认为，2010 年，在山西煤炭复产以及内蒙古、陕西不轻易让出市场的情况下，煤炭供给将由偏紧转为宽松，在这个时点施加资源税成本，煤炭行业成本转嫁能力势必大打折扣，行业盈利空间将受到挤压。

链接：煤炭行业会议对2010年的形势预期

——需求增速下降的风险在加大。2010年国家单纯依靠投资拉动增长的政策势必发生变化，煤炭行业需求增速将有所回落；

——产能过剩与成本增加压力同时显现的风险。从煤炭工业信息研究中心接到的矿井设计审批情况来看，所有煤炭企业都为未来增加产能预留了充足的空间。一些煤矿核定产能只有百万吨，但是设计通风、设备等能力时往往按照150万吨、180万吨来考虑，实际增产能力很强。因此，当需求突然增加时，煤炭要释放产能是非常容易的。当煤炭供需从偏紧走向平衡时，可以看到该行业的成本压力是不断扩大的。随着全球对环保、污染等问题的关注日益强烈，资源税赋加重将是政府向解决碳排放问题的表态。

展望 2010 年，山西整合产能即将逐步释放，而需求增长可能趋于缓和，因此库存反复的过程还会继续，煤价波动在所难免。

有色金属：产量增长明显

2009年总体态势：我国有色金属供需与国际市场联系紧密，受金融危机影响明显；特别是2009年1月价格回暖以来，有色金属产量增长迹象突出。1～10月份，国内十种有色金属产量已达2144.41万吨，在生产上已脱离了低谷期，比去年同期增长1.3%，并且在月度上创出了产量的新高，10月份十种有色金属产量253万吨，同比增长16.3%。

受金融危机影响，2009年第一季度主要有色金属供应过剩，库存增加，加之市场对未来需求预期的不确定性，使得有色金属价格总体呈现出低位运行态势。近一段时间以来，由于各国央行和政府向市场大量注入流动性资本，同时美国的放松型货币政策使美元很难在短期内升值，这些因素都构成了对金属价格相对走强的支撑。

主要矿产品价格经历2008年下半年的急剧下滑之后，2009年第一季度一直在低位徘徊。进入4月份，在世界各国拯救经济及国内各项“保增长”政策措施的共同作用下，主要矿产品价格在震荡整理中反弹回升；尤其在近几个月，随着全球主要经济体经济增长均出现回升的迹象，主要矿产品价格上扬的动能相对充足。

铜需求依然旺盛。1～10月份全国精炼铜产量348万吨，同比增长9.7%；与此同时，进口未锻造铜363万吨，同比增长70.2%。2009年1月中旬以来，受市场需求恢复的主流影响，铜价反弹回升迹象明显，在11月27日LME铜价逼近7000美元/吨，但近期价格有一定的回调，随着全球经济的回暖的显现，下一阶段价格仍有上扬趋势。值得关注的是，铜精矿短缺问题依然突出，1～10月份全国铜精矿产量只有83.4万吨，同比增长7.1%，但从现状看，这能满足精炼需求的24.0%，所以我国铜资源需求的对外依赖性依然很高。

电解铝作为有色金属中的大宗产品，1~8月份产量仅787万吨，同比下降9.5%，产量回调幅度依然偏大。电解铝产量回调压抑了氧化铝的消费需求，进而导致氧化铝1～8月份产量回调至1439万吨，同比下降6.6%。尽管氧化铝产量与去年同期相比出现回调，但是今年以来的月度产量增长趋势依然完好，部分被闲置的产能陆续得到释放，截至9月份，我国电解铝产量已由2月份最低的1043万吨回到1448万吨。铝价在2009年均是以震荡回调为主基调。在各国政府持续的宽松货币政策刺激下，宏观经济形势逐步转暖，超额的流动性加上经济持续走好的预期为铝价上涨提供了坚实的基础，使得铝价从7月10日的1572美元/吨持续反弹回升至8月17日的1960美元/吨，涨幅近25%。尽管受整体行情的影响，铝价也出现了一定的回调，但从全年整体趋势看，价格回归的潜力很大。

2010年形势分析：随着经济复苏带来需求强劲反弹，2010年全球市场平衡将由供应过剩向供应不足转变，世界铜需求增长会达到5.6%；预计铜价也将会有30%～35%的上涨空间。我国的需求增长将是世界铜消费增长的重要组成部分，其中农村消费升级以及出口回暖将推动白电大幅好转，由于电力投资的增长还将延续，这将进一步推动铜需求的持续增长。同时，供应紧张是铜价上升的主要因素：一方面矿石品位持续下降、矿山老化、开采成本高等，使得矿产铜产量增加越发困难。世界矿产铜的地区分布也更加分散，对高风险地区（利比亚、民主刚果等）的依赖程度偏高，这给我国铜资源进口造成很大压力；供应紧张还将长期存在，未来矿产铜供应缺口还将不断加大。另外，国储局的收储行为将会长期存在。市场预计，今年以来国储局利用铜价大跌累计收储30万吨作为战略储备，收储工作有利于应对资源匮乏，支撑铜价，未来时间我国铜收储工作将会有更进一步的开展。

2010年，经济复苏将会推动中国铝需求的持续增长，特别是在房地产行业的逐渐回暖基础上，预计增速将会提高至10%以上。房地产行业仍是我国铝需求增长的主要动力，同时，随着汽车消费的快速增长，汽车行业已成为推动我国铝需求的第二大主力。在产能方面，随着2009年产能的不断恢复，预计2010年将有200万吨～300万吨闲置产能开启。2010年铝价也将会有进一步上涨，但上涨的空间某种程度上会受到产能恢复的抑制。

原油：供应总体稳定

2009年总体态势：2009年原油供应总体稳定，基本运行正常。主要原因是：大庆、胜利、辽河等东部主力油田均已进入开发中后期，已进入高含水、高采出程度和高采油速度的“三高”阶段，单井日产量下降，不少年份出现探明储量低于产量的“入不敷出”状态，稳产难度越来越大。在2009年，原油生产虽然继承了月份产量高低相间态势的规律，但是其产量已经出现低微回落；1～10月份，全国原油产量15794万吨，同比下降0.5%。与此同时，1～10月份全国原油净进口16111万吨，较上年同期净增长1352万吨；成品油净进口1215万吨，总规模比上年同期减少752万吨。两者对冲，使得今年1～10月份油品的消费量比上年增长600万吨左右。

需要注意的是，2009年2月份全国原油产量、原油净进口量都是今年出现的最低值，但随着经济回暖，之后渐渐恢复到较为正常的供需状态。从产销和贸易形势上看，我国原油的产量和净进口量还会进一步增长，在经济逐步回归正常增长的状态下，整体上，两者的增长将会表现出较为平稳的态势。

2008年国际油价上演了一轮典型的“过山车”行情之后，2009年1～2月份在低谷徘徊，最低约35美元/桶。而3月份以来，受货币因素、美国政府增加原油储备、消费出现回升以及欧佩克减产履约率进一步提高等利好因素的影响，国际油价出现反弹性回升，6月11日，纽交所及布伦特原油期货价格均突破70美元/桶；在经济回暖等因素的激励下，整体走势缓慢回升。11月30日布伦特原油平均价格达到77美元/桶，重归2008年以前的缓慢上涨轨迹。

2010年形势分析：在经济回升的基础上，经济增长速度逐步回升，预计在2010年，我国原油供应和需求将会进一步增长。据欧佩克预计，明年我国原油需求增长约3.7%。在供应方面，进口的数量将会在2009年的基础上进一步增加。但随着国际原油价格的逐步回升，2010年我国石油进口将会在某种程度上受制于国际原油价格的上涨，届时我国原油供应压力会进一步显现。

链接：2010年国际油价预测看高

对于今年的国际油价走势，一些大型石油交易商认为，将保持在每桶70至80美元区间。国际投行和研究机构则认为，油价将稳中略升，不排除重上100美元的可能。

近期，大型石油交易商——维托尔、嘉能可、托克、贡沃尔和摩科瑞等纷纷表态，由于需求复苏的步伐慢于预期，国际油价在2010年上半年很可能保持在每桶70至80美元区间。而高盛维持了其一贯的大胆风格，预计国际油价今年将升至每桶平均90美元。美银美林全球商品研究主管FranciscoBlanch更表示，由于原油需求出现周期性改善、美元汇率下滑、全球流动性增长强劲等因素，油价今年可能越过100美元。

铁矿石：价格震荡整理

2009年总体态势：近几年，我国铁矿石生产一直高速增长，但是在金融危机持续拖累的作用下，上半年铁矿石累计产量同比都是负增长；受近期经济回暖及钢产量扩张等因素的影响，近三个月铁矿石产量得到提升，使得1～10月份总产量达7亿吨，比上年同期增长5.4%。

另一方面，我国粗钢生产规模仍以一定的速度在扩张，1～10月份粗钢产量达4.72亿吨，同比增长10.5%。粗钢产量的增长，预示着我国铁矿石需求仍然旺盛，为此导致1～10月份进口铁矿砂5.15亿吨，同比增长36.8%。

金融危机曾使得矿业链资金出现断裂，矿产品价格出现急剧下滑；铁矿石也不例外，其价格在2008年下半年经历大幅回落之后，今年上半年一直都在震荡整理。

2010年形势分析：随着经济的复苏，2010年我国对铁矿资源的需求不会减弱。随着房地产的不断回升，钢材的需求增加会推动铁矿石产量进一步提升。预测认为，2010年国际铁矿石价格会有10%～20%的上升空间，随着铁矿石市场的趋热，2010年国内铁矿石的价格也会有进一步回升。另外，我国在铁矿石供应上，压力仍然很大。特别是在进口方面，2010年铁矿石价格谈判已经启动，但在铁矿石谈判中的处境依然艰难。原因是多方面的，首先是国内对铁矿石的需求不减，另外海运价格不断上涨，港口库存维持低位；同时，印度跟风世界铁矿巨头，抬高价位；而近期有消息指出澳洲“两拓”将建立合资公司，将会给我方谈判带来不少压力。

2009年中国矿业十大新闻

近日，由中国矿业联合会联合煤炭、石油、化工、冶金、有色、黄金、建材、非金属、核矿等行业协会及相关媒体共同评选的2009中国矿业十大新闻揭晓。

这十大新闻，一是地质找矿改革发展大讨论全面展开。二是我国探明多处特大型铁矿床。三是矿产资源开发整合进一步推进，山西煤炭资源兼并重组整合工作取得重大阶段性成果。四是我国首次发现陆上可燃冰。五是《全国矿产资源规划（2008年～2015年）》发布实施。六是绿色矿山建设受瞩目，其中包括山西大同煤矿集团的黑色煤炭绿色开采经验和成果。七是我国矿业企业积极应对国际金融危机，海外并购取得新进展，其中包括兖州煤业以190亿元收购澳大利亚菲利克斯公司100％股权。八是我国首个数字化煤层气田示范工程在山西沁水投产，建成后的煤层气田可采资源量达1万亿立方米，约占山西煤层气总储量的三分之二，居世界第三位。九是我国和中亚三国合作建设能源新丝路，中亚天然气管道霍尔果斯站通过验收，标志着横贯土库曼斯坦、乌兹别克斯坦和哈萨克斯坦，抵达中国的能源大动脉具备了投产条件。十是我国成为世界首个掌握百万吨级煤制油关键技术的国家，神华煤直接液化百万吨级示范工程一次试车成功，截至2009年11月底工程已稳定运行1225小时，生产出了高质量油品，油收率达52％。

打好决胜战 谋划新发展 积极探索中国环境保护新道路

2010年1月25日全国环境保护工作会议

环境保护部部长 周生贤

今年的全国环境保护工作会议，是在全系统认真贯彻落实中央决策部署、积极应对国际金融危机冲击、环保事业取得明显进展的新形势下召开的。会议的主要任务是，全面深入贯彻党的十七大、十七届三中、四中全会和中央经济工作会议，以及党中央、国务院领导同志一系列重要讲话和批示精神，准确把握国内外经济和环境形势，认真总结2009年环保工作，研究部署2010年重点任务。中共中央政治局常委、国务院副总理李克强同志高度重视这次会议，专门致信对大会的召开表示热烈祝贺。他指出，2009年，全国环保系统认真贯彻中央决策部署，积极参与宏观调控，主动服务保增长保民生保稳定大局，减排成效明显，污染防治、突发环境事件处置、核与辐射安全监管以及基础能力建设等各项工作取得了新成绩。他强调，2010年是完成“十一五”规划环保目标的最后一年，任务繁重。希望全国环保系统深入贯彻落实科学发展观，大力推进生态文明建设，坚持全面推进、重点突破，创新机制、加强监管，着力解决突出环境问题，积极防范环境风险，把生态环保作为结构调整和改善民生的重要抓手，推动环保产业发展，为保持经济平稳较快发展、加快发展方式转变、提高人民生活质量做出更大贡献。我们一定要认真学习领会、全面贯彻落实。中央军委委员、全军环保绿化委员会主任、解放军总后勤部部长廖锡龙同志也发来贺信。

下面，我讲三个方面意见。

一、在应对国际金融危机中环保工作取得新进展

2009年是新世纪以来我国经济发展最为困难的一年，也是我们党和国家团结带领各族人民砥砺奋进、经受严峻考验的一年。面对国际金融危机的冲击，党中央、国务院统揽全局，果断决策，沉着应对，全面实施并不断丰富完善“一揽子计划”，有效遏制了经济增长下滑态势，率先实现经济形势总体回升向好。在应对金融危机过程中，党中央、国务院丝毫没有放松环境保护，要求把加强环境保护作为应对国际金融危机的重要举措，加快发展节能环保等新兴产业，培育新的经济增长点。中央领导同志十分关心环保工作，多次作出重要批示，为做好环保工作进一步指明了方向。

一年来，全国环保系统坚定不移地贯彻党中央、国务院关于环境保护的决策部署，坚持以探索中国环保新道路为主题，以做好国际金融危机形势下的环保工作为主线，以解决危害群众健康的突出环境问题为重点，参与宏观调控的水平进一步提高，污染减排取得明显成效，污染防治稳步推进，基础能力建设取得积极进展，较好地完成了2009年各项工作任务。

(一)环境保护参与宏观调控更加主动有效，为保增长调结构发挥重要作用

我们按照中央要求，把应对国际金融危机作为转变发展方式、调整经济结构、发展环保事业的机遇，着力抓好三件事:一是全力为保增长大局服好务，二是高度重视巩固环保成果防止污染反弹，三是从严控制“两高一资”、产能过剩和重复建设项目。

严把项目环评关。出台《建设项目环境影响评价文件分级审批规定》、《环境保护部建设项目环境影响评价文件内部审查程序规定》，明确划分中央和地方审批权限，规范和简化审批程序。对符合中央政策和环保准入要求的建设项目加快审批，去年，我部批复建设项目环评文件400个，总投资达2.7万亿元。对简单低水平重复建设、“两高一资”和产能过剩项目设置“防火墙”，对总投资1904.8亿元的49个项目环评文件作出退回报告书、不予批复或暂缓审批的决定。对环评违法违规问题突出的金沙江中游水电开发、华能集团、华电集团以及山东省钢铁行业作出暂停建设项目环评审批的决定。

有序推进规划环评。出台《规划环境影响评价条例》，发布并实施《规划环境影响评价技术导则》。组织开展辽宁沿海经济带“五点一线”、江苏沿海地区及广东横琴重点开发区域规划环评。推动上海等30个重点城市开展轨道交通建设规划环评，国家112个煤炭矿区中的66个已开展或正在开展规划环评，沿海25个主要港口中的10个已完成规划环评。涉及15个省(区、市)的环渤海、海峡西岸、北部湾、成渝和黄河中上游能源化工区等五大区域重点产业发展战略环评工作全面启动。完善规划环评与项目环评联动机制，将区域规划环评作为受理审批区域内高耗能高污染项目环评文件的前提。

开展高污染行业执法检查活动。对2008年7月以来开工建设或投运的项目、造纸行业进行专项执法检查，查处未批先建项目1824个，没有落实环保“三同时”项目3167个，依法责令停止建设或停止生产，限期落实整改措施。

(二)污染减排取得明显成效，部分环境质量指标持续好转

据初步测算，2009年全国化学需氧量和二氧化硫排放量继续保持双下降态势，二氧化硫“十一五”减排目标提前一年实现；国控断面Ⅰ－Ⅲ类水质比例为48.2%，同比上升0.5个百分点。全国地表水国控断面高锰酸盐指数年均浓度为5.1毫克/升，较2008年下降10.5%，较2005年下降29.2%。按年均值评价，113个环保重点城市空气质量达到或优于国家二级标准的比例为65.5%，同比上升8个百分点。重点城市二氧化硫年均浓度为0.043毫克/立方米，较2008年下降10.4%，较2005年下降24.6%。密切关注中国减排问题的美国，通过其全球卫星观测系统对我国减排情况进行观测和分析后认为，2007年下半年，中国二氧化硫排放量的确出现拐点，随后二氧化硫浓度呈现较大幅度下降。

减排目标责任考核力度不断加大。组织开展了2008年度和2009年上半年各省(区、市)和五大电力集团公司减排核查，经国务院批准向社会发布核查结果。对两次核查中发现存在突出问题的河北沧州等8城市和天津陈塘热电厂等5家企业公开通报，责令限期整改；对2009年上半年减排进度较慢的8省(区)发出减排预警，约谈当地政府领导，进行督查指导，严格的考核问责引起强烈反响。各地纷纷创新招数，河北出台《减少污染物排放条例》，河南出台《水污染防治条例》；贵州出台《主要污染物总量减排攻坚工作行政问责办法》，对城市污水处理设施建设进度严重落后的市(州、县)政府领导进行诫勉谈话；广西对未按计划完成城镇污水处理设施建设的47位市(县)政府主要领导向全区发出通报；山东等省对未完成年度减排任务的市(县)主管领导给予行政记过或撤职处分；安徽、福建、江西、黑龙江等省对减排进展较慢的市(县)实行区域限批。

减排工程建设和淘汰落后产能取得新进展。去年，新增污水处理能力1330万吨/日，2006年以来累计新增城市污水处理能力4460万吨/日。江苏、浙江、河南、广东等省实现县县建成污水处理厂，江苏、浙江着手编制镇级污水处理设施建设规划，江西、广西、湖北、辽宁等省(区)正在全面推进污水处理一县一厂建设。新增燃煤脱硫机组1.02亿千瓦，2006年以来累计新增燃煤脱硫机组总装机容量4.11亿千瓦，其中新增现役燃煤脱硫机组装机容量1.81亿千瓦。淘汰小火电装机容量2617万千瓦，“十一五”以来累计关闭6006万千瓦。分别淘汰炼铁、炼钢、焦炭、水泥和造纸等落后产能2110万吨、1640万吨、1809万吨、7416万吨和150万吨。治理设施运行监管不断强化。印发《关于加强城镇污水处理厂污染减排核查核算工作的通知》和《关于加强燃煤脱硫设施二氧化硫减排核查核算工作的通知》，对治污设施运行维护、台账档案、在线监测、中控系统建设、分散控制系统等进行规范。发布全国城镇污水处理厂和脱硫设施名单公告，接受社会监督。

(三)深入落实“让江河湖泊休养生息”，重点流域区域污染防治取得新突破

去年4月和7月，胡锦涛总书记两次就重点流域污染防治作出重要批示，充分肯定“休养生息”取得的成效。我们认真落实，召开全国环境保护部际联席会议暨松花江、淮河及黄河中上游流域水污染防治专题会议，推广经验，创新落实政策举措。《重点流域水污染防治专项规划实施情况考核暂行办法》已经国务院办公厅转发，重点流域省界断面水质考核制度全面建立，成为推动重点流域水污染防治的关键抓手。对重点流域水污染防治规划2008年度实施情况进行考核评估，经国务院同意后向全国进行通报。淮河、海河、辽河、巢湖、滇池、松花江、三峡库区及其上游、黄河中上游八个流域完成污染治理投资714.9亿元，占总投资的44.7%；建成项目1270个，占46.8%；在建项目785个，占28.9%。新增加总投资41.19亿元的101个松花江流域治污项目。九大湖库生态安全评估已经完成。城镇饮用水水源地环境状况调查进展顺利，首次明确了4000多个城镇集中式饮用水水源环境管理对象。

在深入总结北京奥运环境质量保障成功经验的基础上，组织开展上海世博会和广州亚运会空气质量保障情况调研，对长三角、珠三角区域联防联控工作作出安排。上海、广州已制定环境质量保障方案。积极稳妥应对甲型H1N1流感疫情，加强对医疗废物处理处置工作的指导。汽车和家电“以旧换新”污染防治工作稳步推进。建立上市公司环保核查后督察制度，城市环境综合整治定量考核工作向纵深发展，持久性有机污染物调查取得重要进展，危险废物利用处置和化学品管理工作不断加强。

(四)扎实开展环境执法与应急管理工作，着力解决重金属污染等关系民生的突出环境问题

集中力量开展重金属污染综合整治。去年以来，我部接报了陕西凤翔、湖南武冈、云南东川等12起重金属、类金属污染事件。这些事件致使4035人血铅超标、182人镉超标，引发32起群体性事件，全社会高度关注。近期，中石油位于陕西省华阴市一处成品油输油管道发生大量柴油泄漏流入渭河和黄河事故，中石油兰州石化石油化工厂发生爆炸事故，广东清远、江苏大丰发生铅污染事件。如果处置不当，将产生难以估量的后果。在克强副总理直接领导下，我部认真贯彻落实国务院领导同志批示精神，迅速进行布置，及时组织工作组和专家组赶赴现场，开展环境应急监测，确认污染程度和范

围，协助地方政府开展事故调查和处置，救治4217名受害群众，责令关闭、停产44家污染企业，督促追究91名政府部门和企业责任人的责任，维护了社会稳定。召开“锰三角”地区环境综合整治工作座谈会，总结几年来环境整治取得的明显成效和经验做法，对下一步巩固和深化治理成果作出安排。同时，对12个省(区、市)197家电解锰企业进行综合整治。联合国务院九部门开展重金属污染企业专项检查，共检查企业9123家，查处环境违法企业2183家，取缔关闭231家，停产整治641家。国务院办公厅已批转《关于加强重金属污染防治工作的指导意见》，明确了重金属污染防治目标任务、工作重点及加大资金投入等保障措施。

深入开展环保专项行动。去年4月，联合发展改革委等八部门，召开全国整治违法排污企业保障群众健康环保专项行动电视电话会议，进行全面部署。一年来，各地出动环境执法人员242万多人次，检查企业98万多家次，查处环境违法案件1万多件，挂牌督办2587件，119名责任人被追究责任。开展饮用水水源保护区后督察，检查饮用水水源地3177个，取缔关闭企业831家、直接排污口220个，拆除违法建设项目780个。开展扩内需保增长建设项目专项检查，对23个省(区、市)313家企业(项目)进行现场检查，查出62家企业(项目)存在的环境违法问题。开展长江环保执法行动。组织新中国成立60周年大庆环境安全大检查。开展规模化畜禽养殖场执法检查，共检查33000余家，依法查处环境违法问题19000多件，关闭禁养区内规模化养殖场1035家。出台《污染源限期治理办法(试行)》、《环境违法案件挂牌督办管理办法》、《关于规范行使环境监察执法自由裁量权的指导意见》、《环境行政处罚办法》等规范性文件。

加强全过程环境应急管理。去年我部直接调度处理171起突发环境事件，同比增长26.67%。6月5日，我部开通“010－12369”环保举报热线。目前全国2817个县级以上环保部门开通“12369”，成为环境投诉的主要渠道和环保为民的窗口。开展尾矿库安全隐患排查，建立了8000多座尾矿库信息数据库。对2006－2008年56起涉及饮用水安全的突发环境事件进行追踪调查。印发《关于加强环境应急管理工作的意见》，组建国家环境应急专家组，推进环境应急管理体系建设。

(五)“以奖促治”推动农村环保工作广泛开展，自然生态保护工作继续加强

“以奖促治”是环境保护的一项重大政策创新，也是保障和改善民生的一项重要惠民工程。我们召开全国农村环境保护暨生态建设示范工作现场会，对深化“以奖促治”作出全面部署。国务院办公厅转发《关于实施“以奖促治”加快解决突出的农村环境问题的实施方案》，我部会同财政部制定中央农村环境保护专项资金及项目管理办法，开展了重点省市督查。2009年中央财政投入农村环保专项资金10亿元，支持1460多个村镇开展环境综合整治和生态建设示范，900多万群众直接受益，带动各地农村环保投资近15亿元。解决了一批群众反映强烈的突出环境问题，许多村庄村容村貌明显改善。

生态保护工作继续推进。全国土壤污染状况调查完成30个省(区、市)数据接收入库和初步审核工作，获得470多万个实测数据和205万个野外样点环境信息数据。进一步深化生态建设示范区工作，生态文明建设试点有序进行。组织完成全国50个自然保护区的评估，经国务院批准新增国家级自然保护区16处。编制《第二批外来入侵物种名单》，物种资源调查和监管得到加强。

(六)三大工程成果丰硕，“十二五”环保规划前期工作进展顺利

污染源普查、环境宏观战略研究、水专项是环境保护三大基础性战略性工程。三年来，中央财政投入污染源普查经费8.62亿元，地方财政安排资金31.16亿元。全国共组织动员57万多人，调查工业源、农业源、生活源和集中式污染治理设施4大类普查对象592万多个。建立了污染源信息数据库，查清了主要污染物产生、处理和排放情况，掌握了农业源污染物排放情况，摸清了有毒有害污染物区域分布。普查主要成果已经国务院第一次全国污染源普查领导小组审议通过。

环境宏观战略研究顺利完成既定任务。这项研究对当前环境形势、环境问题成因的分析准确、揭示透彻，提出的对策举措具有很强的针对性和可操作性，研究的一项重大成果是提出探索中国环境保护新道路。对此，克强副总理给予充分肯定。

水专项进入全面实施阶段。所有项目和课题立项论证工作基本完成，启动32个项目，230个课题，占

“十一五”拟启动课题的96.6%。大部分示范工程、配套工程和配套经费得到落实，部分项目和课题取得阶段性成果。

“十一五”环保规划执行情况中期评估基本完成。结果表明，“十一五”环保规划实施首次达到进度要求，部分指标超额完成，主要规划目标有望如期实现，是我国历史上执行得最好的一个五年环保规划。召开“十二五”环保规划编制前期工作会议，在规划的指导思想、基本原则、主要目标、重点工程和政策保障等方面形成了基本思路。

(七)政策法制和基础能力建设深入推进，环保事业长远发展的支撑更加牢靠

截至去年11月底，中央环保投入343亿元，其中我部直接参与安排的中央环保专项、农村环保专项、污染减排专项、中央预算内基建投资等能力建设和环境治理投入共计49.31亿元。2007年以来，累计安排减排“三大体系”建设资金60.6亿元，新建、改造、接入自动站(点)787个，配备监测执法设备110501台(套)，配备交通工具(车、船、艇)6114辆(艘)，配备信息设备31668台(套)。建成污染源监控中心306个，对12665家企业实施自动监控。国家环境信息与统计能力建设项目全面启动实施。

环境政策法制继续完善。重庆、云南等省(市)环境污染责任保险试点工作进展顺利，河北省立法纳入环境污染责任保险条款，湖南省发布推行环境污染责任保险的意见。绿色信贷政策不断深化，4万多条环保信息进入人民银行征信管理系统。组织拟定并向经济综合部门提供包含290余种产品的《“高污染、高环境风险”产品名录(2009)》。稳步推进环境税费政策改革，初步完成开征环境税研究报告。《废弃电器电子产品回收处理管理条例》和《放射性物品运输安全监督管理条例》相继出台。部机关办理行政复议案件73件，比上年增加87%。

科技支撑进一步强化。发布我国首个《环境保护技术发展报告》，化工、制药、冶金和化纤等行业污染减排多项关键技术取得突破，制定(修订)140余项国家标准，国家环保标准达到1200项。涉及火电厂氮氧化物、重金属污染和农村污染防治的多项技术标准制定工作进展较大。环境与健康部际协调机制初步建立。国家环境咨询委和科技委在重大环境决策中发挥重要作用。积极应对气候变化，提出温室气体监管能力与政策设计框架。

环境监测转型加快推进。发布了《关于进一步加强新时期环境监测工作的意见》、《先进的环境监测预警体系建设纲要》、《国家重点监控企业污染源自动监测数据有效性审核办法》和《主要污染物总量减排监测体系建设考核办法》。去年7月1日起，向社会发布100个国家地表水水质自动监测站的实时监测数据。环境监测质量管理三年行动计划有序开展。召开全国跨界河流监测工作现场会，印发《国家边界水体监测方案》。去年国控废水和废气排放企业年均达标率分别为78%、73%，同比增长12和13个百分点；污水处理厂年均达标率为70%，同比增长9个百分点。

宣传教育和国际合作扎实推进。印发《关于做好新形势下环境宣传教育工作的意见》，紧紧围绕“六•五”环境日、第十三届世界湖泊大会等重大会议活动和重点热点问题，积极开展宣传，营造全社会关心支持和参与环境保护的良好氛围。精心组织新中国成立60周年筹展和中央组织庆祝活动的筹办工作。国际合作交流不断加强，认真履行国际环境公约。环境保护在中美、中日、中哈高层对话中的地位日益突出，中俄环保合作互信互利、全面务实，中日韩、中国－东盟环保合作进入新阶段，与联合国环境署合作进一步深化，与阿拉伯、非洲环保合作进一步加强。

(八)核与辐射安全监管体系建设取得重大突破，监督管理更加严格

在中央领导同志的高度重视下，我们迅即赴四川、上海、浙江、广西等地进行调研，向国务院提出了加强核与辐射安全监管能力的建议。中编办正在研究加强核与辐射安全监管体系建设。

去年共审查通过各类核与辐射安全国家标准、导则和技术文件25件，对200余项核与辐射安全法规标准进行清理。纳入《国家监管能力建设“十一五”规划》的9个核与辐射安全监管项目，有6个已完成或正在实施。全国放射源监管数据库完成研发和系统功能测试，进一步严格核技术应用的安全监管，放射源各类事故较上年和多年平均水平下降50%以上。快速响应完成朝鲜核试验对我国影响的环境监测。妥善应对河南杞县和广州市发生

的卡源事件。颁发4个核电项目8台机组建造许可证。核电机组安全运行，研究堆、核燃料循环设施未发生对环境有影响的安全事件。

(九)环境保护机构和队伍继续加强，机关自身建设不断强化

机构编制建设取得新进展，成立环境保护部卫星环境应用中心和中国—东盟环境保护合作中心等机构，监测总站编制从100名增加到190名。干部队伍结构进一步优化，干部培训力度不断加大，制定实施《全国环保系统2008—2012年大规模培训干部工作实施意见》，2009年累计培训4万人次。

地方环保机构改革深入推进。各地抓住机构改革契机，省级环保部门成为当地政府组成部门，环保部门职能地位得以加强。截至去年12月，已有26个省(区、市)的环保部门完成机构改革，内设机构平均数由9.7个增至12.1个，增加25%。

部机关学习实践活动圆满完成。按照中央的统一部署，制定整改落实方案，扎实做好学习实践活动后续工作和“回头看”工作，切实巩固学习实践活动成果。由部领导负责年内完成的48项整改任务已全部完成。从测评结果看，评价为“好”的比例占97%，“较好”的比例占2%。通过学习实践活动，把科学发展观当作政治信仰来追求、当作科学真理来坚持、当作行动指南来践行，已成为全系统广大党员干部的党性意识、精神支柱和行为准则。为进一步加强作风建设，部党组要求坚持从严治部、从我做起，努力建设学习型、服务型、法治型、和谐型、廉洁型和节约型机关。部机关各部门积极响应，干部职工的精神状态发生明显好转，干事创业的良好风气正在形成。

在看到成绩的同时，也要清醒地认识到，环境保护形势依然十分严峻，面临许多困难和挑战。一是环境污染仍然较重。虽然局部环境质量有所改善，但环境污染的趋势总体上尚未得到根本扭转。二是污染减排压力有增无减。随着经济回升势头更加强劲，产能释放更加明显，污染物产生量会有增加，甚至一些已淘汰落后产能、设备和企业可能死灰复燃。三是潜在的环境问题不断显现。重金属、持久性有机污染物等长期积累的环境问题开始暴露，大城市和城市群灰霾天气等新污染问题日益凸显。突发环境事件处于高发期，一些重特大环境事件出现的频率越来越高。四是环保基础能力建设相对滞后。污染减排三大体系建设和运行有待继续加强，环境监管等能力建设不能很好地满足环保任务的需要。五是干部队伍执行力亟须进一步提高。一些干部作风飘浮，敷衍应付，缺乏开拓创新能力和狠抓落实本领。对这些问题，我们要高度重视，深入研究，认真加以解决。

二、努力推进生态文明建设，积极探索中国环境保护新道路

一年来，环保工作的一个最大亮点和最深体会就是，紧扣“努力推进生态文明建设，积极探索中国环保新道路”这个主题，深化认识，主动实践，取得诸多成效。思想认识更加统一，建设生态文明的自觉性主动性极大增强；方式方法不断创新，保障人民群众环境权益的手段更加有力；政策措施日趋丰富，以环境保护优化经济增长的路子越走越宽。

生态文明是我们党以科学发展观为指导，立足经济快速增长中资源环境代价过大的严峻现实而提出的重大战略思想。党的十七大首次把建设生态文明作为一项战略任务明确下来，十七届四中全会再次将其提升到与经济建设、政治建设、文化建设、社会建设并列的战略高度，作为中国特色社会主义伟大事业总体布局的组成部分。这为解决我国人与自然的突出矛盾、加强环境保护、促进可持续发展提供了根本保证。

生态文明建设所追求的是，在更高层次上实现人与自然、环境与经济、人与社会的和谐。生态文明建设的提出，既是文明形态的进步，又是社会制度的完善；既是价值观念的提升，又是生产生活方式的转变。作为人类文明的一种高级形态和中国特色社会主义事业总体布局的组成部分，生态文明建设主要涵盖先进的生态伦理、发达的生态经济、完善的生态制度、基本的生态安全和良好的生态环境等等。它以把握自然规律、尊重和维护自然为前提，以人与自然、人与人、人与社会和谐共生为宗旨，以资源环境承载力为基础，以建立可持续的生产方式、产业结构、消费模式以及增强可持续发展能力为着眼点，强调人的自觉与自律，人与自然的相互依存、相互促进、共处共融。其具有四个鲜明特征:在

价值观念上，生态文明要求给自然以平等态度和人文关怀；在实践途径上，生态文明体现为自觉自律的生产生活方式；在社会关系上，生态文明推动社会走向和谐；在时间跨度上，生态文明是长期艰巨的建设过程。经过改革开放30多年的发展，我国具备了推进生态文明建设的经济技术基础、社会思想意识和体制机制保障。进一步加强生态文明建设，时机已经来临，条件已经具备，航程已经开启。

建设生态文明是环境保护的灵魂所在和目标指向，环境保护是生态文明建设的主阵地和根本措施。环境保护工作的历史进程，将直接决定生态文明建设的进展。环境保护取得的任何成效任何突破，都是对生态文明建设的积极贡献。对环保部门而言，最根本的要求就是，围绕什么是生态文明、怎样建设生态文明，高擎生态文明建设的大旗，勇于担当生态文明建设的倡导者、引领者和践行者，在更高层面上、更大范围内审视和解决我国突出的环境问题，继续探索中国环保新道路。

改革开放30多年是我国环保事业大发展的30多年，也是不懈探索中国环保新道路的30多年。中国同西方发达国家国情不同、发展阶段不同、目标任务和解决问题不同，西方发达国家走过的“先污染后治理、牺牲环境换取经济增长”的环保老路，已被历史所诟病，我国需要推陈出新，独辟蹊径，探索走环境与经济融合的环保新道路。改革开放30多年来，我们一直朝着这个目标摸索前行，不动摇不懈怠，有成功的经验，也有深刻的教训。

探索中国环保新道路，是一个勇于创新、勇于变革，永不僵化、永不停滞，不断取得新经验新成果的历程。接力棒薪火相传，新征程与时俱进。中国环保新道路，从探索过程看，具有继承性和创新性，每一个创新都是对过去实践经验的总结和升华；从探索重点看，具有多重性和阶段性，每个阶段都有不同的探索重点；从探索内涵看，具有包容性和开放性，新道路是一个海纳百川、高度开放的系统工程；从探索任务看，具有长期性和前瞻性，要求着眼长远从根本上扭转环境污染和生态恶化趋势；从探索途径看，具有实践性和针对性，必须立足当前解决现实的环境问题。

探索中国环保新道路是理论问题，也是实践问题。人类的认识遵循实践、认识、再实践、再认识的辩证规律。我们认识上的每一步深化，实践上的每一次行动，工作上的每一个进步，都是对中国环保新道路的探索和贡献。我们努力在实践中探索，在探索中实践，对环保新道路的认识愈来愈全面和深刻。

(一)对探索中国环保新道路必然性和紧迫性的认识更加深化

我国环境问题具有“共同但又独特”的特性。发达国家上百年工业化过程中分阶段出现的环境问题，在我国改革开放30多年的快速发展中集中出现，呈现结构性、压缩性、复合性、区域性和全球性五大基本特征。随着我国工业化、城镇化和新农村建设进程的加快，经济社会发展与资源环境约束的矛盾越来越显现出来，环境形势十分严峻，环境压力继续加大。摸索出一条代价小、效益好、排放低、可持续的环境保护新路子，既是历史的必然，也是现实的呼唤。

早在1973年，国务院召开第一次全国环境保护会议，就提出32字方针。1983年召开的第二次全国环境保护会议，环境保护被确立为基本国策。1989年召开的第三次全国环境保护会议，形成了我国环境管理“八项制度”。1992年，我国在世界上率先制定了环境与发展十大对策，将可持续发展作为一项国家战略。1996年召开的第四次全国环境保护会议，明确提出“保护环境就是保护生产力”，把主要污染物排放总量控制和绿色工程作为改善环境质量的两大重要举措。2002年召开的第五次全国环境保护会议，要求把环境保护工作摆上同发展生产力同样重要的位置。2006年召开的第六次全国环保大会，明确提出了“三个转变”。这一系列重大决策部署和环保系统坚持不懈的努力，大大推进了探索环保新道路的历程，积累了比较丰富的经验。历任环保部门的老领导都是探索中国环保新道路的先行者，几代环保人都是探索中国环保新道路的实践者。

进入新世纪，环境保护面临新形势新任务新要求，坚持继续探索环保新道路，主要基于以下几个方面的考虑。一是对环境保护的认识更加丰富深刻成熟。中央在科学发展观指导下，提出了建设生态文明、推进环境保护历史性转变、让江河湖泊休养生息等一系列战略思想、方针和任务，成为环境保护的全新指导思想。二是环境保护正处于艰难的负重爬坡阶段和优化经济增长的新阶段。近些年来，环境保护取得明显成效，局部地区环境质量有了较大改善，但是环境污染恶化的趋势总体尚未得到根本扭转。环境保护处于保护与破坏、改善与恶化相持的阶段，犹如逆水行舟、不进则退。历史性转变的提出，标志和预示着我国进入了以保护环境优化经济增长的新阶段。探寻新的对策是形势使然。三是全面推进重点突破的总体思路加快实施。“十一五”以来，环保工作坚持全面推进重点突破，把污染防治作为环境保护的重中之重，把确保群众饮水安全作为首要任务，把主要污染物减排作为中心工作。需要适应总体工作思路的新要求，继续对环保新道路应破解的难题进行有效探索。四是人民群众对改善环境质量有了许多新期待。需要优先解决危害群众健康、影响人民生产生活的环境问题，使人民群众在宜居的环境中生产生活。五是关注领域和治理模式日益拓展。随着我国城镇化进程的加速，城镇生活污染和农村环境问题开始凸显。传统的环境污染问题尚未解决，重金属污染、持久性有机物污染等潜在环境问题不断显现。环境保护要从根本上改变原有的被动局面，必须在污染源头主动出击，切实加强防范。六是国际压力明显加大。为积极应对全球气候变化问题，我国宣布到2020年单位GDP二氧化碳排放量比2005年降低40%~45%，将对我国未来10年发展中解决资源环境问题产生巨大的资金和技术需求。这就要求我们进行新的探索，既有效化解国际环境压力，又解决困扰自身长远发展难题。

(二)对探索中国环保新道路方向和原则的认识更加深化

第一，从时代要求看，必须坚持环境与经济相融合，大力推进发展方式转变和经济结构调整。环境与经济是相互联系、相互作用、相互依赖、相互贯通的统一体，不能把环境与经济的关系割裂开来、对立起来。一部环境保护的历史就是一部正确处理环境与经济关系的历史。环境问题究其本质，是经济结构、生产方式和发展道路问题，离开经济发展谈环境保护必然是“缘木求鱼”，离开环境保护谈经济发展势必是“无源之水”。正确的经济政策就是正确的环境政策，正确的环境政策也是正确的经济政策。我们要充分发挥环境保护参与宏观调控的先导作用和倒逼机制，紧紧围绕推进经济发展方式转变和经济结构战略性调整，以环境容量优化区域布局，以环境管理优化产业结构，以环境成本优化增长方式，转变发展方式、提升经济质量、增强发展后劲，大力促进经济转型。

第二，从核心任务看，必须坚持把环境保护摆上更加重要的战略位置，加快推进历史性转变。做好新形势下的环保工作，关键是要加快实现“三个转变”。“三个转变”是战略性、方向性、历史性的转变。历史性转变是环境保护领域深入贯彻落实科学发展观的集中体现，是环境保护所处历史方位的准确判断，是全面调整环境与经济关系的重要指南。现实情况是，对照“并重”、“同步”和“综合”的要求，仍有大量艰巨工作任务需要尽快完成。加快实现历史性转变，必须把环境保护摆上更加突出的战略位置，与经济社会发展统筹考虑、统一安排、同时部署。

第三，从价值取向看，必须坚持环保为民的根本宗旨，切实解决关系民生的突出环境问题。“国以民为上，民以生为先”。环境保护是重大的民生问题，关系群众健康和福祉。随着生活水平的提高，人民群众对生活质量提出了更高要求。较高的生活质量在相当程度上表现为，有干净的水、新鲜的空气、安全的食品和优美的生态环境。我们必须坚持发展惠民、环保为民，切实解决危害人民群众健康的突出环境问题，让人民群众喝上干净的水，呼吸上清洁的空气，吃上放心的食物，这是探索环保新道路的出发点和落脚点。

第四，从实现途径看，必须坚持人与自然和谐相处，让江河湖泊休养生息。2008年初，胡锦涛总书记发出“让江河湖泊休养生息”的号召，为从根本上解决我国水环境问题指明了方向，是水环境乃至重要生态系统保护的指导思想。以水为鉴，可正发展观。让江河湖泊休养生息，是综合运用经济社会发展规律和自然规律指导环境保护工作的重要体现，其核心是以人为本、改善民生，目标是恢复生机、提升活力，前提是遵循规律、道法自然，方法是系统管理、综合治理，关键是控源截污、转型发展。给予江河湖泊以人文关怀，以环境容量和生态承载能力为依据，充分发挥生态系统的自我修复能力，综合运用工程、技术和生态的方法，注意采取法律、经济、技术和必要的行政手段，既扬汤止沸，又釜底抽薪，解决长期积累的水环境问题。同时，着手谋划让湿地、草原、森林等重要生态系统休养生息的政策措施。

第五，从动力源泉看，必须坚持体制机制创新，尽早形成全社会保护环境的强大合力。体制机制更带有根本性、全局性、稳定性、长期性和有效性。注重制度建设，是新时期加强环境保护的一条鲜活经验。探索环保新道路，既要抓紧解决影响环保事业发展的突出现实问题，又要锲而不舍地解决深层次矛盾，创新体制、机制和制度，充分发挥地区、部门、单位、企业、家庭和个人的积极性主动性创造性，汇聚成全社会保护环境的强大合力。环保系统的广大干部职工更是使命光荣、责无旁贷。构建科学完善的体制机制，探索环保新道路必将充满无限生机和不竭动力。

(三)对探索中国环保新道路框架体系的认识更加深化

第一，正确处理全局与局部的关系，制定与我国基本国情相适应的环境保护宏观战略体系。在社会主义初级阶段，绝不可能用停止发展的方式来保护环境，但社会主义初级阶段也绝不宽容污染，发展必须与节约资源、保护环境同步推进。环境保护需要与基本国情及其阶段性特征相适应，过于超前，经济发展和环境保护的成本加大，明显滞后，则经济发展和环境保护势必难以为继。要把环境保护上升到国家意志的战略高度，把环境保护的基本国策与实施可持续发展战略和科教兴国战略，与走新型工业化道路和构建和谐社会，与转变发展方式和调整经济结构，与区域发展、产业振兴等重大战略规划结合起来，统筹谋划，同步实施，逐步建立起有利于环境保护的宏观战略体系。

第二，正确处理预防与控制的关系，建立全防全控的防范体系。环境保护贯穿于生产、流通、分配和消费的各个环节，涉及工业、农业、交通运输、建筑和服务等各个领域，关系到政府机关、学校、科研院所、社区和家庭等社会组织的各个方面。立足从根本上解决环境问题，需要建立起覆盖经济社会发展各个环节、各个领域和各个方面的污染防控体系，从生产源头和全过程减轻环境污染。

第三，正确处理成本与效益的关系，健全高效的环境治理体系。在更高的层次上实现人与自然和谐，绝不能坐等大自然自行修复人类造成的伤害，而要充分发挥人的主观能动性，实施高效的环境治理，科学地修复和改善自然。高效的环境治理，主要体现在兼顾环境效益和经济效益的内在统一，污染防治与生态保护的有机结合，在经济成本可接受的范围内，追求最佳的环境治理效果。依靠科技进步，坚持自主创新，主动探索科技含量高、资金投入少、区域适应性强、环境效益好的治理模式，以取得最大的治理成果。

第四，正确处理激励与约束的关系，完善与经济发展相协调的环境法规政策标准体系。国内外环境保护实践证明，改善环境质量，必须坚持激励与约束并举、引导与推动并重，完善环境法规政策标准体系。完备的环境法规，有利于增强环境保护的约束力，规范社会行为；经济环境一体化的政策创新，有利于保障资源有效配置，调动公众参与环境保护的积极性和主动性；建立健全环境标准，有利于提高污染减排效果，推动技术进步、产业升级和结构调整。当前，建立和完善环境法规政策标准体系尤为重要。

第五，正确处理统一监管与分工负责的关系，构建完备的环境管理体系。管理出效益，管理出生产力。应当建立最广泛的“环保统一战线”，不断完善党委领导、政府负责、环保部门统一监管、有关部门协调配合、全社会共同参与的环境管理体系。建立健全环境保护的责任制和问责制，真正把地方政府对环境质量负责落到实处。积极探索环境管理大部制，加强组织体系建设，强化基层环保能力，形成政令畅通、高效有力的决策执行系统。

第六，正确处理规范引导与自觉自律的关系，形成全民参与环境保护的社会行动体系。众人拾柴火焰高。环境保护是全社会共同参与共同建设共同享有的神圣事业。保护环境不仅要靠法律、制度、规则等外在的规范约束来进行，也要靠生态道德、生态意识等内在的自觉自律来开展。要通过有效的宣传教育和舆论引导，让生态意识成为大众文化意识，让绿色消费、适度消费成为全体公民的自觉行动。想方设法多开辟途径，方便社会民众广泛参与环境保护。全社会牢固树立生态文明意识之时，就是我国生态环境全面改善之日。

道路已经指明，航道已经开通。环境保护事业正在新的历史起点上向前迈进，探索中国环保新道路已经成为普遍共识和自觉行动。我们要倍加珍惜，加倍努力，继续深化认识，继续有所创新，继续主动实践，把探索中国环保新道路的伟大事业持续推向前进。

三、切实做好2010年重点工作

今年是完成“十一五”环保任务的决战年，也是谋划“十二五”环保规划的关键年。环境形势依然严峻，环保工作更加艰巨复杂。做好今年工作，对于促进发展方式转变和经济结构调整，圆满完成“十一五”环保任务，为“十二五”时期环保事业发展奠定良好基础，具有十分重要的意义。

今年环保工作的总体要求是:全面贯彻党的十七大、十七届三中、四中全会和中央经济工作会议精神，以邓小平理论和“三个代表”重要思想为指导，深入贯彻落实科学发展观，大力推进生态文明建设，积极探索中国环保新道路，把环境保护与推动发展方式转变、污染减排与促进经济结构战略性调整、环境治理与保障改善民生更加有机地结合起来，以解决危害群众健康和影响可持续发展的突出环境问题为重点，充分发挥环境保护优化经济增长的综合作用，坚决完成“十一五”污染减排任务，加大基础能力建设力度，深入推进流域区域和农村污染防治，妥善应对突发环境事件，为推进经济社会全面协调可持续发展做出应有贡献。

按照上述总体要求，着力做好以下十个方面工作。

第一，认真贯彻落实中央决策和部署，抢抓机遇推进环境保护事业大发展

近期，国务院将专题研究环保工作。一是听取《国家环境保护“十一五”规划》中期评估汇报。二是听取第一次全国污染源普查情况汇报，审议后将向社会公布普查成果。今年我们将起草关于进一步加强环境保护的文件，争取由国务院印发实施。研究制订生态文明建设评价指标体系和政策举措。同时，积极筹备召开第七次全国环保大会。会议期间将表彰环保系统先进集体和模范个人。

最近有关部门将给予环保工作更加有力的支持，这对于我们来讲是“三件好事”。一是中编办正在研究进一步加强核与辐射安全监管体系建设，机构设置和人员编制方案有望很快出台，核与辐射安全监管机构将大大加强。二是发展改革委正在研究对基层环保执法和监测业务用房建设给予资金支持，这对县级尤其是中西部地区的能力建设是很大加强。三是财政部和我部正在研究落实深化“以奖促治”，进一步扩大农村环境整治规模的实施方案。我们要抓住机遇，把今年作为县级环境监管能力建设攻坚年，抓紧制定实施计划，推动基层环境执法、监测和信息能力建设再上新台阶。

第二，再接再厉，在确保实现减排目标的基础上争取更大成绩

污染减排是环境保护工作的硬抓手。二氧化硫减排任务提前一年完成，实现化学需氧量减排目标还有很大困难，各地减排进展还不平衡，一些地方离完成减排目标还有不小差距。我们绝不能有一丝一毫“刀枪入库、马放南山”的念头，一定要坚持到底才能取得完胜，必须进一步加大力度，在充分消化今年新增排放量的基础上持续推进减排工作，全面完成减排任务。各地要切实落实国务院《节能减排综合性工作方案》，对完不成任务的地区，严格追究有关领导责任，实行“区域限批”。各省(区、市)要将“十一五”污染减排任务完成情况向国务院作出书面报告。今年的目标是:二氧化硫排放量力争比2009年再削减40万吨，化学需氧量减排在完成“十一五”目标的基础上，力争再削减20万吨以上。

深入推进结构减排。配合有关部门，严格执行产业政策和国家下达的落后产能关停计划。今年要分别淘汰炼铁、电力、水泥、焦化和造纸落后生产能力2000万吨、1000万千瓦、5000万吨、2000万吨和52万吨。抓紧出台节能发电调度办法的配套政策，迫使低效机组尽早退役。通过结构减排，新增削减化学需氧量20万吨、二氧化硫45万吨。

深入推进工程减排。确保新增城市污水日处理能力1000万立方米以上，新增燃煤电厂脱硫装机容量5000万千瓦，新增30台(套)钢铁烧结机烟气脱硫设施。以火电行业为重点，大力削减钢铁、有色及水泥行业大气污染物排放量；以造纸行业为主攻方向，重点抓好化工、酿造及印染行业水污染物削减工作。督促电力企业高标准、严要求、高质量地建设脱硫设施，进一步提高脱硫效率；督促城镇污水处理设施管网配套到位，尽快形成处理能力。将“保运行”作为污染减排工作的中心任务，狠抓已建成的城镇污水处理厂、火电厂脱硫设施和企业污染治理设施的正常有效运行。大力推进脱硫石膏和污水处理厂污泥处理处置。通过工程减排，新增削减

化学需氧量80万吨、二氧化硫100万吨以上。

深入推进管理减排。要以环境信息统计能力建设项目为依托，加快推进燃煤电厂脱硫设施、城镇污水处理厂和国控重点污染企业在线监测系统的联网工作，今年6月30日前完成国控重点污染源自动监控系统的验收，向社会公告治污设施投运率、运行效率及国控重点污染源排污费征收情况。组织开展好污染减排核查工作，加强预警督查，公开曝光违法违规问题。落实污水处理收费、不正常运行脱硫设施的电价扣减和罚款政策，促进企业深度治理。

第三，严格环境准入，促进发展方式转变和经济结构调整

中央强调，转变发展方式已经刻不容缓，把扎实推进经济结构调整作为今年经济工作的重大任务，着力点由去年的“保增长”转向今年的“促转型”。环境保护作为经济结构战略性调整的重要抓手，要在推进发展方式转变上发挥更加主动有效的作用。

认真落实规划环评条例。会同发展改革委等有关部门制定国民经济和社会发展专项规划环评指导意见，以及关键领域、重点行业规划环评规范性文件。重点抓好“两高一资”行业、重点流域区域开发规划环评。继续推进环渤海、海峡西岸、北部湾、成渝和黄河中上游能源化工区等五大区域战略环评。

深化建设项目环评。坚持“疏”“堵”结合，实行分类审批，服务好经济社会发展大局。“疏”就是对符合中央政策和环保准入要求，有利于保民生、促转型的项目，加快环评审批进度；对已开展规划环评的项目，适当简化环评程序。“堵”就是严格执行国家产业政策，对高耗能、高排放及产能过剩行业的项目从严把关，坚决管住新上项目；对未批先建的项目进行严肃查处，并公开曝光；对钢铁、水泥、平板玻璃、多晶硅、煤化工等产能过剩、重复建设行业以及流域开发、开发区建设，凡未依法开展规划环评的，建设项目环评文件一律不予受理。

强化环保验收管理。坚持关口前移，要针对重点行业、敏感区域和敏感问题，集中力量抓好重点项目验收的环境监管。积极推进施工期环境监理，建立健全环保验收全过程管理制度，进一步理顺验收管理程序，从今年开始，用2~3年时间抓好“三同时”验收工作。

着力开展工程建设领域突出问题专项治理工作。以政府投资和国有资金支持的项目为重点，全面排查2008年以来，规模以上投资项目环保要求落实情况及环保资金使用情况。分期分批清查“十五”以来审批的所有建设项目，特别是“十一五”期间审批的产能过剩行业建设项目环评执行情况，集中整改突出问题。

健全环境标准体系。加快推进环境标准管理体系建设，着重提高标准体系的协调性、完整性和适用性，努力构建新时期国家环境质量标准体系、污染源监控标准体系和清洁生产标准体系，引领技术升级，推进产业结构调整。

第四，坚持环保为民，着力解决重金属污染等危害群众健康的突出环境问题

集中精力优先解决重金属污染问题。严格按照《关于加强重金属污染防治工作的指导意见》要求，分解目标任务，落实各项政策措施。全面排查重金属污染物排放企业及其周边区域环境隐患，确定重点防控区域、行业、企业和高风险人群，集中解决一批突出问题。积极开展土壤污染修复试点，综合治理重金属超标土地。今年6月底前，编制完成重金属污染综合防治规划并报国务院批准实施。抓紧制定重金属污染综合防治规划实施考核办法。深化重金属监测工作，落实《“锰三角”地区地表水监测方案》。

扎实做好饮用水水源安全保障工作。今年年底前，完成城镇集中式饮用水水源保护区划分及调整工作，完成113个环保重点城市集中式饮用水水源保护区划定工作，制定分散式饮用水水源环境管理办法，组织开展全国环境保护重点城市地表水饮用水水源环境状况评估，加快出台《全国城市饮用水水源地环境保护规划》和《地下水污染防治规划》。

继续深化工业污染防治。深入推进“双有”(使用有毒有害原料进行生产或在生产中排放有毒有害物质)企业清洁生产，制定发布“双有”行业分类管理名录和国家污染物环境健康风险名录。发布重点行业污染防治工作指导意见，督促指导各地加快推进重金属重点防控行业和产能过剩行业的清洁生产审核及评估验收。贯彻执行好《废弃电器电子产品回收处理管理条例》。健全危险化学品准入制度，推动持久性有机污染物防治。

第五，严格考核问责，深入推进重点流域区域污染防治

严格按照《重点流域水污染防治专项规划实施情况考核暂行办法》要求，加大考核力度，并向组织部门通报考核结果。各省(区、市)要对跨市(县)界断面水质进行考核。松花江流域“十一五”规划要提前完成目标任务，淮河等其他重点流域要力争今年按期完成。南水北调沿线治污工作要切实落实规划要求。抓紧制定实施九大重点湖泊水库“一湖一策”污染防治方案，在其他湖泊水库流域开展生态安全评估。

完善区域大气污染联防联控机制。落实区域大气污染防治规划，继续完善京津冀地区大气污染联防联控机制，大力推进长三角、珠三角等区域大气联防联控工作，组织开展联动监测，确保上海世博会和广州亚运会空气质量达标。以区域大气污染防治和重点行业污染控制为重点，深化对二氧化硫及颗粒物排放的控制；以火电行业和机动车为重点，开展工业及城市氮氧化物污染防治工作。对中央领导同志关心、群众反映强烈的区域环境污染问题，集中进行综合整治。加强危险废物及医疗废物全过程风险防范和监督管理，完成典型电子废物集中处置区域污染调查和环境风险评价工作。

第六，深化“以奖促治”，切实加强农村环境保护和生态保护

进一步深化“以奖促治”政策措施，加大农村环境保护投入。坚持点线面相结合，做到“抓点、带线、促面”。重点抓好中央领导批示和媒体高度关注的“问题村”，优先支持重点流域、区域和扶贫开发重点县内存在突出环境问题的村庄。推行“以片为主、点片结合”的治理模式，在环境问题集中区域，实施连片综合治理，建设集中治污设施；对居住分散、经济条件差、边远地区的村庄，推广分散型、低成本、易管理的污水处理模式；鼓励城市污水和垃圾处理设施服务覆盖范围向周边村镇延伸，实现城乡环境基础设施共享共用。开展农村集镇生活污水和规模化畜禽养殖污染减排试点工作。建立完善农村环境综合整治目标责任制。

切实抓好生态保护。开展生态系统功能状况调查与评估工作，加强自然保护区的监管和评估。下大气力做好土壤环境保护工作。全面加强对资源开发活动引起的环境污染和生态破坏的监督检查。组织好国际生物多样性年活动。扎实加强“两型社会”建设。继续做好城市创模和生态建设示范区工作。

第七，确保环境安全，强化执法监督和应急管理

“天下之事，不难于立法，而难于法之必行”。深入开展整治违法排污企业保障群众健康环保专项行动，紧扣重金属污染等热点问题，进行全面排查、集中整治，全力遏制环境事件高发势头；加大典型案件挂牌督办、责任追究和后督察力度，确保环境违法行为整改到位。充分发挥督查中心在区域环境监察执法中的作用，形成完整有序的国家监察体系；全面启动环境执法稽查试点工作；健全跨省界环境执法及污染纠纷协调处理机制。积极推进企业监督员制度。

应急管理是保障环境安全的最后一道防线。着重抓好环境风险源调查及尾矿库环境风险隐患排查工作，逐步建立环境风险源数据库和分级分类动态管理平台。抓紧完善环境应急预案，加强区域力量整体协调和指挥调动。今年，我部将在上海、重庆各组织一次应急演练。各地每年至少组织一次应急演练。切实做好应急响应，妥善应对突发环境事件。认真做好“12369”环保举报热线的信息收集及案件查办等工作，真正做到“有报必接、违法必查，事事有结果、件件有回音”。

确保核与辐射安全。完善与核事业发展相适应的安全监管体系，拓展机构队伍、提升技术水平、夯实管理基础，切实加强在役核设施的监管，确保运行安全，强化在建核设施的现场监督，确保建造质量。积极推进历史遗留放射性污染治理，严格核技术利用和电磁辐射环境管理。

第八，瞄准主攻方向，进一步做好政策法制、环境科技、监测、宣传教育和国际合作工作

推动环保立法工作进程。开展自然遗产保护法的立法工作，尽快修订大气污染防治法，抓紧研究修订环境保护法的草案框架。推动放射性废物安全监督管理条例、畜禽养殖污染防治条例、消耗臭氧层物质管理条例及环境监测管理条例等法规的审查、协调和修改工作。加快完善环境经济政策，建立健全绿色信贷、保险、税收、采购及贸易等制度。会同财政部在新安江流域试点，研究探索建立跨省界水环境保护“赔付补偿”机制。积极参与国家绿色税制改革，配合财税部门完善环境税税制设计。推进资源

性产品价格和环保收费改革，完善排污权有偿使用和交易管理办法，进一步扩大试点范围。

不断增强环境科技支撑能力。推进环境科技创新、环保标准体系建设和环境技术管理体系建设三大工程。抓好水专项“十一五”规划实施检查。谋划推动区域大气、土壤修复和环境基准等重大科技项目立项工作，推进国家重点实验室申报和建设。开展重点地区环境与健康调查。做好环保部门应对气候变化工作，提出温室气体排放监管体系框架。加快发展环保产业，推进低碳产品认证、低碳工业园区和低碳社区建设工作。

继续强化环境监测工作。加强污染源监督性监测，深化环境质量监测，做好环境应急监测。拓展环境卫星遥感监测成果应用范围，推进“天地一体化”进程。落实环境监测质量管理三年行动计划，全面开展自动监测数据有效性审核，提高监测数据的准确性。优化调整国家环境监测网络，完善环境质量评价办法。逐步开展农村环境监测试点工作。

积极宣传建设生态文明、探索中国环保新道路的理论创新与实践成果，加强主题策划，创新方法，健全机制，发挥媒体、社团等非政府组织关心参与环保的积极作用，为环保工作顺利推进营造良好的舆论氛围。重点抓好与美、俄、日、哈等国及欧盟、中日韩、东盟等区域的环境合作，加强中非和中阿南南合作。拓展与联合国环境署、亚洲开发银行等国际组织的合作范围，积极实施和开展环保外经合作项目，推动国际环境公约谈判和国内履约工作，稳步推进核安全国际合作。

第九，用好用足已有成果，全面推进“十二五”环保规划编制工作

全面总结“十一五”环保工作，充分吸收环境宏观战略研究、污染源普查和水专项成果，以建设生态文明、探索中国环保新道路为统领，深化重大专题研究，把基础、人才和保障三大工程作为提高规划执行力的重要支撑，明确并细化目标指标、重点工程、重大改革和政策举措，向国务院汇报国家环境保护“十二五”规划基本思路，争取把一些主要指标和重点项目纳入国民经济和社会发展“十二五”规划中，及早启动“十二五”环保规划编制工作。抓紧编制污染防治、总量控制及能力建设、自然生态和农村环境保护等专项规划，形成完善的“十二五”环保规划体系。积极协调，全力推进《青藏高原环境保护综合规划》获得国家审批。尽快制定环境功能区划前期研究试点方案，探索“分区管理、分类指导”的环境管理新思路。

第十，深入推进“五大建设”，继续抓好环保系统自身建设

今年，环保系统要深入开展“五大建设”和建设“六型机关”，提高凝聚力、创造力、战斗力和执行力。

加强思想建设。以部党组中心组学习为龙头，推进学习型党组织建设，带动各级环保部门认真学习贯彻党的路线方针政策，坚持用党的最新理论成果武装头脑，形成建设生态文明、探索中国环保新道路的强大精神动力。

加强组织建设。继续深化和完善机构改革，按照政事分开、事企分开的原则，推进直属事业单位分类改革，强化机关和事业单位能力建设，做大做强支撑体系。坚持德才兼备、以德为先的选人用人标准，加强各级环保部门领导班子建设，加大优秀年轻干部培养选拔力度，推动干部交流轮岗，增强干部队伍活力。

加强作风建设。深入开展“讲党性、重品行、作表率”活动。落实领导干部调研制度、联系点制度，认真倾听基层和群众呼声，及时解决突出问题。精简会议文件，改进文风会风。

加强业务建设。推进人才工程，尽快出台引进高层次人才的实施意见。举办好第一届全国环境监测技术大比武，全面提升环境监测队伍的工作能力和业务水平。

加强制度建设。扎实推进行政权力运行监控机制建设，完善并落实各项规章制度，构建“自律”与“他律”相互促进，责、权、利有机统一的制度体系。

日前，中央纪委召开第五次全会，胡锦涛总书记发表重要讲话，对今年的党风廉政建设提出明确要求，我们将召开专题会议进行部署落实。环保事业越是大发展，越要紧绷拒腐防变这根弦。认真开展“四个珍惜”主题廉政教育和党性党风党纪教育。围绕环保“六项权力”，深入查找廉政风险重点环节；加强考核，严格落实党风廉政建设责任制；坚持有案必查，有腐必惩。

同志们！“行百里者半九十”。在“十一五”最后一年，我们一定要全力以赴打好决胜战，谋划新篇章。让我们紧密团结在以胡锦涛同志为总书记的党中央周围，开拓创新，真抓实干，努力推进生态文明建设，积极探索中国环保新道路，创造无愧于时代、无愧于历史、无愧于人民的新业绩，为实现全面建设小康社会宏伟目标做出更大贡献。

交通、铁路、工业信息、科技、能源

2009年交通运输工作回顾与2010年重点工作

2010年全国交通运输工作会议

交通运输部部长 李盛霖

2010年全国交通运输工作会议的主要任务是：深入贯彻落实科学发展观，按照中央经济工作会议的部署，总结2009年工作，分析交通运输面临的形势和任务，安排2010年重点工作，全面完成“十一五”目标任务，加快发展现代交通运输业，为经济社会平稳较快发展作出新贡献。

党中央、国务院对交通运输工作高度重视。去年，胡锦涛总书记，温家宝总理，李克强、张德江副总理等中央领导同志多次对交通运输工作作出重要指示和批示。张德江副总理就国家高速公路网和农村公路建设、农村邮政物流发展、内河航运发展等问题深入基层考察调研、指导工作，有力推动了交通运输改革发展。刚才，德江副总理又作了重要讲话，要求我们深入贯彻落实科学发展观，按照中央经济工作会议的部署要求，加快调整结构、转变发展方式，建设畅通高效安全绿色交通运输，为经济社会发展作出更大贡献。我们要认真学习和贯彻落实张德江副总理的指示精神，大力推进交通运输快速发展、高效发展、安全发展和绿色发展。

下面，讲三个方面问题。

一、2009年交通运输工作回顾

过去的一年，交通运输部、民航局和邮政局组织实施国务院批准的“三定”规定，机构改革平稳有序，内设机构到位、工作职责到位、人员定岗到位，省级交通运输部门机构改革工作基本完成，为推进新时期交通运输工作奠定了组织基础。

一年来，在党中央、国务院的坚强领导下，交通运输系统干部职工积极落实“保增长、保民生、保稳定”的要求，加快基础设施建设，提高运输服务水平，稳妥推进各项改革，应对处置突发事件，作好重大活动交通运输保障，保持交通运输安全形势平稳，加强行业文明建设和廉政建设，各项工作又取得了新的成绩。

一是积极应对国际金融危机冲击取得成效。认真落实中央应对国际金融危机、促进经济增长一揽子计划，制定了保持公路、水路、民航、邮政平稳较快发展的相关措施。基础设施建设明显加快。全年全社会公路水路民航固定资产投资完成1.13万亿元，据测算，拉动GDP增长约0.5%，消耗钢材超过1300万吨、沥青约2000万吨，创造就业岗位约1200万个。新增公路通车里程9.8万公里，其中高速公路4719公里；新增万吨级以上深水泊位96个；改善内河航道里程1192公里。大广高速公路北京至承德三期工程、连霍高速公路宝鸡至天水段、舟山跨海大桥、沪瑞高速公路坝陵河大桥、洋山深水港区三期工程、广州港出海航道二期工程、长江纳溪至娄溪沟航道工程、天津滨海机场飞行区改造工程、腾冲驼峰机场等重点项目建成投入运营。四川加快灾区公路基础设施恢复重建，映秀至汶川高速公路开工建设；福建围绕海峡西岸经济区战略，组织实施交通“加快发展”计划；湖南积极推进长株潭交通一体化；广西加快泛北部湾地区交通运输基础设施发展和西江干线亿吨航道建设；辽宁建成1443公里的沿海公路；黑龙江启动公路建设“三年决战”；湖北加快由水运大省向水运强省转变，着力推进武汉新港新城建设。各地在基础设施建设中加强质量监管，开展了工程混凝土质量通病、桥隧工程风险评估和试验检测等专项治理活动，工程建设质量稳中有升。

组织启动了“十二五”规划编制工作。加快国家公路运输枢纽总体规划的审查；加快推进长江干线航道治理，京杭运河、西江航运干线和长江、珠江三角洲高等级航道建设项目前期工作；启动长江口深水航道向上延伸项目前期研究工作；完成了港珠澳大桥工可审查。

二是服务保障能力进一步提升。确保旅客、重点物资和城乡居民生活用品的运输，有效组织铁矿石疏港和电力“迎峰度夏”、冬储煤运输，强化内河枯水期通航保障和三峡工程175米试验性蓄水期间船闸通航管理。圆满完成了60周年国庆庆典活动交通运输保障任务。组织抢运了大陆支援台湾“莫拉克”特大水灾的救灾物资。加强公路水路民航交通工具甲型H1N1流感防控。积极推进农村邮政物流发展，组织召开了全国推广山东邮政发展农村物流经验现场会，张德江副总理出席并作重要讲话，国办转发了六部委《关于推动农村邮政物流发展的意见》。

一年来，公路、水路、民航运输生产和邮政业务继续增长。全年公路货运量、货物周转量、客运量、旅客周转量完成210亿吨、36384亿吨公里、278亿人、13450亿人公里，同比增长9.4%、10.7%、3.6%、7.8%。水路货运量、货物周转量、客运量、旅客周转量完成31.4亿吨、57440亿吨公里、2.22亿人、69亿人公里，同比增长3.0%、14.0%、2.9%、5.8%。规模以上港口完成货物吞吐量69.1亿吨，同比增长8.2%。两岸直航一年来完成客运量140万人、货运量5780万吨、集装箱140万标准箱，同比增长40%、2%、11%。民航完成运输总周转量427亿吨公里，旅客运输量2.3亿人、周转量3374.9亿人公里，货邮运输量445万吨、周转量126.3亿吨公里，同比增长13.4%和19.7%、17.1%、9.3%、5.6%；邮政业务总量和业务收入分别完成1632亿元、1095亿元，同比增长16.4%和14%。

三是农村交通运输发展持续推进。继续加大农村公路建设中央投资比重并向中、西部地区倾斜，加大对“少边穷”地区扶持力度，实施第三批农村公路示范工程。中央车购税安排农村公路投资比上年又有较大幅度增长。总结推广陕西等省农村公路建管养运经验，促进农村公路有序健康发展。全年新改建农村公路38万公里，北京、天津、上海、江苏、浙江、辽宁、山西、安徽八省市提前完成“十一五”农村公路建设目标。继续推进农村公路管理养护体制改革，广东、贵州、宁夏等省区已全面落实管理养护责任、养护机构人员和养护资金，建立了协调监管考核机制。大力发展农村客运，积极探索建立农村客运财政补贴制度。国家和区域性鲜活农产品运输“绿色通道”网络畅通，全年减免通行费超过100亿元。

四是成品油价税费改革稳步有序。成品油价格和税费改革是国家规范税费体系、完善价格机制、促进节能减排的重要决策，也是依法筹措交通基础设施维护和建设资金、规范交通税费制度的重大改革。其中，逐步有序取消政府还贷二级公路收费对公路交通可持续发展将产生深远影响。按照国务院的统一部署，到去年年底有13个省市取消了政府还贷二级公路收费，撤销站点1430个，占全国同类站点的74%。全国安置改革涉及人员过半，山东、海南、云南、宁夏四省区全部完成人员安置工作。会同财政部印发了《取消政府还贷二级公路收费中央补助资金管理办法》，每年安排260亿元中央专项补助资金用于债务偿还。制定了中央燃油税增量资金分配办法和城乡道路客运、岛际和农村水路客运成品油价格补助专项资金管理办法。完成了相关法规规章的修订工作。

五是交通运输市场监管得到强化。建立了覆盖全国100个重点城市道路旅客运输的动态监测机制。颁布了《汽车运价规则》和《道路运输价格管理规定》。推广山西等省治超经验，加大车辆超限超载源头治理和联合治理的力度，全国干线公路货车超限率下降到6%左右。

制定了公路施工企业信用评价规则、公路水运工程监理和试验检测信用评价办法。加强工程建设项目招投标管理。继续开展水运项目代建制和内河水运工程建设项目管理绩效考核。发布实施9项水运工程强制性标准。加快建立和实施注册验船师、道路工程注册土木工程师等职业资格制度。

推进水运运力调控和结构调整，强制淘汰超龄船舶，鼓励老旧运输船舶提前淘汰。开展水路内贸集装箱超载集中治理。建立渤海湾客滚运输和国际集装箱班轮的运价备案制度。延长了中资方便旗船特案免税政策。制定了进一步促进两岸海上直航12项政策措施，首次开通大陆至台湾本岛客滚班轮运输。

贯彻落实胡锦涛总书记、温家宝总理的指示精神，提出了优先发展城市公交的政策措施。认真落实国办《关于进一步加强管理促进出租汽车行业健康发展的意见》，向国务院报送了《关于规范发展出租汽车行业的若干意见》。配合地方政府妥善处置了出租汽车群体性事件。与公安部联合开展了打击非法从事出租汽车经营专项治理活动，查处各类“黑车”24.8万辆。组织开展新时期道路运输业发展大调研活动取得丰硕成果。

六是交通运输安全形势保持平稳。继续开展交通运输“安全生产年”活动。组织了危险化学品运输、砂石运输船和施工船安全管理、渡口渡船安全管理、运输船舶吨位丈量、海船检验质量等专项整治和专项检查，对查出各类事故隐患的整改率达到94.9%。修订完善了《水路交通突发事件应急预案》，修订的《国家海上搜救应急预案》经国办批准印发。指导各省级海上搜救中心制定完善搜救应急预案，与卫生部、民政部、工信部、农业部、气象局等部门建立了海上搜救联动机制。举行了“2009年国家海上搜救桌面演习暨东海搜救演习”和“2009中俄界河应急联合演习”等。继续完善海上动态待命救助值班制度，建立了海上救捞信息化决策指挥系统，建成了环渤海湾水域陆岛空中救援网，有序推进东海、南海水域陆岛空中救援网建设，加强海峡两岸救助打捞技术交流合作。协助我国海军护航舰队做好亚丁湾索马里海域的商船护航工作。加强水运反恐和治安防控体系建设，维护港航治安局势。启动上海世博会公路运输安全保障措施与东海水域安全保障工作机制。全年运输船舶交通事故、死亡和失踪、沉船、直接经济损失四项指标同比上升4.7%、下降4.3%、下降6.6%和下降33.1%，组织协调搜救1964次，成功救助遇险人员18397人，救助成功率96.2%。成功防抗12次影响我国沿海海域的台风。民航运输保持持续安全，普通邮件和快递安全运行。

加强公路交通应急保障能力建设。经国务院、中央军委批准，武警交通部队纳入国家公路交通应急救援力量。修订了《公路交通重大突发事件应急预案》，初步建成国家公路网管理与应急处置中心并投入运行。组织建设危险品运输和长途客车的GPS联网联控系统。部安排安保工程完成投资24.8亿元，整治隐患路段2.6万公里，危桥改造完成投资46.9亿元，改造危桥2407座。工程建设安全生产事故得到有效控制，3人以上较大事故件数下降。

七是法制建设和对外交流合作取得进展。新修订的《邮政法》已于去年10月1日施行，《防治船舶污染海洋环境管理条例》将于今年3月1日起施行。《城市公共交通条例》、《潜水条例》、《国务院关于邮政企业专营业务范围的规定》的送审稿已报国务院。配合国务院法制办开展了《公路保护条例》、《水路运输管理条例》、《海上交通安全法》的审核修改工作。颁布规章15件。修改完善了《加强交通运输法制工作的若干意见》，组织开展了交通运输执法人员执法证件管理信息系统试点工作。

举办了上合组织交通部长第四次会议。与立陶宛政府联合举办了首届亚欧交通部长会议和亚欧交通发展论坛。中美交通论坛第二次会议就深化相关合作达成共识。启动了实施中国-东盟交通合作发展战略规划的有关工作。参加和承办了中俄运输合作分委会第13次会议、中哈交通合作委员会第5次会议，中蒙汽车运输协定及其议定书完成谈判草签工作。举办了亚太经合组织港口服务网络第一届亚太港口发展大会，在香港成功举办了国际拆船公约外交大会。与欧盟、加拿大签署了海运协定修改议定书，与美国、俄罗斯、英国、日本、南非等国签署了15个交通合作谅解备忘录。我国再次当选国际海事组织A类理事国。报请国务院批准了我国加入《有毒有害物质污染事故防备、反应与合作议定书》。成功举办了中国2009世界集邮展览。

八是科技创新取得一批新成果。在科技部的大力支持下，完成了“国家高速公路联网不停车收费和服务系统”等一批国家级科技项目的攻关任务。“多年冻土青藏公路建设和养护技术”获得国家科学技术进步一等奖。“十一五”交通行业重点实验室建设任务基本完成。实施了交通科技信息资源共享平台建设试点工程和首批交通职业教育示范院校认定工作。在京津冀和长三角地区推广电子不停车收费示范工程。组织开展国家高速公路安全和服务技术、营运车辆安全保障技术、山区公路安全保障技术体系等研究应用。推进国家高速公路网命名编号实施工作。出台了《道路交通标志和标线》国家标准。

九是节能减排工作进一步加强。颁布了《道路运输车辆燃料消耗量检测和监督管理办法》，实施了营运车辆燃料消耗量市场准入制度。公布了“十一五”期第二批全国重点推广营运车船节能产品（技术）目录，推出第三批行业节能减排示范项目。组织开展了机动车驾驶员节能、筑养路机械操作手职业技能竞赛。对年能耗量2000吨标准煤以上的港口新（改、扩）建工程项目建立了节能评估审查制度。组织开展港口节能减排联合技术攻关。研究制定营运船舶燃料消耗和二氧化碳排放相关标准。

十是党建和行业文明建设不断深化。部党组制定下发了贯彻落实中共中央加强和改进新形势下党的建设若干重大问题决定的意见，进一步加强指导机关和部属单位党建工作。推进学习实践科学发展观活动整改措施的落实，组织开展了“讲党性、重品行、作表率”深化拓展年活动。扎实抓好老干部工作。组织开展工程建设领域突出问题专项治理，重点解决公路水运工程建设中招投标、建设程序、工程实施、质量安全和资金管理等环节存在的突出问题，制定了《交通基础设施建设领域领导干部八项规定》和《交通基础设施建设项目廉政风险防控手册》。加大对扩大内需、灾后重建、农村公路等项目的监督检查。认真开展治理“小金库”工作。深入开展党风廉政教育，严格领导干部经济责任审计，严肃查办违纪违法案件。

继续深化“学树创”行业文明创建活动。组织开展了新中国成立60周年交通运输发展成就系列宣传活动、“航海日”活动、学习北京东四邮局和杨庆文同志先进事迹活动、窗口行业创建文明单位网上行、出租汽车行业文明创建活动等。

2009年交通运输改革发展取得的成绩实属不易。在积极应对金融危机对交通运输行业的冲击中，我们认识和体会到：一要增强信心，坚决贯彻落实中央的决策部署；二要同心协力，发挥中央、地方、企业等方面的积极性；三要抓住机遇，紧紧把握交通运输工作的主动权；四要深化改革，以推进体制机制创新增强发展的动力和活力；五要远近兼顾，把应对危机与调整结构、转变发展方式结合起来；六要心系群众，认真解决涉及民生的交通运输问题。

同志们，2009年是新中国成立60周年。60年来，在党中央、国务院的正确领导下，经过几代交通运输干部职工的努力拼搏，我国交通运输事业取得了举世瞩目的成就，走出了一条中国特色的交通运输发展之路。这里，我代表交通运输部，向多年来关心支持交通运输事业的中央有关部委、地方党委和政府、广大人民群众表示衷心的感谢！向交通运输干部职工、离退休老同志致以诚挚的谢意和崇高的敬意！

二、转变发展方式、加快发展现代交通运输业

前不久召开的中央经济工作会议，科学分析了国际国内形势，明确了国民经济和社会发展的总体要求、主要任务、政策取向和工作重点，强调加快转变经济发展方式是深入落实科学发展观的重要目标和战略举措。我们要紧密结合交通运输实际认真抓好贯彻落实。

在2008年的全国交通工作会议上，根据交通发展的阶段性特征，部党组提出要紧紧抓住我国经济发展和战略转型的历史机遇，大力发展现代交通业，积极推进交通发展“三个转变”，即由主要依靠基础设施投资建设拉动向建设、养护、管理和运输服务协调拉动转变；由主要依靠增加物质资源消耗向科技进步、行业创新、从业人员素质提高和资源节约环境友好转变；由主要依靠单一运输方式发展向综合运输体系发展转变。2009年，针对国际金融危机对交通运输带来前所未有的冲击，部党组又明确提出，大力发展现代交通运输业，加快实现由传统产业向现代交通运输业转型。在深入开展学习实践科学发展观活动中，部党组结合近年来交通运输工作贯彻落实科学发展观实践进行认真总结反思，进一步深化了对发展现代交通运输业的认识。实践证明，发展现代交通运输业，是应对国际金融危机影响、克服当前困难的有效措施，是提高“三个服务”能力和水平、不断推进交通运输纳入科学发展轨道的有效途径，也是落实国家经济发展战略、加快交通运输发展方式转变的正确方向。

这些年来，我国交通运输事业实现了跨越式发展，为促进经济社会发展和提高人民生活水平作出了重要贡献，也为加快发展现代交通运输业打下了良好基础。在新的历史发展阶段，经济社会发展对交通运输提出了新的需求，人民群众对交通运输发展提出了新的要求，转变发展方式、加快发展现代交通运输业，又提出了新的任务。要坚持以科学发展观为指导，在继承和坚持过去好的经验、好的做法的基础上，从交通运输是国民经济基础产业和服务性行业的实际出发，从公路水路民航邮政联系千家万户、服务亿万群众的特点出发，把加快发展、提高服务能力与交通运输发展方式转变紧密结合起来，在发展中促转变、在转变中谋发展，使交通运输业紧紧与国民经济和社会发展的需求相适应，与人民群众生活水平的不断提高相适应，与实现全面建设小康社会奋斗目标要求相适应。

当前和今后一个时期，我国仍然处在经济社会发展的重要战略机遇期和社会矛盾凸现期，积极变化和不利影响同时显现，短期问题和长期问题相互交织，国内因素和国际因素相互影响，保持经济平稳较快发展的任务十分繁重。转变发展方式、加快发展现代交通运输业，既有机遇，也有挑战。世界经济形势逐步趋好，为交通运输发展和交通运输企业摆脱困境创造了较为有利的外部环境；中央保持宏观经济政策的连续性和稳定性，继续实施积极的财政政策和适度宽松的货币政策，为加强交通运输基础设施重点项目建设创造了条件；中央把推进经济结构调整作为发展方式转变的重要抓手，加快发展物流配送等现代和新兴服务业，为拓宽交通运输服务领域提供了机遇；国家大力推进节能减排、积极应对气候变化，为发展绿色交通运输提供了空间。与此同时，我们也必须清醒地看到，新时期交通运输发展面临的挑战更加严峻复杂，解决交通运输发展中积累的深层次矛盾和问题还没有取得根本性突破，而且又不断出现了一些新的情况和问题。特别是组建交通运输部以来，按照大部制要求，不断强化行政管理体制改革，优化交通运输布局，发挥好整体优势和组合效率，提出了许多新的课题。我们要紧紧抓住历史机遇和用好有利条件，认真分析研究和切实解决面临的矛盾和问题，科学应对，化挑战为动力，不断开创交通运输工作新局面。总体思路是：深入贯彻落实科学发展观，以转变发展方式、加快发展现代交通运输业为主线，推进综合运输体系发展，提高交通基础设施、运输装备技术水平，促进现代物流发展，建设资源节约环境友好行业，健全完善安全监管和应急处置体系，不断提高“三个服务”的能力和水平。

转变发展方式、加快发展现代交通运输业，要切实做到“五个努力”：

第一，努力推进综合运输体系发展。

党的十七大把加快发展综合运输体系作为一项战略任务，要求加快行政管理体制改革，形成权责一致、分工合理、决策科学、执行顺畅、监督有力的行政管理体制。综合运输体系是各种运输方式在现代经济条件下共同组成的布局合理、优势互补、分工明确、衔接顺畅的运行系统和服务系统。发展综合运输体系，充分发挥各种运输方式的整体优势和组合效率，是中央赋予交通运输部门的重要职责，也是交通运输部门的重要任务。

去年，部党组结合交通行政管理体制改革和“三定”方案的落实，对推进综合运输体系发展提出了明确要求，作了工作部署和安排。一年来，根据中央的要求和交通运输行业实际，组织开展了多项专题调研工作，在推进综合枢纽规划建设、促进运输方式衔接等方面取得了不同程度的进展。各地交通运输部门也结合机构改革和“三定”规定赋予的职责，在推进综合运输体系发展中进行了积极的探索，北京、江苏、重庆、深圳等省市已见到了成效。各地交通运输部门要按照建立便捷通畅高效安全的综合运输体系的要求，履行职责，结合实际，继续探索，扎实推进，逐步形成综合运输体系框架下集约的基础设施系统、现代的运输装备系统和科学的组织保障系统。要统筹规划衔接，建立综合运输规划体系。要合理配置资源，调整优化通道资源，促进综合运输枢纽合理布局和各种运输方式优势互补，逐步实现各种运输方式“无缝衔接”。要加强多式联运等综合运输政策和标准规范的研究制定和推广应用。要推进综合运输管理和公共信息服务平台建设，逐步实现信息资源共享，提高管理效能和服务水平。

内河航运是构建综合运输体系的重要组成部分。由于多种原因，我国内河航运发展相对滞后，是综合运输体系中的一个薄弱环节，直接影响各种运输方式比较优势和组合效率的充分发挥。前不久，张德江副总理到长江专题调研考察内河航运情况并作了重要讲话，强调要把内河航运发展摆在重要位置，加快发展畅通高效平安绿色内河航运，努力实现新跨越。我们要认真贯彻落实张德江副总理的指示精神，把加快内河航运发展作为应对国际金融危机冲击的有效举措和推进综合运输体系发展的重要内容，抓紧制定“十二五”时期内河航运发展规划，完善政策导向和法规建设，加强基础设施建设和改造，进一步深化改革，推进科技创新，加大投资力度，促进内河航运运能大、占地少、成本低、能耗小、污染轻、效益高的优势发挥，提升内河航运的地位和作用，推进综合运输体系发展。

第二，努力提高交通运输设施装备的技术水平和信息化水平。

随着经济社会发展和科技进步，用现代科技和信息技术改造、提升基础设施和运输装备，适应经济社会发展和人民群众对交通运输安全性、快捷性和多样化、个性化需求，是交通运输文明进步和现代化的重要标志。要运用现代科技手段，对现有存量进行更新改造和优化升级，提高现有公路、航道、机场、港口等基础设施和车船飞机等运输工具的运营效能和管理水平。新建基础设施要在规划、设计、施工、运营等各个环节注重新技术、新工艺、新材料的研究推广应用，努力在公路建设、桥梁建设、机场建设、复杂地质条件下海上设施建设、内河航道整治、邮政物流等领域取得新的突破。不断提高运输装备的科技含量和安全性、舒适性、便捷性。加大决策支持、智能交通、安全保障、减灾防灾等方面的科技研发和应用，提高管理水平。

信息技术是当今世界创新速度最快、通用性最广、渗透性最强的高新技术之一。大力推进信息化建设，促进信息化和工业化融合是建设创新型国家的重要途径和手段。交通运输行业是信息技术应用和发展的重要领域之一，要充分认识信息化在转变发展方式、加快发展现代交通运输业中的重要作用。“十一五”以来，各地各部门重视信息技术的研发和应用，在交通运输动态信息采集和监控、信息资源整合开发与利用、交通运行综合分析辅助决策、信息服务等方面做了大量工作，信息平台建设也有了一定的基础，为强化行业管理、提高效率、改善服务、保障安全等发挥了重要作用。

从整体上讲，目前交通运输信息化建设与经济社会和人民群众日益增长的交通运输需求还不相适应，与日新月异的信息技术发展还不相适应，存在着许多亟待解决的问题。特别是部门和行业分割，信息资源交换和共享难，严重制约了交通运输信息化水平的提高。要按照“统筹规划、稳步推进，资源整合、业务协同，示范引领、分类指导”的原则，注重消化吸收信息前沿技术，加大创新，重点开展交通运输行业综合性和区域性信息应用建设，推进政府管理、公众服务、电子商务“三大信息系统”建设，加强资源整合和信息共享，逐步建立统一的政策标准体系和协调机制，形成开放、兼容的现代交通运输信息网络，发挥交通运输信息化整体效益和规模效益，更好地支撑加快发展现代交通运输业。

第三，努力促进现代物流业发展。

物流业是融合运输业、仓储业、货代业和信息业等的复合型服务产业。现代物流业是现代服务业的重要组成部分，是促进产业结构优化升级的重要领域，也是落实扩大内需经济发展战略的重点。去年，针对国际金融危机对物流业发展的严重影响，国务院制定了物流业调整和振兴规划，促进物流业健康发展，实现传统物流业向现代物流业转变。

交通运输是物流业的重要基础，在物流业链条中发挥着桥梁和纽带作用。近年来，各地交通运输部门积极发挥自身优势，探索交通运输领域促进发展物流业的科学途径，建设物流基础设施网络，支持现代物流龙头企业，提高物流的信息化、标准化水平，积累了成功的经验。要继续积极探索，创新发展模式，拓展服务领域，降低物流成本，提高竞争能力，占领物流制高点，把促进物流业发展作为转变发展方式、加快发展现代交通运输业的重要途径和切入点，增强交通运输行业的综合竞争力。

要认真落实国务院物流业调整和振兴规划，履行好“三定”规定赋予交通运输部门的相关职责。一是加强运输与物流服务的融合，鼓励交通运输企业功能整合和服务延伸，加快向现代物流企业转型，积极发展甩挂运输、滚装运输、江海直达运输、集装箱联运等先进运输组织方式。二是做大做强邮政快递物流，重点推进农村邮政物流发展，健全快递物流体系，建立协调机制，加强交通运输与邮政快递物流的规划衔接、政策衔接、基础设施衔接和运营衔接。三是积极拓展港站枢纽服务功能，新建港站枢纽运输功能和物流功能要统一规划、同步建设，现有港站枢纽改造植入物流服务功能，加强港站枢纽与后方物流园区的衔接。四是引导交通运输企业通过整合、兼并、重组，组建跨区域、跨行业、跨所有制的具有较强竞争力的大型物流企业。五是健全完善有关物流市场规章制度，推进行业技术、标准、规范的研究制定和推广应用。

第四，努力建设资源节约型环境友好型行业。

节约资源和保护环境是国家的基本国策。党的十七大明确要求，把建设资源节约型环境友好型社会放在工业化、现代化发展战略的突出位置，落实到每个单位和每个家庭。按照中央的部署要求，部制定促进“两型”交通运输发展政策，组织推进“两型”行业建设，在节能减排、环境保护、技术创新等方面取得了积极进展。

当前，气候变化是全球面临的重大挑战，日益增多的温室气体排放造成日趋变暖的气候变化，对人类生存和发展造成威胁，节能减排和应对气候变化成为普遍关注的世界性问题。国家把应对气候变化作为经济社会发展的重大战略目标，要求大力发展绿色经济，积极发展低碳经济和循环经济，节约能源，提高效能。

交通运输行业是用能大户，也是节能减排的重点领域。要认真落实国家经济社会发展战略，继续推进“两型”行业建设，加快建立以低碳为特征的交通运输体系。一是大力发展绿色交通运输，加强高效环保、气候友好的交通运输技术研究和推广，推动新能源和清洁车辆的开发应用。鼓励发展技术先进、经济安全、环保节能的运输装备，加快淘汰技术落后、污染严重、效能低下的运输装备。落实环境保护措施，发展可再生能源，积极推动沥青、钢材等资源的再生和循环利用。二是推进基础设施建设集约发展，加强节水、节地、节材等评估审查，在规划、设计、建设等各个环节，集约节约利用土地、岸线等稀缺资源，优化结构，提高使用寿命和服务水平。三是加快建立交通运输行业节能减排指标和相关法规标准体系，落实节能减排目标责任制，完善交通运输环境保护综合协调机制，继续抓好节能减排示范项目。四是加强引导，倡导公众选择节能环保的公共交通出行。

第五，努力提高安全监管和应急保障能力。

这些年来，交通运输安全监管和应急处置能力不断提高，为保障国民经济平稳较快发展和人民生命财产安全作出了积极贡献。与此同时，极端天气引发的重特大自然灾害以及恐怖袭击、重大疫情等突发性事件也在增多，对交通运输安全构成了严重影响和威胁。加强交通运输安全监管，防范重特大事故发生，提高应急保障能力，有效应对和处置突发事件，既是交通运输科学发展的重要前提，也是转变发展方式、加快发展现代交通运输业的根本保障。

努力提高安全监管和应急保障能力，关键要把“安全第一，预防为主，综合治理”的方针落到实处，始终做到思想认识上警钟长鸣、制度保证上严密有效、技术支撑上坚强有力、监督检查上严格细致、事故处理上严肃认真。在提高安全监管能力方面：要深入落实安全生产责任制，强化企业的安全主体责任和部门的安全监管责任，探索建立政府交通运输主管部门、安全监管机构和企业的安全责任链。要加强安全法制建设和制度建设，依法行政、依法监管。要加快实施国家水上交通安全监管和救助系统布局规划，加强水上安全监管设施和搜救基地建设，健全监管网络，强化队伍素质，提高安全监管现代化水平。要加快国家路网应急处置中心和平台建设，推进省级路网管理与应急处置中心建设，加强客运站安检设施建设和提高城市公交安全监管水平。要突出重点，加强重点领域、重点时段的安全监控和布防，特别是要严加监管客运车船、客滚船、危险化学品车船等运输，针对薄弱环节，组织开展专项治理。在提高应急保障能力方面：要完善公路水路应急预案和配套体系，加快建立国家和区域交通运输应急救援中心，在重点水域建设船舶溢油应急处置基地，依托大型公路施工、养护单位，建设区域性公路交通运输应急救援中心。要建立突发公共事件预测预警机制、应急协调机制和专群结合、军地结合的应急保障机制。要建立应急运力的储备和征用制度，完善应急船舶、车辆登记备案制度。推进建立应急资金保障制度，采取有效措施，提高社会各方面参与应急救援的积极性。

安全监管和应急保障是密切联系、相互促进的有机整体。加强安全监管能力建设是基础工作，加强应急保障能力建设是特殊要求。我们既要抓好日常的安全监管能力建设，防患于未然，也要抓好紧急状态的应急保障能力建设，救急于关键。为充分发挥国务院安委会成员单位作用，健全完善安全生产协调配合工作机制，国务院安委会将下发文件，明确行业主管部门的安全生产工作职责。交通运输部门既承担安全监管的责任，也承担应急管理的责任，要认真履行好职责，不断提高安全监管和应急处置能力。

转变发展方式、加快发展现代交通运输业，既是一项紧迫的工作，也是一项长期的任务。我们一定要站在全局的高度，以世界眼光和战略思维，不断增强做好各项工作的主动性、积极性和创造性，并在实践中不断深化、丰富和完善。

三、2010年交通运输重点工作

今年是全面完成“十一五”目标任务的最后一年，也是做好“十二五”规划编制的关键一年。要按照中央经济工作会议对今年工作的部署，转变发展方式、加快发展现代交通运输业。民航局已召开会议对今年的工作进行了具体安排，邮政局近期也将召开会议进行安排。这里主要是部署公路、水运的重点工作。

（一）继续抓好公路的建设养护管理

积极落实扩大内需、促进经济发展一揽子计划和政策措施，按照中央提出的投资重点用于项目续建和收尾的要求，组织实施好国家高速公路网规划的项目建设，重点推进“断头路”建设。全面完成西部开发8条省际通道，确保年内建成通车。完成地震灾区基础设施恢复重建任务。加强国家公路运输枢纽建设，完成60%枢纽城市国家公路运输枢纽总体规划的审查工作。完成国家高速公路命名和编号实施工作。

积极落实中央提出的加大对民生领域和社会事业支持力度的要求，全面完成“十一五”农村公路建设目标，东中部地区完成建制村通沥青（水泥）路建设任务，西部地区完成乡镇通沥青（水泥）路和建制村通公路建设任务。已经完成目标的省份重点加强危桥、安全防护和排水设施建设。总结推广“少边穷”地区农村公路建管养运发展经验，推进第三批农村公路建设示范工程。加大农村渡口改造和渡改桥力度。

继续实施国省干线公路改造升级、公路安保、危桥整治改造、灾害防治等工程。加强公路养护管理，组织开展全国干线公路养护管理检查。

深化工程质量监管，继续开展混凝土质量通病治理，推进总监负责制和第三方试验检测试点工作。

（二）加快推进内河航运发展

以贯彻落实张德江副总理加快内河航运发展的指示精神为动力，进一步理清工作思路和完善工作措施，推进体制机制创新，建立健全协调机制，积极推进内河航运发展。

一是编制完成“十二五”内河航运发展规划，制定《全国内河航道养护发展纲要（2011~2020年）》，抓好《“十一五”期长江黄金水道总体推进方案》和《关于合力推进长江黄金水道建设的若干意见》的落实。

二是配合国家发展改革委制定加快内河航运发展的意见，报请国务院批准。各地结合实际抓紧研究制定抓好落实的相关措施。加强与有关部门沟通配合，加快推动《航道法》立法进程。

三是作好重点建设项目前期工作和项目储备，重点是长江、西江、京杭大运河等干线和主要支流的航道整治。加快推进长江上游宜宾至水富三级航道建设前期工作；中游实施荆江等重点河段的航道整治；下游重点整治一批碍航浅滩，完成长江口深水航道治理三期工程。加快西江航运干线扩能建设，推进老口、鱼梁航电枢纽和长洲水利枢纽三线、四线船闸建设。启动江南运河三级航道建设工程。进一步推进嘉陵江、湘江、汉江、赣江、右江、松花江等河流航电枢纽建设。加强内河航道养护。规划建设内河港口物流园区及集疏运通道，统筹老港区改造、功能调整和集装箱、大宗散货等专业化泊位建设。

四是支持武汉、重庆航运中心建设。积极推进内河集装箱、大宗散货等专业化运输。重点推进长江干线船型标准化，分步实施京杭运河、珠江、黑龙江干线及其主要支流船型标准化，启动西江航运干线等重要河流的船型标准化工作。

五是调动中央地方社会各方面积极性，建立多渠道、多元化投融资体制机制。

六是加强内河航运重点领域科技研发应用的力度，提高信息化水平和管理水平。

（三）继续强化运输保障

落实中央“保增长、保民生、保稳定”的要求，不断完善政策措施，提高交通运输服务水平，保障经济社会平稳较快发展。

组织协调重要物资运输、重要时段旅客运输，作好煤炭、矿石、石油、粮食、化肥等重点物资运输和抢险救灾物资、农副产品、城乡居民生活必需品的运输。加强春运、“十一”黄金周等客运高峰时段的运输组织协调。作好上海世博会、广州亚运会运输和安全保障。落实公交优先战略，规划建设城际、城市、城乡、镇村四级客运网络，研究推进建立扶持农村客运发展的公共财政奖励制度，引导农村客运线路公交化改造，加快公交客车向农村延伸，不断提高城市公交的出行比重。进一步完善鲜活农产品运输“绿色通道”政策和网络建设，实施整车合法装载鲜活农产品运输车辆在全国免收通行费政策。在10个省区市开展道路货物甩挂与网络化运输试点，探索区域运输便利化体制机制。加强货运枢纽站场建设和综合性物流园区集疏运体系配套建设，制定物流相关技术标准，提高货运的标准化、组织化水平。积极开展综合客运枢纽布局规划试点工作。

推进上海国际航运中心建设，落实启运港出口退税、船舶交易信息平台建设、国际航运发展综合试验区等政策和措施。建设长三角与长江干线港口、航运的信息交换系统示范工程，改造三峡库区船舶安全与防污染设施，做好航道和枢纽的保通保畅工作。完善引航、理货行业管理政策。积极争取出台保障国家战略物资运输的政策措施。

修订完善统计指标体系，争取将能源消耗和城市客运纳入统计体系。

（四）切实加强运输市场监管

按照深入整顿和规范市场秩序的要求，进一步完善市场监管措施，推进统一开放、竞争有序的运输市场建设。

加快形成企业自律、社会监督、行业考核、信息公开的道路运输市场诚信管理体系和市场退出机制，引导道路运输企业诚信经营、优质服务；加强源头管理和动态监管，对违法营运车辆和从业人员实行告诫制和“黑名单”制。完善促进出租汽车行业规范发展的相关政策和措施，建立出租汽车行业诚信考核制度，提升管理水平和服务效能。加大普通公路和桥梁的车辆超限超载治理力度，继续加强检测站点建设和信息化建设，强化源头监管，推广派驻和巡查管理模式，探索建立治超工作责任倒查制。

继续深入开展水运管理规范年活动，加强对国际班轮和无船承运业务的监管和船舶交易市场管理，严格执行中日、中韩等航线营运船舶市场准入标准；调整完善港口价格机制，制止恶性杀价竞争；进一步作好两岸海上直航管理。

加快建立以道路水路危险货物运输从业人员、长途客运汽车驾驶员和出租车驾驶员为重点的行业职业资格制度。

（五）坚持深化改革和依法行政

按照《关于实施成品油价格和税费改革人员安置工作指导意见》的要求，进一步加快工作进度，确保上半年基本完成事业编制人员安置工作，力争年底前部分省市基本完成人员安置任务。研究制定普通公路发展的融资政策。深化水监体制改革，推进长江干线四川、云南段水上安全监督管理体制改革。

配合做好《海上交通安全法》、《公路保护条例》、《城市公共交通条例》、《收费公路条例》、《道路运输条例》、《水路运输管理条例》、《国务院关于邮政企业专营业务范围的规定》等法律法规的修制订工作。完善专家辅助决策机制和立法后评估制度。进一步完善执法人员管理制度和执法工作考评机制，加强行政执法队伍建设和基层执法单位规范化、标准化建设。组织开展文明执法创建活动，加强执法培训和监督检查，推进执法模式改革试点。做好行政复议和复议应诉工作。

（六）健全安全监管和应急保障体系

加强交通运输安全监管和应急保障的基层、基础工作建设，深化主体责任和监管责任的落实。继续开展水上桥梁防碰撞、公路危桥等安全风险隐患的排查与治理活动，组织开展安全检查和安全生产绩效评估。开展“平安工地”建设活动，提高工程建设安全监管水平。

作好重点时段、重点船舶、重点区域和重点环节的水上安全监管。推进巡航搜救一体化，建立完善搜救工作协调机制、预测预警机制、搜救区域联动机制，扩大海上搜救志愿者覆盖面。完善《水路交通突发事件应急预案》配套体系，开展风险源调查评估。

细化落实武警交通部队纳入国家应急救援力量的相关工作。组建专兼结合的公路抢通队伍和平战结合的道路运输保障车队。加强重要干线公路运行监测网络建设。抓紧建设区域交通运输应急救援中心，做好应急物资储备工作，组织开展公路交通应急演练。进一步推动道路交通动态监管工作，完成长途客车和危险品运输车辆GPS联网联控系统建设，为实现跨区域、跨部门联合监管提供有效手段。制定《道路客运安全管理规定》。抓好国家道路安全科技行动计划。实施公路桥梁隧道工程安全风险评估制度，严格新建桥梁安全审核程序。继续作好甲型H1N1流感等重大疫情防控。

制定港口安全管理评审制度，做好港口国际物流供应链保安试点工作。落实内河集装箱运输系固规范和安全管理措施，加强三峡库区载货汽车滚装运输安全管理。推进沿海港口和长江、黑龙江治安防控体系建设，完善港区和水上治安防控网络和巡防体制。加强港站、大型桥隧、船闸、运输车船的反恐防范，指导航运企业加强船舶防海盗、防偷渡、防破坏、防渗透工作。加强社会治安综合治理工作，严厉打击各类水上犯罪活动，积极参与“扫黄打非”行动。

（七）做好科技创新和节能减排工作

坚持把自主创新作为调整结构和转变发展方式的中心环节，大力推进节能减排工作。

一是加快完善交通信息化标准体系，组织修订公路、港口、航道、船舶等交通信息基础数据元标准，完成全国公路数据库更新工作。

二是推进安全监管与应急处置平台建设，开发道路运输信息管理和信息服务系统，启动地市级出租车运行监管与服务信息平台示范工程建设，推进交通电子口岸建设。制定《国家高速公路光纤通信信息网建设方案》，启动京津冀鲁黑吉辽五省两市试点工程。推进长江干线数字航道建设，推动部省间、流域内水路运输信息系统联网。建设国家公路运输枢纽、城市综合客运枢纽管理与服务信息系统、经济运行分析信息监测与预警体系、区域公共物流信息服务平台试点工程。推进行政许可网上办理。

三是加快国家重点实验室、国家工程（技术）研究中心建设。加强智能数字化交通管理、特殊自然条件下工程建设养护、交通安全保障等重大技术的研发。组织国家和部级重大科技项目攻关，在海上溢油应急快速反应、跨海特大桥梁建设、离岸深水港建设、公路抗震减灾等关键技术方面取得新进展。抓好科技示范工程，检查和总结西部交通建设科技项目实施情况。推进交通运输人力资源支持保障体系建设，加强交通职业教育示范院校建设。

四是继续推进交通运输行业节能减排监测考核体系试点，推广节能减排监测考核工作。落实《资源节约型环境友好型公路水路交通发展政策》，实施节能减排科技项目，加强绿色交通技术研发和应用，开展公路环境与生态保护、公路节能减排与材料循环利用、水运环保与节能减排、交通建设和运输污染防范等技术的攻关和推广工作。落实道路运输车辆燃料消耗量准入制度，总结推广交通运输行业第三批节能减排示范项目、环境友好型资源节约型港口建设经验和技术、机动车驾驶员节能技术。完善交通固定资产投资项目节能评估与审查制度，研究制定营业船舶和城市公共交通车辆燃料消耗量限值标准。组织节能宣传周活动。

（八）不断扩大对外交流合作

坚持“引进来”和“走出去”相结合，拓展对外开放广度和深度。组织承办国际运输论坛年会、第三次中日韩交通运输与物流部长会议等。启动上合组织公路通道规划制定工作，推进上合组织成员国政府间国际道路运输便利化协定附件的制定，加强中国-东盟交通合作发展战略规划的实施工作。推动大湄公河次区域便利运输协定及其附件和议定书的有效实施。开展中缅孟公路通道建设前期工作。积极参与马六甲海峡合作机制下的相关合作。参与WTO服务贸易和贸易便利化谈判。

推动落实中国与欧盟、俄罗斯、美国、英国、荷兰、澳大利亚等部门间合作谅解备忘录。启动修订中国-巴西海运协定，与古巴、文莱等国商谈海运协定。承办中美交通论坛第三次会议。以“中非论坛”为依托，拓展中非人力资源培训和能力建设合作。

加大参与国际海事组织等多边国际组织事务力度。落实第一届亚欧交通部长会议确定的合作重点，做好联合国亚太经社会和其他国际组织在交通运输领域的相关工作，推动亚太经合组织港口服务网络的发展和亚洲公路网后续工作的落实。做好重要国际公约及修正案的研究与报批、履约工作。积极配合做好亚丁湾索马里以及印度洋海域海军编队护航工作。

（九）认真组织编制“十二五”规划

认真落实中央提出做好“十二五”规划纲要编制工作的要求，在科学合理确定发展思路的基础上，抓紧组织编制“十二五”期交通运输发展规划。

编制“十二五”规划要按照党的十七大的部署，深入贯彻落实科学发展观，体现国家发展战略和经济社会发展的要求，符合公路水路发展阶段性特征和体现自身发展要求，体现交通运输结构调整、转变发展方式的要求。要在全面总结“十一五”发展经验的基础上，以转变发展方式、加快现代交通运输业主线，确定科学的发展目标、发展重点和政策措施。要通过实施“十二五”规划，促进公路水路交通基础设施网络进一步完善，结构更趋合理，运输装备现代化程度进一步提高，服务效率和质量明显提升，安全和应急保障能力显著增强，资源节约、环境友好水平明显提高，基本形成畅通高效安全绿色的现代交通运输。

在编制总体发展规划的同时，要组织编制好交通科技、信息化建设、养护管理、安全应急、节能减排、行业文明建设等专项规划。

（十）深入推进党的建设和行业文明建设

认真贯彻党的十七届四中全会精神，积极推进思想建设、组织建设、作风建设、制度建设和反腐倡廉建设，努力形成领导有力、责任明确、运转有序、保障到位的党建工作机制，把党的建设各项部署落到实处。

继续深入开展工程建设领域突出问题的专项治理，严厉打击非法分包、转包、造假等违法违规行为；开展信用评价工作，严格基本建设程序管理，督察落实合理工期、合理标段、合理造价的确定和执行情况。建立和完善防控“小金库”滋生的长效机制。严格执行党风廉政责任制和党政领导干部问责制，加大教育、制度、监督、改革、惩处和纠风的力度，完善具有交通运输特色的惩治和预防腐败体系。交通运输系统廉政工作会议将进行全面部署，要认真抓好落实。

深化“学树创”行业文明建设，继续开展青年文明号创建、巾帼建功等活动。推进实施行业文化建设“十百千”工程，打造十大交通文化品牌，创建一百家交通文化建设示范单位，培养一千名交通运输先进典型。加强新闻发言人制度建设和突发事件新闻宣传工作。切实做好新形势下离退休干部工作。进一步加强和规范社团管理，开展社团及负责人绩效考核评估。加强和改进行业信访工作，维护行业和谐稳定。

同志们，交通运输改革发展任务艰巨繁重。让我们在以胡锦涛同志为总书记的党中央正确领导下，带领交通运输广大干部职工团结拼搏、锐意进取，全面完成“十一五”目标任务，转变发展方式、加快发展现代交通运输业，为我国经济社会平稳较快发展作出新的贡献！

2009年公路水路交通运输行业发展情况

中华人民共和国交通运输部

2009年，交通运输行业全面落实中央应对国际金融危机、扩大内需的一系列决策部署，转变交通运输发展方式，加快发展现代交通运输业，交通基础设施建设取得新成果，运输服务保障能力进一步增强，安全监管和救助能力不断提升，为全面完成“十一五”规划目标奠定了坚实基础。

一、交通基础设施

（一）公路

公路里程持续增长，村道所占比重进一步提高。2009年底，全国公路总里程达386.08万公里，比上年末增加13.07万公里。其中，国道15.85万公里，省道26.60万公里，县道51.95万公里，乡道101.96万公里，专用公路6.72万公里，村道183.00万公里，分别比上年末增加0.32万公里、0.28万公里、0.72万公里、0.84万公里、减少39公里和增加10.91万公里。各行政等级公路里程占公路总里程的比重比上年末分别下降0.1个、0.2个、0.3个、0.7个、0.1个百分点和提高1.3个百分点。

公路技术等级和路面状况进一步提升。全国等级公路里程305.63万公里，比上年末增加27.77万公里，占公路总里程的79.2%，比上年末提高4.7个百分点。其中二级及以上高等级公路里程42.52万公里，比上年末增加2.55万公里，占公路总里程的11.0%，比上年末提高0.3个百分点。按公路技术等级分，各等级公路里程分别为：高速公路6.51万公里，一级公路5.95万公里，二级公路30.07万公里，三级公路37.90万公里，四级公路225.20万公里，等外公路80.46万公里，分别比上年末增加0.48万公里、0.52万公里、1.55万公里、0.48万公里、24.75万公里和减少14.71万公里。全国有铺装路面和简易铺装路面公路里程225.25万公里，比上年末增加25.69万公里，占总里程的58.3%，比上年末提高4.8个百分点。按公路路面类型分，各类型路面里程分别为：有铺装路面172.00万公里，其中沥青混凝土路面48.89万公里，水泥混凝土路面123.10万公里，比上年末分别增加25.51万公里、4.78万公里和20.73万公里；简易铺装路面53.25万公里，比上年末增加0.17万公里；未铺装路面160.83万公里，比上年末减少12.62万公里。

公路密度继续增加，通达水平进一步提高。全国公路密度为40.22公里/百平方公里，比上年末提高1.36公里/百平方公里。全国通公路的乡（镇）占全国乡（镇）总数的99.60%，通公路的建制村占全国建制村总数的95.77%，分别比上年末提高0.36个和2.91个百分点。

农村公路、高速公路建设取得新进展。2009年底，全国农村公路（含县道、乡道、村道）里程达到336.91

万公里，比上年末增加12.47万公里。农村公路里程超过10万公里的省（区）为17个，分别是：四川（22.52万公里）、河南（21.82万公里）、山东（20.01万公里）、湖北（17.89万公里）、湖南（17.55万公里）、云南（17.37万公里）、广东（16.33万公里）、安徽（13.59万公里）、江苏（13.10万公里）、贵州（13.08万公里）、河北（13.08万公里）、陕西（13.02万公里）、内蒙古（12.61万公里）、黑龙江（12.58万公里）、江西（12.29万公里）、新疆（11.52万公里）和山西（11.24万公里）。湖北、重庆、甘肃、陕西和安徽全年新增高速公路通车里程均超过300公里。高速公路突破三千公里的省为7个，分别是：河南（4861公里）、山东（4285公里）、广东（4035公里）、江苏（3755公里）、河北（3303公里）、浙江（3298公里）和湖北（3283公里）。

公路桥梁、隧道总量继续增加。2009年底，全国公路桥梁达62.19万座、2726.06万米，比上年末增加2.73万座、201.37万米。其中特大桥梁1699座、288.66万米，大桥42859座、981.90万米。全国公路隧道为6139处、394.20万米，比上年末增加713处、75.56万米。其中特长隧道190处、82.11万米，长隧道905处、150.07万米。

养护、绿化公路里程所占比重进一步提高。2009年底，全国公路养护里程368.83万公里，占公路总里程的95.5%，比上年末提高1.5个百分点。全国公路绿化里程177.29万公里，占公路总里程的45.9%，比上年末提高0.9个百分点。

（二）内河航道

2009年底，全国内河航道通航里程12.37万公里。其中等级航道6.15万公里，占总里程的49.8%；三级及以上航道0.88万公里，占总里程的7.1%；五级及以上航道2.48万公里，占总里程的20.0%。各等级内河航道通航里程分别为：一级航道1385公里，二级航道2741公里，三级航道4716公里，四级航道7402公里，五级航道8521公里，六级航道18433公里，七级航道18348公里。各水系内河航道通航里程分别为：长江水系64016公里，珠江水系15952公里，黄河水系3333公里，京杭运河1410公里，闽江水系1973公里，淮河水系17201公里。

2009年底，全国内河航道共有4153处枢纽，其中具有通航功能的枢纽2344处。通航建筑物中，有船闸847座、升船机42座。

（三）港口

港口码头泊位持续增加。2009年底，全国港口拥有生产用码头泊位31429个，其中万吨级及以上泊位1554个，比上年底分别增加379个和138个。全国沿海港口拥有生产用码头泊位5320个，其中万吨级及以上泊位1261个，比上年底分别增加201个和104个；内河港口拥有生产用码头泊位26109个，其中万吨级及以上泊位293个，比上年底分别增加178个和34个。

港口码头泊位大型化、专业化程度进一步提升。全国港口万吨级及以上泊位中，1万-3万吨级（不含3万吨级）泊位682个，3万-5万吨级（不含5万吨级）泊位276个，5万-10万吨级（不含10万吨级）泊位427个，10万吨级以上泊位169个，比2008年底分别增加26个、24个、61个和27个。其中沿海港口万吨级及以上泊位中，1万-3万吨级、3万-5万吨级、5万-10万吨级、10万吨级以上泊位分别为533个、193个、371个和164个，比2008年底分别增加16个、16个、47个和25个。内河港口万吨级及以上泊位中，1万-3万吨级、3万-5万吨级、5万-10万吨级、10万吨级以上泊位分别为149个、83个、56个和5个，比2008年底分别增加10个、8个、14个和2个。

全国万吨级及以上泊位中，通用散货泊位274个，通用件杂货泊位284个，专业化泊位863个，比2008年底分别增加22个、12个和85个。专业化泊位中，集装箱泊位280个，煤炭泊位168个，金属矿石泊位44个，原油泊位66个，成品油泊位108个，散装粮食泊位24个。

二、公路水路运输装备

（一）公路运输车辆

公路营运车辆突破一千万辆，货运车辆增长较快。2009年底，全国公路营运汽车达1087.35万辆，比上年底增长16.8%。其中载客汽车180.79万辆、2799.71万客位，比上年底分别增长6.6%和9.3%，其中大型客车29.08万辆、1258.13万客位，比上年底分别增长14.0%和14.7%。载货汽车906.56万辆、4655.23万吨位，比上年底分别增长19.1%和26.3%，其中普通载货汽车859.27万辆、4002.80万吨位，比上年底分别增长19.3%

和27.5%，专用载货汽车47.29万辆、652.43万吨位，比上年底分别增长15.9%和19.4%。

（二）水路运输船舶

运力结构进一步调整优化。2009年底，全国拥有水上运输船舶17.69万艘，比上年末减少3.9%；净载重量14608.78万吨，比上年末增长17.7%；平均净载重量826吨，比上年末增长22.5%；载客量98.16万客位，比上年末减少2.7%；集装箱箱位119.09万TEU，比上年末增长3.2%；船舶功率4620.91万千瓦，比上年末增长6.1%。

2009年底，全国拥有内河运输船舶16.48万艘，比上年末减少4.4%；净载重量5988.57万吨，比上年末增长8.5%；平均净载重量363吨，比上年末增长13.5%；载客量80.52万客位，比上年末减少4.4%；集装箱箱位10.11万TEU，比上年末增长29.4%；船舶功率2085.31万千瓦，比上年末增长2.0%。拥有沿海运输船舶10018艘，比上年末增长3.5%；净载重量3860.00万吨，比上年末增长36.7%；平均净载重量3853吨，比上年末增长32.1%；载客量15.62万客位，比上年末增长3.2%；集装箱箱位13.27万TEU，比上年末增长1.8%；船舶功率1170.15万千瓦，比上年末增长14.1%。拥有远洋运输船舶2079艘，比上年末减少2.7%；净载重量4760.22万吨，比上年末增长16.8%；平均净载重量22897吨，比上年末增长20.0%；载客量2.02万客位，比上年末增长35.9%；集装箱箱位95.71万TEU，比上年末增长1.3%；船舶功率1365.45万千瓦，比上年末增长6.2%。

三、公路水路运输量

（一）公路运输

公路货物运输增长较快。2009年，全国营业性货运车辆完成货运量212.78亿吨、货物周转量37188.82亿吨公里，比上年分别增长11.0%和13.1%，平均运距为174.77公里，比上年提高1.9%。全国营业性客车完成公路客运量277.91亿人、旅客周转量13511.44亿人公里，比上年分别增长3.6%和8.3%，平均运距为48.62公里，比上年提高4.5%。

（二）水路运输

水路旅客、货物运输均增长较快。2009年，全国完成水路客运量2.23亿人、旅客周转量69.38亿人公里，比上年分别增长9.7%和17.2%，平均运距为31.09公里，比上年提高6.8%。全国完成水路货运量31.90亿吨、货物周转量57556.67亿吨公里，比上年分别增长8.3%和14.5%，平均运距为1804.31公里，比上年提高5.7%。

在全国水路货运中，远洋运输完成货运量5.17亿吨、货物周转量39524.12亿吨公里，分别比上年增长22.2%和20.3%；沿海运输完成货运量11.04亿吨、货物周转量13399.81亿吨公里，分别比上年减少6.0%和增长1.0%；内河运输完成货运量15.68亿吨、货物周转量4632.73亿吨公里，分别比上年增长16.4%和11.6%。

在内河货物运输中，长江水系完成货运量6.53亿吨、货物周转量2897.36亿吨公里，分别占全国内河货运量和货物周转量的41.6%和62.5%；珠江水系完成货运量2.72亿吨、货物周转量514.33亿吨公里，分别占17.4%和11.1%；京杭运河完成货运量1.88亿吨、货物周转量338.42亿吨公里，分别占12.0%和7.3%；黑龙江水系完成货运量0.13亿吨、货物周转量7.95亿吨公里，分别占0.8%和0.2%。

（三）集装箱运输

集装箱运输出现明显回落。2009年，全国公路运输集装箱5281.94万TEU、货运量59588.22万吨，分别比上年减少21.9%和16.6%。全国水路运输集装箱3011.03万TEU、货运量34578.31万吨，分别比上年减少6.5%和1.1%。

四、城市客运

2009年底，全国拥有城市（含县城，下同）公共汽电车运营车辆41.19万辆、44.39万标台，轨道交通运营车辆5479辆、13585标台，出租汽车运营车辆119.31万辆，客运轮渡1356艘。

全国拥有城市公共汽电车运营线路网28.92万公里，公交专用车道7452公里，轨道交通运营线路长度1011公里。

城市公共交通全年运送旅客1145.95亿人次。其中公共汽电车完成742.91亿人次，占64.8%；轨道交通完成36.58亿人次，占3.2%；出租汽车完成363.54亿人次，占31.7%；客运轮渡完成2.91亿人次，占0.3%。

五、国道交通量

国道网交通量出现回升。2009年，全国国道网年平均日交通量为10765辆/日（当量标准小客车，下同），与上年相比增长4.3%。全年国道网车流量较大的地区主要集中在北京、天津、上海、浙江、广东，上述地区国道网的年平均日交通量均超过2万辆。2009年，全国国道网年平均行驶量为178786万车•公里/日（当量标准小客车，下同），比上年增长11.6%。河北、山东、广东的国道网年平均行驶量均超过10000万车•公里/日。

国道网交通拥挤程度有所下降。2009年，全国国道网年平均交通拥挤度为0.37，与上年相比下降5.1%。北京、天津、河北、上海、浙江、广东省（市）国道相对拥挤，上述省（市）国道年平均拥挤度均超过0.6。

2009年全国高速公路年平均日交通量为16837辆/日，与上年相比增长3.5%；年平均行驶量为109563万车•公里/日，比上年增长11.7%；年平均交通拥挤度为0.27，与上年相比下降2.2%。

一般国道年平均日交通量为8705辆/日，与上年相比增长3.7%；年平均行驶量为92458万车•公里/日，比上年增长3.7%；年平均交通拥挤度为0.52，比上年增长10.6%。

六、港口吞吐量

港口货物吞吐量继续保持增长。2009年，全国港口完成货物吞吐量76.57亿吨，比上年增长9.0%，增速比上年回落0.5个百分点；完成外贸货物吞吐量21.80亿吨，增长9.8%，增速提高2.4个百分点。

全国沿海港口完成货物吞吐量48.74亿吨，比上年增长8.6%；完成外贸货物吞吐量19.94亿吨，增长9.3%。全国内河港口完成货物吞吐量27.83亿吨，比上年增长9.9%；完成外贸货物吞吐量1.86亿吨，增长15.3%。

2009年，货物吞吐量超过亿吨的港口由上年的16个增加到20个。其中沿海亿吨港口为16个，分别为：宁波一舟山港5.77亿吨、上海港4.95亿吨、天津港3.81亿吨、广州港3.64亿吨、青岛港3.15亿吨、大连港2.72亿吨、秦皇岛港2.49亿吨、苏州港2.46亿吨、深圳港1.94亿吨、日照港1.81亿吨、营口港1.76亿吨、唐山港1.76亿吨、烟台港1.24亿吨、湛江港1.18亿吨、厦门港1.11亿吨、连云港港1.08亿吨。内河亿吨港口为4个，分别为：湖州港1.49亿吨、南通港1.36亿吨、南京港1.21亿吨、江阴港1.01亿吨。

受金融危机影响，集装箱吞吐量小幅下降，沿海内河港口一降一升。2009年，全国港口集装箱吞吐量为1.22亿TEU，比上年减少4.6%。其中沿海港口完成1.10亿TEU，比上年减少5.6%，内河港口完成1220万TEU，实现比上年增长5.4%。

2009年集装箱吞吐量超过100万TEU的16个港口完成情况分别为：上海港2500.23万TEU、深圳港1825.01万TEU、广州港1119.99万TEU、宁波一舟山港1050.33万TEU、青岛港1026.24万TEU、天津港870.35万TEU、厦门港468.04万TEU、大连港457.65万TEU、连云港303.18万TEU、佛山港292.33万TEU、苏州港271.80万TEU、营口港253.73万TEU、烟台港140.11万TEU、泉州港125.12万TEU、福州港122.27万TEU和南京港121.22万TEU。

滚装汽车、液体散货和干散货吞吐量增长较快。2009年，全国港口完成滚装汽车吞吐量（按重量计算）3.75亿吨，比上年增长35.4%；液体散货7.42亿吨，增长12.9%；干散货吞吐量44.04亿吨，增长10.8%；件杂货8.60亿吨，增长1.1%；集装箱吞吐量（按重量计算）12.75亿吨，增长1.0%。液体散货、干散货、件杂货、集装箱和滚装汽车在港口货物吞吐量中所占比重分别为9.7%、57.5%、11.2%、16.7%和4.9%。

有色金属、金属矿石、化工原料及制品在港口货类中增长较快。2009年，全国规模以上港口完成货物吞吐量69.72亿吨，比上年增长9.2%。其中，完成有色金属吞吐量1021万吨，金属矿石吞吐量11.37亿吨，化工原料及制品吞吐量1.33亿吨，比上年分别增长29.5%、24.6%和20.7%。

七、交通固定资产投资

交通基础设施建设投资规模继续加大。2009年，全国完成公路水路交通固定资产投资11142.80亿元，比上年增长33.7%，占全社会固定资产投资的5.0%。

（一）公路建设

公路建设投资显著增长。全社会完成公路建设投资9668.75亿元，比上年增长40.5%。其中公路重点项目完成投资4321.35亿元，增长41.7%；路网建设完成投资3214.51亿元，增长80.7%；农村公路建设完成投资2132.88亿元，增长4.0%。

公路建设资金来源仍以国内贷款和地方自筹资金为

主。全年公路建设到位资金8768.09亿元，同投资完成额相比，资金到位率为90.7%。到位资金中，国内贷款占38.5%，地方自筹占31.5%，所占比重比上年分别提高2个和下降3.3个百分点；国家预算内资金占4.0%，车购税占10.9%，利用外资占0.6%，企事业单位资金占8.3%，其它资金占1.6%，上年末节转资金占4.6%。

全年公路建设投资超过400亿元的省有9个，分别是湖南（668.50亿元）、广东（589.34亿元）、山西（563.11亿元）、四川（539.01亿元）、浙江（492.61亿元）、河北（489.27亿元）、陕西（481.60亿元）、福建（454.78亿元）和湖北（412.27亿元）。

（二）水运建设

水运建设投资平稳增长。2009年，全国沿海及内河建设完成投资1059.88亿元，比上年增长7.3%。其中沿海建设完成投资758.32亿元，增长3.2%；内河建设完成投资301.57亿元，增长19.6%。

沿海港口新建及改（扩）建码头泊位158个，新增吞吐能力33858万吨，其中万吨级以上泊位85个，新增吞吐能力31921万吨。内河港口新建及改（扩）建码头泊位312个，新增吞吐能力10472万吨，其中万吨级以上泊位17个，新增吞吐能力3195万吨。全年新增及改善内河航道里程967公里。

（三）其它建设

2009年，其它交通建设完成投资414.16亿元，比上年减少11.4%。其中，海事系统完成12.61亿元，救助、打捞完成18.82亿元，科研、教育完成12.39亿元，信息、通信完成5.86亿元。

八、水上安全和搜救

水上安全形势保持稳定。2009年共发生运输船舶水上交通事故358件，死亡336人，沉船199艘，直接经济损失3.47亿元，比上年分别上升4.7%、下降4.3%、6.6%和33.1%。

水上搜救能力不断增强。2009年，共组织、实施搜救行动1964次，组织、协调各类船艇7708艘次、飞机302架次；在我国搜救责任区范围内，中外遇险人员共19128人，经救助18397人获救，搜救成功率96.2%；遇险船舶2090艘，获救船舶1588艘，搜救成功率76.0%。

备 注：

1. 本公报为年报正式统计数据。

2. 香港、澳门特别行政区及台湾省统计数据未包括在本公报内。

3. 从2009年起，交通运输部负责全国城市客运统计。交通运输部组织各省级交通运输与住房和城乡建设部门，根据原建设部《城市（县城）和村镇建设统计报表制度》中的有关报表收集整理、汇总形成2009年城市客运统计数据。

4. 根据《交通运输综合统计报表制度》，公路营运车辆包括了公路运输管理部门管理并注册登记的公共汽车和出租车。在城市客运统计中公共汽车和出租车的运力则包括由交通运输部门、住房和城乡建设部门管理的全部车辆。

5. 从2009年4月起，根据第三次全国港口普查结果，规模以上港口的统计范围由原“年货物吞吐量在100万吨以上的沿海港口和200万吨以上的内河港口，以及经营外贸、集装箱装卸的港口”调整为“年吞吐量在1000万吨以上的沿海港口和200万吨以上的内河港口”。相应的，规模以上港口吞吐量数据按调整后的范围予以统计，同期比为可比口径。

6. 水上安全数据摘自《2009水上交通事故情况年报》，搜救数据摘自《2009中国搜救年报》。

2009年全国铁路主要指标完成情况

指　　标	计算单位	本　年 完　成	上　年 完　成	比上年 增　减	比上年 增减％
一、铁路运输					
1.旅客发送量	万人	152451	146130	6321	4.3
其中：国家铁路	万人	150798	144452	6346	4.4
非控股合资铁路	万人	1234	1267	−33	−2.6
地方铁路	万人	419	411	8	2.0
2.旅客周转量	亿人公里	7878.89	7778.60	100.29	1.3
其中：国家铁路	亿人公里	7840.09	7739.15	100.94	1.3
非控股合资铁路	亿人公里	33.16	33.60	−0.44	−1.3
地方铁路	亿人公里	5.63	5.85	−0.22	−3.8
3.日均装车数	车	145162	145048	114	0.1
4.货运总发送量	万吨	333348	327247	6101	1.9
其中：国家铁路	万吨	277572	275261	2311	0.8
非控股合资铁路	万吨	31903	27983	3920	14.0
地方铁路	万吨	23873	24003	−130	−0.5
①货物发送量	万吨	332041	325928	6113	1.9
其中：国家铁路	万吨	276276	273950	2326	0.8
非控股合资铁路	万吨	31892	27975	3917	14.0
地方铁路	万吨	23873	24003	−130	−0.5
②行包发送量	万吨	1307	1319	−12	−0.9
其中：国家铁路	万吨	1296	1311	−15	−1.2
非控股合资铁路	万吨	10.5	7.39	3.11	42.1
地方铁路	万吨	0.30	0.24	0.06	23.5
5.货运总周转量	亿吨公里	25239.17	25106.29	132.88	0.5
其中：国家铁路	亿吨公里	23649.88	23648.91	0.97	0.0
非控股合资铁路	亿吨公里	1462.71	1306.46	156.25	12.0
地方铁路	亿吨公里	126.59	150.92	−24.33	−16.1
①货物周转量	亿吨公里	24943.49	24817.46	126.03	0.5
其中：国家铁路	亿吨公里	23354.50	23360.32	−5.82	0.0
非控股合资铁路	亿吨公里	1462.43	1306.26	156.17	12.0
地方铁路	亿吨公里	126.56	150.88	−24.32	−16.1
②行包周转量	亿吨公里	295.68	288.82	6.86	2.4
其中：国家铁路	亿吨公里	295.37	288.58	6.79	2.4
非控股合资铁路	亿吨公里	0.28	0.20	0.08	35.0
地方铁路	亿吨公里	0.029	0.034	−0.005	−15.3
6.总换算周转量	亿吨公里	33118.06	32884.89	233.17	0.7
其中：国家铁路	亿吨公里	31489.97	31388.06	101.91	0.3
非控股合资铁路	亿吨公里	1495.87	1340.06	155.81	11.6
地方铁路	亿吨公里	132.22	156.77	−24.55	−15.7
二、固定资产投资	万元	70132090	41474240	28657850	69.1
其中：基本建设投资	万元	60056427	33755433	26300994	77.9

注：1.以上数据除日均装车外均为精密统计数据。2.国家铁路含控股合资公司。3.统计范围不含港澳台。铁道部统计中心提供

加快产业结构调整 促进工业转型升级

工业和信息化部部长 李毅中

日前，胡锦涛同志在省部级主要领导干部专题研讨班上强调，经济发展方式转变的一个重点是加快推进产业结构的调整。在国内外经济格局发生深刻变化的关键时期，不失时机地推进工业结构调整与升级，这关系到改革开放与社会主义现代化建设全局，是摆在我们面前的重大战略任务。

一、我国工业经受住国际金融危机的严峻考验，实现了回升向好的重大转变

2009年是进入新世纪以来我国经济社会发展最为困难的一年。面对挑战，我们紧紧围绕“保工业，就是保增长、保就业、保稳定”大局，多措并举，狠抓落实，在较短时间内实现了工业增速回升向好的“V”型反转，全年累计增长11%，为经济平稳较快发展作出了突出贡献。

着力扩大内需、稳定出口。推动实施家电、农机、汽车摩托车下乡以及汽车、家电以旧换新、1.6升以下小排量乘用车购置税减半等政策，有效地拉动消费、惠及民生。其中，汽车产销量分别为1379、1364万辆，均居世界第一。推动国家7次下调出口退税率，全年为工业新增退税额1530亿元，为扭转我国出口急剧下滑，确保工业出口降幅收窄发挥了重要作用。截至2009年11月，规模以上工业出口交货值同比增长5.3%，结束了连续12个月同比下降的局面。

着力推进重点产业调整和振兴规划的实施。在工业发展最困难的时候，党中央、国务院提出了重点产业调整和振兴规划。围绕这一战略部署，国家发改委与工业和信息化部编制完成了十大产业调整和振兴规划，提出了165项实施细则并逐项推动落实，全面加强行业指导。这些政策的实施，有效提振了企业信心，保障了重点行业的稳步发展。

着力发挥企业技术改造的突出作用。通过努力，国务院设立了200亿元的中央财政技术改造专项资金，重点支持企业在品种质量、节能降耗、环境保护、装备水平、安全生产和促进信息化与工业化融合等薄弱环节进行技术改造。2009年，拿出230亿元支持了4441个项目，合计拉动了6326亿元的社会总投资，拉动系数为28倍。

着力兼并重组、淘汰落后和节能减排。机械、冶金、汽车、有色、电子信息等重点行业的并购重组加速推进，行业集中度进一步提高。炼钢、炼铁、水泥、平板玻璃、电解铝、焦炭等行业淘汰落后产能取得初步成效，全年分别淘汰落后产能1691万吨、2113万吨、7416万吨、600万重量箱、31万吨、1809万吨。2009年规模以上单位工业增加值能耗同比下降9%以上，化学需氧量和二氧化硫排放量继续呈下降趋势。

着力培育战略性新兴产业。重点支持电子信息、高端装备制造、新能源、新材料、生物医药等新兴产业以及软件服务、现代物流等生产性服务业发展。通过发放3G牌照和促进TD等3G产业发展，快速形成了新的增长点，当年直接投资1609亿元，带动了网络、服务和新业务的快速发展。应用信息技术改造提升传统产业效果明显，正在催生一批新的增长点。

着力改善中小企业发展环境，增强发展活力。积极发挥牵头部门作用，从政策法规、融资信贷、财税扶持、政府服务平台等方面，为中小企业发展创造更好环境。2009年，4800户担保机构为中小企业提供了8500亿元的贷款担保。截至2009年9月，中小企业贷款占企业贷款的59%，小企业贷款增加1.1万亿元，增长27%。中央财政安排了96亿元中小企业发展资金和30亿元技术改造资金，中小企业技术改造、开拓市场的能力进一步增强。

着力科技创新和质量品牌建设。在关键领域取得一

批重大自主创新成果，重大装备自主化和本土化水平不断提高，一批科技专项成果正在加速产业化。国防科技工业重大项目进展良好。以品种、质量、品牌、服务为重点，全面加强工业产品质量管理，引导消费，拉动发展。完成2.3万项标龄10年以上行业标准复审，发布国家标准和行业标准3120项。

二、把握好工业转型升级的战略机遇

中央经济工作会议强调，要更加注重结构调整和经济发展方式转变。今后一个时期，我国工业面临的形势错综复杂，任务艰巨紧迫。

一是我国工业和信息化发展面临深刻变革和挑战。从外部发展环境看，全球经济结构加速调整，新的格局正在形成。发达国家重新重视发展实体经济，提出了“再工业化”、“低碳经济”、“智慧地球”等新的理念，加快布局新能源、新材料、信息、环保、生命科学等领域发展，抢占未来科技和产业发展制高点，这从客观上对我国经济发展形成了巨大的压力和制约。从内部发展环境看，在国际金融危机的冲击下，我国工业的深层次矛盾和问题更加突出。主要表现为：产业结构不合理，部分行业产能过剩严重，过度依赖投资和出口，自主创新能力不强，缺乏核心技术和品牌，总体上处于国际产业分工体系的中低端。我国工业目前仍主要依靠大量消耗物质资源，资源环境难以支撑，发展不可持续。要赢得这些挑战，必须按照胡锦涛同志提出的痛下决心、狠下功夫，坚决打好转方式、调结构这场硬仗的要求，加快产业结构调整，促进工业转型升级。与此同时，也要看到：我国工业结构调整和转型升级面临着前所未有的战略机遇。全球经济的深度调整为我国加快结构调整、转变发展方式提供了时间和空间。主要发达国家在国际金融危机中遭受重创，市场需求、供给结构和贸易结构都面临深度调整，经济复苏缓慢乏力，结构调整优化需要较长的过程，这在客观上为我国加快结构调整、缩短与发达国家差距提供了宝贵的时间和空间。同时，经济下行时的“倒逼机制”往往也给结构调整、产业升级增添压力和动力。

二是我国已进入必须以结构调整和转型升级促发展的新阶段。我国工业经历长期高速发展后，面临新的周期性调整压力，进入需要推动转型升级的发展新阶段。同时，我国工业发展也具备了加快结构调整的有利条件和物质基础。面对工业化、信息化和城镇化的发展趋势，我国工业必须努力推进转型升级。

三是中央一系列重大政策措施为促进我国工业转型升级提供了强大动力。应对国际金融危机，中央出台了一系列扩大内需、促进消费的政策措施，着力扩大消费需求，培育消费热点；启动总额达4万亿元人民币的两年投资计划，引导带动社会资金投入；制定实施重点产业调整和振兴规划；改善中小企业的融资和发展环境；大力培育战略性新兴产业；重视推进技术改造和自主创新，加快实施国家重大科技专项；深化社会保障改革，扩大就业渠道等。这些重大政策的实施都将为推进工业转型升级提供重要保障。

总体看，我国工业发展的条件和动力正在发生重要变化。我们要把经受国际金融危机的切肤之痛转化为加快结构调整和转型升级的动力，抢抓发展机遇，促进工业由大变强。

三、推进结构调整、加快工业转型升级的思路与措施

推进工业结构调整和转型升级的主要目标是：从主要依靠规模扩张、过度消耗能源资源的粗放发展向注重效率、注重发展质量和效益的可持续发展方向转变，促进我国工业良性循环，加快走中国特色新型工业化道路的步伐。

促进工业平稳较快发展，为推进结构调整和转型升级打好基础。当前，要坚持把改善供给结构、促进扩大内需作为保持工业平稳较快发展的根本途径，着眼于完善促进消费各项政策，增强消费需求对工业增长的带动作用。抓住3G发展、三网融合等新机遇，开拓新型消费领域。促进出口产品结构调整，稳定劳动密集型产品出口，扩大传统优势产品和自主品牌产品出口，实现内外需均衡发展。

抓住当前战略性机遇，加快工业结构调整。一是调整工业产业结构。根据工业化进程和消费结构升级要求，调整轻重工业结构，推动协调发展；推动制造业与服务业结合，推动劳动力密集与资金密集、技术密集型产业协调发展。二是改善产业组织结构。按照市场竞争、规模经济、专业分工、产业配套的原则，提高产业集中度，形成以产业链为纽带，骨干企业为龙头，大中小企业协作配套、产业链上下游企业共同发展的产业组织结构。三是提升技术和产品结构。开发生产各具优势

和特色的产品，引导消费、扩大消费。四是优化工业区域布局。坚持工业区域功能化、差异化发展，形成与地区资源、能源及环境容量相适应、主导产业特色优势突出的区域协调发展新格局。建立产业区域协调互动机制，引导沿海地区与内地产业有序转移。

抓住主要环节，切实推进发展方式转变。一是加快企业技术改造，推动工业内涵式发展。尽快建立起推动企业技术改造的长效机制，使持续的技术改造贯穿于我国新型工业化发展的全过程。二是推进兼并重组和淘汰落后产能，抑制部分行业产能过剩和重复建设。综合运用法律、经济、技术和必要的行政手段，形成有利于落后产能退出的市场环境和长效机制。把住土地、信贷两个“闸门”，提高能源消耗、环境保护等方面的准入门槛，抑制部分行业产能过剩和重复建设。三是大力推进工业领域节能降耗和减排治污，促进资源节约型和环境友好型工业发展。四是以产业基地和工业园区为载体，促进产业集聚、集约式发展。

以促进信息技术的深度应用为途径，提升信息化与工业化融合水平。从企业、行业和区域三个层面，促进信息化与工业化的全方位、多层次、高水平融合。加快利用信息技术改造提升传统产业，制定实施鼓励物联网发展的政策措施，催生新型产业。推进国产软硬件的研发应用，推动电子商务、电子政务发展。

以加强自主创新为动力，走创新驱动、内生增长的发展轨道。以实施重大科技专项为契机，整合科技资源，突破核心技术和关键技术。强化企业技术创新主体作用，以市场为导向、产学研用相结合，引导创新要素和资源向企业聚集。实施工业产品质量振兴和自主品牌战略，推进产品和市场创新，有效拉动消费，提升消费结构。实施标准和知识产权战略，形成一批核心自主知识产权和技术标准。引导企业实施财务资金、人力资源、战略规划和市场营销等关键环节的管理创新，提高管理效率和水平。

深化体制机制改革，完善政策保障体系。坚持市场机制和宏观调控相结合，协调解决结构调整和工业转型升级中的重大问题。制定支持淘汰落后产能、企业兼并重组、信息化与工业化融合、工业园区等财税、金融、环保、土地、进出口措施，完善有利于工业转型升级的社保、人才、就业等相关政策，为推进工业转型升级提供制度保障。

2009年我国高技术产品进出口状况分析

科学技术部发展计划司（2010年6月2日）

高技术产品具有高研发投入、高附加值的特点。高技术产品的产生与在国际市场上的占有率，在一定程度上代表了一个国家的科技实力以及高技术产业化的能力。本文基于我国海关统计的商品进出口数据，对我国2009年高技术产品贸易的基本情况进行分析。

一、高技术产品进出口概况

受国际金融危机影响，2009年我国高技术产品进出口额均出现明显下降，这是20年来出口额、进口额和进出口总额首次同时出现下降。高技术产品进出口总额共计6867.8亿美元，较上年下降9.3%。其中出口额为3769.3亿美元，较上年下降9.3%；进口额为3098.5亿美元，较上年下降9.4%。但是，高技术产品出口和进口的降幅均低于海关进出口商品的平均降幅。

由于高技术产品出口额和进口额出现同步下降，因而得以继续保持自2004年以来的贸易顺差趋势，只是顺差额有所下降。2009年高技术产品的贸易顺差为670.8亿美元，较上年减少了9.1%。

二、高技术产品进出口贸易的技术领域分布

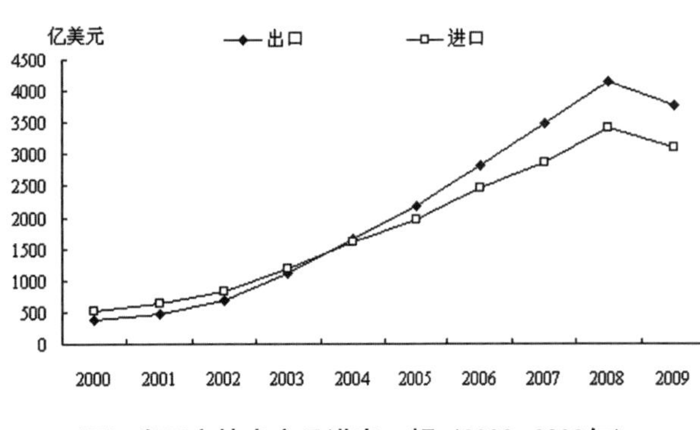

图1 我国高技术产品进出口额（2000—2009年）

2009年，我国高技术产品出口的各类技术领域中，计算机与通信技术仍居绝对主导地位，出口额达到2830.1亿美元，占高技术产品出口总额的75.1%。电子技术出口额居第二位，为505.3亿美元，占高技术产品出口总额的比重为13.4%。8个技术领域的高技术产品出口额较2008年的增长表现出明显的波动，其中生物技术是唯一保持正增长的技术领域，增长率达12.5%。生命科学技术、光电技术、计算机集成制造技术、材料技术、航空航天技术这5个领域的降幅较大，基本都在15%以上。

在高技术产品进口的技术领域分布中，电子技术仍居首位，2009年该领域进口额为1480.6亿美元，占高技术产品进口总额的47.8%。位居第二的是计算机与通讯技术，进口金额为740.1亿美元，占进口总额的23.9%。从与2008年相比的增长情况看，8个技术领域中生命科学技术、生物技术和航空航天技术仍保持正的增长，增长率分别为17.5%、11.8%和6.9%。出现负增长的5个技术领域中，光电技术和计算机集成制造技术的降幅超过了20%。

表1 高技术产品进出口额按技术领域分布（2009年）

技术领域	出口额			进口额		
	(亿美元)	占出口总额(%)	比上年增长(%)	(亿美元)	占进口总额(%)	比上年增长(%)
生物技术	2.96	0.08	12.48	3.60	0.12	11.81
生命科学技术	110.59	2.93	−17.44	94.77	3.06	17.53
光电技术	209.27	5.55	−14.90	385.38	12.44	−20.62
计算机与通信技术	2830.12	75.08	−8.25	740.06	23.88	−7.10
电子技术	505.28	13.41	−8.80	1480.60	47.78	−8.13
计算机集成制造技术	50.96	1.35	−19.68	196.91	6.35	−20.29
材料技术	29.63	0.79	−18.19	50.74	1.64	−11.94
航空航天技术	26.84	0.71	−16.45	140.34	4.53	6.85
其他技术	3.65	0.10	11.95	6.13	0.20	30.59
合　计	3769.31	100.00	−9.31	3098.53	100.00	−9.35

表2 高技术产品各技术领域的贸易差额(2006—2009年)

单位：亿美元

	2006	2007	2008	2009
生物技术	1.03	0.63	−0.58	−0.64
生命科学技术	12.04	24.54	53.31	15.81
光电技术	29.76	−5.31	−239.56	−176.11
计算机与通信技术	1542.05	2014.83	2287.89	2090.06
电子技术	−941.83	−1112.41	−1057.55	−975.32
计算机集成制造技术	−167.66	−179.75	−183.57	−145.94
材料技术	−27.53	−30.02	−21.41	−21.12
航空航天技术	−107.22	−103.58	−99.22	−113.50
其他技术	0.87	−0.19	−1.43	−2.48
合　计	341.52	608.34	737.86	670.77

2009年各技术领域的贸易差额与2008年相比变化不大。计算机与通讯技术和生命科学技术两个领域保持贸易顺差，其他领域仍表现为贸易逆差。由于计算机与通讯技术领域的贸易顺差额高达2090.1亿美元，使得高技术产品进出口总体上仍表现为贸易顺差。多年以来存在的这种分布状况，说明我国各技术领域高技术产品进出口的发展极不均衡，存在结构性缺陷。

三、高技术产品进出口的主要贸易伙伴

（一）高技术产品出口的主要市场

2009年，中国香港、欧盟和美国依然是我国内地高技术产品最大的出口市场，三个地区进口中国内地高技术产品占高技术产品出口总额的比重均在20%以上。

计算机与通信技术、电子技术、光电技术和生命科学技术是2009年我国高技术产品出口最多的4个技术领域。这4类技术领域的出口总额占高技术产品出口总额的比重高达96.97%。从这4个技术领域出口排名前3的国家（地区）分布来看，欧盟在4个领域中均进入前2名，香港和美国在3个领域进入前3名。在计算机与通讯技术领域，排名前3的国家（地区）所占份额比较均衡，另外3个领域的分布则相对集中，在电子技术和光电技术领域，排名第一的香港所占份额接近40%，排名第3的国家不到10%。

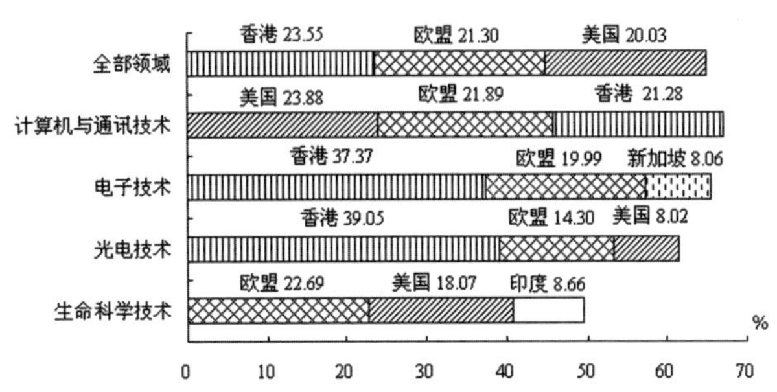

图2 部分技术领域高技术产品出口按主要国家(地区)分布(2009年)

(二) 高技术产品进口的主要市场

我国内地高技术产品的进口主要来自亚洲国家（地区），分别是中国台湾、韩国和日本。从集中度上看，光电技术、生命科学技术、生物技术和航空航天技术领域的国家分布更为集中，居前3位的国家所占份额总和均超过75%，其中生物技术和航空航天技术领域的进口主要来自欧盟和美国，两地所占份额总和达到90%左右。

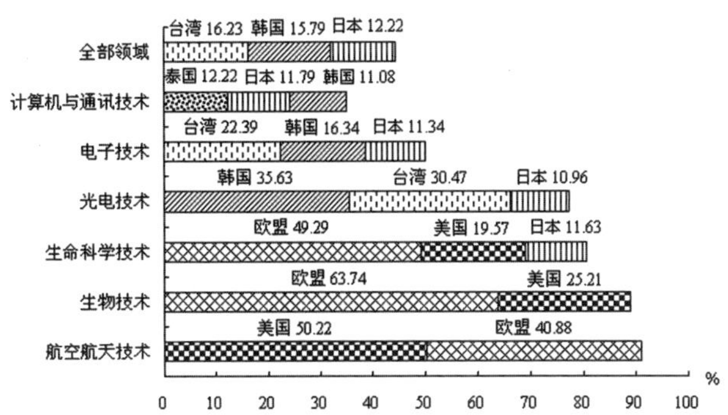

图3 部分技术领域高技术产品进口按主要国家(地区)分布(2009年)

四、高技术产品进出口的贸易方式

高技术产品进出口的主要贸易方式包括进料加工贸易、来料加工贸易和一般贸易。2009年进料加工贸易仍居主导地位，在出口额中所占比重为72.4%；在进口额中所占比重为42.9%。来料加工贸易在2009年的出口额所占比重为9.1%，进口额所占比重为11.3%。一般贸易的进口额和出口额所占比重分别为13.7%和24.4%。

从2009年各技术领域出口的贸易方式来看，不同领域的贸易方式有着截然不同的分布特点。以进料加工贸易为出口的主要方式的技术领域主要有计算机与通讯技术、电子技术和材料技术，所占比重均超过50%。以来料加工贸易为主的技术领域仅光电技术，占出口总额的49.5%，其他领域所占比重都在10%以下。以一般贸易为主的技术领域有生物技术和生命科学技术，这两个领域一般贸易出口额占该领域出口总额的比重分别高达99.3%和77.1%。

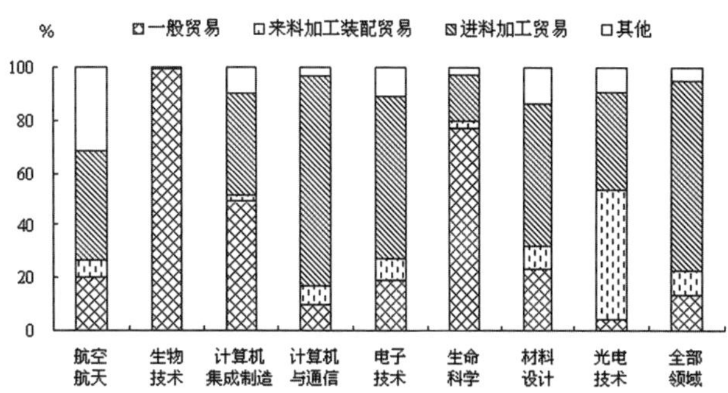

图4 高技术产品各技术领域出口按贸易方式分布(2009年)

五、高技术产品进出口的企业类型分布

2009年，外商独资企业在我国高技术产品进出口中的份额仍然最大，其占高技术产品出口与进口的比重为67.5%和60.2%。国有企业进出口额在我国高技术产品进出口中的份额较2008年变化不大，出口额占高技术产品出口总额的比重为6.9%，进口所占比重为12.5%。私营企业继续保持稳步增长态势，不仅出口和进口金额继续增长，而且出口额和进口额占高技术产品出口和进口的比重分别较上年提高了1.2和1.9个百分点。

表3 高技术产品进出口额按企业类型分布（2009年）

企业类型	进出口额（亿美元）	比重（%）	出口额（亿美元）	比重（%）	进口额（亿美元）	比重（%）
国有企业	645.70	9.40	259.02	6.87	386.68	12.48
中外合作	51.72	0.75	40.32	1.07	11.39	0.37
中外合资	1109.95	16.16	593.41	15.74	516.53	16.67
外商独资	4407.67	64.18	2543.94	67.49	1863.73	60.15
集体企业	136.11	1.98	91.21	2.42	44.90	1.45
私营企业	512.17	7.46	240.03	6.37	272.14	8.78
个体工商	0.62	0.01	0.47	0.01	0.15	0
其他企业	3.91	0.06	0.90	0.02	3.00	0.1
合计	6867.84	100.00	3769.31	100.00	3098.53	100.00

从2009年我国高技术产品各技术领域出口的企业类型分布来看，不同技术领域的企业类型也有着不同的分布特点。外商独资企业主要集中在计算机与通讯技术、电子技术、材料技术和光电技术四大领域，与进料加工贸易的技术领域分布基本一致，说明外商独资企业基本是通过进料加工作为高技术产品的主要生产形式。国有

企业主要集中在生物技术和航空航天技术领域，所占比重在50%以上。国有企业与私营企业在生物技术领域所占比重分别为63.9%和26.1%，说明国有企业和私营企业已经成为我国生物技术领域的主要出口企业。

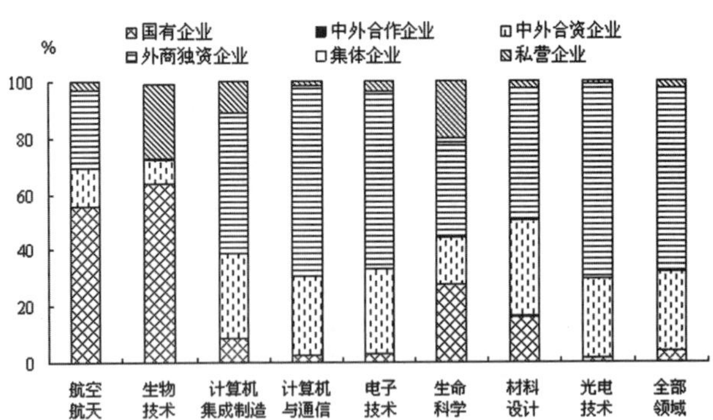

图5 高技术产品各技术领域出口按企业类型分布(2009年)

六、高技术产品出口的地区分布

2009年高技术产品出口额的地区分布与往年变化不大，广东、江苏和上海依然位居出口额的前三位，分别占出口总额的37.7%、24.9%和16.8%。

从高技术产品各技术领域出口的地区分布看，2009年计算机与通讯技术、光电技术和电子技术领域的产品出口主要集中在上海、江苏和广东，这三个地区的总出口额在三类技术领域所占比重均超过70%。生物技术和生命科学技术领域的产品出口主要分布在上海、江苏和浙江，三地出口份额总和超过50%；江西在材料技术领域产品出口中所占份额最大，为27.6%。

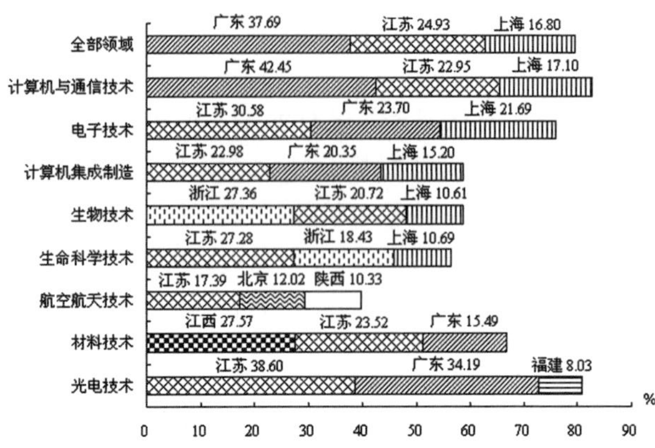

图6 高技术产品出口技术领域按地区分布（2009年）

2009年全国技术市场统计分析报告

2009年，我国技术市场工作充分发挥技术市场配置科技资源的基础作用，积极采取各种措施应对国际金融危机带来的不利影响，促进大学、科研院所与企业之间的知识流动和技术转移，推动全国技术交易规模和水平不断提高，全国技术市场合同成交金额突破3000亿元，技术市场在促进科技与经济结合，优化配置科技资源，推动科技成果转化等方面做出了重大贡献。

一、技术合同成交额再创历史新高，技术市场发展势头良好

2009年，受国际金融危机影响，我国技术市场交易总量增速放缓，但仍然表现出良好的发展势头。全国通过技术市场登记的技术合同21.4万项，成交金额突破3000亿元大关，达到3039亿元，同比增长14%。平均每项技术合同成交金额由上年的118万元上升到142万元，同比增长20%。成交金额占国内生产总值的比例达到0.91%，较上年增长0.02个百分点，充分显示了科技对经济社会平稳较快发展的支撑作用。

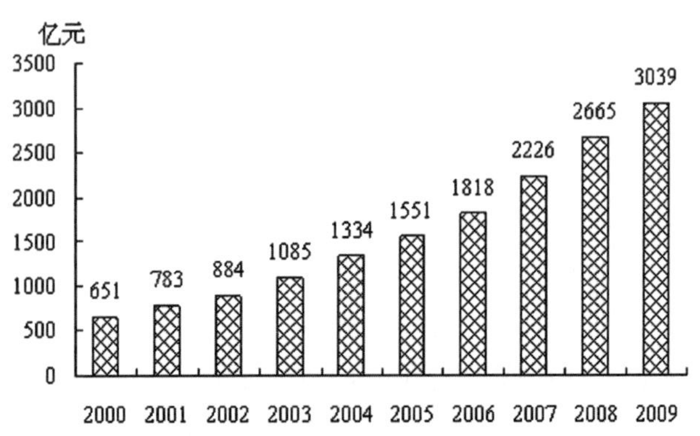

图1 2000—2009年全国技术合同成交金额

二、技术创新与服务能力增强，技术转移质量逐步提高

按照建立以企业为主体、市场为导向、产学研相结合的技术创新体系的要求，企业与高等院校、科研机构以产学研结合等形式，共建国家工程技术研究中心、国家工程实验室、国家重点实验室等产业技术开发体系，技术创新与服务能力明显增强。通过技术市场登记的技术开发与技术服务合同成交金额在四类合同中最多，占全国技术市场成交总额的比重分别为41.6%和37.6%。四类合同中，技术开发合同成交1264亿元，位居首位，较上年增长17.5%。其中，产学研合作的技术开发明显增加，成交金额1166亿元，占技术开发合同成交金额的92.2%和全国成交总金额的38.4%。技术服务合同成交1142亿元，较上年增长19.5%。

国家促进自主创新成果转移的税收扶持政策和投融资支持政策，鼓励和促进了自主创新成果的转移。高等院校、科研机构与企业间的技术转移，企业之间的技术转移进一步加快。统计数据显示，2009年我国技术转移规模小幅增加，技术转移质量稳步提升，技术转移效率有待提高，技术转移仍是我国创新体系中较为薄弱的环节。全国共签订技术转让合同1.3万项，增长11.3%，成交金额538亿元，略高于上年。技术转让合同成交金额占全国总成交额的比例较上年则下降了2个百分点，为17.7%。各类技术转让合同中，生物医药新品种权转让合同345项，成交11亿元，较上年增长1.7倍，显示出我国生物医药产业在国家的大力推动和企业、科研机构的积极响应下得到了高速发展。专利实施许可和计算机软件著作权转让合同也呈现出较为明显的上升趋势，成交金额分别为121亿元和19亿元，较上年分别增长14.2%和25.1%，占技术转让总成交金额的22.5和3.5%。

三、战略性新兴产业技术交易活跃

据对电子信息、新材料、新能源、生物医药、节能环保等战略性新兴产业技术交易统计，2009年共签订战略性新兴产业技术合同14.4万项，成交1850亿元，分别占全国技术合同成交项数和金额的67.4%和60.9%。随着国家对发展战略性新兴产业支持力度的加大，预计交易的规模和质量将呈现继续上升趋势。

2009年，国家自主创新成果产业化专项工程的实施效果逐步显现，电子信息技术、先进制造技术、新能源与高效节能技术成交额位居前三位。涉及计算机软件、计算机网络、通信技术的电子信息技术合同继续位居各领域成交金额之首，达到950亿元，较上年增长5.8%；先进制造技术成交金额450亿元，较上年略有下降；新能源及高效节能技术成交金额401亿元，增幅大大高于平均增速，为25%。现代交通和生物医药技术成交金额位居各技术领域的第四位和第五位，成交金额增幅分别为27.7%和27.2%。值得一提的是，上一年表现出下降趋势的农业技术在今年的交易中表现突出，成交金额98亿元，较上年上涨83.4%。

我国核应用技术和航空航天技术已逐渐步入商业化进程，在人们的生产生活中得到普遍应用，技术交易规模显著提高。核应用技术成交金额较上年增长了近10倍，达到72亿元；航空航天技术较上年翻了一番，达到95亿元。

四、知识产权技术交易规模不断扩大，专利技术保持高增长

企业自主研发能力的快速提升，使得越来越多的企业拥有具有自主知识产权的研发成果。而且企业的知识产权保护与应用意识也逐步提高，在保护企业核心技术的前提下，知识产权技术的产业化程度越来越高。2009年，全国技术合同中涉及知识产权的技术11.7万项，成交金额1826亿元，较上年增长7%。其中，技术秘密、计算机软件、专利技术分居前三位。技术秘密与上年基本持平，成交1050亿元；计算机软件著作权交易增长明显，达到397亿元，同比增长29.5%；专利技术交易继续保持高速增长，成交金额309亿元，同比增长26.7%，占全国成交总金额的比例上升到10.2%。

五、国家公共财政支持的研发成果转化规模有所扩大，但进入市场交易的总体比例有待提高

随着各级政府部门公共财政投入力度的逐年加大，公共财政支持的计划项目的技术转移呈小幅上升趋势。2009年，共有2.6万项各级政府科技计划项目通过技术市场转移、转化，成交金额575亿元，分别占全国成交总项数与总金额的12.2%和18.9%，较上年均有小幅增长。其中，国家和部门计划项目的技术转移规模显著扩大，成交375亿元，较上年增长43.7%，占全国成交总金额的12.3%，上升了3个百分点。省（区、市）及计划单列市计划和地市县计划的技术交易出现不同程度的下降，分别为122亿元和77亿元。

2009年，国家科技计划支持的研发成果的转移转化较为突出，转化项目由去年的1697项，增加到2360项，金额由去年的22亿，增加到30亿。863计划、973计划、国家科技支撑计划、科技型中小企业技术创新基金、星火计划、科技兴贸计划等均有不同程度的增长，973计划和星火计划表现最为突出。但各级计划项目进入市场交易的比例仅占全国成交总额的不足两成，国家公共财政支持的研发成果的转化规模仍有待提高。由于经费不稳定等因素，火炬计划和国家重点新产品计划项目的交易有所减少。

六、东部地区技术交易持续活跃，成为技术的主要输出和吸纳地区

东部地区充分发挥创新资源集聚、技术密集度高的优势，技术交易持续活跃。2009年，东部地区输出技术占全国比重将近八成，成为技术的主要输出地区，面向中西部地区技术转移、扩散的辐射效应更加突出。北京、上海、广东稳居全国登记合同成交金额前三名。其中，北京成交金额占全国成交总额的40.7%，成交额1236亿元，增幅达到20.3%。上海、广东成交金额分别为489亿元和247亿元。重庆、广西、贵州、海南等省份成交金额出现不同程度的下滑。中西部地区技术需求持续旺盛，吸纳技术交易额明显超过输出技术交易额，山西、湖北、内蒙古为主要吸纳省份，中西部地区技术转移能力还需进一步加强。

从经济区域看，环渤海地区技术交易最为活跃，输出技术交易额1581亿元，占全国技术合同总成交额的52%；长三角地区和珠三角地区输出技术交易额占全国的比重低于上年，分别为600亿元和182亿元，向中西部地区进行产业转移和升级的力度还需加大；东北老工业基地改造加速了技术的流动和更新换代，输出技术188亿元，增长29.3%。

中国煤炭发展状况

摘自国家能源局副局长吴吟2010年8月11日在中国国际煤炭发展高层论坛暨展览会组委会（扩大）会议上的讲话

利用这个机会我讲三点意见：

第一，我国煤炭工业地位重要，发展很快

据有关资料统计，我国煤炭产量约占世界煤炭产量的45%，占世界总量的比重逐年增加，而一些发达国家的煤炭产量是下降的，世界煤炭增量的大部分在中国。

我国煤炭的赋存特点，跟我国的地形地貌一样，复杂多变。澳大利亚、美国等国家的露天煤矿比重大，而我国的露天煤矿比重低，绝大部分是井工矿，且矿井条件复杂，煤与瓦斯突出、水、火、顶板等自然灾害多。应该讲，我国煤矿地质条件之差在世界上也是少有的。但复杂的地质条件也造就了一支特别能战斗的队伍，经过多年的奋战，我们已拥有比较先进的煤炭科学技术和装备水平。

另一方面，我国“富煤、贫油、少气”，石油进口量已超过50%，而且还在逐年增加。从国家能源安全考虑，我们十分重视煤制油气技术的研发，实际上煤炭是可以替代石油和天然气的。神华集团煤直接液化项目是前年底开始试运行的，经过1年多时间的调整，今年5月份以来一直没有停机，投料已达80%—90%。伊泰集团公司煤间接液化项目达到100%满负荷生产，就目前运转数据来看，比外国技术要好，催化剂用量少、活性好，成本低。我国煤制天然气发展也很快，国家发改委已允许开展前期工作的项目有四个：大唐在内蒙古和辽宁各搞一个，内蒙古的民营企业汇能在鄂尔多斯搞一个，庆华集团在新疆搞一个。另外，煤制烯烃方面，神华集团包头60万吨煤制烯烃项目，也已试生产数日，目前运转良好。实际上煤里的

东西很多，产业链很长。煤制烯烃这样的大项目，其他国家还没有，用的是我国的技术，而且规模很大。

有的企业代表刚才讲到，我国煤炭行业的困难时期是上个世纪末。进入本世纪后，随着我国经济的发展，煤炭发展速度加快。《国务院关于促进煤炭工业健康发展的若干意见》（国发［2005］18号）文件，指明了煤炭工业的发展方向，提出了要构建新型煤炭工业体系。《煤炭产业政策》为煤炭工业发展制定了更加具体的政策措施和要求。通过煤炭战线广大员工的努力和政府有关部门的大力支持，我国煤炭工业正处于一个良好的发展时期，产业集中度每年提高约一个百分点，安全状况不断改善，死亡人数大幅减少，百万吨死亡率已下降到1以下。与此同时，采矿技术快速发展，山东兖矿集团的放顶煤技术已走向世界，冀中能源的煤矸石不出井技术也日益成熟等等。我们的采煤设备已出口到美国、俄罗斯、印度和越南等国。从这些情况看，近几年我国煤炭工业发展很好，确实有可圈可点之处。

第二，围绕“安全高效开采，绿色低碳利用”主题，展示成果，探讨问题，创新理念，科学发展

今年是“十一五”最后一年，明年就是“十二五”开局之年。我们举办此次展览，就是要大家交流“十一五”发展经验，规划好“十二五”发展蓝图。

我前面讲的，不过是我们煤炭产业发展的凤毛麟角。比如冀中能源集团公司，除煤炭生产规模发展很快外，他们有航空公司，有制药厂，还在建设世界上领先的制药生产线。河南煤化集团公司搞得也不错，在贵州的子公司煤炭产量规模扩大很快，前段时间总书记还去参观了他们的轴承厂。所以，我们煤矿人想要办事是能办好的。总结“十一五”，规划“十二五”，确实需要我们大家的参与。再者，尽管我们取得不少成绩，但是问题也有很多，我们需要相互交流，引进国外先进的理念，嫁接到我们的煤炭产业里。所以我们的论坛要邀请国际上的专家、企业来，同时也要走出去。像兖矿、神华、中煤、大同，都在向外走。能源走出去，是我国的战略，我们现在走出去的是油气，煤炭也要走出去。去年，我国煤炭净进口1亿多吨。我们在论坛上肯定还要涉及“十二五”规划。从战略研究上来看，煤炭要有天花板，就是说煤炭产量有一定限制，不是需要多少就开采多少。这些新的理念，在论坛上也要探讨。

还要考虑走出去的问题。现在企业走出去还不够，怎么能够更规范、更好地走出去，不但把技术装备带出去，还要遵守当地法律法规、社会风俗，如何进行规范，是我们要考虑的问题。

我们这次的主题，是“安全高效开采，绿色低碳利用”，比较符合实际。过去我们提倡高产高效，现在我们把安全放在前面，贯彻落实科学发展观。科学发展观的核心就是以人为本，在煤矿没有比矿工生命安全更重要的事情。我们在煤炭领域贯彻落实科学发展观，首先就是讲安全问题。我前面讲了，我们的安全形势不错，每年产量增长近2亿吨，开采深度每年增加几十米，死亡人数逐年下降。但是问题也很多，总体水平还很低，我们有的企业做得很好，要向他们学习借鉴。我们确实存在很多安全问题，如何解决应该放在第一位。其次才是高效生产。我们的主题里有一条“绿色低碳利用”，前面我们讲的煤制油、煤制天然气、煤制烯烃等，都为低碳利用创造了条件。低碳利用是煤炭行业必须面对的问题，早开展工作就会占据主动。前段时间，有媒体说中国已经是第一能源大国，当然存在统计口径的问题，但不管现在是不是，以后肯定会是，因为我们人口多，并且要发展，能源需求势必很大。怎样把温室气体排放降到最低程度，这是世界各国对环境问题应负的责任。

第三，集思广益，拓宽思路，注重宣传，办出水平，全面展示“十一五”发展成就，共同谋划“十二五”发展蓝图

办好论坛暨展览会，需要大家集思广益。现有方案合适与否，讨论主题是否需要增加合并，这些都可以讨论。希望大家会后向组委会和有关部门反馈意见，帮助我们把论坛和展览会办好，全面展示“十一五”煤炭产业的发展成果，以及“十二五”的发展蓝图。范围可以更广，许多非洲国家都有煤炭赋存，过去很少开发。我们可以邀请非洲国家的代表来，让他们看看中国煤炭的发展情况，为我们“走出去”创造更好的条件。从国内来讲，我们有些民营企业做得不错，比如内蒙古的伊泰、汇能、庆华等，在煤炭转化等方面做得较好；还有一些电力企业办煤矿，水平也很高。所以我们眼界要开阔一点，企业面再拓宽一点。

再一点，所有参展商须经筛选，参展方案不适合的不能展览。我们要做到宁缺毋滥，办出水平。展览形式要多样，比如可以展览图板、模型、多媒体、实物等等。论坛演讲可以少安排些人，但是上下要有互动，对

有些问题可以深入研究和探讨。还可以组织邀请的贵宾到外地参观，如到先进煤矿、机械厂等看一看，把形式办得多样化。

我们的论坛要与别人的不同，不是为了赢利。要以会养会、精打细算，办成大家难忘的论坛和展会，而且要有良好的社会反响。此外还要注重正面宣传，扩大宣传面。总之，这次论坛暨展览会由能源局主办，我们一定要办出水平。

最后，我希望大家能够按照“集中行业力量，精心筹划组织，服务行业发展，办出一流水平”的总原则，认真筹备组织好本次论坛暨展览会，为煤炭工业的健康可持续发展做出新的贡献。

2009年国际煤炭行业十大新闻

一、皮博迪能源在新加坡设立亚洲煤炭交易中心

美国煤炭巨头皮博迪能源公司宣布它将在新加坡设立了一个办事处，作为皮博迪在东南亚地区的国际煤炭贸易活动的新中心，将进一步扩大公司海运煤炭市场高速增长。 由于亚洲国家领先世界走出衰退并推动世界煤炭消费的持续增长，太平洋地区海运煤炭需求非常强劲。中国是世界煤炭市场增长最快的国家，2009年煤炭净进口上升了近1.5倍。印度世界上煤炭进口增长最快的国家，未来的五年内平均每年预计将进口高达2亿吨煤炭。

二、澳洲两大矿业集团下调09年焦煤销售价格

澳洲必和必拓与力拓两大矿业公司已经向中国及印度的冶金煤用户提交了2009年焦煤销售价格，据悉意向价格低至FOB140美元/吨。

三、越南将面临严重煤炭短缺

据越南煤炭矿产集团测算，从2013年开始，越南开始需要进口煤炭。至2015年，全国共需煤炭9400万吨，其中热电厂就需6700万吨，而全国煤炭产量仅约6000万吨。2020年，煤炭产量约7000万吨，需量约1.84亿吨，各发电厂需1.5亿吨。2025年煤炭需量约3.08亿吨，发电厂需约2.68亿吨，大量使用煤炭的钢铁、建筑玻璃、化肥和化工等生产企业将面临很大的困难。

四、保加利亚煤炭产量暴跌30%

由于今年电力消耗的煤炭的需求大幅缩水，保加利亚煤炭的产量急剧下降30%。保加利亚煤炭产量约2500-3000亿吨，其中国营Maritsa East电力公司消耗其总量的90%以上。今年年初预计用电量的增加将会使今年的煤炭产量增加10%左右，但是几个月后由于全球经济衰退，煤炭和电力产业遭到了很严重的打击。

五、国际炼焦煤长协价下降58%

受到全球钢铁业需求下滑影响，国际市场炼焦煤价格出现大幅回落。日前，必和必拓公司与全球重要客户达成协议，正式下调2009年炼焦煤合同价格58%。这意味着，2009年炼焦煤基准价将由2008年的300美元下调至128美元。

六、2009年全球煤价运费齐上升

综合国际多位银行经济分析员与海运业专家的看法，全球主要煤资源出口国由于受铁路阻塞、港口装卸能力不足，在港排期轮候等诸多原因，煤炭与运费价格明年仍然有上升的可能，而这种不稳定性因素又反过来刺激交通运输及基建发展的投资促进。

七、巴西淡水河谷完成哥伦比亚煤矿收购

全球矿业巨头巴西淡水河谷公司1日宣布，已完成对哥伦比亚境内总值3.058亿美元煤炭资产的收购。这些煤炭资产主要包括一座名为ElHatillo的煤矿和塞罗拉尔戈(CerroLargo)地区的煤炭储藏，以及Fenoco财团所经营的从矿区到港口的铁路运输的少数股份，还有位于哥伦比亚加勒比海岸的RioCordoba-SPRC港口的特许权等。

八、欧洲焦煤的需求上升

澳大利亚最大煤矿商麦克阿瑟煤炭公司表示，由于中国市场的强劲需求支撑着欧洲市场需求回升。由于较低热煤价格导致其热煤产量比例下降，今年第二季度麦克阿瑟公司煤炭销售达到创纪录的148万吨。

九、煤层气国际合作领域逐步扩大

英国与重庆签订可持续发展城市备忘录之后，双方相关部门就煤炭领域合作充分交流，现已确定万盛作为与英国约克郡在煤炭领域开展合作的先行地区，拟在煤矿设备制造、煤层气开采和利用、沉陷区治理等几大方面开展合作。目前对中国的煤层气投资，国内客户的认知度要明显的落后于国际市场，在延续前几年加拿大、澳大利亚等国家的开发热潮后，最近西欧国家例如英国、法国等国家也加大了对中国煤层气的关注和投资。

十、花旗环球金融：2010-2011年度炼焦煤价格将触及200美元/吨

花旗环球金融有限公司的投资研究和分析部门的报告表示，目前国际市场的炼焦煤价格大约在160-170美元/吨徘徊，预计将在2010-2011年度进一步上涨达到200美元/吨。

2009年全国电力工业统计年报数据

一、电力工业发展规模继续保持较快增长

（一）电力总投资增速较快，非化石能源发电投资对电源投资增长的贡献率增加，火电投资的贡献率显著下降

2009年，全国电力工程投资完成7702亿元，同比增长22.20%。其中，电源工程建设投资完成3803亿元，同比增长11.62%；电网工程建设完成投资3898亿元，同比增长34.66%；年度电网工程建设投资完成额自2000年以来首次超过电源工程建设投资完成额。水电、核电、风电合计投资占电源工程建设投资的比重从2007年的37.0%提高到2009年的58.7%。

（二）电力生产供应能力进一步增强

2009年，电源建设继续保持较大规模，全年全国新增电源容量9667万千瓦，略高于2008年。2009年底，全国发电装机容量8.74亿千瓦，同比增长10.26%。2000-2009年全国发电装机年均增长11.84%，累计新增电源规模超过5.5亿千瓦。发电装机和发电量已经连续14年位居世界第二位。

2009年，电网建设步伐加快，全年全国基建新增220千伏及以上输电线路回路长度41457千米，变电设备容量27756万千伏安。2009年底，全国220千伏及以上输电线路回路长度39.94万千米，同比增长11.29%；220千伏及以上变电设备容量17.62亿千伏安，同比增长19.40%。其中500千伏及以上交、直流电压等级的跨区、跨省、省内骨干电网规模增长较快，其回路长度和变电容量分别比上年增长了16.64%和25.97%。目前，我国电网规模已超过美国，跃居世界首位。

（三）全国发用电量增幅略高于上年

2009年，全国发电量达36812亿千瓦时，同比增长6.67%，增速较上年提高0.95个百分点。其中，水电、火电、核电和风电发电量同比分别增长1.08%、7.45%、1.20%和111.14%，占全部发电量的比重分别为15.53%、81.81%、1.90%和0.75%。2009年，全国6000千瓦及以上燃煤（含煤矸石）、燃油机组发电量占火电发电量的比重为95.96%。

2009年，全国全社会用电量36595亿千瓦时，同比增长6.44%，增速比上年提高0.95个百分点。其中第一、二、三产业和城乡居民分别为940亿千瓦时、27137亿千瓦时、3944亿千瓦时和4575亿千瓦时，分别增长6.90%、4.69%、12.74%和12.08%，占全社会用电量的比重分别为2.57%、74.15%、10.78%和12.50%。全国工业用电量26755亿千瓦时，同比增长4.60%，占全国全社会用电量的比重为73.11%，比2008年下降1.29个百分点；其中重工业用电量占工业用电量比重为82.67%，同比上升0.55个百分点。

二、电源结构继续优化，区域间输电能力不断增强

（一）电源结构持续优化，清洁能源发电比例持续提高

2009年底，全国火电装机容量6.51亿千瓦（其中煤电5.99亿千瓦），占全部装机容量的74.49%，比重比上年下降了1.56个百分点，火电装机比重自2002年持续7年提高后，已经实现连续两年下降。截止2009年底，全国已投运百万千瓦超超临界机组21台，是世界上拥有百万千瓦超超临界机组最多的国家；30万千瓦及以上火电机组占全部火电机组的比重已经从2000年的42.67%提高到2009年的69.43%，火电机组平均单机容量已经从2000年的5.40万千瓦提高到2009年的10.31万千瓦。在6000千瓦及以上电厂火电装机容量中，供热机组容量比重为22.42%，同比提高了3个百分点。

水电装机比例有所提高。2009年底，全国水电装机容量1.96亿千瓦，占总装机容量的22.46%，比重比上年提高0.68个百分点，我国已成为世界上水电装机规模最大的国家。

核电在建施工规模居世界首位。2009年底，全国核电装机容量908万千瓦，位列世界第九位；在建施工规模2192万千瓦，居世界首位。

并网风电装机和发电量连续四年翻倍增长。2009年底，全国并网风电装机容量1760万千瓦，同比增长109.82%；2009年，全国风电发电量增长111.1%，高于其装机容量增长速度。并网风电装机和发电量连续四年翻倍增长。

非化石能源发电装机容量所占比重加大。全国6000千瓦及以上电厂非化石能源（水电、核电、风电、太阳能、地热、潮汐能等清洁能源以及生物质能、垃圾能、余热余压能等资源循环利用）发电装机容量合计为2.22亿千瓦。

（二）跨区电网规模加大、电压等级进一步提高

2009年1月，晋东南-荆门1000千伏特高压交流试验示范工程正式投产；12月，±800千伏云南-广东特高压直流工程单极投运，±800千伏向家坝-上海特高压直流示范工程全线带电，使我国最高直流、交流电压等级分别由±500千伏和750千伏提高到±800千伏和1000千伏；500千伏海南与南方电网海底电缆联网工程投运结束了海南“电力孤岛”的历史。全国500千伏电网结构也得到进一步优化和完善，供电能力大大增强。农村电网建设加快，全国“户户通电率”达到99.85%。

三、发电节能成效显著

2009年全年关停小火电机组容量2617万千瓦，是关停工作力度最大的一年。“十一五”前四年全国已累计关停小火电机组6006万千瓦。

全国发电生产煤耗持续大幅下降。2009年，全国6000千瓦及以上发电厂供电标准煤耗340克/千瓦时，比上年下降5克/千瓦时。“十一五”前四年，全国6000千瓦及以上电厂供电煤耗累计下降30克/千瓦时。分容量等级机组供电煤耗中，100万千瓦、60—100（不含100万）万千瓦容量等级机组平均供电煤耗分别为293、319克/千瓦时；5—10万千瓦（不含10万）、0.6—5万千瓦（不含5万）容量等级机组供电煤耗分别高达383、392克/千瓦时。

全国发电生产厂用电率下降。2009年，全国6000千瓦及以上电厂发电厂用电率5.76%，同比下降0.14个百分点。其中，火电厂发电厂用电率为6.62%，同比下降0.17个百分点。

我国输电线损率继续下降。2009年，全国输电线损电量2191亿千瓦时，同比增长5.33%，低于全国供电量增速1.19个百分点；全国输电线损率6.72%，，同比下降0.07个百分点；“十一五”前四年累计下降了0.83个百分点。

四、机组平均利用小时数下降，但核电、风电及火电大机组设备发电利用水平有所提高

2009年，全国6000千瓦及以上电厂平均设备利用小时4546小时，同比下降102小时。其中，水电、火电、核电和风电分别为3328、4865、7716和2077小时，水电、火电分别下降261和20小时，核电、风电分别上升37、31小时。

大容量等级机组的设备利用小时有所上升，而小容量机组下降幅度较大，百万千瓦机组设备利用小时达到5426小时。与上年比，在全国6000千瓦及以上电厂火电设备利用小时下滑20小时的情况下，百万千瓦机组利用小时提高61小时；60—100万千瓦（不含100万千瓦）机组提高13小时。其他容量等级机组的利用小时都有不同程度下降，其中，5—10万千瓦（不含10万千瓦）机组下降幅度最大，达1432小时。20—30万千瓦（不含30万千瓦）机组在受端电网中的支撑作用很大，利用小时仅低于百万千瓦机组。

城建、贸易、旅游、教育

2009年住房和城乡建设系统的总体工作思路

摘自住房和城乡建设部部长姜伟新的《落实科学发展观 做好今年住房和城乡建设工作》报告

2009年住房和城乡建设系统的总体工作思路是：高举中国特色社会主义伟大旗帜，以邓小平理论和“三个代表”重要思想为指导，深入落实科学发展观，认真贯彻党的十七大、十七届三中全会和中央经济工作会议精神，保经济平稳较快发展，促居民合理住房消费，保持房地产投资规模适度增长；更大力度加快保障性住房建设和保障体系建设；深化改革，加强住房政策等重大问题的研究，创新体制机制；努力提高工作质量和效益，推进住房城乡建设科学发展。

姜伟新要求，2009年住房和城乡建设系统要着力做好以下九项工作。

一、全面推进保障性住房建设

一要加快推进廉租住房建设。尽快确定并组织实施《2009—2011年廉租住房规划》和2009年廉租住房工作计划。各地抓紧落实廉租住房建设用地和配套资金，尤其要抓紧做好今年廉租住房项目申报工作。

二要加快城市棚户区改造步伐。坚持政府主导、群众参与、市场运作的原则。积极配合有关部门做好煤矿区、林区、垦区棚户区改造工作。三要从实际情况出发，搞好经济适用住房建设。四要多方筹集保障性住房建设资金。中央财政将加大对廉租住房建设和棚户区改造的投资补助力度，适当提高中西部地区的补助标准。地方财政也要加大投入力度；积极协调信贷资金支持。五要完善住房公积金制度。加强住房公积金监管，完善住房公积金信息监管系统建设，对公积金管理机构负责人要进行培训。

在推进保障性住房建设的同时，对于不符合廉租住房和经济适用住房供应条件、又无力购买普通商品住房的家庭，要根据本地实际，采取发展租赁房等多种方式解决住房问题。

二、促进房地产市场健康稳定发展

一要在加大保障性住房建设力度的同时，进一步鼓励普通商品住房消费。要配合有关部门，落实国办发[2008]131号文件关于信贷、税收的政策规定。要进一步搞活住房二级市场和租赁市场，盘活存量房产。二要支持房地产开发企业积极应对市场变化，以合理价格促进销售。三要继续加强对房地产形势的监测分析。要健全房地产市场信息系统和统计制度，加强房地产形势分析。四要强化地方人民政府稳定房地产市场的职责，由省级人民政府负总责，市县人民政府抓落实。五要继续深入整顿规范房地产市场秩序，严肃查处房屋拆迁、开发建设、产权交易、物业管理等环节的违法违规行为。六要积极营造良好的舆论氛围。要加大对各类散布虚假信息、扰乱市场秩序行为的查处力度。加强市场经济条件下风险意识的宣传和教育工作。

三、进一步做好统筹城乡规划建设工作

一要加强与有关部门的协调，加快规划审批工作。

各地要加快规划编制，落实公众参与、专家论证等制度，进一步增强规划编制的科学性。要按照经批准的规划，统筹安排建设项目。对已确定的建设项目，规划部门要积极做好规划选址等工作。二要重点加强乡镇村庄规划编制和实施工作。编制乡镇村庄规划要立足农村经济社会发展实际，考虑农民意愿以及农村生产生活特点；要保障农民的参与权。今年，要开展以工程项目建设带动乡镇村庄规划编制与实施的试点。三要完善城乡规划实施和监督管理。力争用两到三年时间，部派督察员进驻到国务院审批城市总体规划的所有城市；省级政府派驻督察员覆盖到所有地级以上城市。加强城市绿线、黄线、紫线和蓝线管理，促进资源保护和利用。严格规划修改审批程序，开展规划实施情况评估和监测工作试点。四要加强农村危房改造。抓好农村危房改造试点工作，要在抓紧编制农村危房鉴定标准和摸清农村危房底数的基础上，制定农村危房改造扩大试点规划。各地要因地制宜确定设计方案，加强质量监管和技术服务。有条件的地区，在农村危房改造项目中应当进行建筑节能试点。五要切实加强和改进城市管理。要进一步扩大数字化城市管理试点。城市政府必须掌握城市地下管网情况，必须高度重视地下空间管理。要总结推广广州市数字化市政管网管理经验。强化市政桥梁、桥隧、供水、供气、集中供热等城市基础设施运营的安全监管，提高应对突发事件能力。六要抓好城市污水垃圾处理工作。各地要继续组织好城镇污水处理厂及配套管网等设施的建设工作，力争全国36个重点城市今年底实现污水全部收集和处理。城镇生活垃圾处理率要达到58%。组织实施好“水体污染控制与治理”国家科技重大专项和国家“十一五”科技支撑计划项目。

四、力争建筑节能取得新突破

一要制定出建筑节能三年规划。二要全面推进新建建筑执行节能设计标准，加强设计、施工及验收各环节的监督检查，着力提高施工阶段节能标准执行率。今年新建建筑施工阶段执行节能标准的比例要达到90%。三要在继续争取国家支持的前提下，推动既有居住建筑供热计量和节能改造。四要加大城镇供热体制改革力度，积极推进采暖费补贴“暗补”变“明补”，建立个人热费账户。下大力气推进供热计量收费改革，促使使用者行为节能。在全国推进国家机关办公建筑和大型公共建筑节能示范工作。

五、提高工程质量安全和建筑市场监管水平

一要完善责任机制，落实建设、勘察、设计、施工、监理等各方主体的质量安全责任，严肃查处事故责任单位和责任人。二要加强工程质量安全监管队伍建设，强化对住宅工程、城市轨道交通、大型公共建筑工程的巡查监管，完善安全生产许可证、施工图审查、质量检测、竣工验收、质量保修等制度。三要逐步推进质量安全保险机制。在房地产开发项目中推行工程质量保证险，为用户在工程竣工一定时期内出现的质量缺陷提供风险保障。继续推动工程设计责任保险、建筑意外伤害保险和工伤保险。加大建筑市场监管力度，切实加强建筑工程设计和施工招投标管理，出台《建设工程交易中心管理办法》，积极促进有形建筑市场建设。

六、推动法制和工程标准建设

要研究起草住房保障法，修订城市房地产管理法；配合有关部门，制定国有土地上房屋征收与拆迁补偿、燃气管理等方面的行政法规；起草城镇排水和污水处理条例，修订住房公积金管理条例和村庄集镇规划建设管理条例。继续清理规章和规范性文件，做好相应的修改和废止工作。推进行政审批制度改革，继续取消和调整行政审批事项，加强审批后续监管。

要重点推进保障性住房、学校、医院建设以及建筑节能、城市燃气和轨道交通方面的标准建设。

七、维护建设领域社会稳定

要特别注重防止在城镇房屋拆迁中损害群众利益，积极采取有效措施化解矛盾。要促进住房城乡建设领域就业，稳定现有就业岗位，增强建设领域各类企业吸纳就业能力。要认真做好信访工作，健全完善信访工作责任制，把问题解决在源头和基层。要确保建筑业农民工工资按时足额发放。

八、认真做好 川地震灾区重建相关工作

做好实施城乡规划、组织技术援助、加强工程监管等灾区重建工作。四川、陕西、甘肃等受灾地区和18个援建省市住房城乡建设部门，要按照中央和省委、省政府的要求，做好重建工作。在重建过程中，建设标准要

适当，要讲究实效，保证工程质量和安全。

九、加强反腐倡廉和精神文明建设

要紧紧围绕住房城乡建设中心工作，增强精神文明建设的针对性和实效性。切实加强社会主义核心价值体系建设，不断提高干部职工思想和职业道德素质。要不断丰富精神文明创建活动的内涵和形式，继续推进以窗口行业为重点的精神文明创建活动，提高工作和服务水平。

2009年1-12月全国房地产市场运行情况

一、房地产开发完成情况

2009年，全国完成房地产开发投资36232亿元，比上年增长16.1%。其中，商品住宅完成投资25619亿元，增长14.2%，占房地产开发投资的比重为70.7%。

2009年，全国房地产开发企业房屋施工面积31.96亿平方米，比上年增长12.8%；房屋新开工面积11.54亿平方米，增长12.5%；房屋竣工面积7.02亿平方米，增长5.5%。其中，住宅竣工面积5.77亿平方米，增长6.2%。

2009年，全国房地产开发企业完成土地购置面积31906万平方米，比上年下降18.9%；完成土地开发面积23006万平方米，下降19.9%。

二、商品房销售情况

2009年，全国商品房销售面积93713万平方米，比上年增长42.1%。其中，商品住宅销售面积增长43.9%；办公楼销售面积增长30.8%；商业营业用房销售面积增长24.2%。2009年，商品房销售额43995亿元，比上年增长75.5%。其中，商品住宅销售额增长80.0%，办公楼和商业营业用房销售额分别增长66.9%和45.5%。

三、房地产开发企业资金来源情况

2009年，房地产开发企业本年资金来源57128亿元，比上年增长44.2%。其中，国内贷款11293亿元，增长48.5%；利用外资470亿元，下降35.5%；企业自筹资金17906亿元，增长16.9%；其他资金27459亿元，增长71.9%。在其他资金中，定金及预收款15914亿元，增长63.1%；个人按揭贷款8403亿元，增长116.2%。

四、70个大中城市房屋销售价格指数

12月份，全国70个大中城市房屋销售价格同比上涨7.8%，涨幅比11月份扩大2.1个百分点；环比上涨1.5%，涨幅比11月份扩大0.3个百分点。

新建住宅销售价格同比上涨9.1%，涨幅比11月份扩大2.9个百分点；环比上涨1.9%，涨幅比11月份扩大0.4个百分点。

分类型看，与上年同月相比，经济适用房销售价格上涨0.8%；商品住宅销售价格上涨10.1%，其中普通商品住宅销售价格上涨11.0%，高档住宅销售价格上涨7.2%。与上月相比，经济适用房销售价格上涨0.1%；商品住宅销售价格上涨2.2%，其中普通商品住宅销售价格上涨2.4%，高档住宅销售价格上涨1.3%。

分套型看，90平方米及以下的新建住宅销售价格同比上涨11.6%，环比上涨2.0%。

分地区看，与上年同月相比，新建住宅销售价格上涨的城市有69个，其中涨幅最大的5个城市是：广州19.9%、金华14.9%、深圳14.3%、海口13.4%、北京13.2%；价格下降的城市有1个：唐山下降2.0%。

与上月相比，新建住宅销售价格上涨的城市有66个，其中涨幅最大的5个城市是：三亚5.1%、北京4.5%、温州4.1%、海口3.3%、蚌埠3.1%；价格下降的城市有1个：锦州微降0.1%。

二手住宅销售价格同比上涨6.8%，涨幅比11月份扩大1.3个百分点；环比上涨1.0%，涨幅比11月份扩大0.4个百分点。

分地区看，与上年同月相比，二手住宅销售价格上涨的城市有69个，其中涨幅最大的5个城市是：深圳23.9%、温州19.2%、杭州13.9%、厦门13.2%、金华12.1%；价格下降的城市有1个：唐山下降1.8%。

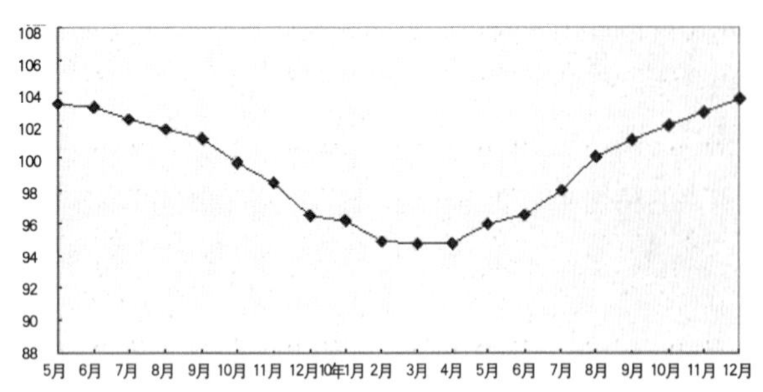

全国房地产开发景气指数趋势图

与上月相比，二手住宅销售价格上涨的城市有60个，其中涨幅最大的5个城市是：三亚3.3%、惠州2.6%、吉林2.4%、海口2.3%、厦门2.0%；价格下降的城市有1个：昆明微降0.1%。

新建非住宅销售价格同比上涨4.3%，涨幅比11月份扩大0.3个百分点；环比上涨0.6%，涨幅比11月份缩小0.3个百分点。

与上年同月相比，办公楼销售价格上涨6.4%，商业营业用房销售价格上涨2.7%，其他用房销售价格上涨4.1%。与上月相比，办公楼销售价格上涨0.6%，商业营业用房销售价格上涨0.6%，其他用房销售价格上涨0.3%。

四季度，全国70个大中城市房屋销售价格同比上涨5.8%，其中新建住宅销售价格上涨6.4%，二手住宅销售价格上涨5.6%；房屋租赁价格与上年同期价格持平；物业管理价格同比上涨0.4%；土地交易价格同比上涨13.8%，其中住宅用地交易价格同比上涨19.4%。

五、全国房地产开发景气指数

12月份，全国房地产开发景气指数（简称“国房景气指数”）为103.66，比11月份提高0.88点。

从分类指数看：房地产开发投资分类指数为100.42，比11月份下降0.18点；本年资金来源分类指数为110.77，比11月份提高1.25点；土地开发面积分类指数为95.69，比11月份提高0.33点；商品房空置面积分类指数为96.87，比11月份提高3.03点；房屋施工面积分类指数为102.51，比11月份下降0.50点。

2009-2010年我国外贸情况及发展的主要目标和任务

2009年12月27日，商务部副部长钟山在“2009中国开放经济高层论坛”以“稳定外需，促进开放经济可持续发展”为主题的主旨演讲：

借此机会，围绕论坛的主题，我向大家简要地介绍2009年我国外贸的情况，2010年我国外贸发展主要目标和任务。同时，也和大家共同探讨我国外贸中长期发展需要重点研究和思考的问题。

一、关于2009年我国外贸情况

2009年是我国外贸最为困难的一年，也是对外贸易取得积极成效的一年。

为什么说今年是最为困难的一年呢？主要是因为国际金融危机的冲击。国际金融危机对中国影响最大、冲击最大的是开放型经济，是对外贸易。主要表现在两个方面：一是国际需求严重不足。今年1月份我国对外贸易下降了29%，一季度下降了25%，到6月份下降23%，7月份之后下降幅度逐步收窄，预计到今年年底我国外贸出口会下降16%左右。二是贸易保护主义抬头。今年我们遭受“两反”、“一保”的涉案金额翻了一番，达到120亿美元左右，案件数也翻了一番，而且这个势头还在蔓延当中。

为什么说我们又取得了积极的成效呢？首先，我们完成了保市场、保份额的任务。今年国务院确定我国对外贸易的目标任务是“稳外需、保市场、保份额”。我认为国务院的决策是实事求是的，也是十分正确的。今天可以说，我们已完成了这一目标任务。去年，我们国家占世界国际贸易的8.86%，今年预计在9%以上，我国有可能超过德国成为第一出口大国。第二，贸易结构进一步优化，出口商品质量、效益进一步提高。第三，应对贸易摩擦取得积极成效。在党中央、国务院的直接领导下，经过大家的努力，我们今年化解了许多贸易摩擦问题，包括特保和其他的贸易救济措施。

总的来说，今年中国的对外贸易取得这样的成绩是来之不易的，是在党中央、国务院的正确领导下，全国各级商务主管部门、企业和各有关方面共同努力的结果。

二、关于2010年我国外贸的主要目标任务

前不久召开的中央经济工作会议提出，今年对外贸易目标任务是保份额、调结构、促平衡。我们判断明年外贸形势会更复杂，任务会更艰巨，要完成全年任务很不容易。

形势更复杂表现在：一、国际经济形势的复杂性决定了经济复苏将是一个漫长的曲折的过程；二、国际需求的不确定性依然存在；三、我国外贸政策的连续性尤显重要；四、人民币汇率保持稳定面对的压力加大。

任务更艰巨就是既要实现保份额的目标，又要做好调结构、促平衡的工作任务。调结构、促平衡，不仅是明年的重要工作任务，也是我们一项长期的工作目标。中国现在是一个贸易大国，这没有疑问，即便今年不是第一位，作为第二位，也是贸易大国。但现在我们是大而不强。为什么不强呢？因为我们的发展不平衡，外贸结构需要调整。

因此，我们必须下大力气调整结构，转变增长方式，促进贸易平衡发展。

我认为，只要国内外的形势不发生重大变化，明年中国的对外贸易实现恢复性的增长是完全可能的，保市场的目标任务也是完全可能实现的。

三、关于中国外贸中长期发展需要深入研究、探讨的问题

金融危机之后，世界经济、政治、文化、社会都将发生重大的变化。我国外贸发展如何适应新变化、迎接新挑战，是需要我们研究的重大课题。

首先，外贸发展的战略定位值得认真研究，要研究外贸对国民经济增长的作用，对促进社会稳定和谐的作用，对提升国际地位的作用，等等。

其次，外贸的战略目标和发展方式也需要深入研究。不同的发展阶段需要不同的发展战略目标和发展方式。我们的前辈花了三十年的时间，使我国对外贸易实现了由小到大的跨越，相当不容易，应当高度评价、高度赞扬、充分肯定。那么，未来我们外贸发展的战略目标是什么？那就是，继续巩固贸易大国地位，推动贸易强国进程。

第三，如要实现外贸由大到强的战略目标，就必须调整贸易结构，必须转变发展方式，提高出口商品质量，实现从量的扩张到质的提高。要提高企业的国际竞争力，提高外贸发展的协调性，要增强我国参与制定国际贸易规则的能力。与此相关还要研究外贸发展战略支撑、战略举措，等等。

总之，中国外贸要实现由大到强的战略目标，需要我们进一步解放思想，进一步改革创新，加强科学规划，继续努力工作。我相信，在党中央、国务院的坚强领导下，以科学发展观为指导，经过持之以恒的努力，我们的目标一定能够实现。

中国对外贸易形势报告(2010年春季)

一、2009年中国对外贸易发展情况

2009年是新世纪(002280,股吧)以来中国对外贸易发展最为困难的一年。面对国际金融危机的严重冲击,中国政府及时出台一系列符合国际惯例的政策措施,完善出口退税政策,改善贸易融资环境,扩大出口信用保险覆盖面,提高贸易便利化水平,千方百计稳定外需。同时,着力扩

大国内需求，积极开展多种形式的贸易促进活动，鼓励增加进口。随着世界经济和国际市场逐步回稳，稳外需、扩进口的各项政策措施取得明显成效，进出口大幅下滑的态势得到扭转。根据世界贸易组织(WTO)最新公布的数据，2009年中国出口占全球出口比重由上年8.9%提高到9.6%，已经超过德国成为世界第一出口大国。

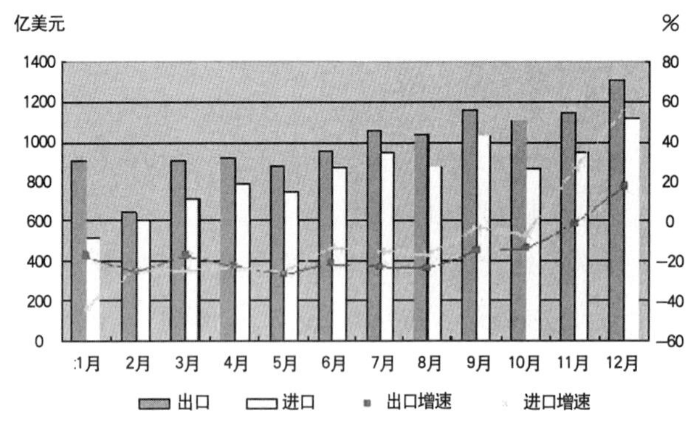

图 2009年中国外贸月度进出口增长情况

(一) 进出口总体大幅下降，但降幅逐季收窄并在年底转为增长

2009年，中国进出口总额22072.2亿美元，下降13.9%。其中出口总额12016.6亿美元，下降16.0%；进口总额10055.6亿美元，下降11.2%。贸易平衡状况进一步改善，贸易顺差1961.1亿美元，比上年减少1020亿美元，下降34.2%。分季度来看，一季度国际金融危机继续蔓延，世界经济深度衰退，外需严重萎缩，中国进出口也大幅下降；三季度开始美欧日等主要经济体经济刺激措施逐步见效，世界经济开始企稳复苏，国际市场需求逐步回稳，加上国内稳外需政策效应不断显现，中国进出口形势逐步好转并在11月份转降为升。第一、二、三季度进出口额同比分别下降24.9%、22.1%和16.7%，第四季度进出口同比由负转正，实现了9.2%的增长。

(二) 劳动密集型产品出口下降比较平缓，机电产品出口回升相对较快

国际金融危机爆发后，由于中国出口的劳动密集型产品物美价廉，加上这类商品需求具有一定的刚性，下降相对平缓。2009年，纺织品出口599.7亿美元，下降8.4%；服装出口1070.5亿美元，下降11.0%；鞋类出口280.2亿美元，下降5.7%；家具及零件出口253.3亿美元，下降6.0%。机电产品和高新技术产品由于大多属于耐用消费品和投资品，受金融危机的冲击更为明显，但在世界经济企稳复苏的带动下恢复得也比较快。一季度机电产品和高新技术产品出口大幅下降，二季度以后降幅显著缩小，11、12月份机电产品分别增长3.2%和26.8%，高新技术产品增长14%和40.7%，均领先于总出口回升。全年机电产品出口7131.1亿美元，下降13.4%，高新技术产品出口3769.1亿美元，下降9.3%，下降幅度均低于总出口降幅。

(三) 一般贸易总体出口降幅较大，加工贸易出口比重继续上升

国际市场需求严重萎缩，一般贸易受到较大冲击，加上上年基数相对较高，出口下降明显。全年一般贸易出口5298.3亿美元，下降20.1%，占出口总额比重由上年的46.4%下降到44.1%。加工贸易与国际产业链联系紧密，在国际金融危机爆发初期受到的影响较大，但随着外部需求状况改善，下半年加工贸易订单和出口逐步恢复。全年加工贸易出口5869.8亿美元，下降13.1%，在出口总额中所占比重为48.8%，比上年提高1.6个百分点。其他贸易方式全年出口848.5亿美元，下降7.9%，在出口总额中所占比重上升0.7个百分点，主要是“走出去”带动了相关设备和产品出口。

(四) 外商投资企业出口回升较快，民营企业出口降幅较小

与加工贸易出口类似，外商投资企业出口同样呈现年初大幅下降、下半年快速反弹的走势。全年外商投资企业出口6722.3亿美元，下降15.0%，在出口总额中所占比重比上年略有升高，达到55.9%。私营企业经营机制比较灵活、竞争力不断提升的优势得到进一步发挥，全年民营企业出口3384.4亿美元，仅下降11.6%，在出口总额中所占比重由上年的26.7%上升到28.2%。国有企业出口1909.9亿美元，下降25.8%，在出口总额中所占比重比上年下降2.1个百分点。

表1 2009年中国分贸易方式、企业性质进出口情况

金额单位：亿美元

项 目		出口		进口	
		金额	同比(%)	金额	同比(%)
总 值		12016.6	−16.0	10055.6	−11.2
贸易方式	一般贸易	5298.3	−20.1	5338.7	−6.7
	加工贸易	5869.8	−13.1	3223.4	−14.8
	其他方式贸易	848.5	−7.9	1493.5	−18.0
企业性质	国有企业	1909.9	−25.8	2884.7	−18.5
	外商投资企业	6722.3	−15.0	5452.1	−12.0
	其他企业	3384.4	−11.6	1718.8	7.9

（五）东盟成为中国第三大出口市场，自澳大利亚进口保持增长

在前三大贸易伙伴中，中国对欧盟出口2362.8亿美元，比上年下降19.4%，自欧盟进口1278.0亿美元，下降3.6%；对美国出口2208.2亿美元，下降12.5%，自美国进口774.4亿美元，下降4.8%；对日本出口979.1亿美元，下降15.7%，自日本进口1309.4亿美元，下降13.1%。与东盟贸易下半年开始趋好，全年对东盟出口1063.0亿美元，下降7.0%；自东盟进口1067.1亿美元，下降8.8%，东盟已经取代日本成为中国第三大出口市场。在主要贸易伙伴中，与澳大利亚、东盟和美国的贸易比重略有上升，与欧盟和俄罗斯的贸易比重略有下降。前十大进口贸易伙伴中，仅自澳大利亚进口保持增长。

表2 2009年中国进出口贸易伙伴情况

金额单位：亿美元

主要出口贸易伙伴情况				主要进口贸易伙伴情况			
位次	国家或地区	出口金额	增速(%)	位次	国家或地区	进口金额	增速(%)
	总值	12016.6	−16.0		总值	10055.6	−11.2
1	欧盟	2362.8	−19.4	1	日本	1309.4	−13.1
2	美国	2208.2	−12.5	2	欧盟	1277.6	−3.6
3	中国香港	1662.3	−12.8	3	东盟	1067.1	−8.8
4	东盟	1063.0	−7.0	4	韩国	1025.5	−8.5
5	日本	979.1	−15.7	5	中国台湾	857.2	−17.0
6	韩国	536.8	−27.4	6	美国	774.4	−4.8
7	印度	296.7	−6.1	7	澳大利亚	394.4	5.4
8	澳大利亚	206.5	−7.2	8	巴西	282.8	−5.3
9	中国台湾	205.1	−20.8	9	沙特阿拉伯	236.2	−23.9
10	俄罗斯	175.1	−47.1	10	俄罗斯	212.8	−10.7

（六）能源资源产品进口量继续增加，扩大内需带动消费品和资本品进口扩大

在坚持实施应对国际金融危机一揽子计划的作用下，中国国内投资、消费继续保持较快增长，能源资源类产品进口需求旺盛，部分消费品、投资品进口增加。2009年全年铁矿砂进口62778万吨，增长41.6%；大豆进口4255万吨，增长13.7%；原油进口20379万吨，增长13.9%；初级形状的塑料进口2381万吨，增长34.5%；钢材进口1763万吨，增长14.3%；未锻造的铜及铜材进口429万吨，增长62.7%；纸浆进口1368万吨，增长43.7%。汽车和汽车底盘进口量增长2.8%，飞机进口量增长5.9%。

根据世界贸易组织（WTO）公布的数据，2009年中国的出口降幅低于全球出口降幅7个百分点，进口降幅低于全球进口降幅13个百分点。这充分表明，中国政府稳外需、扩进口的政策措施不仅对国内经济回升向好发挥了非常重要的作用，也对世界经济企稳复苏做出了积极贡献。

二、2010年一季度中国外贸增长的特点

今年以来，世界经济继续复苏，国内经济回升向好势头更加巩固，各项政策效应进一步显现，中国对外贸易延续了去年底以来的恢复性增长态势，出现较大幅度回升，顺差持续下降并在3月份出现逆差。主要特点有以下几个方面：

（一）进出口加快恢复

在国际市场需求回暖和国内需求增加的带动下，一季度进出口总额达到6178.5亿美元，比去年同期增长44.1%。其中出口3161.7亿美元，同比增长28.7%，比2008年同期增长3.3%；进口3016.8亿美元，增长64.6%，创季度增速历史最高。3月当月进出口总额2314.6亿美元，同比增长42.8%。其中出口1121.1亿美元，增长24.3%；进口1193.5亿美元，增长66.0%。

（二）顺差规模持续下降并在3月份出现逆差

由于进口增速持续快于出口，今年以来中国顺差规模延续了去年10月份以后大幅下降的态势。一季度，顺差144.9亿美元，下降76.7%，其中3月当月逆差72.4亿美元，结束了自2004年5月以来连续70个月顺差的局面。主要原

表3 2008-2010年中国第一季度进出口情况

金额单位：亿美元

时间	出口		进口		贸易差额
	金额	同比(%)	金额	同比(%)	
2008年1月	1095.8	26.5	902.3	27.6	193.6
2月	873.2	6.3	791.3	35.6	82.0
3月	1089.3	30.3	958.0	24.9	131.3
2008年1-3月	3058.3	21.4	2651.6	28.6	406.8
2009年1月	904.5	−17.5	513.4	−43.1	391.1
2月	648.9	−25.7	600.5	−24.1	48.4
3月	902.9	−17.1	717.3	−25.1	185.6
2009年1-3月	2455.4	−19.7	1832.0	−30.9	623.4
2010年1月	1095.6	21.1	954.1	85.7	141.5
2月	945.2	45.7	869.1	44.7	76.1
3月	1121.1	24.3	1193.5	66.0	−72.4
2010年1-3月	3161.7	28.7	3016.8	64.6	144.9

因在于内外需复苏不同步，内需回升的速度高于外需，进口价格的上涨幅度高于出口价格回升幅度，导致进口增速高于出口。

（三）主要商品进出口均实现持续增长

一季度，中国机电产品和高新技术产品出口出现了较快的恢复性增长，出口额分别为1890.8亿美元和990.6亿美元，分别比去年同期增长31.5%和39.1%。机电产品中，自动数据处理设备及部件出口增长43.3%，集成电路出口增长54.3%。消费类商品出口总体平稳，其中纺织品出口增长26.6%，服装增长9.1%，家具增长20.6%，彩电增长48.2%。这说明全球经济形势继续好转，投资与消费有所回暖，也与企业库存正常化密切相关。与此同时，国内需求的持续增长推动大宗商品进口呈现量价齐升，原油进口额比去年同期增长149.8%，铁矿砂进口额增长42.4%，初级形状的塑料进口额增长69.3%。机电产品和高新技术产品进口加快，增幅分别达到49.8%和50.5%。

表4 2010年一季度中国出口重点商品量值

金额单位：亿美元

商品名称	计量单位	出口数量	出口金额	比上年同期（%）	
				出口数量	出口金额
煤	万吨	570	4.9	−22.7	−48.4
原油	万吨	63	3.6	−58.5	−33.3
成品油	万吨	694	44.0	66.4	152.3
塑料制品	万吨	157	37.1	11.6	22.4
纺织纱线、织物及制品	—	—	152.1	—	26.6
箱包及类似容器	—	—	30.3	—	15.4
服装及衣着附件	—	—	240.4	—	9.1
鞋类	—	—	72.6	—	13.8
钢材	万吨	871	67.3	69.5	13.7
玩具	—	—	15.7	—	21.8
家具及其零件	—	—	70.6	—	20.6
灯具、照明装置及零件	—	—	17.9	—	24.1
机电产品	—	—	1890.8	—	31.5
高新技术产品	—	—	990.6	—	39.1

（四）加工贸易出口比重上升

一季度，一般贸易出口1413.1亿美元，比去年同期增长26.6%；进口1683.8亿美元，增长72.2%，高于整体增幅7.6个百分点，对进口增量贡献59.6%，拉动进口增长38.5个百分点。加工贸易出口1516.9亿美元，增长29.8%，占外贸出口比重比去年同期提高0.4个百分点；进口888.2亿美元，增长56.3%。其他贸易方式也实现了较快增长，出口增长34.6%，进口增长55.2%。

（五）民营企业进口高速增长

外商投资企业和民营企业出口增长继续快于国有企业，民营企业进口增长速度大大超过国有企业和外商投资企业。一季度，民营企业出口920.1亿美元，增长36.6%；进口581.4亿美元，增长90.8%，高于整体增幅26.2个百分点。国有企业出口495.1亿美元，增长17.3%，低于整体增幅11.4个百分点；进口856.6亿美元，增长63.1%。外资企业出口1746.5亿美元，增长28.4%；进口1578.8亿美元，增长57.4%。

表5 2010年一季度中国进出口贸易方式和经营主体情况

项 目		出 口		进 口	
		金额（亿美元）	同比（%）	金额（亿美元）	同比（%）
总 值		3161.7	28.7	3016.8	64.6
贸易方式	一般贸易	1413.1	26.6	1683.8	72.2
	加工贸易	1516.9	29.8	888.2	56.3
	其他方式贸易	231.7	34.6	444.9	55.2
企业性质	国有企业	495.1	17.3	856.6	63.1
	外商投资企业	1746.5	28.4	1578.8	57.4
	其他企业	920.1	36.6	581.4	90.8

（六）与主要贸易伙伴的贸易均大幅回升

一季度，中国对欧盟出口653.7亿美元，比去年同期增长31.0%；对美国出口544.5亿美元，增长19.7%；对日本出口257.0亿美元，增长17.7%。自欧盟、美国和日本进口分别增长43.0%、42.7%和56.6%，贸易平衡状况有所改善。对新兴市场和发展中国家出口再次出现强劲增

表6 2010年一季度中国与主要贸易伙伴贸易情况

金额单位：亿美元

国家或地区	出 口		进 口		贸易差额
	金额	同比（%）	金额	同比（%）	
全 球	3161.7	28.7	3016.80	64.6	144.9
欧盟	653.7	31.0	360.9	43.0	292.8
美国	544.5	19.7	236.6	42.7	307.9
日本	257.0	17.7	379.1	56.6	−122.1
东盟	292.3	46.7	336.8	76.6	−44.5
韩国	145.8	28.0	307.3	59.1	−161.5
中国香港	410.0	27.3	26.8	63.3	383.1
中国台湾	60.1	59.8	254.3	76.0	−194.2
澳大利亚	55.8	31.7	118.5	64.3	−62.7
印度	83.4	38.7	58.1	75.8	25.3
俄罗斯	52.0	39.3	67.9	89.4	−15.8

长,特别是中国—东盟自贸区全面建成带动双边贸易快速增长。对东盟出口292.3亿美元,增长46.7%,自东盟进口336.8亿美元,增长76.6%;对印度、俄罗斯、巴西出口分别增长38.7%、39.3%和88.3%。

三、2010年中国对外贸易发展前景

从一季度进出口形势来看,中国对外贸易发展面临的总体环境继续好转。同时也要看到,一季度对外贸易出现较大幅度回升,在很大程度上是因为去年基数较低,由于世界经济复苏进程依然曲折,各种积极变化和不利因素同时存在,中国对外贸易发展仍然面临着许多不确定不稳定因素。

首先,世界经济有望继续复苏,但复苏基础尚不稳固。

当前,世界经济缓慢复苏的态势更加明显。美国近期公布的经济数据表明,受政府刺激经济措施影响,私人投资正在恢复,居民消费温和增长,进出口持续扩大。欧盟和日本经济进一步向好的方向发展。新兴市场经济有望出现较强劲的回升。IMF最新预测将2010年世界经济增长从3.9%上调为4.2%。但是,世界经济持续全面回升还面临不少困难,复苏进程仍存在很多变数。一是无就业复苏的可持续性有待观察。2月份欧元区失业率升至10%,创1998年8月份以来的最高。美国2月份开工率为72.7%,比近30年平均水平低8个百分点。失业劳动力和闲置资本重新跨部门配置需要较长时间,必然制约消费和投资需求。二是全球主权债务风险加大。部分国家主权债务危机还在发展,主要经济体财政赤字率继续攀升,其他一些抵御风险能力较弱的地区可能受到波及。三是国际金融危机后遗症日趋明显。主要发达国家引发金融危机的一些深层次矛盾,如金融体系制度性风险和监管不力问题还没有解决,不良资产短期内难以根本消化掉。各国宏观政策在时机选择和力度把握上面临不少掣肘,新兴市场国家资产价格泡沫风险加剧。

其次,国际市场需求回暖,但动力不足、保护主义加剧。

在融资条件改善、投资和消费回升以及补库存需要刺激下,今年以来国际贸易迅速恢复。趋于活跃的贸易商品已经从初级产品、非耐用消费品延伸至耐用消费品和投资类产品。未来一段时间世界经济继续缓慢复苏,将会进一步推动全球贸易的增长。WTO预计,2010年全球贸易量将增长9.5%。但是,由于世界经济复苏存在着整体或局部不确定性,在失业率居高不下、居民收入前景不明朗、产能过剩仍较普遍的情况下,消费和投资需求出现全面持续大幅回升的动力不足,企业库存正常化对需求拉动的效应也会逐步减弱。一些国家和地区贸易保护主义愈演愈烈,针对中国的贸易摩擦形势更加严峻。今年一季度中国遭遇贸易救济调查19起,涉案金额11.9亿美元,同比增长93.5%。与低碳经济相关联的技术贸易壁垒趋于增多。

第三,企业经营环境总体改善,但成本上涨等压力增加。

世界经济缓慢复苏和国际市场需求回暖,国内保持扩内需、调结构和稳外需各项政策措施相对稳定,效应将继续显现,进出口企业适应市场变化能力也在进一步增强。但是,随着国际市场大宗商品价格持续走高,国内资源原材料价格持续上涨,加上沿海部分地区出现招工难等问题,企业面临国际竞争加剧和国内成本上升双重压力。主要货币汇率波动频繁,增加了企业汇兑风险。

第四,扩大内需可以带动进口,但增加进口仍面临许多制约。

2010年,中国将继续坚持扩大内需的方针,努力保持内需特别是居民消费较快增长,稳定进口促进政策,将进一步拉动能源资源、技术装备、中间产品和消费品进口。但是,在流动性严重过剩、世界经济回暖、通胀预期上升的带动下,国际市场大宗商品价格可能继续呈上行态势,并在一定程度上抑制企业进口。同时,美欧等发达国家仍然实行不合理的出口管制措施,直接制约中国企业进口,并影响到双边贸易平衡状况的改善。

总体上看,2010年中国对外贸易发展的环境继续改善,但也面临许多困难和问题。因此,要继续落实好稳外需的各项政策措施,及时帮助企业解决实际困难,支持企业巩固传统市场,积极开拓新兴市场,保持出口回升向好势头。进一步稳定进口促进政策,敦促有关国家取消不合理的出口管制,引导企业合理增加进口。利用当前外贸回升的有利时机,调整和优化进出口结构,促进对外贸易转型升级和发展方式转变,努力实现外贸又好又快发展。

2009年全国旅游工作回顾和2010年主要工作

2010年全国旅游工作会议　邵琪伟

这次全国旅游工作会议是在全国旅游系统深入学习贯彻《国务院关于加快发展旅游业的意见》，努力夺取应对国际金融危机全面胜利，积极谋划中国旅游业站在新的历史起点上，实现更大繁荣发展的背景下召开的。会议的主要任务是，总结2009年、部署2010年全国旅游工作，进一步统一思想、振奋精神、转变观念、改革创新，动员全行业为把旅游业培育成为国民经济的战略性支柱产业和人民群众更加满意的现代服务业而努力奋斗。

1月19日，中共中央政治局委员、国务院副总理王岐山同志听取了国家旅游局党组关于2009年全国旅游业发展情况及2010年旅游工作思路和重点工作安排的汇报，对2009年旅游业发展给予了充分肯定，对做好2010年和今后一段时间旅游工作作了重要指示。下面，我代表国家旅游局，讲两个方面的意见。

一、2009年工作回顾

2009年是我国旅游业经受严峻考验和挑战的一年；是党中央、国务院和各级党委政府对旅游业发展高度重视，旅游产业地位和发展环境明显提升的一年；是全国旅游行业化挑战为机遇，迈向历史新起点的一年。面对一系列自然灾害、突发事件接踵而至的不利影响，面对国际金融危机、甲型流感疫情持续蔓延的巨大冲击，面对国内消费信心不足、国际需求急速下滑的复杂局面，面对旅游企业经营困难加剧、旅游经济运行压力加大的严峻形势，在党中央、国务院的坚强领导下，在各级党委政府和各部门的大力支持下，全国旅游行业坚定信心、共克时艰，迎难而上、开拓创新，一手抓应对金融危机、保持发展势头毫不松懈；一手抓谋划长远发展、坚持改革创新毫不动摇。在金融危机的背景下，中国旅游业总体上保持了平稳较快增长，旅游系统保持了人心稳定、队伍稳定。在发展的关键时期，进一步理清了思路，明确了方向，凝聚了力量，为旅游业新一轮发展奠定了坚实基础。主要体现在以下四个方面：

（一）　提振信心，应对危机，旅游业保持平稳较快增长

——及时调整工作部署，促进国内旅游较快增长。面对金融危机背景下国际市场需求萎缩，全行业及时把工作重点调整到国内旅游上，各地明显加大了旅游宣传促销力度，激发居民旅游消费热情；在186个城市开展“全国百城旅游宣传周”活动，增强了居民旅游消费信心。大力培育各类旅游消费热点，促进了城乡居民旅游消费潜力的释放。各地和旅游企业充分运用价格杠杆，通过发放旅游消费券、价格优惠打折等方式，有效拉动了居民旅游消费。

——及时出台政策措施，保持旅游行业队伍稳定。退还旅行社质量保证金23亿元，推动落实宾馆饭店与一般工业企业享受水电气同价政策，努力减轻企业经营负担。推动金融系统加大对旅游企业信贷支持，采取加强培训、鼓励弹性就业、岗位补贴等方式，稳定困难企业职工队伍。以纪念邓小平“黄山谈话”30周年为契机，进一步坚定全行业克服困难、推进旅游业发展的信心。

——及时调整国际市场开发战略，遏制入境旅游急速下滑。充分利用各种大型国际活动平台，充分发挥“奥运后”旅游效应，全力推广世博旅游；成功举办中国国际旅游交易会。采取“走出去”和“引进来”相结合的方式，积极开展多种形式的国际旅游宣传推广活动，全年共参加21个重要国际旅展，开展10次海外大型推广活动，组织邀请50批次海外旅游记者和旅行商来华采访考察，为危

机过后入境旅游恢复发展创造有利条件。

2009年我国旅游业总体保持了平稳较快增长。全年国内旅游人数达19.02亿人次，增长11.1%；国内旅游收入1.02万亿元，增长16.4%；入境旅游人数1.26亿人次，下降2.7%；入境过夜旅游人数5088万人次，下降4.1%；旅游外汇收入397亿美元，下降2.9%；出境旅游人数4766万人次，增长4.0%；旅游总收入1.29万亿元，增长11.3%。

（二）抓住机遇，乘势而上，旅游业发展环境明显优化

——党中央、国务院高度重视旅游业发展。一年中，胡锦涛总书记、温家宝总理等中央领导多次考察旅游工作，对旅游业发展做出了一系列重要指示。春节期间胡锦涛总书记专门考察井冈山旅游业发展，“十一”期间又考察北京旅游景区，在中央经济工作会议上，强调要增加休闲旅游等消费，引导消费结构升级。温家宝总理4月18日在海南就加快发展旅游业发表了重要讲话，全面、系统阐述了发展旅游业对保增长、扩内需、调结构、促就业等方面的重要作用；11月25日，主持召开国务院常务会议审议通过《国务院关于加快发展旅游业的意见》。王岐山副总理先后10次考察旅游工作，亲自主持《意见》制定，3次系统听取旅游工作汇报，对旅游业发展作出重要指示。党中央、国务院对旅游业的高度重视，使全行业深受鼓舞和鞭策。

——旅游业发展纳入国家战略体系。在党中央、国务院领导同志的支持和指导下，国家旅游局与国务院办公厅、国家发展改革委一起，会同中央和国家机关39个部门，起草了《国务院关于加快发展旅游业的意见（送审稿）》。经国务院常务会议审议后，于12月1日以国务院名义正式下发。《意见》确立了把旅游业培育成为国民经济的战略性支柱产业和人民群众更加满意的现代服务业的战略定位，提出了新时期旅游业发展的基本原则、发展目标、主要任务和支持政策。《意见》总结了我国旅游业30年发展经验，集中了全行业和各方面的智慧。既充分体现了科学发展观的要求，又紧密结合了旅游业的实际。《意见》的出台，标志着旅游业进入了国家战略体系，预示着中国旅游业将迎来新一轮发展高潮。去年，国务院还出台了《关于推进海南国际旅游岛建设发展的若干意见》，在国务院下发的推进广西等省区市经济社会发展的一系列文件中，都把旅游业发展摆上重要位置，提出了明确要求。

——各级党委政府推动旅游业发展的力度明显加大。随着旅游业的发展和战略性支柱产业地位的确立，各级党委政府对旅游业发展更加重视。北京充分发挥奥运旅游效应，推动奥运后旅游业快速发展；上海紧抓世博契机，着力打造国际一流旅游目的地城市；广东积极推动国民休闲旅游；四川在灾后重建中加快发展旅游业，全省旅游业总体已恢复到地震前水平；西藏采取多种措施使旅游人数和收入都恢复到了“3•14”之前的水平。山东、河南省委省政府出台了促进旅游业发展的意见。北京、浙江、江西、河南、湖北、湖南、云南、青海、贵州、陕西、宁夏等省区市召开了旅游产业发展大会，并出台了相关的指导性文件。

（三）狠抓基础，健全制度，旅游产业素质稳步提升

——旅游法规建设扎实推进。全行业大力宣传贯彻新的《旅行社条例》，促进旅游市场规范有序发展。上海出台了《旅馆业管理办法》，江西出台了《旅游条例》，成都颁布了《旅游业促进条例》。全行业企盼多年的《旅游法》制定工作已列入全国人大立法程序，起草工作正式启动。

——旅游标准化和制度建设得到加强。发布了《旅游服务质量提升纲要》和《关于加强旅游服务质量和市场秩序监督管理工作的意见》，制定了《全国旅游标准化发展规划》和《全国旅游标准化工作管理办法》，组织制定、修订了21项国家标准和行业标准。制定完善《旅游安全管理办法》、《旅游投诉处理办法》、《旅行社责任险保险管理办法》，全面修订了《旅游统计调查制度》，完善了国内旅游、入境旅游、出境旅游组团合同范本，初步建立了旅游经济运行分析制度和预警机制，开展了游客满意度调查。

——旅游产品建设有新突破。各地抓住国家应对金融危机一揽子计划实施过程中，扩大内需、增加投资、加快基础设施建设的有利机遇，积极引导民营资本和社会投资投向旅游业，推动旅游产品结构优化提升，全国涌现了一批投资规模较大、市场效益较好、科技文化含量比较高的生态旅游、文化旅游、商务会展旅游、休闲度假旅游等高中端旅游产品。我们加强了规划引导，编制完成了中部地区、北部湾、丝绸之路、海峡西岸、东北老工业基地等区域旅游规划，引导旅游业科学发展。召开全国乡村旅游发展工作会议，制定了《全国乡村旅游发展纲要》和《乡村旅游服务指南》，推进乡村旅游蓬勃发展。加强旅游景区质量等级复核和评定检查。国家旅游发展基金重点支持了321个旅游项目建设。以举办首届中国旅游产业节和中国国际旅游商品博览会为契机，推动旅游装备制造业和旅游商品发展。举办了中国旅游服装服饰大赛，推动提高旅游文化含量。

——旅游人才和队伍建设迈出新步伐。加强旅游从业人员素质建设，启动旅游从业人员培训计划，全年培训导游人员、企业中高级管理人员和各类旅游服务人员共1.33万人次。启动“名导进课堂”工程，着力建设高素质导游师资队伍。开通中国导游网，为导游人员搭建交流沟通平台。制定实施《全国藏区旅游人才培训计划》，圆满完成了第7批导游援藏任务。推进旅游干部队伍建设，制定了加强旅游质监执法队伍建设的意见。各级旅游部门工作的制度化、规范化和工作水平有了新的提高。

（四）扩大开放，改革创新，旅游业活力和影响力不断增强

——旅游产业融合发展不断深化。红色旅游与绿色旅游紧密结合，实现了快速发展。全年红色旅游接待人数3.53亿人次，增长29.8%；红色旅游综合收入1385亿元，增长11.8%。我们与建设部共同推动特色景观旅游村镇建设工作；与文化部联合出台《关于促进文化与旅游结合发展的指导意见》；与农业部加大发展乡村旅游工作力度；与环保部共同推进生态旅游标准实施；与国务院三峡办、扶贫办推动三峡库区旅游扶贫工作；与工商、质监、宗教、文物、国标委等部门共同开展规范宗教旅游场所文明燃香活动；与保监会共同推进旅行社责任险全国统保；与邮政集团建立旅游与邮政合作机制。进一步加强对重点省区市旅游业发展的分类指导，全年与11个省区市政府签订了推动旅游业发展的合作协议。全国旅游业发展合力不断增强。

——旅游部门职能转变加快。国家旅游局全面落实新的“三定”规定，加快推进职能转变和职责调整，完成了星级饭店评定等工作整体向旅游协会移交。推进旅游行业协会建设，成立了中国旅游协会温泉分会、休闲农业与乡村旅游分会、休闲度假分会。广东、云南、海南及部分城市和地区推动旅游综合改革或专项改革试点取得新进展。

——国际旅游交流稳步推进。一年中，胡锦涛主席、温家宝总理先后4次出席我国与意大利、塞尔维亚、朝鲜、新西兰等国家旅游合作文件签署，中国公民出境旅游目的地国家和地区扩大至139个，已实施104个。较大规模组团参加了中日韩旅游部长会议和中美省州旅游局长合作发展对话会议，参加了世界旅游组织大会、东盟与中日韩旅游部长会议、中南太旅游组织部长理事会会议等重要国际活动，中国旅游业的国际地位和影响力进一步提高。

——旅游对台港澳工作发挥独特作用。稳健推进大陆居民赴台旅游，开放范围扩大到25个省区市，全年大陆居民赴台旅游人数达到60.6万人次，为促进海峡两岸和平发展发挥了独特作用。海峡两岸旅游交流协会台北办事处筹建工作积极推进。深化与港澳旅游合作，积极推动CEPA补充协议六有关旅游政策的落实，支持香港、澳门繁荣稳定。

一年来，全国旅游行业在应对危机、促进增长中积累了重要经验。这对我们完善发展思路，推动旅游业又好又快发展，具有重要意义。

一是要善于在危机中增强工作的预见性，把握工作的主动权。面对金融危机，我们及时调整了工作重点，果断采取了应对举措，扭转了不利的局面。为有效防控甲型流感对旅游业的影响，我们及时发布旅游提示，妥善应对突发疫情；新疆“7•5”事件发生后，我们迅速采取有效措施，及时释放积极信号，努力保持旅游市场稳定。今后旅游业发展中各种不确定和不可预见因素仍将存在，旅游与危机同行将成为常态，只要我们密切跟踪形势变化，及时调整工作方针和工作重点，早预见、早准备、早行动，就能提高全行业应对危机和突发事件的能力。

二是要善于利用危机形成的倒逼机制，加快旅游业改革创新。危机加剧了固有矛盾和问题的暴露，同时带来了新的问题和挑战，迫使我们不断反思、不断创新，要求我们主动调整、加快改革。在这次应对国际金融危机过程中，一方面，传统的旅游市场陷入更加激烈的竞争，部分竞争能力不强和不能适应挑战的企业陷入经营困境，部分不善于主动调整工作方针的地区面临大量客源流失。另一方面，乡村旅游、文化旅游、休闲度假旅游等新兴市场快速发展，蕴藏着巨大商机；依托现代信息技术而催生的电子商务、网络营销，使许多旅游企业快速发展；善于推陈出新的旅游目的地游客盈门。实践证明，只要我们善于运用危机和挑战形成的倒逼机制，就能加快推进旅游业改革创新和发展方式转变。

三是要善于从危机中发现积极因素，抓住机遇，乘势而上。传统发展之"危"，往往孕育着创新发展之"机"。这场金融危机使国际市场需求急剧下滑，党中央、国务院及时作出扩大内需、促进消费的战略决策，提出更多地依靠国内需求促进经济增长，出台了应对危机的一揽子计划刺激国内需求，特别是推出4万亿投资计划，极大地改善了与旅游业发展紧密相关的高速公路、高速铁路建设，居民旅游消费需求快速增长。抓住这一机遇，我们推动确立了旅游业新的战略定位，有力地提升了旅游产业地位；推进了旅游基础设施建设、高中端旅游产品开发和体制机制改革创新，使一些长期阻碍旅游业发展的深层次矛盾和问题得到或正在逐步解决。实践证明，越是困难的时候，越要善于化危机为机遇，顺势而谋，顺势而上，不断创造新的发展优势。

在充分肯定成绩的同时，我们要清醒地认识到，旅游业发展方式粗放、市场秩序不规范、体制机制不健全、人才队伍和从业人员队伍建设不适应等长期制约旅游业发展的突出矛盾和问题仍然没有得到根本解决。受金融危机等影响，全行业出现了入境旅游下滑、旅游企业特别是部分经济外向度高的省市旅游企业经营困难加剧等新的困难和挑战。对这些长期性问题和新出现的问题，我们都要高度重视，认真研究，采取措施，努力推动解决。

二、2010年主要工作

今年是全面贯彻落实《国务院关于加快发展旅游业的意见》的第一年，也是实现"十一五"规划目标的最后一年。当前，全国旅游行业要深入学习、全面领会国务院文件的基本精神。必须深刻认识到，《意见》是新时期新阶段指导中国旅游业发展的纲领性文件，是全国旅游系统的行动指南。要切实把思想和行动统一到《意见》精神上来，要切实以《意见》统领全国旅游工作的安排和部署，要切实增强贯彻落实的自觉性和主动性，要切实把功夫下在抓落实、见成效上。今年尤其要全力抓好《意见》的贯彻落实，务必起好步、开好局，为"十二五"旅游业发展打下良好基础。

必须深刻认识到，按照把旅游业培育成为国民经济战略性支柱产业和人民群众更加满意的现代服务业的目标要求，各级旅游部门的思想观念、工作方式、体制机制和干部队伍能力和素质都还有很多不适应的方面。我们要按照党中央、国务院的要求，以全面贯彻落实《意见》为契机，进一步解放思想、更新观念、改进方法，不断与时俱进，不断改革创新，不断发展进步。在工作中要努力做到：

——牢固树立四个观念。一是要牢固树立把旅游业培育成为国民经济战略性支柱产业和人民群众更加满意的现代服务业的观念，增强工作的责任感和使命感。二是要牢固树立市场经济的观念，充分发挥市场在资源配置中的基础性作用，更好地用市场经济规律推进旅游业发展。三是要牢固树立科学发展的观念，下大力气转变旅游业发展方式，推进旅游业转型升级，真正使旅游业走内涵式集约化发展的道路，实现速度、结构、质量、效益相统一。四是要牢固树立游客至上的观念，把满足人民群众的旅游需求作为首要目标，把维护广大游客合法权益作为第一职责，以游客满意度来衡量和检验各项工作的成效。

——切实增强三个意识。一是要切实增强大局意识，深刻领会发展旅游业对保增长、扩内需、调结构、促就业的重要意义，自觉地为国民经济和社会发展大局服务，在服务大局中推动旅游业又好又快发展。二是要切实增强机遇意识，充分认识当前我国经济社会发展正处于重要的战略机遇期，旅游业发展也处于难得的战略提升期和黄金发展期，随着国民经济发展、人民收入增加，我国旅游业进入快速增长期是一个必然的趋势，要善抓机遇，顺势而谋，顺势而上。三是要切实增强改革意识，把改革开放作为发展的根本动力，用改革创新的办法解决前进中的问题，既大胆又科学地通过体制改革、机制创新、制度建设来推动旅游业又好又快发展。

——努力实现三个转变。实现旅游业发展方式的转变，首先要实现工作方式的转变。一是工作重点要转移到国内旅游上来，正确处理国内、入境、出境三大市场关系，统筹利用国内国际两种资源两个市场，保持旅游业平稳较快增长；二是工作重心要下移，按照旅游业发展的特点和规律，要以城市为重点抓好旅游业改革创新、产品建设、市场管理和质量提升，通过重点城市、重点区域、重点企业、重点项目的带动，推进有条件的地区率先把旅游业培育成为国民经济的战略性支柱产业。三是工作职能要转变，要把可以由企业和中介机构承担的工作坚决转移出去，把主要精力从文山会海中解脱出来，深入开展调查研究，着力健全旅游法规、完善旅游规划、制订旅游标准、增强公共服务、规范市场秩序、促进对外交流、提供人才保障，提高推动旅游业发展的能力。

今年旅游工作的总体要求是：全面贯彻党的十七大和十七届三中、四中全会和中央经济工作会议精神，以邓小平理论和“三个代表”重要思想为指导，深入贯彻落实科学发展观，全面贯彻落实《国务院关于加快发展旅游业的意见》，以国内旅游为重点，积极发展入境旅游，有序发展出境旅游，着力推进改革开放，着力创新体制机制，着力扩大旅游消费，着力提升服务质量，着力优化产业结构，着力转变发展方式，努力实现旅游业平稳较快增长。

综合分析今年影响旅游业发展的有利因素和不利因素，我们认为2010年我国国内旅游将保持平稳较快增长，入境旅游有望全面恢复，出境旅游将继续平稳发展。全年旅游业发展的预期目标是：国内旅游人数21.5亿人次，增长13%，国内旅游收入1.15万亿元，增长13%；入境旅游人数1.32亿人次，增长5%，其中过夜旅游人数5450万人次，增长7%，旅游外汇收入430亿美元，增长8%；出境旅游人数5100万人次，增长7%；旅游业总收入1.44万亿元，增长12%。新增旅游就业50万人。

今年要重点抓好以下工作：

（一）推进旅游业改革创新

要把改革创新作为推进旅游业发展的根本动力，不断深化旅游业体制改革和机制创新。海南、广西、云南等地要认真落实国务院有关文件的精神，加快推进旅游业综合改革试点；广东、福建、天津、成渝、武汉和长株潭等地要紧密结合改革开放先行先试的部署，积极推进旅游业改革创新；河南、江苏、浙江、山东等有条件的地区要加快旅游业改革步伐。国家旅游局将选择若干重点省份和重点城市推进旅游综合改革试点。各地要结合实际，在党委政府的领导下，积极推进旅游业改革，完善体制机制，加快制度创新。旅游业综合改革试点的重点是，构建更加有利于旅游业发展的体制机制，推进旅游行业协会等中介机构发展，推进旅游景区一体化管理，消除制约旅游业发展的体制和制度障碍，打破地区封锁和行业壁垒，促进形成全国旅游大市场。要切实落实《意见》中关于推进旅游行业协会改革的要求，国家旅游局要制定旅游行业协会改革发展的指导意见，各地要提出五年改革行动方案。要发挥旅游行业协会服务企业的作用，各级各类旅游协会要以贯彻落实《意见》为契机，积极争取相关部门对企业的财政支持、金融支持和相关配套政策的落实。要大力推进市场主体建设，国家旅游局将制定促进旅游饭店业和旅行社业改革发展的指导意见，各地要着力推动一批国有旅游企业改组、改制、兼并、重组，大力扶持民营旅游企业和股份制企业发展，积极支持有竞争力的旅游企业集团发展。

（二）培育旅游消费热点

要丰富和活跃假日旅游市场，推进休闲度假旅游发展，编制《国民旅游休闲纲要》，促进大众旅游休闲消费。要认真组织实施乡村旅游富民工程，各省区市要制定完善具体工作方案，有条件的城市可制定城市周边休闲度假带旅游规划，有组织、有规划地对城市周边旅游带（圈）的建设加以引导。今年，国家旅游局将继续加强与农业、文化、建设、环保、体育等部门的合作，共同推出乡村旅游、文化旅游、体育旅游、生态旅游和特色旅游城镇等示范产品，各地要加强对旅游产品特色化、生态化、多样化发展的指导和引导，提高旅游业的文化含量。要与全国红色旅游协调小组成员单位密切协作，积极推进红色旅游发展。在总结第一期红色旅游发展经验的基础上，制定实施第二期全国红色旅游发展规划纲要。要在推进海南国际旅游岛建设的同时，推动主要沿海城市滨海旅游发展和提升，支持山东长岛、上海崇明岛、浙江舟山群岛、福建湄洲岛、广东横琴岛、广西涠洲岛等岛屿旅游业发展。要积极推进旅游目的地建设，认真抓好中国优秀旅游城市目的地建设工作，建立以游客评价为主的旅游目的地评价机制。要继续推进旅游基础设施建设，各省区市要抓紧制定实施旅游厕所改扩建工程工作方案和A级景区五年实现交通基本畅通、标识基本完善、厕所基本达标、停车场基本满足要求的工作方案，并纳入“十二五”发展规划。要继续办好中国旅游产业节和中国旅游商品博览会，推动邮轮、游艇、旅游房车等旅游装备制造业发展，促进旅游纪念品设计制造和质量提升。

（三）大力提升旅游服务质量

要充分认识提升旅游服务质量对建设人民群众更加满意的现代服务业的重要性和紧迫性，牢固树立质量是旅游业立业之本的理念，把全面提升旅游服务质量作为全行业的中心工作和旅游部门的基本职能，不断创新工作思路和手段。要认真落实《意见》的要求，狠抓质量管理基础工作，建立健全监督体系，加强诚信建设，同时要注重调动企业的积极性，引导企业自觉提升服务质量。2010年是“全国旅游服务质量提升年”，国家旅游局已经制定下发了相关工作方案，对做好质量提升年各项工作进行了部署。各级旅游部门务必高度重视，狠抓落实。要加强对旅游企业的服务和指导，重点抓一批旅行社、宾馆饭店、景区景点、旅游购物店的质量提升，建立健全饭店星级、景区质量等级的退出机制，严肃查处一批侵害游客合法权益的典型案例，并予以公布。今年要建立旅游投诉通报制度，定期发布全国重点旅游城市游客满意度排名。要抓紧研究制定旅行社、旅游购物店信用等级制度。与相关部门密切配合，继续开展宗教旅游场所文明燃香活动。深入开展文明旅游、健康旅游、绿色旅游活动，组织开展“品质旅游、伴你远行”宣传活动，增强居民和游客文明旅游、理性消费的意识。要通过质量提升年各项工作，使全国旅游服务质量有明显提升，使广大游客满意度不断提高。

（四）全力做好上海世博旅游工作

2010年上海世博会是继北京奥运会之后我国举办的又一个世界盛会，是我国旅游业发展的重要机遇。中央提出要“把上海世博会办成一届成功、精彩、难忘的世博会”。今年1月15日，胡锦涛总书记视察上海世博会筹办工作时提出了“三个展示”、“六个确保”的要求，强调要利用上海世博会带来的知名度和影响力，加快发展旅游、会展、文化、创新、金融服务等产业，最大限度把上海世博会带来的无形资产转化为推动经济社会发展的现实优势。我们要按照党中央、国务院和世博组委会的要求和部署，全力做好世博旅游宣传推广和旅游接待服务工作。要以“世博旅游年”为载体，举全行业之力，努力实现世博会期间入园游客7000万人次、其中海外游客350万人次的预期目标。国家旅游局将会同有关部门和地方，在世博会开幕90天、50天、30天分别启动全球百城世博旅游宣传月、全国百城世博旅游推广周、世博旅游大篷车巡回推广等活动。将利用2010年意大利“中国文化年”、韩国“中国访问年”、中俄语言年、中越友好年等国家层面重大活动和主要国际旅游展，开展世博旅游宣传推广。还将邀请100家海外主要旅行商来上海考察，扩大世博旅游国际影响。将与日本、韩国、东南亚、俄罗斯、欧美和港澳台等主要客源市场，建立以出境旅游和入境旅游的市场互换推广工作机制。要认真做好世博旅游接待服务工作，承担世博旅游服务任务的地方和企业要切实做好高峰期游客应急预案，精心做好旅游安全、交通、住宿、参观游览等各环节的工作，为国内外游客提供高水准旅游服务。各地旅游部门要高度重视，增强政治意识、大局意识和责任意识，切实加强协调配合，周密制定工作方案，强化工作责任，把各项工作落实到位。

（五）推动旅游业发展方式转变

国家旅游局和各级旅游部门都要从自身做起，下大力气转变发展方式。要按照《意见》要求，用科学发展观的理念，研究制定全国旅游业发展规划，认真做好“十二五”旅游业规划工作。要认真落实国家区域发展战略，抓好环渤海、粤港澳、大运河等重点地区和重点景区旅游规划工作，推进区域旅游发展。要加大对少数民族地区旅游业发展的支持力度，重点支持新疆、西藏和青海、四川、甘肃、云南等省藏区旅游业恢复发展。从今年起要大力推进旅游节能减排工作，国家旅游局将召开旅游节能减排现场会，制定旅游饭店和景区节能减排工作指南，开展低碳旅游示范城市试点和绿色环保旅游企业创建活动，年内将推出首批旅游环保企业。各地要按照“五年内将星级饭店、A级景区用水用电量降低20%”的要求，制定实施旅游节能减排工程五年工作计划，分解落实年度任务，建立旅游节能减排工作领导机构和工作机制，落实节能减排责任，抓好监督检查。加强旅游公共服务体系建设，完善旅游安全预警制度，推进旅行社责任险全国统保；推动建立旅游紧急救援体系；完善旅游统计体系；加强旅游经济运行监测；深化旅游基础理论研究。各地要围绕提升旅游便利化服务，对照《意见》要求，检查薄弱环节，提出改进措施，推进政府不断优化旅游消费环境。要以首次中国旅游日活动为契机，动员有关方面，集中力量开展健康旅游、文明旅游、绿色旅游宣传活动，增强全社会的旅游意识。要加快构建旅游基础数据库，推动旅游资讯网建设，完善“12301”全国旅游服务热线，探索三网融合机制下的旅游信息化工作模式，支持旅游电子商务企业发展，促进旅游信息化服务水平不断提高。支持广东、湖南、四川、上海等省市率先开展银联卡旅游消费的跨区域合作，增强银行卡旅游服务功能。

（六）推进旅游法规和标准化建设

要全力配合全国人大财经委工作小组，认真做好《旅游法》起草工作，力争年内按计划完成立法基本框架。今年要组织开展《旅行社条例》实施一周年全国执法检查。加强与国家标准委合作，启动旅游标准化示范省、市、县和旅游企业试点工作，完成《城市旅游集散中心服务规范》、《旅游紧急救援服务规范》等4项国家标准和《旅游城市公共信息导向系统设置要求》等6项行业标准的制订工作，推动旅游安全、环境卫生、节能减排等标准不断完善。组建旅游饭店、旅行社、旅游景区三个全国旅游标准化分技术委员会。突出抓好旅游标准的宣贯推广和实施监督工作，进一步加强旅游业地方标准和企业标准的制修订工作。健全标准化工作机制，完善旅游标准体系，正确处理国家标准、行业标准、地方标准和企业标准之间的关系。

（七）扩大旅游对外开放和交流合作

积极发展旅游对外交流与合作，加强与国际旅游组织、外国政府、驻华旅游机构的合作，完善合作机制。稳步推进中国公民出境旅游目的地工作。认真落实中央对台工作方针和保持香港、澳门长期繁荣稳定的部署，不断深化旅游对港澳台的交流合作，积极扩大大陆居民赴台旅游范围和内地居民赴港澳“个人游”范围。抓紧做好外商投资旅行社经营中国公民出境旅游业务试点工作。推动有条件的旅游企业“走出去”发展。今年要办好世界旅游旅行大会（北京）、中日韩旅游部长会议（浙江）、中美省州旅游局长合作对话会议（江苏）、博鳌国际旅游论坛和世界旅游城市市长大会（河南），办好国际旅交会（上海）、国内旅交会（重庆）、海峡两岸台北旅展和世界旅游日主会场活动，各省区市要认真做好有关组织和筹备工作。

（八）加强旅游人才队伍和从业人员队伍建设

研究制定“十二五”旅游人才规划和旅游人才标准，加强旅游人才基地建设，加快培育旅游人才市场，完善旅游行业表彰制度，形成有利于旅游人才发展的机制和环境。实施全国旅游业培训计划，统筹推进旅游行政管理干部、企业中高级管理人员和导游人员分级分类培训。会同有关部门加快旅游行业职业分类研究，完善旅游职业资格和职称制度，推进导游管理体制改革，完善导游等级制度。组织开展以“讲道德、比技能、赛服务”为主题的全国导游员大赛，表彰一批优秀导游员和模范导游员。改进导游考试管理方式，开展高级导游考核试点，完善中国导游网，开设网上导游培训课堂，继续实施“名导进课堂”工程，鼓励各地开展形式多样、注重实效的导游培训，促进全国导游服务水平不断提高。

（九）推进旅游部门自身建设和行风建设

建设国民经济战略性支柱产业和人民群众更加满意的现代服务业，要求各级旅游部门要进一步转变思想观念，改进工作方式，创新工作方法，增强工作的针对性和有效性，提高工作效率和水平。要按照完善社会主义市场经济体制和建设责任政府、法治政府的要求，加快转变政府职能，大力推进服务型机关建设。面对新时期新阶段新任务新要求，各级旅游部门要扎实推进学习型机关建设，广大干部员工要自觉地加强学习，真正把学习作为一种人生追求、作为一种精神境界，不断丰富自己的知识体系，不断提升自身的能力和素质。要大力弘扬和树立踏实、务实、求实的工作作风，坚持实事求是，密切联系旅游业发展实际，深入开展调查研究，注重问政于民、问需于民、问计于民，始终保持求真务实、艰苦奋斗、开拓进取的精神状态。要认真贯彻党中央、国务院和中纪委的有关要求，以建立健全惩治和预防腐败体系各项制度为重点，深入推进党风廉政建设和行风建设，努力把各级旅游部门建设成清正廉洁、务实高效的服务型机关。

同志们，中国旅游业发展面临着巨大的机遇和美好的前景，全国旅游行业肩负着艰巨的任务和光荣的使命。让我们在党中央、国务院的正确领导下，全面贯彻落实科学发展观，深入推进改革创新，加快转变发展方式，为把旅游业培育成国民经济的战略性支柱产业和人民群众更加满意的现代服务业而不懈奋斗！

2009年度全国旅行社统计调查公报

依据《统计法》、《旅行社条例》和《旅游统计调查制度》，我局组织开展了2009年度全国旅行社统计调查，现将统计调查资料信息公报如下：

一、2009年度全国旅行社基本情况

（一）行业规模

截至2009年底，全国有旅行社21649家，同比增长4.63%。参加年度统计调查的有21224家，占总数的98.04%。

2009年底，全国旅行社总资产585.96亿元，同比增长12.28%，其中，负债345.99亿元，同比增长15.34%；所有者权益239.97亿元，同比增长8.15%。按形态分，固定资产106.31亿元，占总量的18.14%，同比增加14.23%；流动资产430.39亿元，占总量的73.45%，同比增加20.95%；其他类型资产49.26亿元，占总量的8.41%。

旅行社直接从业人员为340894人，其中，导游人员112777人、领队人员29593人、会计人员32845人、经理人员84271人、其他人员81408人。

（二）经营规模和效益

参加统计调查的21224家旅行社中，填报数据有效的共计20399家。据有效数据统计，2009年度全国旅行社营业收入1806.53亿元，同比增长8.64%；毛利润总额134.36亿元，毛利率为7.44%；净利润总额11.48亿元，净利率为0.64%；旅游业务营业收入1745.58亿元，同比增长8.87%；旅游业务毛利润为120.28亿元，旅游业务毛利率为6.89%；实缴税金为12.69亿元，同比增长12.37%；外汇结汇10.51亿美元，同比减少11.24%；全年促销费支出6.76亿元，同比增长13.87%。

（三）旅游业务分项

1.入境旅游业务

2009年度全国旅行社入境旅游业务营业收入为222.15亿元，同比减少1.21%，占全国旅行社旅游业务营业收入总量的12.73%；入境旅游业务毛利润为18.69亿元，同比增加4.72%，占全国旅行社旅游业务毛利润总额的15.54%，毛利率为8.42%。

入境外联1261.43万人次，同比减少4.78%，其中外国人516.83万人次，同比减少15.81%；外联人天数为5615.89万，同比减少3.28%，其中外国人为2399.31万人天，同比减少15.22%；接待入境旅游者1873.38万人次，同比减少7.85%，其中外国人774.84万人次，同比减少16.45%；接待入境旅游者人天数为6304.59万，同比减少1.61%，其中接待外国人2604.42万人天，同比减少16.89%。

2.国内旅游业务

2009年度全国国内旅游业务营业收入1139.10亿元，同比增长11.79%，占全国旅行社旅游业务营业收入总量的65.26%；国内旅游业务毛利润为76.33亿元，同比增长16.64%，占全国旅行社旅游业务毛利润总额的63.46%，毛利率为6.70%。

国内旅游组织10123.47万人次，同比增长18.53%；30018.97万人天，同比增加18.12%；接待13696.05万人次，同比增加31.07%；26339.34万人天，同比增加14.69%。

3.出境旅游业务

2009年度出境旅游业务营业收入384.34亿元，同比增长6.92%，占全国旅行社旅游业务营业收入总量的22.02%；出境旅游业务毛利润为25.25亿元，同比增长28.99%，占全国旅行社旅游业务毛利润总额的21.00%，毛利率为6.57%。

出境旅游组织1234.68万人次，5767.87万人天，其中，出国游685.29万人次，同比增长13.54%；4073.87万人天，同比增长17.17%；港澳游519.58万人次，同比增长6.61%；1694.01万人天，同比增长7.94%；组织边境游29.82万人次，同比减少30.53%。

二、2009年度全国旅行社总体结构

（一）旅行社区域分布

旅行社数量排在前十位的省（自治区、直辖市）依次为：山东（1802家）、江苏（1704家）、浙江（1501家）、河北（1116家）、辽宁（1110家）、广东（1085家）、河南（1052家）、湖北（886家）、北京（875家）、上海（873家），十省市旅行社总量占全国旅行社总量的55.45%。

（二）旅行社经营状况分布

经对各省（直辖市、自治区）旅行社经营的旅游业务营业收入、旅游业务毛利润、实缴税金、外汇结汇、入境外联人天、入境接待人天、国内组织人天、国内接待人天等八项指标进行综合排名，前十名地区为北京、广东、浙江、上海、山东、辽宁、江苏、云南、湖南、四川。

（三）旅行社类别分布

2009年度获得国家旅游局批准的出境游组团社共计1069家，占全国旅行社总数的4.94%；旅游业务营业收入1037.31亿元，占全国的59.42%；旅游业务毛利润74.54亿元，占全国的61.97%；实缴税金6.76亿元，占全国旅行社的53.25%；外汇结汇8.22亿美元，占全国的78.23%；入境外联人天、入境接待人天分别为4873.23万、5166.84万，占全国的86.78%和81.95%。

2009年度获得国家旅游局批准的外商投资旅行社共计38家：外商独资旅行社21家、外商控股合资旅行社8家、中方控股合资旅行社9家；北京19家，广东7家，上海6家，湖南、福建、天津、云南、浙江、海南各1家。外资旅行社旅游业务营业收入25.14亿元，占全国的1.44%；旅游业务毛利润2.71亿元，占全国的2.25%；实缴税金0.25亿元，占全国的1.97%；外汇结汇1.36亿美元，占全国的12.93%；入境外联人天、入境接待人天分别为23.14万、110.55万，占全国的0.41%和1.75%。

（四）旅行社所有制结构分布

全国旅行社中，国有独资企业占8.23%，股份制企业占76.24%，其他类型企业占15.53%。

2009年旅游经济运行报告

日前，国家旅游局召开四季度旅游经济分析会，依据公安部出入境管理局提供的入出境统计数据、国家旅游局与国家统计局城市司和农村司联合开展的城镇居民和农村居民国内旅游抽样调查资料、国家旅游局各司室调查研究资料和中国旅游研究院的旅游经济分析报告，对2009年全年旅游经济运行情况进行了分析。主要情况如下：

一、旅游业总体发展情况

2009年，我国旅游业总体保持较快增长，旅游总收入实现较大幅度增长。预计全年旅游总收入约为1.26万亿元，比上年增长9%。其中，国内旅游市场持续快速增长，入境旅游市场逐步恢复，出境旅游市场平稳发展。同时，旅游投资规模大幅增长，企业经营业绩开始回升，旅游产业对经济社会带动作用进一步加强。

二、旅游业发展环境：全球国际旅游随经济复苏开始景气回升，国内经济稳定增长奠定了国内旅游快速增长的基础

持续受金融危机影响，预计2009年全球经济将下降2.2%。联合国世界旅游组织公布，随着经济复苏的迹象日渐明显，全球入境旅游景气指数开始攀升，四季度达到92，比一季度提高35个点。世界旅游组织对全年全球入境旅游者人数的最新预测也从年初的下降8.4%调整为下跌5%左右。

在党中央、国务院的正确领导下，我国全面实施并不断丰富完善应对国际金融危机冲击的一揽子计划，经济回升向好趋势不断巩固，经济社会发展取得显著成效。预计2009年我国GDP增速将超过8%。国内经济稳定增长，支撑了我国旅游业的较快发展。大众化国内旅游

市场成为我国旅游业发展的坚实基础，一直保持蓬勃发展的势头。

三、三大市场“两升一降”，国内旅游市场持续快速增长

（一）国内旅游市场

根据国家旅游局和国家统计局城市司与农村司联合开展的城镇居民和农村居民季度国内旅游抽样调查资料，2009年前三季度，国内旅游人数为14.3亿人次，比上年同期增长9.4%；国内旅游收入7673亿元，增长15.4%。据此预测，全年国内旅游人数约为19亿人次，比上年同期增长11%；国内旅游收入有望突破1万亿元，增幅超过15%。

2009年，城镇居民出游率大幅攀升，前三季度出游率分别为56.8%、50.6%和49.9%，比上年同期的42.2%、39.4%和41.3%分别高出14.6、11.2和8.6个百分点；过夜游人均花费分别为1445元、1539元和1677元，低于上年同期的1642元、1651元和1690元；一日游人均花费分别为306元、279元和283元，一、二季度与上年同期基本持平，三季度小幅上扬，增幅为9.5%。

农村居民出游率整体稳定，前三季度出游率分别为35.8%、25.6%和24.6%，与上年同期基本持平；人均花费分别为311元、275元和287元，比上年同期分别增长16.2%、2.2%和7.8%。

（二）入境旅游市场

根据公安部出入境管理局提供的入境统计数据，以及2009年在全国31个省(自治区、直辖市)开展的入境游客花费抽样调查资料，2009年1月至11月，我国入境旅游人数为1.15亿人次，同比下降3%；入境过夜人数4645万人次，下降4.8%；旅游外汇收入362.3亿美元，下降3.9%。据此预测，全年入境旅游人数约为1.26亿人次，同比下降3%；其中过夜旅游人数约为5050万人次，下降5%；外汇收入约为390亿美元，下降4.5%。

2009年，入境旅游市场整体处于低位运行状态，除4月份和8月份分别出现2.2%和3.1%的短暂性增长，其他月份均呈下降态势，最大跌幅出现在3月的-11.3%，最小跌幅为10月的-0.8%。但是从全年态势来看，月度降幅在不断收窄，整体入境旅游市场在逐步恢复。预计全年入境外国游客下降12%左右，香港和澳门游客分别下降1%左右，台湾游客增长约2%。

（三）出境旅游市场

根据公安部出入境管理局提供的出境统计数据，2009年1月至11月，我国公民出境4341万人次，同比增长3.3%。据此预测，全年出境旅游人数约为4750万人次，同比增长3.6%。

2009年，出境旅游市场总体运行平稳，尽管5月至7月份连续3个月同比下降，但从三季度开始加速增长，四季度增速接近9%，保持了全年出境人数实现一定幅度的增长，增长的总体趋势没有发生改变。

四、旅游产业供给：投资规模大幅增长，产业发展更具活力

根据国家统计局发布的统计数据，2009年1月至11月，全国城镇固定资产投资额同比增长32.1%，其中与旅游业密切相关的住宿和餐饮业增长38.6%，批发零售业增长45.4%，铁路运输业增长80.7%，道路运输业增长48.7%，城市公共交通运输业增长55.0%，水上运输业增长35.5%，均高于全国平均水平。旅游相关产业投资规模的大幅度增长，直接带动了旅游投资的快速增长，各地旅游投资出现了生机勃勃的繁荣景象，为旅游业发展注入了新的活力。

五、企业经营业绩：企业经营业绩开始回升，景区类企业经营状况较好

根据国家统计局发布的统计数据，与旅游密切相关行业经营效益保持较快增长。2009年1月至11月，住宿和餐饮业销售收入同比增长16.9%，批发和零售业零售额增长15.3%，民用航空旅客运输量增长19.6%。

旅游管理部门监测的行业信息显示，景区类企业经营状况好于旅行社和饭店行业。其中，西部地区企业经营状况要好于受金融危机冲击较大的中部地区和东部地区；城市和城市周边景区比长线旅游景区经营形势要好；成熟的顶级景区的经营状况比无资源优势的一般景区要好。

旅行社方面，由于入境旅游业务锐减，纯粹的入境游地接社和以入境旅游业务为主的小型旅行社，因产品结构单一，抗风险能力较弱，经营最为困难，而随着对台旅游的兴起，具有台湾游组团社资质的旅行社经营情况普遍较好。

饭店方面，受金融危机影响，以商务客人为主的饭店受到的冲击大于以休闲度假团队客人为主的饭店；以入

境客源市场为主的饭店受到的冲击大于以国内客源市场为主的饭店；外资饭店受到的冲击普遍大于内资饭店。

附1 2009年外国入境旅游市场情况

2009年，外国人入境市场整体呈低迷态势，一季度降幅明显，除俄罗斯、韩国和蒙古外，日本、美国、马来西亚、新加坡、菲律宾、蒙古、澳大利亚、加拿大、英国、泰国、德国、印尼、印度和法国等主要客源市场今年最大同比跌幅出现在1月至3月。进入下半年后，外国人入境市场总体逐月回升，降幅逐步收窄。七月份以后，部分主要客源市场实现连续四个月单月正增长，U字型甚至V字型轨迹较为明显。

预计全年外国人入境市场降幅在12%左右。16个主要客源市场中，俄罗斯、韩国、蒙古下降幅度将达到两位数，其中，俄罗斯下降超过40%，韩国下降20%左右；印尼、加拿大和马来西亚有望实现正增长；新加坡、印度有望持平；其余主要客源市场降幅收窄至5%左右。

主要客源市场情况：

日本市场进入七月份以来恢复较快，增幅较大，整体复苏态势较为明显。从10月起，入境总人数超过韩国，重新成为第一大客源市场。预计全年入境人数约为330万人次，同比降幅在4%左右。

韩国市场降幅为20%左右。11月同比降幅收窄为0.7%,未来走势有待观察。

俄罗斯市场在经历自2008年11月以来的连续下挫后，自2009年第2季度开始，出现稳定复苏的趋势。4月至8月份，连续四个月保持环比增长，但同比降幅仍超过40%。

美国市场前三季度同比下降6.4%，11月同比增长4.0%。12月，受美国经济复苏乏力及圣诞假期等的影响，入境人数不会有明显增加。预计全年入境人数约为170万人次，同比降幅在5%左右。

马来西亚、新加坡、菲律宾、泰国和印尼市场上半年较去年都有不同程度的下滑，9月份以后明显恢复。预计上述五国全年入境人数与2008年基本持平。

澳大利亚、加拿大等市场七月份以来连续四个单月实现增长，市场呈U字型或V字型走势，正逐步走回正常增长的轨道。

英国、德国、法国等市场在经历年初的大幅下滑后，11月已全部实现同比正增长，复苏态势明显。

附2 2009年港澳台与内地入出境旅游市场情况

2009年港澳台入境旅游市场呈现“一升两降”，即台湾市场小幅上升，港澳市场小幅下降。出境旅游市场呈现“两升一降”，即大陆居民赴台旅游人数大幅增长，内地居民赴港旅游稳定增长，赴澳门旅游人数尽管近期有小幅反弹，但累计仍呈下降态势。

一、港澳台入境旅游市场

1.香港：香港同胞出境赴内地的市场变化特点，一是受全球金融危机和甲型流感影响明显，1月至3月、5月至7月呈下降态势；二是假期出游已是香港居民必要的内容，4月复活节、8月暑假、12月圣诞节等来内地增长较好；三是经济的复苏，就业形势见好，令香港同胞来内地的整体跌幅趋势收窄。

预计全年香港同胞入境人数约为7730万人次，比上年下降1.3%。

2.澳门：澳门同胞入境人数呈先扬后抑态势。其市场变化特点，一是在经济不景气时，北上消费明显增加；二是经济好转时，用工紧张，就业充分，收入增加,出游减少。澳门第三季度本地生产总值回升，政府收入增加，博彩旅游收入好于预期，就业形势好转。同时，下半年澳门政治活动较多，特首选举、第四届立法会选举、庆祝回归十周年等大型系列活动，澳门同胞留在当地积极参与，出游减少。

预计全年澳门同胞入境人数约为2270万人次，同比下降1.0%。

3.台湾：2009年，台湾同胞赴内地人数呈震荡上扬态势，进入四季度后，增速加快。一是两岸关系改善，令更多台湾同胞对大陆经济率先复苏及其未来发展充满信心，商务旅游正日益增多；二是2009年两岸直航点、班次大幅增加，多样、便捷、经济的交通有效降低成本，促使台胞直航大陆市场快速成长；三是海峡两岸双向旅游交流与合作的不断深入，有效调动台湾业界组团赴大陆旅游的积极性。

预计全年台湾同胞入境人数超过445万人次，同比增长1.5%。

二、内地(大陆)居民出境赴港澳台旅游

1.内地居民赴香港：2009年针对香港的“个人游”政策落实到位和CEPA补充协议六的签署，是内地居民赴港旅游人数总体稳步上升的主要因素，其间虽然有甲型流感疫情对内地赴港旅游影响较大，但在深圳实施非户

籍居民赴港“个人游”、深圳居民可签注一年多次往返香港“个人游”证件等利好因素带动下，全年内地赴港旅游人数呈稳定增长态势。

预计全年内地居民赴港旅游人次数将超过1750万人次，同比增长3.8%，“个人游”旅客升幅预计超过8%。

2.内地居民赴澳门：受全球金融危机和甲型流感的影响，同时，内地自2008年下半年实施赴澳“个人游”新签注政策，内地居民赴澳旅游人数大幅度下滑。

预计全年内地居民赴澳旅游人次数将超过1090万人次，同比下降6%。

3.大陆居民赴台旅游：据台湾方面统计， 2009年大陆居民赴台旅游60.6万人次(不包括因公考察交流团人数)，实现年初60万人次的发展目标，但各月变化幅度较大。三四月份井喷式增长、五六月份受甲型流感影响跌至低谷、七月份开始反弹、八月份受“8.8水灾”影响再次下滑，11月开始全面复苏。随着赴台旅游交通的多样便捷以及两岸交流的不断深入，大陆居民赴台旅游人数迅猛增长的态势仍将延续。

教育部2010年工作要点

2010年教育工作总体要求是：全面贯彻党的十七大和十七届三中、四中全会精神，以邓小平理论和“三个代表”重要思想为指导，深入贯彻落实科学发展观，全面贯彻党的教育方针，坚持优先发展、改革创新、提高质量、促进公平，以学习贯彻《国家中长期教育改革和发展规划纲要》和全国教育工作会议精神为主线，以夯实基础、调整结构、优化布局、提升内涵为重点，进一步提高教育现代化水平，进一步增强为现代化建设服务、为人民服务能力，推动教育事业在新的历史起点上科学发展。

一、推动教育事业优先发展、科学发展

1.深入推进学习实践科学发展观。善始善终搞好第三批学习实践活动，扎实抓好第一批、第二批学习实践活动巩固扩大成果工作。认真总结学习实践活动成功经验，建立健全深入学习和贯彻落实科学发展观的体制机制、政策法规和规章制度。完善符合教育科学发展要求的政策导向、舆论导向和用人导向，切实改变单纯以升学率、发展规模和发展速度衡量发展成效和工作成绩的观念和做法，推动教育以人为本、全面协调可持续发展。

2.启动实施《国家中长期教育改革和发展规划纲要》。按照中央的部署和要求，抓紧研究制定规划纲要和筹备召开全国教育工作会议，全面部署到2020年教育改革和发展。制定和发布学前教育、义务教育、普通高中教育、职业教育、高等教育、继续教育和民办教育7个分领域规划和9个省（区、市）分地区规划，统筹推进各省（区、市）编制本地区中长期教育改革与发展规划工作。制定规划纲要任务分解分工方案，提出重点任务、重要政策和重大工程配套实施办法。编发学习辅导材料，多形式、多渠道开展规划纲要学习宣传培训活动。以薄弱环节和重点领域为重点，抓紧启动重大教育项目和改革试点。建立规划纲要实施监测与评估机制，加强对贯彻落实情况的督查。做好全国教育事业“十二五”规划纲要编制工作。

3.积极促进教育与经济社会发展相适应。主动适应经济发展方式转变和经济结构调整，优化教育结构、学科专业结构、人才培养结构和资源配置，推动各级各类教育协调发展，培养经济社会发展需要的高素质人才。落实公共资源向革命老区、民族地区、边疆地区和贫困地区倾斜政策，促进基本公共教育服务均等化。适应城镇化进程，提高中小城市和小城镇教育服务能力，促进农业转移人口在城镇就业和落户。贯彻落实国家促进产业振兴计划和区域发展规划，加大对中西部地区教育支

持力度，鼓励东部地区教育率先发展，推动区域教育改革和协调发展。

4. 推动形成全社会共同关心和支持教育的新格局。建立健全部部合作、部省（区、市）合作机制，加强沟通与协调，共同研究、部署和落实国家重大教育改革发展任务。拓宽听取广大师生、人民群众和社会各界意见和建议的渠道，集思广益、问计于民、形成合力。更加重视对教育热点和难点问题的政策研究。加强教育舆情分析研判和网宣队伍建设，切实抓好舆论引导和宣传工作，营造教育改革发展良好环境。

5. 提高教育系统党的建设科学化水平。大力推进教育系统学习型党组织建设，用科学理论武装党员干部、教育师生员工。积极参与马克思主义理论研究和建设工程，做好哲学社会科学重点教材编写、出版和使用工作，切实推动中国特色社会主义理论进教材、进课堂、进头脑。进一步加强和改进大学生思想政治教育，筹备召开高校思想政治教育工作会议。认真贯彻《中国共产党普通高等学校基层组织工作条例》，充分发挥高校党委领导核心作用。认真落实坚持和完善高等学校党委领导下校长负责制实施意见，进一步提高高校领导班子和领导干部思想政治素质和办学治校能力。加强中等职业学校和中小学党的建设，充分发挥党组织政治核心作用。加强民办学校党的建设。完善直属高校和直属单位巡视制度。深入贯彻《关于加强高等学校反腐倡廉建设的意见》，完善符合教育系统特点和规律的惩治和预防腐败体系。

二、全面提高教育质量，进一步促进教育公平

6. 着力推进素质教育。进一步提高学校德育的针对性和实效性，培养学生的社会责任感。贯彻落实未成年人思想道德建设经验交流会精神，加强和改进中小学思想品德课建设，强化公民意识教育。全面落实中等职业教育德育课程新方案。进一步加强和改进高校思想政治理论课。研究制定《关于进一步加强和改进研究生思想政治教育的若干意见》。深化教育教学改革，注重启发式教学和因材施教，培养学生的创新精神和实践能力。建立健全基础教育课程教材审议制度，发布义务教育学科课程标准并修订教材，编写好思想品德、语文和历史课程教材。扩大普通高中新课程实验。研究制定义务教育学业质量基本标准和学校督导评估意见。深入做好基础教育质量监测工作。减轻中小学学生过重课业负担。深入贯彻中共中央国务院中发[2007]7号文件，大力开展阳光体育运动，保证学生每天锻炼一小时。加强心理健康教育和学生视力保护。编制第三个全国学校艺术教育十年规划。全面推进普通话教学，提高师生使用和书写规范汉字能力。加强中华优秀文化传统教育，开展中华经典诵读活动。研究制定国家语言文字“十二五”规划和中长期规划。

7. 大力推进义务教育均衡发展。积极推动各地开展义务教育标准化建设。科学规划、合理调整义务教育阶段学校布局，加快推进中西部地区初中校舍改造和全国中小学校舍安全工程，加大改造薄弱学校力度。完善保障适龄儿童、少年免试就近入学政策措施。采取综合措施、增强政策合力，有效缓解义务教育“择校”现象。鼓励县（区）域内率先实现均衡发展。制定监测指标体系和督导评估办法。做好最后一批13个县实现“两基”目标的检查验收工作。

8. 大力发展职业教育。坚持以就业为目标，整合教育资源，改进教学方式，着力培养学生就业创业能力。加强先进制造业、现代农业和服务业技能型人才培养，推动专业与职业岗位、教材与岗位技术标准、继续学习与专业引导的对接。支持办好涉农专业和农村职业教育。积极开展农业生产技术和农民外出务工技能培训。研究逐步实施农村新成长劳动力免费劳动预备制培训办法，对未升学的初、高中毕业生开展职业技能培训。研究制定职业院校全面推行“双证书”制度的政策措施。完善顶岗实习管理制度，加强实习实训全过程管理。全面落实学生实习责任险政策。启动中等职业教育改革创新行动计划。修订中等职业教育专业目录。启动中等职业教育改革发展示范学校建设计划，制定引导地方各级政府、企业行业以及社会各方共同担负基础能力建设的政策措施。建立高校和大中型企业培训教师体系，加强中职“双师型”教师培养培训。开展中等职业教育督导评估。继续推进国家示范性高等职业教育院校建设计划，引领和带动全国高职院校强化内涵建设。开展高职院校人才培养质量评估。

9. 加快普及高中阶段教育。按照统筹规划、分类指导的原则，研究制定普及高中阶段教育实施方案。重点发展中等职业教育，统筹普通高中与中等职业教育招生比例。发布加强普通高中教育指导意见，以深化人才培养模式改革为重点，促进普通高中内涵发展。探索在普通高中建立学生发展指导制度。鼓励举办特色高中、新型综合高中，推动普通高中多样化、特色化发展。

10. 提高高等教育质量。研究制定高等教育人才培养模式改革指导意见，进一步提高教育教学质量。修订《普通高等学校本科专业目录》、《学位授予和人才培养学科目录》及管理办法，推动高校面向社会需要办学。深入实施“高等学校本科教学质量与教学改革工程”，启动卓越工程师培养计划，开展免费为农村定向培养全科医生试点。加强高校附属医院管理和建设。深入实施研究生教育创新计划。深化研究生培养机制改革，加强专业学位研究生培养。实施基础学科拔尖人才培养计划。继续实施“985工程”、“211工程”和“优势学科创新平台计划”，启动特色重点学科建设项目，加强高水平、有特色大学建设。完善质量监督和保障体系。统筹做好年度招生计划安排和管理工作，扩大实施“支援中西部地区招生协作计划”。启动中西部地区高等教育振兴计划。深入推进对口支援西部地区高校。完善以质量和贡献为导向的学术评价机制。启动实施高校自主创新工程，加强基础研究和应用研究，推进产学研用结合。实施新一轮高校哲学社会科学繁荣计划，积极开展决策咨询和文化传播，提高社会服务能力。

11. 积极发展学前教育。大力发展农村学前教育，支持中西部地区乡镇幼儿园建设。修订《幼儿园建园标准》。研究制定加快发展学前教育的政策措施。发布《3-6岁儿童学习与发展指南》。修订《幼儿园工作规程》，加强学前教育管理。

12. 加快发展继续教育。适应群众生活多样化、个性化需要，支持和鼓励各级各类学校开展继续教育，发展和改进教育培训。加强社区教育。办好广播电视大学。发展现代远程教育。改革成人高等学历教育招生考试和高等教育自学考试制度。加强终身学习网络和服务平台建设。探索建立学习成果认证和“学分银行”制度，搭建终身学习“立交桥”。

13. 关心和支持特殊教育。完善特殊教育体系。支持中西部地区新建和改建一批特殊教育学校。扩大随班就读和普通学校特教班规模。研究制定特殊教育学校建设标准和课程标准。加强特殊教育教师专业培训。

14. 加快发展民族教育事业。支持相关民族地区双语教育。制定《民族地区双语教育工作指导纲要》。修订全日制民族中小学汉语课程标准。进一步加强双语教师培训、教学研究和教材建设。启动民族院校建设工程。编制内地学校培养少数民族人才五年规划。深化内地民族班教学改革和招生改革。办好内地西藏班、新疆高中班及西藏、新疆中职班。进一步加大对民族地区教育对口支援力度。

15. 加强教师队伍建设。落实义务教育教师绩效工资政策，抓好教师绩效考核和奖励性绩效工资分配，支持优秀人才长期从教、终身从教。完善有利于实施素质教育的教师考核、聘任和评价办法，将师德表现放在首位。健全师范生免费教育政策，做好首届毕业生到中小学任教准备工作。创新教师补充机制，扩大实施农村义务教育特设岗位计划，吸引优秀人才到农村贫困地区从教。研究制定深化高师院校课程教学改革意见。继续实施中小学教师国家级培训计划。全面推进中小学教师五年一周期的全员培训，重点加强农村义务教育学校教师和校长培训。研究建立教师资格注册制度。开展教师资格考试试点。完善教师公开招聘制度，严把教师入口关。积极推动中小学教师职称制度改革，加强编制管理。研究制定加强中小学校长队伍建设意见。深入开展教育系统大规模培训干部工作。推动农村教师周转房建设。研究和指导非义务教育阶段学校实施绩效工资政策。贯彻落实《国家中长期人才发展规划纲要》，研究制定教育人才发展规划，深入实施人才强校战略。实施新一轮“高等学校高层次创新人才计划”。

16. 推进教育信息化和优质教育资源共享。研究制定构建覆盖城乡学校数字化教育服务体系的政策措施。为农村中小学班级配备多媒体远程教学设备，加强教师信息技术培训。全面部署基础教育、职业教育和高等教育教育信息化建设。完善优质教育资源开放共享政策体系和体制机制。积极推进学校招生、学籍管理、学生资助、质量监控、毕业生就业等教育公共服务平台建设应用。启动运行全国中小学校舍安全工程信息管理系统。继续推进教育系统电子政务建设。

17. 解决好农民工子女就学问题。落实以全日制公办学校为主、以输入地为主保障农民工子女平等接受义务教育的政策，全面取消借读费。研究农民工随迁子女义务教育后参加升学考试办法，推动逐步实现农民工子女入学与城镇居民享有同等待遇。加强农村寄宿制学校建设，优先满足留守儿童住宿需求，推动形成以政府为主、社会共同参与的农村留守儿童关爱和服务体系。

18. 完善家庭经济困难学生资助政策。提高农村义务教育阶段家庭经济困难学生寄宿生活补助标准，推动和支持贫困地区改善农村学生营养状况。加快推进中等职业教育免学费进程，将政策实施范围扩大到城市低收入家庭子女。完善家庭经济困难学生资助政策，将普通高中纳入国家助学体系。推动各地制定家庭经济困难幼儿入园资助政策。大力推行高校学生生源地信用助学贷款。

19. 重视和做好高校毕业生就业工作。巩固和完善促进高校毕业生到城乡基层、中西部地区、中小企业就业和自主创业的长效机制。大力加强就业创业教育。切实抓好就业指导和服务。深入推进“特岗计划”、“三支一扶”和“西部计划”，做好选聘高校毕业生到村任职和应征入伍工作。落实高校毕业生到基层就业和应征入伍学费补偿和助学贷款代偿政策。完善科研助理制度，深入推进重大科研项目单位吸纳高校毕业生。加强对就业困难和家庭经济困难高校毕业生的就业援助。

三、深化教育体制改革，扩大教育对外开放

20. 统筹推进教育体制改革及试点。围绕教育优先发展的目标和要求，深入推进教育体制改革。成立国家教育综合改革办公室。研究推进教育体制改革创新及试点实施的方案，支持重点领域改革。完善教育综合改革试验区布局。鼓励和引导各地根据国家制定的发展规划、方针政策和基本标准开展教育改革试点。探索和支持区域教育协作与联动发展。

21. 改革义务教育体制。加强省级政府统筹责任，在财政拨款、学校建设和教师配置等方面向农村倾斜，建立健全城乡义务教育一体化发展机制。完善农村义务教育经费保障机制改革政策，进一步提高保障水平。加大农村义务教育投入力度，积极改善农村和贫困地区办学条件。推动县域内教师和校长定期交流。健全中小学管理制度，完善校长任职条件和任用办法。

22. 改革职业教育体制。以政府统筹为主导，建立和完善企业、行业和社会各界积极参与、学校依法自主发展的多元化办学模式。深化职业教育人才培养、专业设置、课程教材、教学方法和评价办法改革。深入推进委托培养、定向培养与订单式培养改革。支持城市与农村、东部与西部职业院校联合招生、合作办学。完善学校管理制度。研究制定中等职业学校建设标准。推进集团化办学和职业教育园区建设。完善发展职业教育保障机制。

23. 改革高等教育体制。完善以省级政府管理为主的政策体系和体制机制。充分发挥政策指导和资源配置作用，优化学科专业、类型层次和区域布局结构。研究制定高校分类指导意见和分类管理办法。推进与行业企业和地方政府共建直属高校和省部共建地方高校。依法进一步落实高校办学自主权，推动建立中国特色现代大学制度。深化高校人事制度改革。指导直属高校深化人事分配制度改革。继续推进高校后勤社会化改革。加快推进高校制定章程、依法治校。探索教授治学、民主管理的有效途径。探索建立高校理事会或董事会，扩大社会参与学校管理。

24. 改革学校考试招生制度。成立国家教育考试指导委员会。支持和扩大各地开展高考综合改革实验，鼓励高水平大学和示范性高职院校进一步探索多元化人才选拔模式。完善初中和普通高中学业水平考试和综合素质评价办法。深化高考内容和形式改革，重点考察学生的素质和能力。规范特殊类型招生和高考加分政策。深入实施招生阳光工程，加强信息公开和社会监督，加强考试环境综合治理，确保考试安全和公平公正。

25. 深化办学体制改革。鼓励社会力量兴办教育。推动制定和落实支持民办教育发展的政策措施。开展对民办学校实行营利性和非营利性分类管理试点。探索符合民办教育特点的财务、会计和资产管理制度，规范民办学校的管理。深化公办学校办学体制改革，探索公办学校多种办学形式。加强独立学院建设和管理。

26.进一步加强教育国际交流与合作。积极引进海外优质教育资源，办好示范性中外合作办学机构和项目，开展评估试点。办好第四届中外大学校长论坛及中国与东盟教育部长圆桌会议、东亚高等教育合作论坛。实施“留学中国计划”，扩大来华留学规模。研究制定和启动实施接收美国10万名学生来华留学方案。完善公派出国留学政策，提高公派出国留学效益。做好俄罗斯汉语年工作。加快汉语国际推广，抓好汉语教师培训和教材建设，办好孔子学院。积极推进双边、多边人文交流与教育合作。加强与联合国教科文等国际组织和港澳台地区的教育交流与合作。

27.健全教育投入保障机制。优先发展教育，研究依法落实教育经费“三个增长”的政策措施，促进全国财政性教育经费占GDP比例4%目标的实现。探索制定各级各类学校生均经费基本标准和生均拨款基本标准。支持农村义务教育历史债务清理化解。扩大化解高校债务风险试点。探索化解普通高中债务。加强教育经费使用和资产的管理，强化经济责任审计。研究制定设立高等教育拨款咨询委员会方案。在高等学校积极推行总会计师制度。

四、进一步转变职能，树立良好作风

28.坚持科学调研、科学决策、科学执政。建立教育部党组成员、司局主要负责同志和地方各级教育行政部门领导联系学校制度。成立教育咨询委员会。建立健全重大决策、重大工程、重大改革咨询、听证制度及社会稳定风险评估机制。加强教育系统干部培训，提高决策水平和能力。精简会议文件，改进会风文风。完善重大教育决策执行情况定期检查和专项督查制度及纪律保障机制。健全教育督导制度，做好国家督学换届工作。

29.坚持依法行政、依法治教、依法治校。主动接受和配合各级人大及其常委会对教育的执法检查。完成《职业教育法》和《残疾人教育条例》修订工作，配合做好《考试法》和《教育督导条例》的制定与审议。修订《教师法》等法律法规。加强规范性文件合法性审核。减少和规范教育行政审批。加强教育行政复议制度建设。探索教育行政执法体制改革。建立教育纠纷解决机制。深入推动各地开展创建依法治教示范校活动。做好教育系统“五五”普法规划检查、验收和总结工作。

30.加强教育系统行风和学风建设。深化政务公开和校务公开，推进学校信息公开。全面推行教育收费公示制度。积极开展“规范教育收费示范县（区）”创建活动。严格规范服务性收费和代收费。研究制定规范教育收费指导意见。坚决治理义务教育阶段择校乱收费等突出问题，继续配合做好治理中小学教辅散滥工作。广泛开展学术道德和学风建设宣传教育，完善加强学风建设长效机制。严肃查处学术不端行为。

31.切实维护教育系统和谐稳定。进一步加强和改进教育系统思想政治工作。大力加强高等学校和中小学民族团结教育。研究制定全国中小学民族团结教育工作的实施意见。做好招生、资助、食堂以及困难帮扶工作。加强人民群众来信来访工作，切实解决信访突出问题。严格落实突发公共事件应急预案，普遍开展预案宣传和演练。加大学校安全防范力度，着力抓好寄宿制学校安全管理和学校传染病、食物中毒的防控，坚决遏制重特大安全事故发生。认真抓好稳定工作前瞻性研判。健全重大安全和稳定事件报告制度，全面落实工作责任制。及时排查和化解矛盾与纠纷，妥善处理各种事端。进一步加强校园网络管理。深入推进校园周边环境综合治理。建设平安、文明、绿色、和谐校园。

32.切实加强教育部机关建设。大力加强机关党的思想建设、组织建设、作风建设、制度建设和反腐倡廉建设，提高领导教育科学发展的能力。切实加强和改进机关干部队伍建设。深入开展“争做人民满意公务员”活动。做好离退休干部工作，加强老龄工作。支持关心下一代工作。关心干部职工成长，改善机关学习、工作和生活条件。深入推进学习型机关、创新型机关、服务型机关和廉洁型机关建设，努力办好人民满意的教育。

行业发展与运行情况

2009年油气行业运行情况

2009年，全国原油产量18949万吨，同比下降0.4%，上年为增长2.3%。进口原油20379万吨（海关统计），增长13.9%。原油加工量37460万吨，增长7.9%，增速同比加快4.2个百分点。其中，汽油产量增长13.1%，加快7.3个百分点；柴油产量增长6%，减缓2个百分点。

国际原油价格总体呈上涨态势。12月份，布伦特原油平均价格为75.06美元/桶，比上月回落2.34美元/桶，降幅为3%；同比上涨30.15美元/桶，涨幅为67.1%。根据年初开始实施的完善后的成品油价格形成机制，结合国际市场油价变化情况，国家分别于1月15日、3月25日、6月1日、6月30日、7月29日、9月2日、9月30日、11月10日共八次调整国内成品油价格。

全国天然气产量830亿立方米，同比增长7.7%，增速同比减缓4.6个百分点。

前11个月，石油石化行业实现利润2415亿元，同比下降14.9%，降幅同比扩大4.3个百分点。其中，石油天然气开采业利润1687亿元，下降60.7%，上年同期为增长37.2%；炼油行业由上年同期净亏损1457亿元转为净盈利729亿元。

2009年电力行业运行情况

2009年，全国发电量36506亿千瓦时，同比增长7%，增速同比加快1.5个百分点。其中，火电增长7.2%，加快4.2个百分点；水电增长4.3%，减缓13.2个百分点。

据行业统计快报，全社会用电量同比增长6%，增幅同比提高0.8个百分点。其中，一、二、三产用电量分别增长7.9%、4.2%和12.1%，提高6、0.4和2.4个百分点；居民用电量增长11.9%，提高0.1个百分点。工业用电量同比增长4.3%，提高0.7个百分点。全国发电设备平均利用小时数4527小时，同比下降121小时。其中，火电设备平均利用小时数4839小时，下降46小时。年末，全国发电装机容量8.74亿千瓦，同比增长10.2%。

前11个月，电力行业实现利润891亿元，同比增长2.3倍，上年同期为下降82.3%。其中，发电行业由上年同期净亏损16.9亿元转为净盈利828亿元；供电行业利润63亿元，同比下降77.8%。

2009年交通运输完成情况

交通运输部门加强运输组织，加大重点物资运输力度，实现平稳有序运行。

货运。2009年，全社会货运量274.43亿吨，同比增长7.5%，增幅同比回落1.8个百分点。全国铁路日均装车145162车，增长0.1%；完成货运量33.17亿吨，增长0.8%；重点物资中，煤炭、化肥农药运量分别增长1.2%和2.3%，石油、粮食运量分别下降2.2%和13.5%。公路货运量209.69亿吨，增长9.4%，增幅同比回落1.5个百分点。水运货运量31.4亿吨，增长3%，回落2.7个百分点。江海主要港口货物吞吐量56.39亿吨，增长8.6%；其中外贸货物吞吐量20.52亿吨，增长9.9%。

国内水运价格11月、12月明显回升，国际水运价格总体呈回升态势。年末，国内沿海散货运价指数（CCBFI）为1853.68点，比上年末提高576.1点，增长45.1%；国际干散货运输市场波罗的海综合运价指数（BDI）为3005点，比上年末提高2231点，增长2.9倍。

客运。2009年，全社会客运量297.74亿人次，同比增长3.7%。全国铁路客运量15.2亿人次，增长4.4%。公路客运量278亿人次，增长3.6%。水运客运量2.22亿人次，增长2.9%。

2009年冶金行业运行情况

冶金行业。2009年，全国粗钢产量56784万吨，同比增长13.5%，增速同比加快12.4个百分点；钢材产量69244万吨，增长18.5%，加快14.9个百分点。焦炭产量34502万吨，增长10.5%，上年为下降0.4%。铁合金产量2209万吨，增长20.4%，加快16.5个百分点。钢坯出口4万吨，下降96.6%；进口459万吨，增长17.7倍。钢材出口2460万吨，下降58.5%；进口1763万吨，增长14.3%。铁矿砂进口62778万吨，增长41.6%。焦炭出口54万吨，下降95.5%。

钢材价格小幅波动。12月份，国内市场月平均钢材价格综合指数为105.62点，比上月上涨2.97点，同比上涨2.32点。6.5mm高线、20mm螺纹钢、20mm中厚板、1.0mm冷轧板卷平均价分别为3746元/吨、3736元/吨、3833元/吨和5330元/吨，比上月上涨3%、2.1%、4.1%和6.3%，同比上涨2.3%、1%、5.6%和20.8%。

前11个月，冶金行业实现利润1433亿元，同比下降40.8%，上年同期为增长9.2%。其中，黑色金属矿采选业利润284亿元，下降48.8%，上年同期为增长1.1倍；黑色金属冶炼及压延加工业利润812亿元，下降42.6%，降幅同比扩大28.9个百分点。

2009年有色金属行业运行情况

有色金属行业。2009年，全国十种有色金属产量2681万吨，同比增长5.8%，增速同比减缓2.4个百分点。电解铝产量1299万吨，增长1%，减缓6.7个百分点；铜产量增长9.6%，减缓0.4个百分点；铅产量增长16.4%，减缓2.8个百分点；锌产量增长11.6%，加快7.3个百分点。氧化铝产量增长4.4%，减缓13.3个百分点。

主要有色金属价格逐步回升。12月份，国内生产资料市场铜、电解铝、铅、锌现货平均价分别为56054元/吨、15992元/吨、15986元/吨和18922元/吨，比上月上涨7.9%、5.8%、0.8%和11.2%，同比上涨1.1倍、43.4%、52.9%和93.2%。

前11个月，有色行业实现利润809亿元，同比下降20.4%，降幅同比缩小5.4个百分点。其中，有色金属矿采选业利润257亿元，下降26.7%，降幅同比扩大22.6个百分点；有色金属冶炼及压延加工业利润553亿元，下降17.1%，降幅同比缩小17个百分点。

2009年建材行业运行情况

建材行业。2009年，全国水泥产量162898万吨，同比增长17.9%，增速同比加快12.7个百分点；平板玻璃产量56073万重箱，增长1.7%，减缓4.8个百分点。

水泥价格小幅波动，平板玻璃价格持续上涨。12月份，重点建材企业水泥平均出厂价为291元/吨，与上月基本持平，同比下降11元/吨；平板玻璃出厂价80元/重量箱，比上月上涨1元/重量箱，同比上涨14元/重量箱。年末，重点建材企业水泥库存1389万吨，同比上升29.8%；平板玻璃库存1298万重量箱，下降38.3%。

前11个月，建材行业实现利润1346亿元，同比增长32.6%，增幅同比提高6个百分点。其中，水泥行业利润366亿元，增长39%，增幅同比提高8.2个百分点；平板玻璃行业利润22.4亿元，增长12.3倍，上年同期为下降94.3%。

2009年化工行业运行情况

化工行业。2009年，化工行业增加值同比增长15.9%，增幅同比提高5.9

个百分点。主要产品中，烧碱产量1891万吨，增长8.6%。纯碱产量2001万吨，增长8.7%。化肥产量6706万吨，增长16.3%；其中，氮肥、磷肥、钾肥产量分别增长14.1%、21.9%和24.6%。农药产量226万吨，增长12.3%。橡胶轮胎外胎产量65464万条，增长18.1%。电石产量1503万吨，增长8.5%。

重点监测的化工产品中，烧碱、氯化钾价格逐步下滑，黄磷价格呈上涨之势，纯碱、电石、尿素、国产磷酸二胺价格小幅振荡。12月份，烧碱（片碱）平均价格为2200元/吨，比上月上涨20元/吨，同比下降29%；纯碱1280元/吨，比上月上涨10元/吨，与上年同期持平。尿素1780元/吨，比上月上涨180元/吨，同比上涨3.5%；国产磷酸二胺2690元/吨，比上月上涨190元/吨，同比下降10.3%；进口氯化钾3400元/吨，比上月上涨20元/吨，同比下降22.7%。电石3100元/吨，比上月上涨120元/吨，同比上涨3%。

前11个月，化工行业实现利润1687亿元，同比增长13.7%，上年同期为下降1.2%。其中，化肥行业利润150亿元，下降46.1%，上年同期为增长45.5%。

2009年煤炭行业运行情况

2009年，全国原煤产量29.65亿吨，同比增长12.7%，增速同比减缓0.1个百分点。全国铁路煤炭日均装车70230车，同比下降1.4%；煤炭运量17.49亿吨，增长1.2%。据海关统计，煤炭出口2240万吨，下降50.7%；进口12583万吨，增长2.1倍；净进口10343万吨，上年为净出口503万吨。年末，秦皇岛港存煤536万吨，同比减少38万吨；直供电厂存煤2147万吨，同比减少2185万吨。

前11个月全行业实现利润1827亿元，同比下降9.4%，上年同期为增长1.3倍。

2009年工业经济运行情况

2009年是进入新世纪以来我国工业发展最为困难的一年。我国工业受到国际金融危机的严重冲击，产品出口持续下滑，工业品价格低位运行，生产增速在年初跌至近十年最低点。在中央“保增长、扩内需、调结构、惠民生”一揽子计划的持续作用下，工业经济较快扭转了增速下滑局面，回升向好的运行态势不断明朗并得到巩固，全年工业运行呈现出“前低后高”走势。

2009年，全国规模以上工业增加值同比增长11%，增速比上年回落1.9个百分点;其中，一季度增长5.1%，二季度增长9.1%，三季度增长12.4%，四季度增长18%，工业生产回升向好态势基本确立。12月份，规模以上工业增加值同比增长18.5%，比上月回落0.7个百分点;环比增长1.3%。

轻工业增长平稳，重工业反弹强劲。轻工业受国内消费需求拉动运行平稳，全年增长9.7%，比上年回落2.6个百分点;重工业从二季度开始表现出强劲回升势头，全年增长11.5%，比上年回落1.7个百分点。12月份，轻、重工业分别增长12.1%和21.4%，比上月回落0.5个和0.8个百分点。

东部地区率先回升，中西部地区实现两位数增长。东、中、西部地区工业增加值分别增长9.7%、12.1%和15.5%。东部地区增速在头两个月下滑到2.3%后触底回升，11、12月份增速分别达到16.6%和16.4%。中部地区进入6月份以后、西部地区进入10月份以后加快攀升，11月份增速分别达到23.3%和25.1%，12月份分别达到23.6%和20.5%。分省市看，全年24个省份达到两位数增长，其中内蒙古、天津、安徽、四川分别增长24.2%、22.8%、22.6%和21.2%。工业大省山东、江苏、河南、辽宁同比分别增长14.9%、14.6%、14.6%和16.8%;广东增长8.9%。山西、上海分别于12月和10月结束累计负增长，全年分别增长2.5%和3%。12月份，全国26个省份增加值增速超过20%。

产销衔接较好。全国工业产品销售率97.7%，与去年持平;12月份，全国产销率99.3%，同比提高0.9个百分点。

工业品出口下降一成。全年规模以上工业完成出口交货值72882亿元，同比下降10.1%，其中前8个月降幅均在13%以上，9月份以后由于去年同期基数较低，降幅持续收窄，9、10月份分别下降9.9%和7.3%，11、12月份转为增长5.3%和12.4%。另据海关统计，2009年我国外贸出口额12017亿美元，同比下降16%;其中12月份增长17.7%。

工业投资持续增长。工业投资8.04万亿元，同比增长26.2%，占城镇固定资产投资的比重为41.4%;其中制造业投资5.88万亿元，增长26.8%。

工业品出厂价格持续回升。工业品出厂价格从上年四季度开始大幅下滑后，4月份开始回升，12月份累计比3月份上涨4.7%。全年工业品平均出厂价格同比下降5.4%，其中11月份同比下降2.1%，12月份增长1.7%。原材料、燃料、动力购进价格指数同比下降7.9%，当月增长3%。

企业效益状况明显改观。1-11月，规模以上工业企业实现利润25891亿元，同比增长7.8%。从3月份开始企业效益状况明显改善，3-5月、6-8月、9-11月分别实现利润6310亿元、8245亿元和9144亿元。规模以上工业企业亏损面17.4%，比1-8月收窄2.9个百分点;亏损企业亏损额3270亿元，同比下降33.5%(1-8月下降18.8%)。11月末，产成品资金占用2.4万亿元，同比增长0.2%(1-8月下降0.8%);应收账款5.3万亿元，增长14%，增幅比8月末上升4.8个百分点。

2009年原材料工业运行情况

总体运行态势是：上半年低位回升，下半年特别是进入四季度，在去年同期生产基数较低的基础上加快增长，年末增速恢复到较高水平。全年规模以上原材料工业增加值比上年增长12%，同比加快1.6个百分点;12月份增长20.1%，增速已连续3个月保持在20%以上。1-11月，原材料工业实现利润5276亿元，同比下降11.2%，降幅比1-2月收窄62.4个百分点。

冶金：上半年生产震荡调整，下半年持续回升，四季度增速达到20%以上，全年增加值同比增长11.9%，比上年加快1.4个百分点。全年粗钢产量56784万吨，同比增长13.5%，日均产量156万吨。钢材产量69244万吨，同比增长18.5%。1-11月，冶金行业实现利润1433亿元，同比下降40.8%，降幅比1-2月缩小49.2个百分点；亏损面由1-2月的25.4%缩小到22.8%。

钢材出口大幅下降。2009年，出口钢材2460万吨，同比下降58.5%，降幅比上半年收窄6.9个百分点；进口钢材1763万吨，增长14.3%；进口钢坯459万吨，同比增长17.7倍。全年钢材、钢坯进出口折合粗钢净出口287万吨（其中3-7月连续五个月折合粗钢净进口），同比下降94%。进口铁矿石62778万吨，同比增长41.6%；12月31日，青岛港印度矿粉价格为890元/吨，比上年末上涨250元/吨。

钢材价格呈W型震荡运行。国内市场钢材综合价格指数分别于2月初、8月初两次上升到109.26和116.32高点，又分别在4月底、10月初跌至95.01和100.06的低点，12月末回升到107.23；主要钢材品种年度平均价比上年下降20%以上。据钢铁工业协会统计，12月末，6.5mm普线、10mm中厚板吨钢价格分别为3744元和4012元，比上月末上涨108元、107元；0.5 mm冷轧薄板价格为5586元，比上月末上涨307元。

钢材库存量小幅回升。据钢铁协会统计，12月末，全国26个大中城市经销商库存1233万吨，比11月末增加36.5万吨，主要品种中，螺纹钢、冷轧卷板库存比上月略有增长，热轧卷板、中板和线材库存有所下降。

建材：总体运行态势平稳，生产增速各月均保持在13%以上，利润增速由负转正。建材行业增加值同比增长15.1%，同比回落2.5个百分点。据中国建材协会统计，生产水泥164559万吨，增长16%；生产平板玻璃57515万重量箱，下降1.6%。1-11月，建材行业实现利润1346亿元，由1-2月同比下降0.5%转为增长32.6%。

水泥价格保持平稳，玻璃价格持续攀升。据建材联合会统计，全年重点建材企业水泥平均出厂价290.2元/吨，比上年下降2.6%；平板玻璃平均出厂价67.4元/重量箱，与上年基本持平。12月份，水泥平均出厂价为291元/吨；平板玻璃出厂价为80元/重量箱，已连续10个月上涨，比2月份年内最低价累计上涨38.3%。12月末，重点建材企业水泥库存1389万吨，同比增长29.8%；平板玻璃库存1298万重量箱，下降38.3%。

有色：随着市场需求回升，有色行业生产稳步增长。全年十种有色金属产量2681万吨，同比增长5.8%，一季度日均产量5.98万吨，二、三、四季度逐季上升到6.95万吨、7.68万吨和8.73万吨；电解铝、电解铜产量分别达到1299万吨和425万吨，同比增长1%和9.6%。

铜、铝进口量大幅增长。据海关快报统计，全年未锻轧铜及铜材进口429万吨，增长62.7%；未锻轧铝及铝材232万吨，增长1.6倍。

有色产品价格持续回升。12月份，国内市场铜、铝现货月度平均价格均创年内新高，分别达到55695元/吨和15839元/吨，比年初累计上涨114.4%和31.4%。上海期货市场主要有色金属价格持续走强，12月31日，三个月期铜、铝、锌价格分别为60020元/吨、17390元/吨和21375元/吨，皆创年内最高收盘价。

经营状况好转。1-11月，有色金属行业实现利润809亿元，下降20.4%，比1-2月缩小79.1个百分点。

化工：化工行业生产形势总体好于全国平均水平，下半年运行情况继续好转，主要化工产品市场出现回暖迹象。全年化工行业增加值同比增长15.9%，同比加快5.9个百分点。主要产品中，烧碱、纯碱、乙烯产量分别增长8.6%、8.7%和8.3%；化肥、农药产量分别增长16.3%和12.3%。1-11月，化工行业实现利润1687亿元，由1-2月下降55.5%转为增长13.7%。

2009年能源保障运行情况

受需求增加、恶劣天气等因素影响，进入四季度特别是11月份以后，煤炭需求迅速增加，煤炭市场形势从供应相对宽松、供需基本平衡迅速转为向大部分地区紧平衡方向发展，部分地区出现煤炭、电力、天然气供应紧张状况。发、用电量快速回升。成品油市场需求有所恢复，生产经营出现好转。

煤炭：煤炭生产稳步回升。全年煤炭产量29.6亿吨，同比增长12.7%。据海关统计，煤炭出口2240万吨，下降50.7%;进口12584万吨，增长2.1倍；全年净进口10344万吨，首次成为煤炭净进口国。煤炭价格基本平稳，四季度后快速上涨。12月末，秦皇岛5500大卡山西优混煤价格升至770-790元/吨附近，比上月末上涨80-100元/吨，比年初上涨220-225元/吨，创年内新高。前11个月，煤炭行业实现利润1827亿元，同比下降9.4%(去年同期增长133.7%)。库存回落。12月末，统调电厂存煤4156万吨(比上月下降3.6%)，平均可用 10天，同比减少13天;秦皇岛港存煤536万吨，同比减少38万吨。

电力：全年规模以上工业企业发电量36506亿千瓦时，同比增长7%。其中火电增长7.2%，同比加快4.2个百分点;水电增长4.3%，同比减缓13.2个百分点。工业用电快速回升。据中国电力企业联合会统计，全国工业用电量为26664亿千瓦时，同比增长4.3%，比上年加快0.4个百分点。前11个月，电力行业实现利润891亿元，同比增加624亿元，增长2.3倍(去年同期下降82.3%)。

石油：石油供应基本平稳。全年原油产量1.89亿吨，同比下降0.4%；据海关统计，进口原油2亿吨，增长13.9%。原油加工量3.7亿吨，增长7.9%;其中汽油产量增长13.1%，同比加快7.3个百分点；柴油产量增长6%，回落2个百分点。12月份，全国原油产量1607万吨，同比增长1.6%；进口原油2126万吨，同比增长47.9%。原油加工量3460万吨，同比增长24.8%。受国际油价变化影响，国家发展改革委2009年共8次调整国内成品油价格，汽、柴油每吨分别累积上调了1520元和1390元。

国际油价总体呈现逐步回升的走势。12月份，布伦特原油现货月度平均价为74.3美元/桶(比上月回落2.4美元/桶)，比年初上涨30.7美元/桶，已连续三个月保持在70美元/桶之上。

第三部分

中国区域投资与发展

中国区域经济发展

2009年我国区域发展综述

2010年4月16日

2009年是新世纪以来我国经济发展最为困难的一年。面对国际金融危机带来的严峻挑战和极其复杂的国内外环境，党中央、国务院全面实施并不断丰富完善应对国际金融危机冲击的一揽子计划和政策措施，有效扭转了经济下滑态势，经济回升向好的势头得到巩固和发展。围绕推进实施区域发展总体战略，中央相应出台了一系列重大方针政策，有力推动了促进区域协调发展发展的各项工作。现将2009年我国区域发展领域的重大事件予以盘点，旨在与大家共同回顾波澜壮阔的2009年。

大事件之一：新中国喜迎60华诞，地区经济发展取得辉煌成就。2009年是新中国成立60华诞庆典之年。60年来，全国人民在党中央的英明领导下，开拓创新、扎实奋进、努力拼搏、锐意改革，综合国力明显增强，国际地位显著提高，中华民族向世人充分展示了自强自立、奋发有为的精神风貌。60年来，伴随新中国发展改革的进程，我国区域发展相应经历了三个重要发展阶段。第一个阶段是改革开放前，我国实施的是区域均衡发展战略。为改变旧中国畸轻畸重的工业布局，国家将全国划分为几大经济协作区，并着力开展三线建设，将工业项目主要布局在内地，努力缩小内地和沿海地区的发展差距。在区域均衡发展战略的影响下，我国工业布局的调整取得重大成就，旧中国工业布局极不平衡的格局得到明显改观。第二个阶段是从改革开放之初到20世纪90年代中期，我国实施的是区域非均衡发展战略。中央在东部沿海地区先后确立了一批经济特区、沿海开放城市、沿海经济开放区，赋予特殊政策和灵活措施。在沿海开放战略的强有力带动下，我国整体经济实力迅速提高，1978-1995年，全国GDP增长了16倍，年均增长9.96％。第三个阶段是从上世纪90年代中期以来，我国开始实施区域协调发展战略。为有效缩小地区发展差距，拓展国民经济发展空间，中央在鼓励东部地区率先发展的同时，相继实施西部大开发战略、振兴东北地区等老工业基地战略、促进中部地区崛起战略，我国区域发展总体战略格局日益完善，中西部地区和东北地区发展速度明显加快，各地区比较优势不断发挥，东中西良性互动、公共服务和人民生活水平差距趋向缩小的区域协调发展格局开始形成。

大事件之二：区域发展总体战略扎实推进，中央出台了一系列重大战略的细化措施。2009年，中央出台了一系列重大措施，我国区域发展总体战略得到务实推进。2009年9月，国务院以国发〔2009〕33号文印发了《关于进一步实施东北地区等老工业基地振兴战略的若干意见》。该文件在认真总结东北等老工业基地振兴工作实践经验的基础上，从优化经济结构、加快企业技术进步、加快发展现代农业、加强基础设施建设、积极推进资源型城市转型、着力解决民生问题、深化省区协作、继续深化改革开放等九个方面提出了继续推进振兴战略的重大措施。同月，国务院办公厅以国办发〔2009〕55号文印发了《关于应对国际金融危机保持西部地区经济平稳较快发展的意见》。该文件在分析国际金融危机影响和西部大开发战略实施效果的基础上，也从加强基础设施建设、加大环境保护和生态建设、调整产业结构、加强民生工程建设、加快社会事业发展、统筹区域发展、深化改革开放、加快地震灾后重建、加大投入力度等九个方面提出了应对危机，保持西部地区经济平稳较快发展的具体措施。2009年10月，国务院印发了《关于促进中部地区崛起规划的批复》，正式批准实施《促进中部地区崛起规划》。《促进中部地区崛起规划》提出了促进中部地区崛起的重大意义、总体要求、发展目标、“三个基地、一个枢纽”建设、重点地区发展、资源节约和环境保护、社会事业发展以及改革开放等方面的具体部署，是未来5-15年全面促进中部地区崛起的总纲。上述重大文件的出台，是对我国区域发展总体战略的细化和延伸，丰富和完善了我国区域发展总体战略的政策体系框架，特别有利于支持中西部地区加快发展，对促进区域协调发展具有深远的重大意义。

大事件之三：全国经济保持平稳较快发展，各地区应对金融危机企稳回升基础进一步巩固。2009年，面对国际金融危机的严峻挑战，党中央、国务院准确判断、从容应对，及时调整宏观政策，有效扭转了经济下滑态势，在全世界率先实现经济回升向好。据统计，2009年，我国国内生产总值达到33.5万亿元，比上年增长8.7%；财政收入6.85万亿元，比上年增长11.7%；社会消费品零售总额125343亿元，比上年增长15.5%；主要经济指标均好于预期，总体上呈现出平稳较快发展的良好态势。同样，各地区按照中央的统一部署，积极采取有效措施，各地区经济形势普遍好于预期，经济回升向好的势头得到进一步巩固和发展。与2008年相比，西部地区经济增速同比提高了1.0个百分点，中部、东部和东北分别回落了0.5、0.4和0.8个百分点，但与前三季度相比，各区域经济增速明显加快，中部增幅最大，提高了1.5个百分点；东、西部和东北地区分别比前三季度分别提高了1.0、1.0和0.8个百分点。2009年，各区域经济增长逐季加快，经济回升的基础得到进一步巩固。

大事件之四：中西部和东北地区发展速度继续保持快于东部地区的良好态势，区域发展的协调性增强。

2009年，与东部地区相比，中西部和东北地区表现出更为强劲的发展势头。2009年，东、中、西部和东北地区GDP比上年同比分别增长10.7%、11.6%、13.4%和12.6%，中、西部和东北地区经济增长速度均超过东部地区，经济增长速度最快的前十位省份中，西部地区占5个、中部地区占3个、东北地区占2个、东部地区仅有1个（因排在第十位的有两个省份，故合计11个省份）。2009年，东、中、西部和东北地区城镇固定资产投资同比分别增长23.0%、36.5%、35.0%和32.3%，全社会消费品零售总额同比分别增长17.4%、19.2%、19.7%和18.9%，中、西部和东北地区上述指标增速明显超过东部地区。除此之外，中、西部和东北地区的财政收入、城镇居民人均可支配收入、农村居民人均现金收入等主要指标的增长速度均快于东部地区。近年来，随着促进区域协调发展战略的实施，中西部地区发展速度明显加快，地区之间相对差距不断趋于缩小，2008年以来，中、西部和东北地区经济增速全面超过了东部地区，改革开放以来东部地区增速一直快于其它地区的传统增长格局发生重大变化。2009年，上述格局继续保持，区域发展的协调性进一步增强。

大事件之五：一系列重点地区的区域规划和政策性文件得到国务院批复实施，重点地区开发开放力度明显加大。初步统计，2009年经国务院批复的区域规划有8个，分别是关中—天水经济区发展规划、江苏沿海地区区域规划、横琴总体发展规划、辽宁沿海经济带发展规划、中国图们江区域合作开发规划纲要——以长吉图为开发开放先导区、促进中部地区崛起规划、黄河三角洲高效生态经济区规划、鄱阳湖生态经济区规划，其中，江苏沿海地区区域规划、横琴总体发展规划、辽宁沿海经济带发展规划、中国图们江区域合作开发规划纲要——以长吉图为开发开放先导区、促进中部地区崛起规划5个规划以国务院常务会议审议方式通过。除上述区域规划外，2009年，国务院围绕重点地区发展，还印发了《关于推进上海加快发展现代服务业和先进制造业 建设国际金融中心和国际航运中心的意见》、《关于支持福建省关于建设海峡西岸经济区的若干意见》、《关于推进海南国际旅游岛建设发展的若干意见》等若干区域性政策文件。在一年的时间里，区域规划和区域性政策文件批复数量之多、审批层次之高是前所未有的，其产生的积极效应、引起的广泛关注也是前所未有的，充分表明了中央对促进区域协调发展问题重视程度之高，对重点地区开发开放寄予期望之切。除已批复的上述规划外，按照中央的指示，有关部门还在积极推进包括长三角地区、京津冀都市圈、皖江城市带、成渝经济区、丹江口库区及上游等一批重要地区经济社会发展的规划编制上报工作。在一系列区域规划的直接拉动下，我国重点地区开发开放力度明显加大，发展速度明显加快，迅速成长为引领各个区域发展的重要增长极。

大事件之六：区域政策的作用不断加强，真正成为国民经济宏观调控的重要手段。我国幅员辽阔、地域差异明显，宏观调控体系十分复杂，区域政策历来都是宏观调控体系的重要组成内容。从毛泽东同志提出沿海和内地的关系，到邓小平同志关于“两个大局”的战略思想，再到江泽民同志提出实施西部大开发战略，一直到以胡锦涛同志为总书记的新一代中央领导集体强调的实施区域协调发展总体战略，始终都将区域政策作为宏观调控的重要手段。2009年，为有效应对国际金融危机的冲击，中央实施了一揽子计划，其中不仅包括财政、金融政策，以及以十大产业调整振兴规划为标志的产业政策，一个更为突出的特点是，以若干区域规划为代表的区域政策参与其中并发挥出前所未有的重要作用。与其他宏观调控政策相比，区域规划和区域性政策文件的空间指向性更为明确，能够清晰反映某一特定时期，国家对区域发展的战略定位与意志选择，对引导生产要素在某一区域的集聚具有重大作用，可以有效保证国民经济综合开发效率的最大化和宏观调控的科学性与针对性。实践证明，2009年，一系列区域规划和区域性政策的出台，推动了重点地区的加快发展，有力地保障了国民经济的平稳较快发展。而上述实绩，也使区域政策真正成为中央宏观调控政策的重要组成部分和有效手段。

大事件之七：区域合作广度和深度进一步加强，区域合作的积极作用进一步发挥。面对国际金融危机的严重冲击，各地纷纷推出了本地区因应危机、促进发展的政策措施，把加快推进区域合作、培育区域经济新的增长点作为一项重大举措，与以往相比，区域间开展合作的积极性和能动性大大提高，区域合作的深度和广度得到了前所未有的加强，产业区际分工趋于合理，区域之间良性互动进一步加强。2009年，跨省区的党政领导互访日趋频繁，一揽子区域合作框架协议相继签订，一些新的区域合作组织和形式不断涌现，区域一体化趋势更为明显，产业转移力度明显加大。“抱团取暖”、合作交流成为发挥地区比较优势，提高整体抗风险能力和国际竞争力，积极应对国际金融危机的一个有效手段。区际产业转移和招商引资势头良好，有关省市专门出台了关于加快推进承接产业转移工作的意见，并取得了积极的成果。内地与香港、澳门经贸关系更加紧密，两岸经贸合作迈上新台阶。国际区域合作不断深化，东盟-湄公河流域开发合作机制和大湄公河次区域经济合作机制、中亚地区区域经济合作机制、图们江地区开发合作机制在交通、能源、通信等基础设施和贸易便利化等领域取得了不同程度的进展，国家利益进一步体现。

大事件之八：民族地区经济社会发展进一步受到重视，相关扶持性政策陆续出台。民族地区的经济社会发展是全面建设小康社会的重点和难点地区，也是一揽子计划和政策措施重点支持的地区。为促进民族地区经济社会加快发展，继此前中央出台支持西藏、新疆、宁夏、青海等省藏区经济社会发展的文件之后，2009年，国务院有关部门又重点开展了促进广西、西藏和四省藏区、新疆实现跨越式发展等重大问题调研，国务院印发了《关于进一步促进广西经济社会发展的若干意见》，支持民族地区发展的政策体系进一步完善，民族地区的发展速度明显加快。据初步统计，2009年，内蒙古自治区GDP同比增长16.9%，继续保持全国增速领先的位置。西藏自治区有效抵御了拉萨“3•14”事件和国际金融危机的不利影响，GDP同比增长12.4%，增速居全国第13位，比上一年提升了9位。广西自治区GDP同比增长13.9%，增速跃居全国第5位，比上一年提升了4位。但2009年，部分民族地区也出现了不和谐的声音，乌鲁木齐“7•5”打砸抢烧严重暴力犯罪事件的发生，严重破坏了新疆长久以来安定团结的大局，极大干扰了经济社会的稳定健康发展。据初步统计，2009年新疆GDP同比仅增长8.1%，增速列全国倒数第二位，位次比上一年下降了11位。这一事件进一步鲜明地说明，民族地区唯有保持和谐稳定的社会局面，经济发展才有望健康繁荣。

大事件之九：扶贫开发取得显著效果，农民收入继续快速提升。温家宝总理在2009年“两会”政府工作报告中明确提出，自2009年开始我国实行新的扶贫标准，对农村低收入人口全面实施扶贫政策，新标准提高到人均1196元。新的扶贫标准将原来的绝对贫困标准与低收入标准合二为一，对农村低收入人口全面实施扶贫政策。按照新的政策和标准，国家进一步加大扶贫开发力度，对贫困地区的生产生活条件特别是基本公共服务设施加大了投入力度。2009年全年安排中央财政扶贫资金157亿元，比2008年增加30亿元。农村饮水安全工程使6069万农民受益，新增510万沼气用户，新建和改造农村公路38万公里、农村电网线路26.6万公里，有80万户农村危房得到改造，9.2万户有牧民实现定居。与此同时，国家继续加大强农惠农政策力度，大幅增加涉农补贴的资金规模，大幅度提高主要粮食品种最低收购价格，大幅度提高农村扶贫标准，积极引导农民参加农村基础设施建设，以及支持返乡农民自主创业等，千方百计促进农民增收。2009年中央财政用于“三农”的支出达到7253亿元，同比增长21.8%。2009年，我国农村居民人均纯收入为5153元，提出价格因素，实际增长8.5%，农村居民收入已连续6年超过6%，人民群众生活总体上达到了小康水平。按新的农村贫困标准测算，2009年末农村贫困人口为3597万人，比2008年末减少了410万人，扶贫开发成效显著。

大事件之十：节能减排和环境保护工作扎实推进，各区域的生态环境质量有所改善。随着科学发展观理念的强化以及经济结构调整力度的加大，各地区在促进区域协调发展的过程中，对推进节能减排和环境保护的重视程度明显加强，稳步推进大气污染、固体废弃物污染、重点流域和区域污染防治的力度，天然林资源保护、京津风沙源治理、退耕还林、退牧还草等重大生态工程，生态保护体系不断完善。2009年，国家安排预算内资金，支持重点节能工程、循环经济等项目近3000个，积极实施节能产品惠民工程。继续推进林业重点生态工程建设，完成造林8827万亩，全国森林覆盖率达到20.36%；综合治理水土流失面积4.8万平方公里。加强“三河三湖”等重点流域污染防治，流域治理取得新的进展，七大水系水质总体上持续好转。2007年发生蓝藻爆发事件的太湖治理工作取得积极成效，入湖河流劣V类数量和主要污染物入湖总量同比明显下降，年初确定治理目标基本实现。近岸海域299个海水水质监测点中，达到国家一、二类水质标准的比例比上年提升2.5个百分点，在监测的612个城市中，有82.4%的城市空气质量达到二级以上（含二级）标准。“十一五”以来，全国累计单位国内生产总值能耗下降14.38%，化学需氧量、二氧化硫排放量分别下降9.66%和13.14%。

2009年中国区域金融运行报告（摘要）

2010年6月8日

2009年，面对极其复杂的国内外形势，全国各地区以科学发展观为指导，认真贯彻落实积极的财政政策和适度宽松的货币政策，全面实施并不断完善应对国际金融危机的一揽子计划，努力克服金融危机的不利影响，积极扩大内需，加快经济结构调整，保持区域经济平稳增长。全年东部、中部、西部、东北地区生产总值加权平均增长率分别为10.8%、11.7%、13.5%和12.6%，其中，西部地区比上年提高1.0个百分点，东部、中部和东北地区比上年分别回落0.3个、0.5个和0.8个百分点。

2009年，各地区经济形势总体回升向好。城乡居民收入稳定增长，消费需求持续升温，消费对经济拉动作用明显增强。其中，西部地区农村居民人均纯收入增长率为8.8%，增长最快。受益于“家电下乡”等惠农惠民政策的实施，城乡消费市场同步活跃，消费结构进一步升级，城乡居民恩格尔系数下降。各地区固定资产投资增速的城乡差距继续缩小，西部地区固定资产投资增速加快。在一系列稳定外需政策措施作用下，各地区外贸进出口降幅逐渐收窄，贸易顺差仍集中在东部地区。各地区海外投资平稳较快发展，企业“走出去”步伐加快，对外投资集中于国外先进技术、营销网络和能源资源等领域。2009年，区域经济协调发展迈出新步伐，东部地区加快结构调整和自主创新，经济发展活力增强，中西部和东北地区加快开发开放，积极承接产业转移，发展基础不断夯实。区域发展呈现布局改善、结构优化、协调性提高的良好态势。各地区大力推进环境友好型社会建设，发展低碳经济，淘汰落后产能取得新进展，单位生产总值能耗、单位工业增加值能耗下降。长三角、珠三角、京津冀经济圈主导产业优势突出，对全国经济辐射和拉动作用进一步增强。

各地区金融业加大对经济发展的支持力度。上半年各项贷款快速增长，中长期贷款增加较多，积极支持了基础设施和重点项目建设，信贷对经济薄弱环节发展的支持力度进一步加大，个人消费贷款大幅增长。下半年信贷增长比上半年有所放缓，节奏更趋平稳，有利于防范和化解可能影响经济长期稳定发展的风险。金融机构贷款利率整体比上年降低，企业融资成本下降。农村新型金融机构加快发展，农村金融服务覆盖率提高。各地区非金融机构部门融资量大幅增长，14个省份直接融资比重上升，中西部地区债券发行规模明显扩大。各地区继续加大金融生态环境建设力度，社会信用环境不断改善。

2010年是继续应对国际金融危机、保持经济平稳较快发展、加快转变经济发展方式的关键一年。我国经济面临的有利因素较多，国民经济有望继续保持平稳较快增长的基本态势。但目前内需回升的基础还不稳固，经济增长内生动力有待增强，自主创新能力有待进一步提高，持续扩大居民消费、促进经济结构优化和实现节能减排目标的任务还很艰巨，财政金融领域的潜在风险不容忽视，国际上主权债务危机影响扩散、贸易摩擦加剧及各国刺激政策退出等不确定因素也会对我国外部发展环境产生重要影响。各地区将按照党中央、国务院的统一部署，深入贯彻落实科学发展观，根据新形势新情况和本地实际，贯彻落实好适度宽松的货币政策和积极的财政政策，着力加快经济发展方式转变和经济结构调整，保持经济平稳较快发展。东部地区将加强体制机制创新和产业优化升级，在率先发展的基础上，全方位参与国际竞争与合作。中部地区将落实好促进中部地区崛起规划，积极发展现代农业，巩固和提升重要能源原材料基地地位，建设现代装备制造业及高技术产业基地，强化综合交通运输枢纽地位。西部地区将深入推进西部大开发，加大对民族地区、边疆地区的扶持力度。加快振兴东北地区等老工业基地，支持重点行业、重点企业的兼并重组、技术改造和自主创新。推进区域经济协调发展，重在发挥各地比较优势，有针对性地解决各地发展中的突出矛盾和问题，扭转区域经济社会发展差距扩大的趋势，增强发展的协调性。

中国区域经济发展概况

20世纪90年代末期起，中国陆续出台了西部大开发、促进中部崛起和东北等老工业基地振兴等区域发展战略。但中国地域范围广大、地理差别明显，为了使这些战略能够更好地落到实处，产生更大的成效，近两三年来，中国政府先后批复涉及珠江三角洲、长江三角洲、天津滨海新区、福建省海峡西岸经济区、包括陕西、甘肃两省部分地区的关中一天水经济区、中国图们江区域、黄河三角洲等、横琴新区、安徽皖江城市带、鄱阳湖生态经济区等10多部区域规划和文件。

2009年12月5日至7日，中央经济工作会议指出，2010年经济工作的主要任务之一，是要“推进基本公共服务均等化和引导产业有序转移，促进区域协调发展。要继续实施西部大开发、东北地区等老工业基地振兴、中部地区崛起、东部地区率先发展的区域发展总体战略，积极扶持革命老区、民族地区、边疆地区、贫困地区加快发展，加大扶贫开发力度，提高自主发展能力，改善群众生产生活条件，让各族人民共享改革发展成果。”

2010年6月12日，国务院总理温家宝主持召开国务院常务会议，审议并原则通过《全国主体功能区规划》，决定取消和下放184项行政审批项目。《规划》在国家层面将国土空间划分为优化开发、重点开发、限制开发和禁止开发四类区域，并明确了各自的范围、发展目标、发展方向和开发原则。国家优化开发的城市化地区要率先加快转变经济发展方式，着力提升经济增长质量和效益，提高自主创新能力，提升参与全球分工与竞争的层次，发挥带动全国经济社会发展的龙头作用；国家重点开发的城市化地区要增强产业和要素集聚能力，加快推进城镇化和新型工业化，逐步建成区域协调发展的重要支撑点和全国经济增长的重要增长极；东北平原、黄淮海平原、长江流域等农业主产区要严格保护耕地，稳定粮食生产，保障农产品供给，努力建成社会主义新农村建设示范区；青藏高原生态屏障、黄土高原－云贵高原生态屏障、东北森林带、北方防沙带、南方丘陵山地带和大江大河重要水系等生态系统、关系全国或较大范围区域生态安全的国家限制开发的生态地区，要保护和修复生态环境，提高生态产品供给能力，建设全国重要的生态功能区和人与自然和谐相处的示范区；国家级自然保护区、风景名胜区、森林公园、地质公园和世界文化自然遗产等1300多处国家禁止开发的生态地区，要依法实施强制性保护，严禁各类开发活动，引导人口逐步有序转移，实现污染物零排放。

振兴东北地区老工业基地进展情况

2003年9月29日，中共中央政治局讨论通过《关于实施东北地区等老工业基地振兴战略的若干意见》。

2007年8月，国家发展和改革委员会及国务院振兴东北地区等老工业基地领导小组办公室编制的《东北地区振兴规划》发布。

规划范围包括：辽宁省、吉林省、黑龙江省和内蒙古自治区呼伦贝尔市、兴安盟、通辽市、赤峰市和锡林郭勒盟（蒙东地区）。土地面积145万平方公里，总人口1.2亿。是我国东北边疆地区自然地理单元完整、自然资源丰富、多民族深度融合、开发历史近似、经济联系密切、经济实力雄厚的大经济区域，在全国经济发展中占有重要地位。东北地区现有林地面积4393万公顷，森林总蓄积量为37亿立方米，是我国森林面积最大的区域。是世界著名的三大黑土地分布区域之一。人均耕地面积0.309公顷，是全国人均耕地面积的3倍。

2009年9月11日，国务院发布《国务院关于进一步实施东北地区等老工业基地振兴战略的若干意见》（国发〔2009〕33号）。意见指出，“实施东北地区等老工业基地振兴战略五年多来，振兴东北地区等老工业基地工作取得了重要的阶段性成果。以国有企业改革为重点的体制机制创新取得重大突破，多种所有制经济蓬勃发展，经济结构进一步优化，自主创新能力显著提升，对外开放水平明显提高，基础设施条件得到改善，重点民生问题逐步解决，城乡面貌发生很大变化。实践证明，中央实施振兴东北地区等老工业基地战略的决策是及时的、正确的。但也要清醒看到，东北地区等老工业基地体制性、结构性等深层次矛盾有待进一步解决，已经取得的成果有待进一步巩固，加快发展的巨大潜力有待进一步发挥。在当前形势下，认真总结振兴工作实践经验，进一步充实振兴战略的内涵，及时制定新的政策措施，既是应对国际金融危机、促进全国经济平稳较快发展的需要，也是推进东北地区等老工业基地全面振兴的需要。”

2009年8月30日，国务院已正式批复《中国图们江区域合作开发规划纲要——以长吉图为开发开放先导区》，标志着长吉图开发开放先导区建设已上升为国家战略，成为迄今唯一一个国家批准实施的沿边开发开放区域。 图们江区域是我国参与东北亚地区合作的重要平台。国务院在批复中指出，以吉林省为主体的图们江区域在我国沿边开放格局中具有重要战略地位，加快图们江区域合作开发，是新时期我国提升沿边开放水平、促进边疆繁荣稳定的重大举措。按照国务院的批复，吉林省长春市、吉林市部分区域和延边州（简称长吉图）是中国图们江区域的核心地区，要加快建设长吉图开发开放先导区，将其发展成为我国沿边开发开放的重要区域、我国面向东北亚开放的重要门户和东北亚经济技术合作的重要平台，培育形成东北地区新的重要增长极。

2009年9月，发改委牵头10个部委组成调研组分赴内蒙古和黑龙江广泛调研，下发了大小兴安岭林区生态保护与经济转型规划编制方案，大小兴安岭生态保护与经济转型上升到国家战略层面。大小兴安岭是我国最大林区，也是黑龙江、松花江、嫩江等水系的重要源头和水源涵养区，维护着东北亚地区的生态安全。同时，作为我国重要商品粮和畜牧业生产基地的天然屏障，对调节东北、华北地区气候也具有无可替代的保障功能。自新中国成立以来，大小兴安岭经过60年的高强度开发，可采成过熟林蓄积量由开发初期的7.8亿立方米下降到2007年的6600万立方米，整体生态功能退化严重。大小兴安岭生态保护与经济转型规划将分为两个阶段，共11年时间，近期为2010年—2015年，远期为2016—2020年。规划实施后，大小兴安岭生态功能区将全面停止主伐生产，同时加强造林和中幼龄林的抚育，加强湿地和草原的恢复和保护，并逐步理顺林业管理体制。预计到2020年，大小兴安岭林区生态环境得到初步恢复，生态布局合理，涵养水源、保持水土维持生物多样性的功能明显提升，森林覆盖率达到70%以上，每公顷蓄积量达到95立方米。

2010年4月16日，黑龙江省、吉林省、内蒙古自治区和辽宁省主要负责人在沈阳出席东北四省区合作首次行政首长联席会议，共同签署了《东北四省区合作框架协议》。《协议》明确了未来一个时期东北四省区的重大合作事项，商定推进东北地区大生态、大交通、大电网的建设，努力构建区域经济协调发展的新格局，促进东北地区大开发、大开放、大发展。

2010年8月17日，国务院总理、国务院振兴东北地区等老工业基地领导小组组长温家宝主持召开领导小组第二次全体会议，听取发展改革委关于振兴东北地区等老工业基地进展情况和下一阶段工作重点的汇报，审议并原则通过《大小兴安岭林区生态保护和经济转型规划》与《关于加快东北地区农业发展方式转变建设现代农业的指导意见》。

2009年西部大开发进展情况和2010年工作安排

2009年是进入新世纪以来西部地区经济社会发展面临形势最为复杂、面对挑战最为严峻的一年，也是西部地区经济社会发展迎难而上、取得明显成绩的一年。党中央、国务院审时度势，科学决策，及时出台一系列保持经济社会平稳较快发展的政策措施。西部地区广大干部群众坚定信心、共克时艰，坚持实施并不断完善扩大内需、促进增长的一揽子计划，较快地扭转了经济增速下滑势头，为全国克服国际金融危机冲击，促进区域协调发展做出了新的贡献。

一、2009年西部大开发进展情况

（一）应对危机措施及时有力，经济回升向好趋势明显

受国际金融危机冲击，西部地区经济社会发展遇到较大困难，主要经济指标增速明显下滑，超过500万农民工失业返乡。国务院及时召开西部地区开发领导小组会议，研究出台应对国际金融危机保持西部地区经济平稳较快发展的意见等一系列有针对性的政策措施。中央进一步加大了投入力度，全年西部地区完成全社会固定资产投资49662亿元，增长38.1%，高于各地区加总平均水平8.6个百分点，其中，下达中央基本建设投资1589亿元，占投资总额的43.2%。加大了财政转移支付力度，全年中央财政对西部地区转移支付10058亿元，增长26.8%，占中央对地方转移支付总额的44.1%。加大了项目支持力度，全年新开工西部大开发重点工程18项，投资总规模达4689亿元。

这些政策有力地促进了西部地区经济企稳回升。初步统计，2009年，西部地区生产总值66868亿元，增长13.5%。实现地方财政收入6055亿元，增长17.4%；地方财政支出17549亿元，增长27.5%。实现社会消费品零售总额23039亿元，增长19.2%。规模以上工业增加值增长15.5%。进出口总额915亿美元，下降14.3%，但自11月来，单月外贸进出口额止跌回升。西部地区实际利用外商直接投资71亿美元，增长7.4%；利用国际金融组织贷款

谈判签约额30亿美元，占全国的69%。城乡居民收入达到14213元和3817元，比上年分别增加了1242元和299元。

（二）重点工程进展顺利，基础设施进一步加强

铁路建设步伐不断加快，精伊霍、大理至丽江、临河至策克等铁路以及郑州至西安客运专线建成通车，新增铁路营运里程2662公里，贵广、兰渝、南广、兰新第二双线等有序推进。国家高速公路网西部路段、西部开发公路干线、进藏公路和农村公路建设加快推进，新增高速公路通车里程2120公里。一批新建、改扩建机场加快建设。小湾、拉西瓦、瀑布沟等一批水电站相继投产，新增装机容量1000多万千瓦，溪洛渡、向家坝等水电站建设进展顺利，贵州黔中、四川亭子口、西藏旁多等大中型水利枢纽以及青海积石峡等水电站开工建设。西气东输二线西段工程建成通气。新增光缆线路44.8万公里，3G网络基本实现地级以上城市全覆盖。全年新增建设用地计划155万亩，保障了各类事业发展用地。

（三）生态建设扎实推进，环境保护力度加大

落实巩固退耕还林成果规划，建设基本口粮田883万亩、经济林310万亩，

安排配套荒山荒地造林和封山育林1159万亩。退牧还草稳步推进，安排围栏建设7885万亩、草地补播改良2351万亩。天然林保护、京津风沙源治理、三北防护林、青海三江源自然保护区生态保护和建设工程进展顺利，西南岩溶地区石漠化治理以及塔里木河、黑河、石羊河等重点流域综合治理有序推进，甘南黄河重要水源补给生态功能区生态保护与建设工程全面实施，完成水土流失综合防治面积3.12万平方公里。环境保护、地质灾害防治力度不断加大，甘肃省循环经济总体规划批复实施，滇池、三峡库区及其上游、黄河中上游等重点流域水污染防治规划进展顺利。安排西部地区重点节能项目325个，城镇污水垃圾处理设施建设项目249个，重点污染源治理项目75个，循环经济和资源节约示范项目29个。

（四）特色优势产业快速发展，产业结构调整步伐不断加快

西部地区积极发展特色经济，培育出一批有一定竞争力、发展前景好、带动能力强的主导产业。农牧业产业化进程不断加快，甘肃马铃薯、云南茶叶、青海油菜、新疆棉花和西红柿、内蒙古牛羊等已经成为区域性品牌产品。宁东煤电基地建设进展顺利。新疆独山子1000万吨炼油100万吨乙烯、重庆蓬威百万吨级PTA技术装备国产化示范项目全面投产。广西木薯燃料乙醇一期工程投产并稳定运行，内蒙古伊泰煤间接液化示范项目试车成功。甘肃酒泉千万千瓦级风电基地、大唐内蒙古煤制天然气项目开工建设。重大装备制造研发设计、核心元器件配套、加工制造和系统集成的整体水平明显增强，航天航空、生物工程、新材料等高技术产业发展规模和水平不断提高，高技术产业总产值增长19.6%。自主创新能力增强，建设44个国家地方联合创新平台，认定17家国家企业技术中心。旅游产业加快发展，全年接待入境旅游人数1062万人，实现旅游外汇收入43亿美元，国内旅游快速增长。

（五）社会事业加快发展，基本公共服务水平稳步提高

“两基”攻坚成果不断巩固，农村初中校舍改造工程力度继续加大，实施中等职业学校农村家庭经济困难学生和涉农专业学生免学费政策，招聘特岗教师3.7万人。基层医疗卫生服务体系建设加快推进，支持西部地区42所地市级重点中医院、434所县级医院、1317所中心乡镇卫生院以及386所社区卫生服务中心建设。继续保持低生育水平。社会保障体系覆盖范围继续扩大。西部地区基本养老、基本医疗、失业、工伤保险参保人数分别达到4250万人、8497万人、2306万人和2229万人。新型农村合作医疗基本实现全覆盖。新型农村社会养老保险试点工作有序开展，覆盖人口超过3000万人。住房保障全面推进，通过新建、改建等方式筹集廉租住房81万套，新建经济适用住房37万套，支持近60万户农村贫困户家庭开展农村危房改造。公共文化服务体系不断完善，16万个20户以上已通电自然村实现通广播电视；支持1370个乡镇综合文化站建设。农村生产生活条件持续改善，解决了2170万农村人口的饮水安全问题，新增沼气用户200万户，新建农村公路5.3万公里，实施生态移民35万人，自然村通电话比重达到90.8%，乡镇通宽带比重达到93.6%。人才开发工作力度不断加大，干部交流工作取得明显成效，博士服务团、西部之光等工程稳步推进。农民创业促进工程加快推进。

（六）区域政策有序实施，区域协调发展取得新突破

坚持以线串点、以点带面的空间发展模式，突出抓好重点地区和特殊困难地区发展，推动各类区域协调发展。《广西北部湾经济区发展规划》、《关中—天水经

济区发展规划》全面实施，《成渝经济区区域规划》正在抓紧编制，三大重点经济区已经成为引领西部地区经济发展的重要高地。新疆天山北坡、呼包银等经济区对周边地区辐射带动作用不断增强。党中央、国务院关于支持西藏、新疆、青海等省藏区、宁夏、广西等少数民族地区加快发展的政策措施得到积极落实，5个民族自治区生产总值突破23000亿元，增速达到13.8%。扶贫开发投入力度不断加大，全年中央财政用于西部地区的扶贫资金达124亿元，占全国的64%。《陕甘宁革命老区振兴规划》编制工作稳步推进，延安、榆林、庆阳等革命老区发挥资源富集优势，着力打造国家能源基地。

（七）体制机制改革不断深化，对外开放水平全面提升

国有企业改革取得积极进展，非公有制经济加快发展。西部地区积极承接产业转移，已有近20万家东部企业到西部投资创业。重庆、成都加快推进统筹城乡改革，进一步搞活农村经济。以西安为中心的统筹科技资源改革示范基地建设稳步开展。积极推进集体林权制度改革和相关配套改革。西部地区对外开放力度不断加大，深化与周边国家和地区合作，中国—东盟自由贸易区如期建成，深入拓展与上海合作组织、澜沧江—湄公河次区域合作。稳步开展中哈霍尔果斯国际边境合作中心建设，广西钦州保税港区通过国家验收。

（八）灾后恢复重建进展顺利，经济社会发展基本恢复

四川、甘肃、陕西三省灾后恢复重建项目已开工34700多个、完工25600多个，完成投资6545亿元，占规划总投资的65.5%。农村居民住房重建已基本完成，城市居民住房重建加快推进。95%以上中小学生已在永久性校舍学习，其余学生将于2010年春季学期搬入永久性新校舍。北川新县城，汶川、青川县城和映秀、汉旺等重灾城镇加紧建设。对口支援成效显著，已确定支援项目3424个、援建金额744亿元，其中3139个项目已开工建设，援建资金到位449亿元，1833个项目建成投入使用，部分对口支援省市已经基本完成了原定三年的主要援建任务。

二、2010年西部大开发工作安排

2010年是实施“十一五”规划的最后一年，是夺取应对国际金融危机冲击全面胜利的关键之年，也是实施西部大开发战略承前启后的关键之年。深入贯彻落实国务院西部地区开发领导小组会议部署，扎实推进西部大开发，对于进一步巩固经济回升向好、促进区域协调发展具有重要意义。为此，要做好以下工作：

（一）保持西部地区经济平稳较快发展

抓紧颁布实施深入实施西部大开发战略的若干意见，研究制定相关配套办法和实施细则，切实将西部大开发政策措施落实到位。认真做好国务院西部大开发工作会议的各项筹备工作，深入开展实施西部大开发战略10周年系列宣传和表彰活动。密切跟踪分析经济形势，加强经济运行监测，及时提出有针对性的政策建议。继续加大中央财政对西部地区的转移支付和各类专项资金的支持力度，新增中央投资重点向民生工程、生态环境、基础设施、产业结构调整和灾后恢复重建等领域倾斜。开展《西部大开发“十二五”规划》编制工作。

（二）继续加强基础设施和生态环境建设

加强重点项目前期工作，继续新开工一批重点工程，加快构建适度超前、功能配套、安全高效的现代化基础设施体系。进一步扩大综合交通网规模。加快铁路客运专线、区际干线、开发性新线和煤运通道建设，强化既有线路及枢纽扩能改造，积极推进口岸铁路建设。继续推进国家高速公路网西部路段以及西部开发八条公路干线建设，打通省际间、城市间断头路，力争基本建成西部开发八条公路干线。加强西部地区机场布局。继续推进一批重点水利工程建设。加快宽带互

联网、3G网络等信息基础设施建设。推动油气管网、电网等能源基础设施建设。巩固退耕还林和退牧还草成果，抓紧编制退耕还林总体方案、退牧还草“十二五”规划，完善退牧还草政策。研究建立健全生态补偿机制的政策法规框架，抓紧研究起草《生态补偿条例》，继续推进天然林保护、三北防护林等重点生态工程以及青海三江源、甘肃祁连山等生态区建设。加强环境保护和节能减排，加大环境综合治理力度。加快推进甘肃省、青海省柴达木等循环经济示范区建设，支持建设一批循环经济重点项目。

（三）强化农业农村发展基础

加强农田水利建设，加快大中型灌区配套改造，推进田头水柜、集雨水窖等小型微型水利设施建设，扩大节水灌溉面积，提高农业综合生产能力。推动农业产业化经营，加快特色农产品生产基地建设，积极培育壮大龙头企业。发展农民专业合作社，提高农业组织化程

度。支持农产品市场升级改造，推动生产与市场对接。促进农民就业创业，多渠道增加农民收入。加大农村“水电路气房”等基础设施建设投入，推进农村沼气和农村电网改造，加快农村人口饮水安全工程建设，力争基本实现具备条件的乡镇通沥青（水泥）路、建制村通公路，统筹推进城镇化和新农村发展。

（四）大力发展特色优势产业

加快转变经济发展方式，积极调整产业结构，增强区域自主创新能力。加强矿产资源勘探，提高资源转化利用水平。集约发展能源化工及矿产资源加工业，鼓励发展技术含量、附加值高的深加工产品，逐步形成一批资源深加工产业基地。推进信息化与工业化融合，培育一批装备制造业基地。加快区域创新体系建设，大力发展节能环保、新能源、新材料、生物医药、信息网络等战略性新兴产业。发挥西部地区国防科技工业优势，加强军地结合、军民结合。深入挖掘历史、民族等文化资源，大力发展特色文化产业。加强旅游基础设施建设，培育和打造一批知名旅游景区和旅游线路。

（五）积极推进社会事业发展和改善民生

推进义务教育均衡发展，继续抓好农村初中校舍改造工程、中小学校舍安全工程、特殊教育学校建设、中等职业教育基础能力建设等重大教育专项建设。加强公共医疗卫生服务和卫生应急处置能力建设，推进地市及以上重点中医院建设，扶持和促进中医药、民族医药事业发展。实施以全科医生为重点的基层医疗卫生队伍建设规划。扩大基本医疗保障覆盖面，提高城镇居民基本医疗保险和新型农村合作医疗补助水平。继续实施“少生快富”工程，做好孕产妇和妇幼保健工作。加强乡镇综合文化站等基层公共文化设施建设，发展公益性文化体育事业。稳定和扩大就业，进一步加大对劳动密集型产业、服务业、中小企业以及大学生自主创业的支持力度，切实增加就业岗位。加快完善覆盖城乡居民的社会保障体系，扩大新型农村社会养老保险试点范围，加快城市保障性住房建设和农村危房改造。加强城乡社会救助体系建设。继续做好东部城市对口支持西部人才培训工作，加强各级各类人才培养、培训以及交流，积极引进国外智力。

（六）加大改革开放力度

推进国有经济布局和战略性调整，实施优势资源转化战略，积极承接东中部地区产业转移。大力改善投资环境，促进非公有制经济发展。深化资源性产品价格改革，完善可再生能源发电定价和费用分摊机制。深化农村综合改革，完善集体林权制度改革配套政策，继续推进草原基本经营制度改革。抓好国家出台的支持少数民族和民族地区、重点经济区规划、指导意见的贯彻落实，组织编制重点

经济区域发展规划，开展集中连片特殊困难地区开发攻坚的前期研究。充分发挥沿边优势，推动与周边国家的经济贸易文化交流。积极推动广西东兴、云南瑞丽、新疆喀什、内蒙古满洲里等重点开发开放试验区建设，编制西部地区沿边开发开放规划。支持有条件的沿边地区增设边境经济合作区，探索在条件成熟的地区设立跨境经济合作区，提高边境地区口岸基础设施建设水平。统筹规划海关特殊监管区域建设，发挥保税贸易的重要作用。

（七）努力完成灾后恢复重建任务

加快推进城镇居民住房重建，确保灾区群众全部住上永久性住房。逐步建设完善集中安置点配套设施，全面恢复和提升公共服务水平。加快交通、通信、水利、能源等基础设施恢复重建。到今年9月底，基本完成灾后恢复重建的主要任务。组织开展恢复重建工程质量全面检查，确保质量安全、施工安全和资金安全。做好对口支援工作，加强指导协调，认真总结经验，开展对口支援先进集体和先进个人表彰活动。

三、国家计划2010年西部大开发新开工23项重点工程

为深入实施西部大开发战略，积极扩大内需，促进西部地区又好又快发展，国家计划2010年西部大开发新开工23项重点工程，投资总规模为6822亿元。23项新开工重点工程分别是：(1)沪昆客运专线长沙至昆明段，(2)成都至贵阳铁路乐山至贵阳段，(3)西安至成都客运专线西安至江油段，(4)宝鸡至兰州客运专线，(5)成都至重庆客运专线，(6)云南大理至丽江公路，(7)新疆库车至阿克苏公路，(8)甘肃雷家角（陕甘界）至西峰公路，(9)贵州贵阳机场改扩建，(10)西部支线机场建设，(11)广西防城港核电一期工程，(12)四川大渡河猴子岩和雅砻江桐子林水电站，(13)西部光伏电站建设，(14)西部风电基地建设，(15)西部农网改造升级工程，(16)内蒙古胜利东二号露天煤矿二期工程，(17)新疆大井矿区南露天煤矿一期工程，(18)青藏直流联网工程，

（19）新疆电网与西北电网联网工程，（20）贵州黔中水利枢纽一期工程，（21）西藏旁多水利枢纽，（22）内蒙古海勃湾水利枢纽，（23）新疆兵团肯斯瓦特水利枢纽。

2000-2009年，西部大开发累计新开工重点工程120项，投资总规模2.2万亿元。

中国区域经济最新布局

根据新的发展观的要求，国家重新调整了区域发展的布局，目的是促进区域经济协调发展。具体要求是：积极推进西部大开发，有效发挥中部地区的综合优势，支持中西部地区加快改革发展，振兴东北地区等老工业基地，鼓励有条件的东部地区率先基本实现现代化，逐步形成东、中、西部经济互联互动、优势互补、协调发展的新格局。

一、中国经济“四大板块”

东部率先、西部开发、中部崛起和东北振兴。

二、十六个国家重点建设地区

1. 辽宁中南地区。重点发展钢铁工业和门类齐全的重型机电设备制造业等。

2. 京津唐地区。加强机械电子工业和高技术产业的发展。

3. 山东半岛。重点开发石油和海洋资源，加快石油化工和海洋产业的发展。

4. 长江三角洲地区。加快机械电子工业、石油化工、汽车三角洲地区。加快机械电子工业、石油化工、汽车等支柱产业以及高新技术产业和第三产业的发展。

5. 闽南三角洲地区。以发展劳动资金密集型产业为主。

6. 珠江三角洲地区。在目前接纳劳动密集型产业的基础上进一步升级。

7 . 海南、北部湾沿海地区。具有对外开放的区位优势和一定的资源优势。

8. 红水河电力和有色金属基地。本区域可建成全国的有色金属工业基地。

9. 哈尔滨—长春地区。本区主要抓好石化、汽车、机电工业的发展和技术水平的提高。

10. 以山西为中心的能源基地。重点开发煤、铝等资源，也是东部耗能产业的良好接纳地。

11. 长江干流中上游沿岸地区。本区水陆交通方便，水资源和矿产资源丰富，发展水电、钢铁、有色金属、磷和盐化工业。

12. 陕西关中地区。重点考虑机械电子工业的发展和技术水平的提高，同时是接纳东部地区纺织工业向西转移的理想地区。

14. 以兰州为中心的黄河干流沿岸地区。该区为开发新疆石油资源提供钻采设备，在接纳东部地区有色冶金、石油化工、化肥向西转移等方面有重要地位。

14. 以乌鲁木齐为中心的天山北坡地区。是东部地区石油加工、轻纺工业向西转移的重要接收基地。

15. 攀西—六盘水冶金、能源、化工基地。主要发展能源、钢铁工业、有色金属、化肥工业。

16. 乌江电力和黔中铝、磷基地。主要开发水电，发展磷肥、炼铝工业。

三、五个核心经济圈带

依托产业、人力资源、市场转移升级，内地将形成新的五个极化核心经济带，即：

1. 长江中下游经济带：以武汉城市圈、长株潭城市群、成渝地区、昌九地区为依托的长江中上游经济带；

2. 黄河中游经济带：以中原地区、关中地区以及国家能源基地为依托的黄河中游经济带。

3. 环渤海经济圈：以山东半岛、辽中南地区为两翼，提升和拓展环渤海经济圈；

4. 东海经济圈：以两岸交流合作的深化、国务院关于长三角地区进一步改革发展意见的实施和海峡西岸经济区建设为契机，加速形成东海经济圈；

5. 南海经济圈：以珠三角地区改革发展规划纲要的实施、广西北部湾经济区建设以及中国-东盟自由贸易区建立为引擎，加速形成南海经济圈。

四、中国“八大经济圈”

针对国内经济圈划分比较盲目随意，综合权衡区域经济发展背景、现状和发展趋势，在“十二五”规划中，中国区域发展的新格局，以城市群为基础应和核心，形成八大经济圈。 即：

1. 大长三角经济圈；以长三角城市群为核心的大长三角经济圈。包括现在的长三角城市群和江淮城市群。

2. 泛渤海经济圈；以京津冀、山东半岛为核心的泛渤海经济圈。过去提出的环渤海经济圈包括辽宁，但根据经济联系，辽宁省和吉林省、黑龙江省以及内蒙东部联系更密切，和山东半岛和京津冀的联系并不密切，因此泛渤海经济圈未包括辽宁。山西省虽划分在中部，但是它和河南、湖北、湖南的联系不如和京津冀更密切。内蒙古中部和京津冀、山东半岛联系很密切，所以泛渤海把山西和内蒙古中部划进来。为了跟环渤海经济圈相区别，所以提出泛渤海经济圈。

3. 大珠三角经济圈；以珠三角为核心的大珠三角经济圈。2003年时提出叫泛珠三角经济圈，现在提出“9+2”模式，所以改变为大珠三角经济圈。

4. 东北经济圈；以辽中南为核心的东北经济圈。

5. 海峡经济圈；以海峡西岸城市群和台北为核心的海峡经济圈。我们要和平统一，所以我们在规划上首先要统一起来，此外海峡西岸，以福建为主体的海峡西岸和台湾的经济联系非常密切。所以我们把台湾海峡西岸共同构成海峡经济圈。

6. 中部经济圈；以长江中游、中原城、湘中城市群为核心的中部经济圈。中部经济圈不包括安徽，即江淮城市群。

7. 西南经济圈；以川渝城市群为核心的西南经济圈。

8. 西北经济圈。以关中为核心的西北经济圈。

五、中国“十大城市群”

城市群有三个特征：第一是有若干个大都市为核心，第二是交通非常的便捷，第三是经济联系比较密切。

根据2007年的数，这十大城市群土地面积占全国的土地面积11%，居住的人口超过了1/3。创造的GDP超过了2/3。这说明我国城市群在国家经济当中的地位非常高。

现在城市群GDP占全国的三分之二，但是人口仅占了全国的三分之一，这说明我们的人口和GDP是不相适应的。如果城市群人口能够成占全国人口的三分之二，那么区域协调发展的目标就比较容易实现。

东部六个城市群

1. 珠三角城市群

珠三角城市群包括9个城市，实际上有11个城市，另外两个是香港和澳门。珠三角城市群以香港、广州和深圳为中心。

2. 海峡西岸城市群

海峡西岸城市群以福州市为中心。

3. 长三角城市群

长三角城市群以上海、南京和成都为中心，共有16个城市。、

4. 山东半岛城市群

山东半岛城市群有10个城市。包括济南、青岛、淄博、东营、烟台、潍坊、威海、日照、滨州八城市。

5. 京津冀城市群

京津冀城市群是“10+2”模式，以北京天津为中心。

6. 辽中南城市群

辽中南城市群有10个城市。

中部两个城市群

7. 长江中游城市群

长江中游城市群也有12个城市。

8. 中原城市群；

中原城市群有9个城市，以郑州为中心，

西部两个城市群

9. 川渝城市群

川渝城市群共有15个城市，以成都市和重庆市为中心。

10. 关中城市群

关中城市群以西安为中心

中国其他6大城市群

“十二五” 正在发展中的其他六大城市群

1. 以长株潭为中心的湘中城市群

长株潭比较特殊，未列入十大城市群是因为：区域人口和城市数量以及经济的总量未进入前列，其次是因为这三个城市表面上看是三个行政区，实际上距离很

近，而且相互之间已经不是独立的城市个体，是多个组团的一个城市，其未来将形成以长株潭为中心，包括更多的城市在内的湘中城市群。

2. 以合肥为中心的江淮城市群

3. 以长春和吉林为中心的城市群（即吉长都市圈）

4. 以哈大齐为中心的黑龙江东南部的城市群

5. 以南宁为中心的北部湾城市群

6. 以乌鲁木齐为中心的天山北部城市群

六、国家区域发展战略规划（十三个）

区域规划三条推进线索：①加快重点地区发展；②落实重大发展战略；③围绕地区区域开拓空间。

1. 《关于进一步推进长江三角洲地区改革开放和经济社会发展的指导意见》

2. 《珠江三角洲地区改革发展规划纲要》

3. 《国务院关于进一步促进宁夏经济社会发展的若干意见》

4. 《推进重庆市统筹城乡改革和发展的若干意见》

5. 《支持福建省加快建设海峡西岸经济区建设的若干意见》

6. 《横琴发展总体规划》

7. 《江苏沿海地区发展规划》

8. 《辽宁沿海经济带的发展规划》

9. 《黄河三角洲高效生态经济区规划》

10. 《图们江区域合作规划纲要》

11. 《江西鄱阳湖生态经济区规划》

12. 《国务院关于进一步促进广西经济社会发展的若干意见》

13. 《大小兴安岭林区生态保护和经济转型规划》

七、各区域经济

（一）东部地区

1. 长江三角洲经济区（长三角经济区）：

长江三角洲地区区域规划打造世界级城市群。

长江三角洲经济区包括上海市、江苏省和浙江省，包括上海、南京、杭州、苏州、无锡、扬州、南通、镇江、湖州、宁波、绍兴、舟山、温州、嘉兴、常州等16个地级以上城市组成的区域，区域面积21．07万平方公里。

2. 环渤海经济圈

环渤海经济圈是指环绕着渤海全部及黄海的部分沿岸地区所组成的广大经济区域。位于中国沿太平洋西岸的北部，是中国北部沿海的黄金海岸，在中国对外开放的沿海发展战略中，占重要地位。

河北环京津国家高新技术产业带。作为环渤海湾经济圈中京津冀都市圈的重要组成部分，今年6月，科技部批复河北建设“河北环京津国家高新技术产业带”，这是科技部批准建设的全国七大国家级高新技术产业带之一。“河北环京津国家高新技术产业带”定位为国家高新技术创新创业示范区、环渤海区域高新技术产业发展密集区、京津高新技术成果转化核心区和河北省现代产业体系建设主体区。其近期目标是，到2015年建成以园区（开发区）和高新技术产业基地为主要支撑，以产业密集区为主体，各种创新要素聚集，高新技术企业密集，空间布局合理，在全国有重要影响的国家级高新技术产业带。

3. 江苏沿海经济区

江苏沿海经济区：主要包括连云港、盐城、南通等江苏沿海地区。江苏沿海地区地处我国沿海、沿长江和沿陇海兰新线三大生产力布局主轴线交会区域，是长江三角洲的重要组成部分。在新形势下加快江苏沿海地区发展，对于长江三角洲地区产业优化升级和整体实力提升，完善全国沿海地区生产力布局，促进中西部地区发展，加强我国与中亚、欧洲和东北亚国家的交流与合作，具有重要意义。

2009年6月10日，温家宝总理主持召开国务院常务会议，讨论并原则通过《江苏沿海地区发展规划》。

4. 海峡西岸经济区（海西经济区）

海西经济区是以福建为主体，面对台湾，邻近港澳，范围涵盖浙江南部、广东北部和江西部分地区，与珠江三角洲和长江三角洲两个经济区衔接，依托福州、厦门、泉州、温州、汕头五大城市所形成的对外开放、协调发展、全面繁荣的经济综合体。

截止目前海峡西岸经济区扩张，包括福建福州、厦门、泉州、漳州、龙岩、莆田、三明、南平、宁德以及福建周边的浙江温州、丽水、衢州；江西上饶、鹰潭、抚州、赣州；广东梅州、潮州、汕头、揭阳共计20市。

厦门经济特区扩大到全市。今年6月20日，中共福建省委书记孙春兰宣布，国务院已批准厦门经济特区扩大到全市，并建立两岸区域性金融服务中心。

（二）西部地区

西部大开发，西部地区特指陕西、甘肃、宁夏、青海、新疆、四川、重庆、云南、贵州、西藏、广西、内蒙古12个省、自治区和直辖市。

1. 成渝经济区

成渝经济区是以成都，重庆两市为中心，主要包括：重庆（市区）、成都、雅安、乐山、绵阳、德阳、眉山、遂宁、资阳、宜宾、泸州、自贡、内江、南充、广安、达州、广元、都江堰、彭州、邛崃、崇州、广汉、什邡、绵竹、江油、峨眉山、阆中、华莹、万源、简阳以及重庆的江津、合川、永川等33个不同规模、不同等级的城市。

2009年7月，国家发改委在成都召开了编制工作会，会议初步商议成渝经济区区域规划将涵盖四川的15个市和重庆的31个区县，总面积是20.61万平方公里，人口9840.7万，GDP总量1.58万亿元。其中重庆除了一小时经济圈的23个区县外，还有渝东北的万州、梁平、丰都、开县、垫江、忠县、云阳和渝东南的石柱八个被纳入了成渝经济区，整个成渝经济区涉及的重庆幅员面积是1.15万，占37.56%，占重庆人口2380万，占重庆总人口的62.5%。

2. 重庆两江新区

内陆唯一国家级新区——重庆两江。作为西部大开发战略的具体落实，2010年6月18日，重庆“两江新区”挂牌成立。“两江新区”是继上海浦东新区、天津滨海新区之后，我国第三个国家级新区、内陆唯一国家级新区。“两江新区”位于重庆市主城区长江以北、嘉陵江以东，包括江北区、渝北区、北碚区三个行政区部分区域，规划面积1200平方公里，其中可开发建设面积550平方公里。

重庆对“两江新区”的战略定位是：立足重庆市、服务大西南、依托长江经济带、面向国内外，形成“一门户两中心三基地”，即：西部内陆地区对外开放的重要门户、长江上游地区现代商贸物流中心、长江上游地区金融中心、国家重要的现代制造业和国家高新技术产业基地、内陆国际贸易大通道和出口商品加工基地、长江上游的科技创新和科研成果产业化基地。

国内陆地区首个保税港区——重庆两路寸滩保税港区。今年5月11日，重庆两路寸滩保税港区通过国务院验收。重庆两路寸滩保税港区于2008年底由国务院批准设立，是我国内陆地区首个保税港区，也是国内第一个“水港＋空港”双功能叠加的保税港区。两路寸滩保税港区主要有港口作业、空运服务、对外贸易、出口加工、商品展示、保税多式联运和金融商贸服务七大业务功能，先期将重点发展保税物流业和加工贸易。该保税港区有望成为辐射我国中西部地区的保税加工、物流中心，对推动西部地区对外贸易及外向型经济发展具有重要意义。保税港区工程总投资约100亿元，规划面积8.37平方公里，于2009年6月开工建设，其中，一期工程规划建设面积为2.67平方公里。

3. 关中—天水经济区

关中—天水经济区范围包括陕西的西安、咸阳、渭南、铜川、宝鸡、杨凌、商洛6市1区和甘肃省天水市，总面积6.96万平方公里。规划编制时间表近期到2020年，远期规划为2040年。

4. 青海省柴达木循环经济试验区

2010年3月15日国务院正式批复由国家发改委和青海省人民政府编制的《青海省柴达木循环经济试验区总体规划》，这是国务院批复的第二个区域循环经济发展规划。

5. 西藏

《关于近期支持西藏经济社会发展的意见》

6. 新疆区域经济振兴规划（审批中）

新疆区域经济振兴规划将在2010年5月上报至国务院，规划将重点支持能源、旅游、钢铁、新型农业和循环经济。规划将在乌鲁木齐西北角打造一个石油城，把通过欧亚大陆桥从中亚五国输送到我国的石油天然气在此储存起来。同时，推进与资源丰富的中亚五国发展边贸，并有望建立起经济合作区。中亚五国包括了哈萨克斯坦、吉尔吉斯斯坦、塔吉克斯坦、乌兹别克斯坦和土库曼斯坦。同时，将推进与伊朗、阿富汗、巴基斯坦的边贸、能源合作。

7. 甘肃

2010年5月6日，国务院办公厅发布《关于进一步支持甘肃经济社会发展的若干意见》，甘肃发展的战略定位被定义为：连接欧亚大陆桥的战略通道和沟通西南、西北的交通枢纽，西北乃至全国的重要生态安全屏障，全国重要的新能源基地、有色冶金新材料基地和特色农产品生产与加工基地，中华民族重要的文化资源宝库，促进各民族共同团结奋斗、共同繁荣发展的示范区。

8. 广西北部湾经济区

北部湾经济区的战略定位是：建设成为重要国际区域经济合作区。

2008年1月16日，国家批准实施《广西北部湾经济区发展规划》。国家发改委通知强调指出：广西北部湾经济区是我国西部大开发和面向东盟开放合作的重点地区，对于国家实施区域发展总体战略和互利共赢的开放战略具有重要意义。要把广西北部湾经济区建设成为中国-东盟开放合作的物流基地、商贸基地、加工制造基地和信息交流中心，成为带动、支撑西部大开发的战略高地和开放度高、辐射力强、经济繁荣、社会和谐、生态良好的重要国际区域经济合作区。

广西北部湾经济区（以下简称“北部湾经济区”）地处我国沿海西南端，主要由南宁、北海、钦州、防城港四市和玉林、崇左两个市物流中心“4+2”所辖行政区域组成，陆地国土面积4.25万平方公里，2008年末总人口1300万人（不含玉林、崇左）。

（三）南部地区

1.海南国际旅游岛

2010年1月4日，国务院发布《国务院关于推进海南国际旅游岛建设发展的若干意见》。至此，海南国际旅游岛建设正式步入正轨。作为国家的重大战略部署，我国将在2020年将海南初步建成世界一流海岛休闲度假旅游胜地，使之成为开放之岛、绿色之岛、文明之岛、和谐之岛。

2.珠江三角洲经济区

2009年1月8日，国家发改委公布《珠江三角洲地区改革发展规划纲要（2008－2020年）》。规划范围以广东省的广州、深圳、珠海、佛山、江门、东莞、中山、惠州和肇庆市为主体，辐射泛珠江三角洲区域，并将与港澳紧密合作的纳入规划，促进珠三角进一步发挥对全国的辐射带动作用和先行示范作用。珠三角经济区的战略定位是：探索科学发展模式试验区、深化改革先行区、扩大开放的重要国际门户、世界先进制造业和现代服务业基地及全国重要的经济中心。

深圳、厦门经济特区扩容等陆续获得批复。深圳经济特区扩至全市。今年6月2日,深圳市第五届人大一次会议披露,国务院近日就广东省《关于延伸深圳经济特区范围的请示》作出批复,同意将深圳经济特区范围扩大到深圳全市，将宝安、龙岗两区纳入特区范围。

3.泛珠三角横琴经济合作区

2009年8月14日，国务院正式批准实施《横琴总体发展规划》，将横琴岛纳入珠海经济特区范围，要逐步把横琴建设成为“一国两制”下探索粤港澳合作新模式的示范区。

珠海市横琴岛地处珠江口西岸，与澳门隔河相望，是珠江口一个环境优美、生态良好的海岛。加快横琴开发建设，发挥带动珠三角、服务港澳、率先发展的作用，特制定本规划。根据《规划》，珠海将集约横琴建设用地，高标准、高起点开展大宗项目招商引资，在产业发展上重点发展商务服务、休闲旅游、科教研发和高新技术等四个产业。通过这些产业的发展，深化落实CEPA，为澳门居民在横琴投资、就业创造条件，促进澳门经济适度多元化，把横琴建设成为“四基地一平台”，即：粤港澳地区的区域性商务服务基地，与港澳配套的世界级旅游度假基地、珠江口西岸的区域性科教研发平台和建设融合港澳优势的国际级高新技术产业基地。

（四）北部地区

1.京津冀都市圈

京津冀都市圈是指以北京市和天津市为中心，囊括河北省的石家庄、保定、秦皇岛、廊坊、沧州、承德、张家口和唐山八座城市的区域，该区拥有中国的政治、文化中心和曾经的近代中国经济中心。

《京津冀都市圈区域规划》是国家“十一五”规划中的一个重要的区域规划，区域发展规划按照“8+2”的模式制订：包括北京、天津两个直辖市和河北省的石家庄、秦皇岛、唐山、廊坊、保定、沧州、张家口、承德8地市。

国家发改委于2004年11月正式启动京津冀都市圈区域规划编制，历经7年之久，但一直迟迟没有推出。国家发改委地区经济司官员认为，历经五年时间调研、编制，京津冀都市圈目前已经形成较为完整的区域经济规划蓝图，有望成为中国经济的“第三极”。

2.辽宁沿海经济带

《辽宁沿海经济带发展规划》于2009年7月1日获得国务院批准。至此,辽宁沿海作为整体开发区域被纳入国家战略。辽宁沿海经济带了解该规划制订过程的人士透露,此次国务院审批通过的规划以辽宁此前提出的“五点一线经济带”发展规划为核心,将原有规划的范围进一步扩大。规划将从空间布局、产业发展、城乡发展、社会事业、基础设施、开放合作、资源环境、保障措施等方面确立辽宁沿海经济带2020年前的发展方向。

3.图们江区域合作开发

中国国务院日前正式批复《中国图们江区域合作开

发规划纲要——以长吉图为开发开放先导区》。这是中国政府迄今为止批准的唯一一个沿边开发开放区域规划。

图们江区域开发规划赋予了规划区域以沿边开放的先行先试权,鼓励其在对图们江区域的沿边开放中进行探索。

中俄朝三国的边境开放城市珲春,到快速发展的东北区域中心城市长春,面积达7.3万平方公里、覆盖1090万人口的区域经济带正在中国东北地区形成。

图们江发源于长白山,流经中俄朝三国,注入日本海,是中国内陆进入日本海最近的水上通道。上世纪90年代初,联合国开发计划署提出多国联合开发图们江流域的建议后,引起了这一区域各国的积极反应。但由于种种原因,图们江地区的开发一度趋冷甚至搁浅。

分析人士表示,10多年来,中国政府一直在积极倡导和推进图们江区域开发,并创造了很多基础条件为图们江新一轮开发热潮奠定基础,例如,积极推进与俄罗斯、朝鲜的路港合作,促进中蒙大通道建设。

此外,与图们江区域开发相关的俄罗斯、韩国、蒙古、日本、朝鲜等各国政府也都在采取各自的行动推动东北亚区域合作。

图们江区域的合作开发是国家战略。此前,中国分别于1992年和1999年编制了图们江开发规划。

(五) 中部地区

《促进中部地区崛起规划》

中部6省，中部包括山西、安徽、江西、河南、湖北、湖南六省，人口3.61亿，占全国人口的28.1%，其中农村人口2.44亿，占全国农村人口近三分之一。2009年9月23日，国务院常务会议讨论并原则通过《促进中部地区崛起规划》。会议提出，实施《促进中部地区崛起规划》，争取到2015年，中部地区实现经济发展水平显著提高、发展活力进一步增强、可持续发展能力明显提升、和谐社会建设取得新进展的目标。

1.湘潭市城市总体规划。

2010年2月5日，国务院办公厅发出《关于批准湘潭市城市总体规划的通知》，原则同意修订后的《湘潭市城市总体规划（2010－2020年）》。《通知》指出，湘潭市是长株潭地区中心城市之一，湖南省重要的工业、科技和旅游城市。在《总体规划》确定的1069平方公里城市规划区范围内，实行城乡统一规划管理。进一步优化中心城区“一江两岸”的山水城市布局，以湘江为纽带，形成“五片一中心”的组团式布局结构。到2020年，中心城区城市人口要控制在110万人以内，城市建设用地控制在110平方公里以内。

2.皖江城市带

2010年1月，中国国务院正式批复《皖江城市带承接产业转移示范区规划》，这是中国批准设立的首个国家级承接产业转移示范区，它标志着产业梯度转移正式上升为中国国家战略之一。《规划》设定的目标为：到2015年，示范区生产总值比2008年翻一番以上，人均地区生产总值超过全国平均水平，城镇化率达到56%。

3.鄱阳湖生态经济区

2010年1月，国务院正式批复《鄱阳湖生态经济区规划》，把鄱阳湖生态经济区规划上升为国家战略。生态产业集群——鄱阳湖生态经济区规划。根据这项规划，鄱阳湖生态经济区包括江西省会南昌、著名瓷都景德镇等3个城市和38个县（市、区），面积约为5万平方公里，占全省总面积的三成；人口约2006万，接近全省总人口的一半，经济总量占全省的六成。

到2015年实现区域生态环境质量继续位居全国前列，率先在欠发达地区构建生态产业体系，生态文明建设处于全国领先水平；到2020年，构建保障有力的生态安全体系，形成先进高效的生态产业集群，建设生态宜居的新型城市群。

4.黄河三角洲高效生态经济区

《黄河三角洲高效生态经济区规划》

黄河三角洲地区地域范围包括东营和滨州两市全部以及与其相毗邻，自然环境条件相似的潍坊北部寒亭区、寿光市、昌邑市，德州乐陵市、庆云县，淄博高青县和烟台莱州市。共涉及6个设区市的19个县（市、区），总面积2.65万平方公里，占全省的六分之一。2006年区内总人口983.9万人，地区生产总值3256亿元，分别约占全省的十分之一和七分之一。东营市是黄河三角洲的中心城市和黄三角高效生态经济区开发建设的主战场。

黄河三角洲位于渤海南部黄河入海口沿岸地区，包括山东省的东营、滨州和潍坊、德州、淄博、烟台市的部分地区，共涉及十九个县(市、区)，总面积二点六五万平方公里，占山东全省面积的六分之一；总人口约九百八十五万人，约占全省总人口的近十分之一。该区域土地资源优势突出，地理区位条件优越，自然资源较为丰富，生态系统独具特色，产业发展基础较好，具有发展高效生态经济的良好条件。

中国国务院2009年11月23日正式批复《黄河三角洲高效生态经济区发展规划》，中国三大三角洲之一的黄河三角洲地区的发展上升为国家战略，成为国家区域协调发展战略的重要组成部分。国务院通过了《黄河三角洲高效生态经济区发展规划》，标志着我国最后一个三角洲——“黄三角”在被提出21年后，正式上升为国家战略。

（六）东北地区

振兴东北，2003年9月29日，中共中央政治局讨论通过《关于实施东北地区等老工业基地振兴战略的若干意见》。2007年8月，国家发展和改革委员会及国务院振兴东北地区等老工业基地领导小组办公室编制的《东北地区振兴规划》发布。

《规划》范围包括：辽宁省、吉林省、黑龙江省和内蒙古自治区呼伦贝尔市、兴安盟、通辽市、赤峰市和锡林郭勒盟（蒙东地区）。土地面积145万平方公里，总人口1.2亿。是我国东北边疆地区自然地理单元完整、自然资源丰富、多民族深度融合、开发历史近似、经济联系密切、经济实力雄厚的大经济区域，在全国经济发展中占有重要地位。

东北地区现有林地面积4393万公顷，森林总蓄积量为37亿立方米，是我国森林面积最大的区域。是世界著名的三大黑土地分布区域之一。人均耕地面积0.309公顷，是全国人均耕地面积的3倍。

沈阳经济区。产业集群核心——沈阳经济区为国家新型工业化综合配套改革试验区。今年4月6日，辽宁省政府宣布，经国务院同意，国家发展改革委已正式批复沈阳经济区为国家新型工业化综合配套改革试验区。沈阳经济区是以沈阳为中心，在半径百公里范围内，涵盖了沈阳、鞍山、抚顺、本溪、营口、阜新、辽阳、铁岭8个省辖市的城市群。区域面积7.5万平方公里，总人口2359万人，城市化率达到65％。2009年，沈阳经济区地区生产总值合计9984．7亿元。通过综合配套改革试验，沈阳经济区将建成国家新型产业基地重要增长区、老工业基地体制机制创新先导区、资源型城市经济转型示范区、新型工业化带动现代农业发展的先行区和节约资源、保护环境、和谐发展的生态文明区。通过综合配套改革试验，沈阳经济区将充分发挥城际连接带聚集效应，着力构建“一核、五带、十群”。即以沈阳为核心，开发建设五条城际连接带，并以五条城际连接带为载体，打造十个主业突出、优势明显的重点产业集群。到2020年，沈阳经济区要基本实现区域经济一体化，综合经济实力达到中等发达国家水平，成为东北亚地区重要的经济中心。

附 其他旧版参考资料

一、八大经济地理区域

1.大东北地区：黑龙江、吉林、辽宁、内蒙东北部

2.黄河下游地区（华北地区）：北京、天津、河北、山东

3.黄河中游地区（华中地区）：河南、陕西、山西、内蒙中部

4.长江上游地区（西南地区）：四川、重庆、贵州、云南

5.长江中游地区（中南地区）：湖南、湖北、江西

6.长江下游地区（华东地区）：上海、浙江、江苏、安徽

7.南部沿海地区（华南地区）：广东、广西、海南、福建、台湾、香港、澳门

8.大西北地区：宁夏、内蒙西部、甘肃、青海、新疆、西藏

二、八大都市经济连绵区

1.长江三角洲经济连绵区

所含省市区：上海、浙江北部、江苏南部、安徽南部

所含大都市圈及其中心城市:(中心城市后加*,下同)

环上海都市圈：上海*、南通、苏州、嘉兴、舟山

环南京都市圈：南京*、合肥、扬州、泰州、镇江、滁州、芜湖、马鞍山、铜陵、宣城、巢湖

环杭州湾都市圈：杭州*、绍兴、宁波、舟山、嘉兴、上海

环太湖都市圈：苏州*、无锡、常州、嘉兴、湖州

2.珠江三角洲经济连绵区

所含省市区：广东中部、香港、澳门

所含大都市圈及其中心城市：

珠三角都市圈：广州*、深圳*、珠海、佛山、东莞、惠州、中山、江门

大珠三角都市圈：香港*、广州*、深圳、澳门、珠海、佛山、东莞、惠州、中山、江门、肇庆、清远

3.环渤海经济连绵区

所含省市区：北京、天津、河北、辽宁、山东

所含大都市圈及其中心城市：

渤海西岸（西渤或京津冀）都市圈：北京*、天津*、石家庄、唐山、秦皇岛、承德、张家口、保定、廊坊、沧州

辽东半岛（沈大）都市圈：沈阳*、大连*、鞍山、抚顺、锦州、本溪、营口、铁岭、阜新、辽阳、盘锦、葫芦岛、丹东

山东半岛（济青）都市圈：济南*、青岛*、潍坊、淄博、泰安、滨州、东营、莱芜、烟台、威海、日照

4. 台湾海峡经济连绵区

所含省市区：福建、台湾

所含大都市圈及其中心城市：

海峡西岸（西峡）都市带：厦门*、福州*、漳州、泉州、莆田、宁德

海峡东岸（东峡）都市带：台北*、高雄*、基隆、新竹、台中、嘉义、台南

5. 环北部湾经济连绵区

所含省市区：海南、广东西部、广西南部、越南北部

所含大都市圈及其中心城市：

环北部湾东岸（东湾）都市带：南宁*、湛江*、海口、三亚、茂名、北海、钦州、防城港、崇左

环北部湾西岸（西湾）都市带：河内*、海防*、谅山、广宁、太平、南定、清化

6. 大东北经济连绵区

所含省市区：黑龙江南部、吉林中部、辽宁

所含大都市圈及其中心城市：

哈长都市圈：哈尔滨*、长春*、齐齐哈尔、大庆、佳木斯、牡丹江、绥化、伊春、吉林、松原、四平、辽源

辽东半岛（沈大）都市圈：（见第二项第3条，即，辽东半岛（沈大）都市圈：沈阳*、大连*、鞍山、抚顺、锦州、本溪、营口、铁岭、阜新、辽阳、盘锦、葫芦岛、丹东）

7. 长江中游经济连绵区

所含省市区：湖南北部、湖北东部、江西西北部

所含大都市圈及其中心城市：

环武汉都市圈：武汉*、鄂州、黄石、黄冈、咸宁、孝感、天门、仙桃、潜江

环长株潭都市圈：长沙*、株洲、湘潭、岳阳、衡阳、常德、娄底、益阳、萍乡

赣西北都市带：南昌*、九江、宜春、新余、萍乡

环洞庭湖都市圈：荆州、常德、益阳、岳阳

8. 长江上游经济连绵区

所含省市区：重庆、四川东部、云南北部

所含大都市圈及其中心城市：

成渝都市圈：重庆*、成都*、绵阳、德阳、遂宁、南充、达州、巴中、广元、广安、资阳、眉山、内江、自贡、乐山、雅安、泸州、宜宾

昆明都市圈：昆明*、玉溪、曲靖、楚雄、攀枝花

三、八大局部都市经济圈

1. 中原都市圈

所含省市区：河南中北部

所含城市：郑州*、开封、洛阳、焦作、新乡、许昌、漯河、平顶山、济源

2. 关中都市圈

所含省市区：陕西中部

所含城市：西安*、咸阳、宝鸡、渭南、铜川、商洛

3. 徐州都市圈

所含省市区：江苏北部、安徽北部、山东西南部

所含城市：徐州*、连云港、宿迁、宿州、淮北、枣庄、济宁、商丘

4. 蒙中都市圈

所含省市区：内蒙中部、山西北部

所含城市：呼和浩特*、包头、鄂尔多斯、乌兰察布、大同、朔州、榆林

5. 太原都市圈

所含省市区：山西中部

所含城市：太原*、晋中、阳泉、吕梁、祈州

6. 兰州都市圈

所含省市区：甘肃中部、青海东部

所含城市：兰州*、西宁、白银、定西、天水、武威、临夏、海东

7. 河套都市带

所含省市区：宁夏、内蒙西部

所含城市：银川*、中卫、吴忠、石嘴山、乌海、阿拉善左旗、巴彦卓尔（临河）

8. 北疆都市带

所含省市区：新疆北部

所含城市：乌鲁木齐*、吐鲁番、昌吉、石河子、沙湾、奎屯、乌苏、克拉玛依

地区投资

北京市2009年投资完成情况和2010年投资安排建议

一、2009年本市固定资产投资完成情况

2009年全年实际完成全社会固定资产投资4858.4亿元，同比增长26.3%。其中：房地产开发完成投资2337.7亿元，同比增长22.5%，占全社会投资的48.1%；基础设施投资完成1462亿元，同比增长26%，占全社会投资的30.1%；工业完成投资406.2亿元，同比增长6.7%，占全社会投资的8.4%。

2009年市政府投资计划安排278.6亿元，9月底前下达了全年投资计划，实现市政府投资早安排、早推动。集中力量系统实施了交通设施、生态环境、资源能源、民生改善、郊区建设、产业发展等工程，投资比例达到86%。

1.优先安排引导放大投资，强化带动作用。全年安排引导放大投资120.4亿元，占全年计划投资的43.2%，实现引导社会投资1330亿元。

2.优化空间布局，进一步夯实了城乡统筹和区域协调发展的基础。坚持向郊区转移，郊区与城区的政府投资比例为51:49，连续五年对郊区的投资超过50%。统筹四类功能区协调发展，保障了各区县重点建设项目资金需求，保持生态涵养区政府投资比重在20%以上。加大向城南地区倾斜的力度，安排政府投资比上年增长41%。加快新城、重点镇建设步伐，安排政府投资比上年增长42%，新城路网建设总里程达200公里，97%的重点镇实现集中供水，75%的重点镇实现污水集中处理。

3.集中力量分阶段解决一批重大问题，重点领域建设加速推进。

一是基础设施建设步伐明显加快，城市承载能力和资源保障能力进一步提升。地铁新增通车里程30公里，高速公路新增通车里程64公里，蒲黄榆路等4条规划快速路全部开工建设。大宁水库、南干渠等南水北调配套工程重点实施，卢沟桥、延庆等中心城和新城再生水厂开工建设。通州城西等10座新城集中供热中心基本建成，已累计建成20座。

二是民生改善工作扎实推进，公共服务水平进一步提高。能源安居工程顺利推进。建成202个行政村文化室，提前实现行政村文化室全覆盖。密云等区县4所名校分校项目竣工，提前实现区区有名校分校。350个社区服务用房建设全面启动。实施了52万平方米中小学校舍抗震加固工程。潮白河甲流备用医院顺利改造。棚户区改造工作全面启动。

三是山区绿屏、平原绿网、城市绿景三大体系加快构建，城市生态功能进一步完善。开工建设大兴等10个新城滨河森林公园，建成19处1.7万亩郊野公园，京津风沙源治理完成60.3万亩。北运河、永定河两大水系综合治理加快推进，城乡结合部河道治理稳步实施。固废处理设施取得新进展，节能减排工作扎实推进，城八区市级公共服务设施全部实现绿色照明。

四是产业园区承接能力显著提升，产业结构调整力度进一步加大。中关村国家自主创新示范区建设全面提速，天竺综合保税区建成并通过国家验收，北京国际鲜花港及相关设施如期建成并成功举办花博会，金盏金融后台服务区、呼叫基地等产业园区建设加快。交互高清数字电视、京东方八代线等一批重大高技术产业项目开工，北京汽车产业研发基地等一批现代制造业重点项目加快建设，电动汽车等国家工程实验室项目落地。

二、2010年全社会固定资产投资调控思路和工作建议

2010年全社会固定资产投资调控的总体思路是：以科学发展观为指导，坚决贯彻落实中央扩内需稳增长各项方针和政策措施，围绕建设“人文北京、科技北京、绿色北京”的战略目标，投资调控工作的主线由“扩大规模保增长”向“调结构优化增长”转换，着力把握新阶段新需求，培育符合首都功能发展的投资增长点；着力启动民间投资，衔接转换好投资持续增长动力；着力创新融资体系，多方位拓宽融资渠道；着力完善首都投资服务体系，进一步优化投资环境，继续发挥投资在应对危机稳增长中的重要作用，全面推动“十一五”规划建设目标的完成，为实现2010年经济社会发展目标奠定坚实基础。

2010年全社会固定资产投资调控工作，重点抓好促进民间投资、拓宽融资渠道、做大产业投资、稳定房地产投资、完善首都投资服务体系等五个方面工作：

1.引导扩大民间投资，发挥民间投资的支撑作用。建立与民营资本特点相适应的机制，切实拓宽民间投资渠道和领域。扩大民间投资，进一步营造有利于民间投资的良好环境。

2.着力搭建多层次融资体系，多方位拓宽融资渠道。积极拓宽企业融资渠道。继续利用股市债市融资，积极争取发行市政债，支持有条件的企业发行企业债券、中期票据、短期融资券和通过股票市场募集资金。完善市区投资平台体系建设。搭建和完善重点新城综合投资平台，建立较为稳定的平台资本金和收益补充机制，真正形成“借、用、还”一体的投融资服务体系和良性循环发展机制，集中力量全面推进重点新城建设。

3.集中力量促进产业投资大发展，增强首都现代产业的影响力和辐射力。统筹实施重点产业振兴规划和培育新兴产业。集中抓好产业功能区建设和生产力布局优化。重点加快实施一批自主创新和结构调整的重大产业带动项目。

4.加大结构调整力度，稳定房地产开发投资。一是加强土地供应对产业结构的调控，保持适度的土地一级开发规模。二是以盘活供而未用土地为重要抓手，稳定商品房开发投资规模。三是加大保障性住房建设力度，加强政策性住房保障。四是加强规划引导。

5.进一步优化投资环境，努力完善首都投资服务体系。巩固扩大内需工作成果，推进投资促进机制长效化和常态化。构建全方位的首都投资服务体系。

三、2010年市政府固定资产投资安排建议

按照全社会固定资产投资调控的思路，2010市政府投资安排的总体原则是“三个继续坚持、三个更加注重”。

一是继续坚持发挥政府投资引导放大作用，更加注重“保障存量、优化增量”，重点保障扩大内需续建项目资金需求。

二是继续坚持统筹四类功能区域协调发展，更加注重向城市南部地区、向新城和重点镇、向生态涵养区倾斜。

三是继续坚持集中力量、分阶段、系统性地谋划解决一批涉及经济社会长远发展的重大问题，更加注重向供水、热力等地下老旧市政管网改造升级转移，向城市污水、垃圾等排放设施转移，向支持带动性强的重大产业项目转移，向重点产业功能集聚区承载能力建设转移。

2010年要集中力量继续实施六个重要领域工程：

1.集中力量加快实施轨道交通、城市路网等重大交通基础设施项目。按照2010年底实现累计通车里程超过300公里的目标，全面推进12条线路建设，确保亦庄线等4条线路建成通车。基本实现市域高速公路网规划目标，加快建设京石第二高速等工程。实现东南西北均有快速对外通道，建成蒲黄榆路、阜石路二期等4条城市快速路。加快万寿路南延二期、马家堡西路南延等城市南部地区重大骨架交通项目建设。积极推进宋家庄综合交通枢纽，开工建设四惠、苹果园等综合交通枢纽，加快实施北京市智能交通管理系统三期工程。

2.集中力量加快实施提升生态功能的环境建设项目。按照每个新城拥有一个滨河森林公园的目标，全面推进11个新城滨河森林公园建设，建成3个新城滨河森林公园。加大城乡结合部环境治理力度，全面完成第二道绿化隔离地区绿化规划建设任务，加快实施郊野公园环、生态景观大道绿化等精品环境工程，继续实施京津风沙源治理等工程。推进永定河生态建设，加快丰台马草河等北运河水系治理。启动垃圾综合处理循环经济园建设，重点加快南宫焚烧厂、北神树填埋场扩容工程、密云和平谷生活垃圾综合处理厂等项目建设。

3.集中力量系统实施覆盖面广的民生改善项目。重点完善东坝等经济适用房周边区域的市政基础设施，加

快棚户区改造及配套市政基础设施建设，完成旧城文保区约200条胡同的整治。继续推进老楼通气、老旧小区电力配网改造等能源安居工程。加快推进沙河与良乡高教园区、亦庄职业教育园区建设。积极推进天坛医院迁建、八宝山火化场迁建、区县残疾人职业康复中心、社区服务用房等一批重点社会事业项目建设。加强养老服务体系和学前教育设施建设。

4.集中力量加快实施重点资源和能源保障项目。按照接收10亿立方米来水的目标，加快建设南干渠等南水北调配套工程。实现每个新城至少有一座高品质再生水厂，建成通州河东等3座再生水厂，加快实施酒仙桥等中心城污水处理厂升级改造工程。重点启动南城地区、重点功能区和城乡结合部供排水管网改造工程，改造供水管网200公里，改造排水管网80公里。完善城市燃气、热力等地下管网建设和布局，力争用五年时间消除老旧管网安全隐患，提高管网运行能力。实现新能源占全市能源消费4%的规划目标，加快太阳能、风能、地热、生物质能等新能源开发利用。推进节能减排工作，完成30家市级机关办公用房节能改造，继续实施绿色照明工程。

5.集中力量加快实施新城、重点镇和新农村发展的关键项目。实施温榆河大道等新城联络线，加快111国道二期等放射线的改造建设，进一步改善区域交通联络。按照新城基本取消分散燃煤锅炉房实现集中供热的目标，完成门头沟等最后10座新城集中供热中心建设。推进重点镇基础设施和公共服务设施建设，加快门头沟区斋堂镇等7个山区旅游集散特色镇建设，促进山区重点镇产业转型升级。按计划实施新农村建设工程。

6.加大支持力度，集中力量加快实施带动性强的重点产业项目，提升产业园区承载能力。加大中关村国家自主创新示范区等重点产业功能区和重点产业园区的基础设施和环境整治支持力度。加快谋划推进永定河水岸经济带建设。支持绿色印刷、电子信息、汽车、装备制造、生物医药、新能源等高技术及现代制造业、战略性新兴产业项目建设，大力支持人艺国际剧场、北京儿艺、星光卫视等一批文化创意产业和现代服务业项目，做优做强具有较好基础和优势、关系首都长远发展的重点产业。加大生态涵养区的区县产业共建基地建设支持力度，推进花乡花卉生产基地等项目建设，促进都市型现代农业优化升级。

北京市发展改革委

二〇一〇年四月二十八日

天津市2009年固定资产投资情况

2009年天津市固定资产投资增势强劲。全年全社会固定资产投资突破5000亿元，达到5006.32亿元，增长47.1%，为近18年来最快增速。其中城镇投资4700.28亿元，增长47.4%；农村投资306.04亿元，增长42.6%。

第二、三产业投资均衡增长。在城镇固定资产投资中，第一产业投资46.99亿元，比上年增长1.2倍，主要投向设施农业和养殖示范园区建设。第二产业投资2035.79亿元，增长47.4%；其中工业投资2011.58亿元，增长50.3%，百万吨乙烯、北疆电厂一期等项目竣工投产。第三产业投资2617.50亿元，增长46.5%，占全市城镇投资的比重为55.7%，一批商贸、旅游集聚区加快建设。

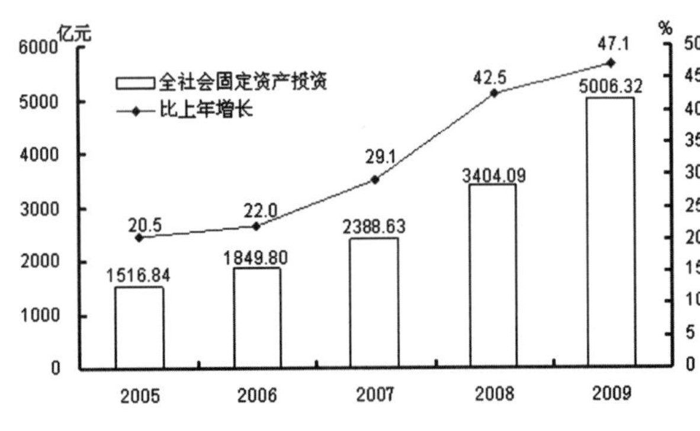

天津市2005–2009年全社会固定资产投资及其增长速度

河北省2009年固定资产投资情况

固定资产投资快速增长。全社会固定资产投资完成12310.5亿元，比上年增长38.4%，其中城镇固定资产投资10515.8亿元，增长40.3%，增速同比分别加快9.6和9.1个百分点；农村投资1794.7亿元，增长27.9%。

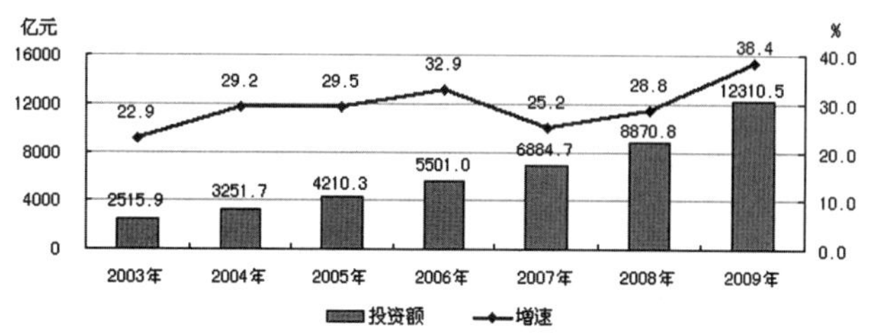

湖北省2003—2009年全社会固定资产投资及速度

投资结构调整改善。三次产业投资加快调整，一二产业投资比重下降，第三产业投资比重明显上升，占城镇投资的49.5%，比上年提高6.3个百分点。城镇面貌三年大变样推动城市基础设施和房地产投资快速增长，城市基础设施完成投资2515.7 亿元，增长56.9%，拉动城镇投资增长12.2个百分点；房地产开发投资1517.2亿元，增长39.9%。国家重点支持发展的行业投资快速增长。农业、交通运输仓储和邮政业、教育、卫生社会保障和社会福利业等投资分别增长30.1%、84.8%、50.5%和88.0%。装备制造业和高新技术产业投资快速增长，分别增长41.3%和51.0%，高于城镇投资1.0和10.7个百分点。内涵扩大再生产比重提高。改建和技术改造投资增长59.3%，占城镇投资的10.2%，同比提高1.2个百分点。

湖北省2009年分行业城镇固定资产投资及增速

单位：亿元

行业	绝对值	比上年增长(%)
城镇固定资产投资	10515.8	40.3
农、林、牧、渔业	245.1	30.1
采矿业	282.4	1.8
制造业	4210.9	29.8
其中：农副食品加工业	162.6	23.2
食品制造业	100.9	78.3
纺织业	186.9	37.0
石油加工、炼焦及核燃料加工业	118.0	−4.7
化学原料及化学制品制造业	367.1	34.2
医药制造业	80.3	68.4
非金属矿物制品业	411.3	38.7
黑色金属冶炼及压延加工业	616.5	−0.3
金属制品业	352.6	50.8
通用设备制造业	276.2	22.2
专用设备制造业	218.5	37.0
交通运输设备制造业	180.9	18.6
电气机械及器材制造业	262.1	81.6
通信设备、计算机及其他电子设备制造业	69.7	58.0
电力、燃气及水的生产和供应业	504.0	−1.0
其中：电力、热力的生产与供应业	397.4	−9.0
建筑业	68.4	185.5
交通运输 、仓储和邮政业	1004.3	84.8
信息传输、计算机服务和软件业	10.6	−88.8
批发和零售业	372.4	44.0
住宿和餐饮业	108.9	71.2
金融业	11.9	−5.1
房地产业	2024.5	38.1
租赁和商务服务业	111.6	194.2
科学研究、技术服务和地质勘查业	79.4	62.5
水利、环境和公共设施管理业	995.9	125.9
居民服务和其他服务业	39.2	297.8
教　育	132.3	50.5
卫生、社会保障和社会福利业	105.9	88.0
文化、体育和娱乐业	80.6	73.0
公共管理和社会组织	127.6	130.5

重大项目带动作用强劲。总投资亿元以上项目2507个，比上年增加1065个；完成投资4678.9亿元，增长47.7%，拉动城镇投资增长20.3个百分点。其中曹妃甸工业区和沧州渤海新区分别完成投资650.6亿元和192.9亿元，增长98.8%和68.8%。首钢京唐公司钢铁厂项目、邯钢集团结构优化升级项目、张石高速公路、冀东石油油气勘探开发工程等一批重大项目进展顺利。

山西省2009年固定资产投资情况

2009年山西省固定资产投资：全年全社会固定资产投资5033.5亿元，比上年增长38.5%。按城乡分，城镇投资4599.9亿元，增长39.5%；农村投资433.6亿元，增长28.8%。按产业分，第一产业投资220.2亿元，增长96.6%；第二产业投资2155.1亿元，增长15.3%；第三产业投资2658.2亿元，增长60.7%。按登记注册类型分，国有投资2487.8亿元，增长51.4%；非国有投资2545.7亿元，增长27.8%。

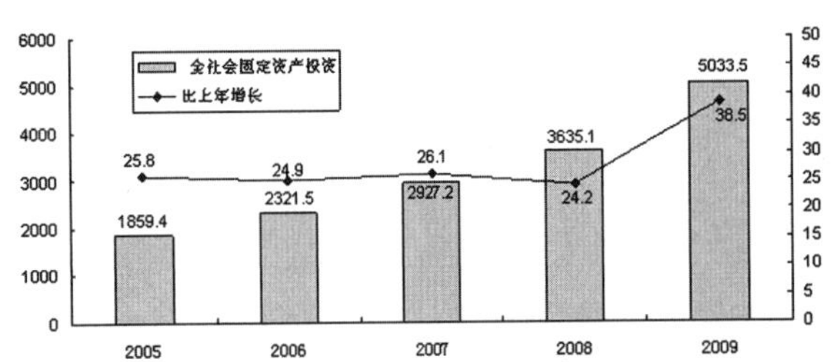

图1 山西省2005–2009年全社会固定资产投资及其增长速度

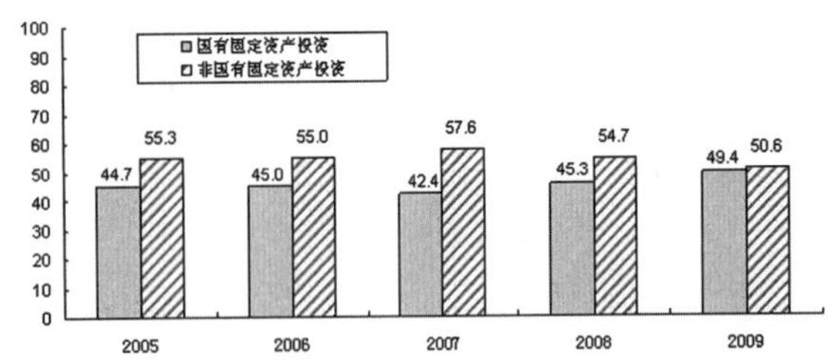

图2 山西省2005–2009年国有、非国有固定资产投资占全社会固定资产投资比重

表1 山西省2009年分行业城镇固定资产投资及其增长速度

单位：亿元

行业	投资额	比上年增长%
总 计	4599.9	39.5
农、林、牧、渔业	147.9	120.3
采矿业	648.8	36.1
制造业	857.1	8.0
电力、燃气及水的生产和供应业	527.3	10.8
建筑业	21.5	27.4
交通运输、仓储和邮政业	754.4	103.2
信息传输、计算机服务和软件业	86.4	27.7
批发和零售业	76.8	53.8
住宿和餐饮业	40.6	66.8
金融业	1.9	150.2
房地产业	766.2	43.3
租赁和商务服务业	14.7	295.8
科学研究、技术服务和地质勘查业	7.1	58.0
水利、环境和公共设施管理业	434.6	50.1
居民服务和其他服务业	5.3	238.1
教 育	98.8	82.3
卫生、社会保障和社会福利业	34.7	87.8
文化、体育和娱乐业	52.5	158.2
公共管理和社会组织	23.3	−15.8

城镇固定资产投资建成投产项目5983个，项目建成投产率为62%；新增固定资产2204.2亿元，固定资产交付使用率为47.9%。

房地产开发：全年房地产开发投资477.3亿元，比上年增长45.5%。按工程用途分，住宅投资379.5亿元，增长65.9%；商业营业用房投资42.6亿元，增长9.2%。

表2 山西省2009年全省房地产开发和销售主要指标完成情况

指标	单 位	绝对数	比上年增长%
投资完成额	亿元	477.3	45.5
其中：住宅	亿元	379.5	65.9
房屋施工面积	万平方米	5491.4	40.4
其中：住宅	万平方米	4635.9	41.0
房屋新开工面积	万平方米	2396.4	68.9
其中：住宅	万平方米	2065.8	65.3
房屋竣工面积	万平方米	793.3	−13.8
其中：住宅	万平方米	697.9	−10.7
商品房销售面积	万平方米	1014.4	1.9
其中：住宅	万平方米	945.7	5.8

内蒙古2009年固定资产投资情况

2009年内蒙古全社会固定资产投资总额7464.72亿元，比上年增长33.2%。其中，城乡50万元以上项目完成固定资产投资7380.57亿元，增长33.8%，快于上年增速6.4个百分点。从投资主体看，国有经济单位投资2925.80亿元，增长38.6%；集体单位投资71.42亿元，增长11%；个体投资100.61亿元，与上年持平；其他经济类型单位投资4366.89亿元，增长31.2%。按项目隶属关系分，地方项目完成投资6638.27亿元，增长38.4%；中央项目完成投资826.45亿元，增长2.2%。

在全区固定资产投资中，第一产业投资421.55亿元，增长44.7%；第二产业投资3847.12亿元，增长31.9%；其中，工业投资3774.36亿元，增长30.9%；第三产业投资3196.05亿元，增长33.3%。从城乡看，城镇固定资产投资7270.21亿元，比上年增长33.2%；全年房地产开发投资815.46亿元，比上年增长9.6%；其中，经济适用房投资53.85亿元，下降21.7%；农村固定资产投资194.51亿元，增长31.1%；其中，非农户投资110.37亿元，增长62.4%。从主要行业投资看，农林牧渔业投资421.55亿元，增长44.7%；电力、燃气及水的生产和供应业投资1157.28亿元，增长53.4%；交通运输、仓储及邮政业投资850.99亿元，增长56%；水利、环境和公共设施管理业投资612.21亿元，增长44.8%。

全年新开工项目11056个，在建项目投资总规模18154.75亿元，分别比上年增长35%和66.9%。在全区城乡50万元以上项目固定资产投资中，全部建成投产项目9845个，项目建成投产率75.1%；新增固定资产4638.57亿元，固定资产交付使用率62.2%。城镇住宅施工面积7811.65万平方米，比上年增长9.5%；城镇住宅竣工面积2586.05万平方米，比上年增长13.4%；其中，经济适用房213.97万平方米，增长24.2%。商品房竣工面积2237.32万平方米，比上年增长12.9%；商品房销售面积2463.01万平方米，增长2.8%。农村牧区竣工住宅面积394万平方米，下降37%。

辽宁省2009年固定资产投资情况

2009年辽宁省固定资产投资规模扩大。全年全社会固定资产投资13074.9亿元，比上年增长30.5%。其中，城镇投资11605.2亿元，增长30.7%；农村投资1469.7亿元，增长29.2%。新增固定资产8271.1亿元，比上年增长35.9%。

投资结构进一步改善。第一产业投资507.9亿元，比上年增长56.2%；第二产业投资5886.9亿元，增长21.8%；第三产业投资6680.1亿元，增长37.4%。投资三次产业构成为3.9∶45.0∶51.1。制造业投资增长

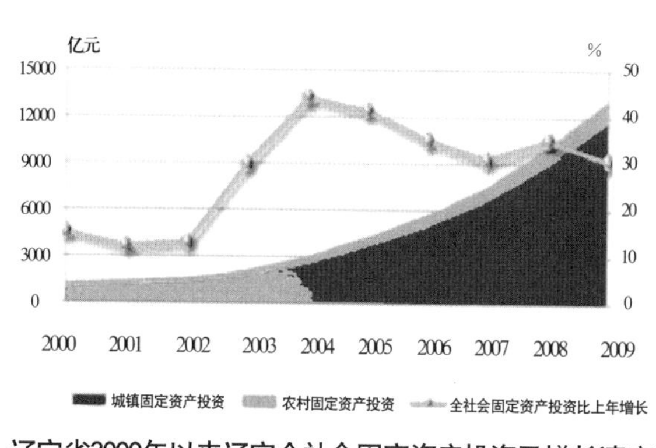

辽宁省2000年以来辽宁全社会固定资产投资及增长速度

18.6%，批发和零售业投资增长62.3%，房地产业投资增长37.6%，科学研究、技术服务和地质勘查业投资增长50.1%，水利、环境和公共设施管理业投资增长34.7%，居民服务和其他服务业投资增长64.7%，卫生、社会保障和社会福利业投资增长55.5%，文化体育、娱乐业投资增长1.2倍。

非国有经济投资快速增长。在城镇固定资产投资中，国有经济投资2800.2亿元，比上年增长13.7%。非国有经济投资8805亿元，比上年增长37.2%，占城镇固定资产投资的比重为75.9%。其中，集体经济投资增长31.7%；股份制经济投资增长19.1%；私营投资增长63.3%；港澳台及外商投资增长29.8%。

房地产开发投资增长较快。全年房地产开发投资2640.6亿元，比上年增长28.1%。其中，住宅投资1932.9亿元，增长22.4%；商业营业用房投资433.1亿元，增长44.1%。房屋施工面积18575.5万平方米，比上年增长24.6%；房屋竣工面积4037.3万平方米，增长5.5%。商品房销售持续活跃，商品房销售面积5375.1万平方米，比上年增长31.4%，其中，现房销售面积2065万平方米，增长21.4%；商品房销售额2168.3亿元，增长41.0%，其中，现房销售额755.8亿元，增长34.6%。

能源和基础设施建设投资力度加大。全年电力、燃气及水的生产和供应业完成投资676亿元，比上年增长51.5%；基础设施建设完成投资3035.7亿元，增长33.1%。在新开工5000万元以上项目中，电力、燃气及水的生产和供应业投资比上年增长70.6%；交通运输、仓储和邮政业投资增长1.3倍；水利、环境和公共设施管理业投资增长45.6%。

全省施工计划总投资亿元以上建设项目由上年的1831个增加到2332个，完成投资5038.4亿元，比上年增长19.9%。其中，新开工亿元以上项目由上年的832个增加到1064个，完成投资2114.5亿元，增长73.3%。纳入全省400项重点基础设施、高技术、工业结构调整和服务业建设项目，完成投资1856亿元。其中，投资在20亿元以上的主要工程项目有鞍钢鲅鱼圈新厂、红沿河核电、英特尔F68厂工程、盘锦华锦乙烯扩建和常减压蒸工程、中油辽河油气田开发工程、东北特钢大连基地环保项目、华能营口热电厂新建项目、大连中石油国际储备库项目、大连中远造船工业项目、大唐国际锦州热电厂建设项目等。

城市建设步伐加快。城市用水普及率由上年的96.89%提高到97.95%；供气普及率由上年的92.38%提高到92.69%；城市人均拥有道路面积由上年的9.95平方米增加到9.98平方米；人均公园绿地面积由上年的9.37平方米增加到9.67平方米；建成区绿化覆盖率由上年的38.06%提高到38.71%；污水处理率由上年的59.01%提高到60%；生活垃圾无害化处理率由上年的59.78%提高到59.89%。

吉林省2009年固定资产投资情况

2009年吉林省全年完成全社会固定资产投资7259.50亿元，比上年增长29.5%。人均投资达到2.65万元。其中，城镇投资5958.62亿元，增长29.7%。

在城镇投资中，第一产业完成投资101.84亿元，增长27.7%；第二产业完成投资3360.25亿元，增长32.2%；第三产业完成投资2496.53亿元，增长26.6%。

全年完成城镇工业投资3285.71亿元，增长30.4%，增幅高于全部城镇投资增速0.7个百分点，对全社会投资增长的贡献率达56.1%。其中：交通运输设备制造、

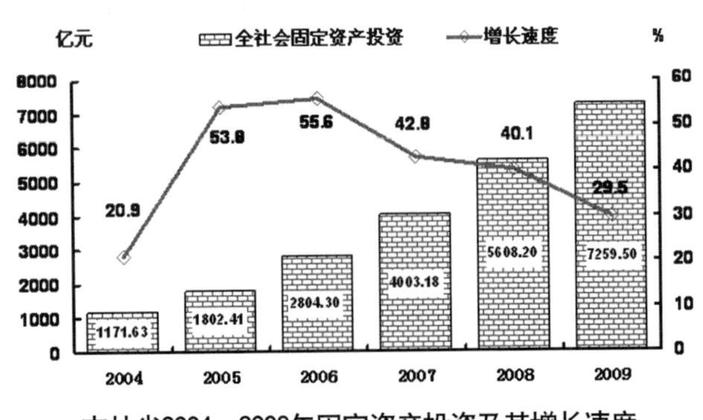

吉林省2004—2009年固定资产投资及其增长速度

化工、食品、建材和医药等支柱优势产业投资额分别达到499.26亿元、245.09亿元、424.32亿元、227.45亿元和152.64亿元，分别增长51.7%、51.2%、34.3%、59.1%和43.7%。

全省全年完成非国有投资4200.78亿元，增长25.8%；占城镇投资的70.5%。其中，完成私营企业投资1159.03亿元，增长34.1%。

全省城镇基础设施建设投资达到1231.36亿元，比上年增长19.6%，占城镇固定资产投资总额的比重为20.7%。全省在建计划总投资超亿元以上的建设项目有881个，完成投资1889.24亿元；计划总投资10亿元以上的项目130个，完成投资870.90亿元。

全年完成房地产开发投资756.34亿元，增长18.0%。商品房竣工面积1240.28万平方米，下降19.6%；商品房销售建筑面积1823.22万平方米，增长15.1%。其中，销售住宅面积1660.08万平方米，增长15.6%。商品房屋空置面积566.95万平方米，下降15.2%。

黑龙江省2009年固定资产投资情况

2009年黑龙江省固定资产投资达到历史最好水平。全年完成全社会固定资产投资5029.1亿元，比上年增长37.6%，其中，城镇投资4696.1亿元，增长40.0%；农村投资333.0亿元，增长18.0%。在城镇投资中，民间投资1991.9亿元，增长54.4%；国有及国有控股投资2594.5亿元，增长31.1%；外商及港澳台投资109.7亿元，增长29.1%。装备、石化、能源、食品等四大主导产业完成投资1515.0亿元，增长26.9%，占城镇工业投资的78.4%。亿元以上建设项目共891个，比上年增加223个，完成投资2151.3亿元，增长39.2%。

固定资产投资效益提升。全年城镇建成投产项目8575个，比上年增加3016个；项目建成投产率82.0%，提高9.9个百分点。各类房屋竣工面积5598.6万平方米；竣工率52.0%，提高4个百分点。新增固定资产3453.9亿元，增长52.4%；固定资产交付使用率73.5%，提高6.2个百分点。

房地产开发投资较快增长。全年完成房地产开发投资563.9亿元，比上年增长28.2%。商品房销售面积2015.5万平方米，增长35.6%；销售额652.5亿元，增长55.0%。

上海市2009年固定资产投资与城市基础设施建设情况

全年完成全社会固定资产投资总额5273.33亿元，比上年增长9.2%（见下图）。其中，城市基础设施投资2113.45亿元，增长21.9%。从产业投向看，第一产业投资11.41亿元，比上年增长35.8%，占全社会固定资产投资总额的比重为0.2%；第二产业投资1427.5亿元，增长0.5%，所占比重为27.1%；第三产业投资3834.42亿元，增长12.8%，所占比重为72.7%。从投资主体看，国有经济投资2618.61亿元，比上年增长14.1%，占全社会固定资产投资总额的比重为49.7%；集体经济投资132.3亿元，增长26.2%，所占比重为2.5%；股份制经济投资1174.81亿元，增长14.4%，所占比重为22.3%；外商及港澳台投资617.9亿元，下降17.4%，所占比重为11.7%。

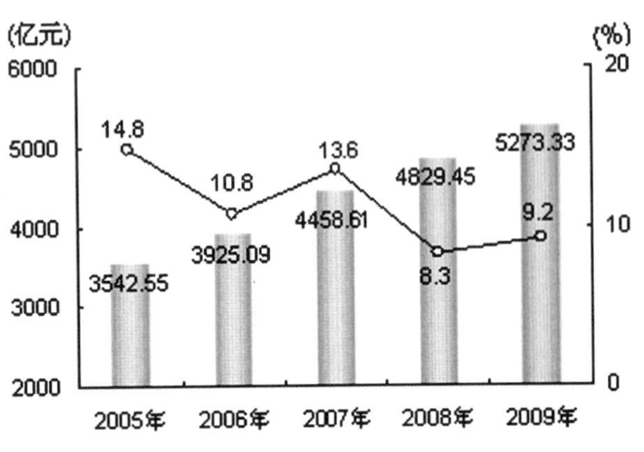

上海市全社会固定资产投资总额与增长

2009年上海市全年完成城市基础设施建设投资2113.45亿元，比上年增长21.9%，占全社会固定资产投资总额的比重为40.1%，比上年提高4.2个百分点。其中，交通运输邮电通信投资1100.9亿元，市政建设投资623.21亿元，公用事业投资135.95亿元（见表1）。

表1 上海城市基础设施建设投资

指 标	绝对值(亿元)	比上年增长(%)
城市基础设施建设投资	2113.45	21.9
电力建设	253.39	95.6
交通运输	978.24	16.6
邮电通信	122.66	13.0
公用事业	135.95	20.5
市政建设	623.21	14.7

一批世博配套路网项目和中心城路网改造工程年内相继完成。长江隧桥工程和新建路、人民路、西藏南路越江隧道、内环线浦东南段、机场高速公路、沪杭高速上海段改建等工程建成通车。全市高速公路网通车里程达到767.5公里。

全市自来水日供水能力达到1096万立方米，比上年增长2.5%。全年全市用电量1153.38亿千瓦小时，比上年增长1.3%（见表2）。至年末，全市家庭人工煤气用户151.5万户；家庭液化气用户310.2万户；家庭天然气用户达到366.8万户。

全年完成房地产开发投资1464.18亿元，比上年增长7.1%；商品房施工面积9961.6万平方米，下降4.1%；竣工面积2104.98万平方米，下降15%；销售面积3372.45万平方米，增长46.9%。其中，商品住宅销售面积2928.04万平方米，增长48.9%。全年商品房销售额4330.22亿元，比上年增长1.3倍。其中，商品住宅销售额3620.23亿元，增长1.3倍。全年存量房成交过户面积2809.45万平方米，比上年增长98.8%。

表2 上海公用事业

指 标	单 位	绝对值	比上年增长(%)
自来水日供水能力	万立方米	1096.00	2.5
自来水售水总量	亿立方米	24.06	−0.9
# 生活用水	亿立方米	18.47	2.7
工业用水	亿立方米	5.59	−11.3
用电量	亿千瓦小时	1153.38	1.3
#城市居民生活用电	亿千瓦小时	152.52	4.1
煤气销售总量	亿立方米	14.20	−19.7
液化气销售总量	万 吨	40.10	−17.5
天然气销售总量	亿立方米	31.30	10.2

江苏省2009年固定资产投资情况

2009年江苏省固定资产投资增速较快。全年完成全社会固定资产投资18751.6亿元，增长24.5%；城镇固定资产投资14122.6亿元，增长24.2%；农村固定资产投资4629亿元，增长25.4%。在全社会投资中，国有及国有控股投资4349.5亿元，增长46.7%；外商港澳台经济投资2655.9亿元，下降6.5%；民间投资11746.2亿元，增长26.9%，其中私营个体经济投资6791.4亿元，增长28.8%。民间投资占全社会投资的比重达62.6%，比上年提高1.1个百分点。

投资结构优化。在城镇固定资产投资中，第一产业投资44.5亿元，比上年增长82.4%；第二产业投资6689.1亿元，增长21.5%；第三产业投资7389亿元，增长26.5%。工业投资6603.6亿元，增长21.4%。其中，制造业投资5999.4亿元，增长22%；高新技术产业投资1493.3亿元，增长8.6%，占工业投资的比重达22.6%。主要工业行业投资中，化学原料及化学制品制造业639.7亿元，专用设备制造业410亿元，通用设备制造业641.49亿元，交通运输设备制造业572.8亿元，电气机械及器材制造业508.4亿元，分别增长12.5%、42.7%、36.6%、30.5%和32.1%。第三产业投资中，房地产开发投资3338.6亿元，增长9%；交通运输仓储和邮政业投资841.2亿元，增长33%；水利、环境和公共设施管理业投资1225.2亿元，增长64.2%；科学研究、技术服务和地质勘察业投资98亿元，增长68%；文化、体育和娱乐业投资122.8亿元，增长53.6%。

重点项目推进力度加大。积极贯彻落实中央扩内需保增长的政策，着力扩大有效投入，京沪高速铁路江苏段、沪宁城际铁路、宁杭城际铁路、南京铁路枢纽、泰州大桥、连云港30万吨级航道和矿石码头、太仓港集装箱码头三期、通榆河北延、南水北调东线一期等一批重大基础设施项目进展顺利。年末发电装机容量达5650.3万千瓦，新增208.4万千瓦。无锡海力士三期、昆山龙飞高世代线、南通熔盛海洋工程装备、淮安富士康三期等项目加快建设，南京扬巴二期扩建、常州新誉风电整机、镇江二重出海口基地、扬州特种钢管等项目顺利开工。

浙江省2009年固定资产投资和房地产业建设情况

2009年，浙江省全社会固定资产投资10742亿元，比上年增长15.2%（见下图），其中限额以上投资9906亿元，增长15.8%；限额以上非国有控股投资6265亿元，增长10.8%，占全部限额以上投资的63.2%。

在限额以上固定资产投资中，第一产业投资57.5亿元，比上年增长59.3%；第二产业投资4291亿元，增长8.9%，其中工业投资4253亿元，增长8.7%；第三产业投资5557亿元，增长21.5%。全年限额以上投资项目29977个，比上年增长13.9%，其中，新开工项目15868个，增长27.1%。

全年房地产开发投资2254亿元，比上年增长11.4%。商品房销售额4303亿元，增长1.3倍。

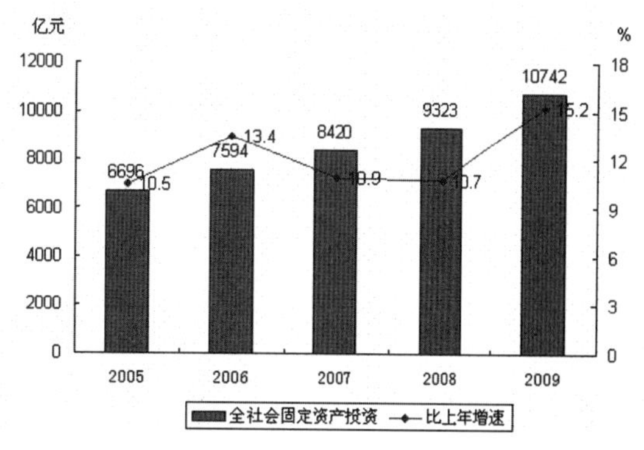

浙江省2005—2009年固定资产投资及其增长速度

安徽省2009年固定资产投资情况

2009年安徽省全年全社会固定资产投资9263.2亿元，比上年增长36.2%。其中，城镇投资8154.6亿元，增长35.9%；农村投资1108.6亿元，增长38.9%。工业及信息化产业技术改造投资1802.8亿元，增长35.7%。

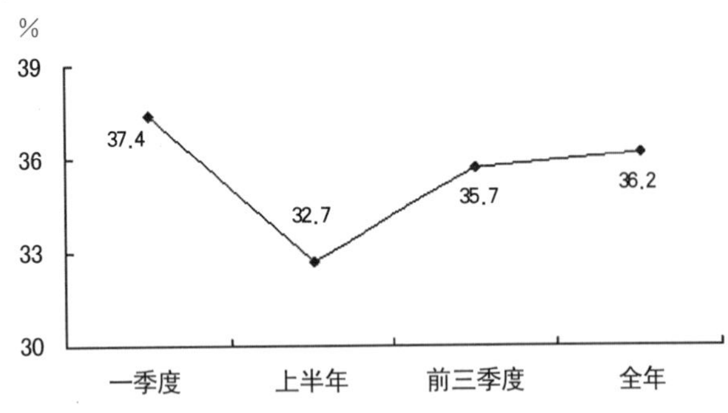

安徽省2009年分季度全社会固定资产投资增幅(%)

从产业看，第一产业投资236.7亿元，增长29.6%；第二产业投资3999.9亿元，增长35.1%；第三产业投资5026.6亿元，增长37.4%。从行业看，工业投资增长33.1%，其中制造业投资增长44.2%。六大高耗能行业投资增长15.2%。三产中的信息传输、计算机服务和软件业投资增长62.9%，金融业增长65.8%，居民服务业增长90.4%，卫生、社会保障和社会福利业增长1倍，文化、体育和娱乐业增长82%。

全年房地产开发投资1669.8亿元，比上年增长22.5%，其中经济适用房投资24.1亿元，下降15.4%。商品房销售面积4053.9 万平方米，增长45.5%；商品房销售额1378.4亿元，增长67.8%；商品房空置面积491.9万平方米，增长34.9%。

全年共安排"861"行动计划项目2563项，当年完成投资3675.7亿元。江汽年产20万辆乘用车、铜陵锐展发动机、格力工业园、华茂紧密纺扩建项目、刘店矿井、国电蚌埠电厂2号机组等一批项目建成投产；合武铁路开行动车组，京九铁路电气化改造安徽段建成投入使用；六潜高速、六武高速安徽段、阜阳至周集高速北段建成通车。全年新增煤炭产能585万吨，电力装机容量1045.4万千瓦。

福建省2009年固定资产投资情况

2009年福建省全年全社会固定资产投资6362.03亿元，比上年增长20.0%，其中，城镇投资5679.44亿元，增长21.0%，农村投资682.59亿元，增长12.6%。

在城镇投资中，第一产业投资增长66.3%；第二产业投资增长16.7%，其中，工业投资增长16.3%；第三产业投资增长23.1%。

房地产开发投资1136.35亿元，比上年增长0.6%。按工程用途分，商品住宅投资743.30亿元，增长1.0%；办公楼投资37.84亿元，增长53.0%；商业营业用房投资87.29亿元，增长7.9%。商品房销售面积2723.23万平方米，增长67.5%。商品房销售额1478.22亿元，增长107.4%。在建（含配建）廉租住房164.5万平方米，年底前竣工75万平方米。经济适用住房施工面积383.58万平方米，增长18.1%。

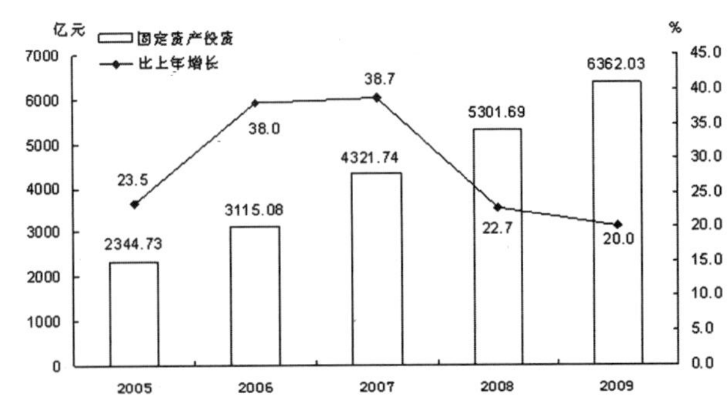

福建省2005—2009年全社会固定资产投资及其增长速度

福建省2009年全社会固定资产投资情况

指标	投资额(亿元)	比上年增长(%)
全社会固定资产投资	6362.03	20.0
城镇	5679.44	21.0
其中：国有及国有控股	2645.53	21.2
农村	682.59	12.6

安徽省2009年分行业城镇固定资产投资情况

行业	投资额（亿元）	比上年增长（%）
总计	5679.44	21.0
农、林、牧、渔业	49.78	66.3
采矿业	63.91	51.8
其中：煤炭开采和洗选业	24.32	87.9
制造业	1515.39	14.0
其中：农副产品加工业	60.80	52.7
食品制造业	46.45	97.6
石油加工、炼焦及核燃料加工业	111.26	–27.2
化学原料及换血制品制造业	68.84	15.6
非金属矿物制品业	118.12	14.0
黑色金属冶炼及压延加工业	36.52	25.7
有色金属冶炼及压延加工业	65.96	49.9
金属制品业	58.44	14.2
通用设备制造业	70.78	19.9
专用设备制造业	50.95	28.6
交通运输设备制造业	105.35	28.5
电气机械及器材制造业	78.81	32.4
通信设备、计算机及其他电子设备制造业	59.12	–20.0
电力、燃气及水的生产和供应业	469.95	20.2
其中：电力、热力的生产和供应业	408.75	15.5
建筑业	25.43	73.9
交通运输、仓储和邮政业	147.38	15.9
信息传输、计算机服务和软件业	147.38	15.9
批发和零售业	92.54	72.9
住宿和餐饮业	86.36	33.1
金融业	16.91	10.8
房地产业	1268.95	5.4
租赁和商务服务业	65.50	13.6
科学研究、技术服务和地质勘查业	14.67	40.8
水利、环境和公共设施管理业	558.73	39.4
居民服务和其他服务业	7.13	164.5
教育	89.71	25.6
卫生、社会保障和社会福利业	43.52	36.5
文化、体育和娱乐业	45.79	–5.2
公共管理和社会组织	145.88	1.1

江西省2009年固定资产投资情况

2009年，江西省全年全社会固定资产投资6642.4亿元，比上年增长40.0%。其中，城镇固定资产投资6006.7亿元，增长38.9%。分产业看，第一产业投资225.8亿元，增长67.5%；第二产业投资3630.9亿元，增长40.7%，其中工业投资3607.5亿元，增长40.7%；第三产业投资2785.7亿元，增长37.3%。非国有投资增势强劲，完成投资4860.0亿元，增长43.3%，占全社会固定资产投资的比重由上年的71.5%提高到73.2%。

江西省分行业全社会固定资产投资及其增长速度

单位：亿元

行 业	投资额	比上年增长%
总 计	6642.4	40.0
农、林、牧、渔业	225.8	67.5
工业	607.5	40.7
采矿业	171.0	59.1
制造业	3121.5	36.4
其中：化学原料及化学制品制造业	297.0	59.3
非金属矿物制品业	463.5	4.8
黑色金属冶炼及压延加工业	95.9	−34.0
有色金属冶炼及压延加工业	239.7	12.3
电气机械及器材制造业	339.0	45.4
通信设备、计算机及其他电子设备制造业	178.2	65.8
电力、燃气及水的生产和供应业	315.0	85.9
建筑业	23.4	42.2
交通运输、仓储和邮政业	357.1	40.0
信息传输、计算机服务和软件业	48.3	48.2
批发和零售业	170.3	89.8
住宿和餐饮业	160.7	38.6
金融业	21.6	182.9
房地产业	921.6	21.2
租赁和商务服务业	57.7	49.7
科学研究、技术服务和地质勘查业	27.1	85.6
水利、环境和公共设施管理业	576.6	45.0
居民服务和其他服务业	34.3	125.7
教育	110.9	1.3
卫生、社会保障和社会福利业	52.3	105.2
文化、体育和娱乐业	74.4	56.4
公共管理和社会组织	172.8	44.8

德兴至南昌、上饶至武夷山等7条高速公路相继开工；鹰潭至瑞金、石城至吉安等高速公里进展顺利；瑞金至赣州高速公路建成通车。全年新增高速公路通车里程117公里；硬化改造农村公路11500公里。衡茶吉铁路全面开工，昌九城际、向莆等铁路建设进展顺利，京九（北段）、峰福等铁路电气化改造全面完成。全年改造铁路281.8公里。昌北机场扩建加快推进。贵溪电厂、景德镇电厂“上大压小”项目开工建设，华能井冈山电厂二期、新昌电厂1号机组建设投运，统调电力装机新增162.5万千瓦。500千伏鄂赣III回建成投运。江西艺术中心、江报传媒大厦等重大社会公益性项目进展顺利。

全年房地产开发投资634.5亿元，比上年增长15.9%。商品房竣工面积1646.8万平方米，增长3.8%；商品房销售额602.8亿元，增长63.4%。

351个在建重点项目完成投资1493亿元，占全社会投资的23.5%。全年建成投产或部分投产125个项目，新开工130个项目。温福、福厦铁路、泉三高速泉州段、永武高速上杭至武平段、福泉高速莆秀支线、福州江阴4#、5#泊位、厦门港海沧航道扩建二期，厦门燃气电厂1#机组、莆田和晋江燃气电厂2#机组，福建炼化一体化、省石化集团1,4-丁二醇项目、南纸林纸一体化、南铝技改、LNG冷能空分，省广电中心、福建艺术职业学院新校区等一批项目建成投产，石狮PTA项目基本建成；宁德、福清核电，龙厦、厦深、向莆铁路，永武高速、泉厦高速扩建，中化重油深加工、中铝瑞闽板带，十四届省运会比赛场馆、省残疾人康复中心等项目建设加快建设；合福、赣龙扩能、漳州港尾铁路及宁德白马、罗源湾北岸、湄洲湾南岸港口支线，福州地铁1号线，福州至永泰、松溪至建瓯、厦门海沧至漳州天宝高速公路，省石化合成橡胶、漳州古雷石化项目、龙岩紫金铜冶炼，省体育中心一场二馆改造、省少儿图书馆等一批项目开工建设。

山东省2009年固定资产投资情况

2009年，山东省固定资产投资增长较快。全社会固定资产投资完成19031.0亿元，比上年增长23.3%。其中，城镇投资15439.1亿元，增长23.2%；农村投资3591.9亿元，增长23.6%。投资到位资金20423.6亿元，增长27.9%，其中，自筹资金增长25.1%，占到位资金的71.9%。项目储备能力明显增强，新开工项目增长17.2%，提高9.4个百分点。

投资结构继续优化。一、二、三产业投资结构由上年的3.7：53.0：43.3调整为3.2：51.1：45.7。服务业投资增势较快，完成投资8699.5亿元，比上年增长29.1%，分别比第一、二产业投资增速快19.8和9.6个百分点。卫生、文化、体育、社会保障和居民服务等社会民生领域投入保持40%以上的快速增长。技改投资力度加大，完成改建和技术改造投资4012.7亿元，增长57.6%，占全社会投资的21.1%，比重提高5.8个百分点。十大调整振兴产业投资增势较好，其中，装备制造业投资2695.1亿元，增长27.8%；信息产业投资398.9亿元，增长34.5%。

房地产市场建销转旺。房地产开发投资完成2428.7亿元，比上年增长19.1%。从商品房建设用途看，住宅投资增长16.3%，占全部房地产开发投资的76.6%；商业营业用房投资增长40.3%，占13.5%。商品房竣工面积4950.5万平方米，增长9.2%，提高14.9个百分点，其中，住宅竣工面积4262.1万平方米，增长9.1%，提高14.1个百分点。商品房销售面积6931.7万平方米，由上年的下降1.0%转为增长25.9%。

河南省2009年固定资产投资情况

2009年，河南省全年全社会固定资产投资13704.65亿元，比上年增长30.6%，增速比上年回落0.4个百分点，其中：城镇投资11455.01亿元，增长31.3%，回落0.7个百分点；农村投资2249.64亿元，增长27.1%，提高0.8个百分点。

在城镇投资中，国有及国有控股投资2663.62亿元，比上年增长14.5%；民间投资8579.83亿元，增长40.3%；港澳台商控股投资121.80亿元，下降20.6%；外商控股投资89.76亿元，下降29.5%。第一产业投资352.87亿元，增长37.5%；第二产业投资6432.84亿元，增长31.2%，其中，工业投资6415.54亿元，增长31.3%；第三产业投资4669.29亿元，增长31.0%。

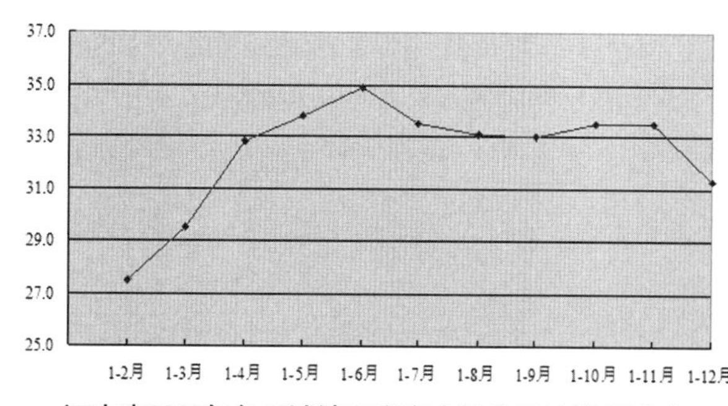

河南省2009年各月城镇固定资产投资累计增长速度

河南省2009年各行业城镇固定资产投资完成情况

行业	投资额（亿元）	比上年增长%
合　计	11455.01	31.3
农林牧渔业	352.87	37.5
工业	6415.54	31.3
煤　炭	315.21	14.3
石　油	75.88	4.3
电力、热水	430.88	1.7
燃气、水	142.95	91.0
冶　金	716.17	25.6
建　材	915.41	33.6
化　工	834.26	28.5
机　械	1394.60	47.6
电　子	85.43	8.0
食　品	711.67	40.0
纺　织	315.27	22.3
其他工业	477.82	39.1
建筑业	17.30	5.7
交通运输、仓储和邮政业	484.25	19.6
信息传输、计算机服务和软件业	74.28	38.1
房地产业	2215.45	22.5
水利、环境和公共设施管理业	761.14	50.2
教育	204.82	46.7
卫生、社会保障和社会福利	109.82	57.4
文化、体育和娱乐业	125.14	59.6
其他	694.40	38.3

全年房地产开发投资1553.76亿元，比上年增长28.8%，其中，住宅投资1235.21亿元，增长27.2%。房屋施工面积16074.35万平方米，增长15.6%，其中，住宅13463.11万平方米，增长15.4%。房屋竣工面积3400.98万平方米，增长12.4%，其中，住宅2991.79万平方米，增长15.2%。商品房销售面积4336.90万平方米，增长35.9%，其中，住宅4019.26万平方米，增长36.6%。

全年亿元及以上投资项目2356个，完成投资3318.66亿元，比上年增长18.8 %。郑西客运专线、河南煤化赵固一矿等一批重大项目建成投用，郑州城市轨道交通一号线一期工程等重点建设项目开工建设，河口村水库等一批项目前期工作取得积极进展。

全年新增主要生产能力：大中型煤矿原煤开采900万吨，发电装机容量408万千瓦，11万伏及以上输变电线路1988公里。

湖北省2009年固定资产投资情况

2009年，湖北省全社会完成固定资产投资8211.85亿元，比上年增长41.6%，其中城镇以上项目投资7569.15亿元，增长41.9%；房地产开发投资1200.44亿元，增长34.5%。按经济类型划分，国有经济投资3124.16亿元，增长37.4%；集体经济投资408.91亿元，增长61.4%；城乡私营个体投资1745.62亿元，增长45.3%；其他经济投资2933.16亿元，增长41.7%。按产业划分，全省三次产业投资分别为321.59亿元、3095.14亿元和4795.12亿元，分别增长39.1%、32.0%和48.8%。

全省159个重点建设项目完成投资1145.68亿元，占城镇以上项目投资的15.1%。新增的主要生产能力有：发电机组容量220.9万千瓦、新建高速公路548.45公里、电气化铁路主线正线交付运营里程1039.45公里。

湖南省2009年固定资产投资情况

2009年，湖南省投资对经济增长的贡献率提高。全省全社会固定资产投资7695.35亿元，比上年增长36.2%，对经济增长的贡献率为64.7%，比上年提高7.1个百分点。其中，城镇固定资产投资6880.09亿元，增长37.7%。分产业看，第一产业投资130.95亿元，增长105%；第二产业投资2845.07亿元，增长39.5%；第三产业投资3904.06亿元，增长35%。

投资结构不断优化。全省城镇投资中，工业投资2758.62亿元，增长38.4%，占城镇固定资产投资的40.1%；民生工程投资292.51亿元，增长46.3%；生态环境投资240亿元，增长140.3%；基础设施投资2154.17亿元，增长40.8%。

重点项目建设进展顺利。全省176个在建重点项目完成投资1230亿元，占全社会固定资产投资的16%。投资亿元以上的在建项目1458项，完成投资2335.48亿元，增长28.1%。新开工高速公路14条，邵永、衡炎等高速公路建成通车，全省高速公路通车里程达2227公里。

房地产市场回暖。全省商品房屋销售面积3513.72万平方米，增长32.3%，扭转了上年下降2.9%的局面；商品房销售额941.60亿元，增长54.0%，比上年提高45个百分点。房地产开发投资1084.66亿元，增长13.5%。

广东省2009年固定资产投资情况

2009年，广东省全年全社会固定资产投资13353.15亿元，比上年增长19.5%。分城乡看，城镇投资10390.11亿元，增长18.2%；农村投资2963.04亿元，增长24.5%。分投资主体看，国有经济投资4206.45亿元，增长52.2%；民间投资6958.25亿元，增长15.8%;港澳台、外商经济投资2188.45亿元，下降8.9%。分地区看，珠三角地区投资9603.56亿元，增长18.0%；东翼地区投资1137.80亿元，增长28.7%；西翼地区投资812.73亿元，增长31.7%；粤北山区投资1799.06亿元，增长21.9%。

分三次产业看，第一产业投资129.85亿元，增长18.0%。第二产业投资4456.17亿元，增长13.4%；其中工业投资4439.49亿元，增长13.7%。第三产业投资8767.13亿元，增长22.9%。

全年房地产开发投资2961.32亿元，比上年增长

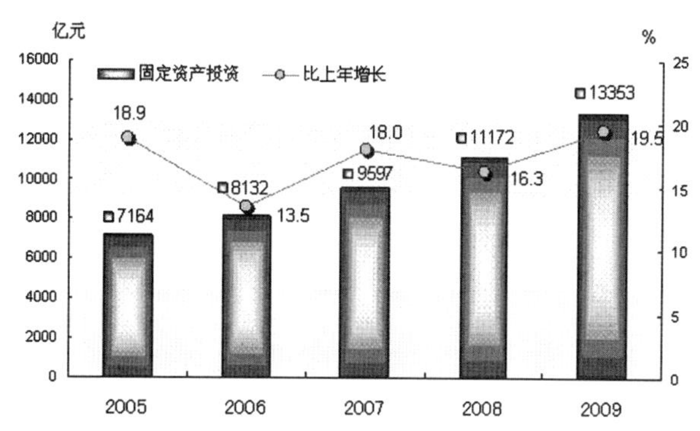

广东省2005—2009年固定资产投资及增长速度

1.0%。按地区分，珠三角地区2583.17亿元，增长0.8%；东翼89.04亿元，增长15.2%；西翼105.40亿元，增长37.0%；粤北山区183.71亿元，下降15.1 %。按工程用途分，商品住宅投资2103.92亿元，下降1.3%；

办公楼投资126.62亿元，增长35.4%；商业营业用房投资274.51亿元，增长 23.3%;其他投资456.27亿元,下降5.7%。

表1 广东省2009年分行业固定资产投资及其增长速度

单位：亿元

行 业	投资额	比上年增长%
总 计	13353.15	19.5
农、林、牧、渔业	129.85	18.0
采矿业	113.87	6.4
其中：石油和天然气开采业	54.03	6.4
制造业	3105.86	1.7
其中：农副食品加工业	38.61	1.1
食品制造业	61.66	24.1
石油加工、炼焦及核燃料加工业	68.83	-50.0
化学原料及化学制品制造业	148.02	21.7
非金属矿物制品业	333.86	41.9
黑色金属冶炼及压延加工业	99.11	56.3
有色金属冶炼及压延加工业	84.00	-2.2
金属制品业	206.75	-10.1
通用设备制造业	92.88	16.9
专用设备制造业	94.95	-2.2
交通运输设备制造业	228.76	-0.2
电气机械及器材制造业	236.83	14.0
通信设备、计算机及其他电子设备制造业	385.27	-17.1
电力、燃气及水的生产和供应业	1219.76	63.5
其中：电力、热力的生产与供应业	914.53	46.7
建筑业	16.68	-25.0
交通运输、仓储和邮政业	1795.52	49.9
信息传输、计算机服务和软件业	278.45	15.1
批发和零售业	208.36	19.0
住宿和餐饮业	195.85	36.6
金融业	20.41	-0.7
房地产业	4089.26	6.5
租赁和商务服务业	149.77	59.1
科学研究、技术服务和地质勘查业	67.88	30.2
水利、环境和公共设施管理业	1292.45	53.8
居民服务和其他服务业	18.04	105.0
教育	202.76	3.7
卫生、社会保障和社会福利业	125.67	67.7
文化、体育和娱乐业	210.94	49.7
公共管理和社会组织	111.78	1.8

表2 广东省2009年固定资产投资新增主要生产能力

指 标	单 位	新增生产能力
新增发电机组容量	万千瓦	530
11万伏及以上变电设备	万千伏安	4767.60
新建公路	公里	1200.46
其中：高速公路	公里	224.05
港口万吨级码头泊位新增吞吐能力	万吨	5084

表3 广东省2009年房地产开发和销售主要指标完成情况

指 标	单 位	绝对数	比上年增长%
投资完成额	亿元	2961.32	1.0
其中：住宅	亿元	2103.92	-1.3
其中：90平方米以下住宅	亿元	536.71	7.2
其中：经济适用房	亿元	15.77	83.2
其中：土地购置费	亿元	478.90	-1.9
房屋施工面积	万平方米	24719.87	7.5
其中：住宅	万平方米	18929.42	5.0
房屋新开工面积	万平方米	6262.46	-3.7
其中：住宅	万平方米	4903.67	-5.5
房屋竣工面积	万平方米	4695.13	7.7
其中：住宅	万平方米	3836.69	10.4
商品房销售面积	万平方米	7035.89	45.8
其中：住宅	万平方米	6556.64	49.8
本年资金来源	亿元	4909.21	30.5
其中：国内贷款	亿元	971.15	11.7
其中：个人按揭贷款	亿元	910.64	113.1
本年购置土地面积	万平方米	2257.53	-14.3
本年完成土地开发面积	万平方米	1518.16	-18.7

广西壮族自治区2009年固定资产投资情况

2009年，广西壮族自治区全年全社会固定资产投资5706.7亿元，比上年增长50.8%。分城乡看，城镇固定资产投资5159.34亿元，增长53.9%；农村固定资产投资547.36亿元，增长27.2%。在城镇固定资产投资中，基本建设投资2614.53亿元，增长44.8%；更新改造投资1552.55亿元，增长101.9%；房地产开发投资813.68亿元，增长29.7%；其他投资178.57亿元，增长18%。

在城镇固定资产投资中，分投资主体看，国有投资2283.88亿元，比上年增长85.8%；非国有投资2875.46亿元，增长35.4%，其中民间投资2574.27亿元，增长38.6%。分产业看，第一产业投资142.12亿元，增长41.1%；第二产业投资1918.47亿元，增长34.5%，其中工业投资1893.74亿元，增长35.3%；第三产业投资3098.74亿元，增长69.7%。

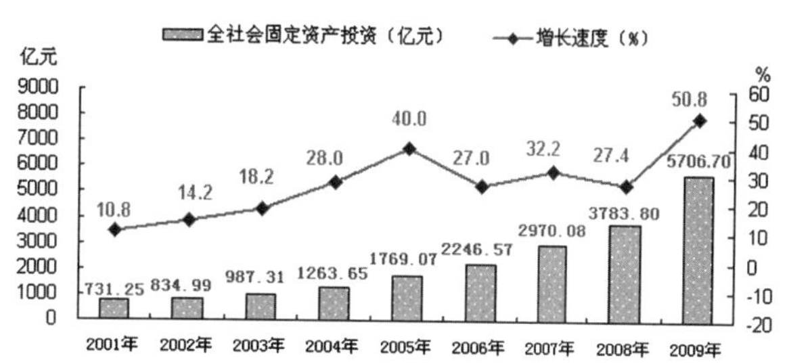

广西2001—2009年全社会固定资产投资总额及其增长速度

表1 广西2009年分行业城镇固定资产投资及其增长速度

单位：亿元

行业	投资额	比上年增长%
总计	5159.34	53.9
农林牧渔业	142.12	41.1
采矿业	106.09	9.8
制造业	1419.03	32.8
电力、燃气及水的生产和供应业	368.62	57.1
其中：电力、热力的生产和供应业	302.19	50.3
建筑业	24.74	-9.5
交通运输、仓储和邮政业	831.88	105.8
其中：邮政业	2.75	58.3
交通运输业	773.74	100.8
信息传输、计算机服务和软件业	92.49	144.4
批发和零售业	110.34	95.9
住宿和餐饮业	58.97	42.9
金融业	16.84	238.5
房地产业	976.77	44.1
租赁和商务服务业	56.89	72.5
科学研究、技术服务和地址勘查业	15.74	7.6
水利、环境和公共设施管理业	609.76	79.7
居民服务和其他服务业	8.62	70.7
教育	119.91	101.1
卫生、社会保障和社会福利业	54.82	95.2
文化、体育和娱乐业	42.68	66.4
公共管理和社会组织	103.02	5.5

表2 广西2009年固定资产投资新增主要生产能力

指标	单位	绝对数
新增发电机组容量	万千瓦	113.1
11万伏及以上变电设备	万千伏安	771.5
新增等级公路里程	公里	4103
其中：高速公路	公里	214
新增港口泊位综合通过能力	万吨	2519
其中：沿海港口泊位综合通过能力	万吨	1510

全年商品住宅投资577.17亿元，比上年增长39.8%。商品房施工面积8346.07万平方米，增长21.4%，其中住宅6719.08万平方米，增长20.6%。商品房竣工面积1441.63万平方米，增长15%，其中住宅1220.43万平方米，增长16.2%。商品房销售面积2383.76万平方米，增长34.8%，其中住宅2249.7万平方米，增长37.3%。商品房销售额777.17亿元，增长55.6%,其中住宅704.76亿元，增长63.3%。房地产业增加值333.22亿元，增长19.4%。

全区年新增等级公路里程4103公里，公路总里程100491公里，其中新增高速公路里程214公里，高速公路总里程2395公里。新增港口泊位综合通过能力2519万吨，港口泊位综合通过能力17123万吨，其中新增沿海港口泊位综合通过能力1510万吨，沿海港口泊位综合通过能力11516万吨。新增发电机组容量113.1万千瓦，发电机组总容量2530万千瓦。

海南省2009年固定资产投资与房地产开发

2009年，海南省固定资产投资继续快速增长。全年全社会固定资产投资总额1002.5亿元，比上年增长41.4%，拉动经济增长9.3个百分点。其中，城镇固定资产投资943.43亿元，增长41.3%；农村投资59.07亿元，增长42.7%。本年新开工项目投资235.79亿元，增长42.7%。在城镇固定资产投资中，第一产业完成投资14.60亿元，增长40.3%；第二产业完成投资141.19亿元，增长19.5%；第三产业完成投资787.64亿元，增长46.0%。新开工项目快速增长。全省施工项目1725个（未含房地产投资），比上年增长39.7%，其中，新开工项目1117个，增长38.4%。

重点项目投资规模明显扩大。全年全省105个重点项目完成投资486亿元，比上年增长33.6%。电网跨海联网一期、华能东方电厂一期、海口港二期、叉河一期100万吨水泥、国投三期200万吨水泥、海宇20万吨镀锡薄板等竣工投产或运营；东环铁路、大广坝二期、洋山地区土地整理与生态恢复、GSP网络建设、东方四更风电一期、神州半岛开发区、石梅湾旅游开发区、香水湾、清水湾、土福湾、永庆旅游区、三亚湾新城、马村港扩建一期等一批重点项目投资进展较快，完成进度达到90%以上；航天发射场、80万吨甲醇、海口至屯昌高速公路、海口国际会展中心、中海油精细化工等陆续开工建设。

房地产开发投资增势强劲。全年房地产开发投资287.90亿元，增长44.3%。其中，住宅投资261.78亿元，增长51.9%。房屋施工面积1992.78万平方米，增长32.8%；房屋竣工面积368.51万平方米，增长19.3%；房屋销售面积560.34万平方米，增长50.5%；房屋销售额351.0亿元，增长73.2%。

重庆市2009年固定资产投资情况

2009年，重庆市全年全社会固定资产投资5317.92亿元，比上年增长31.5%。其中，基础设施建设投资1542.57亿元，增长28.3%；城镇投资4958.74亿元，增长31.1%；农村投资359.18亿元，增长36.2%。

分区域看，一小时经济圈完成3974.92亿元，比上年增长29.4%；渝东北翼完成938.03亿元，增长39.6%；渝东南翼完成404.97亿元，增长33.7%。

分产业看，第一产业投资199.11亿元，比上年增长123.5%。第二产业投资1891.45亿元，增长31.6%。其中，工业投资1793.07亿元，增长30.2%，占全社会固定资产投资总量的33.7%；第三产业投资3227.36亿元，增长28.1%。其中，房地产开发投资1238.91亿元，增长25.0%。

全市重点项目完成投资1620.09亿元，占全社会固定资产投资的30.5%。其中，政府主导类投资1139.49亿元，市场主导类投资480.60亿元，分别占重点项目投资的70.3%和29.7%。

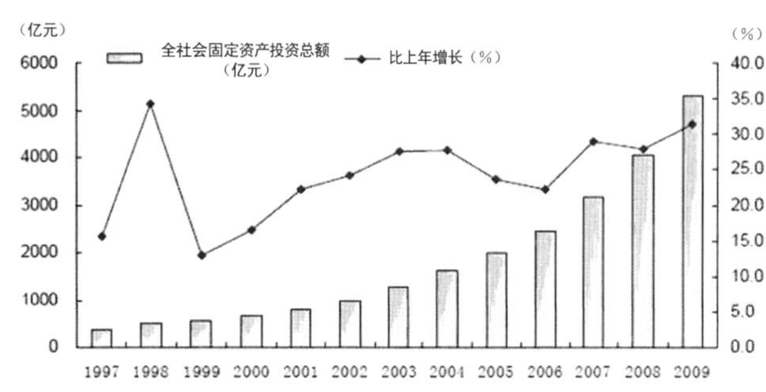

重庆市直辖以来全社会固定资产投资总额及其增长速度

四川省2009年固定资产投资情况

2009年，四川省全社会固定资产投资快速增长。全年完成全社会固定资产投资12020.7亿元，增长58.1%，比上年快28.3个百分点。第一、二、三产业分别投资524.6亿元、4592.1亿元、6904.0亿元。其中，国有及国有控股投资5935.0亿元，增长70.9%；外商及港澳台经济投资422.4亿元，增长0.2%；民营企业投资5767.4亿元，增长39.3%，占全社会投资的48%。房地产开发投资1586.8亿元，增长9.3%。

工业投资加快。完成工业投资4482.7亿元，增长45.6%，比上年快17.8个百分点。其中， 500万元以上项目完成工业投资4424.0亿元，增长46.0%，其中“7+3”优势产业完成投资3365.5亿元，增长41.8%，比上年快16.3个百分点。其中，装备制造业完成投资731.7亿元，增长47.9%；能源工业完成投资1251.0亿元，增长32.6%；现代中药业完成投资35.7亿元，增长26.8%；油气化工、钒钛钢铁、饮料食品、生物工程等增速均在40%以上。

服务业投资高速增长。全年服务业投资增长66.5%，占全社会投资的比重为57.4%，较上年提高2.5个百分点。其中，铁路运输业增长1.6倍，金融业增长1.3倍，租赁和商务服务业增长1.9倍，教育增长1.9倍，卫生、社会保障和社会福利业增长2.2倍，文化、体育和娱乐业增长1.2倍。

贵州省2009年固定资产投资情况

2009年，贵州省固定资产投资实现快速增长。全年全社会固定资产投资完成2438.18亿元，比上年增长30.8%，其中，城镇固定资产投资2081.38亿元，增长29.3%。在城镇固定资产投资中，基本建设投资增长33.9%，更新改造投资增长20.3%，房地产开发投资增长18.8%。

中央扩大内需投资重点领域项目积极推进，特别是社会事业和民生领域薄弱环节投资大幅度增长。全年用于住宅建设的投资319.3亿元，增长34.8%；用于农林牧渔业的投资28.37亿元，增长74.6%；用于教育事业的投资38.76亿元，增长34.5%；用于卫生、社会保障和社会福利业的投资15.10亿元，增长33.8%。

以交通和水利为重点的基础设施建设步伐明显加快。全年完成交通运输、仓储和邮政业投资410.99亿元，比上年增长67.2%，其中，公路、铁路建设投资分别完成312.18亿元和79.41亿元，增长49.5%和1.6倍。

贵州省2009年固定资产投资情况

单位：亿元

指标名称	投资额	比上年增长（%）
全社会固定资产投资额	2438.18	30.8
其中：城镇固定资产投资	2081.38	29.3
其中：基本建设	1255.58	33.9
更新改造	374.42	20.3
房地产开发	369.69	18.8
其中：第一产业	28.37	74.6
第二产业	753.79	9.8
煤炭开采和洗选业	117.01	22.1
饮料制造业	20.35	61.0
烟草制品业	11.77	113.4
化学原料及化学制品制造业	70.93	-6.3
医药制造业	9.21	19.1
黑色金属冶炼及压延加工业	19.00	14.7
有色金属冶炼及压延加工业	36.28	-40.6
电力、热力的生产和供应业	247.36	-4.2
第三产业	1299.21	43.3
交通运输、仓储和邮政业	410.99	67.2
公路建设	312.18	49.5
铁路建设	79.41	159.1
农村固定资产投资	356.80	39.9

贵广快速铁路建设进展顺利，全年完成投资33.09亿元。开工建设通乡油路3453公里，新增90个乡镇通油路或水泥路、2277个建制村通公路。毕节机场开工建设。水利、环境和公共设施管理业完成投资206.86亿元，比上年增长75.8%，其中，用于水利管理业的投资22.05亿元，增长1.02倍。黔中水利枢纽工程开工建设，“滋黔”一期工程建设和大型灌区续建配套改造加快推进。新增解决309.84万农村人口饮水安全问题，比上年增长38.4%。

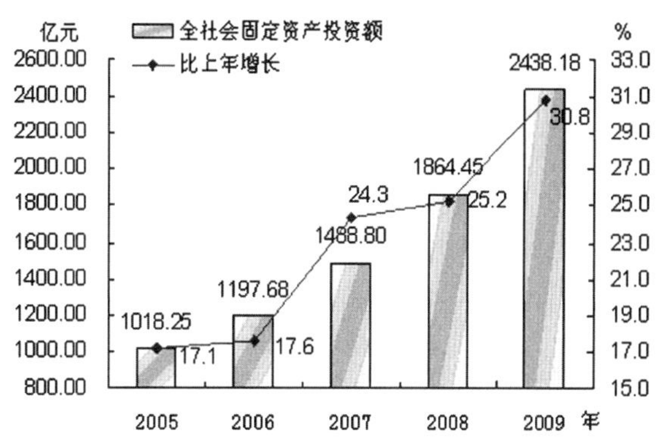

贵州省2005—2009年全社会固定资产投资及其增长速度

云南省2009年固定资产投资情况

2009年，云南省全社会固定资产投资规模达到4527.02亿元，比上年增长31.7%。分三次产业看，第一产业投资197.06亿元，增长13.2%；第二产业投资1524.87亿元，增长21.1%，其中工业投资1521.55亿元，增长23.5%；第三产业投资2805.09亿元，增长34.0%。

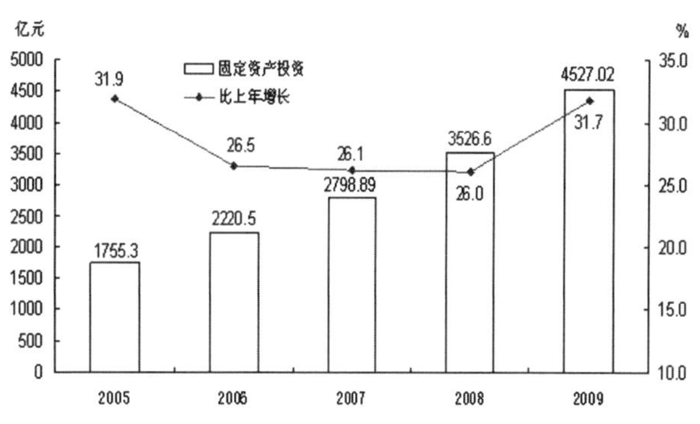

云南省2005—2009年全社会固定资产投资及其增长速度

全年房地产开发投资完成737.46亿元，比上年增长32.3%，其中，商品住宅投资552.96亿元，增长30.5%；办公楼投资18.91亿元，增长55.9%；商业营业用房投资80.52亿元，增长40.4%。全省商品房屋施工面积6837.88万平方米，增长27.2%；竣工面积1680.56万平方米，增长59.9%；商品房屋销售面积2229.95万平方米，增长 35.7%，商品房屋销售额653.53亿元，增长48.4%。

全年改建和新建农村公路2.5万公里，大理至丽江、昆明绕城西北段等高速公路开工，启动52条二级干线公路建设；大丽铁路建成通车，新开工云桂、丽香等5个铁路建设项目，在建铁路项目达11个；腾冲机场正式通航，大理、香格里拉机场完成改扩建并投入使用，昆明新机场建设进度加快；景洪水电站全部机组投产，小湾水电站实现三台机组发电，溪洛渡、向家坝电站建设进展顺利；陇川麻栗坝、楚雄青山嘴两座大型水库和18件中型水库下闸蓄水，“润滇工程”项目全部开工，建成“五小水利”工程25万件。

表1 云南省2009年分行业全社会固定资产投资及其增长速度

单位：亿元

行业	投资额	比上年增长%
总 计	4527.02	31.7
农、林、牧、渔业	197.06	13.2
采矿业	195.52	14.8
制造业	595.75	37.0
其中：烟草制品业	35.37	80.6
化学原料及化学制品制造业	128.26	47.9
医药制造业	18.94	66.7
非金属矿物制品业	88.83	28.2
黑色金属冶炼及压延加工业	32.79	−6.0
有色金属冶炼及压延加工业	91.58	72.2
电力工业	702.47	15.5
建筑业	3.32	−87.9
交通运输、仓储和邮政业	563.04	52.4
信息传输、计算机服务和软件业	63.37	3.2
批发和零售业	110.05	48.6
住宿和餐饮业	39.75	23.2
金融业	6.19	9.6
房地产业	1105.35	19.7
租赁和商务服务业	16.80	78.3
科学研究、技术服务和地质勘查业	11.67	23.9
水利、环境和公共设施管理业	531.71	63.7
居民服务和其他服务业	8.84	93.9
教育	125.65	75.9
卫生、社会保障和社会福利业	50.24	86.1
文化、体育和娱乐业	50.37	44.3
公共管理和社会组织	122.07	−16.4

表2 云南省2009年房地产开发和销售主要指标完成情况

指 标	单 位	绝对数	比上年增长%
投资完成额	亿元	737.46	32.3
其中：住宅	亿元	552.96	30.5
其中：90平方米以下住宅	亿元	97.43	35.5
其中：经济适用房	亿元	19.63	−6.7
房屋施工面积	万平方米	6837.88	27.2
其中：住宅	万平方米	5535.52	23.6
房屋新开工面积	万平方米	2820.84	30.3
其中：住宅	万平方米	2231.07	24.3
房屋竣工面积	万平方米	1680.56	59.9
其中：住宅	万平方米	1408.03	59.4
商品房销售面积	万平方米	2229.95	35.7
其中：住宅	万平方米	2040.33	38.1
本年资金来源	亿元	1198.90	38.2
其中：国内贷款	亿元	139.52	44.3
其中：个人按揭贷款	亿元	205.61	100.4
本年购置土地面积	万平方米	1269.82	−17.9
完成开发土地面积	万平方米	826	−8.2
土地购置费	亿元	132.49	30.2

西藏自治区2009年固定资产投资情况

2009年，西藏自治区全年全社会完成固定资产投资总额379.42亿元，比上年增长22.4%。其中：民间投资105.67亿元，增长23.8%。

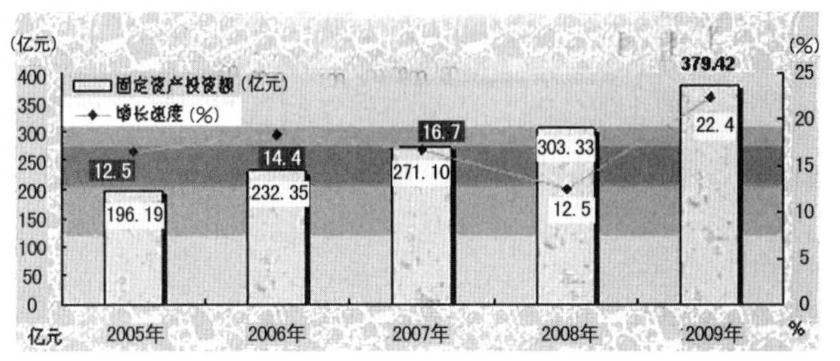

西藏自治区固定资产投资额及增长速度

按产业分：第一产业23.60亿元，比上年增长47.5%；第二产业91.97亿元，增长41.4 %；第三产业263.85亿元，增长15.3%。按经济类型分：国有经济完成投资268.95亿元，比上年增长28.0%；集体经济完成投资1.05亿元，下降 16.7%；其他各种经济类型完成投资 71.41亿元，增长7.6%；个体经济完成投资38.01亿元，下降18.0%。按城乡分：城镇完成投资328.66亿元，比上年增长21.1%；农村完成投资50.75亿元，增长31.9%。在农村投资中：农户投资25.10亿元，下降24.5%；农村集体投资0.44 亿元，下降30.9%。

在城镇固定资产投资中，农、林、牧、渔业投资完成20.50亿元，增长39.4%；采矿业投资完成9.75亿元，增长26.2%；制造业投资完成18.07亿元，增长32.8%；电力、燃气及水的生产和供应业投资完成41.48亿元，增长34.5%；建筑业投资完成20.17亿元，增长67.2%；交通运输、仓储和邮政业投资完成78.89亿元，增长7.6%；信息传输、计算机服务和软件业投资完成9.62亿元，下降4.6%；批发和零售业投资完成5.88亿元，下降8.6%；住宿和餐饮业投资完成8.80亿元，增长19.0%；金融业投资完成0.38亿元，下降4.3%；房地产业投资完成34.98亿元，增长24.7%；租赁和商务服务业投资完成0.52亿元，增长44.6倍；科学研究、技术服务和地质勘查业投资完成0.45亿元，下降17.1%；水利、环境和公共设施管理业投资完成19.07亿元，增长16.6%；居民服务和其他服务业投资完成0.36亿元，增长66.0%；教育投资完成9.91亿元，增长30.3%；卫生、社会保障和社会福利业投资完成3.66亿元，增长1.6倍；文化、体育和娱乐业投资完成4.53亿元，增长37.7%；公共管理和社会组织投资完成41.79亿元，增长11.2%。

全年房地产开发投资15.75亿元，比上年增长14.2%。房地产开发施工房屋面积145.92万平方米，比上年增长1.0%；竣工房屋面积 45.98万平方米，下降16.2%；商品房销售面积63.26万平方米，下降5.1%。

陕西省2009年固定资产投资情况

2009年，陕西省全年全社会固定资产投资6553.39亿元，比上年增长35.1%。其中，城镇固定资产投资6194.86亿元，增长37.0%；农村固定资产投资358.53亿元，增长9.3%。

在城镇投资中，第一、二、三产业投资分别完成162.33亿元、2465.18亿元和3567.34亿元，分别比上年增长78%、42.7%和32.5%。在第一产业中，农业投资34.04亿元，林业投资25.51亿元，分别比上年增长

77.1%和38.1%。在第二产业中，工业投资2289.17亿元，增长35.1%。其中，采矿业投资611.99　　亿元，增长43.8%；制造业投资1290.61亿元，增长37.5%；电力、燃气及水的生产和供应业投资386.

56亿元，增长17.1%。在第三产业中，信息传输、计算机服务和软件业投资58.24亿元，增长37.4%；卫生、社会保障和社会福利业投资60.24亿元，增长53.1%；水利、环境和公共设施管理业投资700.90亿元，增长63.2%。

在国民经济各行业中，能源化工工业、交通运输业、装备制造业仍然是全省固定资产投资的重点，三个大行业投资占城镇投资比重为34.2%，分别完成投资1080.44亿元、677.2亿元和361.55亿元，分别比上年增长29.7%、21.5%和25.8%，占城镇投资比重分别为17.4%、10.9%和5.8%。其中，煤炭开采和洗选业投资242.42亿元，增长92.5%，占3.9%；石油和天然气开采业投资299.82亿元，增长9.9%，占4.8%；石油加工、炼焦及核燃料加工业投资151.63亿元，增长27.1%，占2.4%；化学原料及化学制品制造业投资185.31亿元，增长40.8%，占3.0%；电力、热力的生产和供应业投资326.87亿元，增长12.2%，占5.3%；铁路运输业投资227.44亿元，增长41.9%，占3.7%；道路运输业投资346.61亿元，增长7.8%，占5.6%；通信设备、计算机及其他电子设备投资79.89亿元，增长1.5倍，占1.3%。

全年房地产开发投资943.73亿元，比上年增长23.8%，占城镇投资的比重为15.2%。商品房销售建筑面积2086.97万平方米，比上年同期增长37.7%；商品房屋销售额672.72亿元，增长49.1%。

甘肃省2009年固定资产投资情况

2009年，甘肃省全年全社会固定资产投资2479.60亿元，比上年增长42.85%。其中，城镇固定资产投资2076.38亿元，比上年增长38.83%；农村固定资产投资286.64亿元，增长41.89%。

全社会投资按产业分，第一产业投资129.09亿元，比上年增长53.24%；第二产业投资1206.31亿元，增长44.58%，其中工业投资993.59亿元，增长40.83%；第三产业投资1144.20亿元，增长40.02%。

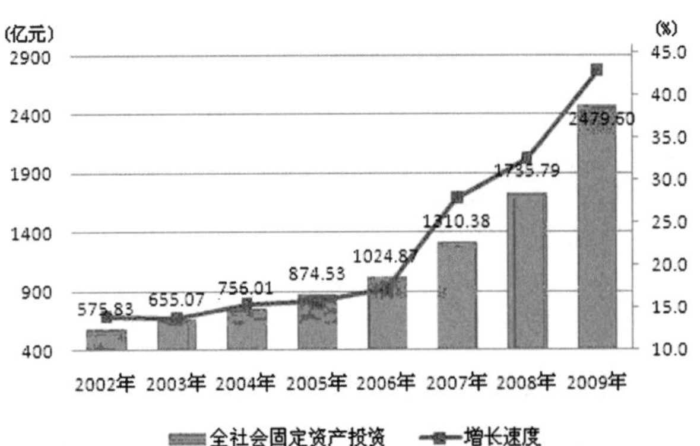

甘肃省2002—2009年全社会固定资产投资及增长速度

甘肃省2009年分行业城镇固定资产投资及增长速度

单位：亿元

行业	投资额	比上年增长（%）
农、林、牧、渔业	74.59	31.97
采矿业	100.88	30.37
制造业	397.40	32.44
电力、燃气及水的生产和供应业	407.80	56.73
建筑业	183.13	70.85
交通运输、仓储和邮政业	145.04	37.07
信息传输、计算机服务和软件业	18.62	31.87
批发和零售业	38.90	6.50
住宿和餐饮业	18.88	55.31
金融业	2.83	142.41
房地产业	61.15	6.29
租赁和商务服务业	6.40	−23.49
科学研究、技术服务和地质勘查业	19.44	125.00
水利、环境和公共设施管理业	93.96	28.78
居民服务和其他服务业	4.44	19.20
教育	50.76	58.61
卫生、社会保障和社会福利业	27.67	99.55
文化、体育和娱乐业	17.92	83.00
公共管理和社会组织	202.45	37.76

城镇项目固定资产投资按行业分，采矿业投资100.88亿元，比上年增长30.37%；制造业投资397.40亿元，增长32.44%；电力、燃气及水的生产和供应业投资407.80亿元，增长56.73%；交通运输、仓储和邮政业投资145.04亿元，增长37.07%。

房地产开发投资：城镇固定资产投资中，房地产开发投资204.14亿元，比上年增长19.59%。其中住宅投资137.32亿元，增长10.57%。房屋施工面积2543.10万平方米，增长32.83%；房屋竣工面积545.16万平方米，增长56.17%；商品房销售面积696.26万平方米，增长47.73%。商品房销售额174.59亿元，增长70.78%，其中期房销售额107.61亿元，增长97.78%。

青海省2009年固定资产投资与房地产开发

2009年，青海省全年全社会固定资产投资800.51亿元，比上年增长37.5%。分城乡看，城镇固定资产投资691.36亿元，增长34.7%；农村固定资产投资109.15亿元，增长58.7%。从投资类型看，国有及国有控股投资512.60亿元，增长41.1%；民间投资280.71亿元，增长35.1%；港澳台及外商投资7.21亿元，下降35.2%。从产业看，三次产业投资分别为53.68亿元、380.32亿元和366.52亿元，分别增长31.3%、27.9%和50.2%。

在50万元以上（含50万元）固定资产投资中，四大支柱产业固定资产投资268.33亿元，比上年增长25.7%。四大优势产业固定资产投资53.57亿元，比上年增长38.3%。

全年房地产开发投资72.85亿元，比上年增长44.6%。施工房屋面积900.39万平方米，增长27.3%；竣工房屋面积178.07万平方米，下降19.8%。商品房销售面积218.32万平方米，增长60.2%；商品房销售额54.90亿元，增长67.6%，其中现房和期房销售额分别占商品房销售额的24.4%和75.6%。

青海省2009年四大支柱和四大优势产业固定资产投资额及增长速度

单位：亿元

指标名称	投资额	比上年增长（%）
四大支柱产业	268.33	25.7
石油和天然气开采业	33.95	−10.9
电力工业	115.36	49.2
有色金属	52.37	12.9
盐湖化工	66.65	29.2
四大优势产业	53.57	38.3
冶金业	15.96	14.8
医药	3.01	101.6
建材	29.94	48.4
畜产品加工	4.67	47.5

宁夏回族自治区2009年固定资产投资情况

2009年，宁夏回族自治区全年全社会完成固定资产投资1119.14亿元，比上年增长30.3%。其中，基本建设投资694.55亿元，增长34.1%；更新改造投资131.81亿元，增长17.8%；房地产开发投资162.74亿元，增长38.4%。分城乡看，城镇投资1007.39亿元，增长31.6%，农村投资111.75亿元，增长20%。分投资主体看，国有经济投资713.53亿元，增长30.8%；非国有经济投资405.61亿元，增长29.4%。

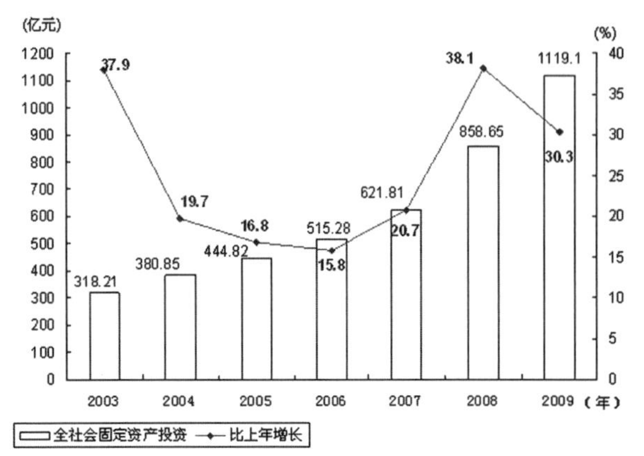

宁夏自治区2003—2009年全社会固定资产投资总额及增长速度

在城镇投资中，第一产业投资26.29亿元，增长33.4%。第二产业投资578.43亿元，增长34.6%，其中工业投资574.59亿元，增长34.2%。从工业内部看，采矿业投资122.30亿元，增长39.5%；制造业投资270亿元，增长6.9%；电力燃气及水的生产和供应业投资182.29亿元，增长1.1倍；工业投资在城镇投资中所占比重由上年的55.9%上升为57.0%，对全区城镇投资增长的贡献达60.5%。第三产业投资402.67亿元，增长27.3%。

全年房地产开发投资162.74亿元，比上年增长38.4%。其中，住宅投资126.08亿元，增长43.5%；商业营业用房投资22.72亿元，增长14.6%。商品房施工面积1952.02万平方米，增长23.5%，竣工面积741.23万平方米，增长16.9%。

全年商品房销售面积775.29万平方米，比上年增长50.6%。其中，住宅销售面积 677.98万平方米，增长49.6%；商品房销售额239.53亿元，增长91.0%。其中，住宅销售额191.47亿元，增长90.7%；经济适用住房投资9.88亿元，增长40.4%；经济适用住房施工面积143.27万平方米，增长21.1%。

新疆维吾尔自治区2009年固定资产投资情况

2009年，新疆全社会固定资产投资2827.23亿元，比上年增长25.1%。分城乡看，城镇固定资产投资2534.85亿元，增长25.1%；农村固定资产投资292.38亿元，增长24.8%。分产业看，第一产业投资172.48亿元，增长14.2%；第二产业投资1288.54亿元，增长12.8%；第三产业投资1366.21亿元，增长41.3%。第一产业占投资总额的6.1%，比上年下降0.6个百分点；第二产业占45.6%，下降4.9个百分点；第三产业占48.3%，上升5.5个百分点。

房地产开发投资230.84亿元，增长1.0%，其中，经济适用房投资17.09亿元，增长3.8%。房屋施工面积3073.56万平方米，增长16.5%；竣工面积923.50万平方米，下降12.0%。商品房销售面积1327.64万平方米，增长39.1%；销售额351.01亿元，增长64.2%。

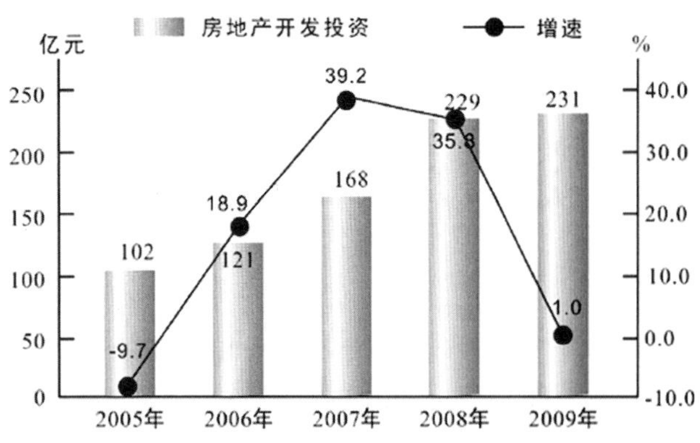

图1 新疆自治区2005—2009年固定资产及其增长速度

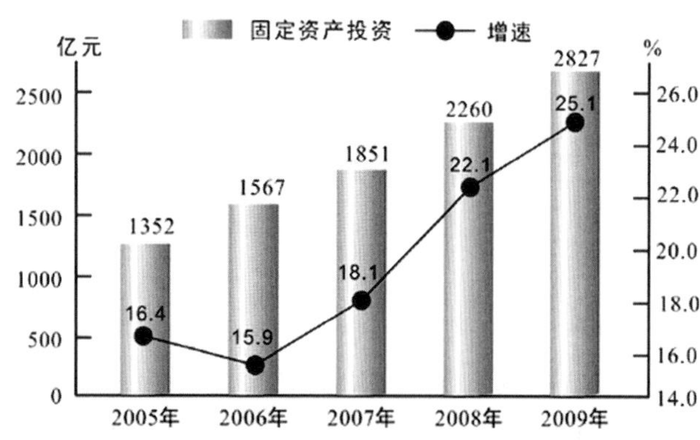

图2 新疆自治区2005—2009年固定资产及其增长速度

山西省固定资产投资推动全省经济再上新台阶

内容提要：2010年，在推进转型跨越发展中，山西经济实现了平稳较快发展，经济总量登上了9000亿元新台阶，增长13.9%。作为拉动经济增长的主要因素之一，固定资产投资发挥了重要的带动作用。全年投资在上年高位增长的基础上继续保持强劲增势，投资总量跃升到6000亿元的新台阶，投资结构发生明显变化，投资占GDP比重再创历史新高，投资质量和效益得到进一步提高。2011年全省投资仍值得期待。

2010年，全省上下在转型跨越发展战略的推动下，进一步扩大投资规模，特别是通过实施重大项目引领带动，重点推进"三农"建设、工业新型化建设、基础设施建设和民生工程建设等，优化投资结构，促进了全省投资的较快增长，投资规模超过了"十五"时期的总规模，投资增速快于全国平均水平，为促进全省经济转型跨越发展做出了积极的贡献。

一、投资在推动经济增长中实现量的快速扩张

山西的最大问题是发展不足，跨越发展需要投资的快速增长。2010年，全省通过不断改善和优化投资环境，加大投资力度，实现了投资总量的强劲扩张，增强了投资对经济跨越发展的有效拉动。

（一）投资规模强劲扩张

2010年，全省全社会固定资产投资完成6352.6亿元，投资总量比2009年多1319.1亿元，比"十五"时期的总投资（6000亿元）多352.5亿元，占"十一五"时期投资总量的31.3%，接近三分之一，呈现出强劲扩张态势。全年月均投资完成额达529.4亿元，比2009年高109.9亿元，基本相当于1998年全年（534.7亿元）的投资规模。

（二）投资增速快于全国

2010年，全省全社会固定资产投资在2009年高增长（38.5%）的基础上继续保持了较快增长态势，全年4个季度累计完成投资增速均快于全国，增幅分别为25.7%、26.3%、27.2%、26.2%，分别比同期全国水平高0.1个、1.3个、3.2个和2.4个百分点。2010年投资增幅比"十一五"前三年2006年、2007年、2008年分别高1.3个、0.1个、2个百分点，比"十五"时期的平均增幅高3.6个百分点。

（三）拉动经济增长作用增强

投资和消费是山西经济发展的主要推动力，近年来，随着经济的发展，尽管投资和消费的规模不断扩大，但投资增长相对快于消费，尤其近两年的扩内需、保增长进一步扩大投资，投资占GDP比重明显提高，拉动经济增长的作用显著上升。2010年，山西全社会固定资产投资增长26.2%，增幅比社会消费品零售总额快7.8个百分点，占GDP的比重69.9%，比2009年的68.4%提高了1.5个百分点，与同期全国的平均水平相当，比消费占GDP的比重高34.6个百分点。2010年全省GDP占全国的比重2.3%，投资也占到了相同的份额。

二、投资在促进经济结构调整中实现质的提升

转型发展是山西的根本出路，跨越发展需要提升投资水平。2010年，山西全面贯彻落实国家宏观调控政策，着力调整优化产业结构，加快转变发展方式，投资增长的质量、结构和效益明显提升。

（一）三次产业协同发展，投资增长趋于协调

2010年，在全省全社会投资中，第一、二、三产业投资分别完成282.6亿元、2617.5亿元和3452.5亿元，同比分别增长28.2%、21%、30.3%，与上年的三次产业投资增速96.8%、15.8%、60.2%比较，一、三产业投资虽继续保持稳定增长，但由于上年的高增长与基数加大的影响，增幅出现回落，二产投资增速明显加快，三次产业投资增长趋向协调。全省三次产业投资比例由上年的4.4：43：52.6转变为4.5：41.2：54.3，呈现出一、

三产业投资比重上升、二产投资比重下降的趋势。

(二) 国有投资持续增长，民间投资活力增强

2010年，全省全社会国有投资在上年增长51.6%的基础上继续保持较快增长，全年国有投资完成3190.8亿元，同比增长28.1%，增幅比全省全社会投资高1.9个百分点；非国有投资完成3161.8亿元，同比增长24.3%，其中民间投资完成3052.1亿元，同比增长25.4%，增幅虽比全省全社会投资低0.8个百分点，比上年回落3.7个百分点，但扭转了当年前1、2、3季度的增长19.4%，17.7%、17.5%，逐季下滑的增长趋势，呈现回升向好、活力增强态势。

(三) 新农村建设步伐加快，三农投资力度加大

2010年，全省通过加强农业基础设施建设、大力发展特色现代农业、扎实推进新农村建设等措施，不断加大对“三农”的投入力度。全年全社会“三农”建设投资完成699.2亿元，比上年增加投资117.9亿元，同比增长20.3%，增幅比2009年的44%下降了23.7个百分点，但比同期的全国平均水平高0.7个百分点，占全社会投资的比重达11%，占到一成以上。

(四) 促进工业转型升级，工业投资增速加快

2010年，全省围绕提升传统产业，壮大新兴产业，促进工业转型升级，工业投资规模明显扩张，增速明显加快。全年城镇工业投资完成2509亿元，同比增长22.8%，增幅比上年提高5.8个百分点；对全省城镇投资的贡献率38.4%，同比提高15.6个百分点，拉动全省城镇投资增长10.1个百分点，同比提高1.1个百分点。

从工业三大门类行业看，采矿业投资增势最强，同比增长59.7%，所占比重大幅提升，由上年的31.7%提高到41.2%；制造业投资增速回升，同比增长12.7%，增幅同比提高4.5个百分点；电力、燃气及水的生产和供应业投资同比下降5.5%。

在工业39个大类行业中，有22个行业投资增长较快，增幅高于全省工业，其中煤炭工业投资成为工业投资快速增长的重要支撑， 2010年，全省着力实施煤炭企业兼并重组，延伸产业链，淘汰落后产能，促进煤炭产业规模、装备水平、安全运行状况等整体素质实现根本性提升，全年城镇煤炭工业投资完成931.2亿元，同比增长55.5%，占城镇工业投资的比重37.1%，比上年提高7.8个百分点；制造业中有一半行业投资增长较快，份额最大的是非金属矿物制品业，全年完成投资171亿元，同比增长34.3%，占工业投资的比重6.8%，比上年提高0.6个百分点。

(五) 服务业投资结构优化，重点领域投资加强

2010年，全省在调整和优化服务业结构中继续提升服务业发展水平，进一步加大重大基础设施、重点民生类工程和旅游业的投资力度。全年全社会基础设施、民生领域和旅游业投资分别完成1673.9亿元、1269.6亿元和72亿元，在上年高增长（分别为70.6%、44.2%和69.9%）的基础上分别增长28.2%、32.1%和21%，占全省服务业投资的比重分别为48.5%、36.8%和2.1%；此外金融业、租赁和商务服务业、科学研究、技术服务和地质勘查业等服务业投资总量虽小，但呈现高增长，分别增长39.1%、140.2%和189%。

(六) 文化建设步伐加快，文化产业投资较快增长

近年来，在“文化强省”战略的推动下，全省继续加快发展文化产业,不断加大为社会公众提供文化、娱乐产品和服务活动等方面的文化产业类投入力度，促进经济社会和谐发展。2010年，全省城镇文化产业类项目投资完成151.9亿元，在上年（97.4%）高增长的基础上，同比又增长27.2%，增幅比同期全省城镇投资高0.8个百分点，占全省城镇投资的比重2.61%，比上年提高了0.01个百分点。

(七) 重点工程成绩显著，大项目引领和带动作用显著增强

2010年，全省175项省属重点工程项目完成投资1955.9亿元，比上年152项重点工程项目投资增长33.2%，占全省城镇投资的比重33.6%，比上年提高1.7个百分点。2010年，全省城镇5亿元以上在建投资项目有471个，比上年增加126个，投资总规模9868.5亿元，比上年增加2873.6亿元，项目平均规模21亿元，比上年扩大0.7亿元；全年5亿元以上项目投资完成2428.8亿元，比上年增长34.9%，占全省城镇投资的比重41.8%，比上年提高2.6个百分点。

(八) 新开工项目规模扩大，带动投资增长后劲

增强

2010年7月29日，袁纯清书记在全省领导干部大会上指出：全省面临的最突出问题是新产业发展和新项目储备不足，要求各级政府大力改善投资环境，加快实施项目带动战略。7.29讲话之后，全省上下再次掀起了投资建设的高潮。从全年情况看，全省新开工项目的投资规模呈现扩大态势，城镇新开工投资项目数量比上年增加2675个，新开工项目计划总投资6248.9亿元，同比增长38.3%，项目平均投资规模6209.2万元，比上年扩大了92.8万元，由此看带动投资持续增长的基础和后劲明显增强。

（九）建设资金相对充裕，除金融资金外各类资金到位良好

2010年，全省全社会固定资产投资项目累计到位资金6439.5亿元，比完成投资多86.9亿元，同比增长32.6%，增速快于完成投资，表明本年建设项目到位资金相对充裕，为投资快速增长奠定了坚实基础。在本年资金来源中，国家预算内资金、国内贷款、利用外资、自筹资金、其他资金分别到位485.3亿元、1060.8亿元、44.8亿元、4024.4亿元、824.3亿元，同比分别增长27.3%、18.5%、89.8%、33.3%、53.5%，金融资金到位相对较弱。

三、2010年投资增长中显现的结构性矛盾

尽管2010年山西固定资产投资保持了较快增长，投资运行质量得到明显提高，带动经济又好又快发展的作用进一步增强，但投资增长中显现的结构性矛盾依然突出，投资发展的速度、质量和结构仍面临较大压力。

（一）投资增长点集中于四个行业，其他行业的贡献较小

2010年，带动山西投资增长贡献最大的行业是采掘业（29.4%）、交通运输业（30%）、房地产业（16.3%），这三大行业占全社会投资的比重最高，依次为16.9%、18.2%、17.9%，全年三大行业投资完成3369.6亿元，同比增长42.2%，对全社会投资增长的贡献率高达75.8%；其次为以中小学危房改造工程为主的教育行业投资，占全社会投资的比重3.8%，同比增长134.7%，贡献率10.5%；其他15个行业投资的贡献率共13.7%。因此，要确保投资适度稳定增长，培育新的投资增长点任务依然艰巨。

（二）制造业投资增长缓慢，高技术产业投资减少

“十一五”初期，山西制造业投资占工业投资的半壁江山，但近年来全省制造业投资增长缓慢，增速一度持续回落，制约了全省投资的较快增长。2010年，全省城镇制造业投资完成968.2亿元，同比增长12.7%，增幅比工业投资低10.1个百分点，比全国平均水平低14.3个百分点，占全省城镇工业投资的比重由上年的42%下降到38.6%，比全国平均水平低36.9个百分点。其中高技术产业投资完成54.2亿元，同比下降14.8%，占全省制造业投资的比重5.6%，比上年下降1.8个百分点。

（三）内资类项目投资增长较快，外商及港澳台商投资下降

近年来，全省投资增长主要依靠内资类项目投资，而投资领域的对外开放程度相对较低，外商及港澳台商投资较少。2010年，全省全社会投资中，内资类项目投资完成6242.9亿元，同比增长26.8%，占全省全社会投资的比重98.3%；外商及港澳台商投资完成109.7亿元，同比下降0.2%，占全省全社会投资的比重1.7%，比上年下降0.5个百分点。2010年全省实际利用外资金额15.1亿美元，同比增长11.5%，2009年为下降50.4%，由此看，这一增长也是基于上年的大幅下降，不容乐观。

（四）外延扩张型投资增长较快，内涵效益型投资比重下降

推动转型跨越发展要求由外延扩张向内涵提升转变。内涵效益型投资是企业通过科技创新提高产品质量、增加产品产量、实现产品更新换代、推进企业节约能源、降低消耗、提高经济效益和自主创新能力的重要手段。2010年，在全省城镇投资中，以新建和扩建为主的外延扩张型投资完成3566.1亿元，同比增长31.5%，增幅高于城镇投资，占全省城镇投资的比重61.3%；而以改建和技术改造为主的内涵效益型投资完成1223.2亿元，同比增长19.4%，增幅比上年回落11.7个百分点，占全省城镇投资的比重22.8%，比上年同期下降了1.3个百分点。

第四部分

财政与金融

财经综述

国务院关于加强地方政府融资平台公司管理有关问题的通知

国发〔2010〕19号

各省、自治区、直辖市人民政府，国务院各部委、各直属机构：

近年来，地方政府融资平台公司（指由地方政府及其部门和机构等通过财政拨款或注入土地、股权等资产设立，承担政府投资项目融资功能，并拥有独立法人资格的经济实体）通过举债融资，为地方经济和社会发展筹集资金，在加强基础设施建设以及应对国际金融危机冲击中发挥了积极作用。但与此同时，也出现了一些亟须高度关注的问题，主要是融资平台公司举债融资规模迅速膨胀，运作不够规范；地方政府违规或变相提供担保，偿债风险日益加大；部分银行业金融机构风险意识薄弱，对融资平台公司信贷管理缺失等。为有效防范财政金融风险，加强对地方政府融资平台公司管理，保持经济持续健康发展和社会稳定，现就有关问题通知如下：

一、抓紧清理核实并妥善处理融资平台公司债务

地方各级政府要对融资平台公司债务进行一次全面清理，并按照分类管理、区别对待的原则，妥善处理债务偿还和在建项目后续融资问题。

纳入此次清理范围的债务，包括融资平台公司直接借入、拖欠或因提供担保、回购等信用支持形成的债务。债务经清理核实后按以下原则分类：（1）融资平台公司因承担公益性项目建设举借、主要依靠财政性资金偿还的债务；（2）融资平台公司因承担公益性项目建设举借、项目本身有稳定经营性收入并主要依靠自身收益偿还的债务；（3）融资平台公司因承担非公益性项目建设举借的债务。

对原计划由融资平台公司承担融资的在建项目，对其后续资金应根据不同情况妥善处理。地方各级政府要严格审核项目投资预算和资金来源，各类资金要集中用于项目续建和收尾，严格控制新开工项目，防止出现“半拉子”工程。经地方政府审核后，对还款来源主要依靠财政性资金的公益性在建项目，除法律和国务院另有规定外，不得再继续通过融资平台公司融资，应通过财政预算等渠道，或采取市场化方式引导社会资金解决建设资金问题。对使用债务资金的其他在建项目，原贷款银行等要重新进行审核，凡符合国家产业政策、土地政策、环境保护政策、信贷审慎管理规定及宏观调控政策等要求的项目，要继续按协议提供贷款，推进项目建设；对不符合上述要求的项目，地方政府要尽快进行清理，妥善处置。

对融资平台公司贷款，银行业金融机构要坚持按照“逐包打开、逐笔核对、重新评估、整改保全”的原则进行全面清理，及时采取补救措施，确保信贷资产安全。

地方各级政府要采取有效措施，落实有关债务人偿债责任。对融资平台公司存量债务，要按照协议约定偿还，不得单方面改变原有债权债务关系，不得转嫁偿债责任和逃废债务。融资平台公司等要统筹安排资金，制定偿债计划，明确偿债时限，切实承担还本付息责任。

二、对融资平台公司进行清理规范

在本通知下发前已经设立的融资平台公司，要按以下要求进行清理规范：对只承担公益性项目融资任务且主要依靠财政性资金偿还债务的融资平台公司，今后不得再承担融资任务，相关地方政府要在明确还债责任，落实还款措施后，对公司做出妥善处理；对承担上述公益性项目融资任务，同时还承担公益性项目建设、运营任务的融资平台公司，要在落实偿债责任和措施后剥离融资业务，不再保留融资平台职能。对承担有稳定经营性收入的公益性项目融资任务并主要依靠自身收益偿还债务的融资平台公司，以及承担非公益性项目融资任务的融资平台公司，要按照《中华人民共和国公司法》等有关规定，充实公司资本金，完善治理结构，实现商业运作；要通过引进民间投资等市场化途径，促进投资主体多元化，改善融资平台公司的股权结构。对其他兼有不同类型融资功能的融资平台公司，也要按照上述原则进行清理规范。

今后地方政府确需设立融资平台公司的，必须严格依照有关法律法规办理，足额注入资本金，学校、医院、公园等公益性资产不得作为资本注入融资平台公司。

三、加强对融资平台公司的融资管理和银行业金融机构等的信贷管理

融资平台公司融资和担保要严格执行相关规定。经清理整合后保留的融资平台公司，其融资行为必须规范，向银行业金融机构申请贷款须落实到项目，以项目法人公司作为承贷主体，并符合有关贷款条件的规定。融资项目必须符合国家宏观调控政策、发展规划、行业规划、产业政策、行业准入标准和土地利用总体规划等要求，按照国家有关规定履行项目审批、核准或备案手续。要严格按照规定用途使用资金，讲求效益，稳健经营。

银行业金融机构等要严格规范信贷管理，切实加强风险识别和风险管理。要落实借款人准入条件，按商业化原则履行审批程序，审慎评估借款人财务能力和还款来源。凡没有稳定现金流作为还款来源的，不得发放贷款。向融资平台公司新发贷款要直接对应项目，并严格执行国家有关项目资本金的规定。严格执行贷款集中度要求，加强贷款风险控制，坚持授信审批的原则、程序与标准。要按照要求将符合抵质押条件的项目资产或项目预期收益等权利作为贷款担保。要认真审查贷款投向，确保贷款符合国家规划和产业发展政策要求。要加强贷后管理，加大监督和检查力度。适当提高融资平台公司贷款的风险权重，按照不同情况严格进行贷款质量分类。

四、坚决制止地方政府违规担保承诺行为

地方政府在出资范围内对融资平台公司承担有限责任，实现融资平台公司债务风险内部化。要严格执行《中华人民共和国担保法》等有关法律法规规定，除法律和国务院另有规定外，地方各级政府及其所属部门、机构和主要依靠财政拨款的经费补助事业单位，均不得以财政性收入、行政事业等单位的国有资产，或其他任何直接、间接形式为融资平台公司融资行为提供担保。

五、加强组织领导，确保工作落实

各地区、各部门要从大局出发，牢固树立科学发展观和正确政绩观，充分认识加强融资平台公司管理工作的重要性和紧迫性，统一思想，加强领导，精心组织，结合本地区、本部门实际认真抓好落实。财政部、发展改革委、人民银行、银监会等部门和机构，要抓紧制定具体实施方案，完善相关政策，加强对这项工作的指导监督。财政部要会同有关部门加快建立融资平台公司债务管理信息系统、会计核算和统计报告制度，以及融资平台公司债务信息定期通报制度，实现对融资平台公司债务的全口径管理和动态监控。审计部门要加强对融资平台公司的审计监督。要研究建立地方政府债务规模管理和风险预警机制，将地方政府债务收支纳入预算管理，逐步形成与社会主义市场经济体制相适应、管理规范、运行高效的地方政府举债融资机制。

地方各级政府和有关部门、单位都要严格遵守法律制度规定，确保有法必依，违法必究。对清理规范中检查出来的问题要及时予以纠正，对清理规范后仍然违反《中华人民共和国预算法》、《中华人民共和国担保法》、《中华人民共和国商业银行法》等规定的要依法依规严肃处理，并追究相关责任人的责任。

各省（区、市）人民政府要切实履行职责，抓紧落实相关工作，并将工作落实情况于2010年12月31日前上报国务院，抄送财政部、发展改革委、人民银行和银监会。

国务院

二〇一〇年六月十日

实施积极的财政政策 促进经济平稳较快发展

财政部部长 谢旭人

2010年5月29日

财政是政府履行职能的重要物质基础，是国家宏观调控的重要手段，也是推动经济发展、促进社会和谐、维护国家安全的重要保障。各级财政部门要按照党中央、国务院的决策部署，积极发挥财政职能作用，加强财政宏观调控，深化财税体制改革，强化财政管理，努力促进经济社会发展，服务改革发展稳定大局。

一、实施积极的财政政策，促进经济社会平稳较快发展

2008年第四季度以来，面对国际金融危机的冲击，党中央、国务院制定了应对国际金融危机的一揽子计划，实施了积极的财政政策和适度宽松的货币政策，较快扭转了经济增速下滑的局面，在全球率先实现了经济回升向好。今年以来，我国经济继续朝着宏观调控的预期方向发展，回升向好势头更加巩固。与此同时，面临的国内外形势仍然极为复杂。世界经济虽然有望实现恢复性增长，国际金融市场渐趋稳定，但复苏的基础依然脆弱，欧洲一些国家出现主权债务危机，全球经济运行不确定、不稳定因素较多。我国经济回升向好的基础还不牢固，还存在许多矛盾和困难，财政收支矛盾也比较突出。为此，今年继续实施积极的财政政策和适度宽松的货币政策，保持政策的连续性和稳定性，并根据新形势新情况及时完善相关政策措施，增强政策的针对性和灵活性，把握好政策的重点、力度和节奏，处理好保持经济平稳较快发展、调整经济结构和管理通胀预期的关系，把加快转变经济发展方式、提高经济增长的质量和效益摆到突出位置，努力促进经济社会又好又快发展。实施积极的财政政策，要着重把握以下几点。

一是提高城乡居民收入，扩大居民消费需求。进一步增加农民补贴，提高主要粮食品种最低收购价水平，增加农民收入。提高城乡居民最低生活保障标准，增加企业退休人员基本养老金，提高优抚对象等人员抚恤补贴和生活补助标准。努力扩大就业，支持落实最低工资制度，提高低收入者劳动报酬。在义务教育学校、公共卫生和基层医疗卫生事业单位实施绩效工资。健全家电、汽车、摩托车下乡和家电、汽车以旧换新政策，引导居民消费。

二是安排使用好政府公共投资，着力优化投资结构。重点支持保障性住房、农村基础设施、教育和医疗卫生等社会事业、节能环保和生态建设，以及自主创新、结构调整等领域和欠发达地区。资金安排主要用于项目续建和收尾，避免“半拉子工程”，严格控制新上项目，防止重复建设。支持汶川地震灾区和玉树地震灾后恢复重建。

三是落实结构性减税政策，引导企业投资和居民消费。巩固增值税转型以及成品油税费改革成果。对部分小型微利企业实施所得税优惠政策。对1.6升及以下排量乘用车暂减按7.5%征收车辆购置税。继续落实各项税费减免政策,研究清理到期的税收减免政策。严格行政事业性收费和政府性基金项目的审批管理。

四是优化财政支出结构，保障和改善民生。要坚持统筹兼顾、有保有压、突出重点的原则，财政支出向新农村建设倾斜，向社会事业发展的薄弱环节倾斜，向困难地区、基层和群众倾斜。加大公共服务领域的投入，增加对“三农”、科技、教育、医疗卫生、社会保障、保障性住房、节能环保等方面的支出，促进民生改善和社会事业发展。控制出国（境）经费、车辆购置及运行费、公务接待费，大力压缩公用经费等一般性支出，降低行政成本。

五是大力支持区域协调发展和经济结构调整，推动经济发展方式转变。增加中央对地方转移支付，加大对

革命老区、民族地区、边疆地区、贫困地区的支持。大力支持科技创新和中小企业发展。积极推进节能减排、淘汰落后产能，支持新兴产业发展。改革资源税制度，全面推进矿产资源有偿使用制度改革，健全排污权有偿取得和交易制度，促进资源节约和环境保护。

二、深化财税体制改革，建立健全有利于科学发展的财税体制

近年来，我国财税体制改革稳步推进，公共财政体系不断完善。根据新的形势和要求，财政部门将全面贯彻党的十七大、胡锦涛总书记在中央政治局第十八次集体学习时的重要讲话和温家宝总理在今年政府工作报告中的重要指示精神，积极稳妥地推进财税体制改革，构建有利于科学发展的财税体制、运行机制和管理制度。

一是积极推进税制改革，完善有利于科学发展的税收制度。坚持简税制、宽税基、低税率、严征管的原则，优化税制结构，公平税收负担，规范收入分配秩序。进一步完善增值税、消费税和企业所得税制度，促进经济增长和结构调整。健全个人所得税制度，增强调节收入分配作用。推进资源税制度改革，强化税收促进资源节约、节能减排和环境保护的作用。统一内外资企业城建税、教育费附加等制度，促进城市建设和教育发展， 公平税收负担。落实成品油税费改革各项措施，进一步理顺税费关系，建立完善筹集公路发展资金的长效机制和税收引导能源消费的新机制。加快地方税收体系建设，增强地方政府提供基本公共服务的保障能力。按照“正税清费”的原则，分类规范收费、基金管理，充分发挥税收在筹集财政收入中的主渠道作用。

二是深化财政体制改革，健全中央与地方财力和事权相匹配的财政体制。在保持分税制财政体制框架基本稳定的前提下，围绕推进基本公共服务均等化和主体功能区建设，健全中央和地方财力与事权相匹配的体制，促进地区和城乡协调发展。合理划分中央与地方的事权和支出责任。在转变政府职能、明确政府和市场作用边界的基础上，按照法律规定、受益范围、成本效率、基层优先等原则，界定政府间事权和支出责任。完善财政转移支付制度，科学设置、合理搭配一般性转移支付和专项转移支付，发挥好各自的作用，增加一般性转移支付的规模和比例，分类规范专项转移支付，提高资金分配透明度和使用效益。完善省以下财政体制，建立完善县级基本财力保障机制，增强基层政府提供基本公共服务的能力，扎实推进社会主义新农村建设。全面推进“省直管县”和“乡财县管”等财政管理方式改革，提高管理效率。

三是完善预算管理制度，提高预算的完整性和透明度。要建立由公共财政预算、国有资本经营预算、政府性基金预算和社会保障预算组成的有机衔接、更加完整的政府预算体系。进一步完善公共财政预算制度，全面编制中央和地方政府性基金预算，逐步扩大国有资本经营预算试行范围，推动地方国有资本经营预算工作。积极稳妥试编社会保险基金预算，为编制社会保障预算创造条件。按照《政府信息公开条例》的要求，建立和完善预算公开制度，加强各项基础工作，使预算公开工作做到法制化、规范化，增强预算透明度。

三、加强财政科学管理，切实提高财政资金使用绩效

财政职能、财政政策以及财政预算，都要通过具体的财政管理工作来实现。加强财政管理是发挥财政职能作用，提高财政资金绩效的基本保障。要以科学发展观为指导，全面推进财政科学化精细化管理。

要健全财政法律制度体系，规范财政工作运行机制。加强预算编制管理。规范部门预算编制程序，细化预算编制内容，把资金结余和结转情况、预算执行情况、资产管理与预算编制有机结合，增强预算的科学性和准确性。狠抓预算执行工作，建立健全预算支出责任制度和预算执行通报制度，及时下达转移支付，改进超收收入使用办法，加强分析和动态监控，加快预算支出进度，提高预算执行的均衡性。积极推进预算支出绩效考评。强化基础管理工作和基层财政建设。建立完善部门基础信息数据库。加强项目支出定额标准体系建设。推进政府会计改革。严格财政监督，推进建立健全覆盖所有政府性资金和财政运行全过程的监督机制。强化政府性债务管理。要会同有关部门加强对地方融资平台公司融资管理，抓紧分类清理和妥善处理融资平台公司债务，加强融资平台公司管理和银行业金融机构放贷管理，坚决制止违规担保承诺行为，切实防范财政金融风险。努力抓好增收节支工作。依法加强税收和非税收入征管，保障民生等重点支出需要，压缩一般性支出，严肃财经纪律，提高财政资金使用绩效。

做好财政工作，积极发挥财政职能作用意义重大。财政部门一定要深入贯彻落实科学发展观，坚持为国理财、为民服务，开拓进取、扎实工作，为促进经济社会又好又快发展作出更大贡献。

坚定不移深化财税体制改革

2010年4月1日

胡锦涛总书记在主持中央政治局第十八次集体学习时，就深化财税体制改革、做好新时期财政工作发表重要讲话。胡锦涛总书记高度评价了近年来财政改革与发展取得的显著成绩，科学界定了新形势下财政工作的职能作用和重要地位，深刻阐述了进一步深化财税体制改革的重大意义，明确提出了当前及今后一个时期完善有利于科学发展的财税体制机制的总体要求和主要任务。这一重要讲话是指导我们做好新时期财政工作的指导方针，全国财政系统广大干部职工一定要认真学习领会，全面贯彻落实。

一、提高认识，增强深化财税体制改革的紧迫性和坚定性

改革开放以来，财税体制改革不断推进，国家财政实力显著增强，财政支出结构不断优化，财政管理水平不断提高，为保持和稳定改革发展大局作出了重要贡献。特别是在面对国际金融危机严重冲击的形势下，党中央、国务院果断实行积极的财政政策和适度宽松的货币政策，积极发挥财政职能作用，为有效遏止经济增速下滑势头、率先实现经济总体回升向好发挥了重要作用。但与此同时也要看到：我国财税体制还存在一些需要认真对待并抓紧解决的突出问题，主要是财政收入制度不够完善，财力与事权不尽匹配，政府预算制度还不够完整，财政管理的法治性和绩效尚需提高，财政宏观调控作用有待进一步发挥等等。所有这些，必须通过进一步深化财税体制改革加以解决。

按照党的十七大和胡锦涛总书记讲话的要求，财税体制改革要围绕推进基本公共服务均等化和主体功能区建设，完善公共财政体系，深化预算制度改革，强化预算管理和监督，健全中央和地方财力与事权相匹配的体制，加快形成统一规范透明的财政转移支付制度，加大公共服务领域投入；完善省以下财政体制，增强基层政府提供公共服务能力；实行有利于科学发展的财税制度，建立健全资源有偿使用制度和生态环境补偿机制。要调动各方面积极性，积极运用财政政策应对国际金融危机的挑战，立足中国国情，借鉴国际经验，深化改革，统筹规划，分步推进，建立健全有利于科学发展的财税体制、运行机制和管理制度，更好服务改革发展稳定大局。

二、加快完善税收制度，规范政府参与国民收入分配的秩序

加快完善税收制度，要坚持简税制、宽税基、低税率、严征管的原则，优化税制结构，公平税收负担，规范收入分配秩序，促进经济健康发展。逐步提高我国直接税的比重，更好地发挥税收调节收入分配的作用。大力推动结合户籍管理的收入申报、财产登记等社会征信系统建设，推进综合与分类相结合的个人所得税制改革。完善社会保障筹资形式与提高统筹级次相配合，研究开征社会保障税。积极运用税收手段，努力缩小收入分配差距。强化税收促进资源节约、节能减排和环境保护的作用，推动经济发展方式转变。重点是改革和完善资源税制度，健全消费税制度，研究开征环境税，形成有利于资源节约型和环境友好型社会建设的税收导向。在统一内外资企业所得税、车船税、耕地占用税、房产税等的基础上，进一步统一内外资企业和个人的城建税、教育费附加等制度，促进城市建设和教育发展。在做好增值税转型工作的基础上，积极推进增值税扩围改革，引导相关产业发展，推动产业结构调整和技术升级。巩固成品油税费改革成果，加快地方税收体系建设，增强地方政府提供基本公共服务的保障

能力。在统一税政前提下，研究赋予地方适当的税政管理权，培育地方支柱财源，从而尽可能通过增加地方本级收入，增强各地特别是中西部欠发达地区安排使用收入的自主性、编制预算的完整性和加强资金管理的积极性。同时，要按照强化税收、规范收费的原则，分类规范收费、基金管理，充分发挥税收在筹集国家财政收入中的主渠道作用。

三、深化财政体制改革，健全中央和地方财力与事权相匹配的财政体制

要从我国社会主义初级阶段基本国情出发，按照调动中央和地方两个积极性原则，在保持分税制财政体制框架基本稳定的前提下，围绕推进基本公共服务均等化和主体功能区建设，健全中央和地方财力与事权相匹配的体制。合理划分中央与地方的事权和支出责任，在加快政府职能转变、明确政府和市场作用边界的基础上，按照法律规定、受益范围、成本效率、基层优先等原则，界定政府间事权和支出责任。完善财政转移支付制度，科学设置、合理搭配一般性转移支付和专项转移支付，发挥好各自的作用，增加一般性转移支付的规模和比例，分类规范专项转移支付，提高资金分配透明度和使用效益。完善省以下财政体制，加快建立县级基本财力保障机制，增强基层政府提供基本公共服务的能力，扎实推进社会主义新农村建设。减少财政管理层次，在注意处理好与现行行政管理体制关系的基础上，积极推进“省直管县”和“乡财县管”等财政管理方式改革，提高管理效率。

四、建立健全政府预算体系，提高预算的完整性和透明度

预算反映党和国家的方针政策，是体现立党为公、执政为民的重要方面。形成法治、完整、透明的预算制度体系，既是保持财权统一、统筹安排财力的客观需要，也是保障公民知情权、参与权、监督权，推进社会主义民主政治发展的重要途径。要进一步完善由公共财政预算、国有资本经营预算、政府性基金预算和社会保障预算组成的有机衔接、更加完整的政府预算体系；全面编制中央和地方政府性基金预算，细化预算编制内容；逐步扩大国有资本经营预算试行范围，推动地方国有资本经营预算工作；在积极稳妥试编社会保险基金预算的基础上逐步过渡到编制社会保障预算。要突出预算保障重点，充分发挥市场配置资源的基础性作用，合理界定支出范围，把更多财政资源用于加强经济社会发展的薄弱环节，强化公共服务和社会管理；按照广覆盖、保基本、多层次、可持续的原则，加大对“三农”、教育、科技、医疗卫生、文化、社会保障、保障性住房、节能减排以及欠发达地区的支持力度，促进经济增长、结构调整、地区协调和城乡统筹发展，切实保障和改善民生。要按照《政府信息公开条例》的要求，及时向社会公布财政收支统计数据，以及经人大审议通过的政府预决算、部门预决算和转移支付安排情况，主动公开财政规范性文件以及有关的财政政策、发展规划等，增强预算透明度。

五、加强科学管理，提高财政管理绩效

财政管理水平直接影响发挥财政职能作用的效果和财政资金绩效。全面推进财政科学化精细化管理是贯彻落实科学发展观的必然要求，也是新形势下做好财政工作的迫切需要。要按照依法理财、民主理财、科学理财的要求，切实提高做好财税工作的能力和水平。健全财政法律制度体系。推进修订预算法及其实施条例。积极推动增值税法、财政转移支付管理暂行条例等财税法律和行政法规的立法进程。规范财政工作运行机制，认真做好财政行政复议工作。完善财政行政审批程序，进一步清理行政审批事项。规范部门预算编制程序，提前预算编制时间，细化预算编制内容，提高预算编制的科学性和准确性。狠抓预算执行管理，强化部门预算责任，加快预算支出进度，加强分析和动态监控，完善评价体系，增强预算执行的均衡性。积极推进绩效预算管理。推进基础管理工作和基层财政建设。建立完善部门基础信息数据库。加强项目支出定额标准体系建设。推进政府会计改革。建立健全政府财政统计报告制度。加强财政监督，推进建立健全覆盖所有政府性资金和财政运行全过程的监督机制。继续开展重大财税政策实施情况专项检查调研，保障中央宏观调控政策的有效落实。自觉接受人大、审计监督。继续抓好“小金库”专项治理工作，着力研究建立完善防治“小金库”的长效机制。

六、加强和改善财政宏观调控，促进经济平稳较快发展

胡锦涛总书记在讲话中特别强调，要积极发挥财

政政策促进经济社会发展的调控作用，继续实施积极的财政政策和适度宽松的货币政策，突出财政政策实施重点，着力实施有利于扩内需、保增长、调结构、惠民生、促稳定的政策措施。财政部门要进一步加强和改善宏观调控，保持宏观经济政策的连续性、稳定性，继续实施积极的财政政策，充分发挥财政政策在稳定经济增长，特别是优化结构、协调发展等方面的积极作用，并注重与货币政策、产业政策等的协调配合。同时，根据经济运行情况的发展变化，及时完善相关政策措施，提高政策的针对性和灵活性，把握好政策的重点、力度和节奏，增强经济发展的稳定性、协调性和可持续性。在制定实施财政政策、开展财政工作中，要更加注重推进经济发展方式转变和经济结构调整，积极发挥财政政策定点调控的优势，增加“三农”投入，加大推动自主创新和培育战略性新兴产业力度，抓紧落实国家重大科技专项，重点扶持突破关键技术，支持发展环保产业、循环经济、绿色经济，加大统筹城乡区域发展力度，促进小城镇协调发展，切实提高经济发展的质量和效益。要更加注重扩大内需特别是消费需求，优化政府公共投资结构，落实结构性减税政策，提高居民特别是低收入群体的收入，促进调整国民收入分配格局，同时完善引导消费的财税政策，努力扩大消费需求，切实保持经济平稳较快增长。要更加注重保障和改善民生，进一步优化财政支出结构，把更多财政资源用于加强经济社会发展薄弱环节、用于改善民生和发展社会事业，特别是要支持解决教育、就业、社会保障、医疗卫生、保障性住房建设、环境保护等方面涉及群众切身利益的问题，更有力地支持革命老区、民族地区、边疆地区、贫困地区发展经济和改善民生，切实推动经济社会协调发展。

推进财税体制改革任务艰巨，使命光荣。我们一定要深入贯彻落实科学发展观，全面提高政治素质、业务能力和职业道德，坚持为国理财、为民服务，开拓进取、扎实工作，为夺取全面建设小康社会新胜利提供制度保障。

财政部关于进一步做好预算执行工作的指导意见

财预〔2010〕11号

党中央有关部门，国务院各部委、各直属机构，总后勤部，武警各部队，全国人大常委会办公厅，全国政协办公厅，高法院，高检院，有关人民团体，新疆生产建设兵团，有关中央管理企业，各省、自治区、直辖市、计划单列市财政厅（局）：

近年来，各地区、各部门积极采取措施，切实加强预算管理，取得了一定成效，但预算执行仍然存在一些问题。为发挥财政政策在扩内需、保增长、调结构、惠民生等方面的积极作用，增强预算执行的时效性和均衡性，提高财政资金使用效益，现就进一步做好预算执行工作提出如下意见：

一、进一步完善预算编制

预算编制与预算执行关系密切，各地区、各部门、各单位要采取有效措施，进一步做细、做实、做准预算，为预算执行打下良好基础。

各级财政部门、有预算分配权的主管部门、其他有关部门要积极推进预算编制改革，严格控制代编预算规模，提高预算到位率，切实把预算细化到部门，细化到基层单位，细化到具体项目。

各单位要科学合理编制本单位预算，基本支出预算应严格按照定额管理要求编制，项目支出预算要提高精细化水平，做好项目评估和可行性论证，确保列入年度预算的项目切实可行，对跨年度项目要根据项目进度分年安排，推动项目的滚动管理。

要完善预算编制与预算执行相结合的机制，加强结转和结余资金管理。对部门、单位年底形成的财政拨款结转和结余资金，各级财政部门应统筹安排使用。

二、及时批复和下达预算

各级财政部门应当自本级人民代表大会批准本级政府预算之日起30日内批复本级各部门预算。本级各部门应当自本级财政部门批复本部门预算之日起15日内批复所属各单位预算。

对年初代编预算，各级财政部门、有预算分配权的主管部门、其他有关部门要及时做好资金分配方案的细化和指标下达工作。各级财政部门年初代编安排的预算（包括有预算分配权的主管部门分配的资金），要尽量在6月30日前落实到部门和单位，超过9月30日仍未落实到部门和单位且无正当理由的，除据实结算项目外，全部收回总预算，调剂用于其他支出或平衡预算。各部门代编的预算要尽量在6月30日前全部细化到所属预算单位，超过9月30日仍未细化到具体承担单位而无法执行的预算，要全部作调减预算处理。

上级财政部门要按照《财政部关于进一步提高地方预算编报完整性的通知》（财预〔2008〕435号）的规定将转移支付预计数告知下级财政部门，下级财政部门要将上级财政部门告知的转移支付预计数列入本级预算。本级财政安排的一般性转移支付和专项转移支付，除据实结算等特殊项目外，原则上应在本级人民代表大会批准预算后90日内尽快下达。据实结算等特殊项目，可先下达、后清算或分季下达。对上级财政下达的转移支付，本级财政部门要在30日内分解下达到本级有关部门和下级财政部门。

三、规范追加预算管理

对预备费、当年预计要安排的超收收入，各级财政部门要结合经济和社会事业发展情况，提前做好支出安排预案，并严格依照程序报经批准后，及时落实到具体单位和项目。

各地区、各部门申请追加预算，除特殊事项外，应在8月31日前将追加预算的申请报财政部门；财政部门要在9月30日前办理完毕，超过上述时限，财政部门不再办理。

四、加强预算资金支付管理

在本级人民代表大会批准政府预算草案前，各级财政部门要按照规定，认真做好资金的预拨工作。对可以预拨的各部门、各单位的基本支出，要按照年度均衡性原则拨付；项目支出，要结合项目实施进度按照一定比例拨付。对一些特殊项目，要根据实际工作需要，引入预拨和清算制度，及时拨付资金。

各部门、各单位要根据工作和事业发展计划，认真做好项目预算执行的各项前期准备。要根据年度预算安排和项目实施进度等认真编制分月用款计划，及时提出支付申请。各级财政部门要及时审核、下达用款额度或支付，同时，要加强资金支付管理，防止超预算、超进度拨款。

各级财政部门要根据部门和单位用款计划，结合全年收入入库情况，加强库款管理和资金调度，完善预算周转金管理，切实保障基层财政部门资金周转和用款单位支出需要。

五、切实做好预算执行基础工作

各部门、各单位要建立健全预算支出责任制度，明确考核指标，将责任落实到岗，任务落实到人，并与工作业绩考核挂钩，完善内部约束和激励机制。

要加强预算执行分析，及时掌握预算执行动态，做好督促检查工作，并加大对重点单位、重点项目特别是各类建设项目的监控力度，促进重点单位、重点项目切实加快执行进度。对有关单位存在的预算执行不力等问题，要采取通报、约谈等方式，督促有关单位及时解决。

各地区、各部门要充分认识加强预算执行管理的重要意义，加强组织领导，坚持依法理财，推进财政科学化、精细化管理，健全财政管理体制机制，提高工作效率，切实把预算执行工作抓紧抓实抓好。

财政部

二〇一〇年一月二十二日

财政金融

2009年全国财政、中央财政收支决算情况

一、2009年全国财政收入决算表

单位：亿元

项目	预算数	决算数	决算数为预算数的%	决算数为上年决算数的%
一、税收收入	58673.33	59521.59	101.4	109.8
国内增值税	19326.33	18481.22	95.6	102.7
国内消费税	4434.00	4761.22	107.4	185.4
进口货物增值税、消费税	7995.00	7729.79	96.7	104.6
出口货物增值税、消费税	-6708.00	-6486.61	96.7	110.6
营业税	8145.00	9013.98	110.7	118.2
企业所得税	11845.00	11536.84	97.4	103.2
个人所得税	3982.00	3949.35	99.2	106.1
资源税	440.00	338.24	76.9	112.1
城市维护建设税	1595.00	1544.11	96.8	114.9
房产税	735.00	803.66	109.3	118.1
印花税	607.00	897.49	147.9	68.4
其中：证券交易印花税	252.58	510.38	202.1	52.1
城镇土地使用税	870.00	920.98	105.9	112.7
土地增值税	570.00	719.56	126.2	133.9
车船税	155.00	186.51	120.3	129.3
船舶吨税	21.00	23.79	113.3	118.2
车辆购置税	970.00	1163.92	120.0	117.6
关税	1900.00	1483.81	78.1	83.8
耕地占用税	333.00	633.07	190.11	201.4
契税	1385.00	1735.05	125.3	132.7
烟叶税	73.00	80.81	110.7	119.8
其他税收收入		4.80		130.4
二、非税收入	7556.67	8996.71	119.1	126.6
专项收入	1727.00	1636.99	94.8	105.3
行政事业性收费收入	1976.00	2317.04	117.3	108.5
罚没收入	933.00	973.86	104.4	108.4
其他收入	2920.67	4068.82	139.3	161.5
全国财政收入	66230.00	68518.30	103.5	111.7
调入中央预算稳定调节基金	505.00	505.00	100.0	45.9
支出大于收入的差额	9500.00	9500.00	100.0	2,681.3

二、2009年中央财政收入决算表

单位：亿元

项目	预算数	决算数	决算数为预算数的%	决算数为上年决算数的%
一、税收收入	33807.00	33364.15	98.7	107.7
国内增值税	14563.00	13915.96	95.6	103.1
国内消费税	4434.00	4761.22	107.4	185.4
进口货物增值税、消费税	7995.00	7729.79	96.7	104.6
出口货物退增值税、消费税	−6708.00	−6486.61	96.7	110.6
营业税	245.00	167.10	68.2	72.0
企业所得税	7605.00	7619.09	100.2	106.2
个人所得税	2390.00	2366.81	99.0	105.9
城市维护建设税	147.00	124.19	84.5	1594.2
印花税	245.00	495.04	202.1	52.1
其中：证券交易印花税	245.00	495.04	202.1	52.1
船舶吨税	21.00	23.79	113.3	118.2
车辆购置税	970.00	1163.92	120.0	117.6
关税	1900.00	1483.81	78.1	83.8
其他税收收入		0.04		28.6
二、非税收入	2053.00	2551.56	124.3	149.1
专项收入	277.00	223.71	80.8	111.5
行政事业性收费收入	418.00	359.54	86.0	96.4
罚没收入	33.00	35.25	106.8	111.1
其他收入	1325.00	1933.06	145.9	174.7
中央财政收入	35860.00	35915.71	100.2	109.9
调入中央预算稳定调节基金	505.00	505.00	100.0	45.9
支出大于收入的差额	7500.00	7500.00	100.0	416.7

关于2009年中央财政收入决算的说明

1.2009年国内增值税预算数为14563亿元，决算数为13915.96亿元，完成预算的95.6%，比预算短收647.04亿元。主要原因是工业增加值增幅及工业品出厂价格水平低于预计，相应减少增值税收入。

2.2009年国内消费税预算数为4434亿元，决算数为4761.22亿元，完成预算的107.4%，比预算超收327.22亿元。主要原因是2009年提高烟消费税税率和调整白酒产品最低计税价格等，消费税超收较多。

3.2009年进口货物增值税、消费税和关税预算数为9895亿元，决算数为9213.6亿元，完成预算的93.1%，比预算短收681.4亿元。主要原因是2009年一般贸易进口额下降6.7%，下降幅度超过预计，海关税收相应短收。

4.2009年营业税预算数为245亿元，决算数为167.1亿元，完成预算的68.2%，比预算短收77.9亿元。主要原因是根据有关政策规定，国家开发银行分行营业税划转地方财政收入，中央营业税收入相应减少。

5.2009年证券交易印花税预算数为245亿元，决算数为495.04亿元，完成预算的202.1%，比预算超收250.04亿元。主要原因是2009年证券交易量超过预期，收入相应增加。

6.2009年出口货物退增值税、消费税预算数为6708亿元，决算数为6486.61亿元，完成预算的96.7%，比预算少退221.39亿元。主要原因是与出口退税密切相关的一般贸易出口额下降20.1%，下降幅度超过预计较多，出口退税相应减少。

7.2009年车辆购置税预算数为970亿元，决算数为1163.92亿元，完成预算的120%，比预算超收193.92亿元。主要原因是在国家出台的一系列扩大内需政策带动下，2009年汽车销量增长较快，全年销售车辆1364.48万辆，同比增长46.2%，带动车辆购置税增收。

8.2009年专项收入预算数为277亿元，决算数为223.71亿元，完成预算的80.8%，比预算短收53.29亿元。主要原因是受宏观经济形势影响，矿产资源补偿费、探矿权采矿权使用费及价款收入等专项收入完成较少。

9. 2009年行政事业性收费预算数为418亿元，决算数为359. 54亿元，完成预算的86%，比预算短收58. 46亿元。主要原因是受金融危机影响，2009年签证费、出入境检验检疫等收费收入减少。

10. 2009年其他收入预算数为1325亿元，决算数为1933. 06亿元，完成预算的145. 9%，比预算超收608. 06亿元。主要原因是清缴企业欠缴的石油特别收益金等增加了收入。

三、2009年全国财政支出决算表

单位：亿元

项　　目	预算数	决算数	决算数为预算数的%	决算数为上年决算数的%
一般公共服务	9317.79	9164.21	98.4	110.6
外交	270.64	250.94	92.7	104.2
其中：对外援助	138.87	132.96	95.7	105.9
国际组织	36.57	36.22	99.0	101.5
国防	4806.86	4951.10	103.0	118.4
公共安全	4870.19	4744.09	97.4	116.9
其中：武装警察	773.99	866.29	111.9	130.4
公安	2480.03	2354.89	95.0	114.4
教育	10946.63	10437.54	95.3	115.8
其中：普通教育	8662.20	8190.67	94.6	115.9
职业教育	903.55	908.88	100.6	121.9
科学技术	2647.83	2744.52	103.7	128.9
其中：基础研究	222.90	228.63	102.6	120.0
应用研究	827.90	810.59	97.9	101.7
文化体育与传媒	1248.07	1393.07	111.6	127.1
其中：文化	438.41	485.57	110.8	128.1
体育	237.27	238.26	100.4	116.1
社会保障和就业	8330.67	7606.68	91.3	111.8
其中：财政对社会保险基金的补助	2024.37	1776.73	87.8	108.9
补充全国社会保障基金	50.00	217.14	434.3	196.0
行政事业单位离退休	2141.36	2092.95	97.7	115.5
企业关闭破产补助	406.25	252.30	62.1	76.8
就业补助	502.71	511.31	101.7	123.3
抚恤	328.90	336.16	102.2	123.0
城市居民最低生活保障	516.46	517.85	100.3	125.8
自然灾害生活救助	433.01	122.82	28.4	34.4
保障性住房支出	669.38	725.97	108.5	313.3
医疗卫生	3415.61	3994.19	116.9	139.7
其中：医疗服务	570.60	741.54	130.0	154.1
医疗保障	1757.67	1892.21	107.7	133.1
疾病预防控制	287.85	293.36	101.9	123.3
农村卫生	258.89	395.37	152.7	182.3
环境保护	1745.67	1934.04	110.8	133.3
其中：自然生态保护	38.19	53.68	140.6	160.0
天然林保护	92.70	80.60	86.9	98.7
退耕还林	344.20	438.33	127.3	142.9
退牧还草	17.05	36.57	214.5	186.2
能源节约利用	170.00	196.98	115.9	126.6
可再生能源	102.00	59.01	57.9	131.8
城乡社区事务	4712.17	5107.66	108.4	128.5
其中：城乡社区规划与管理	117.37	106.89	91.1	108.8
城乡社区公共设施	2270.24	2549.79	112.3	125.7
农林水事务	5776.02	6720.41	116.4	140.8
其中：农业	2977.69	3826.91	128.5	154.0
林业	516.51	532.10	103.0	119.1
水利	1385.03	1519.64	109.7	135.4
扶贫	387.35	374.80	96.8	117.0

续表

农业综合开发	273.48	286.80	104.9	114.0
交通运输	4172.04	4647.59	111.4	173.6
其中：公路水路运输	960.85	2343.58	243.9	311.7
车辆购置税支出	962.00	1085.08	112.8	108.2
采掘电力信息等事务	2623.41	2879.12	109.7	111.3
粮油物资储备等事务	2509.20	2218.63	88.4	111.6
其中：粮油事务	1839.45	1106.46	60.2	71.4
商业流通事务	321.93	557.70	173.2	295.7
金融事务	466.19	911.19	195.5	82.8
地震灾后恢复重建支出	1180.00	1174.45	99.5	147.1
国债付息支出	1510.52	1491.28	98.7	106.2
预备费	1040.00			
其他支出	3976.11	3203.25	80.6	109.0
其中：住房改革支出	866.47	903.77	104.3	134.2
全国财政支出	76235.00	76299.93	100.1	121.9
地方财政结转下年支出		2122.24		146.8
安排中央预算稳定调节基金		101.13		52.7

四、2009年中央财政支出决算表

单位：亿元

项目	预算数	决算数	决算数为预算数的%	决算数为上年决算数的%
一、一般公共服务	1313.61	1326.65	101.0	109.2
中央本级支出	1013.86	1084.21	106.9	102.4
对地方转移支付	299.75	242.44	80.9	154.9
二、外交	268.93	249.72	92.9	104.4
中央本级支出	268.93	249.71	92.9	104.4
对地方转移支付		0.01		12.5
三、国防	4728.67	4829.85	102.1	117.8
中央本级支出	4722.51	4825.01	102.2	117.7
对地方转移支付	6.16	4.84	78.6	1008.3
四、公共安全	1161.31	1287.44	110.9	147.5
中央本级支出	732.60	845.79	115.5	130.4
对地方转移支付	428.71	441.65	103.0	196.8
五、教育	1980.62	1981.39	100.0	123.6
中央本级支出	623.27	567.62	91.1	115.5
对地方转移支付	1357.35	1413.77	104.2	127.1
六、科学技术	1461.03	1511.99	103.5	130.0
中央本级支出	1428.24	1433.82	100.4	133.1
对地方转移支付	32.79	78.17	238.4	91.0
七、文化体育与传媒	279.75	320.73	114.6	126.9
中央本级支出	142.28	154.75	108.8	110.1
对地方转移支付	137.47	165.98	120.7	147.9
八、社会保障和就业	3350.69	3296.67	98.4	120.2
中央本级支出	300.48	454.37	151.2	132.0
对地方转移支付	3050.21	2842.30	93.2	118.5
九、保障性住房支出	493.01	550.56	111.7	302.7
中央本级支出	31.38	26.43	84.2	371.7
对地方转移支付	461.63	524.13	113.5	299.9
十、医疗卫生	1180.56	1273.21	107.8	149.0
中央本级支出	56.28	63.50	112.8	117.7
对地方转移支付	1124.28	1209.71	107.6	151.1
十一、环境保护	1236.62	1151.81	93.1	110.7
中央本级支出	37.35	37.91	101.5	57.3
对地方转移支付	1199.27	1113.90	92.9	114.4
十二、城乡社区事务	3.95	95.62	2420.8	151.4
中央本级支出	3.65	3.91	107.1	54.2

续表

对地方转移支付	0.30	91.71	30570.0	163.9
十三、农林水事务	3446.59	3501.24	101.6	129.3
中央本级支出	303.40	318.70	105.0	99.4
对地方转移支付	3143.19	3182.54	101.3	133.3
十四、交通运输	1887.20	2179.50	115.5	138.7
中央本级支出	934.75	1069.22	114.4	105.9
对地方转移支付	952.45	1110.28	116.6	197.3
十五、采掘电力信息等事务	757.50	851.28	112.4	141.7
中央本级支出	489.36	508.23	103.9	111.5
对地方转移支付	268.14	343.05	127.9	236.9
十六、粮油物资储备等事务	1780.45	1722.64	96.8	156.8
中央本级支出	838.43	781.44	93.2	131.5
对地方转移支付	942.02	941.20	99.9	186.6
十七、金融事务	315.58	778.04	246.5	79.8
中央本级支出	315.58	778.04	246.5	79.8
十八、地震灾后恢复重建支出	970.00	969.99	100.0	161.7
中央本级支出	130.61	130.60	100.0	209.1
对地方转移支付	839.39	839.39	100.0	156.2
十九、国债付息支出	1371.85	1320.70	96.3	103.3
中央本级支出	1371.85	1320.70	96.3	103.3
二十、预备费	400.00			
廿一、其他支出	1688.39	869.88	51.5	155.3
中央本级支出	831.19	601.83	72.4	146.2
对地方转移支付	857.20	268.05	31.3	180.9
廿二、对地方税收返还	4934.19	4886.70	99.0	146.5
廿三、对地方一般性转移支付	8854.50	8863.97	100.1	106.5
中央财政支出	43865.00	43819.58	99.9	123.8
安排中央预算稳定调节基金		101.13		52.7

注：本表对地方一般性转移支付，加上“2009年中央对地方税收返还和转移支付决算表”中的一般公共服务、公共安全、教育、社会保障和就业、医疗卫生等一般性转移支付，等于“2009年中央对地方税收返还和转移支付决算表”中的一般性转移支付总额。

财政部公布2010年收支及拨款支出预算(附表)

关于财政部2010年收支预算总表的说明

按照预算管理有关规定，目前我国部门预算的编制实行综合预算制度，即全部收入和支出都反映在预算中，财政部机关、20个部属事业单位和35个驻各省、自治区、直辖市、计划单列市财政监察专员办事处的收支均包含在部门预算中。

一、收入科目

1.财政拨款，指中央财政当年拨付的资金。

2.行政单位预算外资金，指国家机关为履行政府职能，依据国家法律、法规和具有法律效力的规章而收取、提取和安排使用的未纳入国家预算管理的各种财政性资金。财政部目前没有此项收入。

3.事业收入，指事业单位开展专业业务活动及辅助活动所取得的收入。如中国财政杂志社的刊物发行收入，中国注册会计师协会、中国资产评估协会、中国国债协会、中国会计学会收取的会费收入，财政科学研究所招收研究生收取的学费收入等。

4.事业单位经营收入，指事业单位在专业业务活动及其辅助活动之外开展非独立核算经营活动取得的收入。如：中国财政杂志社对外开展经营活动取得的广告收入等。

5. 其他收入，指除上述财政拨款、行政单位预算外资金、事业收入、事业单位经营收入等以外的收入。主要是财政部机关和所属单位的固定资产处置收入、存款利息收入，以及为规范预算管理将单位往来款项、专项资金结余、待清理资金一次性纳入2010年部门预算使用的资金等。

6. 用事业基金弥补收支差额，指部属事业单位在预计用当年"财政拨款"、"事业收入"、"事业单位经营收入"、"其他收入"不足以安排支出的情况下，使用以前年度积累的事业基金(事业单位当年收入和支出相抵后按国家规定提取，用于弥补以后年度收支差额的基金)弥补本年度收支缺口的资金。

7. 上年结转，指以前年度尚未完成、结转到本年仍按原规定用途继续使用的资金等。

一、财政部2010年收支预算总表

单位：万元

收入		支 出	
项目	预算数	项目	预算数
一、财政拨款	165491.15	一、一般公共服务	149714.25
二、行政单位预算外资金		二、外交	77814.71
三、事业收入	20290.59	三、文化体育与传媒	6055.00
四、事业单位经营收入	3880.78	四、社会保障和就业	3699.84
五、其他收入	11773.20	五、农林水事务	1623.73
		六、地震灾后恢复重建支出	120.00
		七、住房保障支出	6096.53
本年收入合计	201435.72	本年支出合计	245124.06
用事业基金弥补收支差额	1556.28	结转下年	244.54
上年结转	42376.60		
收入总计	245368.60	支出总计	245368.60

二、支出科目

1. 一般公共服务，包括部属行政单位和事业单位的基本支出以及财政国库集中收付银行代理费、财政专项检查费、"金财工程"和信息化建设等财政管理方面的项目支出。

2. 外交，包括财政部以我国政府或财政部名义，向国际组织的认捐支出，按国际组织规定缴纳的会费，按章程或协定规定向国际组织缴纳的股本金或基金，以及参加多边和双边对外财经交流活动等方面的支出。如2010年财政部向世界银行交纳人民币股本金50000万元，向亚洲开发银行交纳第五次普遍增资捐款12056万元等。

3. 文化体育与传媒，指用于纳入财政部部门预算管理的部属事业单位中国财政杂志社用自身的事业收入和经营收入安排的支出。

4. 社会保障和就业，指反映政府在社会保障与就业方面的支出，主要是离退休职工工资及管理方面的支出。

5. 农林水事务，指用于纳入财政部部门预算管理的部属事业单位国家农业综合开发评审中心等的支出。

6. 地震灾后恢复重建，指用于派驻地震灾区部属单位的灾后恢复重建支出。

7. 住房保障支出，指用于部机关及部属单位按照国家政策规定为职工发放的住房公积金、提租补贴、购房补贴等支出。

8. 结转下年，指以前年度预算安排、因客观条件发生变化无法按原计划实施，需延迟到以后年度按原规定用途继续使用的资金。

关于财政部2010年财政拨款支出预算表的说明

本表按支出功能分类科目编制，反映财政部年度部门预算中财政拨款支出的总体情况，按照基本支出和项目支出划分。

基本支出，是用于保障财政部机关、部属财政补助事业单位和财政部驻各地财政监察专员办事处等机构正常运转的日常支出，包括基本工资、津贴补贴等人员经费以及办公费、印刷费、水电费、办公设备购置等日常公用经费。

项目支出，是用于保障财政部机关、部属财政补助事业单位和财政部驻各地财政监察专员办事处等机构为完成特定的行政工作任务或事业发展目标，用于专项业务工作的经费支出。如财政国库集中收付银行代理费、"金财工程"建设等项目支出。

财政部2010年财政拨款支出预算表

单位：万元

科目编码	科 目	合 计	基本支出	项目支出
201	一般公共服务	81491.42	38482.77	43008.65
20106	财政事务	81491.42	38482.77	43008.65
202	外交	76975.96		76975.96
20204	国际组织	75733.08		75733.08
20205	对外合作与交流	1242.88		1242.88
208	社会保障和就业	2388.04	2388.04	
20805	行政事业单位离退休	2388.04	2388.04	
213	农林水事务	1240.73	165.21	1075.52
21306	农业综合开发	1240.73	165.21	1075.52
218	地震灾后恢复重建支出	120.00		120.00
21806	党政机关恢复重建	120.00		120.00
221	住房保障支出	3275.00	3275.00	
22102	住房改革支出	3275.00	3275.00	
	合 计	165491.15	44311.02	121180.13

财政部2010年工作要点

根据党中央、国务院关于2010年工作部署，2010年财政工作的总体要求是：认真贯彻党的十七大、十七届三中、四中全会以及中央经济工作会议精神，以邓小平理论和“三个代表”重要思想为指导，深入贯彻落实科学发展观，继续实施积极的财政政策，着力调整国民收入分配格局，推进财税制度改革，优化财政支出结构，加大对“三农”、教育、科技、医疗卫生、社会保障、保障性住房、节能减排以及欠发达地区的支持力度，促进经济增长、结构调整、地区协调和城乡统筹发展，切实保障和改善民生。坚持依法理财和统筹兼顾、增收节支的方针，加强财政科学管理，从严控制一般性支出，提高财政资金使用效益，促进经济社会又好又快发展。

具体工作有以下九个方面三十七项重点：

一、积极扩大国内需求促进经济平稳较快增长

1.支持提高城乡居民收入，扩大居民消费需求。继续实施更加积极的就业政策，支持落实最低工资制度，促进提高低收入者劳动报酬。加大财政投入，积极运用财税政策工具，完善社会保障体系，提高农民收入、城乡居民最低生活保障水平、部分优抚对象待遇和企业退休人员基本养老金。支持义务教育学校、公共卫生和基层医疗卫生事业单位实施绩效工资。健全家电下乡政策，扩大补贴对象范围，增加补贴品种，大幅提高补贴产品最高限价并实行最高限额补贴办法。完善汽车摩托车下乡以及家电、汽车以旧换新政策，提高汽车以旧换新补贴标准。

2.安排使用好政府公共投资，着力优化投资结构。重点支持保障性住房、农村基础设施、教育医疗卫生等社会事业、节能环保和生态建设，以及自主创新、结构调整等领域和欠发达地区。资金安排主要用于项目续建和收尾，避免“半拉子工程”，严格控制新上项目，防止重复建设。对地方建设项目更多地采用切块下达的方式。按照汶川地震灾后恢复重建总体规划，支持地震灾区恢复重建。改进地方政府债券管理方式。扩大政府公共投资“以奖代补”范围，带动社会投资。

3.落实结构性减税政策，引导企业投资和居民消费。巩固增值税转型以及成品油税费改革成果。对部分小型微利企业实施所得税优惠政策。对1.6升及以下排量乘用车暂减按7.5%征收车辆购置税。继续落实各项税费减免政策，清理到期的税收减免政策。严格行政事业性

收费和政府性基金项目的审批管理。

二、切实推进区域协调发展和经济结构调整

4. 加快区域协调发展。认真落实推进西部大开发、振兴东北地区等老工业基地、促进中部地区崛起、支持东部地区率先发展等推动区域协调发展的各项财税政策。结合主体功能区建设，加大对三江源、南水北调、天然林保护等生态功能区的转移支付力度，建立完善生态功能区转移支付制度。积极扶持革命老区、民族地区、边疆地区、贫困地区加快发展。完善民族地区转移支付办法，加大对民族地区的支持力度，促进民族地区经济社会发展。继续实施资源枯竭城市转移支付制度。增加对地方均衡性转移支付规模，提高财力薄弱地区落实各项民生政策的保障能力。

5. 大力支持科技创新。加快实施科技重大专项，大力支持基础研究、前沿技术研究、社会公益研究和重大共性关键技术研究开发。推动国家（重点）实验室建设，支持公益性科研机构等的科研能力和条件建设。结合重点产业调整振兴规划，促进重点行业企业改革发展。推进科研装备自主研制试点。研究设立国产首台（套）装备补助专项资金。创新科技投入方式，推动产学研用有机结合，提高科技发展能力。扩大产业研发资金参股地方创业投资基金试点。完善促进企业自主创新的股权激励政策，健全有利于科技成果产业化的分配制度。促进外经贸结构调整，提高出口产品附加值，推动发展服务贸易，尤其是服务外包产业发展，支持外经贸区域协调发展。支持重要能源、资源、原材料以及关键设备和零部件进口，引进先进技术，严格控制“两高一资”产品出口。继续实施“走出去”发展战略，进一步推进对外经济技术合作。扩大中小企业发展专项资金规模，支持建立完善中小企业公共服务体系和金融服务体系，引导社会资金促进中小企业发展。

6. 积极推进节能减排。促进开发低碳技术。大力支持十大重点节能工程建设，扎实做好节能技术改造、淘汰落后产能、建筑节能等工作。进一步推进重点行业和企业节能减排、清洁生产，发展循环经济。实施矿山地质环境恢复治理重点工程，支持开展矿产资源节约与综合利用。加大高效照明产品推广力度，重点向农村倾斜。扩大节能产品惠民工程实施范围。加快实施重点减排项目，推进城镇污水处理设施配套管网建设。全面推进矿产资源有偿使用制度改革。健全排污权交易制度，扩大排污权交易试点。继续实施促进节能减排的政府采购政策。加强重金属污染治理，加大三河三湖及松花江等重点流域环境保护力度，开展跨省流域水环境生态补偿试点。增加农村环境保护资金投入，加大“以奖促治”政策实施力度。支持林业重点工程和草原生态建设，巩固退耕还林、退牧还草成果。充分利用中国清洁发展机制基金，支持实施《应对气候变化国家方案》，创新市场减排机制，推动低碳发展。

三、完善强农惠农政策促进城乡统筹发展

7. 稳定发展农业生产。建立健全财政支农资金稳定增长机制，政府公共投资、土地出让收入等要向农业农村倾斜，提高支农资金使用的规模效益。支持建立健全农村金融服务体系，引导农村信贷投放。研究完善政府引导、市场化运作的农业保险制度，探索建立农业再保险和巨灾风险分散机制。支持实施新增千亿斤粮食生产能力建设规划。建立健全粮食主产区利益补偿制度，完善粮食风险基金政策，加大对产粮（油）大县和生猪、奶牛养殖大县的扶持。促进农业科技进步，完善基层农技推广体系。加强农业综合开发，以粮食主产区为重点加快中低产田改造和高标准农田示范工程建设。完善贷款贴息和补助等方式，推动农业产业化经营和现代农业建设，积极推动优势特色产业发展。扩大小型农田水利重点县建设范围，全面完成大中型水库除险加固任务，加快推进重点小型病险水库除险加固及重点地区中小河流治理，推进大中型灌区续建配套节水改造等重点工程以及农村电网改造等基础设施建设。加大涉农资金整合和统筹力度，提高支农资金使用效益。

8. 促进增加农民收入。继续增加涉农补贴规模，完善补贴政策。落实农资综合补贴动态调整机制。健全农作物良种补贴和农机具购置补贴制度，规范补贴程序，突出补贴重点，改进管理办法。启动青稞良种补贴，推进花生良种补贴试点并逐步完善实施办法。支持提高主要粮食品种最低收购价水平。加强农民培训和农民专业合作组织发展。推进农村扶贫开发，提高农村贫困地区和贫困农民自我发展的能力。继续实施农作物保险保费补贴、原料奶收购贷款贴息等优惠政策。

9. 推进农村综合改革和社会事业加快发展。加快乡镇机构改革。完善村级组织运转经费保障机制。全面

推开农村义务教育债务清理化解工作，逐步扩大清理化解其他公益性乡村债务试点范围。开展城乡一体化综合改革试点，完善促进县域经济和小城镇发展的公共财政制度。健全村级公益事业建设一事一议财政奖补制度，促进建立农村公益事业投入机制。深化集体林权制度改革。全面启动国有林场改革。推进国有农场分离办社会职能改革试点。促进农村教育、社会保障、医疗卫生、文化等社会事业发展。

四、优化财政支出结构保障和改善民生

10.促进教育优先发展。健全投入机制，改善办学条件，促进教育公平。贯彻落实国家中长期教育改革和发展规划纲要。进一步完善农村义务教育经费保障机制。落实免除城市义务教育阶段学生学杂费政策，支持解决好进城务工人员子女平等接受义务教育问题。实施好中等职业学校农村家庭经济困难学生和涉农专业学生免学费政策。支持推进全国中小学校舍安全工程。加大农村教师培养培训支持力度，推动教育信息化和优质教育资源共享。认真落实普通本科高校、高等和中等职业学校家庭经济困难学生资助政策，大力推动生源地信用助学贷款。继续实施“985工程”，支持推进“211工程”，促进地方高校特别是中西部高校发展等，提高高等教育质量。探索建立控制高校财务风险的长效机制。

11.完善社会保障制度。扎实做好新型农村社会养老保险试点，试点范围扩大到23%的县。积极稳妥推进事业单位养老保险改革试点。实施城镇职工基本养老保险关系转移接续暂行办法，巩固企业职工基本养老保险省级统筹制度。健全失业保险制度，继续做好东部地区扩大失业保险基金支出范围试点。进一步完善城乡低保制度，建立与物价变动相适应的城乡低保标准动态调整机制。适时调整优抚对象等人员抚恤和生活补助标准。按2009年月人均基本养老金的10%左右继续提高企业退休人员基本养老金水平。继续做好国有企业政策性关闭破产工作，研究解决国有企业历史遗留问题。

12.积极促进就业再就业。将2009年到期的有关就业扶持政策再延长一年，并根据就业形势变化调整完善，促进解决失业人员、农村转移劳动力、困难群体的就业问题，保持就业局势基本稳定。鼓励普通高校毕业生到中小企业、基层和中西部地区就业，促进劳动者自谋职业和自主创业。支持加强职业技能培训和公共就业服务，大力开发公益性就业岗位，加大对就业困难人员和零就业家庭的就业援助力度。切实做好退伍转业军人就业安置工作。

13.深化医药卫生体制改革。完善新型农村合作医疗制度和城镇居民基本医疗保险制度，进一步提高参保率，并将各级财政补助标准提高到每人每年120元。健全城乡基本公共卫生服务经费保障机制，推进绩效考核和政府购买公共卫生服务，支持实施国家免疫规划等重大公共卫生项目。推进基层医疗卫生机构综合改革，健全基层医疗卫生服务体系。支持将国家基本药物制度覆盖到60%的政府办基层医疗卫生机构。促进公立医院管理体制和运行机制改革，完善公立医院补偿机制。继续做好关闭破产企业退休人员及困难企业职工等参加基本医疗保险工作。加大城乡医疗救助支持力度。促进中医药事业发展。努力保障防控甲型H1N1流感所需经费。

14.加快保障性住房建设。继续推进廉租住房保障、农村危房改造、游牧民定居工程以及城市、林区、垦区、煤矿等棚户区改造工作。按照规定积极筹措资金，并确保资金按规定用途专款专用。落实好支持保障性住房建设的税收优惠和收费基金减免政策。针对保障性住房建设中存在的问题，积极配合有关主管部门完善制度和政策，切实解决好低收入家庭的住房困难问题。认真做好住房公积金支持保障性住房建设的相关工作，防范可能出现的财政风险。

15.支持文化事业和文化产业发展。继续支持博物馆、纪念馆免费开放。推进实施全国文化信息资源共享工程、农村电影放映、农家书屋和乡镇文化站建设等重点文化惠民工程。加强文化遗产保护。强化新闻媒体传播能力建设。落实扶持文化产业发展的财税优惠政策。积极支持文化体制改革，重点推进中央各部门（单位）148家经营性出版社转企改制。

16.积极支持国防和部队建设。继续支持推进中国特色军事变革，提高军队应对多重安全威胁、完成多样化军事任务的能力，加快军队机械化和信息化复合发展等。支持国防科技工业核心技术能力建设。支持武警部队现代化建设，增强履行职责能力。支持国防动员建设。

17.促进公共安全。进一步深化政法经费保障体制改革。制定政法部门装备配备标准，进一步完善资金分配和管理制度，加强绩效考评工作，制定绩效考评办法。

支持加大食品药品质量安全和企业安全生产监管力度。保障防灾减灾和灾害应急救援体系建设。

五、完善有利于科学发展的财税体制机制

18.建立健全有机衔接的政府预算体系。进一步科学划分公共财政预算、政府性基金预算、国有资本经营预算、社会保险基金预算收支范围，并不断完善相关操作办法。全面编制中央和地方政府性基金预算，细化预算编制内容。逐步扩大国有资本经营预算试行范围，研究提高中央企业税后利润上交比例，完善国有资本经营预算支出政策体系，推动地方国有资本经营预算工作。积极稳妥试编社会保险基金预算。

19.深化预算管理制度改革。全面推进县级部门预算改革。进一步完善国库单一账户体系。加快国库集中收付制度改革，力争2010年，全国所有省份都实现财税库银税收收入电子缴库横向联网，地方各级执收单位全部实施非税收入收缴管理改革；深化中央专项转移支付资金国库集中支付改革，加快会计集中核算向国库集中支付制度转轨工作进度。建立健全覆盖各级财政的预算执行动态监控机制。推进政府采购制度改革，完善监管和运行机制。继续推进公务卡管理改革。

20.健全中央和地方财力与事权相匹配的体制。完善财政转移支付制度，加大一般性转移支付力度，完善均衡性转移支付办法。健全省以下财政体制，完善县级基本财力保障机制，为基层财政“保工资、保运转、保民生”提供基本财力保障。全面推进省直管县财政管理方式改革，健全乡财县管乡用办法。

21.改革完善税收制度。适时出台资源税改革方案，促进资源节约和环境保护。统一内外资企业和个人城建税、教育费附加制度，公平税收负担。完善消费税制度。做好增值税转型后续工作，进一步完善增值税制度。落实成品油税费改革各项措施。健全企业所得税法相关配套政策。完善房产税制度。

22.积极支持收入分配等改革。以提高低收入者收入水平为着力点，充分发挥市场对初次分配的基础性调节作用，更加注重发挥政府再分配的调节作用，进一步调整国民收入分配格局。推动国有企业工资总额管理办法改革，完善企业补充养老保险财务政策。支持重点国有金融机构改革和金融国有资产管理制度建设。积极深化商业金融机构改革，推动政策性金融机构健全管理机制，推进资产管理公司商业化转型。支持能源、资源、农产品等基础产品价格机制改革。

六、大力推进财政科学化精细化管理

23.健全财政法律制度体系。推进修订预算法及其实施条例和注册会计师法。做好增值税法、车船税法、耕地占用税法等财税法律的相关立法工作。积极推动财政转移支付管理暂行条例、政府采购法实施条例、国有资本经营预算条例、财政资金支付条例、政府非税收入管理条例、金融企业国有资产监督管理条例等行政法规的立法进程。严格财政规章和规范性文件管理制度。认真做好财政行政复议工作。完善财政行政审批程序，进一步清理行政审批事项。

24.强化预算管理。继续完善政府收支分类体系。规范预算编制程序，提前编制预算，细化预算内容，减少代编预算规模，提高年初预算到位率，严格部门预算管理。深入推进预算编制与行政事业单位资产管理有机结合，研究制定行政事业单位资产配置和更新标准。积极发挥财政投资评审服务项目支出预算管理的作用。狠抓预算执行管理，建立健全支出进度通报制度，强化部门预算责任，加快预算支出进度，加强分析和动态监控，完善评价体系，增强预算执行的均衡性。加强部门预算专项结转和结余资金统筹使用。强化国库资金调度管理。扩大中央国库现金管理商业银行定期存款操作规模，积极推进地方国库现金管理。推进各类资金整合，增强资金的规模效应。加强预算编制与预算执行的衔接配合，健全预决算相互促进机制。

25.狠抓增收节支。大力支持税务、海关部门依法加强税收征管，严格控制减免税，制止和纠正越权减免税收，严厉打击利用假发票等手段偷骗税违法活动，确保应收尽收，努力实现财政收入稳定增长。按照强化税收、清理收费的原则，严格非税收入管理，在全国范围内将预算外资金纳入预算管理，建立健全非税收入政策体系。保障重点支出需要，压缩一般性支出。在根据部门编制内增人增支和公用经费正常增长情况核定部门公用经费的基础上，中央部门公用经费统一压缩5%，项目支出原则上按零增长控制，出国（境）经费、车辆购置及运行费、公务接待费支出，不得超过2009年压缩三项经费后的规模。严格控制党政机关楼堂馆所建设，严禁超标准装修。牢记“两个务必”，牢固树立过紧日子的

思想，严肃财经纪律，坚决反对大手大脚花钱和铺张浪费行为。

26.推进基础管理工作和基层建设。建立完善部门基础信息数据库，逐步实现对本级行政事业单位机构、编制、人员、资产、经费类型等数据的动态管理。加强中央部门人员信息数据库建设，建立健全人员编制管理与财政预算管理相互制约的工作机制。全面实施行政事业单位资产管理信息系统和统计报表制度，加强行政事业单位国有资产管理。完善基本支出定员定额标准体系，扩大试点范围，推进实物费用定额与定员定额有机结合。加强项目支出定额标准体系建设。着力推进通用定额标准建设进度，适时启动一批专用定额标准建设项目。强化项目库建设，建立重大项目支出事前评审机制，研究项目滚动预算编制。推进政府会计改革,试编以权责发生制为基础的政府财务报告。健全政府财政统计报告制度,完善年度政府收支统计指标体系。发布实施医院、高校等事业单位会计制度。全面修订《事业单位会计准则》。加强乡镇财政建设，合理界定和充实乡镇财政职能，充分发挥县乡基层财政就近实施监管的优势。通过建立台账、抽查巡查、健全管理制度等方式，强化对本级和上级财政安排的资金以及其他部门和渠道下达的财政资金的监管，对项目实施监督检查、跟踪问效和信息反馈制度，切实保障各项涉农惠民政策落到实处。推进“村财乡代管”试点。

27.强化财政监督。继续开展重大财税政策实施情况专项检查调研，保障中央宏观调控政策的有效落实。重点加强对政府投资的监督检查，进一步强化事前和事中监督，坚决查处财政违法行为。充分发挥专员办就地监管优势，确立专员办对驻地中央基层预算单位的监管主体地位，明确专员办对中央基层预算单位预算、财务、资产等实施综合监管的责任义务、方式程序等，逐步实现中央财政对中央基层预算单位的监管全覆盖。积极开展上下联动监管，推进建立健全覆盖所有政府性资金和财政运行全过程的监督机制。切实推进预算支出绩效评价，探索建立绩效评价结果公开机制和有效的问责机制。自觉接受人大、审计监督，扩大报送全国人大审议预算的部门范围，逐步细化报送内容。积极推动部门预算公开和省以下预算公开工作，抓紧制定指导性意见，逐步建立系统、规范的预算公开机制。发布会计准则持续趋同路线图。制定小企业会计准则和全国统一的产品成本核算制度。完善企业会计准则体系并扩大实施范围。修订发布中国注册会计师审计准则体系，实现与国际审计准则的持续全面趋同。建立企业财务管理评估制度，大力推进企业内部控制规范建设。全面贯彻落实《国务院转发财政部关于加快发展我国注册会计师行业的若干意见》，稳步推进内地会计师事务所从事H股审计业务试点工作。抓紧落实《关于推进我国会计信息化工作的指导意见》。严格注册会计师、资产评估师行业管理，加强对企业和行政事业单位财务管理、会计信息质量、会计师事务所和资产评估机构执业质量的监督。全面实施会计人才战略。继续下大力气抓好“小金库”专项治理工作。积极推进社会团体、国有及国有控股企业“小金库”治理，深入开展党政机关和事业单位“小金库”治理，加强对中央单位特别是中央垂直管理单位、执收执罚权比较集中部门的监督检查，着力研究建立完善防治“小金库”的长效机制。

28.加强债务管理。夯实政府性债务管理基础，有效防范和化解潜在财政风险，促进财政可持续发展。建立地方政府及其融资平台公司债务管理信息系统和统计报告制度，加强会计核算管理，逐步实现对地方政府及其融资平台公司债务的动态监控。对地方政府举债与融资平台公司融资实行分类管理，研究建立地方政府债务规模限额管理和风险预警机制，对地方政府债务收支逐步实行预算管理。强化对地方外债指标监测和风险管理。

29.积极推进财政管理信息化建设。紧紧围绕预算编制、预算执行和财政监督等关键环节，提升信息化对科学化精细化管理的保障能力。全力推广实施金财工程应用支撑平台，在省级成功应用的基础上，2010年年底前基本完成在地市级财政部门的推广实施。加大财政业务基础数据规范和技术标准执行力度，基于应用支撑平台构建一体化管理系统，进一步规范信息管理系统建设。完善网络基础设施建设，强化信息安全保障体系建设，加快建立运行维护体系。抓好数据中心建设，深化信息资源开发与利用。

30.积极做好财政“十二五”规划编制工作。在回顾和总结“十一五”时期财政改革发展情况的基础上，研究分析“十二五”时期宏观经济的基本走势，测算财政收支的主要指标，明确财政改革发展的主要目标和任务，提出相应的政策措施建议，形成财政“十二五”规划框架。起草财政“十二五”规划草案。广泛征求各地区、相关部门的意见，编制形成《2011-2015年国家财政发展规划报告》。

七、深化财经对外交流与合作

31. 深入开展多边、双边财经交流与合作。充分利用多边财经对话平台，积极参与国际政策对话与经济规则制定，妥善处理与主要发达国家关系，深化与发展中大国的沟通协调。积极参与金融稳定理事会工作，改革完善国际金融监管体系。切实推进国际金融机构治理结构改革，推动世界银行实现向发展中国家和转轨国家转移投票权的具体目标。深化区域经济合作，维护区域经济金融稳定，推动区域经济一体化进程。做好中美战略与经济对话等双边对话，以及与有关国家的财长互访等工作，加强与主要经济体财经政策的沟通协调。积极参与联合国气候变化有关谈判，维护发展权益。积极参与世界贸易组织多哈回合谈判，维护公平贸易环境。继续实施自由贸易区发展战略，稳步推进双边和区域贸易谈判。完善国际税收对话机制，深化国际税收合作与交流，推动建立公平公正透明的国际税收环境。做好我国加入政府采购协议谈判相关工作。启动中美会计准则等效谈判，积极推进中欧会计准则持续等效和审计公共监管等效工作。推进与国际金融组织的知识合作，并向地方转移。

32. 加强国际金融组织和外国政府贷款管理。积极筹措和有效使用国际金融组织和外国政府贷（赠）款。制定完善国际金融组织贷赠款财务管理、外国政府贷款采购工作管理等办法。结合国家宏观经济政策导向，把好贷款项目立项关和评审关，有效利用国际金融组织和外国政府贷款。加强监督管理，提高项目管理水平和资金使用效益。做好项目绩效评价工作，推动评价结果运用。做好主权信用评级工作。积极争取并有效利用技援项目。

八、加强财政系统自身建设

33. 切实加强财政干部队伍建设。认真贯彻党的十七届四中全会精神，继续巩固学习实践科学发展观活动成果，大力推进财政系统党的建设。加强领导班子建设，完善党组中心组学习制度，坚持民主集中制，进一步健全领导班子议事规则，规范决策程序。按照中央关于大规模培训干部和建设学习型机关的要求，加强干部教育培训工作，全面提高干部政治素质、业务能力和职业道德。认真落实深化干部人事制度改革规划纲要，逐步形成广纳群贤、人尽其才、能上能下、公平公正、充满活力的干部人事机制。坚持“为国理财、为民服务”财政工作宗旨，学习沈浩等先进人物事迹，广泛开展“薪火相传、开拓创新”活动，深入基层、联系群众、求真务实、艰苦奋斗，以高度的责任心和无私奉献精神，努力做好各项财政工作。加强反腐倡廉建设。坚决落实中央《建立健全惩治和预防腐败体系2008-2012年工作规划》有关要求，认真组织实施和严格执行《中国共产党党员领导干部廉洁从政若干准则》，加强廉洁从政教育、警示教育和领导干部廉洁自律，推进廉政文化建设。严格执行党风廉政建设责任制，加强反腐倡廉制度创新，推行党员领导干部问责制，完善财政部门党员领导干部报告个人有关事项制度，整顿和规范在职及离退休领导干部在企业和各类学会、协会、基金会任职行为。加大查处违法违纪案件工作力度。进一步推进“权力梳理、监督定位、流程规范”工作，完善巡视制度。深入开展会计师事务所学习实践活动，实现党的组织和党的工作在注册会计师行业全覆盖，进一步理顺党组织关系，建立健全行业党建工作制度，构建行业党建长效机制，增强影响力。加强会计、评估行业党建工作。

34. 强化机关事务管理和服务保障。健全内部各项管理制度，保障机关正常安全运转。进一步规范办公用房和职工住房管理，积极推进房改工作和基建项目顺利开展。做好资产管理和综合性服务工作。积极推动机关节能减排，建设节约型机关。加强会议和财务管理。做好离退休干部工作。

九、加强新闻宣传、政务公开等工作

35. 加强财政新闻宣传工作。围绕财政中心任务，完善财政宣传协调机制和新闻发布制度，把握正确舆论导向，创新宣传方式，统筹运用报刊、电视、广播、网络等媒体，及时全面准确宣传财政政策和财政工作。加强财政热点敏感问题的舆论引导，主动解疑释惑，及时回应社会关切，积极争取社会各界更多的理解和支持，努力为财政改革与发展营造良好的舆论环境。

36. 加强财政政务公开工作。认真落实《政府信息公开条例》，按照以公开为原则、以不公开为例外的要求，积极推进财政政务公开，便于社会各方面监督。

37. 加强督查督办。在做好日常督办的同时，加大对重点工作落实进展情况的督查督办力度，确保各项工作按要求有条不紊地向前推进。

中国银行业的现状 挑战及未来展望

英国《金融时报》高端论坛

中国银监会纪委书记 王华庆 2010年9月16日

很高兴出席本次英国《金融时报》高端论坛。下面我就中国银行业的现状、挑战及未来谈几点看法。

一、中国银行业改革发展的“三大成就”

一是银行业整体竞争力显著提升。截至2010年6月末，银行业金融机构资产总额87.2万亿元，负债总额82.3万亿元，分别是2003年银监会刚成立之时资产和负债总额的3.2倍和3.1倍，全部商业银行加权平均资本充足率从2003年的-2.98%上升到今年二季度末的11.1%，拨备覆盖率也大幅增长至186%。2010年英国《银行家》杂志全球前1000家银行排名中，来自中国的银行从1989年的只有8家上榜增加至84家。

二是银行业公司治理和风险管理明显改善。价值意识、资本约束意识、风险管理意识和品牌意识深入人心，经济资本、经济增加值和经风险调整后的资本回报等先进管理方法得到重视和应用。银行业公司治理基本框架已建立并不断完善，风险管理组织体系的独立性和专业性持续增强，业务操作流程不断优化。部分商业银行已经开始按照巴塞尔新资本协议的要求开发内部评级法系统。银行业金融机构积极响应银监会的倡导，主动改变业务流程和组织架构，努力满足小企业多样化、个性化和“三农”发展的融资需求，创新金融产品和金融服务，业务功能也大大扩展。

三是银行业审慎监管框架逐步成熟。近年来，银监会建立了包括资本充足率、拨备覆盖率、杠杆率、大额风险集中度比例控制、流动性比率等在内的全面风险监管指标体系，探索实施宏观审慎监管，提出了逆周期资本监管和动态拨备的监管框架，强化银行信贷市场和资本市场的防火墙，加强股东监管和关联关系控制和利益冲突监管，提出了房贷比率控制等一系列简单、透明、有效的监管政策。出台了 “三个办法、一个指引”，对贷款风险管理和支付流程进行了革命性改革。银监会成为巴塞尔银行监管委员会和金融稳定理事会正式成员，综合并表监管能力也逐步得到国际认可。

二、中国银行业发展当前面临的“三大挑战”

一是国内外宏观经济形势仍存在诸多不确定性。欧洲主权债务危机风险还在蔓延，欧洲主要国家的财政平衡政策可能使本已十分脆弱的经济复苏重新陷入疲弱状态，全球经济复苏的内生动力仍然不足。国内实体经济虽然企稳向好趋势明显，但仍存在下行风险。出口环境仍不理想，全球贸易景气度仍在低位徘徊，国际贸易保护主义有抬头的趋势，原材料价格和劳动力成本上升也将削弱我国产品的国际竞争力。一些地方新上投资项目仍在快速增长，部分产业产能过剩现象突出，经济发展方式转变、经济结构调整和节能减排任务艰巨。

二是地方政府代偿性风险还比较突出。据银行业6月末自查初步数据显示，地方政府平台公司贷款余额大约为7万多亿，2009年同比增长了一倍，很多贷款项目都是应对金融危机期间发放的，贷款主体合规性、地方政府担保合法性、贷款项目的现金流和担保方式存在一些问题，地方财政代偿性风险引起了各方的关注。应该说，这些平台公司对于推进中国城市化进程，对于应对全球经济危机、启动内需都发挥了积极的作用。去年下半年以来，银监会按照“逐包打开、逐笔核对、重新评估、整改保全”的要求，开展了平台公司贷款的自查和清理。在严控新项目贷款风险的基础上，督促银行开展项目合规性的再评估，落实第一、第二还款来源，做实抵质押和担保管理，年底前重新分类，相应提足拨备，做好坏账核销。从目前初步掌握的情况看，平台公司贷款风险总体上是可控的。但长期来看，如何控制地方政府财政风险向银行体系转移，如何完善地方政府举债模式和基础设施建设投融资模式，是银行业风险管理的一个重要课题。

三是房地产价格大幅波动和产业结构调整带来的信贷风险。2005年以来，中国房地产市场出现了迅猛的发展，主要城市出现了房价上涨过快、价格虚高的现象。近几年来，国务院陆续出台了多项房地产市场调控政策，今年1月和4月，国务院又出台了调控房地产市场的“国十一条”和“新国十条”，启动了新一轮的房地产调控新政。为落实国务院房地产调控政策，防范房贷风险，近几年来银监会相继出台了“二套房”政策、完善了土地和在建工程抵押政策、督促银行实行房地产授信名单式管理，开展了房地产信贷以及和房地产紧密相关的钢铁、水泥、建材等行业信贷的压力测试。虽然中国不会出现美国式的“次贷”危机，但房地产信贷质量将直接影响商业银行的不良率和风险水平。除了房地产外，最近几年来国务院连续出台了多项产业结构调整政策，严控“高耗能、高排放”产业发展，淘汰落后产能，防止产能过剩。一方面，产业结构调整的风险将直接反映在商业银行资产负债表上，上世纪八九十年代我们有过这样的教训。另一方面，从产业结构优化是我国经济可持续发展的根本，也是银行业长远发展的依托。所以在这个过程中，银行业既要防范信贷风险，也要运用信贷资源大力支持新兴产业和产业升级。这些都是时代任务和历史责任，也是对银行业信贷风险管理水平和能力的考验。

三、中国银行业发展的“三个展望”

一是中国银行业将更加具有竞争力。中国经济结构将更加优化，政府宏观调控能力继续提升，中国宏观经济仍将保持6-8%高速增长，中国银行业将继续得益于宏观经济的高速增长。由于外部环境的改变，中国银行业将实施更加多元化的经营战略。利率市场化的进程将会加速，存贷款利差将会缩窄，传统的“吃利差”的盈利模式将难以为继。2009年全球银行业1000强中，中国银行业资本占9%，但盈利却占到了25%，这种局面将会改变。一方面，大型、复杂的银行将更深入地参与国际竞争，实施“走出去”战略；另一方面，中小商业银行将选择更加多元化的经营战略，零售银行、中小企业银行、资金交易银行、社区银行等战略鲜明的银行将会越来越多。同时，中国经济的二元结构决定了还需要众多的、有效的农村信用社、村镇银行等中小型金融机构立足县域、服务三农，努力提高金融服务的覆盖面和有效性。

二是银行业资本补充和资本约束将不断加强。从上世纪90年代开始，中国国有商业银行完成了不良资产的政策性剥离、政府注资、财务重组、股份制改造和公开上市等重大部署。从2005年开始，我国商业银行经历了两轮集中的资本补充。第一轮是集中公开上市，第二轮是最近两年为应对信贷资产高速增长，在监管资本约束下的集体资本补充。资本补充的周期性一方面说明监管资本约束在商业银行得到了很好的传导，另一方面也说明商业银行资本管理和资本规划的水平还有待提高。未来十年，银行信贷的间接融资渠道仍将占主导地位，国民经济的高速增长仍然有大量的信贷需求，资本补充规划将成为银行董事会的一项重要任务。银监会一直高度重视资本监管，积极推动商业银行实施巴塞尔新资本协议。最近几年来要求商业银行在最低资本充足率8%基础上，还要计提逆周期附加资本和系统重要性附加资本，大型银行和中小银行资本充足率分别不低于11.5%和10%。同时，要求商业银行拨备覆盖率达到150%以上，还准备引进动态拨备和杠杆率，作为资本监管的重要补充。资本和拨备作为抵补不可预期风险和可预期风险的核心工具这一理念得到了商业银行的广泛认同。9月12日，巴塞尔委员会公布了最新的全球最低资本标准，要求将商业银行核心一级资本（普通股和留存收益）的最低要求从原来的2%提高到4.5%，同时新增要求商业银行持有2.5%的资本留存超额资本作为应对将来可能出现困难的缓冲。上述两项加总，使得核心一级资本要求达到7%，这反映了国际社会对加强资本监管的共识和决心，也反映了巴塞尔委员会对银行自营交易、衍生品和资产证券化等银行活动提出更高资本要求的态度。目前，我国商业银行一级资本将近占资本的80%，主要为普通股和留存收益的核心一级资本，总体情况是好的。我们进行的定量测算也表明，新的资本协议对我国当前银行业的资本补充不会形成直接的冲击。如何引导商业银行建立资本约束和资本补充机制，是监管当局的一项重大挑战。不断完善内源和外源的资本补充机制，提高资本吸收损失的能力和资本质量，减少资本补充的周期性，提高资本管理的能力和水平。

三是银行业金融服务创新能力将显著提升。中国居民储蓄的投资需要将会快速增长，居民金融服务需求将更加多样化。随着利率、汇率等价格指标的市场化，企业风险管理的需求也会快速增长，需要银行业提供多种风险管理的金融工具。中国银行业创新能力不足、产品同质化的现象将会得到比较大的改观，商业银行将会更加有效地处理好创新与审慎经营、注重创新与防范风险之间的关系，创新业务的全面风险管理能力将会得到大幅度的提高。银行业金融消费者保护将会得到更加的重视，创新产品的信息披露将更加及时、完善，金融消费者将更加成熟。

女士们，先生们，未来既蕴含机遇，也充满挑战。我们将立足当前，着眼长远，不断促进中国银行业持续稳健发展，为国民经济发展提供更有力支持！

中国银行家们对未来的平衡发展肩负希望

亚洲金融论坛　银监会主席 刘明康

2010年1月20日

今天，我想和大家谈三个问题。第一，现在对中国银行业能否持续发展备受关注。第二，对于截至目前的信贷快速增长存有怀疑。第三，对于如何看待当今的银行业监管尚有争议。下面我将逐一谈谈我的看法。

首先，我们来看中国银行业的情况。中国是当今全球经济增长最快的经济体之一。中国银行业在快速的经济增长中发挥了至关重要的融资作用。银行业资产规模占总体金融资产约90%。随着经济快速发展，银行业自身实力不断壮大，也更为坚韧。当前全球市值排名前10大银行中，3家中资银行榜上有名，而且工商银行独占鳌头，即使金融危机加剧时也是如此。

中国银行业过去面临不少的问题，包括不良贷款高企，利润率低，组织架构僵化，思维落后等，但近些年来的进步是巨大的，实现了质的飞跃。例如，银行资产规模由2003年的27.6万亿元上升到了2009年的78.8万亿元，而同期不良贷款率则从17.9%下降至1.58%。银行资产收益率和资本收益率由2003年的0.1%和3%上升至2009年3季度末的1%和17.8%。资本充足率达标行由2003年的8家上升至224家，资产占比从0.6%增加到99.9%。

这样好的成绩单不仅源于银行对组织架构和思维进行了根本性的变革和开放，也离不开监管者的不懈努力。自成立伊始，我们就坚持“管法人、管风险、管内控和提高透明度”的良好监管理念，形成了覆盖宏观审慎和微观审慎的监管框架，制定了清晰的监管规章制度，运用了动态监管工具箱，并重视采取及时纠正措施。更为重要的是，我们一直坚持使用一套简单、实用、有效的监管比率、限额和指标。这些是借鉴了过去发达国家的良好监管标杆，然而这些国家在后来狂热的金融创新和放松管制过程中放弃了这些标杆。

例如，除对资本充足率的要求，我们非常重视资本质量，要求资本结构简单，一级资本中普通股和留存收益必须占75%以上，远远高出一些发达国家25%的要求。拨备覆盖率从2003年的19.7%上升至2009年末的155%，这使得我们有足够能力吸收预期损失。此外，存贷比为75%，核心融资比为60%，流动性比率为25%。对主要商业银行规定了16%的存款准备金要求，这使得它们在紧急情况下可自动获得流动性支持。我们还实施了动态的贷款价值比，并要求二套房贷款首付比例不得低于40%，这些都是抑制房地产投机的有力工具。

有时小的就是美的，有时简单和根本的也是美的。上述审慎规定、比率、限额和指标以及其他审慎监管要求在近年来为银行业奠定了坚实基础。因此，我们的银行业并未受到此次危机的冲击，同时还给实体经济提供了强有力的支撑。

第二，信贷增长。回顾过去一年，中国大陆国内生产总值有望实现8%的增长，其中，三季度为9%，二季度和一季度分别约为6%和7%。经济的复苏是全面的。工业生产总值从2009年6月至9月实现了连续4个月的两位数增长。采购经理人指数（PMI）2009年12月末达55.6%，创过去20个月新高。用电量在12月份同比增长25.7%，环比增长4.8%。

这些成绩来之不易。在雷曼兄弟倒闭后，金融危机一度恶化，导致欧美主要经济体陷入全面衰退。中国政府审时度势，及时出台了4万亿元经济刺激计划，采取了宽松的货币政策，帮助经济渡过难关。在这些计划中，信贷发挥了主要作用，为大型基础设施项目提供了资金。这表现在2009年全年新增信贷9.5万亿元人民币，与2008年信贷紧缩形成鲜明对比。尽管如此，我们还是注意控制全年的信贷增长规模。事实上，一季度信贷增幅最快，月均增长1.52万亿元。对此我们及时采取了审慎监管措施，使得后三季度增幅回落至正常水平，即二季度月均9200亿元，三季度月均4300亿元，四季度月均3100亿元。2009年信贷平均增幅为31.7%。大量的信贷供给有效稳定了市场信心，缓解了流动性压力并推动了经济的复苏。

与此同时，我们要求银行对可能出现的信贷风险保持高度警惕。事实上，当去年一季度出现信贷激增时我们就已经采取了相应措施。首先，我们密切跟踪贷款发放可能导致的信用风险。具体而言，我们分析了固定资产贷款的相关风险，尤其是地方融资平台和房地产贷款。我们及时发出预警提醒银行关注突出风险。我们将190多家银行大额风险暴露的信息收集汇总做好检查和监测工作。针对过度集中领域、信用卡和票据违规操作、项目资本金不达标和挪用贷款进行投机的行为，我们采取了及时纠偏行动。我们明确表示：目前我们的拨备达1万亿元，因此我们很有信心应对可能的损失。尽管2010年1月的前10天内贷款增速仍较高，但这主要是由于去年贷款增速过快积累所致。但随着有效需求得到满足，这种趋势将很快有所缓和。

第三，良好的监管。除了微观审慎监管，我们也实施了宏观审慎和逆周期监管措施。根据科学测算，我们发布了动态拨备和动态资本充足监管要求。我们很快还将发布杠杆率和流动性比率要求，辅之以传统的比率、限额和指标。去年，我们做了两个历史性决定：一是禁止银行为公司债提供担保。二是禁止银行将互持次级资本作为二级资本。这也将使我们更好的吸收预期和非预期损失。与此同时，我们要求商业银行及时调整商业发展计划、资本补充计划、利润分配和薪酬计划，以备不时之需。因此，我们扩大了我们的监管工具箱范围，并强调风险为本的监管。我们应该在出台全新的监管框架以控制系统性风险和推动银行支持经济平稳较快发展之间把握平衡。

最后，本次危机带给我们四个重要经验，那就是，不要低估风险，重视防火墙，回归基本面和实行平衡的监管。我还想强调以下两点。一是我们不应忽视在本次危机中表现得最好的银行体系正是那些拥有最坚实监管的体系。二是资本和流动性水平必须与银行资产负债表、商业模式和公司治理相匹配。有谁能比我们监管者更好地了解银行这些方面呢？有谁能比我们监管者更清楚各国和国际上所面临的挑战呢？总之，中国银行业未来必须深深根植于有效适度的监管之中，通过合理的监管要求抑制泡沫并避免矫枉过正。

展望未来，我们的挑战仍然不少。除了信用风险，银行的市场和操作风险也不容小视。我们的任务还包括引导银行提高对小企业融资、发展农村金融、推动环境保护，担子同样不轻。2009年遗留下来的问题将在2010年认真去解决。2009年对中国经济而言可能是最困难的一年，而2010年也许会是最复杂、最不确定性的一年。正如狄更斯在《双城记》中所写到的，“这是最好的时代，这是最坏的时代；这是智慧的时代，这是愚蠢的时代。”无论如何，我们都将按照我们被证明是有效的路线图继续前行，并勇于推动变革创造一个更强劲的金融体系。

2009年中国货币政策大事记

1月7日，中国人民银行发布公告(中国人民银行公告[2009]第1号)，取消了在银行间债券市场交易流通的债券发行规模须超过5亿元才可交易流通的限制条件，为中小企业通过发债进行小额融资创造了较好的政策条件。

1月20日，中国人民银行与香港金融管理局签署货币互换协议，互换规模为2000亿元人民币/2270亿港元，协议有效期为3年。

1月22日，中国人民银行发布《关于2009年上海银行间同业拆放利率建设工作有关事宜的通知》(银发[2009]24号)，提出继续完善Shibor形成机制，积极推动金融产品以Shibor为基准定价或参照其定价。

2月5日，中国人民银行向全国人大财经委员会汇报2008年货币政策执行情况。

2月8日，中国人民银行和马来西亚国民银行签署双边货币互换协议，互换规模为800亿元人民币/400亿林吉特，协议有效期3年。

2月9日，中国人民银行印发《关于完善支农再贷款管理支持春耕备耕扩大“三农”信贷投放的通知》(银发[2009]38号)，适当调整完善了支农再贷款政策，同时对西部地区和粮食主产区安排增加支农再贷款额度100亿元。

2月23日，发布《2008年第四季度中国货币政策执行报告》。

2月26日至27日，召开2009年中国人民银行货币信贷和金融市场工作会议。

3月3日，中国人民银行农村信用社改革试点专项中央银行票据发行兑付考核评审委员会第15次例会决定，对安徽等14个省(区)辖内98个县(市)农村信用社兑付专项票据，额度为36亿元。

3月11日，中国人民银行发布公告(中国人民银行公告[2009]第4号)，同意中国银行间市场交易商协会将原《中国银行间市场金融衍生产品交易主协议》与《全国银行间外汇市场人民币外汇衍生产品主协议》合并，发布新的《中国银行间市场金融衍生产品交易主协议》，使我国场外金融衍生产品交易均受统一的主协议管辖。

3月11日，中国人民银行和白俄罗斯共和国国家银行签署双边货币互换协议，互换规模为200亿元人民币/8万亿白俄罗斯卢布，协议有效期3年。

3月17日，国家外汇管理局发布《关于2009年度金融机构短期外债指标核定情况的通知》(汇发[2009]14号)，适当上调金融机构短期外债指标，强调增量部分全部用于支持境内企业进出口贸易融资，促进对外贸易健康平稳发展。

3月18日，中国人民银行发布公告(中国人民银行公告[2009]第5号)，允许基金管理公司以特定资产管理组合名义在全国银行间债券市场开立债券账户，并对其业务运作进行了规范。

3月18日，中国人民银行、中国银行业监督管理委员会联合印发《关于进一步加强信贷结构调整，促进国民经济平稳较快发展的指导意见》(银发[2009]92号)，要求人民银行系统和各金融机构深入贯彻落实党中央、国务院关于进一步扩大内需、促进经济增长的十项措施和《国务院办公厅关于当前金融促进经济发展的若干意见》(国办发[2008]126号)精神，认真执行适度宽松的货币政策，促进国民经济平稳较快发展。

3月23日，中国人民银行和印度尼西亚银行签署双边货币互换协议，互换规模为1000亿元人民币/175万亿印尼卢比，协议有效期3年。

3月25日，中国人民银行发布《全国银行间债券市场金融债券发行管理操作规程》(中国人民银行公告[2009]第6号)，进一步规范与完善金融债券发行管理，提高金融债券发行审核的透明度，健全市场约束与风险分担机制。

3月26日，中国人民银行发布《银行间债券市场债券登记托管结算管理办法》(中国人民银行令[2009]第1号)，进一步规范债券登记、托管和结算业务开展。

4月8日，国务院第56次常务会议决定在上海市和广东省广州市、深圳市、珠海市、东莞市开展跨境贸易人民币结算试点。

4月10日，中国人民银行货币政策委员会召开2009年第一季度例会。

4月15日，中国人民银行向全国人大财经委员会汇报2009年第一季度货币政策执行情况。

5月6日，发布《2009年第一季度中国货币政策执行报告》。

5月13日，中国人民银行、中国银行业监督管理委员会在京联合召开了货币信贷工作座谈会，引导金融机构合理把握信贷投放进度，进一步优化信贷结构，平衡好金融支持经济发展与防范金融风险的关系。

5月14日和6月24日，经国务院同意，中国人民银行分别批准东亚银行(中国)和汇丰银行(中国)两家港资法人银行赴香港发行人民币债券40亿元和30亿元。

5月26日，中国人民银行农村信用社改革试点专项中央银行票据发行兑付考核评审委员会第16次例会决定，对福建等12个省(区、市)辖内39个县(市)农村信用社兑付专项票据，额度为27亿元。

5月27日，发布《2008年中国区域金融运行报告》。

6月10日，国家外汇管理局发布《关于进一步完善企业贸易信贷登记和出口收结汇联网核查管理有关问题的通知》(汇综发[2009]78号)，明晰贸易信贷登记管理职责，改进出口收结汇联网核查系统，促进贸易便利化，进一步稳定外需。

6月24日，中国人民银行货币政策委员会召开2009年第二季度例会。

6月29日，银行间市场新一代本币交易系统正式上线。

7月1日，中国人民银行、财政部、商务部、海关总署、国家税务总局和中国银行业监督管理委员会联合发布公告〔2009〕第10号，公布实施《跨境贸易人民币结算试点管理办法》，规范试点企业和商业银行的行为，防范相关业务风险，以促进贸易便利化，保障跨境贸易人民币结算试点工作的顺利进行。

7月3日，为贯彻落实《跨境贸易人民币结算试点管理办法》，中国人民银行印发《跨境贸易人民币结算试点管理办法实施细则》(银发〔2009〕212号)。

7月13日，为明确跨境贸易人民币结算中有关国际收支统计申报事宜，便于试点企业和银行办理相关业务，国家外汇管理局发布《关于跨境贸易人民币结算中国际收支统计申报有关事宜的通知》(汇综发〔2009〕90号)。

7月15日，中国人民银行向全国人大财经委员会汇报2009年上半年货币政策执行情况。

7月，中国人民银行对部分贷款增长过快的商业银行发行定向央票，引导其注重贷款平稳适度增长。

8月5日，发布《2009年第二季度中国货币政策执行报告》。

9月1日，中国人民银行和中国银行业监督管理委员会联合发布公告〔2009〕第14号，明确汽车金融公司和金融租赁公司的发债条件，规范两类机构的发债行为。

9月2日，中国人民银行农村信用社改革试点专项中央银行票据发行兑付考核评审委员会第17次例会决定，对辽宁省辖内5个县(市)农村信用社发行专项票据，额度为4亿元，对四川等9个省(区、市)辖内26个县(市)农村信用社兑付专项票据，额度为5亿元。

9月9日，印发《中国人民银行、商务部、中国银行业监督管理委员会、中国证券监督管理委员会、中国保险监督管理委员会、国家外汇管理局关于金融支持服务外包产业发展的若干意见》(银发〔2009〕284号)，要求加大金融对产业转移和产业升级的支持力度，做好金融支持服务外包产业发展工作。

9月28日，中国人民银行货币政策委员会召开2009年第三季度例会。

10月15日，中国人民银行向全国人大财经委员会汇报2009年前三季度货币政策执行情况。

11月4日，中国人民银行成立货币政策二司。

11月11日，发布《2009年第三季度中国货币政策执行报告》。

11月11日，为促进个人本外币兑换市场的合理竞争，进一步提升我国个人兑换服务的整体水平，国家外汇管理局发布《关于扩大个人本外币兑换特许业务试点的通知》(汇发[2009]54号)。

11月12日，在中国人民银行的指导下，中国银行间市场交易商协会发布《银行间债券市场中小非金融企业集合票据业务指引》。

11月23日，中国人民银行农村信用社改革试点专项中央银行票据发行兑付考核评审委员会第18次例会决定，对四川等11个省(区、市)辖内22个县(市)农村信用社兑付专项票据，额度为40亿元。

11月28日，银行间市场清算所股份有限公司在上海挂牌成立。

12月22日，中国人民银行货币政策委员会召开2009年第四季度例会。

12月22日，中国人民银行会同中国银行业监督管理委员会、中国证券监督管理委员会、中国保险监督管理委员会出台《关于进一步做好金融服务支持重点产业调整振兴和抑制部分行业产能过剩的指导意见》(银发〔2009〕386号)，提出金融业要保证重点产业调整振兴合理的资金需求，着力扩大内需、优化信贷结构，推动经济发展方式转变和经济结构调整，淘汰落后产能，提高经济发展质量和效益，保持国民经济平稳可持续发展。

资本市场

推进资本市场制度建设 加快经济发展方式转变

中国证券监督管理委员会主席 尚福林

胡锦涛同志在省部级主要领导干部专题研讨班上强调，加快经济发展方式转变是我国经济领域的一场深刻变革，关系改革开放和社会主义现代化建设全局。这是党中央从全球视野和全局高度出发，根据我国现阶段发展的新特点和新要求提出的重大战略举措。作为现代市场经济重要组成部分的资本市场，是促进资本形成和优化资源配置的重要渠道，对于加快经济发展方式转变具有不可替代的作用。因此，必须紧紧抓住机遇，进一步深化资本市场的改革创新，不断拓展资本市场服务国民经济发展的形式和途径，毫不动摇地支持经济发展方式转变，增强经济发展的活力和动力。

一、资本市场为有效应对国际金融危机、支持经济平稳较快发展作出了积极贡献

过去的一年，国际金融危机引发世界经济陷入衰退，给我国经济社会发展造成严重影响。证监会党委坚决贯彻落实中央应对国际金融危机、促进经济平稳较快发展的一揽子计划，积极拓展资本市场发展空间，促进市场稳定健康发展。我国资本市场经受住了国际金融危机的严峻考验，为“保增长、扩内需、调结构”提供了有力支撑。

发挥市场配置资源功能，加大支持经济发展力度。稳妥推进新股发行体制改革，平稳重启新股发行，积极扩大直接融资。落实钢铁、汽车等行业振兴规划，支持符合条件的大型国有企业、民营企业和中小企业发行上市。完善并购重组制度体系，创新并购重组手段和方式，支持行业整合和产业升级。2009年，99家企业发行上市，150家上市公司再融资，境内融资额达4562亿元；56家公司实施重大资产重组，交易规模达3694亿元，12家上市公司进行海外收购，涉及金额531亿元。积极支持上市公司债券融资，扩大债券市场规模，推动上市商业银行参与交易所债券市场交易，债券市场的统一互联取得积极进展。去年45家企业发行公司债，筹资734.9亿元。

平稳推出创业板，服务创新型国家建设。去年，发布实施《首次公开发行股票并在创业板上市管理暂行办法》，稳步推出创业板投资者适当性管理规定，构建了包括发行审核、上市交易、信息披露、市场监管相关规则在内，适合我国创业板市场特点的制度体系。2009年10月23日，创业板正式启动。推出创业板是我国去年迎难而上、应对国际金融危机的一大亮点，也是去年全球资本市场的一大亮点。

强化期货市场基础建设，增强服务国民经济能力。从期货市场促进经济发展的现实要求出发，我们建立并实施了期货市场统一开户制度，明确期货保证金存管银行的监管政策；加强持证企业境外期货套保业务和期货公司境外子公司监管，强化市场风险监测预警；完善已上市品种期货合约与业务规则，新推出螺纹钢、线材、早籼稻和聚氯乙烯等新品种，期货上市品种达23个，关系国计民生的大宗商品期货品种体系基本形成，期货市场对产业链相关企业服务能力明显增强，市场运行总体平稳。去年我国商品期货成交量位居世界第一。

增强市场主体竞争力，促进行业健康发展。2009

年，我们深入推进“加强上市公司治理专项活动”，着力提高上市公司治理水平和信息披露质量，强化股价异动的信息披露监管，提高上市公司规范运作水平。完善证券营业网点设立政策，积极支持证券公司发展集合理财业务，稳步扩大直接投资业务试点，推动证券公司市场化整合。支持基金管理公司创新发展和诚信运作，平稳推出“一对多”特定客户资产管理业务，出台基金评价和销售费用管理制度。截至2009年底，证券公司总资产达2万亿元，实现净利润933亿元，比上年增长94%。基金公司管理各类资产3.1万亿元，比上年增长40%。

坚持依法治市，维护市场正常秩序。去年以来，我们大力推动完善证券期货法律体系，制定修订部门规章和规范性文件39件，清理、废止41件。严厉打击“老鼠仓”、非公平交易和利益输送行为，集中查处融通基金“老鼠仓”案、高淳陶瓷内幕交易案等一批市场关注高、社会影响大的案件，全年调查案件419起，对33家机构、218名当事人作出行政处罚，对52名当事人采取市场禁入措施，配合公安机关立案侦破非法证券活动近百起，抓捕犯罪嫌疑人300余名。

二、资本市场在推动经济发展方式转变中大有可为

落实中央的战略决策，把保持经济平稳较快发展和加快经济发展方式转变有机统一起来，在发展中促转变，在转变中谋发展，这不仅对资本市场改革发展提出了更高的要求，而且也为其健康发展提供了难得的机遇和广阔的空间。

资本市场有利于优化资源配置，是推动结构调整和产业升级的重要平台。在资本市场上，公司的投资价值主导资本流向，借助资本市场的价格信号，既可以迅速聚集大量资金，为结构调整开辟增量资金来源渠道，又能提高资金的利用效率，为经济转型拓展空间。股权分置改革完成后，我国资本市场并购重组日趋活跃，2008和2009这两年上市公司并购重组金额接近7000亿元，对改造、淘汰落后产能、引导产业有序转移发挥了重要作用，有力地促进了行业整合与产业升级。

资本市场有利于激发企业内生发展动力，是增强企业竞争能力的重要平台。在后危机时期国际竞争中抢占制高点、争创新优势，必须着力提高企业的市场适应性和竞争力，不断提升发展的可持续性。资本市场在市场准入、信息公开、并购重组、退市等方面有严格的制度安排，有助于推动企业不断完善公司治理，增强市场适应能力。同时，资本市场中的投资者具有分散性和广泛性，他们对产业和企业的选择反映着市场需求的变化，有助于企业自觉调整发展方向，改善公司经营业绩，切实增强发展的内生动力。

资本市场有利于促进科技和资本相结合，是培育战略性新兴产业的重要平台。国际金融危机深刻影响全球产业格局和经济社会发展路径，具有自主知识产权、创新能力强的新兴产业正成为引领全球经济的新增长点。资本市场提供的风险共担、利益共享机制，能够筹集高新技术产业化所需的发展资金，实现科技成果向现实生产力的转化。中小企业板设立5年多来，已上市企业365家，中小板公司上市后研发费用平均增长47.4%。目前挂牌的58家创业板公司中，高新技术企业达49家。全面深化科技金融合作，构建科技资源与资本市场良性互动的有效模式，有助于推动我国自主创新企业和战略性新兴产业加速发展。

资本市场有利于改善融资结构，是维护国家金融经济安全的重要平台。早在2003年的中央经济工作会议上，胡锦涛同志就强调要“扩大直接融资，减少银行贷款风险”。由美国次贷危机引发的国际金融危机再次表明，在一个经济体中，企业和居民过度依赖债务融资，风险巨大。在我国当前的融资结构中，企业过度依赖银行融资的问题仍然比较突出，银行体系集中承担了过多的企业经营风险。必须大力发展资本市场，积极提高直接融资比重，运用好资本市场分散风险的功能，为企业提供更加有效的融资渠道，促进全社会金融资产合理配置，防范系统性风险隐患，增强我国金融体系抵御风险的能力。

三、深化资本市场改革创新，服务经济社会发展全局

当前及今后一段时间，中国证监会将全力落实中央“积极扩大直接融资，引导和规范资本市场健康发展”的要求部署，紧紧围绕加快转变经济发展方式这条主线，坚定不移地推进市场基础性制度建设，坚定不移地拓展市场的广度和深度，加强和改进市场监管，更好地服务经济社会发展的大局。

加快建设多层次市场体系，推动经济发展方式转

变。稳步发展主板和中小板市场，积极支持符合条件的企业发行上市和再融资。准确把握创业板功能定位，完善创业板发行监管规则，在严格把关基础上，积极扩大创业板市场规模，增强资本市场对自主创新的支撑能力。加快场外市场建设，制定代办股份转让系统扩大试点具体方案，研究拟订场外市场建设总体方案。积极发展债券市场，创新公司债券品种和发行方式，提高债券审核效率，增加公司债券融资规模。适应经济发展和资本市场改革开放的需要，探索境外企业在境内上市的制度安排。

强化基础性制度建设，完善市场化运行机制。推出证券公司融资融券业务试点，根据试点情况及时完善业务规则，审慎稳妥扩大试点范围。推动股指期货顺利推出、平稳运行。按照分步实施、逐步完善的原则，继续深化发行体制改革，优化发行条件和程序，加强对询价、定价过程的监督，完善一级市场价格形成机制。

健全上市公司并购和退市机制，优化资源配置的渠道和方式。以深入推进上市公司治理整改活动为契机，鼓励部分改制上市公司通过并购重组、定向增发等方式实现整体上市，解决同业竞争，减少关联交易。完善并购重组市场化制度安排，提高并购重组质量和效率。积极推进主板、中小板退市制度改革，防范和打击通过操纵利润规避退市的行为。

进一步提高资本市场透明度，提高信息披露质量。切实履行政府信息公开职责，及时、准确公开监管信息。加强新闻发布工作，制定公开征求意见制度，强化行政行为的全程约束，着力推进市场监管公开化、透明化。进一步督促上市公司健全信息披露内控制度，依法公平披露信息。加强对发行上市、并购重组等重要环节的信息披露监管，防止发生恶性造假和内幕交易行为。完善资本市场信息披露规范体系，提高市场整体透明度。

维护市场“三公”秩序，引导和规范市场健康发展。大力加强市场法制化、制度化建设，配合做好《证券投资基金法》的修订工作，推动出台《上市公司监督管理条例》，强化对上市公司、证券期货经营机构及中介服务机构的常规监管，完善违法违规线索的发现处理机制，严厉打击内幕交易、“老鼠仓”和损害上市公司利益等违法违规行为，维护好“公开、公平、公正”的市场秩序。深化投资者教育和服务，保护广大投资者特别是中小投资者的合法权益。

相关链接:

“利益输送行为”，主要指企业的控制者以合法或非法手段，将企业资产和利润转移到自己手中的行为，主要包括关联交易、担保和高额派现等。大股东利益输送行为是现代公司治理中的突出问题，必须综合施策予以打击与遏止。

中国资本市场发展的战略措施（2008—2020年）

选自《中国资本市场发展报告》第四章第二节

一、正确处理政府与市场的关系，完善法律和监管体系，建设公正、透明、高效的市场

在新兴市场的发展过程中，政府往往同时肩负市场监管者和推动者的双重责任。正确处理政府与市场的关系，合理界定政府职能边界，推动政府职能转变，成为决定市场能否健康、可持续发展的重要因素之一。

进一步简化行政审批，培育市场化发行和创新机制。随着市场的发展，政府应着力转变职能、理顺关系、优化结构、提高效能进一步减少行政审批，充分调动市场各参与主体的积极性，释放市场的潜能。继续深化股票发行体制市场化改革，逐步实现由核准制向注册制转变；构建以市场为主导的创新机制，使服务于中国经济发展需求的各种金融品种顺利推出，以推动资本市场的持续发展。

图 4–2 中国资本市场发展的战略措施(2008—2020年)

完善法律体系，加大执法力度。不断完善现有法律法规，推进资本市场法律体系建设；建立健全有中国特色的资本市场执法体制，进一步加强并合理配置稽查力量，统一使用执法资源，优化案件查处程序，不断提高快速反应能力，做到及时发现、及时制止及时查处；进一步加大资本市场的执法力度，提高违规成本；加强与公安、工商、其他金融监管部门等相关行政执法机构以及检察院、法院等司法机关的协调合作，建立有效的执法协作体系；逐步建立并完善资本市场仲裁机制，发挥仲裁机构在资本市场中的争议解决功能。

加强监管队伍建设，提高监管效率。借鉴国际市场的监管经验，不断深化监管机构自身改革，加强监管的独立性，不断调整和优化内部机构设置，建立更加富有吸引力和灵活性的人才管理机制，使监管机构的设置和人员构成更好地服务于资本市场的发展。同时，不断改进资本市场的监管理念、监管模式和监管内容；推动监管重点从以审批为主向以信息披露为主转变，监管模式逐步实现从机构监管向功能监管转变；加强对市场发展前瞻性问题的研究，建立科学的风险预警和防范机制；逐步完善由监管机构、自律组织、交易所共同组成的多层次监管体系，提高监管效率。

加强监管协调，防范金融风险。不断加强各监管机构间的协调与合作，建立和完善针对各种金融风险和外部冲击的快速决策和反应机制，维护资本市场的稳健运行和国家金融安全。

二、大力推进多层次股票市场体系建设，满足多元化的投融资需求

随着中国经济的持续发展和创新型经济体系的逐步建立，企业的融资及其他金融服务需求将是持续和多元化的。同时，随着各类投资者的进一步成熟和壮大，投资需求也会日益显现出多样化的趋势。因此，建设多层次股票市场是一项长期的重要任务。

大力发展主板市场。继续鼓励和支持主板上市公司做优做强，推动更多代表中国经济的大盘蓝筹公司上市，吸引境外上市中国企业和红筹公司回归，推动境外企业到境内上市，扩大市场的规模；探索多种并购重组方式，推动上市公司的整合；建立和完善上市公司股权激励机制，完善内控机制和公司治理结构，提高上市公司规范运作水平；以信息披露和打击违法违规行为为重点，强化对控股股东、实际控制人、高管人员及董事的监管，加强对违规信息披露行为的惩罚力度。

继续推进中小企业板建设。完善中小企业板的各项制度，不断扩大规模；建立适应中小企业特点的快捷融资机制，提高中小企业板公司再融资的灵活性；不断丰富上市公司行业结构；完善适应中小企业特点的交易制度，提高市场的流动性，增强市场的广度和深度。

加快推动创业板建设。积极推进创业板市场建设，为创新型和高成长性企业提供融资渠道，为创业资本提供退出渠道；借鉴国际经验，在创业板实行更加市场化的发行上市制度，以适应创新型企业成长的需求；建立相应的交易制度和信息披露监管制度，防范风险，保护投资者合法权益。

构建统一监管下的全国性场外交易市场。推进场外交易市场建设，进一步拓展代办股份转让系统的功能，为非上市公众公司股份的转让和流通提供必要的途径，形成统一监管下的非上市公众公司股份报价转让平台。

建立适应不同层次市场的交易制度和转板机制。根据企业和投资者的不同特点，实施差异化的交易制度，实现风险分层管理提高市场效率。建立不同层次市场间的转板机制，逐步形成各层次市场间有机联系的市场体系。

完善登记、托管和结算体系。加强相关法规制度建设，以保护投资人权益为核心，进一步明确各相关主体

的权利义务关系；健全风险控制机制，维护市场安全运行，不断提高市场运行效率；借鉴国际经验，在安全、效率和创新方面逐步达到国际一流水平。

三、推动债券市场的市场化改革，加快债券市场的发展

作为资本市场的重要组成部分，债券市场丰富了企业的融资渠道，为投资者提供了风险相对较低、收益相对稳定的投资产品。大力发展债券市场，有利于提高直接融资比例，对改善中国金融市场结构具有重要意义。

完善监管体制，改革发行制度。应建立职责明确、集中统一的监管体制，制定债券发行、交易和信息披露的有关监管规则；加快推进公司债券发行制度改革，提高发行效率，逐步建立发行利率、期限、品种的市场化选择机制。

建立健全债券市场主体的信用责任机制。建立发债主体的信息披露制度，确保投资者及时、准确获得信息；规范债券市场中介服务机构，提高其管理和服务质量；健全债券信用评级制度，建立债券市场的市场化约束机制；建立诚信档案公示制度和有效的行政、民事和刑事责任追究机制；增强投资者对债券投资的风险意识，保障债券持有人的合法权益。

建立统一互联的债券交易结算体制①。积极推进交易所债券市场和银行间债券市场的相互联通，建立安全、高效、统一互联的债券市场；积极推进相关技术系统改造，提高不同登记结算机构间的转存管效率；逐步形成由交易所市场和场外交易平台共同组成的多层次债券市场，为不同类型的投资者提供最优交易场所和平台。

丰富债券品种，完善债券投资者结构。逐步建立健全以市场为主导的创新体制，推动债券市场产品发展；在稳步发展国债、公司债、可转换债券等产品的同时，积极推动其他固定收益类和结构化金融产品的创新；扩大具有风险识别能力和承担能力的机构投资者队伍，创造有利于债券市场发展的外部环境。

四、积极稳妥地发展商品期货及金融衍生品市场

期货市场对各种商品市场的成熟和中国经济的稳定发展具有重要意义，因此，要稳步推进期货市场发展，强化制度建设，丰富品种，扩大规模，使期货市场在国民经济发展中发挥应有的作用。

完善期货品种体系，稳步发展金融衍生品。逐步推出一批对国民经济有重大影响的大宗商品期货品种，以满足相关企业日益增长的风险管理需要，并完善能源、金属、农畜产品等期货品种系列；逐步发展商品期权交易；稳步发展各类金融衍生品。

健全期货市场交易机制。完善期货保证金监控机制和期货公司净资本安全监管制度，继续推进期货交易所建设，完善期货交易结算制度，维护市场稳定运行。

优化投资者结构。促进以机构投资者为主的投资者队伍的形成；在风险可控的前提下，推动各类机构合规运用金融衍生品进行风险管理；推动相关企业在期货市场套期保值；推动各类金融机构参与金融衍生品业务。

五、促进上市公司健康发展

上市公司质量是资本市场的基石。应不断完善上市公司监管体系和市场约束机制，提高公司治理水平和整体质量，推动上市公司做优做强。

加强公司信息披露。改进信息披露的内容、格式和程序，强化信息披露监管手段，不断提高信息披露监管的有效性和权威性，加大违规披露的成本，提高信息披露的质量；不断借鉴国际先进经验，完善信息披露的电子化平台，提高信息披露的及时性。

完善公司治理结构。不断完善公司治理结构，提高公司治理水平；进一步完善独立董事制度；督促上市公司加强内控制度建设加强公司自我评估和外部审计检查，提高风险防范能力；建立有效的激励约束机制；鼓励机构投资者参与公司治理。

推动并购重组市场规范发展。不断完善公司并购重组法律法规体系，建立活跃与规范的并购重组市场，形成对公司有效的外部约束机制，促进上市公司做优做强，完善市场化的优胜劣汰机制。

完善上市公司退市制度。增加退市制度的灵活性，以适应不断变化的市场情况；建立对有重大违法违规行为的退市公司高管人员的责任追究制度；建立有效的赔偿制度，保护退市公司投资者及相关债权人的合法权益；根据《企业破产法》，建立有效的破产公司接管制度。

六、促进公平和有效竞争格局的形成，建设有国际竞争力的证券期货业

资本市场的效率和健康发展有赖于证券公司、证券投资基金管理公司、期货公司和其他证券期货经营机构的规范运作，资本市场的国际竞争力也取决于这些机

构的核心竞争力。因此，营造鼓励创新和公平竞争的环境，促进证券期货业的发展，具有重要意义

进一步放松管制，营造有利于创新和公平竞争的环境。进一步简化审批，放松管制，把经营决策权更多地交给市场参与主体继续探索并完善有利于创新的市场环境，形成监管机构与市场参与主体定位明确、各司其职、共同推动的创新协调机制；推动证券期货经营机构在风险可测、可控、可承受前提下，进行各种创新和业务探索，使证券期货经营机构成为推动创新和发展的主体；积极营造公平有效的竞争环境，完善优胜劣汰机制，使证券期货经营机构在竞争中不断增强核心竞争力。

完善证券期货经营机构的治理结构。积极推动证券公司、基金公司和期货公司等证券期货经营机构的规范发展，不断提升公司治理水平；立足于国情，借鉴国际经验，不断提高证券期货经营机构的管理水平；建立健全股权激励机制，促进以人力资本为核心竞争力的证券期货经营机构做大做强。

完善风险管理制度，拓宽业务范围，推动证券公司提高核心竞争力。不断完善证券公司的风险控制制度，建立风险预警指标体系，完善内控制度；积极探索多元化经营的模式，拓宽业务范围；完善兼并收购和退出机制，促进行业整合，实现优胜劣汰；推动证券公司不断提高其国际竞争力。

继续大力发展机构投资者。继续发展证券投资基金，扩大基金规模，拓展基金公司的业务范围和业务模式，推动基金业的产品创新、业务创新、组织创新和制度创新；继续创造条件，吸引保险资金、社会保障资金和其他机构投资者逐步增加在资本市场的参与程度；稳妥发展具有私募性质的投资基金，形成多元化、多层次的专业机构投资者队伍。

培养资本市场专业人才。通过从业人员专业培训、执业资格考试等多种手段以及市场竞争和筛选，培养一大批既懂得国际通行运作规则又熟悉中国国情的资本市场专业人才。

七、稳步推进对外开放，建设有国际竞争力的资本市场

遵循“积极稳妥、循序渐进，兼收并蓄、为我所用、公平竞争、互利共赢”的基本原则，扩大开放领域，优化开放结构，提高开放质量，安全、高效地继续推进资本市场对外开放，以不断增强开放条件下中国资本市场的国际竞争力为主要政策目标来构筑对外开放路径。

坚持对外开放，把握好对外开放的节奏。选择符合中国国情的对外开放路径，把握好开放的“度”和节奏；在循序渐进、防范风险、保障金融安全的前提下，根据市场发展的需要逐步提高合资证券期货经营机构外资持股的比例，扩大经营业务的范围，创造有效的竞争格局，以提高证券期货经营机构的国际竞争力；吸引国际资本，逐步加大外资投资于中国资本市场的比例和范围；推动境外企业在境内证券交易所上市，使证券交易所逐步向全球企业开放，提升中国资本市场的全球竞争力。

继续推进内地与香港、澳门和台湾的金融合作。

在风险可控的前提下，有选择性地探索“走出去”的路径。积极创造条件推动境内证券期货经营机构和机构投资者参与国际市场。鼓励更多符合条件的境内证券公司、基金公司、期货公司等在境外设立分支机构或合资公司，有选择性地在一些领域开展国际业务，推动内控制度良好的机构投资者投资于国际市场，通过参与国际竞争与合作，熟悉和掌握国际资本市场的规则和技术，积累管理经验，提高国际竞争力。

加强国际监管合作。加强与境外证券期货监管机构、国际证监会组织（ IOSCO ）以及其他国际组织的交流与合作，加强国际金融市场的监管协调，共同防范金融风险。

八、推进资本市场文化建设，营造有利于资本市场持续发展的生态环境

良好的生态环境对于资本市场的发展至关重要，因此，要促进健康的资本市场文化的形成，营造有利于资本市场发展的外部环境。

加强投资者教育。注重针对中小投资者的风险教育，不断强化风险防范意识和价值投资理念，培育理性的个人投资者和规范运作的机构投资者。提高投资者对资本市场的认知和理解程度，为资本市场产品创新奠定基础；增强投资者“买者自负”的风险自担意识；不断提高投资者的维权意识，加强对投资者的法制教育，使投资者学会保护自身的合法权益。

建设健康的股权文化和诚信环境。健康的股权文化和诚信环境的建设是一个系统工程，涉及多方面因素，既需要通过加强法制建设、强化执法手段、完善市场资本约束机制等措施来增加违规成本，也需要通过宣传教育等手段推动全社会逐步认同维护股东权益等一系列良好的价值观念。

外汇管理

国家外汇管理局公布2009年中国国际投资头寸表

日前，国家外汇管理局发布2009年中国国际投资头寸表。

统计显示，2009年末，我国对外金融资产34601亿美元，较上年末增长17%；对外金融负债16381亿美元，增长12%；对外金融净资产18219亿美元，增长22%。

在对外金融资产中，对外直接投资2296亿美元，证券投资2428亿美元，其他投资5365亿美元，储备资产24513亿美元，分别占对外金融资产的7%、7%、16%和71%；在对外金融负债中，外国来华直接投资9974亿美元，证券投资1900亿美元，其他投资4508亿美元，分别占对外金融负债的61%、12%和28%。

国际投资头寸表是反映特定时点上一个国家或地区对世界其他国家或地区金融资产和负债存量的统计报表，它与反映交易流量的国际收支平衡表一起，构成该国家或地区完整的国际账户体系。

国家外汇管理局还根据最新数据调整了2004年至2008年中国国际投资头寸表。

中国国际投资头寸表

单位：亿美元

项目	2004年末	2005年末	2006年末	2007年末	2008年末	2009年末
净头寸	2764	4077	6402	11881	14938	18219
A.资产	9291	12233	16905	24162	29567	34601
1.对外直接投资	527	645	906	1160	1857	2296
2.证券投资	920	1167	2652	2846	2525	2428
2.1股本证券	0	0	15	196	214	546
2.2债务证券	920	1167	2637	2650	2311	1882
3.其他投资	1658	2164	2539	4683	5523	5365
3.1贸易信贷	432	661	922	1160	1102	1646
3.2贷款	590	719	670	888	1071	942
3.3货币和存款	553	675	736	1380	1529	1409
3.4其他资产	83	109	210	1255	1821	1368
4.储备资产	6186	8257	10808	15473	19662	24513
4.1货币黄金	41	42	123	170	169	371
4.2特别提款权	12	12	11	12	12	125
4.3在基金组织中的储备头寸	33	14	11	8	20	25
4.4外汇	6099	8189	10663	15282	19460	23992
B.负债	6527	8156	10503	12281	14629	16381
1.外国来华直接投资	3690	4715	6144	7037	9155	9974
2.证券投资	566	766	1207	1466	1677	1900
2.1股本证券	433	636	1065	1290	1505	1748
2.2债务证券	133	130	142	176	172	152
3.其他投资	2271	2675	3152	3778	3796	4508
3.1贸易信贷	809	1063	1196	1487	1296	1617
3.2贷款	880	870	985	1033	1030	1114
3.3货币和存款	381	484	595	791	918	1034
3.4其他负债	200	257	377	467	552	742

说明：1.本表记数采用四舍五入原则。

2.净头寸是指资产减负债，“+”表示净资产，“—”表示净负债。

国际投资头寸表编制原则与指标说明

一、国际投资头寸表编制原则

根据国际货币基金组织出版的《国际收支手册》（第五版）所制定的标准，国际投资头寸表是反映特定时点上一个国家或地区对世界其他国家或地区金融资产和负债存量的统计报表。国际投资头寸的变动是由特定时期内交易、价格变化、汇率变化和其他调整引起的。国际投资头寸表在计价、记账单位和折算等核算原则上均与国际收支平衡表保持一致，并与国际收支平衡表共同构成一个国家或地区完整的国际账户体系。

中国国际投资头寸表是反映特定时点上我国（不含中国香港、澳门和台湾，下同）对世界其他国家或地区金融资产和负债存量的统计报表。

二、国际投资头寸表主要指标解释

根据国际货币基金组织的标准，国际投资头寸表的项目按资产和负债设置。资产细分为我国对外直接投资、证券投资、其他投资和储备资产四部分；负债细分为外国来华直接投资、证券投资、其他投资三部分。净头寸是指对外资产减去对外负债。具体的项目含义如下：

1.直接投资：以投资者寻求在本国以外运行企业获取有效发言权为目的的投资。分为对外直接投资和外国来华直接投资。其中，对外直接投资中包括我国境内非金融部门对外直接投资存量和境内银行在境外设立分支机构所拨付的资本金和营运资金存量以及从境内外母子公司间的贷款和其他应收及应付款的存量。外国来华直接投资包括我国非金融部门吸收来华直接投资存量和金融部门吸收境外直接投资存量（包括外资金融部门设立分支机构、中资金融部门吸收外资入股和合资金融部门中外方投资存量），以及境内外母子公司间的贷款和其他应收及应付款的存量。

2.证券投资：包括股票、中长期债券和货币市场工具等形式的投资。证券投资资产是指我国居民持有的非居民发行的股票、债券、货币市场工具、衍生金融工具等有价证券。证券投资负债为非居民持有我国居民发行的股票和债券。

2.1股本证券：包括以股票形式为主的证券。

2.2债务证券：包括中长期债券和一年期（含一年）以下的短期债券；货币市场工具或可转让的债务工具，如短期国库券、商业票据、短期可转让大额存单等。

3.其他投资：指除直接投资、证券投资和储备资产之外的所有金融资产/负债，包括贸易信贷、贷款、货币和存款及其他资产/负债四类形式。其中长期指合同期为一年期以上的金融资产/负债，短期为一年期（含一年）以下的金融资产/负债。

3.1贸易信贷：指我国与世界其他国家或地区间，伴随货物进出口产生的直接商业信用。资产表示我国出口商的出口应收款以及我国进口商支付的进口预付款；负债表示我国进口商的进口应付款以及我国出口商预收的货款。

3.2贷款：资产表示我国境内机构通过向境外提供贷款和拆放等形式而持有的对外资产；负债表示我国机构借入的各类贷款，如外国政府贷款、国际组织贷款、国外银行贷款和卖方信贷。

3.3货币和存款：资产表示我国金融机构存放境外资金和库存外汇现金，负债表示我国金融机构吸收的海外私人存款、国外银行短期资金及向国外出口商和私人的借款等短期资金。

3.4其他资产/负债：指除贸易信贷、贷款、货币和存款以外的其他投资，如非货币型国际组织认缴的股本金，其他应收和应付款等。

4.储备资产：指我国中央银行可随时动用和有效控制的对外资产，包括货币黄金、特别提款权、在基金组织的储备头寸和外汇。

4.1货币黄金：指我国中央银行作为储备持有的黄金。

4.2特别提款权：是国际货币基金组织根据会员国认缴的份额分配的，可用于偿还国际货币基金组织债务、弥补会员国政府之间国际收支逆差的一种账面资产。

4.3在基金组织的储备头寸：指我国在国际货币基金组织普通账户中可自由动用的资产。

4.4外汇：指我国中央银行持有的可用作国际清偿的流动性资产和债权。

2009年我国国际收支继续呈现“双顺差”

日前，国家外汇管理局公布了2009年我国国际收支平衡表修订数据。统计显示，2009年我国国际收支经常项目、资本和金融项目继续呈现“双顺差”。

2009年，我国国际收支经常项目顺差2971亿美元，较上年下降32%。其中，按照国际收支统计口径计算，货物项目顺差2495亿美元，服务项目逆差294亿美元，收益项目顺差433亿美元，经常转移顺差337亿美元。

2009年，资本和金融项目顺差1448亿美元，较上年上升6.64倍。其中，直接投资净流入343亿美元，证券投资净流入387亿美元，其它投资净流入679亿美元。

我国国际储备资产因交易而增加3984亿美元。其中，外汇储备资产净增加3821亿美元（不含汇率、价格等非交易价值变动影响），特别提款权增加111亿美元，在基金组织的储备头寸增加4亿美元，货币黄金增加49亿美元。

自本次起，按照国际惯例，国际收支平衡表中外汇储备资产数据只记录交易变动，因汇率、价格等非交易因素引起的储备资产价值变动将通过国际投资头寸表反映。国家外汇管理局按这一口径追溯调整了2003年以来平衡表数据，此次一并公布（详见附件）。

为便于社会各界解读国际收支数据，分析国际收支运行状况，国家外汇管理局国际收支分析小组同时发布了2009年《中国国际收支报告》。

2009年中国国际收支平衡表

单位:亿美元

项目	行次	差额	贷方	借方
一.经常项目	1	2,971	14,846	11,874
A.货物和服务	2	2,201	13,333	11,132
a.货物	3	2,495	12,038	9,543
b.服务	4	−294	1,295	1,589
1.运输	5	−230	236	466
2.旅游	6	−40	397	437
3.通讯服务	7	0	12	12
4.建筑服务	8	36	95	59
5.保险服务	9	−97	16	113
6.金融服务	10	−3	4	7
7.计算机和信息服务	11	33	65	32
8.专有权利使用费和特许费	12	−106	4	111
9.咨询	13	52	186	134
10.广告、宣传	14	4	23	20
11.电影、音像	15	−2	1	3
12.其它商业服务	16	59	247	188
13. 别处未提及的政府服务	17	1	9	8
B.收益	18	433	1,086	653
1.职工报酬	19	72	92	21
2.投资收益	20	361	994	632
C.经常转移	21	337	426	89
1.各级政府	22	−2	0	3
2.其它部门	23	340	426	86
二.资本和金融项目	24	1,448	7,464	6,016
A.资本项目	25	40	42	2
B. 金融项目	26	1,409	7,422	6,014
1. 直接投资	27	343	1,142	799
1.1 我国在外直接投资	28	−439	42	481
1.2 外国在华直接投资	29	782	1,100	318
2. 证券投资	30	387	981	594
2.1 资产	31	99	669	570
2.1.1 股本证券	32	−338	122	461
2.1.2 债务证券	33	437	547	110
2.1.2.1 (中)长期债券	34	370	479	110
2.1.2.2 货币市场工具	35	67	68	0
2.2 负债	36	288	312	24
2.2.1 股本证券	37	282	288	7
2.2.2 债务证券	38	6	23	17
2.2.2.1 (中)长期债券	39	6	23	17
2.2.2.2 货币市场工具	40	0	0	0
3. 其它投资	41	679	5,299	4,620
3.1 资产	42	94	1,174	1,080
3.1.1 贸易信贷	43	−544	0	544
长期	44	−38	0	38
短期	45	−506	0	506
3.1.2 贷款	46	130	450	320
长期	47	−315	0	315
短期	48	445	450	5
3.1.3 货币和存款	49	52	267	216
3.1.4 其它资产	50	456	457	1
长期	51	0	0	0
短期	52	456	457	1
3.2 负债	53	585	4,125	3,540
3.2.1 贸易信贷	54	321	321	0
长期	55	22	22	0
短期	56	298	298	0
3.2.2 贷款	57	37	3,222	3,185
长期	58	−97	135	232
短期	59	134	3,087	2,953
3.2.3 货币和存款	60	116	456	340
3.2.4 其它负债	61	111	126	15
长期	62	110	110	0
短期	63	1	16	15
三. 储备资产	64	−3,984	0	3,984
3.1 货币黄金	65	−49	0	49
3.2 特别提款权	66	−111	0	111
3.3 在基金组织的储备头寸	67	−4	0	4
3.4 外汇	68	−3,821	0	3,821
3.5 其它债权	69	0	0	0
四.净 误 差 与 遗 漏	70	−435	0	435

1. 本表计数采用四舍五入原则。

2. 自本次起，国家外汇管理局按照国际惯例对储备资产记录方法进行了调整，即平衡表中只记录由于交易引起的储备资产变动，不包括汇率、价格等非交易因素引起的储备资产价值变动。

2009年我国外债基本情况

截至2009年末，我国外债余额为4286.47亿美元（不包括香港特区、澳门特区和台湾地区对外负债，下同），其中，登记外债余额为2669.47亿美元，贸易信贷余额为1617亿美元（注）。

按可比口径计算，中长期外债（剩余期限）余额为1693.88亿美元，占外债余额的39.52%；短期外债（剩余期限）余额为2592.59亿美元，占外债余额的60.48%。短期外债余额中，贸易信贷余额为1617亿美元；登记短期外债（剩余期限）余额为975.59亿美元，占短期外债余额的37.63%，占外债余额的22.76%。

在2669.47亿美元的登记外债余额中，国务院部委借入的主权债务余额为368.55亿美元，占13.81%；中资金融机构债务余额为940.79亿美元，占35.24%；外商投资企业债务余额为931.81亿美元，占34.91%；境内外资金融机构债务余额为383.4亿美元，占14.36%；中资企业债务余额为41.84亿美元，占1.57%；其他机构债务余额为3.08亿美元，占0.11%。

2009年，我国新借入中长期外债224.45亿美元，比上年减少138.62亿美元，下降38.18%；偿还中长期外债本金341.86亿美元，比上年增加108.95亿美元，增长46.78%；支付中长期外债利息36.29亿美元，比上年减少5.25亿美元，下降12.64%。

从债务类型看，以国际商业贷款为主。2009年末，国际商业贷款余额为1986.49亿美元，占登记外债余额的74.42%；外国政府贷款和国际金融组织贷款余额为682.98亿美元，占登记外债余额的25.58%。

从币种结构看，以美元债务为主。在2009年末的登记外债中，美元债务占67.76%；日元债务占11.89%；欧元债务占6.38%；其他债务包括特别提款权、港币等，合计占比13.97%。

中长期债务主要投向制造业及交通运输、仓储和邮政业等基础设施建设。按照国民经济行业分类，在登记的1881.38亿美元中长期外债（签约期限）余额中，投向制造业的为390.82亿美元，占20.77%；投向交通运输、仓储和邮政业的为237.83亿美元，占12.64%；投向电力、煤气及水的生产和供应业的为165.64亿美元，占8.80%；投向信息技术服务业的为122.31亿美元，占6.50%；投向房地产业的为118.25亿美元，占6.29%。

据初步计算，2009年我国外债偿债率为2.87%，债务率为32.16%，负债率为8.73%，短期外债与外汇储备的比为10.81%，均在国际标准安全线之内。

注：2009年贸易信贷抽样调查方法进行了调整，按新方法统计的2009年末贸易信贷余额为1617亿美元。为保证数据的可比性，2008年末贸易信贷余额相应调整为1296亿美元（原为1141亿美元）。

第五部分

低碳经济与节能减排

低碳经济

携手应对气候变化挑战

——在联合国气候变化峰会开幕式上的讲话

中华人民共和国主席 胡锦涛

2009年9月22日

全球气候变化深刻影响着人类生存和发展，是各国共同面临的重大挑战。37年来，从斯德哥尔摩到里约热内卢，从京都到巴厘岛，我们为保护全球环境、应对气候变化共同努力，取得显著成就。这是世界各国不断加深认知、不断凝聚共识、不断应对挑战的历史进程。《联合国气候变化框架公约》及其《京都议定书》已成为各方公认的应对气候变化主渠道，共同但有区别的责任原则已成为各方加强合作的基础，走可持续发展道路、实现人与自然相和谐已成为各方共同追求的目标。

气候变化是人类发展进程中出现的问题，既受自然因素影响，也受人类活动影响，既是环境问题，更是发展问题，同各国发展阶段、生活方式、人口规模、资源禀赋以及国际产业分工等因素密切相关。归根到底，应对气候变化问题应该也只能在发展过程中推进，应该也只能靠共同发展来解决。

应对气候变化，涉及全球共同利益，更关乎广大发展中国家发展利益和人民福祉。在应对气候变化过程中，必须充分考虑发展中国家的发展阶段和基本需求。发展中国家历史排放少、人均排放低，目前受发展水平所限，缺少资金和技术，缺乏应对气候变化能力和手段，在经济全球化进程中处于国际产业链低端，承担着大量转移排放。当前，发展中国家的首要任务仍是发展经济、消除贫困、改善民生。国际社会应该重视发展中国家特别是小岛屿国家、最不发达国家、内陆国家、非洲国家的困难处境，倾听发展中国家声音，尊重发展中国家诉求，把应对气候变化和促进发展中国家发展、提高发展中国家发展内在动力和可持续发展能力紧密结合起来。

应对气候变化，实现可持续发展，是摆在我们面前一项紧迫而又长期的任务，事关人类生存环境和各国发展前途，需要各国进行不懈努力。当前，我们在共同应对气候变化方面应该坚持以下几点。

第一，履行各自责任是核心。共同但有区别的责任原则凝聚了国际社会共识。坚持这一原则，对确保国际社会应对气候变化努力在正确轨道上前行至关重要。发达国家和发展中国家都应该积极采取行动应对气候变化。根据《联合国气候变化框架公约》及其《京都议定书》的要求，积极落实“巴厘路线图”谈判。发达国家应该完成《京都议定书》确定的减排任务，继续承担中期大幅量化减排指标，并为发展中国家应对气候变化提供支持。发展中国家应该根据本国国情，在发达国家资金和技术转让支持下，努力适应气候变化，尽可能减缓温室气体排放。

第二，实现互利共赢是目标。气候变化没有国界。任何国家都不可能独善其身。应对这一挑战，需要国际社会同舟共济、齐心协力。支持发展中国家应对气候变化，既是发达国家应尽的责任，也符合发达国家长远利益。我们应该树立帮助别人就是帮助自己的观念，努力实现发达国家和发展中国家双赢，实现各国利益和全人类利益共赢。

第三，促进共同发展是基础。发展中国家应该统筹协调经济增长、社会发展、环境保护，增强可持续发展能力，摆脱先污染、后治理的老路。同时，不能要求发展中国家承担超越发展阶段、应负责任、实际能力的义务。从长期看，没有各国共同发展，特别是没有发展中国家发展，应对气候变化就没有广泛而坚实的基础。

第四，确保资金技术是关键。发达国家应该担起责任，向发展中国家提供新的额外的充足的可预期的资金支持。这是对人类未来的共同投资。气候友好技术应该更好服务于全人类共同利益。应该建立政府主导、企业参与、市场运作的良性互动机制，让发展中国家用得上气候友好技术。

中国取得了巨大发展成就，人民生活和社会面貌发生了深刻变化。中国经济总量虽然已处于世界前列，但人均国内生产总值仍排在全球100位之后。中国仍是世界上最大发展中国家，人口占世界五分之一，城乡、区域、经济社会发展不平衡，面临的困难还很多，实现现代化还有很长的路要走。中国从对本国人民和世界人民负责任的高度，充分认识到应对气候变化的重要性和紧迫性，已经并将继续坚定不移为应对气候变化作出切实努力，并向其他发展中国家提供力所能及的帮助，继续支持小岛屿国家、最不发达国家、内陆国家、非洲国家提高适应气候变化能力。

中国高度重视和积极推动以人为本、全面协调可持续的科学发展，明确提出了建设生态文明的重大战略任务，强调要坚持节约资源和保护环境的基本国策，坚持走可持续发展道路，在加快建设资源节约型、环境友好型社会和建设创新型国家的进程中不断为应对气候变化作出贡献。

中国已经制定和实施了《应对气候变化国家方案》，明确提出2005年到2010年降低单位国内生产总值能耗和主要污染物排放、提高森林覆盖率和可再生能源比重等有约束力的国家指标。仅通过降低能耗一项，中国5年内可以节省能源6. 2亿吨标准煤，相当于少排放15亿吨二氧化碳。

今后，中国将进一步把应对气候变化纳入经济社会发展规划，并继续采取强有力的措施。一是加强节能、提高能效工作，争取到2020年单位国内生产总值二氧化碳排放比2005年有显著下降。二是大力发展可再生能源和核能，争取到2020年非化石能源占一次能源消费比重达到15%左右。三是大力增加森林碳汇，争取到2020年森林面积比2005年增加4000万公顷，森林蓄积量比2005年增加13亿立方米。四是大力发展绿色经济，积极发展低碳经济和循环经济，研发和推广气候友好技术。

世界期待着我们就事关人类生存和发展的气候变化问题作出抉择。我相信，只要我们本着对各自国家和人类社会负责任的态度，立足现实，着眼未来，坚持《联合国气候变化框架公约》及其《京都议定书》主渠道地位，坚持共同但有区别的责任原则，坚持“巴厘路线图”的授权，哥本哈根大会就会成为国际社会合作应对气候变化新的里程碑。中国愿同各国携手努力，共同为子孙后代创造更加美好的未来！

中国积极推动低碳经济和社会发展

参加哥本哈根气候变化大会的中国代表团团长、国家发展和改革委员会副主任解振华1 5日说，中国将紧密结合自己的发展阶段和特殊国情，转变传统的发展方式和消费模式，走低碳经济发展道路，最终实现人与自然的和谐发展。

解振华是在联合国开发计划署主办的“中国低碳经

济与社会发展之路”高层研讨会上发表讲话时作上述表述的。他指出，中国将从六个方面推动低碳经济和社会的发展。

第一，加强政策引导和宏观协调。低碳经济是一个综合性比较强的问题，统筹协调和指导至关重要，中国政府计划发布实施全局性、指导性的政策文件。

第二，贯彻落实各项政策措施。中国政府将把发展低碳经济纳入“十二五”国民经济和社会发展规划，通过转变经济发展模式、调整产业结构、优化能源结构、提高能源效率等举措，推进低碳经济发展。

第三，部署发展低碳经济试点工作。中国将选择具有代表性的典型地区作为开展低碳经济的示范点，制定和实施地方发展低碳经济行动方案。

第四，提高发展低碳经济相关能力建设。中国政府正组织相关部门，加强和完善温室气体监测、统计和管理体系建设，在重点领域组织攻关，组建跨领域、多学科的科技队伍。

第五，加强宣传教育，提高全民意识。中国政府大力开展形式多样的发展低碳经济和应对气候变化宣传活动，倡导全社会采取低碳生活模式和消费模式。

第六，组织开展对外交流与合作。中国政府本着开放、务实的态度，与不同国家和国际组织加强对话、开展合作，吸收发达国家的先进经验，努力创建中国特色低碳经济发展模式。

中国应对气候变化方面取得五大显著成效

国家发展和改革委员会副主任解振华26日表示，中国围绕《中国应对气候变化国家方案》的实施，结合节能减排等工作，通过发展循环经济、淘汰落后产能等措施，在应对气候变化方面取得了五大显著成效。

这五大成效分别为，降低单位GDP能耗的工作逐年取得新进展，2006至2008年分别比上年下降1.79%、4.04%和4.59%，有望按计划到2010年实现单位GDP能耗在2005年基础上减少20%的目标；二是2006至2008年关停小火电机组3826万千瓦，淘汰落后炼铁产能6059万吨、炼钢产能4347万吨、水泥产能1.4亿吨；三是2000年到2008年，我国风电装机容量由34万千瓦提高到1000万千瓦，水电装机容量由7935万千瓦提高到16300万千瓦，核电装机容量由210万千瓦提高到910万千瓦；四是减少农业、农村温室气体排放，截至2007年底，全国户用沼气达到2650多万户，相当于减排二氧化碳4400万吨；五是推动植树造林，增强碳汇能力。

解振华表示，这些成绩的取得，得益于国家积极采取政策和措施。为应对气候变化，我国加强了应对气候变化体制机制建设，2007年成立了由国务院总理担任组长的国家应对气候变化领导小组。

同时，我国积极采取多项政策措施。发布实施《中国应对气候变化国家方案》，提出到2010年单位GDP能耗在2005年基础上减少20%左右的目标。发布《可再生能源中长期发展规划》，提出可再生能源消费比重到2010年达到的目标。积极推进减缓气候变化的政策和行动，在调整经济结构，转变发展方式，大力节约能源、提高能源利用效率、优化能源结构，植树造林等领域采取了一系列政策措施。

解振华说，在价格政策方面，中国适时调整了成品油和天然气价格，取消对高耗能企业的优惠电价政策，降低小火电价格，对清洁能源实行鼓励性电价政策；在财政政策方面，专门出台了鼓励节能技术改造、高效照明产品推广等的经济措施；在税收政策方面，针对高耗能商品取消了出口退税或降低了其出口退税率，出台了针对企业节能环保项目的优惠所得税政策，提高了资源税费标准；在政府采购政策方面，全面启动了政府绿色采购工作；在金融政策方面，加大对节能减排技术改造项目的信贷支持，支持符合条件的节能减排领域企业发行企业债券。

中国应对气候变化坚持六项基本原则

国家发展和改革委员会副主任解振华表示，中国在应对气候变化问题上，坚持在可持续发展的框架下应对气候变化、共同但有区别的责任、减缓和适应并重、公约和议定书是应对气候变化的主渠道、依靠科技创新和技术转让、全民参与和广泛国际合作六项基本原则。

解振华表示，要在可持续发展的框架下应对气候变化。气候变化是在发展中产生的，也必须在发展过程中解决。消除贫困和实现发展是发展中国家首要的和压倒一切的任务，也是不可剥夺的基本人权。要在应对气候变化过程中促进减贫和可持续发展，努力实现发展经济和应对气候变化的双赢。

同时，要坚持“共同但有区别的责任”原则。这是公约的核心原则。不论发达国家还是发展中国家都有采取减缓和适应气候变化措施的责任，但是由于各国历史责任、发展水平、发展阶段、能力大小不同，贡献方式也不相同，发达国家要对其历史累计排放和当前高人均排放承担责任，率先减少排放，同时要向发展中国家提供资金、转让技术；发展中国家要在发展经济、消除贫困的过程中，在发达国家的资金、技术和能力建设支持下，采取积极的适应和减缓措施，为共同应对气候变化做出贡献。

解振华提出，应对气候变化要坚持减缓和适应并重。减缓和适应气候变化是应对气候变化的两个有机组成部分。减缓是一项相对长期、艰巨的任务，而适应则更为现实、紧迫，对发展中国家尤为重要。在气候变化国际合作中，要切实纠正重减缓、轻适应的倾向，减缓与适应必须统筹兼顾、协调平衡、同举并重。

他还表示，公约和议定书是应对气候变化的主渠道。公约和议定书奠定了应对气候变化国际合作的法律基础，凝聚了国际社会的共识，是目前最具权威性、普遍性、全面性的应对气候变化国际框架。应当坚定不移地维护公约和议定书作为应对气候变化核心机制和主渠道的地位。其他多边和双边的合作，都应该是公约和议定书的补充和辅助。

解振华指出，要依靠科技创新和技术转让。应对气候变化要靠技术，技术创新和技术转让是应对气候变化的基础和支撑。发达国家有义务在推动本国开发和应用先进技术的同时，促进国际技术合作与转让，切实履行向发展中国家提供资金和转让技术的承诺，使发展中国家拿得到所需资金，用得上气候友好技术，提高减缓和适应气候变化能力。

此外，要坚持全民参与和广泛国际合作。应对气候变化需要转变传统生产方式和消费方式，需要全社会的广泛参与。中国努力建设资源节约型、环境友好型社会，营造政府引导、企业参加和公众自愿行动的社会氛围，增强企业的社会责任感和公众的全球环境意识。气候变化是全球共同面临的挑战，必须通过全球的广泛合作和共同努力才能解决，中国将一如既往地积极开展和参与一切有利于应对气候变化的国际合作。

我国提出应对气候变化应坚持四项原则

国家发展和改革委员会副主任解振华19日呼吁，国际社会应携手合作，坚持以联合国气候变化框架公约和《京都议定书》为主渠道，坚持共同承担责任，坚持可持续发展框架，坚持技术和资金共举等四项原则，共同应对气候变化的挑战。

在19日举行的亚太低碳经济论坛2009中国峰会开幕式上，发改委能源研究所副所长李俊峰宣读了解振华的致辞。解振华在致辞中表示，联合国气候变化框架公约和《京都议定书》对国际社会应对气候变化奠定了法律基础，是目前最具权威性、普遍性的国际框架。国际社会应当坚持以公约和议定书为应对气候变化的主渠道和有效框架，其他多边和双边的对话机制应该作为对公约和议定书的补充。

他提出，应对气候变化要坚持共同承担责任的原则，各国应共同但有区别地履行在应对气候变化方面的责任和义务；要坚持在可持续发展的框架下应对气候变化的原则，实施可持续发展政策。特别是对发展中国家，只有发展经济才能更有效地应对气候变化，也只有走低碳发展之路，积极减缓和适应气候变化，才能最终实现经济和社会的可持续发展。

解振华还表示，要坚持技术和资金同举并重的原则来应对气候变化。发达国家应率先大幅度量化减排，发展中国家要根据国情，在可持续发展的框架下，采取适当的减缓行动。由于广大发展中国家经济发展水平相对较低，应对气候变化能力有限，受气候变化不利影响更为严重，国际社会必须平等对待适应问题和减缓问题。

对将于今年12月举行的联合国气候变化大会哥本哈根会议，解振华期待进一步加强联合国气候变化公约和《京都议定书》的全面、有效和持续实施，重点解决减缓、适应、技术、资金问题。

为期一天的亚太低碳经济论坛2009中国峰会由世界自然基金会、联合国亚太经济与社会委员会和国家发改委能源研究所联合主办。来自中国、欧美和亚洲其他国家的政府官员、专家学者及企业代表从学术和实践两方面对亚太地区低碳经济发展进行了讨论和交流。

国家发展改革委关于开展低碳省区和低碳城市试点工作的通知

发改气候〔2010〕1587号

各省、自治区、直辖市及计划单列市和新疆生产建设兵团发展改革委：

去年11月国务院提出我国2020年控制温室气体排放行动目标后，各地纷纷主动采取行动落实中央决策部署。不少地方提出发展低碳产业、建设低碳城市、倡导低碳生活，一些省市还向我委申请开展低碳试点工作。积极探索我国工业化城镇化快速发展阶段既发展经济、改善民生又应对气候变化、降低碳强度、推进绿色发展的做法和经验，非常必要。经国务院领导同意，我委将组织开展低碳省区和低碳城市试点工作。现将有关事项通知如下：

一、目的意义

气候变化深刻影响着人类生存和发展，是世界各国共同面临的重大挑战。积极应对气候变化，是我国经济社会发展的一项重大战略，也是加快经济发展方式转变和经济结构调整的重大机遇。我国正处在全面建设小康社会的关键时期和工业化、城镇化加快发展的重要阶段，能源需求还将继续增长，在发展经济、改善民生的同时，如何有效控制温室气体排放，妥善应对气候变化，是一项全新的课题。我们必须坚持以我为主、从实际出发的方针，立足国情、统筹兼顾、综合规划，加大改革力度、完善体制机制，依靠科技进步、加强示范推广，努力建设以低碳排放为特征的产业体系和消费模式。开展低碳省区和低碳城市的试点，有利于充分调动各方面积极性，有利于积累对不同地区和行业分类指导的工作经验，是推动落实我国控制温室气体排放行动目标的重要抓手。

二、试点范围

根据地方申报情况，统筹考虑各地方的工作基础和试点布局的代表性，经沟通和研究，我委确定首先在广东、辽宁、湖北、陕西、云南五省和天津、重庆、深圳、厦门、杭州、南昌、贵阳、保定八市开展试点工作。

三、具体任务

（一）编制低碳发展规划。试点省和试点城市要将应对气候变化工作全面纳入本地区“十二五”规划，研究制定试点省和试点城市低碳发展规划。要开展调查研究，明确试点思路，发挥规划综合引导作用，将调整产业结构、优化能源结构、节能增效、增加碳汇等工作结合起来，明确提出本地区控制温室气体排放的行动目标、重点任务和具体措施，降低碳排放强度，积极探索低碳绿色发展模式。

（二）制定支持低碳绿色发展的配套政策。试点地区要发挥应对气候变化与节能环保、新能源发展、生态建设等方面的协同效应，积极探索有利于节能减排和低碳产业发展的体制机制，实行控制温室气体排放目标责任制，探索有效的政府引导和经济激励政策，研究运用市场机制推动控制温室气体排放目标的落实。

（三）加快建立以低碳排放为特征的产业体系。试点地区要结合当地产业特色和发展战略，加快低碳技术创新，推进低碳技术研发、示范和产业化，积极运用低碳技术改造提升传统产业，加快发展低碳建筑、低碳交通，培育壮大节能环保、新能源等战略性新兴产业。同时要密切跟踪低碳领域技术进步最新进展，积极推动技术引进消化吸收再创新或与国外的联合研发。

（四）建立温室气体排放数据统计和管理体系。试点地区要加强温室气体排放统计工作，建立完整的数据收集和核算系统，加强能力建设，提供机构和人员保障。

（五）积极倡导低碳绿色生活方式和消费模式。试点地区要举办面向各级、各部门领导干部的培训活动，提高决策、执行等环节对气候变化问题的重视程度和认识水平。大力开展宣传教育普及活动，鼓励低碳生活方式和行为，推广使用低碳产品，弘扬低碳生活理念，推动全民广泛参与和自觉行动。

四、工作要求

低碳试点工作关系经济社会发展全局，需要切实加强领导，抓好落实，务求实效。试点地区要建立由主要领导负责抓总的工作机制，发展改革部门要负责做好相关组织协调工作；辖区内有试点城市的省级发展改革部门，要加强对试点城市的支持和指导，协调解决工作中的困难；试点工作要结合本地实际，突出特色，大胆探索，注重积累成功经验，坚决杜绝概念炒作和搞形象工程。试点地区要抓紧制定工作实施方案，并于8月31日前报送我委。

我委将与试点地区发展改革部门建立联系机制，加强沟通交流，定期对试点进展情况进行评估，指导开展相关国际合作，加强能力建设，做好服务工作。对于试点地区的成功经验和做法将及时总结，并加以推广示范。

特此通知。

国家发展改革委

二〇一〇年七月十九日

探索环保新道路　大力推进绿色发展

环境保护部部长　周生贤

6月5日是一年一度的世界环境日。我国今年世界环境日的主题是“低碳减排•绿色生活”，旨在倡导公众践行绿色消费，积极推进生态文明建设，努力实现清洁发展、安全发展、绿色发展和可持续发展。

发展是人类社会追求的永恒主题。人类文明的发展，历来是在不断应对和克服人与人、人与自然、人与社会各种矛盾过程中艰难前进。由于人与自然矛盾激化，发展遭遇前所未有的阻碍，促使环境问题认识的觉醒，进而不断探索新的发展路径。特别是在应对国际金融危机冲击中，许多国家都更加突出“绿色”的理念和内涵，实施“绿色新政”，以此来谋划后危机时代的发展。人们普遍认识到，发展绿色经济不仅可以节能减排，而且能够更加有效地利用资源、扩大市场需求、提供新的就业，是保护环境与发展经济的重要结合点。推进绿色发展，为环境保护带来了压力和机遇。

改革开放30多年是我国环保事业大发展的30多年，也是不懈探索中国环保新道路的30多年。西方发达国家走过的“先污染后治理、牺牲环境换取经济增长”，注重“末端治理”的环保老路，在我国走不通，也走不起。一段时期内，不少地区和环保部门把环境保护与经济发展对立起来，把环境保护看成是简单的污染防治，就污染谈污染，就环保论环保，实践中走了弯路。面对严峻的环境形势和艰巨的环保任务，需要与时俱进的改革创新精神，立足基本国情，借鉴经验教训，积极探索出一条代价小、效益好、排放低、可持续的环境保护道路。“代价小”就是要坚持环境保护与经济发展相协调，以尽可能小的环境代价支撑更大规模的经济活动；“效益好”就是要坚持环境保护与经济社会建设相统筹，寻求最佳的环境效益、经济效益和社会效益；“排放低”就是要坚持污染预防与环境治理相结合，用适当的环境治理成本，把经济社会活动对环境的损害降低到最小程度；“可持续”就是要坚持环境保护与长远发展相融合，以环境保护的不断加强推动经济社会可持续发展。

探索环保新道路，需要用新的理念进一步深化对环境保护的认识，用新的视野把握好环境保护事业的发展机遇，用新的实践推动环境保护取得更大的实际成效，用新的体制机制保障环境保护的持续推进，用新的思路谋划环境保护的未来，抓紧制定与我国基本国情相适应的环境保护宏观战略体系、全防全控的防范体系、健全高效的环境治理体系、完善的环境法规政策标准体系、完备的环境管理体系、全民参与的社会行动体系，从国家战略层面、经济发展方式转变进程、再生产全过程和生态文明建设主战场全力推进。

当前，我国已进入只有加快转变经济发展方式才能促进可持续发展的关键时期。加快经济发展方式转变，关键要有强大外力，就像石墨结构向金刚石结构转化需要高温高压外加催化剂那样苛刻的外界条件一样。进一步加强环境保护可以提供这一强大外力。这就需要积极探索，充分发挥环境保护优化经济发展的综合作用。

第一，坚决打好污染减排决胜战，以倒逼机制促进经济结构调整。经过努力，截至2009年底，全国化学需氧量和二氧化硫排放量与2005年相比分别下降9.66%和13.14%，二氧化硫减排已超过“十一五”目标，化学需氧量减排也接近“十一五”目标。今年以来，我们咬定目标，自加压力，明确提出化学需氧量在实现“十一五”目标的前提下，再削减20万吨；二氧化硫在2009年已经完成任务的基础上，再削减40万吨。我们将深入研究健全减排指标、监测和考核体系，把污染减排与改善环境质量紧密结合起来，探索建立减排目标着眼环境质量、减排任务立足环境质量、减排考核依据环境质量的责任体系和工作机制，大力推进结构减排、工程减排和管理减排，通过污染减排的倒逼传导机制，促进经济发展方式转变和产业结构调整。

第二，深化环境影响评价制度，以源头控制推动产业优化升级。严格控制“两高一资”行业盲目扩张，坚决抑制产能过剩和低水平重复建设。健全环评、评估、审批责任追究机制和部门协调联动机制，强化建设项目环评管理。对未按期完成淘汰落后产能任务的地区，实行建设项目环评“区域限批”。完善规划环评，探索战略环评，把资源节约、环境友好以及生态文明的理念和要求落实到经济社会发展规划中，努力构建资源节约和环境友好的国民经济体系和社会组织体系。

第三，健全并完善环境法规政策标准体系，以环境成本优化资源配置。继续探索完善环境政策，促进经济发展和环境保护政策一体化。积极推进资源性产品价格改革和环保收费改革，完善鼓励节能环保的财税体系，研究制定有利于环境保护的产业政策，深化绿色税收、绿色证券、绿色采购、绿色贸易等环境经济政策。

第四，增强环境科技创新和支撑能力，以市场导向发展壮大环保产业。加快发展新兴战略性产业和环保技术，构建以企业为主体的技术创新体系。开发和推广节约、替代、循环利用和减少污染的先进适用技术，促进绿色经济发展壮大，引领技术升级，最大限度地减少污染物排放。

第五，进一步保障和改善民生，以绿色生活助推消费模式转变。环境保护是重大民生问题。经济发展决定人们的生活水平，环境状况决定人们的生存条件。随着生活水平的提高，人民群众由衷地期盼喝上干净的水、呼吸新鲜的空气、吃上放心的食物。我们坚持把环境保护与改善民生紧密结合起来，把保障群众饮水安全作为首要任务，集中力量解决重金属污染等危害群众健康的突出环境问题。同时，积极倡导适度消费和绿色消费，改变导致对自身生存环境破坏的生产方式和消费模式。

加强环境保护，推进生态文明建设，事关广大群众的切身利益，离不开社会各界的广泛参与，需要全社会行动起来，共同建设共同享有。绿色发展的征程就在脚下延伸，艰巨繁重的任务正摆在面前。只要我们坚定信心、砥砺勇气、携手共进，一定能够早日实现山清水秀天蓝地绿的美好愿景。（摘自人民日报）

低碳经济是指温室气体排放量尽可能低的经济发展方式，尤其是二氧化碳这一主要温室气体的排放量要有效控制。在全球变暖的大背景下，低碳经济受到越来越多国家的关注。

近些年来，科学界以及各国政府已经基本达成一致，认为人类活动导致地球大气层中的温室气体（尤其是二氧化碳）不断增多，气候正在发生变化。在可预见的将来，温室气体水平过高导致的全球变暖会对人类生活产生负面影响。因此，推行低碳经济被认为是避免气候发生灾难性变化、保持人类可持续发展的有效方法之一。

低碳经济以低能耗、低排放、低污染为基础，其实质是提高能源利用效率和创建清洁能源结构，核心是技术创新、制度创新和发展观的改变。发展低碳经济是一场涉及生产模式、生活方式、价值观念和国家权益的全球性革命。

中国社会科学院15日在京发布的《城市蓝皮书：中国城市发展报告（ＮＯ.２）》蓝皮书就指出，在全球气候变化的大背景下，发展低碳经济正在成为各级部门决策者的共识。节能减排，促进低碳经济发展，既是救治全球气候变暖的关键性方案，也是践行科学发展观的重要手段。

在低碳经济问题上，人们需澄清一些认识上的误区。首先，低碳不等于贫困，贫困不是低碳经济，低碳经济的目标是低碳高增长；第二，发展低碳经济不会限制高能耗产业的引进和发展，只要这些产业的技术水平领先，就符合低碳经济发展需求；第三，低碳经济不一定成本很高，减少温室气体排放甚至会帮助节省成本，并且不需要很高的技术，但需要克服一些政策上的障碍；第四，低碳经济并不是未来需要做的事情，而是应该从现在做起；第五，发展低碳经济是关乎每个人的事情，应对全球变暖，关乎地球上每个国家和地区，关乎每一个人。

节能减排

抓好七项工作 确保实现“十一五”节能减排目标

国务院总理 温家宝

国务院召开全国节能减排工作电视电话会议，动员和部署加强节能减排工作。国务院总理温家宝作了重要讲话，他强调，要切实把节能减排作为加强宏观调控、调整经济结构、转变发展方式的重要任务，本着对国家、对人民、对历史高度负责的精神，下更大的决心，花更大的气力，做更大的努力，确保实现“十一五”节能减排目标。

国务院副总理李克强主持会议。国务院副总理回良玉、张德江、王岐山，国务委员刘延东、梁光烈、马凯、孟建柱出席会议。

温家宝指出，坚持资源节约和环境保护的基本国策，事关人民群众切身利益和中华民族生存发展。国务院先后作出了一系列重大部署，各地区、各部门开展了卓有成效的工作，“十一五”前四年全国单位国内生产总值能耗累计下降14.38%，但完成“十一五”降低20%左右的目标仍然十分艰巨。特别是今年一季度，电力、钢铁、有色、建材、石油化工、化工等6大高耗能行业加快增长，全国单位国内生产总值能耗上升3.2%，大大增加了后三个季度的工作压力。确保实现“十一五”节能减排目标，是各级政府必须向人民兑现的庄严承诺，是落实科学发展观、转变经济发展方式的紧迫任务，是我国应对全球气候变化的实际行动，无论面临多大的困难，我们的承诺不能改变，决心不能动摇，工作不能减弱。

温家宝强调，要坚持节能与发展相促进，开发与节约相协调，政府调控和市场机制相结合，综合运用经济、法律、技术和必要的行政手段，抓好节能减排工作，确保实现“十一五”节能减排目标。（一）严控高耗能、高排放行业过快增长，加大淘汰落后产能力度。必须严格控制“两高”和产能过剩行业新上项目，严把项目审核管理关、项目审批程序关、“两高”产品出口关。采取铁的手腕淘汰落后产能，今年要关停小火电机组1000万千瓦，淘汰落后炼铁产能2500万吨、炼钢600万吨、水泥5000万吨、电解铝33万吨、平板玻璃600万重箱、造纸53万吨，5月底前要把任务落实到各地区和企业。（二）加快实施重点节能工程，抓好重点领域节能减排。安排中央预算内投资333亿元、中央财政节能减排专项资金500亿元，支持十大重点节能工程、重点行业烟气脱硫、节能环保能力建设等，确保形成年节能能力8000万吨标准煤，新增城镇污水日处理能力1500万吨、垃圾日处理能力6万吨。继续着力抓好工业、建筑、交通三大重点领域节能，公共机构能耗指标比去年降低5%。（三）大力推广高效节能产品，积极推行合同能源管理。加快实施“节能产品惠民工程”，继续做好高效节能空调推广工作，加大汽车、家电以旧换新力度，推广节能灯1.5亿只以上。鼓励企业加强节能技术改造和关键技术攻关。发布节能环保技术和产品目录。扩大能效标识和节能产品认证制度实施范围。全面实行政府优先和强制采购节能产品制度。认真落实推行合同能源管理、促进节能服务产业发展的政策措施。（四）切实加强用能管理，大幅度提高能源利用效率。突出抓好钢铁、有色、电力、建材、石油石化、化工等重点耗能行业和年耗能5000吨标准煤以上企业节能监管，千家企业节能行动要确保形成2000万吨标准煤的节能能力。大力推进节能发电调度，优先调度可再生能源和大容量、高效率的燃煤火电机组发电上网。进一步加强电力需求侧管理，制定和实施用电高峰期供电方案，重点保证居民合理用电需求。坚决压缩高耗能、高排放企业用电，对超过国家和地方规定的单位产品能耗限额的单位，收取惩罚性电价。（五）严格执行节能减排法规标准，坚决查处违法违规行为。尽快出台固定资产投资项目节能评估和审查办法，推进高效节能电机、变频调速技术、先进发电设备等标准的制定修订工作，完善主要用能产品能耗限额标准。严肃查处违规乱上项目、对高耗能企业实行电价优惠、严重浪费能源资源和严重污染环境等问题。（六）深化改革，健全和完善节能减排长效机制。推进资源性产品价格改革，推行居民用电阶梯价格，落实煤层气发电、余热余压发电上网和价格政策。积极落实国家支持节能减排的所得税、增值税等优惠政策，加快实施资源税改革。完善生态补偿机制。（七）深入开展节能减排全民行动，发挥舆论监督作用。继续在全社会倡导绿色消费。新闻媒体要定期公布各地方节能减排进展和能耗情况，报道先进经验，曝光反面典型，弘扬节约光荣、浪费可耻的社会风尚。

温家宝要求，各地区各部门要把思想统一到中央的决策部署上来，加强组织领导，形成一级抓一级、层层抓落实的工作格局。地方各级政府主要领导、企业主要负责人要切实负起对本地区、本企业节能减排工作第一责任人的责任。要强化行政问责，对各地区节能目标完成好的要给予奖励，未完成的要追究主要领导和相关领导责任，根据情节给予相应处分，直至撤职。要严防弄虚作假，对任何地方和企业，一经发现数据造假、做表面文章，都要坚决严肃处理，确保单位国内生产总值能耗数据的真实性、准确性和一致性。要加大资金投入，建立政府引导、企业为主、金融机构贷款和社会资金积极参与的节能减排投入机制。要深化重大问题研究，有关部门和各地区要做好月度、季度单位国内生产总值能耗降低情况的分析和预测预警，抓紧研究“十二五”节能减排目标、实现途径、保障措施、政策体制等问题。

国家发改委，工业和信息化部，河北省、山东省人民政府以及鞍山钢铁集团公司负责人在会上发言。

各省、自治区、直辖市人民政府及新疆生产建设兵团主要负责人，国务院各部门主要负责人，中央和地方有关重要企业主要负责人出席会议。中共中央、全国人大、全国政协有关部门和解放军总后勤部的负责人应邀参加会议。

国家发展改革委张平主任
在国务院节能减排工作电视电话会议上的发言摘要

2010年5月5日

“十一五”以来，各地区、各部门把节能减排作为促进科学发展的重要抓手，通过强化目标责任，调整产业结构，实施重点工程，推动技术进步，强化政策激励，加强监督管理，开展全民行动等措施，节能减排取得重要进展，到去年底，全国单位国内生产总值能耗累计下降14.38%，化学需氧量排放总量下降9.66%，二氧化硫排放总量下降13.14%，扭转了“十五”后期单位国内生产总值能耗和主要污染物排放上升的趋势。但是去年三季度以来，高耗能行业快速增长，落后产能死灰复燃，能源需求大幅增加，能源消耗强度、二氧化硫排放量下降趋势减缓。今年一季度，部分地区能耗强度由降转升，节能减排形势十分严峻，特别是要完成“十一五”单位国内生产总值能耗降低20%左右的目标任务非常艰巨。

现在距“十一五”末只有不到八个月时间，必须坚定信心，把思想和认识统一到国务院的决策和部署上来，采取强有力措施，确保目标实现。今后一段时间，发展改革委将按照这次电视电话会议特别是温家宝总理重要讲话精神，会同有关部门重点抓好以下几项工作：

一是强化目标责任，加大问责力度。抓紧完成省级政府节能目标责任评价考核报告，向社会公告考核结果。各地节能主管部门要组织开展本地区节能目标责任评价考核，考核结果向政府报告、向社会公布，兑现奖惩措施。提前做好“十一五”节能目标完成情况总体评价考核工作安排，制定具体的奖惩和问责办法。

二是严控“两高”行业，加快淘汰落后产能。严格项目审核管理，各级投资主管部门今年原则上不再审批、核准、备案“两高”行业和产能过剩行业扩大产能项目。对未经审核通过的项目一律不准开工；对违规在建项目，要责令停止建设；对违规建成的项目，要依法停电停水。严控“两高”产品出口。今年“上大压小”关停小火电机组1000万千瓦，确保第三季度前全部关停，全年超额完成关停任务。

三是加快实施重点工程，推广高效节能产品。今年安排中央资金833亿元，支持十大重点节能工程和污染减排工程建设，形成年节能能力8000万吨标准煤。各地区也要加大投入，资金要向能直接形成节能能力的短平快项目倾斜。继续实施“节能产品惠民工程”，在加大高效节能空调推广的基础上，大力推广节能汽车、高效电机等产品，5月底前出台实施细则。6月中旬出台促进节能服务产业发展的相关配套政策，对节能服务公司采用合同能源管理方式为企业实施节能改造给予支持。

四是抓好重点领域，强化目标管理。突出抓好千家企业节能行动，形成2000万吨标准煤的节能能力，尽快公告2009年千家企业节能目标责任评价考核结果，发布能源利用状况报告。省级节能主管部门要加强年耗能5000吨标准煤以上重点用能单位节能管理，组织开展能源审计和能效水平对标活动，促进企业节能管理上水平。

五是加强用能管理，深化能源价格改革。加强能耗跟踪监测，对能源消费和高耗能行业过快增长的地区，合理控制能源供应。电网实施节能发电调度。制定和实施有序用电方案，加强电力需求侧管理。调整天然气价格，推行居民用电阶梯价格，出台鼓励余热余压发电上网和价格政策。严格执行差别电价政策，鼓励地方按照规定程序大幅度提高差别电价标准。对能源消耗超过国家和地方单位产品能耗限额标准的企业，实行惩罚性电价。

六是完善法规标准，加强监督检查。6月底前出台固定资产投资项目节能评估和审查管理办法。制定发布一批单位产品能耗限额标准、用能产品能效标准。省级节能主管部门要开展节能专项督察，组织节能监察机构对重点用能单位开展拉网式排查，严肃查处使用国家明令淘汰的用能设备或生产工艺、单位产品能耗超限额标准等问题，情节严重的，依法责令停业整顿或者关闭。省级投资主管部门、价格主管部门要严肃查处违规乱上“两高”项目、高耗能企业电价优惠等问题。

七是开展全民行动，加强舆论引导和监督。广泛深入开展“节能减排全民行动”。组织好2010年全国节能宣传周等活动。组织新闻媒体对各地贯彻落实国务院通知情况进行宣传，报道先进经验，曝光反面典型，发挥舆论引导和监督作用。

八是搞好形势分析，做好预警调控。省级节能主管部门要做好节能形势分析和预警预测，6月底前制定预警调控方案，三季度组织开展“十一五”节能目标完成情况预考核，完成目标有困难的地区要及时启动预警调控方案。

会后，我们将认真贯彻落实温家宝总理重要讲话精神，把各项工作向前推进。

2009年国务院节能减排工作安排

国办发〔2009〕48号

“十一五”前三年，各地区、各部门认真落实党中央、国务院的部署，把节能减排作为促进科学发展的重要抓手，作为扩内需、保增长、调结构的重要内容，工作力度不断加大，节能减排取得积极进展。全国单位GDP能耗逐年逐季降低，2006年下降1.79%，2007年下降4.04%，2008年下降4.59%，三年累计下降10.1%，节能约2.9亿吨标准煤。全国二氧化硫、化学需氧量（COD）排放总量不断降低，2007年分别下降4.66%和

3.14%，2008年分别下降5.95%和4.42%，“十一五”前三年累计分别下降8.95%和6.61%。

虽然节能减排取得积极进展，特别是今年以来产业结构发生了一些积极变化，但结构不合理的问题仍然突出，第三产业比重偏低，高耗能工业增速较快。国际金融危机对我国影响加剧，给节能减排工作带来新的问题和挑战。有的地方出现盲目上高耗能、高排放项目的苗头，有的地方擅自出台高耗能行业电价优惠政策；一些企业效益回落，影响节能减排重点工程实施。工作层面也还存在着认识不到位、激励政策不完善、机制不健全、监管不到位、基础工作薄弱等问题。从目前进展情况看，“十一五”节能目标完成进度仍落后于时间进度，形势严峻，任务艰巨。

2009年是实现“十一五”节能减排目标具有决定性意义的一年，各地区、各部门要进一步统一思想，充分认识节能减排工作的重要性和艰巨性，增强紧迫感和责任感，以科学发展观为指导，在保持经济平稳较快增长中坚持节能减排不动摇，继续把节能减排作为调整经济结构、转变发展方式的重要抓手，作为应对国际金融危机，扩内需、保增长、调结构的重要内容，作为减缓和适应全球气候变化、促进人类可持续发展的重要举措，全面落实各项节能减排政策措施，进一步加大工作力度，务求取得更大成效，确保节能减排目标完成进度与“十一五”规划实施进度同步。

一、加强目标责任考核

组织相关部门和专家对省级政府2008年节能减排目标完成情况进行现场评价考核，评价考核结果向社会公告，落实奖惩措施，实行严格的问责制。组织各地节能主管部门开展千家企业节能目标责任评价考核，审核汇总考核结果，向社会公告并做好考核结果的运用。发布2008年全国和各地区单位GDP能耗、主要污染物排放及工业增加值用水量指标公报，以及2009年上半年全国单位GDP能耗和主要污染物排放量指标公报。抓好军队资源节约统计与考评工作。

二、推动重点工程实施

继续加大中央预算内投资、新增中央投资、中央财政专项资金和国外优惠贷款对节能减排的支持力度，重点支持十大重点节能工程建设、循环经济发展、淘汰落后产能、城镇污水处理设施及配套管网建设、重点流域水污染治理，以及节能环保能力建设。2009年，通过实施十大重点节能工程，形成7500万吨标准煤的节能能力；实施“节能产品惠民工程”，对能效等级1级或2级以上高效节能空调、冰箱等10大类产品，通过财政补贴方式加大推广力度；推广节能灯1.2亿只；支持在北京、上海、重庆等13个城市开展节能与新能源汽车示范试点。新增城市污水日处理能力1000万立方米，全国36个大城市基本实现污水全部收集处理；新增燃煤电厂烟气脱硫设施5000万千瓦以上，新增钢铁企业烧结机烟气脱硫设施20台（套）。

三、严控高耗能、高排放行业盲目扩张

组织修订《产业结构调整目录》。在抓紧组织实施钢铁、汽车、造船、石化、轻工、纺织、有色金属、装备制造、电子信息、物流等重点产业调整振兴规划过程中，严格执行国家产业政策和项目审核管理规定，强化用地审查、节能评估审查、环境影响评价，从严控制高耗能、高排放行业盲目扩张。继续推动外商投资产业结构优化升级。加大信息技术在传统产业中的应用力度，对高耗能、高排放行业进行改造和提升。加大淘汰落后产能的力度，2009年“上大压小”关停小火电机组1500万千瓦，淘汰落后炼铁产能1000万吨、炼钢600万吨、水泥5000万吨、造纸50万吨、铁合金70万吨、焦炭600万吨。完善淘汰落后产能退出机制，公告淘汰落后产能企业名单，推广大型企业兼并重组落后企业等有效做法，落实好差别电价政策和淘汰落后产能企业职工安置政策措施。发布节能设备指导目录、落后高耗能设备淘汰目录等，推动淘汰落后高耗能设备。落实节能发电调度办法，抓紧出台配套政策。大力促进服务业和高技术产业发展，提高其在国民经济中的比重。

四、加快技术开发和推广

围绕能源、资源、环境等领域，建设和完善若干国家工程中心、国家工程实验室和国家重点实验室，在高效发电、重污染行业清洁生产、建筑节能等方面组织科研攻关，攻克一批节能减排关键和共性技术。编制工业、通信业清洁生产技术指南和重点节能技术推广专项规划。支持大型先进压水堆及高温气冷堆核电站重大科技专项。加大新技术、新产品产业化的实施力度，推动

电动汽车产业化，做好“金太阳”太阳能发电、大型超超临界发电、有机废水循环利用等技术的规模化推广应用。制定半导体照明（LED）产业发展意见。推进浅层地热能开发利用。加快风能资源的评估与开发。发布农业机械节能减排技术。出台关于推行合同能源管理加快节能服务产业发展的意见，鼓励专业节能公司采用合同能源管理方式，为中小企业、公共机构实施节能改造。启动污泥处理处置示范工作。积极推进环保产业发展，继续开展烟气脱硫特许经营试点，规范城镇污水和垃圾处理特许经营，鼓励排污单位委托专业化公司承担污染治理或设施运营。发布当前国家鼓励发展的环保设备（产品）目录，编制环保装备示范工程规划。广泛开展节能减排国际合作，切实加强双边、区域和多边在节能、新能源和低碳技术研发等方面的交流，积极引进国际先进技术和管理经验。

五、着力抓好重点领域节能减排

继续大力推进千家企业节能行动，发布能源利用状况公告，开展节能管理师试点，形成2000万吨标准煤的节能能力。制定发布钢铁、建材、电子信息、军工和中小企业节能减排指导意见，深入开展重点耗能行业能效水平对标活动。扩大强制性能效标识实施范围，制定发布电风扇、微波炉、通风机、工业锅炉等6种产品能效标识实施规则。组织开展5万个锅炉房节能管理达标活动。2009年底施工阶段执行节能强制性标准比例提高到90%以上；全面开展北方采暖地区既有居住建筑节能改造，2009年改造6000万平方米；继续推进供热按用热量计量收费；扩大可再生能源建筑应用示范规模，出台推动太阳能光电技术在建筑领域应用的实施意见，实施好新建经济适用房、廉租房、新农村农房可再生能源建筑规模化应用项目。大力发展公共交通，优化道路运输组织管理；严格执行汽车燃料消耗量限值标准，实施落后车辆淘汰制度，完善报废汽车回收机制；加快发展水路运输，推进船型标准化；加快电气化铁路建设；优化航线航路，启动机场节电工程，研究建立民航业节能减排激励约束机制；建立交通运输行业节能减排监测考核体系。安排财政资金70亿元，鼓励汽车、家电“以旧换新”。推进节约型机关、学校、科技场馆、文化场馆、医院、体育场馆等“六个100示范工程”建设，研究建立公共机构节能考核制度。开展大型公共建筑能耗统计、审计和公示工作。继续安排中央投资支持农村沼气建设；实施农村清洁工程，加大“以奖促治”工作力度，解决一批村镇存在的突出环境问题。推进零售业节能降耗。

六、大力发展循环经济

做好循环经济促进法贯彻实施工作。组织编制重点行业和重点领域循环经济发展规划，印发省市循环经济发展规划编制指南。建立循环经济发展专项资金，支持循环经济技术研发、示范推广、能力建设等。深化循环经济示范试点，开展“循环经济专家行”活动。加快实施汽车零部件再制造试点，出台促进汽车零部件再制造产业发展意见，建立汽车零部件再制造产品标识制度。组织编制实施再生金属利用规划、重大机电装备再制造产业发展规划。加快国家生态示范工业园区建设。研究建立循环经济评价指标体系和统计制度。发展矿产资源领域循环经济，推进矿产资源综合利用，加快脱硫石膏、磷石膏、农作物秸秆等资源化重点工程建设。启动第三批禁止使用实心粘土砖和第三批“禁止现场搅拌砂浆”工作。制定重点电子信息产品污染物管理目录，推动废弃电器电子产品回收利用。加快第二批再生资源回收体系建设试点，支持建设一批统一规范的社区回收站点、专业化分拣中心和区域集散市场。推进城镇污水处理再生利用。启动餐厨垃圾无害化处理试点。促进灾区建筑废弃物资源化利用。进一步加大“限塑”和秸秆综合利用工作力度。落实国务院办公厅关于治理商品过度包装的有关文件精神，抓紧制定治理商品过度包装的相关标准和政策。推动机电产品包装节材代木。推进循环农业促进行动，重点抓好10个循环农业地市建设，以及农垦制糖业、天然橡胶业的循环产业建设。

七、完善相关经济政策

继续推进资源性产品价格改革，落实成品油价格和税费改革方案。完善天然气价格形成机制。实行鼓励余热余压发电的上网和价格政策。继续推进电价改革，完善需求侧电价管理制度。继续实行促进节约用水的水价制度，鼓励使用再生水。完善老旧汽车报废更新补偿制度。出台农村老旧渡船拆解改造补偿制度。研究调整车辆购置税政策。推进环保收费改革，提高收缴率。研究建立污染物减排激励机制。修订高污染、高环境风险产品名录，继续控制高耗能、高排放和资源性产品出口。

继续实施促进节能减排的政府采购政策，完善清单动态管理制度、公示制度和执行政策的奖惩制度。完善矿产资源有偿使用制度改革。逐步建立生态环境补偿机制。进一步扩大用于节能减排的企业债券发行规模，研究开展污水处理项目收益债券试点、环境污染责任保险试点。金融机构继续加大对节能减排重大项目的信贷支持。推进有条件的地区开展排污权有偿使用和交易试点工作。

八、加快法规和标准建设

完善节能减排法律法规体系，加快节约能源法和循环经济促进法配套法规建设。落实好民用建筑节能条例、公共机构节能条例。研究起草排污许可证条例。尽快出台固定资产投资项目节能评估和审查办法、城镇排水和污水处理条例。修订重点用能单位节能管理办法、能效标识管理办法、节能产品认证管理办法，组织制订、修订电炉钢冶炼和氧化铝、尿素等高耗能产品能耗限额强制性国家标准，以及水源热泵机组、小功率电机、容积式空气压缩机、通风机、工业锅炉等用能产品强制性能效标准。进一步完善并严格执行电石、热轧带肋钢筋等高耗能和易造成环境污染产品的市场准入条件。制订电力企业节能降耗主要指标监管评价标准。

九、强化节能减排监管

加强对各地区节能减排工作的监督检查，督促各项节能减排优惠政策的落实，坚决制止和纠正擅自出台对高耗能行业实行优惠电价、违规乱上高耗能和高排放项目等行为。加强节能减排执法检查，严肃查处严重浪费能源资源、严重破坏环境、违反能源利用状况报告制度、私自排污等问题。开展能效标识、能源计量器具配备、能源计量数据及使用、高耗能特种设备等专项检查。深入开展环保执法专项行动，重点做好电力、钢铁、建材、造纸等12个高耗能、高排放行业排放总量控制和排污许可制度执行情况的监督检查。加强职工节能减排义务监督员队伍建设，强化对义务监督员的培训。发布电力企业节能减排情况通报。

十、加强监管能力建设

加快节能减排统计、监测和考核体系建设。加强资源环境、循环经济基础研究，建立体现资源节约型、环境友好型社会建设的中国资源环境统计指标体系。抓紧组建国家节能中心，健全省级节能监察机构和节能技术服务中心。结合第二次全国经济普查，组织实施第二、三产业用能单位能耗调查和主要耗能行业重点耗能设备普查。继续推进污染源普查工作，加强环境质量监测、污染源自动监控、信息传输与统计等能力建设。进一步完善城镇污水处理管理信息系统，启动建设全国城镇生活垃圾处理管理信息系统。建设电力行业节能减排监管信息平台。

十一、开展规划编制等重大问题研究

编制节能环保产业发展规划，加快培育新的经济增长点。开展“十二五”节能专项规划前期研究，研究节能重大问题，重点做好节能目标预测。对节能中长期专项规划实施情况进行评估。开展“十二五”污染物排放总量控制计划前期研究，重点对实施总量控制的污染物及排放指标等开展专题研究。做好“十二五”城镇污水、垃圾处理设施建设规划的前期研究，重点是目标、技术路线、政策机制等，特别是对垃圾处理技术路线、污泥无害化处理做专题研究，为制订“十二五”规划纲要做好前期准备。

十二、加大宣传教育工作力度

继续广泛深入开展“节能减排全民行动”，以节油节电和全民节能为重点，深入开展节能减排宣传教育，普及节能环保知识，积极倡导节约型的生产方式、消费模式和生活习惯。做好2009年全国节能宣传周、中国城市无车日、世界水日、中国水周、全国城市节水宣传周、“六•五”环境日的宣传活动。各地区要对节能减排做出突出贡献的单位和个人予以表彰，在全社会进行广泛宣传。开展“汽车节能环保驾驶”活动，大力宣传节能环保驾驶理念。新闻媒体要加大节能减排报道力度，宣传先进经验，曝光反面典型，发挥舆论的引导和监督作用。

发展改革委要加强节能减排综合协调，环境保护部要做好减排协调工作，指导、督促、检查各地区、各部门落实国务院节能减排综合性工作方案和本工作安排的各项工作，及时向国务院报告节能减排进展情况，提出意见和建议。

新增中央投资用于节能环保的投资计划已下达完毕

国家发展改革委

按照党中央、国务院关于进一步扩大内需促进经济增长的重大战略部署和国家发展改革委、财政部《紧急落实新增1000亿元中央投资工作方案》要求，我委组织编制了“十大重点节能工程、循环经济和重点流域工业污染治理工程”2008年新增中央预算内投资计划，并于11月25日正式印发。

今年新增1000亿元中央投资中，“十大重点节能工程、循环经济和重点流域工业污染治理工程”共安排25亿元中央预算内投资，涉及468个项目，主要包括以下三个方面：

一是支持十大重点节能工程，包括：燃煤锅炉改造、余热余压利用、节约和替代石油、电机系统节能、能量系统优化、高效照明系统改造等项目共229个，总投资228.2亿元，安排中央预算内投资11.6亿元。项目实施后可形成约1100万吨标准煤的节能能力。

二是支持资源节约循环利用重点项目，包括：节水、资源综合利用、再制造、“零”排放和国家循环经济试点单位重点项目共143个，总投资151.9亿元，安排中央预算内投资8.3亿元。项目实施后，可形成21500万吨节水能力，废物循环利用量可达480万吨。

三是支持重点流域工业污染治理项目，包括：淮河流域、松花江流域、丹江口库区及其上游、三峡库区及其上游水污染防治规划内的重点工业污染治理项目和铬渣污染综合整治方案中的铬渣污染治理项目共96个，总投资25.5亿元，安排中央预算内投资5.1亿元。项目实施后，可削减COD排放量5万多吨，处理铬渣45.6万吨。

上述项目均为企业投资项目，国家只给予一定的引导资金。通过实施上述节能减排重点工程，对实现“十一五”节能减排目标具有重要的推动作用，并可带动企业和社会投资约370亿元，有利于扩大内需，培育新的经济增长点，带动节能环保产业的发展。

投资计划下达后，国家发展改革委要求各地发展改革委、经贸委（经委）以及项目实施单位要采取有效措施，加快项目前期工作进度，所有项目必须在今年四季度开工建设或进行设备、材料采购，形成有效工作量。要严格执行项目法人责任制、招投标制、工程监理制、合同管理制以及中央预算内投资项目管理的有关规定，切实加强资金和项目实施管理。要严格按照批准的项目名称、内容和规模进行建设，严禁未经批准擅自变更建设内容、更改建设规模，如确需调整，必须按程序报批。要加强跟踪调度，及时协调解决问题，提高工程质量，确保项目顺利建成并达产达效。

2009年全社会用电量稳定增长 清洁能源快速发展

2010年1月6日，国家能源局发布2009年全社会用电量、关停小火电机组容量等电力工业运行指标。

2009年，全社会用电量呈现低迷启航、企稳向好、逐月回暖、加速增长的特点。全国全社会用电量36430亿千瓦时，同比增长5.96%，增速比上年提高0.47个百分点。其中，第一产业947亿千瓦时，增长7.86%；第二产业26993亿千瓦时，增长4.15%；第三产业3921亿千瓦时，增长12.11%；城乡居民生活4571亿千瓦时，增长

11.87%。

发电设备利用小时降幅收窄。2009年，全国6000千瓦及以上电厂累计平均设备利用小时数为4527小时，同比降低121小时。其中，水电因下半年来水不足，只有3264小时，降低325小时；火电4839小时，降低46小时，已接近去年同期水平；核电7914小时，上升89小时；风电1861小时，降低185小时。供电标准煤耗342克/千瓦时，同比下降3克/千瓦时。

电力建设投资稳步增长。2009年，全国电力基本建设投资达到7558.4亿元，同比增长19.93%。其中，电源、电网分别完成投资3711.3亿元和3847.1亿元，同比分别增长8.91 %和32.89%。电源基本建设投资结构呈现加快调整态势，火电基本建设投资完成额同比下降11.11 %，核电、风电基本建设投资完成额同比分别增长74.91%和43.9%。电网建设投资大幅增加，电网建设投资占电力工程建设投资的50.9%。

电源结构进一步优化。2009年，全国基建新增发电设备容量8970万千瓦。2009年底，全国发电设备容量87407万千瓦，同比增长10.23%。其中，水电19679万千瓦，增长14.01%，约占总容量22.51%，较2008年底上升0.74个百分点；火电65205万千瓦，同比增长8.16%，约占总容量74.6%，较2008年底下降1.45个百分点。

重点建设项目加快推进。火电建设继续向着大容量、高参数、环保型方向发展，至2009年底，单机容量30万千瓦及以上火电机组占全部火电机组容量的64.46%。核电进一步加快立项核准和建设速度，全年核准浙江三门2台125万千瓦、山东海阳2台125万千瓦、广东台山2台175万千瓦核电机组，并于年内先后开工建设，截止年底，我国在建核电机组20台，在建规模2192万千瓦。随着青海拉西瓦水电站、云南小湾水电站、四川大渡河瀑布沟水电站等一批大中型水电机组的相继投产，及河北、山西、河南、湖南、广东省合计355万千瓦抽水蓄能电站的建成，全国水电新增装机容量达到较高规模。加快风电规模化发展，内蒙古自治区风电装机并网容量突破500万千瓦；启动建设我国第一座千万千瓦级风电示范基地—甘肃酒泉风电基地。国内第一个兆瓦级大型太阳能光伏发电示范项目—甘肃敦煌太阳能光伏电站开工建设。

提前完成小火电关停任务。2009年，全国关停小火电2617万千瓦。“十一五”期间，全国累计关停小火电6006万千瓦，超过计划目标1006万千瓦，每年节约原煤6900万吨，减少二氧化硫排放120万吨，减少二氧化碳排放1.39亿吨。

国务院关于进一步加大工作力度确保实现“十一五”节能减排目标的通知

国发〔2010〕12号

各省、自治区、直辖市人民政府，国务院各部委、各直属机构：

2006年以来，各地区、各部门认真贯彻落实科学发展观，把节能减排作为调整经济结构、转变发展方式的重要抓手，加大资金投入，强化责任考核，完善政策机制，加强综合协调，节能减排工作取得重要进展。全国单位国内生产总值能耗累计下降14.38%，化学需氧量排放总量下降9.66%，二氧化硫排放总量下降13.14%。但要实现“十一五”单位国内生产总值能耗降低20%左右的目标，任务还相当艰巨。为进一步加大工作力度，确保实现“十一五”节能减排目标，现就有关事项通知如下：

一、增强做好节能减排工作的紧迫感和责任感

“十一五”节能减排指标是具有法律约束力的指标，是政府向全国人民作出的庄严承诺，是衡量落实科学发展观、加快调整产业结构、转变发展方式成效的重要标志，事关经济社会可持续发展，事关人民群众切身利益，事关我国的国际形象。当前，节能减排形势十分严峻，特别是2009年第三季度以来，高耗能、高排放行业快速增长，一些被淘汰的落后产能死灰复燃，能源需求大幅

增加，能耗强度、二氧化硫排放量下降速度放缓甚至由降转升，化学需氧量排放总量下降趋势明显减缓。为应对全球气候变化，我国政府承诺到2020年单位国内生产总值二氧化碳排放要比2005年下降40%-45%，节能提高能效的贡献率要达到85%以上，这也给节能减排工作带来巨大挑战。各地区、各部门要充分认识加强节能减排工作的重要性和紧迫性，切实增强使命感和责任感，下更大决心，花更大气力，果断采取强有力、见效快的政策措施，打好节能减排攻坚战，确保实现“十一五”节能减排目标。

二、强化节能减排目标责任

组织开展对省级政府2009年节能减排目标完成情况和措施落实情况及“十一五”目标完成进度的评价考核，考核结果向社会公告，落实奖惩措施，加大问责力度。及时发布2009年全国和各地区单位国内生产总值能耗、主要污染物排放量指标公报，以及2010年上半年全国单位国内生产总值能耗、主要污染物排放量指标公报。各地区要按照节能减排目标责任制的要求，一级抓一级，层层抓落实，组织开展本地区节能减排目标责任评价考核工作，对未完成目标的地区进行责任追究。到“十一五”末，要对节能减排目标完成情况算总账，实行严格的问责制，对未完成任务的地区、企业集团和行政不作为的部门，都要追究主要领导责任，根据情节给予相应处分。各地区“十二五”节能目标任务的确定要以2005年为基数。各省级政府要在5月底前，将本地区2010年节能减排目标和实施方案报国务院。

三、加大淘汰落后产能力度

2010年关停小火电机组1000万千瓦，淘汰落后炼铁产能2500万吨、炼钢600万吨、水泥5000万吨、电解铝33万吨、平板玻璃600万重箱、造纸53万吨。各省级政府要抓紧制定本地区今年淘汰落后产能任务，将任务分解到市、县和有关企业，并于5月20日前报国务院有关部门。有关部门要在5月底前下达各地区淘汰落后产能任务，公布淘汰落后产能企业名单，确保落后产能在第三季度前全部关停。加强淘汰落后产能核查，对未按期完成淘汰落后产能任务的地区，严格控制国家安排的投资项目，实行项目“区域限批”，暂停对该地区项目的环评、供地、核准和审批。对未按规定期限淘汰落后产能的企业，依法吊销排污许可证、生产许可证、安全生产许可证，投资管理部门不予审批和核准新的投资项目，国土资源管理部门不予批准新增用地，有关部门依法停止落后产能生产的供电供水。

四、严控高耗能、高排放行业过快增长

严格控制“两高”和产能过剩行业新上项目。各级投资主管部门要进一步加强项目审核管理，今年内不再审批、核准、备案“两高”和产能过剩行业扩大产能项目。未通过环评、节能审查和土地预审的项目，一律不准开工建设。对违规在建项目，有关部门要责令停止建设，金融机构一律不得发放贷款。对违规建成的项目，要责令停止生产，金融机构一律不得发放流动资金贷款，有关部门要停止供电供水。落实限制“两高”产品出口的各项政策，控制“两高”产品出口。

五、加快实施节能减排重点工程

安排中央预算内投资333亿元、中央财政资金500亿元，重点支持十大重点节能工程建设、循环经济发展、淘汰落后产能、城镇污水垃圾处理、重点流域水污染治理，以及节能环保能力建设等，形成年节能能力8000万吨标准煤，新增城镇污水日处理能力1500万吨、垃圾日处理能力6万吨。各地区要将节能减排指标落实到具体项目，节能减排专项资金要向能直接形成节能减排能力的项目倾斜，尽早下达资金，尽快形成节能减排能力。有关部门要在6月中旬前出台加快推行合同能源管理，促进节能服务产业发展的相关配套政策，对节能服务公司为企业实施节能改造给予支持。

六、切实加强用能管理

要加强对各地区综合能源消费量、高耗能行业用电量、高耗能产品产量等情况的跟踪监测，对能源消费和高耗能产业增长过快的地区，合理控制能源供应，切实改变敞开口子供应能源、无节制使用能源的现象。大力推进节能发电调度，加强电力需求侧管理，制定和实施有序用电方案，在保证合理用电需求的同时，要压缩高耗能、高排放企业用电。对能源消耗超过已有国家和地方单位产品能耗（电耗）限额标准的，实行惩罚性价格政策，具体由省级政府有关部门提出意见。省级节能主管部门组织各级节能监察机构于今年6月底前对重点用能单位上一年度和今年上半年主要产品能源消耗情况进行专项能源监察审计，提出超能耗（电耗）限额标准的企业和产品名单，实行惩罚性电价，对超过限额标准一倍以上的，比照淘汰类电价加价标准执行。加强城市照明管理，严格控制公用设施和大型建筑物装饰性景观照明能耗。

七、强化重点耗能单位节能管理

突出抓好千家企业节能行动，公告考核结果，强化目标责任，加强用能管理，提高用能水平，确保形成2000万吨标准煤的年节能能力。省级节能主管部门要加强对年耗能5000吨标准煤以上重点用能单位的节能监管，落实能源利用状况报告制度，推进能效水平对标活动，开展节能管理师和能源管理体系试点。已经完成“十一五”节能任务的用能单位，要继续狠抓节能不放松，为完成本地区节能任务多做贡献；尚未完成任务的用能单位，要采取有力措施，确保完成“十一五”节能任务。中央和地方国有企业都要发挥表率作用，加大节能投入，加强管理，对完不成节能减排目标和存在严重浪费能源资源的，在经营业绩考核中实行降级降分处理，并与企业负责人绩效薪酬紧密挂钩。

八、推动重点领域节能减排

加强电力、钢铁、有色、石油石化、化工、建材等重点行业节能减排管理，加大用先进适用技术改造传统产业的力度。加强新建建筑节能监管，到2010年底，全国城镇新建建筑执行节能强制性标准的比例达到95%以上，完成北方采暖地区居住建筑供热计量及节能改造5000万平方米，确保完成“十一五”期间1.5亿平方米的改造任务。夏季空调温度设置不低于26摄氏度。加强车辆用油定额考核，严格执行车辆燃料消耗量限值标准，对客车实载率低于70%的线路不得投放新的运力。推行公路甩挂运输，加快铁路电气化建设和运输装备改造升级，优化民航航路航线。开展节约型公共机构示范单位建设活动，2010年公共机构能源消耗指标要在去年基础上降低5%。加强流通服务业节能减排工作。加大汽车、家电以旧换新力度。抓好“三河三湖”、松花江等重点流域水污染治理。做好重金属污染治理工作。抓好农村环境综合整治。支持军队加快实施节能减排技术改造。

九、大力推广节能技术和产品

发布国家重点节能技术推广目录（第三批）。继续实施“节能产品惠民工程”，在加大高效节能空调推广的基础上，全面推广节能汽车、节能电机等产品，继续做好新能源汽车示范推广，5月底前有关部门要出台具体的实施细则。推广节能灯1.5亿只以上，东中部地区和有条件的西部地区城市道路照明、公共场所、公共机构全部淘汰低效照明产品。扩大能效标识实施范围，发布第七批能效标识产品目录。落实政府优先和强制采购节能产品制度，完善节能产品政府采购清单动态管理。

十、完善节能减排经济政策

深化能源价格改革，调整天然气价格，推行居民用电阶梯价格，落实煤层气、天然气发电上网电价和脱硫电价政策，出台鼓励余热余压发电上网和价格政策。对电解铝、铁合金、钢铁、电石、烧碱、水泥、黄磷、锌冶炼等高耗能行业中属于产业结构调整指导目录限制类、淘汰类范围的，严格执行差别电价政策。各地可在国家规定基础上，按照规定程序加大差别电价实施力度，大幅提高差别电价加价标准。加大污水处理费征收力度，改革垃圾处理费收费方式。积极落实国家支持节能减排的所得税、增值税等优惠政策，适时推进资源税改革。尽快出台排污权有偿使用和交易指导意见。深化生态补偿试点，完善生态补偿机制。开展环境污染责任保险。金融机构要加大对节能减排项目的信贷支持。

十一、加快完善法规标准

尽快出台固定资产投资项目节能评估和审查管理办法，抓紧完成城镇排水与污水处理条例的审查修改，做好大气污染防治法（修订）、节约用水条例、生态补偿条例的研究起草工作。研究制定重点用能单位节能管理办法、能源计量监督管理办法、节能产品认证管理办法、主要污染物排放许可证管理办法等。完善单位产品能耗限额标准、用能产品能效标准、建筑能耗标准等。

十二、加大监督检查力度

在今年第三季度，国务院组成工作组，对部分地区贯彻落实本通知精神情况进行检查。各级政府要组织开展节能减排专项督察，严肃查处违规乱上“两高”项目、淘汰落后产能进展滞后、减排设施不正常运行及严重污染环境等问题，彻底清理对高耗能企业和产能过剩行业电价优惠政策，发现一起，查处一起，对重点案件要挂牌督办，对有关责任人要严肃追究责任。要组织节能监察机构对重点用能单位开展拉网式排查，严肃查处使用国家明令淘汰的用能设备或生产工艺、单位产品能耗超限额标准用能等问题，情节严重的，依法责令停业整顿或者关闭。开展酒店、商场、办公楼等公共场所空调温度以及城市景观过度照明检查。继续深入开展整治违法排污企业保障群众健康环保专项行动。发挥职工监督作用，加强职工节能减排义务监督员队伍建设。

十三、深入开展节能减排全民行动

加强能源资源和生态环境国情宣传教育，进一步增强全民资源忧患意识、节约意识和环保意识。组织开展好2010年全国节能宣传周、世界环境日等活动。在企业、机关、学校、社区、军营等开展广泛深入的“节能减排全民行动”，普及节能环保知识和方法，推介节能新技术、新产品，倡导绿色消费、适度消费理念，加快形成有利于节约资源和保护环境的消费模式。新闻媒体要加大节能减排宣传力度，在重要栏目、重要时段、重要版面跟踪报道各地区落实本通知要求采取的行动，宣传先进经验，曝光反面典型，充分发挥舆论宣传和监督作用。

十四、实施节能减排预警调控

要做好节能减排形势分析和预警预测。各地区要在6月底前制定相关预警调控方案，在第三季度组织开展“十一五”节能减排目标完成情况预考核；对完成目标有困难的地区，要及时启动预警调控方案。

各地区、各部门要把节能减排放在更加突出的位置，切实加强组织领导。地方各级人民政府对本行政区域节能减排负总责，政府主要领导是第一责任人。发展改革委要加强节能减排综合协调，指导推动节能降耗工作，环境保护部要做好减排的协调推动工作，统计局要加强能源监测和统计。有关部门在各自的职责范围内做好节能减排工作，加强对各地区贯彻落实本通知精神的督促检查，确保实现“十一五”节能减排目标。

国务院

二〇一〇年五月四日

“十一五”期间全国主要污染物排放总量控制计划

一、根据《国民经济和社会发展第十一个五年规划纲要》（以下简称《纲要》）提出的环境保护目标，制订本计划。

二、“十一五”期间国家对化学需氧量、二氧化硫两种主要污染物实行排放总量控制计划管理，排放基数按2005年环境统计结果确定。计划到2010年，全国主要污染物排放总量比2005年减少10%，具体是：化学需氧量由1414万吨减少到1273万吨；二氧化硫由2549万吨减少到2294万吨。在国家确定的水污染防治重点流域、海域专项规划中，还要控制氨氮（总氮）、总磷等污染物的排放总量，控制指标在各专项规划中下达，由相关地区分别执行，国家统一考核。鼓励各地根据各自的环境状况，增加本地区必须严格控制的污染物，纳入本地区污染物排放总量控制计划。

三、主要污染物排放总量控制指标的分配原则是：在确保实现全国总量控制目标的前提下，综合考虑各地环境质量状况、环境容量、排放基数、经济发展水平和削减能力以及各污染防治专项规划的要求，对东、中、西部地区实行区别对待。

四、“十一五”期间，减少化学需氧量排放总量的主要工程措施是加快和强化城市污水处理设施建设与运行管理，减少二氧化硫排放总量的主要工程措施是加快和强化现役及新建燃煤电厂脱硫设施建设与运行监管。同时，要加大工业污染源治理力度，严格监督执法，实现污染物稳定达标排放。新、扩、改建项目要积极采用先进技术，严格执行“三同时”制度（同时设计、同时施工、同时投产使用），根据国家产业政策促进产业结构调整升级，实现增产不增污或增产减污。在电力、冶金、建材、化工、造纸、纺织印染和食品酿造等重点行业大力推行清洁生产，发展循环经济，降耗减污。

五、化学需氧量和二氧化硫排放总量控制指标是依照《纲要》确定的约束性指标，各地要相应纳入本地区经济社会发展“十一五”规划并制定年度计划，分解落实到市（地）、县，落实到排污单位，严格执行。在总结“九五”、“十五”实施总量控制制度经验基础上，制订实施方案和管理办法，实行排污许可证制度，落实项目和资金，严格执法，强化对各种违法排污行为的监督查处力度，确保实现计划目标。

六、从2006年开始，环保总局、统计局和发展改革委每半年向社会公布各地区化学需氧量和二氧化硫排放情况，并会同有关部门进行年度检查和考核；2008年对《计划》执行情况进行中期评估，2010年进行期末考核。评估和考核结果向社会公布。

“十一五”期间全国化学需氧量排放总量控制计划表

单位：万吨

省　份	2005年排放量	2010年控制量	2010年比2005年（%）
北　京	11.6	9.9	−14.7
天　津	14.6	13.2	−9.6
河　北	66.1	56.1	−15.1
山　西	38.7	33.6	−13.2
内蒙古	29.7	27.7	−6.7
辽　宁	64.4	56.1	−12.9
其中：大连	6.01	5.05	−16.0
吉　林	40.7	36.5	−10.3
黑龙江	50.4	45.2	−10.3
上　海	30.4	25.9	−14.8
江　苏	96.6	82.0	−15.1
浙　江	59.5	50.5	−15.1
其中：宁波	5.22	4.44	−14.9
安　徽	44.4	41.5	−6.5
福　建	39.4	37.5	−4.8
其中：厦门	5.56	4.94	−11.2
江　西	45.7	43.4	−5.0
山　东	77.0	65.5	−14.9
其中：青岛	5.79	4.75	−18.0
河　南	72.1	64.3	−10.8
湖　北	61.6	58.5	−5.0
湖　南	89.5	80.5	−10.1
广　东	105.8	89.9	−15.0
其中：深圳	5.59	4.47	−20.0
广　西	107.0	94.0	−12.1
海　南	9.5	9.5	0
重　庆	26.9	23.9	−11.2
四　川	78.3	74.4	−5.0
贵　州	22.6	21.0	−7.1
云　南	28.5	27.1	−4.9
西　藏	1.4	1.4	0
陕　西	35.0	31.5	−10.0
甘　肃	18.2	16.8	−7.7
青　海	7.2	7.2	0
宁　夏	14.3	12.2	−14.7
新　疆	27.1	27.1	0
其中：新疆生产建设兵团	1.43	1.43	0
总　计	1414.2	1263.9	−10.6

备注：1.全国化学需氧量削减10％的总量控制目标为1272.8万吨，实际分配给各省1263.9万吨，国家预留8.9万吨，用于化学需氧量排污权有偿分配和交易试点工作。

2.新疆生产建设兵团化学需氧量排放量不包括兵团所属各地生活来源及农八师(石河子市)化学需氧量排放量。

“十一五”期间全国二氧化硫排放总量控制计划表

单位：万吨

省 份	2005年排放量	2010年		2010年比2005年（%）
		控制量	其中：电力	
北 京	19.1	15.2	5.0	−20.4
天 津	26.5	24.0	13.1	−9.4
河 北	149.6	127.1	48.1	−15.0
山 西	151.6	130.4	59.3	−14.0
内蒙古	145.6	140.0	68.7	−3.8
辽 宁	119.7	105.3	37.2	−12.0
其中：大连	11.89	10.11	3.54	−15.0
吉 林	38.2	36.4	18.2	−4.7
黑龙江	50.8	49.8	33.3	−2.0
上 海	51.3	38.0	13.4	−25.9
江 苏	137.3	112.6	55.0	−18.0
浙 江	86.0	73.1	41.9	−15.0
其中：宁波	21.33	11.12	7.78	−47.9
安 徽	57.1	54.8	35.7	−4.0
福 建	46.1	42.4	17.3	−8.0
其中：厦门	6.77	4.93	2.17	−27.2
江 西	61.3	57.0	19.9	−7.0
山 东	200.3	160.2	75.7	−20.0
其中：青岛	15.54	11.45	4.86	−26.3
河 南	162.5	139.7	73.8	−14.0
湖 北	71.7	66.1	31.0	−7.8
湖 南	91.9	83.6	19.6	−9.0
广 东	129.4	110.0	55.4	−15.0
其中：深圳	4.35	3.48	2.78	−20.0
广 西	102.3	92.2	21.0	−9.9
海 南	2.2	2.2	1.6	0
重 庆	83.7	73.7	17.6	−11.9
四 川	129.9	114.4	39.5	−11.9
贵 州	135.8	115.4	35.8	−15.0
云 南	52.2	50.1	25.3	−4.0
西 藏	0.2	0.2	0.1	0
陕 西	92.2	81.1	31.2	−12.0
甘 肃	56.3	56.3	19.0	0
青 海	12.4	12.4	6.2	0
宁 夏	34.3	31.1	16.2	−9.3
新 疆	51.9	51.9	16.6	0
其中：新疆生产建设兵团	1.66	1.66	0.66	0
合 计	2549.4	2246.7	951.7	−11.9

备注：1. 全国二氧化硫排放量削减10%的总量控制目标为2294.4万吨，实际分配给各省2246.7万吨，国家预留47.7万吨，用于二氧化硫排污权有偿分配和排污权交易试点工作。

2. 新疆生产建设兵团二氧化硫排放量不包括兵团所属各地生活来源及农八师（石河子市）的二氧化硫排放量。

环境保护部公布2009年度各省区市和五大电力集团主要污染物总量减排考核结果

对问题突出地区、企业暂停建设项目环评、责令限期整改和进行处罚

环境保护部新闻发言人陶德田今日向媒体通报，环境保护部会同发展改革委、统计局、监察部近日联合完成了2009年度各省、自治区、直辖市和五大电力集团公司主要污染物总量减排情况的考核工作。决定对问题突出地区和企业暂停建设项目环评、挂牌督办责令限期整改和进行经济处罚。

陶德田说，2009年，各地区、各部门积极贯彻落实党中央、国务院关于节能减排工作的决策部署，综合运用法律、经济、技术、行政等手段，切实加大工作力度，推动污染减排取得重大进展。当年全国新增城市污水日处理能力1330万立方米，新增燃煤脱硫机组装机容量1.02亿千瓦，关停小火电装机容量2617万千瓦，分别淘汰炼铁、炼钢、焦炭和水泥等落后产能2113万吨、1691万吨、1809万吨和7416万吨，关闭造纸、化工、酒精、味精和酿造等企业1200多家。国控废水和废气重点污染源排放达标率分别为78%和73%，较2008年提高12和13个百分点；城市污水处理厂年均达标率为70%，较2008年提高9个百分点。2009年，全国化学需氧量排放总量1277.5万吨，比2008年下降3.27%；二氧化硫排放总量2214.4万吨，比2008年下降4.60%，继续保持了双下降的良好态势。与2005年相比，化学需氧量和二氧化硫排放总量分别下降9.66%和13.14%，二氧化硫减排进度已超过“十一五”减排目标要求。31个省（区、市）和新疆生产建设兵团都较好地完成了减排计划确定的工作任务，化学需氧量和二氧化硫排放量均实现了2009年减排目标；华能、大唐、华电、国电、中电投五大电力集团公司和国家电网公司均提前一年完成了“十一五”减排目标（考核结果详见附表一、二）。

陶德田指出，2009年度仍有一些地方和企业在污水处理、脱硫设施运行等方面还存在严重违规和责任不落实问题，根据有关规定环境保护部已暂停审批黑龙江省双鸭山市、浙江省温州市、湖南省涟源钢铁集团有限公司新增化学需氧量、二氧化硫排放的建设项目环评；对天津市滨海新区大港油田港东污水处理厂等10家企业挂牌督办，责令限期整改。决定对山西忻州广宇煤电有限公司、广西方元电力股份有限公司来宾电厂、广西来宾法资发电有限公司、广西柳州发电有限责任公司、四川嘉陵电力有限公司、宜宾天原集团股份有限公司等6家分别存在脱硫设施运行不正常，或烟气在线监测数据作假问题的电厂扣减停运时间所发电量的脱硫电价款，按国家有关规定予以经济处罚。

陶德田强调，环境保护部将跟踪以上限批地区和处罚企业整改情况，对整改不到位或因工作不力造成重大社会影响的，由监察机关追究有关人员的责任。

附表一：2009年各省、自治区、直辖市主要污染物总量减排考核结果

省份	化学需氧量		二氧化硫	
	2009年排放量（万吨）	2009年比2008年减排比例	2009年排放量（万吨）	2009年比2008年减排比例
全 国	1277.5	−3.27%	2214.4	−4.60%
北 京	9.88	−2.49%	11.88	−3.59%
天 津	13.30	−0.12%	23.67	−1.41%
河 北	57.01	−5.74%	125.35	−6.81%
山 西	34.44	−4.00%	126.84	−3.06%
内蒙古	27.85	−0.55%	139.88	−2.25%
辽 宁	56.26	−3.66%	105.14	−7.01%
吉 林	36.08	−3.62%	36.30	−3.83%
黑龙江	46.19	−2.99%	49.03	−3.15%
上 海	24.34	−8.74%	37.90	−15.05%
江 苏	82.17	−3.50%	107.41	−4.97%
浙 江	51.38	−4.61%	70.13	−5.30%
安 徽	42.42	−2.02%	53.84	−3.12%
福 建	37.57	−0.67%	41.97	−2.15%
江 西	43.52	−2.27%	56.42	−3.24%
山 东	64.70	−4.67%	159.03	−6.01%
河 南	62.62	−3.79%	135.50	−6.68%
湖 北	57.57	−1.70%	64.38	−3.89%
湖 南	84.84	−4.10%	81.15	−3.45%
广 东	91.12	−5.44%	107.05	−5.76%
广 西	97.63	−3.60%	89.05	−3.69%
海 南	10.03	−0.41%	2.20	1.22%
重 庆	23.98	−0.81%	74.61	−4.64%
四 川	74.76	−0.19%	113.55	−1.07%
贵 州	21.60	−2.63%	117.55	−4.87%
云 南	27.31	−2.61%	49.93	−0.48%
西 藏	1.54	0.00%	0.20	0.00%
陕 西	31.81	−4.23%	80.44	−9.56%
甘 肃	16.82	−1.33%	50.03	−0.24%
青 海	7.61	2.10%	13.57	0.66%
宁 夏	12.52	−5.03%	31.42	−9.80%
新 疆	27.12	0.06%	56.78	0.57%
兵 团	1.55	−3.76%	2.21	5.89%

备注：公报不含香港特别行政区、澳门特别行政区和台湾省。

附表二：2009年五大电力集团公司主要污染物总量减排考核结果

集团名称	中国华能集团公司	中国大唐集团公司	中国华电集团公司	中国国电集团公司	中国电力投资集团公司
火电装机容量(万千瓦)	8545.0	7496.0	6184.3	7206.2	4281.7
脱硫装机容量(万千瓦)	7295.8	7202.0	5033.5	6310.8	3967.1
火力发电量(亿千瓦时)	3803.8	3306.2	2694.9	3357.7	2078.2
关闭小火电容量（万千瓦）	66.5	101.7	106.5	81.7	109.0
2009年二氧化硫排放量(万吨)	91.5	92.2	89.0	98.0	76.9
二氧化硫排放绩效(克/千瓦时)	2.41	2.79	3.30	2.92	3.70
较2008年下降比例（%）	20.33%	17.73%	25.83%	25.60%	31.16%
较2005年下降比例（%）	39.31%	41.82%	49.66%	42.99%	39.15%
考核结果	通过	通过	通过	通过	通过

备注：表中数据未包括五大电力集团公司2008年并购的火力发电厂。

“十一五”期间我国实现城镇污水处理能力翻番

随着工业化、城镇化进程加快，经济快速发展，人民生活水平不断提高，污水排放量也在不断增加。城镇污水处理事业的发展，直接关系到城市公共卫生安全与人居环境质量的改善。“十一五”期间，我国不断加大对城镇污水处理设施建设的投资力度，积极引入市场机制，城镇污水处理事业进入发展快车道。截至2010年6月，全国设市城市、县及部分重点建制镇累计建成城镇污水处理厂2389座，总处理能力达到1.15亿立方米/日，分别是“十五”末的3倍和2倍。西藏自治区第一座污水处理厂昌都地区污水处理厂的建成调试，标志着我国所有省、自治区、直辖市均已建成城镇污水处理厂，其中北京、上海、山东、江苏、浙江、河南、安徽、海南等省（直辖市）实现了县县建有污水处理厂。

据住房和城乡建设部有关负责人介绍，我国城镇污水处理工作起步较晚，直至上个世纪80年代初，才建成第一座现代化的污水处理厂。从2000年开始，城镇污水处理事业开始加快发展，城镇污水处理量年均增长超过10%，十年累计增长145%。目前我国正在建设的城镇污水处理项目1929个，可新增污水处理能力约4900万立方米/日。在建和已建项目处理能力总和预计可达1.6亿立方米，基本与美国的处理能力相当，我国将成为全世界污水处理能力最大的国家之一。

污水处理已成为我国实现节能减排工作目标的主要手段,污水处理设施对污染物减排的贡献率不断提高。2009年，全国城镇污水处理厂污水处理量达到279亿立方米，是2005年的1.9倍，城市污水处理率已达75.25%，较“十五”末提高了23个百分点；城镇污水处理厂平均运行负荷率达到76.6%，较“十五”末提高了11个百分点。城镇污水处理厂全年累计削减化学需氧量（COD）达770多万吨。

“十一五”规划对城镇污水处理提出了一系列目标，要求新增城市污水处理能力4500万立方米/日，新增化学需氧量削减能力300万吨/年，城市污水处理率达到70%以上。目前，“十一五”规划中有关城镇污水处理的相关指标已基本实现，提前一年完成了规划任务。

“十一五”规划实施以来，尤其是近两年来，各地抓住“保增长、扩内需”的契机，积极推进城镇污水处理设施建设，取得了阶段性成果。针对污水处理工作的特点，明确了各地政府是城市污水处理的责任主体。建立、完善污水收费制度，根据保本微利原则，逐步提高征收标准，强化征收手段，加强资金使用监管。在中央预算补助和“以奖代补”专项资金的大力支持下，城镇污水处理设施建设的投入力度不断加大。同时，积极引入市场机制，建立公平公开的规范管理制度和特许经营制度，打破行业垄断，引入竞争，提高效益。依据“政府建网、社会建厂”的原则，鼓励多元投资主体参与污水处理的建设运营管理。

四部门发布支持循环经济发展的投融资政策措施

为促进循环经济形成较大规模，建设资源节约型和环境友好型社会，日前国家发展改革委、 中国人民银行、银监会和证监会联合发布了《关于支持循环经济发展的投融资政策措施意见的通知》（以下简称通知）。通知是《循环经济促进法》实施以来国家出台的促进循环经济发展的第一个宏观政策指导文件，提出了规划、投资、产业、价格、信贷、债权融资产品、股权投资基金、创业投资、上市融资、利用国外资金等方面支持循环经济发展的具体措施。

为解决循环经济发展投入不足的问题，通知提出要充分发挥政府规划、投资、产业和价格政策对社会资金投向循环经济领域的引导作用。各地要编制“十二五”循环经济发展规划，确定发展循环经济的重点领域、重点工程和重大项目。各级政府要采用直接投资或资金补助、贷款贴息等方式加大对循环经济的重大项目和技术示范产业化项目的支持力度。国家研究完善促进循环经济发展的产业政策、相关价格和收费政策，引导消费者使用节能、节水、节材和资源循环利用产品。

针对发展循环经济面临的融资难问题，通知提出了促进循环经济发展的信贷支持措施。银行业金融机构对国家、省级循环经济示范试点园区（示范基地）、企业，要积极给予包括信用贷款在内的多元化信贷支持。要积极支持循环经济示范试点市、县、园区（示范基地）的循环经济基础设施、相关公共技术服务平台、公共网络信息服务平台的建设和运营。要积极开发与循环经济有关的信贷创新产品，拓宽抵押担保范围，创新担保方式，研究推动应收账款、收费权质押以及包括专有知识技术、许可专利及版权在内的无形资产质押等贷款业务。

为提高银行业金融机构支持循环经济发展的可操作性，通知明确了信贷支持的重点循环经济项目。包括节能、节水、节材和综合利用、清洁生产、海水淡化和“零”排放等减量化项目，废旧汽车零部件、工程机械、机床等产品的再制造和轮胎翻新等再利用项目，以及废旧物资、大宗产业废弃物、建筑废弃物、农林废弃物、城市典型废弃物、废水、污泥等资源化利用项目。

通知还提出要多渠道拓展促进循环经济发展的直接融资途径。支持国家、省级循环经济示范试点园区、企业发行企业（公司）债券、可转换债券和短期融资券、中期票据等直接融资工具。引导社会资金设立主要投资于资源循环利用企业和项目的创业投资企业。探索循环经济示范试点园区内的中小企业发行集合债券。鼓励、支持符合条件的资源循环利用企业申请境内外上市和再融资，鼓励企业将通过股市募集的资金投向循环经济项目。积极支持符合条件的循环经济项目申请使用国际金融组织贷款和外国政府贷款。

据国家发展改革委相关负责人介绍，循环经济是指在生产、流通和消费过程中进行的减量化、再利用、资源化活动的总称，是最大限度地节约资源和保护环境的经济发展模式，是实施可持续发展发展的重要内容。当前，发展循环经济已成为我国经济社会发展的一项重大战略，国家将进一步加大扶持力度，促进循环经济尽快形成较大规模。

利用国际融资 推进节能减排

针对我国银行业节能信贷机制欠缺、企业实施节能改造融资难的问题，国家发展改革委、财政部与世界银行和全球环境基金（GEF）合作开发了中国节能融资项目，选择示范银行作为转贷银行，利用世界银行贷款，同时配套自有资金，为企业实施节能改造提供贷款，并推广示范银行经验，促进我国银行业广泛开展节能信贷业务，建立和完善市场化的节能融资机制。

为应对国际金融危机冲击，围绕党中央、国务院“扩内需、保增长、调结构”的部署，有关部门加快推动实施中国节能融资项目。项目于2008年10月正式生效，一期2亿美元转贷资金由进出口银行和华夏银行承担，目前已初见成效：节能贷款已发放超过10亿元，带动企业直接节能投资约15亿元，可形成112万吨标准煤的节能能力。以转贷资金作为种子资金，两家银行将进一步增加配套资金，做大做强节能贷款业务。此外，世界银行还将追加2亿美元转贷资金，国内转贷银行也将追加相应配套资金。经测算，中国节能融资项目未来3年可带动企业节能改造投资约280亿元，形成节能能力约1150万吨标准煤。

该项目的实施不仅有助于企业提高能源利用效率，也为拉动国民经济有效需求和促进节能减排做出积极贡献。

中央企业节能减排监督管理分类表

重点类企业（32户）

1 中国石油天然气集团公司
2 中国石油化工集团公司
3 中国海洋石油总公司
4 国家电网公司
5 中国南方电网有限责任公司
6 中国华能集团公司
7 中国大唐集团公司
8 中国国电集团公司
9 中国华电集团公司
10 中国电力投资集团公司
11 鞍山钢铁集团公司
12 宝钢集团有限公司
13 武汉钢铁（集团）公司
14 中国铝业公司
15 攀钢集团有限公司
16 新兴铸管集团有限公司
17 神华集团有限责任公司
18 中国中煤能源集团有限公司
19 中国建筑材料集团有限公司
20 中国中材集团有限公司
21 中国化工集团公司
22 中国五矿集团公司
23 华润（集团）有限公司
24 国家开发投资公司
25 中国航空集团公司
26 中国东方航空集团公司
27 中国南方航空集团公司
28 中国海运（集团）总公司
29 中国远洋运输集团总公司

30 中国兵器工业集团公司
31 中国港中旅集团公司
32 中粮集团有限公司

关注类企业（51户）

1 中国核工业集团公司
2 中国核工业建设集团公司
3 中国航天科技集团公司
4 中国航天科工集团公司
5 中国航空工业集团公司
6 中国船舶工业集团公司
7 中国船舶重工集团公司
8 中国兵器装备集团公司
9 中国电子科技集团公司
10 中国电子信息产业集团有限公司
11 中国黄金集团公司
12 中国建筑工程总公司
13 中国铁道建筑总公司
14 中国交通建设集团有限公司
15 中国水利水电建设集团公司
16 中国冶金科工集团有限公司
17 中国铁路工程总公司
18 中国葛洲坝集团公司
19 中国第一汽车集团公司
20 东风汽车公司
21 中国第一重型机械集团公司
22 中国第二重型机械集团公司
23 哈尔滨电气集团公司
24 中国东方电气集团公司
25 中国北方机车车辆工业集团公司
26 中国南方机车车辆工业集团公司
27 中国中钢集团公司
28 中国盐业总公司
29 中国中化集团公司
30 中国节能投资公司
31 中国化学工程集团公司
32 彩虹集团公司
33 中国广东核电集团有限公司
34 中国煤炭地质总局
35 中国恒天集团有限公司
36 华侨城集团公司
37 中国西电集团公司
38 中国移动通信集团公司
39 中国联合网络通信集团有限公司
40 中国电信集团公司
41 招商局集团有限公司
42 中国有色矿业集团有限公司
43 中国机械工业集团有限公司
44 中国诚通控股集团有限公司
45 中国铁路物资总公司
46 中国房地产开发集团公司
47 中国外运长航集团有限公司
48 中国储备粮管理总公司
49 中国通用技术（集团）控股有限责任公司
50 中国农业发展集团总公司
51 中国保利集团公司

一般类企业（45户）

1 中国医药集团总公司
2 中国乐凯胶片集团公司
3 中国高新投资集团公司
4 中国煤炭科工集团有限公司
5 中国国旅集团有限公司
6 中国冶金地质总局
7 中国航空油料集团公司
8 中国钢研科技集团有限公司
9 中国中纺集团公司
10 北京矿冶研究总院
11 中国水电工程顾问集团公司
12 中国铁路通信信号集团公司
13 北京有色金属研究总院
14 中国普天信息产业集团公司
15 机械科学研究总院
16 南光（集团）有限公司
17 武汉邮电科学研究院
18 中国商用飞机有限责任公司
19 中国长江三峡集团公司
20 上海贝尔股份有限公司
21 中国华录集团有限公司
22 电信科学技术研究院

23 中国林业集团公司
24 中国电力工程顾问集团公司
25 中国出国人员服务总公司
26 中国印刷集团公司
27 中国华星集团公司
28 中国工艺（集团）公司
29 中国轻工集团公司
30 中国民航信息集团公司
31 中国建筑科学研究院
32 中国华孚贸易发展集团公司
33 中国建筑设计研究院
34 中国国际工程咨询公司
35 国家核电技术有限公司
36 中国储备棉管理总公司
37 上海船舶运输科学研究所
38 中国国际技术智力合作公司
39 中商企业集团公司
40 中国丝绸进出口总公司
41 中国航空器材进出口集团公司
42 上海医药工业研究院
43 华诚投资管理有限公司
44 珠海振戎公司
45 中国汽车技术研究中心

中央企业节能减排考核细则

一、任期考核

（一）节能减排数据严重不实、弄虚作假的，对中央企业负责人任期经营业绩考核结果给予降级处理。

（二）未完成核定的任期节能减排考核目标，对中央企业负责人任期经营业绩考核结果按以下方式进行扣分处理：

1.按考核指标个数分摊2分分值，根据未完成指标个数和未完成程度扣减相应分值。未完成考核指标的，实际完成值与目标值相比，每相差10%扣减0.1分，最多扣减该指标分摊的相应分值。

2.核定的考核指标目标值为该行业国内先进水平的，减半扣分。

二、年度考核

（一）年度内发生下列情形之一的，对中央企业负责人年度经营业绩考核结果给予降级处理：

1.发生重大以上（含重大）环境责任事故，造成重大社会影响的；

2.经节能减排主管或者监管部门认定，发生节能减排重大违法违规事件，造成恶劣影响的。

（二）年度内发生下列情形之一的，对中央企业负责人年度经营业绩考核结果给予扣分处理：

1.发生较大和一般环境责任事故的，按以下方式进行扣分：

（1）每发生一次较大环境责任事故（III级），重点类、关注类和一般类企业分别扣减0.3分、0.5分和0.7分；

（2）每发生一次一般环境责任事故（IV级），重点类、关注类和一般类企业分别扣减0.1分、0.3分和0.5分；

（3）在当年不能认定的环境责任事故顺延处理。

2.被国家节能减排主管部门通报，造成较大负面影响的，每通报一次扣减0.2分，最多扣1分。

国家新能源项目

陕西最大的光电建筑一体化光伏电站建成并网调试

近日，随着逆变器转换软件的顺利装配，陕西拓日太阳城10MW光电建筑一体化光伏电站首期100KW机组在澄城成功试并网发电，标志着陕西最大的光电建筑一体化光伏电站建成并网调试。

陕西拓日太阳城项目是今年的“省长一号工程”，是由深圳市拓日新源科技股份有限公司投资建设的集太阳能研发制造、光电光热集成开发、循环节能综合示范为一体的高科技工程，今年五月正式开工建设。项目总投资198亿元，规划建设“六厂一站一校”。“六厂”即1200T的超白玻璃厂、1000MW的非晶硅太阳能薄膜电池厂、200MW单晶硅拉晶切片厂、200MW单晶硅太阳能电池厂、100万平方米平板式太阳能热水器厂和太阳能装备制造厂；“一站”即10MW光电建筑一体化太阳能光伏电站；“一校”即建设规模为1000人的集教学、实习、就业于一体的光伏职业培训学校。

预计到10月底，第一条80MW非晶硅薄膜电池生产线将投入运行；到12月底前，首条100T超白玻璃生产线将投入运行，同时，8栋厂房上面的光伏建筑一体化电站首期2.4MW光电机组即可正式并网发电，一条完整的光伏产业链将全面贯通。

合肥太阳能光伏电站成功并网发电

合肥太阳能光伏电站的光伏阵列，3月1日由合肥阳光电源有限公司自主建设的一座太阳能光伏电站在安徽合肥成功并网发电。该电站总装机容量500千瓦，每年可发电60多万千瓦时。

山东省财政厅出台政策加大太阳能推广力度

山东省财政厅出台政策，将省内所有高等教育、中等职业教育和基础教育学校使用太阳能纳入财政补贴范围，其中基础教育学校可获最高一半财政补贴，以在广大青少年中倡导节能意识，促进全民节能减排。

为加大太阳能集热系统推广使用力度，山东省扩大了财政补助范围，在以往支持热水用量大的公共领域（宾馆、省属高校等）应用太阳能集热系统的基础上，将省内所有高等教育、中等职业教育和基础教育学校（指幼儿园、小学、初中、高中教育）均纳入财政补贴范围。

同时，山东积极降低财政补贴门槛，提高财政补贴比例。根据规定，省内所有高校、中等职业教育学校和宾馆使用太阳能集热系统供水，且日产热水量达到20吨的，按其太阳能集热系统投资额的30%给予财政补贴；基础教育学校使用太阳能集热系统供水，日产热水量只要达到5吨的，按其太阳能集热系统投资额的50%给予财政补贴。

国内最大并网光伏电站在昆明开工建设总投资91亿

总装机容量为166兆瓦的昆明石林太阳能大型并网光伏电站实验示范项目6日在昆明开工建设，它建成后将成为国内最大的大型并网光伏电站。

昆明石林太阳能大型并网光伏电站实验示范项目位于昆明市石林彝族自治县石林镇，总投资91亿元人民币，分为科普区和实验示范区两部分，分别由云电投新能源开发有限公司和华能澜沧江水电有限公司投资建设。

太阳能光伏发电是把太阳能直接转换为电能的发电方式，也是一种清洁无噪声、无污染的能源，不使用任何燃料，也不产生任何废料，是仅次于水电的可大规模开发的可再生能源。

中国风电设备自主化率已达86%

从中国国家能源局获悉，通过大型风电场特许权招标和引进技术，国产1.5兆瓦级风电机组已批量投入运行，自主化率达到86%，降低了风电场建设和运营成本。

新中国成立初期，中国能源科技水平低下，经过60年，特别是改革开放30年的引进消化和自主创新，基本形成了适应中国能源发展的技术体系。

目前中国正在研制3兆瓦、5兆瓦级风电机组。太阳能、生物质能开发利用技术也在迅速提高。

陕北国家能源化工基地拟开发风能、太阳能资源

从陕西省气象部门获悉，在历经两年多的努力工作后，陕西省气象部门日前完成了国家能源化工基地榆林市的《风能、太阳能资源分析评估报告》，并提出榆林市风能、太阳能资源开发建议。目前榆林市委、市政府已拟将风能、太阳能开发纳入榆林国家能源化工基地建设范畴，加快开发建设步伐。

监测分析表明，榆林市风能、太阳能资源开发利用具有得天独厚的优势条件。这里有效风出现时间多，长城沿线以北的年有效风小时数一般大于6000小时，甚至达到7500小时；风向稳定，风场质量高，破坏性风速出现几率小；土地面积广阔，地势平坦，交通方便，工程条件好；电网条件好，有利于风电向外输送；地表多为荒漠、草原或退化草场，风能开发对生态环境影响较小。榆林市年太阳辐射达5500－6000兆焦每平方米，年平均日照时数2620－2830小时，是全国太阳能资源富集区之一，且近年来呈增加趋势，开发利用潜力巨大。

湖北最大的风电场开工建设

湖北省最大的风电场一期工程，7月29日在恩施土家族苗族自治州利川市的齐岳山之巅开工。

齐岳山风电场被列为全国十大风场之一，经测试风能理论蕴藏量达80万千瓦，可开发量50万千瓦，项目首期总投资54607万元，建成后将形成4.93万千瓦的发电能力。

据介绍，2002年联合国开发计划署与国家发改委合作，对中国可再生资源进行调查评价。齐岳山被列入全国十大风场之一，齐岳山风电项目被纳入联合国开发计划署UNDP援助项目。2002年11月开始对齐岳山历时2年测风数据显示：该风电场年平均风速为5.6m／s，年最大风速25.2m／s，年平均风速最高达9.1m／s，月平均风速在6.0—10.5m／s之间；年平均风功率密度为每平方米203.2w，风功率密度等级接近3级。风场风向稳定、破坏性风速小，风能资源较好，具备一定的开发价值，适宜开发建设风电场。

2008年，湖北省把利川风电项目列入对少数民族地区发展支持的重点工程，是推动齐岳山风电项目的一个重要因素。目前，风电设备国产化率已达70%以上，大大降低了投资成本和投资风险。

利川市市长李义说，利川市属经济极不发达地区，风电产业不但可以拉动当地少数民族地区的旅游业发展和产业结构调整，而且对改善地区生态环境，减少森林砍伐，维护生态平衡也具有十分重要的作用。

广州投资一千亿元建设“新能源城市”

广州市在全国率先发布新能源和可再生能源发展规划——《广州市新能源和可再生能源发展规划》（2008－2020），预计在2020年，广州将把新能源在能源结构中的比例从目前的1%提高至15%，新能源产业总产值预计可达4000亿元。广州市也将建设成为“新能源城市”。

广州市经贸委副主任叶佑新介绍，改革开放以来，广州经济持续快速发展，能源消费也迅速增长，2008年达到了5193.27万吨标准煤。能源消费已经成为制约广州发展的重要因素之一。目前广州市的能源结构大部分是传统化石能源，新能源在能源结构中的比例仅占1%。

而《规划》出台，将太阳能、热泵、水电与风电、生物质能、交通可替代能源、绿色建筑、新能源装备制造业、对外投资新能源发电等列为广州市新能源发展的重点领域。

“为实现2020年新能源比例达到15%的战略目标，估算需要投入资金1000亿元”，叶佑新说，近期内，广州市将以绿色亚运城工程、绿色建筑建设工程、新能源汽车产业链工程、农村新能源工程、固体废弃物综合利用工程、绿色电力工程、新能源公交工程、新能源装备产业培育工程、新能源科技创新工程、循环经济示范城市创建工程等“十大工程”作为抓手，加快广州“新能源城市”的建设步伐。

新能源的开发利用将带来显著的环境效益。达到2020年发展目标时，广州将实现减少产生二氧化硫18万吨，减少产生二氧化碳2000万吨的目标，其中广州市新能源利用直接减少产生二氧化硫3万吨，减少产生二氧化碳800万吨。

到2020年，在新能源开发利用、设备制造、技术研发和相关配套及服务等方面将为社会提供约50万个就业岗位；利用可再生能源将可改善约10万户农村居民的生活用能条件。

第六部分

利用外资和境外投资

涉外政策

贯彻落实国务院关于进一步做好利用外资工作若干意见部门分工方案

国办函〔2010〕128号

一、优化利用外资结构

（一）根据我国经济发展需要，结合国家产业调整和振兴规划要求，修订《外商投资产业指导目录》，扩大开放领域，鼓励外资投向高端制造业、高新技术产业、现代服务业、新能源和节能环保产业。严格限制“两高一资”和低水平、过剩产能扩张类项目。（发展改革委、商务部。列第一位者为牵头部门，下同）

（二）国家产业调整和振兴规划中的政策措施同等适用于符合条件的外商投资企业。（发展改革委、工业和信息化部）

（三）对用地集约的国家鼓励类外商投资项目优先供应土地，在确定土地出让底价时可按不低于所在地土地等别相对应《全国工业用地出让最低价标准》的70%执行。（国土资源部）

（四）鼓励外商投资高新技术企业发展，改进并完善高新技术企业认定工作。（科技部、财政部、税务总局会同发展改革委、商务部、工业和信息化部等部门）

（五）鼓励中外企业加强研发合作，支持符合条件的外商投资企业与内资企业、研究机构合作申请国家科技开发项目、创新能力建设项目等。（发展改革委、科技部、财政部）

申请设立国家级技术中心认定。（发展改革委、科技部、财政部、海关总署、税务总局）

（六）鼓励跨国公司在华设立地区总部、研发中心、采购中心、财务管理中心、结算中心以及成本和利润核算中心等功能性机构。（商务部、外汇局、银监会、发展改革委、财政部、工商总局）

在2010年12月31日以前，对符合规定条件的外资研发中心确需进口的科技开发用品免征进口关税和进口环节增值税、消费税。（财政部、商务部、海关总署、税务总局）

（七）落实和完善支持政策，鼓励外商投资服务外包产业，引入先进技术和管理经验，提高我国服务外包国际竞争力。（商务部）

二、引导外资向中西部地区转移和增加投资

（八）根据《外商投资产业指导目录》修订情况，补充修订《中西部地区外商投资优势产业目录》，增加劳动密集型项目条目，鼓励外商在中西部地区发展符合环保要求的劳动密集型产业。（发展改革委、商务部）

（九）对符合条件的西部地区内外资企业继续实行企业所得税优惠政策，保持西部地区吸收外商投资好的发展势头。(财政部、发展改革委、商务部、税务总局)

（十）对东部地区外商投资企业向中西部地区转移加大政策开放和技术资金配套支持力度，同时完善行政服务，在办理工商、税务、外汇、社会保险等手续时提

供便利。（发展改革委、商务部、财政部、人力资源社会保障部、工商总局、质检总局、税务总局、外汇局）

鼓励和引导外资银行到中西部地区设立机构和开办业务。（银监会）

（十一）鼓励东部地区与中西部地区以市场为导向，通过委托管理、投资合作等多种方式，按照优势互补、产业联动、利益共享的原则共建开发区。（发展改革委、商务部）

三、促进利用外资方式多样化

（十二）鼓励外资以参股、并购等方式参与国内企业改组改造和兼并重组。支持A股上市公司引入境内外战略投资者。规范外资参与境内证券投资和企业并购。（商务部、证监会、发展改革委、工业和信息化部）

依法实施反垄断审查。（商务部、发展改革委、工商总局按职责分工负责）

加快建立外资并购安全审查制度。（发展改革委、商务部）

（十三）利用好境外资本市场，继续支持符合条件的企业根据国家发展战略及自身发展需要到境外上市，充分利用两个市场、两种资源，不断提高竞争力。（证监会、发展改革委、商务部）

（十四）加快推进利用外资设立中小企业担保公司试点工作。（发展改革委、商务部）

鼓励外商投资设立创业投资企业，积极利用私募股权投资基金，完善退出机制。（发展改革委、商务部、工商总局、证监会、外汇局）

（十五）支持符合条件的外商投资企业境内公开发行股票、发行企业债和中期票据，拓宽融资渠道，引导金融机构继续加大对外商投资企业的信贷支持。稳步扩大在境内发行人民币债券的境外主体范围。（人民银行、证监会、银监会、发展改革委、商务部）

四、深化外商投资管理体制改革

（十六）《外商投资产业指导目录》中总投资（包括增资）3亿美元以下的鼓励类、允许类项目，除《政府核准的投资项目目录》规定需由国务院有关部门核准之外，由地方政府有关部门核准。（发展改革委）

除法律法规明确规定由国务院有关部门审批外，在加强监管的前提下，国务院有关部门可将本部门负责的审批事项下放地方政府审批，服务业领域外商投资企业的设立（金融、电信服务除外）由地方政府按照有关规定进行审批。（商务部等）

（十七）调整审批内容，简化审批程序，最大限度缩小审批、核准范围，增强审批透明度。全面清理涉及外商投资的审批事项，缩短审批时间。改进审批方式，在试点并总结经验的基础上，逐步在全国推行外商投资企业合同、章程格式化审批，大力推行在线行政许可，规范行政行为。（商务部、发展改革委）

五、营造良好的投资环境

（十八）规范和促进开发区发展，发挥开发区在体制创新、科技引领、产业集聚、土地集约方面的载体和平台作用。（发展改革委、国土资源部、住房城乡建设部、科技部、商务部）

支持符合条件的省级开发区升级，支持具备条件的国家级开发区扩区和调整区位。（商务部、科技部按职责分别牵头，国土资源部、住房城乡建设部、发展改革委参与）

支持具备条件的省级开发区扩区和调整区位。（发展改革委、国土资源部、住房城乡建设部、科技部、商务部）

制定加快边境经济合作区建设的支持政策措施。（商务部、财政部、国土资源部、住房城乡建设部）

（十九）进一步完善外商投资企业外汇管理，简化外商投资企业外汇资本金结汇手续。（外汇局）

对依法经营、资金紧张暂时无法按时出资的外商投资企业，允许延长出资期限。（工商总局、商务部）

（二十）加强投资促进，针对重点国家和地区、重点行业加大引资推介力度，广泛宣传我国利用外资政策。积极参与多双边投资合作，把“引进来”和“走出去”相结合，推动跨国投资政策环境不断改善。

关于做好外商投资项目下放核准权限工作的通知

发改外资〔2010〕914号

各省、自治区、直辖市及计划单列市、副省级省会城市、新疆生产建设兵团发展改革委：

根据《国务院关于进一步做好利用外资工作的若干意见》（国发[2010]9号）精神，现将外商投资项目核准权限下放有关事项通知如下：

一、下放核准权限。原由我委核准的《外商投资产业指导目录》中总投资（包括增资）3亿美元以下的鼓励类、允许类项目，除《政府核准的投资项目目录》规定需由国务院有关部门核准之外，由省级发展改革委核准。

二、严格项目管理。核准权限下放后，项目申请报告、核准内容、条件、程序等仍按照《外商投资项目核准暂行管理办法》（国家发展和改革委员会令第22号）规定执行。《外商投资产业指导目录》中限制类项目核准权限暂不下放；国家法律法规和国务院文件对项目核准有专门规定的，从其规定。

三、提高利用外资质量。鼓励外资投向高端制造业、高新技术产业、现代服务业、新能源和节能环保产业，促进外商投资使用新技术、新工艺、新材料、新设备，改造和提升传统产业。严格限制“两高一资”和低水平、过剩产能扩张及盲目重复类项目建设。

四、简化项目核准程序。各级发展改革委在规范外商投资项目核准制，落实各项项目核准条件的同时，要主动简化核准程序，缩短核准时间，增强核准透明度，已核准项目原则上应通过不同方式向社会公开。

五、营造良好投资环境。各级发展改革委要以此次核准权限下放为契机，引导规范开发区健康发展，按照布局集中、用地集约、产业集聚要求，促进外商投资项目向开发区集聚，提高投资便利化，加大外商投资促进产业结构升级等方面的正面宣传和舆论引导力度，不断改善投资环境。

六、加强项目监督检查。各级发展改革委要会同有关部门加强对外资形势和趋势分析，关注热点和重点问题，及时帮助外商协调解决困难，重大问题及时向我委反映。

各级发展改革委要结合本地区实际，宣传和贯彻落实《国务院关于进一步做好利用外资工作的若干意见》（国发[2010]9号），坚持积极有效利用外资的方针，加大改革创新力度，创造更加开放、更加优化的投资环境，全面提高利用外资工作水平。

商务部关于2010年全国对外投资合作工作的指导意见

2010年03月17日

各省、自治区、直辖市、计划单列市及新疆生产建设兵团商务主管部门，各驻外经商机构：

2009年，我国对外投资合作经受了国际金融危机的严峻考验。在党中央、国务院的正确领导下，商务部会同有关部门及时制定落实应对危机、支持“走出去”的政策措施，对外投资合作逆势上扬，在保增长、稳外需、调结构和促进我国商务事业发展中发挥了重要作用。全年非金融类对外直接投资433亿美元，同比增长6.5%。对外承包工程新签合同额1262亿美元，完成营业额777亿美元，同比分别增长20.7%、37.3%。对外劳务合作完成营业额89.1亿美元，同比增长10.6%，2009年末在外各类劳务人员77.8万人，较2008年同期增加3.8万人。

为深入贯彻落实中央经济工作会议和全国商务工作会议精神，做好2010年对外投资合作工作，现提出以下指导意见：

一、实施“走出去”战略面临的形势

2010年，“走出去”面临的国内外形势仍然复杂多变。从国际形势看，世界经济发展势头有所好转，发达国家金融体系逐渐恢复，新兴经济体经济回升，国际贸易和跨国投资开始活跃。但世界经济复苏的基础不稳，国际金融危机影响仍然存在，贸易和投资保护主义升温，部分国家和地区的安全风险加大。从国内形势看，我国经济回升向好趋势不断巩固，外需政策将保持连续性和稳定性。同时，我国经济社会发展仍面临不少困难和挑战，结构性矛盾仍然突出，稳定外需的任务依然很重。

总体上看，预计2010年对外投资合作环境将比2009年有所好转，“走出去”的机遇大于挑战。实施“走出去”战略在转变外贸发展方式、促进国际收支平衡、推动产业结构调整、深化多双边互利合作等方面具有重要意义，要高度重视“走出去”工作，把“走出去”与“引进来”、国民经济结构调整和统筹国内国际两个大局更好地结合起来，一方面增强忧患意识和风险意识，积极防范和应对“走出去”过程中可能遇到的各种问题；另一方面，坚定信心，把握机遇，主动应对新形势和新挑战，创新体制机制，提高“走出去”发展水平。

二、2010年发展目标和指导思想

(一)指导思想

以邓小平理论和“三个代表”重要思想为指导，深入贯彻落实科学发展观，认真学习贯彻党的十七大和中央经济工作会议精神，围绕商务工作总体部署，继续按照稳外需、调结构、转方式的要求，大力实施“走出去”战略，拓展发展空间，推动对外投资合作科学规范发展。

(二)发展目标

2010年是“十一五”规划的最后一年，也是积极应对国际金融危机、巩固我国经济回升势头的关键一年。全国对外投资合作工作的主要目标是：非金融类对外直接投资达到460亿美元，对外承包工程保持较快增长，对外劳务合作平稳健康发展。

三、2010年重点工作

(一)主要任务

1.促进对外投资健康发展。建立和完善政策促进体系，深入研究解决对外投资中出现的新情况和新问题，引导有条件的企业发挥优势，强强联合，加快对外投资步伐。更好地利用中非发展基金、中国东盟投资合作基金和其他信贷资金，支持企业开展对外投资。引导企业充分利用已生效的双边自由贸易协定的优惠政策和措施，扩大对外投资。结合国民经济产业结构调整和战略性新兴行业发展，鼓励制造业、高新技术、新能源、服务外包等行业对外投资。支持企业投资国际知名品牌、先进技术、营销网络和研发机构。创新国际能源资源合作方式，鼓励企业在当地开展能源资源深加工，实现互利共赢，共同发展。

2.提高对外承包工程发展水平。严格执行《对外承包工程管理条例》，加大监督检查力度。创新对外承包工程发展模式，鼓励对外承包工程以咨询服务为先导，与对外投资相结合，支持企业承揽技术密集型、资本密集型境外工程项目，引导中央企业、地方企业加强合作，开拓国际承包工程市场，提升发展层次。加强同周边发展中国家的协力共建和优势互补，推动与周边国家基础设施领域的互联互通。

3.深化对外劳务体制改革。坚持以人为本，有组织有管理地开展对外劳务合作。强化保障和规范，明确部门、地方和企业责任，维护劳务人员合法权益。加强政府公共服务，统筹对外劳务和国内劳务市场，促进发展。贯彻落实“谁派出，谁负责”原则，维护国家形象和声誉。

4. 推进境外经贸合作区建设。支持国内开发区“走出去”，参与境外经贸合作区建设。借鉴国内建设开发区的成功经验，创新境外经贸合作区的建设发展模式，完善相关政策措施，加强政府双边合作，为境外经贸合作园区建设企业提供投资服务和制度保障。

(二)政策措施

1. 做好“十二五”规划编制工作。规划关系到“走出去”发展全局，是今后相当长一段时期开展各项工作的重要指导。要认真做好对外投资合作“十二五”规划编制工作，谋划中长期“走出去”的主要任务、体制、布局和举措。根据自身发展需要，各地可制定本地区对外投资合作“十二五”发展规划，注重“走出去”和“引进来”相结合，促进区域经济协调发展。

2. 加强政策制定和制度建设。深化对外投资合作管理体制改革，推进对外投资合作便利化。加强对外投资、对外承包工程和对外劳务合作法规建设。研究制定新时期支持“走出去”的相关政策措施，各地要加快完善地方促进政策措施，出台有利于发挥本地区企业优势的扶持政策。

3. 加强引导，完善服务。树立“寓管理于服务”的理念，健全“走出去”促进服务体系。加强公共信息服务，完善“对外投资合作信息服务系统”，及时更新发布《对外投资合作国别(地区)指南》、《对外劳务合作国别和地区环境评估报告》和对外投资合作国别(地区)产业导向目录。完善充实统计指标体系，加强统计工作对“走出去”的引导作用。加快“走出去”促进服务平台建设。充分发挥中介机构的咨询服务功能。

4. 加大培训力度。加强同中组部、统战部、监察部、国资委以及全国工商联等部门的合作，围绕区域经济合作(包括与周边国家协力共建)、境外安全风险、规范企业经营行为、企业履行社会责任、新闻宣传等重点，对领导干部和企业负责人进行培训，提高各级领导干部对“走出去”战略重要性的认识，提高“走出去”企业的人员素质，增强企业跨国经营管理水平。

5. 加强对外宣传。高度重视“走出去”新闻宣传工作，为企业“走出去”营造良好舆论环境，树立中国负责任大国形象。加强舆情研究分析，主动与各方加强沟通、增信释疑。创新新闻宣传方式，普及宣传“走出去”政策法规，发布对外投资合作公益广告，引导“走出去”企业积极履行社会责任。

6. 强化境外安全保障。境外安全保障工作事关“走出去”的大局，要牢固树立安全高于一切的思想，始终把国家利益、驻外人员生命安全和企业财产安全摆在突出位置。进一步完善境外安全风险防范和应急处置工作机制，加强境外安全风险预警和监测，建立安全风险评估制度，加大境外安全投入，落实境外安全责任制，加强对外派人员的安全教育培训。

7. 规范境外经营行为，树立良好形象。倡导依法规范经营，强化社会责任意识是培育跨国公司成败的关键，要加快研究建立规范企业有序开展对外投资合作的长效机制和政策措施，督促、引导企业树立互利共赢的理念，遵纪守法，尊重当地宗教习俗，主动履行社会责任，构建和谐关系，增强可持续发展能力。

商务部

二〇一〇年二月二十六日

利用外资

2009年1-12月全国吸收外商直接投资情况

2009年1-12月，全国新批设立外商投资企业23435家，同比下降14.83%；实际使用外资金额900.33亿美元，同比下降2.56%。

同期，亚洲十国/地区（香港、澳门、台湾省、日本、菲律宾、泰国、马来西亚、新加坡、印尼、韩国）对华投资新设立企业18321家，同比下降15%，实际投入外资金额731.48亿美元，同比增长1.69%。美国对华投资新设立企业1588家，同比下降14.67%，实际投入外资金额35.76亿美元，同比下降21.97%。欧盟二十七国对华投资新设立企业1578家，同比下降23.21%；实际投入外资金额59.52亿美元，同比下降8.76%。

1-12月，对华投资前十位国家/地区（以实际投入外资金额计）依次为：香港（539.93亿美元）、台湾省（65.63亿美元）、日本（41.17亿美元）、新加坡（38.86亿美元）、美国（35.76亿美元）、韩国（27.03亿美元）、英国（14.69亿美元）、德国（12.27亿美元）、澳门（10亿美元）和加拿大（9.59亿美元），前十位国家/地区实际投入外资金额占全国实际使用外资金额的 88.3%。

12月当月，全国新批设立外商投资企业2835家，同比增长10.66%；合同外资金额289.17亿美元，同比增长27.76%；实际使用外资金额121.38亿美元，同比增长103.06%。

说明：上述国家/地区对华投资数据包括这些国家/地区通过维尔京、开曼群岛、萨摩亚、毛里求斯和巴巴多斯等自由港对华进行的投资。

国家发展改革委
二〇一〇年五月四日

国家发展改革委关于继续用好国外优惠贷款促进经济增长的通知

各省、自治区、直辖市及计划单列市发展改革委，国务院有关部门：

根据党中央、国务院关于扩大内需促进经济增长的重大决策部署，为配合国家宏观调控，继续用好国外优惠贷款，现将有关要求通知如下：

一、统筹安排国内资金和国外优惠贷款，形成合力，保证当前扩大投资、拉动内需的总体效果

2008年和2009年，我国借用国外优惠贷款（包括世行、亚行、欧洲投资银行等国际金融组织和外国政府等多边和双边贷款）规模100亿美元左右，用以支持农业（含林业、水利）、交通、城建、节能减排、污染治理、环境保护和生态建设以及教育卫生等领域国家和地方重点项目建设。大部分国外优惠贷款用于购置国内设备、材料及劳务等，对拉动内需发挥了积极作用。

国外优惠贷款项目的领域与当前新增中央投资支持的重点领域总体一致。2008年第四季度，一批在建交通、污水处理、垃圾处理、医疗等项目既使用了国外贷款，也安排使用了中央新增预算内资金。国内资金和国外优惠贷款的统筹安排，加快了项目建设进度，迅速形成了拉动内需效应。

根据国家当前新增中央投资支持的领域和原则，各地发展改革委及有关部门要继续统筹安排好国外优惠贷款与新增中央投资、地方财政预算资金、财政部代理发行地方政府债券等国内资金，使国内外资金互为配套，形成合力。对2008年已谈判签约的在建项目和计划于2009年对外谈判签约且已具备开工条件成熟的贷款项目给与支持，更好地推动项目加快建设，尽早形成实物量，有效地拉动内需，使国外优惠贷款发挥更大的效益。

国外优惠贷款是国家主权外债，属于政府性投资资金的一部分，各地发展改革委及有关部门要认真研究，采取有效措施，避免使用国内资金替代国外优惠贷款，进而减弱扩大投资、拉动内需的总体效果。

二、加快贷款规划内重点项目的前期工作，力促项目尽快开工建设

对规划内拉动内需带动作用强的项目特别是2009年计划签约项目，各地发展改革委、有关部门要组织好项目建设方案论证，落实项目建设条件和国内配套资金，积极协调有关国外贷款机构和财政、环保、国土资源等有关部门，衔接好国内国外项目准备程序，加快项目准备和项目审批，有效推动项目的前期工作，力争当年签约，当年开工建设。

各地发展改革委、有关部门在加快项目开工建设，有效地扩大投资、促进经济增长的同时，要继续注重以贷款项目为载体，吸收国际先进经验、提高管理水平、促进体制改革和制度创新，推动结构调整和发展方式转变，增强国家和地方经济发展的后劲。

三、推动在建项目加快工程建设进度，进一步加强贷款项目管理

对在建符合国家拉动内需投向的国外贷款项目，各地发展改革委、有关部门要积极协调国家和地方相关部门以及国外贷款机构，支持项目建设单位加快工程招标、设备及材料采购、国外贷款提款报账等工作；对具备条件的项目，若国内配套资金暂时出现困难，可以先期适当提高国外贷款支付比例，保证项目的顺利实施，尽快形成实物工作量。

各地发展改革委及有关部门要按照国务院的要求，继续加强贷款项目管理，建立完善的项目管理、资金管理和监督检查制度，确保贷款资金的有效使用，保证工程质量安全，严防各种违纪违法事件，并配合国务院有关部门做好项目检查工作。同时，继续做好国外优惠贷款备选项目规划，要选择对经济社会发展有重要作用和适合国外贷款特点的项目，做好贷款项目储备工作。

当前是拉动内需、保持经济增长的关键时期。各地发展改革委及有关部门要积极协调，加强沟通，将工作中出现的问题及时通报国家发展改革委，切实做好国外贷款项目前期准备和项目实施管理工作，更好地发挥国外优惠贷款对我国经济和社会发展的促进作用。

国家发展改革委

二〇〇九年二月十三日

2010年外国政府贷款情况

以色列政府贷款

1.贷款条件：

（1）合同金额低于100万美元（含此额度）适用贷款条件方案A 或A-1。A方案为固定年利率3.2%，贷款期7年，包括1年半宽限期；A-1方案为年浮动利率LIBOR+0.45%，贷款期7年，含2年宽限期。

（2）合同金额高于100万美元但低于500万美元（含此额度）适用贷款条件方案B或Ｂ-1。B方案为固定年利率2.5%，B-1方案为年浮动利率LIBOR+0.5%；两者的贷款期均为10年，包括2年宽限期。

（3）贷款金额大于500万美元适用贷款条件方案C或C-1。C方案为固定年利率3.6%，贷款期15年，包括1年半宽限期；C-1方案为年浮动利率LIBOR+0.5%，贷款期15年，包括2年宽限期。

加权计算的贷款赠与成份在25%或以上。适用B类贷款条件的也可选用A类贷款条件；适用C类贷款条件的也可选用B类或A类贷款条件。

2.币种：美元。

3.使用领域：医疗卫生、环境保护、喷灌滴灌、高科技等领域。

4.采购要求：以色列供货比例不低于合同金额的40%。

欧佩克基金会贷款

1.贷款条件：贷款期20年，含5年宽限期，年利率3.25-3.5%。另外，每年按贷款余额的1%收取管理费，与利息一同支付。

2.币种：美元。

3.使用领域：基础设施、医院、学校、环保等领域。

4.采购要求：一般采用国际招标方式，也可在中国国内采购。

5.其他要求：外方需对项目进行实地评估。

沙特政府贷款

1.贷款条件：贷款期20年，含5年宽限期，年利率3.0%。

单个项目贷款额一般不低于1500万美元，最高不超过2500万美元。

2.币种：沙特里亚尔。

3.使用领域：医院、学校、基础设施等社会发展领域。

4.采购要求：一般采用国际招标方式，也可在中国国内采购。贷款资金可用于设备、服务采购及土建，符合条件的费用经外方确认可追溯报账。

5.其他要求：沙方需对项目进行实地评估。

科威特政府贷款

1.贷款条件：贷款期限为18年至25年，含3至6年宽限期。年利率在1.5%－4%之间，另外科基金会每年按贷款余额收取0.5%的管理费

每年视项目贷款金额支持1－2个项目，单个项目贷款额一般不低于2000万美元，最高不超过3500万美元。

2.币种：科威特第纳尔。

3.使用领域：基础设施、医院、学校等社会发展领域。

4.采购要求：一般采用国际招标方式，也可在中国国内采购。贷款资金可用于设备、服务采购及土建，符合条件的费用经外方确认可追溯报账。

5.其他要求：科方需对项目进行实地评估。

美国进出口银行主权担保融资

1.贷款条件：单个项目的综合贷款条件由中方用户和承办银行与美方贷款行进行磋商确定，但不得硬

于与我开展双边合作的国家和机构中贷款条件最硬者（目前为北欧投资银行的贷款，其贷款条件为：贷款期10年（含3年宽限期），利率为美元Libor+0.64%/欧元Euribor+0.59%；或贷款期13年（含4年宽限期），利率为美元Libor+0.71%/欧元Euribor+0.66%。

收取美口行担保或保险金额2%的担保费，0.5-0.75%的管理费，以及未提款金额0.125%的承诺费。

该贷款享受外国政府贷款税收优惠政策。

2.贷款领域：目前，美国进出口银行主权担保融资支持的项目领域原则上无限制，主要为医疗卫生、铁路机械、基础设施、环境保护、节能减排、农业机械、高科技以及双方共同感兴趣的其他领域。

3.采购和担保条件：美国产品和服务比例不能低于项目合同金额（含我国内采购）的50%，或美国进出口银行提供担保的比例不能低于该项目合同金额（含我国内采购）的50%。

4.其他要求：单个项目贷款金额不得低于200万美元；具体项目实施程序遵照《美国进出口银行主权担保融资管理暂行办法》（财金[2005]121号）执行。

波兰政府贷款

1.贷款条件：年利率0.8%，贷款期20年（含2年宽限期），贷款不收取银行费用（如承诺费、担保费等）。

2.币种：美元。

3.使用领域：采矿设备、污水处理、消防、农用飞机等领域。

4.采购要求：贷款应尽可能用于采购波兰的货物，波兰供货比例不应低于合同金额的60%。波兰供货商在投标时，必须提供有波兰财政部出具的合格投标商资格确认函，在签署商务合同前，项目单位要及时确认波兰供货商向其财政部报告供货比例的情况，以免合同签署后无法得到波兰政府的批准。

5.转贷银行：政策性银行和主要商业银行。

荷兰政府专项贷款

1.贷款条件：利率为6个月EURIBOR+0.3%，贷款期12年，宽限期为船舶或设备的建设期（一般2至4年）。收取未提款金额0.15%-0.3%的承诺费，项目协议生效90天起算，在提款期内以出口信贷或赠款方式每季度或半年支付一次。

2.币种：欧元。

3.使用领域：专项贷款，用于中方引进挖泥船及相关技术设备。

4.采购要求：荷兰供货比例不低于50%。

5.转贷银行：中国进出口银行、中国银行、中国建设银行、中国工商银行、交通银行。

芬兰政府贷款

1.贷款条件：一般为无息，贷款期为10-15年（含宽限期2-3年）。

2.币种：欧元。

3.使用领域：主要用于集中供热、污水处理、环境保护等领域。

4.采购要求：芬兰供货比例不低于30%-50%。

5.转贷银行：中国进出口银行、中国银行、中国工商银行、中国建设银行等。

6.其它要求：须提供英文项目可行性研究报告，外方据此进行项目评估及贷款审批。

北欧投资银行贷款

1.贷款条件：

（1）北投成员国包括丹麦、芬兰、挪威、瑞典、冰岛、拉托维亚、爱沙尼亚、立陶宛。

（2）贷款期10年（含3年宽限期），利率为美元Libor+0.64%/欧元Euribor+0.59%；或贷款期13年（含4年宽限期），利率为美元Libor+0.71%/欧元Euribor+0.66%。北投贷款金额1000万美元以上的项目，可选择将浮动利率锁定为固定利率。

（3）单个项目北投贷款金额不应低于200万美元，且北投贷款金额不得超过总投资的50%。

（4）相关费用：收取贷款金额0.25%的管理费，在首次提款时扣除或首次提款日前10天一次性支付；对应提未提贷款金额每年收取0.25%承诺费，发出贷款提案第90天起算，在提款期内每半年或在付息日支付一次。

2.贷款领域：农业、环保和医疗卫生等领域。

3.币种：欧元、美元。

4.采购要求：贷款可用于采购设备、技术和服务，并可支持土建。合同由北投成员国供货商总包，北投成员国供货比例不低于50%。

5.其他要求：北投视项目情况进行环境实地评估。

丹麦政府贷款

1.贷款条件：无息，贷款期10至15年，宽限期为建设期。一次性收取贷款金额0.2%-0.25%的管理费，在项目协议生效后30日内一次性支付；对应提未提贷款按每年0.15%收取承诺费，项目协议生效后第30天起算，在提款期内每半年支付一次。

单个项目最小贷款金额不低于100万欧元，最大不超过3300万欧元。

2.币种：欧元、美元。

3.使用领域：集中供热、污水处理、垃圾焚烧、清洁能源等。

4.采购要求：丹麦供货比例不低于25%，其余可采购中国或第三国货物和服务，总包商需为丹麦公司。

5.其它：丹方需评估项目的可研报告、进行实地评估，对采购过程中的投标人资格预审，对评标报告和商务合同等环节进行审核。丹方批准项目的周期通常不少于18个月。

奥地利政府贷款

1.贷款条件：贷款期限20年，含宽限期4.5年，年利率为1.25%；或贷款期限16.5年，含宽限期4.5年，年利率为0.75%；每年收取贷款余额约0.5%的担保费，在每个季度最后一天与利息一并支付；一次性收取贷款金额0.07%-0.1%的管理费，在项目协议生效后第30天或60天一次性支付；对应提未提贷款按每年0.07%-0.1%收取承诺费，项目协议生效后第30天或60天起算，在提款期内每季度末与付息一起支付。

2.币种：欧元。

3.使用领域：医疗、职业教育、消防和环保等，其中，消防领域贷款金额不超过年度贷款规模的15%。每省每年同一领域的项目一般不超过2个，最多可增至4个。

4.采购要求：项目合同金额的50%须采购奥地利设备，50%可用于中国及第三国采购。

5.转贷银行：主要商业银行和政策性银行。

葡萄牙政府贷款

1.贷款条件：

（1）年固定利率3.274%（每5年调整一次，葡方保证赠予成份不低于35%），贷款期限33年，含23年宽限期；宽限期内每年支付利息一次，还款期内每年偿还本息一次（分10次等额偿还）；收取提款金额0.1%的管理费，每次提款时支付。

（2）单个项目贷款金额不低于200万欧元。

2.币种：欧元。

3.贷款支持领域：消防、集中供热、供水和污水处理、教育、医疗等，以及200万特别提款权（SDR）以下的工业项目。

4.采购要求：商务合同需与葡萄牙供货商签署，合同中葡萄牙的货物和服务不得低于70%（其中，葡国增值部分不低于40%，即商务合同总额的28%），其余30%部分可在中国或第三国采购；商业及盈利性项目金额不得超过200万特别提款权（约为238万欧元）。

5.其他要求：由于0.1%的贷款管理费在每次支付时收取（即从贷款中扣收），项目单位应确保申请支付贷款金额包含0.1%的管理费。

6.转贷银行：仅限中国进出口银行。

西班牙政府贷款

1.贷款条件：

（1）50%为政府软贷款，年利率0.2%-0.5%，贷款期限30年以上（含10年宽限期）；另50%为出口信贷，使用OECD统一利率，贷款期5-10年。西班牙方对出口信贷部分在提取出口信贷前一次性收取担保费，费率为出口信贷额的2%左右或贷款金额的0.75%-1%，可用贷款或现汇方式支付。无承诺费和管理费。

（2）单个项目贷款金额不低于500万欧元。

2.币种：欧元。

3.使用领域：环保、可再生能源、城市基础设施以及信息技术等领域的商业上不可持续项目。

4.采购要求：第三国和国内采购比例不低于西班牙采购比例的45%。

意大利政府贷款

1.贷款条件：贷款期23年，含11年宽限期，年利率0.15%。

2.币种：欧元。

3.使用领域：文化遗产保护、环境保护等领域，目前仅限于中西部地区。

（1）文化遗产保护领域：保护和重建中西部地区文化遗产保护文物，着重于改善和维护博物馆、考古遗址、历史遗址及图书馆，单个项目金额为50万-200万欧元；

（2）环境保护领域：防止土地沙化、水土流失，治理水及空气污染，恢复和保护生物多样性等，单个项目300万-1000万欧元。

4.采购要求：原则上项目合同金额的50%-60%须采购意大利技术设备，剩余的40%-50%可用于第三国或中国国内采购。所有由本地供货商提供产品及服务的相关合同均由意大利中标商总包。

5.转贷银行：中国进出口银行负责贷款转贷及支付工作。

德国促进贷款

1.贷款条件：

（1）贷款期限：最长15年（含最多5年宽限期）；

（2）贷款利率：浮动利率为6个月EURIBOR+0.55%；固定利率为KfW相同期限贷款的再融资成本+0.45%；

（3）贷款额度：单个项目的贷款金额不得低于1500万欧元；项目单位最终实际提取的贷款金额不应低于政府协议贷款金额的60%，否则需向德方支付放弃提款的赔偿金；

（4）相关费用：对应提未提贷款按每年0.25%收取承诺费，自贷款协议生效3个月起算，在提款期内每半年支付一次；贷款的管理费在首次提款前一次性收取，贷款金额1亿欧元以下的项目管理费率为0.35%，1亿欧元以上（含1亿欧元）的项目管理费率0.25%；

（5）贷款偿还：每半年一次等值、连续的分期偿还。当中国政府主权信用评级低于国际资本市场的投资级别时，所有项目的还款期改为12年。浮动利率的贷款，可在任何利息支付日无成本提前偿还应付未付贷款，但须提前30天通知贷款方；固定利率下，借款人如承担所有因提前偿还引起的中断成本，可提前偿还应付未付贷款。

2.币种：欧元。

3.使用领域：基础设施、环境保护、能源、交通、供水、污水处理、医疗、生产安全等促进发展的项目。

4.采购要求：采用国际招标方式；设备采购需占贷款金额的50%以上。

德国促进贷款项目建议书参考格式

A.借款人和项目执行机构

1.借款人(只有当对外借款人不是财政部时填写)

1.1*名称

1.2*地址

1.3*单位性质

1.4*经营范围

1.5*财务情况

2.项目执行机构

2.1*名称

2.2*地址

2.3*单位性质

2.4*经营范围

B. 项目介绍

1.*项目背景及目标

2.*项目参与者/组织者

3.*项目范围，主要技术及运营数据，地点

4.*项目管理组织结构

5.*潜在的风险（技术，财务及项目运营等方面）

6.*项目执行安排和时间表

7.*项目可持续性的评估（例如社会经济方面、组织结构方面及运营方面等）

8.对促进发展的作用，对经济、环境和社会带来的效率/影响

9.主要供货商、承包商、咨询机构、合同预计金额（如适用）以及采购/招标方式

10.必要的项目准备/为实施项目所要作的培训

11.*该项目的审批进展/还需要获得的批准

C.项目投资

1.*项目投资计划(年度细分)

2. 本地供货/服务等预期投资（主要部分细分，包括运营资本）

3. 国外供货/服务等的预期投资（主要部分细分）

D项目融资

1. *融资计划：资金来源及使用

2. *期望从KFW获得的资金：促进贷款的条件（金额、期限、宽限期及币种）

3. 期望的贷款偿还计划（如有可能，对现金流进行分析，其他还款计划）

E. 财务指标

1. *总投资的内部收益率

2. 债务偿还比例（税后现金净流入与到期还本付息额的比例）

F相关文件（译成英文，作为附件）

——*可研报告摘要

——项目评估结果及财务预测

——项目运营计划概要

——政府审批情况

——项目区地图

注：带*号部分为不可缺少的重要内容

德国政府贷款

1. 贷款条件：年利率约3%，贷款期限12年，含3年宽限期。对应提未提贷款按每年0.25%收取承诺费，自贷款协议生效后3个月起算，在提款期内每半年支付一次。

2. 币种：欧元。

3. 使用领域：气候保护、节能减排、金融机构支持中小节能减排项目的绿色融资等。

4. 转贷银行：主要国有商业银行和政策性银行。

5. 中间信贷项目由中德双方商定中方银行承办（中小商业银行）。最终用款单位可直接向承办银行申请项目，无需财政担保，由承办银行独立开展评估放贷工作并自行承担风险。

6. 其它要求：中方须提供英文项目建议书或可行性研究报告，德方据此进行项目评估及贷款审批。

7. 赠款项目咨询合同签署方式：造林、扶贫、太阳能发电和部分艾滋病防治等赠款项目实施阶段聘请咨询专家时，其咨询合同应按照以下方式签署：对于新赠款项目、以及以往项目已签咨询合同的修改，均由项目单位与德方签署；由省级财政部门作为转赠机构的项目，项目单位在签署咨询合同或修改合同前应征得转赠机构的同意。

法国开发署贷款

1. 贷款条件：

（1）贷款期限12－17年（含3－5年宽限期），利率为6个月EURIBOR+0.25%；

（2）单个项目贷款金额不低于2000万欧元。

2. 币种：欧元或美元。

3. 贷款领域：

（1）低碳能源的生产，如可再生能源、高效的火电生产（热电联产、热电冷联产）、二氧化碳捕捉及封存；

（2）能源效率，如银行中间信贷和能效标准规范化项目、交通能效项目；

（3）城市可持续发展，如城市发展中的能源综合优化，包括公共交通、建筑、可再生能源、垃圾处理及污水厂污泥综合利用等；

（4）农村可持续发展，如人工造林、农村沼气、生态农业。

4. 采购条件：采用国际竞争性招标方式采购，也可在中国国内采购。

对外投资

2009年商务部积极推动对外投资合作取得显著成效

2009年12月22日

党中央、国务院高度重视“走出去”工作，把实施“走出去”战略作为对外开放的重要内容。今年以来，为稳定外需、带动出口，国务院及时出台了一系列支持企业“走出去”的政策措施，并取得显著成效。在中央的正确领导下，尽管受到国际金融危机影响，今年我国对外投资合作仍保持了较好的发展势头。

一是对外投资开拓市场取得新进展。1-9月，非金融类对外直接投资328.7亿美元，同比增长0.5%，海外并购占43.5%。预计非金融类对外直接投资全年将达420亿美元。建设境外市场营销网络、获取境外先进技术成为新的投资重点。

二是对外承包工程逆势而上，带动出口作用明显。1-11月，对外承包工程新签合同额1065.1亿美元，完成营业额647.7亿美元，分别同比增长20.9%和37.5%；新签上亿美元项目194个，较上年同期增加23个。据测算，1-11月对外承包工程带动出口约227亿美元，带动就业约18万人次，对稳定外需、带动出口做出了积极贡献。

三是外派劳务规模出现小幅下降。受金融危机影响，对外劳务合作困难增多。1-11月，对外劳务合作新签合同额65.7亿美元，同比下降2.5%；完成营业额78.6亿美元，同比增长8.6%。11月末在外各类劳务人员78.4万人，较上年同期减少1万人。

根据中央经济工作总体部署，商务部积极推动有条件的企业加强对外投资合作，拓展市场发展空间，保证稳定的资源能源供给。今年在体制机制、服务促进等方面取得了新进展。

一是简政放权，促进企业“走出去”。颁布《境外投资管理办法》和《对外承包工程资格管理办法》，大幅下放审批权限，受到地方和企业的欢迎。

二是加大财政金融支持力度。安排对外经济技术合作专项资金8亿元，较上年增加2亿元。推动新增220亿美元优买贷款。认真落实已对外打出的优买贷款项目。

三是创新公共服务。组织驻外经商机构编写发布了162个国家（地区）的《对外投资合作国别（地区）指南》，强化投资国别障碍调查，引导企业有序开展对外投资。《对外投资合作信息服务系统》建成运行，商务信息平台和运行监测系统不断完善。定期进行跨国经营管理人才培训，培养跨国经营人才。

四是规范境外经营秩序。牵头起草了《企业境外经营行为规范》，并联合外交部等六部门报请国务院印发。针对金融危机形势下外派劳务市场的特殊性和复杂性，与外交部等七部门联合开展全国清理整顿外派劳务市场秩序专项行动，清理一批违规企业和非法中介，挽回劳务人员经济损失4076万元，

五是稳步推进境外经贸合作区建设。19个中标的合作区中，17个园区动工建设，6个合作区通过确认考核，3个正式揭牌。截至10月底，入区企业110家，投资金额约12.6亿美元。

当前，全球经济出现企稳回升的积极迹象，我国经济将保持平稳较快发展，外需政策将保持连续性和稳定性，为“走出去”创造了有利环境。同时应当看到，世界经济复苏基础并不牢固，传统和非传统安全问题的

负面影响凸显，各种形式的贸易和投资保护主义明显抬头，“走出去”仍面临着不少挑战，不确定性较多。

总的来看，明年“走出去”面临的发展机遇大于挑战，我们既要把困难估计得更充分一些，注重防范各类风险，更要坚定信心、把握机遇，加快“走出去”步伐。商务部将继续会同有关部门加快完善对外投资合作促进服务体系和权益保障体系，积极支持有条件的企业“走出去”，实现对外投资合作平稳较快发展。

改革外汇管理政策促进境外直接投资发展

国家外汇管理局

为贯彻落实“走出去”发展战略，进一步支持我国境内机构境外直接投资平稳、健康发展，促进投资便利化，充分利用“两个市场、两种资源”，稳步有序地推动跨境资本交易的对外开放进程，国家外汇管理局日前发布了《境内机构境外直接投资外汇管理规定》（以下简称《规定》）。《规定》自2009年8月1日起施行。

《规定》在整合近年来境外直接投资外汇管理政策措施的基础上，结合国家外汇管理局直接投资外汇管理信息系统的上线运行，对境外直接投资外汇管理方式和程序进行了简化和规范，主要体现在以下几个方面：一是简化审核程序，改革境外直接投资外汇资金来源事前审查为事后登记，并取消了境外直接投资资金汇出核准。二是扩大境内机构境外直接投资的外汇资金来源。境内机构可使用自有外汇资金、符合规定的国内外汇贷款、人民币购汇或实物、无形资产、留存境外利润等多种资产来源进行境外直接投资。三是允许境内机构在其境外项目正式成立前的筹建阶段，经外汇局核准汇出投资总额一定比例的前期费用。四是建立全口径境外直接投资外汇管理体系，明确并规范境内金融机构境外直接投资的外汇管理。五是完善与健全了境外直接投资项下跨境资金流出入统计监测机制。在《规定》起草过程中，国家外汇管理局广泛征求了各方意见，并在外汇局政府网站公开向社会征求意见，有关意见和建议已经充分吸纳。

《规定》将使境外直接投资外汇管理更加规范化、系统化，有利于境内机构及时把握投资时机，提高境外直接投资的效率。同时，也有利于进一步完善境外直接投资的统计监测，促进我国国际收支基本平衡。

2009年我国对外投资合作业务简况

一、对外直接投资

2009年我国境内投资者共对全球122个国家和地区的2283家境外企业进行了直接投资，累计实现非金融类对外直接投资(下同)433亿美元，同比增长6.5%。

截至2009年底我国累计对外直接投资已超过2200亿美元。

二、对外承包工程

2009年，我国对外承包工程业务完成营业额777亿美元，同比增长37.3%；新签合同额1262亿美元，同比增长20.7%。

截至2009年底，我国对外承包工程累计完成营业额3407亿美元，签订合同额5603亿美元。

三、对外劳务合作

2009年，我国对外劳务合作完成营业额89.1亿美元，同比增长10.6%；新签合同额74.7亿美元，同比下降1.2%。全年派出各类劳务人员39.5万人，同比下降7.5%；12月末在外各类劳务人员77.8万人，较上年同期增加3.8万人。

截至2009年底，我国对外劳务合作累计完成营业额648亿美元；合同额674亿美元；累计派出各类劳务人员502万人。

2009年中国对外直接投资特点

一是对外直接投资再创新高，连续八年保持增长势头。2009年，中国对外直接投资净额(以下简称流量) 565.3亿美元 ,较上年增长1.1%。其中非金融类478亿美元,同比增长14.2%,占84.5%；金融类87.3亿美元,同比下降37.9%,占15.5%。联合国贸发会议《2010年世界投资报告》显示，2009年全球外国直接投资（流出）流量1.1万亿美元,年末存量18.98万亿美元,以此为基期进行计算,2009年中国对外直接投资分别占全球当年流量的5.1%，位居发展中国家、地区首位，名列全球第五位。中国对外直接投资连续八年保持了增长势头，年均增长速度达到54%。

二是对外直接投资存量规模比上年大幅增加，国家分布更为广泛。2009年中国对外直接投资存量规模超过2000亿美元，亚洲、拉丁美洲是存量高度集中的地区，对发达国家、地区的投资存量占7.4%;国有企业和有限责任公司占到存量份额的90%左右;在非金融类对外直接投资存量中，中央企业和单位占80.2%，地方企业占19.8%。截至2009年底,中国1.2万家境内投资者在全球177个国家、地区设立境外直接投资企业1.3万家,对外直接投资累计净额2457.5亿美元,境外企业资产总额超过1万亿美元。

三是在亚洲、非洲地区投资覆盖率最高，在亚洲分布最为集中。2009年底，中国的1.3万多家境外企业共分布在全球177个国家和地区，其中亚洲、非洲地区投资覆盖率分别达到90%和81.4%。从境外企业的地区分布看，亚洲是中国设立境外企业最为集中的地区,其次为欧洲,非洲位居第三。境外企业分布的主要行业依次为制造业、批发和零售业、租赁和商务服务业、建筑业及农、林、牧、渔业，其中，制造业、批发和零售业分别占30.2%、21.9%。

四是地方对外投资快速增长，其中中部地区增幅最大。2009年地方对外直接投资达96亿美元，同比增长63.4%，其中中部地区增幅达2.1倍。上海、湖南、广东对外直接投资流量位列前三，当年直接投资分别达到12.1亿、10.1亿和9.2亿美元。截至2009年底，浙江、广东、江苏、山东、北京、福建、上海、河南、黑龙江七省二市的境外企业数量占境外企业总数的六成。浙江省是中国拥有境外企业数量最多的省份。

五是对欧美投资较上年成倍增长。与以往我国对亚洲、非洲投资较快增长不同的是，2009年中国对欧洲、北美洲、拉丁美洲投资快速增长，其中对欧洲投资33.5亿美元，增长282.8%，对北美投资15.2亿美元，增长3.2倍，对拉美投资73.3亿美元，增长1倍。

2009年对外直接投资额排序表（分省市）

单位：万美元

序号	省市区	中方实际投资额
	合计	945082
1	湖南省	101628
2	上海市	98752
3	山东省	90934
	其中：青岛市	11003
4	辽宁省	88076
	其中：大连市	42753
5	浙江省	78207
	其中：宁波市	29016
6	广东省	77388
	其中：深圳市	36220
7	江苏省	69778
8	吉林省	33841
9	山西省	32576
10	福建省	31080
	其中：厦门市	12160
11	北京市	30581
12	云南省	27001
13	四川省	26093
14	天津市	18798
15	内蒙古自治区	18525
16	河南省	17832
17	新疆维吾尔自治区	15234
18	河北省	15152
19	陕西省	13230
20	黑龙江省	12936
21	湖北省	10947
22	海南省	7454
23	广西壮族自治区	6463
24	安徽省	5720
25	重庆市	5194
26	江西省	4038
27	新疆生产建设兵团	4003
28	甘肃省	1637
29	宁夏回族自治区	1254
30	贵州省	522
31	青海省	208

2009年对外承包工程营业额排序表（分省市）

单位：万美元

序号	省市区	完成营业额	新签合同额
	合计	5935353	7590104
1	广东省	758799	814859
	其中：深圳市	714828	738884
2	上海市	665664	1193790
3	江苏省	435771	449596
4	山东省	425362	850734
	其中：青岛市	89740	134019
5	四川省	335622	350679
6	河北省	287157	266678
7	湖北省	275913	679481
8	浙江省	222269	230557
	其中：宁波市	84925	41426
9	天津市	208566	166199
10	北京市	184997	296851
11	河南省	159823	160070
12	辽宁省	157858	255818
	其中：大连市	90583	146629
13	安徽省	149363	98077
14	山西省	114297	48936
15	黑龙江省	78633	26305
16	云南省	73755	92403
17	江西省	71143	108293
18	陕西省	62543	32661
19	湖南省	54785	63326
20	新疆维吾尔自治区	44621	141835
21	广西壮族自治区	43495	47845
22	甘肃省	28332	28877
23	贵州省	28287	16461
24	新疆生产建设兵团	24028	16927
25	吉林省	23469	17078
26	重庆市	17576	54378
27	福建省	17478	14476
	其中：厦门市	345	76
28	海南省	2173	3365
29	内蒙古自治区	1692	734
30	宁夏回族自治区	1461	1781

2009年我国非金融类对外直接投资将达420亿美元

新华社北京12月22日电（记者 王希）记者22日从商务部获悉，今年以来我国对外投资合作保持了较好的发展势头，预计全年非金融类对外直接投资将达420亿美元。

尽管受到国际金融危机影响，今年以来我国对外投资仍取得新进展。1至9月，我国非金融类对外直接投资328.7亿美元，同比增长0.5%，海外并购占43.5%。建设境外市场营销网络、获取境外先进技术成为新的投资重点。

我国企业在危机中抓住机遇，对外承包工程逆势而上，对稳定外需、带动出口做出了积极贡献。1至11月，我国对外承包工程新签合同额1065.1亿美元，完成营业额647.7亿美元，分别同比增长20.9%和37.5%。新签上亿美元项目194个，较上年同期增加23个。据测算，1至11月对外承包工程带动出口约227亿美元，带动就业约18万人次。

对外合作

2009年我国对外承包工程业务完成营业额前50名的企业

序号	企业名称	完成营业额（万美元）
1	华为技术有限公司	654245
2	中国建筑工程总公司	422587
3	中信建设有限责任公司	294158
4	上海振华港口机械股份有限公司	261602
5	中国水利水电建设集团公司	222824
6	中国石油工程建设(集团)公司	207677
7	中国机械设备进出口总公司	205851
8	中国港湾工程有限责任公司	184583
9	中国石化工程建设公司	131879
10	中石油集团长城钻探工程有限公司	108722
11	中国路桥工程有限责任公司	106182
12	上海电气集团股份有限公司	104215
13	山东电力建设第三工程公司	101271
14	中国石油天然气管道局	99541
15	东方电气集团国际合作有限公司	97241
16	中国葛洲坝水利水电工程集团公司	89128
17	东方地球物理勘探有限责任公司	88149
18	中国土木工程集团公司	87462
19	中铁十八局集团有限公司	82848
20	上海建工(集团)总公司	80115
21	中国中材国际工程股份有限公司	72450
22	山东电力基本建设总公司	70790
23	上海贝尔股份有限公司	70764
24	中铁十二局集团有限公司	69376
25	中国冶金科工集团公司	67492
26	中国地质工程集团公司	65358
27	中兴通讯股份有限公司	60000
28	中建材集团进出口总公司	56824
29	中国京冶工程技术有限公司	55720
30	四川石油管理局	52904
31	中国水利电力对外公司	50459
32	中国石化集团中原石油勘探局	49744
33	北京建工集团有限责任公司	47639
34	中地海外建设集团有限公司	46880
35	哈尔滨电站工程有限责任公司	45766
36	中国海外工程有限责任公司	45654
37	中工国际工程股份有限公司	43651
38	青建集团股份公司	42488
39	沈阳远大铝业工程有限公司	41844
40	中国技术进出口总公司	41009
41	中国恩菲工程技术有限公司	40424
42	中材建设有限公司	40288
43	中国江苏国际经济技术合作公司	40234
44	合肥水泥研究设计院	39816
45	中国二十冶建设有限公司	38053
46	中铁十四局集团有限公司	34720
47	上海城建(集团)公司	31686
48	中国寰球工程公司	31446
49	广东火电工程总公司	30598
50	上海电气输配电工程成套有限公司	30011

2009年我国对外承包工程业务新签合同额前50名的企业

序号	企业名称	新签合同额（万美元）
1	中国中铁股份有限公司	750000
2	中国石化工程建设公司	731224
3	华为技术有限公司	654245
4	中国建筑工程总公司	602994
5	中国土木工程集团公司	485549
6	中国水利水电建设集团公司	448901
7	中国葛洲坝水利水电工程集团公司	422835
8	上海电气集团股份有限公司	414471
9	上海振华港口机械股份有限公司	355139
10	中国港湾工程有限责任公司	325659
11	山东电力基本建设总公司	298808
12	山东电力建设第三工程公司	275210
13	中国石油工程建设(集团)公司	202502
14	中国路桥工程有限责任公司	197074
15	中国铁道建筑工程总公司	177000
16	中国机械设备进出口总公司	169326
17	中国石化集团国际石油工程有限公司	160656
18	国家电网公司	158000
19	中建材集团进出口总公司	148851
20	东方电气股份有限公司	132936
21	中石油集团长城钻探工程有限公司	130004
22	中国交通建设集团公司	124948
23	中信建设有限责任公司	121852
24	东方地球物理勘探有限责任公司	110078
25	上海贝尔股份有限公司	106458
26	上海建工(集团)总公司	101527
27	四川石油管理局	101141
28	中地海外建设有限责任公司	99166
29	中国冶金科工集团公司	97888
30	新疆特变电工股份有限公司	95700
31	中国海外工程有限责任公司	88864
32	长江三峡技术经济发展有限公司	85794
33	沈阳远大铝业工程有限公司	83305
34	中国石油天然气管道局	80620
35	中铁国际经济合作有限公司	78790
36	中国中材国际工程股份有限公司	74722
37	中兴通讯股份有限公司	74019
38	中国机械进出口（集团）有限公司	68768
39	中国重型机械总公司	65188
40	中国恩菲工程技术有限公司	64223
41	中国水利电力对外公司	63900
42	浙江省建设投资集团有限公司	63088
43	中工国际工程股份有限公司	62865
44	中国航空技术国际工程有限公司	61691
45	中国江苏国际经济技术合作公司	60487
46	中国地质工程集团公司	59913
47	东方电气集团国际合作有限公司	58883
48	湖北省工业建筑集团有限公司	53992
49	中国石油天然气集团第七建设公司	53467
50	中铝工程有限责任公司	53000

2009年我国对外劳务合作业务完成营业额前20名的企业

序号	企业名称	完成营业额（万美元）
1	中国国际技术智力合作公司	367761
2	上海市对外服务有限公司	49355
3	北京外企服务集团有限责任公司	38601
4	中国广州国际经济技术合作公司	19409
5	广东新广国际集团有限公司	17271
6	广州对外经济发展总公司	14266
7	中国山东对外经济技术合作集团有限公司	9878
8	山东威海国际经济技术合作公司	9249
9	中国大连国际合作(集团)股份有限公司	8949
10	江苏南通六建建设集团有限公司	7579
11	中国江苏国际经济技术合作公司	7451
12	烟台国际经济技术合作有限责任公司	6208
13	中国轻工业对外经济技术合作公司	6015
14	中海海员对外技术服务有限公司	5978
15	中国厦门国际经济技术合作公司	5394
16	福建中福对外劳务合作有限公司	5258
17	中国上海外经（集团）有限公司	5123
18	潍坊中潍国际劳务有限公司	4939
19	长春对外经济技术合作有限公司	4646
20	山东国际合作联合有限公司	4485

第七部分

国家发展政策

国务院政策

中共中央、国务院关于加大统筹城乡发展力度进一步夯实农业农村发展基础的若干意见

2009年12月31日

2009年，是新世纪以来我国经济发展最为困难的一年。面对历史罕见国际金融危机的严重冲击，面对多年不遇自然灾害的重大考验，面对国内外农产品市场异常波动的不利影响，各地区各部门在党中央、国务院的坚强领导下，迎难而上，奋力拼搏，巩固和发展了农业农村好形势。粮食生产再获丰收，连续6年实现增产；农民工就业快速回升，农民收入连续6年较快增长；集体林权制度改革全面推进，农村体制创新取得新的突破；农村水电路气房建设继续加强，农民生产生活条件加快改变；农村教育、医疗、社保制度不断健全，农村民生状况明显改善；农村基层组织进一步巩固，农村社会和谐稳定。这为党和国家战胜困难、共克时艰赢得了战略主动，为保增长保民生保稳定提供了基础支撑。

当前，我国农业的开放度不断提高，城乡经济的关联度显著增强，气候变化对农业生产的影响日益加大，农业农村发展的有利条件和积极因素在积累增多，各种传统和非传统的挑战也在叠加凸显。面对复杂多变的发展环境，促进农业生产上新台阶的制约越来越多，保持农民收入较快增长的难度越来越大，转变农业发展方式的要求越来越高，破除城乡二元结构的任务越来越重。全党务必居安思危，切实防止忽视和放松“三农”工作的倾向，努力确保粮食生产不滑坡、农民收入不徘徊、农村发展好势头不逆转。必须不断深化把解决好“三农”问题作为全党工作重中之重的基本认识，稳定和完善党在农村的基本政策，突出强化农业农村的基础设施，建立健全农业社会化服务的基层体系，大力加强农村以党组织为核心的基层组织，夯实打牢农业农村发展基础，协调推进工业化、城镇化和农业现代化，努力形成城乡经济社会发展一体化新格局。

2010年农业农村工作的总体要求是：全面贯彻党的十七大和十七届三中、四中全会以及中央经济工作会议精神，高举中国特色社会主义伟大旗帜，以邓小平理论和“三个代表”重要思想为指导，深入贯彻落实科学发展观，把统筹城乡发展作为全面建设小康社会的根本要求，把改善农村民生作为调整国民收入分配格局的重要内容，把扩大农村需求作为拉动内需的关键举措，把发展现代农业作为转变经济发展方式的重大任务，把建设社会主义新农村和推进城镇化作为保持经济平稳较快发展的持久动力，按照稳粮保供给、增收惠民生、改革促统筹、强基增后劲的基本思路，毫不松懈地抓好农业农村工作，继续为改革发展稳定大局作出新的贡献。

一、健全强农惠农政策体系，推动资源要素向农村配置

1.继续加大国家对农业农村的投入力度。按照总量持续增加、比例稳步提高的要求，不断增加“三农”投入。要确保财政支出优先支持农业农村发展，预算内固定资产投资优先投向农业基础设施和农村民生工程，土地出让收益优先用于农业土地开发和农村基础设施建设。各级财政对农业的投入增长幅度都要高于财政经常性收入增长幅度。预算内固定资产投资要继续向重大农业农村建设项目倾斜。耕地占用税税率提高后，新增收入全部用于农业。严格按照有关规定计提和使用用于农业土地开发的土地出让收入，严格执行新增建设用地土地有偿使用费全部用于耕地开发和土地整理的规定。对各地土地收入用于农业农村的各项资金征收和使用情况进行专项检查。继续增加现代农业生产发展资金和农业综合开发资金规模。

2.完善农业补贴制度和市场调控机制。坚持对种粮农民实行直接补贴。增加良种补贴，扩大马铃薯补贴范围，启动青稞良种补贴，实施花生良种补贴试点。进一步增加农机具购置补贴，扩大补贴种类，把牧业、林业和抗旱、节水机械设备纳入补贴范围。落实和完善农资综合补贴动态调整机制。按照存量不动、增量倾斜的原则，新增农业补贴适当向种粮大户、农民专业合作社倾斜。逐步完善适合牧区、林区、垦区特点的农业补贴政策。加强对农业补贴对象、种类、资金结算的监督检查，确保补贴政策落到实处，不准将补贴资金用于抵扣农民交费。落实小麦最低收购价政策，继续提高稻谷最低收购价。扩大销区粮食储备规模。适时采取玉米、大豆、油菜籽等临时收储政策，支持企业参与收储，健全国家收储农产品的拍卖机制，做好棉花、食糖、猪肉调控预案，保持农产品市场稳定和价格合理水平。

3.提高农村金融服务质量和水平。加强财税政策与农村金融政策的有效衔接，引导更多信贷资金投向“三农”，切实解决农村融资难问题。落实和完善涉农贷款税收优惠、定向费用补贴、增量奖励等政策。进一步完善县域内银行业金融机构新吸收存款主要用于当地发放贷款政策。加大政策性金融对农村改革发展重点领域和薄弱环节支持力度，拓展农业发展银行支农领域，大力开展农业开发和农村基础设施建设中长期政策性信贷业务。农业银行、农村信用社、邮政储蓄银行等银行业金融机构都要进一步增加涉农信贷投放。积极推广农村小额信用贷款。加快培育村镇银行、贷款公司、农村资金互助社，有序发展小额贷款组织，引导社会资金投资设立适应“三农”需要的各类新型金融组织。抓紧制定对偏远地区新设农村金融机构费用补贴等办法，确保3年内消除基础金融服务空白乡镇。针对农业农村特点，创新金融产品和服务方式，搞好农村信用环境建设，加强和改进农村金融监管。建立农业产业发展基金。积极扩大农业保险保费补贴的品种和区域覆盖范围，加大中央财政对中西部地区保费补贴力度。鼓励各地对特色农业、农房等保险进行保费补贴。发展农村小额保险。健全农业再保险体系，建立财政支持的巨灾风险分散机制。支持符合条件的涉农企业上市。

4.积极引导社会资源投向农业农村。各部门各行业要主动服务“三农”，在制定规划、安排项目、增加资金时切实向农村倾斜。大中城市要发挥对农村的辐射带动作用。鼓励各种社会力量开展与乡村结对帮扶，参与农村产业发展和公共设施建设。企业通过公益性社会团体、县级以上人民政府及其部门或者设立专项的农村公益基金会，用于建设农村公益事业项目的捐赠支出，不超过年度利润总额12%的部分准予在计算企业所得税前扣除。有关部门要抓紧健全科技、教育、文化、卫生等下乡支农制度，通过完善精神物质奖励、职务职称晋升、定向免费培养等措施，引导更多城市教师下乡支教、城市文化和科研机构到农村拓展服务、城市医师支援农村。健全农业气象服务体系和农村气象灾害防御体系，充分发挥气象服务“三农”的重要作用。

5.大力开拓农村市场。针对经济发展和农民生产生活需要，适时出台刺激农村消费需求的新办法新措施。加大家电、汽车、摩托车等下乡实施力度，大幅度提高家电下乡产品最高限价，对现行限价内的产品继续实行13%的补贴标准，超出限价的实行定额补贴，允许各省（自治区、直辖市）根据本地实际增选一个品种纳入补贴范围，补贴对象扩大到国有农林场（区）职工。改善售后服务，加强市场监管，严禁假冒伪劣产品流入农村。大力发展物流配送、连锁超市、电子商务等现代流

通方式，支持商贸、邮政等企业向农村延伸服务，建设日用消费品、农产品、生产资料等经营网点，继续支持供销合作社新农村现代流通网络工程建设，提升“万村千乡”超市和农家店服务功能质量。鼓励农村金融机构对农民建房、购买汽车和家电等提供消费信贷，加大对兴办农家店的信贷投放。

二、提高现代农业装备水平，促进农业发展方式转变

6. 稳定发展粮食等大宗农产品生产。在稳定粮食播种面积基础上，大力优化品种结构，着力提高粮食单产和品质。全面实施全国新增千亿斤粮食生产能力规划，尽快形成生产能力。加快建立健全粮食主产区利益补偿制度，增加产粮大县奖励补助资金，提高产粮大县人均财力水平。有关扶持政策要向商品粮调出量大、对国家粮食安全贡献突出的产粮大县（农场）倾斜。继续减少直至取消主产区粮食风险基金地方资金配套。大力发展油料生产，加快优质油菜、花生生产基地县建设，积极发展油茶、核桃等木本油料。支持优势产区发展棉花、糖料生产。继续实施粮食丰产科技工程。扩大粮棉油糖高产创建实施规模，年内覆盖全国所有农业县（农场）。大力推进农作物病虫害专业化统防统治。支持垦区率先发展现代化大农业，建设大型农产品基地，带动周边农村经济社会发展。

7. 推进菜篮子产品标准化生产。实施新一轮菜篮子工程建设，加快园艺作物生产设施化、畜禽水产养殖规模化。支持建设生猪、奶牛规模养殖场（小区），发展园艺作物标准生产基地和水产健康养殖示范场，开展标准化创建活动，推进畜禽养殖加工一体化。支持畜禽良种繁育体系建设。加强重大动物疫病防控，完善扑杀补贴政策，推进基层防疫体系建设，健全工作经费保障机制。增加渔政、渔港、渔船安全设施等建设投入，搞好水生生物增殖放流，支持发展远洋渔业。加快农产品质量安全监管体系和检验检测体系建设，积极发展无公害农产品、绿色食品、有机农产品。

8. 突出抓好水利基础设施建设。国家固定资产投资要把水利建设放在重要位置。继续加强大江大河大湖治理，逐步推进重点中小河流治理。加快大中型水利枢纽工程建设，搞好蓄滞洪区建设和山洪灾害防治。大力推进大中型灌区续建配套和节水改造，加快末级渠系建设。按期完成规划内病险水库除险加固任务，统筹安排其余病险水库除险加固。在科学规划论证基础上，启动大中型病险水闸除险加固。加快大型灌排泵站更新改造。拓宽水利建设基金筹资渠道。大幅度增加中央和省级财政小型农田水利设施建设补助专项资金规模，新增一批小型农田水利建设重点县。大力发展高效节水灌溉，支持山丘区建设雨水集蓄等小微型水利设施。通过一事一议、财政补助等办法，鼓励农民自愿投工投劳开展直接受益的小型水利设施建设。深化水利工程管理体制改革。推广农民用水户参与管理模式，加大财政对农民用水合作组织的扶持力度。加强基层抗旱排涝和农村水利技术服务体系建设。

9. 大力建设高标准农田。按照统筹规划、分工协作、集中投入、连片推进的要求，加快建设高产稳产基本农田。重视耕地质量建设，加大投入力度，安排中长期政策性贷款，支持农田排灌、土地整治、土壤改良、机耕道路和农田林网建设，把800个产粮大县的基本农田加快建成高标准农田，建立稳固的商品粮基地。继续增加农业综合开发、农村土地整治投入，有计划分片推进中低产田改造。扩大测土配方施肥、土壤有机质提升补贴规模和范围。推广保护性耕作技术，实施旱作农业示范工程，对应用旱作农业技术给予补助。

10. 提高农业科技创新和推广能力。切实把农业科技的重点放在良种培育上，加快农业生物育种创新和推广应用体系建设。继续实施转基因生物新品种培育科技重大专项，抓紧开发具有重要应用价值和自主知识产权的功能基因和生物新品种，在科学评估、依法管理基础上，推进转基因新品种产业化。推动国内种业加快企业并购和产业整合，引导种子企业与科研单位联合，抓紧培育有核心竞争力的大型种子企业。培养农业科技领军人才，发展农业产学研联盟，加强农业重点实验室、工程技术中心、科技基础条件平台建设。实施农村科技创业行动、科技富民强县专项行动计划、科普惠农兴村计划，推进现代农业产业技术体系建设。抓紧建设乡镇或区域性农技推广等公共服务机构，扩大基层农技推广体系改革与建设示范县范围。积极发展多元化、社会化农

技推广服务组织。启动基层农技推广机构特设岗位计划，鼓励高校涉农专业毕业生到基层农技推广机构工作。推进农用工业技术改造。加快发展农业机械化，大力推广机械深松整地，支持秸秆还田、水稻育插秧等农机作业。创建国家现代农业示范区。

11.健全农产品市场体系。统筹制定全国农产品批发市场布局规划，支持重点农产品批发市场建设和升级改造，落实农产品批发市场用地等扶持政策，发展农产品大市场大流通。加大力度建设粮棉油糖等大宗农产品仓储设施，完善鲜活农产品冷链物流体系，支持大型涉农企业投资建设农产品物流设施。加快发展农产品期货市场，逐步拓展交易品种，鼓励生产经营者运用期货交易机制规避市场风险。发展农业会展经济，支持农产品营销。全面推进双百市场工程和农超对接，重点扶持农产品生产基地与大型连锁超市、学校及大企业等产销对接，减少流通环节，降低流通成本。大力培育农村经纪人，充分运用地理标志和农产品商标促进特色农业发展。加强市场动态监测和信息服务。完善全国鲜活农产品绿色通道政策。

12.构筑牢固的生态安全屏障。巩固退耕还林成果，在重点生态脆弱区和重要生态区位，结合扶贫开发和库区移民，适当增加安排退耕还林。延长天然林保护工程实施期限，抓紧制定实施办法。继续推进三北、沿海、长江等防护林体系和京津风沙源治理、湿地保护与恢复等重点林业生态工程建设。统筹推进青海三江源生态保护和建设。加大力度筹集森林、草原、水土保持等生态效益补偿资金。从2010年起提高中央财政对属集体林的国家级公益林森林生态效益补偿标准。建立造林、抚育、保护、管理投入补贴制度，开展造林苗木、森林抚育补贴试点，中央财政对林木良种生产使用、中幼林和低产林抚育给予补贴。编制林地保护利用规划，启动森林经营工程，增强森林生态服务功能，提高林地综合产出能力。大力增加森林碳汇。切实加强草原生态保护建设，加大退牧还草工程实施力度，延长实施年限，适当提高补贴标准。落实草畜平衡制度，继续推行禁牧休牧轮牧，发展舍饲圈养，搞好人工饲草地和牧区水利建设。推进西藏草原生态保护奖励机制试点工作。加大草原鼠虫害防治力度。加强草原监理体系建设，强化草原执法监督。实施国家水土保持重点建设工程，加快岩溶地区石漠化和南方崩岗治理，启动坡耕地水土流失综合治理工程，搞好清洁小流域建设。加强农业面源污染治理，发展循环农业和生态农业。

三、加快改善农村民生，缩小城乡公共事业发展差距

13.努力促进农民就业创业。建立覆盖城乡的公共就业服务体系，积极开展农业生产技术和农民务工技能培训，整合培训资源，规范培训工作，增强农民科学种田和就业创业能力。因地制宜发展特色高效农业、林下种养业，挖掘农业内部就业潜力。推进乡镇企业结构调整和产业升级，扶持发展农产品加工业，积极发展休闲农业、乡村旅游、森林旅游和农村服务业，拓展农村非农就业空间。完善促进创业带动就业的政策措施，将农民工返乡创业和农民就地就近创业纳入政策扶持范围。加大农民外出务工就业指导和服务力度，切实维护农民工合法权益，促进农村劳动力平稳有序转移。健全农民工社会保障制度，深入开展工伤保险全覆盖行动，加强职业病防治和农民工健康服务，将与企业建立稳定劳动关系的农民工纳入城镇职工基本医疗保险，抓紧落实包括农民工在内的城镇企业职工基本养老保险关系转移接续办法。落实以公办学校为主、以输入地为主解决好农民工子女入学问题的政策，关心农村留守儿童。

14.提高农村教育卫生文化事业发展水平。巩固和完善农村义务教育经费保障机制，落实好教师培训制度和绩效工资制度。农村学校布局要符合实际，方便学生上学，保证学生安全。继续实施中小学校舍安全工程。逐步改善贫困地区农村学生营养状况。大力发展中等职业教育，继续推进农村中等职业教育免费进程。逐步实施农村新成长劳动力免费劳动预备制培训。完善农村三级医疗卫生服务网络，落实乡镇卫生院人员绩效工资和乡村医生公共卫生服务补助政策，逐步实施免费为农村定向培养全科医生和招聘执业医师计划。搞好农村地区妇幼卫生工作和疾病防治，加强农村食品和药品监管。积极发展农村远程教育、远程医疗。稳定农村低生育水平，继续推进新农村新家庭计划和少生快富工程，完善农村部分计划生育家庭奖励扶助制度和计划生育家庭特

别扶持制度，加强和创新农村流动人口计划生育服务管理。建立稳定的农村文化投入保障机制，推进广播电视村村通、文化信息资源共享、乡镇综合文化站和村文化室、农村电影放映、农家书屋等重点文化惠民工程建设和综合利用，广泛开展群众性精神文明创建活动和农民健身活动。

15.提高农村社会保障水平。逐步提高新型农村合作医疗筹资水平、政府补助标准和保障水平。做好新型农村合作医疗、农村医疗救助、城镇居民基本医疗保险、城镇职工基本医疗保险制度的政策衔接。继续抓好新型农村社会养老保险试点，有条件的地方可加快试点步伐。积极引导试点地区适龄农村居民参保，确保符合规定条件的老年居民按时足额领取养老金。合理确定农村最低生活保障标准和补助水平，实现动态管理下的应保尽保。落实和完善被征地农民社会保障政策。健全临时救助制度。逐步提高农村五保户集中供养水平。搞好农村养老院建设，发展农村养老服务，探索应对农村人口老龄化的有效办法。加大对农村残疾人生产扶助和生活救助力度，农村各项社会保障政策优先覆盖残疾人。做好农村防灾减灾工作。

16.加强农村水电路气房建设。搞好新农村建设规划引导，合理布局，完善功能，加快改变农村面貌。加大农村饮水安全工程投入，加强水源保护、水质监测和工程运行管理，确保如期完成规划任务。鼓励有条件的地方推行城乡区域供水。适应农村用电需求快速增长的趋势，结合推进农村电力体制改革，抓紧实施新一轮农村电网改造升级工程，提升农网供电可靠性和供电能力。继续实施小水电代燃料工程，推进水电新农村电气化县建设。全面完成“十一五”农村公路建设任务，落实农村公路管理养护责任，推进城乡客运交通一体化。加快推进农村户用沼气、大中型沼气和集中供气工程建设，加强沼气技术创新、维护管理和配套服务。支持农村开发利用新能源，推进农林废弃物资源化、清洁化利用。加快推进农村危房改造和国有林区（场）、垦区棚户区改造，继续实施游牧民定居工程。抓住当前农村建房快速增长和建筑材料供给充裕的时机，把支持农民建房作为扩大内需的重大举措，采取有效措施推动建材下乡，鼓励有条件的地方通过多种形式支持农民依法依规建设自用住房。加强村镇规划，引导农民建设富有地方特点、民族特色、传统风貌的安全节能环保型住房。实行以奖促治政策，稳步推进农村环境综合整治，开展农村排水、河道疏浚等试点，搞好垃圾、污水处理，改善农村人居环境。采取有效措施防止城市、工业污染向农村扩散。推进农村信息化，积极支持农村电信和互联网基础设施建设，健全农村综合信息服务体系。

17.继续抓好扶贫开发工作。坚持农村开发式扶贫方针，加大投入力度，逐步扩大扶贫开发和农村低保制度有效衔接试点，对农村低收入人口全面实施扶贫政策，着力提高贫困地区群众自我发展能力，确保扶贫开发工作重点县农民人均纯收入增长幅度高于全国平均水平。因地制宜加大整村推进、劳动力转移培训、产业化扶贫、以工代赈等各项扶贫工作力度，加快贫困地区基础设施建设和社会事业发展。积极稳妥实行扶贫易地搬迁，妥善解决移民后续发展问题。对特殊类型贫困地区进行综合治理。扩大贫困村互助资金、连片开发以及彩票公益金支持革命老区建设等试点。动员社会各界参与扶贫事业，充分发挥行业扶贫作用，积极开展反贫困领域国际交流合作。研究制定未来１０年扶贫开发纲要和相关规划。

四、协调推进城乡改革，增强农业农村发展活力

18.稳定和完善农村基本经营制度。完善农村土地承包法律法规和政策，加快制定具体办法，确保农村现有土地承包关系保持稳定并长久不变。继续做好土地承包管理工作，全面落实承包地块、面积、合同、证书“四到户”，扩大农村土地承包经营权登记试点范围，保障必要的工作经费。加强土地承包经营权流转管理和服务，健全流转市场，在依法自愿有偿流转的基础上发展多种形式的适度规模经营。严格执行农村土地承包经营纠纷调解仲裁法，加快构建农村土地承包经营纠纷调解仲裁体系。按照权属明确、管理规范、承包到户的要求，继续推进草原基本经营制度改革。稳定渔民水域滩涂养殖使用权。鼓励有条件的地方开展农村集体产权制度改革试点。

19.有序推进农村土地管理制度改革。坚决守住耕地保护红线，建立保护补偿机制，加快划定基本农田，

实行永久保护。落实政府耕地保护目标责任制，上级审计、监察、组织等部门参与考核。加快农村集体土地所有权、宅基地使用权、集体建设用地使用权等确权登记颁证工作，工作经费纳入财政预算。力争用3年时间把农村集体土地所有权证确认到每个具有所有权的农民集体经济组织。有序开展农村土地整治，城乡建设用地增减挂钩要严格限定在试点范围内，周转指标纳入年度土地利用计划统一管理，农村宅基地和村庄整理后节约的土地仍属农民集体所有，确保城乡建设用地总规模不突破，确保复垦耕地质量，确保维护农民利益。按照严格审批、局部试点、封闭运行、风险可控的原则，规范农村土地管理制度改革试点。加快修改土地管理法。

20.着力提高农业生产经营组织化程度。推动家庭经营向采用先进科技和生产手段的方向转变，推动统一经营向发展农户联合与合作，形成多元化、多层次、多形式经营服务体系的方向转变。壮大农村集体经济组织实力，为农民提供多种有效服务。大力发展农民专业合作社，深入推进示范社建设行动，对服务能力强、民主管理好的合作社给予补助。各级政府扶持的贷款担保公司要把农民专业合作社纳入服务范围，支持有条件的合作社兴办农村资金互助社。扶持农民专业合作社自办农产品加工企业。积极发展农业农村各种社会化服务组织，为农民提供便捷高效、质优价廉的各种专业服务。支持龙头企业提高辐射带动能力，增加农业产业化专项资金，扶持建设标准化生产基地，建立农业产业化示范区。推进“一村一品”强村富民工程和专业示范村镇建设。

21.积极推进林业改革。健全林业支持保护体系，建立现代林业管理制度。深化以明晰产权、承包到户为重点的集体林权制度改革，加快推进配套改革。规范集体林权流转，支持发展林农专业合作社。深化集体林采伐管理改革，建立森林采伐管理新机制和森林可持续经营新体系。完善林权抵押贷款办法，建立森林资源资产评估制度和评估师制度。逐步扩大政策性森林保险试点范围。扶持林业产业发展，促进林农增收致富。启动国有林场改革，支持国有林场基础设施建设。开展国有林区管理体制和国有森林资源统一管理改革试点。

22.继续深化农村综合改革。深入推进乡镇机构改革。继续推进省直管县财政管理体制改革，提高县乡基本财力保障水平，落实村级组织运转经费保障政策。按相关规划和要求，中央和省级财政继续支持农村义务教育历史债务的清理化解，推进其他公益性乡村债务清理化解试点，防止发生新的乡村债务。坚持政府引导、分级负责、农民自愿、上限控制、财政补助的原则，探索建立新形势下村级公益事业建设的有效机制，认真总结一事一议财政奖补试点经验，加大财政奖补力度，扩大试点范围。继续开展农民负担重点治理，坚决防止农民负担反弹。加快落实推进供销合作社改革发展的相关政策，加强基层社建设，强化县联合社服务功能。深化农垦体制改革，分离企业办社会职能，健全社会保障制度。加强对新形势下农村改革试验区工作的指导。

23.推进城镇化发展的制度创新。积极稳妥推进城镇化，提高城镇规划水平和发展质量，当前要把加强中小城市和小城镇发展作为重点。深化户籍制度改革，加快落实放宽中小城市、小城镇特别是县城和中心镇落户条件的政策，促进符合条件的农业转移人口在城镇落户并享有与当地城镇居民同等的权益。多渠道多形式改善农民工居住条件，鼓励有条件的城市将有稳定职业并在城市居住一定年限的农民工逐步纳入城镇住房保障体系。采取有针对性的措施，着力解决新生代农民工问题。统筹研究农业转移人口进城落户后城乡出现的新情况新问题。大力发展县域经济，抓住产业转移有利时机，促进特色产业、优势项目向县城和重点镇集聚，提高城镇综合承载能力，吸纳农村人口加快向小城镇集中。完善加快小城镇发展的财税、投融资等配套政策，安排年度土地利用计划要支持中小城市和小城镇发展。农村宅基地和村庄整理所节约的土地首先要补充耕地，调剂为建设用地的，在县域内按照土地利用总体规划使用，纳入年度土地利用计划，主要用于产业集聚发展，方便农民就近转移就业。继续推进扩权强县改革试点，推动经济发展快、人口吸纳能力强的镇行政管理体制改革，根据经济社会发展需要，下放管理权限，合理设置机构和配备人员编制。

24.提高农业对外开放水平。支持优势农产品扩大出口，提供出口通关、检验检疫便利和优惠。推进农产品质量可追溯体系建设，支持建设出口基地。推动农产品出口信贷创新，探索建立出口信用保险与农业保险相结合的风险防范机制。积极应对国际贸易壁垒，支持行业协会和龙头企业维护自身权益。充分利用海关特殊监管区域及保税加工物流等措施，发展农产品加工贸易。加强国际农业科技和农业资源开发合作，制定鼓励政策，支持有条件的企业“走出去”。引导外资投向鼓励类产业，提高农业利用外资水平。加强农产品进出口调控，实行灵活高效的农产品进出口政策，建立健全农产品和农用物资进出口监测预警机制，严厉打击农产品走私违法犯罪行为，切实加强进出口农产品质量监督。

五、加强农村基层组织建设，巩固党在农村的执政基础

25.加强和改进农村基层党的建设。推动农村基层党组织工作创新，扩大基层党组织对农村新型组织的覆盖面，推广在农民专业合作社、专业协会、外出务工经商人员相对集中点建立党组织的做法。加强乡镇党委书记队伍建设，选好配强乡镇党委班子。提高村党组织带头人队伍素质，注重从转业退伍军人、务工回乡青年、致富能手等党员中选拔村党组织书记。以明确责任、考核监督、保障服务为重点，加强乡、村党组织领导班子管理，及时调整软弱涣散农村基层党组织班子。抓紧落实对长期在基层和艰苦边远地区工作的干部、长期担任县乡党政领导职务的干部实行工资福利倾斜的政策，进一步完善村干部“一定三有”政策，推进从优秀村干部中考录乡镇公务员、选任乡镇领导干部工作。建立稳定规范的农村基层组织工作经费保障制度，加快村级组织活动场所、农村党员干部现代远程教育网络建设。继续选聘高校毕业生到村任职，完善下得去、待得住、干得好、流得动的长效机制。不断深化农村党的建设三级联创活动，统筹城乡基层党建工作，创新完善农村流动党员教育管理服务制度，切实加强农民工中党的工作。深入开展党性党风党纪教育，加强农村基层党风廉政建设。

26.进一步完善符合国情的农村基层治理机制。发展和完善党领导的村级民主自治机制，规范村级民主选举、民主决策、民主管理、民主监督程序。总结各地实践经验，因地制宜推广本村重大事项由村党支部提议、支委会和村委会联席会议商议、全村党员大会审议、村民代表会议或村民会议决议，以及决议公开、实施结果公开等做法。加强对村党支部、村委会换届选举的领导和指导，严肃查处拉票、贿选等行为，确保选举平稳有序，防范和制止利用宗教、宗族等势力干预农村公共事务。加强农村集体资金、资产、资源管理，推进村务公开和民主管理“难点村”治理。开展农村社区建设创建活动，加强服务设施建设，培育发展社区服务性、公益性、互助性社会组织。强化乡镇政府社会管理和公共服务职能，建立综合服务平台，有条件的乡镇要设立便民服务中心、村设立代办点，为农民提供一站式服务。

27.切实维护农村社会稳定。完善党和政府主导的维护群众权益机制，切实解决好农村征地、环境污染、移民安置、集体资产管理等方面损害农民利益的突出问题。加强农村法制教育，畅通农村信访渠道，引导农民群众依法理性表达合理诉求、维护自身权益。推进农业综合执法。深入开展农村平安创建活动，坚持群防群治、依靠群众，加强和改进农村社会治安综合治理，进一步推进农村警务建设，严厉打击黑恶势力和各类违法犯罪活动。加强农村消防工作，健全农村应急反应机制。全面贯彻落实党的民族政策和宗教工作基本方针，加快民族地区经济社会发展，依法管理农村宗教事务。

各级党委和政府要站在经济社会发展全局和巩固党的执政基础的战略高度，切实加强和改善党对农村工作的领导。巩固农村基层深入学习实践科学发展观活动成果，建立党员干部受教育、科学发展上水平、农民群众得实惠的长效机制。按照促进科学发展的党政领导班子和领导干部考核评价办法的要求，指导地方细化考核指标，把粮食生产、农民增收、耕地保护、环境治理、和谐稳定等纳入地方党政领导班子绩效考核。完善农村工作领导体制和工作机制，把重中之重的要求落实到领导分工、机构设置、干部配备上，不断提高农村工作领导水平。切实加大农村政策落实力度，及时组织专项督查。各级领导干部要弘扬党的优良作风，密切联系群众，创造性开展工作。充分发挥民主党派、人民团体、社会组织和工商企业的作用，形成发展现代农业和建设社会主义新农村的强大合力。

做好2010年农业农村工作意义十分重大。我们要紧密团结在以胡锦涛同志为总书记的党中央周围，振奋精神，开拓进取，扎实工作，奋力开创农业农村工作新局面！

国务院关于促进农业机械化和农机工业又好又快发展的意见

国发〔2010〕22号

各省、自治区、直辖市人民政府，国务院各部委、各直属机构：

农业机械是发展现代农业的重要物质基础，农业机械化是农业现代化的重要标志。当前，我国正处于从传统农业向现代农业转变的关键时期，加快推进农业机械化和农机工业发展，对于提高农业装备水平、改善农业生产条件、增强农业综合生产能力、拉动农村消费需求等具有重要意义。为促进农业机械化和农机工业又好又快发展，现提出以下意见：

一、指导思想、基本原则和发展目标

（一）指导思想。深入贯彻落实科学发展观，全面实施《中华人民共和国农业机械化促进法》，坚持走中国特色农业机械化道路，着力推进技术创新、组织创新和制度创新，着力促进农机、农艺、农业经营方式协调发展，着力加强农机社会化服务体系建设，着力提高农机工业创新能力和制造水平，进一步加大政策支持力度，促进农业机械化和农机工业又好又快发展。

（二）基本原则。

——因地制宜，分类指导。根据不同区域的自然禀赋、耕作制度和经济条件，采取相应的技术路线和政策措施，推进不同地区农业机械化发展，鼓励有条件的地方率先实现农业机械化。

——重点突破，全面发展。以促进农机农艺结合、实现重大装备技术突破等为重点，加快实现粮食主产区、大宗农作物、关键生产环节机械化，加大协同攻关和工作力度，带动农业机械化全面协调发展。

——鼓励创新，完善机制。创新农机服务形式，完善农机社会化服务机制，提高农机利用效率和效益。加快农机工业现代企业制度建设，以企业为核心，搭建科技创新平台，提高研发能力和制造水平。

——市场引导，政府扶持。以市场需求为导向，引导社会资本、技术和人才等要素投入，继续加大对农机购置、使用和农机工业的财税、金融等扶持力度，调动企业研发生产和农民购机用机积极性。

（三）发展目标。到2015年，农机总动力达到10亿千瓦，其中灌排机械动力达到1亿千瓦，主要农作物耕种收综合机械化水平达到55%以上。粮棉油糖等大宗农作物机械化水平明显提高，养殖业、林果业、农产品初加工机械化协调推进。农业机械化服务体系不断完善，服务能力进一步增强。建成协调有效的农机工业自主创新平台，形成若干具有自主知识产权的产品和技术，部分产品达到国际先进水平。

到2020年，农机总动力稳定在12亿千瓦左右，其中灌排机械动力达到1.1亿千瓦，主要农作物耕种收综合机械化水平达到65%。其中，小麦耕种收机械化水平达到90%以上，水稻种植、收获环节机械化水平分别达到60%和85%，玉米机收水平达到50%左右，油菜机播、机收水平分别达到15%和20%以上，基本解决甘蔗种植、收获机械化关键技术问题。农机工业技术创新体系得到完善，重点领域的关键技术取得突破，形成若干具有国际竞争力和品牌影响力的大型企业集团，基本建成现代化农机流通体系和完善的农机售后服务网络。

二、促进农业机械化发展的主要任务

（四）加快重点地区农业机械化进程。在东北地

区、新疆棉区及华南蔗区重点发展大马力、高性能农机，提高大型农机配套比和使用效率，率先实现粮食生产全程机械化；大幅提高棉花机收水平；突破甘蔗收获机械化瓶颈制约，提升甘蔗耕种收机械化水平。在黄淮海地区巩固小麦生产全程机械化发展成果，进一步优化改善装备结构，提高作业效益；着力提升玉米机收水平，逐步实现玉米生产全程机械化；加大花生收获机械化示范和推广力度，扩大花生机收面积。在长江中下游地区重点普及水稻育插秧机械化技术，加快推进水稻生产全程机械化；积极发展油菜种植和收获机械化，加大直播机械和联合收获机械推广力度，推动油菜生产全程机械化。在南方丘陵山区推广轻便、耐用、低耗中小型耕种收和植保机械，推进丘陵山区主要粮油作物和特色农产品生产机械化；加大灌排设备更新改造力度，加快节水灌溉和小型抗旱设备推广，提高灌排设备装备水平。在其他地区加快提升水稻、玉米、马铃薯、油菜等主要农作物关键环节机械化水平，因地制宜发展特色经济作物、畜禽水产养殖等机械化。

（五）促进农机农艺协调发展。建立农机和农艺科研单位协作攻关机制，制定科学合理、相互适应的机械作业规范和农艺标准，将机械适应性作为科研育种、栽培模式推广的重要指标，有针对性地推广一批适合机械化作业的品种和种植模式。统筹规划，整合现有农机院所的科研力量，针对重点农作物建立农业机械化实验室，加强农业机械化生产技术研发工作。加强农机与水、肥、种、药等因素协调作用的机理研究，完善农业机械化、种子、土肥、植保等推广服务机构紧密配合的工作机制，组织引导农民统一农作物品种、播期、行距、行向、施肥和植保，为机械化作业创造条件。

（六）推进农机服务组织建设和社会化服务。创新农业机械化服务组织形式，大力发展农机专业合作社，培育发展一批设施完备、功能齐全、特色鲜明的示范农机合作社，带动大型、复式、高性能农机和先进农业技术的推广应用。加强抗旱排涝服务队伍建设。鼓励发展农机专业大户和联户合作，探索发展农机作业公司，促进农机服务主体多元化。培育农机作业、维修、中介、租赁等市场，扶持引导农机大户及各类农机服务组织购置先进适用的农机。继续抓好农机跨区作业，加强组织引导，推动农机跨区作业由小麦向水稻、玉米等大宗农作物延伸，由机收向机耕、机插、机播等环节拓展。加强机耕道路建设，改善农机作业、通行条件。保障重要农时农机作业、排灌及抗旱用油。

（七）加强农业机械化实用人才培养。充分利用高等院校、农业机械化（农业）技术学校，培养农业机械化专业人才。结合阳光工程等各类农民培训项目，大力培养农机作业和维修能手。开展农机使用等技能培训和科普宣传，提高农民对先进生产工具及技术的接受能力和操作水平。定期对农机推广、监理和试验鉴定人员进行培训，提升农业机械化公共服务水平。

（八）加强农业机械化技术推广。建立健全运行高效、服务到位、支撑有力、充满活力的农业机械化推广体系，创新推广机制，提高推广能力。加快普及主要农作物重点环节和关键农业机械化技术，促进先进适用、技术成熟、安全可靠、节能环保、服务到位的农机装备广泛应用。加快灌排设备更新改造进度，实现安全、高效、节能运行，及时满足农田灌排需要。大力推广保护性耕作、节水灌溉、土地深松、精量播种、化肥深施、高效植保和农作物秸秆综合利用等增产增效、资源节约、环境友好型农业机械化技术。不断探索农业机械化发展模式，提出农机研发和改进需求，提高农业机械化技术集成和装备配套水平，满足农业生产需求。

（九）强化农机安全使用监督管理。健全农机作业质量、维修质量标准体系，规范农机作业、维修服务，提高农机应用和保障水平。组织开展在用农机质量调查，强化对财政补贴农机的质量监督和跟踪调查。加强农机试验鉴定和质量认证工作。加强农机市场监管，完善农机质量投诉网络，严厉打击制售假冒伪劣农机产品等坑农害农行为，营造竞争有序、充满活力的市场环境，切实维护农民利益。建立农机报废更新制度，抓紧研究以旧换新办法，加快淘汰老旧及高耗能农机，促进安全、节能、环保型农机的推广应用。建立健全农机安全使用法规和制度，开展农机使用安全教育，加强基层农机安全监理队伍建设，提高装备水平和监管能力，预防和减少农机事故发生。

三、促进农机工业发展的主要任务

（十）推进农机工业行业改革。坚持市场化改革的导向，鼓励和引导农机制造企业优化产权结构，建立产权明晰、权责明确、管理科学的现代企业制度，强化农机制造企业的市场主体地位。抓紧研究制定农机工业产业政策，建立农机行业准入制度和市场退出机制，整顿行业秩序，优化产业结构，逐步淘汰落后产能，杜绝低水平重复制造。鼓励农机制造企业战略重组，加快集团化、集约化进程，形成若干个具有先进制造水平和较强竞争力的大型企业集团和产业集群。完善产业组织结构，形成以大型企业为龙头、中小企业相配套的产业体系和产业集群，提升产业集中度和专业化分工协作水平。鼓励中小企业走专业化、科技型发展道路，提高企业竞争实力。建立健全农机科研联合协作机制，改革农机科研立项和业绩评价机制，打破区域和学科界限，将解决农业机械化实际需求作为科研首要目标和科技成果评价标准，提高农机科研整体水平。

（十一）着力解决农机产品结构性矛盾。优化农机产品结构，改变目前高端产品不足、低端产品过剩，大马力拖拉机进口依存度高、小型农机质量差的局面。要从家庭承包经营、户均土地规模小的国情出发，在开发大型农机的同时，积极发展适合家庭经营需要的中小型、轻简化农机，形成适应我国不同地区经济水平、高中低端产品共同发展的格局。鼓励农机主机生产企业由单机制造为主向成套装备集成为主转变，积极开发生产高效节能环保、多功能、智能化、经济型农机，重点突破水稻插秧、玉米收获、油菜种植和收获机械，以及节水灌溉设备等瓶颈，优先发展100马力以上大型拖拉机、50-70马力节能环保型水田拖拉机、高地隙拖拉机、多功能谷物联合收割机、玉米收获机、甘蔗收获机、棉花收获机、大中型动力机械配套机具、高效植保机械、高效节能机泵设备、节水灌溉设备、小型抗旱排涝机械、适合丘陵山区使用的小型机械等。加快农业清淤设备研究开发。

（十二）增强农机工业科技创新能力。坚持自主开发和引进、消化、吸收、再创新相结合的发展道路，建立以企业为主体、市场为导向、产学研相结合的农机工业技术创新体系。围绕大马力拖拉机、多功能收割机、高效节能大中型水泵、喷灌机等重大产品开发，加快产业升级和产品更新换代；围绕发动机、传动、电控、液压等核心部件研发，增强农机工业自主创新和核心竞争力；围绕科研手段和条件改善，提升农机新技术和新产品开发、试验试制能力；围绕科研机制创新，支持重点企业技术进步，带动行业发展。依托农机制造企业和科研院所，抓紧建设拖拉机、多功能收割机等重点农机产品开发企业技术中心，以及公益性的农机重大、关键、共性技术实验室和工程中心，凝聚优秀研发人才，加快急需的关键性农机和重大共性技术研发，集中力量攻克困扰产业发展的工艺材料、基础部件、关键作业装置等技术瓶颈，形成一批具有自主知识产权的核心技术成果。新技术和新产品的开发要充分考虑农作物品种、耕作制度和经营体系的需要，提高农机的适用性。支持高等院校加强农机工程学科建设，强化农机工程基础教育。完善农机培训体系，利用中等职业学校，加强农机制造等专业实用人才培养。

（十三）提升农机工业制造水平和产品质量。加大农机制造企业技术改造力度，改善企业研发和生产条件，应用精密成型、智能数控等先进加工装备和柔性制造、敏捷制造等先进制造技术，提高农机制造工艺及装备水平。完善农机产品质量标准体系，加快制（修）订农机产品技术标准，实现动力机械与配套农具、主机与配件的标准化、系列化和通用化开发生产。加快新技术、新工艺、新设备和新材料应用，提高关键零部件加工精度，提升农机产品质量，逐步淘汰消耗高、污染重、技术落后的工艺和产品。强化企业质量和社会责任意识，进一步完善企业质量保证体系，加强外购零部件的检测和可靠性分析，规范新产品和新技术鉴定验收工作。建立农机制造企业质量监督检查制度，组织开展产品质量抽检。加强生产技术工人培训，提高工人使用现代化机械加工设备的能力，不断提升企业制造水平和产品质量。

（十四）构建现代农机流通体系。建立健全农机制造企业品牌营销网络、专业农机流通企业销售网络相结合的新型农机市场体系。实施农机流通服务品牌工程，优化市场布局，发展连锁经营，培育一批辐射面广、服务质量好的大型农机流通企业、品牌农机店和区域性农机市场，健全农机零配件供应网络，提高农机产品流通效率，方便农民购机。建立农机产品售后服务体系和信息服务平台，依托重点生产企业、专业流通企业建立售后服务中心，提高服务能力。完善农机产品“三包”制度，健全和规范农机修理市场，明确产品售后维修责任，规范服务程序，提高维修能力和服务质量。

（十五）扩大农机工业国际合作。鼓励大型农机制造企业与国外合作开发和建立技术研究中心，提升核心技术、关键部件的研究开发能力。通过与国外企业合资、合作生产等方式，积极引进国外先进技术，逐步降低高端产品进口依赖程度。吸引海外科技人才加入我国农机行业，加快动力机械、配套机具研发制造人才的引进，增加技术储备，培养一批具有创新能力的人才和团队，提高农机产品开发、制造和管理水平。实施农机装备“走出去”战略，大力开拓国际市场，鼓励企业参与对外援助和国际合作项目，扩大优势农机产品出口，引导有条件的农机制造企业到国外投资办厂。

四、加大政策扶持力度

（十六）加大财政支持力度。继续实施农机购置补贴政策，合理确定补贴资金规模，并向粮食主产区、非主产区产粮大县，以及农民专业合作社等倾斜。适当支持适宜地区购置国内尚不能批量制造的大马力拖拉机、大型喷灌机等农机。逐步加大农业机械化重大技术推广支持力度。在适宜地区实施保护性耕作、节水灌溉、深松整地、秸秆还田、高效植保等农机作业补贴试点。积极开展农机保险业务，有条件的地方可对参保农机给予保费补贴。中央财政要加大投入力度，支持农机工业技术创新能力建设、科技成果产业化以及技术和智力引进。国家技术改造投资要对农机工业技术改造给予倾斜和重点扶持，地方政府也要按照一定比例落实配套资金。

（十七）完善农机购置补贴制度。按照科学、公开、公平、高效的原则，完善农机购置补贴管理办法，合理确定补贴产品种类，及时公布年度实施方案和补贴资金等，提高政策实施的透明度和公平性。简化农机购置补贴审批程序，改进审批方式，缩短审批时间。完善经销商管理制度，在由企业推荐经销商的基础上，严格经销商资格审查，将售后服务能力作为选择经销商的重要标准。严禁农机化事业单位通过成立公司等手段经销补贴产品。进一步扩大省级自选补贴产品的品种范围，满足不同区域和不同层次购机需求。缩短补贴资金结算时限，增加结算频次，加快企业资金回笼速度。加强监管，安排专门机构受理农民投诉，严肃查处倒卖补贴指标和补贴产品、套取补贴资金、借补贴之机乱涨价和乱收费等违规行为。保障农民选择权和议价权，允许农民对实行统一定额补贴的同一种类、同一档次产品在本省范围内跨县自主购机，允许农民在签订购机协议后调换机型。

（十八）加强和改进金融服务。进一步加大对农民和农机服务组织的信贷扶持力度，创新金融产品和服务方式，扩大购机信贷规模，积极满足合理信贷资金需求，做好融资支持和配套金融服务。在保障信贷资金安全的前提下，积极推动农机抵押贷款业务，合理审慎确定抵押率，采取灵活的贷款期限与还款方式，为农民和农机服务组织多元化融资提供便利。对符合产业政策和信贷原则的农机制造企业技术改造、新产品开发和农机流通设施建设，给予信贷支持。中小农机制造企业可享受国家扶持中小企业发展的相关政策。创新型企业试点向农机制造企业倾斜，加大支持力度。

（十九）切实落实税费优惠政策。继续免征农机机耕和排灌服务营业税、农机作业和维修服务项目的企业所得税。继续对跨区作业的联合收割机、运输联合收割机（包括插秧机）的车辆免收车辆通行费。进一步落实关于企业研发投入税前扣除政策。对生产国家支持发展的新型、大马力农机装备和产品，确有必要进口的关键零部件及原材料，免征关税和进口环节增值税。属于国家重点扶持高新技术企业中的农机制造企业，按照企业所得税法的规定，减按15%的税率征收企业所得税。按照现行规定对批发和零售的农机实行免征增值税政策。

（二十）支持基础设施建设。将基层农业机械化推广体系、机耕道路、排灌及抗旱设施等建设内容纳入相应规划，与规划内的项目同步实施。抓紧实施保护性耕作工程建设规划，落实年度建设投资。实施农业机械化推进工程，加大对农机安全监理、农机推广鉴定等公益性设施建设的支持力度，增强农业机械化公共服务能力。在规划、用地等方面积极支持农机合作社建设农机停放场（库、棚），改善农机保养条件。将农机科研开发基础设施建设纳入国家工程（技术）实验室、国家工程研究中心、国家级企业技术中心等项目建设范围，加大投资支持力度，在高新技术产业化示范项目安排中，对农机科研新技术和新产品予以倾斜。将农机流通纳入农村市场体系建设规划，加强现代农机流通体系建设，支持农机销售市场、配送中心电子统一结算、信息采集发布系统和区域性售后维修服务中心等农机流通基础设施建设。

五、加强组织领导

（二十一）明确部门分工。有关部门要高度重视促进农业机械化和农机工业发展工作，按照职责分工，密切配合，加强指导。农业机械化主管部门要认真履行规划指导、监督管理、协调服务职能，做好技术推广、生产组织、安全监理等工作，抓紧修订农业机械化统计指标体系，会同有关部门提出有关法律法规的修订意见、农机推广目录和补贴产品种类。农机工业主管部门要认真履行农机工业行业管理职能，加快制定农机工业发展规划、产业政策和行业准入办法，抓好产品质量管理。水利部门要做好灌排设备更新改造规划，推广普及节水灌溉设备，协助农机工业主管部门做好大型灌排设备研发工作。发展改革部门要落实扶持农业机械化和农机工业发展的基本建设投资。财政部门要落实扶持农业机械化和农机工业发展的资金，加强农机购置补贴政策实施的监管。商务部门要加强对农机流通行业的指导，加快农机流通体系建设。科技部门要加大对农业机械化和农机工业科研开发支持力度。银行业和保险业监管部门要督促银行业金融机构和保险公司积极开展农机信贷、保险业务。其他部门也要根据职责积极支持农业机械化和农机工业发展。有关行业协会要当好政府与企业、农户的桥梁，充分发挥协调、服务、维权、自律的作用。

（二十二）落实地方政府责任。地方各级人民政府要统一思想，提高认识，把发展农业机械化和农机工业提上重要议事日程。深入学习宣传和贯彻实施《中华人民共和国农业机械化促进法》、《农业机械安全监督管理条例》等有关法律法规，不断提高依法促进农业机械化发展的能力和水平。建立工作责任制，结合本地情况，制定发展规划，明确发展目标，加强组织协调和相关机构队伍建设，充实力量，改善工作条件，保障工作经费，切实解决农机科研、生产、流通、推广应用、社会化服务等方面存在的突出问题，扎实推进本地区农业机械化和农机工业又好又快发展。

国务院

二〇一〇年七月五日

国务院关于鼓励和引导民间投资健康发展的若干意见

国发〔2010〕13号

各省、自治区、直辖市人民政府，国务院各部委、各直属机构：

改革开放以来，我国民间投资不断发展壮大，已经成为促进经济发展、调整产业结构、繁荣城乡市场、扩大社会就业的重要力量。在毫不动摇地巩固和发展公有制经济的同时，毫不动摇地鼓励、支持和引导非公有制经济发展，进一步鼓励和引导民间投资，有利于坚持和完善我国社会主义初级阶段基本经济制度，以现代产权制度为基础发展混合所有制经济，推动各种所有制经济平等竞争、共同发展；有利于完善社会主义市场经济体制，充分发挥市场配置资源的基础性作用，建立公平竞争的市场环境；有利于激发经济增长的内生动力，稳固可持续发展的基础，促进经济长期平稳较快发展；有利于扩大社会就业，增加居民收入，拉动国内消费，促进社会和谐稳定。为此，提出以下意见：

一、进一步拓宽民间投资的领域和范围

（一）深入贯彻落实《国务院关于鼓励支持和引导个体私营等非公有制经济发展的若干意见》（国发〔2005〕3号）等一系列政策措施，鼓励和引导民间资本进入法律法规未明确禁止准入的行业和领域。规范设置投资准入门槛，创造公平竞争、平等准入的市场环境。市场准入标准和优惠扶持政策要公开透明，对各类投资主体同等对待，不得单对民间资本设置附加条件。

（二）明确界定政府投资范围。政府投资主要用于关系国家安全、市场不能有效配置资源的经济和社会领域。对于可以实行市场化运作的基础设施、市政工程和其他公共服务领域，应鼓励和支持民间资本进入。

（三）进一步调整国有经济布局和结构。国有资本要把投资重点放在不断加强和巩固关系国民经济命脉的重要行业和关键领域，在一般竞争性领域，要为民间资本营造更广阔的市场空间。

（四）积极推进医疗、教育等社会事业领域改革。将民办社会事业作为社会公共事业发展的重要补充，统筹规划，合理布局，加快培育形成政府投入为主、民间投资为辅的公共服务体系。

二、鼓励和引导民间资本进入基础产业和基础设施领域

（五）鼓励民间资本参与交通运输建设。鼓励民间资本以独资、控股、参股等方式投资建设公路、水运、港口码头、民用机场、通用航空设施等项目。抓紧研究制定铁路体制改革方案，引入市场竞争，推进投资主体多元化，鼓励民间资本参与铁路干线、铁路支线、铁路轮渡以及站场设施的建设，允许民间资本参股建设煤运通道、客运专线、城际轨道交通等项目。探索建立铁路产业投资基金，积极支持铁路企业加快股改上市，拓宽民间资本进入铁路建设领域的渠道和途径。

（六）鼓励民间资本参与水利工程建设。建立收费补偿机制，实行政府补贴，通过业主招标、承包租赁等方式，吸引民间资本投资建设农田水利、跨流域调水、水资源综合利用、水土保持等水利项目。

（七）鼓励民间资本参与电力建设。鼓励民间资本参与风能、太阳能、地热能、生物质能等新能源产业建设。支持民间资本以独资、控股或参股形式参与水电站、火电站建设，参股建设核电站。进一步放开电力市场，积极推进电价改革，加快推行竞价上网，推行项目业主招标，完善电力监管制度，为民营发电企业平等参与竞争创造良好环境。

（八）鼓励民间资本参与石油天然气建设。支持民间资本进入油气勘探开发领域，与国有石油企业合作开展油气勘探开发。支持民间资本参股建设原油、天然气、成品油的储运和管道输送设施及网络。

（九）鼓励民间资本参与电信建设。鼓励民间资本以参股方式进入基础电信运营市场。支持民间资本开展增值电信业务。加强对电信领域垄断和不正当竞争行为的监管，促进公平竞争，推动资源共享。

（十）鼓励民间资本参与土地整治和矿产资源勘探开发。积极引导民间资本通过招标投标形式参与土地整理、复垦等工程建设，鼓励和引导民间资本投资矿山地质环境恢复治理，坚持矿业权市场全面向民间资本开放。

三、鼓励和引导民间资本进入市政公用事业和政策性住房建设领域

（十一）鼓励民间资本参与市政公用事业建设。支持民间资本进入城市供水、供气、供热、污水和垃圾处理、公共交通、城市园林绿化等领域。鼓励民间资本积极参与市政公用企事业单位的改组改制，具备条件的市政公用事业项目可以采取市场化的经营方式，向民间资本转让产权或经营权。

（十二）进一步深化市政公用事业体制改革。积极引入市场竞争机制，大力推行市政公用事业的投资主体、运营主体招标制度，建立健全市政公用事业特许经营制度。改进和完善政府采购制度，建立规范的政府监管和财政补贴机制，加快推进市政公用产品价格和收费制度改革，为鼓励和引导民间资本进入市政公用事业领域创造良好的制度环境。

（十三）鼓励民间资本参与政策性住房建设。支持和引导民间资本投资建设经济适用住房、公共租赁住房等政策性住房，参与棚户区改造，享受相应的政策性住房建设政策。

四、鼓励和引导民间资本进入社会事业领域

（十四）鼓励民间资本参与发展医疗事业。支持民间资本兴办各类医院、社区卫生服务机构、疗养院、门诊部、诊所、卫生所（室）等医疗机构，参与公立医院转制改组。支持民营医疗机构承担公共卫生服务、基本医疗服务和医疗保险定点服务。切实落实非营利性医疗机构的税收政策。鼓励医疗人才资源向民营医疗机构合理流动，确保民营医疗机构在人才引进、职称评定、科研课题等方面与公立医院享受平等待遇。从医疗质量、医疗行为、收费标准等方面对各类医疗机构加强监管，促进民营医疗机构健康发展。

（十五）鼓励民间资本参与发展教育和社会培训事

业。支持民间资本兴办高等学校、中小学校、幼儿园、职业教育等各类教育和社会培训机构。修改完善《中华人民共和国民办教育促进法实施条例》，落实对民办学校的人才鼓励政策和公共财政资助政策，加快制定和完善促进民办教育发展的金融、产权和社保等政策，研究建立民办学校的退出机制。

（十六）鼓励民间资本参与发展社会福利事业。通过用地保障、信贷支持和政府采购等多种形式，鼓励民间资本投资建设专业化的服务设施，兴办养（托）老服务和残疾人康复、托养服务等各类社会福利机构。

（十七）鼓励民间资本参与发展文化、旅游和体育产业。鼓励民间资本从事广告、印刷、演艺、娱乐、文化创意、文化会展、影视制作、网络文化、动漫游戏、出版物发行、文化产品数字制作与相关服务等活动，建设博物馆、图书馆、文化馆、电影院等文化设施。鼓励民间资本合理开发旅游资源，建设旅游设施，从事各种旅游休闲活动。鼓励民间资本投资生产体育用品，建设各类体育场馆及健身设施，从事体育健身、竞赛表演等活动。

五、鼓励和引导民间资本进入金融服务领域

（十八）允许民间资本兴办金融机构。在加强有效监管、促进规范经营、防范金融风险的前提下，放宽对金融机构的股比限制。支持民间资本以入股方式参与商业银行的增资扩股，参与农村信用社、城市信用社的改制工作。鼓励民间资本发起或参与设立村镇银行、贷款公司、农村资金互助社等金融机构，放宽村镇银行或社区银行中法人银行最低出资比例的限制。落实中小企业贷款税前全额拨备损失准备金政策，简化中小金融机构呆账核销审核程序。适当放宽小额贷款公司单一投资者持股比例限制，对小额贷款公司的涉农业务实行与村镇银行同等的财政补贴政策。支持民间资本发起设立信用担保公司，完善信用担保公司的风险补偿机制和风险分担机制。鼓励民间资本发起设立金融中介服务机构，参与证券、保险等金融机构的改组改制。

六、鼓励和引导民间资本进入商贸流通领域

（十九）鼓励民间资本进入商品批发零售、现代物流领域。支持民营批发、零售企业发展，鼓励民间资本投资连锁经营、电子商务等新型流通业态。引导民间资本投资第三方物流服务领域，为民营物流企业承接传统制造业、商贸业的物流业务外包创造条件，支持中小型民营商贸流通企业协作发展共同配送。加快物流业管理体制改革，鼓励物流基础设施的资源整合和充分利用，促进物流企业网络化经营，搭建便捷高效的融资平台，创造公平、规范的市场竞争环境，推进物流服务的社会化和资源利用的市场化。

七、鼓励和引导民间资本进入国防科技工业领域

（二十）鼓励民间资本进入国防科技工业投资建设领域。引导和支持民营企业有序参与军工企业的改组改制，鼓励民营企业参与军民两用高技术开发和产业化，允许民营企业按有关规定参与承担军工生产和科研任务。

八、鼓励和引导民间资本重组联合和参与国有企业改革

（二十一）引导和鼓励民营企业利用产权市场组合民间资本，促进产权合理流动，开展跨地区、跨行业兼并重组。鼓励和支持民间资本在国内合理流动，实现产业有序梯度转移，参与西部大开发、东北地区等老工业基地振兴、中部地区崛起以及新农村建设和扶贫开发。支持有条件的民营企业通过联合重组等方式做大做强，发展成为特色突出、市场竞争力强的集团化公司。

（二十二）鼓励和引导民营企业通过参股、控股、资产收购等多种形式，参与国有企业的改制重组。合理降低国有控股企业中的国有资本比例。民营企业在参与国有企业改制重组过程中，要认真执行国家有关资产处置、债务处理和社会保障等方面的政策要求，依法妥善安置职工，保证企业职工的正当权益。

九、推动民营企业加强自主创新和转型升级

（二十三）贯彻落实鼓励企业增加研发投入的税收优惠政策，鼓励民营企业增加研发投入，提高自主创新能力，掌握拥有自主知识产权的核心技术。帮助民营企业建立工程技术研究中心、技术开发中心，增加技术储备，搞好技术人才培训。支持民营企业参与国家重大科技计划项目和技术攻关，不断提高企业技术水平和研发能力。

（二十四）加快实施促进科技成果转化的鼓励政策，积极发展技术市场，完善科技成果登记制度，方便民营企业转让和购买先进技术。加快分析测试、检验检

测、创业孵化、科技评估、科技咨询等科技服务机构的建设和机制创新，为民营企业的自主创新提供服务平台。积极推动信息服务外包、知识产权、技术转移和成果转化等高技术服务领域的市场竞争，支持民营企业开展技术服务活动。

（二十五）鼓励民营企业加大新产品开发力度，实现产品更新换代。开发新产品发生的研究开发费用可按规定享受加计扣除优惠政策。鼓励民营企业实施品牌发展战略，争创名牌产品，提高产品质量和服务水平。通过加速固定资产折旧等方式鼓励民营企业进行技术改造，淘汰落后产能，加快技术升级。

（二十六）鼓励和引导民营企业发展战略性新兴产业。广泛应用信息技术等高新技术改造提升传统产业，大力发展循环经济、绿色经济，投资建设节能减排、节水降耗、生物医药、信息网络、新能源、新材料、环境保护、资源综合利用等具有发展潜力的新兴产业。

十、鼓励和引导民营企业积极参与国际竞争

（二十七）鼓励民营企业“走出去”，积极参与国际竞争。支持民营企业在研发、生产、营销等方面开展国际化经营，开发战略资源，建立国际销售网络。支持民营企业利用自有品牌、自主知识产权和自主营销，开拓国际市场，加快培育跨国企业和国际知名品牌。支持民营企业之间、民营企业与国有企业之间组成联合体，发挥各自优势，共同开展多种形式的境外投资。

（二十八）完善境外投资促进和保障体系。与有关国家建立鼓励和促进民间资本国际流动的政策磋商机制，开展多种形式的对话交流，发展长期稳定、互惠互利的合作关系。通过签订双边民间投资合作协定、利用多边协定体系等，为民营企业“走出去”争取有利的投资、贸易环境和更多优惠政策。健全和完善境外投资鼓励政策，在资金支持、金融保险、外汇管理、质检通关等方面，民营企业与其他企业享受同等待遇。

十一、为民间投资创造良好环境

（二十九）清理和修改不利于民间投资发展的法规政策规定，切实保护民间投资的合法权益，培育和维护平等竞争的投资环境。在制订涉及民间投资的法律、法规和政策时，要听取有关商会和民营企业的意见和建议，充分反映民营企业的合理要求。

（三十）各级人民政府有关部门安排的政府性资金。包括财政预算内投资、专项建设资金、创业投资引导资金，以及国际金融组织贷款和外国政府贷款等，要明确规则、统一标准，对包括民间投资在内的各类投资主体同等对待。支持民营企业的产品和服务进入政府采购目录。

（三十一）各类金融机构要在防范风险的基础上，创新和灵活运用多种金融工具，加大对民间投资的融资支持，加强对民间投资的金融服务。各级人民政府及有关监管部门要不断完善民间投资的融资担保制度，健全创业投资机制，发展股权投资基金，继续支持民营企业通过股票、债券市场进行融资。

（三十二）全面清理整合涉及民间投资管理的行政审批事项。简化环节、缩短时限，进一步推动管理内容、标准和程序的公开化、规范化，提高行政服务效率。进一步清理和规范涉企收费，切实减轻民营企业负担。

十二、加强对民间投资的服务、指导和规范管理

（三十三）统计部门要加强对民间投资的统计工作，准确反映民间投资的进展和分布情况。投资主管部门、行业管理部门及行业协会要切实做好民间投资的监测和分析工作，及时把握民间投资动态，合理引导民间投资。要加强投资信息平台建设，及时向社会公开发布国家产业政策、发展建设规划、市场准入标准、国内外行业动态等信息，引导民间投资者正确判断形势，减少盲目投资。

（三十四）建立健全民间投资服务体系。充分发挥商会、行业协会等自律性组织的作用，积极培育和发展为民间投资提供法律、政策、咨询、财务、金融、技术、管理和市场信息等服务的中介组织。

（三十五）在放宽市场准入的同时，切实加强监管。各级人民政府有关部门要依照有关法律法规要求，切实督促民间投资主体履行投资建设手续，严格遵守国家产业政策和环保、用地、节能以及质量、安全等规定。要建立完善企业信用体系，指导民营企业建立规范的产权、财务、用工等制度，依法经营。民间投资主体要不断提高自身素质和能力，树立诚信意识和责任意识，积极创造条件满足市场准入要求，并主动承担相应的社会责任。

（三十六）营造有利于民间投资健康发展的良好舆

论氛围。大力宣传党中央、国务院关于鼓励、支持和引导非公有制经济发展的方针、政策和措施。客观、公正宣传报道民间投资在促进经济发展、调整产业结构、繁荣城乡市场和扩大社会就业等方面的积极作用。积极宣传依法经营、诚实守信、认真履行社会责任、积极参与社会公益事业的民营企业家的先进事迹。

各地区、各部门要把鼓励和引导民间投资健康发展工作摆在更加重要的位置，进一步解放思想，转变观念，深化改革，创新求实，根据本意见要求，抓紧研究制定具体实施办法，尽快将有关政策措施落到实处，努力营造有利于民间投资健康发展的政策环境和舆论氛围，切实促进民间投资持续健康发展，促进投资合理增长、结构优化、效益提高和经济社会又好又快发展。

国务院

二〇一〇年五月七日

国务院办公厅关于鼓励和引导民间投资健康发展重点工作分工的通知

国办函〔2010〕120号

各省、自治区、直辖市人民政府，国务院有关部门：

为贯彻落实《国务院关于鼓励和引导民间投资健康发展的若干意见》（国发〔2010〕13号，以下简称《意见》）提出的各项政策措施，需要进一步明确部门和地方的主要工作任务，研究提出具体实施办法。经国务院同意，现将有关事项通知如下：

一、工作分工

（一）鼓励和引导民间资本进入基础产业和基础设施领域

1.鼓励民间资本以独资、控股、参股等方式投资建设公路、水运、港口码头、民用机场、通用航空设施等项目。（交通运输部、民航局、发展改革委、财政部负责。列在首位的为牵头部门或单位，有关部门和单位按职责分工负责，下同）

2.抓紧研究制定铁路体制改革方案。（先由铁道部提出改革方案，发展改革委会同中央编办、铁道部、交通运输部、财政部提出意见报国务院）

3.引入市场竞争，推进投资主体多元化，鼓励民间资本参与铁路干线、铁路支线、铁路轮渡以及站场设施的建设，允许民间资本参股建设煤运通道、客运专线、城际轨道交通等项目。（铁道部、发展改革委负责）

4.探索建立铁路产业投资基金。（发展改革委、铁道部负责）

5.积极支持铁路企业加快股改上市，拓宽民间资本进入铁路建设领域的渠道和途径。（铁道部、证监会、发展改革委负责）

6.鼓励民间资本参与水利工程建设。建立收费补偿机制，实行政府补贴，通过业主招标、承包租赁等方式，吸引民间资本投资建设农田水利、跨流域调水、水资源综合利用、水土保持等水利项目。（水利部、发展改革委、财政部负责）

7.鼓励民间资本参与电力建设。鼓励民间资本参与风能、太阳能、地热能、生物质能等新能源产业建设。支持民间资本以独资、控股或参股形式参与水电站、火电站建设，参股建设核电站。进一步放开电力市场，积极推进电价改革，加快推行竞价上网，推行项目业主招标，完善电力监管制度。（能源局、发展改革委、财政部、水利部、国土资源部、电监会、国资委负责）

8.鼓励民间资本参与石油天然气建设。支持民间资本进入油气勘探开发领域，与国有石油企业合作开展油气勘探开发。支持民间资本参股建设原油、天然气、成品油的储运和管道输送设施及网络。（能源局、发展改革委、国土资源部、国资委负责）

9. 鼓励民间资本参与电信建设。鼓励民间资本以参股方式进入基础电信运营市场。支持民间资本开展增值电信业务。加强对电信领域垄断和不正当竞争行为的监管。（工业和信息化部、发展改革委、国资委、商务部负责）

10. 鼓励民间资本参与土地整治和矿产资源勘探开发。积极引导民间资本通过招标投标形式参与土地整理、复垦等工程建设，鼓励和引导民间资本投资矿山地质环境恢复治理，坚持矿业权市场全面向民间资本开放。（国土资源部、发展改革委负责）

（二）鼓励和引导民间资本进入市政公用事业和政策性住房建设领域

11. 鼓励民间资本参与市政公用事业建设。支持民间资本进入城市供水、供气、供热、污水和垃圾处理、公共交通、城市园林绿化等领域。鼓励民间资本积极参与市政公用企事业单位的改组改制，具备条件的市政公用事业项目可以采取市场化的经营方式，向民间资本转让产权或经营权。（住房城乡建设部、发展改革委负责）

12. 进一步深化市政公用事业体制改革。积极引入市场竞争机制，大力推行市政公用事业的投资主体、运营主体招标制度，建立健全市政公用事业特许经营制度。改进和完善政府采购制度，建立规范的政府监管和财政补贴机制，加快推进市政公用产品价格和收费制度改革。（住房城乡建设部、发展改革委、财政部负责）

13. 鼓励民间资本参与政策性住房建设。支持和引导民间资本投资建设经济适用住房、公共租赁住房等政策性住房，参与棚户区改造，享受相应的政策性住房建设政策。（住房城乡建设部、发展改革委负责）

（三）鼓励和引导民间资本进入社会事业领域

14. 鼓励民间资本参与发展医疗事业。支持民间资本兴办各类医院、社区卫生服务机构、疗养院、门诊部、诊所、卫生所（室）等医疗机构，参与公立医院转制改组。支持民营医疗机构承担公共卫生服务、基本医疗服务和医疗保险定点服务。切实落实非营利性医疗机构的税收政策。鼓励医疗人才资源向民营医疗机构合理流动，确保民营医疗机构在人才引进、职称评定、科研课题等方面与公立医院享受平等待遇。从医疗质量、医疗行为、收费标准等方面对各类医疗机构加强监管。（发展改革委、卫生部、民政部、财政部、人力资源社会保障部、科技部、税务总局、保监会负责）

15. 鼓励民间资本参与发展教育和社会培训事业。支持民间资本兴办高等学校、中小学校、幼儿园、职业教育等各类教育和社会培训机构。修改完善《中华人民共和国民办教育促进法实施条例》，落实对民办学校的人才鼓励政策和公共财政资助政策，加快制定和完善促进民办教育发展的金融、产权和社保等政策，研究建立民办学校的退出机制。（教育部、发展改革委、财政部、人力资源社会保障部、民政部、银监会、法制办负责）

16. 鼓励民间资本参与发展社会福利事业。通过用地保障、信贷支持和政府采购等多种形式，鼓励民间资本投资建设专业化的服务设施，兴办养（托）老服务和残疾人康复、托养服务等各类社会福利机构。（民政部、发展改革委、中国残联、财政部、国土资源部、银监会负责）

17. 鼓励民间资本从事广告、印刷、演艺、娱乐、文化创意、文化会展、影视制作、网络文化、动漫游戏、出版物发行、文化产品数字制作与相关服务等活动，建设博物馆、图书馆、文化馆、电影院等文化设施。（文化部、广电总局、新闻出版总署、发展改革委、财政部负责）

18. 鼓励民间资本合理开发旅游资源，建设旅游设施，从事各种旅游休闲活动。（旅游局、发展改革委负责）

19. 鼓励民间资本投资生产体育用品，建设各类体育场馆及健身设施，从事体育健身、竞赛表演等活动。（体育总局、发展改革委、财政部负责）

（四）鼓励和引导民间资本进入金融服务领域

20. 允许民间资本兴办金融机构。在加强有效监管、促进规范经营、防范金融风险的前提下，放宽对金融机构的股比限制。支持民间资本以入股方式参与商业银行的增资扩股，参与农村信用社、城市信用社的改制工作。鼓励民间资本发起或参与设立村镇银行、贷款公司、农村资金互助社等金融机构，放宽村镇银行或社区银行中法人银行最低出资比例的限制。落实中小企业贷款税前全额拨备损失准备金政策，简化中小金融机构呆账核销审核程序。适当放宽小额贷款公司单一投资者持股比例限制，对小额贷款公司的涉农业务实行与村镇银行同等的财政补贴政策。支持民间资本发起设立信用担保公司，完善信用担保公司的风险补偿机制和风险分担机制。鼓励民间资本发起设立金融中介服务机构，参与证券、保险等金融机构的改组改制。（银监会、人民银行、发展改革委、财政部、税务总局、工业和信息化部、证监会、保监会负责）

（五）鼓励和引导民间资本进入商贸流通领域

21. 鼓励民间资本进入商品批发零售、现代物流领域。支持民营批发、零售企业发展，鼓励民间资本投资连锁经营、电子商务等新型流通业态。引导民间资本投资第三方物流服务领域，为民营物流企业承接传统制造业、商贸业的物流业务外包创造条件，支持中小型民营商贸流通企业协作发展共同配送。加快物流业管理体制改革，鼓励物流基础设施的资源整合和充分利用，促进物流企业网络化经营，搭建便捷高效的融资平台。（商务部、发展改革委、银监会负责）

（六）鼓励和引导民间资本进入国防科技工业领域

22. 鼓励民间资本进入国防科技工业投资建设领域。引导和支持民营企业有序参与军工企业的改组改制，鼓励民营企业参与军民两用高技术开发和产业化，允许民营企业按有关规定参与承担军工生产和科研任务。（国防科工局、工业和信息化部、财政部、国资委、总装备部负责）

（七）鼓励和引导民间资本重组联合和参与国有企业改革

23. 引导和鼓励民营企业利用产权市场组合民间资本，促进产权合理流动，开展跨地区、跨行业兼并重组。鼓励和支持民间资本在国内合理流动，实现产业有序梯度转移，参与西部大开发、东北地区等老工业基地振兴、中部地区崛起以及新农村建设和扶贫开发。支持有条件的民营企业通过联合重组等方式做大做强，发展成为特色突出、市场竞争力强的集团化公司。（各省、自治区、直辖市人民政府负责）

24. 鼓励和引导民营企业通过参股、控股、资产收购等多种形式，参与国有企业的改制重组。合理降低国有控股企业中的国有资本比例。民营企业在参与国有企业改制重组过程中，要认真执行国家有关资产处置、债务处理和社会保障等方面的政策要求，依法妥善安置职工，保证企业职工的正当权益。（国资委、人力资源社会保障部、银监会负责）

（八）推动民营企业加强自主创新和转型升级

25. 落实鼓励企业增加研发投入的税收优惠政策，鼓励民营企业增加研发投入，提高自主创新能力，掌握拥有自主知识产权的核心技术。（财政部、发展改革委、科技部、税务总局、知识产权局负责）

26. 帮助民营企业建立工程技术研究中心、技术开发中心，增加技术储备，搞好技术人才培训。（发展改革委、科技部负责）

27. 支持民营企业参与国家重大科技计划项目和技术攻关。（科技部负责）

28. 加快实施促进科技成果转化的鼓励政策，积极发展技术市场，完善科技成果登记制度，方便民营企业转让和购买先进技术。加快分析测试、检验检测、创业孵化、科技评估、科技咨询等科技服务机构的建设和机制创新，为民营企业的自主创新提供服务平台。积极推动信息服务外包、知识产权、技术转移和成果转化等高技术服务领域的市场竞争，支持民营企业开展技术服务活动。（科技部、工业和信息化部、商务部、知识产权局负责）

29. 鼓励民营企业加大新产品开发力度，实现产品更新换代。开发新产品发生的研究开发费用可按规定享受加计扣除优惠政策。鼓励民营企业实施品牌发展战略，争创名牌产品。通过加速固定资产折旧等方式鼓励民营企业进行技术改造，淘汰落后产能，加快技术升级。（科技部、工业和信息化部、财政部、工商总局、质检总局负责）

30. 鼓励和引导民营企业发展战略性新兴产业。广泛应用信息技术等高新技术改造提升传统产业，大力发展循环经济、绿色经济，投资建设节能减排、节水降耗、生物医药、信息网络、新能源、新材料、环境保护、资源综合利用等具有发展潜力的新兴产业。（发展改革委、财政部、工业和信息化部、科技部、环境保护部、水利部、卫生部、商务部、能源局负责）

（九）鼓励和引导民营企业积极参与国际竞争

31. 鼓励民营企业"走出去"，积极参与国际竞争。支持民营企业在研发、生产、营销等方面开展国际化经营，开发战略资源，建立国际销售网络。支持民营企业利用自有品牌、自主知识产权和自主营销，开拓国际市场，加快培育跨国企业和国际知名品牌。支持民营企业之间、民营企业与国有企业之间组成联合体，发挥各自优势，共同开展多种形式的境外投资。（发展改革委、商务部、工业和信息化部、外交部、工商总局负责）

32. 完善境外投资促进和保障体系。与有关国家建立鼓励和促进民间资本国际流动的政策磋商机制，开展多种形式的对话交流，发展长期稳定、互惠互利的合作关系。通过签订双边民间投资合作协定、利用多边协定体系等，为民营企业“走出去”争取有利的投资、贸易环境和更多优惠政策。健全和完善境外投资鼓励政策，在资金支持、金融保险、外汇管理、质检通关等方面，民营企业与其他企业享受同等待遇。（发展改革委、商务部、外交部、财政部、人民银行、海关总署、质检总局、外汇局、银监会、保监会负责）

（十）为民间投资创造良好环境

33. 清理和修改不利于民间投资发展的法规政策规定，切实保护民间投资的合法权益，培育和维护平等竞争的投资环境。在制订涉及民间投资的法律、法规和政策时，要听取有关商会和民营企业的意见和建议，充分反映民营企业的合理要求。（法制办负责）

34. 各级人民政府有关部门安排的政府性资金，包括财政预算内投资、专项建设资金、创业投资引导资金，以及国际金融组织贷款和外国政府贷款等，要明确规则、统一标准，对包括民间投资在内的各类投资主体同等对待。（发展改革委、财政部、交通运输部、铁道部、水利部、工业和信息化部、科技部、民航局、国防科工局和各省、自治区、直辖市人民政府负责）

35. 各类金融机构要在防范风险的基础上，创新和灵活运用多种金融工具，加大对民间投资的融资支持，加强对民间投资的金融服务。各级人民政府及有关监管部门要不断完善民间投资的融资担保制度，健全创业投资机制，发展股权投资基金，继续支持民营企业通过股票、债券市场进行融资。（银监会、人民银行、证监会、发展改革委和各省、自治区、直辖市人民政府负责）

36. 全面清理整合涉及民间投资管理的行政审批事项，简化环节、缩短时限，进一步推动管理内容、标准和程序的公开化、规范化。（监察部负责）

37. 进一步清理和规范涉企收费，切实减轻民营企业负担。（发展改革委、财政部、工业和信息化部负责）

（十一）加强对民间投资的服务、指导和规范管理

38. 统计部门要加强对民间投资的统计工作，准确反映民间投资的进展和分布情况。（统计局负责）

39. 投资主管部门、行业管理部门及行业协会要切实做好民间投资的监测和分析工作，及时把握民间投资动态，合理引导民间投资。要加强投资信息平台建设，及时向社会公开发布国家产业政策、发展建设规划、市场准入标准、国内外行业动态等信息，引导民间投资者正确判断形势，减少盲目投资。（发展改革委、统计局、工业和信息化部、交通运输部、铁道部、水利部、农业部、商务部、文化部、卫生部、住房城乡建设部、能源局负责）

40. 建立健全民间投资服务体系。充分发挥商会、行业协会等自律性组织的作用，积极培育和发展为民间投资提供法律、政策、咨询、财务、金融、技术、管理和市场信息等服务的中介组织。（发展改革委等有关部门和各省、自治区、直辖市人民政府负责）

二、工作要求

（一）明确责任，加强领导。各地区、各有关部门要认真贯彻落实《意见》精神，按照上述任务分工，对涉及本地区、本部门的工作进一步分解细化，制定具体措施，认真抓好落实。

（二）密切配合，团结协作。对贯彻落实中涉及多个部门的工作，部门间要密切协作，牵头部门要加强协调，其他相关部门应当积极支持和配合。各地区在贯彻落实工作中要做好与有关部门的衔接沟通工作。

（三）督促检查，跟踪落实。发展改革委要认真做好统筹协调工作，及时跟踪各项工作的具体落实，并按年度将工作完成情况汇总报国务院。国务院办公厅将对政策措施的落实情况适时开展督促检查。

国务院办公厅

二〇一〇年七月二十二日

国务院关于进一步做好利用外资工作的若干意见

国发〔2010〕9号

各省、自治区、直辖市人民政府，国务院各部委、各直属机构：

利用外资是我国对外开放基本国策的重要内容。改革开放以来，我国积极吸引外商投资，促进了产业升级和技术进步，外商投资企业已成为国民经济的重要组成部分。目前，我国利用外资的优势依然明显。为提高利用外资质量和水平，更好地发挥利用外资在推动科技创新、产业升级、区域协调发展等方面的积极作用，现提出如下意见：

一、优化利用外资结构

(一)根据我国经济发展需要，结合国家产业调整和振兴规划要求，修订《外商投资产业指导目录》，扩大开放领域，鼓励外资投向高端制造业、高新技术产业、现代服务业、新能源和节能环保产业。严格限制“两高一资”和低水平、过剩产能扩张类项目。

(二)国家产业调整和振兴规划中的政策措施同等适用于符合条件的外商投资企业。

(三)对用地集约的国家鼓励类外商投资项目优先供应土地，在确定土地出让底价时可按不低于所在地土地等别相对应《全国工业用地出让最低价标准》的70%执行。

(四)鼓励外商投资高新技术企业发展，改进并完善高新技术企业认定工作。

(五)鼓励中外企业加强研发合作，支持符合条件的外商投资企业与内资企业、研究机构合作申请国家科技开发项目、创新能力建设项目等，申请设立国家级技术中心认定。

(六)鼓励跨国公司在华设立地区总部、研发中心、采购中心、财务管理中心、结算中心以及成本和利润核算中心等功能性机构。在2010年12月31日以前，对符合规定条件的外资研发中心确需进口的科技开发用品免征进口关税和进口环节增值税、消费税。

(七)落实和完善支持政策，鼓励外商投资服务外包产业，引入先进技术和管理经验，提高我国服务外包国际竞争力。

二、引导外资向中西部地区转移和增加投资

(八)根据《外商投资产业指导目录》修订情况，补充修订《中西部地区外商投资优势产业目录》，增加劳动密集型项目条目，鼓励外商在中西部地区发展符合环保要求的劳动密集型产业。

(九)对符合条件的西部地区内外资企业继续实行企业所得税优惠政策，保持西部地区吸收外商投资好的发展势头。

(十)对东部地区外商投资企业向中西部地区转移，要加大政策开放和技术资金配套支持力度，同时完善行政服务，在办理工商、税务、外汇、社会保险等手续时提供便利。鼓励和引导外资银行到中西部地区设立机构和开办业务。

(十一)鼓励东部地区与中西部地区以市场为导向，通过委托管理、投资合作等多种方式，按照优势互补、产业联动、利益共享的原则共建开发区。

三、促进利用外资方式多样化

(十二)鼓励外资以参股、并购等方式参与国内企业改组改造和兼并重组。支持A股上市公司引入境内外战略投资者。规范外资参与境内证券投资和企业并购。依法实施反垄断审查，并加快建立外资并购安全审查制度。

（十三）利用好境外资本市场，继续支持符合条件的企业根据国家发展战略及自身发展需要到境外上市，充分利用两个市场、两种资源，不断提高竞争力。

（十四）加快推进利用外资设立中小企业担保公司试点工作。鼓励外商投资设立创业投资企业，积极利用私募股权投资基金，完善退出机制。

（十五）支持符合条件的外商投资企业境内公开发行股票、发行企业债和中期票据，拓宽融资渠道，引导金融机构继续加大对外商投资企业的信贷支持。稳步扩大在境内发行人民币债券的境外主体范围。

四、深化外商投资管理体制改革

（十六）《外商投资产业指导目录》中总投资（包括增资）3亿美元以下的鼓励类、允许类项目，除《政府核准的投资项目目录》规定需由国务院有关部门核准之外，由地方政府有关部门核准。除法律法规明确规定由国务院有关部门审批外，在加强监管的前提下，国务院有关部门可将本部门负责的审批事项下放地方政府审批，服务业领域外商投资企业的设立（金融、电信服务除外）由地方政府按照有关规定进行审批。

（十七）调整审批内容，简化审批程序，最大限度缩小审批、核准范围，增强审批透明度。全面清理涉及外商投资的审批事项，缩短审批时间。改进审批方式，在试点并总结经验的基础上，逐步在全国推行外商投资企业合同、章程格式化审批，大力推行在线行政许可，规范行政行为。

五、营造良好的投资环境

（十八）规范和促进开发区发展，发挥开发区在体制创新、科技引领、产业集聚、土地集约方面的载体和平台作用。支持符合条件的省级开发区升级，支持具备条件的国家级、省级开发区扩区和调整区位，制定加快边境经济合作区建设的支持政策措施。

（十九）进一步完善外商投资企业外汇管理，简化外商投资企业外汇资本金结汇手续。对依法经营、资金紧张暂时无法按时出资的外商投资企业，允许延长出资期限。

（二十）加强投资促进，针对重点国家和地区、重点行业加大引资推介力度，广泛宣传我国利用外资政策。积极参与多双边投资合作，把“引进来”和“走出去”相结合，推动跨国投资政策环境不断改善。

国务院各有关部门、地方各级人民政府要统一认识，坚持积极有效利用外资的方针，坚持以我为主、择优选资，促进“引资”与“引智”相结合，不断提高利用外资质量。要总结改革开放经验，结合新形势、新要求，进一步加大改革创新力度，提高便利化程度，创造更加开放、更加优化的投资环境，全面提高利用外资工作水平。

国务院

二〇一〇年四月六日

国务院办公厅关于进一步加大节能减排力度加快钢铁工业结构调整的若干意见

国办发〔2010〕34号

各省、自治区、直辖市人民政府，国务院各部委、各直属机构：

为深入贯彻科学发展观，进一步落实《钢铁产业调整和振兴规划》，实现国家确定的“十一五”节能减排目标，加快钢铁工业结构调整，经国务院同意，现就做好钢铁工业节能减排和结构调整有关工作提出以下意见。

一、充分认识加强钢铁工业节能减排和结构调整工作的重要意义

（一）认清形势，统一思想，提高认识。钢铁工业是国民经济的支柱产业，在推进工业化和城镇化进程中发挥着重要作用，为应对国际金融危机挑战、促进经济社会发展做出了积极贡献。同时，钢铁工业在快速发展过程中，也存在着重复建设严重、产能过剩、铁矿石流通秩序混乱、资源环保压力加大等深层次矛盾和问题，必须充分利用市场变化形成的倒逼机制，综合运用经济、技术、法律和必要的行政手段，切实加大节能减排力度，加快结构调整步伐，促进钢铁工业的全面、协调和可持续健康发展。

钢铁工业是节能减排潜力最大的行业，在节能减排工作中占有举足轻重的地位。加强节能减排和结构调整，是转变钢铁工业发展方式、提高产业发展质量和效益、实现可持续发展的重大举措，是适应全球供求结构发生重大变化、应对世界铁矿石资源垄断加剧严峻形势、增强抵御国际市场风险能力的有效途径，是抑制钢铁产能过快增长、推进淘汰落后产能的重要抓手，是走低消耗、低排放、高效益、高产出的新型工业化道路的必然要求。各地区、各有关部门要充分认识推进钢铁工业节能减排和结构调整的重要性和紧迫性，进一步统一思想，正确处理速度与效益、局部与整体、当前与长远的关系，认真贯彻党中央、国务院的相关决策部署和政策规定，扎扎实实抓好组织实施。

二、坚决抑制钢铁产能过快增长

（二）切实制止钢铁行业盲目投资和重复建设。将抑制钢铁产能过快增长作为落实节能减排工作的重中之重，除国家已批准开展前期工作的项目外，2011年底前不再核准、备案任何扩大产能的钢铁项目。要将控制总量和优化布局结合起来，切实推进钢铁产业布局调整。要进一步依法提高行业准入门槛，强化质量、安全、环保、能耗、清洁生产等指标约束作用，加强质量、用地、金融等方面的监督管理，进一步加大对违规建设项目的政策压力。积极引导钢铁企业以品牌、标准、服务和效益为重点，全面提升产品质量，增强国际竞争力。

（三）严格履行钢铁项目审批和核准程序。对所有新建和改造项目，严格依法依规进行审批。坚决制止以淘汰落后产能等名义擅自建设钢铁项目，对违规建设的要严肃处理。发展改革委要牵头组织对2005年以来建设的钢铁项目进行清理。国土资源部牵头组织对在建和已建成的钢铁项目违法违规用地行为进行查处。环境保护部牵头组织对未经环评审批或污染超标的项目进行查处。要进一步健全项目审批问责制，认真查处越权审批、未批先建、边批边建等行为，依法严肃追究相关负责人的责任。环境保护、国土资源部门及金融机构要依法严格环境影响评价、建设用地和贷款的审批。

三、加大淘汰落后产能力度

（四）完善落后产能退出机制。充分发挥市场配置资源的基础性作用，严格税收征管，清理和纠正地方擅自出台的对钢铁企业的税收优惠政策，努力营造促进企业公平竞争和落后产能退出的市场环境。完善和落实土地使用、差别电价政策，加大差别电价实施力度，大幅提高差别电价的加价标准，进一步提高落后产能的生产成本。中央财政要加大对钢铁工业淘汰落后产能的支持力度，将淘汰落后产能奖励资金与淘汰落后产能企业挂钩。工业和信息化部要尽快公布淘汰落后产能企业名单，抓紧牵头制定《钢铁行业生产经营规范条件》，及时公布符合规范条件的企业名单，为有关部门和金融机构做好促进钢铁企业兼并重组、淘汰落后和扶持优势企业发展等工作提供重要依据。

（五）强化淘汰落后产能工作的组织实施。各有关部门要各司其职，密切配合，加强对各地的督促检查，切实抓好相关政策落实。各省、自治区、直辖市人民政府要根据工业和信息化部提出的淘汰落后钢铁产能年度目标任务，制定实施方案并分解落实到市、县和具体企业。对未完成淘汰落后钢铁产能任务的地区，要严格执行项目“区域限批”规定，暂停对该地区其他建设项目的环评、供地和核准审批；对完成淘汰落后产能任务较好的地区实施先拆后建的技术改造项目，经综合平衡后可优先予以核准。各地在淘汰落后产能过程中要按照政策规定妥善解决职工安置、企业转产、债权债务重组等问题，维护社会和谐稳定。

四、进一步强化节能减排

（六）大力推进钢铁工业节能减排。实现钢铁工业节能减排要将控制总量、淘汰落后、技术改造结合起来。大力推广高温高压干熄焦、干法除尘、煤气余热余压回收利用、烧结烟气脱硫等循环经济和节能减排新技术新工艺，提高“三废”的综合治理和利用水平。加强和完善废钢铁综合利用，鼓励发展短流程炼钢。有关部门要尽快出台鼓励余热余压发电上网政策。要强化节能减排计量管理，提高能耗和排放计量检测的准确性和数据分析能力。通过强化环境准入、执法监管、考核问责等工作机制，进一步加强环保监测、减排核查、清洁生产审核、能耗限额标准执行监察，推动重污染企业加快退出市场。

（七）调整钢铁产品进出口结构。钢铁产品进出口政策要服从和服务于满足国内市场需求、促进钢铁工业节能减排、控制总量、淘汰落后产能的总体目标。要继续控制“两高一资”低附加值钢铁产品出口，在符合世界贸易组织有关规定的基础上，统筹研究有利于钢铁工业节能减排的进出口措施，相应调整钢铁产品进出口政策。

五、加快钢铁企业兼并重组

（八）明确钢铁企业兼并重组的工作目标。要按照市场化运作、企业平等协商、政府引导的原则，支持各类钢铁企业开展兼并重组。支持优势大型钢铁企业集团开展跨地区、跨所有制兼并重组，鼓励各省、自治区、直辖市人民政府继续推动本地区钢铁企业的兼并重组，进一步提高我国钢铁产业集中度，培育形成3-5家具有较强国际竞争力、6-7家具有较强实力的特大型钢铁企业集团。力争到2015年，国内排名前10位的钢铁企业集团钢产量占全国产量的比例从2009年的44%提高到60%以上，推动钢铁工业结构调整迈上一个新的台阶。各省、自治区、直辖市人民政府要抓紧制定和上报本地区2010-2011年钢铁企业兼并重组方案，由工业和信息化部会同有关部门审批后组织实施。

（九）抓紧完善和落实促进钢铁企业兼并重组的政策措施。要在项目审批、土地供应、贷款授信、资本市场融资以及安排国有资本经营预算支出等方面，加强对企业兼并重组的支持。对国有钢铁企业因重组出现阶段性经营绩效下降和负债率上升等情况，国有资产监管机构要在确定年度考核和任期考核目标中作相应调整。钢铁企业兼并重组要切实依法规范操作，保护出资人和职工合法权益，维护金融机构合法债权安全，切实防止国有资产流失，维护企业和社会稳定。

六、大力实施企业技术创新和技术改造

（十）积极支持钢铁行业做好技术创新工作。充分重视发挥科技支撑作用，持续加大科研经费投入力度。依托相关科技计划，引导和鼓励钢铁企业和科研机构围绕重大工程和战略需求进一步加大投入，加强新工艺、新技术、新产品研发，加强引进消化吸收再创新，加强前瞻性储备技术研究，尽快形成具有自主知识产权、适应未来国际竞争需要、支撑钢铁工业转型升级的核心关键技术和高附加值产品。

（十一）重点支持钢铁企业开展技术改造。积极落实财政支持政策，鼓励、引导钢铁企业加强技术改造。切实提高资金使用效率，集中支持对钢铁工业结构调整意义重大的关键项目和企业。加大关键钢材品种、钢铁新材料、新一代全流程可循环工艺、节能减排、矿山资源综合利用以及工业化与信息化融合等技术改造工作力度，促进钢铁产业升级。

七、切实规范铁矿石流通秩序

（十二）强化行业自律，规范铁矿石进口秩序。在推进钢铁行业结构调整、加快兼并重组和淘汰落后产能，大幅度减少国内钢铁企业数量的基础上，通过行业自律，进一步提高铁矿石进口经营集中度。要加快落实《钢铁产业调整和振兴规划》，加大行业协调力度，抑制囤积居奇、倒买倒卖、哄抬铁矿石价格等行为。优化铁矿石资源配置，铁矿石资源要优先配置给符合《钢铁行业生产经营规范条件》的企业。进一步做好进口铁矿石信息报送工作，有关行业协会、商会要根据公布的符合规范条件的钢铁企业名单，加强对铁矿石进口流向的监测管理。

（十三）建立长期稳定的铁矿石进口渠道。有关行业协会、商会要加强与各类钢铁生产和贸易企业的协商，建立健全进口铁矿石价格形成机制。有关部门要积极创造条件，支持国内用户和国外供应商加强协调协作，建立长期稳定、互利互惠的合作关系，保持进口铁矿石的合理价格水平。

八、推进国内铁矿开发和“走出去”战略的实施

（十四）大力推进国内铁矿资源的勘探开发。加大国内铁矿石资源的勘探力度，增加资源储量。研究降低国内铁矿石生产和开采企业负担、提高国内铁矿石资源保障能力的政策措施。加强对共伴生矿、难选冶矿的技术和科研开发力度，对尾矿回收等综合利用项目研究完善有关税收优惠政策。推动国内矿山的有序建设和开发，加快推进铁矿资源的开发整合，将铁矿矿业权依法优先配置给符合

钢铁产业政策的钢铁企业和大型矿山企业。用好现有扶持政策，支持大型铁矿山技术改造和资源综合利用。

（十五）进一步推进“走出去”战略。支持钢铁企业充分利用两个市场、两种资源，加强对外投资和跨国经营，深化经济技术合作。鼓励钢铁和矿山企业开展多种形式的境外铁矿石资源勘探开发，在境外建立稳定、可靠的铁矿石供应基地，并统筹考虑矿山、道路、港口、供电、供水设施的规划与建设。鼓励有条件的大型钢铁企业到国外建设钢铁厂和钢铁工业园区，努力提高钢铁企业的国际化经营水平。商务部要会同有关部门组织协会商会和企业，积极应对国外对我钢材产品提起的反倾销、反补贴等贸易救济调查，加强与各国政府及行业间的交流合作，积极化解贸易摩擦，营造良好的国际贸易环境。

九、加强工作的组织协调

（十六）加强组织协调，狠抓各项工作落实。钢铁工业节能减排和结构调整是一项重要而艰巨的任务，要狠抓各项政策措施的落实。各有关部门要加强沟通配合，切实做好钢铁工业节能减排、结构调整工作的统筹规划和政策协调，抓紧细化和落实有关政策措施。各地区要切实加强组织领导，结合当地实际制定具体实施方案和配套办法并抓好落实。行业协会、商会要充分发挥桥梁和纽带作用，积极反映钢铁行业的新情况新问题，及时提出政策建议，督促钢铁企业认真落实国家钢铁产业政策。钢铁企业要从产业发展的大局出发，强化内部管理，积极开展淘汰落后、节能减排、技术改造、兼并重组等各项工作。工业和信息化部要会同有关部门加强监督指导，确保加大节能减排力度加快钢铁工业结构调整各项工作措施落到实处。

附件：重点工作分工表

国务院办公厅

二〇一〇年六月四日

附

重点工作分工表

序号	工作任务	负责单位	参加单位
1	严格钢铁建设项目核准	发展改革委、工业和信息化部	
2	清理钢铁建设项目	发展改革委	监察部、工业和信息化部、国土资源部、环境保护部
3	查处违法用地行为	国土资源部	
4	查处环保违规行为	环境保护部	
5	严格钢铁行业贷款审批	银监会、人民银行	
6	加强产品质量监督管理	质检总局	
7	严格税收征管	财政部、税务总局	
8	完善差别电价政策	发展改革委	
9	下达淘汰落后产能年度目标任务	工业和信息化部	
10	公布淘汰落后产能企业名单	工业和信息化部	
11	制定《钢铁行业生产经营规范条件》，公布符合规范条件的企业名单	工业和信息化部	环境保护部、商务部
12	落实淘汰落后产能奖励资金	财政部、工业和信息化部	
13	制定鼓励余热余压发电上网政策	发展改革委	
14	加强节能减排计量工作	质检总局	
15	调整钢铁产品进出口税收政策	财政部	发展改革委、工业和信息化部、商务部、海关总署、税务总局，钢铁工业协会
16	推进钢铁企业兼并重组	工业和信息化部	发展改革委、财政部、国土资源部、国资委、税务总局、银监会、证监会
17	促进钢铁企业技术改造	发展改革委、工业和信息化部	
18	规范铁矿石流通秩序	钢铁工业协会、五矿进出口商会	商务部、外交部、发展改革委、工业和信息化部
19	加大国内铁矿资源勘探开发力度	国土资源部	财政部
20	鼓励国内企业到境外进行矿山开发和钢厂建设	发展改革委、商务部	工业和信息化部、人民银行、国资委
21	应对国际贸易摩擦	商务部	发展改革委、工业和信息化部、质检总局，钢铁工业协会

国务院关于促进企业兼并重组的意见

国发〔2010〕27号

各省、自治区、直辖市人民政府，国务院各部委、各直属机构：

为深入贯彻落实科学发展观，切实加快经济发展方式转变和结构调整，提高发展质量和效益，现就加快调整优化产业结构、促进企业兼并重组提出以下意见：

一、充分认识企业兼并重组的重要意义

近年来，各行业、各领域企业通过合并和股权、资产收购等多种形式积极进行整合，兼并重组步伐加快，产业组织结构不断优化，取得了明显成效。但一些行业重复建设严重、产业集中度低、自主创新能力不强、市场竞争力较弱的问题仍很突出。在资源环境约束日益严重、国际间产业竞争更加激烈、贸易保护主义明显抬头的新形势下，必须切实推进企业兼并重组，深化企业改革，促进产业结构优化升级，加快转变发展方式，提高发展质量和效益，增强抵御国际市场风险能力，实现可持续发展。各地区、各有关部门要把促进企业兼并重组作为贯彻落实科学发展观，保持经济平稳较快发展的重要任务，进一步统一思想，正确处理局部与整体、当前与长远的关系，切实抓好促进企业兼并重组各项工作部署的贯彻落实。

二、主要目标和基本原则

（一）主要目标

通过促进企业兼并重组，深化体制机制改革，完善以公有制为主体、多种所有制经济共同发展的基本经济制度。加快国有经济布局和结构的战略性调整，健全国有资本有进有退的合理流动机制，鼓励和支持民营企业参与竞争性领域国有企业改革、改制和改组，促进非公有制经济和中小企业发展。兼并重组企业要转换经营机制，完善公司治理结构，建立现代企业制度，加强和改善内部管理，加强技术改造，推进技术进步和自主创新，淘汰落后产能，压缩过剩产能，促进节能减排，提高市场竞争力。

进一步贯彻落实重点产业调整和振兴规划，做强做大优势企业。以汽车、钢铁、水泥、机械制造、电解铝、稀土等行业为重点，推动优势企业实施强强联合、跨地区兼并重组、境外并购和投资合作，提高产业集中度，促进规模化、集约化经营，加快发展具有自主知识产权和知名品牌的骨干企业，培养一批具有国际竞争力的大型企业集团，推动产业结构优化升级。

（二）基本原则

1.发挥企业的主体作用。充分尊重企业意愿，充分调动企业积极性，通过完善相关行业规划和政策措施，引导和激励企业自愿、自主参与兼并重组。

2.坚持市场化运作。遵循市场经济规则，充分发挥市场机制的基础性作用，规范行政行为，由企业通过平等协商、依法合规开展兼并重组，防止“拉郎配”。

3.促进市场有效竞争。统筹协调，分类指导，促进提高产业集中度，促进大中小企业协调发展，促进各种所有制企业公平竞争和优胜劣汰，形成结构合理、竞争有效、规范有序的市场格局。

4.维护企业与社会和谐稳定。严格执行相关法律法规和规章制度，妥善解决企业兼并重组中资产债务处置、职工安置等问题，依法维护债权人、债务人以及企业职工等利益主体的合法权益，促进企业、社会的和谐稳定。

三、消除企业兼并重组的制度障碍

（一）清理限制跨地区兼并重组的规定。为优化产

业布局、进一步破除市场分割和地区封锁，要认真清理废止各种不利于企业兼并重组和妨碍公平竞争的规定，尤其要坚决取消各地区自行出台的限制外地企业对本地企业实施兼并重组的规定。

（二）*理顺地区间利益分配关系*。在不违背国家有关政策规定的前提下，地区间可根据企业资产规模和盈利能力，签订企业兼并重组后的财税利益分成协议，妥善解决企业兼并重组后工业增加值等统计数据的归属问题，实现企业兼并重组成果共享。

（三）*放宽民营资本的市场准入*。切实向民营资本开放法律法规未禁入的行业和领域，并放宽在股权比例等方面的限制。加快垄断行业改革，鼓励民营资本通过兼并重组等方式进入垄断行业的竞争性业务领域，支持民营资本进入基础设施、公共事业、金融服务和社会事业相关领域。

四、加强对企业兼并重组的引导和政策扶持

（一）*落实税收优惠政策*。研究完善支持企业兼并重组的财税政策。对企业兼并重组涉及的资产评估增值、债务重组收益、土地房屋权属转移等给予税收优惠，具体按照财政部、税务总局《关于企业兼并重组业务企业所得税处理若干问题的通知》（财税〔2009〕59号）、《关于企业改制重组若干契税政策的通知》（财税〔2008〕175号）等规定执行。

（二）*加强财政资金投入*。在中央国有资本经营预算中设立专项资金，通过技改贴息、职工安置补助等方式，支持中央企业兼并重组。鼓励地方人民政府通过财政贴息、信贷奖励补助等方式，激励商业银行加大对企业兼并重组的信贷支持力度。有条件的地方可设立企业兼并重组专项资金，支持本地区企业兼并重组，财政资金投入要优先支持重点产业调整和振兴规划确定的企业兼并重组。

（三）*加大金融支持力度*。商业银行要积极稳妥开展并购贷款业务，扩大贷款规模，合理确定贷款期限。鼓励商业银行对兼并重组后的企业实行综合授信。鼓励证券公司、资产管理公司、股权投资基金以及产业投资基金等参与企业兼并重组，并向企业提供直接投资、委托贷款、过桥贷款等融资支持。积极探索设立专门的并购基金等兼并重组融资新模式，完善股权投资退出机制，吸引社会资金参与企业兼并重组。通过并购贷款、境内外银团贷款、贷款贴息等方式支持企业跨国并购。

（四）*支持企业自主创新和技术进步*。支持有条件的企业建立企业技术中心，提高研发水平和自主创新能力，加快科技成果向现实生产力转化。大力支持兼并重组企业技术改造和产品结构调整，优先安排技术改造资金，对符合国家产业政策的技术改造项目优先立项。鼓励和引导企业通过兼并重组淘汰落后产能，切实防止以兼并重组为名盲目扩张产能和低水平重复建设。

（五）*充分发挥资本市场推动企业重组的作用*。进一步推进资本市场企业并购重组的市场化改革，健全市场化定价机制，完善相关规章及配套政策，支持企业利用资本市场开展兼并重组，促进行业整合和产业升级。支持符合条件的企业通过发行股票、债券、可转换债等方式为兼并重组融资。鼓励上市公司以股权、现金及其他金融创新方式作为兼并重组的支付手段，拓宽兼并重组融资渠道，提高资本市场兼并重组效率。

（六）*完善相关土地管理政策*。兼并重组涉及的划拨土地符合划拨用地条件的，经所在地县级以上人民政府批准可继续以划拨方式使用；不符合划拨用地条件的，依法实行有偿使用，划拨土地使用权价格可依法作为土地使用权人的权益。重点产业调整和振兴规划确定的企业兼并重组项目涉及的原生产经营性划拨土地，经省级以上人民政府国土资源部门批准，可以国家作价出资（入股）方式处置。

（七）*妥善解决债权债务和职工安置问题*。兼并重组要严格依照有关法律规定和政策妥善分类处置债权债务关系，落实清偿责任，确保债权人、债务人的合法利益。研究债务重组政策措施，支持资产管理公司、创业投资企业、股权投资基金、产业投资基金等机构参与被兼并企业的债务处置。切实落实相关政策规定，积极稳妥解决职工劳动关系、社会保险关系接续、拖欠职工工资等问题。制定完善相关政策措施，继续支持国有企业实施主辅分离、辅业改制和分流安置富余人员。认真落实积极的就业政策，促进下岗失业人员再就业，所需资金从就业专项资金中列支。

（八）*深化企业体制改革和管理创新*。鼓励兼并重组企业进行公司制、股份制改革，建立健全规范的法人治理结构，转换企业经营机制，创新管理理念、管理机制和管理手段，加强和改善生产经营管理，促进自主创新，提高企业市场竞争力。

五、改进对兼并重组的管理和服务

（一）做好信息咨询服务。加快引进和培养熟悉企业并购业务特别是跨国并购业务的专门人才，建立促进境内外并购活动的公共服务平台，拓宽企业兼并重组信息交流渠道，加强市场信息、战略咨询、法律顾问、财务顾问、资产评估、产权交易、融资中介、独立审计和企业管理等咨询服务，推动企业兼并重组中介服务加快专业化、规范化发展。

（二）加强风险监控。督促企业严格执行兼并重组的有关法律法规和政策，规范操作程序，加强信息披露，防范道德风险，确保兼并重组操作规范、公开、透明。深入研究企业兼并重组中可能出现的各种矛盾和问题，加强风险评估，妥善制定相应的应对预案和措施，切实维护企业、社会和谐稳定。有效防范和打击内幕交易和市场操纵行为，防止恶意收购，防止以企业兼并重组之名甩包袱、偷逃税款、逃废债务，防止国有资产流失。充分发挥境内银行、证券公司等金融机构在跨国并购中的咨询服务作用，指导和帮助企业制定境外并购风险防范和应对方案，保护企业利益。

（三）维护公平竞争和国家安全。完善相关管理办法，加强和完善对重大的企业兼并重组交易的管理，对达到经营者集中法定申报标准的企业兼并重组，依法进行经营者集中审查。进一步完善外资并购管理规定，建立健全外资并购国内企业国家安全审查制度，鼓励和规范外资以参股、并购方式参与国内企业改组改造和兼并重组，维护国家安全。

六、加强对企业兼并重组工作的领导

建立健全组织协调机制，加强对企业兼并重组工作的领导。由工业和信息化部牵头，发展改革委、财政部、人力资源社会保障部、国土资源部、商务部、人民银行、国资委、税务总局、工商总局、银监会、证监会等部门参加，成立企业兼并重组工作协调小组，统筹协调企业兼并重组工作，研究解决推进企业兼并重组工作中的重大问题，细化有关政策和配套措施，落实重点产业调整和振兴规划的相关要求，协调有关地区和企业做好组织实施。各地区要努力营造企业跨地区、跨行业、跨所有制兼并重组的良好环境，指导督促企业切实做好兼并重组有关工作。

附件：促进企业兼并重组任务分工表

国务院

二〇一〇年八月二十八日

附

促进企业兼并重组任务分工表

序号	工 作 任 务	牵头单位	参加单位
1	清理取消阻碍企业兼并重组的规定	工业和信息化部	各省、自治区、直辖市人民政府
2	放宽民营资本的市场准入	工业和信息化部	发展改革委、国土资源部、工商总局、银监会等
3	完善和落实企业兼并重组的税收优惠政策	财政部	税务总局
4	鼓励商业银行开展并购贷款业务，扩大贷款规模。鼓励商业银行对兼并重组后的企业实行综合授信。通过并购贷款、境内外银团贷款、贷款贴息等方式支持企业跨国并购	银监会、人民银行	发展改革委、工业和信息化部、财政部
5	积极探索设立专门并购基金等兼并重组融资新模式，完善股权投资退出机制。支持符合条件的企业通过发行股票、债券、可转换债等为兼并重组融资	证监会、发展改革委	工业和信息化部、财政部
6	在中央国有资本经营预算中设立专项资金，支持中央企业兼并重组	财政部	国资委、发展改革委、工业和信息化部、商务部
7	鼓励地方人民政府通过财政贴息、信贷奖励补助等方式，激励商业银行加大对企业兼并重组的信贷支持力度。有条件的地方可设立企业兼并重组专项资金	各省、自治区、直辖市人民政府	
8	进一步推进资本市场企业并购重组的市场化改革，健全市场化定价机制，完善相关规章及配套政策，支持企业利用资本市场开展兼并重组。鼓励上市公司以股权、现金及其他金融创新方式作为兼并重组的支付手段	证监会	发展改革委、财政部、商务部、人民银行、银监会

9	完善土地使用优惠政策	国土资源部	财政部
10	加大对兼并重组企业技术改造支持力度。支持有条件的企业建立企业技术中心。鼓励和引导企业通过兼并重组淘汰落后产能，切实防止以兼并重组为名盲目扩张产能和低水平重复建设	发展改革委、工业和信息化部	财政部
11	研究债务重组政策措施，支持资产管理公司、创业投资企业、股权投资基金、产业投资基金等机构参与被兼并企业的债务处置	财政部	发展改革委、人民银行、国资委、银监会
12	制订完善相关政策措施，继续支持国有企业实施主辅分离、辅业改制和分流安置富余人员	财政部、国资委	人力资源社会保障部
13	落实积极的就业政策，促进下岗失业人员再就业	人力资源社会保障部、财政部，各省、自治区、直辖市人民政府	国资委
14	建立促进境内外并购活动的公共服务平台	工业和信息化部	发展改革委、商务部、证监会
15	发挥境内银行、证券公司等金融机构在跨国并购中的咨询服务作用，指导和帮助企业制定境外并购风险防范和应对方案	商务部	银监会、证监会、工业和信息化部、发展改革委等
16	督促企业严格执行有关法律法规和政策，规范操作程序，加强信息披露。有效防范和打击内幕交易和市场操纵行为，防止恶意收购，防止以企业兼并重组之名甩包袱、偷逃税款、逃废债务，防止国有资产流失	工业和信息化部	发展改革委、财政部、商务部、国资委、人民银行、税务总局、工商总局、银监会、证监会
17	深入研究企业兼并重组中可能出现的各种矛盾和问题，加强风险评估，制定相应的应对预案	工业和信息化部	发展改革委、财政部、人力资源社会保障部、商务部、人民银行、国资委、银监会、证监会
18	对达到经营者集中法定申报标准的企业兼并重组，依法进行经营者集中审查	商务部	发展改革委、工业和信息化部、国资委等
19	完善相关管理办法，加强和完善对重大的企业兼并重组交易的管理	工业和信息化部	发展改革委、财政部、商务部、国资委、证监会
20	建立企业兼并重组工作部际协调机制	工业和信息化部	发展改革委、财政部、人力资源社会保障部、国土资源部、商务部、人民银行、国资委、税务总局、工商总局、银监会、证监会等

国务院关于中西部地区承接产业转移的指导意见

国发〔2010〕28号

各省、自治区、直辖市人民政府，国务院各部委、各直属机构：

产业转移是优化生产力空间布局、形成合理产业分工体系的有效途径，是推进产业结构调整、加快经济发展方式转变的必然要求。当前，国际国内产业分工深刻调整，我国东部沿海地区产业向中西部地区转移步伐加快。中西部地区发挥资源丰富、要素成本低、市场潜力大的优势，积极承接国内外产业转移，不仅有利于加速中西部地区新型工业化和城镇化进程，促进区域协调发展，而且有利于推动东部沿海地区经济转型升级，在全国范围内优化产业分工格局。为进一步指导中西部地区有序承接产业转移，完善合作机制，优化发展环境，规范发展秩序，现提出以下意见：

一、总体要求

(一)指导思想。深入贯彻落实科学发展观，紧紧抓住国际国内产业分工调整的重大机遇，以市场为导向，以自愿合作为前提，以结构调整为主线，以体制机制创新为动力，着力改善投资环境，促进产业集中布局，提升配套服务水平；着力在承接中发展，提高自主创新能力，促进产业优化升级；着力加强环境保护，节约集约利用资源，促进可持续发展；着力引导劳动力就地就近转移就业，促进产业和人口集聚，加快城镇化步伐；着力深化区域合作，促进要素自由流动，实现东中西部地区良性互动，逐步形成分工合理、特色鲜明、优势互补的现代产业体系，不断增强中西部地区自我发展能力。

(二)基本原则。

——坚持市场导向，减少行政干预。遵循市场规律，尊重各类企业在产业转移中的主体地位，充分发挥市场配置资源的基础性作用；注重规划和政策引导，改善投资环境，完善公共服务，规范招商引资行为。

——坚持因地制宜，加强分类指导。从各地实际情况出发，立足比较优势，合理确定产业承接发展重点，防止低水平重复建设；进一步优化产业空间布局，引导产业集聚，推动重点地区加快发展。

——坚持节能环保，严格产业准入。加强生态建设，注重环境保护，强化污染防治，严禁污染产业和落后生产能力转入；发展循环经济，推进节能减排，促进资源节约集约利用，提高产业承载能力。

——坚持深化改革，创新体制机制。深化重点领域和关键环节改革，突破发展瓶颈，优化发展环境，增强发展活力和动力；扩大对内对外开放，加强区域互动合作，建立利益共享机制，实现良性竞争、互利共赢。

二、因地制宜承接发展优势特色产业

依托中西部地区产业基础和劳动力、资源等优势，推动重点产业承接发展，进一步壮大产业规模，加快产业结构调整，培育产业发展新优势，构建现代产业体系。

(三)劳动密集型产业。承接、改造和发展纺织、服装、玩具、家电等劳动密集型产业，充分发挥其吸纳就业的作用。引进具有自主研发能力和先进技术工艺的企业，吸引内外资参与企业改制改组改造，推广应用先进适用技术和管理模式，加快传统产业改造升级，建设劳动密集型产业接替区。

(四)能源矿产开发和加工业。积极吸引国内外有实力的企业，大力发展能源矿产资源开发和精深加工产业，加快淘汰落后产能。在有条件的地区适当承接发展技术水平先进的高载能产业。加强资源开发整合，允许资源富集地区以参股等形式分享资源开发收益。

(五)农产品加工业。发挥农产品资源丰富的优势，积极引进龙头企业和产业资本，承接发展农产品加工业、生态农业和旅游观光农业。推进农业结构调整和发展方式转变，加快农业科技进步，完善农产品市场流通体系，提升产业化经营水平。

(六)装备制造业。引进优质资本和先进技术，加快企业兼并重组，发展壮大一批装备制造企业。积极承接关联产业和配套产业，加大技术改造投入，提高基础零部件和配套产品的技术水平，鼓励有条件的地方发展新能源、节能环保等产业所需的重大成套装备制造，提高产品科技含量。

(七)现代服务业。适应新型工业化和居民消费结构升级的新形势，大力承接发展商贸、物流、文化、旅游等产业。积极培育软件及信息服务、研发设计、质量检验、科技成果转化等生产性服务企业，发展相关产业的销售、财务、商务策划中心，推动服务业与制造业有机融合、互动发展。依托服务外包示范城市及省会等中心城市，承接国际服务外包，培育和建立服务贸易基地。

(八)高技术产业。发挥国家级经济技术开发区、高新技术产业开发区的示范带动作用，承接发展电子信息、生物、航空航天、新材料、新能源等战略性新兴产业。鼓励有条件的地方加强与东部沿海地区创新要素对接，大力发展总部经济和研发中心，支持建立高新技术产业化基地和产业“孵化园”，促进创新成果转化。

(九)加工贸易。改善加工贸易配套条件，提高产业层次，拓展加工深度，推动加工贸易转型升级，鼓励加工贸易企业进一步开拓国际市场，加快形成布局合理、比较优势明显、区域特色鲜明的加工贸易发展格局。发挥沿边重点口岸城镇区位和资源优势，努力深化国际区域合作，鼓励企业在“走出去”和“引进来”中加快发展。

三、促进承接产业集中布局

加强规划统筹，优化产业布局，引导转移产业向园区集中，促进产业园区规范化、集约化、特色化发展，增强重点地区产业集聚能力。

(十)引导转移产业向园区集中。把产业园区作为承接产业转移的重要载体和平台，加强园区交通、通信、供水、供气、供电、防灾减灾等配套基础设施建设，增强园区综合配套能力，引导转移产业和项目向园区集聚，形成各具特色的产业集群。发挥园区已有重点产业、骨干企业的带动作用，吸引产业链条整体转移和关联产业协同转移，提升产业配套能力，促进专业化分工和社会化协作。

(十一)规范发展产业园区。统筹规划产业园区建设，合理确定产业定位和发展方向，形成布局优化、产业集聚、用地集约、特色明显的产业园区体系。支持符合条件的产业园区扩区升级。支持发展条件好的产业园区拓展综合服务功能，促进工业化与城镇化相融合。因地制宜发展特色产业园区，大力推进园区整合发展，避免盲目圈地布点和重复建设，防止一哄而起。

(十二)发挥重点地区引领和带动作用。按照推动形成主体功能区的要求，合理调整产业布局，在中西部地区着力培育和壮大一批承载能力强、发展潜力大、经济实力雄厚的重点经济区(带)，促进产业集聚发展，发挥规模效应，提高辐射带动能力。

四、改善承接产业转移环境

完善基础设施保障，加强公共服务平台建设，打破地区封锁，消除地方保护，为承接产业转移营造良好的环境。

(十三)完善承接地交通基础设施。加强区域间交通干线和区域内基础交通网建设，加快发展多式联运，构建便捷高效的综合交通运输体系。促进物流基础设施资源整合和有效利用，完善现代物流体系，进一步降低物流成本。

(十四)强化公共服务支撑。发展跨区域产业技术创新战略联盟，建立完善公共信息、公共试验、公共检测、技术创新等服务平台，规范发展技术评估、检测认证、产权交易、成果转化等中介机构。加快社会诚信体系建设，建立区域间信用信息共享机制。

(十五)改善营商环境。规范政府行为，防止越位和错位，不得采取下硬性指标等形式招商引资，清理各种变相优惠政策，避免盲目投资和恶性竞争。整顿和规范市场秩序，促进投资贸易便利化。推进依法行政，加强知识产权保护，完善法制环境，保障投资者权益。

五、加强资源节约和环境保护

将资源承载能力、生态环境容量作为承接产业转移的重要依据，加强资源节约和环境保护，推动经济发展与资源、环境相协调。

(十六)严把产业准入门槛。产业承接必须符合区域生态功能定位，严禁国家明令淘汰的落后生产能力和高耗能、高排放等不符合国家产业政策的项目转入，避免低水平简单复制。全面落实环境影响评价制度，对承接项目的备案或核准严格执行有关能耗、物耗、水耗、环保、土地等标准，做好水资源论证、节能评估审查、职业病危害评价等工作。加强承接产业转移中的环境监测。

(十七)推进资源节约集约利用。加强耕地资源保护，防止在承接产业转移中侵占基本农田。制定相关行业建设用地控制标准，推广多层标准厂房建设，提高土地投资强度和用地密度。加强水资源保护和合理利用，建立和推行用水定额管理制度，大力提高废污水处理回用率。鼓励企业采用节能、节水、节材、环保先进适用技术，改造生产流程及实施相关项目建设，降低单位产出的能源资源消耗。鼓励和支持承接产业转移园区发展循环经济。

(十八)加大污染防治和环境保护力度。加强产业园区污染集中治理，建设污染物集中处理设施并保证其正常运行，实现工业废弃物循环利用。大力推行清洁生产，加大企业清洁生产审核力度。严格执行污染物排放总量控制制度，实现污染物稳定达标排放，完善节能减排指标、监测和考核体系。加强对生态系统的保护，着力改善生态环境。

六、完善承接产业转移体制机制

完善政府管理与服务，提高行政效能，深化经济体制改革，推动区域合作向纵深发展，创新产业承接模式，探索建立合作发展、互利共赢新机制。

(十九)深化行政管理和经济体制改革。加快转变政府职能，减少行政审批，简化办事程序，提高服务效率。推动相关行政许可跨区域互认，做好转移企业工商登记协调衔接。继续推进国有企业改革，大力发展非公有制经济，进一步放宽市场准入，扩大民间投资的领域和范围。发展和完善土地、资本、劳动力、技术等要素市场，促进生产要素优化配置。加快资源型产品价格和环保收费改革。

(二十)创新园区管理模式和运行机制。鼓励中西部地区通过委托管理、投资合作等多种形式与东部沿海地区合作共建产业园区，积极探索承接产业转移新模式，实现优势互补、互利共赢。支持中西部毗邻地区之间合作共建产业园区，创新管理体制和运行机制，实现资源整合、联动发展。

(二十一)加强区域互动合作。推动建立省际间产业转移统筹协调机制、重大承接项目促进服务机制等，引导和鼓励东部沿海地区产业向中西部地区有序转移。充分发挥行业协会、商会的桥梁和纽带作用，搭建产业转移促进平台。提升各类大型投资贸易会展活动的质量和水平。在中西部条件较好的地方设立承接产业转移示范区，充分发挥其典型示范和辐射带动作用。做好产业转移与对口支援、对口帮扶工作的衔接。

七、强化人力资源支撑和就业保障

大力发展职业教育和培训，促进农村劳动力转移，加强人才开发和就业服务，完善社会保障制度，为承接产业转移提供必要的人力资源和智力支持。

(二十二)加强职业技能培训。加快职业教育基础能力建设步伐，健全职业教育培训网络，重点建设一批高水平职业院校，推进公共实训基地建设。落实就读中等职业学校逐步免学费政策和职业培训补贴政策。支持职业院校面向产业转移需要，新增和调整相关专业，定向培养中高级技工和熟练工人。落实农民工培训补贴政策，切实做好农民工培训工作。

(二十三)完善就业和社会保障服务。健全就业服务体系，培育和完善统一开放、竞争有序的人力资源市场。鼓励各地引导社会资金投资建设适合农民工租住的住房，改善农民工居住条件。支持农村劳动力转移就业和返乡创业，加快建立和完善社会保险关系转移接续机制。

(二十四)引进高层次人才。创新高层次人才引进、使用、激励和服务保障机制，积极为高层次人才搭建创新创业平台。推动人才合理流动，实行来去自由的政策，吸引东部沿海地区和海外高层次人才根据本人意愿在中西部地区落户。

八、加强政策支持和引导

为进一步改善中西部地区投资环境，引导和支持产业有序转移和科学承接，在财税、金融、投资、土地等方面给予必要的政策支持。

(二十五)财税政策。中央财政通过加大转移支付等政策，支持中西部地区改善民生和促进基本公共服务均等化，优化产业承接环境。对中西部地区符合条件的国家级经济技术开发区和高新技术开发区公共基础设施项目贷款实施财政贴息。对投资中西部地区国家鼓励类产业和外商投资优势产业的项目，在投资总额内进口的自用设备，按规定免征关税。完善和规范物流企业营业税差额纳税办法。

(二十六)金融政策。鼓励和引导金融机构对符合条件的产业转移项目提供信贷支持。鼓励金融机构在风险可控的前提下为东部地区企业并购、重组中西部地区企业提供支持。支持中西部地区金融机构参与全国统一的同业拆借市场、票据市场、债券市场、外汇市场和黄金市场的投融资活动。鼓励和引导外资银行到中西部地区设立机构和开办业务。有序推进村镇银行、贷款公司等新型农村金融机构试点工作。支持符合条件的企业发行企业债券、中期票据、短期融资券、企业集合债券和上市融资。

(二十七)产业与投资政策。修订产业结构调整指导目录和政府核准投资项目目录，强化对产业转移的引导和支持。根据中西部地区产业发展实际，研究制定差别化产业政策，适当降低中西部地区鼓励类产业门槛，适当下放核准权限。根据《外商投资产业指导目录》修订情况，加快修订《中西部地区外商投资优势产业目录》，增加劳动密集型产业类别。对符合国家产业政策的产业转移项目，根据权限优先予以核准或备案。支持在有条件的地方建设国家高技术产业基地。鼓励省级技术改造等财政专项资金优先用于符合条件的产业转移项目。支持中西部地区根据产业发展和自主创业的需要，设立产业投资基金和创业投资基金。

(二十八)土地政策。在坚持节约集约用地的前提下，进一步加大对中西部地区新增建设用地年度计划指标的支持力度，优先安排产业园区建设用地指标。严格执行工业用地最低出让价标准，进一步完善体现国家产业政策导向的最低价标准实施政策。探索工业用地弹性出让和年租制度。

(二十九)商贸政策。支持在条件成熟的地区设立与经济发展水平相适应的海关特殊监管区域或保税监管场所。支持有条件的沿边地区设立边境经济合作区、跨境经济合作区。培育和建设一批加工贸易梯度转移重点承接地。对加工贸易重点企业给予贷款支持。加大对“大通关”建设和口岸建设的支持力度，推进中西部地区与东部省份的区域通关改革。

(三十)科教文化政策。鼓励东部地区转让先进技术，大力发展跨区域产业技术创新联盟，促进中西部地区完善产业技术创新体系。加大对产业园区技术创新体系建设、知识产权运用以及自主知识产权产业化的支持力度，提高集成创新和再创新能力。鼓励东部地区高校、科研机构、企业与中西部地区开展多种形式的产学研合作，推动有条件的企业在中西部地区建立研发机构和中试基地。支持中西部地区高等学校提升人才培养与创新服务能力，结合产业转移重点办好特色专业。支持中西部地区文化产业振兴发展，加强公共文化服务体系建设，合理开发利用和保护历史文化资源，营造良好的人文环境。

引导和支持中西部地区承接产业转移，是深入实施西部大开发和促进中部地区崛起战略的重大任务。各地区、各部门要进一步统一思想，提高认识，切实加强工作指导，认真落实各项政策措施。中西部地区要结合自身实际，制定具体实施方案，完善各项配套措施，有序推进承接产业转移工作。国务院有关部门要按照职能分工，加强协作配合，在政策实施、体制创新等方面给予指导和支持，注意研究新情况、解决新问题，推动中西部地区承接产业转移工作健康开展。

国务院

二〇一〇年八月三十一日

国务院关于加快培育和发展战略性新兴产业的决定

国发〔2010〕32号

各省、自治区、直辖市人民政府，国务院各部委、各直属机构：

战略性新兴产业是引导未来经济社会发展的重要力量。发展战略性新兴产业已成为世界主要国家抢占新一轮经济和科技发展制高点的重大战略。我国正处在全面建设小康社会的关键时期，必须按照科学发展观的要求，抓住机遇，明确方向，突出重点，加快培育和发展战略性新兴产业。现作出如下决定：

一、抓住机遇，加快培育和发展战略性新兴产业

战略性新兴产业是以重大技术突破和重大发展需求为基础，对经济社会全局和长远发展具有重大引领带动作用，知识技术密集、物质资源消耗少、成长潜力大、综合效益好的产业。加快培育和发展战略性新兴产业对推进我国现代化建设具有重要战略意义。

(一) 加快培育和发展战略性新兴产业是全面建设小康社会、实现可持续发展的必然选择。我国人口众多、人均资源少、生态环境脆弱，又处在工业化、城镇化快速发展时期，面临改善民生的艰巨任务和资源环境的巨大压力。要全面建设小康社会、实现可持续发展，必须大力发展战略性新兴产业，加快形成新的经济增长点，创造更多的就业岗位，更好地满足人民群众日益增长的物质文化需求，促进资源节约型和环境友好型社会建设。

(二) 加快培育和发展战略性新兴产业是推进产业结构升级、加快经济发展方式转变的重大举措。战略性新兴产业以创新为主要驱动力，辐射带动力强，加快培育和发展战略性新兴产业，有利于加快经济发展方式转变，有

利于提升产业层次、推动传统产业升级、高起点建设现代产业体系，体现了调整优化产业结构的根本要求。

（三）加快培育和发展战略性新兴产业是构建国际竞争新优势、掌握发展主动权的迫切需要。当前，全球经济竞争格局正在发生深刻变革，科技发展正孕育着新的革命性突破，世界主要国家纷纷加快部署，推动节能环保、新能源、信息、生物等新兴产业快速发展。我国要在未来国际竞争中占据有利地位，必须加快培育和发展战略性新兴产业，掌握关键核心技术及相关知识产权，增强自主发展能力。

加快培育和发展战略性新兴产业具备诸多有利条件，也面临严峻挑战。经过改革开放30多年的快速发展，我国综合国力明显增强，科技水平不断提高，建立了较为完备的产业体系，特别是高技术产业快速发展，规模跻身世界前列，为战略性新兴产业加快发展奠定了较好的基础。同时，也面临着企业技术创新能力不强，掌握的关键核心技术少，有利于新技术新产品进入市场的政策法规体系不健全，支持创新创业的投融资和财税政策、体制机制不完善等突出问题。必须充分认识加快培育和发展战略性新兴产业的重大意义，进一步增强紧迫感和责任感，抓住历史机遇，加大工作力度，加快培育和发展战略性新兴产业。

二、坚持创新发展，将战略性新兴产业加快培育成为先导产业和支柱产业

根据战略性新兴产业的特征，立足我国国情和科技、产业基础，现阶段重点培育和发展节能环保、新一代信息技术、生物、高端装备制造、新能源、新材料、新能源汽车等产业。

（一）指导思想。

以邓小平理论和“三个代表”重要思想为指导，深入贯彻落实科学发展观，把握世界新科技革命和产业革命的历史机遇，面向经济社会发展的重大需求，把加快培育和发展战略性新兴产业放在推进产业结构升级和经济发展方式转变的突出位置。积极探索战略性新兴产业发展规律，发挥企业主体作用，加大政策扶持力度，深化体制机制改革，着力营造良好环境，强化科技创新成果产业化，抢占经济和科技竞争制高点，推动战略性新兴产业快速健康发展，为促进经济社会可持续发展作出贡献。

（二）基本原则。

坚持充分发挥市场的基础性作用与政府引导推动相结合。要充分发挥我国市场需求巨大的优势，创新和转变消费模式，营造良好的市场环境，调动企业主体的积极性，推进产学研用结合。同时，对关系经济社会发展全局的重要领域和关键环节，要发挥政府的规划引导、政策激励和组织协调作用。

坚持科技创新与实现产业化相结合。要切实完善体制机制，大幅度提升自主创新能力，着力推进原始创新，大力增强集成创新和联合攻关，积极参与国际分工合作，加强引进消化吸收再创新，充分利用全球创新资源，突破一批关键核心技术，掌握相关知识产权。同时，要加大政策支持和协调指导力度，造就并充分发挥高素质人才队伍的作用，加速创新成果转化，促进产业化进程。

坚持整体推进与重点领域跨越发展相结合。要对发展战略性新兴产业进行统筹规划、系统布局，明确发展时序，促进协调发展。同时，要选择最有基础和条件的领域作为突破口，重点推进。大力培育产业集群，促进优势区域率先发展。

坚持提升国民经济长远竞争力与支撑当前发展相结合。要着眼长远，把握科技和产业发展新方向，对重大前沿性领域及早部署，积极培育先导产业。同时，要立足当前，推进对缓解经济社会发展瓶颈制约具有重大作用的相关产业较快发展，推动高技术产业健康发展，带动传统产业转型升级，加快形成支柱产业。

（三）发展目标。

到2015年，战略性新兴产业形成健康发展、协调推进的基本格局，对产业结构升级的推动作用显著增强，增加值占国内生产总值的比重力争达到8%左右。

到2020年，战略性新兴产业增加值占国内生产总值的比重力争达到15%左右，吸纳、带动就业能力显著提高。节能环保、新一代信息技术、生物、高端装备制造产业成为国民经济的支柱产业，新能源、新材料、新能源汽车产业成为国民经济的先导产业；创新能力大幅提升，掌握一批关键核心技术，在局部领域达到世界领先水平；形成一批具有国际影响力的大企业和一批创新活力旺盛的中小企业；建成一批产业链完善、创新能力强、特色鲜明的战略性新兴产业集聚区。

再经过十年左右的努力，战略性新兴产业的整体创新能力和产业发展水平达到世界先进水平，为经济社会可持续发展提供强有力的支撑。

三、立足国情，努力实现重点领域快速健康发展

根据战略性新兴产业的发展阶段和特点，要进一步明确发展的重点方向和主要任务，统筹部署，集中力量，加快推进。

（一）*节能环保产业*。重点开发推广高效节能技术装备及产品，实现重点领域关键技术突破，带动能效整体水平的提高。加快资源循环利用关键共性技术研发和产业化示范，提高资源综合利用水平和再制造产业化水平。示范推广先进环保技术装备及产品，提升污染防治水平。推进市场化节能环保服务体系建设。加快建立以先进技术为支撑的废旧商品回收利用体系，积极推进煤炭清洁利用、海水综合利用。

（二）*新一代信息技术产业*。加快建设宽带、泛在、融合、安全的信息网络基础设施，推动新一代移动通信、下一代互联网核心设备和智能终端的研发及产业化，加快推进三网融合，促进物联网、云计算的研发和示范应用。着力发展集成电路、新型显示、高端软件、高端服务器等核心基础产业。提升软件服务、网络增值服务等信息服务能力，加快重要基础设施智能化改造。大力发展数字虚拟等技术，促进文化创意产业发展。

（三）*生物产业*。大力发展用于重大疾病防治的生物技术药物、新型疫苗和诊断试剂、化学药物、现代中药等创新药物大品种，提升生物医药产业水平。加快先进医疗设备、医用材料等生物医学工程产品的研发和产业化，促进规模化发展。着力培育生物育种产业，积极推广绿色农用生物产品，促进生物农业加快发展。推进生物制造关键技术开发、示范与应用。加快海洋生物技术及产品的研发和产业化。

（四）*高端装备制造产业*。重点发展以干支线飞机和通用飞机为主的航空装备，做大做强航空产业。积极推进空间基础设施建设，促进卫星及其应用产业发展。依托客运专线和城市轨道交通等重点工程建设，大力发展轨道交通装备。面向海洋资源开发，大力发展海洋工程装备。强化基础配套能力，积极发展以数字化、柔性化及系统集成技术为核心的智能制造装备。

（五）*新能源产业*。积极研发新一代核能技术和先进反应堆，发展核能产业。加快太阳能热利用技术推广应用，开拓多元化的太阳能光伏光热发电市场。提高风电技术装备水平，有序推进风电规模化发展，加快适应新能源发展的智能电网及运行体系建设。因地制宜开发利用生物质能。

（六）*新材料产业*。大力发展稀土功能材料、高性能膜材料、特种玻璃、功能陶瓷、半导体照明材料等新型功能材料。积极发展高品质特殊钢、新型合金材料、工程塑料等先进结构材料。提升碳纤维、芳纶、超高分子量聚乙烯纤维等高性能纤维及其复合材料发展水平。开展纳米、超导、智能等共性基础材料研究。

（七）*新能源汽车产业*。着力突破动力电池、驱动电机和电子控制领域关键核心技术，推进插电式混合动力汽车、纯电动汽车推广应用和产业化。同时，开展燃料电池汽车相关前沿技术研发，大力推进高能效、低排放节能汽车发展。

四、强化科技创新，提升产业核心竞争力

增强自主创新能力是培育和发展战略性新兴产业的中心环节，必须完善以企业为主体、市场为导向、产学研相结合的技术创新体系，发挥国家科技重大专项的核心引领作用，结合实施产业发展规划，突破关键核心技术，加强创新成果产业化，提升产业核心竞争力。

（一）*加强产业关键核心技术和前沿技术研究*。围绕经济社会发展重大需求，结合国家科技计划、知识创新工程和自然科学基金项目等的实施，集中力量突破一批支撑战略性新兴产业发展的关键共性技术。在生物、信息、空天、海洋、地球深部等基础性、前沿性技术领域超前部署，加强交叉领域的技术和产品研发，提高基础技术研究水平。

（二）*强化企业技术创新能力建设*。加大企业研究开发的投入力度，对面向应用、具有明确市场前景的政府科技计划项目，建立由骨干企业牵头组织、科研机构和高校共同参与实施的有效机制。依托骨干企业，围绕关键核心技术的研发和系统集成，支持建设若干具有世界先进水平的工程化平台，结合技术创新工程的实施，发展一批由企业主导，科研机构、高校积极参与的产业技术创新联盟。加强财税政策引导，激励企业增加研发投入。加强产业集聚区公共技术服务平台建设，促进中小企业创新发展。

（三）*加快落实人才强国战略和知识产权战略*。建立科研机构、高校创新人才向企业流动的机制，加大高技能人才队伍建设力度。加快完善期权、技术入股、股权、分红权等多种形式的激励机制，鼓励科研机构和高校科技人员积极从事职务发明创造。加大工作力度，吸引全球优秀人才来华创新创业。发挥研究型大学的支撑

和引领作用，加强战略性新兴产业相关专业学科建设，增加急需的专业学位类别。改革人才培养模式，制定鼓励企业参与人才培养的政策，建立企校联合培养人才的新机制，促进创新型、应用型、复合型和技能型人才的培养。支持知识产权的创造和运用，强化知识产权的保护和管理，鼓励企业建立专利联盟。完善高校和科研机构知识产权转移转化的利益保障和实现机制，建立高效的知识产权评估交易机制。加大对具有重大社会效益创新成果的奖励力度。

（四）实施重大产业创新发展工程。以加速产业规模化发展为目标，选择具有引领带动作用，并能够实现突破的重点方向，依托优势企业，统筹技术开发、工程化、标准制定、市场应用等环节，组织实施若干重大产业创新发展工程，推动要素整合和技术集成，努力实现重大突破。

（五）建设产业创新支撑体系。发挥知识密集型服务业支撑作用，大力发展研发服务、信息服务、创业服务、技术交易、知识产权和科技成果转化等高技术服务业，着力培育新业态。积极发展人力资源服务、投资和管理咨询等商务服务业，加快发展现代物流和环境服务业。

（六）推进重大科技成果产业化和产业集聚发展。完善科技成果产业化机制，加大实施产业化示范工程力度，积极推进重大装备应用，建立健全科研机构、高校的创新成果发布制度和技术转移机构，促进技术转移和扩散，加速科技成果转化为现实生产力。依托具有优势的产业集聚区，培育一批创新能力强、创业环境好、特色突出、集聚发展的战略性新兴产业示范基地，形成增长极，辐射带动区域经济发展。

五、积极培育市场，营造良好市场环境

要充分发挥市场的基础性作用，充分调动企业积极性，加强基础设施建设，积极培育市场，规范市场秩序，为各类企业健康发展创造公平、良好的环境。

（一）组织实施重大应用示范工程。坚持以应用促发展，围绕提高人民群众健康水平、缓解环境资源制约等紧迫需求，选择处于产业化初期、社会效益显著、市场机制难以有效发挥作用的重大技术和产品，统筹衔接现有试验示范工程，组织实施全民健康、绿色发展、智能制造、材料换代、信息惠民等重大应用示范工程，引导消费模式转变，培育市场，拉动产业发展。

（二）支持市场拓展和商业模式创新。鼓励绿色消费、循环消费、信息消费，创新消费模式，促进消费结构升级。扩大终端用能产品能效标识实施范围。加强新能源并网及储能、支线航空与通用航空、新能源汽车等领域的市场配套基础设施建设。在物联网、节能环保服务、新能源应用、信息服务、新能源汽车推广等领域，支持企业大力发展有利于扩大市场需求的专业服务、增值服务等新业态。积极推行合同能源管理、现代废旧商品回收利用等新型商业模式。

（三）完善标准体系和市场准入制度。加快建立有利于战略性新兴产业发展的行业标准和重要产品技术标准体系，优化市场准入的审批管理程序。进一步健全药品注册管理的体制机制，完善药品集中采购制度，支持临床必需、疗效确切、安全性高、价格合理的创新药物优先进入医保目录。完善新能源汽车的项目和产品准入标准。改善转基因农产品的管理。完善并严格执行节能环保法规标准。

六、深化国际合作，提高国际化发展水平

要通过深化国际合作，尽快掌握关键核心技术，提升我国自主发展能力与核心竞争力。把握经济全球化的新特点，深度开展国际合作与交流，积极探索合作新模式，在更高层次上参与国际合作。

（一）大力推进国际科技合作与交流。发挥各种合作机制的作用，多层次、多渠道、多方式推进国际科技合作与交流。鼓励境外企业和科研机构在我国设立研发机构，支持符合条件的外商投资企业与内资企业、研究机构合作申请国家科研项目。支持我国企业和研发机构积极开展全球研发服务外包，在境外开展联合研发和设立研发机构，在国外申请专利。鼓励我国企业和研发机构参与国际标准的制定，鼓励外商投资企业参与我国技术示范应用项目，共同形成国际标准。

（二）切实提高国际投融资合作的质量和水平。完善外商投资产业指导目录，鼓励外商设立创业投资企业，引导外资投向战略性新兴产业。支持有条件的企业开展境外投资，在境外以发行股票和债券等多种方式融资。扩大企业境外投资自主权，改进审批程序，进一步加大对企业境外投资的外汇支持。积极探索在海外建设科技和产业园区。制定国别产业导向目录，为企业开展跨国投资提供指导。

（三）大力支持企业跨国经营。完善出口信贷、保险等政策，结合对外援助等积极支持战略性新兴产业领

域的重点产品、技术和服务开拓国际市场，以及自主知识产权技术标准在海外推广应用。支持企业通过境外注册商标、境外收购等方式，培育国际化品牌。加强企业和产品国际认证合作。

七、加大财税金融政策扶持力度，引导和鼓励社会投入

加快培育和发展战略性新兴产业，必须健全财税金融政策支持体系，加大扶持力度，引导和鼓励社会资金投入。

（一）*加大财政支持力度*。在整合现有政策资源和资金渠道的基础上，设立战略性新兴产业发展专项资金，建立稳定的财政投入增长机制，增加中央财政投入，创新支持方式，着力支持重大关键技术研发、重大产业创新发展工程、重大创新成果产业化、重大应用示范工程、创新能力建设等。加大政府引导和支持力度，加快高效节能产品、环境标志产品和资源循环利用产品等推广应用。加强财政政策绩效考评，创新财政资金管理机制，提高资金使用效率。

（二）*完善税收激励政策*。在全面落实现行各项促进科技投入和科技成果转化、支持高技术产业发展等方面的税收政策的基础上，结合税制改革方向和税种特征，针对战略性新兴产业的特点，研究完善鼓励创新、引导投资和消费的税收支持政策。

（三）*鼓励金融机构加大信贷支持*。引导金融机构建立适应战略性新兴产业特点的信贷管理和贷款评审制度。积极推进知识产权质押融资、产业链融资等金融产品创新。加快建立包括财政出资和社会资金投入在内的多层次担保体系。积极发展中小金融机构和新型金融服务。综合运用风险补偿等财政优惠政策，促进金融机构加大支持战略性新兴产业发展的力度。

（四）*积极发挥多层次资本市场的融资功能*。进一步完善创业板市场制度，支持符合条件的企业上市融资。推进场外证券交易市场的建设，满足处于不同发展阶段创业企业的需求。完善不同层次市场之间的转板机制，逐步实现各层次市场间有机衔接。大力发展债券市场，扩大中小企业集合债券和集合票据发行规模，积极探索开发低信用等级高收益债券和私募可转债等金融产品，稳步推进企业债券、公司债券、短期融资券和中期票据发展，拓宽企业债务融资渠道。

（五）*大力发展创业投资和股权投资基金*。建立和完善促进创业投资和股权投资行业健康发展的配套政策体系与监管体系。在风险可控的范围内为保险公司、社保基金、企业年金管理机构和其他机构投资者参与新兴产业创业投资和股权投资基金创造条件。发挥政府新兴产业创业投资资金的引导作用，扩大政府新兴产业创业投资规模，充分运用市场机制，带动社会资金投向战略性新兴产业中处于创业早中期阶段的创新型企业。鼓励民间资本投资战略性新兴产业。

八、推进体制机制创新，加强组织领导

加快培育和发展战略性新兴产业是我国新时期经济社会发展的重大战略任务，必须大力推进改革创新，加强组织领导和统筹协调，为战略性新兴产业发展提供动力和条件。

（一）*深化重点领域改革*。建立健全创新药物、新能源、资源性产品价格形成机制和税费调节机制。实施新能源配额制，落实新能源发电全额保障性收购制度。加快建立生产者责任延伸制度，建立和完善主要污染物和碳排放交易制度。建立促进三网融合高效有序开展的政策和机制，深化电力体制改革，加快推进空域管理体制改革。

（二）*加强宏观规划引导*。组织编制国家战略性新兴产业发展规划和相关专项规划，制定战略性新兴产业发展指导目录，开展战略性新兴产业统计监测调查，加强与相关规划和政策的衔接。加强对各地发展战略性新兴产业的引导，优化区域布局、发挥比较优势，形成各具特色、优势互补、结构合理的战略性新兴产业协调发展格局。各地区要根据国家总体部署，从当地实际出发，突出发展重点，避免盲目发展和重复建设。

（三）*加强组织协调*。成立由发展改革委牵头的战略性新兴产业发展部际协调机制，形成合力，统筹推进。

国务院各有关部门、各省（区、市）人民政府要根据本决定的要求，抓紧制定实施方案和具体落实措施，加大支持力度，加快将战略性新兴产业培育成为先导产业和支柱产业，为我国现代化建设作出新的贡献。

国务院

二〇一〇年十月十日

国家产业技术政策

工业和信息化部 科技部 财政部 税务总局

工信部联科〔2009〕232号

产业技术进步和创新已成为直接推动经济和社会发展的核心原动力。坚持市场需求与政策引导相结合，坚持全面提升与重点突破相结合，坚持长远战略与近期目标相结合，坚持传统产业与高技术产业发展相结合的原则，加快提升我国产业技术水平，促进产业结构调整，转变经济发展方式，大力发展循环经济，培育产业核心竞争力，具有十分重要的作用。《国家产业技术政策》以推进我国工业化和信息化为核心，促进相关产业的自主创新能力提高，实现产业结构优化和产业技术升级。

第一章　发展目标

第一条　提升我国产业的国际竞争力。加大以自主创新为主的产业技术研发力度，实现产业技术升级，推动产业结构优化。在未来一段时期内，重点开发一批具有世界先进水平的技术和工艺；着力研制一批具有自主知识产权的产品和装备；推广应用一批影响产业发展的共性关键技术和具有示范带动作用的先进适用技术；积极培育一批具有国际竞争优势的大型企业和企业集团；大力扶持一批可以有效促进产业发展的技术联盟，从而提高我国产业国际竞争力。

第二条　满足国民经济和社会发展需要。加强引进技术的消化吸收再创新，重点研究产业发展的核心、关键共性技术，着力实现重大技术装备的国产化，满足国民经济发展的需要，满足国家工程建设的需要，保障国家经济安全；加快淘汰高消耗、高污染的落后工艺技术和生产能力，大力发展循环经济，逐步构建节约型的产业结构和消费结构，形成绿色产业技术体系。

第三条　增强企业创新能力。发挥企业技术创新主体作用。落实财税、投资、金融、政府采购等政策，引导和支持企业加大技术创新的投入，加快形成以企业为主体、市场为导向、产学研相结合的技术创新体系。

第二章　构建和完善技术创新体系，推动产业技术升级

第四条　构建促进产业发展的技术创新体系，搭建技术研发平台。整合全社会资源，加强产学研结合，建立以企业技术联盟、企业技术中心、工程中心、工程实验室、高等院校和科研院所为骨干的共性技术、关键技术研发平台，发挥大型企业技术联盟的骨干作用，加强对产业技术开发基地的扶持。

第五条　建立科学的产业技术评估评价体系。规范和完善产业技术评估评价体系，协调技术创新与产业应用和技术标准的关系，加强技术标准的贯彻实施，促进技术创新成果的推广应用，推进产业结构调整和技术升级。

第六条　完善技术服务机制。扶持各种类型为企业技术创新服务的中介机构发展，充分发挥行业协会和科技中介机构在国家创新体系中的作用，形成社会化、网络化的技术服务体系。

第七条　建立健全军民结合的技术创新机制。加强军民高技术研发力量的集成，搭建军民技术双向转移平台，拓宽军民结合、军民共用的渠道，积极推进军用技术和民用技术的转移和辐射。

第三章　发挥企业主体作用，促进产业技术研发与创新

第八条　充分发挥企业技术创新的主体作用。鼓励企业不断增强创新意识，营造创新氛围，加大创新投入，培育创新人才，真正成为研究开发投入的主体、技术创新活动的主体和创新成果应用的主体。

第九条　支持以企业为主体的技术开发。鼓励有条件的企业建立技术中心，支持大企业采取产学研联合或企业技术联盟等多种方式开展产业共性关键技术研发，培育和增强大企业自主创新能力和自主研究开发产业技术的能力。建立和完善公共技术支持服务平台，为中小企业提供技术服务，逐步提高中小企业的技术创新能力、配套能力和专业化生产的技术水平。

第十条　加大信贷支持力度，支持企业进行重大产业关键技术、共性技术的研发。增加中小企业获取技术发展信贷的额度，改善对中小企业技术创新的金融服务。

第十一条　促进企业实施可持续发展战略。重点支持体现循环经济、可持续发展战略的节能、环保、新能源开发、再生资源及资源综合利用技术的开发、利用和政府采购。

第十二条　鼓励企业发展符合《国家产业技术发展指南》的产业技术，引导企业通过产业技术的研究开发增强核心竞争力。

第十三条　支持企业加强技术改造。通过财政、金融等政策，支持企业用高新技术和先进适用技术提升改造生产经营的薄弱环节和瓶颈，促进技术创新成果的应用。

第四章　健全法律法规体系，加强规划和政策的引导

第十四条　完善法律法规体系。研究制订促进产业技术发展的相关法律法规，明确产业技术进步与创新在国民经济和社会发展中的法律地位。贯彻《中华人民共和国科学技术进步法》、《中华人民共和国科技成果转化法》等法律法规，更加有效地用法律法规促进和保障产业技术发展。

第十五条　制定和完善产业技术发展规划。依据《国家中长期科学和技术发展规划纲要（2006—2020年）》，按照重点行业的实际发展情况，积极完善我国重点产业的技术发展规划，增强重点产业的竞争实力。加强规划与国家科技计划的衔接，加快组织实施对我国经济社会发展影响深远、带动性强的关键和共性技术与装备的研制开发，不断提升我国的产业技术水平。

第十六条　制订《国家产业技术发展指南》。国家制订和定期调整《国家产业技术发展指南》。引导地方、行业、企业和研究机构开展针对性的技术创新工作，鼓励发展关系国家经济、社会发展和国防安全的战略性技术；积极发展关联性强、制约我国产业总体技术水平提升的关键技术；大力发展通用性强、应用领域广泛、在经济社会发展中发挥基础作用的共性技术。

第五章　构建技术标准体系，实施知识产权战略

第十七条　加强技术标准研究。加强对重要技术标准的指导协调和重点领域的技术标准研究，支持企业通过技术创新推动以我为主形成技术标准，加快国外先进标准向国内标准的转化，推动国家标准体系建设；重点扶持一批国家级骨干科研机构，为促进产业技术发展的标准体系建设提供技术支持。

第十八条　有效利用技术标准。积极运用技术标准，推动我国产业结构优化调整，促进企业自主创新能力提高。提高标准制定审查工作效率，合理缩短标龄。

第十九条　积极参加国际标准制定。支持自主制定和参与制定国际技术标准，鼓励和推动我国技术标准成为国际标准。对推动我国技术标准成为国际标准给予政策支持。对影响我国产业技术进步的国外技术法规，政府部门、行业协会和企业应及时组织有关方面研究、论证，提出相应政策，消除国外技术壁垒。

第二十条　掌握核心技术的知识产权。根据产业技术发展需要，确定不同时期需要掌握知识产权的关键技术和核心技术，组织力量进行攻关，取得自主知识产权，促进产业结构调整和升级，带动产业技术整体水平的提高。对国内企业开发的具有自主知识产权的重大技术装备和产品，经认定为国家自主创新产品的，在政府采购活动中，按照自主创新的政府采购政策规定执行。

第二十一条　依法加强知识产权保护。努力提高知识产权执法水平与效率，大力推动高等学校、科研院所将拥有知识产权的创新成果转化为现实生产力。根据我

国产业技术发展阶段特点，合理确定、适时调整知识产权的保护范围和保护力度，使知识产权保护有利于产业技术的创新、转移与扩散，形成自主品牌。

第六章　广泛开展国际合作与交流，强化技术引进消化再创新

第二十二条　立足自主创新，发展产业技术。积极推动原始创新，形成创新的重要基础，推动产业技术水平不断提高；加快发展集成创新，形成整合优势，实现关键领域的整体发展；大力加强引进消化吸收再创新，充分利用全球科技资源，形成后发优势，加速提升产业技术水平。

第二十三条　鼓励自主创新，限制盲目重复引进。国家加强技术引进消化吸收再创新工作，并将制定技术引进消化吸收再创新方案作为重点工程项目审批和核准的重要依据，推动自主产业技术成果的研究开发、转化和产业化。定期发布禁止引进和限制引进技术目录，禁止或限制进口高消耗、高污染和不符合国家产业政策的技术和装备。

第二十四条　加强统筹协调，促进引进技术消化吸收再创新。对国内多家企业需要引进的技术和装备，国家将组织统一招标，协调引进、消化吸收和再创新；对于国内尚不能提供的重大技术装备，引导外商联合国内企业投标，在进口装备的同时引进国外先进设计制造技术，并确保国内企业有足够的分包比例。鼓励企业与高等院校和科研院所联合引进、共同消化吸收和再创新，其成果实行共享和有偿转让。

第二十五条　加大对引进技术消化吸收再创新的投入。国家给予必要的财税政策，重点支持国家急需的重大技术装备和重大产业技术的引进、消化吸收和再创新工作。对承担国家重大科技专项的企业，进口国内不能生产的关键科研仪器设备、原材料及零部件免征进口关税和进口环节增值税。对国家支持发展的重大技术装备和产品确有必要进口的关键部件及原材料，免征进口关税和进口环节增值税。

第二十六条　支持企业走出去。鼓励国内企业采用直接投资、合资、合作、并购等方式到境外设立技术研究开发机构，组建研发联盟，多形式、多渠道利用海外优势科技力量研发具有自主知识产权的产业技术。

第二十七条　充分利用国际科技资源。改善投资环境，吸引大型跨国公司在华建立技术研究开发机构。支持国内企业与国外企业开展合作研究开发，鼓励国外风险投资、咨询机构参与国内产业技术研发和产业化。以国内紧缺的关键技术、共性技术为重点，积极创造条件，通过构建“项目—人才—基地”三位一体、相互依托、互为促进的合作方式，鼓励引进海外高科技人才来我国从事研究开发工作，全面提升国际技术合作水平。

第二十八条　提高国际技术合作的质量和水平。鼓励国内企业引进具有核心技术、关键技术和共性技术的产业技术。进一步拓展合作渠道，创造合作条件，形成政府搭台，企业、高等院校、科研院所等充分发挥作用的中外合作研究开发格局。

第七章　健全产业技术服务体系，实施创新人才战略

第二十九条　建立健全技术市场。加强政府在技术市场中的引导监督管理职能，形成行业自律，创造公平竞争、规范有序的技术市场环境。

第三十条　鼓励单位和个人积极参与技术交易。引导单位和个人主动进入技术市场开展技术开发与服务活动，促进知识流动和技术转移，加快先进产业技术的推广。

第三十一条　加强技术市场人才队伍建设。加速发展适应社会不同层面需要的技术中介服务组织，培养和造就一批懂技术、懂法律、懂管理、懂经营的复合型高素质的专业化科技中介服务队伍。

第三十二条　建立高水平技术创新人才的培养机制。重点培养战略高技术人才、专业化高技能人才和优秀企业家人才，鼓励和支持产学研间建立多种形式的紧密型合作关系，共同培养产业技术创新人才。鼓励技术人员参加继续教育和在职培训。

第三十三条　健全以促进产业发展为核心的人才激励机制。支持企业对主要技术骨干实施期权等激励措施。完善企业社会保障体系，吸引高等院校毕业生到企业就业。

第三十四条　完善创新型技术人才的合理使用机制。构建尊重知识、尊重人才、尊重创造的和谐氛围，加强制度创新。

部门政策

农业部关于推进农业经营体制机制创新的意见

农经发〔2009〕11号

各省、自治区、直辖市及计划单列市农业、农机、畜牧、兽医、农垦、乡镇企业、渔业厅（局、委、办），新疆生产建设兵团农业局：

党的十七届三中全会通过的《中共中央关于推进农村改革发展若干重大问题的决定》（以下简称《决定》），对新形势下农村改革发展工作作出了全面部署，对大力推进改革创新、加强农村制度建设提出了明确要求。各级农业部门要深入贯彻落实党的十七届三中全会精神，采取有力措施，推进农业经营体制机制创新，加快农业经营方式转变，促进现代农业发展和新农村建设。为此，提出如下意见：

一、巩固家庭承包经营基础地位，稳步推进土地承包经营权流转

（一）稳定农村土地承包关系。以家庭承包经营为基础、统分结合的双层经营体制，是党的农村政策的基石，是中国特色农业现代化的制度基础。巩固家庭承包经营基础地位，核心是赋予农民更加充分而有保障的土地承包经营权，保持现有土地承包关系稳定并长久不变。要切实做好农村土地承包管理工作，夯实土地承包关系长久不变的基础。抓紧做好土地延包后续完善工作，承包地块、面积、合同和土地承包经营权证书没有落实到户的，2010年底前要全部落实到户；基本农田已落实到地块和农户的，要尽快标注到土地承包经营权证书上。稳步开展农村土地承包经营权登记试点，妥善解决承包地块四至不清、土地承包经营权证书内容不完整和登记簿不健全等问题，建立健全土地承包经营权登记制度。切实加强农村土地承包档案管理，推进土地承包档案管理信息化。及时解决影响农村土地承包关系稳定的突出问题，对违法调整收回农户承包地的要坚决予以制止和纠正。抓紧研究涉及土地承包关系长久不变的重大问题，推动修订完善相关法律法规和政策。

（二）引导土地承包经营权有序流转。土地承包经营权流转是农民享有土地承包经营权、完善土地承包经营权权能的重要体现，是发展多种形式适度规模经营的重要途径。要按照依法自愿有偿的原则，在坚持不改变土地集体所有性质、不改变土地用途、不损害农民土地承包权益的前提下，引导土地承包经营权有序流转。认真总结各地采取财政补助、项目扶持等多种措施引导土地承包经营权流转的经验和做法，支持各地采取符合法律政策规定、群众乐于接受的多种方式进行土地承包经营权流转。促进农户家庭经营采用先进科技和生产手段，增加技术、资本等生产要素投入，支持有条件的地方发展专业大户、家庭农场、农民专业合作社等规模经营主体。鼓励农业产业化龙头企业投资开发农业，规范企业租赁农户承包地行为，探索有利于发展粮食生产和提高农业效益的土地流转办法。要按照产权明晰、形式多样、管理严格、流转顺畅的要求，加快培育土地承包经营权流转市场。可根据土地承包经营权流转的需要，建立有形的土地流转市场，搭建公开、公平、规范、有

序的土地流转交易平台。要加强土地承包经营权流转管理和服务，建立健全土地承包经营权流转规则，落实土地流转合同制和备案制，指导合同履行，规范土地流转行为，强化流转土地用途监管；建立健全土地流转服务组织，发布流转信息，提供法规政策咨询，开展价格评估，指导合同签订，调处土地流转纠纷，为土地流转市场发育创造条件。加强土地承包经营权流转信息监测，系统掌握土地流转的面积、类型、流向、价格等变化情况，为完善政策、指导工作提供可靠依据。

（三）妥善解决土地承包经营纠纷。《农村土地承包经营纠纷调解仲裁法》是依法调处土地承包经营纠纷的重要法律保障，各级农业部门要切实抓好学习宣传和贯彻实施工作。根据解决农村土地承包经营纠纷的需要，依法设立农村土地承包仲裁委员会，建立健全乡村调解、县市仲裁、司法保障的农村土地承包经营纠纷调处体系。要充分发挥调解的基础作用，依靠村民委员会和乡镇人民政府尽力把纠纷解决在当地，把矛盾化解在基层。充分发挥仲裁的关键作用，综合运用调解和裁决手段，依法及时调处农村土地承包经营纠纷。充分发挥司法的保障作用，加强与人民法院的沟通协调，积极争取各级人民法院的支持，为调解和裁决提供执行保障。县级以上农业部门要加强土地承包纠纷调解仲裁配套规章制度建设，支持有关调解组织和仲裁委员会依法开展工作，抓紧落实将仲裁工作经费纳入财政预算予以保障的法律规定，确保农村土地承包经营纠纷调解仲裁工作正常开展。

二、积极探索集体经济有效实现形式，增强集体组织服务功能

（四）增强集体经济组织服务功能。发展壮大集体经济，增强集体组织服务功能，是完善统一经营的重要内容。要鼓励和引导集体经济组织利用资金、资产和资源，以入股、合作、租赁、专业承包等形式，发展与承包大户、技术能人、企业等联合与合作经营，增加农民财产性收入，壮大集体经济实力；鼓励和引导集体经济组织与农民专业合作社、农业产业化龙头企业以及其他社会化服务组织实现多元化、多层次、多形式联合，解决一家一户办不好、办不了的事情，更好地为家庭经营服务。继续深化农村集体经济问题研究，推动出台支持集体经济发展的政策措施。

（五）加强农村集体资金资产资源管理。集体资金资产资源是发展农村经济和实现农民共同富裕的重要物质基础。要建立健全管理制度，强化民主管理和民主监督，保障集体经济组织成员对资金、资产、资源占有、使用、收益和分配的知情权、决策权、管理权、监督权，做到用制度管权管事管人。深入开展农村集体财务管理规范化建设，强化财务公开工作，充实公开内容，完善公开程序，做到经常化、制度化、规范化；切实加强农村集体经济组织审计监督，重点做好村干部任期和离任审计、土地补偿费以及农民负担专项审计；进一步规范会计委托代理制，明确会计委托代理范围，健全会计委托代理机构，完善委托代理程序和会计代理账务处理程序。

（六）稳步推进农村集体经济组织产权制度改革。改革农村集体经济组织产权制度是统筹城乡发展的需要，是维护农村集体经济组织及其成员合法权益的需要。在工业化、城镇化进程中，城中村、城郊村和集体经济实力较强的村，要围绕探索集体经济有效实现形式，稳步推进以股份合作为主要形式，以清产核资、资产量化、股权设置、股权界定、股权管理为主要内容的农村集体经济组织产权制度改革，建立归属清晰、权责明确、利益共享、保护严格、流转规范、监管有力的农村集体经济组织产权制度。建立健全股东大会、董事会、监事会，完善农村集体经济组织管理决策机制和收益分配机制，构建新型农村集体经济组织治理结构和激励约束相结合的运行机制。

三、加快发展农民专业合作社，大力培育新型现代农业经营组织

（七）扶持农民专业合作社加快发展。农民专业合作社是发展农户联合与合作的重要载体，是推进农业经营方式转变的有效形式。扶持农民专业合作社，就是扶持农民，就是扶持农业。各级农业部门要把研究和落实扶持政策作为促进农民专业合作社加快发展的重要任务。积极会同有关部门认真落实财政、税收、金融等扶持政策，努力扩大财政支持规模，完善税收优惠政策，强化金融服务，不断健全政策支持体系。抓紧研究和推动制定金融支持合作社和合作社承担国家涉农项目、开展信用合作试点的具体办法。扶持和帮助农民专业合作社畅通产销渠道，发展农产品现代流通方式，大力推进

“农超对接”。农业部门组织实施的财政专项和基本建设有关项目，要积极安排或委托有条件的农民专业合作社承担。种植、畜牧、水产、农机等各行各业都要围绕发展现代农业，采取多种措施，扶持发展多种形式的农民专业合作社。

（八）引导农民专业合作社规范发展。要按照服务农民、进退自由、权利平等、管理民主的要求，推进农民专业合作社依法办社、依章办事、规范发展。指导农民专业合作社完善运行机制，帮助合作社制定章程、搞好注册登记，指导建立健全成员代表大会、理事会、监事会制度，保障成员的知情权、决策权、监督权等民主权利；帮助合作社落实财务会计制度，建立健全会计账簿、财务管理制度和盈余分配制度，保障成员经济利益。指导农民专业合作社规范生产经营行为，推进标准化生产，建立统一的生产操作规程，规范使用农业投入品，逐步建立农业投入品使用登记制度和农产品生产可追溯制度，提高农产品质量安全水平；推进品牌化经营，树立品牌意识，加强品牌宣传和保护，提高合作社产品信誉度，增强市场竞争能力。组织开展农民专业合作社示范社建设行动，力争用3至5年的时间，培育一批经营规模大、服务能力强、产品质量优、民主管理好的农民专业合作社，发挥其典型引路、示范带动作用。各级农业部门要加强合作社运行和发展情况监测，及时总结推广好的办社经验和做法，对成员有意见、运行不规范的要及时指导帮助。

（九）加强对农民专业合作社的服务。要深入宣传农民专业合作社法律政策，普及农民专业合作社知识，扩大社会影响，营造加快发展农民专业合作社的良好氛围。加强合作社人才培训，将农民专业合作社经营管理人员、财务会计人员和专业技术人员纳入“阳光工程”培训项目，提高农民专业合作社经营管理水平。加强合作社业务辅导员培训，制定农民专业合作社发展指导规程，提高辅导员指导发展农民专业合作社的水平。通过开展法律咨询、市场营销、技术信息等服务，帮助合作社解决发展中遇到的实际问题。

四、培育壮大龙头企业，推进农业产业化经营

（十）扶持壮大龙头企业。龙头企业是发展农业产业化的关键，是提高农业集约化水平和组织化程度的重要力量。要全面落实国家支持龙头企业发展的财政、税收、信贷、进出口等政策措施，努力克服国际金融危机带来的不利影响，帮助龙头企业化危为机、做大做强。深入开展调查研究，加强部门沟通协调，针对农业产业化发展的新情况新问题研究提出新的政策措施，推进农业产业化持续发展。要适应产业梯度转移和产业升级的新要求，推进龙头企业向农产品优势产区集聚，命名一批农业产业化集群示范区，形成区域经济发展新优势。引导龙头企业以资本运营和优势品牌为纽带，开展跨区域、跨所有制的联合与合作，推进企业兼并重组，培育壮大一批带动农业产业发展的龙头企业。要把龙头企业发展与现代农业产业技术体系建设结合起来，鼓励龙头企业开展产学研合作，加快技术创新，掌握核心技术和自主知识产权，提高自主创新能力，推动现代农业技术产业化。要按照准入条件公开、企业公平进入、实行动态管理、重点扶优扶强的原则，改进和完善重点龙头企业认定办法。逐步建立重点龙头企业经济运行监测体系，充分发挥农业产业化龙头企业协会和各产业行业协会的自律作用，引导龙头企业切实履行社会责任。

（十一）完善创新利益联结机制。积极引导龙头企业与农户建立多种形式的联结机制，让农户分享生产、加工、销售各环节的利益，充分发挥农业产业化带农增收的作用。可以通过订单农业、保护价收购等方式，引导龙头企业与农户形成稳定的购销关系；也可以通过开展定向投入、定向服务、定向收购等方式，鼓励龙头企业为农户提供技术、信息、农资和购销等多种服务。大力推广“龙头企业＋专业合作社＋农户”等新型组织模式，引导农民以资金、技术等要素入股，实行多种形式的联合与合作，与龙头企业形成互利共赢的利益共同体，让农民真正从产业化经营中得到实惠。

（十二）加强农业产业链建设。充分发挥龙头企业在现代农业建设中的积极作用，强化龙头企业生产基地建设，支持龙头企业参与粮棉油等大宗农产品高产创建活动，鼓励企业按照农业标准和良好农业规范创建果蔬茶园艺业、畜牧业、水产业标准化生产基地，大力发展无公害农产品、绿色食品、有机农产品。支持龙头企业和农民专业合作社与一村一品专业村对接，把一村一品专业村、专业乡镇建设成为龙头企业和农民专业合作社的标准化生产基地。大力发展农产品精深加工，延长产业链条，提高产品附加值，发展循环经济，推进节能减

排。鼓励龙头企业加强农产品物流体系建设，积极培育商品流通网络，发展连锁经营、物流配送、电子商务等新型现代流通方式。

五、大力发展农业生产性服务业，建立新型农业社会化服务体系

（十三）加快培育农业生产性服务组织。在家庭承包经营基础上建设现代农业，必须把家庭承包经营与农业社会化服务有机结合起来，建设覆盖全程、综合配套、便捷高效的社会化服务体系。要适应农业多功能拓展和农民分工分业发展的新形势，加快构建公益性服务和经营性服务相结合、专项服务和综合服务相协调的新型农业社会化服务体系，培育多元化、多形式、多层次的农业生产性服务组织，为农民提供农业科技推广、动植物疫病防控、农产品质量安全以及农资供应、农机作业、农产品营销、农业信息、农村劳动力转移、农村基础设施、农村金融保险等服务。要全面贯彻落实国务院加快基层农技推广体系改革建设和加快服务业发展的各项政策措施，抓紧实施《农业部关于加快推进乡镇或区域性农业技术推广机构改革与建设的意见》，加快制定农业服务业发展专项规划。充分发挥农业公共服务组织的主导作用，全面推进基层农业公共服务机构建设，实施基层农技推广体系改革建设示范县项目，用3年时间在全国普遍健全乡镇或区域性农业技术推广、动植物疫病防控、农产品质量监管等公共服务机构，推进村级服务站点建设。鼓励和支持农民专业合作社、专业服务公司、专业技术协会、农民经纪人、龙头企业为农户提供多种形式的生产经营服务。

（十四）推进农业服务机制创新。着力创新农业生产服务机制。要大力推广种子种苗统供和病虫害统防统治，推进农业技术专业化服务。继续抓好农机跨区域联合作业，拓宽农机服务新领域，探索建立示范、推广、服务一体化的农机服务新模式。积极推广“三电合一”、“12316”等信息服务方式，逐步形成政府引导、社会力量广泛参与、联结国内外市场、覆盖生产和消费的农业信息服务新机制。发展农产品现代营销服务，促进超市、企业、基地和农户有效对接。推广农业生产资料统一定购、厂家直供等方式，规范种子、化肥、农兽药、饲料、农机等农资市场营销，从源头上遏制坑农害农行为发生。

六、加强农民负担监管，构建村级公益事业建设新机制

（十五）建立健全农民负担监管长效机制。加强农民负担监管，既要着力解决农民反映的突出问题，切实防止农民负担反弹，又要建立健全农民负担监管法规制度，努力构建农民负担监管长效机制。在当前农民增收困难、地方财政收入减少的情况下，要保持农民负担监管工作的整体合力不减弱，领导责任不放松，高压态势不改变。深入开展农民负担重点治理，对农民建房乱收费、农村中小学乱收费、修建通村公路乱集资、向村级组织和农民专业合作社乱摊派乱收费、抵扣挪用惠农补贴资金等问题进行专项治理，继续对农民负担信访较多、问题突出的县（市）进行综合治理，加大农民负担检查监督力度，确保减负惠农政策落实到位。积极配合有关部门推进农村综合改革，建立村级组织运转经费保障机制，抓好减轻农业用水负担综合改革试点。继续坚持和不断完善涉农收费文件“审核制”、涉农价格和收费“公示制”、农村公费订阅报刊“限额制”、农民负担“监督卡制”和涉及农民负担案（事）件“责任追究制”等五项制度，加快推进《农民承担费用和劳务管理条例》修订工作，抓紧完善农民负担监管地方法规。

（十六）构建村级公益事业建设新机制。围绕加快推进城乡经济社会发展一体化、基本公共服务均等化，积极推动一事一议筹资筹劳及财政奖补广泛开展，努力构建政府资助、农民参与、社会支持的村级公益事业建设新机制。进一步完善一事一议筹资筹劳管理办法，明确筹资筹劳适用范围，规范民主议事程序，提出筹资筹劳限额标准，确定筹资筹劳分摊办法，明确以资代劳工价标准。要通过深入宣传、广泛培训、典型示范等多种形式，加强对基层一事一议组织实施的指导，力求达到有事能议、议事能决、决事能行。按照总结经验、完善政策、扩大范围的要求，积极推进一事一议财政奖补试点，争取各级财力更大支持和社会广泛资助，充分调动农民群众开展一事一议的积极性，不断改善自身生产生活条件，促进村级公益事业发展，真正让农民受益，切实把好事办好。

七、切实加强组织领导，为推进农业经营体制机制创新提供保障

（十七）加强组织领导。创新农业经营体制机制，

转变农业经营方式，是农业部门推进农村改革的重要任务。各级农业部门一定要高度重视，摆上议事日程，把推进农业经营体制机制创新作为不断解放和发展农村生产力、促进农业农村经济又好又快发展的根本动力，放在统筹城乡发展中去思考，放在新农村建设中去谋划，放在发展现代农业中去推进，在发展规划、项目安排、经费保障、条件建设等方面给予倾斜。对重大问题和重点工作，主要领导要亲自抓，专题研究，精心部署，督促落实。

（十八）强化工作指导。推进农业经营体制机制创新政策性很强，必须坚持稳定和完善农村基本经营制度，严格把握法律政策界限，在当地党委和政府的统一领导下开展，重大问题要及时请示报告。必须坚持发展这个第一要务，以人为本，把是否有利于解放和发展农村生产力、是否有利于维护农民合法权益作为衡量体制机制创新成效的根本标准。必须充分发挥农民的主体作用和创造精神，鼓励基层从实际出发，因地制宜，大胆探索。加强新形势下农村改革试验区工作，先试先行、封闭运行，努力破解农村改革发展的难题。

（十九）加强农经体系建设。推进农业经营体制机制创新任务繁重，各级农业部门特别是农村经营管理系统要切实履行好农村土地承包管理、农民负担监管、农村集体资产财务管理和指导农民专业合作组织、农业产业化经营、农业社会化服务体系建设等项职责，充分发挥职能作用。要健全农经工作机构、建设高素质的农经干部队伍，县和县以上要重点加强队伍建设，强化人员培训，改善工作条件，提高依法履行职能的能力和水平；乡镇要继续办好农经站，机构不健全的要进一步明确农村经营管理职能，落实承担机构和专职人员，确保各项职能得到有效履行，确保农业经营体制机制创新有序推进。

农业部

二〇〇九年八月十一日

关于2010年深化经济体制改革重点工作的意见

国家发展改革委

今年是继续应对国际金融危机、保持经济平稳较快发展的关键一年。国际国内经济深度调整和深刻变化，迫切要求加大改革力度，进一步破除制约经济结构调整和经济发展方式转变的体制机制障碍，切实推动科学发展。结合当前改革发展形势，现就2010年深化经济体制改革重点工作提出以下意见：

一、指导思想和总体要求

（一）指导思想。高举中国特色社会主义伟大旗帜，全面贯彻党的十七大、十七届三中、四中全会和中央经济工作会议精神，深入贯彻落实科学发展观，围绕转变经济发展方式、保障和改善民生深化改革，着力增强发展的内在动力和可持续发展能力，为夺取应对国际金融危机冲击全面胜利和“十二五”规划顺利实施奠定坚实的体制基础。

（二）总体要求。把保持经济增长与调整经济结构结合起来，着力完善促进经济发展方式转变的体制机制；把完善政府调控与充分发挥市场作用结合起来，着力激发经济发展内在动力与活力；把推进社会建设与创新公共服务体制结合起来，着力健全改善民生的保障机制；把提高经济效益与促进社会公平结合起来，着力形成促进社会和谐稳定的体制机制；把加快国内发展与提升开放水平结合起来，着力形成国际合作与竞争新优势。

二、鼓励支持和引导非公有制经济发展

（一）落实鼓励和引导民间投资健康发展的政策措

施，进一步消除制约民间投资的制度性障碍。支持民间资本投向基础产业和基础设施、公用事业、社会事业、金融服务等领域，有效激发市场投资活力。（发展改革委牵头，各有关部门负责）

（二）推动国有资本从一般竞争性领域适当退出，切实把国有资本投资重点放在关系国家安全和国民经济命脉的重要行业和关键领域，拓宽非公有制经济发展的市场空间。（国资委、发展改革委、工业和信息化部负责）

（三）继续完善对小企业的支持政策，健全小企业信用担保体系，开展支持小企业融资的金融产品创新试点，研究制订促进小企业发展的政府采购政策。（工业和信息化部、人民银行、发展改革委、银监会、财政部负责）

三、深化国有企业和垄断性行业改革

（一）以推进广电和电信业务双向进入为重点，制订三网融合试点方案并开展试点，探索建立保障三网融合规范有序开展的政策体系和体制机制。（工业和信息化部、广电总局等负责）

（二）推进电力体制改革，完成电网企业主辅分离改革，出台输配电体制改革试点工作意见，研究制订农电体制改革方案并开展试点。（发展改革委、国资委、电监会、水利部、财政部、能源局负责）

（三）推进盐业管理体制改革，出台盐业管理体制改革意见及相关配套措施，推动形成新型食盐供给体制和盐业管理体制。（发展改革委、工业和信息化部等负责）

（四）加快推进大型国有企业特别是中央企业母公司层面的公司制股份制改革。加强国有资产监督管理，强化境外国有资产监管等基础性制度建设。（国资委牵头）

四、深化资源性产品价格和环保收费改革

（一）出台关于调整销售电价分类结构的实施办法，简化电价分类结构，推行居民用电阶梯价格制度，健全可再生能源发电定价和费用分摊机制。逐步理顺天然气与可替代能源的比价关系。继续完善成品油价格形成机制。（发展改革委、电监会、能源局负责）

（二）稳步推进水价改革，在有条件的地方实行居民用水阶梯价格制度，推进农业节水与农业水价综合改革。（发展改革委、住房城乡建设部、水利部、财政部负责）

（三）全面推行城市污水、垃圾及医疗废物等处理收费制度，研究建立危险废物处理保证金制度，制订出台推进排污权交易试点的指导意见并扩大试点范围，完善排污费征收使用管理制度。（发展改革委、住房城乡建设部、财政部、环境保护部、工业和信息化部负责）

五、深化财税体制改革

（一）出台资源税改革方案，统一内外资企业和个人城建税、教育费附加制度，逐步推进房产税改革，研究实施个人所得税制度改革，完善消费税制度，研究开征环境税的方案。（财政部、税务总局、发展改革委、国土资源部、住房城乡建设部、环境保护部负责）

（二）全面编制中央和地方政府性基金预算，试编社会保险基金预算，完善国有资本经营预算，加快形成覆盖政府所有收支、完整统一、有机衔接的公共预算体系。推进预算公开透明，健全监督机制。研究建立地方政府财政风险防控机制。（财政部、人力资源社会保障部、国资委、发展改革委负责）

（三）建立行政事业单位国有资产统计报告和收入管理制度。完善中央企业国有资本经营收益上缴和使用管理制度。（财政部、发展改革委、国资委负责）

六、深化金融体制改革

（一）借鉴国际监管标准的改革，完善金融监管体制。建立宏观审慎管理框架，强化资本和流动性要求，确立系统性金融风险防范制度。建立健全部门间协调配合、信息共享机制和国际合作机制。完善跨境资本流动监管机制。探索规范地方金融管理体制。（人民银行、银监会、证监会、保监会、财政部、发展改革委、外汇局负责）

（二）修订出台《贷款通则》，积极引导民间融资健康发展，加快发展多层次信贷市场。尽快出台存款保险制度实施方案，制定出台存款保险条例。（人民银行、银监会负责）

（三）加快股权投资基金制度建设，出台股权投资基金管理办法，完善新兴产业创业投资管理机制。健全创业板市场相关制度，推进场外交易市场建设，推动形成相互补充、相互促进、协调发展的多层次资本市场体系。（发展改革委、证监会、财政部负责）

（四）深化金融机构改革，加快推进政策性金融机构改革，开展资产管理公司商业化转型试点，深化国有控

股商业银行改革。（人民银行、银监会、财政部负责）

（五）完善农村金融体系，全面深化农村信用社改革，引导社会资金投资设立适应“三农”需要的新型农村金融组织，研究制订偏远山区新设农村金融机构费用补贴等办法，研究制订农村抵押担保条例，充分发挥商业性金融、政策性金融和合作金融在支持“三农”中的作用。（银监会、人民银行、财政部负责）

七、协调推进城乡改革

（一）深化土地管理制度改革，研究制订农村集体建设用地管理条例，逐步建立城乡统一的建设用地市场。提出规范农村土地整治的指导意见。修订国有建设用地划拨目录，深化国有建设用地有偿使用制度改革。（国土资源部牵头）

（二）深化户籍制度改革，加快落实放宽中小城市、小城镇特别是县城和中心镇落户条件的政策。进一步完善暂住人口登记制度，逐步在全国范围内实行居住证制度。（公安部、财政部、国土资源部、农业部、人力资源社会保障部负责）

（三）做好新形势下农村改革试验工作。制订出台进一步加快农垦改革发展的意见，推进国有农场与当地经济社会发展融合。制订出台重点国有林区森林资源管理体制改革总体思路，进一步推进国有林场改革试点。推进农村水利建设管理体制改革和农村小型水利设施产权制度改革。深化农村公路管理养护体制改革。（农业部、林业局、水利部、交通运输部等负责）

八、深化民生保障体制改革

（一）研究调整和优化国民收入分配格局、提高居民收入比重的思路，提出改革的目标、重点和措施。积极稳妥实施事业单位绩效工资制度，推进企业职工工资集体协商和支付保障制度建设，改革国有企业特别是垄断行业工资总额管理制度，完善国有企业、金融机构高管人员薪酬分配和监管制度。（发展改革委、人力资源社会保障部、财政部、国资委等负责）

（二）完善城乡养老保险制度，全面实施城镇企业职工基本养老保险关系转移接续制度，研究解决城镇集体企业职工、退休人员及城市无收入老年居民养老保险问题，继续推进事业单位养老保险制度改革试点，完善新型农村社会养老保险相关配套政策并扩大试点范围。（人力资源社会保障部牵头）

（三）建立健全保障性住房规划建设管理体制，加快廉租住房、公共租赁住房和经济适用住房建设，推进城市和工矿区棚户区改造，出台关于促进房地产市场长远健康发展的综合性政策。（住房城乡建设部、发展改革委负责）

九、深化社会领域改革

（一）出台并实施国家中长期教育改革和发展规划纲要，以促进公平和提高质量为重点，推进人才培养体制、考试招生制度、现代学校制度和办学体制等改革，并启动相关试点工作。（教育部牵头）

（二）围绕“保基本、强基层、建机制”，全面推进医药卫生体制改革，扎实做好推进基本医疗保障制度建设、初步建立国家基本药物制度、健全基层医疗卫生服务体系、促进基本公共卫生服务逐步均等化、推进公立医院改革试点等五项重点改革。（发展改革委、卫生部、财政部、人力资源社会保障部负责）

（三）加快国有文艺院团体制改革，推进非时政类报刊改革，制订出台公益性新闻出版单位改革意见，基本完成中央各部门各单位经营性出版社转制任务。（文化部、新闻出版总署、人力资源社会保障部负责）

（四）探索完善社会主义市场经济条件下科技创新举国体制，全面推进国家创新体系建设。（科技部牵头）

十、深化涉外经济体制改革

（一）研究制订关于加快转变外贸发展方式的指导意见，促进对外贸易协调可持续发展。（商务部牵头）

（二）研究修订外商投资相关法律法规，进一步简化和规范外资审批程序，建立外资并购安全审查制度。制订出台境外投资条例，加快完善境外投资促进政策和服务体系。（发展改革委、商务部、法制办负责）

十一、深化行政管理体制改革

（一）按照政事分开、事企分开和管办分离的原则，制订出台分类推进事业单位改革的总体文件及相关配套文件，逐步扩大改革试点范围，为全面启动改革创造条件、积累经验。（中央编办、财政部、人力资源社会保障部、发展改革委负责）

（二）深化投资体制改革，出台政府投资条例，加快制定企业投资项目核准和备案管理条例，制定中央政府投资项目决策责任追究指导意见和代建制管理办法，建立重大项目专家评议制度。（发展改革委、法制办负责）

（三）研究推进中央国家机关公务用车制度改革。研究提出深化政府机关后勤服务社会化改革的意见。（发展改革委、中央编办、财政部、人力资源社会保障部、国管局负责）

十二、积极推进综合配套改革试点

上海浦东新区、天津滨海新区等国家综合配套改革试验区，要围绕转变经济发展方式、提升开放水平、统筹城乡发展、建设资源节约型和环境友好型社会等战略任务深化改革，率先突破，形成有推广价值的改革经验。各部门要积极支持改革试点工作，将专项改革试点放到试验区先行先试。支持和指导各地区各部门开展多种形式的改革试点。（发展改革委牵头）

各地区、各部门要把改革放在更加突出的位置，加强组织领导，狠抓贯彻落实，确保2010年经济体制改革各项重点工作取得实质性突破，国务院已经确定的其他改革任务也要稳步推进。牵头负责部门要积极推动并会同相关部门科学制订改革方案，明确实施步骤和时限要求，落实工作责任；相关部门要结合自身职能，积极配合做好有关工作。发展改革委要加强对年度改革任务的指导推进和综合协调，建立健全部门间统筹协调推进改革的工作机制，督促检查各项改革进展和落实情况，及时向国务院报告；在做好年度改革工作的同时，要认真分析国内外发展的新情况、新变化，从解决制约科学发展的重大体制性问题入手，研究提出中长期改革总体思路，科学编制“十二五”时期重点领域改革规划，进一步提高统筹推进改革的能力和水平。

国家发展改革委关于加快国家高技术产业基地发展的指导意见

发改高技〔2009〕3211号

各省、自治区、直辖市及计划单列市、副省级省会城市、新疆生产建设兵团发展改革委：

为深入贯彻落实科学发展观，充分发挥高新技术在产业结构优化升级中的带动促进作用，加快培育形成一批创新能力突出、产业链完善、产业特色鲜明的高技术产业基地，推进创新型国家建设，特制定如下指导意见：

一、国家高技术产业基地的内涵

（一）国家高技术产业基地是指在信息、生物、航空航天、新材料、新能源、海洋等高技术产业领域，经国家发展改革委认定的，对高技术产业发展和区域经济发展具有支撑、示范和带动功能的特色高技术产业集聚区。

（二）国家高技术产业基地包括专业性国家高技术产业基地和综合性国家高技术产业基地。专业性国家高技术产业基地是指基地内多数企业的生产和服务集中于高技术产业的某一特定领域，具有专业化的特征；综合性国家高技术产业基地是指基地同时在高技术产业的多个领域具有国内领先的技术优势并已形成了产业集聚。

二、充分认识加快国家高技术产业基地发展的重要意义

（一）加快国家高技术产业基地发展是在新的历史条件下提升高技术产业国际竞争力、壮大产业规模的迫切需要。随着世界经济进入调整期，各国竞相加快发展生物、新能源、新材料、信息、航空航天等战略性新兴产业，各国之间围绕技术、资金、人才等的争夺更加激

烈。同时，我国国内经济发展正处于调整经济结构和转变发展方式的关键时期。面对新形势，我国必须加快发展国家高技术产业基地，进一步营造良好的局部优化环境，努力向上下游延伸，更大范围、更深层次地参与国际分工与合作，提升我国高技术产业国际竞争力，抢占国际竞争制高点。

（二）加快国家高技术产业基地发展是辐射带动区域经济发展的客观要求。近年来，我国区域经济快速发展，但存在区域间发展不协调、产业结构层次较低等问题。加快发展国家高技术产业基地，能够进一步发挥东部地区人才、技术优势，整合区域科技资源，完善区域创新体系，着力推进科技进步和自主创新，促进东部地区产业结构升级和转型；能够发挥中西部地区的资源优势和东北等老工业基地技术、人才相对集中的特点，培育具有鲜明地域特色和比较优势的特色产业，积极承接国内外产业转移，促进西部大开发、中部崛起战略的实施和东北等老工业基地振兴。

（三）加快国家高技术产业基地发展是面向未来产业发展方向，培育战略性新兴产业的重要举措。加快培育新兴产业，形成新的经济增长引擎，是世界经济从根本上走出金融危机影响的必然要求，是我国应对未来竞争、实现长远可持续发展的必然选择。当前，我国生物、新能源、新材料、信息、航空航天等新兴产业发展迅速，已经形成了一批集聚区，但与发达国家相比还存在很大差距，特别是在创新条件、投融资等发展环境方面还不完善。迫切需要加大力度，进一步促进知识、技术、人才等在区域内集中，加快科技成果转化为现实生产力，积极培育一批新兴高技术企业，努力抢占未来竞争的制高点，使我国经济发展上水平、有后劲、可持续。

三、加快国家高技术产业基地发展的指导思想、主要原则和发展目标

（一）加快国家高技术产业基地发展的指导思想是以科学发展观为指导，以发展特色高技术产业为目标，以提升自主创新能力、推动科技成果转化、促进高技术产业集群化发展为重点，在发挥市场配置资源的基础性作用的同时，通过宏观引导，实施政策倾斜，创新体制机制，将发展高技术产业基地与发挥区域比较优势相结合，与产业结构调整、培育战略性新兴产业相结合，促进高技术企业、资金、技术、人才等资源向高技术产业基地集中，努力形成一批创新能力强、产业配套完备、各具特色的高技术产业集群。

（二）加快国家高技术产业基地发展的主要原则是突出特色、科学规划，促进集聚、创新发展，优化环境、加强引导。

突出特色、科学规划。围绕国家高技术产业发展规划，根据区域的技术优势、产业基础、人力资源等条件，明确高技术产业基地布局，建设具有鲜明特色的高技术产业基地。

促进集聚、创新发展。以特色优势资源、现有龙头企业等为依托，坚持以点带线、以线带面，加强产业链条的培育和建设，促进产业集聚。把提高自主创新能力作为高技术产业基地发展的主线，推进产学研合作，引导企业加强原始创新、集成创新和引进技术消化吸收再创新。

优化环境、加强引导。充分发挥市场配置资源的基础性作用，加强政府扶持引导，着力营造有利于激励企业自主创新、有利于产业链构建、有利于产业集聚发展的体制政策法制环境，促进高技术产业基地的形成和发展。

（三）加快国家高技术产业基地发展的目标，是力争经过10年左右的发展，在信息、生物、航空航天、新材料、新能源、海洋等高技术产业领域，形成百个左右产业特色鲜明、创新能力强、产业链完善、产值规模超过千亿元的专业性国家高技术产业基地，在此基础上形成若干具有国际先进水平的综合性国家高技术产业基地，使国家高技术产业基地产值占全国高技术产业总产值的比重大幅度提高，形成我国高技术产业发展的重要载体，成为产业结构升级和区域经济发展的重要引擎。

四、加快国家高技术产业基地发展的主要任务

（一）建立产学研结合的技术创新体系，增强自主创新能力。大幅度增加基地研究开发投入，使研究开发投入占基地生产总值的比例、高新技术产品产值占全部产品产值的比例、研究开发和工程技术人员占全部就业人员的比例等显著高于其他区域。整合和优化配置资源，建设开放式公共服务平台，建立健全知识产权保护体系，建立以企业为主体、市场为导向、产学研结合的技术创新体系。

（二）加强特色产业链条建设，提高产业配套能力。促进高技术企业、资金、技术、人才等资源向基地集中，有效提高资源利用率和降低创新创业成本。结合

区域比较优势和资源优势，延伸产业链条，提高产业配套能力，积极促进优势特色高技术产业发展，壮大高技术产业基地规模。

（三）提升产业层次，促进产业结构优化升级。支持基地吸引高端创新领军人才，大力发展高端产业。加快培育一批具有自主知识产权和国际竞争力的跨国经营龙头企业，积极推动创新型中小企业发展。引导高技术制造业向中西部地区基地转移。

（四）促进国际合作，提高国际化发展水平。支持基地在新一轮国际产业转移中大力吸引跨国公司投资，提高利用外资的质量和水平。抓住全球服务外包发展机遇，加快基地信息技术外包服务、生物医药外包服务发展。

（五）建立符合高技术产业发展规律的运行机制。积极推进体制创新，建立精简高效的管理体制。大力推动中介机构发展和行业协会建设，积极发展技术专利代理和鉴定机构、创业投资机构、信息与咨询公司、会计事务所、法律事务所等专业性服务机构。

（六）增强对高技术产业发展的辐射带动作用。充分发挥基地的技术创新优势和集聚作用，加强重大技术的研发和产业化，积极推广基地成功经验，加强基地辐射区建设，带动全国高技术产业迈上新台阶。

五、加大力度支持国家高技术产业基地发展

（一）加大政府引导力度。国家高技术产业基地所在地人民政府要根据地方财力和实际情况，研究设立专项资金对基地建设给予支持，协调办理基地及基地内建设项目的土地、环保等相关手续。国家发展改革委对国家高技术产业基地创新能力基础设施、公共服务条件、产业化等项目建设择优给予一定资金补助。

（二）加快发展创业投资。国家发展改革委和财政部产业技术研发资金创业投资试点将重点扶持符合条件的国家高技术产业基地企业，特别是通过政府引导、社会参与的方式，支持国家高技术产业基地设立行业性创业投资基金，引导并带动民间资金支持高技术企业发展。

（三）支持企业利用资本市场融资。优先支持国家高技术产业基地符合条件的企业在国内主板、中小企业板和创业板上市融资。支持国家高技术产业基地内符合条件的企业发行企业债券。开展国家高技术产业基地内具备条件的企业进入证券公司代办系统进行股份转让试点工作。支持金融机构在国家高技术产业基地实施金融创新试点，建立和健全中小高技术企业投融资担保体系，发挥金融机构对国家高技术产业基地建设的支持作用。

（四）鼓励产学研结合。充分利用产学研联盟等各种有效机制，推动国家高技术产业基地与高等院校和科研院所建立紧密的合作关系。鼓励高校、科研机构在国家高技术产业基地建立分支机构。

（五）加强公共服务平台和创新基础能力建设。支持依托基地服务商、骨干企业或产业联盟等形式，建设公共技术研发平台、检测试验平台、技术转移机构等公共服务平台。支持基地建设工程研究中心、工程实验室、企业技术中心等创新基础能力。

（六）加强人才培养和引进。加强高素质技术和管理人才培养。鼓励本地区、国内乃至世界的优秀人才进入国家高技术产业基地投资兴办企业。完善人才使用激励机制，创造优良的工作环境、创业环境和生活环境。

（七）加强国际交流与合作。推动国家高技术产业基地参与国家发展改革委与有关国家政府及大型跨国公司间的合作计划。鼓励跨国公司在高技术产业基地设立地区总部、研发中心、采购中心、培训中心。鼓励外资企业技术创新，增强配套能力，延伸产业链。鼓励基地企业到境外投资建设生产基地和设立研发中心。

（八）支持省级高技术产业基地发展。鼓励有条件的地区建设省级专业性高技术产业基地。对满足国家高技术产业基地条件的，经评估认定可以升级为国家高技术产业基地。

六、加强国家高技术产业基地管理

（一）完善管理体制。国家高技术产业基地的认定、考核和宏观指导工作，由国家发展改革委负责。基地所在省、自治区、直辖市、计划单列市发展改革委依据基地发展规划，负责对基地建设和发展的具体指导和协调工作。基地所在城市应因地制宜地设立相应机构，负责日常管理和服务工作。

（二）国家高技术产业基地的申报与认定。申报国家高技术产业基地，由申报城市所在省级发展改革委组织编制规划并经省级人民政府同意后向国家发展改革委提出申请。国家发展改革委组织经济、技术等方面的专家对申报的国家高技术产业基地的功能定位、产业总规

模、集聚程度、增长速度、创新能力、国际化程度、发展环境、发展目标、发展潜力、地方政府扶持措施等进行评估。评估通过后，国家发展改革委批准认定为国家高技术产业基地。

（三）国家高技术产业基地的考核。省市发改委要定期（每一年度）将基地发展状况（包括生产总产值、增加值、进出口、研究与开发投入、申请和授权的专利数量等指标）报国家发展改革委。国家发展改革委组织专家对国家高技术产业基地进行定期考核，考核结果将和国家对基地的扶持力度挂钩并向社会公布，具体办法另行制订。

国家发展改革委

二OO九年十二月十六日

关于发挥国家高新技术产业开发区作用促进经济平稳较快发展的若干意见

为贯彻落实《国务院关于发挥科技支撑作用促进经济平稳较快发展的意见》（国发〔2009〕9号），充分发挥国家高新技术产业开发区（以下简称“国家高新区”）的支撑作用，制定本意见。

一、充分认识发挥国家高新区作用促进经济平稳较快发展的重要意义，明确总体要求

（一）重要意义。建设国家高新区是党中央、国务院作出的重大战略部署，经过近20年发展，国家高新区已经成为我国高新技术产业发展的一面旗帜。在当前应对国际金融危机过程中，国家高新区迎难而上，保持了较好的发展势头，为经济平稳较快发展提供了重要支撑。充分发挥国家高新区的作用，对战胜金融危机、转变发展方式、坚持中国特色自主创新道路、实现国民经济依靠创新驱动发展具有重要意义。

（二）指导思想。全面贯彻党的十七大和十七届三中全会精神，以邓小平理论和“三个代表”重要思想为指导，全面贯彻落实科学发展观，深入贯彻《国务院关于发挥科技支撑作用促进经济平稳较快发展的意见》，以增强自主创新能力为核心，以改革创新为动力，始终坚持“四位一体”的发展目标，承担起战胜金融危机、促进经济率先复苏崛起的责任，承担起依靠科技创新、促进经济又好又快发展的责任，承担起深化改革、探索新形势下加快发展高新技术产业新路的责任。

（三）基本原则。一是坚持科技与经济社会发展紧密结合。与实施扩大内需、重点产业调整和改善民生的部署相结合，推动产业结构优化升级。二是坚持改革创新。探索建立适合高新区发展的管理体制和运行机制，完善法制保障和政策措施。三是坚持标本兼治，增强经济发展的后劲。把科技措施同提高经济发展质量和效益相结合，把帮助企业解决现实困难同增强企业自主创新能力相结合。四是坚持技术攻关和产业化相结合。解决制约产业发展的关键技术，营造产业化环境，加速自主创新成果的转化和产业化。五是坚持长远与近期结合。应对金融危机的近期措施，同转变发展方式的要求相结合，培育经济增长新动力。

（四）战略任务。国家高新区要充分发挥在引领高新技术产业发展、支撑地方经济增长中的集聚、辐射和带动作用，加快实施科技重大专项，培育战略性高新技术产业；加快科技成果推广应用，支撑重点产业振兴；大力支持企业提高自主创新能力，完善产业技术创新链；加快发展高新技术产业集群，提升高新技术产业在区域经济中的比重；支持科技人员服务基层，加强高层次人才引进和培育；着力体制机制创新，整合资源，形成发展合力。

二、加快高新技术产业集聚，提升产业整体竞争力

（五）抓紧实施重大专项，培育战略性产业，形成产业集群。围绕新能源、生物、新材料、信息、航空航天等战略性高新技术产业，组织企业和产业技术创新战略联盟参加国家重大专项等科技计划，促进战略性产业布局和发展。大力发展创意、动漫、游戏、应用软件以及软件服务外包等新兴产业，形成产业集群。深入做好世界一流园区、创新型园区和特色产业园区的创建工作。

（六）加速重大技术和成果推广应用，支撑重点产业振兴。结合自身实际，针对产业振兴的共性技术和关键技术，推广一批能有效促进产业升级、技术改造和节能减排的自主创新技术和产品，推动发展方式转变。大力推进节能与新能源汽车、半导体照明等一批重大产业技术的应用，培育新的经济增长点。结合主导产业需求，开展国家高新区产业升级路线图行动试点。

（七）加快省级高新区的升级工作。按照“坚持原则、积极审慎，以升促建、加强指导，择优选择、区域平衡，完善指标、科学评估”的工作原则，对有优势、有特色、符合条件的省级高新区，按照国家有关规定，加快审批，升级为国家高新区。加强对省级高新区建设的指导和培育，提高对区域结构调整、促进经济平稳较快发展的支撑能力，为升级工作打好基础。

三、增强自主创新能力，完善公共创新平台和人才队伍建设

（八）深入实施技术创新工程，激发企业创新活力。推进创新型企业建设，带动企业提高竞争力。依托工程技术研究中心、重点实验室等公共科技资源，提高为企业技术创新服务的能力，帮助企业特别是中小企业开发新产品、调整产品结构和开拓市场。建立以企业为主体、产学研相结合的产业技术创新战略联盟。

（九）鼓励科技人员服务企业，加强人力资源建设，促进高校毕业生就业。高新区要动员科研院所和高校的科技力量，深入基层为企业发展和技术进步服务。以实施“千人计划”为重点，加强高层次创新创业人才、特别是产业领军人才的引进和培育，开展项目推介和人员引进活动。鼓励高新区与高等学校共建毕业生实训基地，开展就业实习、模拟创业和技能培训、创业培训。

（十）支持公共创新平台建设。优先支持国家高新区建设国家工程技术研究中心、国家重点实验室，增强为企业技术创新的服务能力。优先支持园区内符合条件的科技中介机构申报国家级孵化器、国家级示范生产力促进中心、国家技术转移示范机构，加快先进技术的辐射转移。优先支持国家高新区建立创意等新兴产业的国家级产业化基地。加大对国家高新区大型仪器设备共享等平台建设的支持强度，促进开放共享。

（十一）促进创新创业和科技中介体系建设。国家高新区要支持生产力促进中心开展面向中小企业的工业分包、工业设计、节能减排、咨询诊断等专业化服务。支持孵化器引入创业导师模式，提升服务质量，帮助企业开拓市场。实施国家大学科技园支撑高新区产业发展专项行动，依托高校科研资源和成果转化提升发展质量。强化技术转移机构的增值服务能力，建设专利数据库。

四、创新体制机制，鼓励政策“先行先试”

（十二）加大体制机制创新力度。国家高新区要坚持精简高效的管理理念，在管理体制、运行机制、政策环境等方面深化改革，不断完善“小机构、大服务”的管理和服务体系，积极争取各方面力量和资源支持科技创新和高新区发展。各级科技部门和高新区所在地的城市人民政府，要把鼓励科技创新的政策在高新区先行先试，充分发挥高新区的试点示范作用。

（十三）加强金融政策创新。完善中关村科技园区非上市股份公司代办转让系统的相关制度，加快扩大在国家高新区进行试点。鼓励和引导银行在国家高新区的分支机构设立科技专家顾问委员会。建立适合科技型中小企业特点的风险评估、授信尽职和奖惩制度。推动银行贷款模式创新，开展股权质押、知识产权等无形资产质押贷款试点。深化科技保险试点，推广发行中小企业集合债，支持企业通过债券融资。鼓励国家高新区设立创业投资引导基金，为初创期企业提供服务。

（十四）加强财税扶持。落实促进自主创新的政府采购政策，鼓励地方政府支持高新区内的自主创新产品在政府投资项目等方面的推广应用。建立使用首台（套）装备的风险补偿机制。进一步落实企业研发费用加计扣除、孵化器税收减免、创业投资税收优惠、高新技术企业税收优惠等政策。扩大国家高新区基本建设贷款贴息规模。

（十五）探索科技资源配置新模式。支持国家高新

区内企业和机构参与承担国家重大专项、863计划、支撑计划等国家科技计划项目，同等条件下优先支持。鼓励国家高新区组织各方面力量承担对当前产业发展和扩大内需具有直接作用的攻关任务。加大科技型中小企业创新基金、火炬计划、科技型中小企业公共技术服务补助资金等支持力度，提升高新区内科技型中小企业的技术创新能力。加大科技型中小企业创业投资引导资金扶持力度。

五、加强组织领导，落实各项任务

（十六）科技部将加强对国家高新区和省级高新区的业务指导。把高新区建设的重大问题纳入部省会商，加强与地方人民政府的沟通，共同推进高新区的建设发展。定期组织国家高新区的评估，提高业务指导的针对性和实际效果。逐步完善省级高新区的统计和评价体系。

（十七）省级科技部门应加强对国家高新区和省级高新区的规范管理和指导。制定本省范围内的高新区发展规划，集成科技和创新资源，支持高新区建设和发展。要探索与高新区所在地的城市人民政府建立共商机制，共同解决高新区发展的关键问题。

（十八）国家高新区所在地的城市人民政府应发挥高新区促进经济平稳较快发展的作用，制订必要措施，支持高新区深化改革，创新体制机制，促进国家高新区在集聚高新技术产业、完善公共服务平台、加强人才队伍建设、建立金融支撑体系等方面取得新的成效。鼓励有条件的地方设立高新区发展专项资金。

（十九）国家高新区要根据本意见制订具体落实方案，并组织实施，坚持把增强自主创新能力作为战胜金融挑战、实现结构调整、提高竞争力的中心环节，努力成为依靠自主创新、实现科学发展的先行区和示范区。省级高新区可在省级科技部门的指导下，制定具体落实方案并组织实施。

关于进一步加强中小企业节能减排工作的指导意见

工信部办〔2010〕173号

各省、自治区、直辖市及计划单列市、新疆生产建设兵团工业和信息化主管部门、中小企业主管部门：

为贯彻落实《中华人民共和国节约能源法》、国务院《关于加强节能工作的决定》（国发〔2006〕28号）和《关于印发节能减排综合性工作方案的通知》（国发〔2007〕15号），按照国务院《关于进一步促进中小企业发展的若干意见》（国发〔2009〕36号，以下简称国发36号文件）要求，现就进一步加强中小企业节能减排工作提出如下意见：

一、充分认识中小企业节能减排的重要性和紧迫性

中小企业是国民经济的重要组成部分，对促进经济平稳增长、保障就业、推进技术创新所发挥的作用越来越大，成为推动生产力发展、建设和谐社会的重要力量。中小企业数量多、涉及行业广、社会影响大，提高中小企业节能减排和资源综合利用水平是贯彻落实科学发展观，走新型工业化道路，实现经济社会可持续发展的客观要求。当前，中小企业节能减排存在的主要问题：一是认识不到位，企业负责人关注生产经营多，对节能环保重视不够。企业发展方式粗放、结构不合理、装备水平落后等情况依然较为严重；二是企业数量多，而且较为分散，资源消耗量及污染排放相对较少，实施节能降耗措施及环境监管较为困难。各地中小企业管理部门对中小企业节能减排工作的重视程度也参差不齐，促进中小企业节能减排的政策措施还不完善；三是企业节能减排基础管理薄弱，普遍没有设置负责节能减排的专门机构和配备专

业人员，节能减排基础数据缺失，情况不清；四是企业获取节能减排技术信息渠道不畅，节能减排的高投入与中小企业资金、技术实力弱的矛盾十分突出，中小企业节能环保普遍存在融资难、担保难等问题。这些都成为制约中小企业节能减排的主要障碍。

党中央、国务院高度重视中小企业发展。国发36号文件为改善中小企业经营环境，克服金融危机带来的不利影响，促进中小企业发展发挥了积极作用。但中小企业节能减排形势依然严峻，企业能源利用效率偏低，重点用能行业的中小企业能源利用效率比全国平均水平高出20%以上，节能减排潜力巨大。各地工业和信息化主管部门、中小企业主管部门要充分认识中小企业发展新阶段所面临的机遇和挑战，引导企业依靠质量求生存，依靠节能和管理求效益，依靠机制体制创新求发展，把节能减排作为促进中小企业转变发展方式的一项重要措施抓紧抓好，实现中小企业又好又快发展。

二、指导思想和工作目标

（一）指导思想。贯彻落实科学发展观，围绕创建资源节约型和环境友好型企业目标，以转变经济发展方式、调整产业结构为根本，进一步强化中小企业节能减排监督管理，积极推动中小企业节能减排技术进步，发挥市场配置资源的基础性作用，建立健全促进中小企业节能减排的政策激励和约束机制，形成以政府为主导，以中小企业为主体，专业服务机构为支撑、全社会共同参与的中小企业节能减排工作机制和良好氛围，促进中小企业健康持续发展。

（二）重点领域。以工业领域中小企业为重点，着力抓好能源资源消耗高、资源利用率低、污染减排压力大的中小企业节能减排工作。重点是：国家重点行业调整和振兴规划涉及的中小企业，重点工业园区（产业集聚区）内的中小企业，以及各地确定的节能减排重点中小企业。

（三）工作目标。争取用3～5年时间，培育和形成一批中小企业节能减排示范企业（产业基地、集聚区），推动重点节能减排技术在中小企业的广泛运用，加强中小企业节能减排管理人员培训和管理制度的完善；较大幅度提升中小企业能源资源利用水平和清洁生产水平，重点用能行业的中小企业单位能耗下降25%左右，使中小企业单位产品（工序）能耗、主要污染物排放、清洁生产等指标有显著提高。

三、突出重点，分类指导

（四）加强工业园区集中供能和污染集中治理。近几年发展循环经济的实践证明：集中供能和污染集中治理，是大幅度提高能效和减少排放的有效措施。在中小企业集中的工业园区（产业基地、集聚区）要积极探索和实行集中供热、供电、制冷等能源集中供应模式和工业污染集中治理模式，通过区域热电（冷）联产及工业废水、工业固体废弃物集中处理厂等公共设施共享，提高中小企业能源运输、分配和使用效率，较大幅度降低单个企业能耗和环保成本。凡是有条件的工业园区（产业基地、集聚区）都要采取合资、合作、专业化公司经营等多种形式，积极开展集中供能和污染集中治理试点。

（五）加大重点行业中小企业技术改造力度。突出抓好钢铁、有色、建材、石油石化、造纸、印染等重点行业企业节能减排工作，工业行业管理部门要发布重点行业节能减排技术设备（产品）导向目录，支持中小企业实施工业锅炉（窑炉）改造、余热余压利用、能量系统优化、资源综合利用、清洁生产等节能减排技术改造工程。要通过举办节能减排技术、产品交流会等方式，推动高效节能减排技术、工艺及产品、设备在中小企业中的广泛运用。

（六）推动中小企业加快淘汰落后工艺设备步伐。根据国家产业政策和《产业结构调整指导目录》，制定发布落后高耗能工业技术和设备产品淘汰目录，指导中小企业淘汰高耗能、高污染的落后技术、工艺和装备。要加强对中小企业淘汰落后产能工作的监管，加强中小企业工业固定资产投资项目环境影响评价和节能评估审查工作，遏制高耗能、高污染行业盲目扩张，防止落后产能由大企业向中小企业转移，从源头上实现污染物减排和节能增效。

（七）引导中小企业发展循环经济。鼓励中小企业按照“减量化、再利用、资源化”原则，走资源循环高效利用、能源梯级利用、变废为宝、化害为利的循环经济发展之路。鼓励中小企业进入生产性服务业，积极开展工业“三废”和废旧产品资源综合利用，提高大宗工业固体废弃物和电子废弃物的回收利用率和利用水平，不断提升废弃资源循环利用产业化水平。

（八）加强重点用能企业中的中小企业节能管理制度建设。年综合能耗1万吨标准煤以上的中小企业，及各省指定的年综合能耗5千吨标准煤以上不满1万吨标准煤重点用能企业中的中小企业，应依法设立能源管理岗位，聘用具有节能专业知识和中级以上技术职称且经过专业培训的能源管理负责人，并报省级工业和信息化主管部门备案。加强中小企业节能统计和计量管理，完善能源计量器具配备并定期进行校准、检定。督促列入重点用能企业的中小企业开展节能目标责任考核，定期报送企业能源利用状况报告。

四、促进节能服务产业发展，创新节能减排体制机制

（九）推行节能减排服务新机制。推动以服务中小企业节能减排为主的节能服务体系建设，完善产学研相结合的节能减排技术创新与成果转化体系，鼓励节能减排技术和装备研发及产业化。引导节能减排专业服务机构通过合同能源管理、节能设备租赁等方式积极参与中小企业节能减排项目建设，分享节能效益实现双赢。要调动中小企业节能自觉性和主动性，鼓励中小企业与政府主管部门签订节能自愿协议，指导中小企业通过实施节能技术改造、提高节能管理水平等实现预定节能目标。

（十）推动中小企业开展节能环保“达标”活动。各地工业和信息化主管部门要结合国家强制性能耗标准、行业节能环保标准及清洁生产标准的宣贯工作，组织企业开展节能环保“达标”活动。鼓励中小企业实施能源审计，通过制定并实施节能整改方案，达到国家标准规范要求；鼓励有条件的中小企业以行业龙头企业为“标杆”，参与行业能效水平对标活动，力争达到或接近行业能耗先进水平。引导中小企业开展自愿性清洁生产审核并自主实施清洁生产方案，对污染物排放浓度和排放总量超标、使用或产生有毒有害物质的中小企业实施强制性清洁生产审核。

五、发挥政策导向作用，加大政策支持力度

（十一）加大财政资金支持力度。发挥中小企业发展资金、淘汰落后产能资金、技术改造专项资金等现有各类财政资金的引导和带动作用，加大对中小企业节能降耗、清洁生产和资源综合利用技术研发、技术改造、服务平台建设和培训教育、节能诊断、清洁生产审核、资源综合利用等方面的资金支持。鼓励有条件的地区设立中小企业节能减排和资源综合利用专项资金。

（十二）建立完善中小企业节能减排融资机制。建立政府、银行、担保、企业参与的中小企业节能减排融资机制，引导金融机构探索多种形式的中小企业节能降耗、清洁生产和资源综合利用贷款方式。鼓励保险公司探索企业节能减排、资源综合利用创新产品研发、科技成果转化的保险保障机制。探索完善创业投资与节能减排和资源综合利用相结合的融资模式，引导各类创业投资机构加大对中小企业节能减排和资源综合利用的投资力度。

（十三）落实中小企业节能减排税收优惠政策。对中小企业生产符合国家鼓励的资源综合利用产品、使用列入环境保护和节能节水专用设备税收优惠目录的设备，以及实施列入节能减排税收优惠目录的项目等，按有关规定积极落实税收减免政策。积极争取中小企业生产的符合条件的节能环保产品列入政府采购目录。

六、加强组织领导，建立健全工作机制

（十四）加强组织领导。各地工业和信息化主管部门和中小企业主管部门要切实加强中小企业节能减排工作的组织管理和统筹协调，建立和完善中小企业节能减排工作机制，指导和推进中小企业节能减排工作。对中小企业节能减排工作取得突出成绩的单位和个人要予以表彰奖励。

（十五）推进中小企业节能减排信息平台建设。依托现有资源，建立中小企业节能减排信息平台，及时发布国家节能减排法律法规、方针政策、工作动态、技术信息及先进典型事例等，帮助中小企业方便、快捷地获取节能减排政策和技术信息。

（十六）开展节能减排宣传培训。利用报纸、电视、广播、互联网等媒体，开展广大中小企业职工喜闻乐见、形式多样的宣传教育活动，广泛宣传国家节能减排法律法规和方针政策，提高中小企业员工节能环保意识。各级中小企业管理部门开展中小企业节能减排培训，把节能减排培训纳入中小企业银河培训工程等现有中小企业培训体系，加强对各级中小企业管理人员及企业节能环保负责人的教育培训。将重点用能中小企业能源管理负责人培训纳入重点用能企业培训考核体系。

二〇一〇年四月十四日

关于进一步加强地方国有资产监管工作的若干意见

国资发法规〔2009〕286号

为深入贯彻落实党的十六大、十七大精神，加强地方国有资产监管工作，完善企业国有资产管理体制和制度，提出以下意见。

一、充分认识新形势下加强地方国有资产监管工作的重要意义

（一）我国企业国有资产管理体制改革取得重大进展。党的十六大以来，根据党中央和国务院的统一部署，国务院和省、市（地）两级地方人民政府相继组建国资委，具有中国特色的国有资产管理体制基本建立。各级国资委按照政企分开、政资分开原则，准确把握出资人职责定位，企业国有资产监管工作普遍加强，企业国有资产实现保值增值，国有经济活力和效率大幅提升，主导作用得到有效发挥。实践证明，党的十六大关于深化国有资产管理体制改革的重大决策和基本原则是完全正确的。党的十七大充分肯定了十六大以来国有资产管理体制改革和国有企业改革发展取得的重大进展和明显成效，明确要求进一步完善国有资产管理体制和制度。

（二）高度重视地方国有资产监管工作存在的薄弱环节。目前各地国有资产监管工作进展还不平衡，一些地方的企业国有资产监管方式还不完全适应新体制的要求，政企分开、政资分开原则和由地方人民政府依法确定本级国资委监管范围的规定还需要进一步落实；国资委作为政府特设机构的定位还需要准确把握，依法履行的出资人职责还没有完全到位，与国家出资企业的关系还没有完全理顺；国有企业公司制股份制改革和国有经济布局结构调整步伐还需要进一步加快，完善法人治理结构的工作力度还需要进一步加强。继续完善企业国有资产管理体制和制度、进一步加强地方国有资产监管工作的任务仍然十分繁重。

（三）新形势下加强地方国有资产监管工作十分重要和紧迫。在应对国际金融危机挑战的新形势下，继续深入探索完善国有资产管理体制和制度，进一步加强地方国有资产监管工作，既是坚持党的十六大关于深化国有资产管理体制改革的基本原则、落实十七大关于完善各类国有资产管理体制和制度重要精神的重大战略举措，也是提高国有企业抵御金融危机能力、迎接后危机时代各项变革与挑战的迫切要求，同时对于充分发挥国有经济在当前保增长、扩内需、调结构、惠民生、保稳定中的重要作用，促进地方经济平稳较快发展具有重要意义。

二、进一步加强地方国有资产监管工作的总体要求和基本原则

（四）进一步加强地方国有资产监管工作的总体要求。各地国资委要以邓小平理论和“三个代表”重要思想为指导，深入学习实践科学发展观，认真贯彻党的十六大、十七大精神，在地方党委和政府的领导下，依据《中华人民共和国公司法》（以下简称《公司法》）、《中华人民共和国企业国有资产法》（以下简称《企业国有资产法》）和《企业国有资产监督管理暂行条例》（以下简称《条例》），进一步完善地方国有资产管理体制，建立健全企业国有资产出资人制度，合理界定企业国有资产监管范围，按照出资关系规范监管方式，落实监管责任，不断优化地方国有经济布局和结构，增强地方国有企业的活力和效率，促进企业国有资产保值增值，充分发挥国有经济在促进地方经济又好又快发展中的主导作用。

（五）进一步加强地方国有资产监管工作的基本原则。按照“国家所有，分级代表”的原则，规范各级人

民政府国有资产监管工作的职责权限；按照政企分开、政资分开的原则，继续推进政府社会公共管理职能与国有资产出资人职能分开，处理好国资委与政府其他部门、机构及企业之间的关系；按照“权利、义务和责任相统一，管资产和管人、管事相结合”的原则，积极推进出资人三项主要职责的落实，依法规范出资人行权履责行为；按照所有权与经营权相分离的原则，加快推进国有企业公司制股份制改革，完善法人治理结构，不干预企业经营自主权。

三、合理界定企业国有资产监管范围

（六）界定企业国有资产监管范围的原则。在坚持国家所有的前提下，地方企业国有资产由地方人民政府代表国家履行出资人职责。地方国资委监管企业国有资产的范围，依法由本级人民政府按照政企分开、政资分开的原则确定，不受任何部门、机构的越权干预。

（七）积极探索经营性国有资产集中统一监管的方式和途径。对各类经营性国有资产实行集中统一监管，有利于调整优化地方国有经济布局结构，提高企业国有资产配置效率。地方国资委可根据本级人民政府授权，逐步将地方金融企业国有资产、事业单位投资形成的经营性国有资产、非经营性转经营性国有资产纳入监管范围。对于新组建的国家出资企业和实现政企分开后的企业，应当建立健全企业国有资产出资人制度，明确出资人机构，确保监管责任的统一和落实。要积极配合做好党政机关、事业单位与所属企业的脱钩改革、划转接收工作，依法对移交到位的企业履行出资人职责。

（八）根据授权对地方金融企业履行国有资产出资人职责。地方国资委对地方金融企业履行出资人职责的，要立足于企业国有资产安全和保值增值，依法加强出资人监管，正确处理与金融行业监管的职责分工关系。地方国资委监管企业出资设立或者与其他投资主体共同设立的地方金融企业转让国有股权的，依照企业国有资产转让的有关规定，由企业决定或者由地方国资委批准，或者由地方国资委报本级人民政府批准；涉及金融行业监管职能的，按行业监管规定执行。

（九）建立健全公用事业企业国有资产出资人制度。对已经纳入地方国资委监管范围的公用事业企业，要坚持政企分开、政资分开原则，依法规范出资关系，确保出资人职责的落实。要加快推进公用事业企业公司制股份制改革，保障国有资本在公用事业领域的主导地位，充分发挥公用事业企业保障供应、服务民生的重要作用，提高服务效率和质量。要防止通过增设公用事业管理机构、加挂事业单位牌子等方式，影响企业国有资产出资人制度的建立和健全。

（十）切实加强部分特殊领域的地方企业国有资产的监管。对特殊领域的地方企业国有资产，地方国资委应当根据本级人民政府授权依法履行出资人职责。当前确实需要由其他部门、机构在过渡阶段对部分特殊领域地方企业国有资产履行出资人职责的，应当依法由地方人民政府按照政企分开、政资分开的原则明确授权，落实国有资产保值增值责任，遵守国家统一的企业国有资产基础管理制度。

四、准确把握国资委的机构性质和职能定位

（十一）依法坚持国资委作为本级人民政府直属特设机构的性质。依据《企业国有资产法》和《条例》的规定，地方国资委是本级人民政府授权的监管企业国有资产的出资人代表，要牢牢把握国有资产出资人职责定位，加强企业国有资产监管。要对本级人民政府负责，向本级人民政府报告履行出资人职责的情况，接受本级人民政府的监督和考核，承担国有资产保值增值责任。

（十二）按照“三统一、三结合”原则履行出资人职责。要在地方党委和政府的领导下，坚持“权利、义务和责任相统一，管资产和管人、管事相结合”，建立健全企业国有资产出资人制度。继续推进解决管资产与管人、管事相脱节的问题，争取出资人职责到位，防止行权履责中出现缺位、错位和越位，逐步改变目前少数地方存在的部分企业由国资委管资产、有关部门管人管事的体制状况，依法实现对国家出资企业集中统一履行出资人职责。

（十三）进一步落实《公司法》、《企业国有资产法》赋予出资人的三项主要权利。要把党管干部原则和董事会依法选择经营管理者以及经营管理者依法行使用人权结合起来，建立适应现代企业制度要求的选人用人机制，继续推进公开招聘、竞争上岗等市场化选聘经营管理者的改革，同时建立健全经营管理者考核、奖惩和薪酬制度。要依法加强对国家出资企业重大事项的管理，严格规范决策权限和程序，建立健全“谁决策、谁承担责任”的企业重大事项决策机制。要根据国有资本

经营预算制度的原则和出资人制度的要求，结合本地实际，在建立和完善企业国有资本经营预算制度过程中，依法维护和落实出资人的资产收益权。

（十四）依法处理与政府其他部门、机构的职能交叉问题。在地方党委和政府的领导下，要加强与有关部门的沟通协调，进一步细化相关职能的分工与衔接，既要落实出资人职责，又要尊重其他部门依法履行社会公共管理职能。要注意将地方国资委的出资人监管与有关部门的行业监管、市场监管等社会公共监管区别开来，进一步明确与有关部门在经济责任审计、财务监督、企业负责人薪酬和工资总额管理、国有资本经营预算编制与执行等方面的具体职能分工，落实地方国资委的相应职责。

（十五）准确把握政府交办事项的工作定位。对政府交办的维护稳定、安全生产、节能减排等工作，地方国资委要妥善处理好与政府主管部门的关系，注意从履行出资人职责、确保国有资产安全和保值增值的角度，督促企业严格执行国家有关法律法规和地方人民政府有关规定，积极承担社会责任。

（十六）做好国资委涉诉案件的应对工作。在国资委依法行权履责中发生的法律纠纷，应当争取适用民事纠纷解决途径，不宜作为行政诉讼案件处理。一些地方司法机关将国资委在企业国有资产基础管理工作中发生的法律纠纷案件纳入行政诉讼程序审理的，地方国资委也应当妥善应对。

五、依法规范国资委与国家出资企业之间的关系

（十七）国资委与国家出资企业之间要按照出资关系进行规范。地方国资委要依据《企业国有资产法》的规定，坚持所有权与经营权相分离，严格依照法定权限和程序行使资产收益、参与重大决策和选择管理者等出资人权利，不干预企业依法自主经营。

（十八）积极探索完善履行出资人职责的方式。地方国资委要高度重视制定或者参与制定国家出资企业的章程，保证章程充分体现出资人意志。要加快完善企业法人治理结构，重视建立规范的董事会，提高国家出资企业科学决策、防范风险的能力，切实维护出资人权益。要积极探索国资委直接持股方式，依法加强对上市公司国有股权的监管，规范对国资委委派的股东代表的管理，依法通过股东代表参加企业股东（大）会反映出资人意志，同时支持民间资本参与国有企业改革。要进一步明确国有独资公司董事会行使股东会部分职权的授权条件，依法监督其行权行为。要充分发挥国有企业监事会的监督作用，健全完善国有企业外派监事会制度。

（十九）重视发挥国有企业独特的政治优势。要进一步完善国有企业领导体制和组织管理制度，把党的思想政治优势、组织优势和群众工作优势转化为国有企业的核心竞争力。要按照参与决策、带头执行、有效监督的要求，积极探索把企业党组织的政治核心作用融入到企业决策、执行和监督的全过程。要进一步发扬企业职工的主人翁精神，切实加强企业职工民主管理。

（二十）依法规范国资委与国有资产经营公司之间的关系。国有资产经营公司是重要的国家出资企业。要根据出资关系，明确国资委是国有资产经营公司的出资人，充分发挥国有资产经营公司作为国资委推进企业重组和运营国有资本重要平台的作用。国有资产经营公司要对国资委负责，依法建立和完善法人治理结构，建立健全企业合并分立、重大投资、产权转让、债券发行、股权质押融资等方面的内部监督管理和风险控制制度。

（二十一）加强对国家出资企业重要子企业的监管。地方国资委要严格依据《企业国有资产法》和《条例》的规定，尽快明确国家出资企业重要子企业的范围，加强对其合并分立、增减资本、改制、解散、清算或者申请破产等重大事项的监管。要指导国家出资企业加强对其所出资企业的监管，加快探索完善国家出资企业对上市公司国有股权和境外企业国有资产的监管方式，层层落实出资人责任。

（二十二）逐步规范国资委委托行业部门监管部分企业的行为。根据本级人民政府授权，一些地方国资委委托行业部门监管部分企业的，应当依法规范国资委与行业部门以及委托监管企业之间的关系。地方国资委要通过办理工商登记等手续，明确与委托监管的国家出资企业的出资关系。要与行业部门订立委托监管协议，明确双方的职责权限。

六、加强地方企业国有资产基础管理工作

（二十三）依法维护企业国有资产基础管理的统一性。加强地方企业国有资产的基础管理，是地方国资委的一项重要职能。地方国资委要依法负责地方企业国有资产的产权登记、清产核资、资产统计、资产评估监

管、综合评价等基础管理工作。要按照国家有关规定，逐步建立本地区统一的企业国有资产基础管理体系，积极探索覆盖本地区全部企业国有资产基础管理工作的方式和途径。

（二十四）重视企业国有资产统计分析工作。要注意与有关部门的衔接协调，统一做好地方国资委履行出资人职责的国家出资企业和地方其他企业国有资产的统计分析。要定期向本级人民政府报告本地区企业国有资产总量、结构、变动、收益等汇总分析情况，防止企业国有资产统计出现空白，同时避免重复统计、增加企业负担。

（二十五）加强地方国有企业改制重组过程中的国有资产基础管理。要依据《企业国有资产法》和《条例》有关规定，指导改制重组企业做好清产核资、财务审计、资产评估，准确界定和核实资产，客观公正地确定资产的价值，规范与关联方的交易、国有资产转让等重要环节，切实维护国有资产出资人权益，防止国有资产流失。

七、加强对市（地）级、县级人民政府国有资产监管工作的指导监督

（二十六）依据《条例》有关规定，省级人民政府国资委要结合本地实际，切实加强对市（地）级、县级人民政府国有资产监管工作的指导和监督。要把握国有资产管理体制改革的正确方向和基本原则，指导市（地）级人民政府合理界定企业国有资产监管范围，准确把握国资委的机构性质和职能定位，依法规范市（地）级人民政府国资委与国家出资企业的关系，加强企业国有资产基础管理。要特别重视企业国有资产监管与运营合法合规性的监督，加强对市（地）级、县级人民政府所属国有企业改制、企业国有资产转让的监督，采取有力措施，维护国有资产出资人的合法权益，切实防止国有资产流失；维护企业职工的合法权益，注意做好改制企业职工的思想政治工作。要指导优化本地区国有经济布局和结构，推进地方国有企业改革和发展，进一步提高本地区国有经济的整体素质。

（二十七）继续探索完善市（地）级人民政府国有资产管理体制和制度。要适应地方国有经济发展变化的新情况新要求，加快探索解决一些市（地）级人民政府国资委和政府其他部门、机构合署办公的现状与国资委作为特设机构定位的矛盾。要重视指导市（地）级人民政府国资委加强股权多元化企业的国有资本管理，维护好出资人权益。要总结近几年来各地对县级企业国有资产“有专门监管比没有专门监管好、集中监管比分散监管好”的经验，按照企业国有资产管理新体制的要求，指导县级人民政府明确县属企业国有资产的监管主体及其职责，加快落实监管责任，不断探索既符合改革要求又符合本地区实际的县属企业国有资产的监管方式和途径。对不同层级、不同区域国资委共同持有企业股权的，要坚持分级代表、同股同权或者按照章程约定，依法规范共同监管的途径和方式。

八、加强自身建设，提高依法履行出资人职责的能力和水平

（二十八）进一步重视加强国资委的自身建设。要继续完善内部机构设置、职权划分，努力形成权责一致、分工合理、决策科学、执行顺畅、监督有力的运作机制。要加强国资委机关干部队伍建设，深入学习实践科学发展观，努力把握科学发展的规律、国有资产监管的规律、企业发展的规律和经济运行的规律，全面提高依法履行出资人职责的能力和水平。要按照“先立规矩、后办事”的要求，建立健全各项管理制度，大力培育机关合规文化，严格规范行权履责程序，重视加强国资委行权履责中的法律风险防范。

进一步加强企业国有资产监管工作，完善国有资产管理体制和制度，极具探索性，极具挑战性，是一项长期的战略任务。地方国资委要在地方党委和政府的领导下，根据本意见的要求，结合本地区实际，解放思想，与时俱进，努力开创地方国有资产监管工作的新局面，为不断发展壮大国有经济继续作出新的更大的贡献。

国家工商总局关于进一步促进个体私营经济发展的若干意见

工商个字〔2009〕208号

各省、自治区、直辖市及计划单列市、副省级市工商行政管理局、市场监督管理局：

个体私营经济是我国社会主义市场经济的重要组成部分，是推动经济社会发展的重要力量，对扩大就业、拉动内需具有重要意义。去年国际金融危机爆发以来，党中央国务院为促进个体私营企业生产经营发展，及时出台了一系列政策措施。为贯彻落实《国务院关于进一步促进中小企业发展的若干意见》（国发〔2009〕36号），现就工商行政管理机关发挥职能作用，进一步促进个体私营经济又好又快发展，提出如下意见：

一、鼓励私营企业做大、做强、做活

除国家明令禁止的外，凡允许国有和外资企业进入的投资领域，一律对个体私营企业开放。按照“增加总量、扩大规模、鼓励先进、淘汰落后”的要求，重点支持符合国家产业政策、具有竞争优势的私营企业，通过兼并、重组等方式，组建跨行业、跨地区经营的大型企业集团。支持服务业私营企业开展连锁经营，实现规模化、集约化发展。要通过走访、调研等多种方式，加强与个体私营企业的联系，明确服务重点和方向。各地工商机关要充分发挥工商登记信息资源优势，向社会发布个体私营经济发展动态信息，对个体私营企业投资创业进行提示、预警，引导个体私营企业确定有利的投资发展方向。

二、立足职能，积极配合相关部门，切实帮助个体私营企业解决融资难问题

积极开展动产抵押、股权质押和注册商标专用权质押登记，总结经验，完善相关工作机制，指导个体私营企业利用抵押、质押担保进行融资；允许股权出资，为个体私营企业进一步拓宽融资渠道；稳妥推动民间资本创办小额贷款公司，为金融机构提供个体私营企业的工商注册和抵押登记、出质登记信息查询服务，支持建立面向个体私营企业的金融服务体系和信用担保体系。

三、积极探索，促进农民专业合作社加快发展，大力培育和发展农村经纪人

本着依法、自愿、有偿和进退自由的原则，在不改变土地集体所有性质、不改变土地用途、不损害农民土地承包权益的前提下，允许农民以土地承包经营权出资设立农民专业合作社。配合有关部门，探索农民专业合作社开展资金互助、信用合作。支持农民专业合作社跨地域、跨所有制、跨行业开展经营和提供服务。利用信息化手段提升农民专业合作社登记服务质量，加强法律法规宣传，做好政策咨询，严格执行农民专业合作社登记不收费的规定。引导农民专业合作社实施商标战略，加强农副土特产品的商标注册，提高农产品附加值，增强市场竞争力。实施合同帮农，引导农民专业合作社发展“订单农业”，减少农业生产风险。支持农民专业合作社与高等学校、科研院所开展多种形式技术合作促进产学研、农科教结合，加快农业科技成果转化。对农村经纪人开展经纪、合同、商标等业务培训，指导农村经纪人提高经纪水平和服务技能，充分发挥其桥梁和纽带作用，促进农产品流通、农业产业结构调整和农民增收。

四、发挥职能作用，促进社会信用体系建设

在企业、个体工商户和市场信用分类监管基础上，大力推进全国各类市场主体工商登记管理信息动态数据库建设。各地工商机关要积极开发面向社会公众的信息查询服务功能，努力推动与其他部门相关市场主体信用信息的互联共享，为社会信用体系建设提供市场主体的基础信息。要发挥

工商行政管理职能作用，鼓励个体私营企业“守合同重信用”，引导个体私营企业增强履行社会诚信责任的意识。

五、积极配合有关部门研究对中小企业标准进行科学界定和细分

要结合修订《城乡个体工商户管理暂行条例》，根据不同行业、不同规模个体私营企业的特点，研究制订针对“微型企业”的扶持措施。鼓励、引导经营规模较大的个体工商户升级为企业，进一步提高经营管理水平和市场竞争能力。开展查处取缔无照经营工作要坚持“突出重点、区别对待、堵疏结合、分类规范”的方针，重在指导经营者合法开展经营活动。要充分发挥社区在安排临时就业、规范摊贩经营方面的积极作用。

六、多措并举，大力推进“以创业带动就业”

要指导各级个私协会，积极组织各种形式的就业洽谈会、招聘见面会，通过举办“自主创业我先行”全国高校大学毕业生创业系列报告会、召开创业带就业动员会、举办座谈会、街头宣传咨询等形式现场解答疑问，通过先富带后富、“一帮一”、“一带一”等活动，积极帮助高校毕业生自主创业。要认真落实《“三年百万”高校毕业生就业见习计划》，引导优秀人才进入个体私营经济领域发展。要认真贯彻促进就业优惠政策，鼓励、引导返乡农民工、下岗失业人员、复员退伍军人、高校毕业生、残疾人等自主创业，为其申请登记注册个体工商户、私营企业提供免费的开业指导以及相关政策、法规和信息咨询服务。并严格按照《就业促进法》的规定，对符合政策规定的创业人员3年内免收登记类和证照类等有关行政事业性收费。

七、切实维护公平竞争的市场秩序，为个体私营经济发展提供良好市场环境

加大对个体私营企业的字号名称、注册商标和商业秘密的保护力度，维护个体私营企业的合法权益。严厉打击制售假冒伪劣商品、虚假广告、不正当竞争等违法违规行为，保护合法经营，维护正常的市场秩序，促进个体私营经济健康发展。

八、依法规范行政管理，提高监管执法水平，坚决制止“三乱”现象

加强行政指导，充分发挥行政执法“预防、警示、教育”的功能。对个体私营企业违法行为情节轻微、当事人积极采取措施补救、没有产生危害后果的，以教育整改为主，依法从轻、减轻或者免除对其经济处罚。对于生产经营暂时出现困难的个体工商户、私营企业，在年检验照等方面要予以支持。严禁利用年检验照进行乱摊派、乱收费、乱罚款和搭车收费。

九、充分发挥各级个体劳动者协会和私营企业协会作用，努力为个体私营企业排忧解难

要围绕“服务会员”的宗旨，通过维权保障、宣传教育、培训学习、经贸交流、公益活动等多种举措开展服务，积极搭建个体私营经济与政府沟通、了解供求信息、经营管理培训、人才引进的平台。引导个体私营企业“爱国敬业、诚实劳动、依法经营、乐于奉献”。

国家工商总局

二〇〇九年十月二十一日

关于进一步做好中小企业金融服务工作的若干意见

中国人民银行　银监会　证监会　保监会

银发〔2010〕193号

中国人民银行上海总部，各分行、营业管理部、各省会（首府）城市中心支行、副省级城市中心支行；各省（自治区、直辖市）银监局、证监局、保监局；国家开发银行、各政策性银行、国有商业银行、股份制商业银行，中国邮政储蓄银行：

为深入贯彻落实《国务院关于进一步促进中小企业

发展的若干意见》（国发〔2009〕36号），进一步改进和完善中小企业金融服务，拓宽融资渠道，着力缓解中小企业（尤其是小企业）的融资困难，支持和促进中小企业发展，现提出如下意见：

一、进一步推动中小企业信贷管理制度的改革创新

（一）深化认识、转变观念，切实提高对中小企业的金融服务水平。金融系统要深入学习贯彻《中华人民共和国中小企业促进法》、《国务院关于进一步促进中小企业发展的若干意见》、《国务院关于鼓励和引导民间投资健康发展的若干意见》（国发〔2010〕13号）等国家法律法规和政策的要求，进一步增强做好中小企业金融服务的责任感和大局意识，切实改变经营和服务理念。要把改进中小企业金融服务、扩大中小企业信贷投放作为各银行业金融机构开展信贷经营业务的重要战略，确保小企业信贷投放的增速要高于全部贷款增速，增量要高于上年。

（二）改造审批流程、提高审批效率，确保符合贷款条件的中小企业获得方便、快捷的信贷服务。各金融机构要对中小企业设立独立的审批和信贷准入标准，压缩中小企业贷款审批流程，切实提升贷款审批效率。鼓励有条件的银行为中小企业开办一站式金融服务。积极推广灵活高效的贷款审批模式。研究推动小企业贷款网络在线审批，建立审批信息网络共享平台。

（三）坚持有保有压、明确支持重点，积极推动符合国家产业政策要求的中小企业健康发展。优先满足中小企业符合国家重点产业调整和振兴规划要求的新技术、新工艺、新设备、新材料、新兴业态项目资金需求，加大对具有自主知识产品、自主品牌和高附加值拳头产品中小企业的支持，提升中小企业自主创新能力和国际竞争力。严格控制过剩产能和“两高一资”行业贷款，鼓励对纳入环境保护、节能节水企业所得税优惠目录投资项目的支持，促进中小企业节能减排和清洁生产。鼓励金融机构支持东部地区先进中小企业通过收购、兼并、重组、联营等多种形式，加强与中西部地区中小企业的合作，有序实现产业转移。加快推动发展文化创意、服务外包以及其他就业吸纳能力强、市场需求大的服务业中小企业发展。

（四）实施小企业金融服务差异化监管。银监会派出机构要因地制宜制定科学、审慎的小金融机构市场准入细则，实行分类监管、差异化监管，不断提高监管技术和监管有效性。小企业金融服务专营机构要进一步落实小企业金融服务“四单”原则，既单列信贷计划、单独配置人力资源和财务资源、单独客户认定与信贷评审、单独会计核算，构建专业化的经营与考核体系。各金融机构要增强风险管理意识，针对小企业客户风险状况，制定风险管理业务规则，培养熟悉小企业业务的风险管理经理，逐步建立与小企业业务性质、规模和复杂程度相适应、完善、可靠的市场风险管理体系。认真贯彻落实对小企业授信工作的相关规定，制定小企业信贷人员尽职免责机制，切实做到尽职者免责，失职者问责。

（五）推动适合中小企业需求特点的金融产品和信贷模式创新。鼓励银行业金融机构在有效防范风险的基础上，推动动产、知识产权、股权、林权、保函、出口退税池等质押贷款业务，发展保理、福费廷、票据贴现、供应链融资等金融产品。探索开展依托行业协会、农村专业经济组织、社会中介等适合中小企业需求特点的信贷模式创新。加大电子银行业务宣传，引导和督促银行业金融机构提高电子商业汇票在中小企业客户中的使用率。鼓励金融机构依法合规开展同业合作，稳步发展贷款转让业务，合理调剂信贷资源，增加对中小企业的贷款支持。

二、建立健全中小企业金融服务的多层次金融组织体系

（六）提高大型银行对中小企业的服务意识和能力。国有商业银行和股份制商业银行要继续推进中小企业金融服务专营机构建设。大型银行在已建立中小企业金融服务专营机构基础上，要进一步向下延伸服务网点，切实做到单独统计和调控，完善评审机制，使专营机构充分发挥作用，实现中小企业尤其是小企业金融业务的针对性服务。中国邮政储蓄银行要加快改造机构网点，完善小额贷款功能，创新信贷产品，提升对微小企业、个体工商户等重点客户的金融服务。

（七）积极发挥中小商业银行支持中小企业发展的重要作用。中小商业银行要准确把握“立足地方、服务中小”的市场定位，把支持地方经济发展，支持中小企业、私人企业以及个体工商户作为工作重点，努力打造自身“服务中小企业”品牌。充分发挥中小商业银行的

地缘优势，挖掘企业信用信息，为降低中小企业融资门槛创造良好环境。建立稳定的信贷员队伍，以适应中小企业特点为标准，探索提供延伸服务，较好满足中小企业的特殊金融服务需求。取消符合条件的中小商业银行分支机构准入数量限制，鼓励其优先到西部和东北地区等金融机构较少、金融服务相对薄弱地区设立分支机构。

（八）推动服务县域中小企业的新型农村金融机构和小额贷款公司稳步发展。鼓励各银行业金融机构到金融服务空白乡镇开设村镇银行和贷款公司。坚持小额贷款公司风险防范和规范发展并重，支持符合条件的小额贷款公司转为村镇银行。大中型商业银行在防范风险的前提下，为小额贷款公司提供批发资金业务，但小额贷款公司从银行业金融机构可获得融资资金的余额，不得超过资本净额的50%。

三、拓宽符合中小企业资金需求特点的多元化融资渠道

（九）完善中小企业股权融资机制，发挥资本市场支持中小企业融资发展的积极作用。鼓励风险投资和私募股权基金等设立创业投资企业，逐步建立以政府资金为引导、民间资本为主体的创业资本筹集机制和市场化的创业资本运作机制，完善创业投资退出机制，促进风险投资健康发展。加大中小企业上市前期辅导培育力度，支持自主创新和有发展前景的中小企业发行上市。积极发展中小板市场，加快发展创业板市场，努力扩大中小企业上市规模。建立和完善中小板和创业板上市公司再融资及并购制度，完善中小企业上市育成机制。积极推进证券公司代办股份转让系统非上市股份有限公司股份报价转让试点，适时将试点扩大到其他具备条件的国家级高新技术园区，完善监管和交易制度，改善科技型中小企业融资环境。

（十）逐步扩大中小企业债务融资工具发行规模。积极推进完善短期融资券、中小企业集合债券和集合票据的试点工作，适当简化审批手续，对中小企业发行债务融资工具实行绿色通道。对符合国家政策规定的中小企业发行直接债务融资工具的，鼓励中介机构适当降低收费，减轻中小企业的融资成本负担。培育银行间债券市场合格投资者，为中小企业直接融资市场创造条件。进一步完善风险控制、信用增进等相关配套机制，为优质中小企业在债务融资工具发行阶段提供信用增进服务。

（十一）大力发展融资租赁业务。扎实推进扩大商业银行设立金融租赁公司试点工作。支持金融租赁公司按照“商业持续”原则，开展中小企业融资租赁业务创新。完善融资租赁公示登记系统，加强融资租赁公示系统宣传，提高租赁物登记公信力和取回效率，为中小企业融资租赁业务创造良好的外部环境。加强对融资租赁业务的指导监督，促进融资租赁行业规范化，管理统一化，合同统一化，在规避风险的同时保证融资租赁有序、规范发展。

四、大力发展中小企业信用增强体系

（十二）加强对融资性担保公司的日常监管。督促融资性担保公司依法合规审慎经营，严格控制风险集中度和关联方担保。指导融资性担保公司加强资本金管理和内控机制建设，不断提高风险管理水平。将担保机构经营情况纳入人民银行企业征信系统实施统一管理。推动地方政府建立各类小企业贷款风险补偿基金、融资担保基金、非营利性小企业再担保公司、贷款奖励基金，合理分担小企业贷款风险。贯彻落实担保行业各项法规，完善规章制度建设，尽快形成以出资人自我约束为监管基础，以地方政府部门为监管主体，全国统一规范运营的担保体系，提高融资性担保公司资金使用效率。

（十三）完善创新适合中小企业需求特点的保险产品。继续推动科技保险发展，为高新技术型中小企业提供创新创业风险保障。积极发展信用保险和短期抵押贷款保证保险等新型保险产品，鼓励保险机构积极开发为中小企业服务的保险产品。科学合理地厘定针对中小企业的保险费率，提高保险机构为中小企业提供保险服务的积极性。继续落实对中小商贸企业投保国内贸易信用险给予保费补助政策。

（十四）推进中小企业信用体系建设。加强中小企业信用宣传，增强中小企业信用意识。多渠道采集中小企业信息，扩大、丰富中小企业信用档案信息，结合企业和个人信用信息基础数据库，提高对中小企业的信用信息服务水平。推进中小企业信用制度建设，建立多层次的中小企业信用评估体系，发挥信用担保、信用评级和信用调查等信用中介的作用，增进中小企业信用。开展信用培植、延伸金融服务，提高中小企业融资机会。在有条件的地区开展中小企业信用体系试验区建设，探

索建立中小企业征信系统。

（十五）建立健全信息沟通机制，创造良好生态环境。鼓励举办多种银企对接活动，为银行业金融机构和中小企业提供交流合作的机会。向中小企业提供融资辅导和咨询服务，帮助和支持中小企业健全企业制度，强化内部管理，提高生产经营信息的透明度，有效减少借贷双方信息不对称，增强中小企业市场融资能力。建立合作平台，发挥行业协会、民间商会、工商联等在银企对接中的桥梁作用，争取在信息搜集、客户筛选、风险防范等方面取得成效。

五、多举措支持中小企业"走出去"开拓国际市场

（十六）充分发挥中小企业出口信用保险的作用，加大优惠出口信贷对中小企业的支持力度，支持中小企业开拓国际市场。鼓励和支持中小企业在跨境贸易试点地区使用人民币进行计价结算。鼓励金融机构提高服务质量，帮助中小企业降低成本，拓展业务。

（十七）改进中小企业外汇管理，为中小企业提供便利。减少中资企业和外资企业在借用外债政策方面的差别，允许有借款能力和资金需求的各类中资企业对外借款以满足其境外资金需求。支持中小企业购汇对外投资。

六、加强部门协作和监测评估机制建设

（十八）各级金融管理部门要密切配合，加强协作，督促和指导政策的贯彻落实工作，在政策规划、机构建设、人员培训、宣传服务等方面加强合作交流，建立信息共享和工作协调机制，建立定期通报制度。要建立健全中小企业信贷政策导向效果评估制度，将中小企业贷款纳入信贷政策导向效果评估内容，对中小企业信贷业务设立单独的考核指标，定期公布考核结果并上报人民银行总行，督促金融机构提高对中小企业的信贷支持力度。要加强中小企业信贷统计监测与分析，督促各银行业金融机构认真贯彻落实大中小型企业贷款专项统计制度和国家中小企业划分标准，切实提高数据报送质量，进一步完善中小企业贷款统计制度。

请人民银行上海总部，各分行、营业管理部、省会（首府）城市中心支行会同所在省（区、市）银监局、证监局、保监局将本意见联合转发至辖区内金融机构，并协调做好本意见的贯彻实施工作。

中国人民银行 银监会 证监会 保监会

二〇一〇年六月二十一日

关于加快推进煤矿企业兼并重组的若干意见

国家发展改革委

国办发〔2010〕46号

为深入贯彻落实科学发展观，严格保护和合理开发煤炭资源，淘汰落后产能，调整优化煤炭产业结构，提高煤炭生产集约化程度和生产力水平，促进煤炭工业持续稳定健康发展，现就加快推进煤矿企业兼并重组提出如下意见：

一、充分认识加快推进煤矿企业兼并重组的重要意义

煤炭是我国的主要能源和重要工业原料，煤炭工业健康发展关系国家能源安全和经济安全。近年来国家先后出台了一系列促进煤炭工业健康发展的政策措施，

煤矿企业改革发展成效显著，安全生产状况明显好转，煤炭资源开发利用水平有了较大提高。但是，煤炭工业长期粗放发展积累的矛盾仍很突出，全国各类煤矿企业多达1.12万个，企业年均产能不足30万吨，产业集中度低、技术落后，煤炭资源回采率低，资源浪费和环境污染严重，一些地区煤炭勘查开发秩序混乱，生产安全事故多发，不能适应经济和社会发展需要。

加快煤矿企业兼并重组，是规范煤炭开发秩序、保护和集约开发煤炭资源、保障能源可靠供应的必然要求，是调整优化产业结构、提高发展质量和效益、实现长期可持续发展的重大举措。各地区、各有关部门要把推进煤矿企业兼并重组作为贯彻落实科学发展观、加快转变煤炭工业发展方式的一项重要任务，进一步增强紧迫感、责任感和主动性，正确处理局部与整体、当前与长远的关系，切实抓好煤矿企业兼并重组各项工作的贯彻落实。

二、推进煤矿企业兼并重组的指导思想、原则和目标

（一）指导思想。以邓小平理论和“三个代表”重要思想为指导，全面贯彻落实科学发展观，坚持安全发展、集约发展、清洁发展、可持续发展，加快推进煤矿企业兼并重组，淘汰落后产能，优化产业结构，提高煤炭生产集约化程度、安全生产和科技水平，有序开发利用煤炭资源，促进煤炭工业健康发展，保障国家能源安全。

（二）基本原则。坚持充分发挥市场机制作用与政策引导、政府推动相结合，坚持发展先进生产力与淘汰落后产能相结合，坚持统一规划与因地制宜、分类指导相结合，坚持依法依规操作与体制机制创新相结合，坚持减少煤炭开发主体与维护企业职工和投资者合法权益相结合。

（三）主要目标。通过兼并重组，全国煤矿企业数量特别是小煤矿数量明显减少，形成一批年产5000万吨以上的特大型煤矿企业集团，煤矿企业年均产能提高到80万吨以上，特大型煤矿企业集团煤炭产量占全国总产量的比例达到50%以上。煤矿技术装备水平明显提升，安全生产条件明显改善，煤炭资源回采率明显提高，环境保护与治理得到加强，煤炭开发秩序进一步规范，形成以股份制为主要形式、多种所有制并存的办矿格局。

三、煤矿企业兼并重组的主要任务和要求

（一）统一规划、整体推进。各产煤省（区、市）人民政府要按照尽量减少开发主体的要求，统筹协调关闭整顿、资源整合与兼并重组的关系，根据当地煤炭资源条件和经济社会发展情况，科学编制本省（区、市）煤矿企业兼并重组总体规划，在与矿区总体规划衔接的基础上制定矿区兼并重组方案，确定兼并重组主体企业，认真抓好组织实施。山西、内蒙古、河南、陕西等重点产煤省（区），要坚决淘汰落后小煤矿，大力提高煤炭产业集中度，促进煤炭资源连片开发。黑龙江、湖南、四川、贵州、云南等省，要加大兼并重组力度，切实减少煤矿企业数量。矿区兼并重组方案和兼并重组主体企业名单要报发展改革委、国土资源部、安全监管总局、能源局、煤矿安监局备案。

（二）积极探索煤矿企业兼并重组的有效方式。要按照充分发挥市场机制作用、依法整合资源、尽量减少不必要的行政干预的原则，支持符合条件的国有和民营煤矿企业成为兼并重组主体，鼓励各种所有制煤矿企业以及电力、冶金、化工等行业企业以产权为纽带、以股份制为主要形式参与兼并重组，鼓励在被兼并煤矿企业注册地设立子公司。支持具有经济、技术和管理优势的企业兼并重组落后企业，支持优势企业开展跨地区、跨行业、跨所有制兼并重组，鼓励优势企业强强联合，鼓励煤、电、运一体化经营，实现规模化、集约化发展，努力培育一批具有较强国际竞争力的大型企业集团。

（三）维护企业与社会和谐稳定。地方各级人民政府要加强对职工安置工作的组织领导，兼并重组主体企业要认真落实相关法律法规及政策规定，严格履行企业改组改制民主程序，制定切实可行的职工安置方案，落实安置资金，积极稳妥解决职工劳动关系、社会保险关系接续以及企业拖欠职工工资、欠缴社会保险费等问题，切实维护职工合法权益。要妥善安置被兼并煤矿企业职工，改扩建和新建煤矿等项目应优先录用被兼并煤矿企业分流人员。要严格依照有关法律法规和政策规定妥善处置债权债务关系，落实清偿责任，确保债权人、

投资者的合法权益。

四、推进煤矿企业兼并重组的政策措施

（一）*科学配置煤炭资源*。对尚未开发的煤田，要按照一个矿区原则上由一个主体开发的要求，科学、合理划分矿区和井田范围，制定矿区总体规划和矿业权设置方案，依法向具备开办煤矿条件的企业出让矿区的矿业权。对已设置矿业权的矿区，鼓励优势企业对毗邻区域进行矿产资源整合，符合规定的相关矿业权经国土资源管理部门批准可以协议方式出让。

（二）*加强财税政策扶持*。对被兼并重组企业的煤矿安全改造、技术改造等项目优先安排财政投资补贴或贴息资金。对企业兼并重组涉及的资产评估增值、债务重组收益、土地房屋权属转移等给予税收优惠，具体按照财政部、税务总局《关于企业重组业务企业所得税处理若干问题的通知》（财税〔2009〕59号）、《关于企业改制重组若干契税政策的通知》（财税〔2008〕175号）等规定执行。在不违背国家有关法律和政策规定的前提下，地区间可根据企业资产规模和盈利能力等因素，签订企业兼并重组后的财税利益分成协议，促进煤矿企业兼并重组成果共享。

（三）*拓宽融资渠道*。支持符合条件的兼并重组主体企业上市融资和再融资，支持兼并重组主体企业通过发行债券、股权转让等融资方式筹集发展资金。对符合国家产业政策和相关条件的煤矿企业兼并重组项目，各类金融机构要按照安全、合规、自主的原则，积极提供相应的授信支持和配套金融服务。

（四）*支持企业提高生产力水平*。对兼并重组小煤矿达到一定数量和规模的大中型煤矿企业，优先规划、核准其新建煤矿、改扩建煤矿、坑口电站和综合利用电站以及煤炭加工转化项目，支持对被兼并重组煤矿实施采掘机械化改造。按被兼并煤矿企业2007-2009年铁路煤炭年均外运量，为兼并重组主体企业增加年度铁路运力，优先保障兼并重组企业的煤炭运输。

（五）*加快分离企业办社会职能*。各产煤省（区、市）人民政府要进一步落实分离企业办社会职能相关政策，加大工作力度，积极筹措资金，加快分离煤矿企业办社会职能，力争在2012年底前完成分离国有煤矿企业办社会职能工作。

（六）*落实安全生产责任*。兼并重组主体企业要切实担负起被兼并煤矿企业的安全生产主体责任，加强管理，加大投入，加快淘汰落后技术装备，采用安全可靠、先进适用的新技术、新工艺，进一步提高企业安全生产水平，确保煤矿生产安全平稳进行。被兼并煤矿企业要认真做好干部职工的思想工作，加强资产和生产管理权移交前的安全管理，严格落实责任，加强安全巡查。地方各级人民政府要加强对被兼并重组企业的安全生产监管，加大执法检查力度，有效防范、坚决遏制重特大事故发生，为兼并重组创造安全、稳定的环境。

五、加强对煤矿企业兼并重组工作的领导

（一）*加强组织领导*。发展改革委要会同财政部、人力资源社会保障部、国土资源部、税务总局、安全监管总局、能源局、煤矿安监局等有关部门，尽快出台相关配套措施，加强对各产煤省（区、市）煤矿企业兼并重组工作的督促检查。煤炭工业协会等行业组织要积极协助政府有关部门，做好兼并重组的宣传、推进、咨询等相关工作。各产煤省（区、市）人民政府要科学制定工作方案，精心做好兼并重组总体规划和矿区兼并重组方案的编制和实施工作，及时解决兼并重组中出现的问题，切实防止国有资产流失，切实维护煤矿企业职工与投资者的合法权益，确保兼并重组工作平稳有序进行。

（二）*做好舆论宣传*。各产煤省（区、市）人民政府、各有关部门要组织开展形式多样的宣传活动，深入宣传我国的能源形势，宣传加快推进煤矿企业兼并重组的重要意义和政策措施，宣传介绍煤矿企业兼并重组的先进经验和工作成果，曝光浪费和破坏煤炭资源的典型案例，为煤矿企业兼并重组创造良好的舆论环境。

关于加快推行合同能源管理促进节能服务产业发展的意见

国家发展改革委 财政部 人民银行 税务总局

国办发〔2010〕25号

根据《中华人民共和国节约能源法》和《国务院关于加强节能工作的决定》（国发〔2006〕28号）、《国务院关于印发节能减排综合性工作方案的通知》（国发〔2007〕15号）等文件精神，为加快推行合同能源管理，促进节能服务产业发展，现提出以下意见：

一、充分认识推行合同能源管理、发展节能服务产业的重要意义

合同能源管理是发达国家普遍推行的、运用市场手段促进节能的服务机制。节能服务公司与用户签订能源管理合同，为用户提供节能诊断、融资、改造等服务，并以节能效益分享方式回收投资和获得合理利润，可以大大降低用能单位节能改造的资金和技术风险，充分调动用能单位节能改造的积极性，是行之有效的节能措施。我国上世纪90年代末引进合同能源管理机制以来，通过示范、引导和推广，节能服务产业迅速发展，专业化的节能服务公司不断增多，服务范围已扩展到工业、建筑、交通、公共机构等多个领域。2009年，全国节能服务公司达502家，完成总产值580多亿元，形成年节能能力1350万吨标准煤，对推动节能改造、减少能源消耗、增加社会就业发挥了积极作用。但也要看到，我国合同能源管理还没有得到足够的重视，节能服务产业还存在财税扶持政策少、融资困难以及规模偏小、发展不规范等突出问题，难以适应节能工作形势发展的需要。加快推行合同能源管理，积极发展节能服务产业，是利用市场机制促进节能减排、减缓温室气体排放的有力措施，是培育战略性新兴产业、形成新的经济增长点的迫切要求，是建设资源节约型和环境友好型社会的客观需要。各地区、各部门要充分认识推行合同能源管理、发展节能服务产业的重要意义，采取切实有效措施，努力创造良好的政策环境，促进节能服务产业加快发展。

二、指导思想、基本原则和发展目标

（一）指导思想。

高举中国特色社会主义伟大旗帜，以邓小平理论和“三个代表”重要思想为指导，深入贯彻落实科学发展观，充分发挥市场机制作用，加强政策扶持和引导，积极推行合同能源管理，加快节能新技术、新产品的推广应用，促进节能服务产业发展，不断提高能源利用效率。

（二）基本原则。

一是坚持发挥市场机制作用。充分发挥市场配置资源的基础性作用，以分享节能效益为基础，建立市场化的节能服务机制，促进节能服务公司加强科技创新和服务创新，提高服务能力，改善服务质量。

二是加强政策支持引导。通过制定完善激励政策，加强行业监管，强化行业自律，营造有利于节能服务产业发展的政策环境和市场环境，引导节能服务产业健康发展。

（三）发展目标。

到2012年，扶持培育一批专业化节能服务公司，发展壮大一批综合性大型节能服务公司，建立充满活力、特色鲜明、规范有序的节能服务市场。到2015年，建立比较完善的节能服务体系，专业化节能服务公司进一步壮大，服

务能力进一步增强，服务领域进一步拓宽，合同能源管理成为用能单位实施节能改造的主要方式之一。

三、完善促进节能服务产业发展的政策措施

（一）加大资金支持力度。

将合同能源管理项目纳入中央预算内投资和中央财政节能减排专项资金支持范围，对节能服务公司采用合同能源管理方式实施的节能改造项目，符合相关规定的，给予资金补助或奖励。有条件的地方也要安排一定资金，支持和引导节能服务产业发展。

（二）实行税收扶持政策。

在加强税收征管的前提下，对节能服务产业采取适当的税收扶持政策。

一是对节能服务公司实施合同能源管理项目，取得的营业税应税收入，暂免征收营业税，对其无偿转让给用能单位的因实施合同能源管理项目形成的资产，免征增值税。

二是节能服务公司实施合同能源管理项目，符合税法有关规定的，自项目取得第一笔生产经营收入所属纳税年度起，第一年至第三年免征企业所得税，第四年至第六年减半征收企业所得税。

三是用能企业按照能源管理合同实际支付给节能服务公司的合理支出，均可以在计算当期应纳税所得额时扣除，不再区分服务费用和资产价款进行税务处理。

四是能源管理合同期满后，节能服务公司转让给用能企业的因实施合同能源管理项目形成的资产，按折旧或摊销期满的资产进行税务处理。节能服务公司与用能企业办理上述资产的权属转移时，也不再另行计入节能服务公司的收入。

上述税收政策的具体实施办法由财政部、税务总局会同发展改革委等部门另行制定。

（三）完善相关会计制度。

各级政府机构采用合同能源管理方式实施节能改造，按照合同支付给节能服务公司的支出视同能源费用进行列支。事业单位采用合同能源管理方式实施节能改造，按照合同支付给节能服务公司的支出计入相关支出。企业采用合同能源管理方式实施节能改造，如购建资产和接受服务能够合理区分且单独计量的，应当分别予以核算，按照国家统一的会计准则制度处理；如不能合理区分或虽能区分但不能单独计量的，企业实际支付给节能服务公司的支出作为费用列支，能源管理合同期满，用能单位取得相关资产作为接受捐赠处理，节能服务公司作为赠与处理。

（四）进一步改善金融服务。

鼓励银行等金融机构根据节能服务公司的融资需求特点，创新信贷产品，拓宽担保品范围，简化申请和审批手续，为节能服务公司提供项目融资、保理等金融服务。节能服务公司实施合同能源管理项目投入的固定资产可按有关规定向银行申请抵押贷款。积极利用国外的优惠贷款和赠款加大对合同能源管理项目的支持。

四、加强对节能服务产业发展的指导和服务

（一）鼓励支持节能服务公司做大做强。

节能服务公司要加强服务创新，加强人才培养，加强技术研发，加强品牌建设，不断提高综合实力和市场竞争力。鼓励节能服务公司通过兼并、联合、重组等方式，实行规模化、品牌化、网络化经营，形成一批拥有知名品牌，具有较强竞争力的大型服务企业。鼓励大型重点用能单位利用自己的技术优势和管理经验，组建专业化节能服务公司，为本行业其他用能单位提供节能服务。

（二）发挥行业组织的服务和自律作用。

节能服务行业组织要充分发挥职能作用，大力开展业务培训，加快建设信息交流平台，及时总结推广业绩突出的节能服务公司的成功经验，积极开展节能咨询服务。要制定节能服务行业公约，建立健全行业自律机制，提高行业整体素质。

（三）营造节能服务产业发展的良好环境。

地方各级人民政府要将推行合同能源管理、发展节能服务产业纳入重要议事日程，加强领导，精心组织，务求取得实效。政府机构要带头采用合同能源管理方式实施节能改造，发挥模范表率作用。各级节能主管部门要采取多种形式，广泛宣传推行合同能源管理的重要意义和明显成效，提高全社会对合同能源管理的认知度和认同感，营造推行合同能源管理的有利氛围。要加强用能计量管理，督促用能单位按规定配备能源计量器具，为节能服务公司实施合同能源管理项目提供基础条件。要组织实施合同能源管理示范项目，发挥引导和带动作用。要加强对节能服务产业发展规律的研究，积极借鉴国外的先进经验和有益做法，协调解决产业发展中的困难和问题，推进产业持续健康发展。

关于促进黄金市场发展的若干意见

银发〔2010〕211号

中国人民银行上海总部；各分行、营业管理部；各省会（首府）城市中心支行，各副省级城市中心支行；各省、自治区、直辖市、计划单列市发展改革委、工业和信息化主管部门、财政厅（局）、国家税务局、证监局；上海黄金交易所，上海期货交易所；各国有商业银行、股份制商业银行：

为促进黄金市场健康发展，进一步完善金融市场体系，发挥黄金市场在促进黄金产业发展中的重要作用，现提出如下意见：

一、充分认识促进黄金市场健康发展的重要意义

黄金市场是金融市场的重要组成部分。黄金兼具金融和商品两种属性，大力发展黄金市场，有利于发挥黄金不同于其他金融资产的独特作用，形成与其他金融市场互补协调发展的局面，进一步完善我国金融市场体系，扩大金融市场的深度和广度，深化金融市场功能，提高金融市场的竞争力和应对危机的能力，维护金融稳定和安全。

黄金产业的发展，既有利于提高我国黄金产业竞争力，也有利于带动其他矿产资源的发展。改革开放以来，我国黄金产业稳步发展，形成了黄金勘探、开采、选冶、交易、投资、加工和零售完整的产业链条，黄金生产能力、加工能力和消费水平不断提高。功能完善的黄金市场能够满足产业的融资需求和规避风险的需要，降低企业生产成本，向企业提供市场信息，有利于企业制定合理的生产经营计划，促进产业结构调整和升级，提高产业竞争力。

我国居民有消费和投资黄金的文化传统，随着国民经济健康快速的发展和人民生活水平的提高，居民对黄金首饰、金币和投资性黄金的需求稳步增长。品种丰富的黄金市场，有利于拓宽投资渠道，满足投资者多样化的投资需求，帮助投资者合理配置资产，提高投资收益，保障资产安全。

二、进一步明确黄金市场发展定位

统购统配政策取消后，我国黄金市场发展迅速，初步形成了上海黄金交易所黄金业务、商业银行黄金业务和上海期货交易所黄金期货业务共同发展的市场格局，形成了与黄金产业协同发展的良好局面。未来黄金市场的发展，要服务于我国黄金产业发展大局，立足于提高我国金融市场竞争力，着力发挥黄金市场在完善金融市场中的重要作用。要加大沟通协调力度，建立上海黄金交易所和上海期货交易所合作协调机制。要切实加大创新力度，积极开发人民币报价的黄金衍生产品，丰富交易品种，完善黄金市场体系，进一步深化市场功能，提高市场的规范性和开放性，促进形成多层次的市场体系。

上海黄金交易所要尽快明确未来发展方向和市场定位，改善和加强服务体系建设，完善各项制度，保障市场规范运行。要围绕市场需求开发新的产品，丰富交易品种。按法规规章和市场需要调整会员结构，扩大参与主体范围。要认真听取会员的意见和建议，切实做好对会员的相关服务工作。要加强和改善交易、黄金和资金清算、合格金锭认证、黄金仓储及运输服务。要深入研究国内国际黄金产业和黄金市场的发展变化规律，切实发挥上海黄金交易所在促进产业发展，完善黄金市场体系建设中的重要作用。

上海期货交易所要充分利用期货市场价格发现和管理风险的功能，不断加强市场基础性制度建设，稳步推进我国黄金风险管理市场健康发展。要围绕着市场功能发挥，不断完善黄金期货合约与业务规则，做深做细黄金期货，提升服务国民经济发展的能力。要不断提高市场风险控制能力，加强对会员的自律管理，有效防范和

化解市场风险。优化黄金市场投资者结构。支持黄金企业积极参与和利用期货市场进行套期保值，积极引导金融机构运用黄金期货管理风险。

商业银行要围绕黄金开采、生产加工和销售等整个产业链条，切实创新金融产品，着力改善金融服务，努力提高服务成效，向黄金产业提供多方位的金融服务。结合产业和市场发展需要，加大产品创新力度，开展实物金销售、黄金租赁、黄金远期和黄金期权等业务，丰富市场品种，满足企业融资需求和规避风险的需要。鼓励和引导商业银行开展人民币报价的黄金衍生品交易。引导更多的金融机构参与黄金市场，扩大黄金市场的广度和深度。

三、切实加强黄金市场服务体系建设

加强黄金市场系统建设。上海黄金交易所要进一步加强交易系统建设，加大创新力度，完善黄金市场体系。丰富市场交易模式，引入做市商制度，提高黄金市场流动性。要加快灾备系统建设，完善备份系统。要进一步完善资金管理系统，保障客户资金安全。

健全完善黄金市场标准认定体系。结合我国黄金产业和市场发展实际，借鉴国际主要黄金市场经验，进一步完善我国黄金市场合格金锭申请、认定、鉴定和检查制度，提高我国黄金市场认定体系的影响力，推动建立我国黄金市场标准认证体系。综合考虑国家资源战略，结合黄金产业特点，合理确定合格金锭金条入库企业。

完善黄金市场仓储运输体系。综合考虑我国黄金生产和消费实际及黄金市场发展等因素，合理布局黄金交割库。统筹考虑商业银行和会员的经营成本，合理设定出入库费用和仓储费用。完善黄金运输服务体系，向市场提供快速低成本的运输服务。

完善黄金市场清算服务体系。根据黄金市场发展需要，切实加强黄金账户服务体系建设，向市场提供更便捷的黄金账户和黄金实物清算服务，进一步完善黄金实物清算服务体系。借鉴国际经验，研究推动多种黄金账户服务。完善黄金市场资金清算服务。

四、完善黄金市场法律法规和相关政策支持体系

加快黄金市场法律法规制度建设。推动出台《黄金市场管理条例》。制定出台黄金及其制品进出口管理办法。加强对金融机构黄金业务的管理，引导并推动金融机构黄金业务稳步规范发展。

落实黄金市场相关税收政策。对上海黄金交易所和上海期货交易所黄金的税收政策继续按现行规定执行。研究推动完善投资性黄金和商业银行黄金业务税收政策。

研究扩大黄金市场实物供给渠道。结合我国黄金市场发展实际，根据市场需求状况，扩大有进出口黄金资格的商业银行数量，推动市场创新，提高市场流动性。在市场化原则基础上，进一步发展黄金租借市场。

切实做好黄金市场融资服务。对符合黄金行业规划和产业政策要求的大型企业，商业银行要按照信贷原则扩大授信额度。要重点支持大型黄金集团的发展和实施“走出去”战略，切实做好支持大型黄金集团“走出去”的相关金融服务工作。支持大型企业集团发行企业债券、公司债券、中期票据和短期融资券，拓宽企业融资渠道，降低企业融资成本。为具备条件的企业发放并购贷款，促进产业整合，实现集约化经营。结合黄金加工企业和零售企业的产业特点、生产加工周期，形成从流动资金贷款到货物销售等一系列的金融服务体系。通过应收账款质押和存货抵押等方式，创新信贷产品，改善服务。鼓励金融机构开展黄金质押融资服务。对黄金加工企业和零售企业遇到的信贷问题，银行要结合实际情况，认真研究，提出具体的解决办法。

完善外汇政策。进一步完善当前黄金市场外汇管理政策。为鼓励引导商业银行开展人民币报价的黄金衍生品交易，结合上海黄金交易所询价系统建设，允许开展黄金衍生品人民币报价的商业银行，在没有真实贸易背景下，在境外对冲境内黄金交易头寸，并研究将开展黄金衍生品人民币报价交易所涉汇率敞口头寸纳入结售汇综合头寸进行境内平补的可行性。

推动黄金市场对外开放。稳步增加上海黄金交易所外资类会员数量。研究推动允许境外合格金锭提供商向上海黄金交易所提供合格金锭。研究推动境外机构参与上海黄金交易所进行交易。

五、切实防范黄金市场风险

加大黄金市场监管力度。各相关部门应认真履行监督管理黄金市场相关职责，加大沟通协调力度，形成合力，切实维护市场主体利益，促进市场规范协调发展。

商业银行要加大风险控制力度。要制订相关业务规划，保证合规开展业务。要加强相关系统建设，切实保障交易安全。要根据各种业务特点和风险特点，采取相应措施，防范风险。

中介机构要加强自律性管理。上海黄金交易所和上

海期货交易所要结合产品上线和系统建设等情况，完善交易、交割、清算和黄金账户服务等制度，保证各项服务的安全性。规范会员行为，维护市场秩序。要根据市场变化情况，及时采取应对措施，防范市场风险。

六、切实保护投资者利益

采取多种形式，切实加强对投资者的教育，培育成熟的黄金市场投资群体。加大对黄金市场从业人员的培训力度，提高从业人员素质。切实加强黄金市场的风险教育，提高市场参与主体的风险意识。市场主体要从维护投资者利益和维护黄金市场健康发展的大局出发，发现问题及时报告。规范黄金市场参与者行为，严禁参与地下炒金活动。对参与地下炒金活动的市场主体，相关部门应予以严惩，并将相关信息录入征信系统。

中国人民银行　发展改革委　工业和信息化部

财政部 税务总局 证监会

二〇一〇年七月二十二日

《国务院关于加快培育和发展战略性新兴产业的决定》解读

日前，国务院颁布了《国务院关于加快培育和发展战略性新兴产业的决定》（以下简称《决定》）。为进一步了解《决定》的有关情况，近日，记者采访了主要起草单位国家发展改革委有关负责人。

一、《决定》制定的背景和主要过程

我国正处于经济社会发展的战略转型期和全面建设小康社会的关键时期，工业化城镇化加速发展，面临着日趋紧迫的人口、资源、环境压力，现有发展方式的局限性、经济结构状况以及资源环境矛盾也越来越突出。2009年，我国生产粗钢5.68亿吨，水泥16.5亿吨，分别约占世界总产量的43%和52%，绝大部分由我国自己消费掉了；一次能源消耗达31亿吨标准煤，是世界能源消费总量的17.5%。而同期我国的GDP只有34万亿元，约合4.7万亿美元，占世界GDP54万亿美元的比重仅8.7%，这种依靠大量消耗资源支撑发展的方式是难以为继的。我国目前以世界9%的耕地养活了20%的人口是了不起的成绩，但到2030年，我国人口接近15亿，人均耕地面积要在目前1.38亩的水平上减少10%以上，保障粮食安全的压力不断增大。尽管我国近年来对节能环保高度重视，也取得了巨大成绩，但2009年全国七大水系劣五质类水质断面比例仍达18.4%，我国二氧化硫排放量、二氧化碳排放量均居世界前列，大气污染、垃圾围城、工业点源污染、农业面源污染问题仍很严重。因此，到2020年要全面建成小康社会，到本世纪中叶基本实现现代化的宏伟目标，要保持经济社会可持续发展，必须深入贯彻落实科学发展观，缓解资源环境瓶颈制约，促进产业结构升级和经济发展方式转变、增强国际竞争优势，必须把握世界新科技革命和产业革命的历史机遇，加快培育发展物质资源消耗少、环境友好的战略性新兴产业。

国际金融危机不仅加深了我们认识发展战略性新兴产业的重大意义，同时也强化了我国加快培育发展战略性新兴产业的紧迫性。当前，主要发达国家为振兴经济、获取发展新优势，纷纷制定新的国家发展战略，加大投入支持，加速重大科技成果转化，培育危机后引领全球经济的新能源、新材料、生物技术、宽带网络、节能环保等新兴产业，努力抢占新一轮科技经济竞争制高点。因此，加快培育发展战略性新兴产业，不仅能够有效缓解全球日趋严峻的能源、资源、粮食、环境、气候、健康等问题，也将决定一个国家在经济全球化过程中的作用和地位。

党中央、国务院高度重视培育和发展战略性新兴产业。胡锦涛总书记在今年2月省部级干部加快经济发展方式转变专题研讨班上强调："要把发展战略性新兴产业作为产业结构优化升级的重点"。温家宝总理2009年连续召

开三次专家座谈会，研究加快培育发展战略性新兴产业问题，在今年政府工作报告中指出“发展战略性新兴产业，抢占经济科技制高点，决定国家的未来，必须抓住机遇，明确重点，有所作为”。中央经济工作会议要求，要抓紧研究提出培育我国战略性新兴产业的总体思路，强化政策支持，加大财政投入，培育新的经济增长点。

加快培育和发展战略性新兴产业，需要统一认识，明确发展思路和重点，加强统筹规划，采取有效的政策措施予以扶持，引导全社会加快培育和发展战略性新兴产业。根据党中央、国务院的部署和国务院领导关于“要抓紧起草《加快培育战略性新兴产业的决定》和规划、政策，报国务院审批”的要求，今年2月，国家发展改革委、科技部、工信部、财政部等20个有关部门或单位，成立了“战略性新兴产业发展思路研究部际协调小组”，在对全国重点地区进行实地调研、广泛听取相关行业、企业、专家以及社会方方面面意见的基础上，提出了加快培育发展战略性新兴产业的指导思想、目标、重点任务和重大政策措施，形成了《国务院关于加快培育和发展战略性新兴产业的决定》（以下简称《决定》）的上报稿。国务院于9月8日召开常务会议，审议并原则通过了《决定》。

二、《决定》主要着眼于解决加快培育和发展战略性新兴产业中的哪些问题?

经过改革开放30多年的快速发展，我国综合国力明显增强，科技水平不断提高，建立了较为完备的产业体系，特别是高技术产业快速发展，规模跻身世界前列，为战略性新兴产业加快发展奠定了较好的基础。同时，在新的发展阶段，我国加快培育发展战略性新兴产业也面临着企业技术创新能力不强，掌握的关键核心技术少，有利于新技术新产品进入市场的政策法规体系不健全，支持创新创业的投融资和财税政策、体制机制不完善等突出问题。因此，《决定》主要着眼于解决当前战略性新兴产业发展存在七个问题：

（一）明确战略性新兴产业的内涵和发展重点。各方面普遍认为培育发展战略性新兴产业应体现国家的战略需求，要体现阶段性特征，现阶段应将节能环保、信息、生物、高端装备制造、新能源、新材料、新能源汽车等作为战略性新兴产业。但从调研看，各地对战略性新兴产业的范围也有不同的理解，一些地方基于当地的产业基础、比较优势和经济长远发展的需要，将石化深加工、绿色食品、林产业、海洋产业、文化创意、现代物流、高端生产性服务业等列为战略性新兴产业。这说明在战略性新兴产业内涵和发展重点方面还需要进一步统一认识，明确方向，为制定重点任务和政策着力点奠定基础。要进一步明确某一产业领域的重点发展方向和任务，引导社会资源的有效投入，并为此营造更加良好的发展环境。

（二）突出体制机制改革。从调研情况看，加快培育我国战略性新兴产业还面临一些急需解决的体制机制问题，主要包括：一是企业尚未真正成为技术创新的主体，产学研用紧密结合的机制没有形成，科技与经济脱节的问题仍然突出。二是技术创新成果转移机制亟待建立，创新成果产业化中介机构缺失，知识产权等无形资产管理程序复杂、评估作价困难、周期长，职务创新股权激励措施不到位，不利于调动创新创业积极性。三是符合战略性新兴产业特点和要求的资本市场不完善，融资体系不健全。四是部分领域管理体制改革滞后，如节能环保和新能源产业的价格形成机制，电力体制市场化改革，“三网融合”相关行政管理体制，生物医药产业的新药审批程序，通用航空发展的空域管理规定，卫星应用的军民结合机制等，现行管理办法制约相关行业发展。五是条块分割、政出多门，缺乏有效的协调和决策机制，有关规划、政策没有形成合力。要加快培育发展战略性新兴产业，必须着力推进重点领域和关键环节的改革。

（三）掌握战略性新兴产业核心技术。战略性新兴产业的竞争，核心是关键技术的竞争。调研发现，目前我国战略性新兴产业的一些领域在规模上虽然已经跻身世界前列，但组装加工能力强，技术集成能力薄弱，关键核心技术和装备主要依赖进口。如风能虽然装机容量已居世界前列，但大型风机的设计能力和关键部件的制造技术较弱；太阳能电池虽然产量世界第一，但高转换效率的太阳能薄膜电池等新一代光伏电池核心技术不掌握；新兴信息产业虽然在系统设备研发方面取得了明显进展，但在集成电路、光电、高性能计算等领域的基础性技术还有待突破；生物医药产业尽管快速发展，但缺乏创新药物和工程化技术与装备；基因工程开展了大量研究，但工业化的转基因技术不掌握，开发具有知识产权的新品种速度慢；装备制造业虽然规模较大，但大型装备关键核心部件、控制技术和高性能材料严重依赖进口。因此，加快培育发展战略性新兴产业，必须着眼于突破一批关键核心技术，加强前沿性、战略性产业技术集成创新，提升我国战略性新兴产业发展的质量和效益。

（四）充分发挥市场的拉动力量。战略性新兴产业领域的新技术、新产品在市场导入期往往存在种种障碍，需政府推动应用示范、标准制定和基础设施建设等。近年来我国相继实施了“节能产品惠民工程”、TD－SCDMA第三代移动通信试验网等培育市场和新技术应用示范的措施，对促进战略性新兴产业快速发展发挥了十分重要的拉动作用。但从调研情况看，各方面普遍反映市场培育力度还不够，手段单一，试点示范推进缓慢，相关技术标准制定滞后，有关价格和税收政策不配套，在一些领域还存在地方保护和市场分割的情况，市场竞争秩序有待规范等问题。所以，培育发展战略性新兴产业要进一步强化培育市场环境，通过加大示范应用力度、加快配套设施建设等方式培育市场，进一步发挥市场拉动作用，引导社会消费，激励企业创新。

（五）财税金融投资政策急需完善。战略性新兴产业的培育和发展是一个长期、持续的过程，初期高投入、高风险的特征十分突出，需要强有力、系统性的财税、投融资政策支持。调研反映的主要问题包括创业投资规模小，融资性担保机构不发达、多层次金融市场不完善；财政税收激励政策等未能发挥应有的作用，支持方式和政策体系需要进一步完善。所以，培育发展战略性新兴产业的相关财税金融和投资政策要在系统梳理、评价现有政策的基础上，进一步创新财税金融支持方式，形成有效引导和有利于发挥社会投资积极性的政策体系。

（六）国际合作是加快培育发展战略性新兴产业的重要途径。战略性新兴产业发展是基于全球科技前沿领域的创新成果，呈现出在产业链高端共同投资、联合开发、加强分工与合作等新的特点和趋势，国际合作发展是其必然选择。但调研中发现，除少数新兴产业形成了开放式发展的格局外，目前许多新兴产业领域的发展，企业开展国际合作的形式比较单一，不注重前期技术合作，也没有利用国际资本市场，国际合作发展渠道不畅。鉴于战略性新兴产业的特点和发展趋势，必须以更加开放的思维，推进智力、资本和市场的深度合作，促进共同发展。

（七）加强规划引导和统筹协调。调研中感到，各地对发展战略性新兴产业的积极性很高，都希望抓住这一次重大发展机遇，实现本地经济的较快发展，提升在全国中的位次。但是也发现存在急于求成的趋向。为此，既要保护好、发挥好和引导好地方发展战略性新兴产业的积极性，也要高度重视区域间统筹规划和协调发展，避免盲目低水平投资建设等问题。

三、怎样理解和把握战略性新兴产业的内涵？战略性新兴产业与高技术产业之间有什么样的关系？

一方面，战略性新兴产业是代表科技创新的方向和产业发展的方向，体现新兴科技和新兴产业的深度融合。另一方面，战略性新兴产业是对经济社会发展具有较强关联带动作用，是推动社会生产和生活方式发生深刻变革的重要力量。在这个认识的基础上，《决定》明确了战略性新兴产业是以重大技术突破和重大发展需求为基础，对经济社会全局和长远发展具有重大引领带动作用，知识技术密集、物质资源消耗少、成长潜力大、综合效益好的产业。

高技术产业与战略性新兴产业具有基本相同的特征，总体上属于战略性新兴产业的范畴。但其中也有一些技术相对成熟、不具备高成长性的领域，不属于战略性新兴产业。同时，科技进步和经济社会发展还将催生更多战略性新兴产业。

四、制定《决定》的原则是什么？

培育和发展战略性新兴产业是落实科学发展观、促进经济发展方式转变和结构调整的重大举措。《决定》是指导我国培育和发展战略性新兴产业的重要指导文件。制定《决定》坚持了以下主要原则：

一是突出战略性、阶段性、针对性。培育和发展战略性新兴产业是关系我国经济社会发展全局和长远的一项重大决策，必须以全球视野，立足国家战略需求，既要认识到加快发展战略性新兴产业对转变经济发展方式、促进可持续发展的战略意义，统一思想认识，明确培育战略性新兴产业在国民经济和社会发展中的战略地位，进行超前部署和统筹安排；也要立足当前，着力解决制约国民经济社会发展的重大瓶颈，促进产业结构的转型升级；还要有系统性、针对性地提出培育战略性新兴产业所涉及的创新体制机制、强化企业技术创新主体地位、加强自主创新、完善市场环境、加大财税金融支持力度等重大政策措施。

二是处理好市场机制和政府调控的关系。培育和发展战略性新兴产业，必须紧紧结合我国国情和发展实际，把握好战略性新兴产业发展的客观规律，以充分发挥市场配置资源的基础性作用为主线，摆好政府位置。《决定》提出的相关政策措施，是以为企业创造良好的发展环境为重点，引导培育市场机制，政府更多地采取宏观调控和间接手段，在一些关键核心领域，要有所作为，集中力量办大事，发挥积极的组织推动作用。

三是坚持企业的主体地位。按照建设创新型国家和加快建设以企业为主体、产学研相结合的技术创新体系的要求，借鉴国际经验，以发挥企业的能动作用为核心，强化产学研用结合，使《决定》的相关政策向企业聚焦，促进各种要素向企业集聚，支持有条件的骨干企业发展成为有国际竞争力和影响力的跨国企业集团，支持中小企业做专做精、做大做强。

四是体现统筹协调。培育战略性新兴产业是一项涉及经济、科技、改革、政策法规等多方面复杂因素的系统工程，也是一项既关系当前也影响长远的重大战略任务。为此，《决定》必须充分体现国家层面相关规划、政策的衔接，体现中央和地方之间以及区域之间的衔接，形成政策合力，做出长远安排，为战略性新兴产业营造良好的发展环境。

五、《决定》提出当前我国加快培育和发展的战略性新兴产业重点领域和方向包括哪些？选择这些重点领域和方向主要是出于什么考虑？

根据我国国情和科技、产业基础，以及战略性新兴产业的发展阶段与特点，现阶段应紧紧围绕经济社会发展的重大需求，一是以有效缓解经济社会发展的资源、环境瓶颈制约为目标，着力发展节能环保和新能源产业；二是以加快推进经济社会信息化、促进信息化与工业化深度融合为目标，着力发展新一代信息技术产业；三是以提高人民健康水平、促进现代农业发展为目标，着力发展生物产业；四是以提升制造业核心竞争力、促进产业结构优化升级为目标，着力发展高端装备制造、新材料和新能源汽车产业。

为进一步集中力量，努力实现重点领域快速健康发展，《决定》从上述四个方面七个产业领域中选择了若干重点方向作为现阶段加快培育和发展战略性新兴产业的切入点和突破口。

从节能环保产业看，为应对全球气候变化和适应产业绿色发展的国际趋势，结合我国面临的资源环境巨大压力，以先进适用技术集成应用为重点，大力发展新型高效节能、先进环保、资源循环利用技术和装备，发展节能环保服务业和再制造产业等环保产业新业态。

从新能源产业看，绿色新能源技术发展和产业化是解决能源危机、优化能源结构的根本出路。近10年来，我国在新能源产业发展的诸多领域已经形成了国际竞争优势，未来发展应以巨大内需市场为后盾，快速提升创新能力，积极发展新一代核能；加快太阳能热利用技术推广应用，开拓多元化的太阳能光伏光热发电市场；提高风电技术装备水平，有序推进风电规模化发展；因地制宜开发利用生物质能。

从新一代信息技术产业看，信息技术正在纵深发展并深刻改变人类的生产和生活方式，新一代信息技术依然是产业结构优化升级的最核心技术。目前我国已形成了新兴信息产业发展的比较优势，从做强我国信息产业的需求出发，未来应以建设宽带、泛在、融合、安全的信息网络基础设施、推进“三网”融合，促进物联网、云计算的研发和示范应用为主线，增强集成电路、新型显示、高端软件等核心基础产业的发展能力，加速网络增值服务等新业态壮大发展。

从生物产业看，生命科学和生物技术将是从根本上影响21世纪人类发展的重大领域，将对改变消耗自然资源的传统发展模式、构建绿色可再生产业体系、促进人类健康产生革命性影响。我国在生命科学和生物技术领域具有坚实的基础，具有发展的巨大市场空间，生物产业未来发展要以巩固基础研究、加速推进产业化、有序促进大规模应用为主线，大力利用生物技术开发重大疾病防治新药，加快发展新型生物医学工程产品，强化重要粮食作物、经济作物、畜禽和水产品等为主要对象的生物育种产业发展，促进绿色农用生物产品和海洋生物技术产品的发展。推进生物制造技术和产品对传统化工工艺路线的技术替代和对化石资源的原料替代。

从高端装备制造业看，它是装备制造业的高端部分，具有技术密集、附加值高、成长空间大、带动作用强等突出特点，对于加快我国工业现代化建设，实现制造强国战略目标具有重要意义。我国要掌握发展主动权，必须优先重点发展先进航空装备和高速铁路交通等先进运输装备、海洋工程装备、高端智能制造装备，加快建设以卫星应用为核心、以服务国家发展为目标的空间基础设施。

从新材料产业看，它是国民经济各行业特别是战略性新兴产业发展的重要基础，也是长期以来制约我国制造业发展和节能减排目标实现的瓶颈。其发展要以发挥我国在纳米、超导、稀土等材料科学技术研究方面的优势为基础，以满足国家重大工程建设和产业结构升级为目标，巩固学科研究优势，大力发展新材料制备技术和装备，大力推进新型材料产业化，大力推进大宗高端材料规模化生产应用。

从新能源汽车产业看，新能源汽车是全球汽车行业升级转型的方向。我国要在未来形成具有世界竞争力的汽车工业体系，必须超前部署新能源汽车的研发和产业化。当前，要充分发挥社会各方面的积极性，以产业联盟系列化为途径，着力突破动力电池、驱动电机和电子控制领域关键核心技术，加速形成知识产权，推进插电式混合动力汽车、纯电动汽车推广应用和产业化。

需要强调的是，战略性新兴产业是一个动态的概念，是根据现阶段我国经济社会发展需要和科学技术进步的实际情况而确定的，随着形势的发展，战略性新兴产业的重点领域应当适时进行调整。

六、《决定》提出的战略性新兴产业发展目标是什么？确定目标的依据是什么？

综合考虑目前我国战略性新兴产业发展的基础和趋势，以及发展战略性新兴产业需要长期不懈努力的客观要求，我国培育和发展战略性新兴产业的宏观目标应体现三个方面，一是形成我国经济社会可持续发展和转变经济发展方式的重要力量；二是形成满足人民群众生活质量提升新要求的客观能力；三是形成我国参与国际经济技术合作和竞争发展的新优势。从发展阶段上看，应按照“三步走”的思路，到2015年，战略性新兴产业形成健康发展、协调推进的基本格局，对产业结构升级的作用显著增强，增加值占国内生产总值的比重力争达到8%左右。到2020年，战略性新兴产业增加值占国内生产总值的比重力争达到15%左右，吸纳、带动就业能力显著提高。节能环保、新一代信息技术、生物、高端装备制造产业成为国民经济的支柱产业，新能源、新材料、新能源汽车成为国民经济的先导产业。到2030年前后，战略性新兴产业的整体创新能力和产业发展水平达到世界先进水平，为经济社会可持续发展提供强有力的支撑。

关于战略性新兴产业增加值占国内生产总值的比重2015年力争达到8%左右、2020年力争达到15%左右等定量目标，是根据相关行业协会、国家统计局、工业和信息化部等部门和单位提供的基础数据测算的，是完全有可能实现的。

七、加快培育和发展战略性新兴产业的主要任务是什么？这些任务主要是针对什么问题提出来的？

目前，我国战略性新兴产业发展面临的突出问题是关键核心技术掌握得少，产品进入市场面临诸多障碍。要加快培育和发展战略性新兴产业，必须把科技创新作为中心环节，把市场需求作为重要拉动力量，把国际化发展作为必要的条件，着力提升产业核心竞争力、营造良好市场环境、提高国际化发展水平。

从强化科技创新看，应针对目前我国战略性新兴产业存在的企业创新能力薄弱、核心关键技术掌握少等问题，围绕提升企业技术创新能力和产业自主发展能力，切实加强产业发展的技术基础、强化企业创新主体地位、实施产业创新发展工程、建设支撑体系。核心工作主要涉及六个方面，一是超前部署支撑战略性新兴产业发展的核心关键技术和前沿技术研究；二是鼓励企业建设具有世界先进水平的工程化平台并形成产业链发展的工程化、系统集成技术能力；三是释放我国已形成的科技潜力，促进创新人才向企业流动和强化人才激励机制；四是应以规模化发展为目标，统筹技术开发、工程化、标准制定、市场应用等创新环节，实施若干具有引领带动作用的重大产业创新发展工程，形成突破口和发展优势；五是大力推进高校、科研机构的技术转移，大规模支持企业实施创新成果产业化；六是促进技术、人才、资金等创新资源向具有技术创新优势的产业区域集聚，加速战略性新兴产业基地发展，促进区域产业结构和经济结构优化升级。

从积极培育市场看，应围绕促进处于发展初期的战略性新兴产业有效克服产品和服务市场认知度低、与现有同类产品相比成本高、市场配套体系不完善、政策法规体系尚未建立等市场进入障碍，切实发挥政府的引导作用，加强示范应用，完善市场应用配套服务体系，建立健全市场规制，营造良好的市场环境，将需求潜力转化为拉动产业发展的动力，发挥市场的主导作用。具体而言，一是组织实施若干重大应用示范工程，重点围绕提高人民健康水平、缓解环境资源制约等紧迫需求，组织实施全民健康、绿色发展、信息惠民等应用示范工程，引导消费模式转变，培育市场，拉动产业发展；二是重点加强新能源并网及储能、通用航空等产业的市场应用基础设施建设，支持企业在物联网、节能环保服务、新能源应用、信息服务、新能源汽车推广等领域大力发展专业服务、增值服务等新业态；三是应加强标准体系建设和完善市场准入制度，为各类企业发展营造公平竞争环境。

从深化国际合作看，我国培育和发展战略性新兴产业，一是应针对战略性新兴产业“知识密集”的特征，突出“招才引智”的作用，充分利用全球创新资源，加强国际科技交流与合作，共同创造和分享国际创新成果；二是应针对战略性新兴产业高投入、高风险特征，突出利用全球资本的重要性，切实提高国际投融资合作的质量和水平，引导外资投向战略性新兴产业，鼓励我国企业到境外投融资，多层次多元化有效利用国外资金；三是应适应我国战略性新兴产业做强做大的需要，在目前战略性新兴产业的国际分工格局尚未完全形成的情况下，推动技术和产品“走出去”，促进企业跨国经营，开拓国际市场，在更高层次上参与国际分工。

八、《决定》突出财税金融政策的扶持和引导作用，请问在财政、税收、金融政策上有哪些新举措？

战略性新兴产业发展需要巨大的资金投入。当前，我国发展战略性新兴产业资金投入严重不足，财税政策引导社会投资、激励企业创新积极性的力度不够，多层次资本市场发育不完善。应在充分发挥企业投入积极性的同时，切实发挥中央财政资金的引导作用、国家税收政策的激励作用和多层次资本市场的支撑作用，建立健全政策体系，创新支持方式。

在财政支持政策方面，针对当前政府资金使用分散、重点领域投入强度不足、缺乏稳定投入支持机制等问题，《决定》提出切实加大财政投入力度，发挥中央财政资金引导和调动社会投资积极性的作用，重点在整合现有政策资源和利用现有资金渠道的基础上，建立稳定的财政投入增长机制，设立战略性新兴产业发展专项资金，大幅度增加中央财政的资金投入，专项集中支持重大产业创新发展工程、重大应用示范工程、重大创新成果产业化、创新能力建设等，引导创业投资发展。

在税收激励政策方面，针对战略性新兴产业人力资本、研发费用比例较高、产品发展初期进入市场难度较大的特征，切实完善税收激励政策，重点在落实好现行各项促进科技投入、科技成果转化和支持高技术产业发展等税收政策的基础上，结合税制改革方向和税种特征，综合运用各种手段，从激励自主创新、引导消费、鼓励发展新业态等角度，针对产业的具体特征，制定流转税、所得税、消费税、营业税等支持政策，形成普惠性激励社会资源发展战略性新兴产业的政策手段。

在金融政策方面，针对战略性新兴产业发展初期大量创新型中小企业需要创业投资、场外交易、发行债券等多种直接融资支持和政策性融资支持等特点，强化金融服务支撑，重点鼓励金融机构加大信贷支持，积极发挥多层次资本市场的融资功能，大力发展创业投资和股权投资基金。主要包括积极开展知识产权质押融资、产业链融资等信贷方式创新，加大力度支持战略性新兴产业发展；加快完善创业板、场外证券交易在内的资本市场，进一步扩大中小企业集合债券发行规模，积极探索发展高收益类债券等债券品种；扩大政府新兴产业创业投资资金规模，建立政府创业投资引导基金，进一步扶持和引导发展创业投资。

九、下一步对贯彻落实《决定》有什么具体部署和要求？

第一，要抓紧编制规划。针对培育和发展战略性新兴产业是一项长期性、系统性的重大任务，也涉及区域协调发展，要落实《决定》提出的抓紧编制《战略性新兴产业发展“十二五”规划》的要求，制定战略性新兴产业发展指导目录，加强相关规划和政策之间的衔接，促进区域协调发展，防止盲目投资、重复建设。

第二，要推进体制机制改革。针对一些重点领域突出存在的制约战略性新兴产业发展的体制机制问题，要落实《决定》提出的深化重点领域改革的要求，建立促进“三网”融合高效有序开展的政策和机制，深化电力体制改革，推进空域管理体制改革，实施新能源配额制，落实新能源发电全额保障性收购制度；加快资源性产品价格形成机制改革，完善资源税费调节机制；加快建立生产者责任延伸制度，建立和完善主要污染物和碳排放交易制度。

第三，要把《决定》提出的重大任务落实到年度工作中。一是要推进《决定》的细化工作，制定《决定》实施细则，编制相关产业具体规划，研究出台鼓励和引导民间资本投入战略性新兴产业的具体措施。二是落实专项资金，启动创新发展重大工程和市场推广应用重大工程，加快发展创业风险投资，深入推进各项具体落实工作。三是指导地方按照国家规划布局编制区域发展规划，形成全国一盘棋的发展局面。

第四，要加强统筹协调。针对战略性新兴产业涉及领域广、主管部门多、产业间交叉融合等特点，要落实《决定》提出的建立由发展改革委牵头的部际协调机制的要求，统筹推进战略性新兴产业的发展，分解落实《决定》重点工作，加强对政策落实情况的监督，确保政策得到落实。

第八部分

投资法规

国家法规

中华人民共和国审计法实施条例

中华人民共和国国务院令　第571号

（1997年10月21日中华人民共和国国务院令第231号公布
2010年2月2日国务院第100次常务会议修订通过）

第一章　总　　则

第一条　根据《中华人民共和国审计法》（以下简称审计法）的规定，制定本条例。

第二条　审计法所称审计，是指审计机关依法独立检查被审计单位的会计凭证、会计账簿、财务会计报告以及其他与财政收支、财务收支有关的资料和资产，监督财政收支、财务收支真实、合法和效益的行为。

第三条　审计法所称财政收支，是指依照《中华人民共和国预算法》和国家其他有关规定，纳入预算管理的收入和支出，以及下列财政资金中未纳入预算管理的收入和支出：

（一）行政事业性收费；

（二）国有资源、国有资产收入；

（三）应当上缴的国有资本经营收益；

（四）政府举借债务筹措的资金；

（五）其他未纳入预算管理的财政资金。

第四条　审计法所称财务收支，是指国有的金融机构、企业事业组织以及依法应当接受审计机关审计监督的其他单位，按照国家财务会计制度的规定，实行会计核算的各项收入和支出。

第五条　审计机关依照审计法和本条例以及其他有关法律、法规规定的职责、权限和程序进行审计监督。

审计机关依照有关财政收支、财务收支的法律、法规，以及国家有关政策、标准、项目目标等方面的规定进行审计评价，对被审计单位违反国家规定的财政收支、财务收支行为，在法定职权范围内作出处理、处罚的决定。

第六条　任何单位和个人对依法应当接受审计机关审计监督的单位违反国家规定的财政收支、财务收支行为，有权向审计机关举报。审计机关接到举报，应当依法及时处理。

第二章　审计机关和审计人员

第七条　审计署在国务院总理领导下，主管全国的审计工作，履行审计法和国务院规定的职责。

地方各级审计机关在本级人民政府行政首长和上一级审计机关的领导下，负责本行政区域的审计工作，履行法律、法规和本级人民政府规定的职责。

第八条　省、自治区人民政府设有派出机关的，派出机关的审计机关对派出机关和省、自治区人民政府审计机关负责并报告工作，审计业务以省、自治区人民政府审计机关领导为主。

第九条　审计机关派出机构依照法律、法规和审计机关的规定，在审计机关的授权范围内开展审计工作，不受其他行政机关、社会团体和个人的干涉。

第十条　审计机关编制年度经费预算草案的依据主要包括：

（一）法律、法规；

（二）本级人民政府的决定和要求；

（三）审计机关的年度审计工作计划；

（四）定员定额标准；

（五）上一年度经费预算执行情况和本年度的变化因素。

第十一条　审计人员实行审计专业技术资格制度，具体按照国家有关规定执行。

审计机关根据工作需要，可以聘请具有与审计事项相关专业知识的人员参加审计工作。

第十二条　审计人员办理审计事项，有下列情形之一的，应当申请回避，被审计单位也有权申请审计人员回避：

（一）与被审计单位负责人或者有关主管人员有夫妻关系、直系血亲关系、三代以内旁系血亲或者近姻亲关系的；

（二）与被审计单位或者审计事项有经济利益关系的；

（三）与被审计单位、审计事项、被审计单位负责人或者有关主管人员有其他利害关系，可能影响公正执行公务的。

审计人员的回避，由审计机关负责人决定；审计机关负责人办理审计事项时的回避，由本级人民政府或者上一级审计机关负责人决定。

第十三条　地方各级审计机关正职和副职负责人的任免，应当事先征求上一级审计机关的意见。

第十四条　审计机关负责人在任职期间没有下列情形之一的，不得随意撤换：

（一）因犯罪被追究刑事责任的；

（二）因严重违法、失职受到处分，不适宜继续担任审计机关负责人的；

（三）因健康原因不能履行职责1年以上的；

（四）不符合国家规定的其他任职条件的。

第三章　审计机关职责

第十五条　审计机关对本级人民政府财政部门具体组织本级预算执行的情况，本级预算收入征收部门征收预算收入的情况，与本级人民政府财政部门直接发生预算缴款、拨款关系的部门、单位的预算执行情况和决算，下级人民政府的预算执行情况和决算，以及其他财政收支情况，依法进行审计监督。经本级人民政府批准，审计机关对其他取得财政资金的单位和项目接受、运用财政资金的真实、合法和效益情况，依法进行审计监督。

第十六条　审计机关对本级预算收入和支出的执行情况进行审计监督的内容包括：

（一）财政部门按照本级人民代表大会批准的本级预算向本级各部门（含直属单位）批复预算的情况、本级预算执行中调整情况和预算收支变化情况；

（二）预算收入征收部门依照法律、行政法规的规定和国家其他有关规定征收预算收入情况；

（三）财政部门按照批准的年度预算、用款计划，以及规定的预算级次和程序，拨付本级预算支出资金情况；

（四）财政部门依照法律、行政法规的规定和财政管理体制，拨付和管理政府间财政转移支付资金情况以及办理结算、结转情况；

（五）国库按照国家有关规定办理预算收入的收纳、划分、留解情况和预算支出资金的拨付情况；

（六）本级各部门(含直属单位)执行年度预算情况；

（七）依照国家有关规定实行专项管理的预算资金收支情况；

（八）法律、法规规定的其他预算执行情况。

第十七条　审计法第十七条所称审计结果报告，应当包括下列内容：

（一）本级预算执行和其他财政收支的基本情况；

（二）审计机关对本级预算执行和其他财政收支情况作出的审计评价；

（三）本级预算执行和其他财政收支中存在的问题以及审计机关依法采取的措施；

（四）审计机关提出的改进本级预算执行和其他财政收支管理工作的建议；

（五）本级人民政府要求报告的其他情况。

第十八条　审计署对中央银行及其分支机构履行职责所发生的各项财务收支，依法进行审计监督。

审计署向国务院总理提出的中央预算执行和其他财政收支情况审计结果报告，应当包括对中央银行的财务收支的审计情况。

第十九条　审计法第二十一条所称国有资本占控股地位或者主导地位的企业、金融机构，包括：

（一）国有资本占企业、金融机构资本（股本）总额的比例超过50%的；

（二）国有资本占企业、金融机构资本（股本）总额的比例在50%以下，但国有资本投资主体拥有实际控制权的。

审计机关对前款规定的企业、金融机构，除国务院另有规定外，比照审计法第十八条第二款、第二十条规定进行审计监督。

第二十条 审计法第二十二条所称政府投资和以政府投资为主的建设项目，包括：

（一）全部使用预算内投资资金、专项建设基金、政府举借债务筹措的资金等财政资金的；

（二）未全部使用财政资金，财政资金占项目总投资的比例超过50%，或者占项目总投资的比例在50%以下，但政府拥有项目建设、运营实际控制权的。

审计机关对前款规定的建设项目的总预算或者概算的执行情况、年度预算的执行情况和年度决算、单项工程结算、项目竣工决算，依法进行审计监督；对前款规定的建设项目进行审计时，可以对直接有关的设计、施工、供货等单位取得建设项目资金的真实性、合法性进行调查。

第二十一条 审计法第二十三条所称社会保障基金，包括社会保险、社会救助、社会福利基金以及发展社会保障事业的其他专项基金；所称社会捐赠资金，包括来源于境内外的货币、有价证券和实物等各种形式的捐赠。

第二十二条 审计法第二十四条所称国际组织和外国政府援助、贷款项目，包括：

（一）国际组织、外国政府及其机构向中国政府及其机构提供的贷款项目；

（二）国际组织、外国政府及其机构向中国企业事业组织以及其他组织提供的由中国政府及其机构担保的贷款项目；

（三）国际组织、外国政府及其机构向中国政府及其机构提供的援助和赠款项目；

（四）国际组织、外国政府及其机构向受中国政府委托管理有关基金、资金的单位提供的援助和赠款项目；

（五）国际组织、外国政府及其机构提供援助、贷款的其他项目。

第二十三条 审计机关可以依照审计法和本条例规定的审计程序、方法以及国家其他有关规定，对预算管理或者国有资产管理使用等与国家财政收支有关的特定事项，向有关地方、部门、单位进行专项审计调查。

第二十四条 审计机关根据被审计单位的财政、财务隶属关系，确定审计管辖范围；不能根据财政、财务隶属关系确定审计管辖范围的，根据国有资产监督管理关系，确定审计管辖范围。

两个以上国有资本投资主体投资的金融机构、企业事业组织和建设项目，由对主要投资主体有审计管辖权的审计机关进行审计监督。

第二十五条 各级审计机关应当按照确定的审计管辖范围进行审计监督。

第二十六条 依法属于审计机关审计监督对象的单位的内部审计工作，应当接受审计机关的业务指导和监督。

依法属于审计机关审计监督对象的单位，可以根据内部审计工作的需要，参加依法成立的内部审计自律组织。审计机关可以通过内部审计自律组织，加强对内部审计工作的业务指导和监督。

第二十七条 审计机关进行审计或者专项审计调查时，有权对社会审计机构出具的相关审计报告进行核查。

审计机关核查社会审计机构出具的相关审计报告时，发现社会审计机构存在违反法律、法规或者执业准则等情况的，应当移送有关主管机关依法追究责任。

第四章 审计机关权限

第二十八条 审计机关依法进行审计监督时，被审计单位应当依照审计法第三十一条规定，向审计机关提供与财政收支、财务收支有关的资料。被审计单位负责人应当对本单位提供资料的真实性和完整性作出书面承诺。

第二十九条 各级人民政府财政、税务以及其他部门（含直属单位）应当向本级审计机关报送下列资料：

（一）本级人民代表大会批准的本级预算和本级人民政府财政部门向本级各部门（含直属单位）批复的预算，预算收入征收部门的年度收入计划，以及本级各部门（含直属单位）向所属各单位批复的预算；

（二）本级预算收支执行和预算收入征收部门的收入计划完成情况月报、年报，以及决算情况；

（三）综合性财政税务工作统计年报、情况简报，财政、预算、税务、财务和会计等规章制度；

（四）本级各部门（含直属单位）汇总编制的本部门决算草案。

第三十条　审计机关依照审计法第三十三条规定查询被审计单位在金融机构的账户的，应当持县级以上人民政府审计机关负责人签发的协助查询单位账户通知书；查询被审计单位以个人名义在金融机构的存款的，应当持县级以上人民政府审计机关主要负责人签发的协助查询个人存款通知书。有关金融机构应当予以协助，并提供证明材料，审计机关和审计人员负有保密义务。

第三十一条　审计法第三十四条所称违反国家规定取得的资产，包括：

（一）弄虚作假骗取的财政拨款、实物以及金融机构贷款；

（二）违反国家规定享受国家补贴、补助、贴息、免息、减税、免税、退税等优惠政策取得的资产；

（三）违反国家规定向他人收取的款项、有价证券、实物；

（四）违反国家规定处分国有资产取得的收益；

（五）违反国家规定取得的其他资产。

第三十二条　审计机关依照审计法第三十四条规定封存被审计单位有关资料和违反国家规定取得的资产的，应当持县级以上人民政府审计机关负责人签发的封存通知书，并在依法收集与审计事项相关的证明材料或者采取其他措施后解除封存。封存的期限为7日以内；有特殊情况需要延长的，经县级以上人民政府审计机关负责人批准，可以适当延长，但延长的期限不得超过7日。

对封存的资料、资产，审计机关可以指定被审计单位负责保管，被审计单位不得损毁或者擅自转移。

第三十三条　审计机关依照审计法第三十六条规定，可以就有关审计事项向政府有关部门通报或者向社会公布对被审计单位的审计、专项审计调查结果。

审计机关经与有关主管机关协商，可以在向社会公布的审计、专项审计调查结果中，一并公布对社会审计机构相关审计报告核查的结果。

审计机关拟向社会公布对上市公司的审计、专项审计调查结果的，应当在5日前将拟公布的内容告知上市公司。

第五章　审计程序

第三十四条　审计机关应当根据法律、法规和国家其他有关规定，按照本级人民政府和上级审计机关的要求，确定年度审计工作重点，编制年度审计项目计划。

审计机关在年度审计项目计划中确定对国有资本占控股地位或者主导地位的企业、金融机构进行审计的，应当自确定之日起7日内告知列入年度审计项目计划的企业、金融机构。

第三十五条　审计机关应当根据年度审计项目计划，组成审计组，调查了解被审计单位的有关情况，编制审计方案，并在实施审计3日前，向被审计单位送达审计通知书。

第三十六条　审计法第三十八条所称特殊情况，包括：

（一）办理紧急事项的；

（二）被审计单位涉嫌严重违法违规的；

（三）其他特殊情况。

第三十七条　审计人员实施审计时，应当按照下列规定办理：

（一）通过检查、查询、监督盘点、发函询证等方法实施审计；

（二）通过收集原件、原物或者复制、拍照等方法取得证明材料；

（三）对与审计事项有关的会议和谈话内容作出记录，或者要求被审计单位提供会议记录材料；

（四）记录审计实施过程和查证结果。

第三十八条　审计人员向有关单位和个人调查取得的证明材料，应当有提供者的签名或者盖章；不能取得提供者签名或者盖章的，审计人员应当注明原因。

第三十九条　审计组向审计机关提出审计报告前，应当书面征求被审计单位意见。被审计单位应当自接到审计组的审计报告之日起10日内，提出书面意见；10日内未提出书面意见的，视同无异议。

审计组应当针对被审计单位提出的书面意见，进一步核实情况，对审计组的审计报告作必要修改，连同被审计单位的书面意见一并报送审计机关。

第四十条　审计机关有关业务机构和专门机构或者人员对审计组的审计报告以及相关审计事项进行复核、审理后，由审计机关按照下列规定办理：

（一）提出审计机关的审计报告，内容包括：对审计事项的审计评价，对违反国家规定的财政收支、财务收支行为提出的处理、处罚意见，移送有关主管机关、单位的意见，改进财政收支、财务收支管理工作的意见；

（二）对违反国家规定的财政收支、财务收支行为，依法应当给予处理、处罚的，在法定职权范围内作出处理、处罚的审计决定；

（三）对依法应当追究有关人员责任的，向有关主管机关、单位提出给予处分的建议；对依法应当由有关主管机关处理、处罚的，移送有关主管机关；涉嫌犯罪的，移送司法机关。

第四十一条 审计机关在审计中发现损害国家利益和社会公共利益的事项，但处理、处罚依据又不明确的，应当向本级人民政府和上一级审计机关报告。

第四十二条 被审计单位应当按照审计机关规定的期限和要求执行审计决定。对应当上缴的款项，被审计单位应当按照财政管理体制和国家有关规定缴入国库或者财政专户。审计决定需要有关主管机关、单位协助执行的，审计机关应当书面提请协助执行。

第四十三条 上级审计机关应当对下级审计机关的审计业务依法进行监督。

下级审计机关作出的审计决定违反国家有关规定的，上级审计机关可以责成下级审计机关予以变更或者撤销，也可以直接作出变更或者撤销的决定；审计决定被撤销后需要重新作出审计决定的，上级审计机关可以责成下级审计机关在规定的期限内重新作出审计决定，也可以直接作出审计决定。

下级审计机关应当作出而没有作出审计决定的，上级审计机关可以责成下级审计机关在规定的期限内作出审计决定，也可以直接作出审计决定。

第四十四条 审计机关进行专项审计调查时，应当向被调查的地方、部门、单位出示专项审计调查的书面通知，并说明有关情况；有关地方、部门、单位应当接受调查，如实反映情况，提供有关资料。

在专项审计调查中，依法属于审计机关审计监督对象的部门、单位有违反国家规定的财政收支、财务收支行为或者其他违法违规行为的，专项审计调查人员和审计机关可以依照审计法和本条例的规定提出审计报告，作出审计决定，或者移送有关主管机关、单位依法追究责任。

第四十五条 审计机关应当按照国家有关规定建立、健全审计档案制度。

第四十六条 审计机关送达审计文书，可以直接送达，也可以邮寄送达或者以其他方式送达。直接送达的，以被审计单位在送达回证上注明的签收日期或者见证人证明的收件日期为送达日期；邮寄送达的，以邮政回执上注明的收件日期为送达日期；以其他方式送达的，以签收或者收件日期为送达日期。

审计机关的审计文书的种类、内容和格式，由审计署规定。

第六章 法律责任

第四十七条 被审计单位违反审计法和本条例的规定，拒绝、拖延提供与审计事项有关的资料，或者提供的资料不真实、不完整，或者拒绝、阻碍检查的，由审计机关责令改正，可以通报批评，给予警告；拒不改正的，对被审计单位可以处5万元以下的罚款，对直接负责的主管人员和其他直接责任人员，可以处2万元以下的罚款，审计机关认为应当给予处分的，向有关主管机关、单位提出给予处分的建议；构成犯罪的，依法追究刑事责任。

第四十八条 对本级各部门（含直属单位）和下级人民政府违反预算的行为或者其他违反国家规定的财政收支行为，审计机关在法定职权范围内，依照法律、行政法规的规定，区别情况采取审计法第四十五条规定的处理措施。

第四十九条 对被审计单位违反国家规定的财务收支行为，审计机关在法定职权范围内，区别情况采取审计法第四十五条规定的处理措施，可以通报批评，给予警告；有违法所得的，没收违法所得，并处违法所得1倍以上5倍以下的罚款；没有违法所得的，可以处5万元以下的罚款；对直接负责的主管人员和其他直接责任人员，可以处2万元以下的罚款，审计机关认为应当给予处分的，向有关主管机关、单位提出给予处分的建议；构成犯罪的，依法追究刑事责任。

法律、行政法规对被审计单位违反国家规定的财务收支行为处理、处罚另有规定的，从其规定。

第五十条 审计机关在作出较大数额罚款的处罚决定前，应当告知被审计单位和有关人员有要求举行听证的权利。较大数额罚款的具体标准由审计署规定。

第五十一条 审计机关提出的对被审计单位给予处理、处罚的建议以及对直接负责的主管人员和其他直接责任人员给予处分的建议，有关主管机关、单位应当依法及时作出决定，并将结果书面通知审计机关。

第五十二条 被审计单位对审计机关依照审计法第

十六条、第十七条和本条例第十五条规定进行审计监督作出的审计决定不服的，可以自审计决定送达之日起60日内，提请审计机关的本级人民政府裁决，本级人民政府的裁决为最终决定。

审计机关应当在审计决定中告知被审计单位提请裁决的途径和期限。

裁决期间，审计决定不停止执行。但是，有下列情形之一的，可以停止执行：

（一）审计机关认为需要停止执行的；

（二）受理裁决的人民政府认为需要停止执行的；

（三）被审计单位申请停止执行，受理裁决的人民政府认为其要求合理，决定停止执行的。

裁决由本级人民政府法制机构办理。裁决决定应当自接到提请之日起60日内作出；有特殊情况需要延长的，经法制机构负责人批准，可以适当延长，并告知审计机关和提请裁决的被审计单位，但延长的期限不得超过30日。

第五十三条　除本条例第五十二条规定的可以提请裁决的审计决定外，被审计单位对审计机关作出的其他审计决定不服的，可以依法申请行政复议或者提起行政诉讼。

审计机关应当在审计决定中告知被审计单位申请行政复议或者提起行政诉讼的途径和期限。

第五十四条　被审计单位应当将审计决定执行情况书面报告审计机关。审计机关应当检查审计决定的执行情况。

被审计单位不执行审计决定的，审计机关应当责令限期执行；逾期仍不执行的，审计机关可以申请人民法院强制执行，建议有关主管机关、单位对直接负责的主管人员和其他直接责任人员给予处分。

第五十五条　审计人员滥用职权、徇私舞弊、玩忽职守，或者泄露所知悉的国家秘密、商业秘密的，依法给予处分；构成犯罪的，依法追究刑事责任。

审计人员违法违纪取得的财物，依法予以追缴、没收或者责令退赔。

第七章　附　　则

第五十六条　本条例所称以上、以下，包括本数。

本条例第五十二条规定的期间的最后一日是法定节假日的，以节假日后的第一个工作日为期间届满日。审计法和本条例规定的其他期间以工作日计算，不含法定节假日。

第五十七条　实施经济责任审计的规定，另行制定。

第五十八条　本条例自2010年5月1日起施行。

中华人民共和国国家赔偿法

中华人民共和国主席令　第二十九号

（1994年5月12日第八届全国人民代表大会常务委员会第七次会议通过　根据2010年4月29日第十一届全国人民代表大会常务委员会第十四次会议《关于修改〈中华人民共和国国家赔偿法〉的决定》修正）

第一章　总　　则

第一条　为保障公民、法人和其他组织享有依法取得国家赔偿的权利，促进国家机关依法行使职权，根据宪法，制定本法。

第二条　国家机关和国家机关工作人员行使职权，有本法规定的侵犯公民、法人和其他组织合法权益的情形，造成损害的，受害人有依照本法取得国家赔偿的权利。

本法规定的赔偿义务机关，应当依照本法及时履行赔偿义务。

第二章 行政赔偿

第一节 赔偿范围

第三条 行政机关及其工作人员在行使行政职权时有下列侵犯人身权情形之一的，受害人有取得赔偿的权利：

（一）违法拘留或者违法采取限制公民人身自由的行政强制措施的；

（二）非法拘禁或者以其他方法非法剥夺公民人身自由的；

（三）以殴打、虐待等行为或者唆使、放纵他人以殴打、虐待等行为造成公民身体伤害或者死亡的；

（四）违法使用武器、警械造成公民身体伤害或者死亡的；

（五）造成公民身体伤害或者死亡的其他违法行为。

第四条 行政机关及其工作人员在行使行政职权时有下列侵犯财产权情形之一的，受害人有取得赔偿的权利：

（一）违法实施罚款、吊销许可证和执照、责令停产停业、没收财物等行政处罚的；

（二）违法对财产采取查封、扣押、冻结等行政强制措施的；

（三）违法征收、征用财产的；

（四）造成财产损害的其他违法行为。

第五条 属于下列情形之一的，国家不承担赔偿责任：

（一）行政机关工作人员与行使职权无关的个人行为；

（二）因公民、法人和其他组织自己的行为致使损害发生的；

（三）法律规定的其他情形。

第二节 赔偿请求人和赔偿义务机关

第六条 受害的公民、法人和其他组织有权要求赔偿。

受害的公民死亡，其继承人和其他有扶养关系的亲属有权要求赔偿。

受害的法人或者其他组织终止的，其权利承受人有权要求赔偿。

第七条 行政机关及其工作人员行使行政职权侵犯公民、法人和其他组织的合法权益造成损害的，该行政机关为赔偿义务机关。

两个以上行政机关共同行使行政职权时侵犯公民、法人和其他组织的合法权益造成损害的，共同行使行政职权的行政机关为共同赔偿义务机关。

法律、法规授权的组织在行使授予的行政权力时侵犯公民、法人和其他组织的合法权益造成损害的，被授权的组织为赔偿义务机关。

受行政机关委托的组织或者个人在行使受委托的行政权力时侵犯公民、法人和其他组织的合法权益造成损害的，委托的行政机关为赔偿义务机关。

赔偿义务机关被撤销的，继续行使其职权的行政机关为赔偿义务机关；没有继续行使其职权的行政机关的，撤销该赔偿义务机关的行政机关为赔偿义务机关。

第八条 经复议机关复议的，最初造成侵权行为的行政机关为赔偿义务机关，但复议机关的复议决定加重损害的，复议机关对加重的部分履行赔偿义务。

第三节 赔偿程序

第九条 赔偿义务机关有本法第三条、第四条规定情形之一的，应当给予赔偿。

赔偿请求人要求赔偿，应当先向赔偿义务机关提出，也可以在申请行政复议或者提起行政诉讼时一并提出。

第十条 赔偿请求人可以向共同赔偿义务机关中的任何一个赔偿义务机关要求赔偿，该赔偿义务机关应当先予赔偿。

第十一条 赔偿请求人根据受到的不同损害，可以同时提出数项赔偿要求。

第十二条 要求赔偿应当递交申请书，申请书应当载明下列事项：

（一）受害人的姓名、性别、年龄、工作单位和住所，法人或者其他组织的名称、住所和法定代表人或者主要负责人的姓名、职务；

（二）具体的要求、事实根据和理由；

（三）申请的年、月、日。

赔偿请求人书写申请书确有困难的，可以委托他人代书；也可以口头申请，由赔偿义务机关记入笔录。

赔偿请求人不是受害人本人的，应当说明与受害人的关系，并提供相应证明。

赔偿请求人当面递交申请书的，赔偿义务机关应当当场出具加盖本行政机关专用印章并注明收讫日期的书面凭证。申请材料不齐全的，赔偿义务机关应当当场或者在五日内一次性告知赔偿请求人需要补正的全部内容。

第十三条 赔偿义务机关应当自收到申请之日起两个月内，作出是否赔偿的决定。赔偿义务机关作出赔偿决定，应当充分听取赔偿请求人的意见，并可以与赔偿请求人就赔偿方式、赔偿项目和赔偿数额依照本法第四章的规定进行协商。

赔偿义务机关决定赔偿的，应当制作赔偿决定书，并自作出决定之日起十日内送达赔偿请求人。

赔偿义务机关决定不予赔偿的，应当自作出决定之日起十日内书面通知赔偿请求人，并说明不予赔偿的理由。

第十四条　赔偿义务机关在规定期限内未作出是否赔偿的决定，赔偿请求人可以自期限届满之日起三个月内，向人民法院提起诉讼。

赔偿请求人对赔偿的方式、项目、数额有异议的，或者赔偿义务机关作出不予赔偿决定的，赔偿请求人可以自赔偿义务机关作出赔偿或者不予赔偿决定之日起三个月内，向人民法院提起诉讼。

第十五条　人民法院审理行政赔偿案件，赔偿请求人和赔偿义务机关对自己提出的主张，应当提供证据。

赔偿义务机关采取行政拘留或者限制人身自由的强制措施期间，被限制人身自由的人死亡或者丧失行为能力的，赔偿义务机关的行为与被限制人身自由的人的死亡或者丧失行为能力是否存在因果关系，赔偿义务机关应当提供证据。

第十六条　赔偿义务机关赔偿损失后，应当责令有故意或者重大过失的工作人员或者受委托的组织或者个人承担部分或者全部赔偿费用。

对有故意或者重大过失的责任人员，有关机关应当依法给予处分；构成犯罪的，应当依法追究刑事责任。

第三章　刑事赔偿

第一节　赔偿范围

第十七条　行使侦查、检察、审判职权的机关以及看守所、监狱管理机关及其工作人员在行使职权时有下列侵犯人身权情形之一的，受害人有取得赔偿的权利：

（一）违反刑事诉讼法的规定对公民采取拘留措施的，或者依照刑事诉讼法规定的条件和程序对公民采取拘留措施，但是拘留时间超过刑事诉讼法规定的时限，其后决定撤销案件、不起诉或者判决宣告无罪终止追究刑事责任的；

（二）对公民采取逮捕措施后，决定撤销案件、不起诉或者判决宣告无罪终止追究刑事责任的；

（三）依照审判监督程序再审改判无罪，原判刑罚已经执行的；

（四）刑讯逼供或者以殴打、虐待等行为或者唆使、放纵他人以殴打、虐待等行为造成公民身体伤害或者死亡的；

（五）违法使用武器、警械造成公民身体伤害或者死亡的。

第十八条　行使侦查、检察、审判职权的机关以及看守所、监狱管理机关及其工作人员在行使职权时有下列侵犯财产权情形之一的，受害人有取得赔偿的权利：

（一）违法对财产采取查封、扣押、冻结、追缴等措施的；

（二）依照审判监督程序再审改判无罪，原判罚金、没收财产已经执行的。

第十九条　属于下列情形之一的，国家不承担赔偿责任：

（一）因公民自己故意作虚伪供述，或者伪造其他有罪证据被羁押或者被判处刑罚的；

（二）依照刑法第十七条、第十八条规定不负刑事责任的人被羁押的；

（三）依照刑事诉讼法第十五条、第一百四十二条第二款规定不追究刑事责任的人被羁押的；

（四）行使侦查、检察、审判职权的机关以及看守所、监狱管理机关的工作人员与行使职权无关的个人行为；

（五）因公民自伤、自残等故意行为致使损害发生的；

（六）法律规定的其他情形。

第二节　赔偿请求人和赔偿义务机关

第二十条　赔偿请求人的确定依照本法第六条的规定。

第二十一条　行使侦查、检察、审判职权的机关以及看守所、监狱管理机关及其工作人员在行使职权时侵犯公民、法人和其他组织的合法权益造成损害的，该机关为赔偿义务机关。

对公民采取拘留措施，依照本法的规定应当给予国家赔偿的，作出拘留决定的机关为赔偿义务机关。

对公民采取逮捕措施后决定撤销案件、不起诉或者判决宣告无罪的，作出逮捕决定的机关为赔偿义务机关。

再审改判无罪的，作出原生效判决的人民法院为赔偿义务机关。二审改判无罪，以及二审发回重审后作无罪处理的，作出一审有罪判决的人民法院为赔偿义务机关。

第三节　赔偿程序

第二十二条　赔偿义务机关有本法第十七条、第十八条规定情形之一的，应当给予赔偿。

赔偿请求人要求赔偿，应当先向赔偿义务机关提出。

赔偿请求人提出赔偿请求，适用本法第十一条、第十二条的规定。

第二十三条 赔偿义务机关应当自收到申请之日起两个月内，作出是否赔偿的决定。赔偿义务机关作出赔偿决定，应当充分听取赔偿请求人的意见，并可以与赔偿请求人就赔偿方式、赔偿项目和赔偿数额依照本法第四章的规定进行协商。

赔偿义务机关决定赔偿的，应当制作赔偿决定书，并自作出决定之日起十日内送达赔偿请求人。

赔偿义务机关决定不予赔偿的，应当自作出决定之日起十日内书面通知赔偿请求人，并说明不予赔偿的理由。

第二十四条 赔偿义务机关在规定期限内未作出是否赔偿的决定，赔偿请求人可以自期限届满之日起三十日内向赔偿义务机关的上一级机关申请复议。

赔偿请求人对赔偿的方式、项目、数额有异议的，或者赔偿义务机关作出不予赔偿决定的，赔偿请求人可以自赔偿义务机关作出赔偿或者不予赔偿决定之日起三十日内，向赔偿义务机关的上一级机关申请复议。

赔偿义务机关是人民法院的，赔偿请求人可以依照本条规定向其上一级人民法院赔偿委员会申请作出赔偿决定。

第二十五条 复议机关应当自收到申请之日起两个月内作出决定。

赔偿请求人不服复议决定的，可以在收到复议决定之日起三十日内向复议机关所在地的同级人民法院赔偿委员会申请作出赔偿决定；复议机关逾期不作决定的，赔偿请求人可以自期限届满之日起三十日内向复议机关所在地的同级人民法院赔偿委员会申请作出赔偿决定。

第二十六条 人民法院赔偿委员会处理赔偿请求，赔偿请求人和赔偿义务机关对自己提出的主张，应当提供证据。

被羁押人在羁押期间死亡或者丧失行为能力的，赔偿义务机关的行为与被羁押人的死亡或者丧失行为能力是否存在因果关系，赔偿义务机关应当提供证据。

第二十七条 人民法院赔偿委员会处理赔偿请求，采取书面审查的办法。必要时，可以向有关单位和人员调查情况、收集证据。赔偿请求人与赔偿义务机关对损害事实及因果关系有争议的，赔偿委员会可以听取赔偿请求人和赔偿义务机关的陈述和申辩，并可以进行质证。

第二十八条 人民法院赔偿委员会应当自收到赔偿申请之日起三个月内作出决定；属于疑难、复杂、重大案件的，经本院院长批准，可以延长三个月。

第二十九条 中级以上的人民法院设立赔偿委员会，由人民法院三名以上审判员组成，组成人员的人数应当为单数。

赔偿委员会作赔偿决定，实行少数服从多数的原则。

赔偿委员会作出的赔偿决定，是发生法律效力的决定，必须执行。

第三十条 赔偿请求人或者赔偿义务机关对赔偿委员会作出的决定，认为确有错误的，可以向上一级人民法院赔偿委员会提出申诉。

赔偿委员会作出的赔偿决定生效后，如发现赔偿决定违反本法规定的，经本院院长决定或者上级人民法院指令，赔偿委员会应当在两个月内重新审查并依法作出决定，上一级人民法院赔偿委员会也可以直接审查并作出决定。

最高人民检察院对各级人民法院赔偿委员会作出的决定，上级人民检察院对下级人民法院赔偿委员会作出的决定，发现违反本法规定的，应当向同级人民法院赔偿委员会提出意见，同级人民法院赔偿委员会应当在两个月内重新审查并依法作出决定。

第三十一条 赔偿义务机关赔偿后，应当向有下列情形之一的工作人员追偿部分或者全部赔偿费用：

（一）有本法第十七条第四项、第五项规定情形的；

（二）在处理案件中有贪污受贿，徇私舞弊，枉法裁判行为的。

对有前款规定情形的责任人员，有关机关应当依法给予处分；构成犯罪的，应当依法追究刑事责任。

第四章　赔偿方式和计算标准

第三十二条 国家赔偿以支付赔偿金为主要方式。

能够返还财产或者恢复原状的，予以返还财产或者恢复原状。

第三十三条 侵犯公民人身自由的，每日赔偿金按照国家上年度职工日平均工资计算。

第三十四条 侵犯公民生命健康权的，赔偿金按照下列规定计算：

（一）造成身体伤害的，应当支付医疗费、护理费，以及赔偿因误工减少的收入。减少的收入每日的赔偿金按照国家上年度职工日平均工资计算，最高额为国家上年度职工年平均工资的五倍；

（二）造成部分或者全部丧失劳动能力的，应当支付医疗费、护理费、残疾生活辅助具费、康复费等因残疾而增加的必要支出和继续治疗所必需的费用，以及残疾赔偿金。残疾赔偿金根据丧失劳动能力的程度，按照国家规定的伤残等级确定，最高不超过国家上年度职工年平均工资的二十倍。造成全部丧失劳动能力的，对其扶养的无劳动能力的人，还应当支付生活费；

（三）造成死亡的，应当支付死亡赔偿金、丧葬费，总额为国家上年度职工年平均工资的二十倍。对死者生前扶养的无劳动能力的人，还应当支付生活费。

前款第二项、第三项规定的生活费的发放标准，参照当地最低生活保障标准执行。被扶养的人是未成年人的，生活费给付至十八周岁止；其他无劳动能力的人，生活费给付至死亡时止。

第三十五条　有本法第三条或者第十七条规定情形之一，致人精神损害的，应当在侵权行为影响的范围内，为受害人消除影响，恢复名誉，赔礼道歉；造成严重后果的，应当支付相应的精神损害抚慰金。

第三十六条　侵犯公民、法人和其他组织的财产权造成损害的，按照下列规定处理：

（一）处罚款、罚金、追缴、没收财产或者违法征收、征用财产的，返还财产；

（二）查封、扣押、冻结财产的，解除对财产的查封、扣押、冻结，造成财产损坏或者灭失的，依照本条第三项、第四项的规定赔偿；

（三）应当返还的财产损坏的，能够恢复原状的恢复原状，不能恢复原状的，按照损害程度给付相应的赔偿金；

（四）应当返还的财产灭失的，给付相应的赔偿金；

（五）财产已经拍卖或者变卖的，给付拍卖或者变卖所得的价款；变卖的价款明显低于财产价值的，应当支付相应的赔偿金；

（六）吊销许可证和执照、责令停产停业的，赔偿停产停业期间必要的经常性费用开支；

（七）返还执行的罚款或者罚金、追缴或者没收的金钱，解除冻结的存款或者汇款的，应当支付银行同期存款利息；

（八）对财产权造成其他损害的，按照直接损失给予赔偿。

第三十七条　赔偿费用列入各级财政预算。

赔偿请求人凭生效的判决书、复议决定书、赔偿决定书或者调解书，向赔偿义务机关申请支付赔偿金。

赔偿义务机关应当自收到支付赔偿金申请之日起七日内，依照预算管理权限向有关的财政部门提出支付申请。财政部门应当自收到支付申请之日起十五日内支付赔偿金。

赔偿费用预算与支付管理的具体办法由国务院规定。

第五章　其他规定

第三十八条　人民法院在民事诉讼、行政诉讼过程中，违法采取对妨害诉讼的强制措施、保全措施或者对判决、裁定及其他生效法律文书执行错误，造成损害的，赔偿请求人要求赔偿的程序，适用本法刑事赔偿程序的规定。

第三十九条　赔偿请求人请求国家赔偿的时效为两年，自其知道或者应当知道国家机关及其工作人员行使职权时的行为侵犯其人身权、财产权之日起计算，但被羁押等限制人身自由期间不计算在内。在申请行政复议或者提起行政诉讼时一并提出赔偿请求的，适用行政复议法、行政诉讼法有关时效的规定。

赔偿请求人在赔偿请求时效的最后六个月内，因不可抗力或者其他障碍不能行使请求权的，时效中止。从中止时效的原因消除之日起，赔偿请求时效期间继续计算。

第四十条　外国人、外国企业和组织在中华人民共和国领域内要求中华人民共和国国家赔偿的，适用本法。

外国人、外国企业和组织的所属国对中华人民共和国公民、法人和其他组织要求该国国家赔偿的权利不予保护或者限制的，中华人民共和国与该外国人、外国企业和组织的所属国实行对等原则。

第六章　附　　则

第四十一条　赔偿请求人要求国家赔偿的，赔偿义务机关、复议机关和人民法院不得向赔偿请求人收取任何费用。

对赔偿请求人取得的赔偿金不予征税。

第四十二条　本法自1995年1月1日起施行。

中华人民共和国可再生能源法

中华人民共和国主席令　第二十三号

2009年12月26日

（2005年2月28日第十届全国人民代表大会常务委员会第十四次会议通过　根据2009年12月26日第十一届全国人民代表大会常务委员会第十二次会议《关于修改〈中华人民共和国可再生能源法〉的决定》修正）

第一章　总　　则

第一条　为了促进可再生能源的开发利用，增加能源供应，改善能源结构，保障能源安全，保护环境，实现经济社会的可持续发展，制定本法。

第二条　本法所称可再生能源，是指风能、太阳能、水能、生物质能、地热能、海洋能等非化石能源。

水力发电对本法的适用，由国务院能源主管部门规定，报国务院批准。

通过低效率炉灶直接燃烧方式利用秸秆、薪柴、粪便等，不适用本法。

第三条　本法适用于中华人民共和国领域和管辖的其他海域。

第四条　国家将可再生能源的开发利用列为能源发展的优先领域，通过制定可再生能源开发利用总量目标和采取相应措施，推动可再生能源市场的建立和发展。

国家鼓励各种所有制经济主体参与可再生能源的开发利用，依法保护可再生能源开发利用者的合法权益。

第五条　国务院能源主管部门对全国可再生能源的开发利用实施统一管理。国务院有关部门在各自的职责范围内负责有关的可再生能源开发利用管理工作。

县级以上地方人民政府管理能源工作的部门负责本行政区域内可再生能源开发利用的管理工作。县级以上地方人民政府有关部门在各自的职责范围内负责有关的可再生能源开发利用管理工作。

第二章　资源调查与发展规划

第六条　国务院能源主管部门负责组织和协调全国可再生能源资源的调查，并会同国务院有关部门组织制定资源调查的技术规范。

国务院有关部门在各自的职责范围内负责相关可再生能源资源的调查，调查结果报国务院能源主管部门汇总。

可再生能源资源的调查结果应当公布；但是，国家规定需要保密的内容除外。

第七条　国务院能源主管部门根据全国能源需求与可再生能源资源实际状况，制定全国可再生能源开发利用中长期总量目标，报国务院批准后执行，并予公布。

国务院能源主管部门根据前款规定的总量目标和省、自治区、直辖市经济发展与可再生能源资源实际状况，会同省、自治区、直辖市人民政府确定各行政区域可再生能源开发利用中长期目标，并予公布。

第八条　国务院能源主管部门会同国务院有关部门，根据全国可再生能源开发利用中长期总量目标和可再生能源技术发展状况，编制全国可再生能源开发利用规划，报国务院批准后实施。

国务院有关部门应当制定有利于促进全国可再生能源开发利用中长期总量目标实现的相关规划。

省、自治区、直辖市人民政府管理能源工作的部门会同本级人民政府有关部门，依据全国可再生能源开发利用规划和本行政区域可再生能源开发利用中长期目标，编制本行政区域可再生能源开发利用规划，经本级人民政府批准后，报国务院能源主管部门和国家电力监管机构备案，并组织实施。

经批准的规划应当公布；但是，国家规定需要保密的内容除外。

经批准的规划需要修改的，须经原批准机关批准。

第九条　编制可再生能源开发利用规划，应当遵循因地制宜、统筹兼顾、合理布局、有序发展的原则，对风能、太阳能、水能、生物质能、地热能、海洋能等可再生能源的开发利用作出统筹安排。规划内容应当包括发展目标、主要任务、区域布局、重点项目、实施进度、配套电网建设、服务体系和保障措施等。

组织编制机关应当征求有关单位、专家和公众的意见，进行科学论证。

第三章　产业指导与技术支持

第十条　国务院能源主管部门根据全国可再生能源开发利用规划，制定、公布可再生能源产业发展指导目录。

第十一条　国务院标准化行政主管部门应当制定、公布国家可再生能源电力的并网技术标准和其他需要在全国范围内统一技术要求的有关可再生能源技术和产品的国家标准。

对前款规定的国家标准中未作规定的技术要求，国务院有关部门可以制定相关的行业标准，并报国务院标准化行政主管部门备案。

第十二条　国家将可再生能源开发利用的科学技术研究和产业化发展列为科技发展与高技术产业发展的优先领域，纳入国家科技发展规划和高技术产业发展规划，并安排资金支持可再生能源开发利用的科学技术研究、应用示范和产业化发展，促进可再生能源开发利用的技术进步，降低可再生能源产品的生产成本，提高产品质量。

国务院教育行政部门应当将可再生能源知识和技术纳入普通教育、职业教育课程。

第四章　推广与应用

第十三条　国家鼓励和支持可再生能源并网发电。

建设可再生能源并网发电项目，应当依照法律和国务院的规定取得行政许可或者报送备案。

建设应当取得行政许可的可再生能源并网发电项目，有多人申请同一项目许可的，应当依法通过招标确定被许可人。

第十四条　国家实行可再生能源发电全额保障性收购制度。

国务院能源主管部门会同国家电力监管机构和国务院财政部门，按照全国可再生能源开发利用规划，确定在规划期内应当达到的可再生能源发电量占全部发电量的比重，制定电网企业优先调度和全额收购可再生能源发电的具体办法，并由国务院能源主管部门会同国家电力监管机构在年度中督促落实。

电网企业应当与按照可再生能源开发利用规划建设，依法取得行政许可或者报送备案的可再生能源发电企业签订并网协议，全额收购其电网覆盖范围内符合并网技术标准的可再生能源并网发电项目的上网电量。发电企业有义务配合电网企业保障电网安全。

电网企业应当加强电网建设，扩大可再生能源电力配置范围，发展和应用智能电网、储能等技术，完善电网运行管理，提高吸纳可再生能源电力的能混元力，为可再生能源发电提供上网服务。

第十五条　国家扶持在电网未覆盖的地区建设可再生能源独立电力系统，为当地生产和生活提供电力服务。

第十六条　国家鼓励清洁、高效地开发利用生物质燃料，鼓励发展能源作物。

利用生物质资源生产的燃气和热力，符合城市燃气管网、热力管网的入网技术标准的，经营燃气管网、热力管网的企业应当接收其入网。

国家鼓励生产和利用生物液体燃料。石油销售企业应当按照国务院能源主管部门或者省级人民政府的规定，将符合国家标准的生物液体燃料纳入其燃料销售体系。

第十七条 国家鼓励单位和个人安装和使用太阳能热水系统、太阳能供热采暖和制冷系统、太阳能光伏发电系统等太阳能利用系统。

国务院建设行政主管部门会同国务院有关部门制定太阳能利用系统与建筑结合的技术经济政策和技术规范。

房地产开发企业应当根据前款规定的技术规范，在建筑物的设计和施工中，为太阳能利用提供必备条件。

对已建成的建筑物，住户可以在不影响其质量与安全的前提下安装符合技术规范和产品标准的太阳能利用系统；但是，当事人另有约定的除外。

第十八条 国家鼓励和支持农村地区的可再生能源开发利用。

县级以上地方人民政府管理能源工作的部门会同有关部门，根据当地经济社会发展、生态保护和卫生综合治理需要等实际情况，制定农村地区可再生能源发展规划，因地制宜地推广应用沼气等生物质资源转化、户用太阳能、小型风能、小型水能等技术。

县级以上人民政府应当对农村地区的可再生能源利用项目提供财政支持。

第五章 价格管理与费用补偿

第十九条 可再生能源发电项目的上网电价，由国务院价格主管部门根据不同类型可再生能源发电的特点和不同地区的情况，按照有利于促进可再生能源开发利用和经济合理的原则确定，并根据可再生能源开发利用技术的发展适时调整。上网电价应当公布。

依照本法第十三条第三款规定实行招标的可再生能源发电项目的上网电价，按照中标确定的价格执行；但是，不得高于依照前款规定确定的同类可再生能源发电项目的上网电价水平。

第二十条 电网企业依照本法第十九条规定确定的上网电价收购可再生能源电量所发生的费用，高于按照常规能源发电平均上网电价计算所发生费用之间的差额，由在全国范围对销售电量征收可再生能源电价附加补偿。

第二十一条 电网企业为收购可再生能源电量而支付的合理的接网费用以及其他合理的相关费用，可以计入电网企业输电成本，并从销售电价中回收。

第二十二条 国家投资或者补贴建设的公共可再生能源独立电力系统的销售电价，执行同一地区分类销售电价，其合理的运行和管理费用超出销售电价的部分，依照本法第二十条的规定补偿。

第二十三条 进入城市管网的可再生能源热力和燃气的价格，按照有利于促进可再生能源开发利用和经济合理的原则，根据价格管理权限确定。

第六章 经济激励与监督措施

第二十四条 国家财政设立可再生能源发展基金，资金来源包括国家财政年度安排的专项资金和依法征收的可再生能源电价附加收入等。

可再生能源发展基金用于补偿本法第二十条、第二十二条规定的差额费用，并用于支持以下事项：

（一）可再生能源开发利用的科学技术研究、标准制定和示范工程；

（二）农村、牧区的可再生能源利用项目；

（三）偏远地区和海岛可再生能源独立电力系统建设；

（四）可再生能源的资源勘查、评价和相关信息系统建设；

（五）促进可再生能源开发利用设备的本地化生产。

本法第二十一条规定的接网费用以及其他相关费用，电网企业不能通过销售电价回收的，可以申请可再生能源发展基金补助。

可再生能源发展基金征收使用管理的具体办法，由国务院财政部门会同国务院能源、价格主管部门制定。

第二十五条 对列入国家可再生能源产业发展指导目录、符合信贷条件的可再生能源开发利用项目，金融机构可以提供有财政贴息的优惠贷款。

第二十六条 国家对列入可再生能源产业发展指导目录的项目给予税收优惠。具体办法由国务院规定。

第二十七条 电力企业应当真实、完整地记载和保存可再生能源发电的有关资料，并接受电力监管机构的检查和监督。

电力监管机构进行检查时，应当依照规定的程序进行，并为被检查单位保守商业秘密和其他秘密。

第七章 法律责任

第二十八条 国务院能源主管部门和县级以上地方人民政府管理能源工作的部门和其他有关部门在可再生能源开发利用监督管理工作中，违反本法规定，有下列行为之一的，由本级人民政府或者上级人民政府有关部门责令改正，对负有责任的主管人员和其他直接责任人员依法给予行政处分；构成犯罪的，依法追究刑事责任：

（一）不依法作出行政许可决定的；

（二）发现违法行为不予查处的；

（三）有不依法履行监督管理职责的其他行为的。

第二十九条 违反本法第十四条规定，电网企业未按照规定完成收购可再生能源电量，造成可再生能源发电企业经济损失的，应当承担赔偿责任，并由国家电力监管机构责令限期改正；拒不改正的，处以可再生能源发电企业经济损失额一倍以下的罚款。

第三十条 违反本法第十六条第二款规定，经营燃气管网、热力管网的企业不准许符合入网技术标准的燃气、热力入网，造成燃气、热力生产企业经济损失的，应当承担赔偿责任，并由省级人民政府管理能源工作的部门责令限期改正；拒不改正的，处以燃气、热力生产企业经济损失额一倍以下的罚款。

第三十一条 违反本法第十六条第三款规定，石油销售企业未按照规定将符合国家标准的生物液体燃料纳入其燃料销售体系，造成生物液体燃料生产企业经济损失的，应当承担赔偿责任，并由国务院能源主管部门或者省级人民政府管理能源工作的部门责令限期改正；拒不改正的，处以生物液体燃料生产企业经济损失额一倍以下的罚款。

第八章　附　　则

第三十二条 本法中下列用语的含义：

（一）生物质能，是指利用自然界的植物、粪便以及城乡有机废物转化成的能源。

（二）可再生能源独立电力系统，是指不与电网连接的单独运行的可再生能源电力系统。

（三）能源作物，是指经专门种植，用以提供能源原料的草本和木本植物。

（四）生物液体燃料，是指利用生物质资源生产的甲醇、乙醇和生物柴油等液体燃料。

第三十三条 本法自2006年1月1日起施行。

外国企业或者个人在中国境内设立合伙企业管理办法

中华人民共和国国务院令 第567号

第一条 为了规范外国企业或者个人在中国境内设立合伙企业的行为，便于外国企业或者个人以设立合伙企业的方式在中国境内投资，扩大对外经济合作和技术交流，根据《中华人民共和国合伙企业法》（以下称《合伙企业法》），制定本办法。

第二条 本办法所称外国企业或者个人在中国境内设立合伙企业，是指2个以上外国企业或者个人在中国境内设立合伙企业，以及外国企业或者个人与中国的自然人、法人和其他组织在中国境内设立合伙企业。

第三条 外国企业或者个人在中国境内设立合伙企业，应当遵守《合伙企业法》以及其他有关法律、行政法规、规章的规定，符合有关外商投资的产业政策。

外国企业或者个人在中国境内设立合伙企业，其合法权益受法律保护。

国家鼓励具有先进技术和管理经验的外国企业或者个人在中国境内设立合伙企业，促进现代服务业等产业的发展。

第四条 外国企业或者个人用于出资的货币应当是可自由兑换的外币，也可以是依法获得的人民币。

第五条 外国企业或者个人在中国境内设立合伙企业，应当由全体合伙人指定的代表或者共同委托的代理人向国务院工商行政管理部门授权的地方工商行政管理部门（以下称企业登记机关）申请设立登记。

申请设立登记，应当向企业登记机关提交《中华人民共和国合伙企业登记管理办法》规定的文件以及符合外商投资产业政策的说明。

企业登记机关予以登记的，应当同时将有关登记信息向同级商务主管部门通报。

第六条 外国企业或者个人在中国境内设立的合伙企业（以下称外商投资合伙企业）的登记事项发生变更的，应当依法向企业登记机关申请变更登记。

第七条 外商投资合伙企业解散的，应当依照《合伙企业法》的规定进行清算。清算人应当自清算结束之日起15日内，依法向企业登记机关办理注销登记。

第八条 外商投资合伙企业的外国合伙人全部退伙，该合伙企业继续存续的，应当依法向企业登记机关申请变更登记。

第九条 外商投资合伙企业变更登记或者注销登记的，企业登记机关应当同时将有关变更登记或者注销登记的信息向同级商务主管部门通报。

第十条 外商投资合伙企业的登记管理事宜，本办法未作规定的，依照《中华人民共和国合伙企业登记管理办法》和国家有关规定执行。

第十一条 外国企业或者个人在中国境内设立合伙企业涉及的财务会计、税务、外汇以及海关、人员出入境等事宜，依照有关法律、行政法规和国家有关规定办理。

第十二条 中国的自然人、法人和其他组织在中国境内设立的合伙企业，外国企业或者个人入伙的，应当符合本办法的有关规定，并依法向企业登记机关申请变更登记。

第十三条 外国企业或者个人在中国境内设立合伙企业涉及须经政府核准的投资项目的，依照国家有关规定办理投资项目核准手续。

第十四条 国家对外国企业或者个人在中国境内设立以投资为主要业务的合伙企业另有规定的，依照其规定。

第十五条 香港特别行政区、澳门特别行政区和台湾地区的企业或者个人在内地设立合伙企业，参照本办法的规定执行。

第十六条 本办法自2010年3月1日起施行。

部门法规

国家农业综合开发资金和项目管理办法

中华人民共和国财政部令 第60号

（2005年8月22日财政部令第29号公布　根据2010年9月4日《财政部关于修改<国家农业综合开发资金和项目管理办法>的决定》修订

第一章　总则

第一条 为了促进国家农业综合开发资金和项目管理科学化、制度化、规范化，保证资金安全运行和有效使用，保证项目顺利实施，根据国家有关法律、行政法规，制定本办法。

第二条 本办法所称农业综合开发是指中央政府为保护、支持农业发展，改善农业生产基本条件，优化农业和农村经济结构，提高农业综合生产能力和综合效益，设立专项资金对农业资源进行综合开发利用的活动。

第三条 农业综合开发的任务是加强农业基础设施和生态建设，提高农业综合生产能力，保证国家粮食安全；推进农业和农村经济结构的战略性调整，推进农业产业化经营，提高农业综合效益，促进农民增收。

第四条 农业综合开发项目包括土地治理项目和产业化经营项目。

土地治理项目，包括稳产高产基本农田建设、高标准农田示范工程、粮棉油等大宗优势农产品基地建设、良种繁育、土地复垦等中低产田改造项目，草场改良、小流域治理、土地沙化治理、生态林建设等生态综合治理项目，中型灌区节水配套改造项目。

产业化经营项目，包括经济林及设施农业种植、畜牧水产养殖等种植养殖基地项目，农产品加工项目，储藏保鲜、产地批发市场等流通设施项目。

第五条 农业综合开发应创新机制，强化管理，实行与社会主义市场经济、公共财政相适应的管理机制和投资政策。

第六条 农业综合开发实行“国家引导、配套投入、民办公助、滚动开发”的投入机制。

农业综合开发资金安排应遵循以下原则：

（一）效益优先，兼顾公平；

（二）突出重点，兼顾一般；

（三）集中投入，不留缺口；

（四）奖优罚劣，激励竞争。

农业综合开发以资金投入控制项目规模，按项目管理资金。

第七条 农业综合开发项目管理应遵循以下原则：

（一）因地制宜，统筹规划；

（二）规模开发，产业化经营；

（三）依靠科技，注重效益；

（四）公平竞争，择优立项。

农业综合开发项目实行自下而上申报。

第八条 依照统一组织、分级管理的原则，合理划分国家农业综合开发办公室（以下简称国家农发办）和省、自治区、直辖市、计划单列市、新疆生产建设兵团、黑龙江农垦总局（以下简称省）农业综合开发办事机构（以下简称农发机构）的管理权限和职责。

第二章 扶持重点

第九条 农业综合开发主要扶持农业主产区，重点扶持粮食主产区。农业主产区按主要农产品产量和商品量以省为单位确定。

非农业主产区的省应确定本地区重点扶持的农业主产县（包括不设区的市、市辖区、旗及农场，下同）。

第十条 土地治理项目以中低产田改造为重点，结合优势农产品产业带建设，建设旱涝保收、稳产高产基本农田。坚持山水田林路综合治理，农业、林业、水利措施综合配套，实现经济、社会、生态效益的统一。

第十一条 产业化经营项目应参照国家制定的优势农产品区域布局规划，根据当地资源优势和经济发展状况，确定重点扶持的优势农产品产业。通过加强优势农产品基地建设，扶持产业化龙头企业，提高农业生产组织化程度和农业产业化经营水平。

第十二条 土地治理项目扶持对象应以农民为重点。

产业化经营项目扶持的对象包括国家级和省级农业产业化龙头企业（含省级农发机构审定的龙头企业）以及农民专业合作组织等。

第十三条 由国家农发办确定纳入扶持范围的农业综合开发县，并按照“总量控制、适度进出、奖优罚劣、分级管理”的原则进行管理。

第三章 资金管理

第十四条 中央财政根据财力可能逐年增加用于农业综合开发的资金。

第十五条 财政部依据各地财力状况分别确定各省地方财政资金与中央财政资金的配套比例。

省级财政承担的配套资金总体上不低于地方财政配套资金的80%。省级财政可以在确保地方财政配套资金的前提下根据地（包括设区的市、自治州、盟，下同）、县财力状况确定不同的配套比例。

地方各级财政配套资金应列入同级财政年度预算。

国家扶贫开发工作重点县以及乡级财政不承担资金配套任务。

第十六条 农业综合开发的扶持对象应有必要的投入。

土地治理项目的农村集体和农民筹资（含以物折资）投劳，要严格按照“农民自愿，量力而行，民主决策，数量控制”和“谁受益、谁负担”的原则进行筹集，并纳入村内“一事一议”范畴，实行专项管理。

产业化经营项目的自筹资金不得低于财政投入资金。

第十七条 农业综合开发可以采取补贴、贴息等多种形式，吸引社会资金，增加农业综合开发投入。

第十八条 中央财政农业综合开发资金的分配以综合因素法为主，按资源条件和工作质量测算各省中央财政资金投资指标。

各省产业化经营项目中央财政资金投资规模根据项目申报情况确定。

第十九条 每年新增中央财政农业综合开发资金重点用于农业主产区。各省农业综合开发财政资金应对农业主产县进行重点投入。

第二十条 农业综合开发财政资金原则上70%以上用于土地治理项目，30%以下用于产业化经营项目，具体投入比例根据各省资源状况和经济发展要求确定。

农业综合开发应逐步加大科技投入力度，提高财政资金中科技投入所占比重。

第二十一条 用于农业综合开发的中央财政资金实行补贴、贴息等方式全部无偿投入。

第二十二条 用于土地治理项目的农业综合开发资金的使用范围包括：

（一）总库容在1000万立方米以下的小型水库、塘坝及拦河坝的改建、扩建、加固、新建；总装机容量在5000KW以下的机电排灌站的改造、续建、新建及其配套的35KV以下输变电设备；新打、修复机电井及配套的机、泵和10KV以下的输变电设备；灌排渠道开挖、疏浚、衬砌及配套建筑物；发展节水灌溉所需的建材、管材及喷滴灌设备。中型灌区节水配套改造项目资金的使用范围及其管理办法由国家农发办另行制定。

（二）修建农田机耕路所需沙石料、水泥、沥青；改良土壤所需绿肥种子及秸秆还田机械设备、机械平整土地的施工；优良品种的购置、繁育及加工所需的工程设施、配套设备；推广优良品种和先进实用技术所需的小型仪器设备及示范、培训；购置农业机械及配套农机具的补助等。

（三）营造农田防护林、防风固沙林、水源涵养林、水土保持林等所需的苗木购置（或苗圃建设）及工程设施；牧区改良草场所需种子购置、灌溉设施、草场围栏、青贮窖、饲料加工、牲畜棚圈等。

第二十三条 用于产业化经营项目的农业综合开发资金的使用范围包括：

（一）经济林及设施农业种植基地所需的灌排设施、农用道路、输变电设备及温室大棚，品种改良、种苗繁育设施，产品整理、分级、清洗、包装等采后处理设施，质量检测设施，新品种、新技术的引进、示范及培训等。

（二）养殖基地建设所需的灌排设施、农用道路及输变电设备等，种苗繁育、品种改良设施，养殖基地生产设施，专用饲料小型生产设施，疫病防疫设施，废弃物处理及隔离环保设施，质量检测设施，新品种、新技术的引进、示范及培训等。

（三）农产品加工项目所需的生产车间、辅助车间、包装车间、成品库、原料库、低温库、加工设备、辅助设备及配套的供水、供电、道路设施；质量检验设施，废弃物处理等环保设施，卫生防疫及动植物检疫设施，引进新品种、新技术，对基地的农户进行技术培训等。

（四）农产品产地批发市场、储藏保鲜项目所需的气调库、预冷库、低温库、设备购置安装及配套的供水、供电、道路设施，产品质量检测设施，卫生防疫与动植物检疫设施，废弃物配套处理设施，农产品产地批发市场的交易场所建设等。

（五）项目可行性研究、初步设计或实施方案（以下简称初步设计）、环境评估等所需费用。

第二十四条 农业综合开发资金的其他使用范围包括：

（一）贷款贴息。从中央财政农业综合开发资金中单独安排资金，专项用于符合农业综合开发扶持范围的贷款项目的贴息。贴息资金管理办法由财政部另行制定。

（二）县级农发机构项目管理费。按土地治理项目财政投资的一定比例提取使用：财政投资500万元以下的按3.5%提取，1000万元以下的其超过500万元的部分按1.5%提取，超过1000万元的其超过部分按0.5%提取。项目管理费从地方财政配套资金中列支，主要用于项目实地考察、检查验收、业务培训、项目及工程招标、资金和项目公示以及土地治理项目可行性研究、土地治理项目一般工程初步设计等方面的支出，不得用于人员工资、补贴、购置车辆等行政经费开支。地、省级农发机构和国家农发办由本级财政预算单独安排事业费用于项目管理各项支出，不得另提项目管理费。

（三）土地治理项目主要单项工程监理费及其勘察设计费。从地方财政配套资金中列支，按实际支出数计入项目工程成本。具体办法由国家农发办参照国家有关规定制定。

第二十五条 农业综合开发财政资金实行专人管理、专账核算、专款专用，严格按照农业综合开发财务、会计制度进行管理，按规定范围使用资金，严禁挤占挪用。

第二十六条 各级财政部门应根据已批准的项目计划、初步设计、工程建设进度，按有关规定及时、足额支付资金。

第二十七条 财政资金的使用实行县级报账制。项目实施单位要严格按照规定的程序及时办理报账。报账资金的拨付实行转账结算，严格控制现金支出，严禁白条入账。

第二十八条 各级农发机构应采取自查、委托社会中介机构等方式，加强对资金拨借、使用情况的监督检查。

各级农发机构应积极配合审计和财政监督机构等部门的审计和监督检查工作。

第二十九条 财政部对经查明的挤占、挪用农业综合开发资金及虚报农业综合开发项目等违规违纪问题，应责令改正，追回资金，并按照有关规定追究有关单位和责任人的责任。

第四章　项目管理

第三十条 农业综合开发项目的前期准备是指项目正式申报前的准备工作，包括制定开发规划、建立项目库、编制项目可行性研究报告等。前期准备工作应做到经常化、制度化。

第三十一条 各级农发机构应依据农业发展中长期规划和国家农业综合开发政策，制定本地区农业综合开发总体规划及阶段性开发方案，并在此基础上，建立土地治理项目库和产业化经营项目库。

第三十二条 存入项目库的项目应达到项目建议书的要求。项目建议书的主要内容包括：

(一)土地治理项目：开发的必要性及条件，建设范围、规模及主要治理措施，投资估算及来源（含农民筹资投劳计划），效益预测。

(二)产业化经营项目：建设条件，建设单位基本情况，市场分析与销售方案，项目建设方案，投资估算与资金筹措，财务评价。

项目建议书经省级或地级农发机构实地考察合格，可存入项目库，拟扶持项目从项目库中择优选择。

第三十三条 农业综合开发项目可行性研究报告应由具备相应资质的单位编制或组织有关专家编制。

可行性研究报告的主要内容包括：

(一)土地治理项目：项目背景，包括自然、社会、经济等现状；水土资源评价；项目建设的必要性及可行性；治理范围、地点、规模；工程量及主要工程、农艺措施；项目区现状及工程平面布置图；投资估算及筹资方案；经三分之二以上农户签字同意或村民代表大会通过的农民筹资投劳计划及自愿开发证明材料；综合效益评价；组织实施和运行管理。

（二）产业化经营项目：项目背景及必要性，建设条件，建设单位基本情况，市场分析与销售方案，项目建设方案，投资估算与资金筹措，财务评价，环境影响评价，农业产业化经营与农民增收效果评价，项目组织与管理。

第三十四条 农业综合开发项目申报单位一般应在上年度申报下年度的农业综合开发项目。

各级农发机构应区别各类项目不同情况，积极推行项目招商或项目招投标，发布项目申报指南，在较大范围内择优选项。

第三十五条 国家农发办和省级农发机构应按职责分工组织项目评估，对拟建项目可行性研究报告采取定量分析和定性分析相结合，动态分析和静态分析相结合的方法，对项目建设的必要性、技术可行性、经济合理性、资金配套与偿还能力的可靠性进行审查和综合评价，为项目确立提供决策依据。

国家农发办和省级农发机构应对产业化经营项目申报单位附报的社会中介机构出具的审计报告、城郊新建项目征用土地的批准文件以及干旱地区中低产田改造项目申报单位附报的水利部门出具的水资源条件鉴定意见等进行审查和评价。

项目评估采取专家评议、现场答辩、实地考察等形式。对虚报材料或财务经营状况不清的，实行一票否决。

项目评估应建立责任制，明确专业评估人员的评估责任。评估人员应对评估项目的技术可行性、经济合理性等作出客观真实的评价。因评估结论失实影响项目正确决策的，评估人员及其所属评估机构应当承担相应责任。

第三十六条 土地治理项目立项应符合以下条件：

（一）中低产田改造项目应符合土地利用规划，有明确的区域范围，按流域或灌区统一规划；项目区水源有保证，防洪有保障，排水有出路，灌排骨干工程基本具备；开发治理的地块集中连片，具有较大的增产潜力。年度单个项目相对连片开发面积，原则上平原地区不低于1万亩、丘陵山区不低于5000亩。

（二）生态综合治理项目应有明确的区域范围，治理区面积集中连片，具有一定开发治理条件，对改善农业生产条件和生态环境具有明显的效果。年度单个项目相对连片治理面积，天然草场5000亩以上，人工草场1000亩以上，小流域治理和土地沙化治理5000亩以上。

（三）中型灌区节水配套改造项目应符合区域水资源利用总体规划和节水灌溉发展规划；直接为农业综合开发项目区提供水利灌排条件；灌区设计灌溉面积一般不低于5万亩、不超过30万亩。

第三十七条 产业化经营项目一般安排在农业综合开发县，申报单位或其控股单位应当具有独立的法人资格，经营期在两年以上，有一定的经营规模和经济实力，有较强的自筹资金能力，能保证资金安全运行，近两年资产负债率小于70%，银行信用等级A级以上（含A级，未向银行贷款的除外），开发产品科技含量高，市场潜力大，竞争优势明显，带动能力强，与农户建立了紧密、合理的利益联结机制，建立了符合市场经济要求的经营管理机制。

除具备前款规定的条件外，种植养殖基地项目须有明显的资源优势和特色；农产品加工项目须有优势农产品基地作依托，向农户采购的原料占所需原料的70%以上；储藏保鲜、产地批发市场项目须为项目区提供与生产和加工相关的服务。

第三十八条 高标准农田示范工程项目、中型灌区节水配套改造项目由国家农发办组织评估、审定或委托省级农发机构组织评估、审定。

其他农业综合开发项目一般由省级农发机构组织评估、审定，部分项目可以委托地级农发机构组织评估、审定，国家农发办进行指导、监督和抽查。

第三十九条 在项目评估可行的基础上，按照项目管理权责，由国家农发办或省级农发机构根据财力可能，遵循合理布局的原则，择优确定所扶持项目并编入项目计划。

第四十条 农业综合开发项目计划原则上实行一年一定的办法。国家农发办逐年下达中央财政投资控制指标，作为省级农发机构编制年度项目实施计划的依据。

第四十一条　农业综合开发项目初步设计应由具备相应资质或能力的单位编制，其内容包括：项目总体设计，主要建筑物设计，机械、设备及仪器购置计划，配套设施设计，主要工程概算，项目区现状图和工程设计图等。

初步设计由省级或地级农发机构组织审定，或委托相关技术部门审定。

第四十二条 地方农发机构应逐级编制、汇总年度项目实施计划。年度项目实施计划的主要内容包括：

(一)编制说明书。包括开发范围及变更情况、区域布局与开发重点、投资规模及资金来源构成、开发任务与项目安排、主要治理措施及投资构成、预期效益目标等。

（二）项目计划表。各类项目计划表的格式由国家农发办统一制发。

（三）附件：省级财政部门对承担配套资金的承诺意见。

第四十三条 国家农发办主要批复土地治理项目年度实施计划的开发范围、任务及投资额等。省级农发机构根据国家农发办的批复向下批复项目年度实施计划，并报国家农发办备案。

产业化经营项目年度实施计划由省级农发机构批复，报国家农发办备案。

省级农发机构应按照国家农发办规定的时间向国家农发办申报项目年度实施计划或备案其批复的项目年度实施计划，国家农发办应及时批复或核查。 国家农发办对省级农发机构报送备案的项目年度实施计划在一个月内未提出异议的，视为同意。批复或备案的年度项目实施计划，作为支付中央财政资金和进行检查验收的依据。

第四十四条 年度项目实施计划进行调整、变更和终止的，应按照以下规定进行。

（一）凡建设内容调整涉及财政资金额度达到100万元以上的，应在项目初步设计重新审定后逐级报经国家农发办批准；低于100万元的，应由组织审定该项目初步设计的省级或地级农发机构批准。

（二）项目变更（指项目性质、建设地点、项目实施单位的任何一项变更）或终止，须逐级报经组织该项目评估审定的国家农发办或省级农发机构批准。由省级农发机构批准变更或终止的项目，需报国家农发办备案。因项目变更而实施的新项目需按本办法第三十五条第二款的规定附报新建单位相关证明材料。

（三）项目变更、终止经国家农发办或省级农发机构批准后，县级农发机构应及时将项目变更或终止的决定正式通知项目实施单位或农民，并说明变更或终止的理由。

（四）经批准终止的项目的中央财政资金，县级农发机构须在收到项目终止正式通知一个月内逐级上缴国家农发办。

（五）终止项目及因项目变更取消的项目，其已发生的有关费用支出，原则上由项目实施单位自行负担。

（六）所有项目的调整、变更或终止，应在项目立项次年6月底之前完成，逾期由国家农发办逐级收回资金。

第四十五条　农业综合开发项目建设期为1-2年。凡纳入计划的项目，应如期建成，并达到国家规定的建设标准。

第四十六条　农业综合开发项目应当推行项目法人制、招投标制、工程监理制、资金和项目公示制。

土地治理项目主要单项工程的勘察设计、施工、监理、主要设备和材料的采购，实行公开招标。主要单项工程的施工，由具备相应资质或能力的单位进行监理。

农业综合开发财政资金及农村集体、农民自筹资金使用情况，项目建设主要内容，应推行公示制。

第四十七条 项目实施单位应按照经批准的初步设计组织实施，施工单位应严格按照设计图纸施工，不得擅自变更建设地点、规模、标准和主要建设内容。

第四十八条 各级农发机构要加强项目实施过程中的检查监督，进行定期检查或专项检查，发现问题及时纠正，确保工程质量和资金使用效益。

第四十九条　省级农发机构应在每年3月底前向国家农发办报送上年度项目实施计划完成情况统计表。

第五十条 农业综合开发竣工项目验收的主要依据包括国家制定的农业综合开发方针政策、规章制度及工程建设标准，项目年度实施计划批复、调整及资金拨借文件，以及经批准的项目初步设计。

第五十一条 农业综合开发竣工项目验收的主要内容包括执行国家农业综合开发政策的情况，项目建设任务与主要经济技术指标完成情况，主要工程建设的质量情况，资金到位及农民筹资投劳情况、资金使用和回收落实情况，工程运行管理和文档管理情况等。

第五十二条 农业综合开发竣工项目一般由省级农发机

构进行验收，部分竣工项目可以委托地级农发机构验收。

县级农发机构和项目实施单位应做好项目竣工验收前的准备工作，由地级农发机构进行督查。

第五十三条 国家农发办每年对竣工项目进行综合检查。省级农发机构在对竣工项目组织验收的基础上向国家农发办提交验收总结报告。国家农发办采取直接组织或委托的方式进行检查，作出综合评价。

第五十四条 农业综合开发项目竣工验收后，应当明确管护主体，及时办理移交手续。

管护主体应建立健全各项运行管护制度，保证项目正常运转，长期发挥效益。

各级农发机构应做好后期项目监测评价工作，为改进项目管理提供依据。

第五十五条 农业综合开发项目区应按照“谁受益谁负担”、“以工程养工程”的原则筹集项目运行管护费用；推行建立自主管理灌排区的投资、养护管理机制；采取拍卖、租赁、承包等方式对形成的资产实行有效管理。

第五十六条 对因自然灾害造成的农业综合开发项目区损毁工程，其修复所需资金原则上由各省自行解决。遇有特大灾情，财政部视财力情况予以适当补助。

第五十七条 对存在严重违规违纪问题的农业综合开发县，财政部应当暂停或取消其开发县资格。

对竣工项目存在严重违规违纪问题的，财政部应当予以通报批评，限期整改。在限期内未能达到要求的，可以不予安排新增资金、调减现有投入规模或者暂停投入。

第五章 附则

第五十八条 本办法所称“以上”、“以下”均含本数。

第五十九条 省级农发机构可根据本办法，结合本地区的实际情况，制订具体实施办法，报财政部备案。

第六十条 中央农口部门农业综合开发项目管理办法、农业综合开发利用国际金融组织贷款赠款项目管理办法另行制定。

第六十一条 本办法自2005年10月1日起施行，原《国家农业综合开发项目和资金管理暂行办法》同时废止。

国家科技重大专项知识产权管理暂行规定

国科发专〔2010〕264号

第一章 总 则

第一条 为了在国家科技重大专项（以下简称“重大专项”）中落实知识产权战略，充分运用知识产权制度提高科技创新层次，保护科技创新成果，促进知识产权转移和运用，为培育和发展战略性新兴产业，解决经济社会发展重大问题提供知识产权保障，根据《科学技术进步法》、《促进科技成果转化法》、《专利法》等法律法规和《国家科技重大专项管理暂行规定》的有关规定，制定本规定。

第二条 本规定适用于《国家中长期科学和技术发展规划纲要（2006-2020年）》所确定的重大专项的知识产权管理。

本规定所称知识产权，是指专利权、计算机软件著作权、集成电路布图设计专有权、植物新品种权、技术秘密。

第三条 组织和参与重大专项实施的部门和单位应将知识产权管理纳入重大专项实施全过程，掌握知识产权动态，保护科技创新成果，明晰知识产权权利和义务，促进知识产权应用和扩散，全面提高知识产权创造、运用、保护和管理能力。

第二章 知识产权管理职责

第四条 科学技术部、国家发展和改革委员会、财政部（以下简称“三部门”）作为重大专项实施的综合管理部门，负责制定重大专项知识产权管理制度和政策，对重大专项实施中的重大知识产权问题进行统筹协调和宏观指导，监督检查各重大专项的知识产权工作落实情况。

国家知识产权局和相关知识产权行政管理部门，有效运用专业人才和信息资源优势，加强对重大专项知识产权工作的业务指导和服务。

第五条　重大专项牵头组织单位在专项领导小组领导下，全面负责本重大专项知识产权工作：

（一）制定符合本重大专项科技创新和产业化特点的知识产权战略；

（二）制定和落实本重大专项知识产权管理措施；

（三）建立知识产权工作体系，落实有关保障条件；

（四）对重大成果的知识产权保护、管理和运用等进行指导和监督；

（五）建立重大专项知识产权专题数据库，推动知识产权信息共享平台建设，建立重大专项知识产权预警机制；

（六）推动和组织实施标准战略，研究提出相关标准中的知识产权政策。

各重大专项实施管理办公室应当设立专门岗位、配备专门人员负责本重大专项知识产权工作。

重大专项领导小组和牵头组织单位可以根据需要，委托知识产权服务机构对本重大专项知识产权战略制定和决策提供咨询和服务。

第六条　重大专项专职技术责任人带领总体组，负责组织开展知识产权战略分析，提出技术方向和集成方案设计中的知识产权策略建议，对成果产业化可能产生的知识产权问题进行预测评估并提出对策建议，对项目（课题）的知识产权工作予以技术指导。

各重大专项总体组应当有知识产权专家或指定专家专门负责知识产权工作。

第七条　项目（课题）责任单位针对项目（课题）任务应履行以下知识产权管理义务：

（一）提出项目（课题）知识产权目标，并纳入项目（课题）合同管理；

（二）制定项目（课题）知识产权管理工作计划与流程，将知识产权工作融入研究开发、产业化的全过程；

（三）指定专人具体负责项目（课题）知识产权工作，根据需要委托知识产权服务机构对项目（课题）知识产权工作提供咨询和服务；

（四）组织项目（课题）参与人员参加知识产权培训，保证相关人员熟练掌握和运用相关的知识产权知识；

（五）履行本规定提出的各项知识产权管理义务，履行信息登记和报告义务，积极推进知识产权的运用。

各项目（课题）知识产权工作实行项目（课题）责任单位法定代表人和项目（课题）组长负责制。因未履行本规定提出的义务，造成知识产权流失或其他损失的，由重大专项领导小组、牵头组织单位根据本规定追究法定代表人和项目（课题）组长的相应责任。

第八条　参与项目（课题）实施的研究和管理人员应当提高知识产权意识，遵守知识产权管理制度，协助做好相关知识产权工作。

因违反相关规定造成损失的，应当承担相应责任。

第九条　重大专项实施过程中，应充分发挥知识产权代理、信息服务、战略咨询、资产评估等中介服务机构的作用，加强重大专项知识产权保护，完善知识产权战略，促进重大专项科技成果及其知识产权的应用和扩散。

知识产权中介服务机构应当恪守职业道德，认真履行职责，最大限度地保护国家利益和委托人利益。

第三章　重大专项实施过程中的知识产权管理

第十条　牵头组织单位在编制五年实施计划时，应当组织开展知识产权战略研究，对本重大专项重点领域的国内外知识产权状况进行分析，分析结果作为制定五年实施计划、年度计划、项目（课题）申报指南等的重要参考。

本条第一款规定的知识产权分析内容包括本重大专项技术领域的知识产权分布和保护态势、主要国家和地区同行业的关键技术及其知识产权保护范围、对我国相关产业研究开发和产业化的影响、本重大专项研究开发和产业化的知识产权对策等。

第十一条　项目（课题）申报单位提交申请材料时，应提交本领域核心技术知识产权状况分析，内容包括分析的目标、检索方式和路径、知识产权现状和主要权利人分布、本单位相关的知识产权状况、项目（课题）的主要知识产权目标和风险应对策略及其对产业的影响等。

项目（课题）申报单位拟在研究开发中使用或购买他人的知识产权时，应当在申请材料中作出说明。

牵头组织单位对项目（课题）申报单位的知识产权状况分析内容进行抽查论证。项目（课题）申报单位的知识产权状况分析弄虚作假的，取消其项目（课题）申报资格。

第十二条 牵头组织单位应把知识产权作为立项评审的独立评价指标，合理确定其在整个评价指标体系中的权重。

牵头组织单位应聘请知识产权专家参加评审，并根据需要委托知识产权服务机构对同一项目（课题）申请者的知识产权目标及其可行性进行汇总和评估，评估结果作为项目评审的重要依据。

第十三条 对批准立项的项目（课题），牵头组织单位和项目（课题）责任单位应当在任务合同书中明确约定知识产权任务和目标。

对多个单位共同承担的项目（课题），各参与单位应当就研究开发任务分工和知识产权归属及利益分配签订协议。

第十四条 项目（课题）责任单位在签订子课题或委托协作开发协议时，应当在协议中明确各自的知识产权权利和义务。

第十五条 项目（课题）实施过程中，责任单位应密切跟踪相关技术领域的知识产权及技术标准发展动态，据此按照有关程序对项目（课题）的研究策略及知识产权措施及时进行相应调整。

在项目实施过程中，如发现因知识产权受他人制约等情况而无法实现项目（课题）目标，需对研究方案和技术路线等进行重大调整的，项目（课题）责任单位应及时报牵头组织单位批准。项目（课题）责任单位未进行知识产权跟踪分析或对分析结果故意隐瞒不报造成预期目标无法实现的，由重大专项领导小组、牵头组织单位根据各自职责予以通报批评、限期改正、缓拨项目经费、终止项目合同、追回已拨经费、取消承担重大专项项目（课题）资格等处理。

牵头组织单位发现本重大专项所涉及的领域发生重大知识产权事件，对重大专项实施带来重大风险的，应当及时进行分析评估，制定对策，调整布局，并按规定报批。

第十六条 各重大专项应当建立本领域知识产权专题数据库，作为重大专项管理信息系统的重要组成部分，向项目（课题）责任单位开放使用。鼓励项目（课题）责任单位和其他机构开发的与本领域密切相关的知识产权信息纳入重大专项管理信息系统，按照市场机制向项目（课题）责任单位开放使用。

第十七条 项目（课题）责任单位在提交阶段报告和验收申请报告中应根据要求报送知识产权信息，内容包括知识产权类别、申请号和授权（登记）号、申请日和授权（登记）日、权利人、权利状态等。

第十八条 牵头组织单位应定期对本重大专项申请和获取的知识产权总体情况进行评估分析，跟踪比较国内外发展态势，研究提出下一阶段知识产权策略。

第十九条 在三部门、重大专项领导小组组织开展的监测评估中，应当对各重大专项知识产权战略制定情况、项目（课题）评审知识产权工作落实情况、知识产权工作体系和制度建设情况、项目（课题）责任单位知识产权管理状况、项目（课题）知识产权目标完成情况、所取得知识产权的维护、转化和运用情况进行调查分析，做出评估判断，提出对策建议。

第二十条 知识产权情况是重大专项验收的重要内容之一。

项目（课题）验收报告应包含知识产权任务和目标完成情况、成果再开发和产业化前景预测。未完成任务合同书约定的知识产权目标的，项目（课题）责任单位应当予以说明。

牵头组织单位进行项目（课题）验收评价时，应当以任务合同书所约定的知识产权目标和考核指标为依据，对项目（课题）知识产权任务和目标完成、保护及运用情况做出明确评价。

三部门组织的验收中，各重大专项应当对本重大专项知识产权任务完成情况、对产业发展的影响等予以说明。

第二十一条 参与重大专项实施的各主体在进行知识产权分析、知识产权评估、项目（课题）知识产权验收等环节，应当充分发挥知识产权行政管理部门业务指导作用。

第四章 知识产权的归属和保护

第二十二条 重大专项产生的知识产权，其权利归属按照下列原则分配：

（一）涉及国家安全、国家利益和重大社会公共利益的，属于国家，项目（课题）责任单位有免费使用的权利。

（二）除第（一）项规定的情况外，授权项目（课题）责任单位依法取得，为了国家安全、国家利益和重大社会公共利益的需要，国家可以无偿实施，也可以许可他人有偿实施或者无偿实施。

项目（课题）任务合同书应当根据上述原则对所产生的知识产权归属做出明确约定。

属于国家所有的知识产权的管理办法另行规定。牵头组织单位或其指定机构对属于国家所有的知识产权负有保护、管理和运用的义务。

第二十三条　子课题或协作开发形成的知识产权的归属按照本规定第二十二条第一款的规定执行。项目（课题）责任单位在签订子课题或协作开发任务合同时，应当告知子课题和协作开发任务的承担单位国家对该项目（课题）知识产权所拥有的权利。上述合同内容与国家保留的权利相冲突的，不影响国家行使相关权利。

第二十四条　论文、学术报告等发表、发布前，项目（课题）责任单位要进行审查和登记，涉及到应当申请专利的技术内容，在提出专利申请前不得发表、公布或向他人泄漏。未经批准发表、发布或向他人泄漏，使研究成果无法获得专利保护的，由重大专项领导小组、牵头组织单位根据各自职责追究直接责任人、项目（课题）组长、法定代表人的责任。

第二十五条　对项目（课题）产生的科技成果，项目（课题）责任单位应当根据科技成果特点，按照相关法律法规的规定适时选择申请专利权、申请植物新品种权、进行著作权登记或集成电路布图设计登记、作为技术秘密等适当方式予以保护。

对于应当申请知识产权并有国际市场前景的科技成果，项目（课题）责任单位应当在优先权期限内申请国外专利权或者其他知识产权。

项目（课题）责任单位不申请知识产权保护或者不采取其他保护措施时，牵头组织单位认为有必要采取保护措施的，应书面督促项目（课题）责任单位采取相应的措施，在其仍不采取保护措施的情况下，牵头组织单位可以自行申请知识产权或者采取其他相应的保护措施。

第二十六条　对作为技术秘密予以保护的科技成果，项目（课题）责任单位应当明确界定、标识予以保护的技术信息及其载体，采取保密措施，与可能接触该技术秘密的科技人员和其他人员签订保密协议。涉密人员因调离、退休等原因离开单位的，仍负有协议规定的保密义务，离开单位前应当将实验记录、材料、样品、产品、装备和图纸、计算机软件等全部技术资料交所在单位。

第二十七条　项目（课题）责任单位应当对重大专项知识产权的发明人、设计人或创作者予以奖励。被授予专利权的项目（课题）责任单位应当依照专利法及其实施细则等法律法规的相关规定对职务发明创造的发明人、设计人或创作者予以奖励。

第二十八条　权利人拟放弃重大专项产生或购买的知识产权的，应当进行评估，并报牵头组织单位备案。未经评估放弃知识产权或因其他原因导致权利失效的，由重大专项领导小组、牵头组织单位根据各自职责对项目（课题）责任单位及其责任人予以通报批评，并责令其改进知识产权管理工作。

第二十九条　项目（课题）责任单位可以在项目（课题）知识产权事务经费中列支知识产权保护、维护、维权、评估等事务费。

项目（课题）验收结题后，项目（课题）责任单位应当根据需要对重大专项产生的知识产权的申请、维持等给予必要的经费支持。

第五章　知识产权的转移和运用

第三十条　重大专项牵头组织单位、知识产权权利人应积极推动重大专项产生的知识产权的转移和运用，加快知识产权的商品化、产业化。

第三十一条　重大专项产生的知识产权信息，在不影响知识产权保护、国家秘密和技术秘密保护的前提下，项目（课题）责任单位应当广泛予以传播。

项目（课题）责任单位、被许可人或受让人就项目（课题）产生的科技成果申请知识产权、进行发表或转让的，应当注明“国家科技重大专项资助”。

第三十二条　鼓励项目（课题）责任单位将获得的自主知识产权纳入国家标准，并积极参与国际标准制定。

第三十三条　重大专项产生的知识产权，应当首先在境内实施。许可他人实施的，一般应当采取非独占许可的方式。

知识产权转让、许可出现下列情形之一的，应当报牵头组织单位审批。牵头组织单位为企业的，应报专项领导小组组长单位审批。

（一）向境内机构或个人转让或许可其独占实施；

（二）向境外组织或个人转让或许可的；

（三）因并购等原因致使权利人发生变更的。

向境外组织或个人转让或许可的，经批准后，还应依照《中华人民共和国技术进出口管理条例》执行。

知识产权转让、许可主体为执行事业单位财务和会计制度的事业单位，或执行《民间非盈利组织会计制度》的社会团体及民办非企业单位的，按照《事业单位国有资产管理暂行办法》（财政部令第36号）规定执行。

第三十四条 重大专项产生的知识产权，各项目（课题）责任单位应当首先保证其他项目（课题）责任单位为了重大专项实施目的的使用。

项目（课题）责任单位为了重大专项研究开发目的，需要集成使用其他项目（课题）责任单位实施重大专项产生和购买的知识产权时，相关知识产权权利人应当许可其免费使用；为了重大专项科技成果产业化目的使用时，相关知识产权权利人应当按照平等、合理、无歧视原则许可其实施。

项目（课题）责任单位为了研究开发目的而获得许可使用他人的知识产权时，应当在许可协议中约定许可方有义务按照平等、合理、无歧视原则授予项目（课题）责任单位为了产业化目的的使用。

第三十五条 对重大专项产生和购买的属于项目（课题）责任单位的知识产权，有下列情形之一，牵头组织单位可以依据本规定第二十二条第一款第（二）项的规定，要求项目（课题）责任单位以合理的条件许可他人实施；项目（课题）责任单位无正当理由拒绝许可的，牵头组织单位可以决定在批准的范围内推广使用，允许指定单位一定时期内有偿或者无偿实施：

（一）为了国家重大工程建设需要；

（二）对产业发展具有共性、关键作用需要推广应用；

（三）为了维护公共健康需要推广应用；

（四）对国家利益、重大社会公共利益和国家安全具有重大影响需要推广应用。

获得指定实施的单位不享有独占的实施权。取得有偿实施许可的，应当与知识产权权利人商定合理的使用费。

第三十六条 国家知识产权局可以根据专利法及其实施细则和《集成电路布图设计保护条例》的相关规定，给予实施重大专项产生的发明专利、实用新型专利和集成电路布图设计的强制许可或者非自愿许可。

第三十七条 项目（课题）责任单位许可或转让重大专项产生的知识产权时，应当告知被许可人或受让人国家拥有的权利。许可和转让协议不得影响国家行使相关权利。

第三十八条 鼓励项目（课题）责任单位以科技成果产业化为目标，按照产业链建立产业技术创新战略联盟，通过交叉许可、建立知识产权分享机制等方式，加速科技成果在产业领域应用、转移和扩散，为产业和社会发展提供完整的技术支撑和知识产权保障。

按照产业链不同环节部署项目（课题）的重大专项，牵头组织单位应当推动建立产业技术创新战略联盟。

第三十九条 在项目结束后五年内，项目（课题）责任单位或重大专项知识产权被许可人或受让人应当根据重大专项牵头组织单位的要求，报告知识产权应用、再开发和产业化等情况。

第四十条 项目（课题）责任单位应当依法奖励为完成该项科技成果及转化做出重要贡献的人员。

第六章 附 则

第四十一条 各重大专项可以依据本规定，结合本重大专项特点，制定本重大专项的知识产权管理实施细则。

第四十二条 事业单位转让无形资产取得的收入和取得无形资产所发生的支出，应当按照《事业单位财务规则》和《事业单位国有资产管理暂行办法》（财政部令36号）有关规定执行。

第四十三条 国防科技知识产权管理按有关规定执行。

第四十四条 本办法自2010年8月1日起施行。

科技重大专项进口税收政策暂行规定

财政部　科技部　国家发展改革委　海关总署　税务总局

财关税〔2010〕28号

第一条　为贯彻落实国务院关于实施《国家中长期科学和技术发展规划纲要（2006-2020年）》若干配套政策中有关科技重大专项进口税收政策的要求，扶持国家重大战略产品、关键共性技术和重大工程的研究开发，营造激励自主创新的环境，特制定本规定。

第二条　承担科技重大专项项目（课题）的企业和大专院校、科研院所等事业单位（以下简称项目承担单位）使用中央财政拨款、地方财政资金、单位自筹资金以及其他渠道获得的资金进口项目（课题）所需国内不能生产的关键设备（含软件工具及技术）、零部件、原材料，免征进口关税和进口环节增值税。

第三条　本规定第二条所述科技重大专项是指列入《国家中长期科学和技术发展规划纲要（2006-2020年）》的民口科技重大专项，包括核心电子器件、高端通用芯片及基础软件产品，极大规模集成电路制造装备及成套工艺，新一代宽带无线移动通信网，高档数控机床与基础制造装备，大型油气田及煤层气开发，大型先进压水堆及高温气冷堆核电站，水体污染控制与治理，转基因生物新品种培育，重大新药创制，艾滋病和病毒性肝炎等重大传染病防治。

第四条　申请享受本规定进口税收政策的项目承担单位应当具备以下条件：

1. 独立的法人资格；

2. 经科技重大专项领导小组批准承担重大专项任务。

第五条　项目承担单位申请免税进口的设备、零部件、原材料应当符合以下要求：

1. 直接用于项目（课题）的科学研究、技术开发和应用，且进口数量在合理范围内；

2. 国内不能生产或者国产品性能不能满足要求的，且价值较高；

3. 申请免税进口设备的主要技术指标一般应优于当前实施的《国内投资项目不予免税的进口商品目录》所列设备。

第六条　为了提高财政资金和进口税收政策的使用效益，对于使用中央财政和地方财政安排的重大专项资金购置的仪器设备，在申报设备预算时，应当主动说明是否申请进口免税和涉及的进口税款。

第七条　各科技重大专项牵头组织单位（以下简称牵头组织单位）是落实进口税收政策的责任主体，负责受理和审核项目承担单位的申请文件、报送科技重大专项免税进口物资需求清单、出具《科技重大专项项目（课题）进口物资确认函》（格式见附件1，以下简称《进口物资确认函》）、报送政策落实情况报告等事宜。

有两个及以上牵头组织单位的科技重大专项，由第一牵头组织单位会同其他牵头组织单位共同组织落实上述事宜。科技重大专项牵头组织单位为企业的，由该专项领导小组组长单位负责审核项目承担单位的申请文件、报送科技重大专项免税进口物资需求清单、出具《进口物资确认函》。

第八条　财政部会同科技部、国家发展改革委、海关总署、国家税务总局等有关部门根据科技重大专项进口物资需求，结合国内外生产情况和供需状况，研究制定各科技重大专项免税进口物资清单，组织落实政策年度执行方案，定期评估政策的执行效果，并适时调整和完善政策。

第九条　项目承担单位是享受本进口税收政策和履行相应义务的责任主体。项目承担单位应在每年7月15日前向牵头组织单位提交下一年度进口免税申请文件（要求见附件2），项目承担单位在领取《进口物资确认函》之前，可凭牵头组织单位出具的已受理申请的证明文件，向海关申请凭税款担保办理有关进口物资先予放行手续。上年度已享受免税政策的项目承担单位尚未领取当年度《进口物资确认函》之前，可直接向海关申请凭税款担保办理有关进口物资先予放行手续。

第十条 项目承担单位应当在进口物资前，按照《中华人民共和国海关进出口货物减免税管理办法》（海关总署令第179号）的有关规定，持《进口物资确认函》等有关材料向其所在地海关申请办理免税审批手续。

对项目承担单位在《进口物资确认函》确定的免税额度内进口物资的免税申请，海关按照科技重大专项免税进口物资清单进行审核，并确定相关物资是否符合免税条件。

第十一条 为及时对政策进行绩效评价，享受本规定进口税收政策的单位，应在每年2月1日前将上一年度的政策执行情况如实上报牵头组织单位。牵头组织单位应在每年3月1日前向财政部报送科技重大专项进口税收政策落实情况报告，说明上一年度实际免税进口物资总体情况，同时抄送科技部、国家发展改革委、海关总署、国家税务总局。

牵头组织单位连续两年未按规定提交报告的，该科技重大专项停止享受本规定进口税收优惠政策1年。项目承担单位未按规定提交报告的，停止该单位享受本规定进口税收优惠政策1年。

第十二条 牵头组织单位应当按照本规定要求，切实做好科技重大专项进口税收政策执行的管理工作，保证政策执行的规范性、安全性和有效性。

项目承担单位应当严格按照本规定有关要求，如实申报材料、办理相关进口物资的免税申请和进口手续。项目承担单位违反规定，将免税进口物资擅自转让、销售、移作他用或者进行其他处置，除按照有关法律、法规及规定处理外，对于被依法追究刑事责任的，从违法行为发现之日起停止享受本规定进口税收优惠政策；尚不够追究刑事责任的，从违法行为发现之日起停止享受本规定进口税收优惠政策2年。

第十三条 经海关核准，有关项目承担单位免税进口的设备可用于其他单位的科学研究、教学活动和技术开发，但未经海关许可，免税进口的设备不得移出原项目承担单位。科技重大专项项目（课题）完成后，对于仍处于海关监管年限内的免税进口设备和剩余的少量原材料、零部件，项目承担单位可及时向所在地海关申请办理提前解除监管的手续，并免于补缴税款。

第十四条 本规定自2010年7月15日起施行。

附件：1.科技重大专项项目（课题）进口物资确认函（略）

2.项目（课题）承担单位免税申请文件有关要求（略）

企业重组业务企业所得税管理办法

国家税务总局公告　2010年第4号

第一章　总则及定义

第一条 为规范和加强对企业重组业务的企业所得税管理，根据《中华人民共和国企业所得税法》（以下简称《税法》）及其实施条例（以下简称《实施条例》）、《中华人民共和国税收征收管理法》及其实施细则（以下简称《征管法》）、《财政部 国家税务总局关于企业重组业务企业所得税处理若干问题的通知》（财税〔2009〕59号）（以下简称《通知》）等有关规定，制定本办法。

第二条 本办法所称企业重组业务，是指《通知》第一条所规定的企业法律形式改变、债务重组、股权收购、资产收购、合并、分立等各类重组。

第三条 企业发生各类重组业务，其当事各方，按重组类型，分别指以下企业：

（一）债务重组中当事各方，指债务人及债权人。

（二）股权收购中当事各方，指收购方、转让方及被收购企业。

（三）资产收购中当事各方，指转让方、受让方。

（四）合并中当事各方，指合并企业、被合并企业及各方股东。

（五）分立中当事各方，指分立企业、被分立企业及各方股东。

第四条　同一重组业务的当事各方应采取一致税务处理原则，即统一按一般性或特殊性税务处理。

第五条　《通知》第一条第（四）项所称实质经营性资产，是指企业用于从事生产经营活动、与产生经营收入直接相关的资产，包括经营所用各类资产、企业拥有的商业信息和技术、经营活动产生的应收款项、投资资产等。

第六条　《通知》第二条所称控股企业，是指由本企业直接持有股份的企业。

第七条　《通知》中规定的企业重组，其重组日的确定，按以下规定处理：

（一）债务重组，以债务重组合同或协议生效日为重组日。

（二）股权收购，以转让协议生效且完成股权变更手续日为重组日。

（三）资产收购，以转让协议生效且完成资产实际交割日为重组日。

（四）企业合并，以合并企业取得被合并企业资产所有权并完成工商登记变更日期为重组日。

（五）企业分立，以分立企业取得被分立企业资产所有权并完成工商登记变更日期为重组日。

第八条　重组业务完成年度的确定，可以按各当事方适用的会计准则确定，具体参照各当事方经审计的年度财务报告。由于当事方适用的会计准则不同导致重组业务完成年度的判定有差异时，各当事方应协商一致，确定同一个纳税年度作为重组业务完成年度。

第九条　本办法所称评估机构，是指具有合法资质的中国资产评估机构。

第二章　企业重组一般性税务处理管理

第十条　企业发生《通知》第四条第（一）项规定的由法人转变为个人独资企业、合伙企业等非法人组织，或将登记注册地转移至中华人民共和国境外（包括港澳台地区），应按照《财政部 国家税务总局关于企业清算业务企业所得税处理若干问题的通知》（财税〔2009〕60号）规定进行清算。

企业在报送《企业清算所得纳税申报表》时，应附送以下资料：

（一）企业改变法律形式的工商部门或其他政府部门的批准文件；

（二）企业全部资产的计税基础以及评估机构出具的资产评估报告；

（三）企业债权、债务处理或归属情况说明；

（四）主管税务机关要求提供的其他资料证明。

第十一条　企业发生《通知》第四条第（二）项规定的债务重组，应准备以下相关资料，以备税务机关检查：

（一）以非货币资产清偿债务的，应保留当事各方签订的清偿债务的协议或合同，以及非货币资产公允价格确认的合法证据等；

（二）债权转股权的，应保留当事各方签订的债权转股权协议或合同。

第十二条　企业发生《通知》第四条第（三）项规定的股权收购、资产收购重组业务，应准备以下相关资料，以备税务机关检查：

（一）当事各方所签订的股权收购、资产收购业务合同或协议；

（二）相关股权、资产公允价值的合法证据。

第十三条　企业发生《通知》第四条第（四）项规定的合并，应按照财税〔2009〕60号文件规定进行清算。

被合并企业在报送《企业清算所得纳税申报表》时，应附送以下资料：

（一）企业合并的工商部门或其他政府部门的批准文件；

（二）企业全部资产和负债的计税基础以及评估机构出具的资产评估报告；

（三）企业债务处理或归属情况说明；

（四）主管税务机关要求提供的其他资料证明。

第十四条　企业发生《通知》第四条第（五）项规定的分立，被分立企业不再继续存在，应按照财税〔2009〕60号文件规定进行清算。

被分立企业在报送《企业清算所得纳税申报表》

时，应附送以下资料：

（一）企业分立的工商部门或其他政府部门的批准文件；

（二）被分立企业全部资产的计税基础以及评估机构出具的资产评估报告；

（三）企业债务处理或归属情况说明；

（四）主管税务机关要求提供的其他资料证明。

第十五条 企业合并或分立，合并各方企业或分立企业涉及享受《税法》第五十七条规定中就企业整体（即全部生产经营所得）享受的税收优惠过渡政策尚未期满的，仅就存续企业未享受完的税收优惠，按照《通知》第九条的规定执行；注销的被合并或被分立企业未享受完的税收优惠，不再由存续企业承继；合并或分立而新设的企业不得再承继或重新享受上述优惠。合并或分立各方企业按照《税法》的税收优惠规定和税收优惠过渡政策中就企业有关生产经营项目的所得享受的税收优惠承继问题，按照《实施条例》第八十九条规定执行。

第三章 企业重组特殊性税务处理管理

第十六条 企业重组业务，符合《通知》规定条件并选择特殊性税务处理的，应按照《通知》第十一条规定进行备案；如企业重组各方需要税务机关确认，可以选择由重组主导方向主管税务机关提出申请，层报省税务机关给予确认。

采取申请确认的，主导方和其他当事方不在同一省（自治区、市）的，主导方省税务机关应将确认文件抄送其他当事方所在地省税务机关。

省税务机关在收到确认申请时，原则上应在当年度企业所得税汇算清缴前完成确认。特殊情况，需要延长的，应将延长理由告知主导方。

第十七条 企业重组主导方，按以下原则确定：

（一）债务重组为债务人；

（二）股权收购为股权转让方；

（三）资产收购为资产转让方；

（四）吸收合并为合并后拟存续的企业，新设合并为合并前资产较大的企业；

（五）分立为被分立的企业或存续企业。

第十八条 企业发生重组业务，按照《通知》第五条第（一）项要求，企业在备案或提交确认申请时，应从以下方面说明企业重组具有合理的商业目的：

（一）重组活动的交易方式。即重组活动采取的具体形式、交易背景、交易时间、在交易之前和之后的运作方式和有关的商业常规。

（二）该项交易的形式及实质。即形式上交易所产生的法律权利和责任，也是该项交易的法律后果。另外，交易实际上或商业上产生的最终结果。

（三）重组活动给交易各方税务状况带来的可能变化。

（四）重组各方从交易中获得的财务状况变化。

（五）重组活动是否给交易各方带来了在市场原则下不会产生的异常经济利益或潜在义务。

（六）非居民企业参与重组活动的情况。

第十九条 《通知》第五条第（三）和第（五）项所称“企业重组后的连续12个月内”，是指自重组日起计算的连续12个月内。

第二十条 《通知》第五条第（五）项规定的原主要股东，是指原持有转让企业或被收购企业20%以上股权的股东。

第二十一条 《通知》第六条第（四）项规定的同一控制，是指参与合并的企业在合并前后均受同一方或相同的多方最终控制，且该控制并非暂时性的。能够对参与合并的企业在合并前后均实施最终控制权的相同多方，是指根据合同或协议的约定，对参与合并企业的财务和经营政策拥有决定控制权的投资者群体。在企业合并前，参与合并各方受最终控制方的控制在12个月以上，企业合并后所形成的主体在最终控制方的控制时间也应达到连续12个月。

第二十二条 企业发生《通知》第六条第（一）项规定的债务重组，根据不同情形，应准备以下资料：

（一）发生债务重组所产生的应纳税所得额占该企业当年应纳税所得额50%以上的，债务重组所得要求在5个纳税年度的期间内，均匀计入各年度应纳税所得额的，应准备以下资料：

1. 当事方的债务重组的总体情况说明（如果采取申请确认的，应为企业的申请，下同），情况说明中应包括债务重组的商业目的；

2. 当事各方所签订的债务重组合同或协议；

3. 债务重组所产生的应纳税所得额、企业当年应纳税所得额情况说明；

4. 税务机关要求提供的其他资料证明。

（二）发生债权转股权业务，债务人对债务清偿业务暂不确认所得或损失，债权人对股权投资的计税基础以原债权的计税基础确定，应准备以下资料：

1.当事方的债务重组的总体情况说明。情况说明中应包括债务重组的商业目的；

2.双方所签订的债转股合同或协议；

3.企业所转换的股权公允价格证明；

4.工商部门及有关部门核准相关企业股权变更事项证明材料；

5.税务机关要求提供的其他资料证明。

第二十三条 企业发生《通知》第六条第（二）项规定的股权收购业务，应准备以下资料：

（一）当事方的股权收购业务总体情况说明，情况说明中应包括股权收购的商业目的；

（二）双方或多方所签订的股权收购业务合同或协议；

（三）由评估机构出具的所转让及支付的股权公允价值；

（四）证明重组符合特殊性税务处理条件的资料，包括股权比例，支付对价情况，以及12个月内不改变资产原来的实质性经营活动和原主要股东不转让所取得股权的承诺书等；

（五）工商等相关部门核准相关企业股权变更事项证明材料；

（六）税务机关要求的其他材料。

第二十四条 企业发生《通知》第六条第（三）项规定的资产收购业务，应准备以下资料：

（一）当事方的资产收购业务总体情况说明，情况说明中应包括资产收购的商业目的；

（二）当事各方所签订的资产收购业务合同或协议；

（三）评估机构出具的资产收购所体现的资产评估报告；

（四）受让企业股权的计税基础的有效凭证；

（五）证明重组符合特殊性税务处理条件的资料，包括资产收购比例，支付对价情况，以及12个月内不改变资产原来的实质性经营活动、原主要股东不转让所取得股权的承诺书等；

（六）工商部门核准相关企业股权变更事项证明材料；

（七）税务机关要求提供的其他材料证明。

第二十五条 企业发生《通知》第六条第（四）项规定的合并，应准备以下资料：

（一）当事方企业合并的总体情况说明。情况说明中应包括企业合并的商业目的。

（二）企业合并的政府主管部门的批准文件。

（三）企业合并各方当事人的股权关系说明。

（四）被合并企业的净资产、各单项资产和负债及其账面价值和计税基础等相关资料。

（五）证明重组符合特殊性税务处理条件的资料，包括合并前企业各股东取得股权支付比例情况、以及12个月内不改变资产原来的实质性经营活动、原主要股东不转让所取得股权的承诺书等。

（六）工商部门核准相关企业股权变更事项证明材料。

（七）主管税务机关要求提供的其他资料证明。

第二十六条 《通知》第六条第（四）项所规定的可由合并企业弥补的被合并企业亏损的限额，是指按《税法》规定的剩余结转年限内，每年可由合并企业弥补的被合并企业亏损的限额。

第二十七条 企业发生《通知》第六条第（五）项规定的分立，应准备以下资料：

（一）当事方企业分立的总体情况说明。情况说明中应包括企业分立的商业目的。

（二）企业分立的政府主管部门的批准文件。

（三）被分立企业的净资产、各单项资产和负债账面价值和计税基础等相关资料。

（四）证明重组符合特殊性税务处理条件的资料，包括分立后企业各股东取得股权支付比例情况、以及12个月内不改变资产原来的实质性经营活动、原主要股东不转让所取得股权的承诺书等。

（五）工商部门认定的分立和被分立企业股东股权比例证明材料；分立后，分立和被分立企业工商营业执照复印件；分立和被分立企业分立业务账务处理复印件。

（六）税务机关要求提供的其他资料证明。

第二十八条 根据《通知》第六条第（四）项第2目规定，被合并企业合并前的相关所得税事项由合并企业承继，以及根据《通知》第六条第（五）项第2目规定，企业分立，已分立资产相应的所得税事项由分立企业承继，这些事项包括尚未确认的资产损失、分期确认收入的处理以及尚未享受期满的税收优惠政策承继处理问题等。其中，对税收优惠政策承继处理问题，凡属于依照《税法》第五十七条规定中就企业整体（即全部生产经营所得）享受税收优惠过渡政策的，合并或分立后的企业性质及适用税收优惠条件未发生改变的，可以继续享受合并前各企业或分立前被分立企业剩余期限的税收优惠。合并前各企业剩余的税收优惠年限不一致的，合并后企业每年度的应纳税所得额，应统一按合并日各合并前企业资产占合并后企业总资产的比例进行划分，再分别按相应的剩余优惠计算应纳税额。合并前各企业或分立前被分立企业按照《税法》的税收优惠规定以及税收优惠过渡政策中就有关生产经营项目所得享受的税收优惠承继处理问题，按照《实施条例》第八十九条规定执行。

第二十九条 适用《通知》第五条第（三）项和第（五）项的当事各方应在完成重组业务后的下一年度的企业所得税年度申报时，向主管税务机关提交书面情况说明，以证明企业在重组后的连续12个月内，有关符合特殊性税务处理的条件未发生改变。

第三十条 当事方的其中一方在规定时间内发生生产经营业务、公司性质、资产或股权结构等情况变化，致使重组业务不再符合特殊性税务处理条件的，发生变化的当事方应在情况发生变化的30天内书面通知其他所有当事方。主导方在接到通知后30日内将有关变化通知其主管税务机关。

上款所述情况发生变化后60日内，应按照《通知》第四条的规定调整重组业务的税务处理。原交易各方应各自按原交易完成时资产和负债的公允价值计算重组业务的收益或损失，调整交易完成纳税年度的应纳税所得额及相应的资产和负债的计税基础，并向各自主管税务机关申请调整交易完成纳税年度的企业所得税年度申报表。逾期不调整申报的，按照《征管法》的相关规定处理。

第三十一条 各当事方的主管税务机关应当对企业申报或确认适用特殊性税务处理的重组业务进行跟踪监管，了解重组企业的动态变化情况。发现问题，应及时与其他当事方主管税务机关沟通联系，并按照规定给予调整。

第三十二条 根据《通知》第十条规定，若同一项重组业务涉及在连续12个月内分步交易，且跨两个纳税年度，当事各方在第一步交易完成时预计整个交易可以符合特殊性税务处理条件，可以协商一致选择特殊性税务处理的，可在第一步交易完成后，适用特殊性税务处理。主管税务机关在审核有关资料后，符合条件的，可以暂认可适用特殊性税务处理。第二年进行下一步交易后，应按本办法要求，准备相关资料确认适用特殊性税务处理。

第三十三条 上述跨年度分步交易，若当事方在首个纳税年度不能预计整个交易是否符合特殊性税务处理条件，应适用一般性税务处理。在下一纳税年度全部交易完成后，适用特殊性税务处理的，可以调整上一纳税年度的企业所得税年度申报表，涉及多缴税款的，各主管税务机关应退税，或抵缴当年应纳税款。

第三十四条 企业重组的当事各方应该取得并保管与该重组有关的凭证、资料，保管期限按照《征管法》的有关规定执行。

第四章 跨境重组税收管理

第三十五条 发生《通知》第七条规定的重组，凡适用特殊性税务处理规定的，应按照本办法第三章相关规定执行。

第三十六条 发生《通知》第七条第（一）、（二）项规定的重组，适用特殊税务处理的，应按照《国家税务总局关于印发〈非居民企业所得税源泉扣缴管理暂行办法〉的通知》（国税发〔2009〕3号）和《国家税务总局关于加强非居民企业股权转让所得企业所得税管理的通知》（国税函〔2009〕698号）要求，准备资料。

第三十七条 发生《通知》第七条第（三）项规定的重组，居民企业应向其所在地主管税务机关报送以下资料：

（一）当事方的重组情况说明，申请文件中应说明股权转让的商业目的。

（二）双方所签订的股权转让协议。

（三）双方控股情况说明。

（四）由评估机构出具的资产或股权评估报告。报告中应分别列示涉及的各单项被转让资产和负债的公允价值。

（五）证明重组符合特殊性税务处理条件的资料，包括股权或资产转让比例，支付对价情况，以及12个月内不改变资产原来的实质性经营活动、不转让所取得股权的承诺书等。

（六）税务机关要求的其他材料。

政府采购代理机构资格认定办法

中华人民共和国财政部令　第61号

第一章　总　　则

第一条　为了规范政府采购代理机构资格认定工作，加强政府采购代理机构资格管理，根据《中华人民共和国政府采购法》和国务院有关规定，制定本办法。

第二条　政府采购代理机构资格的认定适用本办法。

本办法所称政府采购代理机构，是指取得财政部门认定资格的，依法接受采购人委托，从事政府采购货物、工程和服务采购代理业务的社会中介机构。

各级人民政府设立的集中采购机构不适用本办法。

第三条　政府采购代理机构资格认定，应当遵循公开、公平、公正原则。

第四条　政府采购代理机构资格认定由财政部和省、自治区、直辖市人民政府财政部门（以下简称省级人民政府财政部门）依据本办法的规定实施。

第五条　代理政府采购事宜的机构，应当依法取得财政部或者省级人民政府财政部门认定的政府采购代理机构资格。

第六条　政府采购代理机构资格分为甲级资格和乙级资格。

取得甲级资格的政府采购代理机构可以代理所有政府采购项目。取得乙级资格的政府采购代理机构只能代理单项政府采购项目预算金额在一千万元人民币以下的政府采购项目。

第七条　政府采购代理机构甲级资格的认定工作由财政部负责；乙级资格的认定工作由申请人工商注册所在地的省级人民政府财政部门负责。

第八条　财政部或者省级人民政府财政部门应当向取得认定资格的政府采购代理机构颁发《政府采购代理机构资格证书》（以下简称《资格证书》）。

《资格证书》应当载明政府采购代理机构名称、代理业务范围、资格有效期限起止日期等事项，并加盖颁发证书的财政部门印章。

《资格证书》分为正本和副本，有效期为三年，持有人不得出借、出租、转让或者涂改。

第九条　政府采购代理机构可以在全国范围内依法代理政府采购事宜。任何单位和个人不得采取任何方式，阻挠和限制政府采购代理机构依法进入本地区或者本行业的政府采购市场。

政府采购代理机构拟在其工商注册地以外的省、自治区、直辖市开展业务的，应当持有效的企业法人营业执照、税务登记证副本、《资格证书》复印件向当地省级人民政府财政部门备案。

第十条　政府采购代理机构不得代理其本身或者与其有股权关系的自然人、法人或者其他组织作为直接或者间接供应商参加的政府采购项目。

第十一条　在政府采购代理业务中，政府采购代理机构应当向委托人提供合法、方便、优质、高效和价格合理的服务。

政府采购代理机构不得以不正当的手段承揽政府采购代理业务。

第十二条　政府采购代理机构代理政府采购事宜，按照国家有关规定收取代理服务费。

第十三条　财政部门在实施政府采购代理机构资格认定和对政府采购代理机构代理业务情况进行监督检查工作中，不得收取任何费用。

第二章　资格申请

第十四条　乙级政府采购代理机构应当具备下列条件：

（一）具有企业法人资格，且注册资本为人民币一百万元以上；

（二）与行政机关没有隶属关系或者其他利益关系；

（三）具有健全的组织机构和内部管理制度；

（四）有固定的营业场所和开展政府采购代理业务所需的开标场所，以及电子监控等办公设备、设施；

（五）申请政府采购代理机构资格之前三年内，在经营活动中没有因违反有关法律法规受到刑事处罚或者取消资格的行政处罚；

（六）有参加过规定的政府采购培训，熟悉政府采购法规和采购代理业务的法律、经济和技术方面的专职人员。母公司和子公司分别提出申请的，母公司与子公司从事政府采购代理业务的专职人员不得相同；

（七）专职人员总数不得少于十人，其中具有中级以上专业技术职务任职资格的不得少于专职人员总数的百分之四十；

（八）财政部规定的其他条件。

第十五条 甲级政府采购代理机构除应当具备本办法第十四条第二项至第六项条件外，还应当具备下列条件：

（一）具有企业法人资格，且注册资本为人民币五百万元以上；

（二）专职人员总数不得少于三十人，其中具有中级以上专业技术职务任职资格的不得少于专职人员总数的百分之六十；

（三）取得政府采购代理机构乙级资格一年以上，最近两年内代理政府采购项目中标、成交金额累计达到一亿元人民币以上；或者从事招标代理业务二年以上，最近两年中标金额累计达到十亿元人民币以上；

（四）财政部规定的其他条件。

第十六条 申请政府采购代理机构乙级资格的，申请人应当向其工商注册所在地的省级人民政府财政部门提交资格认定申请书，并提供下列材料：

（一）有效的企业法人营业执照、税务登记证副本和社会保险登记证书复印件；

（二）经工商管理部门备案的《企业章程》复印件；

（三）与行政机关没有隶属关系和其他利益关系的书面声明；

（四）机构内部各项管理制度；

（五）有固定的营业场所和开展政府采购代理业务所需的开标场所、电子监控等办公设备、设施的相关证明材料。营业场所、开标场所为自有场所的提供产权证复印件；营业场所、开标场所为租用场所的提供出租方产权证以及租用合同或者协议的复印件；

（六）申请政府采购代理机构资格之前三年内，在经营活动中没有因违反有关法律法规受到刑事处罚或者取消资格的行政处罚的书面声明；

（七）专职人员的名单、中级以上专业技术职务证书、劳动合同、人事档案管理代理证明以及申请之前六个月或者企业成立以来缴纳社会保险费的证明（社会保险缴纳情况表或者银行缴款单据）复印件；

（八）母公司或者子公司已申请或者取得政府采购代理机构资格情况的说明；

（九）财政部规定的其他材料。

第十七条 申请政府采购代理机构甲级资格的，申请人应当向财政部提交资格认定申请书，并提供下列材料：

（一）本办法第十六条规定的材料；

（二）具备政府采购代理机构乙级资格的，提交乙级资格证书复印件；

（三）《政府采购代理有效业绩一览表》或者《招标代理有效业绩一览表》，以及与所列业绩相应的委托代理协议和采购人（招标人）确定中标、成交结果的书面通知复印件。

第十八条 申请人应当如实提交申请材料和反映真实情况，并对其申请材料实质内容的真实性负责。财政部或者省级人民政府财政部门不得要求申请人提供与政府采购代理机构资格认定无关的材料。

第十九条 申请人在递交申请材料复印件的同时，应当提交相应的原件，经财政部或者省级人民政府财政部门核对无误后予以退回。

申请人将申请材料中的复印件交由公证机构公证“与原件一致”后装订成册提交的，可以不提交复印件的原件。

第二十条 财政部或者省级人民政府财政部门对申请人提出的资格认定申请，应当根据下列情况分别作出处理：

（一）申请事项依法不属于本财政部门职权范围的，应当作出不予受理决定，并告知申请人向有关部门申请；

（二）申请材料存在可以当场更正的错误的，应当允许申请人当场更正；

（三）申请材料不齐全或者不符合本办法规定形式的，应当当场或者在五个工作日内一次告知申请人需要补正的全部内容，逾期不告知的，自收到申请材料之日起即为受理；

（四）申请事项属于本财政部门职权范围，申请材料齐全、符合本办法规定形式的，或者申请人已按要求提交全部补正申请材料的，应当受理资格认定申请。

第二十一条　财政部或者省级人民政府财政部门受理或者不予受理资格认定申请，应当出具加盖本财政部门专用印章和注明日期的书面凭证。

第二十二条　财政部或者省级人民政府财政部门应当对申请人提交的申请材料进行审查，并自受理资格认定申请之日起二十个工作日内，根据下列情况分别作出决定，二十个工作日内不能作出决定的，经本财政部门负责人批准，可以延长十个工作日，并应当将延长期限的理由告知申请人：

（一）申请人的申请符合本办法规定条件的，应当依法作出认定资格的书面决定，并向申请人颁发甲级或者乙级《资格证书》；

（二）申请人的申请不符合本办法规定条件的，应当依法作出不予认定资格的书面决定，并说明理由和告知申请人享有依法申请行政复议或者提起行政诉讼的权利。

财政部或者省级人民政府财政部门作出资格认定决定前，应当将拟认定资格的政府采购代理机构名单在指定的政府采购信息发布媒体上进行公示，公示期不得少于五个工作日。

第二十三条　乙级政府采购代理机构获得甲级政府采购代理机构资格后，其原有的乙级政府采购代理机构资格自动失效。

第二十四条　财政部或者省级人民政府财政部门应当将获得认定资格的政府采购代理机构名单在指定的政府采购信息发布媒体上予以公告。

第二十五条　省级人民政府财政部门应当自批准乙级政府采购代理机构资格之日起三十日内，将获得资格的乙级政府采购代理机构名单报财政部备案。

第三章　资格延续与变更

第二十六条　政府采购代理机构需要延续依法取得的政府采购代理机构资格有效期的，应当在《资格证书》载明的有效期届满六十日前，向作出资格审批决定的财政部门提出申请。

第二十七条　乙级政府采购代理机构申请资格延续的，应当满足本办法第十四条规定的条件。

第二十八条　甲级政府采购代理机构申请资格延续的，应当满足下列条件：

（一）本办法第十五条规定的条件，但第三项除外；

（二）《资格证书》有效期内代理完成政府采购项目中标、成交金额一亿五千万元人民币以上。

第二十九条　申请人提出资格延续申请的，应当提交资格延续申请书，并提供下列材料：

（一）有效的企业法人营业执照、税务登记证副本和社会保险登记证书复印件；

（二）原《资格证书》复印件；

（三）营业场所、开标场所发生变动的，自有场所应当提供产权证复印件；租用场所应当提供出租方产权证以及租用合同或者协议的复印件；

（四）最近三年内在经营活动中没有因违反有关法律法规受到刑事处罚或者取消资格以上的行政处罚的书面声明；

（五）专职人员的名单、中级以上专业技术职务证书、劳动合同、人事档案管理代理证明以及申请之前六个月缴纳社会保险费的证明（社会保险缴纳情况表或者银行缴款单据）复印件；

（六）甲级政府采购代理机构提交《政府采购代理有效业绩一览表》以及证明所列业绩所需的相应委托代理协议和采购人确定中标、成交结果的书面通知复印件；

（七）财政部规定的其他材料。

第三十条　财政部或者省级人民政府财政部门在收到资格延续申请后，经审核申请材料齐全，符合法定形式和要求的，应当受理申请，依照本办法第十九条至第二十一条的规定进行审查，并在申请人的政府采购代理机构资格有效期届满前，根据下列情况分别作出决定：

（一）申请人的申请符合本办法规定条件的，应当作出延续政府采购代理机构资格的书面决定，并重新颁发《资格证书》；

（二）申请人的申请不符合本办法规定条件的，应当作出不予延续政府采购代理机构资格的书面决定，并说明理由和告知申请人享有依法申请行政复议或者提起行政诉讼的权利。

第三十一条　政府采购代理机构逾期不申请资格延续的，其《资格证书》自证书载明的有效期届满后自动失效。需要继续代理政府采购事宜的，应当重新申请政府采购代理机构资格。

第三十二条　政府采购代理机构《资格证书》记载事项依法发生变更的，应当自变更之日起二十日内提供有关证明文件并办理变更或者换证手续。但是，机构名称变更的，应当重新申请政府采购代理机构资格。

第三十三条 政府采购代理机构解散、破产或者因其他原因终止政府采购代理业务的，应当自情况发生之日起十日内交回《资格证书》，办理注销手续。

第三十四条 政府采购代理机构分立或者合并的，应当自情况发生之日起十日内交回《资格证书》，办理注销手续；分立或者合并后的机构拟从事政府采购代理业务的，应当重新申请政府采购代理机构资格。

第三十五条 政府采购代理机构发生本办法第三十二条至第三十四条规定情形，逾期未办理相关手续的，其政府采购代理机构资格自动失效。

第四章 监督检查

第三十六条 财政部应当加强对省级人民政府财政部门实施政府采购代理机构资格认定工作的监督检查，及时纠正和依法处理资格认定工作中的违法违规行为。

第三十七条 县级以上人民政府财政部门应当按照政府采购管理权限，对政府采购代理机构执行政府采购法律、法规的情况，包括采购范围、采购方式、采购程序、代理业绩以及政府采购代理机构人员的职业素质和专业技能等方面进行监督检查，加强监管档案管理，建立不良行为公告制度。

第三十八条 县级以上人民政府财政部门应当依法处理处罚政府采购代理机构的违法违规行为，并予以公告。但涉及政府采购代理机构甲级资格的行政处罚，应当由财政部作出；涉及乙级资格的行政处罚，应当由认定资格的省级人民政府财政部门或者财政部作出。

第三十九条 县级以上地方人民政府财政部门应当将政府采购代理机构违法违规行为的处理处罚结果，书面告知作出资格认定决定的财政部门。

第四十条 个人和组织发现政府采购代理机构违法代理政府采购事宜的，有权向财政部门举报。收到举报的财政部门有权处理的，应当及时核实、处理；无权处理的，应当及时移送有权处理的财政部门处理。

第五章 法律责任

第四十一条 申请人隐瞒有关情况或者提供虚假材料的，财政部和省级人民政府财政部门应当不予受理或者不予资格认定、延续，并给予警告。

第四十二条 申请人以欺骗、贿赂等不正当手段取得政府采购代理机构资格的，由作出资格认定决定的财政部门予以撤销，并收回《资格证书》；涉嫌犯罪的，移送司法机关处理。

第四十三条 政府采购代理机构有下列情形之一的，责令限期改正，给予警告；情节严重的，暂停其政府采购代理机构资格三至六个月；情节特别严重或者逾期不改正的，取消其政府采购代理机构资格，并收回《资格证书》；涉嫌犯罪的，移送司法机关处理：

（一）出借、出租、转让或者涂改《资格证书》的；

（二）超出授予资格的业务范围承揽或者以不正当手段承揽政府采购代理业务的；

（三）违反本办法第十条规定的；

（四）违反委托代理协议泄露与采购代理业务有关的情况和资料的；

（五）擅自修改采购文件或者评标（审）结果的；

（六）在代理政府采购业务中有《中华人民共和国政府采购法》第七十一条、第七十二条、第七十六条规定的违法情形的；

（七）法律、法规、规章规定的其他违法行为。

受到警告或者暂停资格处罚的政府采购代理机构，在被处罚后三年内再次有本条第一款所列情形之一的，取消其政府采购代理机构资格，并收回《资格证书》；涉嫌犯罪的，移送司法机关处理。

第四十四条 政府采购代理机构对财政部门的行政处理、处罚决定不服的，可以依法申请行政复议或者向人民法院提起行政诉讼。

第六章 附　则

第四十五条 本办法所称专职人员是指与申请人签订劳动合同，由申请人依法缴纳社会保险费的在职人员，不包括退休人员。

第四十六条 政府采购代理机构资格认定和资格延续申请书的格式文本由财政部负责制定。

第四十七条 本办法自2010年12月1日起施行。2005年12月28日财政部发布的《政府采购代理机构资格认定办法》（财政部令第31号）同时废止。

融资性担保公司管理暂行办法

银监会 国家发展改革委 工业和信息化部
财政部 商务部 中国人民银行
国家工商行政管理总局 令 2010年第3号

第一章　总　则

第一条　为加强对融资性担保公司的监督管理，规范融资性担保行为，促进融资性担保行业健康发展，根据《中华人民共和国公司法》、《中华人民共和国担保法》、《中华人民共和国合同法》等法律规定，制定本办法。

第二条　本办法所称融资性担保是指担保人与银行业金融机构等债权人约定，当被担保人不履行对债权人负有的融资性债务时，由担保人依法承担合同约定的担保责任的行为。

本办法所称融资性担保公司是指依法设立，经营融资性担保业务的有限责任公司和股份有限公司。

本办法所称监管部门是指省、自治区、直辖市人民政府确定的负责监督管理本辖区融资性担保公司的部门。

第三条　融资性担保公司应当以安全性、流动性、收益性为经营原则，建立市场化运作的可持续审慎经营模式。

融资性担保公司与企业、银行业金融机构等客户的业务往来，应当遵循诚实守信的原则，并遵守合同的约定。

第四条　融资性担保公司依法开展业务，不受任何机关、单位和个人的干涉。

第五条　融资性担保公司开展业务，应当遵守法律、法规和本办法的规定，不得损害国家利益和社会公共利益。

融资性担保公司应当为客户保密，不得利用客户提供的信息从事任何与担保业务无关或有损客户利益的活动。

第六条　融资性担保公司开展业务应当遵守公平竞争的原则，不得从事不正当竞争。

第七条　融资性担保公司由省、自治区、直辖市人民政府实施属地管理。省、自治区、直辖市人民政府确定的监管部门具体负责本辖区融资性担保公司的准入、退出、日常监管和风险处置，并向国务院建立的融资性担保业务监管部际联席会议报告工作。

第二章　设立、变更和终止

第八条　设立融资性担保公司及其分支机构，应当经监管部门审查批准。

经批准设立的融资性担保公司及其分支机构，由监管部门颁发经营许可证，并凭该许可证向工商行政管理部门申请注册登记。

任何单位和个人未经监管部门批准不得经营融资性担保业务，不得在名称中使用融资性担保字样，法律、行政法规另有规定的除外。

第九条　设立融资性担保公司，应当具备下列条件：

（一）有符合《中华人民共和国公司法》规定的章程。

（二）有具备持续出资能力的股东。

（三）有符合本办法规定的注册资本。

（四）有符合任职资格的董事、监事、高级管理人员和合格的从业人员。

（五）有健全的组织机构、内部控制和风险管理制度。

（六）有符合要求的营业场所。

（七）监管部门规定的其他审慎性条件。

董事、监事、高级管理人员和从业人员的资格管理办法由融资性担保业务监管部际联席会议另行制定。

第十条 监管部门根据当地实际情况规定融资性担保公司注册资本的最低限额，但不得低于人民币500万元。

注册资本为实缴货币资本。

第十一条 设立融资性担保公司，应向监管部门提交下列文件、资料：

（一）申请书。应当载明拟设立的融资性担保公司的名称、住所、注册资本和业务范围等事项。

（二）可行性研究报告。

（三）章程草案。

（四）股东名册及其出资额、股权结构。

（五）股东出资的验资证明以及持有注册资本5%以上股东的资信证明和有关资料。

（六）拟任董事、监事、高级管理人员的资格证明。

（七）经营发展战略和规划。

（八）营业场所证明材料。

（九）监管部门要求提交的其他文件、资料。

第十二条 融资性担保公司有下列变更事项之一的，应当经监管部门审查批准：

（一）变更名称。

（二）变更组织形式。

（三）变更注册资本。

（四）变更公司住所。

（五）调整业务范围。

（六）变更董事、监事和高级管理人员。

（七）变更持有5%以上股权的股东。

（八）分立或者合并。

（九）修改章程。

（十）监管部门规定的其他变更事项。

融资性担保公司变更事项涉及公司登记事项的，经监管部门审查批准后，按规定向工商行政管理部门申请变更登记。

第十三条 融资性担保公司跨省、自治区、直辖市设立分支机构的，应当征得该融资性担保公司所在地监管部门同意，并经拟设立分支机构所在地监管部门审查批准。

第十四条 融资性担保公司因分立、合并或出现公司章程规定的解散事由需要解散的，应当经监管部门审查批准，并凭批准文件及时向工商行政管理部门申请注销登记。

第十五条 融资性担保公司有重大违法经营行为，不予撤销将严重危害市场秩序、损害公众利益的，由监管部门予以撤销。法律、行政法规另有规定的除外。

第十六条 融资性担保公司解散或被撤销的，应当依法成立清算组进行清算，按照债务清偿计划及时偿还有关债务。监管部门监督其清算过程。

担保责任解除前，公司股东不得分配公司财产或从公司取得任何利益。

第十七条 融资性担保公司不能清偿到期债务，并且资产不足以清偿全部债务或者明显缺乏清偿能力的，应当依法实施破产。

第三章 业务范围

第十八条 融资性担保公司经监管部门批准，可以经营下列部分或全部融资性担保业务：

（一）贷款担保。

（二）票据承兑担保。

（三）贸易融资担保。

（四）项目融资担保。

（五）信用证担保。

（六）其他融资性担保业务。

第十九条 融资性担保公司经监管部门批准，可以兼营下列部分或全部业务：

（一）诉讼保全担保。

（二）投标担保、预付款担保、工程履约担保、尾付款如约偿付担保等履约担保业务。

（三）与担保业务有关的融资咨询、财务顾问等中介服务。

（四）以自有资金进行投资。

（五）监管部门规定的其他业务。

第二十条 融资性担保公司可以为其他融资性担保公司的担保责任提供再担保和办理债券发行担保业务，但应当同时符合以下条件：

（一）近两年无违法、违规不良记录。

（二）监管部门规定的其他审慎性条件。

从事再担保业务的融资性担保公司除需满足前款规定的条件外，注册资本应当不低于人民币1亿元，并连续营业两年以上。

第二十一条 融资性担保公司不得从事下列活动：

（一）吸收存款。

（二）发放贷款。

（三）受托发放贷款。

（四）受托投资。

（五）监管部门规定不得从事的其他活动。

融资性担保公司从事非法集资活动的，由有关部门依法予以查处。

第四章　经营规则和风险控制

第二十二条　融资性担保公司应当依法建立健全公司治理结构，完善议事规则、决策程序和内审制度，保持公司治理的有效性。

跨省、自治区、直辖市设立分支机构的融资性担保公司，应当设两名以上的独立董事。

第二十三条　融资性担保公司应当建立符合审慎经营原则的担保评估制度、决策程序、事后追偿和处置制度、风险预警机制和突发事件应急机制，并制定严格规范的业务操作规程，加强对担保项目的风险评估和管理。

第二十四条　融资性担保公司应当配备或聘请经济、金融、法律、技术等方面具有相关资格的专业人才。

跨省、自治区、直辖市设立分支机构的融资性担保公司应当设立首席合规官和首席风险官。首席合规官、首席风险官应当由取得律师或注册会计师等相关资格，并具有融资性担保或金融从业经验的人员担任。

第二十五条　融资性担保公司应当按照金融企业财务规则和企业会计准则等要求，建立健全财务会计制度，真实地记录和反映企业的财务状况、经营成果和现金流量。

第二十六条　融资性担保公司收取的担保费，可根据担保项目的风险程度，由融资性担保公司与被担保人自主协商确定，但不得违反国家有关规定。

第二十七条　融资性担保公司对单个被担保人提供的融资性担保责任余额不得超过净资产的10%，对单个被担保人及其关联方提供的融资性担保责任余额不得超过净资产的15%，对单个被担保人债券发行提供的担保责任余额不得超过净资产的30%。

第二十八条　融资性担保公司的融资性担保责任余额不得超过其净资产的10倍。

第二十九条　融资性担保公司以自有资金进行投资，限于国债、金融债券及大型企业债务融资工具等信用等级较高的固定收益类金融产品，以及不存在利益冲突且总额不高于净资产20%的其他投资。

第三十条　融资性担保公司不得为其母公司或子公司提供融资性担保。

第三十一条　融资性担保公司应当按照当年担保费收入的50%提取未到期责任准备金，并按不低于当年年末担保责任余额1%的比例提取担保赔偿准备金。担保赔偿准备金累计达到当年担保责任余额10%的，实行差额提取。差额提取办法和担保赔偿准备金的使用管理办法由监管部门另行制定。

监管部门可以根据融资性担保公司责任风险状况和审慎监管的需要，提出调高担保赔偿准备金比例的要求。

融资性担保公司应当对担保责任实行风险分类管理，准确计量担保责任风险。

第三十二条　融资性担保公司与债权人应当按照协商一致的原则建立业务关系，并在合同中明确约定承担担保责任的方式。

第三十三条　融资性担保公司办理融资性担保业务，应当与被担保人约定在担保期间可持续获得相关信息并有权对相关情况进行核实。

第三十四条　融资性担保公司与债权人应当建立担保期间被担保人相关信息的交换机制，加强对被担保人的信用辅导和监督，共同维护双方的合法权益。

第三十五条　融资性担保公司应当按照监管部门的规定，将公司治理情况、财务会计报告、风险管理状况、资本金构成及运用情况、担保业务总体情况等信息告知相关债权人。

第五章　监督管理

第三十六条　监管部门应当建立健全融资性担保公司信息资料收集、整理、统计分析制度和监管记分制度，对经营及风险状况进行持续监测，并于每年6月底前完成所监管融资性担保公司上一年度机构概览报告。

第三十七条　融资性担保公司应当按照规定及时向监管部门报送经营报告、财务会计报告、合法合规报告等文件和资料。

融资性担保公司向监管机构提交的各类文件和资料，应当真实、准确、完整。

第三十八条　融资性担保公司应当按季度向监管部门报告资本金的运用情况。

监管部门应当根据审慎监管的需要，适时提出融资性担保公司的资本质量和资本充足率要求。

第三十九条 监管部门根据监管需要，有权要求融资性担保公司提供专项资料，或约见其董事、监事、高级管理人员进行监管谈话，要求就有关情况进行说明或进行必要的整改。

监管部门认为必要时，可以向债权人通报所监管有关融资性担保公司的违规或风险情况。

第四十条 监管部门根据监管需要，可以对融资性担保公司进行现场检查，融资性担保公司应当予以配合，并按照监管部门的要求提供有关文件、资料。

现场检查时，检查人员不得少于2人，并向融资性担保公司出示检查通知书和相关证件。

第四十一条 融资性担保公司发生担保诈骗、金额可能达到其净资产5%以上的担保代偿或投资损失，以及董事、监事、高级管理人员涉及严重违法、违规等重大事件时，应当立即采取应急措施并向监管部门报告。

第四十二条 融资性担保公司应当及时向监管部门报告股东大会或股东会、董事会等会议的重要决议。

第四十三条 融资性担保公司应当聘请社会中介机构进行年度审计，并将审计报告及时报送监管部门。

第四十四条 监管部门应当会同有关部门建立融资性担保行业突发事件的发现、报告和处置制度，制定融资性担保行业突发事件处置预案，明确处置机构及其职责、处置措施和处置程序，及时、有效地处置融资性担保行业突发事件。

第四十五条 监管部门应当于每年年末全面分析评估本辖区融资性担保行业年度发展和监管情况，并于每年2月底前向融资性担保业务监管部际联席会议和省、自治区、直辖市人民政府报告本辖区上一年度融资性担保行业发展情况和监管情况。

监管部门应当及时向融资性担保业务监管部际联席会议和省、自治区、直辖市人民政府报告本辖区融资性担保行业的重大风险事件和处置情况。

第四十六条 融资性担保行业建立行业自律组织，履行自律、维权、服务等职责。

全国性的融资性担保行业自律组织接受融资性担保业务监管部际联席会议的指导。

第四十七条 征信管理部门应当将融资性担保公司的有关信息纳入征信管理体系，并为融资性担保公司查询相关信息提供服务。

第六章法律责任

第四十八条 监管部门从事监督管理工作的人员有下列情形之一的，依法给予行政处分；构成犯罪的，依法追究刑事责任：

（一）违反规定审批融资性担保公司的设立、变更、终止以及业务范围的。

（二）违反规定对融资性担保公司进行现场检查的。

（三）未依照本办法第四十五条规定报告重大风险事件和处置情况的。

（四）其他违反法律法规及本办法规定的行为。

第四十九条 融资性担保公司违反法律、法规及本办法规定，有关法律、法规有处罚规定的，依照其规定给予处罚；有关法律、法规未作处罚规定的，由监管部门责令改正，可以给予警告、罚款；构成犯罪的，依法追究刑事责任。

第五十条 违反本办法第八条第三款规定，擅自经营融资性担保业务的，由有关部门依法予以取缔并处罚；擅自在名称中使用融资性担保字样的，由监管部门责令改正，依法予以处罚。

第七章 附则

第五十一条 公司制以外的融资性担保机构从事融资性担保业务参照本办法的有关规定执行，具体实施办法由省、自治区、直辖市人民政府另行制定，并报融资性担保业务监管部际联席会议备案。

外商投资的融资性担保公司适用本办法，法律、行政法规另有规定的，依照其规定。

融资性再担保机构管理办法由省、自治区、直辖市人民政府另行制定，并报融资性担保业务监管部际联席会议备案。

第五十二条 省、自治区、直辖市人民政府可以根据本办法的规定，制定实施细则并报融资性担保业务监管部际联席会议备案。

第五十三条 本办法施行前已经设立的融资性担保公司不符合本办法规定的，应当在2011年3月31日前达到本办法规定的要求。具体规范整顿方案，由省、自治区、直辖市人民政府制定。

第五十四条 本办法自公布之日起施行。

中国清洁发展机制基金管理办法

财政部 国家发展改革委 外交部 科技部 环境保护部 农业部 中国气象局令 第59号

第一章　总　　则

第一条　为加强和规范中国清洁发展机制基金（以下简称基金）的资金筹集、管理和使用，实现基金宗旨，制定本办法。

第二条　基金是由国家批准设立的按照社会性基金模式管理的政策性基金。

第三条　基金的宗旨是支持国家应对气候变化工作，促进经济社会可持续发展。

第四条　基金的筹集、管理和使用，应当遵循公开、公正、安全、效率、专款专用的原则。

第二章　管理机构及其职责

第五条　基金的管理机构由基金审核理事会和基金管理中心组成。

第六条　基金审核理事会是关于基金事务的部际议事机构。

基金审核理事会由国家发展改革委、财政部、外交部、科技部、环境保护部、农业部和气象局的代表组成。

基金审核理事会设主席和副主席，分别由国家发展改革委和财政部派出代表履行职责。

基金审核理事会负责审核下列事项：

（一）基金基本管理制度；

（二）基金发展战略规划，包括资金使用年度计划；

（三）基金赠款项目和重大有偿使用项目申请；

（四）基金年度财务收支预算与决算；

（五）基金其他重大业务事项。

前款所列事项经基金审核理事会审核并取得一致意见后，报国家发展改革委、财政部批准。

第七条　基金管理中心是基金的日常管理机构，具体负责基金的筹集、管理和使用工作，由财政部归口管理。

第八条　基金管理中心履行下列职责：

（一）起草基金基本管理制度，制定基金具体运行管理规定；

（二）筹集基金资金；

（三）管理基金资金，组织开展基金的有偿使用和理财活动；

（四）编制并组织实施基金的年度财务收支预算与决算；

（五）监督管理基金所支持项目的运行；

（六）向基金审核理事会报告基金的重大业务事项；

（七）开展其他符合基金宗旨的活动。

第三章　基金筹集

第九条　基金来源包括：

（一）通过清洁发展机制项目转让温室气体减排量所获得收入中属于国家所有的部分；

（二）基金运营收入；

（三）国内外机构、组织和个人捐赠；

（四）其他来源。

第十条　本办法所称减排量，是指经国家批准，通过清洁发展机制项目转让的温室气体减排量；减排量收入，是指转让减排量所获得的收入。

减排量收入由国家和实施清洁发展机制项目的企业

（以下称项目业主）按照规定的比例分别所有。减排量收入中属于国家所有的部分（以下称国家收入）全额纳入基金。

第十一条 国家收入由基金管理中心负责向项目业主或按减排量转让合同约定向减排量购买方收取。

项目业主应当在取得减排量收入后的15个工作日内，按照规定比例向指定账户支付国家收入。

第十二条 国家收入应当以减排量转让合同约定的币种取得。

减排量转让合同约定以外币支付，但确需以人民币支付国家收入的，经基金管理中心同意，项目业主应当在取得收入后的15个工作日内以人民币支付，汇率以结汇日现汇买入价为准。

第十三条 减排量转让合同由项目业主和减排量购买方签订。

项目业主应当在减排量转让合同生效后15个工作日内，将合同副本、营业执照复印件、合同双方联系人及联系方式报基金管理中心备案。

备案事项发生变更的，项目业主应当自变更之日起15个工作日内告知基金管理中心。

第十四条 项目业主缓缴、少缴、不缴国家收入的，由财政部、国家发展改革委依据有关规定予以处理、处罚。

第四章 基金使用

第十五条 基金使用采取赠款、有偿使用等方式。

基金通过赠款方式支持有利于加强应对气候变化能力建设和提高公众应对气候变化意识的相关活动。

基金通过有偿使用方式支持有利于产生应对气候变化效益的产业活动。

基金通过银行存款、购买国债、金融债、企业债等形式开展理财活动。

第十六条 基金支出包括业务支出和基础管理费支出。

业务支出包括赠款支出和有偿使用项目开发费用支出。

基金赠款年度支出规模根据国家应对气候变化实际工作需要确定。

本办法所称有偿使用项目开发费用，是指基金有偿使用项目筛选、调查、评审、立项过程中发生的费用。有偿使用项目开发费用按照项目使用金额的一定比例提取。

本办法所称基础管理费支出，是指基金筹集、管理、使用过程中的日常管理费用，包括清洁发展机制项目日常管理费用。基础管理费支出按照基金上年末资产净值的一定比例提取。

有偿使用项目开发费用和基础管理费支出的具体提取比例由基金审核理事会另行规定。

第十七条 基金管理中心应当对基金使用进行风险控制。

基金不得用于不符合其宗旨的赞助和捐赠支出，不得从事股票、股票类投资基金、房地产以及期货等金融衍生产品投资。

第十八条 基金与基金管理中心财务应当分别建账，分别核算，实行预决算管理。

财政部负责制定基金财务管理办法，并对基金使用情况和会计记录进行监督检查。

第五章 赠款项目管理

第十九条 赠款主要用于支持下列事项：

（一）与应对气候变化相关的政策研究和学术活动；

（二）与应对气候变化相关的国际合作活动；

（三）旨在加强应对气候变化能力建设的培训活动；

（四）旨在提高公众应对气候变化意识的宣传、教育活动；

（五）服务于基金宗旨的其他事项。

第二十条 赠款项目申请人应当是我国境内从事应对气候变化领域工作，具有一定研究或者培训能力的相关机构。

第二十一条 申请赠款应当提交项目申请书。赠款项目申请书包括以下内容：

（一）申请人基本情况；

（二）项目背景资料；

（三）项目目标；

（四）项目的主要内容与活动；

（五）项目的主要产出；

（六）项目的执行进度安排；

（七）申请资金额和预算安排；

（八）其他相关内容。

第二十二条 赠款项目申请书由国务院有关部门或者省级发展改革部门（以下称项目组织申报单位）向国

家发展改革委转报或报送。

第二十三条　国家发展改革委负责组织赠款项目的评审。

赠款项目的评审结果报基金审核理事会审核并取得一致意见后，由国家发展改革委、财政部批准。

第二十四条　赠款项目由项目组织申报单位组织实施。

第二十五条　赠款项目实行合同管理，在合同中明确规定各方责任、权利、义务和违约处罚办法。

赠款项目合同由国家发展改革委、项目组织申报单位、基金管理中心、赠款项目申请人共同签订。

第二十六条　国家发展改革委、基金管理中心会同项目组织申报单位负责对赠款项目的实施进行监督检查和考核验收。国家发展改革委、财政部对违规行为予以处理、处罚。

第二十七条　赠款项目形成研究或者其他成果的，有关权益归属在赠款项目合同中约定。

第六章　有偿使用项目管理

第二十八条　基金有偿使用采取以下方式：

（一）股权投资；

（二）委托贷款；

（三）融资性担保；

（四）国家批准的其他方式。

基金以股权投资、委托贷款方式支持项目的，其年度累积金额不得超过上年末资产净值的一定比例。具体比例由基金审核理事会另行规定。

基金以股权投资方式支持项目的，不得对投资对象控股，投资所形成股权的退出，应当按照公开、公平和市场化原则，确定退出方式及退出价格。

基金以融资担保方式支持项目的，其担保额不得超过基金年度预算确定的限额。

第二十九条　有偿使用项目申请人应当是我国境内从事减缓、适应气候变化相关领域业务的中资企业、中资控股企业。

第三十条　有偿使用项目申请人应当向基金管理中心提交申请文件。申请文件包括以下内容：

（一）项目申请书；

（二）项目可行性研究报告；

（三）企业近3年经营状况；

（四）企业营业执照副本；

（五）其他相关材料。

第三十一条　基金管理中心负责组织对基金有偿使用项目的遴选、评审。

属于重大项目的，应当报经基金审核理事会审核并取得一致意见后，由国家发展改革委、财政部批准；属于非重大项目的，由基金管理中心按照规定程序审批，并于批准后的15个工作日内报国家发展改革委、财政部备案。

前款所称重大项目是指单个项目申请基金资金在7000万元人民币以上（含7000万元）的有偿使用项目。

第三十二条　按照国家有关投资管理规定，应当办理项目审批、核准或者备案手续的，从其规定。

在项目未获得审批、核准或者备案前，基金不得为项目提供资金。

第三十三条　基金管理中心负责有偿使用项目的组织实施、监督检查和考核验收。

基金有偿使用形成的各种资产及权益应当按照国家有关财务规章制度进行管理。

第七章　附　　则

第三十四条　基金及其管理中心应当接受国家审计机关依法实施的审计监督。

第三十五条　经基金审核理事会批准，基金管理中心可以聘请社会审计机构对基金收支规模、基金结余、基金运行情况以及基金管理中心的支出情况进行审计。

第三十六条　本办法自发布之日起施行。

合同能源管理财政奖励资金管理暂行办法

财政部 国家发展改革委

财建〔2010〕249号

第一章 总 则

第一条 根据《国务院办公厅转发发展改革委等部门关于加快推行合同能源管理促进节能服务产业发展意见的通知》（国办发[2010]25号），中央财政安排资金，对合同能源管理项目给予适当奖励（以下简称“财政奖励资金”）。为规范和加强财政奖励资金管理，提高资金使用效益，特制定本办法。

第二条 本办法所称合同能源管理，是指节能服务公司与用能单位以契约形式约定节能目标，节能服务公司提供必要的服务，用能单位以节能效益支付节能服务公司投入及其合理利润。本办法支持的主要是节能效益分享型合同能源管理。

节能服务公司，是指提供用能状况诊断和节能项目设计、融资、改造、运行管理等服务的专业化公司。

第三条 财政奖励资金由中央财政预算安排，实行公开、公正管理办法，接受社会监督。

第二章 支持对象和范围

第四条 支持对象。财政奖励资金支持的对象是实施节能效益分享型合同能源管理项目的节能服务公司。

第五条 支持范围。财政奖励资金用于支持采用合同能源管理方式实施的工业、建筑、交通等领域以及公共机构节能改造项目。已享受国家其他相关补助政策的合同能源管理项目，不纳入本办法支持范围。

第六条 符合支持条件的节能服务公司实行审核备案、动态管理制度。节能服务公司向公司注册所在地省级节能主管部门提出申请，省级节能主管部门会同财政部门进行初审，汇总上报国家发展改革委、财政部。国家发展改革委会同财政部组织专家评审后，对外公布节能服务公司名单及业务范围。

第三章 支持条件

第七条 申请财政奖励资金的合同能源管理项目须符合下述条件：

（一）节能服务公司投资70%以上，并在合同中约定节能效益分享方式；

（二）单个项目年节能量（指节能能力）在10000吨标准煤以下、100吨标准煤以上（含），其中工业项目年节能量在500吨标准煤以上（含）；

（三）用能计量装置齐备，具备完善的能源统计和管理制度，节能量可计量、可监测、可核查。

第八条 申请财政奖励资金的节能服务公司须符合下述条件：

（一）具有独立法人资格，以节能诊断、设计、改造、运营等节能服务为主营业务，并通过国家发展改革委、财政部审核备案；

（二）注册资金500万元以上（含），具有较强的融资能力；

（三）经营状况和信用记录良好，财务管理制度健全；

（四）拥有匹配的专职技术人员和合同能源管理人才，具有保障项目顺利实施和稳定运行的能力。

第四章 支持方式和奖励标准

第九条 支持方式。财政对合同能源管理项目按年节能量和规定标准给予一次性奖励。奖励资金主要用于合同能源管理项目及节能服务产业发展相关支出。

第十条 奖励标准及负担办法。奖励资金由中央财政和省级财政共同负担，其中：中央财政奖励标准为240元/吨标准煤，省级财政奖励标准不低于60元/吨标准煤。有条件的地方，可视情况适当提高奖励标准。

第十一条 财政部安排一定的工作经费，支持地方有关部门及中央有关单位开展与合同能源管理有关的项目评审、审核备案、监督检查等工作。

第五章 资金申请和拨付

第十二条 财政部会同国家发展改革委综合考虑各地节能潜力、合同能源管理项目实施情况、资金需求以及中央财政预算规模等因素，统筹核定各省（区、市）财政奖励资金年度规模。财政部将中央财政应负担的奖励资金按一定比例下达给地方。

第十三条 合同能源管理项目完工后，节能服务公司向项目所在地省级财政部门、节能主管部门提出财政奖励资金申请。具体申报格式及要求由地方确定。

第十四条 省级节能主管部门会同财政部门组织对申报项目和合同进行审核，并确认项目年节能量。

第十五条 省级财政部门根据审核结果，据实将中央财政奖励资金和省级财政配套奖励资金拨付给节能服务公司，并在季后10日内填制《合同能源管理财政奖励资金安排使用情况季度统计表》（格式见附1），报财政部、国家发展改革委。

第十六条 国家发展改革委会同财政部组织对合同能源管理项目实施情况、节能效果以及合同执行情况等进行检查。

第十七条 每年2月底前，省级财政部门根据上年度本省（区、市）合同能源管理项目实施及节能效果、中央财政奖励资金安排使用及结余、地方财政配套资金等情况，编制《合同能源管理中央财政奖励资金年度清算情况表》（格式见附2），以文件形式上报财政部。

第十八条 财政部结合地方上报和专项检查情况，据实清算财政奖励资金。地方结余的中央财政奖励资金指标结转下一年度安排使用。

第六章 监督管理及处罚

第十九条 财政部会同国家发展改革委组织对地方推行合同能源管理情况及资金使用效益进行综合评价，并将评价结果作为下一年度资金安排的依据之一。

第二十条 地方财政部门、节能主管部门要建立健全监管制度，加强对合同能源管理项目和财政奖励资金使用情况的跟踪、核查和监督，确保财政资金安全有效。

第二十一条 节能服务公司对财政奖励资金申报材料的真实性负责。对弄虚作假、骗取财政奖励资金的节能服务公司，除追缴扣回财政奖励资金外，将取消其财政奖励资金申报资格。

第二十二条 财政奖励资金必须专款专用，任何单位不得以任何理由、任何形式截留、挪用。对违反规定的，按照《财政违法行为处罚处分条例》（国务院令第427号）等有关规定进行处理处分。

第七章 附 则

第二十三条 各地要根据本办法规定和本地实际情况，制定具体实施细则，及时报财政部、国家发展改革委备案。

第二十四条 本办法由财政部会同国家发展改革委负责解释。

第二十五条 本办法自印发之日起实施。

境内机构境外直接投资外汇管理规定

国家外汇管理局

汇发〔2009〕30号

第一章 总 则

第一条 为促进和便利境内机构境外直接投资活动，规范境外直接投资外汇管理，促进我国国际收支基本平衡，根据《中华人民共和国外汇管理条例》等相关法规，制定本规定。

第二条 本规定所称境外直接投资是指境内机构经境外直接投资主管部门核准，通过设立（独资、合资、合作）、并购、参股等方式在境外设立或取得既有企业或项目所有权、控制权或经营管理权等权益的行为。

第三条 国家外汇管理局及其分支机构（以下简称外汇局）对境内机构境外直接投资的外汇收支、外汇登记实施监督管理。

第四条 境内机构可以使用自有外汇资金、符合规定的国内外汇贷款、人民币购汇或实物、无形资产及经外汇局核准的其他外汇资产来源等进行境外直接投资。境内机构境外直接投资所得利润也可留存境外用于其境外直接投资。

上款所称自有外汇资金包括：经常项目外汇账户、外商投资企业资本金账户等账户内的外汇资金。

第五条 国家外汇管理局可以根据我国国际收支形势和境外直接投资情况，对境内机构境外直接投资外汇资金来源范围、管理方式及其境外直接投资所得利润留存境外的相关政策进行调整。

第二章 境外直接投资外汇登记和资金汇出

第六条 外汇局对境内机构境外直接投资及其形成的资产、相关权益实行外汇登记及备案制度。

境内机构在向所在地外汇局办理境外直接投资外汇登记时，应说明其境外投资外汇资金来源情况。

第七条 境内机构境外直接投资获得境外直接投资主管部门核准后，持下列材料到所在地外汇局办理境外直接投资外汇登记：

（一）书面申请并填写《境外直接投资外汇登记申请表》（格式见附件1）；

（二）外汇资金来源情况的说明材料；

（三）境内机构有效的营业执照或注册登记证明及组织机构代码证；

（四）境外直接投资主管部门对该项投资的核准文件或证书；

（五）如果发生前期费用汇出的，提供相关说明文件及汇出凭证；

（六）外汇局要求的其他材料。

外汇局审核上述材料无误后，在相关业务系统中登记有关情况，并向境内机构颁发境外直接投资外汇登记证。境内机构应凭其办理境外直接投资项下的外汇收支业务。

多个境内机构共同实施一项境外直接投资的，由境内机构所在地外汇局分别向相关境内机构颁发境外直接投资外汇登记证，并在相关业务系统中登记有关情况。

第八条 境内机构应凭境外直接投资主管部门的核准文件和境外直接投资外汇登记证，在外汇指定银行办理境外直接投资资金汇出手续。外汇指定银行进行真实性审核后为其办理。

外汇指定银行为境内机构办理境外直接投资资金汇出的累计金额，不得超过该境内机构事先已经外汇局在相关业务系统中登记的境外直接投资外汇资金总额。

第九条 境内机构应在如下情况发生之日起60天

内，持境外直接投资外汇登记证、境外直接投资主管部门的核准或者备案文件及相关真实性证明材料到所在地外汇局办理境外直接投资外汇登记、变更或备案手续：

（一）境内机构将其境外直接投资所得利润以及其所投资境外企业减资、转股、清算等所得资本项下外汇收入留存境外，用于设立、并购或参股未登记的境外企业的，应就上述直接投资活动办理境外直接投资外汇登记手续；

（二）已登记境外企业发生名称、经营期限、合资合作伙伴及合资合作方式等基本信息变更，或发生增资、减资、股权转让或置换、合并或分立等情况，境内机构应就上述变更情况办理境外直接投资外汇登记变更手续；

（三）已登记境外企业发生长期股权或债权投资、对外担保等不涉及资本变动的重大事项的，境内机构应就上述重大事项办理境外直接投资外汇备案手续。

第十条　境内机构持有的境外企业股权因转股、破产、解散、清算、经营期满等原因注销的，境内机构应在取得境外直接投资主管部门相关证明材料之日起60天内，凭相关材料到所在地外汇局办理注销境外直接投资外汇登记手续。

第十一条　境内机构可以按照《中华人民共和国外汇管理条例》和其他相关规定，向境外直接投资企业提供商业贷款或融资性对外担保。

第十二条　境内机构在外汇管制国家或地区投资的，可按规定在其他非外汇管制国家或地区开立专用外汇账户，用于与该项投资相关外汇资金的收付。

第三章　境外直接投资前期费用汇出

第十三条　境外直接投资前期费用是指境内机构在境外投资设立项目或企业前，需要向境外支付的与境外直接投资有关的费用，包括但不限于：

（一）收购境外企业股权或境外资产权益，按项目所在地法律规定或出让方要求需缴纳的保证金；

（二）在境外项目招投标过程中，需支付的投标保证金；

（三）进行境外直接投资前，进行市场调查、租用办公场地和设备、聘用人员，以及聘请境外中介机构提供服务所需的费用。

第十四条　境内机构向境外汇出的前期费用，一般不得超过境内机构已向境外直接投资主管部门申请的境外直接投资总额（以下简称境外直接投资总额）的15%（含），并持下列材料向所在地外汇局申请：

（一）书面申请（包括境外直接投资总额、各方出资额、出资方式，以及所需前期费用金额、用途和资金来源说明等）；

（二）境内机构有效的营业执照或注册登记证明及组织机构代码证；

（三）境内机构参与投标、并购或合资合作项目的相关文件（包括中外方签署的意向书、备忘录或框架协议等）；

（四）境内机构已向境外直接投资主管部门报送的书面申请；

（五）境内机构出具的前期费用使用书面承诺函；

（六）外汇局要求的其他相关材料。

对于汇出的境外直接投资前期费用确需超过境外直接投资总额15%的，境内机构应当持上述材料向所在地国家外汇管理局分局（含外汇管理部）提出申请。

外汇指定银行凭外汇局出具的核准件为境内机构办理购付汇手续，并及时向外汇局反馈有关信息。

第十五条　境内机构已汇出境外的前期费用，应列入境内机构境外直接投资总额。外汇指定银行在办理境内机构境外直接投资资金汇出时，应扣减已汇出的前期费用金额。

第十六条　境内机构自汇出前期费用之日起6个月内仍未完成境外直接投资项目核准程序的，应将境外账户剩余资金调回原汇出资金的境内外汇账户。所汇回的外汇资金如属人民币购汇的，可持原购汇凭证，到外汇指定银行办理结汇。

所在地外汇局负责监督境内机构调回剩余的前期费用。如确因前期工作需要，经原作出核准的外汇局核准，上述6个月的期限可适当延长，但最长不超过12个月。

第四章　境外直接投资项下资金汇入及结汇

第十七条　境内机构将其所得的境外直接投资利润汇回境内的，可以保存在其经常项目外汇账户或办理结汇。

外汇指定银行在审核境内机构的境外直接投资外汇登记证、境外企业的相关财务报表及其利润处置决定、上年度年检报告书等相关材料无误后，为境内机构办理境外直接投资利润入账或结汇手续。

第十八条　境内机构因所设境外企业减资、转股、清算等所得资本项下外汇收入，通过资产变现专用外汇账户办理入账，或经外汇局批准留存境外。资产变现专用外汇账户的开立及入账经所在地外汇局按照相关规定核准，账户内资金的结汇，按照有关规定直接向外汇指定银行申请办理。

第十九条 境内机构将其境外直接投资的企业股权全部或者部分转让给其他境内机构的，相关资金应在境内以人民币支付。股权出让方应到所在地外汇局办理境外直接投资外汇登记的变更或注销手续，股权受让方应到所在地外汇局办理受让股权的境外直接投资外汇登记手续。

第五章 附 则

第二十条 境内机构（金融机构除外）应按照境外投资联合年检的相关规定参加年检。多个境内机构共同实施一项境外直接投资的，应分别到所在地外汇局参加外汇年检。

第二十一条 境内机构在香港特别行政区、澳门特别行政区和台湾地区进行直接投资的，参照本规定进行管理。

第二十二条 境内金融机构境外直接投资外汇管理，参照本规定执行。相关监管部门对境内金融机构境外直接投资的资金运用另有规定的，从其规定。

第二十三条 境内机构办理境外直接投资项下外汇收支及外汇登记等业务，应按相关规定通过相关业务系统办理。

外汇指定银行应将境外直接投资项下外汇收支信息通过相关业务系统向外汇局反馈。

第二十四条 境内机构违反本规定的，外汇局根据《中华人民共和国外汇管理条例》及其他相关规定进行处罚；构成犯罪的，依法追究刑事责任。

第二十五条 本规定由国家外汇管理局负责解释。

第二十六条 本规定自二〇〇九年八月一日起施行。附件2所列其他规范性文件同时废止。以前规定与本规定不一致的，按本规定执行。

附件一：境外直接投资外汇登记申请表

附件二：废止文件目录

对外承包工程资格管理办法

商务部 住房城乡建设部

2009年第9号

第一章 总 则

第一条 为规范和加强对外承包工程管理，促进对外承包工程健康发展，根据《中华人民共和国对外贸易法》和《对外承包工程管理条例》，制定本办法。

第二条 本办法所称对外承包工程，是指中国的企业或者其他单位（以下统称单位）承包境外建设工程项目，包括咨询、勘察、设计、监理、招标、造价、采购、施工、安装、调试、运营、管理等活动。

第三条 对外承包工程的单位依据本办法取得对外承包工程资格，领取《中华人民共和国对外承包工程资格证书》（以下简称《资格证书》）后，方可在许可范围内从事对外承包工程。

第二章 资格条件

第四条 对外承包工程的单位分为工程建设类和非工程建设类。

其中，工程建设类单位指从事国内工程勘察、设计、咨询、监理、施工、安装等活动，且取得住房和城乡建设主管部门或其他有关部门颁发的相关资质的单位。

第五条 对外承包工程的单位应当具备下列条件：

（一）有法人资格；工程建设类单位应具有与其资质要求相适应的注册资本（本办法所称注册资本包括开办资金）；非工程建设类单位的注册资本不低于2000万元人民币。

（二）具有相应的资质或者业绩：

工程建设类单位应当依法取得住房和城乡建设主管部门或其他有关部门颁发的特级或者一级（甲级）资质证书；国家对于有关专业的资质不分等级的，应取得该资质证书；

非工程建设类单位上一年度机电产品出口额达到5000万美元，或自行设计、生产（含组织生产）、出口的成套设备或大型单机设备出口额达到1000万美元，或对外承包工程营业额达到1000万美元且近3年中成功实施过3个单项合同额在500万美元以上的项目。

（三）有与开展对外承包工程相适应的专业技术人员，管理人员中至少2人具有2年以上从事对外承包工程的经历。

（四）有与开展对外承包工程相适应的安全防范能力，成立由本单位主要负责人负责的境外安全防范领导小组，常设人员不得少于2人，有相应的境外安全防范机制和应急处理预案。

（五）有保障工程质量和安全生产的管理体系，最近2年内没有发生重大工程质量问题和较大事故以上的生产安全事故，建筑施工企业还需取得住房和城乡建设主管部门颁发的安全生产许可证。

（六）有良好的商业信誉，最近3年内没有重大违约行为和重大违法经营记录。为外商投资企业的，最近3年应连续通过外商投资企业联合年检。

第六条　对外承包工程的单位应承包与其实力、规模、业绩相适应的项目。

第三章　资格申请

第七条　申请对外承包工程资格，中央企业和中央管理的其他单位（以下简称中央单位）应当向商务部提出申请，中央单位以外的单位应当向注册所在地省级商务主管部门提出申请。

第八条　申请对外承包工程资格，需提交如下书面申请材料一式两份：

（一）对外承包工程资格申请书。

（二）中华人民共和国组织机构代码证（复印件）。

（三）企业法人营业执照或事业单位法人证书（复印件），外商投资企业应提交外商投资企业批准证书。

（四）工程建设类单位需提供住房和城乡建设主管部门或者其他有关部门颁发的资质证书（复印件），建筑施工企业还需提供住房和城乡建设主管部门颁发的安全生产许可证（复印件）；非工程建设类单位需提供海关出具的出口额证明或商务部出具的相应业务统计证明。

（五）与对外承包工程相关的专业技术人员和管理人员的情况说明及相关证明材料。

（六）申请单位境外安全防范领导小组及常设人员状况的说明及境外安全防范机制和应急处理预案。

（七）申请单位工程质量和安全生产的管理体系文件。

（八）商务主管部门要求提交的证明符合第五条规定条件的其他材料。

第九条　申请对外承包工程资格，材料齐全、符合法定形式，且属于本部门职权范围的，商务主管部门应当受理。

申请材料不齐全或者不符合法定形式的，收到材料的商务主管部门应当在5个工作日内一次告知申请人需要补正的全部内容；逾期不告知的，自收到申请材料之日起即为受理。

第十条　工程建设类单位申请对外承包工程资格的，商务主管部门自受理之日起5个工作日内，将申请材料转同级住房和城乡建设主管部门；住房和城乡建设主管部门自收到申请材料之日起15个工作日内提出审查意见并转交商务主管部门；商务主管部门自收到住房和城乡建设主管部门审查意见之日起10个工作日内做出批准或者不予批准的决定。

非工程建设类单位申请对外承包工程资格的，商务主管部门自受理之日起30个工作日内进行审查，做出批准或者不予批准的决定。

商务主管部门应当将审批结果及其他相关统计信息告知同级住房和城乡建设主管部门。

第十一条　批准对外承包工程资格申请的，对外承包工程的单位到注册所在地省级商务主管部门领取《资格证书》，并缴纳劳务合作备用金。省级商务主管部门应同时通过对外承包工程资格网上管理系统将其颁发《资格证书》的情况报商务部备案。

不予批准对外承包工程资格申请的，由受理申请的商务主管部门书面通知申请单位并说明理由。

第十二条　具有对外承包工程资格的单位与其他单

位合并，原具有对外承包工程资格的单位终止的，合并后的单位符合本办法规定的相应条件的，可以依照第七条的规定向有关商务主管部门申请换领《资格证书》。商务主管部门应在受理申请之日起15个工作日内作出决定。

具有对外承包工程资格的单位分立的，分立后的单位符合相应条件的，可按照本办法重新申请对外承包工程资格。

第四章 《资格证书》管理

第十三条 《资格证书》须妥善保管，不得涂改、倒卖、出租、出借或者以其他形式非法转让。

《资格证书》遗失的，应及时向原审批的商务主管部门报告，并在全国性商业报纸或杂志上声明作废后方可向原审批的商务主管部门申请补发。

第十四条 对外承包工程的单位名称、地址、法定代表人、单位类型、注册资本等发生变更时，应在变更之日起30个工作日内向原审批的商务主管部门办理《资格证书》变更手续并换领新的《资格证书》。

对外承包工程的单位依法终止的，原审批的商务主管部门应当注销其对外承包工程资格及其《资格证书》。

第五章 监督管理

第十五条 商务部和省级商务主管部门负责对外承包工程资格的监督检查，并会同同级住房和城乡建设主管部门对工程建设类单位的对外承包工程资格进行监督检查。

商务部和省级商务主管部门在监督检查中，发现对外承包工程的单位不再具备本办法规定条件的，应当责令其限期整改；逾期仍达不到的，吊销其《资格证书》，并书面告知住房和城乡建设主管部门。

第十六条 商务部负责建立和维护对外承包工程资格网上管理系统，加强对全国对外承包工程资格的监督管理。

第十七条 商务部可视对外承包工程管理和协调工作的需要，根据对外承包工程单位对外承包工程的业绩、守法经营情况和有关组织资信评级等，对对外承包工程的单位实行分级分类管理。

第十八条 有关对外承包工程的协会、商会应依法发挥行业自律作用，根据对外承包工程资格的监督管理情况，依据行业规范提出行业意见和建议。

第六章 法律责任

第十九条 未取得对外承包工程资格，擅自开展对外承包工程的，由商务主管部门责令改正，处50万元以上100万元以下的罚款；有违法所得的，没收违法所得；对其主要负责人处5万元以上10万元以下的罚款。

第二十条 涂改、倒卖、出租、出借《资格证书》或者以其他形式非法转让对外承包工程资格的，由原审批的商务主管部门给予警告，并处3万元以下罚款；构成犯罪的，依法追究刑事责任。

第二十一条 申请对外承包工程资格的单位隐瞒有关情况或者提供虚假材料的，商务主管部门不予受理或者不予许可，并给予警告。

申请对外承包工程资格的单位以欺骗、贿赂等不正当手段取得《资格证书》的，由原审批的商务主管部门撤销《资格证书》，并给予警告，处10万元以下罚款；构成犯罪的，依法追究刑事责任。

第二十二条 商务主管部门、住房和城乡建设主管部门或者其他有关主管部门可以依据《对外承包工程管理条例》第二十五条、第二十六条的规定处罚。

第二十三条 商务主管部门和住房和城乡建设主管部门的工作人员在对外承包工程资格许可和管理工作中滥用职权、玩忽职守、徇私舞弊的，依法给予处分；构成犯罪的，依法追究刑事责任。

第七章 附 则

第二十四条 本办法实施前已获得对外承包工程资格的单位，可自本办法施行之日起6个月内按照本办法关于资格申请的规定向商务主管部门申请换领《资格证书》。

前款所称单位在申请时达不到本办法规定的相应条件的，商务主管部门应责令其在本办法施行之日起3年内整改，并在其《资格证书》上注明有效期为3年。

商务主管部门应当将《资格证书》换证和变更信息告知同级住房和城乡建设主管部门。

第二十五条 本办法调整范围不包括机电产品及大型机械和成套设备出口。

第二十六条 本办法由商务部会同住房和城乡建设部负责解释。

第二十七条 本办法自2009年11月1日起施行。

固定资产贷款管理暂行办法

中国银行业监督管理委员会令 2009年第2号

第一章　总　　则

第一条　为规范银行业金融机构固定资产贷款业务经营行为，加强固定资产贷款审慎经营管理，促进固定资产贷款业务健康发展，依据《中华人民共和国银行业监督管理法》、《中华人民共和国商业银行法》等法律法规，制定本办法。

第二条　中华人民共和国境内经国务院银行业监督管理机构批准设立的银行业金融机构（以下简称贷款人），经营固定资产贷款业务应遵守本办法。

第三条　本办法所称固定资产贷款，是指贷款人向企（事）业法人或国家规定可以作为借款人的其他组织发放的，用于借款人固定资产投资的本外币贷款。

第四条　贷款人开展固定资产贷款业务应当遵循依法合规、审慎经营、平等自愿、公平诚信的原则。

第五条　贷款人应完善内部控制机制，实行贷款全流程管理，全面了解客户和项目信息，建立固定资产贷款风险管理制度和有效的岗位制衡机制，将贷款管理各环节的责任落实到具体部门和岗位，并建立各岗位的考核和问责机制。

第六条　贷款人应将固定资产贷款纳入对借款人及借款人所在集团客户的统一授信额度管理，并按区域、行业、贷款品种等维度建立固定资产贷款的风险限额管理制度。

第七条　贷款人应与借款人约定明确、合法的贷款用途，并按照约定检查、监督贷款的使用情况，防止贷款被挪用。

第八条　银行业监督管理机构依照本办法对贷款人固定资产贷款业务实施监督管理。

第二章　受理与调查

第九条　贷款人受理的固定资产贷款申请应具备以下条件：

（一）借款人依法经工商行政管理机关或主管机关核准登记；

（二）借款人信用状况良好，无重大不良记录；

（三）借款人为新设项目法人的，其控股股东应有良好的信用状况，无重大不良记录；

（四）国家对拟投资项目有投资主体资格和经营资质要求的，符合其要求；

（五）借款用途及还款来源明确、合法；

（六）项目符合国家的产业、土地、环保等相关政策，并按规定履行了固定资产投资项目的合法管理程序；

（七）符合国家有关投资项目资本金制度的规定；

（八）贷款人要求的其他条件。

第十条　贷款人应对借款人提供申请材料的方式和具体内容提出要求，并要求借款人恪守诚实守信原则，承诺所提供材料真实、完整、有效。

第十一条　贷款人应落实具体的责任部门和岗位，履行尽职调查并形成书面报告。尽职调查的主要内容包括：

（一）借款人及项目发起人等相关关系人的情况；

（二）贷款项目的情况；

（三）贷款担保情况；

（四）需要调查的其他内容。

尽职调查人员应当确保尽职调查报告内容的真实

性、完整性和有效性。

第三章　风险评价与审批

第十二条　贷款人应落实具体的责任部门和岗位，对固定资产贷款进行全面的风险评价，并形成风险评价报告。

第十三条　贷款人应建立完善的固定资产贷款风险评价制度，设置定量或定性的指标和标准，从借款人、项目发起人、项目合规性、项目技术和财务可行性、项目产品市场、项目融资方案、还款来源可靠性、担保、保险等角度进行贷款风险评价。

第十四条　贷款人应按照审贷分离、分级审批的原则，规范固定资产贷款审批流程，明确贷款审批权限，确保审批人员按照授权独立审批贷款。

第四章　合同签订

第十五条　贷款人应与借款人及其他相关当事人签订书面借款合同、担保合同等相关合同。合同中应详细规定各方当事人的权利、义务及违约责任，避免对重要事项未约定、约定不明或约定无效。

第十六条　贷款人应在合同中与借款人约定具体的贷款金额、期限、利率、用途、支付、还贷保障及风险处置等要素和有关细节。

第十七条　贷款人应在合同中与借款人约定提款条件以及贷款资金支付接受贷款人管理和控制等与贷款使用相关的条款，提款条件应包括与贷款同比例的资本金已足额到位、项目实际进度与已投资额相匹配等要求。

第十八条　贷款人应在合同中与借款人约定对借款人相关账户实施监控，必要时可约定专门的贷款发放账户和还款准备金账户。

第十九条　贷款人应要求借款人在合同中对与贷款相关的重要内容作出承诺，承诺内容应包括：贷款项目及其借款事项符合法律法规的要求；及时向贷款人提供完整、真实、有效的材料；配合贷款人对贷款的相关检查；发生影响其偿债能力的重大不利事项及时通知贷款人；进行合并、分立、股权转让、对外投资、实质性增加债务融资等重大事项前征得贷款人同意等。

第二十条　贷款人应在合同中与借款人约定，借款人出现未按约定用途使用贷款、未按约定方式支用贷款资金、未遵守承诺事项、申贷文件信息失真、突破约定的财务指标约束等情形时借款人应承担的违约责任和贷款人可采取的措施。

第五章　发放与支付

第二十一条　贷款人应设立独立的责任部门或岗位，负责贷款发放和支付审核。

第二十二条　贷款人在发放贷款前应确认借款人满足合同约定的提款条件，并按照合同约定的方式对贷款资金的支付实施管理与控制，监督贷款资金按约定用途使用。

第二十三条　合同约定专门贷款发放账户的，贷款发放和支付应通过该账户办理。

第二十四条　贷款人应通过贷款人受托支付或借款人自主支付的方式对贷款资金的支付进行管理与控制。

贷款人受托支付是指贷款人根据借款人的提款申请和支付委托，将贷款资金支付给符合合同约定用途的借款人交易对手。

借款人自主支付是指贷款人根据借款人的提款申请将贷款资金发放至借款人账户后，由借款人自主支付给符合合同约定用途的借款人交易对手。

第二十五条　单笔金额超过项目总投资5%或超过500万元人民币的贷款资金支付，应采用贷款人受托支付方式。

第二十六条　采用贷款人受托支付的，贷款人应在贷款资金发放前审核借款人相关交易资料是否符合合同约定条件。贷款人审核同意后，将贷款资金通过借款人账户支付给借款人交易对手，并应做好有关细节的认定记录。

第二十七条　采用借款人自主支付的，贷款人应要求借款人定期汇总报告贷款资金支付情况，并通过账户分析、凭证查验、现场调查等方式核查贷款支付是否符合约定用途。

第二十八条　固定资产贷款发放和支付过程中，贷款人应确认与拟发放贷款同比例的项目资本金足额到位，并与贷款配套使用。

第二十九条　在贷款发放和支付过程中，借款人出现以下情形的，贷款人应与借款人协商补充贷款发放和支付条件，或根据合同约定停止贷款资金的发放和支付：

（一）信用状况下降；

（二）不按合同约定支付贷款资金；

（三）项目进度落后于资金使用进度；

（四）违反合同约定，以化整为零方式规避贷款人受托支付。

第六章　贷后管理

第三十条　贷款人应定期对借款人和项目发起人的履约情况及信用状况、项目的建设和运营情况、宏观经济变化和市场波动情况、贷款担保的变动情况等内容进行检查与分析，建立贷款质量监控制度和贷款风险预警体系。

出现可能影响贷款安全的不利情形时，贷款人应对贷款风险进行重新评价并采取针对性措施。

第三十一条　项目实际投资超过原定投资金额，贷款人经重新风险评价和审批决定追加贷款的，应要求项目发起人配套追加不低于项目资本金比例的投资和相应担保。

第三十二条　贷款人应对抵（质）押物的价值和担保人的担保能力建立贷后动态监测和重估制度。

第三十三条　贷款人应对固定资产投资项目的收入现金流以及借款人的整体现金流进行动态监测，对异常情况及时查明原因并采取相应措施。

第三十四条　合同约定专门还款准备金账户的，贷款人应按约定根据需要对固定资产投资项目或借款人的收入现金流进入该账户的比例和账户内的资金平均存量提出要求。

第三十五条　借款人出现违反合同约定情形的，贷款人应及时采取有效措施，必要时应依法追究借款人的违约责任。

第三十六条　固定资产贷款形成不良贷款的，贷款人应对其进行专门管理，并及时制定清收或盘活措施。

对借款人确因暂时经营困难不能按期归还贷款本息的，贷款人可与借款人协商进行贷款重组。

第三十七条　对确实无法收回的固定资产不良贷款，贷款人按照相关规定对贷款进行核销后，应继续向债务人追索或进行市场化处置。

第七章　法律责任

第三十八条　贷款人违反本办法规定经营固定资产贷款业务的，银行业监督管理机构应当责令其限期改正。贷款人有下列情形之一的，银行业监督管理机构可根据《中华人民共和国银行业监督管理法》第三十七条的规定采取监管措施：

（一）固定资产贷款业务流程有缺陷的；

（二）未按本办法要求将贷款管理各环节的责任落实到具体部门和岗位的；

（三）贷款调查、风险评价未尽职的；

（四）未按本办法规定对借款人和项目的经营情况进行持续有效监控的；

（五）对借款人违反合同约定的行为未及时采取有效措施的。

第三十九条　贷款人有下列情形之一的，银行业监督管理机构除按本办法第三十八条规定采取监管措施外，还可根据《中华人民共和国银行业监督管理法》第四十六条、第四十八条规定对其进行处罚：

（一）受理不符合条件的固定资产贷款申请并发放贷款的；

（二）与借款人串通，违法违规发放固定资产贷款的；

（三）超越、变相超越权限或不按规定流程审批贷款的；

（四）未按本办法规定签订贷款协议的；

（五）与贷款同比例的项目资本金到位前发放贷款的；

（六）未按本办法规定进行贷款资金支付管理与控制的；

（七）有其他严重违反本办法规定的行为的。

第八章　附　　则

第四十条　全额保证金类质押项下的固定资产贷款参照本办法执行。

第四十一条　贷款人应依照本办法制定固定资产贷款管理细则及操作规程。

第四十二条　本办法由中国银行业监督管理委员会负责解释。

第四十三条　本办法自发布之日起三个月后施行。

项目融资业务指引

银监发〔2009〕71号

第一条 为促进银行业金融机构项目融资业务健康发展，有效管理项目融资风险，依据《中华人民共和国银行业监督管理法》、《中华人民共和国商业银行法》、《固定资产贷款管理暂行办法》以及其他有关法律法规，制定本指引。

第二条 中华人民共和国境内经国务院银行业监督管理机构批准设立的银行业金融机构（以下简称贷款人）开展项目融资业务，适用本指引。

第三条 本指引所称项目融资，是指符合以下特征的贷款：

（一）贷款用途通常是用于建造一个或一组大型生产装置、基础设施、房地产项目或其他项目，包括对在建或已建项目的再融资；

（二）借款人通常是为建设、经营该项目或为该项目融资而专门组建的企事业法人，包括主要从事该项目建设、经营或融资的既有企事业法人；

（三）还款资金来源主要依赖该项目产生的销售收入、补贴收入或其他收入，一般不具备其他还款来源。

第四条 贷款人从事项目融资业务，应当具备对所从事项目的风险识别和管理能力，配备业务开展所需要的专业人员，建立完善的操作流程和风险管理机制。

贷款人可以根据需要，委托或者要求借款人委托具备相关资质的独立中介机构为项目提供法律、税务、保险、技术、环保和监理等方面的专业意见或服务。

第五条 贷款人提供项目融资的项目，应当符合国家产业、土地、环保和投资管理等相关政策。

第六条 贷款人从事项目融资业务，应当充分识别和评估融资项目中存在的建设期风险和经营期风险，包括政策风险、筹资风险、完工风险、产品市场风险、超支风险、原材料风险、营运风险、汇率风险、环保风险和其他相关风险。

第七条 贷款人从事项目融资业务，应当以偿债能力分析为核心，重点从项目技术可行性、财务可行性和还款来源可靠性等方面评估项目风险，充分考虑政策变化、市场波动等不确定因素对项目的影响，审慎预测项目的未来收益和现金流。

第八条 贷款人应当按照国家关于固定资产投资项目资本金制度的有关规定，综合考虑项目风险水平和自身风险承受能力等因素，合理确定贷款金额。

第九条 贷款人应当根据项目预测现金流和投资回收期等因素，合理确定贷款期限和还款计划。

第十条 贷款人应当按照中国人民银行关于利率管理的有关规定，根据风险收益匹配原则，综合考虑项目风险、风险缓释措施等因素，合理确定贷款利率。

贷款人可以根据项目融资在不同阶段的风险特征和水平，采用不同的贷款利率。

第十一条 贷款人应当要求将符合抵质押条件的项目资产和/或项目预期收益等权利为贷款设定担保，并可以根据需要，将项目发起人持有的项目公司股权为贷款设定质押担保。

贷款人应当要求成为项目所投保商业保险的第一顺位保险金请求权人，或采取其他措施有效控制保险赔款权益。

第十二条 贷款人应当采取措施有效降低和分散融资项目在建设期和经营期的各类风险。

贷款人应当以要求借款人或者通过借款人要求项目相关方签订总承包合同、投保商业保险、建立完工保证金、提供完工担保和履约保函等方式，最大限度降低建设期风险。

贷款人可以以要求借款人签订长期供销合同、使用金融衍生工具或者发起人提供资金缺口担保等方式，有效分散经营期风险。

第十三条 贷款人可以通过为项目提供财务顾问服务，为项目设计综合金融服务方案，组合运用各种融资工具，拓宽项目资金来源渠道，有效分散风险。

第十四条 贷款人应当按照《固定资产贷款管理暂行办法》的有关规定，恰当设计账户管理、贷款资金支付、借款人承诺、财务指标控制、重大违约事项等项目融资合同条款，促进项目正常建设和运营，有效控制项目融资风险。

第十五条 贷款人应当根据项目的实际进度和资金需求，按照合同约定的条件发放贷款资金。贷款发放前，贷款人应当确认与拟发放贷款同比例的项目资本金足额到位，并与贷款配套使用。

第十六条 贷款人应当按照《固定资产贷款管理暂行办法》关于贷款发放与支付的有关规定，对贷款资金的支付实施管理和控制，必要时可以与借款人在借款合同中约定专门的贷款发放账户。

采用贷款人受托支付方式的，贷款人在必要时可以要求借款人、独立中介机构和承包商等共同检查设备建造或者工程建设进度，并根据出具的、符合合同约定条件的共同签证单，进行贷款支付。

第十七条 贷款人应当与借款人约定专门的项目收入账户，并要求所有项目收入进入约定账户，并按照事先约定的条件和方式对外支付。

贷款人应当对项目收入账户进行动态监测，当账户资金流动出现异常时，应当及时查明原因并采取相应措施。

第十八条 在贷款存续期间，贷款人应当持续监测项目的建设和经营情况，根据贷款担保、市场环境、宏观经济变动等因素，定期对项目风险进行评价，并建立贷款质量监控制度和风险预警体系。出现可能影响贷款安全情形的，应当及时采取相应措施。

第十九条 多家银行业金融机构参与同一项目融资的，原则上应当采用银团贷款方式。

第二十条 对文化创意、新技术开发等项目发放的符合项目融资特征的贷款，参照本指引执行。

第二十一条 本指引由中国银行业监督管理委员会负责解释。

第二十二条 本指引自发布之日起三个月后施行。

关于境内企业承接服务外包业务信息保护的若干规定

商务部 工业和信息化部令

2009年第13号

第一条 为促进承接服务外包业务的中国境内企业（以下称接包方）妥善保护保密信息，维护公平竞争环境，促进我国服务外包产业的进一步发展，根据《中华人民共和国合同法》等法律、行政法规，制定本规定。

第二条 本规定所称的承接服务外包业务是指接包方通过合同向境内外的企业、机构、组织或个人（以下称发包方）提供的信息技术外包服务、技术性业务流程外包服务等服务的行为。

第三条 本规定所称保密信息是指符合以下条件的业务资料或数据：

（一）接包方在承接服务外包业务过程中从发包方所获取；

（二）发包方采取了保密措施且不为公众知悉；

（三）接包方根据合同约定应当承担保密义务。

第四条 接包方及其股东、董事、监事、经理和员工不得违反服务外包合同的约定，披露、使用或者允许他人使用其所掌握的发包方的保密信息。

第五条 接包方应成立信息保护机构或指定专职人员负责制定本企业的信息保护规章制度，对保密信息采取合理的、具体的、有效的保密措施，包括：

（一）限定涉密人员的范围；

（二）对保密信息载体及其存储场所采取技术物理控制，以避免信息被他人不当访问或获取；

（三）对保密信息的记录载体进行分级管理；

（四）对配方含量和程序步骤等重要信息加密保存或保存于受限区域；

（五）对保密信息载体使用密码；

（六）对存有保密信息的厂房、车间、办公室等场所限制来访者或者对他们提出保密要求；

（七）对存有保密信息的计算机建立有效的网络管理和数据保护措施，建立严格的身份认证和访问授权体系，采用完善的系统备份和故障恢复手段，定期进行安全补丁和病毒库的升级；

（八）接包方与发包方约定的其他措施。

第六条 接包方应通过与员工，特别是涉密人员签订保密协议、竞业禁止协议，以及与涉密的第三方人员签订保密协议等措施确保信息安全。

第七条 接包方应当加强对员工的信息安全培训，增强员工的保密意识，避免泄漏保密信息事故的发生。

第八条 鼓励接包方积极借鉴国内外信息安全认证要求、行业最佳实践来制定企业内部信息安全管理体系，并获取国内、国际信息安全认证。

第九条 接包方应积极开展对内部信息安全管理体系的检查及维护，持续改进企业内部信息安全体系。

第十条 接包方违反与发包方之间的保密协议或服务外包合同中的保密条款，发包方可以根据保密协议或服务外包合同的约定提起仲裁或向有管辖权的法院起诉。

第十一条 接包方应与发包方明确约定接包方在为发包方提供服务、履行信息保密义务的过程中所产生的知识产权或技术成果的归属。

第十二条 接包方不得侵犯发包方依法享有的商标、专利、著作权等知识产权权利。

第十三条 相关行业协会等中介组织应加强行业自律管理，可根据需要定期公布接包方的信息保密工作情况。

第十四条 本规定由商务部、工业和信息化部负责解释。

第十五条 本规定自2010年2月1日起施行。

中央行政事业单位国有资产处置管理办法

国管资〔2009〕168号

第一章 总 则

第一条 为规范中央行政事业单位国有资产处置工作，提高资产使用效益，确保资产安全完整，降低行政成本，建设节约型机关，根据有关法律、法规和《中央行政事业单位国有资产管理暂行办法》（国管资〔2009〕167号），制定本办法。

第二条 中央行政事业单位（即国务院各部门、各直属事业单位，最高人民法院，最高人民检察院，行政经费在国务院系统的人民团体，以下简称各部门）的国有资产处置工作，适用本办法。

第三条 本办法所称国有资产处置，是指各部门根据工作需要，转移或核销房屋、车辆、设备、家具和其他国有资产产权的行为。

第四条 国有资产处置应当坚持科学合理、规范高效、公开透明的原则，不得损害国家和相关各方的合法权益。

第五条 国有资产处置应当与资产配置、使用和回收利用相结合，逐步建立资产共享、循环利用机制。

第六条　拟处置的国有资产应当产权清晰，权属关系不明或存在权属纠纷的国有资产，不得处置。

第二章　房屋资产处置

第七条　房屋资产处置方式主要包括调配、置换、转让和拆除等。

第八条　房屋资产处置应当按照有关规定，在符合整体规划的前提下，统筹考虑处置方案。

第九条　房屋资产调配由国务院机关事务管理局（以下简称国管局）根据中央行政事业单位房屋总体情况，结合各部门实际需求和房屋使用现状，在中央行政事业单位系统内统一组织划转和调整。

第十条　中央行政事业单位与系统外单位进行房屋资产置换，应当进行评估论证，合理选择补偿方式，确保房屋资产保值增值，具体方案由双方协商确定后，履行相应程序。

第十一条　中央行政事业单位房屋资产原则上不得转让，确需转让的，须经审批同意。国管局对拟转让的房屋资产可以优先调配使用。

第十二条　房屋建筑物存在安全隐患需要拆除的，应当经房屋安全质量部门鉴定，符合危险房屋鉴定标准有关规定。

因项目建设需要拆除的，应当符合党政机关楼堂馆所建设管理相关规定，并履行相应程序。

因城市规划需要拆除的，应当采取还建或异地置换的方式进行补偿；确实不能还建或异地置换不能满足需求的，采取货币补偿方式。

第十三条　各部门处置房屋资产须报国管局审批，并提交以下材料：

（一）申请报告；

（二）可行性分析报告；

（三）国有土地使用权证、房屋所有权证；

（四）建设用地批准书、工程决算书；

（五）涉及房屋资产调配的，另须提供调入和调出单位的需求及方案；

（六）涉及房屋资产置换、转让的，另须提供评估报告和草签合同；

（七）涉及房屋拆除的，另须提供危房确认书或市政规划方案、拆迁通知书、拆迁补偿协议书等。

第三章　车辆资产处置

第十四条　车辆资产处置方式包括置换、厂家回收、调剂、公开拍卖、变卖、捐赠、报废和报损等。

第十五条　车辆资产处置应当与公务用车编制管理、使用管理和配备更新相结合，合理选择处置方式。未达到规定使用年限和行驶里程的车辆，原则上不得进行处置。

第十六条　车辆调剂由国管局依据各部门车辆编制、存量状况及需求，在中央行政事业单位系统内划转和调整。

第十七条　车辆捐赠应当以支持公益事业或扶持贫困地区发展为目的。

第十八条　对纳入编制管理、达到更新标准的公务用车，由国管局通过政府采购方式确定的专业评估机构评估后，实行厂家回收或置换。其他车辆可采取公开拍卖、报损或报废的方式处置。

第十九条　部级干部用车和机关公务用车处置，须报国管局审批。其他车辆处置，由各部门负责审批，列入国有资产年度决算报告。

第二十条　申请处置车辆须提交以下材料：

（一）申请报告；

（二）待处置车辆明细表；

（三）证明车辆原始价值的有效凭证，包括车辆调拨单、原始发票或收据，记账凭证复印件和固定资产卡片等；

（四）车辆行驶证复印件；

（五）资产管理部门和车辆使用部门、财务部门提出的审核意见；

（六）涉及车辆调剂的，另须提供调入和调出单位的车辆编制、存量和需求情况；

（七）涉及车辆捐赠的，另须提供受赠方的基本情况和草拟的捐赠协议；

（八）涉及车辆拍卖的，另须提供专业评估机构出具的评估报告；

（九）涉及车辆报损的，另须提供具有法律效力的证明材料、专业技术鉴定部门的鉴定报告或社会中介机构出具的经济鉴证证明等；

（十）涉及车辆报废的，另须提供公安交通管理部门或专业技术鉴定部门提供的鉴定报告。

第四章　设备、家具及其他资产处置

第二十一条　设备、家具及其他资产处置方式包括调剂、捐赠、变卖、报损和报废等。

第二十二条　设备、家具及其他资产调剂和捐赠，参照本办法第十六条、第十七条有关规定执行。

无法调剂的设备、家具，可采取捐赠、变卖、报损或报废等方式处置。

第二十三条　设备、家具及其他资产报废，应当符合国家有关报废标准或达到规定的最低使用年限。达到最低使用年限尚能继续使用的资产，不得报废。

第二十四条　信息系统和软件资产处置应当优先整合利用。无法整合利用的，应当经专业技术鉴定后，严格履行处置程序。

第二十五条　货币资金、存货、有价证券等流动资产损失的认定和处理，按行政事业单位财务管理和资产核实的相关规定执行。

经批准核销的不良债权等损失，应当实行“账销案存”，并进行清理和追索。

第二十六条　专利权、商标权、著作权、非专利技术、商誉等无形资产转让，须委托专业评估机构进行评估，严格履行审批程序。

第二十七条　各部门机关和机关服务中心等对外投资事项、单价或批量价值200万元（含）以上的资产（不含房屋、车辆）处置事项，由各部门审核后报国管局，国管局审批后报财政部、审计署备案。其他资产（不含房屋、车辆）处置事项，由各部门审批后，列入国有资产年度决算报告。

第二十八条　申请处置设备、家具及其他资产须提交以下材料：

（一）申请报告；

（二）待处置资产明细表；

（三）证明资产原始价值的有效凭证，包括原始发票或收据、记账凭证复印件和固定资产卡片等；

（四）资产管理部门、使用部门和财务部门提出的审核意见；

（五）涉及调剂的，另须提供调入和调出单位的设备及家具存量和需求情况；

（六）涉及捐赠的，另须提供受赠方的基本情况和草拟的捐赠协议；

（七）涉及变卖的，另须提供专业评估机构出具的评估报告；

（八）涉及报损的，另须提供具有法律效力的证明材料、专业技术鉴定部门的鉴定报告或社会中介机构出具的经济鉴证证明等。

第五章　资产处置平台

第二十九条　国管局负责建立中央行政事业单位国有资产处置平台，包括资产调剂捐赠、进场交易和电子废弃物统一回收处理平台等，并提供资产评估、鉴定和法律咨询等相关服务。

第三十条　各部门拟调剂、捐赠的资产，须通过调剂捐赠信息平台发布相关信息。有资产配置需要的部门，可以提出调入申请，国管局负责组织调剂。

第三十一条　各部门经批准变卖或报废的资产，应当通过资产处置平台实行进场交易或统一回收处理。

对于计算机硬盘、复印机信息储存部件等信息存储载体的资产报废，应当符合安全保密的有关要求，防止失泄密事件发生。

第六章　收入及账务管理

第三十二条　中央行政事业单位国有资产处置收入包括变卖收入、置换收入和报损报废的残值变价收入等。资产处置收入应当按政府非税收入管理的规定，实行“收支两条线”管理。

第三十三条　各部门应当按照财务管理制度，如实反映和缴纳国有资产处置收入，不得隐瞒、截留、挤占、坐支和挪用。

第三十四条　各部门应当根据资产处置批复，按规定及时调整资产、财务账目，办理产权变动登记等相关手续。

第三十五条　各部门应当按照档案管理的有关规定，加强资产处置档案管理。资产处置过程和结果的资料应当完整、真实。

第三十六条　中央行政事业单位发生机构变动（分立、撤销、合并、改制、隶属关系改变），应当依据资产调整方案和资产处置批复，按规定进行账务处理，并在国有资产年度决算报告中反映。

第七章　监督检查

第三十七条　中央行政事业单位国有资产处置监督

工作坚持单位内部监督与财政监督、审计监督、社会监督相结合，事前监督与事中监督、事后监督相结合，日常监督与定期抽查相结合。

第三十八条　国管局和各部门应当按照职责分工，认真履行国有资产管理职责，严格遵守财经纪律，自觉接受财政、审计部门的监督检查，依法维护国有资产的安全完整。

第三十九条　各部门在资产处置中有下列行为之一的，由国管局和相关部门责令改正，并按照《财政违法行为处罚处分条例》及国家有关规定处理；情节严重、涉嫌犯罪的，移送司法机关处理：

（一）对权属不清、有争议的资产进行处置，或未经批准擅自处置的；

（二）在资产处置过程中弄虚作假，低价转让、合谋私分或其他造成国有资产损失的；

（三）规避评估程序，或在资产评估、审计等活动中，提供虚假材料、干预评估机构独立执业的；

（四）将已获准调剂、捐赠、报废的资产继续占用或采取其他方式处置的；

（五）隐瞒、截留、挤占、坐支和挪用资产处置收入的；

（六）其他造成资产损失的行为。

第四十条　各部门国有资产管理工作人员玩忽职守、滥用职权、徇私舞弊，不按规定报送或报送虚假报告，资产处置档案管理混乱造成档案缺失的，由国管局责令其限期改正，并按有关规定处理。

第八章　附　　则

第四十一条　各部门可根据本办法制定资产处置管理的实施办法，报国管局备案。

第四十二条　中央行政事业单位土地资产处置，按照《国务院办公厅转发国管局中直管理局关于进一步加强和改进中央单位用地管理工作意见的通知》（国办发〔2006〕84号）及国土资源部、国管局的有关规定执行。

第四十三条　行政单位和参照公务员法管理的事业单位，不得将国有资产用于对外投资。其他事业单位应当严格控制对外投资，确因工作和事业发展需要对外投资的，应当严格履行审批手续。具体办法另行制定。

第四十四条　实行企业化管理的事业单位，以及事业单位创办的具有法人资格的企业，其资产处置事项由各部门按照企业国有资产监督管理的有关规定管理。

第四十五条　本办法由国管局负责解释。

第四十六条　本办法自印发之日起施行。2004年8月24日印发的《中央国家机关国有资产处置管理办法》（国管财〔2004〕196号）同时废止。

创业板市场投资者适当性管理暂行规定

中国证券监督管理委员会公告〔2009〕14号

第一条　为保护投资者合法权益，提示创业板市场风险，引导投资者理性参与证券投资，促进创业板市场健康发展，根据《证券公司监督管理条例》、《首次公开发行股票并在创业板上市管理暂行办法》（证监会令第61号）等法规和规章，制定本规定。

第二条　投资者参与创业板市场，应当熟悉创业板市场相关规定及规则，了解创业板市场风险特性，具备相应风险承受能力，并按照规定办理参与创业板市场相关手续。

第三条　深圳证券交易所应当制订创业板市场投资者适当性管理的具体实施办法。

第四条　证券公司应当建立健全创业板市场投资者适当性管理工作机制和业务流程，了解客户的身份、财产与收入状况、证券投资经验、风险偏好及其他相关信息，充分提示投资者审慎评估其参与创业板市场的适当性。

第五条　投资者申请开通创业板市场交易时，证券公司应当区分投资者的不同情况，向投资者充分揭示市场风险，并在营业场所现场与投资者书面签订《创业板市场投资风险揭示书》。

《创业板市场投资风险揭示书》必备条款由中国证券业协会另行制订。

第六条 投资者申请开通创业板市场交易，应当配合证券公司开展的投资者适当性管理工作，如实提供所需信息，不得采取弄虚作假等手段规避有关要求。

投资者不配合或提供虚假信息的，证券公司可以拒绝为其提供开通创业板市场交易服务。

第七条 中国证券登记结算有限责任公司（以下简称登记结算公司）、深圳证券交易所应当为证券公司实施创业板市场投资者适当性管理提供必要的技术支持和查询服务。

第八条 证券公司应当按照中国证券监督管理委员会（以下简称中国证监会）、深圳证券交易所和中国证券业协会的有关规定和要求，结合创业板市场特点，制定有针对性的投资者教育计划、工作制度和流程，明确投资者教育的内容、形式和经费预算。

第九条 证券公司应当在业务流程中落实创业板市场投资者适当性管理的各项规定，持续做好投资者教育和风险揭示工作。

第十条 证券公司应当指定经理层高级管理人员和专门部门，组织实施创业板市场投资者适当性管理和投资者教育等方面工作，并强化内部责任追究机制。

第十一条 证券公司应当完善客户纠纷处理机制，明确承担此项职责的部门和岗位，负责处理投资者参与创业板市场所产生的投诉等事项，及时化解相关的矛盾纠纷。

第十二条 深圳证券交易所和中国证券业协会按照会员管理的要求，对证券公司实施创业板市场投资者适当性管理和投资者教育等方面情况进行自律监管，对发现的违规行为及时采取自律措施，向中国证监会报告并通报证监会相关派出机构。

第十三条 中国证监会对深圳证券交易所、登记结算公司、中国证券业协会实施创业板市场投资者适当性管理及投资者教育方面的情况进行指导、监督和检查。

中国证监会及其派出机构对证券公司实施创业板市场投资者适当性管理和投资者教育等方面情况进行监督检查。对发现的违规行为，依法采取责令改正、监管谈话、出具警示函、责令处分有关人员等监管措施。

第十四条 本规定自2009年7月15日起施行。

信托公司净资本管理办法

中国银行业监督管理委员会令 2010年第5号

第一章 总　　则

第一条 为加强对信托公司的风险监管，促进信托公司安全、稳健发展，根据《中华人民共和国银行业监督管理法》、《中华人民共和国信托法》等有关法律法规，制定本办法。

第二条 本办法适用于在中华人民共和国境内依法设立的信托公司。

第三条 本办法所称净资本，是指根据信托公司的业务范围和公司资产结构的特点，在净资产的基础上对各固有资产项目、表外项目和其他有关业务进行风险调整后得出的综合性风险控制指标。对信托公司实施净资本管理的目的，是确保信托公司固有资产充足并保持必要的流动性，以满足抵御各项业务不可预期损失的需要。

本办法所称风险资本，是指信托公司按照一定标准计算并配置给某项业务用于应对潜在风险的资本。

第四条 信托公司应当按照本办法的规定计算净资本和风险资本。

第五条　信托公司应当根据自身资产结构和业务开展情况，建立动态的净资本管理机制，确保净资本等各项风险控制指标符合规定标准。

第六条　中国银行业监督管理委员会可以根据市场发展情况和审慎监管原则，对信托公司净资本计算标准及最低要求、风险控制指标、风险资本计算标准等进行调整。

对于本办法未规定的新产品、新业务，信托公司在设计该产品或开展该业务前，应当按照规定事前向中国银行业监督管理委员会报告。中国银行业监督管理委员会根据信托公司新产品、新业务的特点和风险状况，审慎确定相应的比例和计算标准。

第七条　中国银行业监督管理委员会按照本办法对信托公司净资本管理及相关风险控制指标状况进行监督检查。

第二章　净资本计算

第八条　净资本计算公式为：净资本=净资产-各类资产的风险扣除项-或有负债的风险扣除项-中国银行业监督管理委员会认定的其他风险扣除项。

第九条　信托公司应当在充分计提各类资产减值准备的基础上，按照中国银行业监督管理委员会规定的信托公司净资本计算标准计算净资本。

第十条　信托公司应当根据不同资产的特点和风险状况，按照中国银行业监督管理委员会规定的系数对资产项目进行风险调整。信托公司计算净资本时，应当将不同科目中核算的同类资产合并计算，按照资产的属性统一进行风险调整。

（一）金融产品投资应当根据金融产品的类别和流动性特点按照规定的系数进行调整。信托公司以固有资金投资集合资金信托计划或其他理财产品的，应当根据承担的风险相应进行风险调整。

（二）股权投资应当根据股权的类别和流动性特点按照规定的系数进行风险调整。

（三）贷款等债权类资产应当根据到期日的长短和可回收情况按照规定的系数进行风险调整。

资产的分类中同时符合两个或两个以上分类标准的，应当采用最高的扣除比例进行调整。

第十一条　对于或有事项，信托公司在计算净资本时应当根据出现损失的可能性按照规定的系数进行风险调整。

信托公司应当对期末或有事项的性质（如未决诉讼、未决仲裁、对外担保等）、涉及金额、形成原因和进展情况、可能发生的损失和预计损失的会计处理情况等在净资本计算表的附注中予以充分披露。

第三章　风险资本计算

第十二条　由于信托公司开展的各项业务存在一定风险并可能导致资本损失，所以应当按照各项业务规模的一定比例计算风险资本并与净资本建立对应关系，确保各项业务的风险资本有相应的净资本来支撑。

第十三条　信托公司开展固有业务、信托业务和其他业务，应当计算风险资本。

风险资本计算公式为：风险资本＝固有业务风险资本＋信托业务风险资本＋其他业务风险资本。

固有业务风险资本=固有业务各项资产净值×风险系数。

信托业务风险资本=信托业务各项资产余额×风险系数。

其他业务风险资本=其他各项业务余额×风险系数。

各项业务的风险系数由中国银行业监督管理委员会另行发布。

第十四条　信托公司应当按照有关业务的规模和规定的风险系数计算各项业务风险资本。

第四章　风险控制指标

第十五条　信托公司净资本不得低于人民币2亿元。

第十六条　信托公司应当持续符合下列风险控制指标：

（一）净资本不得低于各项风险资本之和的100%；

（二）净资本不得低于净资产的40%。

第十七条　信托公司可以根据自身实际情况，在不低于中国银行业监督管理委员会规定标准的基础上，确定相应的风险控制指标要求。

第五章　监督检查

第十八条　信托公司董事会承担本公司净资本管理的最终责任，负责确定净资本管理目标，审定风险承受能力，制定并监督实施净资本管理规划。

第十九条　信托公司高级管理人员负责净资本管理

的实施工作，包括制定本公司净资本管理的规章制度，完善风险识别、计量和报告程序，定期评估净资本充足水平，并建立相应的净资本管理机制。

第二十条 信托公司应当编制净资本计算表、风险资本计算表和风险控制指标监管报表。

中国银行业监督管理委员会可以根据监管需要，要求信托公司以合并数据为基础编制净资本计算表、风险资本计算表和风险控制指标监管报表。

第二十一条 信托公司应当在每季度结束之日起18个工作日内，向中国银行业监督管理委员会报送季度净资本计算表、风险资本计算表和风险控制指标监管报表。如遇影响净资本等风险控制指标的特别重大事项，应当及时向中国银行业监督管理委员会报告。

第二十二条 信托公司总经理应当至少每年将净资本管理情况向董事会书面报告一次。

第二十三条 信托公司董事长、总经理应当对公司年度净资本计算表、风险资本计算表和风险控制指标监管报表签署确认意见，并保证报表真实、准确、完整，不存在虚假记载、误导性陈述和重大遗漏。

第二十四条 信托公司应当在年度报告中披露净资本、风险资本以及风险控制指标等情况。

第二十五条 信托公司净资本等相关风险控制指标与上季度相比变化超过30%或不符合规定标准的，应当在该情形发生之日起5个工作日内，向中国银行业监督管理委员会书面报告。

第二十六条 信托公司净资本等相关风险控制指标不符合规定标准的，中国银行业监督管理委员会可以视情况采取下列措施：

（一）要求信托公司制定切实可行的整改计划、方案，明确整改期限；

（二）要求信托公司采取措施调整业务和资产结构或补充资本，提高净资本水平；

（三）限制信托公司信托业务增长速度；

第二十七条 对未按要求完成整改的信托公司，中国银行业监督管理委员会可以进一步采取下列措施：

（一）限制分配红利；

（二）限制信托公司开办新业务。

（三）责令暂停部分或全部业务。

第二十八条 对信托公司净资本等风险控制指标继续恶化，严重危及该信托公司稳健运行的，除采取第二十七条规定的相关措施外，中国银行业监督管理委员会还可以采取下列措施：

（一）责令调整董事、监事及高级管理人员；

（二）责令控股股东转让股权或限制有关股东行使股东权利；

（三）责令停业整顿；

（四）依法对信托公司实行接管或督促机构重组，直至予以撤销。

第六章 附 则

第二十九条 本办法由中国银行业监督管理委员会负责解释。

第三十条 本办法自公布之日起施行。

非金融机构支付服务管理办法

中国人民银行令〔2010〕第2号

第一章 总 则

第一条 为促进支付服务市场健康发展，规范非金融机构支付服务行为，防范支付风险，保护当事人的合法权益，根据《中华人民共和国中国人民银行法》等法律法规，制定本办法。

第二条 本办法所称非金融机构支付服务，是指非金融机构在收付款人之间作为中介机构提供下列部分或全部货币资金转移服务：

（一）网络支付；

（二）预付卡的发行与受理；

（三）银行卡收单；

（四）中国人民银行确定的其他支付服务。

本办法所称网络支付，是指依托公共网络或专用网络在收付款人之间转移货币资金的行为，包括货币汇兑、互联网支付、移动电话支付、固定电话支付、数字电视支付等。

本办法所称预付卡，是指以营利为目的发行的、在发行机构之外购买商品或服务的预付价值，包括采取磁条、芯片等技术以卡片、密码等形式发行的预付卡。

本办法所称银行卡收单，是指通过销售点（POS）终端等为银行卡特约商户代收货币资金的行为。

第三条　非金融机构提供支付服务，应当依据本办法规定取得《支付业务许可证》，成为支付机构。

支付机构依法接受中国人民银行的监督管理。

未经中国人民银行批准，任何非金融机构和个人不得从事或变相从事支付业务。

第四条　支付机构之间的货币资金转移应当委托银行业金融机构办理，不得通过支付机构相互存放货币资金或委托其他支付机构等形式办理。

支付机构不得办理银行业金融机构之间的货币资金转移，经特别许可的除外。

第五条　支付机构应当遵循安全、效率、诚信和公平竞争的原则，不得损害国家利益、社会公共利益和客户合法权益。

第六条　支付机构应当遵守反洗钱的有关规定，履行反洗钱义务。

第二章　申请与许可

第七条　中国人民银行负责《支付业务许可证》的颁发和管理。

申请《支付业务许可证》的，需经所在地中国人民银行分支机构审查后，报中国人民银行批准。

本办法所称中国人民银行分支机构，是指中国人民银行副省级城市中心支行以上的分支机构。

第八条　《支付业务许可证》的申请人应当具备下列条件：

（一）在中华人民共和国境内依法设立的有限责任公司或股份有限公司，且为非金融机构法人；

（二）有符合本办法规定的注册资本最低限额；

（三）有符合本办法规定的出资人；

（四）有5名以上熟悉支付业务的高级管理人员；

（五）有符合要求的反洗钱措施；

（六）有符合要求的支付业务设施；

（七）有健全的组织机构、内部控制制度和风险管理措施；

（八）有符合要求的营业场所和安全保障措施；

（九）申请人及其高级管理人员最近3年内未因利用支付业务实施违法犯罪活动或为违法犯罪活动办理支付业务等受过处罚。

第九条　申请人拟在全国范围内从事支付业务的，其注册资本最低限额为1亿元人民币；拟在省（自治区、直辖市）范围内从事支付业务的，其注册资本最低限额为3千万元人民币。注册资本最低限额为实缴货币资本。

本办法所称在全国范围内从事支付业务，包括申请人跨省（自治区、直辖市）设立分支机构从事支付业务，或客户可跨省（自治区、直辖市）办理支付业务的情形。

中国人民银行根据国家有关法律法规和政策规定，调整申请人的注册资本最低限额。

外商投资支付机构的业务范围、境外出资人的资格条件和出资比例等，由中国人民银行另行规定，报国务院批准。

第十条　申请人的主要出资人应当符合以下条件：

（一）为依法设立的有限责任公司或股份有限公司；

（二）截至申请日，连续为金融机构提供信息处理支持服务2年以上，或连续为电子商务活动提供信息处理支持服务2年以上；

（三）截至申请日，连续盈利2年以上；

（四）最近3年内未因利用支付业务实施违法犯罪活动或为违法犯罪活动办理支付业务等受过处罚。

本办法所称主要出资人，包括拥有申请人实际控制权的出资人和持有申请人10%以上股权的出资人。

第十一条　申请人应当向所在地中国人民银行分支机构提交下列文件、资料：

（一）书面申请，载明申请人的名称、住所、注册资本、组织机构设置、拟申请支付业务等；

（二）公司营业执照（副本）复印件；

（三）公司章程；

（四）验资证明；

（五）经会计师事务所审计的财务会计报告；

（六）支付业务可行性研究报告；

（七）反洗钱措施验收材料；

（八）技术安全检测认证证明；

（九）高级管理人员的履历材料；

（十）申请人及其高级管理人员的无犯罪记录证明材料；

（十一）主要出资人的相关材料；

（十二）申请资料真实性声明。

第十二条 申请人应当在收到受理通知后按规定公告下列事项：

（一）申请人的注册资本及股权结构；

（二）主要出资人的名单、持股比例及其财务状况；

（三）拟申请的支付业务；

（四）申请人的营业场所；

（五）支付业务设施的技术安全检测认证证明。

第十三条 中国人民银行分支机构依法受理符合要求的各项申请，并将初审意见和申请资料报送中国人民银行。中国人民银行审查批准的，依法颁发《支付业务许可证》，并予以公告。

《支付业务许可证》自颁发之日起，有效期5年。支付机构拟于《支付业务许可证》期满后继续从事支付业务的，应当在期满前6个月内向所在地中国人民银行分支机构提出续展申请。中国人民银行准予续展的，每次续展的有效期为5年。

第十四条 支付机构变更下列事项之一的，应当在向公司登记机关申请变更登记前报中国人民银行同意：

（一）变更公司名称、注册资本或组织形式；

（二）变更主要出资人；

（三）合并或分立；

（四）调整业务类型或改变业务覆盖范围。

第十五条 支付机构申请终止支付业务的，应当向所在地中国人民银行分支机构提交下列文件、资料：

（一）公司法定代表人签署的书面申请，载明公司名称、支付业务开展情况、拟终止支付业务及终止原因等；

（二）公司营业执照（副本）复印件；

（三）《支付业务许可证》复印件；

（四）客户合法权益保障方案；

（五）支付业务信息处理方案。

准予终止的，支付机构应当按照中国人民银行的批复完成终止工作，交回《支付业务许可证》。

第十六条 本章对许可程序未作规定的事项，适用《中国人民银行行政许可实施办法》（中国人民银行令〔2004〕第3号）。

第三章 监督与管理

第十七条 支付机构应当按照《支付业务许可证》核准的业务范围从事经营活动，不得从事核准范围之外的业务，不得将业务外包。

支付机构不得转让、出租、出借《支付业务许可证》。

第十八条 支付机构应当按照审慎经营的要求，制订支付业务办法及客户权益保障措施，建立健全风险管理和内部控制制度，并报所在地中国人民银行分支机构备案。

第十九条 支付机构应当确定支付业务的收费项目和收费标准，并报所在地中国人民银行分支机构备案。

支付机构应当公开披露其支付业务的收费项目和收费标准。

第二十条 支付机构应当按规定向所在地中国人民银行分支机构报送支付业务统计报表和财务会计报告等资料。

第二十一条 支付机构应当制定支付服务协议，明确其与客户的权利和义务、纠纷处理原则、违约责任等事项。

支付机构应当公开披露支付服务协议的格式条款，并报所在地中国人民银行分支机构备案。

第二十二条 支付机构的分公司从事支付业务的，支付机构及其分公司应当分别到所在地中国人民银行分支机构备案。

支付机构的分公司终止支付业务的，比照前款办理。

第二十三条 支付机构接受客户备付金时，只能按收取的支付服务费向客户开具发票，不得按接受的客户备付金金额开具发票。

第二十四条 支付机构接受的客户备付金不属于支付机构的自有财产。

支付机构只能根据客户发起的支付指令转移备付金。禁止支付机构以任何形式挪用客户备付金。

第二十五条　支付机构应当在客户发起的支付指令中记载下列事项：

（一）付款人名称；

（二）确定的金额；

（三）收款人名称；

（四）付款人的开户银行名称或支付机构名称；

（五）收款人的开户银行名称或支付机构名称；

（六）支付指令的发起日期。

客户通过银行结算账户进行支付的，支付机构还应当记载相应的银行结算账号。客户通过非银行结算账户进行支付的，支付机构还应当记载客户有效身份证件上的名称和号码。

第二十六条　支付机构接受客户备付金的，应当在商业银行开立备付金专用存款账户存放备付金。中国人民银行另有规定的除外。

支付机构只能选择一家商业银行作为备付金存管银行，且在该商业银行的一个分支机构只能开立一个备付金专用存款账户。

支付机构应当与商业银行的法人机构或授权的分支机构签订备付金存管协议，明确双方的权利、义务和责任。

支付机构应当向所在地中国人民银行分支机构报送备付金存管协议和备付金专用存款账户的信息资料。

第二十七条　支付机构的分公司不得以自己的名义开立备付金专用存款账户，只能将接受的备付金存放在支付机构开立的备付金专用存款账户。

第二十八条　支付机构调整不同备付金专用存款账户头寸的，由备付金存管银行的法人机构对支付机构拟调整的备付金专用存款账户的余额情况进行复核，并将复核意见告知支付机构及有关备付金存管银行。

支付机构应当持备付金存管银行的法人机构出具的复核意见办理有关备付金专用存款账户的头寸调拨。

第二十九条　备付金存管银行应当对存放在本机构的客户备付金的使用情况进行监督，并按规定向备付金存管银行所在地中国人民银行分支机构及备付金存管银行的法人机构报送客户备付金的存管或使用情况等信息资料。

对支付机构违反第二十五条至第二十八条相关规定使用客户备付金的申请或指令，备付金存管银行应当予以拒绝；发现客户备付金被违法使用或有其他异常情况的，应当立即向备付金存管银行所在地中国人民银行分支机构及备付金存管银行的法人机构报告。

第三十条　支付机构的实缴货币资本与客户备付金日均余额的比例，不得低于10%。

本办法所称客户备付金日均余额，是指备付金存管银行的法人机构根据最近90日内支付机构每日日终的客户备付金总量计算的平均值。

第三十一条　支付机构应当按规定核对客户的有效身份证件或其他有效身份证明文件，并登记客户身份基本信息。

支付机构明知或应知客户利用其支付业务实施违法犯罪活动的，应当停止为其办理支付业务。

第三十二条　支付机构应当具备必要的技术手段，确保支付指令的完整性、一致性和不可抵赖性，支付业务处理的及时性、准确性和支付业务的安全性；具备灾难恢复处理能力和应急处理能力，确保支付业务的连续性。

第三十三条　支付机构应当依法保守客户的商业秘密，不得对外泄露。法律法规另有规定的除外。

第三十四条　支付机构应当按规定妥善保管客户身份基本信息、支付业务信息、会计档案等资料。

第三十五条　支付机构应当接受中国人民银行及其分支机构定期或不定期的现场检查和非现场检查，如实提供有关资料，不得拒绝、阻挠、逃避检查，不得谎报、隐匿、销毁相关证据材料。

第三十六条　中国人民银行及其分支机构依据法律、行政法规、中国人民银行的有关规定对支付机构的公司治理、业务活动、内部控制、风险状况、反洗钱工作等进行定期或不定期现场检查和非现场检查。

中国人民银行及其分支机构依法对支付机构进行现场检查，适用《中国人民银行执法检查程序规定》（中国人民银行令〔2010〕第1号发布）。

第三十七条　中国人民银行及其分支机构可以采取下列措施对支付机构进行现场检查：

（一）询问支付机构的工作人员，要求其对被检查事项作出解释、说明；

（二）查阅、复制与被检查事项有关的文件、资料，对可能被转移、藏匿或毁损的文件、资料予以封存；

（三）检查支付机构的客户备付金专用存款账户及相关账户；

（四）检查支付业务设施及相关设施。

第三十八条　支付机构有下列情形之一的，中国人民银行及其分支机构有权责令其停止办理部分或全部支付业务：

（一）累计亏损超过其实缴货币资本的50%；

（二）有重大经营风险；

（三）有重大违法违规行为。

第三十九条 支付机构因解散、依法被撤销或被宣告破产而终止的，其清算事宜按照国家有关法律规定办理。

第四章 罚 则

第四十条 中国人民银行及其分支机构的工作人员有下列情形之一的，依法给予行政处分；构成犯罪的，依法追究刑事责任：

（一）违反规定审查批准《支付业务许可证》的申请、变更、终止等事项的；

（二）违反规定对支付机构进行检查的；

（三）泄露知悉的国家秘密或商业秘密的；

（四）滥用职权、玩忽职守的其他行为。

第四十一条 商业银行有下列情形之一的，中国人民银行及其分支机构责令其限期改正，并给予警告或处1万元以上3万元以下罚款；情节严重的，中国人民银行责令其暂停或终止客户备付金存管业务：

（一）未按规定报送客户备付金的存管或使用情况等信息资料的；

（二）未按规定对支付机构调整备付金专用存款账户头寸的行为进行复核的；

（三）未对支付机构违反规定使用客户备付金的申请或指令予以拒绝的。

第四十二条 支付机构有下列情形之一的，中国人民银行分支机构责令其限期改正，并给予警告或处1万元以上3万元以下罚款：

（一）未按规定建立有关制度办法或风险管理措施的；

（二）未按规定办理相关备案手续的；

（三）未按规定公开披露相关事项的；

（四）未按规定报送或保管相关资料的；

（五）未按规定办理相关变更事项的；

（六）未按规定向客户开具发票的；

（七）未按规定保守客户商业秘密的。

第四十三条 支付机构有下列情形之一的，中国人民银行分支机构责令其限期改正，并处3万元罚款；情节严重的，中国人民银行注销其《支付业务许可证》；涉嫌犯罪的，依法移送公安机关立案侦查；构成犯罪的，依法追究刑事责任：

（一）转让、出租、出借《支付业务许可证》的；

（二）超出核准业务范围或将业务外包的；

（三）未按规定存放或使用客户备付金的；

（四）未遵守实缴货币资本与客户备付金比例管理规定的；

（五）无正当理由中断或终止支付业务的；

（六）拒绝或阻碍相关检查监督的；

（七）其他危及支付机构稳健运行、损害客户合法权益或危害支付服务市场的违法违规行为。

第四十四条 支付机构未按规定履行反洗钱义务的，中国人民银行及其分支机构依据国家有关反洗钱法律法规等进行处罚；情节严重的，中国人民银行注销其《支付业务许可证》。

第四十五条 支付机构超出《支付业务许可证》有效期限继续从事支付业务的，中国人民银行及其分支机构责令其终止支付业务；涉嫌犯罪的，依法移送公安机关立案侦查；构成犯罪的，依法追究刑事责任。

第四十六条 以欺骗等不正当手段申请《支付业务许可证》但未获批准的，申请人及持有其5%以上股权的出资人3年内不得再次申请或参与申请《支付业务许可证》。

以欺骗等不正当手段申请《支付业务许可证》且已获批准的，由中国人民银行及其分支机构责令其终止支付业务，注销其《支付业务许可证》；涉嫌犯罪的，依法移送公安机关立案侦查；构成犯罪的，依法追究刑事责任；申请人及持有其5%以上股权的出资人不得再次申请或参与申请《支付业务许可证》。

第四十七条 任何非金融机构和个人未经中国人民银行批准擅自从事或变相从事支付业务的，中国人民银行及其分支机构责令其终止支付业务；涉嫌犯罪的，依法移送公安机关立案侦查；构成犯罪的，依法追究刑事责任。

第五章 附 则

第四十八条 本办法实施前已经从事支付业务的非金融机构，应当在本办法实施之日起1年内申请取得《支付业务许可证》。逾期未取得的，不得继续从事支付业务。

第四十九条 本办法由中国人民银行负责解释。

第五十条 本办法自2010年9月1日起施行。

保险资金运用管理暂行办法

中国保险监督管理委员会令 2010年第9号

第一章　总　　则

第一条　为了规范保险资金运用行为，防范保险资金运用风险，维护保险当事人合法权益，促进保险业持续、健康发展，根据《中华人民共和国保险法》（以下简称《保险法》）等法律、行政法规，制定本办法。

第二条　在中国境内依法设立的保险集团（控股）公司、保险公司从事保险资金运用活动适用本办法规定。

第三条　本办法所称保险资金，是指保险集团（控股）公司、保险公司以本外币计价的资本金、公积金、未分配利润、各项准备金及其他资金。

第四条　保险资金运用必须稳健，遵循安全性原则，符合偿付能力监管要求，根据保险资金性质实行资产负债管理和全面风险管理，实现集约化、专业化、规范化和市场化。

第五条　中国保险监督管理委员会（以下简称中国保监会）依法对保险资金运用活动进行监督管理。

第二章　资金运用形式

第一节　资金运用范围

第六条　保险资金运用限于下列形式：

（一）银行存款；

（二）买卖债券、股票、证券投资基金份额等有价证券；

（三）投资不动产；

（四）国务院规定的其他资金运用形式。

保险资金从事境外投资的，应当符合中国保监会有关监管规定。

第七条　保险资金办理银行存款的，应当选择符合下列条件的商业银行作为存款银行：

（一）资本充足率、净资产和拨备覆盖率等符合监管要求；

（二）治理结构规范、内控体系健全、经营业绩良好；

（三）最近三年未发现重大违法违规行为；

（四）连续三年信用评级在投资级别以上。

第八条　保险资金投资的债券，应当达到中国保监会认可的信用评级机构评定的、且符合规定要求的信用级别，主要包括政府债券、金融债券、企业（公司）债券、非金融企业债务融资工具以及符合规定的其他债券。

第九条　保险资金投资的股票，主要包括公开发行并上市交易的股票和上市公司向特定对象非公开发行的股票。

投资创业板上市公司股票和以外币认购及交易的股票由中国保监会另行规定。

第十条　保险资金投资证券投资基金的，其基金管理人应当符合下列条件：

（一）公司治理良好，净资产连续三年保持在人民币一亿元以上；

（二）依法履行合同，维护投资者合法权益，最近三年没有不良记录；

（三）建立有效的证券投资基金和特定客户资产管理业务之间的防火墙机制；

（四）投资团队稳定，历史投资业绩良好，管理资产规模或者基金份额相对稳定。

第十一条　保险资金投资的不动产，是指土地、建筑物及其它附着于土地上的定着物。具体办法由中国保监会制定。

第十二条　保险资金投资的股权，应当为境内依法设立和注册登记，且未在证券交易所公开上市的股份有限公司和有限责任公司的股权。

第十三条 保险集团（控股）公司、保险公司不得使用各项准备金购置自用不动产或者从事对其他企业实现控股的股权投资。

第十四条 保险集团（控股）公司、保险公司对其他企业实现控股的股权投资，应当满足有关偿付能力监管规定。保险集团（控股）公司的保险子公司不符合中国保监会偿付能力监管要求的，该保险集团（控股）公司不得向非保险类金融企业投资。

实现控股的股权投资应当限于下列企业：

（一）保险类企业，包括保险公司、保险资产管理机构以及保险专业代理机构、保险经纪机构；

（二）非保险类金融企业；

（三）与保险业务相关的企业。

第十五条 保险集团（控股）公司、保险公司从事保险资金运用，不得有下列行为：

（一）存款于非银行金融机构；

（二）买入被交易所实行“特别处理”、“警示存在终止上市风险的特别处理”的股票；

（三）投资不具有稳定现金流回报预期或者资产增值价值、高污染等不符合国家产业政策项目的企业股权和不动产；

（四）直接从事房地产开发建设；

（五）从事创业风险投资；

（六）将保险资金运用形成的投资资产用于向他人提供担保或者发放贷款，个人保单质押贷款除外；

（七）中国保监会禁止的其他投资行为。

中国保监会可以根据有关情况对保险资金运用的禁止性规定进行适当调整。

第十六条 保险集团（控股）公司、保险公司从事保险资金运用应当符合下列比例要求：

（一）投资于银行活期存款、政府债券、中央银行票据、政策性银行债券和货币市场基金等资产的账面余额，合计不低于本公司上季末总资产的5%；

（二）投资于无担保企业（公司）债券和非金融企业债务融资工具的账面余额，合计不高于本公司上季末总资产的20%；

（三）投资于股票和股票型基金的账面余额，合计不高于本公司上季末总资产的20%；

（四）投资于未上市企业股权的账面余额，不高于本公司上季末总资产的5%；投资于未上市企业股权相关金融产品的账面余额，不高于本公司上季末总资产的4%，两项合计不高于本公司上季末总资产的5%；

（五）投资于不动产的账面余额，不高于本公司上季末总资产的10%；投资于不动产相关金融产品的账面余额，不高于本公司上季末总资产的3%，两项合计不高于本公司上季末总资产的10%；

（六）投资于基础设施等债权投资计划的账面余额不高于本公司上季末总资产的10%；

（七）保险集团（控股）公司、保险公司对其他企业实现控股的股权投资，累计投资成本不得超过其净资产。

前款（一）至（六）项所称总资产应当扣除债券回购融入资金余额、投资连结保险和非寿险非预定收益投资型保险产品资产；保险集团（控股）公司总资产应当为集团母公司总资产。

非金融企业债务融资工具是指具有法人资格的非金融企业在银行间债券市场发行的，约定在一定期限内还本付息的有价证券；

未上市企业股权相关金融产品是指股权投资管理机构依法在中国境内发起设立或者发行的以未上市企业股权为基础资产的投资计划或者投资基金等；

不动产相关金融产品是指不动产投资管理机构依法在中国境内发起设立或者发行的以不动产为基础资产的投资计划或者投资基金等；

基础设施等债权投资计划是指保险资产管理机构等专业管理机构根据有关规定，发行投资计划受益凭证，向保险公司等委托人募集资金，投资基础设施项目等，按照约定支付本金和预期收益的金融工具。

保险集团（控股）公司、保险公司应当控制投资工具、单一品种、单一交易对手、关联企业以及集团内各公司投资同一标的的比例，防范资金运用集中度风险。

保险资金运用的具体管理办法，由中国保监会制定。中国保监会可以根据有关情况对保险资金运用的投资比例进行适当调整。

第十七条 投资连结保险产品和非寿险非预定收益投资型保险产品的资金运用，应当在资产隔离、资产配置、投资管理、人员配备、投资交易和风险控制等环节，独立于其他保险产品资金，具体办法由中国保监会制定。

第二节 资金运用模式

第十八条 保险集团（控股）公司、保险公司应当按照“集中管理、统一配置、专业运作”的要求，实行保险资金的集约化、专业化管理。

保险资金应当由法人机构统一管理和运用，分支机构不得从事保险资金运用业务。

第十九条　保险集团（控股）公司、保险公司应当选择符合条件的商业银行等专业机构，实施保险资金运用第三方托管和监督，具体办法由中国保监会制定。

托管的保险资产独立于托管机构固有资产，并独立于托管机构托管的其他资产。托管机构因依法解散、被依法撤销或者被依法宣告破产等原因进行清算的，托管资产不属于其清算财产。

第二十条　托管机构从事保险资金托管的，主要职责包括：

（一）保险资金的保管、清算交割和资产估值；

（二）监督投资行为；

（三）向有关当事人披露信息；

（四）依法保守商业秘密；

（五）法律、法规、中国保监会规定和合同约定的其他职责。

第二十一条　托管机构从事保险资金托管，不得有下列行为：

（一）挪用托管资金；

（二）混合管理托管资金和自有资金或者混合管理不同托管账户资金；

（三）利用托管资金及其相关信息谋取非法利益；

（四）其他违法行为。

第二十二条　保险集团（控股）公司、保险公司的投资管理能力应当符合中国保监会规定的相关标准。

保险集团（控股）公司、保险公司根据投资管理能力和风险管理能力，可以自行投资或者委托保险资产管理机构进行投资。

第二十三条　保险集团（控股）公司、保险公司委托保险资产管理机构投资的，应当订立书面合同，约定双方权利与义务，确保委托人、受托人、托管人三方职责各自独立。

保险集团（控股）公司、保险公司应当履行制定资产战略配置指引、选择受托人、监督受托人执行情况、评估受托人投资绩效等职责。

保险资产管理机构应当执行委托人资产配置指引，根据保险资金特性构建投资组合，公平对待不同资金。

第二十四条　保险集团（控股）公司、保险公司委托保险资产管理机构投资的，不得有下列行为：

（一）妨碍、干预受托机构正常履行职责；

（二）要求受托机构提供其他委托机构信息；

（三）要求受托机构提供最低投资收益保证；

（四）非法转移保险利润；

（五） 其他违法行为。

第二十五条　保险资产管理机构受托管理保险资金的，不得有下列行为：

（一）违反合同约定投资；

（二）不公平对待不同资金；

（三）混合管理自有、受托资金或者不同委托机构资金；

（四）挪用受托资金；

（五）向委托机构提供最低投资收益承诺；

（六）以保险资金及其投资形成的资产为他人设定担保；

（七）其他违法行为。

第二十六条　保险资产管理机构根据中国保监会相关规定，可以将保险资金运用范围的投资品种作为基础资产，开展保险资产管理产品业务。

保险集团（控股）公司、保险公司委托投资或者购买保险资产管理产品，保险资产管理机构应当根据合同约定，及时向有关当事人披露资金投向、投资管理、资金托管、风险管理和重大突发事件等信息，并保证披露信息的真实、准确和完整。

保险资产管理机构应当根据受托资产规模、资产类别、产品风险特征、投资业绩等因素，按照市场化原则，以合同方式与委托或者投资机构，约定管理费收入计提标准和支付方式。

保险资产管理产品业务，是指由保险资产管理机构为发行人和管理人，向保险集团（控股）公司、保险公司以及保险资产管理机构等投资人发售产品份额，募集资金，并选聘商业银行等专业机构为托管人，为投资人利益开展的投资管理活动。

第三章　决策运行机制

第一节　组织结构与职责

第二十七条　保险集团（控股）公司、保险公司应当建立健全公司治理，在公司章程和相关制度中明确规定股东大会、董事会、监事会和经营管理层的保险资金运用职责，实现保险资金运用决策权、运营权、监督权相互分离，相互制衡。

第二十八条 保险资金运用实行董事会负责制。保险公司董事会应当对资产配置和投资政策、风险控制、合规管理承担最终责任，主要履行下列职责：

（一）审定保险资金运用管理制度；

（二）确定保险资金运用的管理方式；

（三）审定投资决策程序和授权机制；

（四）审定资产战略配置规划、年度投资计划和投资指引及相关调整方案；

（五）决定重大投资事项；

（六）审定新投资品种的投资策略和运作方案；

（七）建立资金运用绩效考核制度；

（八）其他相关职责。

董事会应当设立资产负债管理委员会（投资决策委员会）和风险管理委员会。

第二十九条 保险集团（控股）公司、保险公司决定委托投资，以及投资无担保债券、股票、股权和不动产等重大保险资金运用事项，应当经董事会审议通过。

第三十条 保险集团（控股）公司、保险公司经营管理层根据董事会授权，应当履行下列职责：

（一）负责保险资金运用的日常运营和管理工作；

（二）建立保险资金运用与财务、精算、产品和风控等部门之间的协商机制；

（三）审议资产管理部门拟定的保险资产战略配置规划和年度资产配置策略，并提交董事会审定；

（四）控制和管理保险资金运用风险；

（五）执行经董事会审定的资产配置规划和年度资产配置策略；

（六）提出调整资产战略配置调整方案；

（七）其他职责。

第三十一条 保险集团（控股）公司、保险公司应当设置专门的保险资产管理部门，并独立于财务、精算、风险控制等其他业务部门，履行下列职责：

（一）拟定保险资金运用管理制度；

（二）拟定资产战略配置规划和年度资产配置策略；

（三）拟定资产战略配置调整方案；

（四）执行年度资产配置计划；

（五）实施保险资金运用风险管理措施；

（六）其他职责。

保险集团（控股）公司、保险公司自行投资的，保险资产管理部门应当负责日常投资和交易管理；委托投资的，保险资产管理部门应当履行委托人职责，监督投资行为和评估投资业绩等职责。

第三十二条 保险集团（控股）公司、保险公司的资产管理部门应当在投资研究、资产清算、风险控制、业绩评估、相关保障等环节设置岗位，建立防火墙体系，实现专业化、规范化、程序化运作。

保险集团（控股）公司、保险公司自行投资的，资产管理部门应当设置投资、交易等与资金运用业务直接相关的岗位。

第三十三条 保险集团（控股）公司、保险公司风险管理部门以及具有相应管理职能的部门，应当履行下列职责：

（一）拟定保险资金运用风险管理制度；

（二）审核和监控保险资金运用合法合规性；

（三）识别、评估、跟踪、控制和管理保险资金运用风险；

（四）定期报告资金运用风险管理状况；

（五）其他职责。

第三十四条 保险资产管理机构应当设立首席风险管理执行官。

首席风险管理执行官为公司高级管理人员，负责组织和指导保险资产管理机构风险管理，履职范围应当包括保险资产管理机构运作的所有业务环节，独立向董事会、中国保监会报告有关情况，提出防范和化解重大风险建议。

首席风险管理执行官不得主管投资管理。如需更换，应当于更换前至少五个工作日向中国保监会书面说明理由和其履职情况。

第二节 资金运用流程

第三十五条 保险集团（控股）公司、保险公司应当建立健全保险资金运用的管理制度和内部控制机制，明确各个环节、有关岗位的衔接方式及操作标准，严格分离前、中、后台岗位责任，定期检查和评估制度执行情况，做到权责分明、相对独立和相互制衡。相关制度包括但不限于：

（一）资产配置相关制度；

（二）投资研究、决策和授权制度；

（三）交易和结算管理制度；

（四）绩效评估和考核制度；

（五）信息系统管理制度；

（六）风险管理制度等。

第三十六条　保险集团（控股）公司、保险公司应当以独立法人为单位，统筹境内境外两个市场，综合偿付能力约束、外部环境、风险偏好和监管要求等因素，分析保险资金成本、现金流和期限等负债指标，选择配置具有相应风险收益特征、期限及流动性的资产。

第三十七条　保险集团（控股）公司、保险公司应当建立专业化分析平台，并利用外部研究成果，研究制定涵盖交易对手管理和投资品种选择的模型和制度，构建投资池、备选池和禁投池体系，实时跟踪并分析市场变化，为保险资金运用决策提供依据。

第三十八条　保险集团（控股）公司、保险公司应当建立健全相对集中、分级管理、权责统一的投资决策和授权制度，明确授权方式、权限、标准、程序、时效和责任，并对授权情况进行检查和逐级问责。

第三十九条　保险集团（控股）公司、保险公司应当建立和完善公平交易机制，有效控制相关人员操作风险和道德风险，防范交易系统的技术安全疏漏，确保交易行为的合规性、公平性和有效性。公平交易机制至少应当包括以下内容：

（一）实行集中交易制度，严格隔离投资决策与交易执行；

（二）构建符合相关要求的集中交易监测系统、预警系统和反馈系统；

（三）建立完善的交易记录制度；

（四）在账户设置、研究支持、资源分配、人员管理等环节公平对待不同资金等。

第四十条　保险集团（控股）公司、保险公司应当建立以资产负债管理为核心的绩效评估体系和评估标准，定期开展保险资金运用绩效评估和归因分析，推进长期投资、价值投资和分散化投资，实现保险资金运用总体目标。

第四十一条　保险集团（控股）公司、保险公司应当建立保险资金运用信息管理系统，减少或者消除人为操纵因素，自动识别、预警报告和管理控制资产管理风险，确保实时掌握风险状况。

信息管理系统应当设定合规性和风险指标阀值，将风险监控的各项要素固化到相关信息技术系统之中，降低操作风险、防止道德风险。

信息管理系统应当建立全面风险管理数据库，收集和整合市场基础资料，记录保险资金管理和投资交易的原始数据，保证信息平台共享。

第四章　风险管控

第四十二条　保险集团（控股）公司、保险公司应当建立全面覆盖、全程监控、全员参与的保险资金运用风险管理组织体系和运行机制，改进风险管理技术和信息技术系统，通过管理系统和稽核审计等手段，分类、识别、量化和评估各类风险，防范和化解风险。

第四十三条　保险集团（控股）公司、保险公司应当管理和控制资产负债错配风险，以偿付能力约束和保险产品负债特性为基础，加强成本收益管理、期限管理和风险预算，确定保险资金运用风险限额，采用缺口分析、敏感性和情景测试等方法，评估和管理资产错配风险。

第四十四条　保险集团（控股）公司、保险公司应当管理和控制流动性风险，根据保险业务特点和风险偏好，测试不同状况下可以承受的流动性风险水平和自身风险承受能力，制定流动性风险管理策略、政策和程序，防范流动性风险。

第四十五条　保险集团（控股）公司、保险公司应当管理和控制市场风险，评估和管理利率风险、汇率风险以及金融市场波动风险，建立有效的市场风险评估和管理机制，实行市场风险限额管理。

第四十六条　保险集团（控股）公司、保险公司应当管理和控制信用风险，建立信用风险管理制度，及时跟踪评估信用风险，跟踪分析持仓信用品种和交易对手，定期组织回测检验。

第四十七条　保险集团（控股）公司、保险公司应当加强同业拆借、债券回购和融资融券业务管理，严格控制融资规模和使用杠杆，禁止投机或者用短期拆借资金投资高风险和流动性差的资产。保险资金参与衍生产品交易，仅限于对冲风险，不得用于投机和放大交易，具体办法由中国保监会制定。

第四十八条　保险集团（控股）公司、保险公司应当发挥内部稽核和外部审计的监督作用，每年至少进行

第十一条 保险公司股东和实际控制人不得利用关联交易损害公司的利益。

股东利用关联交易严重损害保险公司利益，危及公司偿付能力的，由中国保监会责令改正。在按照要求改正前，中国保监会可以限制其股东权利；拒不改正的，可以责令其转让所持的保险公司股权。

第二节 股东资格

第十二条 向保险公司投资入股，应当为符合本办法规定条件的中华人民共和国境内企业法人、境外金融机构，但通过证券交易所购买上市保险公司股票的除外。

中国保监会对投资入股另有规定的，从其规定。

第十三条 境内企业法人向保险公司投资入股，应当符合以下条件：

（一）财务状况良好稳定，且有盈利；

（二）具有良好的诚信记录和纳税记录；

（三）最近三年内无重大违法违规记录；

（四）投资人为金融机构的，应当符合相应金融监管机构的审慎监管指标要求；

（五）法律、行政法规及中国保监会规定的其他条件。

第十四条 境外金融机构向保险公司投资入股，应当符合以下条件：

（一）财务状况良好稳定，最近三个会计年度连续盈利；

（二）最近一年年末总资产不少于20亿美元；

（三）国际评级机构最近三年对其长期信用评级为A级以上；

（四）最近三年内无重大违法违规记录；

（五）符合所在地金融监管机构的审慎监管指标要求；

（六）法律、行政法规及中国保监会规定的其他条件。

第十五条 持有保险公司股权15%以上，或者不足15%但直接或者间接控制该保险公司的主要股东，还应当符合以下条件：

（一）具有持续出资能力，最近三个会计年度连续盈利；

（二）具有较强的资金实力，净资产不低于人民币2亿元；

（三）信誉良好，在本行业内处于领先地位。

第三章 股权变更

第十六条 保险公司变更出资额占有限责任公司注册资本5%以上的股东，或者变更持有股份有限公司股份5%以上的股东，应当经中国保监会批准。

第十七条 投资人通过证券交易所持有上市保险公司已发行的股份达到5%以上，应当在该事实发生之日起5日内，由保险公司报中国保监会批准。中国保监会有权要求不符合本办法规定资格条件的投资人转让所持有的股份。

第十八条 保险公司变更出资或者持股比例不足注册资本5%的股东，应当在股权转让协议书签署后的15日内，就股权变更报中国保监会备案，上市保险公司除外。

第十九条 保险公司股权转让获中国保监会批准或者向中国保监会备案后3个月内未完成工商变更登记的，保险公司应当及时向中国保监会书面报告。

第二十条 保险公司首次公开发行股票或者上市后再融资的，应当取得中国保监会的监管意见。

第二十一条 保险公司首次公开发行股票或者上市后再融资的，应当符合以下条件：

（一）治理结构完善；

（二）最近三年内无重大违法违规行为；

（三）内控体系健全，具备较高的风险管理水平；

（四）法律、行政法规及中国保监会规定的其他条件。

第二十二条 保险公司应当自知悉其股东发生以下情况之日起15日内向中国保监会书面报告：

（一）所持保险公司股权被采取诉讼保全措施或者被强制执行；

（二）质押或者解质押所持有的保险公司股权；

（三）变更名称；

（四）发生合并、分立；

（五）解散、破产、关闭、被接管；

（六）其他可能导致所持保险公司股权发生变化的情况。

第二十三条 保险公司股权采取拍卖方式进行处分的，保险公司应当于拍卖前向拍卖人告知本办法的有关规定。投资人通过拍卖竞得保险公司股权的，应当符合本办法规定的资格条件，并依照本办法的规定报中国保监会批准或者备案。

第二十四条 股东质押其持有的保险公司股权，应当签订股权质押合同，且不得损害其他股东和保险公司的利益。

第二十五条 保险公司应当加强对股权质押和解质押的管理，在股东名册上记载质押相关信息，并及时协助股东向有关机构办理出质登记。

第二十六条 保险公司股权质权人受让保险公司股权，应当符合本办法规定的资格条件，并依照本办法的规定报中国保监会批准或者备案。

第四章 材料申报

第二十七条 申请人提交申请材料必须真实、准确、完整。

第二十八条 申请设立保险公司，应当向中国保监会提出书面申请，并提交投资人的以下材料：

（一）投资人的基本情况，包括营业执照复印件、经营范围、组织管理架构、在行业中所处的地位、投资资金来源、对外投资、自身及关联机构投资入股其他金融机构的情况；

（二）投资人经会计师事务所审计的上一年度财务会计报告，投资人为境外金融机构或者主要股东的，应当提交经会计师事务所审计的最近三年的财务会计报告；

（三）投资人最近三年的纳税证明和由征信机构出具的投资人征信记录；

（四）投资人的主要股东、实际控制人及其与保险公司其他投资人之间关联关系的情况说明，不存在关联关系的应当提交无关联关系情况的声明；

（五）投资人的出资协议书或者股份认购协议书及投资人的股东会、股东大会或者董事会同意其投资的证明材料，有主管机构的，还需提交主管机构同意其投资的证明材料；

（六）投资人为金融机构的，应当提交审慎监管指标报告和所在地金融监管机构出具的监管意见；

（七）投资人最近三年无重大违法违规记录的声明；

（八）中国保监会规定的其他材料。

第二十九条 保险公司变更注册资本，应当向中国保监会提出书面申请，并提交以下材料：

（一）公司股东会或者股东大会通过的增加或者减少注册资本的决议；

（二）增加或者减少注册资本的方案和可行性研究报告；

（三）增加或者减少注册资本后的股权结构；

（四）验资报告和股东出资或者减资证明；

（五）退出股东的名称、基本情况及减资金额；

（六）新增股东应当提交本办法第二十八条规定的有关材料；

（七）中国保监会规定的其他材料。

第三十条 股东转让保险公司的股权，受让方出资或者持股比例达到保险公司注册资本5%以上的，保险公司应当向中国保监会提出书面申请，并提交股权转让协议，但通过证券交易所购买上市保险公司股票的除外。

受让方为新增股东的，还应当提交本办法第二十八条规定的有关材料。

第三十一条 股东转让保险公司的股权，受让方出资或者持股比例不足保险公司注册资本5%的，保险公司应当向中国保监会提交股权转让报告和股权转让协议，但通过证券交易所购买上市保险公司股票的除外。

受让方为新增股东的，还应当提交本办法第二十八条规定的有关材料。

第三十二条 保险公司首次公开发行股票或者上市后再融资的，应当提交以下材料：

（一）公司股东大会通过的首次公开发行股票或者上市后再融资的决议，以及授权董事会处理有关事宜的决议；

（二）首次公开发行股票或者上市后再融资的方案；

（三）首次公开发行股票或者上市后再融资以后的股权结构；

（四）偿付能力与公司治理状况说明；

（五）经营业绩与财务状况说明；

（六）中国保监会规定的其他材料。

第五章 附　　则

第三十三条 全部外资股东出资或者持股比例占公司注册资本25%以上的，适用外资保险公司管理的有关规定，中国保监会另有规定的除外。

第三十四条 保险集团（控股）公司、保险资产管理公司的股权管理适用本办法，法律、行政法规或者中国保监会另有规定的，从其规定。

第三十五条 保险公司违反本办法，擅自增（减）注册资本、变更股东、调整股权结构的，由中国保监会根据有关规定予以处罚。

第三十六条 本办法由中国保监会负责解释。

第三十七条 本办法自2010年6月10日起施行。中国保监会2000年4月1日颁布的《向保险公司投资入股暂行规定》（保监发〔2000〕49号）以及2001年6月19日发布的《关于规范中资保险公司吸收外资参股有关事项的通知》（保监发〔2001〕126号）同时废止。

外商投资合伙企业登记管理规定

国家工商行政管理总局令 第47号

第一章 总 则

第一条 为了规范外国企业或者个人在中国境内设立合伙企业的行为，便于外国企业或者个人以设立合伙企业的方式在中国境内投资，扩大对外经济合作和技术交流，依据《中华人民共和国合伙企业法》（以下简称《合伙企业法》）、《外国企业或者个人在中国境内设立合伙企业管理办法》和《中华人民共和国合伙企业登记管理办法》（以下简称《合伙企业登记管理办法》），制定本规定。

第二条 本规定所称外商投资合伙企业是指2个以上外国企业或者个人在中国境内设立的合伙企业，以及外国企业或者个人与中国的自然人、法人和其他组织在中国境内设立的合伙企业。

外商投资合伙企业的设立、变更、注销登记适用本规定。

申请办理外商投资合伙企业登记，申请人应当对申请材料的真实性负责。

第三条 外商投资合伙企业应当遵守《合伙企业法》以及其他有关法律、行政法规、规章的规定，应当符合外商投资的产业政策。

国家鼓励具有先进技术和管理经验的外国企业或者个人在中国境内设立合伙企业，促进现代服务业等产业的发展。

《外商投资产业指导目录》禁止类和标注“限于合资”、“限于合作”、“限于合资、合作”、“中方控股”、“中方相对控股”和有外资比例要求的项目，不得设立外商投资合伙企业。

第四条 外商投资合伙企业经依法登记，领取《外商投资合伙企业营业执照》后，方可从事经营活动。

第五条 国家工商行政管理总局主管全国的外商投资合伙企业登记管理工作。

国家工商行政管理总局授予外商投资企业核准登记权的地方工商行政管理部门（以下称企业登记机关）负责本辖区内的外商投资合伙企业登记管理。

省、自治区、直辖市及计划单列市、副省级市工商行政管理部门负责以投资为主要业务的外商投资合伙企业的登记管理。

第二章 设立登记

第六条 设立外商投资合伙企业，应当具备《合伙企业法》和《外国企业或者个人在中国境内设立合伙企业管理办法》规定的条件。

国有独资公司、国有企业、上市公司以及公益性的事业单位、社会团体不得成为普通合伙人。

第七条 外商投资合伙企业的登记事项包括：

（一）名称；

（二）主要经营场所；

（三）执行事务合伙人；

（四）经营范围；

（五）合伙企业类型；

（六）合伙人姓名或者名称、国家（地区）及住所、承担责任方式、认缴或者实际缴付的出资数额、缴付期限、出资方式和评估方式。

合伙协议约定合伙期限的，登记事项还应当包括合伙期限。

执行事务合伙人是外国企业、中国法人或者其他组织的，登记事项还应当包括外国企业、中国法人或者其他组织委派的代表（以下简称委派代表）。

第八条　外商投资合伙企业的名称应当符合国家有关企业名称登记管理的规定。

第九条　外商投资合伙企业主要经营场所只能有一个，并且应当在其企业登记机关登记管辖区域内。

第十条　合伙协议未约定或者全体普通合伙人未决定委托执行事务合伙人的，全体普通合伙人均为执行事务合伙人。

有限合伙人不得成为执行事务合伙人。

第十一条　外商投资合伙企业类型包括外商投资普通合伙企业（含特殊的普通合伙企业）和外商投资有限合伙企业。

第十二条　设立外商投资合伙企业，应当由全体合伙人指定的代表或者共同委托的代理人向企业登记机关申请设立登记。

申请设立外商投资合伙企业，应当向企业登记机关提交下列文件：

（一）全体合伙人签署的设立登记申请书；

（二）全体合伙人签署的合伙协议；

（三）全体合伙人的主体资格证明或者自然人身份证明；

（四）主要经营场所证明；

（五）全体合伙人指定代表或者共同委托代理人的委托书；

（六）全体合伙人对各合伙人认缴或者实际缴付出资的确认书；

（七）全体合伙人签署的符合外商投资产业政策的说明；

（八）与外国合伙人有业务往来的金融机构出具的资信证明；

（九）外国合伙人与境内法律文件送达接受人签署的《法律文件送达授权委托书》；

（十）本规定规定的其他相关文件。

法律、行政法规或者国务院规定设立外商投资合伙企业须经批准的，还应当提交有关批准文件。

外国合伙人的主体资格证明或者自然人身份证明和境外住所证明应当经其所在国家主管机构公证认证并经我国驻该国使（领）馆认证。香港特别行政区、澳门特别行政区和台湾地区合伙人的主体资格证明或者自然人身份证明和境外住所证明应当依照现行相关规定办理。

《法律文件送达授权委托书》应当明确授权境内被授权人代为接受法律文件送达，并载明被授权人姓名或者名称、地址及联系方式。被授权人可以是外国合伙人在中国境内设立的企业、拟设立的外商投资合伙企业（被授权人为拟设立的外商投资合伙企业的，外商投资合伙企业设立后委托生效）或者境内其他有关单位或者个人。

第十三条　外商投资合伙企业的经营范围中有属于法律、行政法规或者国务院规定在登记前须经批准的行业的，应当向企业登记机关提交批准文件。

第十四条　外国合伙人用其从中国境内依法获得的人民币出资的，应当提交外汇管理部门出具的境内人民币利润或者其他人民币合法收益再投资的资本项目外汇业务核准件等相关证明文件。

第十五条　以实物、知识产权、土地使用权或者其他财产权利出资，由全体合伙人协商作价的，应当向企业登记机关提交全体合伙人签署的协商作价确认书；由全体合伙人委托法定评估机构评估作价的，应当向企业登记机关提交中国境内法定评估机构出具的评估作价证明。

外国普通合伙人以劳务出资的，应当向企业登记机关提交外国人就业许可文件，具体程序依照国家有关规定执行。

第十六条　法律、行政法规规定设立特殊的普通合伙企业，需要提交合伙人的职业资格证明的，应当依照相关法律、行政法规规定，向企业登记机关提交有关证明。

第十七条　外商投资合伙企业营业执照的签发日期，为外商投资合伙企业成立日期。

第三章　变更登记

第十八条　外商投资合伙企业登记事项发生变更的，该合伙企业应当自作出变更决定或者发生变更事由之日起15日内，向原企业登记机关申请变更登记。

第十九条　外商投资合伙企业申请变更登记，应当向原企业登记机关提交下列文件：

（一）执行事务合伙人或者委派代表签署的变更登记申请书；

（二）全体普通合伙人签署的变更决定书或者合伙协议约定的人员签署的变更决定书；

（三）本规定规定的其他相关文件。

法律、行政法规或者国务院规定变更事项须经批准的，还应当提交有关批准文件。

变更执行事务合伙人、合伙企业类型、合伙人姓名或者名称、承担责任方式、认缴或者实际缴付的出资数额、缴付期限、出资方式和评估方式等登记事项的，有关申请文书的签名应当经过中国法定公证机构的公证。

第二十条 外商投资合伙企业变更主要经营场所的，应当申请变更登记，并提交新的主要经营场所使用证明。

外商投资合伙企业变更主要经营场所在原企业登记机关辖区外的，应当向迁入地企业登记机关申请办理变更登记；迁入地企业登记机关受理的，由原企业登记机关将企业登记档案移送迁入地企业登记机关。

第二十一条 外商投资合伙企业执行事务合伙人变更的，应当提交全体合伙人签署的修改后的合伙协议。

新任执行事务合伙人是外国企业、中国法人或者其他组织的，还应当提交其委派代表的委托书和自然人身份证明。

执行事务合伙人委派代表变更的，应当提交继任代表的委托书和自然人身份证明。

第二十二条 外商投资合伙企业变更经营范围的，应当提交符合外商投资产业政策的说明。

变更后的经营范围有属于法律、行政法规或者国务院规定在登记前须经批准的行业的，合伙企业应当自有关部门批准之日起30日内，向原企业登记机关申请变更登记。

外商投资合伙企业的经营范围中属于法律、行政法规或者国务院规定须经批准的项目被吊销、撤销许可证或者其他批准文件，或者许可证、其他批准文件有效期届满的，合伙企业应当自吊销、撤销许可证、其他批准文件或者许可证、其他批准文件有效期届满之日起30日内，向原企业登记机关申请变更登记或者注销登记。

第二十三条 外商投资合伙企业变更合伙企业类型的，应当按照拟变更企业类型的设立条件，在规定的期限内向企业登记机关申请变更登记，并依法提交有关文件。

第二十四条 外商投资合伙企业合伙人变更姓名（名称）或者住所的，应当提交姓名（名称）或者住所变更的证明文件。

外国合伙人的姓名（名称）、国家（地区）或者境外住所变更证明文件应当经其所在国家主管机构公证认证并经我国驻该国使（领）馆认证。香港特别行政区、澳门特别行政区和台湾地区合伙人的姓名（名称）、地区或者境外住所变更证明文件应当依照现行相关规定办理。

第二十五条 合伙人增加或者减少对外商投资合伙企业出资的，应当向原企业登记机关提交全体合伙人签署的或者合伙协议约定的人员签署的对该合伙人认缴或者实际缴付出资的确认书。

第二十六条 新合伙人入伙的，外商投资合伙企业应当向原登记机关申请变更登记，提交的文件参照本规定第二章的有关规定。

新合伙人通过受让原合伙人在外商投资合伙企业中的部分或者全部财产份额入伙的，应当提交财产份额转让协议。

第二十七条 外商投资合伙企业的外国合伙人全部退伙，该合伙企业继续存续的，应当依照《合伙企业登记管理办法》规定的程序申请变更登记。

第二十八条 合伙协议修改未涉及登记事项的，外商投资合伙企业应当将修改后的合伙协议或者修改合伙协议的决议送原企业登记机关备案。

第二十九条 外国合伙人变更境内法律文件送达接受人的，应当重新签署《法律文件送达授权委托书》，并向原企业登记机关备案。

第三十条 外商投资合伙企业变更登记事项涉及营业执照变更的，企业登记机关应当换发营业执照。

第四章　注销登记

第三十一条 外商投资合伙企业解散，应当依照《合伙企业法》的规定由清算人进行清算。清算人应当自被确定之日起10日内，将清算人成员名单向企业登记机关备案。

第三十二条 外商投资合伙企业解散的，清算人应当自清算结束之日起15日内，向原企业登记机关办理注销登记。

第三十三条 外商投资合伙企业办理注销登记，应当提交下列文件：

（一）清算人签署的注销登记申请书；

（二）人民法院的破产裁定、外商投资合伙企业依照《合伙企业法》作出的决定、行政机关责令关闭、外商投资合伙企业依法被吊销营业执照或者被撤销的文件；

（三）全体合伙人签名、盖章的清算报告（清算报告中应当载明已经办理完结税务、海关纳税手续的说明）。

有分支机构的外商投资合伙企业申请注销登记，还应当提交分支机构的注销登记证明。

外商投资合伙企业办理注销登记时，应当缴回营业执照。

第三十四条　经企业登记机关注销登记，外商投资合伙企业终止。

第五章　分支机构登记

第三十五条　外商投资合伙企业设立分支机构，应当向分支机构所在地的企业登记机关申请设立登记。

第三十六条　分支机构的登记事项包括：分支机构的名称、经营场所、经营范围、分支机构负责人的姓名及住所。

分支机构的经营范围不得超出外商投资合伙企业的经营范围。

外商投资合伙企业有合伙期限的，分支机构的登记事项还应当包括经营期限。分支机构的经营期限不得超过外商投资合伙企业的合伙期限。

第三十七条　外商投资合伙企业设立分支机构，应当向分支机构所在地的企业登记机关提交下列文件：

（一）分支机构设立登记申请书；

（二）全体合伙人签署的设立分支机构的决定书；

（三）加盖合伙企业印章的合伙企业营业执照复印件；

（四）全体合伙人委派执行分支机构事务负责人的委托书及其身份证明；

（五）经营场所证明；

（六）本规定规定的其他相关文件。

第三十八条　分支机构的经营范围中有属于法律、行政法规或者国务院规定在登记前须经批准的行业的，应当向分支机构所在地的企业登记机关提交批准文件。

第三十九条　外商投资合伙企业申请分支机构变更登记或者注销登记，比照本规定关于外商投资合伙企业变更登记、注销登记的规定办理。

第四十条　外商投资合伙企业应当自分支机构设立登记之日起30日内，持加盖印章的分支机构营业执照复印件，到原企业登记机关办理备案。

分支机构登记事项变更的，隶属企业应当自变更登记之日起30日内到原企业登记机关办理备案。

申请分支机构注销登记的，外商投资合伙企业应当自分支机构注销登记之日起30日内到原企业登记机关办理备案。

第四十一条　分支机构营业执照的签发日期，为外商投资合伙企业分支机构的成立日期。

第六章　登记程序

第四十二条　申请人提交的登记申请材料齐全、符合法定形式，企业登记机关能够当场登记的，应予当场登记，发给（换发）营业执照。

除前款规定情形外，企业登记机关应当自受理申请之日起20日内，作出是否登记的决定。予以登记的，发给（换发）营业执照；不予登记的，应当给予书面答复，并说明理由。

对于《外商投资产业指导目录》中没有法定前置审批的限制类项目或者涉及有关部门职责的其他项目，企业登记机关应当自受理申请之日起5日内书面征求有关部门的意见。企业登记机关应当在接到有关部门书面意见之日起5日内，作出是否登记的决定。予以登记的，发给（换发）营业执照；不予登记的，应当给予书面答复，并说明理由。

第四十三条　外商投资合伙企业涉及须经政府核准的投资项目的，依照国家有关规定办理投资项目核准手续。

第四十四条　外商投资合伙企业设立、变更、注销的，企业登记机关应当同时将企业设立、变更或者注销登记信息向同级商务主管部门通报。

第四十五条　企业登记机关应当将登记的外商投资合伙企业登记事项记载于外商投资合伙企业登记簿上，供社会公众查阅、复制。

第四十六条　企业登记机关吊销外商投资合伙企业营业执照的，应当发布公告。

第七章　年度检验和证照管理

第四十七条　外商投资合伙企业及其分支机构应当按照企业登记机关的要求，在每年3月1日至6月30日，提交年度检验报告书等文件，接受年度检验。

年检结束后，登记机关应当将外商投资合伙企业年检信息向同级商务主管部门通报。

第四十八条　营业执照分为正本和副本，正本和副本具有同等法律效力。

外商投资合伙企业及其分支机构根据业务需要，可以向企业登记机关申请核发若干营业执照副本。

营业执照正本应当置放在经营场所的醒目位置。

第四十九条 任何单位和个人不得涂改、出售、出租、出借或者以其他方式转让营业执照。

营业执照遗失或者毁损的，应当在企业登记机关指定的报刊上声明作废，并向企业登记机关申请补领或者更换。

第五十条 外商投资合伙企业及其分支机构的登记文书格式和营业执照的正本、副本样式，由国家工商行政管理总局制定。

第八章 法律责任

第五十一条 未领取营业执照，而以外商投资合伙企业名义从事合伙业务的，由企业登记机关依照《合伙企业登记管理办法》第三十六条规定处罚。

从事《外商投资产业指导目录》禁止类项目的，或者未经登记从事限制类项目的，由企业登记机关和其他主管机关依照《无照经营查处取缔办法》规定处罚。法律、行政法规或者国务院另有规定的，从其规定。

第五十二条 提交虚假文件或者采取其他欺骗手段，取得外商投资合伙企业登记的，由企业登记机关依照《合伙企业登记管理办法》第三十七条规定处罚。

第五十三条 外商投资合伙企业登记事项发生变更，未依照本规定规定办理变更登记的，由企业登记机关依照《合伙企业登记管理办法》第三十八条规定处罚。

第五十四条 外商投资合伙企业在使用名称中未按照企业登记机关核准的名称标明“普通合伙”、“特殊普通合伙”或者“有限合伙”字样的，由企业登记机关依照《合伙企业登记管理办法》第三十九条规定处罚。

第五十五条 外商投资合伙企业未依照本规定办理不涉及登记事项的协议修改、分支机构及清算人成员名单备案的，由企业登记机关依照《合伙企业登记管理办法》第四十条规定处罚。

外商投资合伙企业未依照本规定办理外国合伙人《法律文件送达授权委托书》备案的，由企业登记机关责令改正；逾期未办理的，处2000元以下的罚款。

第五十六条 外商投资合伙企业的清算人未向企业登记机关报送清算报告，或者报送的清算报告隐瞒重要事实，或者有重大遗漏的，由企业登记机关依照《合伙企业登记管理办法》第四十一条规定处罚。

第五十七条 外商投资合伙企业未依照本规定接受年度检验的，由企业登记机关依照《合伙企业登记管理办法》第四十二条规定处罚。

第五十八条 外商投资合伙企业在年度检验中，隐瞒真实情况，弄虚作假的，由企业登记机关依照《合伙企业登记管理办法》第四十三条规定处罚。

第五十九条 外商投资合伙企业未将其营业执照正本置放在经营场所醒目位置的，由企业登记机关依照《合伙企业登记管理办法》第四十四条规定处罚。

第六十条 外商投资合伙企业涂改、出售、出租、出借或者以其他方式转让营业执照的，由企业登记机关依照《合伙企业登记管理办法》第四十五条规定处罚。

第六十一条 外商投资合伙企业的分支机构有本章规定的违法行为的，适用本章有关规定。

第六十二条 企业登记机关违反产业政策，对于不应当登记的予以登记，或者应当登记的不予登记的，依法追究其直接责任人或者主要负责人的行政责任。

企业登记机关的工作人员滥用职权、徇私舞弊、收受贿赂、侵害外商投资合伙企业合法权益的，依法给予处分。

第九章 附　则

第六十三条 中国的自然人、法人和其他组织在中国境内设立的合伙企业，外国企业或者个人入伙的，应当符合本规定，并依法向企业登记机关申请变更登记。

第六十四条 以投资为主要业务的外商投资合伙企业境内投资的，应当依照国家有关外商投资的法律、行政法规、规章办理。

第六十五条 外商投资的投资性公司、外商投资的创业投资企业在中国境内设立合伙企业或者加入中国自然人、法人和其他组织已经设立的合伙企业的，参照本规定。

第六十六条 外商投资合伙企业依照本规定办理相关登记手续后，应当依法办理外汇、税务、海关等手续。

第六十七条 香港特别行政区、澳门特别行政区、台湾地区的企业或者个人在内地设立合伙企业或者加入内地自然人、法人和其他组织已经设立的合伙企业的，参照本规定。

第六十八条 本规定自2010年3月1日起施行。

中央企业负责人经营业绩考核暂行办法

国务院国有资产监督管理委员会令 第22号

（2003年10月21日国务院国有资产监督管理委员会第8次委主任办公会议审议通过　2006年12月30日国务院国有资产监督管理委员会第46次委主任办公会议修订　2009年12月28日国务院国有资产监督管理委员会第84次委主任办公会议第二次修订）

第一章　总　　则

第一条　为切实履行企业国有资产出资人职责，维护所有者权益，落实国有资产保值增值责任，建立有效的激励和约束机制，根据《中华人民共和国企业国有资产法》、《企业国有资产监督管理暂行条例》等有关法律法规，制定本办法。

第二条　本办法考核的中央企业负责人是指经国务院授权由国务院国有资产监督管理委员会（以下简称国资委）履行出资人职责的国家出资企业（以下简称企业）的下列人员：

（一）国有独资企业的总经理（总裁）、副总经理（副总裁）、总会计师；

（二）国有独资公司的董事长、副董事长、董事，列入国资委党委管理的总经理（总裁）、副总经理（副总裁）、总会计师；

（三）国有资本控股公司国有股权代表出任的董事长、副董事长、董事，列入国资委党委管理的总经理（总裁）、副总经理（副总裁）、总会计师。

第三条　企业负责人的经营业绩，实行年度考核与任期考核相结合、结果考核与过程评价相统一、考核结果与奖惩相挂钩的考核制度。

第四条　年度经营业绩考核和任期经营业绩考核采取由国资委主任或者其授权代表与企业负责人签订经营业绩责任书的方式进行。

第五条　企业负责人经营业绩考核工作应当遵循以下原则：

（一）按照国有资产保值增值和股东价值最大化以及可持续发展的要求，依法考核企业负责人经营业绩。

（二）按照企业所处的不同行业、资产经营的不同水平和主营业务等不同特点，实事求是，公开公正，实行科学的分类考核。

（三）按照权责利相统一的要求，建立企业负责人经营业绩同激励约束机制相结合的考核制度，即业绩上、薪酬上，业绩下、薪酬下，并作为职务任免的重要依据。建立健全科学合理、可追溯的资产经营责任制。

（四）按照科学发展观的要求，推动企业提高战略管理、价值创造、自主创新、资源节约、环境保护和安全发展水平，不断增强企业核心竞争能力和可持续发展能力。

（五）按照全面落实责任的要求，推动企业建立健全全员业绩考核体系，增强企业管控力和执行力，确保国有资产保值增值责任层层落实。

第二章　年度经营业绩考核

第六条　年度经营业绩考核以公历年为考核期。

第七条　年度经营业绩责任书包括下列内容：

（一）双方的单位名称、职务和姓名；

（二）考核内容及指标；

（三）考核与奖惩；

（四）责任书的变更、解除和终止；

（五）其他需要规定的事项。

第八条 年度经营业绩考核指标包括基本指标与分类指标。

（一）基本指标包括利润总额和经济增加值指标。

1. 利润总额是指经核定的企业合并报表利润总额。利润总额计算可以加上经核准的当期企业消化以前年度潜亏，并扣除通过变卖企业主业优质资产等取得的非经常性收益。

2. 经济增加值是指经核定的企业税后净营业利润减去资本成本后的余额（考核细则见附件1）。

（二）分类指标由国资委根据企业所处行业特点，针对企业管理“短板”，综合考虑企业经营管理水平、技术创新投入及风险控制能力等因素确定，具体指标在责任书中明确。

第九条 确定军工企业和主要承担国家政策性业务等特殊企业的基本指标与分类指标，可优先考虑政策性业务完成情况，具体指标及其权重在责任书中确定。

第十条 确定科研类企业的基本指标与分类指标，突出考虑技术创新投入和产出等情况，具体指标及其权重在责任书中确定。

第十一条 年度经营业绩责任书按照下列程序签订：

（一）报送年度经营业绩考核目标建议值。每年第四季度，企业负责人按照国资委年度经营业绩考核要求和企业发展规划及经营状况，对照同行业国际国内先进水平，提出下一年度拟完成的经营业绩考核目标建议值，并将考核目标建议值和必要的说明材料报送国资委。考核目标建议值原则上不低于上年考核指标实际完成值或者前三年考核指标实际完成值的平均值。

（二）核定年度经营业绩考核目标值。国资委根据“同一行业、同一尺度”原则，结合宏观经济形势、企业所处行业发展周期、企业实际经营状况等，对企业负责人的年度经营业绩考核目标建议值进行审核，并就考核目标值及有关内容同企业沟通后加以确定。凡企业年度利润总额目标值低于上年目标值与实际完成值的平均值的，最终考核结果原则上不得进入A级（处于行业周期性下降阶段但与同行业其他企业相比仍处于领先水平的企业除外）。

（三）由国资委主任或者其授权代表同企业负责人签订年度经营业绩责任书。

第十二条 国资委对年度经营业绩责任书执行情况实施动态监控。

（一）年度经营业绩责任书签订后，企业负责人每半年必须将责任书执行情况报送国资委，同时抄送派驻本企业的监事会。国资委对责任书的执行情况进行动态跟踪。

（二）建立重大生产安全事故、环境污染事故和质量事故，重大经济损失，重大法律纠纷案件，重大投融资和资产重组等重要情况的报告制度。企业发生上述情况时，企业负责人应当立即向国资委报告，同时向派驻本企业监事会报告。

第十三条 年度经营业绩责任书完成情况按照下列程序进行考核：

（一）每年4月底前，企业负责人依据经审计的企业财务决算数据，对上年度经营业绩考核目标的完成情况进行总结分析，并将年度总结分析报告报送国资委，同时抄送派驻本企业的监事会。

（二）国资委依据经审计并经审核的企业财务决算报告和经审查的统计数据，结合企业负责人年度总结分析报告并听取监事会对企业负责人的年度评价意见，对企业负责人年度经营业绩考核目标的完成情况进行考核（计分细则见附件2），形成企业负责人年度经营业绩考核与奖惩意见。

（三）国资委将最终确认的企业负责人年度经营业绩考核与奖惩意见反馈各企业负责人及其所在企业。企业负责人对考核与奖惩意见有异议的，可及时向国资委反映。

第三章 任期经营业绩考核

第十四条 任期经营业绩考核以三年为考核期。

第十五条 任期经营业绩责任书包括下列内容：

（一）双方的单位名称、职务和姓名；

（二）考核内容及指标；

（三）考核与奖惩；

（四）责任书的变更、解除和终止；

（五）其他需要规定的事项。

第十六条 任期经营业绩考核指标包括基本指标和分类指标。

（一）基本指标包括国有资本保值增值率和主营业务收入平均增长率。

1. 国有资本保值增值率是指企业考核期末扣除客观

因素（由国资委核定）后的国有资本及权益同考核期初国有资本及权益的比率。计算方法为：任期内各年度国有资本保值增值率的乘积。企业年度国有资本保值增值率以国资委确认的结果为准。

2.主营业务收入平均增长率是指企业任期内三年主营业务的平均增长情况。计算公式为：

（二）分类指标由国资委根据企业所处行业特点，综合考虑企业技术创新能力、资源节约和环境保护水平、可持续发展能力及核心竞争力等因素确定，具体指标在责任书中确定。

第十七条　确定军工企业和主要承担国家政策性业务等特殊企业的基本指标与分类指标，可优先考虑政策性业务完成情况，具体指标及其权重在责任书中确定。

第十八条　任期经营业绩责任书按照下列程序签订：

（一）报送任期经营业绩考核目标建议值。考核期初，企业负责人按照国资委任期经营业绩考核要求和企业发展规划及经营状况，对照同行业国际国内先进水平，提出任期经营业绩考核目标建议值，并将考核目标建议值和必要的说明材料报送国资委。考核目标建议值原则上不低于前一任期的考核指标实际完成值，或者不低于目标值与实际完成值的平均值。

（二）核定任期经营业绩考核目标值。国资委根据“同一行业、同一尺度”原则，结合宏观经济形势、企业所处行业发展周期及企业实际经营状况等，对企业负责人的任期经营业绩考核目标建议值进行审核，并就考核目标值及有关内容同企业沟通后加以确定。

（三）由国资委主任或者其授权代表同企业负责人签订任期经营业绩责任书。

第十九条　国资委对任期经营业绩责任书执行情况实施年度跟踪和动态监控。

第二十条　任期经营业绩责任书完成情况按照下列程序进行考核：

（一）考核期末，企业负责人对任期经营业绩考核目标的完成情况进行总结分析，并将总结分析报告报送国资委，同时抄送派驻本企业的监事会。

（二）国资委依据任期内经审计并经审核的企业财务决算报告和经审查的统计数据，结合企业负责人任期经营业绩总结分析报告并听取监事会对企业负责人的任期评价意见，对企业负责人任期经营业绩考核目标的完成情况进行综合考核（计分细则见附件3），形成企业负责人任期经营业绩考核与奖惩意见。

（三）国资委将最终确认的企业负责人任期经营业绩考核与奖惩意见反馈各企业负责人及其所在企业。企业负责人对考核与奖惩意见有异议的，可及时向国资委反映。

第四章　奖　惩

第二十一条　根据企业负责人经营业绩考核得分，年度经营业绩考核和任期经营业绩考核最终结果分为A、B、C、D、E五个级别，完成全部考核目标值（经济增加值指标除外）为C级进级点。

第二十二条　国资委依据年度经营业绩考核结果和任期经营业绩考核结果对企业负责人实施奖惩，并把经营业绩考核结果作为企业负责人任免的重要依据。

第二十三条　对企业负责人的奖励分为年度绩效薪金奖励和任期激励或者中长期激励。

第二十四条　企业负责人年度薪酬分为基薪和绩效薪金两个部分。绩效薪金与年度考核结果挂钩。绩效薪金=绩效薪金基数×绩效薪金倍数。具体计算公式为：

当考核结果为E级时，绩效薪金为0；

当考核结果为D级时，绩效薪金按照“绩效薪金基数×（考核分数-D级起点分数）/（C级起点分数-D级起点分数）”确定，绩效薪金在0-1倍绩效薪金基数之间；

当考核结果为C级时，绩效薪金按照“绩效薪金基数×[1+0.5×（考核分数-C级起点分数）/（B级起点分数-C级起点分数）]”确定，绩效薪金在1倍绩效薪金基数到1.5倍绩效薪金基数之间；

当考核结果为B级时，绩效薪金按照“绩效薪金基数×[1.5+0.5×（考核分数-B级起点分数）/（A级起点分数-B级起点分数）]”确定，绩效薪金在1.5倍绩效薪金基数到2倍绩效薪金基数之间；

当考核结果为A级时，绩效薪金按照“绩效薪金基数×[2+（考核分数-A级起点分数）/（A级封顶分数-A级起点分数）]”确定，绩效薪金在2倍绩效薪金基数到3倍绩效薪金基数之间。

但对于利润总额低于上一年的企业，无论其考核结果处于哪个级别，其绩效薪金倍数应当低于上一年。

第二十五条　被考核人担任企业主要负责人的，其分配系数为1，其余被考核人的系数由企业根据各负责人的业绩考核结果，在0.6-0.9之间确定，报国资委备案后执行。

第二十六条 绩效薪金的60%在年度考核结束后当期兑现；其余40%根据任期考核结果等因素，延期到任期考核结束后兑现。对于离任的法定代表人，还应当根据经济责任审计结果，确定延期绩效薪金兑现方案。

第二十七条 对于任期经营业绩考核结果为A级、B级和C级的企业负责人，按期兑现延期绩效薪金。根据考核结果、经济增加值改善情况等，给予企业负责人相应的任期激励或者中长期激励。

第二十八条 对于任期经营业绩考核结果为D级和E级的企业负责人，根据考核分数扣减延期绩效薪金。

具体扣减绩效薪金的公式为：

扣减延期绩效薪金=任期内积累的延期绩效薪金×（C级起点分数-实得分数）/C级起点分数。

第二十九条 未完成任期经营业绩考核目标或者连续两年未完成年度经营业绩考核目标，且无重大客观原因的，对企业负责人予以调整。

第三十条 对业绩优秀及在自主创新、管理增效、节能减排方面取得突出成绩的，给予任期特别奖（实施细则见附件4）。对承担国家重大结构性调整任务且取得突出成绩的，年度考核给予加分奖励。

第三十一条 实行企业负责人经营业绩考核谈话制度。对于年度考核结果为D级和E级、发生重大生产安全责任事故和重大环境污染责任事故、严重违规经营和存在重大经营风险等情形的企业，经国资委主任办公会议批准，由国资委业绩考核领导小组与企业主要负责人进行谈话，帮助企业分析问题、改进工作。

第三十二条 对于全员业绩考核工作开展不力的企业，扣减经营业绩考核得分（计分细则见附件2）。

第三十三条 企业违反《中华人民共和国会计法》、《企业会计准则》等有关法律法规规章，虚报、瞒报财务状况的，国资委根据具体情节给予降级或者扣分处理，并相应扣发企业法定代表人及相关负责人的绩效薪金、任期激励或者中长期激励；情节严重的，给予纪律处分或者对企业负责人进行调整；涉嫌犯罪的，依法移送司法机关处理。

第三十四条 企业法定代表人及相关负责人违反国家法律法规和规定，导致重大决策失误、重大安全与质量责任事故、重大环境污染责任事故、重大违纪和法律纠纷案件，给企业造成重大不良影响或者造成国有资产流失的，国资委根据具体情节给予降级或者扣分处理，并相应扣发其绩效薪金、任期激励或者中长期激励；情节严重的，给予纪律处分或者对企业负责人进行调整；涉嫌犯罪的，依法移送司法机关处理。

第五章 附 则

第三十五条 对于在考核期内企业发生清产核资、改制重组、主要负责人变动等情况的，国资委可以根据具体情况变更经营业绩责任书的相关内容。

第三十六条 国有独资企业、国有独资公司和国有资本控股公司党委（党组）书记、副书记、常委（党组成员）、纪委书记（纪检组长）的考核及其奖惩依照本办法执行。

第三十七条 国有资本参股公司、被兼并破产企业中由国资委党委管理的企业负责人，其经营业绩考核参照本办法执行。具体经营业绩考核事项在经营业绩责任书中确定。

第三十八条 对符合下列条件的国有独资公司，国资委授权董事会对高级管理人员的经营业绩进行考核：

（一）公司法人治理结构完善；

（二）经营业绩考核制度健全；

（三）外部董事人数超过董事会全体成员半数；

（四）薪酬与考核委员会成员全部由外部董事担任。

国资委依据有关规定和规范性文件，对董事会业绩考核工作进行指导和监督。

第三十九条 各省、自治区、直辖市国有资产监督管理机构，设区的市、自治州级国有资产监督管理机构对国家出资企业负责人的经营业绩考核，可参照本办法执行。

第四十条 本办法由国资委负责解释。

第四十一条 本办法自2010年1月1日起施行。

附1

经济增加值考核细则

一、经济增加值的定义及计算公式

经济增加值是指企业税后净营业利润减去资本成本后的余额。

计算公式：

经济增加值=税后净营业利润-资本成本=税后净营业利润-调整后资本×平均资本成本率

税后净营业利润=净利润+（利息支出+研究开发费用调整项-非经常性收益调整项×50%）×（1-25%）

调整后资本=平均所有者权益+平均负债合计-平均无息流动负债-平均在建工程

二、会计调整项目说明

（一）利息支出是指企业财务报表中“财务费用”项下的“利息支出”。

（二）研究开发费用调整项是指企业财务报表中“管理费用”项下的“研究与开发费”和当期确认为无形资产的研究开发支出。对于为获取国家战略资源，勘探投入费用较大的企业，经国资委认定后，将其成本费用情况表中的“勘探费用”视同研究开发费用调整项按照一定比例（原则上不超过50%）予以加回。

（三）非经常性收益调整项包括：

1.变卖主业优质资产收益：减持具有实质控制权的所属上市公司股权取得的收益（不包括在二级市场增持后又减持取得的收益）；企业集团（不含投资类企业集团）转让所属主业范围内且资产、收入或者利润占集团总体10%以上的非上市公司资产取得的收益。

2.主业优质资产以外的非流动资产转让收益：企业集团（不含投资类企业集团）转让股权（产权）收益，资产（含土地）转让收益。

3.其他非经常性收益：与主业发展无关的资产置换收益、与经常活动无关的补贴收入等。

（四）无息流动负债是指企业财务报表中“应付票据”、“应付账款”、“预收款项”、“应交税费”、“应付利息”、“其他应付款”和“其他流动负债”；对于因承担国家任务等原因造成“专项应付款”、“特种储备基金”余额较大的，可视同无息流动负债扣除。

（五）在建工程是指企业财务报表中的符合主业规定的“在建工程”。

三、资本成本率的确定

（一）中央企业资本成本率原则上定为5.5%。

（二）承担国家政策性任务较重且资产通用性较差的企业，资本成本率定为4.1%。

（三）资产负债率在75%以上的工业企业和80%以上的非工业企业，资本成本率上浮0.5个百分点。

（四）资本成本率确定后，三年保持不变。

四、其他重大调整事项

发生下列情形之一，对企业经济增加值考核产生重大影响的，国资委酌情予以调整：

（一）重大政策变化；

（二）严重自然灾害等不可抗力因素；

（三）企业重组、上市及会计准则调整等不可比因素；

（四）国资委认可的企业结构调整等其他事项。

附2

年度经营业绩考核计分细则

一、年度经营业绩考核综合计分

年度经营业绩考核综合得分＝（利润总额指标得分＋经济增加值指标得分＋分类指标得分）×经营难度系数+奖励分-考核扣分

上述年度经营业绩考核指标中，若某项指标（不含经济增加值指标）未达到基本分，则该项指标正常计分，其他指标只得基本分，所有考核指标得分不再乘经营难度系数。

二、年度经营业绩考核各指标计分

（一）利润总额指标计分

利润总额指标的基本分为30分。企业负责人完成目标值时，得基本分30分。该指标计分以基准值为基础。基准值是指上年实际完成值和前三年实际完成值平均值中的较低值。

1.利润总额考核目标值不低于基准值时，完成值每超过目标值3%，加1分，最多加6分。完成值每低于目标值3%，扣1分，最多扣6分。

2.利润总额考核目标值低于基准值时，该指标按照以下规则计分：

（1）目标值比基准值低20%（含）以内的，完成值每超过目标值3%，加1分，最多加5分。完成值每低于目标值3%，扣1分，最多扣6分。

（2）目标值比基准值低20%-50%的，完成值每超过目标值3%，加1分，最多加4分。完成值每低于目标值3%，扣1分，最多扣6分。

（3）目标值比基准值低50%（含）以上的，完成值每超过目标值3%，加1分，最多加3分。完成值每低于目标值3%，扣1分，最多扣6分。

3.利润总额考核目标值为负数，完成值减亏部分折半计算，盈利部分正常计算；超额完成考核目标，最多加3分；减亏但仍处于亏损状态，考核得分不超过C级最高限；扭亏为盈，考核得分不超过B级最高限。

（二）经济增加值指标计分

经济增加值指标的基本分为40分。企业负责人完成目标值时，得基本分40分。该指标计分以基准值为基础。基准值是指上年实际完成值和前三年实际完成值平均值中的较低值。

1.经济增加值考核目标值不低于基准值时，完成值每超过目标值（绝对值）2%，加1分，最多加8分。完成值每低于目标值（绝对值）3%，扣1分，最多扣8分。

2.经济增加值考核目标值低于基准值时，完成值每超过目标值（绝对值）3%，加1分，最多加8分。完成值每低于目标值（绝对值）3%，扣1分，最多扣8分。

3.经济增加值考核目标值在零附近的，计分给予特别处理。

（三）分类指标计分

分类指标应当确定2个。分类指标加分与扣分的上限与下限为该项指标基本分的20%。

（四）考核指标目标值达到行业优秀水平的，企业负责人完成目标值时，该项指标直接加满分。

三、奖惩计分

（一）奖励计分

承担国家结构性调整任务且取得突出成绩的企业，国资委根据有关规定视任务完成情况加0.5—2分。

（二）考核扣分

1.企业发生重大资产损失、发生生产安全责任事故、环境污染责任事故等，国资委按照有关规定给予降级、扣分处理。

2.企业发生违规违纪或者存在财务管理混乱等问题，国资委按照有关规定视情节轻重扣0.5—2分。

3.企业全员业绩考核制度不健全，未对集团副职、职能部门负责人、下属企业负责人进行经营业绩考核的，视情况扣减0.1—1分。

4.剔除重组和会计准则调整等客观因素影响，利润总额目标值与完成值差异超过50%以上的，依据差异程度相应扣减0.1—2分。本条款不受其他条款限制。

四、经营难度系数

经营难度系数根据企业资产总额、营业收入、利润总额、净资产收益率、职工平均人数、经济增加值等因素加权计算，分类确定。

附3

任期经营业绩考核计分细则

一、任期经营业绩考核综合计分

任期经营业绩考核综合得分＝（国有资本保值增值率指标得分＋主营业务收入平均增长率指标得分＋分类指标得分）×经营难度系数＋任期内三年的年度经营业绩考核结果指标得分-考核扣分

上述任期经营业绩考核指标中，若某项指标未达到基本分，则该项指标正常计分，其他指标只得基本分，所有考核指标得分不再乘经营难度系数。

二、任期经营业绩考核各指标计分

（一）国有资本保值增值率指标计分

国有资本保值增值率指标的基本分为40分。企业负责人完成目标值时，得基本分40分。该指标计分以基准值为基础。基准值是指前一任期实际完成值和前一任期考核目标值与实际完成值平均值中的较低值。

1. 国有资本保值增值率考核目标值不低于基准值时，完成值每超过目标值0.4个百分点，加1分，最多加8分。完成值低于目标值但大于100%，每低于目标值0.4个百分点，扣0.5分，最多扣4分；完成值低于100%，每低于目标值0.4个百分点，扣1分，最多扣8分。该指标考核目标值达到行业优秀水平的，完成目标值时直接加满分。

2. 国有资本保值增值率考核目标值低于基准值时，该指标按照以下规则计分：

（1）目标值比基准值低30%（含）以内的，完成值每超过目标值0.4个百分点，加1分，最多加7分。完成值低于目标值但高于100%，每低于目标值0.4个百分点，扣0.5分，最多扣4分；完成值低于100%，每低于目标值0.4个百分点，扣1分，最多扣8分。

（2）目标值比基准值低30%-50%的，完成值每超过目标值0.4个百分点，加1分，最多加6分。完成值低于目标值但高于100%，每低于目标值0.4个百分点，扣0.5分，最多扣4分；完成值低于100%，每低于目标值0.4个百分点，扣1分，最多扣8分。

（3）目标值比基准值低50%（含）以上的，完成值每超过目标值0.4个百分点，加1分，最多加5分。完成值低于目标值但高于100%，每低于目标值0.4个百分点，扣0.5分，最多扣4分；完成值低于100%，每低于目标值0.4个百分点，扣1分，最多扣8分。

（4）目标值低于基准值，但处于行业领先水平的，该指标加分上限可以调整为8分。

3. 国有资本保值增值率考核目标值低于100%的，完成值超过目标值，不予加分。完成值低于目标值，每低于0.4个百分点，扣1分，最多扣8分。

（二）主营业务收入平均增长率指标计分

主营业务收入平均增长率指标基本分为20分。企业负责人完成目标值时，得基本分20分。该指标计分以基准值为基础。基准值是指前一任期实际完成值和前一任期考核目标值与实际完成值平均值中的较低值。

1. 主营业务收入平均增长率考核目标值不低于基准值时，完成值每超过目标值1个百分点，加1分，最多加4分。完成值每低于目标值1个百分点，扣1分，最多扣4分。该指标考核目标值达到行业优秀水平的，完成目标值时直接加满分。

2. 主营业务收入平均增长率考核目标值低于基准值时，该指标按照以下规则计分：

（1）目标值比基准值低30%（含）以内的，完成值每超过目标值1个百分点，加1分，最多加3分。完成值每低于目标值1个百分点，扣1分，最多扣4分。

（2）目标值比基准值低30%-50%的，完成值每超过目标值1个百分点，加1分，最多加2分。完成值每低于目标值1个百分点，扣1分，最多扣4分。

（3）目标值比基准值低50%（含）以上的，完成值每超过目标值1个百分点，加1分，最多加1分。完成值每低于目标值1个百分点，扣1分，最多扣4分。

（4）目标值低于基准值，但处于行业领先水平的，该指标加分上限可以调整为4分。

3. 主营业务收入平均增长率考核目标值为负数，完成值超过目标值，不予加分。完成值低于目标值，每低于1个百分点，扣1分，最多扣4分。

（三）分类指标计分

分类指标应当确定2个。分类指标加分与扣分的上限与下限为该项指标基本分的20%。

分类指标考核目标值达到行业先进水平的，完成目标值时直接加满分。

（四）任期内三年的年度经营业绩考核结果指标计分。

任期内三年的年度经营业绩考核结果指标的基本分为20分。企业负责人三年内的年度经营业绩综合考核结果每得一次A级得8分；每得一次B级得7.335分；每得一次C级得6.667分；每得一次D级及以下得6分。

三、考核扣分

（一）未完成节能减排考核目标的，视情况扣减0.1-2分。

（二）剔除重组、结构调整和会计准则调整等因素的影响后，基本指标考核目标值与实际完成值差异超过8个百分点以上的，依据差异程度相应扣减0.1-2分。本款不受其他条款限制。

四、经营难度系数

经营难度系数根据企业任期内最后一年的资产总额、营业收入、利润总额、净资产收益率、职工平均人数、经济增加值等因素加权计算，分类确定。

附4

任期特别奖实施细则

一、奖项设立

国资委在任期考核中设立任期特别奖，包括“业绩优秀企业奖”、“科技创新企业奖”、“管理进步企业奖”和“节能减排优秀企业奖”。

二、获奖条件及评定办法

（一）对任期考核结果为A级且在该任期中年度考核获得三个A级或者两个A级、一个B级的企业，授予“业绩优秀企业奖”。

（二）符合以下条件之一的企业，授予“科技创新企业奖”：

1.任期中获得国家科技进步或者技术发明一等奖以上，且为项目主要承担者的。

2.在国际标准制订中取得重大突破的。

（三）资产负债率控制在合理范围内（工业企业75%，非工业企业80%），同时符合下列条件之一的企业，授予“管理进步企业奖”，奖励名额根据具体情况确定：

1.效益大幅度增加。

以任期中企业利润总额增长率排名为评选依据，计算方法为：任期内最后一年利润总额/任期前一年利润总额×100%。按照任期前一年利润总额为5亿元以上和5亿元以下（含）两个类别分别评定。

2.盈利水平显著提高。

以任期中企业净资产收益率增长幅度排名为评选依据，计算方法为：任期内最后一年末净资产收益率-任期前一年末净资产收益率。按照任期前一年末净资产规模为80亿元以上及80亿元以下（含）两个类别分别评定。

3.价值创造能力优异。

以任期中企业经济增加值增长率排名为评选依据，计算方法为：任期内最后一年经济增加值/任期前一年经济增加值。按照任期前一年末总资产规模为100亿元以上及100亿元以下（含）两个类别分别评定。

4.扭亏增效成绩突出。

对于任期前一年经营亏损的企业，以任期中扭亏增效幅度排名为评选依据，计算公式为：任期内最后一年利润总额-任期前一年利润总额。

（四）符合以下条件之一的企业，授予“节能减排优秀企业奖”：

1.任期末，主要产品单位能耗、污染物排放水平达到国内同行业最好水平，接近或者达到国际同行业先进水平的。

2.任期内，单位综合能耗降低率、主要污染物排放总量降低率在中央企业居于前列的。

3.任期内，节能减排投入较大，在节能减排技术创新方面取得重大突破，在推动全行业、全社会节能减排方面做出突出贡献的。

三、奖励方式

每个任期结束时，国资委对上述奖项进行评定，并对获奖企业进行表彰。

流动资金贷款管理暂行办法

中国银行业监督管理委员会令 2010年第1号

第一章 总则

第一条 为规范银行业金融机构流动资金贷款业务经营行为，加强流动资金贷款审慎经营管理，促进流动资金贷款业务健康发展，依据《中华人民共和国银行业监督管理法》、《中华人民共和国商业银行法》等有关法律法规，制定本办法。

第二条 中华人民共和国境内经中国银行业监督管理委员会批准设立的银行业金融机构（以下简称贷款人）经营流动资金贷款业务，应遵守本办法。

第三条 本办法所称流动资金贷款，是指贷款人向企（事）业法人或国家规定可以作为借款人的其他组织发放的用于借款人日常生产经营周转的本外币贷款。

第四条 贷款人开展流动资金贷款业务，应当遵循依法合规、审慎经营、平等自愿、公平诚信的原则。

第五条 贷款人应完善内部控制机制，实行贷款全流程管理，全面了解客户信息，建立流动资金贷款风险管理制度和有效的岗位制衡机制，将贷款管理各环节的责任落实到具体部门和岗位，并建立各岗位的考核和问责机制。

第六条 贷款人应合理测算借款人营运资金需求，审慎确定借款人的流动资金授信总额及具体贷款的额度，不得超过借款人的实际需求发放流动资金贷款。

贷款人应根据借款人生产经营的规模和周期特点，合理设定流动资金贷款的业务品种和期限，以满足借款人生产经营的资金需求，实现对贷款资金回笼的有效控制。

第七条 贷款人应将流动资金贷款纳入对借款人及其所在集团客户的统一授信管理，并按区域、行业、贷款品种等维度建立风险限额管理制度。

第八条 贷款人应根据经济运行状况、行业发展规律和借款人的有效信贷需求等，合理确定内部绩效考核指标，不得制订不合理的贷款规模指标，不得恶性竞争和突击放贷。

第九条 贷款人应与借款人约定明确、合法的贷款用途。

流动资金贷款不得用于固定资产、股权等投资，不得用于国家禁止生产、经营的领域和用途。

流动资金贷款不得挪用，贷款人应按照合同约定检查、监督流动资金贷款的使用情况。

第十条 中国银行业监督管理委员会依照本办法对流动资金贷款业务实施监督管理。

第二章 受理与调查

第十一条 流动资金贷款申请应具备以下条件：

（一）借款人依法设立；

（二）借款用途明确、合法；

（三）借款人生产经营合法、合规；

（四）借款人具有持续经营能力，有合法的还款来源；

（五）借款人信用状况良好，无重大不良信用记录；

（六）贷款人要求的其他条件。

第十二条 贷款人应对流动资金贷款申请材料的方式和具体内容提出要求，并要求借款人恪守诚实守信原则，承诺所提供材料真实、完整、有效。

第十三条 贷款人应采取现场与非现场相结合的形式履行尽职调查，形成书面报告，并对其内容的真实性、完整性和有效性负责。尽职调查包括但不限于以下内容：

（一）借款人的组织架构、公司治理、内部控制及法定代表人和经营管理团队的资信等情况；

（二）借款人的经营范围、核心主业、生产经营、贷款期内经营规划和重大投资计划等情况；

（三）借款人所在行业状况；

（四）借款人的应收账款、应付账款、存货等真实财务状况；

（五）借款人营运资金总需求和现有融资性负债情况；

（六）借款人关联方及关联交易等情况；

（七）贷款具体用途及与贷款用途相关的交易对手资金占用等情况；

（八）还款来源情况，包括生产经营产生的现金流、综合收益及其他合法收入等；

（九）对有担保的流动资金贷款，还需调查抵（质）押物的权属、价值和变现难易程度，或保证人的保证资格和能力等情况。

第三章 风险评价与审批

第十四条 贷款人应建立完善的风险评价机制，落实具体的责任部门和岗位，全面审查流动资金贷款的风险因素。

第十五条 贷款人应建立和完善内部评级制度，采用科学合理的评级和授信方法，评定客户信用等级，建立客户资信记录。

第十六条 贷款人应根据借款人经营规模、业务特征及应收账款、存货、应付账款、资金循环周期等要素测算其营运资金需求（测算方法参考附件），综合考虑借款人现金流、负债、还款能力、担保等因素，合理确定贷款结构，包括金额、期限、利率、担保和还款方式等。

第十七条 贷款人应根据贷审分离、分级审批的原则，建立规范的流动资金贷款评审制度和流程，确保风险评价和信贷审批的独立性。

贷款人应建立健全内部审批授权与转授权机制。审批人员应在授权范围内按规定流程审批贷款，不得越权审批。

第四章 合同签订

第十八条 贷款人应和借款人及其他相关当事人签订书面借款合同及其他相关协议，需担保的应同时签订担保合同。

第十九条 贷款人应在借款合同中与借款人明确约定流动资金贷款的金额、期限、利率、用途、支付、还款方式等条款。

第二十条 前条所指支付条款，包括但不限于以下内容：

（一）贷款资金的支付方式和贷款人受托支付的金额标准；

（二）支付方式变更及触发变更条件；

（三）贷款资金支付的限制、禁止行为；

（四）借款人应及时提供的贷款资金使用记录和资料。

第二十一条 贷款人应在借款合同中约定由借款人承诺以下事项：

（一）向贷款人提供真实、完整、有效的材料；

（二）配合贷款人进行贷款支付管理、贷后管理及相关检查；

（三）进行对外投资、实质性增加债务融资，以及进行合并、分立、股权转让等重大事项前征得贷款人同意；

（四）贷款人有权根据借款人资金回笼情况提前收回贷款；

（五）发生影响偿债能力的重大不利事项时及时通知贷款人。

第二十二条 贷款人应与借款人在借款合同中约定，出现以下情形之一时，借款人应承担的违约责任和贷款人可采取的措施：

（一）未按约定用途使用贷款的；

（二）未按约定方式进行贷款资金支付的；

（三）未遵守承诺事项的；

（四）突破约定财务指标的；

（五）发生重大交叉违约事件的；

（六）违反借款合同约定的其他情形的。

第五章 发放和支付

第二十三条 贷款人应设立独立的责任部门或岗位，负责流动资金贷款发放和支付审核。

第二十四条 贷款人在发放贷款前应确认借款人满足合同约定的提款条件，并按照合同约定通过贷款人受托支付或借款人自主支付的方式对贷款资金的支付进行管理与控制，监督贷款资金按约定用途使用。

贷款人受托支付是指贷款人根据借款人的提款申请和支付委托，将贷款通过借款人账户支付给符合合同约定用途的借款人交易对象。

借款人自主支付是指贷款人根据借款人的提款申请

将贷款资金发放至借款人账户后，由借款人自主支付给符合合同约定用途的借款人交易对象。

第二十五条 贷款人应根据借款人的行业特征、经营规模、管理水平、信用状况等因素和贷款业务品种，合理约定贷款资金支付方式及贷款人受托支付的金额标准。

第二十六条 具有以下情形之一的流动资金贷款，原则上应采用贷款人受托支付方式：

（一）与借款人新建立信贷业务关系且借款人信用状况一般；

（二）支付对象明确且单笔支付金额较大；

（三）贷款人认定的其他情形。

第二十七条 采用贷款人受托支付的，贷款人应根据约定的贷款用途，审核借款人提供的支付申请所列支付对象、支付金额等信息是否与相应的商务合同等证明材料相符。审核同意后，贷款人应将贷款资金通过借款人账户支付给借款人交易对象。

第二十八条 用借款人自主支付的，贷款人应按借款合同约定要求借款人定期汇总报告贷款资金支付情况，并通过账户分析、凭证查验或现场调查等方式核查贷款支付是否符合约定用途。

第二十九条 贷款支付过程中，借款人信用状况下降、主营业务盈利能力不强、贷款资金使用出现异常的，贷款人应与借款人协商补充贷款发放和支付条件，或根据合同约定变更贷款支付方式、停止贷款资金的发放和支付。

第六章 贷后管理

第三十条 贷款人应加强贷款资金发放后的管理，针对借款人所属行业及经营特点，通过定期与不定期现场检查与非现场监测，分析借款人经营、财务、信用、支付、担保及融资数量和渠道变化等状况，掌握各种影响借款人偿债能力的风险因素。

第三十一条 贷款人应通过借款合同的约定，要求借款人指定专门资金回笼账户并及时提供该账户资金进出情况。

贷款人可根据借款人信用状况、融资情况等，与借款人协商签订账户管理协议，明确约定对指定账户回笼资金进出的管理。

贷款人应关注大额及异常资金流入流出情况，加强对资金回笼账户的监控。

第三十二条 贷款人应动态关注借款人经营、管理、财务及资金流向等重大预警信号，根据合同约定及时采取提前收贷、追加担保等有效措施防范化解贷款风险。

第三十三条 贷款人应评估贷款品种、额度、期限与借款人经营状况、还款能力的匹配程度，作为与借款人后续合作的依据，必要时及时调整与借款人合作的策略和内容。

第三十四条 贷款人应根据法律法规规定和借款合同的约定，参与借款人大额融资、资产出售以及兼并、分立、股份制改造、破产清算等活动，维护贷款人债权。

第三十五条 流动资金贷款需要展期的，贷款人应审查贷款所对应的资产转换周期的变化原因和实际需要，决定是否展期，并合理确定贷款展期期限，加强对展期贷款的后续管理。

第三十六条 流动资金贷款形成不良的，贷款人应对其进行专门管理，及时制定清收处置方案。对借款人确因暂时经营困难不能按期归还贷款本息的，贷款人可与其协商重组。

第三十七条 对确实无法收回的不良贷款，贷款人按照相关规定对贷款进行核销后，应继续向债务人追索或进行市场化处置。

第七章 法律责任

第三十八条 贷款人违反本办法规定经营流动资金贷款业务的，中国银行业监督管理委员会应当责令其限期改正。贷款人有下列情形之一的，中国银行业监督管理委员会可采取《中华人民共和国银行业监督管理法》第三十七条规定的监管措施：

（一）流动资金贷款业务流程有缺陷的；

（二）未将贷款管理各环节的责任落实到具体部门和岗位的；

（三）贷款调查、风险评价、贷后管理未尽职的；

（四）对借款人违反合同约定的行为应发现而未发现，或虽发现但未及时采取有效措施的。

第三十九条 贷款人有下列情形之一的，中国银行业监督管理委员会除按本办法第三十八条采取监管措施外，还可根据《中华人民共和国银行业监督管理法》第四十六条、第四十八条对其进行处罚：

（一）以降低信贷条件或超过借款人实际资金需求发放贷款的；

（二）未按本办法规定签订借款合同的；

（三）与借款人串通违规发放贷款的；

（四）放任借款人将流动资金贷款用于固定资产投资、股权投资以及国家禁止生产、经营的领域和用途的；

（五）超越或变相超越权限审批贷款的；

（六）未按本办法规定进行贷款资金支付管理与控制的；

（七）严重违反本办法规定的审慎经营规则的其他情形的。

第八章 附则

第四十条 贷款人应依据本办法制定流动资金贷款管理实施细则及操作规程。

第四十一条 本办法由中国银行业监督管理委员会负责解释。

第四十二条 本办法自发布之日起施行。

附件：流动资金贷款需求量的测算参考

个人贷款管理暂行办法

中国银行业监督管理委员会令 2010年第2号

第一章 总则

第一条 为规范银行业金融机构个人贷款业务行为，加强个人贷款业务审慎经营管理，促进个人贷款业务健康发展，依据《中华人民共和国银行业监督管理法》、《中华人民共和国商业银行法》等法律法规，制定本办法。

第二条 中华人民共和国境内经中国银行业监督管理委员会批准设立的银行业金融机构（以下简称贷款人）经营个人贷款业务，应遵守本办法。

第三条 本办法所称个人贷款，是指贷款人向符合条件的自然人发放的用于个人消费、生产经营等用途的本外币贷款。

第四条 个人贷款应当遵循依法合规、审慎经营、平等自愿、公平诚信的原则。

第五条 贷款人应建立有效的个人贷款全流程管理机制，制订贷款管理制度及每一贷款品种的操作规程，明确相应贷款对象和范围，实施差别风险管理，建立贷款各操作环节的考核和问责机制。

第六条 贷款人应按区域、品种、客户群等维度建立个人贷款风险限额管理制度。

第七条 个人贷款用途应符合法律法规规定和国家有关政策，贷款人不得发放无指定用途的个人贷款。

贷款人应加强贷款资金支付管理，有效防范个人贷款业务风险。

第八条 个人贷款的期限和利率应符合国家相关规定。

第九条 贷款人应建立借款人合理的收入偿债比例控制机制，结合借款人收入、负债、支出、贷款用途、担保情况等因素，合理确定贷款金额和期限，控制借款人每期还款额不超过其还款能力。

第十条 中国银行业监督管理委员会依照本办法对个人贷款业务实施监督管理。

第二章 受理与调查

第十一条 个人贷款申请应具备以下条件：

（一）借款人为具有完全民事行为能力的中华人民共和国公民或符合国家有关规定的境外自然人；

（二）贷款用途明确合法；

（三）贷款申请数额、期限和币种合理；

（四）借款人具备还款意愿和还款能力；

（五）借款人信用状况良好，无重大不良信用记录；

（六）贷款人要求的其他条件。

第十二条 贷款人应要求借款人以书面形式提出个人贷款申请，并要求借款人提供能够证明其符合贷款条件的相关资料。

第十三条 贷款人受理借款人贷款申请后，应履行尽职调查职责，对个人贷款申请内容和相关情况的真实性、准确性、完整性进行调查核实，形成调查评价意见。

第十四条 贷款调查包括但不限于以下内容：

（一）借款人基本情况；

（二）借款人收入情况；

（三）借款用途；

（四）借款人还款来源、还款能力及还款方式；

（五）保证人担保意愿、担保能力或抵（质）押物价值及变现能力。

第十五条 贷款调查应以实地调查为主、间接调查为辅，采取现场核实、电话查问以及信息咨询等途径和方法。

第十六条 贷款人在不损害借款人合法权益和风险可控的前提下，可将贷款调查中的部分特定事项审慎委托第三方代为办理，但必须明确第三方的资质条件。

贷款人不得将贷款调查的全部事项委托第三方完成。

第十七条 贷款人应建立并严格执行贷款面谈制度。

通过电子银行渠道发放低风险质押贷款的，贷款人至少应当采取有效措施确定借款人真实身份。

第三章 风险评价与审批

第十八条 贷款审查应对贷款调查内容的合法性、合理性、准确性进行全面审查，重点关注调查人的尽职情况和借款人的偿还能力、诚信状况、担保情况、抵（质）押比率、风险程度等。　第十九条 贷款风险评价应以分析借款人现金收入为基础，采取定量和定性分析方法，全面、动态地进行贷款审查和风险评估。

贷款人应建立和完善借款人信用记录和评价体系。

第二十条 贷款人应根据审慎性原则，完善授权管理制度，规范审批操作流程，明确贷款审批权限，实行审贷分离和授权审批，确保贷款审批人员按照授权独立审批贷款。

第二十一条 对未获批准的个人贷款申请，贷款人应告知借款人。

第二十二条 贷款人应根据重大经济形势变化、违约率明显上升等异常情况，对贷款审批环节进行评价分析，及时、有针对性地调整审批政策，加强相关贷款的管理。

第四章 协议与发放

第二十三条 贷款人应与借款人签订书面借款合同，需担保的应同时签订担保合同。贷款人应要求借款人当面签订借款合同及其他相关文件，但电子银行渠道办理的贷款除外。

第二十四条 借款合同应符合《中华人民共和国合同法》的规定，明确约定各方当事人的诚信承诺和贷款资金的用途、支付对象（范围）、支付金额、支付条件、支付方式等。

借款合同应设立相关条款，明确借款人不履行合同或怠于履行合同时应当承担的违约责任。

第二十五条 贷款人应建立健全合同管理制度，有效防范个人贷款法律风险。

借款合同采用格式条款的，应当维护借款人的合法权益，并予以公示。

第二十六条 贷款人应依照《中华人民共和国物权法》、《中华人民共和国担保法》等法律法规的相关规定，规范担保流程与操作。

按合同约定办理抵押物登记的，贷款人应当参与。贷款人委托第三方办理的，应对抵押物登记情况予以核实。

以保证方式担保的个人贷款，贷款人应由不少于两名信贷人员完成。

第二十七条 贷款人应加强对贷款的发放管理，遵循审贷与放贷分离的原则，设立独立的放款管理部门或岗位，负责落实放款条件、发放满足约定条件的个人贷款。

第二十八条 借款合同生效后，贷款人应按合同约定及时发放贷款。

第五章 支付管理

第二十九条 贷款人应按照借款合同约定，通过贷款人受托支付或借款人自主支付的方式对贷款资金的支付进行管理与控制。

贷款人受托支付是指贷款人根据借款人的提款申请

和支付委托，将贷款资金支付给符合合同约定用途的借款人交易对象。

借款人自主支付是指贷款人根据借款人的提款申请将贷款资金直接发放至借款人账户，并由借款人自主支付给符合合同约定用途的借款人交易对象。

第三十条 个人贷款资金应当采用贷款人受托支付方式向借款人交易对象支付，但本办法第三十三条规定的情形除外。

第三十一条 采用贷款人受托支付的，贷款人应要求借款人在使用贷款时提出支付申请，并授权贷款人按合同约定方式支付贷款资金。

贷款人应在贷款资金发放前审核借款人相关交易资料和凭证是否符合合同约定条件，支付后做好有关细节的认定记录。

第三十二条 贷款人受托支付完成后，应详细记录资金流向，归集保存相关凭证。

第三十三条 有下列情形之一的个人贷款，经贷款人同意可以采取借款人自主支付方式：

（一）借款人无法事先确定具体交易对象且金额不超过三十万元人民币的；

（二）借款人交易对象不具备条件有效使用非现金结算方式的；

（三）贷款资金用于生产经营且金额不超过五十万元人民币的；

（四）法律法规规定的其他情形的。

第三十四条 采用借款人自主支付的，贷款人应与借款人在借款合同中事先约定，要求借款人定期报告或告知贷款人贷款资金支付情况。

贷款人应当通过账户分析、凭证查验或现场调查等方式，核查贷款支付是否符合约定用途。

第六章 贷后管理

第三十五条 个人贷款支付后，贷款人应采取有效方式对贷款资金使用、借款人的信用及担保情况变化等进行跟踪检查和监控分析，确保贷款资产安全。

第三十六条 贷款人应区分个人贷款的品种、对象、金额等，确定贷款检查的相应方式、内容和频度。贷款人内部审计等部门应对贷款检查职能部门的工作质量进行抽查和评价。

第三十七条 贷款人应定期跟踪分析评估借款人履行借款合同约定内容的情况，并作为与借款人后续合作的信用评价基础。

第三十八条 贷款人应当按照法律法规规定和借款合同的约定，对借款人未按合同承诺提供真实、完整信息和未按合同约定用途使用、支付贷款等行为追究违约责任。

第三十九条 经贷款人同意，个人贷款可以展期。

一年以内（含）的个人贷款，展期期限累计不得超过原贷款期限；一年以上的个人贷款，展期期限累计与原贷款期限相加，不得超过该贷款品种规定的最长贷款期限。

第四十条 贷款人应按照借款合同约定，收回贷款本息。

对于未按照借款合同约定偿还的贷款，贷款人应采取措施进行清收，或者协议重组。

第七章 法律责任

第四十一条 贷款人违反本办法规定办理个人贷款业务的，中国银行业监督管理委员会应当责令其限期改正。贷款人有下列情形之一的，中国银行业监督管理委员会可采取《中华人民共和国银行业监督管理法》第三十七条规定的监管措施：

（一）贷款调查、审查未尽职的；

（二）未按规定建立、执行贷款面谈、借款合同面签制度的；

（三）借款合同采用格式条款未公示的；

（四）违反本办法第二十七条规定的；

（五）支付管理不符合本办法要求的。

第四十二条 〖贷款人有下列情形之一的，中国银行业监督管理委员会除按本办法第四十一条采取监管措施外，还可根据《中华人民共和国银行业监督管理法》第四十六条、第四十八条规定对其进行处罚：

（一）发放不符合条件的个人贷款的；

（二）签订的借款合同不符合本办法规定的；

（三）违反本办法第七条规定的；

（四）将贷款调查的全部事项委托第三方完成的；

（五）超越或变相超越贷款权限审批贷款的；

（六）授意借款人虚构情节获得贷款的；

（七）对借款人违背借款合同约定的行为应发现而未发现，或虽发现但未采取有效措施的；

（八）严重违反本办法规定的审慎经营规则的其他情形的。

第八章 附则

第四十三条 以存单、国债或者中国银行业监督管理委员会认可的其他金融产品作质押发放的个人贷款，消费金融公司、汽车金融公司等非银行金融机构发放的个人贷款，可参照本办法执行。

银行业金融机构发放给农户用于生产性贷款等国家有专门政策规定的特殊类个人贷款，暂不执行本办法。

信用卡透支，不适用本办法。

第四十四条 个体工商户和农村承包经营户申请个人贷款用于生产经营且金额超过五十万元人民币的，按贷款用途适用相关贷款管理办法的规定。

第四十五条 贷款人应依照本办法制定个人贷款业务管理细则及操作规程。

第四十六条 本办法由中国银行业监督管理委员会负责解释。

第四十七条 本办法自发布之日起施行。

中央企业节能减排监督管理暂行办法

国务院国有资产监督管理委员会令 第23号

第一章　总　　则

第一条　为督促中央企业落实节能减排社会责任，建设资源节约型和环境友好型企业，根据《中华人民共和国节约能源法》、《中华人民共和国环境保护法》、《中华人民共和国循环经济促进法》、《中央企业负责人经营业绩考核暂行办法》等有关法律法规和规章，制定本办法。

第二条　本办法所称中央企业，是指国务院国有资产监督管理委员会（以下简称国资委）根据国务院授权履行出资人职责的国家出资企业。

第三条　中央企业应当严格遵守国家节能减排法律法规和有关政策，依法接受国家节能减排主管部门的监督管理。中央企业各级子企业依法接受所在地县级以上地方人民政府节能减排主管部门的监督管理。

第四条　国资委联系中央企业节能减排工作，履行以下职责：

（一）指导监督中央企业贯彻落实国家节能减排有关法律法规、政策和标准，研究制定中央企业节能减排工作意见；

（二）指导监督中央企业统筹规划，建立健全科学、规范的节能减排组织管理、统计监测和考核奖惩体系，切实履行社会责任；

（三）建立健全中央企业负责人节能减排考核奖惩制度，将节能减排目标完成情况纳入中央企业负责人经营业绩考核体系；

（四）组织或参与对中央企业节能减排的监督检查，配合有关部门开展专项审计，建立问责制度；

（五）组织对中央企业节能减排工作的宣传、培训、交流。

第五条　国资委对中央企业节能减排实行分类监督管理。按照企业能源消耗及主要污染物排放情况，将中央企业划分为三类（附件1）。

（一）重点类企业。主业处于石油石化、钢铁、有色金属、电力、化工、煤炭、建材、交通运输、机械行业，且具备以下三个条件之一的：

1. 年耗能超过200万吨标准煤；

2. 年二氧化硫排放量超过50000吨；

3. 年化学需氧量排放量超过5000吨。

（二）关注类企业。重点类企业之外具备以下三个条件之一的：

1. 年耗能在10万吨标准煤以上；

2. 年二氧化硫排放量在1000吨以上；

3.年化学需氧量排放量在200吨以上。

（三）一般类企业。前两项以外的中央企业为一般类企业。

国资委对前款规定的三类企业分类实行动态监管。根据中央企业所处行业、企业能耗和污染物排放量的变化进行适时调整并对外公布。

第六条 中央企业应当制订节能减排工作专项规划并纳入企业发展规划和年度计划，健全节能减排规章制度，落实节能减排责任。

第二章 节能减排工作基本要求

第七条 中央企业应当建立健全节能减排组织管理体系。

中央企业应当建立健全节能减排领导机构，负责本企业节能减排总体工作，研究决定节能减排重大事项，建立工作制度和例会制度。

中央企业根据分类管理的要求建立与生产经营相适应的节能减排协调、监督管理机构。

（一）重点类企业应当设置负责节能减排协调、监督管理的职能部门，或者在有关职能部门中设置专职负责协调、监督管理工作的内部机构，负责节能减排日常管理和监督工作。

（二）关注类企业应当在有关职能部门中设置负责协调、监督管理工作的内部机构，配备专职管理人员。

（三）一般类企业应当设立节能减排管理岗位，配备节能减排管理人员，负责节能减排工作的计量、统计、分析和监督检查。

第八条 企业主要负责人对本企业节能减排工作负主要领导责任。企业分管节能减排工作的负责人统筹组织各项节能减排制度和措施的落实，对节能减排工作负分管领导责任。

第九条 中央企业应当建立和完善企业内部节能减排考核奖惩体系，层层分解落实节能减排责任。考核结果应当作为相关领导和人员综合考核评价的重要内容。

第十条 中央企业应当加强节能减排专业队伍建设，建立健全节能减排教育培训制度，落实对企业负责人、节能减排监督管理人员、节能减排重点岗位人员的培训。

第十一条 中央企业应当把节能减排与企业发展战略、结构调整紧密结合，优化产业结构、产品结构和能源消费结构，优化生产工艺和流程，淘汰高污染、高耗能落后生产技术、工艺和装备，推广应用节能减排新技术、新材料、新工艺、新产品。

中央企业应当按照国家产业发展规划，科学有序推进风能、太阳能、生物质能等可再生能源的开发与利用，提高能源综合利用效率。

第十二条 中央企业应当认真编制节能减排年度经费预算，多方筹集资金，加大科研投入力度，加快技术改造，在节能减排重点领域形成一批具有自主知识产权的核心技术，开发新型高效节能环保产品。

第十三条 中央企业新建和改扩建项目应当符合国家产业政策和节能环保标准，依照有关政策，实行环境影响评价和节能评估审查制度。

第三章 节能减排统计监测与报告制度

第十四条 中央企业应当建立健全节能减排统计监测体系，加强对生产过程中能源消耗和污染物排放的统计监测，提升节能减排信息化水平。

第十五条 中央企业应当加强节能减排计量、定额、统计等基础管理工作，建立能源消耗及污染物排放统计台账，严格按照国家规定的口径、范围、折算标准和方法对能源消耗指标和污染物排放指标进行定期收集、汇总和分析。

第十六条 中央企业应当确保节能减排统计数据的完整性和准确性，通过企业自我检查、第三方检测、内部审计、外部审计等多种形式对节能减排效果进行评估和核定。

第十七条 中央企业应当建立健全节能减排工作报告制度。

中央企业应当建立内部节能减排工作逐级汇总报告制度，并定期将本企业节能减排汇总报表和总结分析报告报送国资委。

重点类、关注类和一般类企业分别按季度、半年度和年度上报汇总报表和总结分析报告。年度汇总报表和总结分析报告应当于次年2月28日前报送；季度报表、半年报表和总结分析报告应当于报告期满之次月20日前报送。

中央企业节能减排总结分析报告应当包括本企业能耗和主要污染物排放状况及变化、节能减排管理情况、节能减排措施、节能减排成效、存在的问题及改进措施等内容。重点类和关注类企业应当开展与同行业节能减排技术指标的对标和分析。

第十八条　中央企业应当将本企业节能减排重要科研成果、重大违规和环保事故、各级政府有关部门对本企业及其所属企业年度考核情况等重要事项及时报告国资委。

第四章　节能减排考核

第十九条　国资委将中央企业节能减排工作纳入中央企业负责人经营业绩考核体系，作为对中央企业负责人经营业绩考核的内容。

第二十条　国资委对中央企业节能减排实行分类考核。重点类和关注类企业考核反映企业行业特点的综合性能耗指标和主要污染物排放指标。一般类企业根据行业特点确定定量或定性考核指标。

第二十一条　中央企业应当根据国家节能减排有关政策、企业所处行业特点和节能减排水平，对照同行业国际国内先进水平，提出科学合理的节能减排考核目标。

第二十二条　国资委对中央企业节能减排考核目标进行审核，并在中央企业负责人任期经营业绩考核责任书中明确。

第二十三条　国资委对中央企业节能减排考核目标执行情况实施动态监控。

第二十四条　中央企业节能减排按照下列程序进行考核：

（一）中央企业负责人任期经营业绩考核期末，中央企业对任期节能减排考核目标完成情况进行审查和总结分析，对本企业及其所属企业与政府主管部门签订的节能减排考核目标完成情况进行专项说明，并将审查结果和分析报告报送国资委。

（二）国资委对企业报送的节能减排考核目标完成情况进行审核。对于经过国家节能减排主管部门考核和监测的企业，国资委依据节能减排主管部门审查的相关数据进行核实；对于其他企业，国资委通过审核企业节能减排总结分析报告、现场核查、委托中介机构专项审计等方式，对节能减排目标完成情况进行审核确认。

（三）国资委将中央企业节能减排考核情况与企业负责人经营业绩考核结果一并对外公布。

第五章　节能减排奖惩

第二十五条　中央企业发生下列情形之一的，对中央企业负责人经营业绩考核结果予以降级处理（附件2）：

（一）节能减排数据严重不实，弄虚作假的；

（二）发生重大（含重大）以上环境责任事故，造成重大社会影响的；

（三）发生节能减排重大违法违规事件，造成恶劣影响的。

第二十六条　中央企业发生下列情形之一的，对中央企业负责人经营业绩考核结果给予扣分处理（附件2）：

（一）未完成任期节能减排考核目标的；

（二）发生较大和一般环境责任事故的；

（三）被国家节能减排主管部门通报，造成较大负面影响的。

第二十七条　对节能减排成效突出的中央企业，国资委授予“节能减排优秀企业奖”，并给予适当奖励。

第二十八条　授予“节能减排优秀企业奖”的中央企业应当符合下列条件：

（一）完成与国资委签订的任期节能减排考核目标和与政府主管部门签订的节能减排考核目标；

（二）建立较为完善的节能减排组织管理、统计监测和考核奖惩体系；

（三）中央企业负责人任期经营业绩考核结果为C级及以上。

（四）除符合以上三项基本条件外，还应当具备下列条件之一：

1. 中央企业负责人任期经营业绩考核期末，企业主要产品单位能耗、污染物排放水平达到国内同行业最好水平，接近或达到国际同行业先进水平；

2. 中央企业负责人任期经营业绩考核期内，能源利用效率、单位综合能耗降低率、主要污染物排放总量降低率在中央企业居于前列；

3. 中央企业负责人任期经营业绩考核期内，在节能减排技术创新方面取得重大突破，在推动全行业、全社会节能减排方面作出突出贡献。

第二十九条　国资委对节能减排工作成绩突出的企业和个人予以表彰。

第六章　附　　则

第三十条　本办法所指环境责任事故，依据《国家突发环境事件应急预案》确定。

第三十一条　本办法由国资委负责解释。

第三十二条　本办法自公布之日起施行。

第九部分

投资统计

综　合

一、国民经济和社会发展总量与速度指标

指　　标	总量指标					速度指标（%）						
						指数（2009 为以下各年）				平均增长速度		
	1978	1990	2000	2008	2009	1978	1990	2000	2008	1979-2009	1991-2009	2001-2009
人口与就业												
人口(万人)												
总人口（年末）	96259	114333	126743	132802	133474	138.7	116.7	105.3	100.5	1.1	0.8	0.6
男性人口	49567	58904	65437	68357	68652	138.5	116.5	104.9	100.4	1.1	0.8	0.5
女性人口	46692	55429	61306	64445	64822	138.8	116.9	105.7	100.6	1.1	0.8	0.6
城镇人口	17245	30195	45906	60667	62186	360.6	205.9	135.5	102.5	42	3.9	3.4
乡村人口	79014	84138	80837	72135	71288	90.2	84.7	88.2	98.8	-0.3	-0.9	-1.4
就业(万人)												
就业人员数	40152	64749	72085	77480	77995	194.2	120.5	108.2	100.7	22	1.0	0.9
城镇登记失业人数	530	383	595	886	921	173.8	240.5	154.8	104.0	1.8	4.7	5.0
宏观经济												
国民经济核算（亿元）												
国民总收入	3645.2	18718.3	98000.5	316228.8	343464.7	1878.7	665.1	250.3	109.3	9.9	10.5	10.7
国内生产总值	3645.2	18667.8	99214.6	314045.4	340506.9	1862.5	661.2	245.1	109.1	9.9	10.5	10.5
第一产业	1027.5	5062.0	14944.7	33702.0	35226.0	401.8	210.7	145.0	104.2	4.6	4.0	42
第二产业	1745.2	7717.4	45555.9	149003.4	157638.8	2849.4	936.9	263.4	109.9	11.4	12.5	11.4
第三产业	872.5	5888.4	38714.0	131340.0	147642.1	2516.0	694.8	263.2	109.3	11.0	10.7	11.4
支出法国内生产总值	3605.6	19347.8	98749.0	314901.3	345023.6							
最终消费支出	2239.1	12090.5	61516.0	152346.6	165526.8							
居民消费	1759.1	9450.9	45854.6	110594.5	121129.9							
政府消费	480.0	2639.6	15661.4	41752.1	44396.9							
资本形成总额	1377.9	6747.0	34842.8	138325.3	164463.5							
存货增加	304.0	1919.2	998.4	10240.9	7783.7							
固定资本形成总额	1073.9	4827.8	33844.4	128084.4	156679.8							

续表

指　标	总量指标					速度指标（%）						
						指数（2009为以下各年）				平均增长速度		
	1978	1990	2000	2008	2009	1978	1990	2000	2008	1979-2009	1991-2009	2001-2009
货物和服务净出口	-11.4	510.3	2390.2	24229.4	15033.3							
固定资产投资(亿元)												
全社会固定资产投资总额		4517.0	32917.7	172828.4	224598.8		4972.3	682.3	130.0		22.5	22.6
城　镇		3274.4	26221.8	148738.3	193920.4		5922.3	739.5	130.4		23.7	23.9
#房地产开发		253.3	4984.1	31203.2	36241.8		14310.7	727.1	116.1		31.6	25.6
农　村		1242.6	6695.9	24090.1	30678.4		2468.9	458.2	127.3		18.2	16.7
全社会施工房屋建筑面积(万平方米)		137171	265294	632261	754189		549.8	284.3	119.3		9.4	12.3
全社会竣工房屋建筑面积(万平方米)		107952	181974	260307	302117		279.9	166.0	116.1		5.6	5.8
消费												
社会消费品零售总额(亿元)	1559	8300	39106	114830	132678	8512.7	1598.5	339.3	115.5	15.4	15.7	14.5
对外贸易												
货物进出口总额(亿美元)	206.4	1154.4	4742.9	25632.6	22075.4	10695.4	1912.3	465.4	86.1	16.3	16.8	18.6
出口额	97.5	620.9	2492.0	14306.9	12016.1	12324.2	1935.3	482.2	84.0	16.8	16.9	19.1
进口额	108.9	533.5	2250.9	11325.6	10059.2	9237.1	1885.5	446.9	88.8	15.7	16.7	18.1
实际利用外资额												
外商直接投资(亿美元)		34.9	407.2	924.0	900.3		2582.0	221.1	97.4		18.7	9.2
外商其他投资(亿美元)		2.7	86.4	28.6	17.7		660.8	20.5	62.0		10.4	-16.1
财政（亿元）												
国家财政收入	1132.3	2937.1	13395.2	61330.4	68518.3	6051.5	2332.9	511.5	111.7	14.2	18.0	19.9
中　央	175.8	992.4	6989.2	32680.6	35915.7	20433.4	3619.0	513.9	109.9	18.7	20.8	19.9
地　方	956.5	1944.7	6406.1	28649.8	32602.6	3408.6	1676.5	508.9	113.8	12.1	16.0	19.8
国家财政支出	1122.1	3083.6	15886.5	62592.7	76299.9	6799.8	2474.4	480.3	121.9	14.6	18.4	19.0
中　央	532.1	1004.5	5519.9	13344.2	15255.8	2867.0	1518.8	276.4	114.3	11.4	15.4	12.0
地　方	590.0	2079.1	10366.7	49248.5	61044.1	10347.0	2936.1	588.9	124.0	16.1	19.5	21.8
物价总指数（上年=100）												
居民消费价格指数	100.7	103.1	100.4	105.9	99.3							
商品零售价格指数	100.7	102.1	98.5	105.9	98.8							
工业品出厂价格指数	100.1	104.1	102.8	106.9	94.6							
原材料、燃料、动力购进价格指数		105.6	105.1	110.5	92.1							
固定资产投资价格指数			101.1	108.9	97.6							
能源生产与消费（万吨标准煤）												
能源生产总量	62770	103922	135048	260552	274618	437.5	264.3	203.3	105.4	4.9	5.2	8.2
能源消费总量	57144	98703	145531	291448	306647	536.6	310.7	210.7	105.2	5.6	6.1	8.6

续表

指　　标	总量指标					速度指标（%）						
						指数（2009 为以下各年）				平均增长速度		
	1978	1990	2000	2008	2009	1978	1990	2000	2008	1979-2009	1991-2009	2001-2009
产　业												
农业												
农林牧渔业总产值（亿元）	1397.0	7662.1	24915.8	58002.2	60361.0	612.2	300.2	156.4	104.6	6.0	6.0	5.1
主要农产品产量(万吨)												
粮　食	30476.5	44624.3	46217.5	52870.9	53082.1	174.2	119.0	114.9	100.4	1.8	0.9	1.6
棉　花	216.7	450.8	441.7	749.2	637.7	294.3	141.5	144.4	85.1	3.5	1.8	4.2
油　料	521.8	1613.2	2954.8	2952.8	3154.3	604.5	195.5	106.8	106.8	6.0	3.6	0.7
甘　蔗	2111.6	5762.0	6828.0	12415.2	11558.7	547.4	200.6	169.3	93.1	5.6	3.7	6.0
甜　菜	270.2	1452.5	807.3	1004.4	717.9	265.7	49.4	88.9	71.5	3.2	-3.6	-1.3
茶　叶	26.8	54.0	68.3	125.8	135.9	507.1	251.6	198.9	108.1	5.4	5.0	7.9
水　果	657.0	1874.4	6225.1	19220.2	20395.5	3104.5	1088.1	327.6	106.1	11.7	13.4	14.1
肉　类			6013.9	7278.7	7649.7			127.2	105.1			2.7
奶　类			919.1	3781.5	3732.6			406.1	98.7			16.8
水产品	465.4	1237.0	3706.2	4895.6	5116.4	1099.5	413.6	138.0	104.5	8.0	7.8	3.6
工业												
主要工业产品产量												
原　煤（亿吨）	6.18	10.80	13.84	28.02	29.73	481.1	275.3	214.8	106.1	5.2	5.5	8.9
原　油（万吨）	10405	13831	16300	19043	18949	182.1	137.0	116.3	99.5	2.0	1.7	1.7
天然气（亿立方米）	137.3	153.0	272.0	803.0	852.7	621.0	557.4	313.5	106.2	6.1	9.5	13.5
发电量（亿千瓦小时）	2566	6212	13556	34958	37147	1447.6	598.0	274.0	106.3	9.0	9.9	11.9
成品糖（万吨）	227	582	700	1433	1338	589.6	230.0	191.2	93.4	5.9	4.5	7.5
布（亿米）	110	189	277	723	753	683.1	399.1	272.0	104.2	6.4	7.6	11.8
水　泥（万吨）	6524	20971	59700	142356	164398	2519.9	783.9	275.4	115.5	11.0	11.4	11.9
粗　钢（万吨）	3178	6635	12850	50306	57218	1800.4	862.4	445.3	113.7	9.8	12.0	18.1
钢　材(万吨)	2208	5153	13146	60460	69405	3143.4	1346.9	528.0	114.8	11.8	14.7	20.3
家用洗衣机（万台）	0.04	663	1443	4447	4974	12434075.0	750.5	344.7	111.8	46.0	11.2	14.7
家用电冰箱(万台)	2.8	463	1279	4800	5930	211801.8	1280.7	463.7	123.6	28.0	14.4	18.6
房间空气调节器（万台）	0.02	24	1827	8147	8078	40391250.0	33561.5	442.2	99.2	51.7	35.8	18.0
彩色电视机（万台）	0.38	1033	3936	9187	9899	2604944.7	958.2	251.5	107.7	38.8	12.6	10.8
规模以上工业企业												
主要指标（亿元）												
工业总产值			85674	507448	548311							

续表

指标	总量指标					速度指标（%）						
						指数（2009为以下各年）				平均增长速度		
	1978	1990	2000	2008	2009	1978	1990	2000	2008	1979-2009	1991-2009	2001-2009
资产总计			126211	431306	493693			391.2	114.5			16.4
主营业务收入			84152	500020	542522			644.7	108.5			23.0
利润总额			4393	30562	34542			786.2	113.0			25.7
建筑业												
建筑业企业从业人员（万人）		1011	1994	3315	3673		363.4	184.2	110.8		7.0	7.0
建筑业总产值（亿元）		1345	12498	62037	76808		5710.6	614.6	123.8		23.7	22.4
交通运输业												
客运量（万人）	253993	772682	1478573	2867892	2976898	1172.0	385.3	201.3	103.8	8.3	7.4	8.1
铁路	81491	95712	105073	146193	152451	187.1	159.3	145.1	104.3	20	25	42
公路	149229	648085	1347392	2682114	2779081	1862.3	428.8	206.3	103.6	9.9	8.0	8.4
水运	23042	27225	19386	20334	22314	96.8	82.0	115.1	109.7	-0.1	-1.0	1.6
民航	231	1660	6722	19251	23052	9979.2	1388.7	342.9	119.7	16.0	14.9	14.7
货运量（万吨）	248946	970602	1358682	2585937	2825222	1134.9	291.1	207.9	109.3	82	5.8	8.5
铁路	110119	150681	178581	330354	333348	302.7	221.2	186.7	100.9	3.6	4.3	72
公路	85182	724040	1038813	1916759	2127834	2498.0	293.9	204.8	111.0	10.9	5.8	8.3
水运	43292	80094	122391	294510	318996	736.8	398.3	260.6	108.3	6.7	7.5	112
民航	6	37	197	408	446	6960.9	1204.1	226.5	109.3	14.7	14.0	9.5
管道	10347	15750	18700	43906	44598	431.0	283.2	238.5	101.6	4.8	5.6	10.1
沿海规模以上港口货物吞吐量(万吨)	19834	48321	125603	429599	475481	2397.3	984.0	378.6	110.7	10.8	12.8	15.9
邮电通信业												
邮电业务总量（亿元）	34.1	155.5	4792.7	23649.5	27193.5	107060.2	23464.6	761.5	115.0	25.2	33.3	25.3
函件（亿件）	28.4	54.9	77.7	73.6	75.3	265.7	137.3	96.9	102.3	32	1.7	-0.3
报刊期发数（万份）	11250	20078	20090	15658	13910	123.6	69.3	69.2	88.8	0.7	-1.9	-4.0
移动电话年末用户（万户）		1.8	8453.3	64124.5	74721.4		4083136.6	883.9	116.5		74.9	27.4
固定电话年末用户(万户)	192.5	685.0	14482.9	34035.9	31373.2	16294.0	4579.8	216.6	92.2	17.9	22.3	9.0
城市	119.2	538.4	9311.6	23155.9	21190.0	17784.3	3935.4	227.6	91.5	18.2	21.3	9.6
农村	73.4	146.6	5171.3	10880.0	10183.2	13874.7	6947.2	196.9	93.6	17.2	25.0	7.8
公用电话（万户）	12	4.6	352.0	2771.5	2708.8	232734.8	58828.1	769.5	97.7	28.4	39.9	25.4
局用交换机容量（万门）	405.9	1231.8	17825.6	50863.2	49265.6	12138.0	3999.4	276.4	96.9	16.7	21.4	12.0
旅游业												
入境旅游过夜者人数(万人次)	71.6	1048.4	3122.9	5304.9	5087.5	7105.5	485.3	162.9	95.9	14.7	8.7	5.6
国际旅游外汇收入(亿美元)	26	222	162.2	408.4	396.8	15085.6	1788.8	244.6	97.1	17.6	16.4	10.4

续表

指　　标	总量指标					速度指标（%）						
						指数（2009 为以下各年）				平均增长速度		
	1978	1990	2000	2008	2009	1978	1990	2000	2008	1979-2009	1991-2009	2001-2009
金融业												
金融机构人民币各项存款余额(亿元)	1155	13943	123804	466203	597741	51752.5	4287.1	482.8	128.2	22.3	21.9	19.1
金融机构人民币各项贷款余额(亿元)	1890	17511	99371	303468	399685	21147.4	2282.5	402.2	131.7	18.9	17.9	16.7
股票筹资额（亿元）			2103	3852	4968			236.2	129.0			10.0
保险公司保费金额(亿元)			1598	9784	11137			697.0	113.8			24.1
保险公司赔款及给付金额（亿元）			526	2971	3125			594.1	105.2			21.9
教育、科技、文化												
教育												
专任教师数（万人）												
#普通高等学校	20.6	39.5	46.3	123.7	129.5	628.6	327.8	279.8	104.7	6.1	6.4	12.1
普通中学	318.2	303.3	400.5	494.4	500.7	157.4	165.1	125.0	101.3	1.5	2.7	2.5
普通小学	522.6	558.2	586.0	562.2	563.3	107.8	100.9	96.1	100.2	0.2	0.05	-0.4
在校学生数（万人）												
#普通高等学校	85.6	206.3	556.1	2021.0	2144.7	2505.5	1039.6	385.7	106.1	10.9	13.1	16.2
普通中学	6548.3	4586.0	7368.9	8050.5	7867.9	120.2	171.6	106.8	97.7	0.6	2.9	0.7
普通小学	14624.0	12241.4	13013.3	10331.5	10071.5	68.9	82.3	77.4	97.5	-1.2	-1.0	-2.8
教育经费支出（亿元）			3849.1	14500.7								
科技												
研究与试验发展经费内部支出(亿元)			895.7	4616.0	5791.9			646.6	125.5			23.0
技术市场成交额（亿元）		75.1	650.8	2665.2	3039.0		4046.6	467.0	114.0		21.5	18.7
文化												
图书出版总印数（亿册、亿张）	37.7	56.4	62.7	70.6	70.4	186.7	124.8	112.3	99.7	2.0	1.2	1.3
故事片产量（部）	46	134	91	406	456	991.3	340.3	501.1	112.3	7.7	6.7	19.6
电视节目制作时间（万小时）		9.2	58.5	264.2	265.4		2896.9	453.6	100.4		19.4	18.3
家庭生活												
家庭												
城镇居民平均每户家庭人口(人)		3.50	3.13	2.91	2.89		82.6	92.3	99.3		-1.0	-0.9
农村居民平均每户常住人口(人)		4.80	4.20	4.01	3.98		82.9	94.8	99.2		-1.0	-0.6
婚姻												
结婚登记总数（万对）	597.8	951.1	848.5	1098.3	1212.4	202.8	127.5	142.9	110.4	2.3	1.3	4.0
离婚数（万对）	28.5	80.0	121.3	226.9	246.8	866.0	308.5	203.5	108.8	7.2	6.1	8.2
居住												

续表

指　　标	总量指标					速度指标（%）						
						指数（2009 为以下各年）				平均增长速度		
	1978	1990	2000	2008	2009	1978	1990	2000	2008	1979-2009	1991-2009	2001-2009
城市人均住宅建筑面积(平方米)	6.7	13.7	20.3									
农村居民人均住房面积(平方米)	8.1	17.8	24.8	32.4	33.6	414.8	188.8	135.5	103.6	4.7	3.4	3.4
生活												
城镇居民人均可支配收入（元）	343	1510	6280	15781	17175	895.4	452.0	233.4	109.8	7.3	8.3	9.9
农村居民人均纯收入（元）	134	686	2253	4761	5153	860.6	276.5	178.0	108.5	7.2	5.5	6.6
城乡人民币储蓄存款余额(亿元)	211	7120	64332	217885	260772	123823.2	3662.6	405.4	119.7	25.8	20.9	16.8
社会保险												
社会保险基金收入（亿元）		187	2645	13696	16116		8627.6	609.3	117.7		26.4	22.2
社会保险基金支出（亿元）		152	2386	9925	12303		8099.1	515.7	124.0		26.0	20.0
卫生												
医院、卫生院（个）	64311	62126	66095	59572	59918	93.2	96.4	90.7	100.6	-0.2	-0.2	-1.1
执业(助理)医师（万人）	97.8	176.3	207.6	220.2	232.9	238.1	132.1	112.2	105.8	2.8	1.5	1.3
医院、卫生院床位数(万张)	184.7	259.2	290.8	374.8	408.1	220.9	157.4	140.3	108.9	2.6	2.4	3.8
城市市政建设												
年供水总量（亿吨）	78.8	382.3	469.0	500.1	496.7	630.3	129.9	105.9	99.3	6.1	1.4	0.6
人工煤气供气量（亿立方米）		174.7	152.4	355.8	361.6		207.0	237.3	101.6		3.9	10.1
天然气供气量（亿立方米）		64.2	82.1	368.0	405.1		631.0	493.4	110.1		10.2	19.4
年末实有道路长度（万公里）	2.7	9.5	16.0	26.0	26.9	997.6	283.2	168.1	103.6	7.7	5.6	5.9
排水管道长度(万公里)	2.0	5.8	14.2	31.5	34.4	1759.1	593.1	242.3	109.1	9.7	9.8	10.3
年末公共交通运营数(万辆)	2.6	6.2	22.6	37.2	37.1	1435.8	598.4	164.2	99.8	9.0	9.9	5.7
园林绿地面积（万公顷）	8.2	47.5	86.5	174.7	199.3	2438.4	419.6	230.4	114.0	10.9	7.8	9.7
环境、灾害												
化学需氧量排放量（万吨）			1445	1321	1278			88.4	96.7			-1.4
二氧化硫排放量(万吨)			1995	2321	2214			111.0	95.4			1.2
交通事故发生数(起)		250244	616971	265204	238351		95.2	38.6	89.9		-0.3	-10.0
交通事故直接财产损失（万元）		35362	263290	100972	91437		258.6	34.7	90.6		5.1	-11.1
火灾发生数(起)		57302	189185	136835	129381		225.8	68.4	94.6		4.4	-4.1
火灾直接经济损失(万元)		51182	152217	182203	162391		317.3	106.7	89.1		6.3	0.7

注：1. 本表价值指标除邮电业务总量按不变价格计算外，其余均按当年价格计算。邮电业务总量 2000 年及以前按 1990 年不变价格计算，

2. 本表速度指标中，国民总收入、国内生产总值及三次产业增加值、农林牧渔业总产值、邮电业务总量和城乡居民收入指标均按可比价格计算。固定资产投资平均增长速度按累计法计算。

3. 2000 年及以后保险业务包括外资公司。

二、国民经济和社会发展结构指标

单位：%

指　　标	1978	1990	2000	2009
人口与就业				
人口				
性别结构				
男	51.5	51.5	51.6	51.4
女	48.5	48.5	48.4	48.6
城乡结构				
城镇	17.9	26.4	36.2	46.6
乡村	82.1	73.6	63.8	53.4
就业				
产业结构				
第一产业	70.5	60.1	50.0	38.1
第二产业	17.3	21.4	22.5	27.8
第三产业	12.2	18.5	27.5	34.1
宏观经济				
国民经济核算				
国内生产总值产业结构				
第一产业	28.2	27.1	15.1	10.3
第二产业	47.9	41.3	45.9	46.3
第三产业	23.9	31.6	39.0	43.4
固定资产投资				
全社会固定资产投资结构				
城镇		72.5	79.7	86.3
农村		27.5	20.3	13.7
资金来源结构				
国家预算内资金		8.7	6.4	5.1
国内贷款		19.6	20.3	15.7
利用外资		6.3	5.1	1.8
自筹和其他投资		65.4	68.2	77.4
货物进出口				
出口货物结构				
初级产品		25.6	10.2	5.3
工业制成品		74.4	89.8	94.7
进口货物结构				
初级产品		18.5	20.8	28.8
利用外资				
实际利用外资结构				
对外借款		63.5	16.8	

续表

指　　标	1978	1990	2000	2009
外商直接投资		33.9	68.6	98.1
外商其他投资		2.6	14.6	1.9
财政				
财政收入结构				
中央	15.5	33.8	52.2	52.4
地方	84.5	66.2	47.8	47.6
财政支出结构				
中央	47.4	32.6	34.7	20.0
地方	52.6	67.4	65.3	80.0
能源				
能源生产总量结构				
原煤	70.3	74.2	73.2	77.3
原油	23.7	19.0	17.2	9.9
天然气	2.9	2.0	2.7	4.1
水电、核电、风电	3.1	4.8	6.9	8.7
能源消费总量结构				
煤炭	70.7	76.2	69.2	70.4
石油	22.7	16.6	22.2	17.9
天然气	3.2	2.1	2.2	3.9
水电、核电、风电	3.4	5.1	6.4	7.8
产　　业				
农业				
农林牧渔业产值结构				
#农业	80.0	64.7	55.7	50.7
林业	3.4	4.3	3.8	3.9
牧业	15.0	25.7	29.7	32.3
渔业	1.6	5.4	10.9	9.3
工业				
工业企业资产结构				
大型企业			56.3	39.1
中型企业			12.9	32.0
小型企业			30.8	28.9
建筑业				
建筑业总产值结构				
国有企业		69.5	40.4	19.8
集体企业		30.5	32.3	4.3
港澳台商投资企业			0.8	0.4
外商投资企业			0.5	0.5
其他			25.9	75.0
交通运输业				

续表

指　　标	1978	1990	2000	2009
货运量结构				
铁　路	44.2	15.5	13.1	11.8
公　路	34.2	74.6	76.5	75.3
水　运	17.4	8.3	9.0	11.3
民　航	0.003	0.004	0.014	0.016
管道输油(气)	4.2	1.6	1.4	1.6
旅游业				
来华旅游人数结构				
外国人	12.7	6.4	12.2	17.3
港澳同胞	}	89.9	84.0	79.1
台湾同胞	86.3	3.5	3.7	3.5
金融业				
金融机构资金来源结构				
各项存款			91.4	87.7
金融债券				2.4
对国际金融机构负债			0.3	0.1
流通中现金			10.8	5.6
其他			-2.5	4.2
金融机构资金运用结构				
各项贷款			73.3	58.6
有价证券及投资			14.5	12.7
金银占款				0.1
外汇占款			10.5	28.3
财政借款			1.2	
在国际金融机构资产			0.4	0.3
教育、科技、文化				
教育				
普通学校专任教师结构				
大学	2.4	4.4	4.5	10.9
中学	36.9	33.7	38.8	41.9
小学	60.7	62.0	56.7	47.2
普通学校在校学生结构				
大学生	0.4	1.2	2.7	10.7
中学生	30.8	26.9	35.2	39.2
小学生	68.8	71.9	62.2	50.1
科技				

续表

指　标	1978	1990	2000	2009
研究与试验发展经费内部支出结构				
基础研究			5.2	4.6
应用研究			17.0	12.5
试验发展			77.8	82.9
生活、环境保护				
生活				
城镇居民消费结构				
食品		54.3	39.4	36.5
衣着		13.4	10.0	10.5
居住		7.0	11.3	10.0
家庭设备用品及服务		10.1	7.5	6.4
医疗保健		2.0	6.4	7.0
交通通信		1.2	8.5	13.7
教育文化娱乐服务		11.1	13.4	12.0
杂项商品与服务		0.9	3.4	3.9
农村居民消费结构				
食品		58.8	49.1	41.0
衣着		7.8	5.7	5.8
居住		17.3	15.5	20.2
家庭设备用品及服务		5.3	4.5	5.1
交通通讯		1.4	5.6	10.1
文教娱乐用品及服务		5.4	11.2	8.5
医疗保健		3.3	5.2	7.2
其他商品及服务		0.7	3.1	2.1
卫生				
卫生技术人员结构				
执业(助理)医师	39.7	45.2	46.2	42.1
注册护士	16.4	25.0	28.2	33.5
药师(士)	10.8	10.4	9.2	6.2
检验技师(士)	4.0	4.4	4.5	4.0
环境保护				
工业污染治理投资结构				
治理废水			46.7	33.8
治理废气			38.7	52.5
治理固体废物			4.9	4.9
治理噪声			0.6	0.3
其他			9.1	8.5

三、国民经济和社会发展比例与效益指标

指　　标	1978	1990	2000	2009
人口与就业				
出生率(‰)	18.25	21.06	14.03	12.13
死亡率(‰)	6.25	6.67	6.45	7.08
自然增长率(‰)	12.00	14.39	7.58	5.05
城镇登记失业率(%)	5.3	2.5	3.1	4.3
国民经济核算				
人均国内生产总值(元)	381	1644	7858	25575
固定资产投资				
全社会固定资产投资相当于国内生产总值比例(%)		24.2	33.2	66.0
全社会房屋建筑面积竣工率(%)		78.7	68.6	40.1
消费				
人均社会消费品零售额(元)	163	731	3097	9965
对外贸易				
进出口总额相当于国内生产总值比例(%)	9.7	29.8	39.6	44.2
财政				
国家财政收入相当于国内生产总值比例(%)	31.1	15.7	13.5	20.1
国家财政支出相当于国内生产总值比例(%)	30.8	16.5	16.0	22.4
外债				
偿债率(%)		8.7	9.2	2.9
负债率(%)		13.5	13.5	8.7
债务率(%)		91.6	52.1	32.2
能源				
能源生产弹性系数		0.58	0.28	0.59
电力生产弹性系数		1.63	1.12	0.78
能源消费弹性系数		0.47	0.42	0.57
电力消费弹性系数		1.63	1.13	0.79
单位国内生产总值能耗(吨标准煤/万元)				1.077
农业				
每公顷播种面积农产品产量(公斤)				
粮食	2527	3933	4261	4871
棉花	445	807	1093	1288
油料	839	1480	1919	2310
工业				
总资产贡献率(%)			9.00	13.44
资产负债率(%)			60.81	57.88
流动资产周转次数(次/年)			1.62	2.43
成本费用利润率(%)			5.56	6.91
产品销售率(%)			97.67	97.78

续表

指　　标	1978	1990	2000	2009
建筑业				
建筑业劳动生产率(元／人)(按增加值计算)			15929	37640
技术装备率(元／人)		2467	6304	10088
产值利税率(%)		5.1	4.6	7.0
交通运输业				
铁路网密度(公里／万平方公里)	53.9	60.3	71.6	89.1
公路网密度(公里／万平方公里)	927	1071	1461	4022
邮电通信业				
电话普及率(含移动电话)(部/百人)			19.1	79.9
移动电话普及率(部/百人)			6.8	56.3
旅游业				
每一来华游客花费(美元)		81	194	314
国内旅游人均花费(元)			427	535
金融业				
金融机构存款相当于国内生产总值比例(%)	31.7	74.7	124.8	175.5
金融机构贷款相当于国内生产总值比例(%)	51.9	93.8	100.2	117.4
金融机构现金支出相当于收入比例(%)	101.2	101.7	100.4	100.5
教育				
高中升学率(%)		27.3	73.2	77.6
初中升学率(%)	40.9	40.6	51.2	85.6
小学升学率(%)	87.7	74.6	94.9	99.1
学龄儿童净入学率(%)	95.5	97.8	99.1	99.4
科技				
研究与试验发展经费内部支出相当于国内生产总值比例(%)			0.90	1.70
卫生				
每万人口执业(助理)医师数(人)	10.8	15.6	16.8	17.5
每万人口医院、卫生院床位数(张)	19.3	23.2	23.8	30.6
医疗机构病床使用率(%)		80.9	60.8	77.7
城市市政建设				
用水普及率(%)		48.0	63.9	96.1
燃气普及率(%)		19.1	45.4	91.4
人均公园绿地面积(平方米)		1.8	3.7	10.7

注：计算单位能耗的国内生产总值按 2005 年不变价计算。

四、按区域分的国民经济和社会发展主要指标（2009年）

指　　标	全国总计	东部地区		中部地区		西部地区		东北地区	
		绝对数	占全国比重(%)	绝对数	占全国比重(%)	绝对数	占全国比重(%)	绝对数	占全国比重(%)
自然资源									
土地面积　（万平方公里）	960.0	91.6	9.5	102.8	10.7	686.7	71.5	78.8	8.2
人口									
年底总人口　（万人）	13347	48442	36.8	35603	27.0	36729	27.9	10884	8.3
劳动就业									
城镇就业人员　（万人）	31120	10962	49.0	4458.	19.9	4760.	21.3	2180.	9.7
城镇登记失业率　(%)	4.3	3.2		3.9		4.0		4.0	
国民经济核算									
国内(地区)生产总　(亿元)	34050	19667	53.8	70577	19.3	66973	18.3	31078	8.5
第一产业	35226	12875	36.5	9606.	27.3	9198.	26.1	3549.	10.1
第二产业	15763	97050	53.9	35554	19.8	31782	17.7	15509	8.6
#工业	13523	86695	55.0	30683	19.5	26588	16.9	13530	8.6
第三产业	14764	86749	57.8	25417	16.9	25992	17.3	12019	8.0
人均国内(地区)生产总值	25575	40800		19862		18286		28566	
固定资产投资									
全社会固定资产投资总额	22459	95548	43.7	49851	22.8	49686	22.7	23732	10.8
#房地产开发	36241	18462	50.9	6620.	18.3	7198.	19.9	3961.	10.9
国内商业									
社会消费品零售总额（亿元）	13267	71058	53.6	26409	19.9	23038	17.4	12171	9.2
对外贸易									
货物进出口总额　（亿美元）	22075	19470	88.2	779.0	3.5	916.7	4.2	909.1	4.1
出口额	12016	10610	88.3	419.1	3.5	520.4	4.3	466.2	3.9
进口额	10059	8860.	88.1	359.9	3.6	396.3	3.9	442.8	4.4
财政									
地方财政收入　（亿元）	32602	18786	57.6	5039.	15.5	6056.	18.6	2720.	8.3
地方财政支出　（亿元）	61044	24951	40.9	12473	20.4	17580	28.8	6039.	9.9
物价									
居民消费价格总指数(上年=100)	99.3	99.0		99.4		100.3		100.1	
农业									
主要农产品产量　（万吨）									

续表

指　标	全国总计	东部地区		中部地区		西部地区		东北地区	
		绝对数	占全国比重(%)	绝对数	占全国比重(%)	绝对数	占全国比重(%)	绝对数	占全国比重(%)
粮食	53082	13817	26.0	16615.2	31.3	14245.4	26.8	8404.0	15.8
棉花	637.7	188.4	29.5	176.5	27.7	272.5	42.7	0.3	0.05
油料	3154	809.0	25.6	1385.7	43.9	825.7	26.2	133.9	4.2
工业									
主要工业产品产量									
原煤（亿吨）	29.7	2.8	9.6	10.6	35.9	14.1	47.8	2.0	6.7
原油（万吨）	18949	7280.9	38.4	555.4	2.9	5472.1	28.9	5640.6	29.8
发电量（亿千瓦小时）	37146	15269	41.1	8628.4	23.2	10821.3	29.1	2427.3	6.5
粗钢（万吨）	57218	31771	55.5	11855.3	20.7	7418.2	13.0	6172.9	10.8
水泥（万吨）	16439	69033	42.0	42764.8	26.0	41611.0	25.3	10988.2	6.7
交通运输业									
铁路营业里程（公里）	85518	19144	22.4	19721	23.1	32754	38.3	13899	16.3
公路里程(公里)	38608	97083	25.1	104444	27.1	150453	39.0	341017	8.8
#高速公路	65055	23834	36.6	17546	27.0	18589	28.6	5087	7.8
旅客周转量（亿人公里）	24834	8378.7	39.0	6232.4	29.0	5115.2	23.8	1733.5	8.1
货物周转量（亿吨公里）	12213	60506.	54.5	22279.9	20.1	17732.6	16.0	10565.9	9.5
邮电通信业									
邮电业务总量(亿元)	27193	14161	52.1	4951.9	18.2	5891.8	21.7	2188.2	8.0
教育									
普通高等学校									
学校数(个)	2305	915	39.7	596	25.9	554	24.0	240	10.4
招生数(万人)	639.5	257.2	40.2	179.0	28.0	143.5	22.4	59.7	9.3
在校学生数(万人)	2144	876.1	40.9	585.3	27.3	474.0	22.1	209.2	9.8
毕业生数(万人)	531.1	221.1	41.6	148.9	28.0	110.2	20.8	50.8	9.6
卫生									
卫生机构数(个)	91657	29898	32.6	262433	28.6	280053	30.6	75097	8.2
#医院、卫生院	59918	16728	27.9	15488	25.8	22562	37.7	5140	8.6
卫生技术人员(万人)	553.5	221.0	39.9	140.6	25.4	138.5	25.0	53.4	9.7
#执业(助理)医师	232.9	91.3	39.2	58.3	25.0	60.2	25.9	23.0	9.9
医疗机构床位数(万张)	441.7	163.7	37.1	113.6	25.7	119.8	27.1	44.6	10.1
#医院、卫生院	408.1	150.2	36.8	104.9	25.7	112.1	27.5	40.9	10.0
人民生活									
城镇居民可支配收入(元)	17175	20953		14367		14213		14324	
农村居民人均纯收入(元)	5153	7156		4793		3816		5457	

注：1.1980 年以后国民总收入(原称国民生产总值)与国内生产总值的差额为国外净要素收入。

2.2009 年为初步核实数据。

3.2005-2008 年数据在第二次经济普查后作了修订。

五、国内生产总值

单位：亿元

年份	国民总收入	国内生产总值	第一产业	第二产业	工业	建筑业	第三产业	人均国内生产总值(元)
1978	3645.2	3645.2	1027.5	1745.2	1607.0	138.2	872.5	381
1979	4062.6	4062.6	1270.2	1913.5	1769.7	143.8	878.9	419
1980	4545.6	4545.6	1371.6	2192.0	1996.5	195.5	982.0	463
1981	4889.5	4891.6	1559.5	2255.5	2048.4	207.1	1076.6	492
1982	5330.5	5323.4	1777.4	2383.0	2162.3	220.7	1163.0	528
1983	5985.6	5962.7	1978.4	2646.2	2375.6	270.6	1338.1	583
1984	7243.8	7208.1	2316.1	3105.7	2789.0	316.7	1786.3	695
1985	9040.7	9016.0	2564.4	3866.6	3448.7	417.9	2585.0	858
1986	10274.4	10275.2	2788.7	4492.7	3967.0	525.7	2993.8	963
1987	12050.6	12058.6	3233.0	5251.6	4585.8	665.8	3574.0	1112
1988	15036.8	15042.8	3865.4	6587.2	5777.2	810.0	4590.3	1366
1989	17000.9	16992.3	4265.9	7278.0	6484.0	794.0	5448.4	1519
1990	18718.3	18667.8	5062.0	7717.4	6858.0	859.4	5888.4	1644
1991	21826.2	21781.5	5342.2	9102.2	8087.1	1015.1	7337.1	1893
1992	26937.3	26923.5	5866.6	11699.5	10284.5	1415.0	9357.4	2311
1993	35260.0	35333.9	6963.8	16454.4	14188.0	2266.5	11915.7	2998
1994	48108.5	48197.9	9572.7	22445.4	19480.7	2964.7	16179.8	4044
1995	59810.5	60793.7	12135.8	28679.5	24950.6	3728.8	19978.5	5046
1996	70142.5	71176.6	14015.4	33835.0	29447.6	4387.4	23326.2	5846
1997	78060.8	78973.0	14441.9	37543.0	32921.4	4621.6	26988.1	6420
1998	83024.3	84402.3	14817.6	39004.2	34018.4	4985.8	30580.5	6796
1999	88479.2	89677.1	14770.0	41033.6	35861.5	5172.1	33873.4	7159
2000	98000.5	99214.6	14944.7	45555.9	40033.6	5522.3	38714.0	7858
2001	108068.2	109655.2	15781.3	49512.3	43580.6	5931.7	44361.6	8622
2002	119095.7	120332.7	16537.0	53896.8	47431.3	6465.5	49898.9	9398
2003	135174.0	135822.8	17381.7	62436.3	54945.5	7490.8	56004.7	10542
2004	159586.7	159878.3	21412.7	73904.3	65210.0	8694.3	64561.3	12336
2005	185808.6	184937.4	22420.0	87598.1	77230.8	10367.3	74919.3	14185
2006	217522.7	216314.4	24040.0	103719.5	91310.9	12408.6	88554.9	16500
2007	267763.7	265810.3	28627.0	125831.4	110534.9	15296.5	111351.9	20169
2008	316228.8	314045.4	33702.0	149003.4	130260.2	18743.2	131340.0	23708
2009	343464.7	340506.9	35226.0	157638.8	135239.9	22398.8	147642.1	25575

注：1.1980 年以后国民总收入(原称国民生产总值)与国内生产总值的差额为国外净要素收入。

2.2009 年为初步核实数据。

3.2005-2008 年数据在第二次经济普查后作了修订。

六、国内生产总值构成

单位：%

年　份	国内生产总　值	第一产业	第二产业			第三产业
				工　业	建筑业	
1978	100.0	28.2	47.9	44.1	3.8	23.9
1979	100.0	31.3	47.1	43.6	3.5	21.6
1980	100.0	30.2	48.2	43.9	4.3	21.6
1981	100.0	31.9	46.1	41.9	4.2	22.0
1982	100.0	33.4	44.8	40.6	4.1	21.8
1983	100.0	33.2	44.4	39.9	4.5	22.4
1984	100.0	32.1	43.1	38.7	4.4	24.8
1985	100.0	28.4	42.9	38.3	4.6	28.7
1986	100.0	27.2	43.7	38.6	5.1	29.1
1987	100.0	26.8	43.6	38.0	5.5	29.6
1988	100.0	25.7	43.8	38.4	5.4	30.5
1989	100.0	25.1	42.8	38.2	4.7	32.1
1990	100.0	27.1	41.3	36.7	4.6	31.6
1991	100.0	24.5	41.8	37.1	4.7	33.7
1992	100.0	21.8	43.4	38.2	5.3	34.8
1993	100.0	19.7	46.6	40.2	6.4	33.7
1994	100.0	19.8	46.6	40.4	6.2	33.6
1995	100.0	19.9	47.2	41.0	6.1	32.9
1996	100.0	19.7	47.5	41.4	6.2	32.8
1997	100.0	18.3	47.5	41.7	5.9	34.2
1998	100.0	17.6	46.2	40.3	5.9	36.2
1999	100.0	16.5	45.8	40.0	5.8	37.7
2000	100.0	15.1	45.9	40.4	5.6	39.0
2001	100.0	14.4	45.1	39.7	5.4	40.5
2002	100.0	13.7	44.8	39.4	5.4	41.5
2003	100.0	12.8	46.0	40.5	5.5	41.2
2004	100.0	13.4	46.2	40.8	5.4	40.4
2005	100.0	12.1	47.4	41.8	5.6	40.5
2006	100.0	11.1	47.9	42.2	5.7	40.9
2007	100.0	10.8	47.3	41.6	5.8	41.9
2008	100.0	10.7	47.4	41.5	6.0	41.8
2009	100.0	10.3	46.3	39.7	6.6	43.4

固定资产投资

一、全社会固定资产投资

指　　标	2008	2009	2009年比上年增长(%)
投资总额(亿元)	**172828.4**	**224598.8**	**30.0**
按城乡分			
城镇	148738.3	193920.4	30.4
#房地产开发	31203.2	36241.8	16.1
农村	24090.1	30678.4	27.3
#农户	5951.8	7434.5	24.9
按构成分			
建筑安装工程	104958.9	138758.3	32.2
设备工具器具购置	40594.1	50844.2	25.3
其他费用	27275.5	34996.2	28.3
按三次产业分			
第一产业	5064.5	6894.9	36.1
第二产业	76961.3	96250.8	25.1
第三产业	90802.7	121453.1	33.8
投资资金来源(亿元)	**182915.3**	**250229.7**	**36.8**
国家预算内资金	7954.8	12685.7	59.5
国内贷款	26443.7	39302.8	48.6
利用外资	5311.9	4623.7	-13.0
自筹资金	118510.4	153514.8	29.5
其他资金	24694.4	40102.6	62.4
建设规模(亿元)			
建设总规模	498441.0	647024.1	29.8
在建总规模	388122.0	500444.4	28.9
在建净规模	184516.6	246082.2	33.4
房屋建筑面积(万平方米)			
施工面积	632261.0	754189.4	19.3
#住宅	364354.4	431463.2	18.4
竣工面积	260307.0	302116.5	16.1
#住宅	159404.6	184209.5	15.6

注：1.投资资金来源为财务拨款数，各项相加不等于投资总额。

2.增长速度未扣除价格因素 (以下各表同)。

二、按城乡分全社会固定资产投资

单位：亿元

年份 地区	全社会投资	城镇	#房地产开发	农村	农户	非农户
1995	20019.3	15643.7	3149.0	4375.6	2007.9	2367.7
1996	(22974.0)	(17627.7)	(3216.4)	(5346.3)	(2544.0)	(2802.3)
	22913.5	17567.2	3216.4	5346.3	2544.0	2802.3
1997	24941.1	19194.2	3178.4	5746.9	2691.2	3055.6
1998	28406.2	22491.4	3614.2	5914.8	2681.5	3233.3
1999	29854.7	23732.0	4103.2	6122.7	2779.6	3343.1
2000	32917.7	26221.8	4984.1	6695.9	2904.3	3791.6
2001	37213.5	30001.2	6344.1	7212.3	2976.6	4235.7
2002	43499.9	35488.8	7790.9	8011.1	3123.2	4887.9
2003	55566.6	45811.7	10153.8	9754.9	3201.0	6554.0
2004	70477.4	59028.2	13158.3	11449.3	3362.7	8086.6
2005	88773.6	75095.1	15909.2	13678.5	3940.6	9737.9
2006	109998.2	93368.7	19422.9	16629.5	4436.2	12193.3
2007	137323.9	117464.5	25288.8	19859.5	5123.3	14736.2
2008	172828.4	148738.3	31203.2	24090.1	5951.8	18138.3
2009	224598.8	193920.4	36241.8	30678.4	7434.5	23243.9
北　京	4616.9	4149.6	2337.7	467.3	43.5	423.7
天　津	4738.2	4446.6	735.2	291.6	29.0	262.6
河　北	12269.8	10476.5	1520.0	1793.3	393.4	1399.8
山　西	4943.2	4509.6	477.3	433.6	178.6	255.0
内蒙古	7336.8	7143.8	815.5	193.0	84.1	108.8
辽　宁	12292.5	11605.1	2640.6	687.4	228.1	459.2
吉　林	6411.6	5958.9	756.7	452.6	164.4	288.2
黑龙江	5028.8	4695.7	563.9	333.1	316.5	16.5
上　海	5043.8	4618.9	1462.1	424.8	1.5	423.3

续表

年份 地区	全社会投资	城镇	#房地产开发	农村	农户	非农户
江苏	18949.9	14266.8	3338.5	4683.1	351.3	4331.8
浙江	10742.3	7454.3	2254.3	3288.0	434.7	2853.3
安徽	8990.7	7945.5	1669.8	1045.2	390.8	654.5
福建	6231.2	5548.6	1136.3	682.6	181.1	501.5
江西	6643.1	6008.1	634.5	635.0	251.0	384.0
山东	19034.5	15439.1	2428.7	3595.4	642.5	2952.9
河南	13704.5	11454.9	1553.8	2249.6	780.1	1469.5
湖北	7866.9	7183.7	1200.4	683.2	281.0	402.2
湖南	7703.4	6880.0	1084.6	823.4	298.1	525.2
广东	12933.1	10230.1	2961.3	2703.1	274.3	2428.8
广西	5237.2	4689.9	813.7	547.4	303.5	243.9
海南	988.3	942.7	288.0	45.6	26.7	19.0
重庆	5214.3	4855.1	1238.9	359.2	90.2	268.9
四川	11371.9	9090.1	1588.4	2281.8	894.9	1386.9
贵州	2412.0	2049.8	371.3	362.2	129.9	232.3
云南	4526.4	4117.5	737.5	408.9	190.4	218.5
西藏	378.3	327.6	15.7	50.6		50.6
陕西	6246.9	5888.4	941.6	358.5	199.9	158.7
甘肃	2363.0	2076.4	204.1	286.6	110.7	175.9
青海	798.2	689.1	72.8	109.1	23.0	86.2
宁夏	1075.9	964.2	162.7	111.7	37.2	74.6
新疆	2725.5	2434.1	235.9	291.3	103.9	187.4
不分地区	5779.7	5779.7				

注：自 1997 年起，除房地产投资、农村集体投资、个人投资以外，投资统计的起点由 5 万元提高到 50 万元。为便于比较，对 1996 年的相应数据作了全面调整，括号内为原口径数，未加括号的为调整后的新口径数 (以下有关各表同)。

三、各地区全社会固定资产投资资金来源

单位：亿元

年　份 地　区	本年资金来源小计	国家预算内资金	国内贷款	利用外资	自筹资金	其他资金
1995	20524.9	621.1	4198.7	2295.9	10647.9	2761.3
1996	(23419.0)	(629.7)	(4576.5)	(2747.4)	(11197.4)	(4388.4)
	23358.6	625.9	4573.7	2746.6	11151.0	4261.4
1997	25259.7	696.7	4782.6	2683.9	12556.1	4540.4
1998	28716.9	1197.4	5542.9	2617.0	14015.6	5344.2
1999	29754.6	1852.1	5725.9	2006.8	14638.1	5531.6
2000	33110.3	2109.5	6727.3	1696.3	16317.3	6260.1
2001	37987.0	2546.4	7239.8	1730.7	18914.0	7556.1
2002	45046.9	3161.0	8859.1	2085.0	22816.7	8125.2
2003	58616.3	2687.8	12044.4	2599.4	31449.8	9834.9
2004	74564.9	3254.9	13788.0	3285.7	41272.6	12963.7
2005	94590.8	4154.3	16319.0	3978.8	55105.8	15033.0
2006	118957.0	4672.0	19590.5	4334.3	71076.5	19283.7
2007	150803.6	5857.1	23044.2	5132.7	91373.2	25396.4
2008	182915.3	7954.8	26443.7	5311.9	118510.4	24694.4
2009	250229.7	12685.7	39302.8	4623.7	153514.8	40102.6
北　京	8503.6	99.1	2883.0	39.3	2438.3	3043.9
天　津	5351.0	64.4	1293.3	140.9	2956.2	896.2
河　北	13304.5	405.9	1595.0	85.1	9978.8	1239.6
山　西	4769.3	355.2	856.7	20.9	3000.4	536.1
内蒙古	7250.3	420.1	708.3	14.7	5801.5	305.6
辽　宁	13326.5	626.4	1823.9	427.9	9112.0	1336.2
吉　林	6458.2	258.9	463.0	48.9	5249.2	438.1
黑龙江	5158.7	345.6	377.1	50.2	3799.3	586.6

续表

年份 地区	本年资金来源小计	国家预算内资金	国内贷款	利用外资	自筹资金	其他资金
上 海	6393.9	87.4	1463.3	169.5	2846.0	1827.7
江 苏	22580.2	277.8	2774.4	1113.9	14063.9	4350.2
浙 江	13100.6	454.3	2177.1	246.2	7026.7	3196.3
安 徽	9709.5	552.6	1065.1	96.2	6692.6	1302.9
福 建	6969.3	509.0	1355.9	194.1	3469.1	1441.3
江 西	7627.5	454.3	697.0	184.8	5359.1	932.3
山 东	20495.5	431.5	2344.2	513.9	14743.5	2462.5
河 南	14011.5	392.6	1120.9	53.7	10974.2	1470.1
湖 北	8596.5	689.3	1399.6	71.0	5395.9	1040.6
湖 南	8176.6	658.7	1198.1	80.6	5210.9	1028.4
广 东	15464.5	326.1	2697.9	676.8	8466.4	3297.4
广 西	5637.5	286.9	852.1	75.8	3329.3	1093.4
海 南	1192.4	111.1	313.0	36.1	471.4	260.7
重 庆	5913.9	381.3	1171.5	71.4	2942.1	1347.7
四 川	12297.1	1001.9	1791.1	50.2	6965.7	2488.3
贵 州	2824.0	265.9	701.2	10.9	1374.2	471.8
云 南	4944.0	534.5	1140.9	15.2	2401.9	851.5
西 藏	444.4	255.0	10.3		135.9	43.2
陕 西	6993.1	722.1	965.7	31.7	4389.7	883.8
甘 肃	2373.0	378.7	360.5	17.1	1294.9	321.9
青 海	800.1	130.2	148.9	8.4	387.1	125.5
宁 夏	1027.6	74.9	294.5	4.1	486.5	167.6
新 疆	2939.4	526.2	484.6	9.4	1479.0	440.1
不分地区	5595.6	608.0	2774.7	64.6	1273.2	875.1

四、各地区全社会住宅投资

单位：亿元

年　份 地　区	合　计	城　镇	#房地产	农　村	#农　户
1995	4736.7	3278.2	1753.1	1458.5	1349.9
1996	5198.5	3326.2	1699.2	1872.3	1766.4
1997	5370.7	3319.7	1539.4	2051.0	1890.7
1998	6393.8	4310.8	2081.6	2083.0	1907.2
1999	7058.8	5050.9	2638.5	2007.9	1799.1
2000	7594.1	5435.3	3312.0	2158.9	1946.5
2001	8339.1	6261.5	4216.7	2077.6	1879.5
2002	9407.1	7248.9	5227.8	2158.2	1917.7
2003	10792.3	8624.8	6776.7	2167.5	1875.1
2004	13464.1	11010.1	8837.0	2453.9	2002.2
2005	15427.2	12825.8	10860.9	2601.5	2211.6
2006	19333.1	16305.5	13638.4	3027.5	2567.1
2007	25005.0	21238.3	18005.4	3766.7	3204.1
2008	30881.2	26516.0	22440.9	4365.2	3711.5
2009	36428.2	30512.7	25613.7	5915.5	4986.2
北　京	1034.7	967.9	906.6	66.8	37.6
天　津	576.9	542.3	494.9	34.5	14.7
河　北	1800.6	1500.8	1219.2	299.7	256.2
山　西	760.1	611.2	377.9	148.8	112.1
内蒙古	732.0	702.3	573.8	29.7	26.8
辽　宁	2128.4	1984.1	1933.9	144.3	142.3
吉　林	786.8	709.0	605.3	77.8	63.9
黑龙江	810.2	727.4	442.5	82.9	81.1

续表

年份 地区	合 计	城 镇	#房地产	农 村	#农 户
上 海	922.8	920.2	918.7	2.6	0.9
江 苏	2856.3	2598.1	2423.8	258.2	185.1
浙 江	2154.3	1731.0	1581.3	423.2	350.6
安 徽	1746.7	1379.6	1175.6	367.2	311.2
福 建	1008.5	856.9	743.3	151.6	137.4
江 西	789.8	595.5	509.2	194.3	181.2
山 东	2915.2	2457.5	1860.5	457.7	370.2
河 南	2300.4	1594.2	1235.2	706.1	634.7
湖 北	1159.5	930.2	804.2	229.3	210.6
湖 南	1163.4	945.1	837.9	218.3	206.1
广 东	2631.0	2362.8	2090.1	268.2	233.8
广 西	914.7	686.2	577.2	228.5	220.1
海 南	329.7	316.7	261.9	13.0	12.0
重 庆	986.0	914.0	789.0	72.0	47.1
四 川	2373.7	1545.6	1150.0	828.1	675.5
贵 州	423.9	320.8	249.5	103.0	89.4
云 南	819.9	685.5	553.0	134.4	118.5
西 藏	52.5	28.7	11.4	23.7	
陕 西	1208.3	1090.7	780.8	117.5	106.9
甘 肃	402.7	278.4	138.3	124.3	85.8
青 海	100.3	75.2	54.6	25.0	12.6
宁 夏	162.3	141.3	126.1	21.0	15.5
新 疆	376.8	313.1	188.3	63.7	46.3
不分地区	0.2	0.2			

五、各地区按主要行业分的全社会固定资产投资
(一)

单位：亿元

年份 地区	合计	农、林、牧、渔业	采矿业	制造业	电力、燃气及水的生产和供应业	建筑业	交通运输、仓储和邮政业	信息传输、计算机服务和软件业	批发和零售业	住宿和餐饮业
2003	55566.6	1652.3	1775.2	14689.5	3962.4	924.4	6289.4	1660.7	922.7	423.0
2004	70477.4	1890.7	2395.9	19585.5	5795.1	964.0	7646.2	1657.7	1273.0	560.8
2005	88773.6	2323.7	3587.4	26576.0	7554.4	1119.0	9614.0	1581.8	1716.4	808.8
2006	109998.2	2749.9	4678.4	34089.5	8585.7	1125.5	12138.1	1875.9	2265.3	1095.7
2007	137323.9	3403.5	5878.8	44505.1	9467.6	1302.3	14154.0	1848.1	2880.3	1519.4
2008	172828.4	5064.5	7705.8	56702.4	10997.2	1555.9	17024.4	2162.6	3741.8	1959.2
2009	224598.8	6894.9	9210.8	70612.9	14434.6	1992.5	24974.7	2589.0	5132.8	2625.4
北　京	4616.9	57.4	23.1	219.2	165.6	5.2	662.5	140.0	20.2	40.4
天　津	4738.2	77.1	394.7	1446.6	283.3	27.3	483.7	51.3	68.0	27.8
河　北	12269.8	509.9	356.4	4979.3	558.3	26.6	1026.2	12.4	442.6	106.6
山　西	4943.2	194.3	688.5	907.6	531.9	22.5	735.9	88.1	83.5	43.7
内蒙古	7336.8	410.3	965.4	1602.0	1126.1	69.1	786.4	47.9	211.8	61.9
辽　宁	12292.5	322.6	388.1	4632.8	680.1	129.2	757.6	132.6	393.6	177.4
吉　林	6411.6	198.2	441.0	2696.0	353.9	40.1	423.8	57.0	226.4	71.4
黑龙江	5028.8	425.9	503.4	1097.6	363.3	54.9	651.8	146.3	136.8	45.7
上　海	5043.8	11.4	8.2	976.4	391.5	7.0	882.8	125.8	43.2	48.2
江　苏	18949.9	177.1	76.7	9453.3	661.3	113.4	1020.2	147.8	493.4	244.3
浙　江	10742.3	98.2	19.9	3979.7	585.7	36.3	1008.7	160.1	169.7	127.5
安　徽	8990.7	223.8	348.5	2999.4	308.3	262.9	460.1	91.5	212.4	125.5

续表

年份 地区	合计	农、林、牧、渔业	采矿业	制造业	电力、燃气及水的生产和供应业	建筑业	交通运输、仓储和邮政业	信息传输、计算机服务和软件业	批发和零售业	住宿和餐饮业
福　建	6231.2	124.1	109.1	1734.1	490.7	34.5	885.4	148.6	101.9	92.4
江　西	6643.1	230.2	175.7	3144.4	313.2	20.8	382.0	50.5	171.0	161.7
山　东	19034.5	512.7	532.0	7844.9	549.9	373.3	1032.5	71.1	719.6	249.3
河　南	13704.5	761.5	765.7	5587.1	606.2	21.4	583.8	76.1	370.3	166.3
湖　北	7866.9	294.8	152.1	2395.3	506.7	35.4	767.4	70.5	249.6	153.6
湖　南	7703.4	235.1	278.7	2309.7	433.6	98.2	1027.8	104.9	167.1	95.7
广　东	12933.1	149.2	114.1	3106.8	1205.9	43.7	1596.2	281.6	209.9	196.7
广　西	5237.2	218.5	159.6	1420.7	364.2	31.0	602.3	94.4	113.2	59.8
海　南	988.3	31.0	8.5	54.4	71.8	9.2	186.4	19.6	2.6	35.5
重　庆	5214.3	224.5	108.5	1381.5	257.2	100.1	643.4	53.3	37.6	18.4
四　川	11371.9	441.4	322.1	3016.9	815.8	75.9	1250.0	143.3	122.9	88.8
贵　州	2412.0	74.1	274.2	356.8	277.9	6.5	397.2	60.6	20.7	16.5
云　南	4526.4	243.0	197.7	594.5	731.4	11.5	570.9	63.4	110.1	40.2
西　藏	378.3	23.4	9.8	18.2	42.8	21.0	82.4	9.6	6.0	8.9
陕　西	6246.9	224.4	494.0	1317.2	391.9	55.6	599.5	58.8	147.1	80.0
甘　肃	2363.0	129.2	106.5	414.7	420.7	212.3	155.0	19.5	41.7	20.7
青　海	798.2	53.8	54.2	195.6	118.3	12.8	124.1	3.0	6.2	3.7
宁　夏	1075.9	45.4	110.3	279.2	184.1	5.6	90.1	13.1	5.6	3.6
新　疆	2725.5	172.2	509.3	451.2	305.9	28.9	339.9	46.0	28.1	13.2
不分地区	5779.7		514.9		337.0		4758.7			

(二)

单位：亿元

年份 地区	金融业	房地产业	租赁和商务服务业	科学研究、技术服务和地质勘查业	水利、环境和公共设施管理业	居民服务和其他服务业	教育	卫生、社会保障和社会福利业	文化、体育和娱乐业	公共管理和社会组织	国际组织
2003	90.2	13143.4	375.5	285.8	4365.8	241.6	1671.1	405.8	531.5	2153.7	2.5
2004	136.0	16678.9	420.8	333.1	5071.7	313.7	2024.8	516.7	773.4	2437.4	2.0
2005	109.5	19505.3	549.6	435.1	6274.3	363.5	2209.2	661.8	857.0	2926.8	0.2
2006	121.4	24524.4	725.6	495.3	8152.7	389.5	2270.2	769.0	955.4	2990.5	0.1
2007	157.6	32438.9	949.3	560.0	10154.3	434.7	2375.6	885.0	1243.4	3166.1	
2008	260.6	40441.8	1355.9	782.0	13534.3	522.0	2523.8	1155.6	1589.9	3748.5	0.3
2009	360.2	49358.5	2036.2	1200.8	19874.4	801.9	3521.2	1858.6	2383.4	4735.9	0.2
北　京	7.4	2572.6	26.4	59.1	351.6	6.6	65.9	41.4	77.4	75.0	
天　津	2.6	787.1	178.5	16.5	690.5	41.0	36.3	16.1	24.2	85.6	
河　北	12.0	2386.4	114.7	78.7	1133.7	52.8	141.8	115.2	90.3	125.9	
山　西	1.9	923.2	13.3	9.2	469.7	5.8	102.9	36.3	55.9	28.8	
内蒙古	23.3	966.8	27.5	41.9	595.4	28.8	98.0	45.4	79.3	149.6	
辽　宁	41.1	2862.0	161.9	95.0	899.3	59.9	129.1	84.3	132.1	213.7	
吉　林	8.3	1020.4	50.7	47.8	549.3	20.2	76.5	55.1	37.2	38.3	
黑龙江	6.5	829.7	27.2	73.1	307.6	13.3	90.3	56.2	22.5	176.8	
上　海	15.6	1570.7	118.3	24.8	666.7	3.1	41.4	25.8	62.5	20.2	
江　苏	17.6	4077.4	228.2	108.5	1386.4	103.7	219.2	88.4	142.8	190.3	
浙　江	22.2	2996.1	118.6	31.9	979.1	13.5	126.8	79.7	84.3	104.3	
安　徽	16.3	2453.3	50.4	30.8	875.7	24.1	166.9	90.2	92.4	158.4	

续表

年份 地区	金融业	房地产业	租赁和商务服务业	科学研究、技术服务和地质勘查业	水利、环境和公共设施管理业	居民服务和其他服务业	教育	卫生、社会保障和社会福利业	文化、体育和娱乐业	公共管理和社会组织	国际组织
福建	17.3	1417.4	68.4	16.2	613.3	9.2	100.2	49.5	53.1	165.7	
江西	21.7	925.1	58.0	27.8	590.4	34.5	111.6	53.1	74.2	97.0	
山东	16.2	3956.9	137.7	144.6	1236.9	109.0	245.9	133.9	402.4	765.7	
河南	12.7	2987.5	31.0	41.1	934.3	66.0	235.5	132.8	149.7	175.5	
湖北	16.8	1595.4	131.0	49.7	780.7	24.5	129.7	77.1	103.2	333.3	
湖南	12.5	1512.7	65.0	36.9	796.3	34.6	101.1	93.1	79.2	221.2	
广东	20.4	3805.2	147.5	67.9	1321.3	17.0	203.0	125.7	211.3	109.4	0.2
广西	16.9	1206.9	57.3	16.8	566.6	16.1	109.7	54.9	36.5	92.0	
海南	2.6	329.2	1.1	2.2	69.9	0.1	16.0	12.4	66.7	69.1	
重庆	8.8	1506.3	30.2	18.2	562.9	2.3	109.6	31.2	38.2	81.7	
四川	7.8	2749.4	89.7	20.3	1397.8	61.5	366.5	154.4	82.6	164.6	
贵州	7.5	547.7	7.4	8.4	224.5	6.5	40.6	17.1	15.8	52.0	
云南	6.2	1040.5	16.8	11.1	531.7	8.8	125.7	50.2	50.5	122.1	
西藏	0.4	60.1	0.5	0.5	19.7	0.6	10.0	3.6	4.9	55.8	
陕西	6.2	1212.3	57.1	73.4	751.2	19.6	151.9	62.2	56.6	488.1	
甘肃	2.8	358.2	6.7	21.7	103.4	12.9	56.2	29.0	20.1	231.6	
青海	2.3	93.8	1.7	3.7	61.9	0.6	14.2	5.8	13.5	28.7	
宁夏	1.0	195.4	1.2	1.0	66.8	1.7	30.3	10.4	11.0	20.2	
新疆	5.2	412.8	12.2	13.7	187.9	3.7	68.4	28.2	13.0	85.8	
不分地区				8.2	151.5					9.4	

六、各地区全社会建设总规模

单位：亿元

年 份 地 区	建设总规模	在建总规模	在建净规模
1995	62978.5	52026.7	26239.6
1996	75188.0	61930.7	31876.7
1997	81764.4	67126.6	33289.8
1998	90449.9	74138.2	36186.6
1999	96183.1	77120.2	36704.3
2000	102129.2	79951.1	37288.4
2001	118302.6	95244.0	49400.7
2002	135312.8	108684.1	57505.9
2003	163347.6	131733.0	69740.9
2004	212275.1	175652.6	92728.5
2005	270926.7	215349.7	116320.9
2006	326297.6	254062.3	124872.6
2007	396409.0	310890.3	150463.0
2008	498441.0	388122.0	184516.6
2009	647024.1	500444.4	246082.2
北 京	26909.7	23470.1	11547.2
天 津	15698.9	12557.7	5847.7
河 北	28093.6	19743.4	10051.4
山 西	13898.2	10896.1	5641.3
内蒙古	17834.7	12838.3	6188.4
辽 宁	30461.9	23561.1	10648.9
吉 林	11667.6	6834.7	2874.1
黑龙江	10992.7	7089.5	4037.3

续表

年 份 地 区	建设总规模	在建总规模	在建净规模
上 海	22637.1	19807.0	7082.1
江 苏	48272.3	33548.9	15251.4
浙 江	36787.8	29152.4	12578.8
安 徽	23247.8	17205.9	8108.4
福 建	22994.7	19821.2	9903.1
江 西	14861.1	9499.8	4833.0
山 东	39222.0	28466.2	12807.1
河 南	26427.9	15275.6	8240.1
湖 北	22886.9	17874.2	8412.6
湖 南	20414.1	16616.3	8109.6
广 东	47107.7	38956.0	18278.8
广 西	16762.5	13517.9	7693.4
海 南	3271.4	2818.8	1435.7
重 庆	19564.1	16652.0	8065.4
四 川	34177.5	25957.4	13623.4
贵 州	10164.4	8560.8	5116.5
云 南	17143.6	15144.0	8233.3
西 藏	825.4	592.6	246.7
陕 西	17096.7	13708.1	7218.3
甘 肃	6319.0	4935.5	2547.7
青 海	3045.1	2654.9	1385.8
宁 夏	3297.9	2754.6	1516.3
新 疆	7458.3	5506.4	2802.6
不分地区	27481.6	24427.0	15755.8

七、城镇固定资产投资建设总规模

单位：亿元

年份 地区	建设总规模	在建总规模	在建净规模
1995	56212.4	47651.1	23871.9
1996	67105.8	56584.4	29074.5
1997	72961.9	61379.8	30234.2
1998	81301.8	68223.3	32953.3
1999	86717.2	70997.5	33361.1
2000	91641.7	73255.2	33496.8
2001	106854.6	88031.7	45164.9
2002	122413.7	100673.0	52618.0
2003	147038.7	121978.1	63187.0
2004	192739.3	167566.0	84641.9
2005	247510.3	205611.8	106583.0
2006	299682.1	241300.0	118490.0
2007	366270.3	296935.4	144032.8
2008	462788.0	372392.6	177745.8
2009	600131.6	479246.0	236219.7
北　京	25971.9	22873.8	11255.3
天　津	15247.6	12300.7	5727.5
河　北	25567.4	18844.7	9543.2
山　西	13239.5	10613.3	5508.7
内蒙古	17610.2	12784.2	6164.8
辽　宁	29403.6	23029.3	10379.5
吉　林	11034.0	6536.9	2773.5
黑龙江	10650.9	7079.1	4031.7

续表

年份 地区	建设总规模	在建总规模	在建净规模
上 海	21677.8	19168.4	6818.8
江 苏	40911.3	30308.9	13810.1
浙 江	29959.9	25083.0	10692.7
安 徽	21740.5	16580.2	7800.9
福 建	22165.3	19576.1	9820.7
江 西	13949.5	9155.5	4635.2
山 东	34305.8	26157.1	11802.9
河 南	23622.5	14593.1	7816.5
湖 北	22006.6	17611.3	8283.9
湖 南	19229.4	16062.4	7895.0
广 东	42658.8	36510.7	17269.8
广 西	16110.0	13372.5	7626.6
海 南	3209.9	2797.1	1423.9
重 庆	18908.3	16296.9	7851.5
四 川	31043.1	24824.5	13025.8
贵 州	9634.8	8296.9	5007.5
云 南	16397.5	14793.8	8061.8
西 藏	765.5	568.5	240.0
陕 西	16711.0	13669.0	7204.3
甘 肃	5964.3	4821.4	2503.1
青 海	2814.3	2514.5	1291.3
宁 夏	3090.7	2635.3	1463.3
新 疆	7048.0	5359.9	2734.1
不分地区	27481.6	24427.0	15755.8

八、城镇固定资产投资建设总规模

单位：亿元

年　份 地　区	建设总规模	在建总规模	在建净规模
1995	56212.4	47651.1	23871.9
1996	67105.8	56584.4	29074.5
1997	72961.9	61379.8	30234.2
1998	81301.8	68223.3	32953.3
1999	86717.2	70997.5	33361.1
2000	91641.7	73255.2	33496.8
2001	106854.6	88031.7	45164.9
2002	122413.7	100673.0	52618.0
2003	147038.7	121978.1	63187.0
2004	192739.3	167566.0	84641.9
2005	247510.3	205611.8	106583.0
2006	299682.1	241300.0	118490.0
2007	366270.3	296935.4	144032.8
2008	462788.0	372392.6	177745.8
2009	600131.6	479246.0	236219.7
北　京	25971.9	22873.8	11255.3
天　津	15247.6	12300.7	5727.5
河　北	25567.4	18844.7	9543.2
山　西	13239.5	10613.3	5508.7
内蒙古	17610.2	12784.2	6164.8
辽　宁	29403.6	23029.3	10379.5
吉　林	11034.0	6536.9	2773.5
黑龙江	10650.9	7079.1	4031.7

续表

年份 地区	建设总规模	在建总规模	在建净规模
上　海	21677.8	19168.4	6818.8
江　苏	40911.3	30308.9	13810.1
浙　江	29959.9	25083.0	10692.7
安　徽	21740.5	16580.2	7800.9
福　建	22165.3	19576.1	9820.7
江　西	13949.5	9155.5	4635.2
山　东	34305.8	26157.1	11802.9
河　南	23622.5	14593.1	7816.5
湖　北	22006.6	17611.3	8283.9
湖　南	19229.4	16062.4	7895.0
广　东	42658.8	36510.7	17269.8
广　西	16110.0	13372.5	7626.6
海　南	3209.9	2797.1	1423.9
重　庆	18908.3	16296.9	7851.5
四　川	31043.1	24824.5	13025.8
贵　州	9634.8	8296.9	5007.5
云　南	16397.5	14793.8	8061.8
西　藏	765.5	568.5	240.0
陕　西	16711.0	13669.0	7204.3
甘　肃	5964.3	4821.4	2503.1
青　海	2814.3	2514.5	1291.3
宁　夏	3090.7	2635.3	1463.3
新　疆	7048.0	5359.9	2734.1
不分地区	27481.6	24427.0	15755.8

九、各地区城镇能源工业投资

单位：亿元

年 份 地 区	合 计	煤炭开采 及洗选业	石油及天然气 开 采 业	石油及炼焦 加 工 业	电力、热力 及燃气的生产 和供应业
2003	5508.4	436.4	946.0	322.0	3803.9
2004	7504.8	690.4	1112.3	637.9	5064.2
2005	10205.6	1162.9	1463.6	801.3	6777.8
2006	11826.3	1459.0	1822.2	939.3	7605.8
2007	13698.6	1804.6	2225.5	1415.4	8253.2
2008	16345.5	2399.2	2675.1	1827.5	9443.7
2009	19477.9	3056.9	2791.5	1839.8	11789.7
北 京	157.5	1.9	13.2	8.6	133.8
天 津	756.3		393.2	118.0	245.1
河 北	635.5	71.9	9.8	121.4	432.3
山 西	1206.4	599.7	16.5	102.5	487.6
内蒙古	1880.3	520.4	187.3	156.9	1015.7
辽 宁	885.7	31.9	89.0	192.9	571.8
吉 林	572.1	57.5	206.2	9.0	299.4
黑龙江	847.5	139.4	332.7	66.9	308.6
上 海	326.3		8.2	25.9	292.2
江 苏	486.5	17.3	25.3	26.8	417.1
浙 江	433.5	0.1		17.3	416.1
安 徽	453.1	198.2	0.2	27.8	227.0

续表

年份 地区	合计	煤炭开采及洗选业	石油及天然气开采业	石油及炼焦加工业	电力、热力及燃气的生产和供应业
福建	566.8	24.3		111.8	430.7
江西	300.0	41.4		34.6	224.0
山东	919.9	99.6	206.7	183.0	430.6
河南	940.1	315.7	75.9	59.2	489.4
湖北	494.8	14.8	30.5	19.6	429.9
湖南	406.4	101.6	0.6	20.8	283.5
广东	918.7		54.0	63.6	801.0
广西	351.1	9.7	1.9	48.0	291.4
海南	56.4		4.4	4.2	47.8
重庆	276.0	62.1	10.3	3.3	200.2
四川	823.8	94.5	17.6	28.9	682.9
贵州	396.7	121.2	0.4	19.3	255.8
云南	792.0	60.5	0.7	29.6	701.2
西藏	39.4				39.4
陕西	923.7	205.5	213.6	153.9	350.8
甘肃	530.1	54.5	17.6	60.0	398.1
青海	157.3	7.6	33.4	1.8	114.6
宁夏	296.9	102.0	4.1	17.2	173.6
新疆	795.0	103.5	323.4	106.9	261.3
不分地区	851.9		514.9		337.0

十、各地区按行业分城镇新增固定资产
(一)

单位：亿元

年份 地区	合计	农、林、牧、渔业	采矿业	制造业	电力、燃气及水的生产和供应业	建筑业	交通运输、仓储和邮政业	信息传输、计算机服务和软件业	批发和零售业	住宿和餐饮业
2003	28663.9	375.0	1182.9	6646.9	2228.4	344.3	3531.4	1053.0	535.5	204.5
2004	34731.4	458.9	1398.0	9023.3	3110.0	364.6	4237.8	1153.3	717.4	267.6
2005	45206.6	608.8	2015.8	13276.5	3429.3	374.8	5235.8	958.2	1019.4	431.7
2006	56290.9	807.0	2853.9	17268.0	4683.6	475.3	5751.0	1082.4	1266.7	580.4
2007	67367.5	1094.8	3438.5	21654.6	6151.5	584.2	6527.9	1077.7	1604.8	813.8
2008	84545.3	1694.1	3981.8	28335.2	6042.5	788.5	7802.7	1197.8	2238.9	1106.8
2009	113943.9	2529.3	5781.3	40317.0	7001.9	963.3	9593.1	1567.3	3250.9	1624.1
北　京	2135.6	1.9	19.6	98.8	134.5	11.1	213.0	56.7	8.4	23.2
天　津	2361.8	34.5	333.0	789.8	118.2	9.9	48.6	24.7	38.2	19.2
河　北	6836.6	186.5	234.2	3351.1	310.8	19.0	416.8	11.3	308.1	71.0
山　西	2436.4	91.7	448.1	507.3	323.8	18.1	181.9	37.7	52.8	31.8
内蒙古	4620.6	237.0	516.7	1120.8	722.7	44.1	400.0	41.9	166.3	59.9
辽　宁	6856.9	115.1	229.3	2905.9	341.1	93.9	405.9	86.5	322.9	126.1
吉　林	4153.8	102.1	282.1	1977.7	217.0	30.8	191.8	54.1	184.5	62.9
黑龙江	3478.0	190.3	461.5	865.3	224.7	40.2	348.1	55.7	116.8	37.0
上　海	2331.7	2.1	0.1	415.2	122.2	4.8	381.6	2.0	16.5	21.1
江　苏	10303.6	31.1	17.7	4818.9	382.1	47.2	479.9	75.7	275.9	146.0
浙　江	4135.6	12.0	0.4	1045.0	317.6	8.8	697.7	123.0	77.0	58.5

续表

年份 地区	合计	农、林、牧、渔业	采矿业	制造业	电力、燃气及水的生产和供应业	建筑业	交通运输、仓储和邮政业	信息传输、计算机服务和软件业	批发和零售业	住宿和餐饮业
安徽	4542.8	71.7	193.3	1725.8	214.7	184.7	187.4	66.7	127.1	86.2
福建	2378.6	28.6	49.4	792.2	257.1	7.1	203.3	73.9	44.2	39.7
江西	3975.6	74.4	113.6	2315.4	174.8	11.9	95.2	41.0	139.8	114.6
山东	8624.0	130.2	358.1	3590.5	294.1	137.2	414.1	37.7	400.5	123.1
河南	8177.4	287.8	575.3	3954.5	443.3	9.6	271.4	57.6	253.5	118.2
湖北	4718.0	139.8	92.6	1672.6	168.5	24.2	501.4	55.5	179.2	115.1
湖南	3571.6	83.8	167.6	1224.8	239.2	42.9	215.4	34.9	105.9	59.6
广东	5790.4	28.3	65.0	1480.4	414.1	10.3	538.6	234.2	95.5	92.5
广西	2442.6	92.8	154.3	742.6	205.9	13.0	267.8	56.0	74.8	31.7
海南	340.7	12.4		8.3	21.0	2.4	46.7	17.9	1.4	4.5
重庆	2525.2	77.4	77.6	705.3	139.2	43.2	179.8	17.9	19.8	11.8
四川	5517.6	133.5	124.9	1925.4	320.4	27.0	573.3	98.9	49.8	51.0
贵州	1101.6	20.6	62.0	165.4	106.9	4.8	224.9	56.0	12.5	6.7
云南	1812.1	84.4	120.8	317.3	163.2	2.7	124.7	51.6	26.0	29.9
西藏	221.7	17.0	3.6	6.2	36.2	15.6	40.0	8.0	2.3	6.7
陕西	2868.4	106.1	246.4	689.2	181.7	23.3	220.0	24.8	103.8	48.1
甘肃	1073.7	45.9	43.7	219.0	123.8	53.2	142.0	12.8	25.5	12.3
青海	286.6	14.6	8.3	78.3	14.7	7.6	25.7	0.8	3.5	2.5
宁夏	556.0	13.4	10.3	220.1	74.2	2.1	25.3	11.1	1.5	1.9
新疆	1880.7	62.4	363.6	587.9	194.2	12.6	58.2	40.6	16.8	11.4
不分地区	1888.0		408.2				1472.4			

（二）

单位：亿元

年份 地区	金融业	房地产业	租赁和商务服务业	科学研究、技术服务和地质勘查业	水利、环境和公共设施管理业	居民服务和其他服务业	教育	卫生、社会保障和社会福利业	文化、体育和娱乐业	公共管理和社会组织	国际组织
2003	71.4	7242.0	171.7	146.7	2222.2	43.2	994.5	263.3	219.9	1186.7	0.3
2004	111.4	7893.3	160.6	200.4	2406.5	74.4	1209.5	308.5	243.3	1392.4	0.2
2005	81.5	10419.3	268.5	196.2	3068.2	75.4	1430.4	391.6	374.7	1550.5	
2006	78.9	12968.5	279.0	258.5	3707.0	121.1	1379.6	475.6	473.8	1780.6	0.1
2007	114.6	14483.2	383.3	327.8	4390.7	175.6	1573.9	566.8	541.0	1862.9	
2008	178.6	18385.7	623.5	437.4	6122.1	244.5	1613.0	683.7	815.2	2253.4	
2009	247.1	22553.3	948.4	690.8	9361.2	372.2	2098.2	1055.0	1134.1	2855.7	
北　京	12.6	1202.4	17.2	22.8	117.6	1.5	47.3	12.7	111.4	22.7	
天　津	1.5	629.3	65.1	6.1	126.6	21.3	23.9	10.6	10.2	51.0	
河　北	8.9	897.2	26.4	45.8	613.9	17.0	90.3	87.7	58.1	82.6	
山　西	1.9	362.4	4.8	3.4	252.8	3.6	62.7	18.7	20.1	12.7	
内蒙古	18.3	527.0	24.3	26.3	401.0	15.4	71.1	40.3	49.1	138.3	
辽　宁	21.6	1123.0	88.4	58.2	584.2	48.6	72.6	59.4	51.2	122.9	
吉　林	7.8	424.6	61.3	37.5	346.7	17.4	58.5	41.5	26.4	29.1	
黑龙江	4.5	499.0	48.6	69.2	174.3	12.9	84.1	66.0	14.6	165.1	
上　海	0.4	951.6	3.9	5.0	346.4	2.7	16.2	22.1	6.6	11.1	
江　苏	8.2	2600.1	137.1	69.4	823.5	28.5	125.9	53.1	82.4	101.0	
浙　江	11.3	1087.9	38.3	15.2	433.3	2.7	90.7	28.1	39.1	49.1	
安　徽	9.3	899.8	26.7	17.3	434.2	19.2	96.0	39.2	57.9	85.4	

续表

年份 地区	金融业	房地产业	租赁和商务服务业	科学研究、技术服务和地质勘查业	水利、环境和公共设施管理业	居民服务和其他服务业	教育	卫生、社会保障和社会福利业	文化、体育和娱乐业	公共管理和社会组织	国际组织
福建	13.7	481.5	11.4	8.1	177.6	3.6	50.6	22.6	14.8	99.3	
江西	19.5	343.5	30.5	11.1	302.6	12.5	62.0	25.2	32.6	55.4	
山东	10.4	1672.6	51.7	69.0	520.2	49.5	104.4	49.6	179.9	431.1	
河南	9.8	1188.5	21.9	18.9	532.3	32.8	140.8	79.4	81.7	100.2	
湖北	14.4	792.1	51.1	32.2	429.6	15.0	85.1	55.0	67.2	227.4	
湖南	8.3	766.1	41.9	24.9	284.0	16.2	55.8	47.3	40.4	112.6	
广东	14.4	2038.1	69.5	30.5	402.8	7.4	119.6	43.3	36.4	69.6	
广西	13.1	367.1	35.2	11.0	221.1	3.8	53.7	31.1	14.4	53.3	
海南	2.2	120.6	0.6	1.3	40.9	0.2	8.5	5.9	3.2	42.7	
重庆	6.6	800.7	9.8	10.8	263.4	2.2	70.8	24.6	19.2	45.1	
四川	4.2	1090.3	34.3	16.3	690.2	8.0	210.5	68.9	28.1	62.7	
贵州	5.9	259.7	4.1	7.3	87.8	3.1	22.4	8.9	7.1	35.3	
云南	3.3	517.9	10.7	6.2	181.1	4.0	56.1	27.5	24.6	60.2	
西藏		22.7	0.5	0.1	16.4	0.2	7.6	2.6	2.0	33.9	
陕西	5.0	338.2	18.4	39.0	336.0	17.2	102.7	44.3	31.2	293.1	
甘肃	2.6	131.3	6.7	15.0	38.0	2.8	32.2	14.5	10.0	142.6	
青海	2.8	32.2	0.5	2.5	39.3	0.6	8.1	3.2	3.0	38.5	
宁夏	0.4	123.5	2.3	0.3	38.4	0.2	12.6	2.6	3.9	11.9	
新疆	4.0	262.5	5.3	10.3	104.7	2.1	55.3	19.0	7.2	62.7	
不分地区										7.4	

财政、金融

一、国家财政收支总额及增长速度

年份	财政收入（亿元）	财政支出（亿元）	增长速度（%）	
			财政收入	财政支出
1978	1132.26	1122.09	29.5	33.0
1980	1159.93	1228.83	1.2	-4.1
1985	2004.82	2004.25	22.0	17.8
1990	2937.10	3083.59	10.2	9.2
1991	3149.48	3386.62	7.2	9.8
1992	3483.37	3742.20	10.6	10.5
1993	4348.95	4642.30	24.8	24.1
1994	5218.10	5792.62	20.0	24.8
1995	6242.20	6823.72	19.6	17.8
1996	7407.99	7937.55	18.7	16.3
1997	8651.14	9233.56	16.8	16.3
1998	9875.95	10798.18	14.2	16.9
1999	11444.08	13187.67	15.9	22.1
2000	13395.23	15886.50	17.0	20.5
2001	16386.04	18902.58	22.3	19.0
2002	18903.64	22053.15	15.4	16.7
2003	21715.25	24649.95	14.9	11.8
2004	26396.47	28486.89	21.6	15.6
2005	31649.29	33930.28	19.9	19.1
2006	38760.20	40422.73	22.5	19.1
2007	51321.78	49781.35	32.4	23.2
2008	61330.35	62592.66	19.5	25.7
2009	68518.30	76299.93	11.7	21.9

注：1.在国家财政收支中，价格补贴 1985 年以前冲减财政收入，1986 年以后列为财政支出。为了可比，本表将 1985 年以前冲减财政收入的价格补贴改列在财政支出中。

2.财政收入中不包括国内外债务收入。

3.从 2000 年起，财政支出中包括国内外债务付息支出。

二、各项税收

单位：亿元

年 份	合 计	国内增值税	营业税	国内消费税	关 税	企业所得税	个人所得税
1978	519.28				28.76		
1980	571.70				33.53		
1985	2040.79	147.70	211.07		205.21	696.06	
1990	2821.86	400.00	515.75		159.01	716.00	
1991	2990.17	406.36	564.00		187.28	731.13	
1992	3296.91	705.93	658.67		212.75	720.78	
1993	4255.30	1081.48	966.09		256.47	678.60	
1994	5126.88	2308.34	670.02	487.40	272.68	708.49	
1995	6038.04	2602.33	865.56	541.48	291.83	878.44	
1996	6909.82	2962.81	1052.57	620.23	301.84	968.48	
1997	8234.04	3283.92	1324.27	678.70	319.49	963.18	
1998	9262.80	3628.46	1575.08	814.93	313.04	925.54	
1999	10682.58	3881.87	1668.56	820.66	562.23	811.41	413.66
2000	12581.51	4553.17	1868.78	858.29	750.48	999.63	659.64
2001	15301.38	5357.13	2064.09	929.99	840.52	2630.87	995.26
2002	17636.45	6178.39	2450.33	1046.32	704.27	3082.79	1211.78
2003	20017.31	7236.54	2844.45	1182.26	923.13	2919.51	1418.03
2004	24165.68	9017.94	3581.97	1501.90	1043.77	3957.33	1737.06
2005	28778.54	10792.11	4232.46	1633.81	1066.17	5343.92	2094.91
2006	34804.35	12784.81	5128.71	1885.69	1141.78	7039.60	2453.71
2007	45621.97	15470.23	6582.17	2206.83	1432.57	8779.25	3185.58
2008	54223.79	17996.94	7626.39	2568.27	1769.95	11175.63	3722.31
2009	59521.59	18481.22	9013.98	4761.22	1483.81	11536.84	3949.35

注：1.企业所得税 2001 年以前只包括国有及集体企业所得税，从 2001 年起，企业所得税还包括除国有企业和集体企业外的其他所有制企业所得税，与以前各年不可比。

2.国内增值税不包括进口产品增值税；国内消费税不包括进口产品消费税。

三、中央和地方财政主要收入项目（2009年）

单位：亿元

项　目	国家财政收入	中央	地方
总计	**68518.30**	**35915.71**	**32602.59**
税收收入	**59521.59**	**33364.15**	**26157.44**
国内增值税	18481.22	13915.96	4565.26
国内消费税	4761.22	4761.22	
进口货物增值税、消费税	7729.79	7729.79	
出口货物退增值税、消费税	-6486.61	-6486.61	
营业税	9013.98	167.10	8846.88
企业所得税	11536.84	7619.09	3917.75
个人所得税	3949.35	2366.81	1582.54
资源税	338.24		338.24
城市维护建设税	1544.11	124.19	1419.92
房产税	803.66		803.66
印花税	897.49	495.04	402.45
#证券交易印花税	510.38	495.04	15.34
城镇土地使用税	920.98		920.98
土地增值税	719.56		719.56
车船税	186.51		186.51
船舶吨税	23.79	23.79	
车辆购置税	1163.92	1163.92	
关税	1483.81	1483.81	
耕地占用税	633.07		633.07
契税	1735.05		1735.05
烟叶税	80.81		80.81
其他税收收入	4.80	0.04	4.76
非税收入	**8996.71**	**2551.56**	**6445.15**
专项收入	1636.99	223.71	1413.28
行政事业性收费	2317.04	359.54	1957.50
罚没收入	973.86	35.25	938.61
其他收入	4068.82	1933.06	2135.76

四、中央和地方财政主要支出项目（2009年）

单位：亿元

项　目	国家财政支出	中央	地方
总计	**76299.93**	**15255.79**	**61044.14**
一般公共服务	9164.21	1084.21	8080.00
外交	250.94	249.71	1.23
对外援助	132.96	132.96	
国防	4951.10	4825.01	126.09
公共安全	4744.09	845.79	3898.30
武装警察	866.29	679.11	187.18
教育	10437.54	567.62	9869.92
科学技术	2744.52	1433.82	1310.70
文化体育与传媒	1393.07	154.75	1238.32
社会保障和就业	7606.68	454.37	7152.31
保障性住房支出	725.97	26.43	699.54
医疗卫生	3994.19	63.50	3930.69
环境保护	1934.04	37.91	1896.13
城乡社区事务	5107.66	3.91	5103.75
农林水事务	6720.41	318.70	6401.71
交通运输	4647.59	1069.22	3578.37
车辆购置税支出	1085.08	648.81	436.27
采掘电力信息等事务	2879.12	508.23	2370.89
粮油物资储备等事务	2218.63	781.44	1437.19
金融事务	911.19	778.04	133.15
地震灾后恢复重建支出	1174.45	130.60	1043.85
国债付息支出	1491.28	1320.70	170.58
其他支出	3203.25	601.83	2601.42

五、各地区财政收入（2009年）
（一）

单位：亿元

地　区	一般预算收入	税收收入	国内增值税	营业税	企业所得税	个人所得税	资源税	城市维护建设税	房产税	印花税	城镇土地使用税
地方合计	**32602.59**	**26157.43**	**4565.26**	**8846.88**	**3917.75**	**1582.54**	**338.24**	**1419.92**	**803.66**	**402.45**	**920.98**
北　京	2026.81	1913.97	179.73	752.60	430.42	177.84	0.42	71.28	73.98	32.23	15.75
天　津	821.99	614.27	99.08	223.62	95.56	35.66	0.69	28.70	22.36	15.18	11.16
河　北	1067.12	839.33	190.64	268.05	117.75	42.41	23.61	51.15	19.29	14.09	33.38
山　西	805.83	581.91	175.61	145.82	101.81	27.04	30.05	41.25	12.96	8.82	22.32
内蒙古	850.86	576.83	109.56	170.22	74.81	29.68	27.55	35.55	15.69	8.00	37.40
辽　宁	1591.22	1183.98	163.56	363.94	125.09	48.94	32.65	57.69	41.09	16.67	85.18
吉　林	487.09	361.11	66.57	117.41	49.20	18.52	4.50	22.34	12.55	5.19	18.17
黑龙江	641.66	444.31	104.34	125.88	51.13	20.73	15.31	37.47	15.46	5.79	27.36
上　海	2540.30	2368.45	372.47	839.68	481.69	230.44		72.43	62.90	46.31	23.65
江　苏	3228.78	2654.75	516.59	833.86	407.85	140.21	8.22	134.66	80.99	36.70	96.40
浙　江	2142.51	1983.81	368.55	663.62	295.06	124.11	6.68	114.13	68.63	28.95	72.15
安　徽	863.92	629.32	106.18	219.77	79.56	23.03	11.56	41.57	14.97	8.34	28.36
福　建	932.43	778.14	129.54	265.23	123.21	47.54	5.87	35.02	27.41	11.81	23.71
江　西	581.30	430.02	66.74	153.50	46.27	16.40	10.87	23.42	7.77	4.77	12.45
山　东	2198.63	1720.35	324.48	470.61	219.92	64.67	32.81	109.08	57.86	23.87	120.88
河　南	1126.06	821.50	140.82	252.81	114.74	33.33	24.23	51.93	21.11	11.27	46.28
湖　北	814.87	616.06	113.96	206.79	86.75	29.41	6.89	43.49	18.60	9.70	19.03
湖　南	847.62	568.27	96.58	217.20	51.16	30.37	3.85	47.61	15.63	7.63	11.81
广　东	3649.81	3130.61	580.27	1073.35	523.03	238.99	7.84	113.91	107.04	52.26	93.37
广　西	620.99	417.68	65.01	154.86	36.06	20.04	5.34	24.08	11.31	5.40	9.44
海　南	178.24	151.24	13.42	67.84	19.20	6.14	1.03	6.66	5.07	1.80	6.93
重　庆	655.17	435.62	62.01	185.55	41.40	21.24	5.16	27.52	12.13	6.43	14.14
四　川	1174.59	886.67	123.95	348.15	109.29	44.38	10.00	53.87	22.27	12.28	31.79
贵　州	416.48	311.71	57.47	104.31	42.18	21.32	8.49	24.45	7.43	3.17	9.48
云　南	698.25	548.11	97.53	175.79	65.29	25.67	10.49	56.81	14.18	6.33	13.06
西　藏	30.09	18.51	2.84	10.07	2.10	0.73	0.50	1.41		0.27	
陕　西	735.27	532.80	111.23	194.49	64.08	26.87	17.90	40.74	13.61	8.01	15.45
甘　肃	286.59	176.04	37.11	65.25	16.95	8.99	5.13	18.25	7.73	3.84	4.11
青　海	87.74	70.17	14.97	25.26	8.86	3.12	6.82	4.47	1.49	1.05	1.87
宁　夏	111.58	90.74	16.81	38.98	9.27	4.50	1.51	5.92	1.90	1.61	3.59
新　疆	388.78	301.13	57.63	112.37	28.06	20.20	12.28	23.04	10.25	4.69	12.30

（二）

单位：亿元

地　区	土地增值税	车船税	耕地占用税	契　税	烟叶税	其他税收收入	非税收入	专项收入	行政事业性收费收入	罚没收入	国有资本经营收入	国有资源(资产)有偿使用收入	其他收入
地方合计	**719.56**	**186.51**	**633.07**	**1735.05**	**80.81**	**4.76**	**6445.15**	**1413.28**	**1957.50**	**938.61**	**940.25**	**751.05**	**444.46**
北　京	54.16	10.99	11.41	103.16			112.84	44.01	36.66	19.48	-23.52	25.49	10.72
天　津	15.67	3.41	12.78	50.40			207.72	16.44	100.69	8.16	23.75	42.77	15.92
河　北	15.22	10.66	13.13	39.91	0.05		227.79	60.89	49.81	53.85	30.11	11.57	21.57
山　西	2.00	3.56	2.71	7.78	0.15	0.02	223.92	115.15	46.87	36.01	1.34	6.44	18.10
内蒙古	12.55	4.92	32.17	18.08	0.19	0.45	274.03	109.76	42.54	21.91	70.71	20.70	8.41
辽　宁	47.99	9.80	69.56	116.89	0.83	4.10	407.24	45.67	93.76	41.89	145.66	69.46	10.80
吉　林	6.32	3.87	15.20	20.49	0.78		125.98	18.93	43.64	29.80	17.66	11.82	4.14
黑龙江	4.97	4.89	5.22	23.66	2.09		197.35	49.92	62.04	22.69	30.69	21.34	10.67
上　海	61.23	7.09	8.55	162.01			171.84	42.30	85.27	20.01	-9.28	6.30	27.24
江　苏	98.17	12.97	42.66	245.45			574.03	91.33	159.68	77.19	184.78	46.18	14.88
浙　江	48.94	11.11	27.39	154.42	0.09		158.70	67.11	41.94	78.97	-46.38	11.47	5.58
安　徽	15.46	4.82	27.32	47.90	0.49		234.59	47.05	85.43	28.34	17.44	47.16	9.19
福　建	36.78	4.95	16.84	45.87	4.36		154.28	27.28	42.52	27.98	18.93	29.05	8.52
江　西	16.33	3.13	22.92	44.31	1.16		151.28	22.01	56.36	29.76	16.77	13.18	13.21
山　东	43.84	17.69	101.09	131.16	2.38		478.29	87.41	171.59	68.02	68.22	60.95	22.10
河　南	21.93	6.77	29.62	61.06	5.60		304.56	63.83	99.28	45.96	51.80	26.07	17.61
湖　北	17.57	3.92	19.05	37.40	3.49		198.80	28.36	79.24	31.46	32.94	12.86	13.94
湖　南	5.27	3.84	30.26	41.65	5.40		279.34	40.64	93.32	40.31	14.85	51.37	38.86
广　东	107.90	24.90	31.14	175.40	1.21		519.20	81.95	164.06	88.90	66.78	68.89	48.62
广　西	15.20	3.30	33.62	33.03	0.98		203.31	18.09	59.35	24.39	59.33	26.57	15.58
海　南	10.17	1.04	2.89	9.07			27.00	6.19	5.93	4.09	6.08	3.97	0.73
重　庆	7.59	1.39	14.89	33.85	2.32		219.55	20.33	127.55	14.01	11.15	31.07	15.43
四　川	26.73	9.77	25.96	61.40	6.82		287.92	57.56	95.11	32.16	36.78	49.43	16.88
贵　州	5.81	2.25	5.63	8.69	11.03		104.77	46.56	19.08	14.23	6.04	12.72	6.14
云　南	8.19	4.63	13.96	26.36	29.65	0.17	150.15	42.20	29.04	32.68	13.08	10.44	22.70
西　藏	0.28	0.19	0.13				11.58	2.00	1.26	1.16	-0.09	2.74	4.51
陕　西	7.32	5.17	12.45	13.94	1.54		202.47	70.46	24.53	20.68	62.08	14.41	10.31
甘　肃	0.42	1.87	1.83	4.41	0.16		110.55	46.75	16.36	7.34	16.25	5.68	18.18
青　海	0.20	0.33	0.41	1.31			17.57	7.70	3.18	1.65	0.95	1.36	2.73
宁　夏	1.00	0.71	0.11	4.80	0.02		20.84	6.70	6.20	3.43	0.75	2.55	1.21
新　疆	4.36	2.55	2.19	11.18	0.02	0.02	87.66	28.70	15.20	12.12	14.59	7.06	9.98

六、各地区财政支出（2009年）
（一）

单位：亿元

地　区	一　般 预算支出	一　般 公共服务	国　防	公共 安全	教　育	科学 技术	文化体育 与传媒	社会保障 和就业	医疗 卫生	环境 保护	城乡社 区事务
地方合计	**61044.14**	**8080.00**	**126.09**	**3898.30**	**9869.92**	**1310.70**	**1238.32**	**7851.85**	**3930.69**	**1896.13**	**5103.76**
北　京	2319.37	212.21	5.29	161.38	365.67	126.31	74.75	234.29	166.63	54.05	347.82
天　津	1124.28	110.59	1.02	73.49	173.61	34.00	19.81	115.90	54.22	13.36	261.07
河　北	2347.59	346.49	4.51	151.20	439.33	26.43	38.02	317.42	174.68	104.20	149.57
山　西	1561.70	247.94	2.70	98.44	278.07	17.61	27.97	236.94	101.73	70.61	85.31
内蒙古	1926.84	295.22	3.26	96.90	243.48	18.07	47.33	274.97	102.94	97.90	210.03
辽　宁	2682.39	329.16	7.49	154.16	346.73	57.49	76.25	518.07	163.32	55.71	289.66
吉　林	1479.21	182.67	3.08	98.19	216.99	18.98	29.36	250.44	107.34	49.48	82.58
黑龙江	1877.74	229.31	3.47	109.11	266.61	19.96	33.46	339.64	135.50	59.07	104.17
上　海	2989.65	206.68	6.06	163.41	346.95	215.31	53.12	336.08	132.85	33.96	602.36
江　苏	4017.36	568.48	11.19	284.75	680.63	117.02	77.18	299.17	198.21	147.60	474.93
浙　江	2653.35	397.69	5.48	216.98	519.33	99.30	64.09	153.08	177.05	55.42	224.61
安　徽	2141.92	267.50	2.97	105.32	323.79	36.47	42.14	303.96	165.74	59.27	165.85
福　建	1411.82	203.82	3.26	99.47	277.55	27.89	25.77	132.85	93.39	33.83	78.44
江　西	1562.37	193.42	3.25	86.22	251.93	13.40	22.93	219.34	120.55	43.14	79.71
山　东	3267.67	490.14	8.42	197.37	613.49	62.88	70.40	342.79	189.24	76.17	311.93
河　南	2905.76	459.01	2.56	167.14	526.14	35.52	58.67	403.62	223.15	92.98	130.89
湖　北	2090.92	308.40	1.71	137.57	317.29	25.33	36.03	343.98	139.24	74.15	112.34
湖　南	2210.44	336.07	6.67	125.28	357.58	29.62	33.08	360.75	159.20	73.63	144.05
广　东	4334.37	625.26	8.34	432.99	803.20	168.50	111.50	401.50	252.85	100.80	358.63
广　西	1621.82	237.08	5.18	107.70	296.60	18.07	29.27	203.69	116.15	49.92	104.08
海　南	486.06	55.65	1.45	32.88	74.50	6.07	9.75	79.20	30.13	18.51	28.90
重　庆	1292.09	156.90	3.49	71.67	190.28	15.55	19.04	234.62	76.73	50.05	177.08
四　川	3590.72	391.49	8.68	182.79	451.44	28.64	45.70	455.91	219.10	114.47	154.05
贵　州	1372.27	196.78	2.81	82.95	256.72	14.27	23.62	150.04	102.84	55.31	43.74
云　南	1952.34	237.22	4.62	134.56	308.18	18.99	32.38	304.10	151.29	82.16	75.78
西　藏	470.13	85.72	1.13	36.78	61.04	2.69	13.36	33.35	22.09	9.75	19.12
陕　西	1841.64	261.55	2.42	94.53	310.96	20.84	40.89	287.10	125.83	79.50	97.07
甘　肃	1246.28	150.07	1.65	57.52	206.36	10.18	24.50	199.75	88.37	53.15	45.47
青　海	486.75	54.88	0.83	26.08	61.82	4.78	15.58	94.14	32.48	28.98	22.93
宁　夏	432.36	46.97	0.49	24.17	63.50	4.40	9.03	47.68	22.92	22.59	42.56
新　疆	1346.91	195.64	2.61	87.29	240.15	16.14	33.34	177.49	84.94	36.42	79.03

（二）

单位：亿元

地 区	环境保护	城乡社区事务	农林水事务	交通运输	采掘电力信息等事务	粮油物资储备等管理事务	金融监管支出	地震灾后恢复重建支出	国债还本付息支出	其他支出
地方合计	**1896.13**	**5103.76**	**6401.71**	**3578.37**	**2370.89**	**1437.19**	**133.15**	**1043.85**	**170.58**	**2602.65**
北 京	54.05	347.82	142.01	147.07	110.31	19.58	2.44	18.10		131.48
天 津	13.36	261.07	63.69	49.44	70.09	11.44	3.55	6.83		62.19
河 北	104.20	149.57	264.78	161.06	46.05	47.38	1.26	0.13	0.41	74.67
山 西	70.61	85.31	198.47	93.68	28.55	22.15	12.99	6.40	1.25	30.90
内蒙古	97.90	210.03	222.36	132.90	58.79	72.29	4.42		1.87	44.11
辽 宁	55.71	289.66	240.71	106.60	142.16	53.23	4.84	0.15	11.26	125.40
吉 林	49.48	82.58	204.45	57.66	49.46	63.14	3.54	3.32	35.57	22.96
黑龙江	59.07	104.17	192.42	103.78	74.82	146.89	7.68		0.09	51.77
上 海	33.96	602.36	107.45	81.84	294.47	39.86	22.82	21.66	1.84	322.92
江 苏	147.60	474.93	403.27	230.87	221.75	88.87	14.17	24.76	2.00	172.53
浙 江	55.42	224.61	236.08	246.36	105.18	55.09	2.04	17.80	0.15	77.59
安 徽	59.27	165.85	259.21	142.73	99.71	57.23	1.04	11.50	7.07	90.42
福 建	33.83	78.44	120.89	127.62	43.98	49.84	0.21	3.13	0.24	89.63
江 西	43.14	79.71	203.41	112.96	79.65	62.13	0.52	4.00	2.05	63.78
山 东	76.17	311.93	369.35	174.25	135.07	82.53	0.87	25.11	14.99	102.66
河 南	92.98	130.89	361.60	177.62	74.77	80.89	6.69	6.07	7.94	90.52
湖 北	74.15	112.34	254.92	84.92	74.27	56.30	2.00	6.95	2.27	113.25
湖 南	73.63	144.05	276.29	117.24	75.94	52.13	1.38		3.12	58.43
广 东	100.80	358.63	279.21	249.13	128.48	81.31	21.89	15.84	4.58	290.34
广 西	49.92	104.08	210.74	81.55	69.47	32.79	0.43		3.80	55.29
海 南	18.51	28.90	83.08	28.50	11.58	5.21	0.04		1.44	19.17
重 庆	50.05	177.08	125.42	64.54	45.25	26.55	0.47	3.71	0.35	30.39
四 川	114.47	154.05	322.76	170.63	109.03	63.92	2.08	684.32	7.88	177.81
贵 州	55.31	43.74	204.13	120.80	36.02	19.58	0.13		4.93	57.59
云 南	82.16	75.78	267.28	159.52	42.75	32.94	2.85	0.42	31.02	66.29
西 藏	9.75	19.12	84.71	54.92	12.87	12.69	0.04		0.49	19.37
陕 西	79.50	97.07	220.72	109.40	53.70	33.54	4.01	68.25	0.51	30.82
甘 肃	53.15	45.47	158.95	61.17	19.45	19.05	0.04	115.39	2.01	33.19
青 海	28.98	22.93	57.85	43.35	14.69	7.24			11.32	9.81
宁 夏	22.59	42.56	68.68	20.39	14.29	14.31	6.41		7.26	16.72
新 疆	36.42	79.03	196.78	65.91	28.30	27.10	2.29		2.84	70.64

七、金融机构现金收入

单位：亿元

项　　目	2008	2009
收入总计	**807612.5**	**866418.0**
商品销售收入	68023.1	69377.0
服务业收入	28226.4	28390.0
税款收入	5179.6	5309.0
城乡个体经营收入	21797.5	21934.0
储蓄存款收入	601905.5	651259.0
其他金融机构收入	1840.0	1746.0
居民归还贷款收入	13474.5	14529.0
汇兑收入	4733.7	4551.0
有价证券收入	743.9	708.0
其他收入	61688.3	68615.0
#兑换外币收入	765.5	805.0

注：本表机构包括中国人民银行、国有商业银行、政策性银行、股份制商业银行、城市商业银行、农村商业银行、农村合作银行、城市信用社、农村信用社(下表同)。

八、金融机构现金支出

单位：亿元

项　　目	2008	2009
支出总计	**811456.2**	**870445.0**
工资性支出	42351.8	41875.0
农副产品采购支出	16570.0	15440.0
行政企事业管理费支出	12892.4	11021.0
城乡个体经营支出	32781.1	31878.0
储蓄存款支出	28267.0	27469.0
其他金融机构支出	607478.2	667300.0
居民提取贷款支出	1941.4	1625.0
汇兑支出	9024.6	9941.0
工矿及其它产品采购支出	2679.9	2482.0
有价证券支出	830.9	711.0
其他支出	56639.1	60704.0

九、金融机构现金投放与回笼

单位：亿元

年　份	现金收入	现金支出	投　放
1978	1336.0	1352.6	16.6
1979	1626.4	1682.1	55.7
1980	2033.2	2111.7	78.5
1981	2402.2	2452.3	50.1
1982	2819.6	2862.4	42.8
1983	3428.7	3519.4	90.7
1984	4207.6	4469.9	262.3
1985	5499.1	5694.8	195.7
1986	6613.3	6843.9	230.6
1987	8779.6	9015.7	236.1
1988	12810.5	13490.0	679.5
1989	15057.6	15267.6	210.0
1990	17171.1	17471.4	300.4
1991	21465.1	21998.5	533.4
1992	31248.0	32406.2	1158.2
1993	48883.8	50412.5	1528.7
1994	71247.1	72671.0	1423.9
1995	96725.5	97322.3	596.8
1996	120263.3	121179.9	916.6
1997	141612.6	142988.3	1375.7
1998	203966.5	204993.1	1026.6
1999	233399.0	235650.4	2251.3
2000	277067.1	278264.3	1197.2
2001	321380.2	322416.3	1036.1
2002	365593.0	367182.2	1589.2
2003	455527.9	457995.9	2468.0
2004	567879.2	569601.5	1722.3
2005	626978.5	629541.8	2563.4
2006	705733.1	708774.1	3041.0
2007	824836.1	828138.7	3302.6
2008	807612.5	811456.2	3843.7
2009	866418.2	870445.2	4027.0

注：投放栏中的负数表示现金回笼。

十、黄金和外汇储备

年　份	黄金储备（万盎司）	外汇储备（亿美元）	年　份	黄金储备（万盎司）	外汇储备（亿美元）
1978	1280	1.67	1994	1267	516.20
1979	1280	8.40	1995	1267	735.97
1980	1280	-12.96	1996	1267	1050.29
1981	1267	27.08	1997	1267	1398.90
1982	1267	69.86	1998	1267	1449.59
1983	1267	89.01	1999	1267	1546.75
1984	1267	82.20	2000	1267	1655.74
1985	1267	26.44	2001	1608	2121.65
1986	1267	20.72	2002	1929	2864.07
1987	1267	29.23	2003	1929	4032.51
1988	1267	33.72	2004	1929	6099.32
1989	1267	55.50	2005	1929	8188.72
1990	1267	110.93	2006	1929	10663.40
1991	1267	217.12	2007	1929	15282.49
1992	1267	194.43	2008	1929	19460.30
1993	1267	211.99	2009	3389	23991.52

十一、证券市场基本情况

项　　目	2008	2009
境内上市公司数（A、B股）(家)	1625	1718
境内上市外资股公司数(B股)(家)	109	108
境外上市公司数（H股)(家)	153	159
股票总发行股本(亿股)	24584	26163
流通股本(亿股)	12579	19760
股票市价总值(亿元)	121366	243939
股票流通市值(亿元)	45214	151259
股票成交量(亿股)	24131.39	51106.99
股票成交金额(亿元)	267113	535987
上证综合指数(收盘)	1820.81	3277.14
深证综合指数(收盘)	553.30	1201.34
投资者开户数(万户)	15198	17150
平均市盈率		
上海	14.86	29.00
深圳	16.72	46.00
平均换手率(%)		
上海	393.00	499.00
深圳	469.00	793.00
国债发行额(亿元)	8558.20	17927.00
企业债券发行额(亿元)	8435.40	15864.00
债券成交额(亿元)	28601.49	40059.00
国债现货成交金额(亿元)	2122.51	2086.00
国债回购成交金额(亿元)	24268.66	35476.00
证券投资基金只数(只)	439	557
证券投资基金规模(亿元)	25741.79	24536.00
证券投资基金成交金额(亿元)	5831.06	10250.00
期货总成交量(万手)	136395.97	215752.00
期货总成交额(亿元)	719173.33	1305143.00

十二、股票发行量和筹资额

年 份	股票发行量（亿股）	A 股	H股，N股	B 股	股票筹资额（亿元）	A 股	配 股	H股，N股	B 股
1991	5.00	5.00			5.00	5.00			
1992	20.75	10.00		10.75	94.09	50.00			44.09
1993	95.79	42.59	40.41	12.79	375.47	276.41	81.58	60.93	38.13
1994	91.26	10.97	69.89	10.40	326.78	99.78	50.16	188.73	38.27
1995	31.60	5.32	15.38	10.90	150.32	85.51	62.83	31.46	33.35
1996	86.11	38.29	31.77	16.05	425.08	294.34	69.89	83.56	47.18
1997	267.63	105.65	136.88	25.10	1293.82	825.92	170.86	360.00	107.90
1998	105.56	86.30	12.86	9.90	841.52	778.02	334.97	37.95	25.55
1999	122.93	98.11	23.05	1.77	944.56	893.60	320.97	47.17	3.79
2000	512.04	145.68	359.26	7.10	2103.24	1527.03	519.46	562.21	13.99
2001	141.48	93.00	48.48		1252.34	1182.13	430.63	70.21	
2002	291.74	134.20	157.54		961.75	779.75	56.61	181.99	
2003	281.43	83.64	196.79	1.00	1357.75	819.56	74.79	534.65	3.54
2004	227.92	54.88	171.51	1.53	1510.94	835.71	104.54	648.08	27.16
2005	567.05	13.80	553.25		1882.51	338.13	2.62	1544.38	
2006	1287.77	351.11	936.66		5594.29	2463.70	4.32	3130.59	
2007	637.24	413.27	223.97		8680.17	7722.99	227.68	957.18	
2008	180.29	114.91	65.38		3852.21	3534.95	151.57	317.26	
2009	400.05	244.47	155.58		4967.70	3894.52	105.97	1073.18	

十三、保险公司资金运用情况

单位：亿元

年 份	资金运用余　额	银行存款	国　债	金融债券	企业债券	证券投资基金
2004	10778.62	5071.10	2618.44	1026.25	639.73	666.32
2005	14092.69	5165.55	3590.65	1804.71	1204.55	1107.00
2006	17785.40	5989.11	3647.01	2754.25	2121.56	912.08
2007	26647.81	6503.44	3956.56	4897.84	2799.76	2519.41
2008	30552.83	8087.49	4208.26	8754.06	4598.46	1646.46
2009	37417.12	10519.68	4053.82	8746.10	6074.56	2758.78

十四、各地区原保险保费收入和赔付支出情况（2009年）

单位：亿元

地 区	原保险保费收入			赔付支出		
	小计	财产险业务	人身险业务	小计	财产险业务	人身险业务
全 国	**11137.30**	**2875.83**	**8261.47**	**3125.48**	**1575.78**	**1549.70**
北 京	697.60	164.42	533.18	196.01	85.36	110.65
天 津	151.29	45.80	105.49	59.92	29.49	30.43
山 西	289.25	67.13	222.12	78.55	33.15	45.40
河 北	601.09	128.67	472.41	142.98	69.16	73.82
内蒙古	171.31	67.34	103.97	57.02	34.27	22.75
辽 宁	345.49	86.47	259.02	117.50	58.59	58.91
吉 林	184.87	40.46	144.41	56.09	27.27	28.82
黑龙江	278.37	56.72	221.65	96.66	37.62	59.04
上 海	665.03	151.81	513.22	176.74	78.50	98.23
江 苏	907.73	228.39	679.34	273.53	127.41	146.13
浙 江	538.10	196.34	341.76	183.78	103.27	80.51
安 徽	357.21	87.59	269.62	91.72	49.44	42.29
福 建	272.26	72.67	199.59	78.74	42.85	35.88
江 西	187.14	44.13	143.01	55.77	22.54	33.23
山 东	677.58	173.67	503.90	194.13	91.73	102.40
河 南	565.39	97.74	467.66	148.23	52.13	96.10
湖 北	372.42	68.97	303.45	82.63	42.88	39.75
湖 南	348.45	74.97	273.48	86.62	44.61	42.01
广 东	959.57	239.10	720.47	233.34	127.33	106.00
广 西	148.62	49.71	98.91	44.43	23.60	20.84
海 南	33.07	11.85	21.22	10.62	5.47	5.14
重 庆	244.70	47.06	197.65	56.63	28.88	27.75
四 川	579.03	148.72	430.31	130.55	73.11	57.45
贵 州	95.23	36.05	59.18	31.00	19.89	11.11
云 南	180.08	68.17	111.92	65.12	34.14	30.97
西 藏	4.01	3.43	0.59	2.17	1.98	0.19
陕 西	259.59	60.53	199.07	61.06	31.27	29.79
甘 肃	114.38	27.05	87.33	31.85	14.43	17.42
青 海	18.21	7.96	10.25	6.05	3.97	2.09
宁 夏	39.28	11.84	27.44	9.65	5.83	3.82
新 疆	156.69	51.82	104.87	48.12	26.60	21.51
大 连	116.33	32.88	83.45	33.45	16.73	16.72
宁 波	107.44	51.08	56.37	36.29	25.44	10.85
厦 门	58.39	19.42	38.98	15.99	10.43	5.56
青 岛	115.31	34.34	80.97	34.26	19.22	15.04
深 圳	271.59	97.07	174.53	73.34	54.51	18.82
集团、总公司本级	25.19	24.48	0.71	24.95	22.69	2.26

农业、工业、能源、环保

一、农、林、牧、渔业总产值及指数

年　份 地　区	绝对数（亿元）					指　数　（上年=100）				
	农林牧渔业总产值	农业	林业	牧业	渔业	农林牧渔业总产值	农业	林业	牧业	渔业
1978	1397.0	1117.5	48.1	209.3	22.1					
1980	1922.6	1454.1	81.4	354.2	32.9	101.4	99.7	112.2	107.0	107.7
1985	3619.5	2506.4	188.7	798.3	126.1	103.4	99.8	104.5	117.2	118.9
1990	7662.1	4954.3	330.3	1967.0	410.6	107.6	108.0	103.1	107.0	110.0
1991	8157.0	5146.4	367.9	2159.2	483.5	103.7	100.9	108.0	108.8	107.6
1992	9084.7	5588.0	422.6	2460.5	613.5	106.4	104.2	107.7	108.8	115.3
1993	10995.5	6605.1	494.0	3014.4	882.0	107.8	105.2	108.0	110.8	118.4
1994	15750.5	9169.2	611.1	4672.0	1298.2	108.6	103.2	108.9	116.7	120.0
1995	20340.9	11884.6	709.9	6045.0	1701.3	110.9	107.9	105.0	114.8	119.4
1996	22353.7	13539.8	778.0	6015.5	2020.4	109.4	107.8	105.7	111.4	114.0
1997	23788.4	13852.5	817.8	6835.4	2282.7	106.7	104.5	103.3	110.1	111.5
1998	24541.9	14241.9	851.3	7025.8	2422.9	106.0	104.9	102.9	107.4	108.8
1999	24519.1	14106.2	886.3	6997.6	2529.0	104.7	104.3	103.2	104.6	107.2
2000	24915.8	13873.6	936.5	7393.1	2712.6	103.6	101.4	105.4	106.3	106.5
2001	26179.6	14462.8	938.8	7963.1	2815.0	104.2	103.6	99.3	106.3	103.9
2002	27390.8	14931.5	1033.5	8454.6	2971.1	104.9	103.9	107.1	106.0	106.1
2003	29691.8	14870.1	1239.9	9538.8	3137.6	104.0	100.5	106.9	107.3	105.3
2004	36239.0	18138.4	1327.1	12173.8	3605.6	107.5	108.5	102.0	107.2	106.0
2005	39450.9	19613.4	1425.5	13310.8	4016.1	105.7	104.1	103.2	107.8	106.5
2006	40810.8	21522.3	1610.8	12083.9	3970.5	105.4	105.4	105.6	105.0	106.0
2007	48893.0	24658.1	1861.6	16124.9	4457.5	103.9	104.0	106.9	102.3	104.8
2008	58002.2	28044.2	2152.9	20583.6	5203.4	105.7	104.8	108.1	106.8	106.0
2009	60361.0	30611.1	2359.4	19468.4	5626.4	104.6	103.8	107.1	105.8	105.8

续表

年份 地区	绝对数（亿元）					指数（上年=100）				
	农林牧渔业总产值	农业	林业	牧业	渔业	农林牧渔业总产值	农业	林业	牧业	渔业
北　京	315.0	140.4	22.9	136.1	10.3	105.5	103.4	110.3	106.5	107.6
天　津	281.7	139.7	2.2	83.6	47.5	103.7	104.8	101.3	103.0	102.2
河　北	3640.9	1927.8	70.7	1350.1	108.4	103.2	103.3	111.8	102.3	104.4
山　西	908.7	556.3	66.7	230.9	5.3	104.4	102.9	109.0	105.3	111.0
内蒙古	1570.6	731.9	78.2	721.4	12.7	102.4	97.3	105.1	107.0	107.9
辽　宁	2704.6	913.5	70.0	1171.4	441.9	103.3	97.5	106.5	106.1	108.8
吉　林	1734.3	777.5	58.9	825.5	23.5	105.3	98.1	110.8	110.5	111.9
黑龙江	2251.1	1206.8	85.2	870.2	45.2	105.4	103.1	100.7	109.2	112.0
上　海	283.2	147.5	9.0	64.6	53.5	99.5	98.6	96.8	106.7	92.6
江　苏	3816.0	1948.2	70.8	874.0	719.2	104.6	103.3	105.2	106.6	105.2
浙　江	1873.4	879.0	117.6	404.9	435.5	102.4	102.6	100.2	103.0	101.5
安　徽	2569.5	1289.8	125.1	795.8	257.6	105.5	104.0	110.6	106.4	107.5
福　建	2001.2	826.2	162.2	366.9	565.6	105.0	104.9	106.8	102.9	106.0
江　西	1733.8	729.7	161.8	541.5	231.2	104.6	102.6	105.9	105.8	107.2
山　东	6003.1	3224.0	101.3	1683.8	747.4	104.3	102.7	109.9	105.2	106.2
河　南	4871.5	2833.3	134.1	1654.3	64.9	104.5	103.1	107.5	106.0	106.6
湖　北	2985.2	1511.5	57.7	881.8	413.1	105.4	103.8	107.6	106.9	107.2
湖　南	3207.9	1596.6	174.2	1100.4	188.5	105.2	105.9	104.5	104.3	105.3
广　东	3337.6	1551.0	88.3	917.1	661.2	105.0	105.6	107.7	103.8	105.1
广　西	2377.2	1135.0	129.0	812.5	216.9	105.4	105.3	102.1	105.6	106.2
海　南	705.0	307.6	79.6	142.8	154.5	107.2	105.0	109.8	109.2	106.7
重　庆	913.1	522.8	34.1	319.4	24.3	106.4	106.8	106.6	105.7	108.8
四　川	3689.8	1806.1	112.5	1596.7	119.1	104.2	104.6	105.5	103.8	105.2
贵　州	875.2	501.5	36.9	281.5	11.1	104.6	102.8	97.5	108.5	102.6
云　南	1706.2	850.7	196.1	557.8	42.0	105.8	104.2	106.6	107.9	110.7
西　藏	93.4	39.1	7.1	44.3	0.2	103.6	87.4	249.2	112.0	101.0
陕　西	1337.2	823.6	45.6	387.9	6.5	105.0	103.8	111.7	106.7	107.8
甘　肃	876.3	587.3	24.2	171.9	1.1	105.8	105.2	116.2	107.5	101.0
青　海	157.3	61.3	2.3	90.1	0.1	105.8	106.0	112.6	105.7	49.6
宁　夏	243.5	146.8	8.4	70.7	7.0	108.2	108.6	112.1	106.3	111.5
新　疆	1297.6	898.6	26.6	318.4	11.1	105.1	107.8	106.5	98.5	106.9

注：本表绝对数按当年价格计算，指数按可比价格计算。2003 年起执行新国民经济行业分类标准，总产值包括农林牧渔服务业产值。

二、全国规模以上工业企业主要经济指标（2009年）

项　目	企　业单位数（个）	工　业总产值（当年价格）	资产总计（亿元）	主营业务收　入（亿元）	利润总额（亿元）	全部从业人员年平均人数（万人）
总计	**434364**	**548311**	**493693**	**542522**	**34542**	**8831.2**
按轻重工业分						
轻工业	181580	161498	115493	157799	10388	3545.0
重工业	252784	386813	378200	384723	24154	5286.2
按企业规模分						
大型企业	3254	175812	193124	180701	10898	2043.6
中型企业	38036	159374	157957	155050	11368	2787.7
小型企业	393074	213125	142612	206771	12277	3999.9
按登记注册类型分						
内资企业	358988	395625	369215	392259	24435	6380.8
国有企业	9105	45648	68685	47035	1973	639.1
集体企业	10285	9587	5016	9451	638	199.3
股份合作企业	5011	3608	2469	3529	242	66.3
联营企业	735	1296	1656	1144	52	17.2
国有联营企业	131	841	1357	703	24	6.2
集体联营企业	239	200	98	193	13	4.8
国有与集体联营企业	169	106	101	103	2	3.6
其他联营企业	196	149	99	144	14	2.7
有限责任公司	65926	121078	140354	122604	7685	1871.6

续表

项　　目	企　业单位数（个）	工　业总产值（当年价格）	资产总计（亿元）	主营业务收　　入（亿元）	利润总额（亿元）	全部从业人员年平均人数(万人)
国有独资公司	1454	22028	39279	23674	1148	338.0
其他有限责任公司	64472	99049	101075	98930	6536	1533.6
股份有限公司	9275	50209	58360	49753	4033	569.9
私营企业	256031	162026	91176	156604	9678	2973.8
私营独资企业	56817	29889	12104	28982	2182	541.9
私营合伙企业	10229	4859	1983	4753	373	105.6
私营有限责任公司	179254	116860	70659	112883	6415	2162.6
私营股份有限公司	9731	10417	6429	9985	707	163.7
其他企业	2620	2173	1500	2140	135	43.6
港、澳、台商投资企业	34365	52221	44514	51130	3448	1143.1
合资经营企业(港或澳、台资)	10875	18678	17694	18058	1237	309.2
合作经营企业(港或澳、台资)	1284	1706	1466	1663	124	39.8
港、澳、台商独资经营企业	21623	29655	22823	29201	1905	767.8
港、澳、台商投资股份有限公司	583	2182	2531	2208	181	26.3
外商投资企业	41011	100466	79963	99133	6659	1307.4
中外合资经营企业	15472	45783	37233	45334	3559	449.6
中外合作经营企业	1322	2073	2046	2041	171	34.8
外资企业	23552	49046	36471	48249	2662	777.3
外商投资股份有限公司	665	3563	4214	3509	267	45.6

注：规模以上企业为年主营业务收入在 500 万元以上的企业 (以下表均同)。

三、按行业分国有及国有控股工业企业主要指标（2009年）

单位：亿元

行业	企业单位数（个）	工业总产值	资产总计	流动资产合计	固定资产原价	固定资产净值	负债合计	流动负债合计
全国总计	**20510**	**146630.00**	**215742.01**	**74113.99**	**145330.28**	**90853.40**	**130098.87**	**83615.67**
煤炭开采和洗选业	827	9705.32	18047.88	6675.93	9869.87	6298.09	11036.82	6979.08
石油和天然气开采业	109	7110.64	14334.55	2653.60	15176.00	8406.96	6480.51	3714.66
黑色金属矿采选业	130	512.79	1027.51	410.84	403.76	256.37	479.29	355.38
有色金属矿采选业	277	694.52	1061.86	431.24	455.54	307.91	519.91	389.39
非金属矿采选业	231	268.10	448.96	189.71	228.23	145.11	236.52	155.18
其他采矿业	1	0.13	0.15	0.11	0.03	0.01	0.11	0.11
农副食品加工业	817	1509.41	1089.31	539.78	523.80	354.72	672.57	577.09
食品制造业	368	670.78	753.63	359.29	364.40	231.01	468.50	385.18
饮料制造业	330	1290.95	1820.87	975.99	770.30	472.09	741.30	675.78
烟草制品业	123	4891.81	4899.26	3279.65	1633.55	761.34	1162.37	1120.17
纺织业	424	584.03	882.97	376.70	504.68	292.87	549.60	424.75
纺织服装、鞋、帽制造业	185	141.97	153.96	104.93	50.61	31.11	104.01	92.69
皮革、毛皮、羽毛(绒)及其制品业	31	25.34	35.21	20.17	9.47	5.73	24.13	19.77
木材加工及木、竹、藤、棕、草制品业	168	138.87	176.01	73.85	103.54	62.21	111.68	69.71
家具制造业	40	79.72	54.73	32.92	16.72	11.04	35.14	31.04
造纸及纸制品业	179	637.34	1379.66	493.02	844.76	564.40	945.07	584.30
印刷业和记录媒介的复制	551	387.81	580.92	248.62	453.80	243.26	230.12	186.27
文教体育用品制造业	53	31.67	41.61	24.48	17.64	9.54	21.44	19.82

续表

行　　业	企业单位数（个）	工业总产值	资产总计	流动资产合计	固定资产原价	固定资产净值	负债合计	流动负债合计
石油加工、炼焦及核燃料加工业	204	15119.10	8060.63	2693.10	7078.92	3713.46	4919.20	3781.99
化学原料及化学制品制造业	1333	7348.06	10872.14	3590.77	7612.41	4566.33	6330.86	4093.71
医药制造业	508	1198.16	1928.14	986.66	806.34	489.00	918.49	773.68
化学纤维制造业	56	392.99	568.38	221.31	395.49	217.09	327.52	253.14
橡胶制品业	118	590.34	610.11	308.16	334.73	207.34	419.34	338.58
塑料制品业	293	355.99	407.46	207.66	235.45	130.80	258.92	205.93
非金属矿物制品业	1325	2373.91	3766.38	1445.52	2248.58	1543.69	2294.05	1593.95
黑色金属冶炼及压延加工业	338	16456.55	24942.90	8811.25	15670.02	9580.86	15618.43	11237.43
有色金属冶炼及压延加工业	460	5560.16	7295.73	3250.88	3776.40	2421.49	4464.10	3294.48
金属制品业	510	927.52	988.67	570.67	437.64	258.10	595.91	523.85
通用设备制造业	1074	4227.30	5911.26	4040.22	1717.69	1031.82	4035.82	3530.86
专用设备制造业	955	4079.68	5354.31	3524.53	1746.08	1111.51	3613.92	3123.53
交通运输设备制造业	1379	19367.74	20860.18	12121.77	7235.21	4391.08	13477.94	11613.80
电气机械及器材制造业	688	3014.62	3371.86	2286.45	847.75	558.09	2313.66	1994.77
通信设备、计算机及其他电子设备制造业	727	3859.57	5329.50	3089.89	1899.45	1214.86	2921.61	2382.52
仪器仪表及文化、办公用机械制造业	369	517.79	804.08	531.51	263.80	152.09	413.78	361.42
工艺品及其他制造业	127	267.07	357.17	222.40	128.23	81.97	238.41	175.66
废弃资源和废旧材料回收加工业	35	222.95	149.77	79.32	81.19	60.24	93.33	83.78
电力、热力的生产和供应业	3621	30625.31	61387.19	7140.61	57369.69	38014.97	39497.82	16295.21
燃气生产和供应业	248	795.66	2238.21	1243.15	900.93	620.29	1577.47	1259.23
水的生产和供应业	1298	648.33	3748.86	857.31	3117.58	2034.55	1949.17	917.79

续表

行　　业	所有者权益	主营业务收入	主营业务成本	主营业务税金及附加	利润总额	本年应交增值税	全部从业人员年平均人数（万人）
石油加工、炼焦及核燃料加工业	3140.35	15116.83	11668.70	2260.63	606.15	538.58	40.17
化学原料及化学制品制造业	4497.54	7590.58	6593.85	162.68	205.85	209.72	100.11
医药制造业	1009.08	1300.75	837.42	8.73	158.11	76.62	28.16
化学纤维制造业	240.87	424.71	372.87	1.87	25.27	11.88	10.17
橡胶制品业	190.40	621.70	525.93	3.69	32.24	14.85	11.49
塑料制品业	148.48	348.32	297.62	2.31	13.79	11.71	7.10
非金属矿物制品业	1464.89	2321.34	1893.02	19.30	194.67	108.20	50.06
黑色金属冶炼及压延加工业	9318.99	18271.84	16789.62	89.26	264.54	603.07	138.51
有色金属冶炼及压延加工业	2812.27	6359.94	5843.40	32.17	178.10	150.12	62.12
金属制品业	391.23	972.32	843.45	4.87	51.94	32.09	16.53
通用设备制造业	1873.79	4200.08	3574.78	18.32	261.55	135.97	62.84
专用设备制造业	1735.43	4117.26	3510.05	20.15	225.13	106.83	69.53
交通运输设备制造业	7247.13	19285.08	16055.00	529.09	1359.20	667.75	172.30
电气机械及器材制造业	1053.41	2777.80	2268.61	21.94	182.60	108.14	36.91
通信设备、计算机及其他电子设备制造业	2405.99	3943.02	3262.04	22.26	149.57	58.19	56.89
仪器仪表及文化、办公用机械制造业	387.20	516.52	392.18	2.47	51.90	19.48	13.89
工艺品及其他制造业	118.77	302.16	271.18	0.73	13.04	3.08	5.14
废弃资源和废旧材料回收加工业	56.44	239.57	219.25	1.57	17.18	3.87	3.66
电力、热力的生产和供应业	21676.10	31014.83	28406.00	144.37	1016.66	1291.47	245.45
燃气生产和供应业	656.40	862.16	750.42	5.82	53.88	20.66	10.08
水的生产和供应业	1794.66	642.24	505.31	7.37	-13.25	32.64	37.18

四、按行业分外商投资和港澳台商投资工业企业主要指标（2009年）（一）

单位：亿元

行业	企业单位数(个)	工业总产值	资产总计	流动资产合计	固定资产原价	固定资产净值	负债合计	流动负债合计
全国总计	**75376**	**152686.62**	**124477.56**	**69082.13**	**65507.53**	**40442.24**	**69928.77**	**58916.08**
煤炭开采和洗选业	38	398.93	641.24	312.17	200.33	168.68	401.38	127.36
石油和天然气开采业	17	547.38	525.57	82.51	510.27	366.78	439.28	385.96
黑色金属矿采选业	45	91.60	108.53	66.35	30.98	25.21	48.70	39.44
有色金属矿采选业	67	139.28	319.22	131.14	120.66	95.40	132.25	88.60
非金属矿采选业	147	132.13	122.92	44.55	83.17	52.67	67.31	57.49
其他采矿业								
农副食品加工业	2600	6880.61	3955.33	2384.28	2084.20	1094.46	2403.67	2137.57
食品制造业	1601	3158.08	2410.46	1278.89	1216.62	752.57	1181.25	1043.74
饮料制造业	818	2515.07	2238.42	1015.77	1428.33	881.91	1177.45	1049.42
烟草制品业	3	3.47	8.27	4.62	7.53	3.32	1.96	1.96
纺织业	5673	5014.53	4452.07	2420.78	2354.78	1452.93	2251.70	2008.89
纺织服装、鞋、帽制造业	6319	4158.60	2673.54	1655.17	1101.89	691.80	1316.34	1198.54
皮革、毛皮、羽毛(绒)及其制品业	2670	2867.69	1732.83	1127.27	649.00	393.29	909.76	838.92
木材加工及木、竹、藤、棕、草制品业	1002	728.62	597.61	330.26	310.92	187.01	305.82	262.52
家具制造业	1361	1182.93	927.39	567.59	392.94	245.55	492.96	458.31
造纸及纸制品业	1494	2544.95	3570.86	1436.09	2159.86	1480.95	1952.40	1385.67
印刷业和记录媒介的复制	785	762.70	839.99	473.02	509.06	279.82	361.27	326.57
文教体育用品制造业	1907	1391.25	990.56	598.64	485.24	289.08	493.25	445.02
石油加工、炼焦及核燃料加工业	207	2874.00	2044.53	836.30	1387.20	944.64	1428.08	980.65

续表

行　　业	企业单位数(个)	工　业总产值	资产总计	流动资产合　计	固定资产原　价	固定资产净　值	负债合计	流动负债合　计
化学原料及化学制品制造业	4281	9427.90	8669.94	4086.12	5254.63	3674.27	4622.90	3520.34
医药制造业	1144	2638.35	2563.92	1462.07	1160.23	702.59	1134.79	989.50
化学纤维制造业	321	1131.67	1168.17	562.51	754.48	487.96	670.71	574.29
橡胶制品业	1005	1738.21	1554.04	718.15	1024.63	665.41	812.00	638.78
塑料制品业	4236	3601.00	3121.79	1755.67	1780.03	1017.54	1543.16	1351.50
非金属矿物制品业	3094	3696.44	4298.98	1844.46	2764.10	1851.63	2278.23	1680.75
黑色金属冶炼及压延加工业	583	5896.92	4345.94	2074.28	2291.25	1550.46	2837.08	2254.94
有色金属冶炼及压延加工业	855	3109.08	2790.93	1403.88	1330.67	926.81	1647.05	1273.47
金属制品业	4067	4041.03	3440.36	2048.24	1662.11	1017.49	1799.48	1622.78
通用设备制造业	4862	6188.66	6016.99	3893.90	2458.04	1541.85	3146.79	2905.88
专用设备制造业	3598	4027.97	4136.61	2685.14	1557.98	990.49	2178.57	1956.35
交通运输设备制造业	3637	18533.21	14785.20	9208.45	6027.77	3773.90	8910.66	8026.29
电气机械及器材制造业	5500	10809.23	8071.80	5340.64	3250.09	1968.83	4472.14	4081.14
通信设备、计算机及其他电子设备制造业	6714	34713.22	19550.15	12439.95	10246.76	5541.41	11655.16	10658.68
仪器仪表及文化、办公用机械制造业	1523	2489.64	1995.68	1496.38	686.93	385.82	1098.24	1051.42
工艺品及其他制造业	2176	1523.99	1004.28	635.64	433.96	264.55	457.37	409.59
废弃资源和废旧材料回收加工业	164	236.65	221.83	163.95	60.72	45.84	162.21	154.74
电力、热力的生产和供应业	481	2581.71	6020.19	1250.21	6624.92	3815.06	3467.13	1717.92
燃气生产和供应业	233	729.73	1719.44	1075.77	547.46	433.49	1250.31	1059.49
水的生产和供应业	148	180.18	841.98	171.34	557.79	380.79	419.97	151.61

（二）

单位：亿元

行业	所有者权益	主营业务收入	主营业务成本	主营业务税金及附加	利润总额	本年应交增值税	全部从业人员年平均人数(万人)
全国总计	**54251.47**	**150263.06**	**127247.80**	**1162.81**	**10107.05**	**4034.05**	**2450.43**
煤炭开采和洗选业	239.87	415.73	303.15	3.82	98.28	25.60	2.75
石油和天然气开采业	86.29	485.41	220.35	10.85	234.32	26.31	0.41
黑色金属矿采选业	59.75	82.79	64.43	0.93	9.76	4.47	1.03
有色金属矿采选业	186.54	254.59	212.90	1.64	22.87	7.41	2.10
非金属矿采选业	55.42	128.81	93.24	1.92	11.25	5.12	2.68
其他采矿业							
农副食品加工业	1538.37	6980.92	6223.98	26.76	350.02	118.62	68.27
食品制造业	1223.37	3113.73	2252.96	17.39	283.61	146.28	48.07
饮料制造业	1056.77	2492.80	1736.08	66.34	238.68	127.85	31.37
烟草制品业	6.31	3.54	2.12	0.01	0.54	0.45	0.08
纺织业	2197.02	4880.76	4272.78	13.48	236.49	121.07	152.23
纺织服装、鞋、帽制造业	1351.68	4055.72	3410.00	14.13	255.98	115.54	212.67
皮革、毛皮、羽毛(绒)及其制品业	812.92	2783.38	2390.01	10.62	178.04	77.44	145.65
木材加工及木、竹、藤、棕、草制品业	290.81	718.94	624.35	4.22	30.62	23.22	17.77
家具制造业	431.85	1155.19	978.58	5.71	62.32	26.69	40.45
造纸及纸制品业	1613.05	2467.17	2048.99	7.06	180.15	83.09	37.07
印刷业和记录媒介的复制	478.55	727.42	573.47	2.03	83.18	27.24	22.11
文教体育用品制造业	496.75	1357.95	1180.00	3.33	48.42	25.35	78.61
石油加工、炼焦及核燃料加工业	615.71	2743.19	2213.26	235.29	174.06	97.10	8.31

续表

行　　业	所有者权益	主营业务收入	主营业务成本	主营业务税金及附加	利润总额	本年应交增值税	全部从业人员年平均人数(万人)
化学原料及化学制品制造业	4029.12	9167.11	7297.28	33.48	784.62	361.78	65.15
医药制造业	1421.69	2545.87	1611.84	6.67	329.99	151.68	34.77
化学纤维制造业	497.27	1132.44	1012.18	2.49	68.95	22.25	8.79
橡胶制品业	739.68	1695.90	1408.29	5.62	128.88	54.15	37.05
塑料制品业	1575.26	3477.53	2972.43	9.28	202.28	79.92	103.43
非金属矿物制品业	2016.52	3605.59	2975.55	19.44	295.73	145.95	73.66
黑色金属冶炼及压延加工业	1498.33	5803.16	5379.54	8.40	198.73	122.12	28.19
有色金属冶炼及压延加工业	1141.75	3033.81	2692.78	15.34	190.95	69.52	21.72
金属制品业	1635.82	3926.28	3360.11	16.28	224.70	95.03	88.17
通用设备制造业	2863.69	6158.14	4999.06	15.04	513.54	202.46	94.49
专用设备制造业	1944.57	4007.50	3239.67	10.33	334.14	115.54	71.99
交通运输设备制造业	5743.12	18589.57	14932.05	517.21	1796.57	713.63	138.69
电气机械及器材制造业	3588.77	10361.33	8665.38	30.76	782.36	274.37	202.63
通信设备、计算机及其他电子设备制造业	7881.02	34244.44	31522.16	19.73	1055.10	293.33	477.21
仪器仪表及文化、办公用机械制造业	893.02	2456.66	2079.05	5.78	169.19	45.57	51.79
工艺品及其他制造业	542.59	1481.22	1271.21	6.29	83.08	37.10	56.83
废弃资源和废旧材料回收加工业	59.62	234.96	217.46	0.09	5.89	5.18	1.46
电力、热力的生产和供应业	2549.05	2581.85	2100.15	9.94	326.87	158.84	13.39
燃气生产和供应业	467.85	738.10	608.69	2.92	90.21	21.34	5.95
水的生产和供应业	421.70	173.56	102.22	2.22	26.69	5.46	3.43

五、能源生产总量及构成

年 份	能源生产总量（万吨标准煤）	占能源生产总量的比重（%）			
		原 煤	原 油	天然气	水电、核电、风电
1978	62770	70.3	23.7	2.9	3.1
1980	63735	69.4	23.8	3.0	3.8
1985	85546	72.8	20.9	2.0	4.3
1990	103922	74.2	19.0	2.0	4.8
1991	104844	74.1	19.2	2.0	4.7
1992	107256	74.3	18.9	2.0	4.8
1993	111059	74.0	18.7	2.0	5.3
1994	118729	74.6	17.6	1.9	5.9
1995	129034	75.3	16.6	1.9	6.2
1996	133032	75.0	16.9	2.0	6.1
1997	133460	74.3	17.2	2.1	6.5
1998	129834	73.3	17.7	2.2	6.8
1999	131935	73.9	17.3	2.5	6.3
2000	135048	73.2	17.2	2.7	6.9
2001	143875	73.0	16.3	2.8	7.9
2002	150656	73.5	15.8	2.9	7.8
2003	171906	76.2	14.1	2.7	7.0
2004	196648	77.1	12.8	2.8	7.3
2005	216219	77.6	12.0	3.0	7.4
2006	232167	77.8	11.3	3.4	7.5
2007	247279	77.7	10.8	3.7	7.8
2008	260552	76.8	10.5	4.1	8.6
2009	274618	77.3	9.9	4.1	8.7

注：1.电力折算标准煤的系数根据当年平均发电煤耗计算(下表同)。

2.1996-2008 年数据根据经济普查年份调整(以下相关表同)。

六、能源消费总量及构成

年　份	能源消费总量（万吨标准煤）	占能源消费总量的比重（%）			
		煤　炭	石　油	天然气	水电、核电、风电
1978	57144	70.7	22.7	3.2	3.4
1980	60275	72.2	20.7	3.1	4.0
1985	76682	75.8	17.1	2.2	4.9
1990	98703	76.2	16.6	2.1	5.1
1991	103783	76.1	17.1	2.0	4.8
1992	109170	75.7	17.5	1.9	4.9
1993	115993	74.7	18.2	1.9	5.2
1994	122737	75.0	17.4	1.9	5.7
1995	131176	74.6	17.5	1.8	6.1
1996	135192	73.5	18.7	1.8	6.0
1997	135909	71.4	20.4	1.8	6.4
1998	136184	70.9	20.8	1.8	6.5
1999	140569	70.6	21.5	2.0	5.9
2000	145531	69.2	22.2	2.2	6.4
2001	150406	68.3	21.8	2.4	7.5
2002	159431	68.0	22.3	2.4	7.3
2003	183792	69.8	21.2	2.5	6.5
2004	213456	69.5	21.3	2.5	6.7
2005	235997	70.8	19.8	2.6	6.8
2006	258676	71.1	19.3	2.9	6.7
2007	280508	71.1	18.8	3.3	6.8
2008	291448	70.3	18.3	3.7	7.7
2009	306647	70.4	17.9	3.9	7.8

七、综合能源平衡表

单位：万吨标准煤

项　　目	1990	1995	2000	2005	2008
可供消费的能源总量	**96138**	**129535**	**142605**	**232225**	**287011**
一次能源生产量	103922	129034	135048	216219	260552
回收能		2312	1760	2939	6511
进口量	1310	5456	14334	26952	36764
出口量(-)	5875	6776	9633	11448	9955
年初年末库存差额	-3219	-491	1097	-2436	-6860
能源消费总量	**98703**	**131176**	**145531**	**235997**	**291448**
在总量中：					
1. 农、林、牧、渔、水利业	4852	5505	3914	6071	6013
2. 工　业	67578	96191	103774	168724	209302
3. 建筑业	1213	1335	2179	3403	3813
4. 交通运输、仓储和邮政业	4541	5863	11242	18391	22917
5. 批发、零售业和住宿、餐饮业	1247	2018	3048	4848	5734
6. 其他行业	3473	4519	5762	9255	11771
7. 生活消费	15799	15745	15614	25305	31898
在总量中：					
（一）终端消费	94289	124252	139008	225690	278546
工业	63239	89473	97597	158767	196832
（二）加工转换损失量	2264	3634	2461	3823	5166
炼焦	905		525	702	819
炼油	326		781	1305	1380
（三）损失量	2150	3289	4062	6483	7736
平衡差额	**-2565**	**-1641**	**-2926**	**-3772**	**-4437**

注：1.电力、热力按等价热值折算,因此加工转换损失量中不包括发电、供热损失量。村办工业包括在工业中(下表同)。
2.进口量包括我国飞机、轮船在国外加油量;出口量包括外国飞机、轮船在我国加油量。

八、石油平衡表

单位：万吨

项　　目	1990	1995	2000	2005	2008
可供量	**11435.0**	**16072.7**	**22631.8**	**32539.1**	**37318.8**
生产量	13830.6	15005.0	16300.0	18135.3	19044.0
进口量	755.6	3673.2	9748.5	17163.2	23015.5
出口量(-)	3110.4	2454.5	2172.1	2888.1	2945.7
年初年末库存差额	-40.8	-151.0	-1244.6	128.8	-1795.0
消费量	**11485.6**	**16064.9**	**22495.9**	**32537.7**	**37302.9**
在消费量中：					
1. 农、林、牧、渔、水利业	1033.6	1203.2	788.5	1451.7	1265.8
2. 工　业	7321.6	9349.3	11248.5	14245.1	15603.1
3. 建筑业	327.3	242.8	840.6	1502.2	1517.5
4. 交通运输、仓储和邮政业	1683.2	2863.6	6399.0	10709.5	13279.4
5. 批发、零售业和住宿、餐饮业	77.6	333.9	247.0	375.6	366.4
6. 其他行业	757.8	1390.3	1635.9	1969.2	2353.8
7. 生活消费	284.5	682.0	1336.5	2284.4	2916.9
在消费量中：					
（一）终端消费	9304.7	13676.3	19950.1	29191.6	34702.9
#工　业	5180.4	7095.5	8860.0	11027.5	13170.8
（二）中间消费（用于加工转换）	1630.4	2230.0	2352.9	3190.7	2397.6
发　电	1234.4	1358.5	1178.2	1602.0	618.1
供　热	356.3	399.9	427.0	407.6	413.8
制　气	39.7	51.6	25.9	14.4	2.0
（三）炼油损失量	295.8	420.1	721.9	1166.7	1363.7
（四）损失量	254.7	158.6	192.9	155.4	202.4
平衡差额	**-50.6**	**7.8**	**135.8**	**1.4**	**15.9**

注：1.生产量为原油产量。

2.进口量包括我国飞机、轮船在国外加油量；出口量包括外国飞机、轮船在我国加油量。

九、煤炭平衡表

单位：万吨

项　　目	1990	1995	2000	2005	2008
可供量	**102221.1**	**133461.7**	**136794.5**	**226941.0**	**275061.1**
生产量	107988.3	136073.1	138418.5	234951.8	280200.0
进口量	200.3	163.5	217.9	2617.1	4034.1
出口量(-)	1729.0	2861.7	5506.5	7172.4	4543.4
年初年末库存差额	-4238.5	86.8	3664.7	-3455.4	-4629.6
消费量	**105523.0**	**137676.5**	**141091.7**	**231851.1**	**281095.9**
在消费量中：					
1. 农、林、牧、渔、					
水利业	2095.2	1856.7	933.4	1513.8	1522.6
2. 工　业	81090.9	117570.7	127806.7	215493.3	265574.2
3. 建筑业	437.6	439.8	536.8	603.6	603.2
4. 交通运输、仓储					
和邮政业	2160.9	1315.1	882.2	811.2	665.4
5. 批发、零售业和					
住宿、餐饮业	1058.3	977.4	1314.6	1674.4	1791.4
6. 其他行业	1980.4	1986.7	1161.0	1715.9	1791.6
7. 生活消费	16699.7	13530.1	8457.0	10039.0	9147.6
在消费量中：					
（一）终端消费	60205.9	66156.1	55913.1	75382.7	81089.2
#工　业	35773.8	46050.3	42628.0	59024.9	65567.5
（二）中间消费					
（用于加工转换）	41257.8	69487.6	85178.6	156468.4	200006.7
发　电	27204.3	44440.2	55811.2	103263.5	135351.7
供　热	2995.5	5887.3	8794.1	13542.0	15029.2
炼　焦	10697.6	18396.4	16496.4	33167.1	41461.7
制　气	360.4	763.7	960.0	1277.0	1227.2
（三）洗选损耗	4059.3	2032.8	3191.2	4982.1	6757.8
平衡差额	**-3302.0**	**-4214.8**	**-4297.2**	**-4910.0**	**-6034.9**

注：生产量为原煤产量。

十、电力平衡表

单位：亿千瓦小时

项　　目	1990	1995	2000	2005	2008
可供量	**6230.4**	**10023.4**	**13472.7**	**24940.8**	**34540.8**
生产量	6212.0	10077.3	13556.0	25002.6	34668.8
水　电	1267.2	1905.8	2224.1	3970.2	5851.9
火　电	4944.8	8043.2	11141.9	20473.4	27900.8
核　电		128.3	167.4	530.9	683.9
进口量	19.3	6.4	15.5	50.1	38.4
出口量(-)	0.9	60.3	98.8	111.9	166.4
消费量	**6230.4**	**10023.4**	**13472.4**	**24940.3**	**34541.4**
在消费量中：					
1.农、林、牧、渔、水利业	426.8	582.4	533.0	776.3	887.1
2.工　业	4873.3	7659.8	10004.6	18521.7	25388.6
3.建筑业	65.0	159.6	159.8	233.9	367.3
4.交通运输、仓储和邮政业	105.9	182.3	281.2	430.3	571.8
5.批发、零售业和住宿、餐饮业	76.2	199.5	418.7	752.3	1017.4
6.其他行业	202.4	234.2	623.2	1340.9	1913.0
7.生活消费	480.8	1005.6	1452.0	2884.8	4396.1
在消费量中：					
（一）终端消费	5795.8	9278.9	12535.7	23233.8	32403.5
#工　业	4438.7	6915.3	9067.9	16815.2	23250.8
（二）输配电损失量	434.6	744.5	936.7	1706.5	2137.9

十一、各地区能源消耗指标（2009年）

地 区	单位地区生产总值能耗(等价值)		单位工业增加值能耗(规模以上，当量值)		单位地区生产总值电耗	
	指标值(吨标准煤/万元)	上升或下降(±%)	指标值(吨标准煤/万元)	上升或下降(±%)	指标值(千瓦小时/万元)	上升或下降(±%)
北 京	0.606	-5.76	0.909	-12.30	681.85	-2.74
天 津	0.836	-6.03	0.911	-13.54	782.88	-8.49
河 北	1.640	-5.02	2.999	-9.54	1449.94	-2.52
山 西	2.364	-5.73	4.550	-8.81	1921.93	-8.50
内蒙古	2.009	-6.91	3.557	-15.10	1686.72	-9.73
辽 宁	1.439	-5.08	2.257	-6.95	1119.99	-6.82
吉 林	1.209	-6.19	1.621	-8.19	809.13	-8.64
黑龙江	1.214	-5.85	1.382	-9.64	798.67	-7.72
上 海	0.727	-6.17	0.957	-5.00	808.49	-6.39
江 苏	0.761	-5.17	1.107	-10.17	1064.25	-5.50
浙 江	0.741	-5.41	1.123	-4.96	1176.50	-2.33
安 徽	1.017	-5.39	2.100	-11.13	1088.76	-1.83
福 建	0.811	-3.81	1.150	-2.70	1032.05	-5.87
江 西	0.880	-4.54	1.674	-10.13	922.46	-1.52
山 东	1.072	-5.46	1.543	-9.20	972.49	-3.86

续表

地区	单位地区生产总值能耗(等价值)		单位工业增加值能耗(规模以上，当量值)		单位地区生产总值电耗	
	指标值(吨标准煤/万元)	上升或下降(±%)	指标值(吨标准煤/万元)	上升或下降(±%)	指标值(千瓦小时/万元)	上升或下降(±%)
河　南	1.156	-6.16	2.708	-11.56	1218.36	-4.79
湖　北	1.230	-5.97	2.350	-12.27	1018.45	-5.52
湖　南	1.202	-5.10	1.570	-13.68	911.00	-3.05
广　东	0.684	-4.27	0.809	-6.94	1002.09	-6.13
广　西	1.057	-4.43	2.235	-6.68	1279.87	-2.00
海　南	0.850	-2.81	2.613	-4.53	922.89	-2.61
重　庆	1.181	-5.50	1.854	-11.95	894.27	-4.69
四　川	1.338	-5.83	2.249	-9.18	1085.91	-4.66
贵　州	2.348	-4.12	4.320	-0.03	2328.02	-0.83
云　南	1.495	-4.60	2.739	-3.78	1591.10	-4.16
西　藏						
陕　西	1.172	-4.56	1.367	-5.82	1078.51	-7.98
甘　肃	1.864	-6.97	3.530	-12.84	2398.81	-5.55
青　海	2.689	-6.46	2.936	-9.46	3862.12	-2.24
宁　夏	3.454	-6.26	6.509	-8.71	4720.74	-5.90
新　疆	1.934	-1.53	3.095	-1.72	1408.20	5.73

注：地区生产总值和工业增加值按2005年价格计算。

十二、各地区废水排放及处理情况

地区	废水治理设施数(套)	工业废水排放总量(万吨)		工业废水排放达标量(万吨)	工业废水中化学需氧量排放量(万吨)	工业废水中氨氮排放量(万吨)	生活污水排放量(万吨)	生活污水中化学需氧量排放量(万吨)	生活污水中氨氮排放量(万吨)
			#直接排入海						
全国	**77018**	**2343857**	**134695**	**2208743**	**439.68**	**27.35**	**3547021**	**837.86**	**95.26**
北京	524	8713		8574	0.49	0.05	132100	9.39	1.26
天津	848	19441	584	19440	2.35	0.29	40206	10.95	0.91
河北	3869	110058	1162	108166	23.04	1.72	134931	33.97	3.79
山西	2548	39720		32694	14.19	1.15	66155	20.25	2.92
内蒙古	889	28616		24366	12.01	0.47	44539	15.85	2.92
辽宁	1798	75159	24435	64593	21.63	0.96	141996	34.64	5.29
吉林	638	37563		30621	14.72	0.26	72151	21.36	2.60
黑龙江	1465	34188		31379	11.19	0.68	76320	35.01	4.08
上海	1730	41192	2536	40687	2.90	0.20	189326	21.44	2.78
江苏	6877	256160	1623	251290	25.13	1.38	266169	57.04	5.16
浙江	8202	203442	11641	193847	24.05	1.52	161575	27.33	2.58
安徽	1987	73441		70657	12.88	1.44	106260	29.53	3.24
福建	3949	142747	73811	141032	7.54	0.62	103266	30.03	2.39
江西	1826	67192		63047	10.35	0.73	79888	33.17	2.68
山东	4824	182673	7495	180030	26.05	1.39	204058	38.65	5.34

续表

地 区	废水治理设施数(套)	工业废水排放总量(万吨)	#直接排入海	工业废水排放达标量(万吨)	工业废水中化学需氧量排放量(万吨)	工业废水中氨氮排放量(万吨)	生活污水排放量(万吨)	生活污水中化学需氧量排放量(万吨)	生活污水中氨氮排放量(万吨)
河 南	3210	140325		134850	29.77	2.57	193656	32.86	4.95
湖 北	2068	91324		87594	14.37	1.51	174433	43.20	4.95
湖 南	3195	96396		88059	21.56	2.40	163883	63.28	6.00
广 东	9826	188844	7549	174377	21.68	1.00	498585	69.44	10.51
广 西	2539	161596	1597	153458	51.88	1.40	143911	45.75	3.41
海 南	267	7031	2263	6789	1.16	0.06	30486	8.87	0.76
重 庆	1638	65684		61925	10.03	0.73	81385	13.95	1.95
四 川	4377	105910		101029	24.51	1.35	156799	50.25	4.60
贵 州	2050	13478		9570	1.30	0.09	45682	20.30	1.62
云 南	2088	32375		29991	8.53	0.32	55215	18.78	1.58
西 藏	16	942		210	0.07		2514	1.47	0.15
陕 西	1728	49137		47523	12.64	0.72	62082	19.17	2.47
甘 肃	657	16364		13266	4.87	1.19	32907	11.94	1.48
青 海	155	8404		4692	3.93	0.17	13767	3.69	0.54
宁 夏	353	21542		18835	9.73	0.42	19794	2.78	0.39
新 疆	877	24201		16152	15.14	0.58	52983	13.53	1.97

十三、各地区工业固体废物产生及处理利用情况

地　区	工业固体废物产生量（万吨）	#危险废物	工业固体废物综合利用量（万吨）	工业固体废物贮存量（万吨）	工业固体废物处置量（万吨）	工业固体废物排放量（吨）	“三废”综合利用产品产值（万元）
全　国	**203943.4**	**1429.9**	**138185.8**	**20929.3**	**47487.7**	**7104521**	**16082440**
北　京	1242.4	11.2	910.4	43.7	754.6	881	71680
天　津	1515.7	7.8	1498.3	0.1	25.7		187882
河　北	21975.8	27.7	15693.3	1168.4	5259.9	304551	936390
山　西	14742.9	6.8	8955.8	718.7	5099.4	1415688	342721
内蒙古	12108.3	50.2	6367.9	1235.6	4513.0	92171	217936
辽　宁	17221.4	91.0	8240.7	1981.2	7261.1	27510	443699
吉　林	3940.5	57.5	2538.8	1324.8	88.5		308741
黑龙江	5274.7	17.0	3809.7	993.7	513.0	9763	247210
上　海	2254.6	47.6	2171.6	12.7	85.7	42	161409
江　苏	8027.8	126.1	7862.2	168.3	102.0		2014356
浙　江	3909.7	60.1	3585.9	74.7	256.0	7824	2513210
安　徽	8470.8	11.6	7227.0	544.0	922.7	15	509654
福　建	6348.9	8.0	5425.8	55.9	874.5	24334	492686
江　西	8898.2	6.5	3702.7	786.0	4416.1	139938	470277

续表

地　区	工业固体废物产生量（万吨）	#危险废物	工业固体废物综合利用量（万吨）	工业固体废物贮存量（万吨）	工业固体废物处置量（万吨）	工业固体废物排放量（吨）	“三废”综合利用产品产值（万元）
山　东	14137.9	221.4	13826.4	237.9	523.9	144	1725361
河　南	10785.8	17.9	8064.3	283.0	2691.4	13104	693261
湖　北	5561.5	91.4	4210.2	251.4	1164.4	51170	699428
湖　南	5092.8	53.9	4010.4	822.2	379.8	185972	695004
广　东	4740.9	99.2	4321.6	137.8	313.5	159839	509827
广　西	5693.1	12.5	3856.7	461.4	1434.4	120979	432197
海　南	200.9	0.2	167.9	11.8	21.2		24440
重　庆	2551.8	14.7	2076.7	262.3	126.7	1498598	274133
四　川	8596.9	83.4	4952.3	1076.1	2845.2	61159	612686
贵　州	7317.4	52.6	3350.7	1792.4	2109.4	944884	165524
云　南	8672.8	50.4	4264.8	2001.6	2615.4	606462	604415
西　藏	11.1		0.2	6.8		41243	239
陕　西	5546.7	13.0	2997.6	1099.5	1445.1	172657	222059
甘　肃	3150.2	20.9	1072.7	937.0	1216.8	123102	260170
青　海	1347.6	83.3	508.2	850.2	1.5	13904	26311
宁　夏	1398.3	0.4	987.9	169.7	251.0	36588	66672
新　疆	3206.1	85.4	1527.2	1420.5	175.8	1051998	152865

十四、环境污染治理投资

指　　标	2005	2006	2007	2008	2009
环境污染治理投资总额(亿元)	**2388.0**	**2566.0**	**3387.3**	**4490.3**	**4525.3**
城市环境基础设施建设投资	1289.7	1314.9	1467.5	1801.0	2512.0
燃气	142.4	155.0	160.1	163.5	182.2
集中供热	220.2	223.6	230.0	269.7	368.7
排水	368.0	331.5	410.0	496.0	729.8
园林绿化	411.3	429.0	525.6	649.8	914.9
市容环境卫生	147.8	175.8	141.8	222.0	316.5
工业污染源治理投资	458.2	483.9	552.4	542.6	442.6
建设项目“三同时”环保投资	640.1	767.2	1367.4	2146.7	1570.7
环境污染治理投资总额 占国内生产总值比重(%)	**1.30**	**1.22**	**1.36**	**1.49**	**1.33**

十五、工业污染治理投资完成情况

年　份 地　区	工业污染治理完成投资（万元）	治理废水	治理废气	治理固体废物	治理噪声	治理其他	本年竣工项目数（个）
2000	2347895	1095897	909242	114673	13692	214390	21070
2001	1745280	729214	657940	186967	6424	164734	10277
2002	1883663	714935	697864	161287	10464	299113	9733
2003	2218281	873748	921222	161763	10139	251408	9568
2004	3081060	1055868	1427975	226465	13416	357336	11290
2005	4581909	1337147	2129571	274181	30613	810396	11158
2006	4839485	1511165	2332697	182631	30145	782848	11972
2007	5523909	1960722	2752642	182532	18279	606838	12547
2008	5426404	1945977	2656987	196851	28383	598206	11184
2009	4426207	1494606	2324616	218536	14100	374349	8236
北　京	34421	1205	25718		12	7485	56
天　津	180054	40867	75921	546	399	62322	174
河　北	132272	35817	91106		1399	3950	226
山　西	386711	103324	235574	19687	1742	26384	707
内蒙古	178258	33155	123759	10194	120	11031	247
辽　宁	196562	36811	157287	1519	99	845	132
吉　林	79255	26959	48409	435	18	3433	95
黑龙江	99318	45333	50109	755		3121	117
上　海	68357	9703	40746	11178	1598	5132	237
江　苏	270554	145428	104853	3363	379	16531	600

续表

年份 地区	工业污染治理完成投资（万元）	治理废水	治理废气	治理固体废物	治理噪声	治理其他	本年竣工项目数（个）
浙江	193574	57672	108609	16756	58	10479	654
安徽	108282	19570	65880	80	471	22282	212
福建	128692	51298	61468	9433	1060	5434	435
江西	39540	17427	15339	3781	3	2989	110
山东	515832	237316	197084	28791	1045	51596	644
河南	154242	66224	61147	5687	1105	20079	329
湖北	281332	54002	213918	5970	675	6768	273
湖南	133806	66315	58965	5375	405	2747	286
广东	227464	84465	65649	11197	303	65851	883
广西	117118	75922	28286	7090		5821	223
海南	3563	3216	142			205	14
重庆	70747	28813	37522	590	676	3146	118
四川	96191	52686	31900	6840	202	4564	307
贵州	89475	6926	38747	35267	213	8323	197
云南	94880	14808	63769	13399	424	2481	381
西藏							
陕西	205999	75181	106440	6676	1004	16699	186
甘肃	123302	56649	51173	13314	511	1656	154
青海	29439	3885	25544		10		28
宁夏	43472	12891	30198	15		369	84
新疆	143497	30742	109356	600	170	2629	127

十六、林业系统营林固定资产投资完成情况

单位：万元

年份 地区	本年完成投资	#国家投资	#国债资金	本年新增固定资产
2000	1510541	1103624	365907	425135
2001	1919835	1516932	509195	409064
2002	2976388	2479492	778882	797275
2003	3892793	3098907	945705	1283847
2004	3989023	3202142	632739	1199775
2005	4593443	3528122	585865	1590725
2006	4784890	3683961	466936	1464354
2007	6217121	4421010	555165	1321247
2008	8366173	5014117	539579	2358134
2009	13513349	7104764	566829	4622205
北　京	339462	286613	4549	74109
天　津	30572	8259	5000	30572
河　北	330527	281817	9633	171405
山　西	620845	350619	8764	4344
内蒙古	679629	672270	102114	123672
辽　宁	331567	280366	27637	201754
吉　林	445644	264834	8479	179037
黑龙江	834066	532587	33567	377407
上　海	64986	35507	460	17627
江　苏	738587	33954	2910	48361

续表

年份 地区	本年完成投资	国家投资	国债资金	本年新增 固定资产
浙　江	47302	33278	951	29460
安　徽	130358	90191	6483	57996
福　建	40710	19000	2079	19300
江　西	232054	146682	14206	122694
山　东	212444	32577	6300	69158
河　南	570593	202708		89042
湖　北	279846	198023	20519	92451
湖　南	312354	240604	27172	132128
广　东	78135	18733	5418	23732
广　西	2680619	333407	32405	1207468
海　南	27994	17095		
重　庆	573208	415213	11983	147216
四　川	1605475	771024	790	196698
贵　州	331912	301047		244391
云　南	372359	263759	38814	92250
西　藏	25250	25250		2300
陕　西	401925	337258	91216	267011
甘　肃	466615	383201	29355	232882
青　海	119745	111105	12957	119745
宁　夏	108396	95635	10608	32654
新　疆	282271	199774	36222	114677
大兴安岭	158467	86371	13986	71624

注：全国合计数包含国家林业局直属单位的固定资产投资数据。

城市、旅游、外贸

一、各地区城市建设情况（2009年）

地　区	城区面积（平方公里）	建成区面积（平方公里）	城市建设用地面积（平方公里）	征用土地面　积（平方公里）	城市人口密　度（人/平方公里）
全　国	**175463.6**	**38107.3**	**38726.9**	**1504.7**	**2147**
北　京	12187.0	1349.8	1349.8		1224
天　津	2236.1	662.3	662.3	60.5	2716
河　北	6517.1	1577.5	1499.3	38.6	2344
山　西	3270.4	822.9	833.1	33.4	2931
内蒙古	8330.1	975.5	905.2	31.7	951
辽　宁	10924.9	2030.7	2082.0	83.8	1922
吉　林	7322.4	1193.3	1144.4	28.7	1396
黑龙江	3135.6	1566.1	1682.8	40.7	4321
上　海	6340.5				3030
江　苏	11395.9	3046.4	3167.6	159.6	2152
浙　江	10113.8	2033.3	2110.6	104.7	1742
安　徽	5704.3	1377.7	1452.1	106.2	2114

续表

地区	城区面积（平方公里）	建成区面积（平方公里）	城市建设用地面积（平方公里）	征用土地面积（平方公里）	城市人口密度（人/平方公里）
福建	4334.4	918.6	881.4	17.8	2193
江西	1626.8	856.9	888.2	25.2	4757
山东	18814.8	3373.6	3346.6	83.4	1415
河南	4025.8	1913.3	1828.4	30.3	4886
湖北	9124.4	1616.4	1629.4	53.8	1845
湖南	3630.1	1238.5	1439.4	39.3	3276
广东	18063.8	4434.1	4688.8	63.6	2402
广西	5662.6	880.6	845.8	57.3	1391
海南	826.0	214.8	204.3		2568
重庆	5590.6	783.3	769.6	22.9	1637
四川	5491.7	1509.5	1473.2	92.4	2737
贵州	1657.9	460.3	496.5	3.8	3217
云南	1851.6	666.6	755.1	240.4	3561
西藏	295.0	81.3	79.2		1574
陕西	1405.6	685.6	667.6	44.9	5530
甘肃	1397.7	604.4	566.7	20.1	3814
青海	512.3	112.4	112.0	0.7	2189
宁夏	2425.7	321.1	331.6	13.2	902
新疆	1248.9	800.4	834.2	7.8	4922

二、各地区城市供水情况（2009年）

地　区	年末供水综合生产能力(万立方米/日)	年末供水管道长度(公里)	全年供水总　量(万立方米)			用水人口(万人)	人均日生活用水量(升)
				生活用水	生产用水		
全　国	**27046.8**	**510399**	**4967467**	**2334082**	**1910206**	**36214.2**	**176.6**
北　京	1572.9	23959	151815	104571	30379	1491.8	192.1
天　津	393.9	8847	70138	29513	30417	607.3	133.2
河　北	835.4	13733	156991	69553	69049	1527.1	124.8
山　西	449.3	6901	82193	40746	35517	914.3	122.1
内蒙古	344.7	8217	55197	21860	26905	696.5	86.0
辽　宁	1386.1	27735	288732	92550	137422	2041.7	124.2
吉　林	720.1	8390	97242	40713	32342	906.9	123.0
黑龙江	813.4	11171	165449	55520	88686	1172.8	129.7
上　海	1434.6	30753	341389	145140	132119	1921.3	207.0
江　苏	2534.1	59445	449037	184802	208211	2443.9	207.2
浙　江	1401.0	35786	269809	129393	103703	1758.9	201.6
安　徽	2080.6	13314	162243	67481	71950	1148.6	161.0
福　建	680.4	12449	134264	66021	54780	942.5	191.9
江　西	454.3	9251	92540	53765	21695	758.4	194.2

续表

地　区	年末供水综合生产能力(万立方米/日)	年末供水管道长度(公里)	全年供水总　量(万立方米)	#生活用水	#生产用水	用水人口(万人)	人均日生活用水量(升)
山　东	1458.3	34814	275592	125582	125013	2648.4	129.9
河　南	1007.8	16109	173377	75160	73866	1737.8	118.5
湖　北	1311.7	21596	248944	128764	75144	1640.8	215.0
湖　南	911.0	12791	179560	94438	50163	1127.6	229.5
广　东	3406.5	81923	785071	391644	267072	4238.7	253.1
广　西	590.9	12233	138981	70317	54602	743.7	259.1
海　南	172.4	2491	31176	18395	8205	190.1	265.1
重　庆	420.4	8523	77146	44690	25130	865.5	141.5
四　川	765.0	19064	163875	96443	47946	1348.0	196.0
贵　州	240.2	5702	44291	26169	10463	491.2	146.0
云　南	282.9	6229	61461	32100	18476	634.4	138.6
西　藏	25.1	661	7342	3349	2758	43.0	213.5
陕　西	376.3	4845	83059	45805	28183	762.2	164.7
甘　肃	397.4	4092	60618	27664	28159	477.9	158.6
青　海	78.6	1312	16835	7183	7597	111.5	176.5
宁　夏	130.5	1970	27882	11698	14579	212.7	150.7
新　疆	371.5	6092	75215	33052	29677	608.8	148.7

三、各地区城市燃气情况（2009年）

地区	人工煤气生产能力（万立方米/日）	管道长度（公里）			全年供气总量			用气人口（万人）		
		人工煤气	液化石油气	天然气	人工煤气（万立方米）	液化石油气（吨）	天然气（万立方米）	人工煤气	液化石油气	天然气
全　国	**11099.5**	**40447**	**14236**	**218778**	**3615507**	**13400303**	**4050996**	**2971.0**	**16924.5**	**14543.7**
北　京			245	15313		367323	682839		348.6	1143.2
天　津			177	10233		58963	149736		37.5	569.8
河　北	95.1	3509	217	6975	68793	284101	89065	191.6	629.6	673.6
山　西	436.7	4694	190	2626	82276	55884	103239	282.0	196.6	358.3
内蒙古	179.0	470	98	1942	3915	84206	46136	63.2	356.5	178.7
辽　宁	293.9	5081	626	6941	54441	398309	60035	523.7	693.6	751.1
吉　林	92.4	2296	105	3223	17616	219848	33774	166.6	490.9	216.0
黑龙江	76.4	669	21	5164	26349	195710	46770	85.1	537.9	512.1
上　海	867.4	6156	500	14997	162721	400176	334399	351.3	719.3	850.7
江　苏	4765.0	2352	1771	22155	1728890	865663	343544	135.5	1248.1	1029.6
浙　江	5.5	193	2265	11784	1468	909487	86536	30.4	1235.9	459.5
安　徽	3.5	282	317	8165	1372	594994	89259	14.4	524.7	529.5
福　建	8.0	255	1394	2982	2537	341795	10295	13.9	712.0	211.4
江　西	160.0	2073	358	2622	37898	179792	6187	145.7	453.9	114.0
山　东	119.3	2175	1172	20328	29377	872762	242908	156.5	1252.8	1231.2

续表

地 区	人工煤气生产能力(万立方米/日)	管道长度（公里）			全年供气总量			用气人口（万人）		
		人工煤气	液化石油气	天然气	人工煤气(万立方米)	液化石油气(吨)	天然气(万立方米)	人工煤气	液化石油气	天然气
河 南	175.6	1731	25	10870	111136	237895	126721	179.8	547.4	706.6
湖 北	58.9	660	655	9838	12382	343513	117703	48.5	876.8	610.3
湖 南	282.2	515	96	4956	89819	235885	95816	39.3	647.3	331.3
广 东	113.1	590	3521	8885	15493	4704485	117125	25.4	3309.0	850.4
广 西	10.6	387	40	3613	4449	296843	7050	41.5	595.8	88.6
海 南			18	1108		61724	12760		113.2	64.3
重 庆				5980		70066	205164		110.4	729.8
四 川	511.0	509	75	21748	162826	176579	511115	39.6	134.4	1079.4
贵 州	191.8	2784	106	112	26886	60227	2336	161.3	193.7	10.3
云 南	82.2	2159	163	300	33113	155859	73	234.8	244.7	32.6
西 藏						826148			37.8	
陕 西				6287		111081	144275		216.6	480.1
甘 肃	15.9	614	1	846	9427	185733	59505	21.7	186.8	180.7
青 海				780		7628	152572		19.2	83.4
宁 夏		160		2007	1024	15625	69561	12.9	92.8	85.0
新 疆	2556.0	134	82	5998	931300	81999	104498	6.2	160.8	382.3

四、各地区城市集中供热情况（2009年）

地　区	供应能力		供热总量		管道长度		供热面积（万平方米）
	蒸　汽（吨/小时）	热　水（兆瓦）	蒸　汽（万吉焦）	热　水（万吉焦）	蒸　汽（公里）	热　水（公里）	
全　国	**93193**	**286106**	**63137**	**200051**	**14317**	**110490**	**379574.1**
北　京	200	32674	325	36015	46	12156	44239.6
天　津	3579	16158	1721	9151	532	11958	20614.0
河　北	10979	22247	7228	11094	1262	7543	30554.3
山　西	2215	12999	1091	8697	193	4634	25512.5
内蒙古	214	21364	92	15417	20	4273	20769.4
辽　宁	12013	51183	6479	35643	2294	18129	68464.3
吉　林	2882	26147	2151	13751	472	8143	28570.7
黑龙江	4199	30420	1995	23379	431	12713	34941.7
上　海							
江　苏	4330	55	3285	15	688	15	1706.8
浙　江	4795		5303		977		3680.0
安　徽	3487	176	2201	43	409	15	2061.2
福　建							
江　西							

续表

地区	供应能力		供热总量		管道长度		供热面积（万平方米）
	蒸汽（吨/小时）	热水（兆瓦）	蒸汽（万吉焦）	热水（万吉焦）	蒸汽（公里）	热水（公里）	
山东	27609	22661	17473	14352	4454	17705	46770.6
河南	5632	3905	3084	2210	1185	2255	9282.5
湖北	1404	78	702	16	138	10	908.0
湖南							
广东							
广西							
海南							
重庆							
四川	60		98		42		14.0
贵州							
云南							
西藏							
陕西	3305	12543	2142	2632	571	514	8719.0
甘肃	4511	9225	6158	5745	429	2981	9601.8
青海		369		634		105	196.1
宁夏	425	5595	465	5499	29	1875	5895.1
新疆	1354	18307	1144	15758	145	5466	17072.5

五、旅游业发展情况

指　标	2005	2006	2007	2008	2009
旅行社数(个)	**16245**	**17957**	**18943**	**20110**	
国际旅行社	1556	1654	1797	1970	
国内旅行社	14689	16303	17146	18140	
星级饭店数(个)	**11828**	**12751**	**13583**	**14099**	
入境旅游人数(万人次)	**12029.23**	**12494.21**	**13187.33**	**13002.74**	**12647.59**
外国人	2025.51	2221.03	2610.97	2432.53	2193.75
港澳同胞	9592.79	9831.84	10113.57	10131.65	10005.44
台湾同胞	410.92	441.35	462.79	438.56	448.40
#过夜旅游者人数	4680.90	4991.34	5471.98	5304.92	5087.52
国内居民出境人数(万人次)	**3102.63**	**3452.36**	**4095.40**	**4584.44**	**4765.62**
#因私出境人数	2514.00	2879.91	3492.40	4013.12	4220.97
国内旅游人数(亿人次)	**12.12**	**13.94**	**16.10**	**17.12**	**19.02**
旅游收入					
国际旅游(外汇)收入(亿美元)	292.96	339.49	419.19	408.43	396.75
国内旅游收入(亿元)	5285.86	6229.74	7770.62	8749.30	10183.69

六、按国别分外国入境旅游人数

单位：万人次

地　区	1995	2000	2005	2006	2007	2008	2009
总计	**588.67**	**1016.04**	**2025.51**	**2221.03**	**2610.97**	**2432.53**	**2193.75**
亚洲	**338.26**	**610.15**	**1249.99**	**1358.82**	**1606.12**	**1455.10**	**1377.93**
朝鲜	6.64	7.64	12.58	11.01	11.37	10.18	10.56
印度	4.50	12.09	35.65	40.51	46.25	43.66	44.89
印度尼西亚	13.28	22.06	37.76	43.30	47.71	42.63	46.90
日本	130.52	220.15	339.00	374.59	397.75	344.61	331.75
马来西亚	25.18	44.10	89.96	91.06	106.20	104.05	105.90
蒙古	26.19	39.91	64.20	63.12	68.20	70.53	57.67
菲律宾	21.97	36.39	65.40	70.42	83.30	79.53	74.89
新加坡	26.15	39.94	75.59	82.79	92.20	87.58	88.95
韩国	52.95	134.47	354.53	392.40	477.71	396.04	319.75
泰国	17.33	24.11	58.63	59.20	61.16	55.43	54.18
非洲	**4.08**	**6.56**	**23.80**	**29.38**	**37.91**	**37.84**	**40.12**
欧洲	**159.06**	**248.90**	**479.14**	**527.96**	**621.68**	**612.33**	**459.11**
英国	18.49	28.39	49.96	55.26	60.51	55.15	52.88
德国	16.65	23.91	45.49	50.06	55.67	52.89	51.85
法国	11.85	18.50	37.20	40.22	46.34	43.00	42.48
意大利	6.37	7.78	19.70	19.53	21.52	19.44	19.14
荷兰	3.49	7.60	14.58	16.78	19.41	18.09	16.69
葡萄牙	2.56	2.28	4.38	4.45	4.83	4.39	4.36
瑞典	3.52	5.36	11.03	12.96	14.51	13.77	12.58
瑞士	3.43	3.07	5.14	5.79	6.46	6.34	6.26
俄罗斯	48.93	108.02	222.39	240.51	300.39	312.34	174.3
拉丁美洲	**5.37**	**8.29**	**16.05**	**19.58**	**24.26**	**26.03**	**23.10**
北美洲	**64.36**	**113.28**	**198.53**	**221.00**	**256.15**	**232.12**	**226.01**
加拿大	12.88	23.66	42.98	49.91	57.72	53.47	55.03
美国	51.49	89.62	155.55	171.03	190.12	178.64	170.98
大洋洲及太平洋岛屿	**15.85**	**28.18**	**57.36**	**63.86**	**72.85**	**68.88**	**67.24**
澳大利亚	12.94	23.41	48.3	53.81	60.74	57.15	56.15
新西兰	2.29	3.76	7.84	8.86	10.87	10.52	10.04
其他	**1.69**	**0.68**	**0.65**	**0.43**	**0.31**	**0.23**	**0.22**

七、各地区国际旅游（外汇）收入

单位：百万美元

地　区	1995	2000	2005	2006	2007	2008	2009
北　京	2182	2768	3619	4026	4580	4459	4357
天　津	133	232	509	626	779	1001	1183
河　北	42	142	209	243	309	274	308
山　西	21	50	116	164	222	301	378
内蒙古	91	126	352	404	545	577	558
辽　宁	189	383	738	934	1228	1526	1856
吉　林	41	58	120	137	179	211	243
黑龙江	61	189	340	492	643	870	639
上　海	939	1613	3556	3904	4673	4972	4744
江　苏	260	724	2260	2787	3469	3880	4016
浙　江	236	514	1716	2133	2708	3024	3224
安　徽	31	86	186	227	344	454	566
福　建	484	894	1305	1471	2169	2394	2599
江　西	25	62	104	140	196	252	290
山　东	154	315	780	1014	1352	1391	1765

续表

地　区	1995	2000	2005	2006	2007	2008	2009
河　南	60	124	216	274	318	374	433
湖　北	73	146	276	320	413	443	510
湖　南	65	221	390	503	642	617	673
广　东	2393	4112	6457	7533	8706	9175	10028
广　西	121	307	359	423	577	602	643
海　南	81	109	128	229	302	314	277
重　庆		138	264	309	382	450	537
四　川	125	122	316	395	512	154	289
贵　州	29	61	101	115	129	117	110
云　南	165	339	528	658	860	1008	1172
西　藏	11	52	44	61	135	31	79
陕　西	139	280	446	511	612	660	771
甘　肃	21	55	59	63	70	16	13
青　海	2	7	11	13	16	10	15
宁　夏	1	3	2	2	3	3	4
新　疆	74	95	100	128	162	136	137

八、对外经济贸易基本情况

指　　标	2005	2006	2007	2008	2009
货物进出口总额（人民币亿元）	**116921.8**	**140971.4**	**166740.2**	**179921.5**	**150648.1**
出口总额	62648.1	77594.6	93455.6	100394.9	82029.7
进口总额	54273.7	63376.9	73284.6	79526.5	68618.4
进出口差额	8374.4	14217.7	20171.1	20868.4	13411.3
货物进出口总额(亿美元)	**14219.1**	**17604.0**	**21737.3**	**25632.6**	**22075.4**
出口总额	7619.5	9689.4	12177.8	14306.9	12016.1
初级产品	490.4	529.2	615.1	779.6	631.1
工业制成品	7129.2	9160.2	11562.7	13527.4	11384.8
进口总额	6599.5	7914.6	9559.5	11325.6	10059.2
初级产品	1477.1	1871.3	2430.9	3623.9	2898.0
工业制成品	5122.4	6043.3	7128.6	7701.7	7161.2
进出口差额	1020.0	1774.8	2618.3	2981.3	1956.9
外商直接投资合同项目(个)	**44001**	**41473**	**37871**	**27514**	**23435**
实际使用外资额(亿美元)	**638.05**	**670.76**	**783.39**	**952.53**	**918.04**

续表

指　　标	2005	2006	2007	2008	2009
外商直接投资	603.25	630.21	747.68	923.95	900.33
外商其他投资	34.80	40.55	35.72	28.58	17.71
外资企业基本情况					
年底登记户数(户)	353030	376711	406442	434937	434248
投资总额(亿美元)	14640	17076	21088	23241	25000
注册资本(亿美元)	8120	9465	11554	13006	14035
外方	6319	7406	9211	10389	11369
对外经济合作(亿美元)					
合同金额	342.16	716.48	853.45	1130.15	1336.82
#对外承包工程	296.14	660.05	776.21	1045.62	1262.10
对外劳务合作	42.45	52.33	66.99	75.64	74.73
完成营业额	267.76	356.95	479.00	651.16	866.17
对外承包工程	217.63	299.93	406.43	566.12	777.06
对外劳务合作	47.86	53.73	67.67	80.57	89.11

注：1.从2001年起，外商投资合同金额和实际使用外资额均不包括对外借款(6-13表类同)。

2.从2007年起商务部不再对外公布外资合同金额数据。

3.外资企业基本情况数据来自国家工商总局，其年底登记户数自2008年起口径调整为企业加分支机构，（同时调整了以前年份数据），下同。

4.自2009年起商务部将对外设计咨询纳入对外承包工程合并统计。

九、各地区外商投资企业货物进出口总额

单位：万美元

地区	2000			2008			2009		
	进出口	出口	进口	进出口	出口	进口	进出口	出口	进口
全国	**23671390**	**11944121**	**11727269**	**140992119**	**79049270**	**61942848**	**121747836**	**67207409**	**54540427**
北京	776847	287108	489739	5680020	2305587	3374433	5334148	2008999	3325149
天津	1369289	637925	731364	5722366	2889470	2832896	4488051	2166105	2321946
河北	158147	101240	56907	1671332	975029	696303	1343558	657571	685987
山西	41876	15209	26667	221303	127618	93685	163150	69143	94007
内蒙古	18157	13799	4358	149335	90470	58865	108694	52317	56377
辽宁	1229698	624464	605234	3709289	2026502	1682786	3076882	1640160	1436721
吉林	112274	39197	73077	571685	134324	437361	555747	101950	453797
黑龙江	47353	26679	20674	139005	80686	58319	78345	49296	29050
上海	3341054	1426102	1914952	21768521	11355935	10412585	18670215	9701509	8968706
江苏	3018082	1445340	1572742	30349018	17495269	12853749	25969712	14661957	11307755
浙江	938993	534851	404142	8350689	5422144	2928545	6929148	4477938	2451210
安徽	94779	39993	54786	701238	319369	381869	523140	223759	299381
福建	1405740	759713	646027	5212205	3250376	1961829	4377455	2739325	1638130
江西	31814	16298	15516	886991	377632	509359	770607	322582	448024

续表

地 区	2000			2008			2009		
	进出口	出 口	进 口	进出口	出 口	进 口	进出口	出 口	进 口
山 东	1392569	792766	599803	8438159	5059486	3378673	7559835	4478307	3081528
河 南	57695	30889	26806	320204	171126	149078	376612	182754	193857
湖 北	104686	42956	61730	735954	378604	357351	703772	338756	365016
湖 南	47717	18250	29467	193352	105041	88310	182177	86058	96118
广 东	9203696	4951011	4252685	43848739	25567121	18281618	38241318	22379781	15861537
广 西	55339	34112	21227	454363	161968	292395	367765	127751	240014
海 南	45993	30464	15529	240462	65245	175216	301396	58544	242852
重 庆	32389	9666	22723	364846	95901	268945	295047	79951	215096
四 川	61524	24517	37007	821698	354933	466765	936469	418911	517558
贵 州	5690	4012	1678	37301	23804	13497	18647	9737	8910
云 南	19658	8113	11545	63625	42694	20931	43593	27236	16356
西 藏	634	389	245	601	64	537	99	98	1
陕 西	35433	11611	23822	208113	110053	98060	252626	110813	141813
甘 肃	5657	3832	1825	19994	16711	3283	10693	8206	2487
青 海	925	202	723	25805	4591	21214	19432	364	19068
宁 夏	6125	4294	1831	54698	18473	36225	22142	12246	9896
新 疆	11557	9119	2438	31207	23040	8167	27362	15283	12080

十、利用外资概况

项目单位：个； 金额单位：亿美元

年　份	总　计		对外借款		外商直接投资		外商其他投资额
	项　目	金　额	项 目	金　额	项　目	金　额	
合同利用外资额							
1979-1984	3841	281.26	117	169.78	3724	97.50	13.98
1985	3145	102.69	72	35.34	3073	63.33	4.02
1986	1551	122.33	53	84.07	1498	33.30	4.96
1987	2289	121.36	56	78.17	2233	37.09	6.10
1988	6063	160.04	118	98.13	5945	52.97	8.94
1989	5909	114.79	130	51.85	5779	56.00	6.94
1990	7371	120.86	98	50.99	7273	65.96	3.91
1991	13086	195.83	108	71.61	12978	119.77	4.45
1992	48858	694.39	94	107.03	48764	581.24	6.12
1993	83595	1232.73	158	113.06	83437	1114.36	5.31
1994	47646	937.56	97	106.68	47549	826.80	4.08
1995	37184	1032.05	173	112.88	37011	912.82	6.35
1996	24673	816.10	117	79.62	24556	732.76	3.71
1997	21138	610.58	137	58.72	21001	510.03	41.82
1998	19850	632.01	51	83.85	19799	521.02	27.14
1999	17022	520.09	104	83.60	16918	412.23	24.26
2000	22347	711.30			22347	623.80	87.50
2001	26140	719.76			26140	691.95	27.81
2002	34171	847.51			34171	827.68	19.82
2003	41081	1169.01			41081	1150.69	18.32
2004	43664	1565.88			43664	1534.79	31.09
2005	44001	1925.93			44001	1890.65	35.28
2006	41473	1982.16			41473	1937.27	44.89
2007	37871				37871		
2008	27514				27514		
2009	23435				23435		
1979-2009	684918				683235		

续表

年份	总计		对外借款		外商直接投资		外商其他投资资额
	项目	金额	项目	金额	项目	金额	
实际使用外资额							
1979-1984		181.87		130.41		41.04	10.42
1985		47.60		25.06		19.56	2.98
1986		76.28		50.14		22.44	3.70
1987		84.52		58.05		23.14	3.33
1988		102.26		64.87		31.94	5.45
1989		100.60		62.86		33.92	3.81
1990		102.89		65.34		34.87	2.68
1991		115.54		68.88		43.66	3.00
1992		192.03		79.11		110.08	2.84
1993		389.60		111.89		275.15	2.56
1994		432.13		92.67		337.67	1.79
1995		481.33		103.27		375.21	2.85
1996		548.05		126.69		417.26	4.10
1997		644.08		120.21		452.57	71.30
1998		585.57		110.00		454.63	20.94
1999		526.59		102.12		403.19	21.28
2000		593.56		100.00		407.15	86.41
2001		496.72				468.78	27.94
2002		550.11				527.43	22.68
2003		561.40				535.05	26.35
2004		640.72				606.30	34.42
2005		638.05				603.25	34.80
2006		670.76				630.21	40.55
2007		783.39				747.68	35.72
2008		952.53				923.95	28.58
2009		918.04				900.33	17.71
1979-2009		11416.22				9426.46	518.19

注：本表资料由商务部提供。

十一、按行业分对外直接投资

单位：万美元

行　业	对外直接投资净额		截至2009年对外直接投资存量
	2008	2009	
总　计	**5590717**	**5652899**	**24575538**
农、林、牧、渔业	17183	34279	202844
采矿业	582351	1334309	4057969
制造业	176603	224097	1359155
电力、燃气及水的生产和供应业	131349	46807	225561
建筑业	73299	36022	341322
交通运输、仓储和邮政业	265574	206752	1663133
信息传输、计算机服务和软件业	29875	27813	196724
批发和零售业	651413	613575	3569499
住宿和餐饮业	2950	7487	24329
金融业	1404800	873374	4599403
房地产业	33901	93814	534343
租赁和商务服务业	2171723	2047378	7294900
科学研究、技术服务和地质勘查业	16681	77573	287413
水利、环境和公共设施管理业	14145	434	106508
居民服务和其他服务业	16536	26773	96137
教育	154	245	2123
卫生、社会保障和社会福利业		191	610
文化、体育和娱乐业	2180	1976	13565
公共管理和社会组织			

十二、对外经济合作

年份	合同数（份）	对外承包工程	对外劳务合作	对外设计咨询	合同金额（亿美元）	对外承包工程	对外劳务合作	对外设计咨询	完成营业额（亿美元）	对外承包工程	对外劳务合作	对外设计咨询
1976-2009	**1057459**	**85043**	**966445**	**5971**	**6322.92**	**5603.02**	**673.28**	**46.61**	**4081.31**	**3407.71**	**646.90**	**26.71**
1976-1988	7534	3449	4085		105.95	89.00	16.95		60.91	49.70	11.21	
1989	3100	776	2324		22.12	17.81	4.31		16.86	14.84	2.02	
1990	5175	920	4255		26.04	21.25	4.78		18.67	16.44	2.23	
1991	8438	1171	7267		36.09	25.24	10.85		23.63	19.70	3.93	
1992	9405	1164	8241		65.85	52.51	13.35		30.49	24.03	6.46	
1993	11605	1393	10212		68.00	51.89	16.11		45.38	36.68	8.70	
1994	17491	1702	15789		79.88	60.28	19.60		59.78	48.83	10.95	
1995	19321	1558	17397	366	96.72	74.84	20.07	1.81	65.88	51.08	13.47	1.33
1996	24891	1634	22723	534	102.73	77.28	22.80	2.65	76.96	58.21	17.12	1.64
1997	28442	2085	25743	614	113.56	85.16	25.50	2.90	83.83	60.36	21.65	1.82
1998	25955	2322	23191	442	117.73	92.43	23.90	1.40	101.34	77.69	22.76	0.89
1999	21126	2527	18173	426	130.02	101.99	26.32	1.71	112.35	85.22	26.23	0.90
2000	23565	2597	20474	494	149.43	117.19	29.91	2.33	113.25	83.79	28.13	1.34
2001	39400	5836	33358	206	164.55	130.39	33.28	0.88	121.39	88.99	31.77	0.63
2002	34461	4036	30163	262	178.91	150.55	27.52	0.85	143.52	111.94	30.71	0.87
2003	42059	3708	38043	308	209.30	176.67	30.87	1.76	172.34	138.37	33.09	0.88
2004	60312	6694	53271	347	276.98	238.44	35.03	3.51	213.69	174.68	37.53	1.47
2005	73233	9502	63410	321	342.16	296.14	42.45	3.57	267.76	217.63	47.86	2.27
2006	107744	12996	94386	362	716.48	660.05	52.33	4.11	356.95	299.93	53.73	3.29
2007	168240	6282	161457	501	853.45	776.21	66.99	10.26	479.00	406.43	67.67	4.90
2008	163881	5411	157682	788	1130.15	1045.62	75.64	8.88	651.16	566.12	80.57	4.48
2009	162081	7280	154801		1336.82	1262.10	74.73		866.17	777.06	89.11	

十三、按国别（地区）分对外经济合作完成营业额

单位：万美元

国别(地区)	2008				2009			
	合　计	承包工程	劳务合作	设计咨询	合　计	承包工程	劳务合作	设计咨询
合　计	**6511630**	**5661168**	**805691**	**44771**	**8661725**	**7770611**	**891114**	
亚洲	**3251025**	**2890266**	**332889**	**28716**	**4317381**	**3981117**	**336264**	
阿富汗	4084	4076		8	3449	3449		
巴林	3585	3478	107		6888	6853	35	
孟加拉国	27341	25545	299	1497	34103	33862	241	
不丹	18	18						
文莱	72	66	6		1954	1953	1	
缅甸	70224	68278	25	1921	83070	83030	40	
柬埔寨	37979	35977	1921	81	40983	39782	1201	
塞浦路斯	686	677	9		5191	5170	21	
朝鲜	4168	3349	739	80	2338	1801	537	
中国香港	192523	168569	23675	279	206221	179860	26361	
印度	426404	420856	43	5505	579454	579396	58	
印度尼西亚	227828	223671	2090	2067	264849	264688	161	
伊朗	112312	111434		878	210376	210376		
伊拉克	9575	9575			35313	35313		
以色列	14739	11863	2852	24	8858	7055	1803	
日本	165337	21280	144005	52	177422	18349	159073	
约旦	19610	13508	4625	1477	36697	33527	3170	
科威特	12119	11307	779	33	21678	21018	660	
老挝	23500	22530	67	903	41675	41294	381	
中国澳门	124323	87900	36423		92215	53413	38802	
马来西亚	77853	75669	1652	532	116748	115398	1350	
马尔代夫	1250	1250			1322	1322		
蒙古	28037	25847	1603	587	51462	50991	471	
尼泊尔	10770	10761	3	6	5417	5417		
阿曼	15616	16367	95		27193	27113	80	

续表

国别(地区)	2008				2009			
	合计	承包工程	劳务合作	设计咨询	合计	承包工程	劳务合作	设计咨询
巴基斯坦	194383	191586	157	2640	173425	173330	95	
巴勒斯坦					7409	7409		
菲律宾	39777	39463	133	181	56549	56423	126	
卡塔尔	44516	41980	2518	18	45054	42364	2690	
沙特阿拉伯	248259	245371	2381	507	361612	359158	2454	
新加坡	186243	132048	52734	1461	251954	199893	52061	
韩国	53703	24969	28574	160	81684	61318	20366	
斯里兰卡	38654	38501	77	76	68604	68569	35	
叙利亚	11615	11614		1	20343	20343		
泰国	48767	48238	390	139	53292	52682	610	
土耳其	81736	80812	277	647	123415	123207	208	
阿联酋	219972	210954	8844	174	361701	354167	7534	
也门共和国	44764	43758	998	8	46371	46047	324	
越南	198214	192343	3658	2213	239885	237106	2779	
中国台湾	19894	9624	10244	26	16685	4624	12061	
东帝汶	1724	1723	1		1353	1352	1	
哈萨克	99127	95943	528	2656	140968	140555	413	
吉尔吉斯	12748	12344	356	48	8705	8704	1	
塔吉克	45282	44481		801	33597	33537	60	
土库曼	32123	31299		824	93323	93323		
乌兹别克	18356	18149	1	206	75826	75826		
亚洲其他国家(地区)	1215	1215			750	750		
非洲	**2009895**	**1974905**	**24435**	**10555**	**2843602**	**2809899**	**33703**	
阿尔及利亚	427770	420227	5395	2148	594439	587726	6713	
安哥拉	328186	322203	4907	1076	496109	486189	9920	
贝宁	2116	2030	8	78	2861	2830	31	
博茨瓦纳	40631	40518	113		60579	60471	108	
布隆迪	1272	1269		3	563	563		

续表

国别(地区)	2008				2009			
	合　计	承包工程	劳务合作	设计咨询	合　计	承包工程	劳务合作	设计咨询
喀麦隆	6222	6222			12211	12211		
佛得角	493	431	8	54	1741	1739	2	
中非	2404	2404			3462	3462		
乍得	13097	13075		22	44576	44511	65	
科摩罗	540	476	64		1035	1008	27	
刚果（布）	63562	62925	595	42	87749	85864	1885	
吉布提	2241	1732	509		6925	6923	2	
埃及	51554	51379	109	66	79851	79735	116	
赤道几内亚	71897	71239	356	302	133895	133518	377	
埃塞俄比亚	98482	98252	19	211	119841	119583	258	
加蓬	1667	1553	38	76	21165	19712	1453	
冈比亚	526	526			121	121		
加纳	39390	38806	82	502	46062	46048	14	
几内亚	7207	7150	56	1	7457	7399	58	
几内亚(比绍)	3562	3439	65	58	6047	5607	440	
科特迪瓦	1495	1475		20	2085	2083	2	
肯尼亚	38964	38693	18	253	57081	57076	5	
利比里亚	5032	3546	1467	19	6454	4724	1730	
利比亚	75028	74118	657	253	192799	191251	1548	
马达加斯加	21474	21402	40	32	15455	15349	106	
马拉维	895	895			4847	4847		
马里	16481	16325		156	26777	26743	34	
毛里塔尼亚	6483	5619	824	40	19609	19075	534	
毛里求斯	11758	7546	4177	35	12685	7803	4882	
摩洛哥	28741	28043	695	3	51721	51100	621	
莫桑比克	10054	10012	42		32210	32187	23	
纳米比亚	7586	7484	81	21	15024	14934	90	
尼日尔	2323	2217	51	55	32968	32948	20	

续表

国别(地区)	2008				2009			
	合　计	承包工程	劳务合作	设计咨询	合　计	承包工程	劳务合作	设计咨询
尼日利亚	165084	161353	817	2914	201083	200352	731	
卢旺达	4593	4551	16	26	8164	8142	22	
圣多美和普林西比	116	116			43	43		
塞内加尔	14008	14004		4	14703	14703		
塞舌尔	4184	3968	97	119	4501	4384	117	
塞拉利昂	2871	2804	26	41	2700	2664	36	
索马里	10	10			19	19		
南非	24890	24731	154	5	12093	11818	275	
苏丹	262441	262174	53	214	207866	207843	23	
坦桑尼亚	42706	41688	900	118	54430	54320	110	
多哥	2895	2888	7		3893	3886	7	
突尼斯	6392	5353		1039	5318	5318		
乌干达	15418	15373	25	20	18941	18902	39	
布基纳法索					23	23		
赞比亚	22220	21792	146	282	35901	35361	540	
津巴布韦	16012	15888	90	34	6572	6509	63	
莱索托	3794	3275	510	9	4398	4014	384	
斯威士兰	209		209		199		199	
厄立特里亚	4713	3677	1000	36	3375	3284	91	
刚果（金）	28206	28029	9	168	62976	62974	2	
欧洲	**384616**	**329932**	**51888**	**2796**	**340654**	**317464**	**23190**	
比利时	19302	19298		4	7345	7345		
丹麦	515	491	24		4445	4414	31	
英国	19541	17487	2049	5	29971	28525	1446	
德国	48435	41682	6711	42	52040	45887	6153	
法国	37981	37861	120		20334	20319	15	
爱尔兰	1324	580	744		959	201	758	
意大利	3599	3389	8	202	10695	10678	17	
荷兰	3199	2685	469	45	10632	10332	300	

续表

国别(地区)	2008				2009			
	合 计	承包工程	劳务合作	设计咨询	合 计	承包工程	劳务合作	设计咨询
希腊	33307	32311	996		5063	3970	1093	
葡萄牙	1080	1080			5083	5083		
西班牙	11592	11406	186		16181	16109	72	
阿尔巴尼亚	5071	5063	8		8640	8639	1	
奥地利	522	514	8		1059	1059		
保加利亚	933	933			406	406		
芬兰	714	370	344		53	53		
匈牙利	2691	2690	1		6537	6503	34	
冰岛	712	712			477	474	3	
马耳他	630	486	144		135		135	
摩纳哥					11		11	
挪威	7122	6659	463		1316	1059	257	
波兰	1455	1239	216		3617	3362	255	
罗马尼亚	7448	6595	838	15	5799	5460	339	
瑞典	1564	1564			530	519	11	
瑞士	436	436			235	235		
爱沙尼亚					49		49	
拉脱维亚	301	301						
立陶宛	87		87		128	27	101	
格鲁吉亚	2537	2385	152		426	426		
亚美尼亚	42	42			1831	1831		
阿塞拜疆	6412	6411	1		12510	12509	1	
白俄罗斯	7512	7444	66	2	8869	8327	542	
摩尔多瓦	134	132		2				
俄罗斯	140085	99637	38113	2335	99890	88382	11508	
乌克兰	16621	16346	134	141	22162	22114	48	
塞尔维亚和黑山					28	28		
斯洛文尼亚	172	172			209	202	7	

续表

国别(地区)	2008				2009			
	合　计	承包工程	劳务合作	设计咨询	合　计	承包工程	劳务合作	设计咨询
克罗地亚	30	30						
捷克	1247	1241	6		2570	2569	1	
斯洛伐克	46	46			116	114	2	
马其顿共和国	3			3				
波斯尼亚-黑塞哥维那	70	70						
塞尔维亚	144	144			303	303		
拉丁美洲	**304752**	**299547**	**3790**	**1415**	**368172**	**364418**	**3754**	
安提瓜和巴布达	222	193		29	844	844		
阿根廷	10872	10810	62		18102	18058	44	
巴哈马	593	536	57		1291	1291		
巴巴多斯	1806	1755	41	10	1592	1560	32	
伯利兹	3641	3634	7		2613	2597	16	
玻利维亚	150	150			111	111		
巴西	93497	93145	155	197	111290	111156	134	
智利	3051	2961	90		8323	8218	105	
哥伦比亚	10605	10532		73	6928	6928		
哥斯达黎加					3283	3283		
古巴	5310	5306		4	4702	4698	4	
多米尼加共和国	104	104			1002	1002		
厄瓜多尔	10754	10754			22247	22247		
格林纳达	1074	1074			164	164		
危地马拉	39	39			2200	2200		
圭亚那	932	932			1395	1395		
洪都拉斯	21		21		4		4	
牙买加	4751	4660	74	17	9792	9776	16	
墨西哥	52993	52329	664		16785	16557	228	
尼加拉瓜	244		244		95		95	
巴拿马	1937	187	1743	7	2244	7	2237	
秘鲁	8412	7527	24	861	18993	18967	26	

续表

国别(地区)	2008				2009			
	合　计	承包工程	劳务合作	设计咨询	合　计	承包工程	劳务合作	设计咨询
波多黎各					2281	2281		
圣卢西亚	56		56		8		8	
圣文森特和格林纳丁斯	1337	1170	167		911	404	507	
萨尔瓦多	3		3		1		1	
苏里南	1747	1737	10		7712	7711	1	
特立尼达和多巴哥	10496	10274	212	10	27739	27538	201	
特克斯和凯科斯岛	2430	2320	110		385	309	76	
乌拉圭					2269	2269		
委内瑞拉	77675	77418	50	207	92855	92847	8	
英属维尔京群岛					11		11	
北美洲	**64559**	**58825**	**5327**	**407**	**97794**	**93595**	**4199**	
加拿大	6046	4363	1575	108	11432	10123	1309	
美国	58513	54462	3752	299	86362	83472	2890	
大洋洲及太平洋岛屿	**109813**	**106830**	**2141**	**842**	**203212**	**200578**	**2634**	
澳大利亚	66906	65370	749	787	114512	112396	2116	
库克群岛	176	153	23		1636	1604	32	
斐济	2356	1904	451	1	5886	5774	112	
新喀里多尼亚	40	40			8714	8714		
瓦努阿图	270	266		4	146	127	19	
新西兰	4643	4386	257		3698	3642	56	
巴布亚新几内亚	31789	31752		37	63591	63591		
汤加	807	800	5	2	2310	2310		
萨摩亚	1460	935	514	11	1752	1469	283	
密克罗尼西亚	1079	945	134		510	510		
帕劳共和国	8		8					
马绍尔群岛					16		16	
法属波利尼西亚	279	279			441	441		
其他	**976**	**863**	**73**	**40**	**3603**	**3540**	**63**	
国境内	**385148**		**385148**		**487307**		**487307**	

香港、澳门、台湾

一、本地生产总值

年份	本地生产总值（以当年价格计算）		本地生产总值与上年比较的实际增长(%)	人均本地生产总值（以当年价格计算）	
	(亿港元)	(亿美元)		(港元)	(美元)
1990	5990	769	3.9	104996	13480
1991	6903	888	5.7	120015	15444
1992	8051	1040	6.1	138795	17930
1993	9280	1200	6.0	157261	20328
1994	10475	1355	6.0	173554	22458
1995	11157	1442	2.3	181241	23428
1996	12295	1590	4.2	191047	24702
1997	13650	1763	5.1	210350	27170
1998	12928	1669	-6.0	197559	25508
1999	12667	1633	2.6	191731	24714
2000	13177	1691	8.0	197697	25375
2001	12992	1666	0.5	193500	24811
2002	12773	1638	1.8	189397	24285
2003	12348	1586	3.0	183449	23558
2004	12919	1659	8.5	190451	24454
2005	13826	1778	7.1	202928	26093
2006	14754	1899	7.0	215158	27698
2007	16155	2071	6.4	233248	29900
2008	16753	2151	2.2	240096	30833
2009	16323	2106	-2.8	233060	30064

二、香港国际收支平衡表

单位：亿港元

标准组成部分①	2005	2006	2007	2008	2009
经常账户②	**1569.33**	**1781.66**	**1991.60**	**2281.25**	**1416.87**
货物	-593.47	-1089.83	-1536.72	-1800.91	-2082.20
服务	2311.57	2771.54	3284.88	3507.65	3250.06
收益	16.48	273.48	444.37	833.06	493.92
经常转移	-165.24	-173.53	-200.93	-258.55	-244.91
资本及金融账②	**-1824.31**	**-2099.35**	**-2592.47**	**-2311.62**	**-1649.24**
资本转移	-49.39	-29.00	103.38	163.93	361.54
直接投资	499.96	6.35	-525.77	703.93	-296.10
有价证券投资	-2450.17	-2078.79	-214.52	-2951.48	-3423.29
金融衍生工具	305.02	259.25	435.34	633.38	256.41
其他投资	-22.94	210.19	-1245.92	1777.32	6944.83
储备资产（变动净值）③	-106.79	-467.35	-1144.98	-2638.69	-5492.62
净误差及遗漏④	**254.98**	**317.69**	**600.87**	**30.37**	**232.37**
整体的国际收支	**106.79**	**467.35**	**1144.98**	**2638.69**	**5492.62**
	(盈余)	**(盈余)**	**(盈余)**	**(盈余)**	**(盈余)**

注：①根据国际收支平衡表的会计常规，某标准组成部分的净贷方数字以正数显示，而净借方则以负数显示。

②经常帐差额的正数显示盈余而负数则显示赤字。在资本及金融帐方面，正数显示净资金流入而负数则显示净资金流出。由于对外资产的增加是属于借方帐目而减少则属贷方帐目，因此负数的储备资产变动净值显示储备资产的增加，而正数则显示减少。

③在国际收支平衡架构下储备资产变动净值的估计是指交易数字。因计价方式改变(包括价格变动及汇率变动)及分类重组所导致的影响并不包括在内。

④原则上，贷方和借方各项帐目的净总和应相等于零。但实际上，贷方和借方帐目的资料是透过不同的来源搜集，基于各种原因会 有差异。为了令贷方和借方帐目的总和相等，便须加进一个余额项目，以反映平衡表的「净误差及遗漏」。

三、香港国际投资头寸（期末头寸）

单位：亿港元

概括组成部分	2005	2006	2007	2008	2009
资产	**115883.12**	**149987.00**	**211940.93**	**175212.61**	**198125.36**
在外地的直接投资	36539.05	52645.23	78889.93	59061.75	64687.74
有价证券投资	33847.31	45134.98	60740.91	43182.41	62884.14
金融衍生工具	1332.88	1752.04	3736.19	6753.11	3769.88
其他投资	34527.81	40094.63	56667.08	52068.23	46947.51
储备资产	9636.08	10360.11	11906.82	14147.10	19836.09
负债	**81821.76**	**109689.82**	**174205.03**	**126945.89**	**140443.37**
在香港的直接投资	40562.59	57719.14	91865.49	63258.37	70743.05
有价证券投资	13833.44	20187.54	37260.25	17819.04	26109.65
金融衍生工具	1325.75	1583.38	2538.36	5726.47	2999.95
其他投资	26099.98	30199.76	42540.93	40142.01	40590.72
国际投资头寸净值①	**34061.36**	**40297.17**	**37735.90**	**48266.72**	**57682.00**

注：①国际投资头寸净值是对外金融资产总值与对外金融负债总值之差。

四、按居所租住权划分的家庭住户数目

单位：万户

项　　目	2005	2006	2007	2008	2009
总计	**219.71**	**222.09**	**224.71**	**227.74**	**231.16**
自置住房住户	117.97	118.74	119.28	120.09	120.94
全租户	87.68	89.99	93.49	95.89	98.78
合租户	4.02	3.29	2.63	2.37	2.23
二房东	0.13	0.14	0.13	0.08	0.08
三房客	0.59	0.60	0.53	0.30	0.36
免租	4.06	4.17	3.77	4.44	4.15
住房由雇主提供	5.26	5.16	4.88	4.58	4.62

注：数字是根据每年一月至十二月进行的“综合住户统计调查”结果，以及由统计处与跨部门人口分布推算小组共同编制按区议会分区划分年中人口估计数字编制。

五、本地生产总值（按当年价格计算）

年　份	本地生产总值		本地生产总值与上年比较的实际增长率（%）	人均本地生产总值	
	（亿澳门元）	（亿美元）		（澳门元）	（美元）
1992	365.2	45.8	13.3	98475	12352
1993	420.7	52.8	5.2	109563	13751
1994	467.2	58.7	4.3	117737	14791
1995	522.7	65.6	3.3	127715	16029
1996	528.1	66.3	-0.4	127211	15968
1997	532.3	66.7	-0.3	127563	15996
1998	493.6	61.9	-4.6	116884	14649
1999	472.9	59.2	-2.4	110637	13844
2000	489.7	61.0	5.7	113739	14171
2001	497.0	61.9	2.9	114501	14253
2002	548.2	68.2	10.1	125058	15567
2003	635.7	79.2	14.2	142825	17805
2004	822.3	102.5	27.3	179977	22434
2005	921.9	115.1	6.9	193619	24169
2006	1137.1	142.1	16.5	227721	28463
2007	1502.1	186.9	26.0	285695	35552
2008	1735.5	216.4	12.9	316143	39416
2009①	1693.4	212.1	1.3	311131	38968

注：①估算数字在日后得到更多资料时会作出修订。

六、财政收入

单位：万澳门元

项　目	2005	2006	2007	2008	2009①
经常收入					
直接税	1806911	2171541	3302026	4299083	4519032
间接税	149486	140263	205907	188348	149140
费用、罚款及其他金钱制裁	53994	53759	108109	128147r	105609
财产收益	167778	217106	725313r	276385r	380106
转移	75662	95862	445591	595882r	585199
耐用品的出售	29	16	451	1018r	867
劳务及非耐用品的出售	4803	4989	114441	132414r	152813
其他经常收入	13197	13696	124032	130846r	170645
资本收入					
投资资产的出售	391	318	3946	3942r	593
转移	-	-	-	-	-
财务资产	-	13477	7421	29405r	10942
财务负债	-	-	-	-	-
其他资本收入	-	-	328149	431171r	895506
非从支付中扣减的退回	4619	5316	5663	9294r	16637
指定账目	**543212**	**1002507**	**-**	**-**	**-**
总数	**2820082**	**3718852**	**5371050r**	**6225934r**	**6987088**

注：①2009 年数字在日后得到更多资料时会作出修订。

七、财政支出

单位：万澳门元

项　　目	2005	2006	2007	2008	2009①
经常支出					
工薪	325074	343365	693106	841647r	905630
货物及劳务	77837	87397	362227	455521r	560783
利息	-	-	2399	2958r	1590
经常转移	712599	818346	587094	1105450r	1306077
其他经常支出	5687	8033	197597	123092r	259544
资本支出					
投资	433827	435491	375701	329120r	416191
资本转移	6304	8800	11007	11123r	7493
财务活动	13886	31037	105468	175431r	87484
其他资本支出	-	-	-	-	-
指定账目	**543212**	**1002507**	**-**	**-**	**-**
总数	**2118426**	**2734976**	**2334598**	**3044343r**	**3544792**

注：①2009 年数字在日后得到更多资料时会作出修订。

八、本地生产总值部门构成

单位：%

年 份	本地生产总值(新台币亿元)	农业	工业				服务业				
				制造业	水电燃气及污染治理业	建筑业		批发及零售业	金融及保险业	不动产业	咨讯及通讯传播业
2002	104116	1.82	30.38	25.02	2.34	2.52	67.80	16.81	8.02	8.25	3.80
2003	106963	1.71	31.20	26.13	2.31	2.36	67.08	16.65	7.53	8.33	3.76
2004	113653	1.68	31.75	26.81	1.99	2.53	66.57	17.08	7.56	8.15	3.59
2005	117403	1.67	31.26	26.53	1.93	2.42	67.08	17.63	7.66	8.16	3.49
2006	122435	1.61	31.33	26.46	1.84	2.72	67.06	17.88	7.28	8.54	3.39
2007	129105	1.49	31.38	26.52	1.62	2.78	67.12	18.22	7.26	8.53	3.44
2008	126985	1.60	29.25	24.98	1.03	2.87	69.16	18.80	7.24	8.77	3.62
2009	125127	1.55	29.79	24.67	2.11	2.55	68.66	18.49	6.35	9.09	3.68

九、金融概况

年 份	货币供应量M_1(新台币亿元)	流动性负债①(新台币亿元)	储备货币(新台币亿元)	主要金融机构存款(新台币亿元)	主要金融机构放款与投资(新台币亿元)	再贴现率(年息%)	汇率(卖出价)(新台币/美元)
2002	54916	249750	15688	206098	160780	1.63	34.81
2003	65528	273807	16194	217469	165351	1.38	34.02
2004	73680	299984	17177	232565	179640	1.75	31.78
2005	78711	325466	17585	247095	193602	2.25	32.88
2006	82226	351722	18832	259420	201539	2.75	32.65
2007	82200	370012	19475	262088	206269	3.38	32.49
2008	81537	389321	21254	279779	213315	2.00	32.91
2009	105116	417377	23040	295559	214906	1.25	32.08

注：①含债券型基金资料。

第十部分

盘点"十一五"

“十一五”经济社会发展成就综述

● “十一五”前四年，我国国内生产总值年均实际增长11.4%，比“十五”时期年平均增速快1.6个百分点；全国万元GDP能耗累计下降15.61%。目前，“十一五”二氧化硫和化学需氧量减排目标已提前实现

● 我国经济发展的版图在细化，区域经济发展的重点由南向北、从东到西，一个个被圈定，一步步在展开。2009年以来，12个区域规划先后上升到国家层面；中西部和东北的经济增速一举超过东部，与全国经济增长的差距在缩小

● 国家把越来越多的财力用于改善人民生活的交通、教育、医疗以及社会保障等领域，越来越多的贫困地区、偏远地区老百姓的生活状况得到改善。2006—2009年，城镇和农村居民人均可支配收入年均实际增长分别为10.2%和8.3%

从“十五”迈进“十一五”的门槛时，我们不仅对中国发展的前景充满信心，更对发展的道路充满期待。因为，我们站在了科学发展的新起点上。

“十一五”规划是党中央提出科学发展观和构建和谐社会重大战略思想后编制的第一个五年规划。“十一五”的五年，是深入贯彻科学发展观的五年，是在科学发展观指引下战胜重重困难奋力前行的五年。走过五年，我们科学发展的方向更加明确，步履更加坚定。

保持国民经济平稳较快增长，我们迎接最大考验

我们要发展，我们更要科学地发展。带着这样的理念走进“十一五”，迎接我们的是超乎想象的一系列严峻考验。

“十一五”规划甫一开局，“三过”问题——投资增长过快、信贷投放过多、外贸顺差过大，就开始考验国民经济。此后，通货膨胀以及雨雪冰冻灾害、汶川特大地震等次第登场。最严峻的考验在“十一五”的第三个年头出现。2008年，近百年世界经济史上罕见的国际金融危机突然袭来，猛烈冲击着正在高速运行的中国经济快车。一时间，外贸出口大幅度下滑，部分企业陷入困境，百姓就业压力陡增……从“过热”到“过冷”似乎没有过渡，中国发展的势头急转直下。

接踵而至的困难，把传统发展模式的种种弊端更加尖锐地摆在我们面前。速度与质量，通胀与通缩，消费与投资……一对对矛盾轮番凸显，考验着中国经济会不会陷入大起大落的困境，考验着中国政府的宏观调控能不能把国民经济成功带入又好又快的发展道路，更考验着全党上下坚持走科学发展道路的决心。

按照科学发展观的要求，“十一五”初期宏观调控表现的是“有保有控”的特点。中央政府一方面推出包括土地、金融、市场准入等方面政策的组合拳，加快结构调整，防止经济增长过热；另一方面，通过出台减免农业税等一系列惠农政策，着力加强农业等国民经济中的薄弱环节。在开局之时，我们收获了两个好年景。2006年国民经济实现了高增长与低通胀的理想搭配；2007年虽然通胀问题逐渐凸显，但国民经济仍延续了平稳增长的好势头，财政收入、企业收入、城乡居民收入齐头并进，都收获满满。

正当国民经济开始步入又好又快轨道时，突然袭来的国际金融危机又打乱了中国发展的步伐和节奏。

前所未见的困难，前所未见的挑战，前所未见的精彩！面对国际金融危机的惊涛骇浪，党中央、国务院“变压力为动力、化挑战为机遇”，连连出手，果敢应对。领先于其他国家，中国率先推出了力度最大的刺激经济的一揽子计划，速度之快，规模之大，配套之全，前所未有。出手快，出拳重，中国经济一路下滑的势头被止住，从2009年一季度的6.1%，逐季回升到年末的近9%，画出一个精彩的“V”形走势。最难能可贵的是，在“保八”之战中，结构调整也未松弦。4万亿元的投资重点锁定经济发展薄弱环节，锁定民生相关的领域，重点产业调整和振兴规划等一系列政策措施也相继推出。

从2006年到2009年，我国国内生产总值年均实际

增长11.4%，比“十五”时期年平均增速快1.6个百分点。今年上半年，又保持了11.1%的增长。与此同时，节能减排也在稳步推进。与2005年相比，2009年化学需氧量和二氧化硫排放量累计分别下降9.66%和13.14%，“十一五”二氧化硫减排目标提前一年实现，化学需氧量减排目标提前半年实现。“十一五”前4年，全国万元GDP能耗累计下降15.61%，年均降幅为4.15%。

这就是中国经济走过波澜起伏的5年交出的成绩单，也是贯彻科学发展观交出的考试卷。

统筹东中西部共同发展，我们取得巨大进步

科学发展就要统筹协调。在中国这样幅员辽阔人口众多的发展中大国，促进区域协调发展无疑是一项重大而紧迫的任务。

在中国的改革开放中，东部毫无疑问是领跑者。但是，东部的一花独放换不来全面的小康社会。“十一五”规划明确提出要形成合理的区域发展格局，5年来，统筹区域发展成为中国经济发展中最耀眼的亮点，展现了百花齐放的春光。

在满园春光中，西部大开发是最美丽的风景。承继了“十五”发展好势头，西部大开发加速向前推进。5年中，近70项国家重点建设项目开工，投资额1万余亿，项目覆盖交通、能源、农业、工业、教育、卫生等各个领域。加上“十五”，西部经历了历史上经济增长最快、人民得到实惠最多的10年。一个崭新的西部在崛起。在西部大开发迎来10周年的时刻，中共中央召开了西部开发工作会议，为西部的下一个10年描绘了宏伟蓝图。

占中国版图2/3的西部在巨变，中部和东北也紧随其后。2007年，国务院批复了《东北地区振兴规划》，提出将东北地区建设成为综合经济发展水平较高的重要经济增长区域及确立了“四基地一区”的目标定位。2009年，《国务院关于进一步实施东北地区等老工业基地振兴战略的若干意见》出台，明确提出，东北地区老工业基地要在应对国际金融危机中实现新的跨越，加快形成具有独特优势和竞争力的新的增长极，为全国经济发展做出更大贡献。东北一次又一次，刷新自己振兴的高度和起点。中部也没有落后。2006年，《中共中央国务院关于促进中部地区崛起的若干意见》颁布实施；2009年，国家又出台了《促进中部地区崛起规划》，2010年，国家发改委印发《促进中部地区崛起规划》实施意见，明确了中部崛起的工作目标和进度。

中国的区域经济发展，从来没有像“十一五”时期这样精彩纷呈。2009年以来，国务院更是以前所未有的高频率，先后将12个区域规划上升到国家层面。中国经济发展的版图在细化，区域经济发展的重点由南向北、从东到西，一个个被圈定，一步步在展开。“珠三角”、“长三角”、“环渤海经济区”已成中国经济三大引擎，沿海有串串明珠，西部有成渝、关中天水、北部湾三大重点经济区，中部有武汉、长株潭城市群，东北有长吉图、沈阳经济区……一时间东西呼应，南北互动，区域经济网络越编越密，协作形式越来越多。

“十一五”区域经济硕果累累，中西部和东北地区发展加快，与全国经济增长的差距一步步在缩小。到2009年，中西部和东北的增速一举超过了东部，这是前所未有的。2009年，中部地区城镇固定资产投资占全国的比重为27.3%，比2005年提高5.2个百分点；西部地区占22.1%，比2005年提高2.2个百分点。今年上半年，中西部和东北地区城镇固定资产投资增速仍然走在东部的前面。

让人民共享发展成果，我们付出真诚努力

发展为了人民，发展依靠人民，让全体中国人民共享发展的成果，是科学发展观的根本要求。

5年里，人民群众得到了更多的实惠。随着中国经济总量攀上一个又一个新台阶，中国的就业规模也在持续扩大，从2006年的7.64亿人增加到2009年的7.7995亿人。随着一批批重点工程的开工，国家把越来越多的财力用于改善人民生活的交通、教育、医疗以及社会保障等领域，越来越多的贫困地区、偏远地区老百姓的生活状况因此而得到很大的改善。到2009年底，全国参加城镇基本医疗保险的居民超过4亿、新农合8.3亿，覆盖面超过12亿。

也许数字是抽象而枯燥的，但它确实记录着进步：2006—2009年，城镇居民人均可支配收入从11760元增长到17175元，年均实际增长10.2%，比“十五”的平均增速加快了0.6个百分点；农村居民人均纯收入从3587元增长到5153元，年均实际增长8.3%，比“十五”的平均增速加快了3个百分点；城镇居民家庭恩格尔系数由2005年的36.7%下降到2009年的36.5%，农村居民家庭由45.5%下降到41.0%。

毕竟生活是彩色的，它能让我们把总量还原到个体：越来越多的人圆了自己的“轿车梦”，全国私人汽车拥有量从2006年的2333万辆，增加到2009年的4575万

辆，5年翻番毫不费力；手机几乎成为各个阶层居民的生活必备品，移动电话用户2006年末为4.6106亿户，到今年上半年已突破了8亿户。尽管许多城市居民饱受高房价的困扰，但城市人均住房面积在扩大、市民居住环境在改变，也是不争的事实。尽管我们离环境友好型社会差距还甚远，但5年来重点流域水污染防治取得积极进展，退耕还林工程等林业重点工程取得巨大的综合效益，为我们争取了越来越好的水环境和越来越多的蓝天白云。

走过“十一五”，中国的经济总量已经排到世界第二位，中国的人均GDP已经超过3700美元，迈入了上中等收入国家的行列。即将走进“十二五”，中国面临着更加复杂的发展环境，全面建设小康社会的步伐还要继续艰难前行，实现“国富民强”的美好未来还要继续努力奋斗。

“十一五”期间我国国内贸易实现新跨越

“十一五”时期，面对复杂多变的国内外形势，国内贸易领域坚持深入贯彻落实科学发展观，以提高国内市场运行效率、扩大城乡居民消费需求、转变经济发展方式为目标，取得了令人瞩目的发展成绩，初步建立了适应我国现阶段经济发展需要的现代流通体系，特别是在应对国际金融危机、保持国民经济平稳较快发展方面，做出了积极贡献。

一、国内市场规模快速增长，对经济社会发展的贡献进一步提高。

“十一五”期间，我国国内贸易坚持大胆创新流通方式，积极培育消费热点，引导消费结构升级，促进国内市场规模快速增长。全国消费市场持续增长，社会消费品零售总额2008年首次突破10万亿元，在2009年国际金融危机肆虐时期，我国社会消费品零售总额依然保持旺盛的增长势头，达到12.5万亿。生产资料市场交易总额2007年突破20万亿，2009年达到27.7万亿。批发零售贸易餐饮业增加值由2006年的2.03万亿增长到2009年的2.97万亿。2008年亿元以上商品市场数量为4567个，交易总额达到52458亿元，比上年增长19%。

“十一五”期间，全国社会消费品零售总额在国内生产总值的比重逐年增加，由2006年的34.4%上升到2009年的37.4%。为应对国际金融危机冲击，我国及时出台了搞活流通、扩大消费的20条措施，对扩大国内消费起到了积极作用。2009年最终消费支出拉动国民经济增长4.6个百分点，消费对经济增长的贡献率达到53.1%。流通业已经成为国家税收的重要来源，2008年流通领域增值税、营业税、所得税三项税收总额10984.1亿元，税收贡献率接近19%。流通业已经成为吸纳就业的重要领域，2008年流通领域吸纳就业人数达到8461.2万人，占全国就业总人口的比重为10.9%。

二、全方位搞活流通扩大消费，消费对经济增长的拉动作用显著增强。

“十一五”期间，美国次级贷款危机演变成全球金融危机，给我国经济带来了消极影响。为积极应对金融危机影响，内贸流通领域坚持搞活流通，全方位扩大消费，积极采取有效措施，努力提高消费对经济增长的贡献率，为保持国民经济平稳较快增长发挥了积极作用。

一是实施家电下乡和汽车摩托车下乡政策，带动农村消费。截至2010年9月底，全国累计销售家电下乡产品9023万台，销售额1850亿元；累计补贴下乡汽车摩托车1397万辆，兑付补贴资金203亿元，销售额突破2000亿元。在两下乡政策的带动下，农村耐用消费品消费大幅增长，2009年末平均每百户农民家庭主要耐用消费品拥有量分别为彩电108.9台、洗衣机53.1台、冰箱37.1台、空调器12.2台，比上年分别增长9.7%、8.1%、22.8%和24.5%；2009年农村汽车销量超过200万辆，同比增长80%以上，有力地促进了农村消费增长和结构升级。

二是大力实施汽车家电以旧换新政策，拉动城市消费。2009年6月1日至2010年5月31日，实施家电和汽车以旧换新政策以来，9个试点省市共销售五类新家电1409.3万台，销售额达539.8亿元。消费者享受补贴超过50亿元，受惠家庭达1355万户，其中多数为中低收入群体。汽车以旧换新累计办理补贴车辆18.9万辆，发放补贴资金25.5亿元，拉动新车消费227亿元。两换新政策的实施，不仅扩大了城市消费，而且减轻了家电、汽车行业减轻外需下降的压力，保持生产平稳发展，同时，还有力地促进了节能减排和资源循环再利用。

三是在全国范围内组织开展了"扩大消费、创新生活"促消费系列活动。北京市商务委开展各地商品大集、美食消费、特色消费、新型消费和购物季五个系列，共计54项大型主题促消费活动，进一步繁荣活跃了市场。其中，"各地商品大集"前11期活动与北京商家签约额超过13亿元，170个品牌进入北京市场。青岛开展了"青岛之夏消费电子购物节"活动，77家定点商场共实现销售额4.82亿元，形成了商旅展结合、多方联动、广泛参与的扩销规模效应和消费聚集效应。上海充分利用世博会契机，围绕"世界风"、"中华情"、"上海韵"三大主线，将推出500多项主题活动。在扩大消费各项政策和活动作用下，国内消费市场稳定增长，今年前8个月消费市场保持了平稳较快的增长势头，同比增长18.2%，比去年同期提高3.1个百分点。

三、农村市场体系日益完善，城市生活服务体系明显改善。

“十一五”期间，国家大力实施"万村千乡市场"工程，改善农村消费环境。截至今年6月底，累计建设改造"万村千乡"农家店42万个，覆盖全国75%的乡镇和50%的行政村，并建成配送中心1467个，以城区店为龙头，乡镇店为骨干，村级店为基础的农村现代流通网络正在逐步形成，2009年全国万村千乡农家店实现销售额2375亿元。为进一步提升农产品市场现代化水平，2006年以来，大力实施"双百市场"工程，重点改造升级大型批发市场、集贸市场和流通企业的冷链、结算、信息、监控、质量安全可追溯、废弃物处理等公益性设施。截至今年6月底，累计改造740个农产品市场，覆盖了56%的地级市，交易额占全国亿元以上农产品批发市场交易总额的37%。大力推动新型农产品流通模式，在17个省区市开展"农超对接"试点，支持205个农产品冷链系统、配送中心等项目建设，促进大型连锁超市与农产品流通企业建设农产品直接采购基地，推进了"订单农业"的发展。通过"农超对接"，农民销售的农产品价格平均提高约15%，超市售价下降15%，农民、消费者、企业三方均受益。积极利用新农村商网的平台，先后帮助解决新疆瓜果、浙江柑橘、河北中药材、海南泡椒等多次卖难问题，维护了市场稳定，促进了农民增收。

积极开展"便利消费进社区、便民服务进家庭"为主题的社区商业"双进"工程，已建立全国商业示范社区143个，省级商业示范社区600多个，覆盖80多个大中城市，大大提高了商贸服务业的便民利民程度。开展早餐工程试点，在23个省市建成86个主食加工配送中心，建成1.8万个标准化早餐网点。在19个省市升级改造960家菜市场，新增营业面积20万平米，当地居民满意度超过90%。积极发展家政服务，已经在100个大中城市建成家政服务网络中心，培训了20万家政服务人员，整合了5万家服务企业资源，可为5000万个家庭提供服务，拉动消费约500亿元。

废旧商品回收体系初建成效。2006年在26个城市启动再生资源回收体系建设试点工作以来，共培育69家龙头企业，配备各类回收车辆7000多辆，在12个试点省市建成1.3万个社区回收站点、42个分拣中心和10个区域性集散市场，初步形成了社区回收站、分拣中心和集散市场"三位一体"的再生资源回收网络。再生资源回收率由40%提高到70%。2008年国内再生资源回收总量约1.22亿吨，回收总值达4000亿元以上，占第三产业总产值的3%。再生资源回收已经成为带动城乡发展的重要途径。

四、多元化的市场主体格局逐步形成。

深入开展减债脱困工程，国有流通企业竞争力不断增强。2006-2007年在全国25个试点省市，累计处置410多亿元的历史债务，基本将全国国有流通企业具备处置条件的历史债务处置完毕，使2000多家企业卸下历史包袱，50多万职工得到妥善安置，盘活350亿元存量资产，为国有流通企业改制发展、职工再就业创造了有利条件。目前，多数国有流通企业实现股份制改造，建立现代企业制度，逐步焕发了新的活力。

随着开放领域由零售业向采购中心、物流配送、分销体系等多方位演进，开放范围由少数类别逐步实现全面开放，大量外资企业开始进入流通领域，到2008年末，已有50多家国际大型零售企业在中国开设分店，外商零售企业开设的门店数量达14713个，营业面积1397.8万平米，占全部连锁零售企业的比重分别为8.7%和13.7%。外资流通企业的进入，不仅为中国流通业的改革提供了资本支撑，而且带来了先进的经营理念、管理模式和商业业态，培养了一批优秀的管理人才，更重要的是，极大地丰富了市场上的商品品种，满足了居民日益多样化的需求。在对内对外开放中，众多民营资本也广泛进入流通领域，为流通业发展增添了新的动力。2008年限额以上零售企业销售总额中，国有及国有控股企业占8.5%，集体企业占2.3%，外商及港澳台投资企业占15.3%，私营企业占31.6%，混合所有制企业占42.3%。

流通领域的扩大开放坚持引进来和走出去相结合，近五年，商贸领域的"走出去"取得新进展。目前，已经有160多个中国的商品交易市场在世界各地经营。一些竞争力较强的流通企业开始走出国门，收购海外企业，在国外建立自己的经营网络。

"十一五"我国对外开放实现互利共赢

"十一五"期间，我国坚持扩大内需与稳定外需相结合，充分利用两个市场、两种资源，克服了国际金融危机的巨大冲击。"十一五"期间我国注重优化外贸结构，积极扩大进口，促进贸易平衡，展示着一个负责任的大国形象。

海关统计分析显示，"十一五"期间，我国外贸进出口总体上仍保持快速增长势头，主要呈现4大特点。

一是经受住国际金融危机的严峻考验，外贸进出口再创历史新高。2006-2008年我国外贸进出口年均增长20.7%，2009年面对汹涌而来的国际金融危机，在党中央、国务院的坚强领导下，全国海关认真落实中央应对金融危机一揽子政策措施，及时出台并实施海关支持扩大内需促进经济增长的10项措施，着力优化海关监管和服务。我国进出口贸易从年初大幅下滑发展到降幅逐月收窄，年末出现恢复性快速增长。今年以来，我国外贸进出口迅速恢复昂扬上升势头，前3季度累计实现进出口总值2.1万亿美元，同比增长37.9%，其中9月单月进出口总值突破2700亿美元，再创历史新高。

二是"十一五"后期贸易顺差逐年减少，进出口格局更趋平衡。在扩大进口、扩大内需战略的指导下，2008年起我国进口同比增速开始高于出口，2009年起贸易顺差逐年攀高的趋势被打破，今年前3季度，我国进口增速高达42.4%，比同期出口增速高出8.4个百分点，贸易顺差为1206亿美元，同比减少10.5%，月均顺差规模比高峰期的2008年下降46.1%；贸易顺差与贸易总额的比值仅为5.6%，连续第2年收敛至10%的贸易平衡警戒线之下，比"十五"末的2005年还低1.6个百分点。

三是对发达市场的依赖程度明显下降，贸易伙伴多元化取得较大发展。今年前3季度，欧美日3大发达经济体虽仍位居我国贸易伙伴排名前3位，但其所占比重已由"十五"末年的43.3%下滑至39.2%。伴随着对发达经济依赖程度的降低，我国开拓新兴市场步伐明显加快，今年前3季度，在我国前10大贸易伙伴中，东盟、印度和巴西等发展中国家占据3席，其中，对印度、巴西的进出口同比增速列居前10大贸易伙伴之首，在我国进出口贸易伙伴中的排名分别由2005年第11、14位上升至第9、10位。

四是出口产品结构不断优化，机电产品所占比重进一步提高。"十一五"期间，机电等资本技术密集型产品的比重继续上升。今年前3季度，我国出口机电产品6677.2亿美元，同比增长34.5%，高于同期我国总体出口增速0.5个百分点，占同期我国出口总值的58.9%，这一比重较"十五"末期的2005年进一步提高3.1个百分点。

"十一五"期间，中国－东盟自贸区从蓝图变成现实。2010年1月1日自贸区建成后，我国与东盟外贸呈现以下新气象。一是单月进出口值再创新高。今年前3季度，我国与东盟进出口总值突破2000亿美元，达到2113.1亿美元，比去年同期（下同）增长43.7%，创新世纪以来最高增速，比同期我国外贸总体增速高出5.8

个百分点。其中，继去年9月我国与东盟双边贸易率先回暖以来，已连续13个月实现同比增长，至9月当月实现进出口总值259.5亿美元，再创历史新高。二是零关税产品进口增速高于总体平均。按自贸区协定，今年1月1日起我国与东盟大部分商品贸易均实现零关税。今年前3季度，我国自东盟进口零关税产品960.4亿美元，同比增长52.7%，比同期自东盟进口总体增速高出1.6个百分点。三是双赢格局中，我国受益程度不及东盟。今年前3季度，我国向东盟出口同比增长36.2%，比同期对东盟进口增速低14.9个百分点，造成双边贸易逆差规模由去年同期的9亿美元激增至122.5亿美元，但这也对同期我国贸易顺差大幅缩减起到积极作用，其贡献率高达81.4%。

我国与东盟双边经济具有较强的互补性。自贸区建成后，我国强大的内需市场，已成为东盟各主要成员国出口扩大、经济增长的重要拉动力量，我国在各主要成员国出口市场中的排名、比重明显上升。其中，马来西亚是我国在东盟最大的贸易伙伴，据马方最新统计，今年上半年，我国已超过美国成为马来西亚第2大出口市场，在马出口总值中的比重由去年同期的11%上升至12.8%；据泰国最新统计，今年前8个月，我国超过日、美，成为泰国最大的出口市场，在泰国出口总值中的比重由去年同期的10.2%上升至10.9%；此外，我国在新加坡、菲律宾出口总值中的比重也由去年同期的9.6%和9%提高至10.4%和9.3%。

其实，不仅仅东盟在与中国的经贸发展中实现了互惠互利。金融危机以后，我国实施了扩大内需的有力措施，中国的市场需求大大拉动了周边国家乃至全球经济的复苏，特别是今年以来，我国着力于拓市场、调结构、促平衡，积极扩大进口，巨大的中国市场被各方看好。

一方面，中国经济率先复苏为全球经济回暖注入信心，带动国际市场原油、铁矿砂等大宗产品价格快速回升，海关统计显示，今年前3季度，我国初级产品进口价格水平累计上涨幅度已高达37%。另一方面，随着国内需求不断扩大，在金融危机最为严重的2009年，我国超过德国成为世界上进口第2大国；剔除价格上涨因素，今年前3季度我国进口物量实际增长23.8%，明显高于其他主要经济体进口增速，各主要经济体对中国市场出口的依赖程度进一步提高。其中，据日、美最新统计，今年前8个月，日本对中国出口增长43.2%，比同期日本出口总体增速高出2.6个百分点，中国作为日本最大出口市场的地位进一步巩固，在日出口总值中的比重由去年同期的18.8%上升至19.1%；美国对中国出口增长35.6%，比同期美国出口总体增速高出13个百分点，中国在美国出口总值的比重由去年同期的6.1%上升至6.8%，继续保持美国第3大出口市场。在欧盟经济“火车头”德国，今年前7个月，德国对中国出口增长48.5%，是同期德国总体出口增速的3倍多，在德国出口总值中的比重由4.3%上升至5.5%。

“十一五”中国外贸发展再次证明，中国的发展对全球经济的带动有目共睹。

惠及亿万百姓的宏大事业

——中国农村公路“十一五”发展成就综述

中国大力发展农村公路，减少农村贫困人口，提高农民生活质量的做法，在与会的30多个国家的300多位来宾和专家学者中，引起巨大反响。

“五年千亿元”工程

“中国农村人口占总人口的53.4%。农村公路是广大农村地区最主要的交通基础设施，直接影响着农民的生产和生活。”交通运输部副部长冯正霖指出。

“新中国成立以来，特别是改革开放以来，中国政府一直把农业、农村、农民问题作为关系国家事业发展全局的大事，加快农村公路建设。”交通运输部公路局副局长张德华说。

1978年，中国农村公路里程只有58.6万公里，大量乡镇和村庄都不通公路。到2002年底，中国农村公路达到133.7万公里。2003年，根据中央政府提出的建设社会主义新农村的部署，中国交通运输部提出了“修好农村路，服务城镇化，让农民兄弟走上油路和水泥路”的口号，开始实施“东部地区通村、中部地区通乡、西部地区通县”工程。2005年，国务院通过了《全国农村公路建设规划》，提出了中长期农村公路发展目标。从2006年开始，中国进入实施“十一五”发展规划阶段，交通运输部组织实施了“五年千亿元”工程，中国农村公路建设步入了历史上最大规模的快速发展新时期。

交通运输部的统计数据显示，从2006年到2009年四年间，中国全社会投入农村公路建设资金7528亿元，其中，中央政府投入农村公路建设补助资金1661亿元。这些投资新改建农村公路156万公里，有2200多个乡（镇）、近10万个建制村新通了公路，有7900多个乡（镇）、约14.5万个建制村新通沥青（水泥）路。

张德华介绍，到2009年底，中国农村公路通车总里程已达到336.9万公里，有99.6%的乡（镇）、95.77%的建制村通了公路，有92.46%的乡（镇）、77.60%的建制村通了沥青（水泥）路。

实事求是 量力而行

回顾近年来中国农村公路的快速发展历程，张德华将主要经验总结为四个方面：

一是坚持“实事求是、尽力而为、量力而行、好中求快”的建设原则。针对不同地区的经济基础和发展状况，制定不同的发展目标和建设重点；从当地经济条件出发，合理确定发展规模和速度，不加重农民负担。

二是坚持依靠政府强力推进和社会各界广泛参与，动员全社会的力量，使农村公路建设从部门行为转变为政府行为，从行业行为转变为社会行为，这是中国农村公路得到快速发展的重要经验。交通运输部与各省级人民政府签署了农村公路共建意见，形成了“政府投入引导，农民筹资投劳，社会广泛参与”多元化投资体制。2009年，全国完成农村公路建设投资2044亿元，其中，中央投资592亿元，只占28.9%，地方政府和社会各界投资1452亿元，占到了71.1%。

三是坚持质量第一的发展原则。农村公路加快建设伊始，中国交通运输部相继制定了《农村公路建设指导意见》、《农村公路建设管理办法》、《农村公路建设质量管理办法》等一系列规章和规范性文件，规范建设行为，明确质量要求。

四是坚持建设、管理、运输并重的发展思路。在国家层面2005年出台了农村公路管理养护体制改革方案，湖北、山东、河南等省还以地方立法的形式制定了地方法规，明确了农村公路养护的责任主体、资金来源、组织方式。出台了扶持农村道路客运发展的政策措施，农村客运车辆和客运班线不断增加。截至2009年底，全国共有农村客运车辆34万辆，农村客运站14万多个，农村客运线路近8万条，日均发班车约100万个班次。农村客运班车通达全国3.5万个乡镇、55.3万个建制村，全国乡镇、建制村通班车率分别达到98%和87.8%。

惠及亿万百姓

农村交通条件的改善，改变了农村面貌，增加了农民收入，促进了农业发展，给广大农民生产生活带来了深刻变化。

农村交通条件的改善，解决了农产品运输难、销售难、货损大、成本高、价格低的问题，农民增收效果明显。山东省滕州市龙阳镇马铃薯种植面积达3万多亩，修路之前，大量马铃薯烂在田里。路通后，大量收购车辆直接开到田间地头，农民就地销售，农民亩均增收500多元。中国公路学会理事长李居昌说：“这样的例子在中国农村比比皆是。”

农村交通条件的显著改善，解决了农村“进出难”的问题，为中国农民扩大消费提供了必要条件。“近几年，各类家用电器越来越多地进入了农家，摩托车和农用车的销售也呈明显上升趋势。不少农村家庭还购买了小汽车。这些农村消费结构的改变，为扩大内需，保持经济平稳较快增长提供了持久动力。”李居昌认为。

便利的农村交通条件，促进了传统农业向高效生态农业、绿色旅游农业、商品加工业的转变。张德华举例说，浙江省金华市婺城区在农村交通条件改善后，大力培育花卉苗木、有机稻米、畜禽养殖、奶牛乳品、果品蔬菜、茶叶、笋竹两用林和水产养殖八大农业特色优势产业，先后建成了“中国茶花之乡”、“中国桂花之乡”、“中国南方奶牛与乳制品之乡”。

“中国农村公路尽管建设成效十分显著，但仍旧存在发展不均衡，区域差异较大，整体服务能力不高等问题，农村公路还不能完全适应农村社会经济发展的需求。”张德华坦言。

冯正霖表示，根据中国《全国农村公路建设规划》，到2020年，中国具备条件的乡（镇）和建制村都要通沥青（水泥）路，农村公路总里程达370万公里。

张德华说，“十二五”期间，交通运输部将继续推进农村公路建设，特别是从促进社会公平、提高农民富裕程度出发，高度重视中西部地区建制村通沥青（水泥）路建设，同步实施农村公路路网改造，逐步缩小中国东中西部农村公路发展差异，为加快城乡一体化建设进程提供交通保障。

“十一五”重大科技工程建设回眸

我国首台千万亿次超级计算机系统、我国第一台深海载人潜水器、上海光源、北京正负电子对撞机重大升级改造工程……“十一五”期间，我国一批科技重点工程、重大项目成果丰硕。

国家科技重大专项：抢占国际科技竞争制高点

“十一五”期间，各国家科技重大专项陆续启动实施，目前，重大专项已启动实施2500多个课题，投入资金400多亿元。

经过几年的实施，部分重大专项已经取得了一批标志性创新成果：

——大飞机专项C919大客机基本总体方案已通过国家评审，国产材料研制、关键技术攻关等已取得突破，机头工程样机主体结构已研制完成并用于功能性试验。

——大型核电站专项在AP1000蒸汽发生器大锻件、主管道和钢质安全壳容器等重大部件研制上取得突破。

——油气开发专项研制的具有国际先进水平的大型地震仪2000道主机等部分重大装备进入试制与组装阶段，3000米深水半潜式钻进平台建设取得重大突破。

——水污染治理专项突破了化工、制药等行业污染物减排多项关键技术，研发了节能高效污泥脱水机等一批污水深度处理设备，推动了新型环保产业的发展和“十一五”减排目标的实现。

——通过转基因专项的支持，国产转基因抗虫棉的推广和产业化步伐加快，市场占有率已达93%……

重大科技工程：经济社会发展的“助推器”

“十一五”期间，我国实施了一批重大科技项目，着力攻克能源、环保、生物、医药、粮食等关键领域的核心技术，为推动经济社会与人口、资源、环境的健康、协调、可持续发展发挥了作用。

为了保障人民群众的健康，我国开展了重大传染病疫苗和诊断试剂研发。“十一五”期间研究开发了40种重大或常见疾病的疫苗，已有2个获得新药证书并商业化。其中中国人民解放军第三军医大学研制的重组口服幽门螺杆菌疫苗于2009年3月获得新药证书，这是世界上第一个获得新药证书的同类疫苗。北京民海生物科技有限公司研制的无细胞百白破b型流感嗜血杆菌联合疫苗于2009年3月获得新药证书，这是我国第一个获得同类证书的疫苗产品。

粮食安全是重中之重。我国实施了“粮食丰产科技工程”，集成创新了一批具有区域特色的三大作物丰产技术，在粮食增产增收方面发挥了重要作用。“十一五”以来，在全国12个粮食主产省“核心区、示范区和辐射区”，累计建设面积达6.8255亿亩，共计增产粮食4008.68万吨，为我国粮食连续多年的恢复性增长和丰收提供了重要支撑。

大科学装置：有力支撑前沿科技研究

科学仪器设备是自主创新的重要支撑和基石，现代科技进步越来越离不开科学仪器设备的强力支撑。“十一五”期间，我国突破一批核心技术和关键部件，自主研发科学仪器设备，高质量地建成了一批大科学装置。

兰州重离子加速器冷却储存环、北京正负电子对撞机重大升级改造工程、上海光源……这些大科学装置顺利通过国家验收，显著提高了我国自主创新和集成创新能力，得到国际科技界的高度认可和广泛赞誉。

这些大科学装置在支撑前沿科技发展中发挥了重要作用。如目前国际上口径最大的大视场望远镜——大天区面积多目标光纤光谱天文望远镜，为我国在宇宙大尺度结构、银河系结构、星系物理等重要领域的研究提供了世界一流的观测设备；我国自主建造的全超导托卡马克核聚变研究装置，为我国磁约束核聚变研究的进一步发展奠定了坚实基础，也为我国全面参与国际热核聚变实验堆计划创造了条件……

依托这些大科学装置，我国科学家在基础研究与应用方面已取得一系列的重要成果。如兰州重离子加速器冷却储存环合成了11种近滴线稀土新核素，核素质量测量精度达到10-6量级，进入国际先进行列。

在技术应用领域，大科学装置建设、运行中发展出来的高技术在国民经济和国家安全等领域也发挥了重要作用，一些装置在航天、材料、农业、国家安全等领域提供了强有力的支撑。

工业经济运行“十一五”回顾

“十一五”时期是不平凡的五年，我国综合国力明显增强，人民生活明显改善，国际地位明显提高。在中央“扩内需、保增长、调结构、惠民生”一揽子计划和各项政策措施的持续作用下，我国经济成功地克服了国际金融危机的冲击影响，工业经济较快扭转了增速大幅下滑势头，呈现出回升向好的运行态势，工业结构继续优化升级，新型工业化初现成效。

一、工业持续向好发展，基本完成“十一五”规划目标

“十一五”期间，工业经济发展总体向好：高耗能行业过快增长势头开始放缓；企业经营状况继续好转；内需拉动作用增强、外贸出口加快恢复；工业投资结构有所改善、中央财政技术改造专项进展顺利；结构调整取得进展、节能减排扎实推进。

——工业经济总量持续增长

工业发展取得了突出成就，工业总量创历史新高，诸多领域的工业生产总量和规模成为世界最大。钢、煤、水泥、化肥等主要的工业品产量都居世界首位。2009年工业增加值突破13.4625万亿元，比2005年增长了51.93%（按可比价计算），平均每年增长11.04%，比“十五”时期平均每年10.9%的增速高0.14个百分点。工业增加值占GDP比重40.14%。

——基本完成“十一五”规划目标

“十一五”期间全国单位GDP能耗逐年降低，2006年下降1.79%，2007年下降4.04%，2008年下降4.59%，2009年降低2.2%，全国万元工业增加值用水量、全国二氧化硫、COD排放总量不断降低 。

“十一五”工业领域主要约束性指标完成情况

指标		5年（2006—2010）规划目标				5年（2006—2010）进展情况						
		2005年	2010年	年均增长(%)	属性	2006年	2007年	2008年	2009年	2010年	年均增长(%)	进展评价
单位国内生产总值能源消耗降低（%）				[-20]	约束性	1.79	4.04	4.59	2.2			
单位工业增加值用水量降低（%）				[-30]	约束性	8.9	9.5	7.9	8.3			提前完成
主要污染物排放总量(万吨)	COD	1414	1273	[-10]	约束性	1428.2	1381.8	1320.7	1277.4			
	二氧化硫	2549	2294	[-10]	约束性	2588.8	2468.1	2321.2	2214.4			提前完成

注：表中是5年累计数

数据来源：统计年鉴、统计公报、中国环境状况公报、 污染物排放总量控制司相关报告

二、结构调整加快推进，产业转型初现成效

“十一五”期间，党中央、国务院实行了“一揽子”计划，使受到金融危机影响的工业实现了“V”字形的反弹。十大产业调整和振兴规划总体实施效果良好，初步实现“保增长”与“调结构”的有机统一。新型工业化初显成效，产品结构得到优化、产业不断转型升级，淘汰落后产能效果显著，整体技术水平和综合竞争力得到提升。

——工业结构不断优化

“十一五”期间，我国的重工化趋势仍然明显，重工业增加值的增速仍高于轻工业增加值的增速。2009全年全部工业增加134625亿元，比上年增长8.3%。分轻重工业看，轻工业增长9.7%，重工业增长11.5%。

通过严格投资管理、提高市场准入门槛、推进产业转移等措施，部分行业产能过剩的问题得到遏制；通过对钢铁、有色、建材、汽车、船舶等行业兼并重组、淘汰落后产能，工业结构不断优化，规模以上工业单位增加值能耗、用水量持续降低，工业固体废物综合利用率不断提升。

——能源、技改投资加大

能源工业投资逐年上升，工业基础设施投资放缓，技术改造投资力度加大。中央财政用200亿元贴息拉动了4441个项目，总投资为6326亿元，拉动倍数为28倍。

——非国有企业产值占比上升

2009年规模以上工业增加值增长11.0%，其中国有及国有控股企业增长6.9%；集体企业增长10.2%，股份制企业增长13.3%，外商及港澳台商投资企业增长6.2%；私营企业增长18.7%。国有企业占工业总产值的比重不断下降，中小企业、私营企业力量逐渐显现。

——工业增长主要靠内需拉动

工业增长主要靠内需拉动，出口形势初步转好。2009年，规模以上工业销售产值比上年增长9.4%；其中出口交货值同比下10.1%，降幅比前三季度缩小4.6个百分点。出口交货值占全部销售产值的比重由上年同期的16.7%下降到13.7%。

——战略性新兴产业得到大力发展

“十一五”期间，新能源、新材料、节能环保、生物医药、信息网络和高端制造产业得到大力发展，发展战略性新兴产业和传统产业的改造提升结合起来，通过传统产业的提升优化为发展新兴产业奠定基础。

——传统产业向中西部转移

家电、皮革、陶瓷和发酵等传统产业已开始由沿海地区向中西部转移，安徽、湖北、重庆、四川等省市都在积极承接产业转移。

三、自主创新能力持续提高，高技术产业蓬勃发展

“十一五”期间，坚持以市场为导向、企业为主体，增强自主创新能力为中心环节，工业投资持续增长，技改专项拉动效果显著，国务院制定了《国家中长期科学和技术发展规划纲要（2006～2020）》，逐步建立激励创新的体制机制。

——科技投入力度加大

2009年研究与试验发展（R&D）经费支出5433亿元，比2005年的2449.97亿元翻了一倍以上，占国内生产总值的1.62%，其中基础研究经费272亿元。全年国家安排了639项科技支撑计划课题，1328项“863”计划课题。累计建设国家工程研究中心127个，国家工程实验室85个。国家认定企业技术中心达到636家。

——技术改造投资拉动效果显著

2009年中央财政安排技术改造专项资金200亿元，主要采取贴息方式支持企业加强技术改造，下达投资项目计划4441项，总投资6326亿元，有力拉动企业应用新技术、新工艺、新设备、新材料，提升装备自主化水平。经过不懈努力，形成了中央引导、地方协同、企业跟进、社会关注的支持技术改造良好氛围。落实国家重大科技专项年度计划安排，加快“核高基”、新一代宽带无线移动通信网、高档数控机床、大型飞机等7个重大专项实施进度。

——产、学、研、用相结合

在科技创新方面，我国一直提倡产、学、研、用相结合。我国工业门类齐全，500多种产品中有一半产品的产量是世界第一，而且有很多自主创新的核心技术和专利技术。

——激励创新的体制逐步建立

我国激励创新的体制和机制已逐步建立，对知识产权的保护力度正在加大，在科技投入、税收激励、金融支持、政府采购、知识产权保护等方面都有具体的支持自主创新的政策，国家在税收、财政和投资等方面支持自主创新的政策体系正在形成。

部产值的69.8%。“十一五”前四年，累计淘汰炼铁、炼钢、焦炭、水泥和造纸等落后产能2110万吨、1640万吨、1809万吨、7416万吨和150万吨。2009年，全国新型干法水泥比重超过70%，浮法玻璃占平板玻璃的比例超过84%。装备制造、汽车、建材、有色金属等大型企业联合重组步伐加快，11家大型钢铁集团粗钢能力超1000万吨，5家汽车企业集团销量超百万辆。

整体技术水平显著提升，自主创新能力不断增强

一批重大技术装备和关键技术取得重大突破，载人航天、月球探测取得成功，国产新支线飞机实现了首飞，卫星导航、高性能计算机、超大规模集成电路、核电、新一代移动通信等关键领域取得一批重大自主创新成果。重大装备自主化和本土化水平不断提高，特高压装变电设备、百万吨级乙烯成套装置等一大批技术装备实现自主制造。企业创新主体地位不断得到强化。截至到2009年底，依托工业企业建设了127个国家工程中心和636个国家级企业技术中心、5011家省级企业技术中心；规模以上企业研发经费占销售收入比重为0.61% ，企业发明专利申请数已占到国内发明专利申请总数的50.7%，由企业所完成的重大科技成果占全部国家重大37.0%。

节能降耗减排和资源综合利用取得积极成效

重点行业和企业单位综合能耗逐年降低，“十一五”前四年规模以上单位工业增加值能耗累计下降20.76%，化学需氧量排放总量下降9.66%，二氧化硫排放总量下降13.14%，扭转了“十五”后期单位国内生产总值能耗和主要污染物排放上升的趋势。资源综合利用水平不断提高，2009年工业固体废物综合利用率已达66.6%；共伴生矿产资源、大宗固体废物、农作物秸秆等综合利用取得突出进展，废弃资源和废旧材料回收加工业发展速度高于同期规模以上工业增加值增速14.9个百分点。工业行业安全生产和企业本质安全生产水平不断提高，2009年工矿安全事故十万人死亡率为2.40，比2005年下降了38.1%。

信息技术改造提升传统产业力度加大，两化融合水平不断提高

信息技术在工业研发设计、流程控制、企业管理等领域的应用日渐深化。目前，已有89%的机械企业建立了财务管理系统，超过90%的钢铁企业应用了采购、财务、销售等系统，ERP、SCM、CRM等信息系统在石化、建材、食品、轻工等行业应用也不断深化。形成了一大批大型电子商务服务企业，服务于行业、区域及中小企业的第三方电子商务交易与服务平台加快发展。2009年我国电子商务交易额达3.8万亿元，是2005年的3.15倍；大中型企业的网上采购与销售（B2B）占销售收入的比重达36.8%。动漫网戏、数字家庭、网络社区、无线城市等一批基于信息技术的新兴产业快速成长，科技咨询、工业设计、现代物流、软件服务等生产性服务业也在蓬勃兴起。

中小企业和产业集群发展水平不断提高

“十一五”期间，我国中小企业不断发展壮大，在繁荣经济、增加就业、推动创新、改善民生等方面，发挥着越来越重要的作用。截至2009年9月底，中小企业达1023.1万户，超过企业总户数的99%。目前，全国中小企业已达4000多万家，中小企业创造的最终产品和服务价值相当于国内生产总值的60%左右，缴税额为国家税收总额的50%左右，提供了近80%的城镇就业岗位。各类工业园区、产业集聚区、产业集群发展水平不断提高，国家新型工业化产业示范基地建设有序推进。目前，东部沿海省市工业园区实现产值已占到本区域工业产值的50%以上，中西部地区也涌现出一批各具特色的产业园区。

工业领域对外开放不断深化，国际竞争力快速提升

“中国制造”在国际市场上所占份额不断扩大。2006年起，我国成为世界第一大工业品出口国。2008年，我国工业品出口占全球贸易的12.7%，较2005年提高近3.1个百分点。我国的纺织服装、移动电话、空调机、电冰箱、洗衣机、显示器等产品，在国际市场上都具有较强的竞争优势。目前，我国制造业出口11613.1亿美元，占我国全面商品出口的96.6%，机电产品出口占同期出口总值的59.3%。截至2009年底，入驻7个境外经济合作区的企业已达69家。2009年，我国企业对外直接投资遍布122个国家和地区，累计实现非金融类对外直接投资433亿美元。实际使用外商直接投资规模达900亿，居世界第二位。

信息基础设施水平快速跃升，通信业体制改革取得突破

全国信息通信干线光缆已达2120万芯公里，成为全球最大的信息通信网络。固定电话用户、移动电话用户、互联网网民人数均已居世界第一，CN域名成为全球第一国家域名。行政村通电话率和互联网开通率分别达到99.8%和91%。电信体制改革进行顺利，三大运营商实现全业务经营，3G网络建设全面推进，TD-SCDMA开始

规模商用。三网融合已进入到试点阶段。网络信息安全基础设施建设稳步推进，安全保障能力稳步提升。

军民融合式发展稳步推进。

军工能力建设成效显著，初步实现了强化基础与保障型号任务协调发展。民口单位参与武器装备建设的深度和广度不断增加，“小核心、大协作”的武器装备科研生产体系架构初步形成。国防科技工业军、民品产值快速增长，初步呈现协调发展的局面，为进一步推进军民融合式发展奠定了坚持基础。2009年,国防科技工业完成民品产值占全部产值的69.8%。

当然，工业和信息化发展中也还存在一些亟待解决的深层次矛盾和问题，突出表现在：一是发展方式较为粗放，重增量、轻存量，重外延、轻内涵现象仍较为普遍，高投入、高消耗、高污染、低效率和难循环的粗放发展方式尚未根本改变；二是一般加工工业和资源密集型产业比重过大，制造业向产业链两端延伸发展迟缓，部分行业差能过剩问题突出，淘汰落后生产能力任务十分艰巨；三是缺乏核心技术和国际知名品牌，高精尖加工能力和重大技术装备制造能力薄弱，关键基础零部件严重依赖进口，科技领军人才缺乏；四是信息技术应用水平不高，与先进国家宽带接入普及率差距有所扩大，重点行业和企业信息技术应用水平不高，网络与信息安全问题突出；五是市场机制作用发挥不够充分，市场经济条件下行业管理方式还需进一步探索。

原材料工业“十一五”发展成就

第一部分　石化化工行业

一、总体发展情况

（一）前三年经历了发展高峰期

“十一五”前三年，我国石油和化学工业经历了前所未有的高峰期，产品市场活跃，装置高负荷运行，企业效益较好，产业和布局结构调整步伐较快，经济增长方式有所转变，在发展中求优化，取得了较好的效果。我国石油和化学工业产值、工业增加值和销售收入在此阶段的年均增长速度分别为21．25%、18．28%和21．50%，远高于同期国内生产总值的增长速度和发达国家化工产业的增长速度。主要产品能力、产量跃居世界前列。

（二）后两年行业发展的不确定因素增加

2008年下半年以来，受金融危机的影响，我国的经济增长速度有所放缓，石化工业经历了复杂的国内外经济环境，油价下降迅速向石化产业下游传递，石化产品价格的下跌幅度远高于油价的下跌幅度；经济衰退引发石化下游市场疲软，直接影响石化产品的需求，造成出口下降；部分行业投资过热产生市场供需矛盾。为应对金融危机，国家于2009年5月出台《石化产业调整振兴规划》，全行业认真落实调整振兴规划，在较短时间内实现了全行业的企稳回升，保持了较快发展。

二、取得的主要成就

（一）炼油能力大幅提高

截至2009年底，我国拥有炼厂150多个，原油一次加工能力达到4.51亿吨/年，居世界第二位，其中规模达到千万吨级的炼厂14家，占总能力的37.3%。随着我国原油加工能力的提高，炼油技术水平也取得较快发展，依靠自主创新，目前已经掌握了建设千万吨级炼厂的能力。近期我国建设的单套炼油装置规模不断提高，如1200万吨/年常减压、300万吨/年重油催化、210万吨/年加氢裂化、420万吨/年延迟焦化、410万吨/年加氢精制、150万吨/年催化重整等。

（二）煤化工行业快速发展

传统煤化工逐步成熟，国内合成氨、甲醇、电石和焦炭产量分别占全球产量的32%、28%、93%和58%。以石油替代为目标的新型煤化工产业全面起步，目前煤制油、煤制烯烃、煤制乙二醇等新型煤化工示范工程正顺利推进，其中神华煤制油工业示范项目已经取得阶段性成果，神华包头煤制烯烃示范项目已试车成功，新型煤化工产业即将步入产业化轨道。技术装备方面，神华煤直接液化技术、中科院山西煤化所煤制油技术、大连化物所DMTO技术、清华FMTP技术等，在世界煤化工领域处于技术领先地位。

（三）化肥行业保障能力明显增强

2000年以来，我国化肥产量由3186万吨增至2009年的6707万吨（折纯养分，下同），年均增长8.6%，自给率由不到80%转变为目前的整体自给有余。2009年我国生产氮肥4864万吨，磷肥1480万吨，钾肥363万吨；生产合成氨5136万吨，尿素2932万吨。化肥（实物量）进口392.1万吨，出口884.8万吨。氮肥自给率104%，磷肥自给率110%，钾肥自给率76%。总体上看，化肥工业基本满足了我国农业生产需要。

（四）化工新材料发展提速

化工新材料包括有机硅、有机氟、工程塑料、膜材料、高性能纤维、纳米材料、高性能陶瓷材料等，“十一五”期间化工新材料工业增加值大幅提高。传统化工新材料领域，我国已发展成为初级氟化工产品的生产大国和出口大国，并已在聚四氟乙烯等氟化工深加工产品领域取得突破，同时，2009年底，我国有机硅单体生产能力已达到119万吨/年，未来几年内，我国有机硅单体不仅可以实现自给，而且还会有大量出口。新材料目前已成为战略性新兴产业，未来将在高端化工材料领域有快速的发展。

（五）基地化格局基本形成

我国石化产业的布局形成了长江三角洲、珠江三角洲、环渤海地区三大石化集聚产业区和上海漕泾、南京扬子、广东惠州等具有国际水平的大型石油和化工基地，并建成了上海化学工业区、宁波化工园区等一批具有国际化管理水平和地方产业特色的化工园区。

（六）自主创新能力进一步增强

一批大型石化装置采用了自主研发技术，如MDI大型化技术，丙烯酸及酯技术、二甲醚技术等，大大提高了产品的竞争能力。一批采用自主研发技术建设的工业化示范装置进展顺利。如50万吨／年催化裂化制乙烯项目、60万吨／年煤经甲醇制烯烃(DMTO)项目，3万吨流化床甲醇制丙烯的FMTP工业性试验装置建设，万吨级聚苯醚(PPO)项目。

（七）国产化装备取得突破

国产化关键装备制造取得了突破。乙烯行业的乙烯裂解气压缩机、乙烯机、丙烯机等“三机”立足国内制造，大型乙烯裂解炉、大型空气装置实现国产化；烧碱用离子膜实现国产化；我国自主开发的“多喷嘴对置式水煤浆气化技术”已在国内推广；自主开发了“粉煤加压气化技术”投煤量为1000吨煤／天的工业化装置。在生物化工领域，高纯度井冈霉素生物催化生产井冈霉醇胺实现产业化，提高了井冈霉素产品的质量，打开了国际市场。

第二部分　钢铁行业

一、粗钢产量快速增长，占全球比重不断增大

“十一五”期间，我国钢铁工业实现快速增长，有力地支持了我国国民经济的快速、健康发展。2005年，我国粗钢产量3.53亿吨，占全球粗钢产量的30.8%；2009年，我国粗钢产量达5.68亿吨，占全球粗钢产量的46.6%，超过了排在我国之后的20个国家的粗钢产量之和。预计2010年，我国粗钢产量将达到6.2亿吨。“十一五”期间，粗钢产量年均增幅将达到12%左右

二、产品结构不断优化，国产钢材市场占有率不断提高

2005年以来，我国钢铁行业大力开发和生产国内相对短缺的钢材品种，钢材品种和质量不断提升，大量取代了进口钢材。长期以来相对短缺的板材产量增长快于长材增长，板带比逐步提高，产品结构不断优化。

随着产品质量的提升和产品结构的不断优化，国产钢材的市场竞争力不断提高，钢材进口量呈下降趋势，出口量不断增加，国产钢材市场占有率不断提高，2005年我国国产钢材市场占有率92%，2009年提升至96%。

三、技术进步取得重大进展，自主创新能力逐步提高

“十一五”期间，我国钢铁工业技术进步加快，自主创新取得重大突破。宝钢、武钢自主研发的高磁感取

向硅钢已能替代进口用于50万伏以上等级超高压大型变压器，并成功应用于我国三峡电站。宝钢、鞍钢、本钢等企业的汽车板质量与国际先进企业水平不断缩小。一大批机械行业用高端特殊钢产量和质量不断提高，钢铁工业高端产品生产能力不断增强。

大型钢铁企业的设计、制造和系统集成技术达到了一个新的高度。首钢京唐曹妃甸钢铁基地建成投产，成为我国首个发展循环经济的临海大型钢铁联合企业。鞍钢鲅鱼圈钢铁基地顺利投产，主要技术经济指标全面达到或超过设计水平。宝钢梅钢通过自主创新集成，建成了我国第一条具有自主知识产权的冷连轧生产线。

四、联合重组步伐加快，产业集中度不断提高

“十一五”期间，我国钢铁企业联合重组取得了突破性进展，一批具有代表性的钢铁企业不断形成。优势企业集团跨地区重组加快，宝钢集团重组新疆八一钢铁、广东钢铁和宁波钢铁，鞍钢集团重组攀钢集团和天铁冷轧，武钢集团重组昆钢、柳钢和鄂钢，首钢集团重组水城钢铁、贵阳特钢、长治钢铁和通化钢铁。区域内钢铁企业联合重组形成一定规模，河北省唐钢、邯钢、宣钢、承钢、石钢和舞钢成立河北钢铁集团，山东省济钢、莱钢、日照钢铁合并成山东钢铁集团，湖南省湘钢、涟钢和衡阳钢管组成湖南华菱钢铁集团，大连特钢、抚顺特钢和北满特钢组建东北特钢集团。

钢铁企业的兼并重组提高了产业集中度，2005年我国排名前十的钢铁企业粗钢产量占全国粗钢产量的35.4%，2009年提高至43.5%，年均提高1.6个百分点。2010年，随着鞍钢重组攀钢、本钢兼并北台、首钢重组通钢、天津渤海钢铁集团的组建，产业集中度将进一步提高。

五、节能减排力度加大，各项指标不断优化

“十一五”期间，我国钢铁企业加大了节能减排工作力度，大力推广高温高压干熄焦、干法除尘、煤气余热余压回收利用、烧结烟气脱硫、水循环利用等循环经济和节能减排新技术新工艺，节能水平不断提高、污染物排放不断减少，节能减排指标取得新进展。2005年，我国重点统计钢铁企业吨钢综合能耗、吨钢耗新水分别为741千克标煤和8吨新水，2009年分别降至619千克标煤和4.4吨新水，年均下降4.6%和16.1%。2009年，我国重点统计钢铁企业二氧化硫和烟粉尘排放量同比下降4.9%和7.9%。

六、淘汰落后加快推进

“十一五”期间，我国加大了淘汰落后产能力度，钢铁工业淘汰落后产能工作稳步推进。2010年，按照我部下达的2010年淘汰落后产能目标分解任务，全年计划淘汰落后炼铁和炼钢能力3524万吨和921万吨。“十一五”期间我国共淘汰落后炼铁产能11696万吨、炼钢产能6914万吨，可分别完成计划淘汰量的117%和126%。

七、规范钢铁行业生产经营秩序

为解决产业集中度低、布局不合理、淘汰落后进展缓慢、铁矿石经营秩序不规范等突出问题，2010年6月国务院办公厅下发了《国务院办公厅关于进一步加大节能减排力度加快钢铁工业结构调整的若干意见》（国办发［2010］34号），工业和信息化部制定了《钢铁行业生产经营规范条件》，为有关部门和金融机构做好促进钢铁企业兼并重组、淘汰落后产能和扶持优势企业发展等工作提供了重要依据。

国办发[2010]34号文发布实施以来，各地区和钢铁企业贯彻落实的积极性很高，钢铁行业产品质量、节能减排、兼并重组、工艺装备、安全生产等水平有了进一步提高，钢铁行业生产经营秩序正得到有序规范。

八、实施“走出去”战略，境外投资力度加大

“十一五”期间，我国钢铁工业实施了“走出去”战略，加大了国际合作和境外投资力度，我国钢铁企业国际化水平不断提高。宝钢、鞍钢、武钢、华菱、太钢、重钢等钢铁企业在澳大利亚、巴西、利比亚等国投资参股铁矿石项目取得较大进展，资源保证能力得到增强。鞍钢、武钢还将在美国和巴西合资建设钢铁生产企业，成为我国钢铁企业“走出去”建设钢铁企业的成功案例。

第三部分　有色金属行业

一、行业规模持续增加

有色金属产量稳步增长，“十一五”前四年，十种

有色金属产量年均增速12.28%，预计2010年产量3000万吨。固定资产投资持续增加，“十一五”前四年，规定资产投资年均递增32.53%，2009完成固定资产投资2716.9亿元，占全国城镇固定资产投资总额的比例为1.4%。有色金属外贸进出口总额大幅度增长，年均递增15.45%，2009年达到831.97亿美，其中进口额年均递增21.41%，出口额年均递增1.15%

二、节能降耗取得显著成效

主要产品能耗下降，技术经济指标明显提高。2009年铜冶炼综合能耗降到366.26千克标煤/吨，与上年同比下降17.56%；氧化铝能耗降至659.37千克标煤/吨，与上年同比下降17.00%；铝锭综合交流电耗为14171千瓦时/吨，达到国际原铝协会制定的2010年14600千瓦时/吨的节能目标。

三、技术装备水平提升显著

我国自主研发了选矿—拜耳法氧化铝生产工艺和砂状氧化铝生产技术，淘汰了落后自焙槽电解铝生产工艺，自主开发的大型预焙槽电解铝生产技术在国内广泛应用。骨干铜冶炼企业的技术装备已达到世界先进水平。拥有自主知识产权的氧气底吹—鼓风炉炼铅技术（SKS）获得成功，引进的艾萨炉—鼓风炉炼铅技术得到很好的运用，液态高铅渣直接还原新工艺试产成功，基夫塞特直接炼铅工艺也正在被引进。

铜加工业生产技术及装备快速提高，特别是在节能、节材、缩短工艺流程、降低生产成本、增加产品品种、提高产品质量方面取得重要进展。铝板带热连轧技术和装备的引进以及大型挤压机的采用，改变了长期依赖进口的历史；采用铸轧坯料生产0.005mm以下超薄铝箔，成为世界上极少数能生产该产品的国家之一；自主开发成功世界万吨级油压双驱动挤压机，生产出350公里时速的高速列车铝型材，实现列车车体材料国产化。

四、产品质量明显提高

有色金属冶炼产品质量已居世界先进水平。铜、铝、铅、锌、锡、镍、银、钴、特种铝、铝合金等10种产品的64个品牌已先后在伦敦金属交易所和伦敦金银市场注册；在国家开展的历次质量抽查中，合格率始终保持在较高水平；早期出现较多的产品质量一致性差、表面质量差、包装质量差的老问题，已得到很大程度改善。

加工产品的质量迅速提高。铝箔、PS印刷版板基、电容器用高压阳极箔质量水平接近国际先进水平。铝合金建筑型材品种齐全、产品质量世界领先，满足了国内建筑业发展的需要。精密铜管产品向“高、精、强”方向快速发展，产品质量均达到了国际领先水平，大量出口美国等发达国家。海水淡化装置用铜合金无缝管大量出口日本和欧盟等发达国家和地区，充分显示了我国有色金属加工产业的实力。

五、资源开发取得一定突破

地质勘探工作取得显著成效，保有资源储量较“十五”有明显的提升。截至2008年底，全国查明铜资源储量7709万吨，查明铅资源储量4549万吨，查明锌资源储量10393万吨，铝土矿查明资源储量30.3亿吨，为有色金属产业的发展奠定了资源基础。

海外资源开发取得进展。中国铝业公司在澳大利亚奥鲁昆项目获得了矿产开发证；中国有色矿业集团有限公司的赞比亚谦比西铜矿一期工程已建成投产，形成4.7万吨/年矿山铜产能；中国冶金建设集团公司租赁巴基斯坦山达克铜矿生产，获得3万吨/年矿山铜产能；中国冶金科工集团与江西铜业公司联合投标阿富汗艾娜克铜矿项目获得中标；中国五矿、江西铜业公司联合收购加拿大北秘鲁铜业公司取得成功。

六、产业结构调整取得新进展

一是淘汰落后产能成效显著。电解铝行业已全部淘汰了自焙电解槽，铝冶炼已全部采用先进的冶炼工艺，新建或改扩建项目全部采用300kA以上大型预焙电解槽工艺。二是产业布局更趋合理。我国有色金属矿产资源开发和冶炼能力逐步从东部向中部、西部转移；铜、铅、锌产业结构向开采冶炼、加工一体化方向调整；电解铝产业逐步向煤—电—铝—铝加工一体化的产业结构转化。三是有色金属加工品种日益完善，产品结构日趋合理。我国铜加工材约有250种合金，近千种产品，产量位居第一，是产品品种最丰富的国家之一。铝加工企业产品结构日趋合理，铝加工产品轧制材所占比例达到37%。高档板带材增幅较大，高速列车车体型材为代表的大截面、薄壁空心型材已成功应用。新型节能型铝型材的市场不断扩大，有效改变了我国传统铝型材的产品结构。

七、产业集中度不断提高

通过兼并重组，形成了一批具有较强竞争力的大型企业集团，促进了产业的快速发展和技术进步，提升了可持续发展能力和竞争力。中国铝业公司积极整合国内资源，加快开拓全球业务以及广泛的产品组合，电解铝产量为331万吨，现已成为全球第二大氧化铝和第三大电解铝生产商。

目前，铜冶炼能力近350万吨、精铜能力近600万吨，江西铜业、铜陵有色、云南铜业的产量排名居世界前列。排名前十的冶炼企业占全国产量的75%。电解铝产量超过50万吨的企业有6家,产量合计达到660万吨，占全国电解铝产量的51.3%。

八、有色新材料研发进展显著

通过自主创新、集成创新和引进消化吸收再创新，在有色金属合金以及有色金属复合材料研发上取得重大进展，突破了镁合金等产业化和应用关键技术。高温超导铋系带材等材料性能已达到实用化水平，解决了制备二硼化镁超导线带材的关键技术。通过表面改性、涂覆等现代表面技术处理的涂层产品广泛应用于电子信息产业和传统工业领域。国产新材料产品已基本满足航空航天及国防军工等重点领域发展的需要，并在神舟系列飞船、嫦娥探月工程等所需的关键材料上实现了自主化。

九、有色金属标准化工作跃上新的台阶

截至2009年底，有色金属标准总数达到2103项，其中国家标准953项（基础标准72项，产品标准217项，分析等其它标准664项），行业标准1020项（基础标准99项，产品标准321项，分析等其它标准600项），国家军用标准130项。随着最近三年标准修订工作的密集展开，国标、行标的标龄大幅缩短，五年以内标龄的标准已占到85%以上，无论是标准的数量和标准的水平均已跃上一个新的台阶，能够较好地满足有色金属行业发展的需求。

有色金属工业国际标准化工作步伐也不断加大。我国优秀标准以各种形式走上国际舞台，国际标准和国外先进标准也纷纷通过采标转化为国内标准。中国不仅积极参与国际标准化活动，及时了解国际标准化动态，而且积极承担国际标准秘书处的工作，中国已成为ISO/TC 26（铜及铜合金）和TC79/SC5（镁及镁合金）两个国际标准秘书国。

第四部分　黄金行业

一、黄金产量稳步增长

“十一五”期间，黄金产量从2005年的224.05吨增长到2009年的313.98吨，预计2010年产金345吨，年均增长8.9%，预计5年累计产金1675吨。我国黄金储备有较大增加，截至目前储备黄金1054吨。

二、技术创新取得重大进展

金矿深层开采技术及工艺水平进一步提高，最大开采深度接近1400米；低品位、难处理资源选冶技术开发和应用取得重大突破，生物氧化预处理技术达到国际领先水平，焙烧、热压氧化等技术达到或接近国际先进水平；利用尾矿、残矿及低品位资源取得实质性进展，最低入选矿石品位0.5克/吨。

三、产业结构调整成果显著

通过联合、兼并、资产重组和股份制改造，一批大型黄金集团迅速崛起，形成了以大型黄金企业为主导的黄金产业格局。中国黄金集团公司、山东黄金集团有限公司、紫金矿业股份公司、山东招金集团公司、灵宝黄金股份等10家大型企业产金占黄金矿山产量的50%左右，实现利润占全行业的75%左右。

四、金矿勘探取得重大进展

累计新增黄金资源储量4000吨，截至2009年底，保有金矿资源储量6238吨。重点金矿成矿区带及老矿区深部的地质勘查、科研工作取得显著成果，在找矿理论、找矿方法和找矿模式等方面均有突破和创新。

第五部分 建材行业

一、“十一五”发展总体情况

“十一五”期间，受国民经济持续快速发展的拉动，建材工业在产业结构、生产技术和工艺装备方面取得了长足进步，产品的品种、质量、档次有了较大提高，为国民经济发展、城乡建设和人民生活水平的提高做出了重大贡献。目前，我国已经是世界上最大的建筑材料生产国和消费国，主要建材产品水泥、平板玻璃、建筑卫生陶瓷、石材和墙体材料等产量多年居世界首位。

随着我国工业化水平的提高和工业结构的不断升级，建筑材料和非金属矿及无机非金属新材料制品的应用领域也在不断扩大，如汽车工业、交通设备制造业、石化工业、机电工业等部门，对建材产品特别是新型建材产品的需求越来越大。建材工业增加值、总产值、利润总额、出口交货值、固定资产投资等主要指标逐年增长，万元增加值综合能耗逐年降低，近两年二氧化硫及烟粉尘排放量持续降低、固体废物利用量持续上升。其中，水泥、玻璃、陶瓷等主要建材产品的产量、主营业务收入、固定资产投资等持续增长，新型干法、浮法玻璃、池窑玻纤、新型墙体材料等先进生产技术产量比例不断提高。

根据“十一五”期间建材各产业的产能、结构变化、主要经济指标和节能指标变化情况，预计建材工业“十一五”期间各项指标如下表。

指标	“十一五”计划指标	2009年完成指标	预计2010年完成指标
建材工业增加值年均增速（%）	8－10	2005–2009年26.32%	20
新型干法水泥产量（亿吨）	12.5	10.6	14
新型干法水泥比重（%）	70	72.72	75
前10家水泥企业生产集中度（%）	30	23	30
浮法玻璃产量（亿重量箱）	5	4.92	5
浮法玻璃比重（%）	90%以上	84.55	85
优质浮法玻璃比重（%）	40%		40
前10家玻璃企业生产集中度（%）	70%	50	60
平板玻璃加工率（%）	40%以上	35	40
墙体材料产量（亿块标砖）	8500	7850	8500
新型墙体材料比重（%）	60	52	60
陶瓷砖（亿m2）		67.79	68
卫生陶瓷（万件）		14712	15000
淘汰水泥产能（亿吨）	2.5	2.4	3
淘汰玻璃产能（万重量箱）	3000	2500	3000

二、建材工业取得的主要成就及重大进步

“十一五”以来，国家及行业相关部门先后推出的结构调整、行业准入、节能减排及环保等一系列政策措施，对建材行业持续健康发展起到了积极作用，综合起来主要体现在以下几个方面：第一，促进行业结构调整，改善供求关系；第二，加快落后产能的退出；第三，推进行业并购重组，进而提高行业集中度；第四，通过建设余热发电、循环经济等项目，在降低行业自身成本的同时，产生较好的社会效益。

（一）发展成为全球最大的建材生产国和消费国

建材工业的发展满足了我国经济建设和各项事业不断发展的需求，我国主要建材产品如水泥、玻璃、建筑卫生陶瓷、玻璃纤维等产品产量继续处于世界首位，全球近一半的水泥、平板玻璃和建筑陶瓷都在中国生产，如水泥

的生产和消费量达到全球生产和消费量的50%左右。

与“十五”时期相比，产品质量明显提高，门类品种日益丰富，配套能力显著增强。目前，不仅可以生产高档建筑材料，还可以为航空航天、军工、高新产业等提供特种材料。

（二）结构调整取得突破性进展

“十一五”期间，我国建材工业加大了淘汰落后产能力度，截止2009年，淘汰落后水泥产能2.4亿吨，完成“十一五”淘汰计划的96%；淘汰落后玻璃产能2500万重量箱，完成“十一五”淘汰计划的83.33%。2010年建材行业将超额完成“十一五”提出的淘汰落后产能任务。

建材主要产品品种结构不断优化，新型干法水泥比重超过70%，浮法玻璃比重超过80%，玻纤池窑拉丝比重超过80%，新型墙材比重已超过50%；产业集中度不断提高，中国中材、中国建材、安徽海螺、河北惠达等一批大型建材企业和企业集团迅速成长；市场资源配置得以优化，区域市场竞争更趋有序。

（三）建材主要行业的生产技术、装备水平接近或达到世界先进水平

近年来，我国建材工业科技创新取得了一批具有显著经济效益和社会影响的重大成果。建材主要行业技术装备水平接近或达到国际先进水平，基本完成了追赶世界先进水平的任务，我国已全面掌握了大型新型干法、大型浮法玻璃、大型玻纤池窑拉丝等生产工艺技术，并具备了成套装备的生产制造能力。新型干法水泥在预分解窑节能煅烧工艺、大型原料均化、节能磨粉、自动控制和环境保护等方面，从设计到装备制造都迅速赶上了世界先进水平。超大超薄陶瓷板、多晶硅石英陶瓷坩锅研发成功并实现产业化。新型建筑材料、树脂基玻纤增强复合材料、混凝土及制品、非金属矿材料和无机非金属材料及制品等行业，在工艺、技术和装备领域都取得了显著进步。我国2.0兆瓦级风力发电机玻璃钢叶片、年产千吨级的碳纤维项目均已投产。水泥、玻璃、建筑陶瓷等行业在全国制造业中率先实现了从产品出口向大型成套技术装备出口的跨越，其先进性、可靠性和优异的性价比得到国际业界的好评。

（四）减排和资源综合利用取得显著成效

通过结构调整和技术进步，建材工业节能减排取得显著成效。2008年建材万元增加值能耗比2005年下降了37.1%，烟粉尘排放量比“十五”末年下降35.5%。

近几年建材工业在推广循环经济发展模式方面取得可喜成果。2009年，建材行业粉煤灰的综合利用量占全国的30%以上，煤矸石的利用量占全国的50%以上，利用固体废弃物达到7亿吨。水泥工业已建成纯低温余热发电机组204台，总装机容量3316MW。近几年来，建材工业着力研究和推进循环经济发展模式，不但在理论上做了深入研究，在实践上也做了有益的探索。目前建材工业已被国家列为发展循环经济的重点行业，成为国民经济体系中资源综合利用的关键环节和消纳固体废弃物的主要工业部门之一。建材工业正在朝着资源消耗低、环境污染少的资源节约型、环境友好型产业的绿色发展方向迈进。

（五）市场化程度及国际融合度日益提高

建材民营企业数占全国建材企业总数的比重已超过70%，成为建材企业的数量主体。资本市场的建立和融资渠道多元化为企业做大做强创造了条件，有力推动了自身发展和购并重组工作。欧美日等发达国家先进企业来华独资或合资兴办企业，推动了国内建材工业发展水平不断提高。以水泥、平板玻璃等行业工程服务贸易为龙头，带动了成套建材生产装备的出口，成效显著。出口国家和地区呈多元化，项目遍及新兴经济体和欧美等40多个国家和地区；对外贸易发生重大结构性变化，对外工程总承包成为新亮点，尤其在水泥工程领域，占全球市场的份额已超过40%，有效地带动了我国成套建材技术和装备的出口。

电子信息工业“十一五”发展成就

一、电子信息产业

（一）“十一五”期间产业发展总体评价

经过建国60年尤其是改革开放30年的发展，我国已成为世界电子信息制造业大国。2009年，规模以上电子信息制造业实现收入51305亿元，在全国工业中的比重达到10%左右；出口4572亿美元，占全国出口的38%；从业人员755万，约占全部工业从业人员的9%；彩电、手机、计算机、程控交换机及多种元器件等主要电子信息产品的产量位居全球第一，初步满足了人民群众对电子信息产品不断增长的需求。同时，也面临着产业增速放缓、自主创新能力不足等问题。根据“十一五”期间产业实际发展状况，可做总体评价如下。

1. 产业增速明显放缓，软件业保持较高增速

近年来，中国电子信息产业一直保持着 3 倍于国内生产总值的速度增长。整体而言，从2004年以后，全国电子信息产业规模仍保持较快增长，但增长速度逐年下降。至2009年，全国规模以上电子信息产业实现销售收入6.08万亿元，同比增长3.39%，较2004年38.1%的增长率下滑了34.71个百分点；规模以上产品制造业实现工业增加值1.2万亿元，同比增长5.3%，较2004年46.55%的增长率下滑了41.25个百分点。

主要产品产量居世界首位。在2009年，我国生产手机6.19亿部、微型计算机18215万台、彩电9899万台，分别占全球比重的49.9%、60.9%和48.3%；集成电路销售收入283亿美元，占全球比重的12.9%。

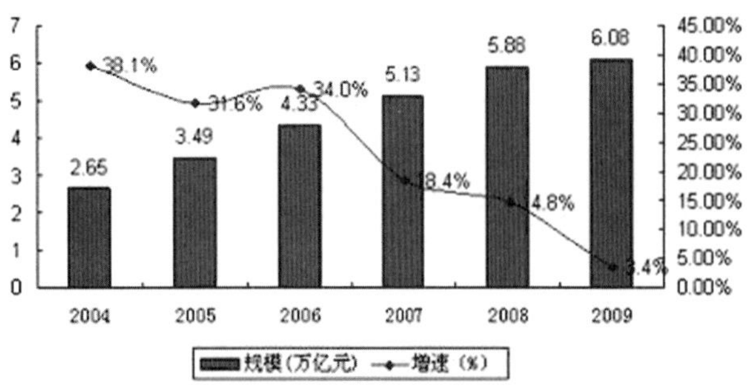

图1 2004—2009年规模以上产业销售收入及增长率

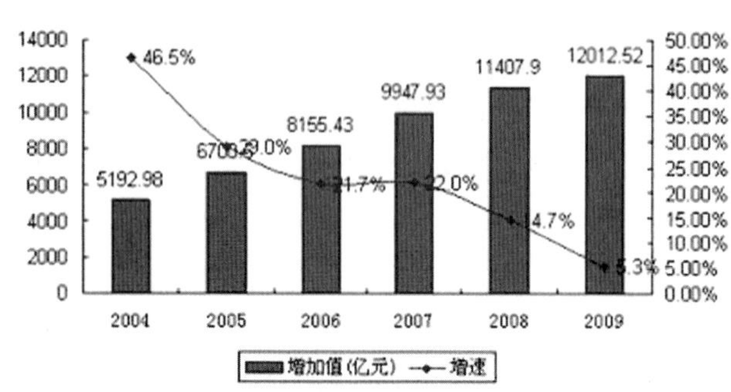

图2 2004—2009年规模以上制造业工业增加值及增长率

与产业规模的发展趋势相一致，从2004年以后，全国电子信息产业进出口保持较快增长，但增长速度逐年下降，在遭遇金融危机冲击的2009年甚至出现负增长。当年全国电子信息产业实现进出口总额7719亿美元，同比下降12.8%，较2004年41.6%的增长率，下滑了54.4个百分点。出口额4572亿美元，同比下降12.5%，较2004年46.0%的增长率，下滑了58.5个百分点。

产业增速放缓的原因主要可以归纳为两方面，一方面是因为产业规模基数逐年增高，增速放缓是客观经济规律；一方面是因为继彩电、PC、互联网和移动通信之后，缺乏新的领域拉动产业高速增长。另外，金融危

表1 2004—2009年主要电子产品产量统计表

年度	彩电（万台）	微机（万台）	其中：笔记本（万台）	集成电路（亿块）	程控交换机（万线）	手机（万台）	显示器（万台）
2004	7400	4300	2750	211	8465	23000	7500
2005	8283	8084	4564	266	7721	30354	8052
2006	8375	9336	5800	336	7405	48014	9341
2007	8478	12073	8671	412	5387	54858	14438
2008	9033	13667	10859	417	4584	55964	13365
2009	9899	18125	14008	414	4263	61925	14327

注：其中笔记本、程控交换机的产量根据部重点监测企业产量估算

机冲击所造成的国际市场疲软，也是迫使产业增速放缓的重要因素。总之，我国电子信息产业依靠数量实现高速增长的时代已逐渐消退，产业发展已进入“调整产业结构、转变发展方式、培育新兴领域、增强内生增长动力”的阶段。

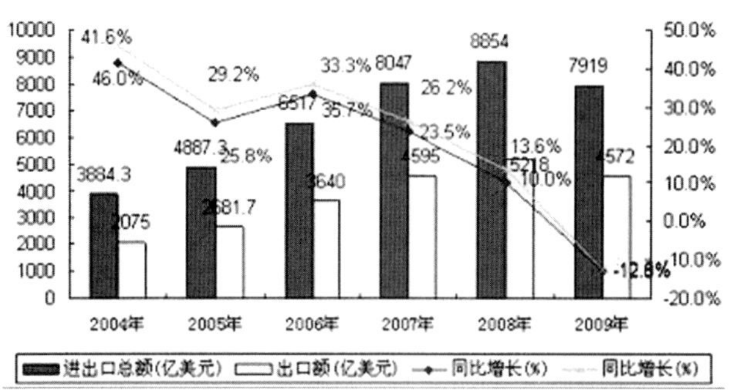

图3　2004—2009中国电子信息产业进出口情况

在“十一五”期间，软件业始终保持着较高增长态势。随着国际外包的转移，2004-2009年我国软件产业营业收入从2405亿元增长到9513亿元，年均增速超过30%，即使是受金融危机冲击、产业整体增速下滑的2009年，软件业增速依然达到25.6%。

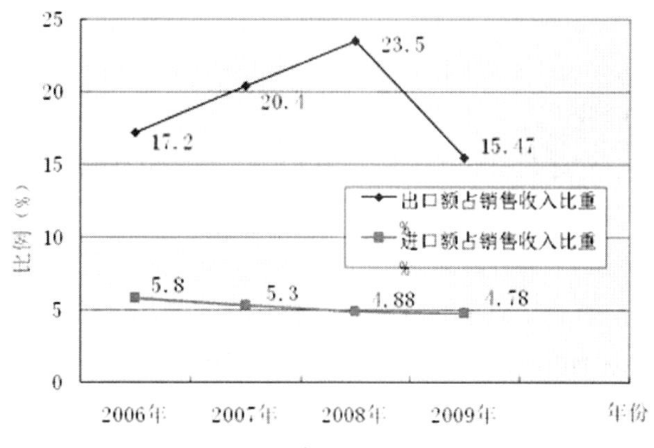

图4　2004—2009年软件产业发展情况

2.产业结构逐步调整升级，区域聚集效应日益凸显

在“十一五”期间，我国电子信息产业结构从单一制造业转变为制造业与软件服务相结合，从集中于产业链下游转变为产业链上下游相结合。自2008年受金融危机冲击以来，我国进一步加快了产业结构调整的步伐。2009年，软件产业占电子信息产业的比重已达15.6%，比2004年的9.1%提升了6.5个百分点。

同时，随着产业集中度的提升，产业区域聚集效应日益凸显。目前，我国已形成了以9个国家级信息产业基地、40个国家电子信息产业园为主体的区域产业集群。特别是长江三角洲、珠江三角洲和环渤海三大区域，劳动力、销售收入、工业增加值和利润占全行业比重均已超过80%，产业集聚效应及基地优势地位日益明显，在全球产业布局中的影响力不断增强。

图5　全国电子信息产业集群分布

随着产业集中度的提升，优势企业不断壮大。2010年第24届电子信息百强入围底线为19亿元，比1987年第1届电子信息百强入围底线提高了47倍；主营业务收入超过100亿元的企业有22家，华为、海尔、联想三家企业主营业务收入超过1000亿元；实现利润633亿元，占全行业总量的35%；上交税金628亿元，占全行业总量的50%以上；员工人数116万人，占全行业总量的15%以上。

3.部分关键技术领域取得突破，企业逐步成为创新主体

“十一五”期间，在引进、消化、吸收和再创新的创新战略下，国家对科技创新的投入逐年增加，支持领域从科研院所扩大到创新型企业，使得我国信息技术企业的创新能力和技术储备能力稳步增强。据已掌握的统计数据，在1985-2008年间，信息技术专利申请总量年平均增长率达到19.0%，集成电路、软件、移动通信、新型元器件、数字视听、计算机等产品技术领域不断取得突破。

在集成电路方面，通用CPU等一批中、高端芯片研发成功并投入生产，集成电路设计水平突破65nm，集成度超过5000万门，与国际先进水平差距明显缩小。在软件方面，具有自主知识产权的中文Linux、国产中间件、财务及企业管理软件、杀毒软件相继开发成功，广泛应

用于经济和社会各领域。在移动通信方面，第三代移动通信、数字集群通信、光通信技术跨入世界先进行列，自主知识产权的TD-SCDMA标准成为三大国际主流标准之一，并已开始商用。在新型元器件方面，光电子等领域的核心技术开发与国际先进水平的差距逐步缩小，已可生产光纤预制棒、液晶面板、有机发光二级管、太阳能多晶硅等较高附加值产品。在数字视听方面，AVS、DRA等自主音视频标准已成为国家标准，并实现相关应用；一批数字电视相关产品、标准进入商用化阶段，专用芯片配套能力增强。在计算机方面，“银河”、“曙光”的计算能力已步入世界前列，深腾等高性能服务器打破了国外封锁，路由器交换机已达到国际先进水平，下一代互联网核心设备研发取得明显进展。

以企业为主体的技术创新体系建设初见成效。在专项资金扶持、政策引导等方式推动下，企业在技术创新体系中的地位愈来愈重要。2010年第24届电子百强企业研发经费投入合计达611亿元，占主营业务收入的比重达到4.9%，其中9家企业研发投入额超过10亿元，研发投入最高的华为达到174亿元，占其营业收入的比例超过10%。截止2009年底，百强企业专利总数超过6万件，其中发明专利2.9万件，占比近50%。国家知识产权局发布的2009年发明专利申请量前十强企业中，中兴、华为、大唐等百强企业分列第1、2、6位。在2009年的全球PTC（专利合作条约）申请量排名中，华为以1847件位居第二，中兴申请量增量排名全球第一。

4.内外资企业呈现相反走向，外资主体地位有所削弱

近年来，内资企业逐步发展壮大，外资企业在我国电子信息产业中占主导地位的局面正在逐步改变。2005年，随着我国电子信息产业国际化程度进一步提高，三资企业地位日益突出，全球电子信息产业向中国转移的趋势持续加强，跨国公司在深化在华战略的基础上加强全球资源整合，其在华企业独资化的势头进一步显现，并加快建设区域总部和研发中心。2006年，随着我国电子信息产业国际化程度的日益提高，三资企业仍是产业发展的重要力量，全年三资企业在规模以上制造业销售收入、工业增加值、利润中的比重分别为80%、79%、80%，均比上年有所提高。

但从2007年起，内外资企业呈现不同发展格局，内资企业各项指标增速均高于三资企业。尤其是在2008年以来，金融危机对外向型企业冲击明显，三资企业发展显著放缓，内外资企业出现相反的走向。2009年，内资企业销售产值增长17.6%，占全行业的比重(26.7%)比上年提高3.3个百分点;港澳台企业销售产值下降0.8%，外商投资企业下降1.5%，所占比重同比分别下降0.9个百分点和2.4个百分点。从效益看，内资企业利润增长48.4%，占行业比重(46.5%)比上年提高了16.2个百分点;港澳台企业下降27.4%，外商投资企业下降25.1%。从投资看，内资企业增长49.5%，占全行业比重(63.3%)比上年提高14个百分点;港澳台企业投资下降11.2%，外商投资企业下降15.7%。从出口看，三资企业下降13%，高于全行业降幅1个百分点，占全行业比重比上年下降近1个百分点。

5.产业向价值链上游迈进，企业国际竞争力不断增强

在“十一五”期间，我国电子信息产业投资重点从产业链终端的家用视听、计算机、通信设备等整机制造向前端的器件、元件、材料转移。目前，我国建成投产的12英寸集成电路生产线有4条，正在建设的有3条，12英寸晶片的产能规模已达到12万片/月。5代液晶面板生产线达到4条，多条7.5代线及8.5代线正在建设。海信、TCL、长虹等企业逐渐向液晶模组上游延伸，模组生产线相继投产。

“走出去”战略取得积极成效，电子信息企业的国际竞争力不断增强。华为、海尔、联想、中兴等多家企业出口和海外经营收入占比超过一半，已成为名副其实的跨国公司。百强企业的产品普及世界五大洲100多个国家和地区，在海外建立的研发、生产基地超过500个。华为、中兴凭借多年海外经营，在全球软交换、SDM（用户数据管理）、NGHLR（下一代归属位置寄存器）等多个领域取得市场领先位置，已经进入全球电信解决方案提供商的一线阵营。海尔、海信、TCL等多家整机企业在东盟、非洲等主要国家建立了完整的研产销体系，树立了良好的品牌和形象，占据了领先的市场份额，部分企业海外自主品牌占比已超过 30%。

（二）“十一五”期间产业发展获得成绩

1.电子信息制造业规模继续扩大，国际地位持续提高

2004年至2009年，我国规模以上电子信息制造业销售产值从24501亿元增长到50202亿元，年均增长

15.43%；利润从1004亿元增长到1791亿元，年均增长12.27%；出口额从2070亿美元增长到4572亿美元，年均增长17.17%，出口额占全国外贸出口的比重一直保持在三分之一以上。2007年，我国即已成为世界电子信息产品第一制造大国。2009年，我国重点电子信息产品中手机、计算机、彩电、数码相机、激光视盘机的产量分别占全球的49.9%、60.9%、48.3%、80%和85%，电子信息产品贸易额占全球15%以上。

2.产业技术创新实力稳步提高，重点企业发展良好

2004年至2009年，全国电子信息制造业新产品产值增长保持在2%以上，占销售比重保持在20%左右。截止到2009年底，全国信息技术领域专利申请总量达到100万件，其中发明专利超过六成。2009年，电子信息百强制造业主营业务收入接近1万亿，利润持续保持正增长，其中主营业务收入超过100亿的企业占到1/5，重点企业各项指标均好于行业平均水平。

3.积极应对金融危机冲击，产业企稳回升态势明朗

国际金融危机对我国电子信息制造业带来很大的冲击，但经过一年多的努力，电子信息制造业逐步克服了国际金融危机的影响，产业回升的速度逐月加快，2009年1-12月，规模以上电子信息制造业增加值同比增长5.3%，增速比1-11月提高1.5%，12月份增速达到19.8%；出口降幅进一步收窄，2009年1-12月出口同比下降12.4%，降幅比1-11月收窄3.6%，全年出口额占全国外贸出口总额的38%；产品结构持续升级，高端产品继续以高于同类产品的增速增长，1-12月，部重点监测企业的平板电视产量同比增长106.1%，移动通信基站设备产量同比增长102.2%。

2010年上半年，规模以上电子信息制造业增加值增长20.4%，比同期工业水平高2.8个百分点。其中6月份增长15.1%，比5月下降2.7个百分点。实现销售产值28622.6亿元，同比增长29.5%，比2008年同期增长23.8%。上半年，全行业500万元以上项目累计完成投资2362亿元，同比增长41%，增速比去年同期提高7.8个百分点。今年以来，随着外需不断回暖，外销出现持续增长，到5月底，全行业累计外销增速开始超过内销，进入6月份，外销增速优势进一步加强，超过内销增速4个百分点。其中，内销产值11975.5亿元，同比增长27.2%；出口交货值16647.1亿元，同比增长31.2%，高于产业平均增速1.7个百分点。从整体上看，我国电子信息制造业已基本走出金融危机的阴影，运行中的积极因素日益增多，总体回升趋势明朗。

二、计算机产业

“十一五”以来计算机产业保持了较快的增长速度，成为信息产业增长的亮点，对外贸易稳步增长。自主创新能力不断提高，自主知识产权的标准取得国际突破，产品陆续投放市场。产业集群效应逐步显现，中国计算机产业发展又迈上一个新的台阶。计算机产业着力提升自主创新能力，促进科技成果转化，实现了重点领域的技术突破，推进了新兴高技术产业发展和传统产业升级，促进了区域经济协调发展，为资源节约型和环境友好型社会、社会主义新农村建设等做出了重大贡献，产生了显著的经济效益和社会效益，有效推动了国民经济战略性结构调整和经济发展方式转变，为实现我国经济又好又快发展奠定了坚实基础。“十一五”时期成为新中国成立以来，中国计算机产业发展最快、技术创新水平最高、服务水平提升最显著的时期。

（一）计算机产业主要产品产量保持快速增长

“十一五”期间，计算机产业保持了较快的增长速率，年均增速12.4%。2009年我国电子计算机制造业实现销售产值1.69万亿元，占全行业总收入的32.9%；生产微型计算机1.82亿台，同比增长33.3%，其中笔记本计算机1.51亿台，同比增长38.2%；完成出口交货值1683亿美元，增长47.5%，成为拉动信息产业平稳增长的主要动力。笔记本计算机、液晶显示器等高端产品所占比重不断提高，超过80%，产业结构调整取得明显成效。

中国已成为全球计算机产品的生产基地，主要产品产量位居世界第一，产量较“十五”期间大幅提升，计算机产品的产量占全球产量的60%，液晶显示器占全球产量的75%。中国已成为全球平板显示下游终端产品主要制造基地，尤其是包括显示器在内的IT制造业正加速从韩国、中国台湾地区向中国大陆转移。

（二）产业覆盖面进一步扩大，促进了产业规模的迅速扩张

当前，信息技术对国民经济的发展有着举足轻重的作用，信息化已经成为一个国家经济发展跟上全球潮流的迫切需要和必要保证，计算机是信息化的基础，计算

机产业已成为我国电子信息产业的骨干产业，在国民经济发展和国防建设的各个领域发挥着重要作用。随着我国信息化建设的不断深入以及互联网的迅速普及，为计算机产业的快速发展提供了机遇。

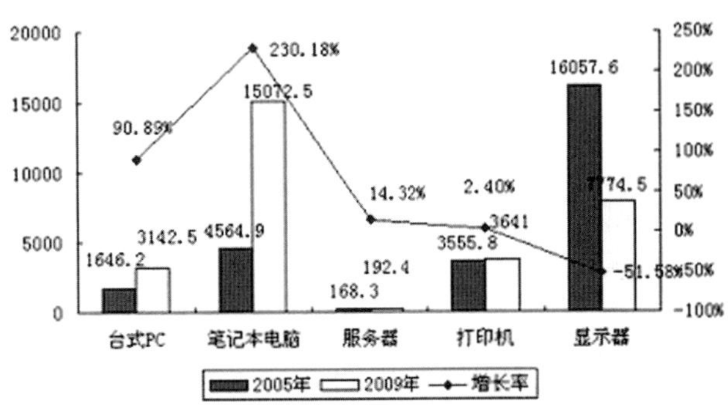

图6 “十五”末和“十一五”末中国主要计算机及外设产品产量对比

（三）产业投资环境进一步改善，企业数量稳中有升

“十一五”期间，通过计算机产业专项及示范工程的实施，扩大了对于计算机产业的投资需求，引导了社会资源的投向；形成了以项目为载体，政府资金为引导，企业投入为主体，银行贷款和其他资金广泛参与的多渠道、多层次投融资体系，充分发挥了高技术产业化专项和示范工程引导投资、以点带面、优化资源配置的积极作用。产业投资环境不断改善，我国计算机产业在“十一五”期间吸收了更多的投资项目，2007年～2010年7月计算机产业累计完成固定资产投资1034.7亿元。

（四）自主创新成效显著，标准和产业化推进起头并进。

自主创新已成为中国计算机产业发展的主要方向，国家也出台了一系列措施支持鼓励自主创新，积极创造有利于技术创新和产业结构升级的政策法规环境，依靠科技创新带动产业结构升级，大力实施信息产业知识产权战略。企业自主研发能力逐步提升，在自主知识产权和核心技术方面不断取得突破。

“龙芯”、“北大众志”等一批国产通用处理器逐步成熟并得到应用。基于龙芯2E/F CPU的低成本计算机实现万套规模生产和销售，多核处理器龙芯3B/C也即将投放市场，与国外先进技术的差距逐步减小。中国科技大学与中科院计算所成功研制出龙芯万亿次计算机系统，该系统采用336颗龙芯2FCPU，理论峰值达到了一万亿次。该系统的研制成功，对推动中国民族高性能计算机事业的发展和国家安全都具有重要的意义。

千万亿次高性能计算机取得突破。曙光公司和国防科技大学相继研制出“星云”、“天河一号”千万亿次高性能计算机系统，在2010年5月公布的第35届全球高性能计算机TOP500排名中分列第二和第七位，成为全球继美国之后第二个掌握千万亿次高性能计算机设计制造技术的国家。

“资源共享协同服务标准工作组”（简称闪联）标准体系日渐成熟，已有三项闪联标准国际提案获得通过，正式成为国际标准。闪联联盟的成员数已超过100家，涵盖计算机、电视机、手机、白色家电等主要行业，并占有较大的市场份额，已取得相关发明专利207项，PC、笔记本、电视、手机、投影仪等20余种近百款闪联产品面市，累计销量突破1700万台。

具有自主技术的无线局域网鉴别与保密基础机构（WAPI）标准国际化取得突破，WAPI基础框架方法（虎符TePA）标准经ISO/IEC（国际标准化组织/国际电工委员会）发布，正式成为我国在基础性信息安全领域的第一项国际标准。同时，WAPI的产业化和应用也取得突破，目前WAPI产业联盟成员发展到72家，产业链日趋完善，涵盖无线局域网产业中技术研究、芯片设计、加工制造、网络设备、应用软件、运营服务等各个方面，成员包括国内外主流WLAN芯片及设备厂商。已有80余款WAPI芯片及模组研制成功，已有100多家国内外厂商发布了千余款WAPI产品，能够满足国内运营商市场应用的需要；150余款具备WAPI功能的移动终端产品已通过入网检测，投放市场。产品的多样化、产业链的完善以及自主标准的国际化，为WAPI进一步市场化、商业化、国际化奠定了基础。2008年北京奥运会上WAPI成功得到应用，为数千名记者提供了高质量的无线接入服务。并在北京邮电大学建立了一套基于WAPI的安全、可运营、可管理的运营示范网络。

中低端网络设备已完全实现国产化，国产品牌的产品已在国内信息化建设中大量使用，在教育部开通的IPv6实验网中全部采用了国产IPv6设备。

（五）计算机产业集群日趋成熟，区域投资显现新增长点

“十一五”期间，我国计算机产业链逐步完善，配套能力增强，已形成长三角、珠三角、环渤海地区产业

制造集群，江苏、上海、广东三省成为我国微型计算机主要生产地，占全国总产量近90%。随着西部大开发的深入，中西部地区的人才优势、交通条件、配套环境等逐步提高，加上成本优势，内地计算机制造业得到了快速发展，川渝地区正在逐渐形成规模。

（六）高新技术企业层出不穷，大型企业突破成长瓶颈

“十一五”期间，随着我国产业结构的加快调整，市场机会不断增多，这给了我国国内众多企业新的发展机遇和平台。神州龙芯在国家加大自主创新技术推广和扶持力度的背景下，在国家有关部门及中科院计算所、综艺股份双方股东的大力支持下，突出龙芯自主安全、经济好用、节能环保的特性，按照军民并举，错位竞争，打破Wintel体系对产业的垄断，加大产品开发和市场推广力度，在龙芯产业化方面取得了重大进展，推出神州龙芯云终端产品。

抓住产业调整的机遇，通过对新兴市场的理解和把握，中国大型计算机企业不断突破自身发展瓶颈，不仅在国内市场而且在国际市场发挥了举足轻重的作用。在成功收购IBM个人计算机业务后，联想公司已成长为全球知名计算机企业，占全球个人计算机市场份额近9%，产品已销往全球76个国家，2009年联想全球市场销售额已突破166亿美元；海尔集团2009年营业额1243亿元，利润34.9亿元，利润增长是营业额增长幅度的10倍，盈利水平再创新高，这得益于“家电下乡”的实施和PC业务的快速增长。

（七）计算机应用水平得到加强

“十一五”期间，随着我国信息化建设的快速推进，银行业进行了行业的数据集中、电信行业加大数据中心建设力度，政府电子政务工程快速推进，“金字工程”及行业信息化的顺利实施，2008年北京奥运会成功举办的契机，对计算机产品的需求显著增加，较“十五”期间提升了一个台阶。计算机技术应用加快向社会各个领域渗透，在提高经济效益、加快两化融合，促进社会进步方面发挥了积极作用。当前，我国的计算机技术应用已经在各个行业的管理以及工业自动化方面全方位展开，特别是在提高效率，促进传统产业技术改造和行业技术进步，促进国民经济和建设和谐社会方面起到更为积极的作用。在重点支持信息技术与传统产业结合的集成创新方面，计算机产业重点突破共性技术和关键产业，推动提高机械、冶金、石化、纺织等领域的智能化、数字化水平，提升企业信息化水平和市场竞争力。

三、通信设备制造业

“十一五”是我国全面建设小康社会、构建社会主义和谐社会的重要时期，也是信息产业强国战略的重要起步期。进入“十一五”以来，作为电子信息产业的主要行业之一的通信设备制造业在国民经济和社会生活信息化快速发展、市场需求持续旺盛、3G进入商用化、手机产品出口势头强劲的多重因素推动下，继续得以持续、平稳、快速地发展，产业规模继续扩大，龙头企业和骨干企业作用凸显，企业科技创新能力明显提升，产业核心竞争力有较大增强。我国通信设备制造业的快速发展还有力地推动了国民经济信息化和各项社会事业的发展，为抢险救灾和重大活动的通信保障做出了积极的贡献。

（一）行业发展基本情况

“十一五”前两年，通信设备制造业基本延续了“十五”的发展势头，但增速趋缓。2008年以后，由于受国际上金融危机的影响，通信设备制造业产品出口受挫，各项经济指标增幅下滑，但在国家宏观调控政策和大规模建设3G以及内需市场的扩张，刺激着通信设备制造业以较快的速度走出低迷，降幅逐年收窄，到2009年底基本恢复“十一五”前两年发展水平。

1.销售规模逐年增加，行业增速趋缓

回顾近几年通信设备制造业市场销售情况，2005年通信设备制造业由于受到奥运会临近、3G发展时机趋于成熟等有利因素的推动，以及2005年手机核准制实施、新增手机生产企业较多等因素的影响，投资增长一直较快，完成投资137.7亿元人民币，同比增长47.3%，高于全行业投资增速25.6%。高速投资热情有效拉动了市场增长，2005年全行业销售收入较上年增长了26.9%。

2006年通信设备制造业投资增速仍继续在高位增长，但增速低于2005年，新开工项目数比2005年减少了27个；全年完成投资202亿元，同比增长46.7%，增速低于2005年0.5个百分点。在高速投资带动下，2006年全行业收入较上年增长了16%。

2007年通信设备制造业投资与电子信息产业投资增速同步下滑，通信设备制造业投资增长32.2%，增速比上年回落14.5%。2007年通信设备的新开工项目仅占整个电子信息产业的6.3%，新开工项目较去年同期减少了

22个。2007年销售收入较上年增长了9.8%。

2008年以来，尽管受国际金融危机冲击，但此时中国3G建设如火如荼，通信设备制造业投资增速持续上扬，2008年实现固定资产投资368亿元，增长33.3%，增速比上年增加了5.4%；行业实现销售收入8460亿元，增长8.3%，占电子信息产业收入的13.4%。

2009年实现固定资产投资508.6亿元，增长35%，增速与上年同期基本持平，行业实现销售收入8640亿元，同比增长2.1%。手机产量达5.6亿部，占全球产量的50%；程控交换机产量达4583万台，占全球产量的80%。

2.市场结构基本稳定，移动通信终端制造业占据半壁江山

从2005-2009年通信设备制造业产品市场结构及变化看，按销售额（包括出口）计算，2009年移动通信及终端设备制造业占据49.8%份额，同比减少9.8%；交换设备制造业在行业中的份额为31.4%，同比增加7.7%。

2009年传输设备制造业销售额为611.4亿元，交换设备制造业为2716.1亿元，终端设备制造业538.2亿元，移动通信及终端设备制造业销售额为4306亿元，其他通信设备制造业销售额为468.4亿元。从增速看，2005年以来，我国传输设备制造业、交换设备制造业、终端设备制造业和其他通信设备制造业销售额年均增长均高于全行业年均增长，销售额年均增长分别为39.5%、27.4%、24.6%、18.7%，分别高于全行业22.7%、10.6%、7.8%、1.9%；移动通信及终端设备制造业销售额年均增长15.3%，低于全行业1.5%。

3.出口以进料加工贸易为主，出口增速逐年下降

我国通信设备出口主要以进料加工贸易方式为主，出口额占行业的75%，一般贸易方式占17%，来料加工装备贸易方式占5%，保税区仓储转口货物等方式占3%。从出口增速看，自2005年以来我国通信设备制造业出口呈逐年放缓态势，出口额增速从2005年的45.85%下降到2009年的8.2%。

4.盈利能力显著提高

“十一五”期间，受3G产业带动，通信设备制造业利润逆势增长，成为电子信息产业异军突起的行业。2009年通信设备制造业实现利润453.9亿元，增长49%，利润率为5.3%，同比提高1.7%。主要源于2009年销售成本下降促进了利润的高速增长，行业利润率大幅提高，扭转了该行业连续4年利润率持续下滑的不利局面。据国家统计局数据显示，2009年（1-11月）通信设备制造业利润率为5.8%，为4年来的最高点。其中，交换设备制造业和移动通信及终端设备制造业利润率较高，分别为5.8%、9.4%，分别高于全行业0.5%、4.1%。

表2 2005-2009年通信设备制造业细分行业利润率

（单位：%）

时 间	2005年	2006年	2007年	2008年	2009年
通信设备制造业	4.8	4.8	3.8	3.6	5.3
其中：传输设备制造	1.8	6.4	5.0	6.2	5.8
交换设备制造	6.6	5.2	4.8	4.2	9.4
通信终端设备制造	1.7	3.5	4.9	3.8	3.2
移动通信及终端设备制造	4.9	4.6	2.9	2.9	3.2
其他通信设备制造	5.4	6.4	6.9	5.2	5.0

5.手机与移动通信基站设备产量快速增长，电话单机与程控交换机产量逐年递减

得益于3G网络建设的加快，2009年我国手机和移动通信基站设备产量再创新高。移动通信市场的快速增长的同时，我国固话业务正快速萎缩，导致电话单机和程控交换机产量逐年下降。

表3 2005-2009年主要产品产量及增长

产品	单位	2005年	2006年	2007年	2008年	2009年
手机	亿部	3.03	4.8	5.48	5.69	6.19
电话单机	万台	18861.5	18647.8	16516.5	16687.6	15000
程控交换机	万线	7720.9	7404.6	5387.1	4583.9	4263
移动通信基站设备	万信道	724.5	1145	1604.6	1492.0	2800

6.中国通信设备企业市场全球化扩张

“十一五”期间，我国电子信息产业中的高科技产业迅速成长，技术含量较高的通信产品产量增长迅速，以华为、中兴通讯等为代表的中国通信设备企业成功进入了各种通信产品的高端市场，在欧洲、拉美、独联体、亚太、北美等市场取得了一系列重大进展，全球市场份额不断上升。无论是技术含量、市场范围，还是订单的数额，均获得了突破性的进展。全球电信市场越来越认可中国电信设备制造商的技术实力和服务能力。尤其是华为和中兴两家企业，已经在NGN、3G等通信最尖端的市场取得突破。在传统通信设备的成本优势进一步得到巩固的基础上，华为和中兴整体解决方案的优势和根据运营商需求灵活反应的优势逐渐凸现出来，形成了

包括成本、技术、服务在内的全面优势。因此在很多领域，华为和中兴已经具备了不亚于其他国际电信设备制造业巨头的实力。前几年中国通信设备在海外的拓展主要优势是价格，但是现在已经提升为整体优势。

7.电信重组呈新市场格局，三足鼎立差异化竞争激烈

中国电信行业于2008年5月23日宣布重组，正式进入"三国鼎立"时期。经过重组，中国电信运营市场由之前的中国移动、中国电信、中国联通、中国网通、中国铁通、中国卫通合并为中国移动、中国电信、和中国联通三家运营商。重组后的电信运营商，面临着网络规划建设、新业务开发创新、品牌建设、全业务运营等一系列问题，也给通信设备商、系统方案解决提供商、内容提供商等产业链上的不同环节带来了新的商机。

2009年1月7日，中国3G牌照终于在业界逾十年的等待下出台：工业与信息化部为中国电信、中国移动、中国联通各发放一张3G牌照，分别经营CDMA2000、TD-SCDMA、WCDMA三张网络。与其他国家对频谱资源进行拍卖的做法不同，中国的三家运营商得到政府平均分配的频谱资源；且如果运营商的业务发展迅速，还可申请到更多的3G频谱资源。因此，3G牌照的发放标志着世界上最大的移动通信市场正式进入3G与2G并存的时代；而运营商的差异化竞争，将在3G业务上进行激烈的角逐。

（二）科技进步与新产品开发

"十一五"期间，我国通信设备制造业相继在第三代移动通信、下一代网络和光通信等技术领域取得重大突破，取得了一批重大科研成果，为我国通信设备制造业的可持续发展奠定了坚实的基础。

1.第三代移动通信

为了推动第三代移动通信TD-CDMA技术标准的技术研究开发和产业化，在"十五"期间，信息产业部联合国家发改委和国家科技部组织实施了"TD-SCDMA研究开发和产业化项目"，截至2005年，在国家的支持下，在国内外各企业的努力下，TD-SCDMA研发和产业化取得了突破性的进展，初步形成了TD-SCDMA核心网、基站、终端以及各种芯片的配套产品体系，构造出一条基本完整的产业链，推动了TD-SCDMA产品的成熟和产业化。

进入"十一五"以后，TD-SCDMA产品的产业化和商用化工作继续得到积极推进。2006年，TD-SCDMA的系统、芯片、终端、网管、仪表、关键元器件等各产业环节均已形成多厂商供货环境，具备了年产百万信道、终端上千万台的产业规模。

2007年，TD-SCDMA产业化工作又取得长足进展，商用化系统设备已逐渐成熟，终端和芯片已达可商用化水平，终端产品可以稳定提供话音、可视电话、网页浏览、视频点播、手机电视等3G典型业务；双模终端待机时间已达80－100小时，在稳定性和省电能力方面都已经接近商用终端水平。天线企业在原产品的基础上进一步拓展了产品系列，已可提供系列化智能天线产品。TD-SCDMA规模网络试验扩大到天津、广州等十个城市。

2008年，TD-SCDMA的商用化推进工作取得了重大进展，在国家政策的支持下，中国移动组织并实施了试商用服务，成功服务于奥运会，吸引产业链设备、终端等各方的积极参与，组建了终端服务联盟。在网络建设方面，中国移动启动了北京、厦门等十城市网络覆盖建设，并全面启动了TD二期工程建设。在用户发展方面，中国移动TD社会化测试和试商用用户约34万。

2009年1月，为应对金融危机，刺激投资，提振内需，促进经济增长，按照国务院的部署和要求，工业和信息化部向中国三大移动通信运营商发放了3G牌照，包括TD-SCDMA在内的我国第三代移动通信正式开局。经过多年来的努力，3G设备研发、网络建设、业务开发、市场推广有序展开，呈现起步扎实、开局良好、快速推进、规范有序的发展态势，中国TD产业化、商业化进程明显加快。三家基础电信企业共完成3G网络建设直接投资1634亿元，共完成3G基站建设32.5万个，建设规模超过十多年来累计规模的一半。到2009年底，中国3G终端市场销售量达到1500万部，中国3G用户总数超过1500万户，占移动电话用户总数的1.9%。整体而言，中国3G和TD发展态势良好，给3G设备和终端市场带来巨大机遇。

2.下一代网络技术

（1）下一代互联网（CNGI）示范工程取得成果

2007年2月，中国电信承建的中国下一代互联网（CNGI）示范工程核心网和上海互联交换中心项目通过国家验收。各种测试结果表明，中国电信承建的CNGI网络能够提供稳定、丰富的网络服务，在技术也达到了国内外同期、同等规模、同类设备组网的先进水平。中国电信CNGI核心网和上海互联交换中心主要采用国产设备，共包括7个核心节点，节点最大中继带宽达10G。

中国电信CNGI示范工程核心网络项目提供了更加完

善的下一代互联网技术创新的网络平台，同期，中国网通/中国科学院CNGI核心网项目也通过了验收，此外，中国移动、中国联通承建的CNGI项目均通过了验收。自此，启动4年的“中国下一代互联网示范工程CNGI”取得了阶段性成果。

在中国已经启动的下一代互联网研究，以及专门设立的CNGI项目中，中国电信、中国移动、中国联通均承担了相应项目。目前，这些项目进展顺利，有关示范工程取得了良好的效应。CNGI从国家长远利益出发考虑问题，以发展的眼光推进信息产业的发展，运营商已经取得阶段性成果。

（2）国家科技重大专项——新一代宽带无线移动网进入实施阶段

2008年初，国务院常务会议首次审议并通过了包括新一代宽带无线移动通信网在内的国家重大专项实施方案。此次，新一代宽带无线移动通信成为11项加快实施的科技重大专项之一。为了推动新一代宽带无线移动通信网重大专项的实施，工信部专门组建了“宽带移动通信”专项实施管理办公室，并成立了“宽带移动通信”专项总体组。从2008年底开始，工信部已经开展了“新一代宽带无线移动通信网”国家科技重大专项课题申报，具体细分为7个项目，在具体的操作方式上由企业牵头承担，联合高校、研究单位参与，或者由产学研用联合申请实施。新一代宽带无线移动通信代表了信息技术的主要发展方向，实施这一专项将大大提升我国无线移动通信的综合竞争实力和创新能力，推动我国移动通信技术和产业向世界先进水平跨越。

3.光通信

2006年初，国家“十五”科技攻关计划项目——武汉烽火集团承担的“40Gb/s SDH（STM-256）光纤通信设备与系统”通过了由国家科技部主持、信息产业部组织的专家委员会验收。这表明中国已完全掌握了40Gb/s SDH光传输系统制造体系和核心技术，其技术指标达到国际同类水平。

烽火集团是目前全球唯一集光电器件、光纤光缆、光通信系统和网络于一体的通信高技术企业。2008年9月，烽火集团发布了“40G高端光网络全面解决方案”，该方案采用40G DWDM+40GASON（自动交换光网络）的思路，解决了大型城市城域核心网的大容量数据承载和智能调度，以及长途干线面临的宽带扩容问题，将为FTTx等高速宽带业务的大规模开展敷设一条畅通无阻的智能高速公路，代表了目前40G技术和产品应用的最高水平和光通信技术及网络建设的发展方向。

4.知识产权

据国家专利局统计，2000年以来，中国国内在信息技术领域专利申请逐年增多，到2007年，中国国内在信息产业各技术领域的多数领域专利申请总量超过国外。通信产业领域专利申请总量已达64130件，已超过国外57019件专利申请总量。但就专利的技术含量来讲，国外专利申请中发明比例高达99.32%，而国内专利申请中发明比例仅为60.17%（该比例在中国信息技术领域各行业中位居首位）。表1是通信产业历年专利年度申请量。

表4 中国通信产业发明专利年度申请量

（单位：件）

时间	2000年	2001年	2002年	2003年	2004年	2005年	2006年
国内	912	1947	3390	5120	7059	11176	6501
国外	4343	4994	5665	6768	8243	6691	3970

与此同时，各主要通信企业也积极开展知识产权工作。华为持之以恒对专利进行投入，力求掌握未来技术的制高点，到2007年底，华为共累积申请专利26,880件，获得专利授权4,256件。武汉邮电科学院的标准工作取得新进展，牵头完成国家/行业通信标准7项。；专利申请质量得到较大幅度提升，发明专利申请所占比例超过75%。2007年，上海贝尔阿尔卡特的研发和创新能力进一步增强，获发明披露523项，发明专利195项。

至2009年底，全国信息技术领域专利申请总量达100万件左右，比上年增长20%以上；其中发明专利占比超过六成，通信领域是国内创新较好的领域；华为、中兴仍然位列内地企业专利申请总量排行榜的前两位，申请总量均超过1万件。新品开发保持平稳增长，新产品产值增长2.3%，占销售产值的比重达到22%，比上年提高了0.3个百分点。

国家知识产权局发布的2009年发明专利申请量前十强企业中，中兴、华为、大唐等百强企业分列第1、2、6位。在2009年的全球PTC(专利合作条约)申请量排名中，华为以1847件位居第二，中兴申请量增量排名全球第一。企业科研成果丰硕，在2009年度国家科学技术进步奖评选中，华为、中兴、大唐、武汉邮科院等百强企业的多个科研项目荣获二等奖。

5.标准制定

（1）信息产业部发布WCDMA和cdma2000通信行业标准

中国第三代移动通信整体工作按照“积极跟踪、先行试验、培育市场、支持发展”的方针，在努力做好TD-SCDMA系列通信行业标准的研究制定工作的同时，积极做好WCDMA、cdma2000通信行业标准的研究制定工作。2007年5月，WCDMA、cdma2000通信行业标准业已完成，原信息产业部决定发布这两项系列标准。

从2001年6月起，信息产业部组织国内运营企业、设备制造企业、科研支撑单位和大学的专家成立了“第三代移动通信技术试验专家组”，正式启动了3G技术试验。对TD-SCDMA、WCDMA、cdma2000三种技术的系统设备、接口、网络性能、终端、互操作、业务、无线干扰、网管和计费等进行了全面测试，有六家运营商和几十家设备厂商参加，累计完成几千个测试项，参与试验的工程技术人员近万人，测试人员近千人。

在开展技术试验的同时，中国通信标准化协会（CCSA）按照以企业为主体，以市场为导向，公平、公正、公开和协商一致的标准制定原则，引导国内外通信制造企业、通信运营企业、科研机构、高等院校，在充分借鉴国际标准化组织的最新研究成果的基础上，经过由国内外企业广泛参与和充分讨论，共同开展并完成了TD-SCDMA、WCDMA、cdma2000通信行业标准的研究制定工作。

（2）手机充电器强制执行统一标准

目前我国每年更换的手机超过1亿部，由于手机的充电器无法互换使用，造成大量充电器闲置和浪费。为改变这种状况，信息产业部于2006年12月14日颁布实施了《移动通信手持机充电器及接口技术要求和测试方法》，使其成为一项推荐性通信行业标准。按照该要求，将结束一款手机一种充电器的局面，而改为有一根USB数据线和一个带有USB母座的充电器。但由于最初该标准属于行业推荐性标准，并不具备强制执行的效力，很多手机厂商并不积极执行。为此，信息产业部决定从2007年6月14日起强制执行。所有的新品手机要拿到入网证，必须要过充电器标准这一关。截止到2007年5月31日，已有14家企业生产的15种型号的统一接口手机充电器获得中国合格评定国家认可委员会（CNAS）产品认证认可标志的产品认证证书。

（3）移动通信网电路域可视电话相关标准颁布

为适应3G业务发展的需要，信息产业部组织业内专家完成了《2GHz TD-SCDMA/WCDMA数字蜂窝移动通信网电路域可视电话业务技术要求》和《2GHz TD-SCDMA/WCDMA数字蜂窝移动通信网电路域可视电话业务终端测试方法》的标准研究项目。2007年7月，信息产业部将该项目颁布为通信行业标准。该标准的颁布为移动可视电话业务设备研制、生产、测试和采购、运营提供了重要技术依据。

移动可视电话提供实时语音和视频双向通信。移动用户可以通过可视电话通话。运营商还可以在可视电话之上开发其他的增值服务，如可视会议、多人交互游戏、保险理赔、远距离医护、可视安全系统，也可以拨叫特定服务器号码享受VOD和LIVE TV服务。该系列标准主要是利用WCDMA/TD-SCDMA网络在移动设备上实现可视电话的无线互通，从而让移动用户之间能够随时随地进行实时音、视频等的交互，现阶段只限于移动终端之间的互通，将来还会扩展到移动终端与PSTN、ISDN等各种网络设备的互通。

（4）中国方案入选4G候选提案

2009年10月，ITU面向全球4G（MT-Aevanced）提案征集工作结束，中国提交了基于3GPP技术的具有自主知识产权的TD-LTE-Advanced（LTE-Advanced TDD 制式）技术方案，已获得欧洲标准化组织3GPP和亚太地区通信企业的广泛认可和支持。TD-LTE-Advanced技术提案是全球几乎所有运营商、制造企业共同商量的结果，中国在其制定过程中做出了不可磨灭的贡献，是中国继TD-SCDMA之后，提出的具有自主知识产权的新一代移动通信技术，它吸纳了TD-SCDMA的主要技术元素，体现了中国通信产业界在宽带无线移动通信领域的最新自主创新成果。

（5）各通信企业积极参与标准制定工作

华为迄今为止已加入了ITU、3GPP、IEEE、IETF、ETSI、OMA、TMF、FSAN和DSLF等七十个国际标准组织，另外，华为还担任了ITU-T SG11组副主席、3GPP SA5主席、RAN2/CT1副主席、3GPP2 TSG-C WG2/WG3副主席、TSG-A WG2副主席、ITU-R WP8F技术组主席、OMA GS/DM/MCÇ/POC副主席、IEEE CaG Board成员等职位。武汉邮电科学院的标准工作取得新进展，牵头完成国家/行业通信标准7项。上海贝尔阿尔卡特2007年投入研发资金13亿元，占净销售收入10%，加快国内研发战略布局与整合，执行183个核心产品和技术开发项目，主导全球4G/IPTV/WIMAX/GPON等前瞻性研创工作；推进研发过程改进活动向能力成熟度集成模型CMMI同级迁移；主导或参与国内、国际标准制定近100项。

四、视听产业

“十一五”时期是我国视听行业进行以数字化、平板显示、节能环保、产品与内容融合为主的产业结构调整和技术升级的关键阶段。“十一五”期间，视听产业虽然经历了全球金融危机，但随着《电子信息产业调整和振兴规划》的实施以及家电下乡、家电以旧换新等一揽子刺激内需政策的拉动，仍然取得了平稳较快发展，平板显示和彩电转型取得了重大进展，数字电视相关产业发展较快，初步建立了以企业为主体的技术创新体系，行业国际化特征明显，基本实现了“十一五”目标。

（一）平板显示和彩电业转型升级取得了重大进展

保持了全球最大的彩电制造基地和最大消费市场地位，转型升级速度加快。我国彩电产业规模保持持续增长，已成为全球最大的彩电生产和出口大国。2006年-2009年，我国累计生产彩电35785万台，平均增长率保持在5%左右。2009年彩电产量占全球的比重已达到48.3%，产量保持全球第一。预计2010年我国彩电产量将突破10500万台，增长率将超过6%。我国彩电出口规模持续增长，2006年-2009年累计出口彩电19823万台，出口增长率保持在8.4%左右。“十一五”期间，平板电视制造成本大幅下降，市场占比快速增长，占彩电总量的比重不断攀升，预计2010年平板电视占彩电总量的比重将超过85%，CRT电视产业链全面退出历史舞台。

战略转型和产业延伸持续推进，平板电视产业链建设取得突破。在《电子信息产业调整和振兴规划》指导下，以突破新型显示产业发展的瓶颈为目标，以高世代TFT-LCD面板生产线建设为重点，通过多种联合方式打造平板显示产业链。截至目前，已建、在建4条4.5代线、4条5代线、2条6代线、3条7.5代线以上液晶面板生产线项目，围绕玻璃基板、高世代液晶面板线、模组与整机一体化以及相关产业配套的总投资规划超过了2000亿元，初步形成北京辐射圈、长三角地区、珠三角地区、海西经济区、以成都为主的西部开发区等各具特色、分工合作的产业园区聚集格局。长虹虹欧等离子面板项目实现全面量产，产品综合良品率超过90%，发光效率2.5lm，达到国际先进水平。北京京东方、深圳华星光电的8.5代液晶面板项目都正在建设之中，将在2011年底实现量产。这些大尺寸面板生产线的建设，将有效缓解我国彩电用液晶面板依赖进口的被动局面。海信、TCL、康佳、长虹等企业的液晶电视模组生产线和模组整机一体化生产线已实现量产。此外，国内液晶玻璃基板、彩色滤光片、LED背光模组等配套设备的研发及产业化也取得实质性进展。

企业转变经济发展方式，经营管理能力明显提升，综合实力明显提高,涌现出一批国产品牌企业。我国彩电产业集中度进一步提高，形成了一批骨干企业和彩电品牌：长虹、海尔、海信、康佳、创维、TCL、厦华等。2010年电子百强企业有19家是数字电视企业，有14家企业彩电年产量超过100万台，占全行业的74%。创维、TCL、海信、康佳、海尔、长虹等彩电骨干企业占行业生产总量59.5%，占总销量58.8%，占出口总量28%。内外资品牌在“十一五”五年的竞争中，市场占有率呈现“V”型变化曲线，整体上国产品牌牢牢占据市场主导地位，竞争呈现“七三”格局（即内资70%、外资30%），海信、创维、TCL、长虹、康佳等企业的彩电零售量市场占有率都在10%以上。

产业联盟成为推动数字视听产业发展的重要力量。“十一五”期间，成立了AVS产业联盟、闪联联盟、e家佳联盟、IPTV产业联盟、便携多媒体联盟、数字接口联盟、数字电影联盟、3D产业联盟、中国高清光盘产业联盟等。产业联盟成为企业竞争的新形态和骨干企业整合资源的新方式，也是主导产业竞争规则的新主体和政府支持产业发展的新载体。

（二）数字家庭产业取得较快发展，三网融合落地数字家庭的观念开始形成

数字家庭是按照现代家庭生活需求组成的集视听娱乐、信息服务和家居控制等功能于一体的家庭智能终端，已成为新的消费热点，并迅速发展成为一个规模巨大、产业关联性强的行业。“十一五”期间，我部把数字家庭产业作为未来信息产业发展的重要领域，不断加快数字家庭产业布局的步伐，推动家庭智能终端的研发与应用，并与广东省共建数字家庭产业基地。目前，三网融合落地数字家庭的观念开始形成，数字家庭产业已经初具规模，形成了以数字电视显示终端为中心、面向4C融合、三网融合的数字家庭系统产业，组建了以PC为中心的“闪联”、以家电网络化为主要特征的“e家佳”联盟和以数字电视为中心的“广联”三大数字家庭

组织，构建了涵盖数字家庭网络运营、数字家庭显示终端、数字化家用电子产品制造、面向三网融合的数字家庭内容服务在内的产业链，产品涵盖消费电子、半导体、通信、IT、安防、建筑、网络运营、内容服务、软件等众多行业。因此，应把数字家庭产业作为战略性新兴产业予以重视，并列入“数字电视产业十二五发展规划”发展重点。

（三）自主创新能力明显提高，初步建立了以企业为主体的技术创新体系

国内企业已掌握工业设计技术、全高清、LED背光、倍频技术、节能环保技术、网络多媒体技术、自然光技术、下一代光储存CBHD（中国高清碟机格式）等新技术和新应用，推出了LED背光源电视、互联网电视、数字电视一体机、移动电视、3D电视、智能电视等新产品。

视听行业领域自主标准体系初步建成，提高了我国在标准化领域的话语权。出台的代表性标准包括数字电视地面广播传输系统帧结构、信道编码和调制DTMB标准、数字音视频编解码技术AVS标准、机卡分离DTV-CI及UTI标准、数字接口统一内容保护系统UCPS标准、闪联IGRS标准、e家佳联盟的家庭网络标准，颁布实施的数字电视接收端配套标准如术语、性能、接口、环境及可靠性、内容保护、专用测试仪器等行业标准39项，国家标准18项。推进颁布家庭多媒体网关、闪联应用等IEC国际标准多项。其中，2006年DTMB标准发布后，产业链得到不断的完善和壮大，2010年成功落地老挝，成为我国数字电视技术标准海外推广的里程碑事件。

视听领域部分专利池建设取得初步成效，其中“闪联”标准集合发明专利达到240件，“广联”中包含了国内专利申请1700多件。通过提升企业知识产权工作能力，鼓励企业自主创新、保护知识产权。数字电视地面传输国标知识产权联盟和深圳中彩联科技有限公司积极研究和探索组建专利池。中彩联完成了彩电专利池的建设并开始运营实践，其专利池中包含彩电专利2000余件，并通过共同组建专利池的方式与国外企业建立合作，朝着促进产业共赢协同发展的新格局迈出了关键步伐。

五、集成电路产业

“十一五”以来，我国集成电路产业继续呈现良好发展势头，迈上一个新的台阶。特别是2008年下半年以来，集成电路全行业积极落实中央应对国际金融危机、促进经济增长的一揽子政策措施，在宏观经济向好的带动下，产业所聚集的技术创新活力、拓展市场的能力和企业整合的内在动力得到释放，为“十二五”产业的快速发展奠定了坚实基础。

（一）产业规模持续增长，国际地位不断提高

产业规模持续增长。2005-2009年，我国集成电路产量从261.1亿块提高到414.4亿块，年均增速为12.2%。销售额从702.1亿元提高到1109.1亿元，年均增速为12.1%。其中，设计业收入从124.3亿元增长到269.9亿元，年均增长21.4%，是增长最快的细分行业；芯片制造业收入从232.9亿元增长到341.1亿元，年均增长10.0%；封测业收入从344.9亿元增长到498.2亿元，年均增长9.6%。随着国家拉动内需政策的深入实施，以及国际市场的逐步回暖，自2009年下半年我国集成电路产业呈现触底回升势头。预计2010年我国集成电路销售收入将达1330.0亿元，同比增长率20%。

表5　2005-2009年我国集成电路产业销售收入及产量

年份	2005年	2006年	2007年	2008年	2009年	2010(e)
销售收入(亿元)	702.1	1006.3	1251.3	1246.8	1109.1	1330.9
增长率	28.8%	43.3%	24.3%	-0.4%	-11.0%	20.0%
产量(亿块)	261.1	335.8	411.7	417.1	414.4	538.7
增长率	23.5%	28.6%	22.6%	2.4%	0.6%	30.0%

产业国际地位不断提高。伴随着产业规模的扩大，我国集成电路销售收入占全球集成电路市场份额从2005年的4.5%提高到2009年的8.5%。集成电路出口量和出口额分别从216.1亿块和137.5亿美元提高566.1亿块和233.0亿美元，年均增速分别为27.2%和14.0%。

（二）自主创新能力显著增强，产品种类不断丰富

芯片设计能力大幅增强。以“核心电子器件、高端通用芯片及基础软件产品”国家科技重大专项为代表技术创新项目的实施，有力带动了我国集成电路产业创新能力的提升。集成电路产品设计能力已达90纳米，最高达到65纳米，产品集成度规模已超过5000万门级。产品种类从消费电子等中低端市场不断向中高端产品方向延伸，2G/3G移动通信芯片、数字电视芯片、应用处理器、计算机与网络芯片、信息安全芯片等产品不断涌现，并占有一定市场份额。

工艺技术水平大幅提高。芯片加工主流工艺水平

已经达到8英寸0.13-0.11微米，先进工艺达到12英寸65nm，并具备向45nm扩展的基础。高压模拟、数模混合和功率器件等特色工艺的开发在生产中发挥显著作用。封装工艺取得了新的进展，先进的封装型式，如球形触点阵列封装、多芯片封装、平面凸点封装、圆片级芯片尺寸封装等已经量产。

关键设备开始走向产业化。国家科技重大专项“极大规模集成电路制造装备及成套工艺”已全面启动，取得阶段性成果。北京北方微电子的“100nm高密度等离子体刻蚀机”、上海中微的“65纳米去耦合反应离子刻蚀设备”和北京中科信的“大角度离子注入机” 成功进入大生产线。

（三）产业结构进一步优化，区域集聚效应日益凸现

产业结构进一步优化。设计业、芯片制造业、封装测试业三业比重从2005年的17.7%:33.2%:49.1%，发展到2009年的24.3%:30.7%:45.0%，我国集成电路产业形成了设计、芯片制造和封装测试三业并举、协调的格局。半导体设备和材料的研发水平和生产能力不断增强，有利支撑力集成电路产业的发展。

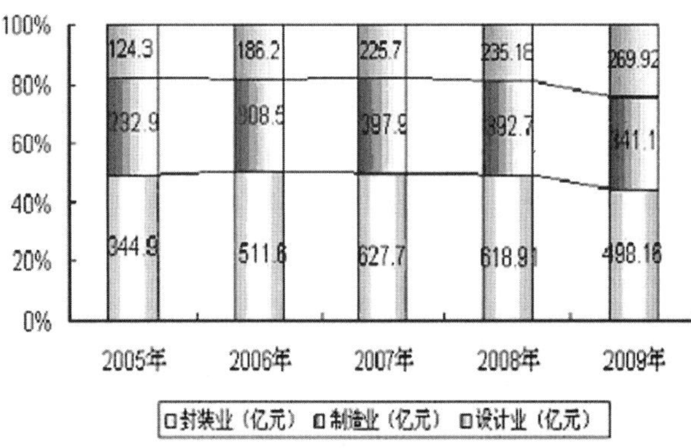

图7 我国集成电路设计业、制造业、封测业增长状况

产业资源整合步伐加快。国内设计企业与芯片制造企业、芯片制造企业间的合作不断加深。大唐电信科技股份有限公司入股中芯国际集成电路制造有限公司，比亚迪股份有限公司收购宁波中纬积体电路有限公司，上海华虹NEC有限公司与上海宏力半导体有限公司共同投资的上海华力微电子有限公司正在进行12英寸生产线的建设。

国内领先厂商积极探索国际并购。展讯海外并购Quorum公司，成为完整手机解决方案提供商。长电科技收购倒装芯片封装技术领先企业新加坡APS公司，加速向中高端封装领域迈进。山东浪潮集团收购奇梦达科技（西安）有限公司，为我国增强存储器产品开发能力奠定了基础。中星微电子有限公司收购了ASB(阿尔卡特朗讯上海贝尔)ViSS监控业务，使其视频监控业务扩展到提供完整解决方案和系统产品。

先进生产线建设取得较大进展。截至到2009年底，国内已量产的12英寸生产线有4条，工艺水平为90nm-65nm，合计产能规模12万片/月。大连Intel 12英寸芯片组生产线将于2010年10月底正式投产，“909”工程升级改造工程也在紧张的建设之中。国内已量产的8英寸0.13微米-0.11微米的生产线有14条，合计产能规模达36万片/月。

产业聚集效应更加明显。目前国内集成电路企业主要集中在京津环渤海、长三角和珠三角地区，2009年合计销售收入达1078亿元，占行业比重达97.2%。以西安、成都、武汉和重庆为代表的中西部地区充分发挥比较优势，加快产业园区建设，主动承接国际产业转移，成为我国集成电路产业发展的新增长点。

（四）国内市场需求旺盛，成为全球最大的集成电路市场

国内市场需求旺盛。在国内快速发展的电子信息产业带动下，我国集成电路市场规模从2005年的3800亿元，扩大到2009年的5676.0亿元，年均增速达10.6%，已约占全球市场的三分之一，成为全球最大的集成电路市场。广阔的国内市场需求不仅是我国集成电路产业快速发展的直接驱动力，也对海内外半导体企业产生巨大的吸引力。同时，国内市场对高中低档各类产品的需求一应俱全，为大中小企业创造了各自的生存和发展空间。

集成电路成为我国第一大宗进口产品。由于国内产业的供给能力不足，我国每年从国外进口大量集成电路产品，到2009年进口的集成电路产品已达1292.6亿美

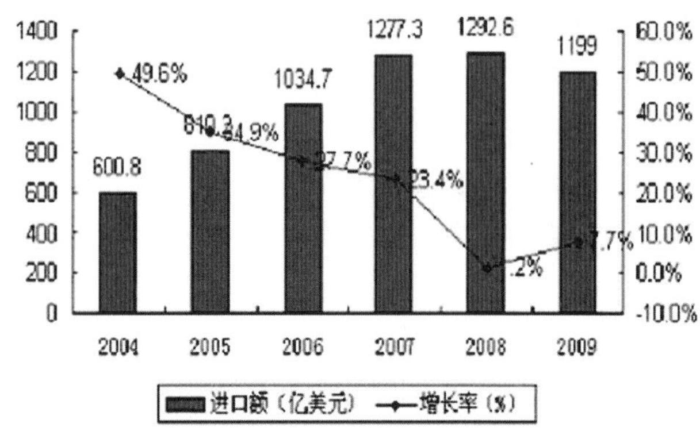

图8 2004—2009年我国进口的集成电路情况

元，2005-2009年年均增速达43.4%，IC产品已超过石油成为第一大门类进口产品。

（五）企业实力明显增强，制造代工业融入国际产业竞争

企业实力明显增强。2009年进入设计企业和制造企业前十名的销售收入的门槛比2005年大幅提高将近一倍，分别为4亿元和7亿元。销售收入过1亿元的集成电路设计企业超过40家，2009年海思半导体的销售收入达39.1亿元。华润微电子、上海华虹（集团）有限公司、南通华达微电子集团有限公司、江苏新潮科技集团有限公司等四家企业入围第24届电子百强企业。

制造代工和封装企业融入全球产业竞争。以中芯国际、华虹NEC、宏力半导体、和舰科技、上海先进等代表的芯片制造代工企业，纷纷进入国际市场，全球代工业务市场占有率超过9%。中芯国际已成为全球第四大代工厂，华虹NEC也已进入全球芯片代工企业前十名行列。江苏新潮科技集团有限公司、南通华达微电子集团有限公司等封装企业经过努力，积极开发中高档封装技术，也具备了国际接单的能力，加入到全球封装代工的行列。

六、电子基础产业

“十一五”是我国电子基础产业发展的重要时期，在信息产业“十一五”规划及《电子基础材料和关键元器件“十一五”专项规划》《电子专用设备和仪器“十一五”专项规划》的指导下，全行业共同努力使我国基础电子产业发展总体上保持了良好的增长态势，规模持续扩大，结构进一步优化，自主创新能力得到提升，产业再上一个新台阶。

（一）产业规模持续扩大，应对金融危机卓有成效

“十一五”期间，我国基础电子产业继续保持了平稳发展的态势。依据“2009年电子信息产业经济运行公报”对电子元件、电子器件、电子专用设备和电子测量仪器四大行业的统计数据2009年我国基础电子产业完成销售收入18836亿元，比2005年的10489亿元，增长了1.8倍，年均增长超过了15%。目前在我国基础电子领域很多产品生产已居世界前列：电容器、电阻器、电子变压器、磁性材料、压电石英晶体、电声器件、微特电机、光缆和印制电路板的产量已居世界首位。其中，微特电机和电声器件的产量分别占世界的60%，石英晶体元器件的产量占世界的50%，PCB产量占全球的三分之一。

“十一五”期间虽然历经了国际金融危机巨大的冲击，但随着国内政策效应不断显现和世界经济逐步回暖，电子基础产业自2009年下半年起开始呈现企稳向好的迹象，总体回升态势明朗。到2010年上半年大多数企业订单饱满，满负荷运转，产销值和利润同步增长，尤其是电子元件行业，4000多家电子元件骨干企业共实现利润总额297亿元；行业进出口贸易额达到480.88亿美元，其中出口额241.56亿美元，同比增长44.57%，进口额239.32亿美元，同比增长41.61%。进出口额都已恢复到2008年的同期水平。

（二）自主创新能力持续提高，初步建立以企业为主体的创新体系

“十一五”规划期间，基础电子产业在引进、消化、吸收和国产化工作方面取得了良好的成绩，进入自主研发新时期。同时企业建立了与科研院所间的长效、高效、紧密型产学研合作关系，发挥高校与企业的优势互补，利用高校的人才优势、技术优势，企业的市场、生产优势，探索集成产学研优势资源联合创新的新机制、新模式集中高校研发资源缩短企业技术研发的周期，培育一批自主创新型和具有国际竞争力的基础电子企业；建立产学研结合的公共科技创新平台，形成一批具有世界先进水平的省部产学研结合研究开发基地和产业化基地。

由广东风华高新科技股份有限公司、深圳顺络电子股份有限公司、深圳市宇阳科技发展有限公司等电子元件企业和清华大学、电子科技大学、香港理工大学、中科院先进技术研究院、广西大学等院校共同发起成立产学研创新联盟。该产学研创新联盟进行无源元器件与集成关键材料的开发专题、无源元器件与集成共性生产技术与关键器件设计开发专题的研究以及产业化。同时联合建设的技术创新（检测服务）公共平台，初步建立以企业为主体的创新体系。

我国电子测量仪器行业在“十一五”期间的自主创新能力持续提高。国产电子测量仪器产品总体技术水平基本上达到本世纪初世界先进水平，能够为国家重大工程提供部分配套电子测量仪器。电子测量仪器的MTBF(平均无故障时间)一般能够达到了2000小时左右，基本上达到军工与民用的质量要求。国内电子测量仪器优秀企业，在包括微波毫米波仪器、光电仪器、通信仪器和通用基础测量仪器等多个专业领域，全面实现了面向市场

需求的自主正向设计。为一系列高新工程提供了上千台（套）测试仪器和自动测试系统，为现代电子装备系统提供了综合技术保障。

电子材料和元器件领域，我国具有自主知识产权的光纤预制棒技术开发成功并实现产业化，国产化率超过30%；内资企业宇阳科技已可批量生产0402、0201的MLCC。由富通集团承担的全合成大尺寸光纤预制棒项目不仅填补了我国光通信核心技术领域的空白，也打破了国际光通信产业的垄断格局，为降低我国通信基础设施的建设成本和推动国家信息化进程作出了突出贡献,因而获得2007年度国家科学技术进步奖二等奖。

（三）关键技术取得突破，产品持续优化升级

经过“十一五”的发展，电子基础产业的产品结构不断优化，产品性能不断提高，在整机行业的规模带动下，各类配套元器件和相关材料、设备得到全面发展。

以往，电子元件主要配套消费类电子产品。目前，配套通信类产品的电子元件迅速发展，阻容元件的片式化率已经超过90%，其他片式元件如片式电感器件、片式压敏电阻器、片式压电晶体器件等也得到长足发展。在国家三网融合战略规划下，光纤宽带接入将成为固定宽带接入的终极模式，实现光进铜退，光纤光缆行业在“十一五”期间高速发展，2009年光缆产量已超过电缆产量。至2010年，电子元件的销售收入将超过“十一五”规划的计划目标。

“十一五”期间，为改变中国印制电路产业大而不强、加工生产的被动局面，印制电路行业在一定程度上突破了印制电路核心生产技术，如HDI生产技术、设备、材料等，逐步建立扎实的产业基础。已经掌握先进的HDI生产技术，主要产品产量、销售额的绝对量已经由传统多层板向高多层、甚至20层以上提升，其中传统多层PCB销售额2009年占到总量的57%，HDI积层板达到总销售额15%以上。日本、美国和我国台湾地区的挠性板企业纷纷加盟中国大陆带动挠性板技术的快速发展，FPC产量、产值迅速增加，2009挠性板销售额比例达到16%，IC载板、刚挠结合板及特殊印制板等生产继续发展。中国PCB技术水平已得到持续稳定的提升。

（四）产业政策得到有效贯彻，市场环境不断优化，涌现出一批优秀企业，民营企业发展尤为突出

由于产业政策得到有效贯彻，市场环境不断优化，“十一五”期间，电子元件行业涌现出一批优秀企业：厦门宏发电声股份有限公司从濒临倒闭边缘，能够突破初创期的重重困境，成为中国继电器行业的领头羊；有通过消化、吸收、进而走上自主创新之路，成了电感行业排头兵的深圳顺络电子有限公司；有首创国内电子元器件全新产品的深圳市宇阳科技发展有限公司；有从2007年营业收入961843万元，到2009年营业收入达到1411923万元，超过了电子元件百强的多年老大，成为电子元件百强的新科状元，是元件行业唯一进入2010年中国企业500强的企业，生产经营一年上一个新台阶的亨通集团公司；有依靠科技发展并在美、德、瑞典和韩国国家建立研发中心生产高端产品、在全球手机送受话器市场占有率达到20%以上的瑞声声学科技（深圳）有限公司等等。

“十一五”时期印制电路行业通过开展百强企业活动，引导企业努力做大做强，创建中国PCB行业的知名品牌，积极开拓海外市场，充分利用国际国内两种资源，建立具有国际竞争力的一流PCB企业。到2009年，中国印制电路百强PCB生产企业平均销售额超过7亿元，合计规模占全国总量65%，年均增长超过15%。百强企业中国有民营企业发展最突出，年均增长超过20%。

电子测量仪器行业，以中国电子科技集团公司第41研究所为代表的科技创新型企业，科研生产规模不断扩大，在微波/毫米波、光电、通信、通用/基础等门类电子测量仪器及自动测试系统的研制等方面获得了良好的发展，已形成了频谱分析仪、网络分析仪、信号源、噪声系数分析仪、功率计等五大门类50多种型号系列化产品，频段覆盖从30Hz到170GHz。以江苏绿扬电子仪器集团有限公司、北京普源精电科技有限公司和天津市德力电子仪器有限公司等为代表的品牌创新型企业，他们在电子测量仪器中低端产品的国内外招标中多次中标，取得了良好的经济效益。

（五）产业结构进一步优化

“十一五”期间，彩色显像管行业受平板电视迅速普及的影响，CRT彩电市场持续萎缩，平板电视的替代效应加速，促进了彩管企业调整产品结构的步伐。“十一五”期间，彩虹集团公司在抓好彩管主业的同时，加快了向平板显示器件转型的速度。利用原有彩管玻壳的技术建成了国内首条LCD玻璃基板生产线，产品已打入了多个面板厂家的供应链。河南安彩高科股份有限公司利用部分CRT玻壳停产的厂房、设备、动力设施及技术人员启动了太阳能光伏玻璃项目。2009年已经达标达

产，市场销售良好，已建立了稳定的客户群，为企业进入太阳能玻璃行业打下了基础。

真空电子行业将产业的发展重心逐步转移至真空开关管，取得了阶段性的进展。真空开关管中用以替代SF6开关的40.5kV以上的高压真空开关管是民用真空电子领域各国研发的焦点。2009年，陕西宝光电器股份有限公司研制出126kV真空开关管6只给整机试用。振华宇光已研制出126kV真空开关管4只给整机试用。北京京东方电器有限公司已研制出72.5kV的真空开关管27只给整机试用，成都旭光电子有限公司也研制出了72.5kV的真空开关管。打破了国外在此方面的技术垄断。

（六）节能减排、清洁生产稳步推进，循环经济初步发展

国家安排“十一五”期间GDP年均增长低于“十五”期间两个百分点，同时又把节能和减排列为约束性指标，体现了国家高度重视资源节约和环境保护这两大问题，对未来经济发展具有指导性意义。国务院将节能、减排、降耗、增效作为政府各部门工作的重点，对各产业的发展产生深远的影响。在“十一五”期间，电子基础产业通过推进产业升级换代、实现产业清洁生产，保持产业可持续发展也成为行业“十一五”的亮点。

中国印制电路行业协会积极倡议PCB行业实施绿色生产、发展循环经济，2006年在全行业发布了“实施行业绿色生产、循环经济”的倡议，并积极在行业与企业进行宣传。制订并发布行业清洁生产标准，参与制定电子污染物排放标准，全面开展中国PCB行业三废调查，一批先进节能减排与循环产业技术、设备和应用获得发展和行业推广应用，创新了PCB行业清洁生产模式。如“废印制电路板物理回收技术及设备”、“蚀刻废液循环再用技术及设备”、“低含铜废液处理技术及设备”等一批先进技术获得国家发改委、国家环保总局等的认定并在行业得到推广，“PCB企业环保治理与资源再生利用的系统运营服务商”的模式在部分大企业中进行了实施并取得理想的效果。这些都为进一步推进行业的节能减排和清洁生产提供了基础和支持。

“十一五”期间，中国基础电子产业在环保治理上已经有了很大的提升，生产制造技术趋于稳定，对产品制造中产生的三废能够进行彻底的治理，在环保理念的普及、环保技术的提升、环保标准与执行、环保责任与监管等方面也有了很大的提升。

装备工业“十一五”发展成就

第一部分 机械工业

Ⅰ.总体情况

一、行业发展情况

“十一五”期间我国工程机械行业在国家政策的支持和市场的推动下保持了快速增长的局面，行业具备了相当的规模和技术水平，能生产出接近和达到国际领先水平的产品，并出现了在国际上享有一定知名度的品牌，行业基本形成了一个完整的体系，除特种大型的工程机械外，能够生产国内工程建设所需要的18大类产品、280多个系列、1700多个品种、4000多个规格。行业规模以上生产企业约有1400家（其中主机企业710多家），职工33.85多万人；固定资产原值668亿元，净值485亿元；资产总额达到2210亿元；17个产业集团公司遍布全国各地。行业年均增长率超过27%，行业销售规模在国内机械工业九大产业中上升到第四位。2009年有7家行业企业进入中国企业500强行列，他们是：中联重工科技发展股份有限公司、徐工集团工程机械股份有限公司、三一重工科技发展股份有限公司、广西柳工股份有限公司、山推工程机械股份有限公司、中国龙工控股有限公司、厦门厦工机械股份有限公司。行业有19种大型工程机械设备被列入国家重大技术装备制造发展对象；有18家企业被列入军需采购对象。

从2006年开始，我国工程机械进出口额由逆差转为顺差，2008年出口额为进口额的2.23倍，实现了大顺

差，出口高成长性成为国际工程机械行业主要关注的对象。出口总额仅次于美国，与日本接近，到2009年末，我国的工程机械市场总量已经达到3000亿人民币以上，占世界市场的47.7%。2009年的产品产销量及销售额都已上升为世界第一，中国已成为北美和欧盟之外最重要的工程机械市场，其中装载机、挖掘机、推土机等部分产品，已经成为世界最大的市场。

二、取得的主要成就

（一）各项规划指标超额完成

总体上看，“十一五”期间工程机械行业经营运行情况呈强劲发展态势，各大类产品销售情况虽然年增长幅度不同，但都进入快速发展轨道，行业“十一五”规划实际完成情况（取用2009年数据进行对比分析）详见表1-1。

表1-1 “十一五”规划各项指标完成情况

指标项目	2005年实际完成指标	“十一五”规划预测目标	2009年达到指标	比“十一五”规划目标超额完成(%)
国内市场需求总量（亿元）	1273	2340	2890	23.00
工程机械出口额（亿美元）	30	70	77	10.00
工程机械产品销售总额（亿元）	1264	2500	3157	26.38
工程机械税后利润（亿元）	45	100	237	137.00
主要产品销售量完成情况（台）	264464	411115	493888	41.94
其中：1. 液压挖掘机（台）	34052	75000	101559	35.41
2. 装载机（台）	107336	140000	149355	6.68
3. 挖掘装载机（台）	2263	2600	2693	3.58
4. 滑移转向装载机（台）	186	3000	2860	−4.66
5. 推土机（台）	5096	8000	8599	7.4
6. 平地机（台）	1754	2000	3608	80.40
7. 轮式起重机（台）	11048	13000	28627	120.20
8. 履带起重机（台）	282	1200	1043	−13.08
9. 塔式起重机（台）	12693	20000	29300	46.50
10. 叉车（台）	68108	110000	138908	26.28
11. 压路机（台）	8113	12000	19852	65.43
12. 摊摊机（台）	904	1800	1678	−6.77
13. 旋挖钻机（台）	119	300	1007	236
14. 全断面掘进机（台）	10	15	71	373.33
15. 混凝土拖式泵（台）	3500	5000	5186	3.72
16. 混凝土搅拌楼（台）	1300	2000	4949	147.45
17. 混凝土搅拌运输车（台）	6500	13000	23539	81.07
18. 混凝土泵车（台）	1200	2200	5880	167.27
19. 电梯、扶梯、自动人行走道		120000	260000	116.67

上表中2009年实际达到的国内市场需求、产品销售额均比“十一五”规划目标超过20%以上，预计“十一五”末2010年即将超额完成30%，特别是经济效益指标更为显著。利润增长137%，投入产出比由1∶1.26提高到1∶1.44。其中电梯、旋挖钻机、混凝土泵车与搅拌楼、全断面掘进机、轮式起重机出现超常规的迅猛增长。有些产品因特殊工程作业需求，如地铁城轨建设、高速铁路建设、风电建设等需要，对盾构机、旋挖钻机、大型工程起重机、大型混凝土箱梁的预制、运输、吊装设备的市场需求超出了常规发展速度，成为工程机械“十一五”期间新的经济增长点。

（二）进出口由逆差转为顺差

从“十一五”期间开始，工程机械行业实施了国际化发展战略和扩大出口的发展思路，产品技术水平明显提高，出口增长率大大高于进口增长率，这期间是我国工程机械进出口由逆差转向顺差的大转折时期，2005年进口额为30.64亿美元，出口额为29.4亿美元，由逆差转为基本持平。到2008年，进口额上升到60.16亿美元，增长一倍；出口额由29.4亿美元上升到134.22亿美元，增长了356%。有17种机型成为出口创汇的主打产品，它们是挖掘机械、装载机、推土机、平地机、筑路机械、压路机、沥青搅拌设备、汽车起重机、全路面起重机、塔式起重机、履带起重机、电动叉车、内燃叉车、混凝土拖式泵、混凝土搅拌运输车、混凝土泵车、电梯及扶梯，出口额达到71.6亿美元，为“十一五”期间扩大出口作出重大贡献。另一个出口增长点是工程机械零部件，成为国际工程机械行业的加工贸易基地，2008年出口量达到233.4384万吨，价值量42.81亿美元。

（三）行业自主创新硕果累累

工程机械行业“十一五”规划提出的发展战略是：上质量、上水平、以自主品牌，扩大出口，把中国工程机械行业推向国际化发展轨道。指导思想是以科学发展观为发展主线，坚持自主创新，集中力量打造具有自主知识产权的名牌产品，发展市场急需的大型施工装备，实现行业发展由数量型向质量效益型的转变。经过五年的发展，自主品牌产品在国内市场和国际市场上与国际知名品牌形成了竞争格局，不仅主导了国内市场的发展，而且成为国际工程机械第三大出口国。

1.坚持自主创新，本土品牌产品竞争力不断增强

（1）以徐工集团徐州重型机械厂为代表的汽车起重机和全路面起重机制造业2009年实现销售28627台，成为世界销量第一，并进入全球市场，2008年出口量达6088台，全球出口量排名第一，而同年进口只有41台。

（2）以柳工股份为代表轮式装载机制造业，坚持自主创新，坚持与国际品牌差异化发展特色和优异的性价比指标，2009年销售量达到149355台，实现世界销量第一，2008年出口达到27303台，创汇9.7亿美元，进口只有591台，不仅主导了国内市场，而且成为国际市场的主要出口国。

（3）以安徽叉车集团和杭叉工程机械集团为代表的中国叉车制造业，通过引进消化吸收再创新，树立了自主品牌，甩掉了洋品牌的帽子，产品技术和质量不断提高，与十多个国际品牌在国内外市场上展开竞争，并且牢牢把握住了中国市场，2008年出口量达到60292台，2009年实现销售量138908台，首次超过日本，成为世界叉车第一制造大国。

（4）以中联重科和三一重工为代表的商品砼机械产品（砼搅拌楼、拖式砼泵、砼搅拌运输车、砼土泵车）2009年销售量达到39225台，实现世界销量排名第一；2008年出口国际市场5710台，出口量世界排名第一。

（5）以徐工集团、柳工股份、一拖集团、常林集团、鼎盛天工为代表的中国压路机制造业，2009年销售量达到19852台，占全球销售量的50%以上。2008年出口量达到7031台，占当年销售总量的50%。

（6）山推工程机械股份有限公司的推土机制造业，自从引进日本小松公司技术以后，通过多年的消化吸收再创新，目前已完全形成自主知识产权的中国名牌产品，年销售量仅低于美国卡特彼勒和日本小松公司，排名世界第三位，成为中国工程机械主要出口产品之一，2008年出口额达到2.29亿美元，2009年受国际金融危机影响，国际市场非常不景气和人民币升值情况下，仍有1.34亿美元出口额。

（7）国内挖掘机市场“十一五”之前基本被外资品牌垄断，2004年全国销售量33049台，其中外资国际品牌27011台，市场占有率达到81%。“十一五”期间以三一重工、柳工股份、玉柴重工、三河智能为代表的民族品牌挖掘机制造业，瞄准国际先进品牌，利用好国际先进技术资源，进行整机集成创新，坚持走国际化竞争发展道路，“十一五”期间民族品牌生产规模不断扩大，2009年全行业销售量达到101559台，其中外资品牌比例已由81%下降到60%。

其它产品如平地机、摊铺机、履带起重机、塔式起重机、旋挖钻机等产品都走上世界制造大国地位和主要出口国家。通过自主创新，坚持发展本土品牌，走国际化发展战略，五年来硕果累累。

2.通过自主创新，努力发展大型施工机械，取得突破性进展

大型施工机械技术复杂、制造工艺难度大、产品生产批量小、价值高、风险大，这是大型施工机械的发展特点。在“十五”计划以前，对发展大型工程机械大多数企业是望而怯步。但是随着国家大型基础设施、大型石化、冶金、电力、军工等建设项目的需要，大型施工装备一直依靠进口，为此，“十一五”规划中提出大力开发国家急需的大型施工机械装备和发展目标。重点骨干企业经过几年集成创新的艰苦努力和国家一系列产业政策与财政政策的支持，目前已能制造国际上常用的26

种机型，其技术水平已达到替代进口的目标。其中大型履带起重机、全路面起重机、大型推土机、大型混凝土泵车、摊铺机、大型旋挖钻机等产品已开始出口到世界各地，树立了中国工程机械产品品牌的国际形象，令世人刮目相看。特别是为高速铁路的路基与路轨建设用自主研发的成套设备，轨板CA沥青混凝土成套设备、旋挖钻机桩基施工设备，大型混凝土箱梁预制、转场运输、吊装成套设备达到80%以上国产化率，有力保障了我国高速铁路和城轨交通建设规模居世界第一，技术水平第一，质量第一，为支持世界各国高速铁路建设提供了技术储备。“十一五”期间重大创新研发成功的大型施工装备见表1-2。

表1-2 以自主研发为主生产的大型施工机械主要机种

序号	产品名称	规格	备注
1	履带式起重机	最大起重量1250吨	自主研发
2	全地面起重机	最大起重量1000吨	自主研发
3	汽车起重机	最大起重量120吨	自主研发
4	液压挖掘机	机重200吨	自主研发
5	大型电铲	最大斗容56立方米	自主研发
6	大型轮式装载机	最大额定载重12吨	自主研发
7	电动轮翻斗运输车	最大载重360吨	与比塞洛斯公司合资
8	大型推土机	最大功率525马力	关键部件进口
9	沥青路面就地再生成套设备	最大总功率500千瓦	自主研发
10	大型登高平台消防车	最大举高68米	自主研发
11	大型混凝土泵车	臂架最大高度72米	自主研发
12	盾构机	最大挖掘直径15米	国产化率60%以上
13	大型低碳技术塔式起重机	最大起重力矩5200吨·米	自主研发
14	大型运梁车及提梁机	最大载重与起重能力900吨	自主研发
15	大型架桥机	最大运载重量1600吨	自主研发
16	铁路大型综合养护成套设备（含捣固车、清筛车、动力稳定车、配渣整形车等）		引进技术后国产化
17	混凝土搅拌车	最大罐容16立方米	自主研发
18	三级配混凝土泵	最大功率350千瓦，最大输送高度492米	自主研发
19	沥青路面冷再生机	最大功率450千瓦	自主研发
20	旋挖钻机	最大钻机直径3500毫米	自主研发
21	地下连续墙双轮挖槽机	最大规格1.5米×80米	
22	振动压路机	最大自重28吨	自主研发
23	摊铺机	最大摊铺宽12米	自主研发
24	铣刨机	最大铣刨宽2米	自主研发
25	集装箱叉车	最大额定起重量45吨	自主研发
26	集装箱正面吊	最大起重机45吨	自主研发

3. 自主创新研发水平大幅度提高

“十一五”期间工程机械行业发展取得的创新成果，与创新平台的建设和人才资源的大力开发分不开的。目前行业内中型以上企业基本都掌握了CAD软件技术，部分大企业在三维动态、模拟仿真、有限元分析、整机集成技术开发设计方面得到了应用，大大缩短了新产品的开发周期，减少了研发风险。行业内已有17家企业被认定为国家级企业技术中心，并得到国家产业政策与财政政策的支持。这些国家级企业技术中心除了掌握CAD/CAM技术开发以外，又正在融入CAE技术，形成计算机开发设计制造网络化管理，大大提高了效率。个别企业研发中心又在国际前沿技术方面如虚拟样机、数字化样机、工程实验等方面迈开了脚步，开始走进国际先进技术的阵地。在硬件方面，国家级企业技术中心普遍建设了工程试验中心，企业从销售收入提取的研发经费用于技术中心的业务开展，有的企业提取的新技术研发费用已占到销售总额的5%以上。这些条件和措施为“十一五”贯彻科学发展观，调结构、转为增长方式提供了发展基础。

在“十一五”期间，企业对创新研发体系和体制改革力度较大，首先非常重视人才的作用，一方面与高等院校和研究院所加强合作机制，培养高端研发人才，为他们提供创新发展的平台和优异的环境，使他们安心创业，另外从境外引进高素质人才和管理人才，带动整个团队的研发水平。部分企业还在境外发达地区设立产品研发中心，利用当地熟悉文化和市场环境的技术人才组成境外的研发中心，把国际一流人才吸引过来，把开拓市场和新产品研发紧密结合起来，取得了丰硕的成果。现在我们的工厂与研发机构已在美国、西欧、日本等地注册登陆，为下一步创新研发水平的提升奠定了基础。

(四) 国际化发展战略，提升了中国工程机械在国际上的地位

“十一五”规划把扩大出口和向国际化转轨的发展战略，作为行业和大中型企业发展的主要思路，使中国工程机械产品技术水平有了明显提高。在整机集成研发技术方面向国际先进水平看齐，优选国际名牌配套件，不但提高了整机可靠性，也提高了产品技术水平，进一步突出了中国工程机械产品的性价比指标。在此基础上，组织企业积极参加工程机械行业全球性三大博览会，展开国际技术交流和市场开发，不断改善了中国工程机械产品和企业形象。如今中国工程机械产品技术水平、企业形象、出展总体规模等方面已成为本行业国际大型博览会上一道靓丽的风景线，客商络绎不绝，海外代理商网络逐步遍及全球。与此同时，已有10多家企业对外投资办厂，有些企业还在境外收购、兼并发达国家的工厂，包括美国、意大利、北爱尔兰、法国的工厂，大大提升了中国工程机械在国际上的地位。

(五) 产品质量得到提高

“十一五”期间，我国工程机械产品质量在竞争中得到提升，无论是外观造型和表面质量、技术配置、产品可靠性缩短了与国际先进水平的差距，比“十一五”初期有了明显提高。特别是产品可靠性是用户关注的第一要素，如今中、高端产品的可靠性指标平均提高了100多小时。根据国家工程机械质量监督中心2008年的检验报告，8种主要机型平均无故障指标和首次故障时间详见表3。其中平地机平均无故障时间达到711小时，内燃叉车达到418.5小时，机重10吨以下的液压挖掘机达到782小时，都比以前较大幅度提高，见表1-3。

表1-3 工程机械主要产品2008年可靠性检验报告

产品名称	平均可靠性试验时间(h)	平均无故障时间(h)	首次故障时间(h)	作业有效率(%)
内燃平衡重式叉车	1000	418.5	124	98.7
机重10吨以上液压挖掘机	800	782	532.6	99.96
机重10吨以下液压挖掘机	400	386.3	149.8	99.88
轮式装载机	1000	327.5	242.6	96.70
压路机	400	350	345.5	99.6
平地机	1000	711	667.30	99.3
摊铺机	300	300	246	99.9
旋挖钻机	250	250	0	99.9

(六) 代理商体制初步形成

从九十年代开始，生产企业规模不断扩大，产品销售地区广，销售规模也不断扩大，生产企业开始难以应对错综复杂的市场环境，于是出现了按市场区域寻找设立产品代理销售网点，但初期服务工作仍由生产厂承担为主。随着境外一些品牌和代理商进入中国市场，新的营销理念和代理商运行体制与机制逐渐被中国代理商接受，促进了工程机械行业代理商群体的兴旺和蓬勃发展，体制与机制不断完善，现在通过代理商体系销售的产品已经达到80%左右，并且有一定规模的代理商都有维修备品备件的供应和服务维修的能力，基本解除了生产企业大量的日常销售负担，而且从代理商手中获得大量的市场和产品技术与信息。在海外也由外贸出口逐渐转向境外代理商销售为主，对出口的产品进行属地化的指导和维修服务，出口市场由游击战转向阵地战，从而稳定了区域性市场的发展，提高了中国工程机械产品与企业形象，代理商销售体系的发展，又大大促进了工程机械行业发展。

(七) 工程机械行业职业技能培训机制正在启动

为了提高工程机械行业从业人员的操作、维修、调

试的综合水平，提高作业效率和设备保养水平，应加快工程机械行业技术技能、复合技能型和知识技能型人才队伍的培养，做好后市场服务，建立完善的行业特有工种职业技能培训与鉴定体系。现经原劳动与社会保障部批准，成立了机械工业职业技能鉴定工程机械分中心。在“十一五”期间，分中心先后申报了工程机械修理工和工程机械装配与调试工新职业，并已列入《中华人民共和国职业大典》，组织行业专家编写了上述二个新职业的《国家职业标准》，在全国范围内设立了36个工程机械相关工种的鉴定站（点），从2009年起在全行业开展行业特有工种的职业培训与鉴定工作，已有1000多人次取得了人力资源与社会保障部颁发的职业等级资格证书。

Ⅱ．机床工具行业

机床工具行业“十一五”实施以来，全行业在党和国家的关心与支持下，认真贯彻落实《国家中长期科学和技术发展规划纲要》确定的“高档数控机床与基础制造装备重大专项”和国务院“关于加快振兴装备制造业的若干意见”及《装备制造业调整振兴规划》，紧紧围绕“十一五”规划纲要总体目标，始终坚持科学发展，着力行业重点发展项目，扎实推进各项重点工作，尽管经历了2008年全球金融危机的冲击，全行业保持了快速发展的好势头。全行业自主创新能力有所提高、产业结构和产品结构调整获得新进展、满足重点行业用户需求的能力有突破。

一、自主创新能力提高，技术进步成果显著

机床工具行业连续多年快速增长，行业企业在技术创新方面投入了更多的精力和财力，取得了很好的效果。行业自主创新能力有所提高，科技进步成果显著，自主创新成果的产业化进程加快，新产品不断涌现，新技术新工艺应用广泛。

2006-2009期间，机床工具行业有三项新技术荣获国家科技进步二等奖，包括济南二机床集团有限公司的“LS4B型2500美吨闭式多连杆压力机”，湖大海捷制造技术有限公司与湖南大学、杭州智邦纳米技术有限公司联合研制的“高速精密磨削加工关键技术与系列高档数控磨削设备”，陕西秦川机械发展股份有限公司的“适用于大批量精密齿轮磨削的数控蜗杆砂轮磨齿机技术及产品”。另有83个项目荣获中国机械工业科学技术奖，其中一等奖6项。

不断推出具有先进水平的新产品，填补了国家空白，如世界上最大的直径8m数控立式车床，Φ320mm的数控落地铣镗床、龙门跨度10m的五轴联动数控桥式龙门车铣复合机床，龙门跨度9m的数控桥式双龙门镗铣床，加工直径5m、承重500t的重型数控卧式车床，深度1000mm的数控管板深孔钻床，一次装卡完成最大直径8000mm螺旋桨的七轴五联动数控加工机床，曲轴和轴拐加工的专用大型数控车床和切点跟踪随动数控磨床，加工直径2200mm的数控轧辊磨床，重型铣车复合加工中心，五坐标横梁移动式龙门加工中心，大规格精密磨齿机，大型数控超精密菲涅尔透镜加工设备，超重型数控精密船用板轧辊设备，数控高速干切削滚齿机，大型桶段铺缠一体机，加工直径1600mm的全数控螺旋锥齿轮磨齿机，定位精度6μm的精密卧式加工中心，主轴转速30000r/min的高速立式加工中心，2.5m×16m的动梁式数控导轨磨床，配有双滑枕和数控卡具的数控龙门道岔铣，高速铁路博格板专用磨床，数控轮对加工机床，压力吨位20000kN～63000kN的系列压力机， 30000kN 14米数控液压折弯机和20000kN数控液压制管机，64000kN汽车大型覆盖件液压机柔性冲压生产线等不断涌现的新产品，为航空航天、船舶、电力、国防、交通等重点用户提供所需的技术装备，提高了我国数控机床的竞争力。

二、产品结构明显改善，产业结构得到优化

“十一五”期间，行业企业加大了产品结构和产业结构的调整力度，尤其是经过2008年的金融危机的冲击，企业进一步提高了改善产品结构必要性和重要性的认识。而金融危机的严重影响也倒逼行业企业进行产品结构的调整。许多企业对主要产品进行调整，压缩低档、普通产品，升级换代经济型数控机床，着力发展中高档数控机床及生产线。

从目前全行业来看，机床工具产品呈现出三少三多的态势：低档、大路货产品生产少了，中高档、专用产品生产多了；普通机床生产少了，数控产品生产多了，老产品少了，新产品多了。2009年数控金属切削机床产量143904台，是2005年59639台的2.41倍，2009年金属加工机床产值数控化率达到52%，与2005年36.3%比较，提高了16个百分点。

“十一五”期间，行业产业结构调整有新进展。首

先，国内企业优化重组加速推进，跨所有制的企业重组引人注目，其次国际并购工作也在积极慎重进行。通过企业重组和国际并购，推动了内外企业的有机结合，为建立产业新格局、提高行业创新能力，实现规模化生产和提高国际竞争能力打下良好的基础。

2006年，陕西秦川机床工具集团成立，整合了秦川机床、秦川格兰德、汉江机床、汉江工具厂。合肥锻压集团则是由合肥合锻压力机机床有限公司牵头，联合安徽晶菱、安徽双龙、万马机床、奥力锻压、合锻技术中心等6家民营机床企业组建而成。

2007年，浙江民营企业天马集团并购国企齐重数控设备有限公司。

2008年，中国通用技术公司并购齐二机床集团，2010年，再次并购哈尔滨量具刃具集团公司。

国际并购也是我国机床工具行业产业结构调整的一种重要方式。我国一些机床企业在关注国内重组的同时，也密切关注国际机床行业的发展动态，适时并购海外机床工具企业。2008年，天水星火机床有限公司收购法国SOMAB公司81%股份，同时参股德国WMH公司25%的股份。2010年重庆机床集团收购英国霍洛伊德公司。至此，已有9家机床行业的骨干企业成功并购（控股）了12家国际机床工具行业的著名企业。通过海外购并，企业产品水平的提升和新产品的开发速度明显加快。

另外，一些地区形成的产业集群也有良好的效应，如江苏扬州的成形机床集聚区，苏州泰兴的电加工机床集聚区，山东济南周边的锻压机床也发展很快。

三、技术改造力度加大，效果良好

通过技术改造，增强企业自主创新能力，提高高档数控机床的制造能力和信息化水平，对加快结构调整和实现产业升级，转变经济发展方式具有重要的作用。

2006-2009期间，机床工具行业完成固定资产投资额分别为374亿9055万元、539亿1267万元、791亿1016万元、1075亿7210万元，一直保持较高的增长速度。

“十一五”期间，机床工具行业对技术改造的效果和作用，在观念上有了喜人的变化，逐步改变了过去一味强调通过技术改造扩大老旧产品的生产能力的做法，更加重视通过技术改造，加强创新能力建设，创新工艺手段，转变经济发展方式，保持企业的科学可持续发展。

像武重、沈阳机床、大连机床、北一、济二、齐重、齐二、宁江机床、杭机等多家行业企业利用技术改造和新厂搬迁的时机，围绕国家重点工程和重点项目所需重型、高档数控机床，进行有针对性的技术改造和新厂建设，改革工艺流程，增加研发手段，增强自主创新能力，提升高档数控机床制造能力和专业化水平。

四、满足用户需求能力提高

机床工具行业这些年来，通过增强自主创新能力，提升制造水平，很好地提高了满足用户需求的能力。

如武重机床集团开发的核电、风电专用加工设备，船用缸套、曲轴、螺旋桨加工设备，铁路道岔、车轮、机车车体等专用加工设备；济南二机床集团开发的汽车覆盖件冲压生产线、机械式五轴联动数控龙门移动镗铣床、数控高速落地铣镗床、双龙门机械五轴联动数控镗铣床；沈阳机床集团针对国家重点工程大飞机制造、铁路、核电、船舶、军工发展需要，产品上档次，形成产业规模；大连机床集团开发的九轴五联动车铣复合机床、柔性制造单元、自动生产线；北京一机床研发的龙门跨度大于10m的五轴联动数控桥式龙门车铣复合机床、龙门横梁9m的数控桥式双龙门镗铣床；齐齐哈尔二机床开发的 5m车铣加工中心、2500t多工位机械压力机、重型汽轮机转子轮槽专用数控铣床、大型桶段铺缠一体机；齐重数控研发的风电制造专用系列机床、大型曲轴专用旋风铣床；秦川机床开发的大规格精密磨齿机；重庆机床开发的高速干切削滚齿机、天水星火机床开发的超长型无缝钢管加工设备；天津天锻开发的船体板材成型液压机；上海机床厂开发的超重型数控轧辊磨床和新型曲轴磨床；杭州机床和威海华东数控开发的高速铁路博格板专用磨床；德州普利森开发的大型数控深孔钻镗床；济南铸锻所研制的汽车缸体缸盖自动化铸造生产线；江西杰克机床开发的新型凸轮磨床等，这些新产品的推出，满足了航空航天、电子、船舶、电力工业、轨道交通、汽车、工程机械、军工国防等行业的急需，提高了我国数控机床的国际竞争力。

五、机床工具行业快速发展，国际地位提高

“十一五”期间，尽管受到全球金融危机的冲击，机床工具行业仍然保持了较快速度的发展，尤其是数控机床更是高速发展。

2005年全行业生产金属切削机床45.07万台，其中数

控金属切削机床59639台。2009年全年生产金属切削机床580273台，与2005年相比增长28.7%，其中数控金属切削机床143904台，与2005年相比增长141.3%。

2009年中国机床工具行业完成工业总产值4014.2亿元，与2005年全行业工业总产值1259.61亿元相比，增长了218.7%；产品销售产值3922.5亿元，与2005年产品销售收入1212.46亿元相比，增长了223.5%。

随着中国机床工具行业国际竞争力的加强，我国机床工具产品出口增长速度加快。2009年机床工具产品出口47.4亿美元，与2005年出口额29.95亿美元相比，增长58.3%。

2009年，中国机床产品产值从世界第3首次跃升到世界第一。

在机床标准方面，中国机床工具行业也更深入地参与了机床相关国际标准的修订工作。2009年，IEC/TC44国际标准2009年年会在北京举办，在年会上，会议接受了中国代表团提交了两项新国际标准项目提案。这不仅是我国参与国际标准工作的突破，也是我国机床工具行业国际地位提高的佐证。

Ⅲ．农业机械制造行业

“十一五”期间，国家高度重视“三农”工作，通过“两减免、三补贴”支农惠农等政策加大了对农业的支持力度，加之中央财政不断增加农机购置补贴资金规模和补贴范围，并把提高农业机械化水平作为促进农民增收的一项重要措施。农业机械制造业受益于国家政策鼓励、资金投入、财税优惠等多个方面的扶持，同时随着科研、生产、开发体系进一步的创新和发展，产业规模不断扩大并稳步保持快速发展态势，农机工业主要总量指标已经位于世界前列。

一、2006-2009年主要经济指标完成情况

（一）各项主要经济指标、经济效益指标及主要经济指标增长率

农业机械制造行业产品体系包括种植业、畜牧业机械，农产品加工业、林业、渔业机械，农业运输机械，以及可再生能源装备等共7个门类，共包含了65大类、337个中类、1374个小类。按照国家统计局对2380个规模企业（不含柴油机和水泵行业）的统计，2009年1-12月份，我国农业机械工业销售产值已经达到2264.55亿元人民币，按当时的外汇兑换比率（1美元=6.8元人民币），相当于333.02亿美元，仅低于美国。

以拖拉机和联合收割机为代表的主要农机产品，我国生产的数量远远超过其他国家。按国家统计局统计，我国2009年1-12月份生产大中型拖拉机39.20万台，高于德国、日本等国家。国际大中型拖拉机一般年产量在150

表1-4 2006-2009年农机制造业规模以上企业经济指标完成情况 （单位：亿元）

年份	2006年	2007年	2008年	2009年
统计企业数	1735	1859	2021	2380
工业总产值	1319.84	1495	1906.48	2264.55
产品销售收入	1312.68	1485.39	1888.74	2220.02
利润总额	56.02	78.2	102.27	(1-11月)103.33

表1-5 2006-2009年农机制造业规模企业经济增长率 （单位：%）

年份	2006年	2007年	2008年	2009年
工业总产值同比增长	21.84	13.27	27.52	18.78
产品销售收入同比增长	24.05	13.16	27.15	17.54
利润总额同比增长	35.22	39.60	30.78	-

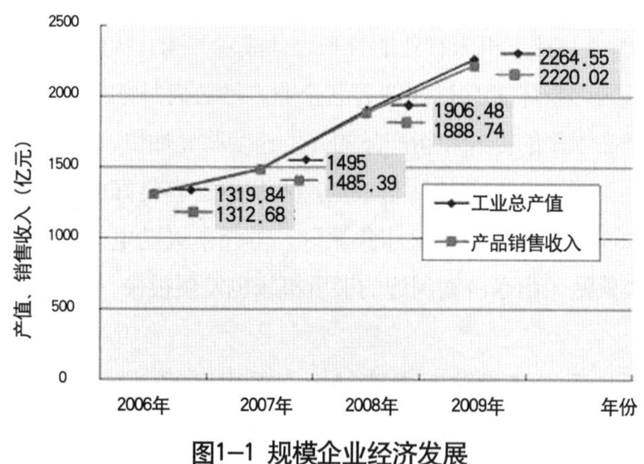

图1-1 规模企业经济发展

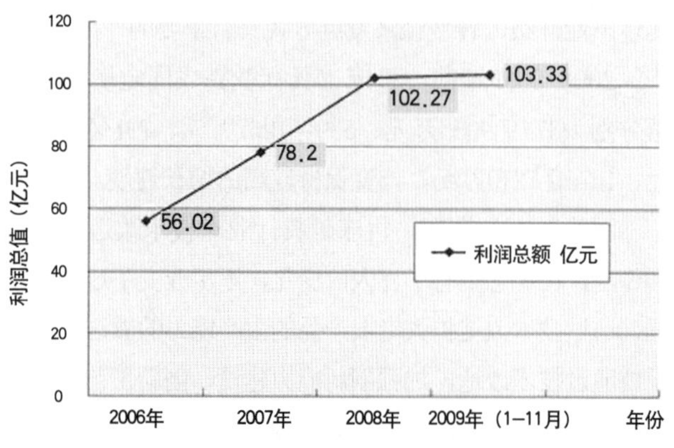

图1-2 规模企业利润总额（亿元）

万台左右。另外，我国还生产了近200万台小型拖拉机，是日本生产量的近10倍，欧美国家不生产此类产品。我国年生产自走式联合收割机11万多台，欧美国家生产的自走式联合收割机只有4.5万台左右，日本3万多台，同时我国还生产了国外不生产的背负式谷物联合收割机和背负式玉米联合收割机2万余台，联合收割机产量居世界首位。

（二）农业机械产品进出口情况

表1-6 2006-2009年农机制造业进出口情况（不含水泵和柴油机）

年份	出口			进口		
	金额（亿美元）	占销售收入比重(%)	同比增长(%)	金额(亿美元)	占销售收入比重(%)	同比增长(%)
2006年	28.93	17.2	40.44	9.78	5.8	7.59
2007年	42.26	20.4	46.08	11.03	5.3	12.78
2008年	64.88	23.5	53.53	13.45	4.88	21.94
2009年	50.52	15.47	-22.13	15.62	4.78	16.13

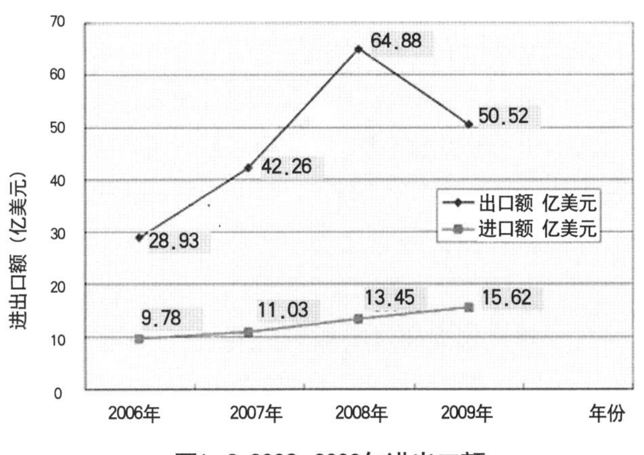

图1-3 2006-2009年进出口额

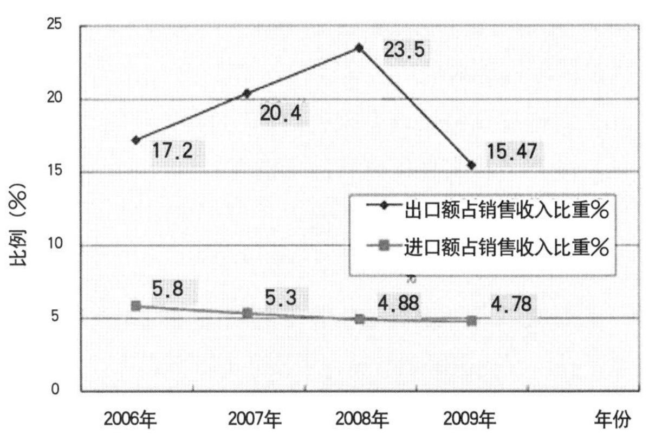

图1-4 2006-2009年进出口额占销售收入比重

二、2006-2009年行业主要产品产量增长情况，以及主导产品国内市场占有率增长情况。

表1-7 大中马力拖拉机和自走式联合收割机产量与同比增长

年　份		2006年	2007年	2008年	2009年
大中马力拖拉机	产量(万台)	19.78	20.31	21.71	39.20
	同比增长(%)	22.10	2.68	6.90	80.56
自走式联合收割机	产量(万台)	10	5	6.9	10.78
	同比增长(%)	40.85	-50	38	56.23

注：如将变型拖拉机、匹配25马力单缸柴油机等虚报数据去掉，大中马力拖拉机2009年产量应为30万台左右。

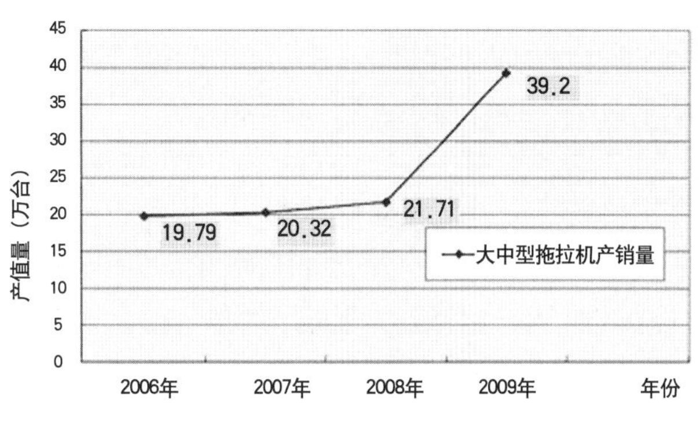

图1-5 大中型拖拉机发展概况

2006-2009年，由于农机具购置补贴等政策的实施，以拖拉机和联合收割机为代表的主要农机产品呈快速增长，特别是大中型拖拉机和自走式联合收割机，市场火爆，产销量逐年高速增长。

“十一五”期间尤为明显的是大拖行业步入快速成长期，行业集中度逐年提高，在主导垄断的竞争阶段，行业前三位企业市场占有率之和达到75%。

三、2006-2009年本行业开发出的重大装备，产业技术攻关取得的主要成果。

“十一五”期间，围绕保障国家粮食安全和农产品有效供给，增强农机装备自主创新能力、提升产业素质的目标，通过国家项目支持、振兴规划出台和配套政策实施，加之自主研发、技术攻关等系列自主创新活动，开发出一批大型、经济型农业动力及适合国情的多功能农业装备，并同时推进产业化进程，为应对金融危机，扩内需、保增长，推进农业机械化提供了有效的物质装备。

在农用动力机械方面，重点完成了节能型小型拖拉机和180马力级拖拉机技术及整机产品产业化。在耕整种植机械方面，重点完成了与59.2～88.9kW/88.9～118.4kW/118.4～148.0 kW三种功率段拖拉机配套的多功能联合整地机、玉米高速气力式原茬精密播种机、大豆窄行密植平作高速精密播种机、原茬小麦精少量播种机和宽幅高效植保机械研究开发。在田间管理机械方面，重点开发了高地隙自走式喷杆喷雾机等系列宽幅高效植保机械、拖移式水动圆形喷灌机和大型多功能中耕除草复式作业机。在收获机械方面，重点突破了纵轴流收获技术和玉米机械化收获机械，开发了纵轴流联合收割机、4行自走式玉米收割机和不分行玉米收割机。在农产品加工技术与装备领域，围绕农产品优质、安全、高效和节能降耗加工处理的要求，重点开发了高品质蛋白与油脂联产加工成套技术装备、果蔬绿色干燥与保鲜技术装备、棉花加工成套技术装备。

Ⅳ. 仪器仪表行业

“十一五”期间，以测量和控制为核心的中国仪器仪表行业，经过广大科研人员、干部与职工的艰辛努力，发展迅速,成绩突出。具有高技术含量的分散型控制系统（DCS）在重大工程项目中的应用不断取得突破，提高了我国重要基础产业的产业安全，同时也为自身创造了巨大的经济效益，为重大工程的项目建设节约了大量资金。检测仪表和高端科学仪器等自主创新产品连续开发成功，大大提升了本国企业的核心竞争力，为我国的国防建设和经济建设等相关领域提供了重要装备保障。

一、先进自控系统在重大工程上的应用不断取得突破

北京和利时系统工程有限公司在大型火电领域取得了第一个突破，其自主知识产权的DCS系统在陕西国华锦界600MW亚临界火电机组中成功应用，随后，北京国电智深控制技术有限公司的DCS在大连庄河600MW超临界机组中的应用再次取得突破。至此，被国外DCS占据了多年的600MW及以上大型火电机组的控制系统市场，被国产DCS打开了一条缺口，并得到逐渐推广，迫使国外DCS厂家大幅降价。此后，国产DCS在1000MW超超临界火电机组项目中也已经获得多个订单，首台机组所用DCS已经进入现场。目前，国产DCS在大型火电机组中的份额不断提高，提前实现了国家“十一五”规划所确定的目标。

国产DCS在大型石油和石化领域也取得重大突破，具有代表性的进展是中控科技集团公司承担的兖矿鲁南化肥厂3052（年产30 万吨合成氨、52万吨尿素）大化肥项目和武汉石化500万吨炼油项目。

3052大化肥工程项目是目前我国煤基化工行业生产工艺装置的典型代表，首次成功采用了基于国产DCS系统实现全流程生产过程监控。新型对置式多喷嘴水煤浆气化装置为国内目前惟一拥有自主知识产权、并具备产业化能力和经验的国际先进水平的连续大规模煤气化装置，该项目的实施，打破了国外控制系统对国际上连续加压煤气化装置控制系统市场的技术垄断，为我国大型煤气化技术装备的完全国产化起到了重要的推动作用。在此基础上，中控科集团公司的DCS又在全球最大的煤基化肥4580项目中成功应用。

由中控科技集团有限公司自主开发、自主设计、自主施工的“500万吨/年炼油装置”自动控制系统在中国石油化工股份有限公司武汉分公司获得成功应用并顺利通过了由中石化组织的专家鉴定验收，标志着我国大型石化装置的国产化能力取得了新的突破。目前，800万吨炼油项目已采用了国产控制系统，为进一步突破1000万吨炼油、100万吨乙烯、60万吨PTA等大型石油化工主装置，打破国外产品的垄断奠定了坚实的基础。该成果说明我国自动化控制系统已具备在大型炼油装置领域里的产品技术和工程实施能力，完全可以替代国外同类控制系统产品；对石油、化工等国民经济支柱产业的战略安全具有十分重大的战略意义。

二、检测仪表研发有重大进展

一大批具有突破性质的自主创新产品，如用于西气东输管道上的多声道超声波流量计、重大工程项目大量应用的高精度压力/差压变送器、用于油田油水气测量的多相流量计、高性能安全检查系统等，其技术水平均处于当前国际先进水平。

上海维思仪器仪表有限公司研制的多声道超声波流量计，填补了我国高压气体超声流量计的空白，具有自主知识产权。打破了国外产品在大型天然气管道上天然气计量的垄断局面。

上海威尔泰工业自动化股份有限公司组织科研力量攻克了高精度变送器制造过程中核心的特殊精密技术及工艺，最终研制出国产的高精度、稳定的传感器，并进一步研发出具有国际先进水平的0.075%～0.04%级高精度智能压力/差压变送器，在技术和产品上填补了国内空白。

兰州海默科技股份有限公司研发的油井多相流量计技术，被国际能源界列举为“决定未来油气工业成功

的五大关键技术”之一，国际上也只有少数几个国际拥有此项技术。该技术的推广应用对于在新的油气田（特别是海洋、沙漠油田和边际油田）的开发中节省大量投资、缩短建设周期、简化生产操作、保护环境和提高能源综合利用水平等具有重要意义。

清华同方威视技术股份有限公司走出了一条 “带土移植、回报苗圃”的科技成果产业化新思路。威视股份利用清华大学的人才、技术、设施、无形资产等众多优势，结合威视股份在资金、市场、管理、规模化等方面的强项，在“十一五”期间先后推出了“新型航空货物安检系统”、“车载移动式车辆检查系统”、“液体安全检查系统”、“高能X射线双能成像集装箱检查系统”、“集装箱/车辆快速检查系统”、“人体安全检查系统”等高技术产品，形成了自主创新的良性循环，其产品已经广泛应用于国内外海关、航空、航运、铁路、工业制造、医疗卫生、环境保护、食品加工等行业和领域的安全检测。

三、一批高端科学仪器研制成功

无论是航天、航空、船舶、电子领域，还是通讯、交通、家电等领域，要想知道一种零件、部件或者整机性能的稳定性以及设计、结构的合理性，必须进行力学等模拟试验。作为国防、科研、生产等领域的重要装备，长期以来西方国家一直在振动试验仪器上对我国进行技术封锁。苏州苏试试验仪器有限公司和苏州东菱振动试验仪器有限公司两家企业你追我赶，从2004年研制出10吨电动振动试验系统以后，先后研制出了16吨到40吨大推力电动振动试验系统，成为世界上16吨以上大推力电动振动试验系统仅有的5个国家之一。自主研制的16吨电动振动试验系统因参与神舟五号载人飞船可靠性试验而受到表彰，获得国防科学技术进步奖二等奖。

北京北分瑞利分析仪器集团公司在拥有色谱、光谱生产制造技术的基础上，立足于我国元素形态分析的实际需要，完成了“十一五”国家科技支撑计划《食品安全关键技术》“液相色谱—原子荧光联用技术的研发”，在已研制开发并具有国际水平的原子荧光光谱仪和通过对元素形态及总量的检测的基础上，根据我国国情（水环境）的需要，开发的液相/荧光联用仪，填补了国外产品不能适应的国内市场需要的空白。中国疾病预防控制中心营养与食品安全所，已利用液相色谱-原子荧光光谱仪发展了我国食品污染物限量标准急需的汞、砷形态分析方法，解决了限量标准与检验技术不配套的技术瓶颈。

由上海精密科学仪器有限公司承担、复旦大学和华东理工大学全盘自动化气相色谱仪采用了系统性模块化设计，研制了六种不同功能的检测器，开发了高精度多通道温度控制系统，实现了高精度的电子气体压力流量控制，形成了全盘自动化色谱工作站，具有数据采集、色谱仪自动控制功能，项目开发的实验室信息管理系统（LIMS）可实现样品管理、仪器管理及实验室信息管理等，综合技术在国内处于领先，并达到国际先进水平。

上海舜宇恒平科学仪器有限公司自主创新开发的全自动在线过程气体质谱分析仪是我国首款产业化的宽压力范围取样过程气体质谱分析仪，标志着我国在在线质谱仪的开发和生产制造方面迈出了一大步。该产品主要针对生物制药、石油化工、钢铁冶炼、真空/冷媒检漏等多个生产过程提供实时分析数据，以优化生产工艺，提高生产效率;同时，可以对环境监测中的水污染、空气污染等进行动态、快速分析。

北京东西电子公司，北京普析通用仪器有限责任公司等单位，针对我国质谱技术开发起步晚，与国外产品差距大，无法满足国内市场需求以及高端产品完全被国外企业垄断的情况下，推出的四极杆气相色谱/质谱联用仪，他们坚持走原始创新、集成创新和引进—消化吸收—再创新相结合的道路，通过建立开放式研发平台，引进国际先进技术，集成创新，成功攻克四极杆制造，射频电源等技术瓶颈，设计、加工等高难水平关键部件，保证了仪器整体先进水平；分子泵和电子倍增器等关键部件采用国际一流产品，并通过反复兼容性设计，确保了整机高性能、高指标，使产品各项指标均达到或接近国际一流水平，大大缩短了与国外产品的差距。

四、国际标准制定达到世界水平

由中控牵头，国内多家企业、科研院所参与研制的具有自主知识产权技术的EPA正式纳入现场总线国际标准。标志着我国在现场总线领域拥有了国际认可的自主核心技术，这一突破对我国高端技术的整体发展具有十分重要的现实意义。

由聚光科技代表中国提出并制定的《可调激光气体分析仪国际标准提案》获得全票通过，成为国际电工委

新向集成创新和创新能力建设方面发展，自主创新正在跃上新台阶。

八、自主品牌产品取得长足发展

“十一五”期间自主品牌产品发展迅速，自主品牌企业持续的努力与付出，与合资品牌的竞争格局已经基本形成，成为推动中国汽车工业发展的重要力量。

截止2009年：乘用车自主品牌数量达到180个，较2005年末期增长200%，销量达到457.7万辆，占乘用车销售总量的44.3%，是2005年全年的2.63倍；轿车自主品牌数量达到83个，较2005年末增长196%，销量为221.73万辆，占轿车销售总量的29.67%，是2005年全年的3倍。

九、节能减排有序推进、循环经济发展起步

2004年，制定和颁布了《轻型汽车燃料消耗量试验方法》及《乘用车燃料消耗量限值标准》。2005年7月1日起实施乘用车第一阶段燃料消耗量限值标准2008年实施第二阶段标准。至2009年，累计取消了不符合限值标准的800多个车型目前。2009年建立了轻型汽车燃料消耗量公示制度，发布了轻型汽车燃料消耗量通告，促进了节能汽车的研发、生产，引导节能汽车消费。

积极发展新能源汽车，基本建立新能源汽车标准体系。截止2008年底，《公告》已发布了28家企业89种包括混合动力、纯电动、燃料电池汽车等在内的新能源轿车、客车产品。

完善汽车产品的报废标准，开展汽车回收利用工作和汽车零部件再制造试点工作。

在政策的引导下，2009年小型车所占市场份额不断上升，全年1.6升以下乘用车销售719.55万辆，同比增长71.28%，占乘用车销售总量的69.65%，比上年同期提高近8个百分点，市场占有率为历年最高。这是汽车消费者在石油价格上涨、燃油税改革、节能环保等形势下选择的结果。

十、汽车零部件发展体系初步建成

我国汽车零部件工业已形成较大规模、较好水平、门类齐全的工业体系，为我国汽车生产配套及维修提供基本保证，零部件产值及出口值居世界第四位；企业自主开发能力逐步提高，基本具备商用车及经济型轿车零部件开发能力，为自主品牌汽车发展奠定了基础；零部件产品水平提高，为整车更新换代，技术升级创造了必要条件；零部件企业集群化发展，专业化协作能力加强，促进了汽车产业发展；汽车零部件成为汽车商品出口主力，国际贸易竞争力逐步提高。

第三部分 船舶工业

一、“十一五”我国船舶工业发展成绩

“十一五”期间是中国船舶工业发展历程中极不平凡的五年，是发展最快、最好的五年。规模总量跨越式发展，产业基础全面巩固，综合实力显著提升，经过“十一五”的发展，我国船舶工业已经站在了新的更高的历史起点上。

(一) 产业规模大幅跃升

“十一五”期间，中国造船完工量不断创出历史新高。2009年我国造船完工量4243万载重吨，预计“十一五”末我国造船产量将超过5000万载重吨，是2005年造船产量的4.1倍，“十一五”期间造船产量年均增速将高达34.7%，明显高于“十五”期间年均26.5%的增长速度。截至2009年底，我国手持船舶订单20460万载重吨，是2005年底的5.2倍。2009年我国造船完工量国际市场份额从2005年的17%左右提高到了34.8%，根据现有手持订单推算，预计到“十一五”末我国造船完工量国际市场份额将达到39.3%。2009年我国新接船舶订单、手持船舶订单国际市场份额分别达到59.4%、38.5%。

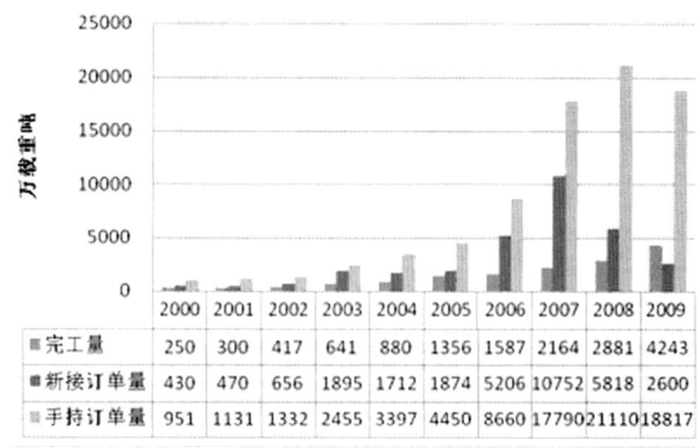

	2000	2001	2002	2003	2004	2005	2006	2007	2008	2009
完工量	250	300	417	641	880	1356	1587	2164	2881	4243
新接订单量	430	470	656	1895	1712	1874	5206	10752	5818	2600
手持订单量	951	1131	1332	2455	3397	4450	8660	17790	21110	18817

图3—1 2000至2009年中国造船业三大指标分析

2009年底我国三大主流船型中的散货船手持订单国际市场占有率达到48.66%，居世界第一位，油船、集装箱达到28.42%、19.67%，均位居世界第二。涌现出一批具有较强竞争力的骨干造船企业，2008年我国有8家企业手持订单量进入世界前20强。

至2010年上半年，我国造船完工量、新接订单量、手持订单量分别占世界市场份额的41.1%、46.2%、37.7%。按照克拉克松最新手持订单统计，在可预期的三年内，我国造船完工量所占份额最高可达40%左右，依旧保持世界领先水平。

（三）出口金额保持快速增长

伴随着我国船舶工业国际地位显著提升，“十一五”期间我国船舶出口保持快速增长。2009年，规模以上船舶工业企业完成出口交货值2532亿元，同比增长17.8%，船舶产品出口金额283.6亿美元，同比增长44.9%，约是2005年的6倍，“十一五”前四年船舶出口额年均增长率51.78%。

2009年，我国船舶产品出口到159个国家和地区，亚洲和欧洲为出口的主要市场。散货船、油船、集装箱船作为传统三大出口主流船型出口额分别总计达177.7亿美元，占出口总额的62.1%。

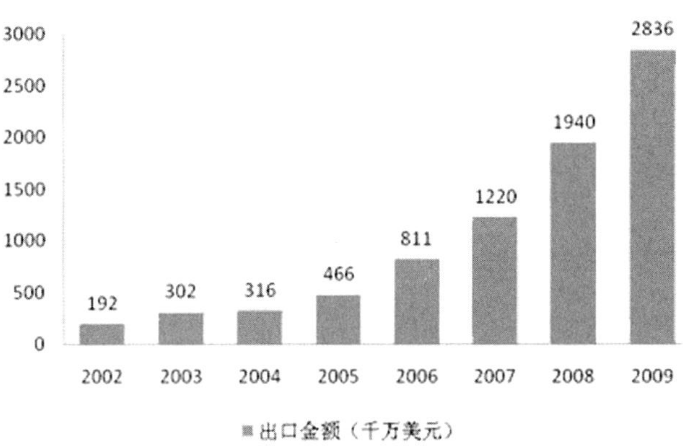

图3-2 2002—2009年期间我国船舶工业出口情况

（三）产业集群效应初步显现

“十一五”期间，按照《船舶工业发展中长期发展规划》布局建设的环渤海湾、长江三角洲、珠江三角洲三大造船基地已全面形成规模，产业集聚效应显现。“十一五”期间，外资和民营资本大量进入造船领域，极大地促进了国内造船业竞争格局的多元化。与“十五”末相比，船舶工业私营企业以及外商投资企业与港澳台商投资企业数量明显增加，并且涌现出一批骨干民营造船企业，成为船舶工业实现跨越式发展的另一股强劲动力，中国船舶工业呈现出以大型国有企业为骨干的大中小船舶企业、中央企业和民营企业等多种经济成分竞相发展的新格局。

2009年我国造船产能达到6600万载重吨，约是“十五”末的4倍。中国造船业在硬件能力上与世界先进造船国家的差距已经基本消除。

（四）自主创新成效显著

“十一五”期间我国船舶科技开发工作取得重大进展，在若干重点产品和技术领域取得了新的突破，为产业发展提供了有力的技术支持。

主流船型优化开发能力显著增强。具备了散货船、油船和集装箱船等主流船型的自主设计和研发能力，实现了三大主流船型的系列化、批量化接单和建造，部分产品已接近或达到世界先进水平。目前，已形成1700—8530TEU具有自主知识产权和国际竞争力的系列集装箱船船型；开发出的23万吨、32万吨、38万吨、40万吨的系列化超大型矿砂船，均实现了批量接单；开发出38型满足共同规范要求的油船和散货船，已陆续承接了640多条、超过5000万吨的订单，占手持订单的1/4。

高技术船舶及海洋工程装备研发取得突破性进展，打破了国外在高端产品领域的垄断。攻克了LNG船液货舱的建造工艺难关，成功承造了5艘14.7万立方米LNG船，实现了LNG船批量建造；在海洋工程业务领域，我国自主设计建造了30万吨级海上浮式生产储油（FPSO）船，成功承接了国际上最先进的第六代3000米深水半潜式钻井平台项目，具备了自升式钻井平台总包能力，并实现批量建造，我国海工辅助船市场份额已居世界第一位。

先进制造技术和造船信息技术研究与应用取得新成效。“十一五”期间开发了地坑施工法、肋板拉入法等多项新工艺，有力促进了造船周期的缩短和质量的提高；形成了具有自主知识产权的软件系统，并已陆续投入企业的实际应用，打破了国外软件在一些领域的垄断地位。目前我国造船效率与日韩之间的差距已从上世纪末的1/10缩小到1/4左右，骨干企业典型船舶建造周期已接近世界先进水平。

（五）配套能力和水平迈上新台阶

总体看，“十一五”是我国船舶配套业发展最快的时期。我国主要船用设备产品生产能力快速增长，国产化研制水平进一步提高，带动我国本土设备装船率的提升。2005年以前，我国船用低速柴油机生产能力较小，2005年船用低速柴油机生产量仅为125台/191.8万马力。到2010年船用低速柴油机产量由191.8万马力猛增到2009年的500.6万马力，年均增长率达到27.1%。我国还新上马了一批船用中速柴油机和甲板机械项目，2006年—

2008年的短短三年间，中速船用柴油主机新上马项目10个以上，甲板机械项目7个以上。与此同时，我国船用设备自主研制取得重大进展，超大型船舶的动力系统、大型船用曲轴和甲板机械实现自主生产，形成大型锚机、海洋平台吊机等一批自主品牌船用设备，高端配套产品实现突破，机舱自动化系统已实现国产化。随着产能的逐步释放，2008年三大主流船型本土化设备装船率49.67%，较十五末期提高10个百分点。

二、全行业应对金融危机冲击的情况

面对百年不遇的国际金融危机，党中央、国务院统揽全局，果断决策，带领全国人民坚定信心，共克时艰，制定了一揽子应对危机的计划措施。根据温家宝总理批示，出台了《船舶工业调整和振兴规划》（以下简称《规划》），提出了远近结合、标本兼治，既立足于当前保稳定发展，又抓住机遇，加快结构调整，推进产业升级的要求。《规划》是一个有目标、有重点、有抓手，务求实效的综合性应对危机的三年行动计划方案。

国务院审议通过和印发《规划》，极大地提振了各方面对船舶工业发展的信心。尽管受到国际金融危机的严重影响和冲击，面临国际航运市场持续低迷、新船市场依然不振等极为严峻的形势，2009年我国船舶工业生产实现稳定增长，新接订单成效显著，自主创新亮点突出，抗风险能力不断增强。

2009年全国造船完工4243万载重吨，同比增长47%，仍居世界第二位，占世界市场份额从2008年的29.5%提高到34.8%，提前一年基本实现《规划》提出的到2011年造船完工市场份额占世界35%的目标。全年完成工业总产值5483亿元，同比增长28.7%；完成出口交货值2532亿元，同比增长17.8%。2009年1－11月，船舶工业实现主营业务收入4080亿元，同比增长30.9%。

同时，“保订单、争订单”取得显著成效。2009年，全行业承接船舶订单2600万载重吨，占世界市场份额由2008年的37.7%大幅度提高到61.6%。通过千方百计保订单，2009年我国船舶工业共遭遇撤单107艘、465万载重吨，约占手持订单的2.6%，远低于年初各类机构的预测。截至2009年底，我国手持船舶订单18817万吨，占世界市场份额提高到38.5%，比2008年提高3个百分点。通过千方百计保订单，我国船舶工业全年共遭遇撤单107艘、465万载重吨，约占手持订单的2.6%，远低于此前各类机构的预测。

第四部分 航天工业

“十一五”期间，我国航空产业规模迅速扩张，民用飞机的研制、生产、销售情况良好，外贸和转包生产业得到了长足进步。

一、产业规模增长

2009年我国民用航空工业产值达到154.44亿元。预计“十一五”民用航空工业产品产值（不含维修）将达到467亿元，是“十一五”期间的3.7倍。2009年国外航空零部件转包生产交付金额达到6.9亿美元，预计“十一五”转包生产交付总额有望超过30亿美元，是“十一五”的3.4倍。

二、“十一五”我国民用航空产业发展呈现出几大亮点

一是2007年国家正式批准大型飞机重大科技专项立项，并专门重组航空工业，组建了中国商用飞机有限公司，专门发展大型客机产业。2008年C919大型客机全面开始研制，计划“十二五”首飞（2014年），“十三五”取证交付（2016年）。

二是“十五”立项研制的ARJ21新型支线喷气客机于2008年实现首飞，全面转入试飞取证阶段。目前国内外订单240架，预计2012年开始批量交付。

三是国产民用涡桨支线飞机、通用飞机和直升机的生产、改进和销售情况取得了新进展。新舟系列涡桨支线飞机已成功打入国际市场，最新改进型MA600于2010年5月取得适航证。小鹰500开始批量交付，运12、直8等机型不断推出新改型。

四是航空产业的国际合作不断深入。中法合作研制6吨中型直升机项目、天津空客A320总装项目、中巴合资E145支线客机项目拓展了中外合作的新领域。国外零部件转包生产2008年交付额突破7亿美元。B787、B747-8、A350、CF-34等风险合作项目标志航空工业正逐步融入国际航空产业链。

第五部分 装备制造业“十一五”发展成就

“十一五”期间，我国装备制造业取得了令人瞩目的成就。从总量规模看，我国现已位居世界领先位置，

跻身世界装备制造业大国行列；重大技术准备自主化水平也有了显著提高，装备制造业支柱产业的地位进一步突出，一批重点产品已达到国际先进水平，一批装备制造企业在国际上崭露头角，一批产业聚集区正在加快形成，部分产品技术水平和市场占有率跃居世界前列。

一、“十一五”期间支持装备工业发展的几项重大决策

这些成就的获得，与党中央、国务院的高度重视分不开。五年来，国务院制订了一系列重要的方针政策促进装备制造业发展。

1.2005年12月，国务院发布《国家中长期科学和技术发展规划纲要（2006-2020）》，以增强自主创新能力为主线，以建设创新型国家为奋斗目标，对我国未来15年科学和技术的发展作出了全面规划和部署。该纲要提出的发展目标第一条就明确提出：掌握一批事关国家竞争力的装备制造业和信息产业核心技术，制造业和信息产业技术水平进入世界先进行列。

2.2006年6月，国务院发布了《关于振兴装备制造业的若干意见》，提出“到2010年，发展一批有较强竞争力的大型装备制造企业集团，增强具有自主知识产权重大技术装备的制造能力，基本满足能源、交通、原材料等领域及国防建设的需要。依靠区域优势，发挥产业聚集效应，形成若干具有特色和知名品牌的装备制造集中地。建设和完善一批具有国际先进水平的国家级重大技术装备工程中心，初步建立以企业为主体的技术创新体系。逐渐形成重大技术装备、高新技术产业装备、基础装备、一般机械装备等专业化合理分工、相互促进、协调发展的产业格局。”并明确“十一五”期间重点发展的十六个重大技术装备领域。

以这两项政策的颁布为标志，中国装备制造业开始进入自主创新的新阶段，驶入了新一轮跨越发展的快车道。

3.2009年5月，在国际金融危机的背景下，国务院及时颁布《装备制造业调整和振兴规划》，使装备制造业较早地止跌回升，重新取得平稳较快发展。

4.2010年9月，国务院总理温家宝主持国务院常务会议，审议并原则通过《国务院关于加快培育和发展战略性新兴产业的决定》。把高端装备制造业确定为战略性新兴产业，并要求集中力量，加快把高端装备制造产业培育成为国民经济的先导产业和支柱产业。

二、宣传方案

为充分展现“十一五”期间我国装备制造业发展取得的突出成就，充分体现装备制造业在国民经济发展中的重要地位，我们建议宣传方案如下：

（一）宣传重点

通过建立宣传装备制造业长效机制，大力宣传我国装备制造业在自主创新和结构调整等方面取得的突出成就；集中反映和宣传党中央、国务院关于振兴和做强做大装备制造业各项方针、政策；充分展示装备制造业在国民经济发展中的战略地位和重要作用；积极推广中国特色社会主义新型工业化道路下装备制造业的发展经验；特别是在应对国际金融危机、“保增长、扩内需、调结构”的总体要求下，装备制造业加快结构调整、增强自主创新能力、提高自主化水平、推动产业升级方面的发展经验；积极报道高端装备制造在战略性新兴产业中的重要意义和发展规划；适度报道装备制造企业近年来的典型事迹和先进人物。

（二）重点专题

——“新型工业化下的装备制造业”专题，介绍在新型工业化道路下装备制造业发展的新形势、新特点。重点围绕推进自主创新、优化产业结构、促进“信息化和工业化”融合、推动并购重组、鼓励企业“引进来、走出去”、加大节能减排力度、创造新的增长点等内容开展宣传报道。

——“重大技术装备创新成果”专题，围绕8号文确立的16个重大技术装备领域，选取“十一五”期间研制成功的百台重大技术装备，如内蒙古北方重工业集团研制的3.6万吨垂直挤压机、北京一机床研制的跨度10m的龙门镗铣床、武重集团研制的超重型卧式镗车床等，突出国产重大技术装备在自主创新上取得的最新成就和在重大项目中的应用情况。

——“装备制造业在地方”专题，介绍“十一五”期间地方政府在促进装备制造业发展方面的政策措施和成功经验，选取5-10个有代表性的装备制造业产业聚集区，介绍产业聚集和产业园区发展的情况。

——“装备制造业重点企业报道”专题，围绕建设具有国际竞争力的大型装备制造企业集团和“专、精、特、新”企业，选取60-80家“十一五”期间有突出成绩的装备制造业企业，介绍企业发展取得的成绩和经验，宣传企业的典型事迹和先进人物。

——“战略性新兴产业之高端装备制造”专题，突出高端装备制造在战略性新兴产业中的重要意义，介绍加快将高端装备制造培育成为国民经济的先导产业和支柱产业的发展思路和重点规划。

（三）主要宣传形式

——中央重点新闻媒体和有关专业新闻媒体根据专题组织并做深入报道。

——中国工业报社、《装备制造》杂志与中央电视台合作共同拍摄大型系列电视片《装备中国》，宣传“十一五”期间我国装备制造业取得的成就。（已形成策划案初稿）

——2010年11月，由装备制造杂志社在北京举办“首届中国高端装备产业发展高峰论坛”，解读高端装备业作为战略性新兴产业的重大意义和发展思路，探讨如何将高端装备业尽快培育成国民经济先导产业和支柱产业。

——2011年9月，在沈阳第十届中国国际装备制造业博览会期间举办“十一五”高端装备工业成就展，展示重大技术装备成就和重要装备制造业聚集区。

软件服务业“十一五”发展成就

一、基本情况

软件服务业是无污染、低能耗、高就业的知识生产型战略产业，是信息产业的核心和灵魂。在国家高度重视和大力支持下，我国软件服务业发展迅速，产业收入占国民经济总值的比重显著提升，由2001年的不足0.7%增长到2009年的接近3%，已成为我国国民经济体系中的基础性、战略性、先导性产业，成为促进两化融合的重要支撑和培育经济增长点的重要抓手。“十一五”期间，我国软件服务业政策环境不断改善，软件产业规模迅速壮大，取得丰硕成果。

（一）产业规模迅速壮大，软件出口增长明显，产业地位稳步提升

2009年，我国软件业务收入9970亿元，即将步入千亿级产业行列，产业规模是2005年的2.55倍；其中，软件出口总额196亿美元，是2005年的5.45倍。软件产业占电子信息产业的比重快速增长，由2005年的10.2%提升到2009年的16.3%，已经成为国民经济体系中重要的先导性支柱产业。

（二）细分领域发展迅猛，产业结构调整优化，软件技术服务占比增加明显

2009年，我国软件产业各细分领域收入如下：软件产品收入3422亿元，是2005年的1.77倍；系统集成收入2300亿元，是2005年的2.17倍；软件技术服务收入2100.8亿元，是2005年的2.29倍；嵌入式软件收入和IC设计收入分别为1588亿元和559亿元，分别是自2006年单独统计以来的1.55倍和5.21倍。经过近年来的快速发展，我国软件产业已经由“十一五”初期以软件产业品和系统集成为主导，形成了以软件产品、系统集成、软件技术服务、嵌入式系统软件和IC设计为主体，更加完整和均衡的产业体系。其中，软件技术服务实现了较大程度的业务增长，2009年，我国共完成软件技术服务收入占全行业收入比重为21%，同比增长31.4%，高于全行业4.4个百分点。

（三）人才队伍迅速壮大，企业实力明显增强，技术创新取得突破

当前，我国已经构建了以高等院校软件专业为主，社会培训机构和企业培训部门为有益补充的生态化人才培育体系，截止到2009年，我国软件产业从业人员已经超过180万人，是2005年的2.23倍。全国认定的软件企业超过了2万家，涌现出以中软、长城、南天、中创、东软、用友、金蝶等为代表的一批著名品牌软件企业，国内软件百强企业2009年度完成业务总收入超过2000亿元，占到产业总收入的五分之一强。以政府引导，企业为主体，产学研相结合的技术创新体系初步形成，具有自主知识产权的国产操作系统和数据库软件开发成功，在

中间件、嵌入式软件、文字处理软件、信息安全软件等领域相继取得突破，并在各自领域占据明显市场优势。

（四）产业资源整合取得实质进展，公共服务体系建设成效初现，标准体系进一步完善

“十一五”以来，我国软件产业资源整合效果显著，工业和信息化部专门设立了软件服务业司，进一步优化了产业管理体制，促进了资源的有效整合，重点支持了以“核高基”重大专项为核心的软件技术与产品研发及产业化。公共技术平台和公共服务体系建设加快推进，初步形成了集共性技术支撑、知识产权保护、人才培训服务、国家公共品牌建设与市场推广等一体的公共服务体系。软件标准体系建设紧密围绕自主的基础软件、支撑软件、工具软件和嵌入式软件等，以市场需求为导向，以企业为主体，并参照国际标准，开展标准的研究与制定工作，取得了一系列重大成果。

（五）聚集效应开始显现，融合渗透持续深入，支撑作用进一步显现

“十一五”期间，我国着力推动重点地区产业发展，加强了软件产业园区、孵化基地、软件出口基地和服务外包基地以及中国软件名城建设，有效促进了优势企业、成果和项目以及资金、人才、市场等资源聚集。2009年，广东、北京、江苏3个省市软件产业收入超过千亿元，成为我国南部、北部和东部产业集聚发展的核心区域；国家软件产业基地、软件出口基地占全国软件销售总收入的比重超过40%。软件产业的渗透性和融合性进一步体现，“倍增器”和“加速器”作用不断增强，对我国各行业发展水平的支撑作用明显提高，在推动传统产业转型发展的基础上，有力地促进了我国经济发展和社会进步，推动了国家重大专项工程的建设，带动了行政、教育、公共卫生等领域信息化建设，为人们带来了各种生活便利和更高生活质量。

未来的“十二五”时期，是我国经济“调结构，转方式”，建设新型工业化社会的重要战略阶段。中国软件服务业面临着新形势、新机遇。从产业发展趋势看，软件技术发展日新月异，新产品、新应用、新商业模式不断涌现，软硬件融合步伐不断加快，软件服务化、网络化、移动化的趋势日益明显，软件产业链整合进程不断加快，国际合作层次不断提升，软件产业结构和市场格局不断调整，产业转移呈现新的趋势和特点，将使软件产业发展保持强劲的势头。从国内发展环境看，党的十七大提出“大力推进信息化与工业化融合，促进工业由大变强”，深刻地揭示了信息化与工业化相互促进、相互依存和融合发展的特点，赋予了软件产业新的历史使命，为软件产业带来了良好的发展机遇和广阔的市场空间。在此新形势下，中国软件产业将面临更加难得的发展机遇，获得更加广阔的发展空间，发挥更加重要的渗透支撑作用，向着产业又大又强发展的奋斗目标阔步前进。

二、典型案例

（一）实施“核高基”重大专项，提升自主创新能力

1.通过重大专项引导，基础软件产业整合进程加快

通过“核高基”重大专项引导，基础软件产业整合效果显著，产业结构进一步优化。数据库企业方面：由航天科技集团牵头，通过资产重组，整合神舟航天软件技术有限公司、南大通用数据库有限公司、东软股份有限公司等数据库企业，重组成立了天津神舟通用数据库有限公司。中国电子信息产业集团（简称CEC）收购了武汉达梦数据库有限公司，中国电子科技集团（简称CETC）投资组建了上海普华基础软件股份有限公司，上海普华基础软件有限公司收购了北京人大金仓信息技术股份有限公司，以国有大型企业强力支持的数据库产业格局逐步形成。操作系统方面：上海中标软件有限公司得到了股东方CETC和CEC共2亿元的增资扩股，股本结构和资金实力得到了较大提升。同时，江苏省、山东省等地方政府也积极整合地方资源，推进当地基础软件优势企业整合。

产业链垂直纵向整合是目前全球软件巨头进行并购和整合的主要方向，软件产业正在从产品间的竞争发展为体系间的竞争。国际金融危机以来，以IBM、甲骨文、微软为代表的跨国软件企业不断加强体系整合，通过兼并重组不断构建完整的产业链条。近两年，通过核高基重大专项的积极引导，国内操作系统、数据库、应用系统整合不断深化，国有大型企业不断加大基础软件投入，以国有大型企业为主体的基础软件纵向产品体系逐步形成，基础软件企业资金实力和市场能力得到很大程度的提升，传统基础软件企业“小而散”的局面得到了较大改善，我国基础软件产业体系逐步完善。

2.智能手机嵌入式软件平台研发及产业化取得较大进展

在“核高基”重大专项的支持和推动下，中国移动联合手机厂商、操作系统开发商以及第三方软件开发商等产业链各环节企业，初步建立了运营商主导、产学研用相结合的智能终端产业生态环境，联合推进OMS（Open Mobile System）智能手机平台的研发和产业化。项目主要研发可定制个性化UI、终端互联网服务器、跨平台Widget运行环境、增强用户体验应用引擎、毫秒级数据搜索、智能学习、源码级兼容Windows Mobile API、系统安全等。在OPhone平台研发的过程中，中国移动积极与国内外主流终端制造商和芯片厂商合作，联合业界主流芯片厂商和软件供应商，已经与三星、LG、摩托罗拉、索尼爱立信、联想、海信、戴尔、飞利浦、中兴、华为、多普达等多家国内外主流终端厂商进行了OPhone商用终端产品研发，目前，基于已有15款OPhone终端已经上市销售，累计销售量超过45万台，主要包括联想O1、三星I7680、LGE GD888、GW880、摩托罗拉MT710、MT720、MT810、宇龙 8900、海信E3、Dell Mini 3i、Mini3iw、飞利浦 V900等。

随着OPhone商用终端不断增多，通过OPhone平台可以深度集成多种业务，OPhone商用终端促进了我国TD终端品质提升和TD产业发展，并为产业链提供了高集成度、低成本的智能终端整体解决方案，全面促进国内智能手机终端产业的发展。

（二）开展中国软件名城创建工作，推动产业集聚发展和创新提升

软件服务业具有集聚发展的特点，城市是软件服务业的主要载体和核心聚集区。以软件服务业集聚城市为载体，开展中国软件名城创建工作，是新时期深入落实科学发展观，创新软件服务业工作思路和模式，充分发挥地方积极性和优势，集聚资源、突出特色、营造环境，加快发展我国软件服务业、提升软件服务于经济社会发展能力的一项重要的探索性工作。

为建立中国软件名城创建长效机制，在部领导的支持和指导下，2009年工业和信息化部软件服务业司总结、提炼部省市合作经验，研究提出了中国软件名城创建和试点工作思路、指标体系、管理办法以及评估规范等文件，初步形成了中国软件名城创建工作体系，相继与江苏省和南京市、山东省和济南市、四川省和成都市签署了《部省市协同开展中国软件名城创建工作备忘录》，开展了中国软件名城创建试点工作。

试点城市按照中国软件名城创建工作总体安排，建立了部省市协商会议机制，制定了试点工作方案和评价标准，务实开展试点工作，取得了良好成效。例如，南京市作为首个中国软件名城创建试点城市，按照中国软件名城创建工作总体部署，五年来特别是2009年和2010年上半年，务实开展中国软件名城创建试点工作，取得了显著的创建成效，实现了推动行业发展的体制机制创新和软件产业的跨越式发展，对两化融合和经济社会发展的支撑能力显著增强，为进一步完善中国软件名城创建工作体系做出了突出的贡献。2010年8月，工业和信息化部软件服务业司组织对南京市中国软件名城创建试点工作进行了总结调研和专家评估。按照中国软件名城创建工作程序，2010年9月工业和信息化部授予南京市“中国软件名城”称号。下一步，江苏省和南京市将继续按照中国软件名城创建工作的总体部署和要求，立足新起点，把握新形势，围绕更高的创建目标，将南京市“中国软件名城”提升到更高层次，充分发挥“中国软件名城”的带动示范作用，推动江苏省和南京市软件产业实现新的更大跨越。

中国软件名城创建工作极大地调动了地方省市特别是软件服务业集聚城市发展软件服务业的积极性和主动性，对于汇聚资源，营造更加有利的产业环境，促进软件服务业集聚发展和创新提升发挥了重要的作用。目前，越来越多的城市申请创建中国软件名城，中国软件名城创建工作的影响力和社会效应正在迅速提升。

（三）加强少数民族语言文字软件研发和推广应用，促进民族地区信息化建设和经济社会发展

党中央、国务院高度重视、关心少数民族地区信息化建设和经济社会发展。为推进少数民族语言文字信息化工作，提升少数民族地区信息化水平，工业和信息化部在深入调研、广泛征求意见的基础上，形成了以少数民族语言文字软件研发和推广应用为切入点推进少数民族地区信息化建设的总体思路，并积极开展了一系列卓有成效的工作。

2004年，原信息产业部与西藏自治区人民政府签署了《关于藏文软件开发和推广应用的合作协议》，确定由原信息产业部负责组织藏文软件的开发，西藏自治区人民政府负责组织藏文软件的推广应用。根据部区合作协议，工业和信息化部利用2005年度电子发展基金安排资金3300万元，组织实施了藏文软件开发专项，由13家

来自内地和藏族地区的骨干企事业单位承担，主要内容覆盖了藏文字符编码、字库及相关标准、输入法、操作系统、上网软件、办公软件、电子出版系统和检测系统等技术和产品研发。经过两年多的实施，藏文软件开发专项完成了预定任务和目标，分别于2007年8月和2008年5月通过了项目验收和科技成果鉴定。藏文软件开发专项进一步完善了藏文信息处理标准，研发了一批关键性共性藏文软件，培养了一支藏文软件研发和应用的人才队伍，改变了长期以来我国藏族地区信息化建设的被动局面，在国内外业界产生了广泛影响。藏文软件开发专项还形成了一套卓有成效的工作推进模式，为推进其他少数民族语言文字信息化提供了有益经验。为使藏文软件开发成果惠及广大藏族同胞，工业和信息化部还立足藏族地区发展实际，积极探索并创新工作思路，努力争取、多方协调，依托信息化援藏机制，支持开展藏文软件推广应用活动，取得了良好成效。2010年3月，西藏自治区人民政府与工业和信息化部在人民大会堂隆重召开了“藏文软件研发与推广应用工作总结报告会”，对藏文软件研发和推广应用工作进行了全面总结和宣传。

借鉴藏文软件开发专项模式，工业和信息化部利用2009、2010年度电子发展基金分别安排实施了“维哈柯语言文字软件开发及产业化”、“蒙古语言文字软件开发及产业化”招标项目。为推动建立长效合作机制，2010年8月工业和信息化部与新疆维吾尔自治区人民政府签署了《关于维哈柯语言文字软件开发和推广应用工作的合作协议》。工业和信息化部软件服务业司还赴内蒙古自治区开展了蒙古文软件开发和应用专题调研，目前正根据领导指示加紧推进部区合作机制建设，进一步修改完善部区合作协议文稿，积极做好协议签署准备工作。

（四）做好双软认定工作，夯实落实产业政策、推动产业发展的基础

软件企业认定和软件产品登记备案（简称“双软认定”）是落实产业政策、加强行业管理，推动软件服务业快速发展的重要的基础性工作。

2000年以来，原信息产业部会同有关部门先后颁布实施了《软件企业认定标准及管理办法》（试行）和《软件产品管理办法》，公布了双软认定有关工作规程以及规范性文件，建立了除青海、西藏、港澳台之外，覆盖全国各省、自治区、直辖市、计划单列市的双软认定工作体系，有序开展双软认定工作，为软件服务业政策的贯彻落实创造了条件。2004年，《行政许可法》颁布实施后，双软认定被明确为非行政许可的行政审批。

工业和信息化部对双软认定机构采取年度授权的方式进行规范管理，即根据认定机构的年度工作总结和所在地省级软件服务业主管部门的推荐意见进行审查后，统一发文授权。2010年，工业和信息化部在全国范围内授权了涵盖新疆生产建设兵团软件行业协会在内的35家软件企业认定机构。截至2010年7月底，全国共认定软件企业26605家，登记备案软件产品87423件，使软件企业享受到了国家和各地方的优惠政策，并得到了各地方政府部门、行业组织以及广大软件企业的积极支持。为加强对软件产品登记备案的监督管理，2009年4月，工业和信息化部发布实施了新修订的《软件产品管理办法》（工业和信息化部令第9号），并印发了《关于进一步加强软件企业认定和软件产品登记备案工作的通知》。工业和信息化部还积极推动双软认定网站系统建设、改进工作规程，加强部门之间的沟通、联系和协作，进一步夯实了双软认定工作的基础。

双软认定体系的建立和双软认定工作的有序开展，为贯彻落实国务院《鼓励软件产业和集成电路产业发展的若干政策》（国发[2010]18号）等政策措施，营造良好的软件服务业发展环境发挥了重要的基础性作用，有力地促进了我国软件服务业的持续快速健康发展。

（五）工业软件呈现快速增长局面

工业软件指专用于或主要用于工业领域，为提高工业企业研发、制造、经营管理水平和工业装备性能的软件。工业软件可以提高产品价值、降低企业成本、提高企业的核心竞争力。工业软件是“两化融合”的切入点、突破口和重要抓手，对于推进我国工业结构调整和产业升级、保持经济平稳较快发展具有重大的意义。

“十一五”期间，受益于我国国民经济的整体快速发展，我国工业软件的研发和应用呈现出快速增长的局面。我国的各大工业软件厂商在自主创新的基础上，开发出了大量适应我国工业企业特点、满足企业需求、技术先进、性能优秀的软件产品，在机械、石化、钢铁等行业中得到了广泛的应用。这些软件产品围绕工业产品研发设计、流程控制、企业管理、市场营销等环节，为提升企业的数字化、自动化、网络化和管理现代化水平，促进传统产业结构调整和改造升级起到了巨大的推进作用。

从市场应用来看，虽然国产工业软件在部分领域已

取得了一定的应用成果，但在大部分工业领域，尤其在一些关系国家安全的要害部门，国外工业软件仍然占据统治地位，许多关键领域的核心技术仍然依赖于发达国家，利润和高端价值被国外控制，产品附加值较低，产业安全存在隐患；专业工业软件开发人才、复合型工业软件研发人才不能满足产业发展需求；跨产业间的合作还不够，没有形成很好的产业合力。

（六）软件知识产权保护、正版化工作得以全面推动

2006年4月24日，国家版权局等九部门联合发布《关于推进企业使用正版软件工作的实施方案》并成立部际联席会议制度，要求全面推动企业使用正版软件工作，在全社会形成遵纪守法，诚信经营，抵制盗版软件，使用正版软件的良好社会氛围，加强了正版化工作的组织协调力度。企业软件正版化工作取得了显著成效。全国共有10299家企业列入年度完成使用正版软件的工作目标，已完成自查自纠企业9200家，不仅提高了企业保护知识产权、依法经营的意识，树立了我国保护知识产权的良好国际形象，也有力地促进了民族软件产业的快速健康发展。中国移动等166家企业被授予全国软件正版化工作示范单位，金山、中望、CAXA等民族软件公司近两年销售收入增长均超过100%，得到了国际、国内社会的广泛关注与好评。

（七）服务外包产业政策环境进一步完善

为贯彻落实《国务院办公厅关于促进服务外包产业发展问题的复函》（国办函[2009]9号）等促进服务外包产业发展的有关政策精神，工业和信息化部印发了《关于支持服务外包示范城市国际通信发展的指导意见》（工信部电管[2010]107号），要求电信业务经营者为服务外包企业和园区做好相关电信服务；并推动出台了“对于全部面向国外市场的服务外包企业经营呼叫中心业务（即最终服务对象和委托客户均在境外），在服务外包示范城市不设外资股权比例限制的试点”政策。此外，工业和信息化部配合财政部出台了《关于鼓励政府和企业发包促进我国服务外包产业发展的指导意见》；配合商务部出台了《关于境内企业承接服务外包业务信息保护的若干规定》，制定了《中国服务外包示范城市动态评价管理办法》；配合发改委研究制定在岸服务外包相关支持政策。

（八）游戏动漫产业发展迅速

自2006年以来，我国游戏动漫产业快速发展，产业营业收入以40%左右的年均复合增长率持续快速增长。2009年，国内游戏动漫产业实现营业收入约1000亿元，同比增长32%，其中，游戏实现业务收入710亿元以上，动漫实现业务收入260亿元以上；游戏出口额达到1.5亿美元，同比增长53.9%；企业总数超过1550家，一批有规模、竞争力强的国内游戏动漫开发与运营骨干企业快速发展壮大；网络游戏用户规模达到6587万人，同比增长33.46%，市场规模约占全球的28%，已超过韩国，仅次于美国，居世界第二位。

目前，我国游戏企业已由代理运营转为以自主研发为主，原创动漫快速发展，国产游戏动漫占据了主要市场份额，拓展海外市场步伐加快。2009年，我国自主研发的游戏产品达到312款，国产产品收入占国内市场的64.5%，同比增长50.1%。韩国产品由几年前的垄断地位下降为约占我国内市场的25%。动漫行业自主研发企业越来越多，自主研发力量越来越强。目前，国产动漫游戏市场份额越来越大，已占整个市场的70%以上。而且，搞国产原创游戏的企业利润率越来越高，进口游戏对消费者的影响力越来越小，游戏行业应坚持走自主研发之路。

（九）软件公共服务平台体系初步形成

2007年以来，工业和信息化部利用电子信息产业发展基金先后重点支持了18个中国服务外包示范城市（北京、天津、上海、大连、深圳、武汉、成都、南京、西安、济南、杭州、合肥、南昌、长沙、无锡、广州、哈尔滨、苏州）建设“软件与信息服务外包公共支撑平台”。经过近三年的建设与规划，已经初步形成了一个辐射全国的公共服务平台体系，具备了一定规模和服务能力。在布局初具规模后，平台的服务对象进一步明确，不但包括各级政府机构、行业协会、各产业园区和基地，还包含企业和企业的客户等。平台在企业和企业的客户之间发挥着市场信息资源整合共享的职能，在企业与基地之间发挥着服务资源整合共享的职能。整个公共服务平台体系在经过一段时间的实际运营之后，逐步统一了服务思想和运营思路，并且开始显现出对产业发展的促进作用。

此外，工业和信息化部于2010年设立了软件公共服务平台专项，重点支持特色平台建设、公共服务标准化、市场化运营、平台互联互通和资源共享等，以加快形成布局合理、功能完善、效益明显、可持续发展的公共服务平台体系，切实推进面向软件服务业中小企业的共性支撑服务。

消费品工业“十一五”发展成就

一、“十一五”期间消费品工业总体保持持续健康较快发展态势

消费品工业是我国国民经济的传统支柱产业、重要的民生产业和具有国际竞争力的产业，在经济和社会发展中起着举足轻重的作用，承担着繁荣市场、增加出口、扩大就业、服务“三农”、促进城镇化建设、提升人民生活质量以及充分发挥消费对经济增长拉动的重要任务。“十一五”期间，尽管消费品工业经历了大部制改革，经受了全球金融危机、国内突发自然灾害等所带来的严重冲击，但总体上呈现持续健康较快发展态势，仍是国民经济中最具活力和影响力的民生产业之一。

（一）“十一五”期间，消费品工业总体上保持持续健康发展

2009年消费品工业增加值同比增长10.8%，与整个工业保持同步（11%）；消费品工业内销产值达12.8万亿元，同比增长16.9%；社会消费品零售总额12.53万亿元，同比增长15.5%，为24年来最高水平，消费品内销比重达84%，成为推动消费品工业增长的主要力量；固定资产投资增长28.4%，高于整个工业（26.2%）2.2个百分点;海关出口约为4500亿美元,同比下降9.4%，但降幅比整个工业（-16.2%）低6.8个百分点；1-11月实现利润7674.9亿元，同比增长20.9%，高于全部工业（7。8%）13.1个百分点。2010年1-8月，消费品工业规模以上企业增加值同比增长15.1%，比2009年加快4.3个百分点，占整个工业的28.3%；消费品工业出口交货值1.9万亿元，增长22.2%；消费品工业新产品产值8632亿元，同比增长33.0%。

（二）“十一五”期间，轻工业快速健康发展

2009年轻工业总产值10.76万亿元，占全国工业总产值19.7%，比“十五”末期增长125.11%。销售与生产同步增长，工业销售产值10.47万亿元，比“十五”末期增长124.30%。我国已经成为世界轻工生产大国和消费大国。2009年轻工全行业出口2778.4亿美元，占全国出口的23.1%，比“十五”末期增长43.09%。2009年轻工业规模以上工业企业12.28万个，占全国规模以上工业企业数的28.9%。就业人数2096万人，占全国规模以上工业企业就业人数的25.1%，比“十五”末期增长21.8%。加上规模以下企业，全行业吸纳就业人数超过3500万人。同时，轻工业多数行业涉及农副产品的深加工，2亿多农民直接受益，对实现农民增收，推动农业产业化，加快城镇化起着不可替代的作用。轻工业产业集群快速发展，逐步形成了从原材料加工生产到销售服务一条龙的生产、销售、配套完整体系，产业集群和轻工特色区域发展到200多个，是“十五”期间的2倍。

（三）“十一五”期间，纺织工业比较优势进一步增强

2009年，全国规模以上纺织工业企业户数达到5.4万户，比2005年的3.65万户增加50%；完成工业总产值39641万元，比2005年增长92%，年均增长17.7%；完成工业增加值11044亿元，比2005年增长1.1倍，年均增长20.5%；规模以上企业就业人数从2005年的995万人增加到2009年的1166万人，年均增长4%，全社会就业人数超过2000万人。2009年，纺织行业固定资产投资总额达到3102亿元，比2005年增长87%，年均增长17%；全国纱产量2405万吨，比2005年增长66%，年均增长13.5%；化学纤维产量2750万吨，比2005年增长65%，年均增长13.4%；我国化纤、纱、布、呢绒、丝织品、麻纺织品、服装等产量均居世界第一位，继续保持世界最大的纺织品服装生产国的地位；行业纤维加工量达到3780万吨，比2005年的2570万吨增长47%，年均增长10%，占全球纤维产量的比重超过50%。全国规模以上纺织工业企业实现主营业务收入38502亿元，比2005年增长91%，年均增长17.6%；利润总额1558亿元，比2005年增长1.2倍，年均增长21.7%；我国纺织品服装出口总额为1713

亿美元，比2005年增长45.8 %。

（四）“十一五”期间，食品工业快速发展

2009年，全国国有及规模以上非国有食品工业企业实现总产值49678亿元，比2005年增长143%，年均增长25%；工业增加值对全国工业行业贡献率达到12%；销售收入达到4.73万亿元，比2005年增长135%，年均增长23%；利税总额7336亿元，比2005年增长144%，年均增长21%。主要食品产量大幅增长，产品结构不断优化。

（五）“十一五”期间，医药工业高速发展

2009年我国医药工业总产值完成10382亿元，“十一五”以来年均增长23.8%，增速较“十五”期间提高5个百分点。2009年医药工业利润总额超过1000亿元，“十一五”以来年均增长29.7%，增速较“十五”期间提高9.9个百分点。2009年在全球性金融危机的背景下，我国医药保健品出口总额达到329亿美元，较上年增长4%。“十一五”期间，医药保健品出口额年均增长24%，继续保持“十五”以来的较快增长速度。

“十一五”期间消费品工业的稳定健康较快发展，实现了中央保增长的目标，促进了就业的不断增加，发挥了传统支柱产业的重要作用。

二、“十一五”期间消费品工业成绩　然，经验可圈可点

（一）正确得力的政策和措施是促进产业振兴的保证

2008年下半年开始的国际金融危机对我国经济的冲击在消费品工业最先显现。轻纺行业发展增速大幅下滑，出口受阻，亏损增加，行业受到重创。工业和信息化部消费品工业司在中央和部党组的正确领导下，以高度政治责任感，全力以赴，开展处置应对经济危机，促进产业振兴的一系列工作。

一是促成“国六条”出台。2008年11月的“国六条”出台，为轻纺调整振兴规划乃至九大产业振兴规划开了个好头。

二是组织实施轻纺调整振兴规划。产业调整振兴规划是中央应对危机的重大举措。按照国务院总体部署和部党组的总体要求，消费品工业司作为轻纺工业调整振兴规划编制组副组长单位，全程参加轻纺两个产业调整振兴规划的编制修订工作，牵头和参与制定轻工、纺织两个产业调整和振兴规划实施细则18项（其中牵头制定的10项）。此外，根据落实振兴规划的需要，消费品工业司还在国务院分工表外主动牵头开展了9项工作。

三是积极落实“保增长”政策措施。在部党组的总体部署下，消费品工业司配合有关部门5次提高轻纺产品出口退税率；完成了调整105类轻工限制类商品加工贸易目录工作；开展或推动厂丝、原料奶、纸及纸浆、果汁、棉花、马铃薯等农产品收储、放储工作，以及食糖暂缓国储、发放棉花部分进口配额等工作；配合有关部门制定并落实“家电下乡”政策、家电“以旧换新”、进口贸易暂定税率等政策。配合修订发布《乳制品工业产业政策》，提出的原料奶收购贷款贴息和奶粉临时储备贴息政策获得国务院批准实施。会同财政部、农业部、纺织工业协会促成亚麻原料进口关税下调3个百分点的政策出台。这些政策的落实，对于消费品工业“保增长”战略任务的推进发挥了重要作用。

四是努力促进产业结构调整。组织制定了一批推动行业结构调整的政策措施意见。研究出台了家用电器行业转型升级、制革行业结构调整、纺织产业转移、产业用纺织品发展等指导意见；发布了印染、粘胶、农用薄膜等行业准入条件；配合修订了乳制品工业产业政策。下达了造纸、酒精、味精、柠檬酸等产品淘汰落后指标，并积极督促地方确保完成化纤、印染、皮革等行业淘汰落后工作任务；积极推进新兴产业的发展，研究制定了战略性新兴产业——“生物医药产业发展规划”，组织研究纺织新材料发展规划，研究提出了农副产品深加工政策措施，组织实施了年度性中药材生产扶持项目。

（二）高度重视、沉着应对，有效组织，积极协调，是有力处置突发事件的保证

“十一五”期间，面对突发的“三鹿奶粉事件”、“甲型流感”、汶川、玉树地震等大事要事难事，消费品工业司以高度的政治责任感全力以赴，按照部党组的安排，迎难而上，打了几场硬仗，发挥了积极的作用。

一是高度重视食品医药领域的安全问题，把开展食品医药专项整治工作作好作实。2008年10月至2009年4月，在“三鹿奶粉事件”事件发生后，消费品工业司积极应对，开展事故调查、落实企业社会责任、组织整改行动、跟踪行业情况、开展对外宣传、落实患儿赔偿等大量工作，并会同有关部门开展了为期半年的乳制品行业整顿规范工作，向国务院上报了《工业和信息化部关于乳制品行业整顿规范工作总结的报告》，在成功处置

“三鹿奶粉事件”事件的同时，规范了乳制品行业，同时使事件对全行业生产带来的影响最小。2008年12月至2009年5月，配合有关部门联合组织开展了为期4个多月的全国打击违法添加非食用物质和滥用食品添加剂专项整治行动。2010年根据国务院食安委要求，参与了问题奶粉彻查、销毁、督查、网络舆情监测等工作。会同质检总局等5部门制定印发了《关于依法规范食品加工企业的指导意见》。参与国家药监局等六部门组织开展的药品安全专项整治工作，协调监测和打击利用互联网发布药品虚假广告和虚假宣传行为。参与制定了《关于全面整治非药品冒充药品专项行动方案》、《六部局药品安全专项整治工作任务分解表》。

二是积极开展医药储备和应急处置工作。“十一五”期间，在部党组的领导下，消费品工业司完成了《国家医药储备管理办法》的修订工作，开展了承储单位中央储备药品轮储监管工作。2009年4月30 日，下发了《工业和信息化部关于做好人感染猪流感疫情医药储备工作的紧急通知》，要求各地增储防控疫情所需医药用品的品种和数量，加强24小时值班制度，督促医药储备单位做好调运各项准备工作。消费品工业司全力推进防控甲型H1N1流感医药物资保障工作，提前18天完成了国务院下达的收储1300万人份抗病毒药物的任务。到2010年2月底，累计生产甲型H1N1疫苗1.55亿剂；开展了甲流感疫苗的对外捐赠和对外出口工作。2010年以来先后10多次向青海、新疆、西藏等省（区）紧急调拨中央医药储备药品，完成了玉树抗震救灾和援助海地抗震救灾医药物资调运工作。积极开展了《烟草控制框架公约》各项履约协调工作。

（三）夯实基础，战略布局、深谋远虑，是行业未来发展的保证

“十一五”期间，消费品工业在稳步发展的同时，全行业积极探索，抓住机遇，把握方向，努力拓展产业未来发展空间。

一是不断夯实基础，建立消费品工业行业管理工作体系。通过建立消费品工业行业管理工作体系，形成了行业协会中介、专家参谋、部属事业单位支撑、地方主管部门落实的工作体系和横向到国务院相关部门、纵向到企业甚至企业家的消费品工业行业管理工作体系。通过开展经济运行监测工作，进一步健全了消费品工业经济运行监测工作制度与工作体系。

二是推进品牌战略实施和诚信体系建设。“十一五”期间，在消费品行业组织研究制定了《大力推进服装家纺行业自主品牌建设的指导意见》，建立了部门、协会联动的工作会商机制，积极推进品牌培育、评价、跟踪等工作；研究制定并发布了《加快我国家用电器行业自主品牌建设的指导意见》。组织制定了《关于推进食品工业企业诚信体系建设指导意见》及12个相关文件文本。组织编写了《乳制品企业诚信管理体系建立及实施指南》和《肉类食品生产企业诚信管理体系建立及实施指南》两本培训教材。与国家认监委、黑龙江省人民政府共同签署了关于促进黑龙江省乳制品行业健康发展合作备忘录。2009年12月30日，我部联合10部委在人民大会堂共同举办的《食品工业企业诚信体系建设工作指导意见发布暨试点启动仪式》，确定在黑龙江省、河南省分别开展乳制品和肉类加工企业诚信体系建设试点工作。建立了10多个部门参加的诚信工作部际协调工作机制。

三是加强消费品工业重大课题研究。消费品工业司成立两年来，开展了“消费品工业发展战略”、“农副产品深加工政策研究”、“增加有效供给促进消费升级”、“中国制鞋业发展战略和政策研究”、“国家基本药物生产和储备供应保障体系研究”、“服装家纺自主品牌发展战略研究”、“服装家纺自主品牌评价体系”等重大课题研究工作。“消费品工业发展战略”、“农副产品深加工政策研究”已完成阶段性成果。对这些课题开展研究，对从战略上把握消费品工业的大局、理清消费品工业发展方向起到了重大作用。

四是开展标准制定的协调工作。2009年开展了轻工、纺织、食品、包装4个行业1937项标准的复审，轻工、纺织行业312项标准的制修订以及纺织、包装行业139项标准的报批工作。对2010年第一批工业领域国家标准制修订计划和行业标准计划进行了协调。积极做好《贯彻落实〈轻工、纺织产业调整和振兴规划〉标准化工作实施方案》中确定的各项工作。推进了2010年轻工、纺织、食品、包装等行业标准的制修订工作。制定并发布了《食品工业企业诚信管理体系（CMS）建立及实施通用要求》（QB4111-2010）和《食品工业企业诚信评价准则》（QB4112-2010）两个行业标准。

三、“十一五”期间分行业的成就回顾

（一）轻工业

1.积极推进节能减排。“十一五”期间，轻工全行业将节能减排作为转变发展方式和调整结构的重要抓手，以发展循环经济为理念，通过采用新技术、新工艺、新材料对陶瓷、日用玻璃、造纸、味精等耗能、耗水、污染较多的行业对进行技术改造，延长窑炉炉龄，提高水的循环利用效率，使综合消耗有所降低。造纸、发酵等行业实现了增产不增污。通过实施绿色照明工程、能耗标识管理、节能产品认证、节能惠民工程等措施促使企业生产绿色节能产品。以财政补贴形式在全社会推广使用节能灯3.6亿只，取得了显著的社会效益和经济效益；通过发展循环经济，综合利用各种资源。对造纸、皮革、家电、塑料、电池、照明电器、玻璃、陶瓷等行业从源头、生产过程、废物利用、产品使用及产品回收等不同层面上，运用循环经济原理建立了资源循环链。

2.淘汰落后产能工作取得成效。加快淘汰落后产能，既是当前一项紧迫任务，又是一项长期战略任务。“十一五”期间，轻工行业淘汰落后产能工作取得显著成效，完成了淘汰落后造纸、酒精、味精、柠檬酸生产能力分别为1062.7万吨、198.8万吨、39.5万吨、9.7万吨。今年以来，各地按照国务院关于进一步加强淘汰落后产能工作的通知要求，加大了淘汰落后产能工作的力度，有的省层层成立了淘汰落后产能领导机构，明确职责，合力推进；有的省实行严格的问责制、规定奖惩措施分解目标任务，严格考核评价；一些沿海经济发达省市，主动扩大落后产能范围，提高淘汰落后产能标准。今年8月，工业和信息化部网站公布了2010年全国各省工业行业淘汰落后产能企业名单。

3.落实产业振兴规划，加快结构调整步伐。《轻工业调整和振兴规划》发布后，工信部及时组织召开了宣贯会，就深入贯彻落实规划重点任务、政策措施提出了具体要求，引导地方工业和信息化主管部门结合地方实际制定具体配套政策措施。按照规划要求，工信部制定出台了《制革行业结构调整的指导意见》、《加快我国家用电器行业转型升级的指导意见》、《农用薄膜准入条件》等指导性政策文件，为制革、家电、农膜行业结构调整和产业转型升级，实现有序发展奠定了基础。做好家电下乡工作。目前，列入家电下乡补贴范围的有9类产品，其中中白色家电6类。今年1-10月全国共销售家电下乡产品4635.9万台，销售额1009.4亿元人民币。实践证明，家电下乡在拉动内需、带动生产等方面效果显著。

（二）纺织工业

1. 产业结构调整取得明显成效。产业用纺织品行业的纤维加工量在2009年达到723万吨，比2005年的365万吨增长98%，年均增长18.6%。服装、家用、产业用三大类终端产品纤维消费量的比重由2005年的54:33:13调整为2008年的51:32:17。化学纤维得到快速发展，在纺织原料中的比重接近70%，同时差别化纤维比重达到42%。中国纺织工业协会试点的全国164家纺织产业集群，销售收入占全行业比重超过40%。2004年以来，中部地区纺织工业固定资产投资增速就已超过行业总体水平。2009年1-11月，占规模以上企业数32.2%的优势企业利润总额同比增长30.7%，高于行业平均水平5.3个百分点，其中，3666户骨干企业利润总额同比增速达到40.2%，利润率达到15.7%。

2. 纺织工业科技进步成绩显著。结构调整和产业升级一直是行业发展的主线。纺织行业提出了急需解决的“28项关键技术和10项新型成套关键装备”，在“十一五”期间取得显著成效。纺织行业在高性能、功能性、差别化纤维材料技术，产业用纺织材料技术，纺纱织造高新工艺技术，高效、环保染整技术，纺织信息化技术和新型纺织机械等重点领域的关键技术攻关和产业化取得突破，多项高新技术实现从无到有的实质性转变，一批自主研发的科技成果和先进装备在行业中得到广泛应用。2000年以来，我国纺织领域共获得26项国家级科技奖励，其中国家技术发明奖二等奖5项，国家科技进步奖一等奖和二等奖分别为2项和19项。纺织行业发明专利和实用新型专利数年均增加1000余件，约占全国总量的2%；纺织产品开发中心在大中型企业和高校科研院所之间广泛建立，企业产品创新力度不断增强。

3. 自主品牌建设取得明显进步。“十一五”期间，我国纺织工业品牌发展的外部环境得到极大改善。首先是各项政策体现国家对品牌建设的重视，《纺织工业调整和振兴规划》中明确提出了“加快自主品牌建设”的重点任务和目标，随后七部委联合印发的《关于加快推进服装家纺自主品牌建设的指导意见》进一步明确了工作任务和相关政策措施。其次是品牌发展的社会环境得到改善，品牌消费被越来越到的消费者所接受，品牌的个性化竞争逐步取代同质化竞争，品牌价值竞争逐步取代价格竞争。

4. 节能降耗和环境保护取得实质性进展。纺织工业能耗所占工业能耗比重在逐年下降，从2005年的4.34%下降到2009年的3.60%，下降了0.74个百分点。行业能耗增长幅度大大低于工业增加值增长幅度，纺织工业增加值从2005年的5145.36亿元增加到2009年的10351.88亿元，上升了101.18%；能耗从 2005年的6866.82万吨标煤增加到2009年的7945.65万吨标煤，上升了15.71%。“十一五”以来，纺织工业增加值能耗持续下降，规模以上企业单位工业增加值能耗分别比上年降低8.65%、13.36%、18.77%、10.54%，2005年以来累计降低了42.10%。

（三）食品工业

1. 企业组织结构进一步优化，形成了一批有较强竞争力的大中型企业。2009年，我国规模以上食品生产企业中“百强”企业集中了食品工业近1/3的资产，创造了1/3多的产值和2/3的利润，上缴国家税金超过全行业的40%。年销售收入100亿元以上的食品工业企业近30家，提前实现“十一五”发展目标。

2. 食品工业区域布局更趋合理，企业集群发展格局进一步强化。食品工业加快了结构调整和产业集群的发展，内蒙古、黑龙江的乳品加工，河南、河北的小麦和肉类加工，吉林的玉米和牛肉加工，江苏的肉类加工，山东玉米、花生和果蔬加工，新疆的番茄和葡萄加工等都已形成具有较强竞争力的特色产业。

3. 食品安全水平稳步提高，食品质量与安全检测体系不断完善。加工食品质量和安全水平稳步提高，食品总体合格率不断提升，重点行业食品质量达到较高水平。食品安全法律法规和技术保障体系日趋完善，内容不断丰富，涵盖面不断扩大。

4. 企业自主创新能力提高，食品工业科技创新体系不断完善。基本形成了以企业为主体，产学研合作的新的创新体系，同时加大对基础和应用基础研究的投入，加大支持国家省部各级创新平台，形成了重点突出、结构合理的食品科技总体布局和创新平台。

5. 深加工能力不断提高，可持续发展能力进一步增强。粮食加工、食用油加工、肉类屠宰加工、果蔬加工等行业的副产品综合利用率有所提高。“十一五”前三年食品工业单位产值能耗降低了7.6%，主要污染物排放总量减少了7.5%，可持续发展能力进一步增强。

（四）医药工业

1. 新产品、新技术开发取得积极进展。由于国家加强政策引导，加大扶持力度，企业技术进步的积极性和主动性增强，我国制药技术创新不断取得新的进展。“十一五”以来，把握国际畅销药物专利到期的机遇，完成艾司西酞普兰、瑞舒伐他汀等十余个市场潜力较大的新品种的开发上市；拥有自主知识产权的重组人血管内皮抑制素、安妥沙星等创新药物投放市场；单克隆抗体药物实现规模化生产；基因工程药物大规模细胞培养技术、大规模复性技术在生产中得到应用；7-ACA酶法工艺等重大工艺技术取得突破。

2. 企业实力显著增强。我国现有各种类型的制药企业4000多家，在需求增长、投入增加、技术进步、兼并重组、上市融资等力量的推动下，我国医药企业的整体实力不断增强，国药集团、北药集团、上药集团、扬子江药业、哈药集团等大型企业规模更加壮大，恒瑞、先声、海正等一批创新型企业快速成长，有境内外上市的医药类公司近200家，成为医药产业发展的中坚力量。

3. “走出去”取得突破进展。近年来，国内药品生产企业的国际化意识进一步增强，国际认证和市场开拓步伐进一步加快。一批企业已经按照符合欧美发达国家标准进行生产设施的建设，实施国际化发展战略，开拓欧美制剂市场。2007年7月，浙江华海药业的奈韦拉平制剂通过美国FDA的现场检查，实现我国制剂产品在世界药品监管最严格市场注册上市零的突破。2009年至2010年，南通联亚药业、北京赛科药业、石药集团欧意药业的cGMP管理体系和制剂生产线相继通过美国FDA的现场检查，标志我国药品生产质量已经达到国际先进水平。同时，有近二十家企业的制剂生产线通过欧盟、日本等国家的生产质量体系认证，为中国制剂产品“走出去”，进入国际国家市场迈出了重要的一步。

国内医药企业成功登陆海外资本市场，海外上市企业类型从生产领域扩张到研发领域。2008年，深圳迈瑞生物医疗电子股份有限公司以2.02亿美元收购美国Datascope公司的生命信息监护业务，成为该领域全球第三大品牌。药明康德新药开发有限公司以1.63亿美元收购美国生物医药及医疗仪器研发外包服务供应商AppTec公司。

四、典型案例

（一）应急处置：甲型H1N1流感疫情防控

2009年，甲型H1N1流感在北美爆发并蔓延到全球，为应对疫情，4月底，国务院建立了应对甲型H1N1流感联

（一）通信业保持平稳较快发展，网络基础设施竞争力总体跃升

“十一五”规划目标提前完成。2009年，基础电信企业业务收入达到8600亿元，电话用户达到10.61亿户，互联网网民达到3.84亿，均已提前实现“十一五”发展目标。继固定电话和移动电话之后，互联网网民和宽带接入用户也双双实现跨越增长，到2008年就已跃升全球第一。

通信基础设施建设迈向新台阶。建成覆盖全国、全球最大的信息通信网络。到2009年，通信光缆网络总长度达826.7万公里，其中长途光缆线路84万公里。我国基础电信企业互联网宽带接入端口已达1.36亿个，互联网国际出口带宽达866 Gbps，拥有7条登陆海缆、20条陆缆，总容量超过1600Gb。我国99.3%的乡镇和91.5%的行政村接通了互联网，96.0%的乡镇接通了宽带。2009年1月，我国政府开始发放第三代移动通信(3G)牌照，目前3G网络已基本覆盖全国。移动互联网正快速发展，互联网将惠及更广泛的人群。

（二）基础战略性作用日益突出，对经济社会支撑作用显著提高

有力促进经济增长。“十一五”期间，基础通信企业累计投资近1.5万亿元，有力带动了经济增长。电信业业务收入年均增长9.2%，对GDP直接贡献率平均达到1.8%。2009年3G直接投资1609亿元，带动GDP增长343亿，间接带动1413亿，直接创造就业岗位26万，间接创造就业岗位67万。

新兴网络经济蓬勃发展。行业辐射倍增作用明显增强，推动了传统产业改造升级和现代服务业发展。基于信息通信网络的新型经济迅速勃兴，成为国民经济新的增长点。2008年互联网服务市场规模接近1500亿元，形成一批初具国际影响力的骨干企业。

全面服务民生和社会发展。普及率大幅度上升。到2009年底，移动电话普及率达到56.3%；互联网普及率达到28.9%。通信资费持续下降，综合价格水平自2005年以来下降31.6%。业务种类日益丰富，服务水平不断提高，用户权益保护日趋完善，服务满意度稳中有升。村通工程取得明显成效，农村普遍服务水平大幅度提升。到2009年底，全国99.86%的行政村和93.4%的20户以上自然村通电话。通过向政府、企业、城乡家庭提供信息化应用服务，促进全社会实现效率提升和成本节约，加速了国民经济和社会信息化进程，有力推动了我国向信息社会迈进。

全面履行企业社会责任。主要通信企业都建立和完善了企业社会责任的管理体系，将社会责任理念和要求全面融入企业发展战略和日常经营管理，实现了履行社会责任与公司经营的有效结合。

（三）电信体制改革取得新突破，市场竞争格局持续优化

全业务竞争的市场格局初步形成。2008年，组建工业和信息化部，着力推进信息化与工业化融合，为通信业发展指明了转型升级方向，开辟了广阔新空间。基础通信业进行了新一轮重组，并适时发放了3G牌照，形成了中国电信、中国移动和中国联通全业务运营和竞争的新格局。

互联网和增值通信企业竞争力提升。目前，互联网和增值通信业务市场已形成2万余家企业充分竞争的格局，造就了腾讯、阿里巴巴、百度等具有国际竞争力的优秀企业。

（四）行业转型取得积极进展，助推“两型”社会建设效果良好

结构转型和优化升级初见成效。2009年，非话业务收入占总收入的比重已超过40.0%。互联网和增值通信企业效益不断提升。融合性新业务发展加快。截止到2009年底，上海已经成为全球最大的IPTV本地网并且是唯一用户规模过百万的城市。

网络资源共建共享效果显著。积极推进共建共享，不断提高通信基础设施利用率。仅2009年，基础通信企业减少重复投资就超过100亿元。

节能减排降耗成绩斐然。通过利用各种创新的软、硬件，网络效能获得显著提高，节能、减排、降耗效果明显，带动了低碳经济的发展。

（五）技术业务创新全面展开，TD-SCDMA产业化进程明显加快

新技术蓬勃发展。技术创新实现重大突破，网络宽带化取得积极进展，IP化演进成效显著，下一代互联网研究部署稳步推进，基础传输网向超高速、超宽带、智能化方向发展。

基于互联网的应用模式不断创新。物联网、云计算、三网融合等基于互联网的新技术、新业务、新形态不断涌现。移动互联网快速发展。

我国自主知识产权的TD-SCDMA大规模商用。建立了较为完整的产业链，形成了TD-LTE的国际演进标准，创造了我国信息通信技术领域自主创新的成功典型，为构建我国完整通信产业链、提升核心能力奠定了重要基础。

（六）通信和网络信息安全保障能力显著提升，在重大活动保障和突发事件处置中发挥重要作用

通信业在抗击特大自然灾害中发挥了突出作用。在抗击南方雨雪冰冻灾害、“5.12”汶川特大地震、“4.14”玉树地震中确保了重要通信的畅通，为抢险和抗震救灾做出了突出贡献。

在重大活动保障和突发事件处置中作出了应有贡献。为2008年北京奥运会、残奥会、2009年国庆60周年和2010年上海世博会等重大活动提供了安全可靠的网络与信息安全保障，在新疆和藏区维稳工作中发挥了重要作用，为维护国家安全和社会稳定作出了贡献。

二、通信业的发展展望

“十一五”时期，我国通信业在建设与发展中取得的辉煌成绩，为“十二五”时期通信业的深入发展打下了良好的基础并积累了宝贵的经验。“十二五”时期，通信业要抓住历史的发展契机，进一步落实科学发展观，着力打造支撑经济社会发展转型的关键网络基础设施，发展壮大信息网络等战略性新兴产业，推动国民经济和社会信息化水平全面提升；着力提升服务“两化”融合的能力和水平，加速通信业结构调整和转型升级，实现通信业做大做强；着力缩小城乡通信水平差距，深化普遍服务机制和内涵，服务社会主义新农村建设；着力保障网络和信息安全，提升应急保障能力，维护社会稳定。为建设全面小康社会提供有力支撑，促进经济社会又好又快发展。

“十二五”期间，我国将加快光纤宽带网络、下一代互联网和新一代移动通信基础设施建设，基本建成宽带、融合、泛在、安全的新一代通信基础设施。

“十二五”期间，我国将着力推动通信产业科技的整体性突破和跨越式发展，在重要的技术领域拥有大量自主知识产权的核心技术，基本建立较为完善的科技创新体系。

“十二五”期间，我国将着力推动信息网络和信息技术广泛应用，促进传统产业改造升级，发展数字内容产业，推广行业智能化应用，推进三网融合取得实质进展，信息网络产业经济不断壮大。

“十二五”期间，我国将着力推动电信普遍服务从“行政村通”延展到“自然村通”，普遍服务内容逐步从语音业务扩展到互联网业务，基本实现村村通宽带。

“十二五”期间，我国将着力突破网络信息安全核心关键技术，基础网络、重要信息系统和关键应用安全可控，应急通信保障能力和公众信息网络抗毁能力大幅提升，网络信息安全保障能力显著增强。

“十一五”污水处理项目规划目标可望提前一年完成

11月30日，在第四届中国城镇水务发展国际研讨会城镇水务发展综合论坛上，住房和城乡建设部副部长仇保兴表示，我国城镇污水处理正处于快速发展时期。

首先，我国污水处理量实现了大幅度增加。相关数据显示，2008年较2000年，我国污水处理量增加了140%，由此，中国也成为世界上唯一实现十年内污水处理量翻番的国家。其次，我国污水处理厂建设也正突飞猛进。据仇保兴介绍，截至2009年10月，我国污水处理厂数量已达1817座，总处理能力为9958万立方米/日，分别是2000年的3.8倍和4.5倍。另外，城镇污水处理率也实现了突破，2008年城镇污水处理率已达65%，较2000年翻了一番。此外，在管网建设、

污水处理厂处理量、设施利用效率、污染物削减等方面也均取得了较大进展。仇保兴表示，预计到2009年年底，我国城镇污水处理厂能力将超过1亿立方米/日（相当于2005年的1.7倍）；目前我国正在建设的1986个污水处理项目的污水处理能力达5530万立方米/日。所以，我国已建和在建污水处理项目的总处理能力将接近1.6亿立方米/日，这将与美国整个国家的污水处理能力相当。

面对我国城镇污水处理行业取得的显著成绩，仇保兴信心十足地表示，“十一五”污水处理方面的规划目标可望于今年年底完成，这将比原计划整整提前一年的时间。据其透露，我国污水处理率目前已完成“十一五”规划目标；污水处理新增COD削减能力的大大增加，也已超过了“十一五”规划预计。

“十二五”国家将进一步加大对城镇污水处理支持力度

我国城镇污水处理行业在经历快速发展的同时也面临着发展不平衡、部分设施能力闲置、污染物削减效率亟待提高、污泥二次污染问题突出等等问题。仇保兴表示，我国城镇污水处理的未来仍旧任重道远。

他指出，在2010年和“十二五”期间，国家将进一步加大对城镇污水处理的支持力度。对于技术工作者和工程实践者来说，应在“十二五”期间注重将污水集中与分散处理相结合；污染企业零排放与强化雨污分流收集相结合；雨水收集与再生水就地循环利用相结合；传统工艺优化与技术创新相结合。力争于“十二五”期间实现：城市和县城基本实现污水处理的全覆盖；重点建制镇全面推进污水处理设施建设；管网配套和污泥无害化处置进一步加强；再生水利用和城市水系修复将重点推进。在此基础上，尽早建立相对完善的城镇污水处理基础设施，从根本上解决城镇水污染加剧的问题，确保水安全。

“十一五”期间我国吸收外资质量和水平稳步提升

“十一五”既是我国经济社会发展取得重大成就的五年，也是对外开放事业获得全面拓展的五年。外资工作作为对外开放事业的重要组成部分，保持了平稳增长，实现了质量和水平的有效提升。

一、吸收外资规模进一步扩大。

“十一五”期间，我国累计吸收外商直接投资预计可达到4200亿美元，为“十五”期间的1.5倍左右;全球排名由“十五”期末的第4位上升至第2位，并连续18年位居发展中国家首位。即使是在国际金融危机冲击较为严重的2009年，我国吸收外资的降幅也远远低于全球平均水平，此后又较早较快地进入了复苏通道，这表明中国政府的危机应对工作获得了全球投资者的认可，有效提振了投资者信心。相关国际组织和专业机构所作的调查也显示，中国一直是全球最具吸引力的投资东道国之一。

二、外资促进经济社会发展的整体功能获得更好发挥。

凭借其优质资产和较高的生产经营效率，外商投资企业已成为我国社会财富的重要创造者和就业的重要吸纳渠道之一，其创造的工业产值、税收、进出口额分别达到全国的28%、22%、55%左右（其中高新技术产品的出口约占80%），直接吸纳就业约4500万人。作为富有活力的市场主体，外商投资企业有效地促进了市场竞争和市场体系的完善，其技术和管理模式的溢出效应大幅提升了相关行业的发展水平。外资带来的先进理念和国际规则，有力地推动了我经济体制改革的进程，也深刻改变了中国社会的面貌。

三、对外开放工作有序推进。

“十一五”期间，我国继续推进建筑、分销、直销等行业的对外开放，全面履行了我加入世贸组织的相关承诺。在此基础上，我进一步向全球主动开放旅游、金融信息服务、融资担保等产业领域；与东盟及巴基斯坦、新西兰、智利等国签订多个双边协定，安排投资和服务贸易领域的相互开放；通过《内地与香港关于建立更紧密经贸关系的安排》及补充协议，在专业服务、信息技术、视听、运输等40多个部门对港澳分别做出高于世贸组织的开放承诺。

四、承接国际高端产业转移成效显著。

“十一五”期间，一、三产业吸收外资占外资总额的比重由“十五”末期的30%上升到48%，特别是投向现代农业、商贸服务和民生服务领域的外资明显增多。制造业领域中，电子信息、集成电路、家用电器、汽车制造等技术资金密集型产业继续发展，新能源、新材料、生物医药、节能环保等行业的外资日益形成规模。

与此同时，相关产业的核心竞争力也有了明显提升。目前，跨国公司在华设立的研发中心已超过1400家，比“十五”末期增长近一倍。外资研发中心中，从事先导技术研究的近50%，已超过从事市场调试型研究的比重（40%）；60%以上的研发中心将全球市场作为其主要服务目标。这表明，外资在华研发工作的重点已经从简单的市场应用服务逐步转向基础研究和产品开发。

在这一时期，我国还抓住国际服务业转移的机遇，集中力量发展了服务外包等新兴业态，目前我已成为国际第二大离岸服务外包目的地市场，为下阶段产业结构的进一步优化升级打下了良好的基础。

五、区域协调发展工作深入开展。

“十一五”期间，外资在我国内的区域布局有所改善，中西部吸收外资占全国总量的比重，由11%上升到14%左右，不但促进了区域经济的发展，对我沿边、沿江开放战略的推进也发挥了重要作用。

在这一过程中，一批新的区域开放平台在中西部兴起。以外资经济为主体的各类产业聚集园区的实力和整体功能有了明显提升，“十一五”期间有22个中西部省级开发区成功升级为国家级经济技术开发区，使得中西部地区国家级经济技术开发区的总数达到了43个。中部贸易投资博览会的举办，填补了中部地区区域性投资促进平台的空白，5年间共吸引境外客商近3万人，引入合同外资426亿美元。

区域间的投资合作在这一时期也取得了突出的成绩。通过对口支援、开发区异地合作、设立“产业转移促进中心”等形式，区域间合作机制日趋完善，不但促进了产业梯度转移，更便利了东部地区管理模式的输出，提升了中西部外资工作的水平。目前，中西部地区不但在承接东部劳动密集型产业转移方面有了明显进展，电子、汽摩、航空航天、医药制造、现代农业等高端产业和服务外包等新兴业态也已初具规模，在一些领域甚至开始与东部地区实现同步发展。

六、外资政策法规体系建设取得新的突破。

“十一五”期间，我国修订和制定了外资并购和设立合伙企业等项规定，促进了外资市场主体立法的进一步完善；继续深化外资审批体制改革，仅商务部在2009年一年内就先后取消和下放了26大类审批事项，目前新设外商投资企业报商务部核准的仅占全国的0.2%左右，有效推进了投资贸易便利化；在扩大开放的前提下再一次修订《外商投资产业指导目录》，同时切实加强对产能过剩领域外商投资的引导，提升了外资产业政策制定工作水平；特别是近一个时期，国家结合国际金融危机的应对工作，就稳定和扩大外商投资、深入实施西部大开发战略、促进中西部承接产业转移、发展战略性新兴产业出台了一系列新的重要政策文件，这必将为未来外资工作发展方式的顺利转型奠定坚实的基础。

"十一五"期间我国服务贸易迅速发展

改革开放以来，我国宏观经济形势良好，服务贸易稳步发展，贸易规模迅速扩大，服务贸易在国民经济中的地位和作用日益突显，中国服务贸易在全球地位快速上升。进入新世纪，中国面临的外部经济环境日益复杂，国民经济发展进入战略转型的关键时期，加快经济结构调整和发展方式转变的要求日益紧迫。《国民经济和社会发展第十一个五年规划纲要》首次专节规定服务贸易发展工作，把发展服务贸易确立为国民经济发展的重要战略内容。按照"十一五"的统一部署，商务部制订了《服务贸易发展"十一五"规划纲要》并会同各部门、各地区认真组织落实，建立健全服务贸易管理机制，完善服务贸易政策措施，有序推进服务领域对外开放，大力开展服务贸易促进工作，努力扩大服务出口，积极支持服务企业"走出去"，为"十二五"时期服务贸易发展奠定了基础。

一、我国向服务贸易大国迈进

"十一五"以来，我国服务贸易保持稳健发展，对外开放有序推进，贸易规模增长迅速，贸易结构逐步优化，国际地位不断上升，已成为全球服务贸易的重要国家。

（一）服务贸易规模迅速扩大

2005—2009年，我国服务贸易进出口总额从1571亿美元增长到2868亿美元，增长了约1.8倍，年均增长16.2%。其中，服务出口年均增长14.9%，是同期全球服务出口平均增速（7%）的两倍。我国服务出口的世界排名从2005年的第八位升至2009年的第五位。2010年上半年，我国服务贸易进出口大幅增长，总额为1656亿美元，同比增长31.7%。但是，"十一五"以来，我国服务贸易总体仍落后于货物贸易，服务出口额占对外贸易总出口的比重维持在9%左右，低于全球平均水平。

（二）服务贸易结构渐趋优化

"十一五"以来，我国旅游、运输等传统行业在服务贸易进出口总额中的占比逐年下降，保险、计算机和信息服务、咨询等新兴行业的占比逐步上升。"十一五"之初，旅游、运输等传统服务贸易占服务贸易总额的比重接近七成，保险等新兴行业服务贸易所占份额远低于世界平均水平。近年来，新兴行业服务出口的比重逐渐上升，占服务出口总额的近一半。

（三）重点领域服务出口取得显著成效

"十一五"以来，我国综合考虑全球服务贸易发展趋势、国际市场需求前景、服务出口部门的发展潜力及其对经济发展的重要程度等因素，按照"继续巩固、积极推进、重点培育"三个层次推动服务出口，成效显著。一是运输、旅游、建筑等行业在服务贸易中的规模优势继续巩固，贸易效益逐步提升。2009年，我国运输出口236亿美元，比2005年增长53.2%；旅游出口397亿美元，比2005年增长35.5%；建筑服务出口95亿美元，是2005年建筑服务出口的3.66倍，年均增长38.4%，占服务出口总额的比重从3.5%提高到7.4%。2009年，尽管受国际经济形势影响，我国建筑服务贸易顺差仍达到36亿美元。二是积极推进文化、广播影视、教育、中医药服务等有中国特色的服务出口，出口潜力得到进一步发掘。我国文化服务出口起步较晚，但数量增速快，内涵逐步深化，海外市场日渐扩大。近年来，我国围绕游戏、动漫、文艺演出等行业，针对重点企业落实支持政策，积极开展重点国别促进活动，文化出口绩效日益提升。我国教育机构在境外办学、来华留学教育保持良好发展势头。三是重点培育电信、金融、计算机和信息服务、出版、传媒、咨询等现代服务贸易。2005-2009年，电信服务增长迅速，出口从4.85亿美元增加到12亿美元，年均增长25.4%；金融服务出口从1.45亿美元增加到4亿美元，年均增长28.9%；计算机和信息服务出口18.4亿美元增加到65亿美元，年均增长37.1%，顺差规模大幅增长。

（四）服务业对外开放有序推进，我国成为全球服务贸易争夺的热点地区

加入世贸组织以来，我国按照承诺逐步取消服务领域对外资在地域、股权和业务范围等方面的限制，服务

贸易各领域实际利用外资呈现良好的发展势头。

（五）“走出去”战略稳步推进，境外商业存在增长迅速，在对外投资中的比重快速上升

我国境外商业存在的服务出口刚刚起步，但增长迅速。2005—2009年，占服务业对外投资主导地位的新兴服务业高速增长。2009年，租赁和商务服务业对外直接投资达204.7亿美元（比2005年翻了两番），占2009年服务业对外直接投资总额的36.2%。

二、服务贸易制度不断完善

（一）服务贸易管理机制更加健全

“十一五”期间，我国初步建立起专门的服务贸易管理机制和促进体系，并在实践中不断完善。

一是确立了服务贸易发展工作的管理机制。2006年，商务部成立服务贸易司，专门负责牵头拟订服务贸易发展规划、促进服务出口规划与政策并组织实施，承担服务贸易促进和服务贸易统计工作，此外，还负责拟订技术贸易政策和对技术进出口进行管理。

二是建立了服务贸易发展工作的部际联系机制。2010年，商务部牵头会同发展改革委、财政部、文化部等34个部门建立了服务贸易跨部门联系机制。2007年，又成立了由商务部、中宣部、财政部、文化部等部门和单位组成的文化出口重点企业和项目相关工作部际联系机制，进一步加强文化出口促进工作。

三是强化了对地方服务贸易发展工作的指导和联系机制。2008年，商务部和上海市政府签署《关于共同推进上海市服务贸易发展的合作协议》，鼓励国家服务贸易政策在上海先行先试。目前，商务部已经指导上海研究制定《上海服务贸易中长期发展规划纲要》、《关于促进上海服务贸易全面发展的实施意见》；近期，还将指导和帮助新疆研究制订《新疆自治区服务贸易发展规划》。此外，国家已认定北京、天津、上海等21个服务外包示范城市，给予多方面的政策支持。

四是建立和完善与国际组织、外国政府的工作联系机制。“十一五”以来，我国与欧盟建立了服务贸易工作部门对话机制，与六大国际组织和美、英、日等主要发达国家的政府部门建立了工作联系。我国驻外使领馆和经商机构在促进服务贸易领域的国际交流与合作方面发挥了重要作用。

（二）服务贸易促进体系更加完善

服务贸易领域的社会中介组织建设取得实质性进展。2007年，国务院批准成立中国服务贸易协会，商务部会同各相关部门组成了中国服务贸易协会指导委员会。2008年、2009年，中国服务贸易协会分别成立了通信与信息服务贸易专业委员会、文化贸易专业委员会等专业委员会，有利于促进重点领域服务贸易的发展。

服务贸易信息服务工作扎实推进。2006年，商务部设立“中国服务贸易指南网”，提供国内外服务贸易发展动态、政策法规、服务贸易专题研究、最新统计分析、企业数据库和市场供求等信息。近年来，网站对外宣传力度不断加强，网站的交易促成功能、对外交流与合作功能、与企业和地方的联络功能不断强化，正逐渐成为服务贸易领域政府提供信息服务、促进国际交流、企业开展合作的重要平台。

服务贸易交流交易平台进一步拓展。2007年、2009年，我国成功举办两届中国服务贸易大会，对促进服务贸易发展发挥了积极作用。近年来，还陆续举办数届中国（深圳）国际文化产业博览交易会、中国国际服务贸易（重庆）高峰会、中国（大连）国际软件和信息服务交易会、中国(香港)国际服务贸易洽谈会等大型展会，在服务贸易领域逐步形成了覆盖面广、重点突出的会展格局。

（三）服务贸易基础工作更加巩固

一是建立和完善服务贸易统计制度和体系。2007年，商务部、国家统计局联合发布《国际服务贸易统计制度》；中国服务贸易统计数据库建立。2010年，商务部、国家统计局联合修订《国际服务贸易统计制度》，使统计内容更加全面，能够覆盖世贸组织的四种服务贸易提供模式，服务进出口数据采集由使用部门数据改为综合利用企业调查数据、相关部门资料以及其他统计资料，可以为国家制定服务贸易政策、进行对外谈判、检测企业运行情况提供更有效的数据支持。目前，商务部等部门正着手组织落实新版《国际服务贸易统计制度》，研究制定《服务贸易统计管理办法》，探索建立以企业调查为基础的服务贸易统计体系。

二是服务贸易发展与促进的理论研究取得了长足进步，为服务贸易政策制订提供了重要的借鉴。2006年以来，商务部牵头完成了大量的服务贸易发展理论和政策问题研究，内容涉及货物贸易与服务贸易协调发展、扩大中国服务贸易出口的思路与对策、服务贸易促进立法、提升中国服务贸易竞争力、建立和完善中国服务贸

易统计体系、推动中国文化出口、提高技术引进消化吸收再创新能力、中医药服务贸易发展战略、中国运输服务贸易发展、中国软件出口的战略选择和政策措施、中国软件园区出口能力建设、中国动漫出口形势及政策、建立服务贸易和服务外包促进体系等等；组织翻译部分国家服务贸易相关法律法规；积极开展月报、快报、年度报告、《服务贸易简报》、《中国服务贸易发展报告》、《中国软件出口发展报告》等的编撰工作。2006年以来，商务部每年发布《服务贸易发展报告》，全面分析我国服务贸易总体发展情况。

三是进一步加强服务贸易工作队伍建设。2006年以来，商务部组织落实“人才强商”工程，每年组织地方商务系统开展服务贸易综合知识、统计分析、重点领域服务出口扶持政策等方面的业务培训，提高了全国商务系统服务贸易工作人员的理论水平和业务工作能力。

三、服务贸易发展环境不断优化

（一）保障服务贸易发展的法律体制进一步健全

加入世贸组织以来，我国及时修订各服务行业立法，确保相关法律法规与WTO规则接轨。近年来，商务部陆续修订了技术进出口管理等方面的法律文件，以加大技术贸易促进力度。目前，商务部等部门正在研究制订《服务贸易促进条例》、《软件和信息服务业促进条例》等法规草案，为服务贸易发展提供立法保障。

（二）鼓励服务贸易发展的政策体系进一步完善

“十一五”以来，国务院陆续出台《关于加快发展服务业的若干意见》、《关于加快发展服务业若干政策措施的实施意见》等促进服务业发展的政策措施，为夯实服务业产业基础、促进服务贸易发展创造了政策环境。各服务行业主管部门迈出改革开放的新步伐，国有银行股份制改革、电信企业调整重组、文化新闻出版体制改革、完善社会保障制度、深化医药卫生体制改革以及税收、价格、收费等方面的改革稳步推进，对突破服务业体制机制约束、加快服务业和服务贸易发展产生了积极作用。商务部会同有关部门制定了《服务贸易“十一五”发展规划纲要》、《商务部关于加强服务贸易工作的指导意见》等重要的政策文件，制定（修订）了技术进出口、文化产品和服务出口等方面的指导目录，在会计、信息服务、文化出口等领域出台了一系列政策措施，服务贸易促进政策体系不断完善和深化。各地也加大了服务业和服务贸易发展的政策支持力度，很多省（区、市）出台了加快发展服务业的政策文件，上海专门就服务贸易发展制定了中长期发展规划和实施意见。

（三）服务业对外开放新格局初步形成，服务贸易交流与合作渠道进一步拓展

“十一五”以来，世界贸易组织（WTO）和服务贸易协定（GATS）框架下的服务业对外开放有序推进。目前，中国在航运、公路运输、旅游、计算机与信息服务、建筑服务、广告、文化、法律等领域的开放承诺都已兑现。在金融领域，保险业基本实现全面对外开放；外资银行在中国发展已经实现了由“分行主导”向“法人主导”的平稳过渡；在全部兑现证券业开放承诺的同时，实施合格境外机构投资者（QFII）、合格境内机构投资者（QDII）制度，2008年超出对WTO的承诺，允许符合条件的合资证券公司扩大业务范围。

自由贸易区（FTA）框架下的服务贸易交流与合作进一步深化。自由贸易区是推进中国服务贸易发展的重要平台和策略选择。在中国对外商谈的自贸区协议中，均包括服务贸易自由化的内容。中国还与其中部分国家（地区）签署了专门的服务贸易协议。2007年1月，中国与东盟签署了《服务贸易协议》。2008年4月，中智双方正式签署了《中智自贸协定关于服务贸易的补充协定》。2009年2月，中国与巴基斯坦签署了《中国—巴基斯坦自由贸易区服务贸易协定》。

对港澳台服务贸易交流与合作进一步深化。2003年，中央政府与香港、澳门特区政府分别签署了《关于建立更紧密经贸关系的安排》，2004年以来又签署了七个《补充协议》，目前均已实施。由于港澳都是典型的以服务业为主导的经济体，在服务业方面具有较强的比较优势，服务贸易成为CEPA及其补充协议的核心内容。2010年6月，两岸签署《海峡两岸经济合作框架协议》（ECFA），内容涵盖货物贸易和服务贸易。9月12日，ECFA正式开始实施。

“十二五”时期，我国服务贸易规模将继续稳步扩大；结构将渐趋优化，知识密集、技术密集和高附加值现代服务贸易占我国服务贸易出口总额的比重将显著提高；区域服务贸易发展将渐趋协调；国际竞争力将不断增强；服务业对外开放水平也将日益提升。

“十一五”期间我国“走出去”战略取得跨越式发展

“十一五”期间，我国深入实施“走出去”战略，对外投资合作取得跨越式发展，已与对外贸易、利用外资相互融合、相互促进，共同构成当前我国开放型经济的重要组成部分，对国民经济和社会发展的贡献日益增大。

一、“走出去”健康快速发展，规模和质量在“十五”基础上全面提升

“十一五”期间，“走出去”规模和效益进一步提升，领域不断拓展，方式逐步多样，水平日益提高。即使在金融危机影响下，对外投资合作仍实现“逆势上扬”，继续呈现平稳增长的趋势。

一是增长速度日益加快，总体规模不断扩大。2006－2009年，对外直接投资从211.6亿美元增至565.3亿美元，年均增速38.8%，4年累计对外直接投资额1601.1亿美元，截至2009年底存量达2457.5亿美元，位于全球第15位、发展中国家/地区第3位，广泛分布在全球177个国家和地区，1.3万家境外企业海外资产总额累计1.1万亿美元，已逐渐成为全球重要的资本输出国。对外承包工程完成营业额从300亿美元增至777亿美元，年均增速37.3%，4年累计完成营业额2049亿美元，是“十五”时期的2.8倍，截至2009年底完成营业额累计3407亿美元。对外劳务合作实现平稳较快增长，截至2009年底累计派出各类劳务人员502万人，2009年末在外劳务人员77.8万人，比“十五”期末（2005年）增加21.3万人。

二是方式日趋多样，领域日益拓展。对外投资合作由单个项目建设逐步向区域化、集群式模式发展，一批境外经济贸易合作区初具雏形。跨国并购成为新亮点，获取资源能源、营销网络和技术品牌成为主要目的。2006至2009年间，非金融类跨国并购投资额年均增长35.7%，2009年并购投资占当年对外投资总额的40.4%。对外承包工程从数量规模型向质量效益型转变，以投融资为先导的特许经营方式逐渐增多。

三是水平不断提升，主体实力继续增强。对外承包工程中石化、轨道交通、电力和电子通讯等领域项目比例已升至新签合同额的六成左右，带动出口和利润水平进一步提升，上亿美元项目数从2006年的94个增加到2009年的240个，最大项目合同额增至75亿美元。外派劳务不断向海员、空乘、医护、教师、工程师等高级技术劳务扩展。对外投资主体呈多元化趋势，国有企业继续发挥主导作用，民营企业异军突起，地方企业投资大幅增长。企业国际竞争力大幅提高，2009年34家中国企业入选世界500强，54家中国对外承包工程企业进入世界225家国际承包商行列，完成海外工程营业总额占225强海外营业总额13.2%，首次跃居首位。

二、“走出去”各方效应凸显，构筑互利共赢的对外开放新格局

一是“走出去”促进我国经济社会发展。“十一五”期间，“走出去”在有效促进经济增长和外贸发展方式转变、推动产业结构调整和技术升级的同时，部分缓解了国内资源不足、产能过剩、就业压力以及国际收支不平衡等问题。据统计，2006-2009年，我国非金融类对外直接投资境外企业累计实现销售收入1.6万亿美元，累计实现进出口总额5542亿美元，2009年末境外企业中方就业人数达53.2万人。据测算，2006－2009年对外承包工程带动出口约760亿美元，其中绝大部分为大型成套机电产品。据统计，每年我在外劳务人员汇回外汇收入超过40亿美元。

二是“走出去”培育壮大跨国经营企业。随着全球化经营战略的深入实施，对外投资合作企业逐步提高全球配置资源能力，进一步拓展外部发展空间。加工生产型企业从单一生产销售逐步向设计研发、市场营销和售后服务拓展，建立制造基地、配送中心和研发中心，积极抢占产业价值链高端。资源开发类企业不断延伸上下游业务，努力开展多元化经营。

三是“走出去”实现中外双方和谐发展和互利共赢。通过开展互利互惠的对外投资合作，进一步深化了我与世界各国的友好合作关系，扩大了中外双方的共同利益，为东道国带去了人才、资金和技术，并为当地解决就业、增加税收、增强自主发展能力做出了贡献。2009年境外中资企业实现境外纳税106亿美元，雇用当地员工43.8万人。我国企业在发展中国家承揽了众多惠及民生的优质工程，有力改善了当地的基础设施水平，并为提升当地产业水平、实现可持续发展做出了贡献。境外中资企业在当地认真履行社会责任，义务修桥修路、热心公益活动，受到了当地政府和人民的广泛赞誉。

三、“走出去”政策制度体系不断完善

“十一五”期间，政府有关部门加快完善“走出去”法律框架和管理制度，进一步增强服务促进职能，全面构筑“走出去”政策促进、服务保障和风险控制体系。

一是完善管理制度，推进立法进程。起草制定新形势下加快实施“走出去”战略的政策措施。提高对外投资合作便利化，出台《境外投资管理办法》等政策法规。出台《对外承包工程管理条例》，制定《对外承包工程资格管理办法》等配套政策，深入进行《对外承包工程管理条例》专项检查工作。深入对外劳务合作管理体制改革，推动出台《对外劳务合作管理条例》，加强境外就业管理，将对外劳务合作经营资格核准下放至地方商务主管部门。建设对外劳务合作服务平台，建立境外劳务群体性事件预警机制和对外劳务合作不良信用记录。规范市场经营秩序，开展清理整顿外派劳务市场秩序专项行动，妥善处理境外劳务纠纷事件。

二是加强宏观规划指导，落实各项支持政策。编制《对外投资合作“十二五”发展规划》，制定重点国别和行业中长期发展规划。与有关国家商签经贸合作中长期发展规划。定期发布《对外投资国别产业导向目录》、《对外承包工程国别产业导向目录》等指导性文件。落实安排对外经济技术合作专项资金、对外承包工程保函风险专项资金、境外经济贸易合作区发展资金，扩大对东盟、上合组织、非洲等地区优惠信贷支持规模。完善境外直接投资外汇管理，鼓励金融机构为合作项目提供信贷支持和金融服务。

三是开展服务促进工作，提供境外权益保障。增强公共服务职能和政策信息透明度，发布《对外投资合作国别（地区）指南》、《国别贸易投资环境报告》、《国别投资经营障碍报告》，完善对外投资合作信息服务系统。搭建中国国际投资贸易洽谈会、中国－东盟博览会、中非合作论坛、中国工程技术展览会等促进平台，开展企业跨国经营人才培训。加强政府间沟通合作，商签双边投资保护协定、自贸区协定和政府间基础设施及劳务合作协议。引导企业在中资企业相对集中的国别和地区组建境外中资企业商会，提高行业自律水平。建设境外安全保障体系，制定下发《境外中资企业机构和人员安全管理规定》，建立对外投资合作境外安全风险预警和信息通报制度。

附录

中国投资大事记

（2010年1月—2010年12月）

一月

消费金融公司试点启动

1月7日　中国银监会日前正式批准北京银行、中国银行和成都银行作为主要出资人筹建消费金融公司，这意味着酝酿多时的消费金融公司试点正式启动。

2009年7月，为加大金融对扩内需、促消费的支持力度，银监会发布了《消费金融公司试点管理办法》，并启动了北京、天津、上海、成都四地消费金融公司的试点审批工作。

根据《试点管理办法》，消费金融公司是“不吸收公众存款，以小额、分散为原则，为中国境内居民个人提供以消费为目的的贷款的非银行金融机构”，主要为居民个人提供以消费为目的融资，如购买家用电器、电子产品等耐用消费品，以及用于个人及家庭旅游、婚庆、教育、装修等用途的消费事项。试点期间暂不办理房贷和车贷业务。

首批国家能源研发中心成立

1月6日　国家能源局6日举行授牌仪式，这标志着首批16个国家能源研发（实验）中心正式成立。

国家发展改革委副主任、国家能源局局长张国宝在授牌仪式上说，16个研发中心涉及核电、风电、高效发输电以及设备材料等能源重点行业和领域，对建立我国能源科技支撑体系，满足创新型国家和能源结构优化升级的战略需要以及能源技术装备的市场需求意义深远。

东湖高新区启动建设

1月6日　湖北省政府6日正式公布《国务院关于同意支持东湖新技术产业开发区建设国家自主创新示范区的批复》，正式启动中部地区首个国家自主创新示范区建设。

继北京中关村之后，东湖高新区成为国务院批准的第二个国家自主创新示范区。根据《批复》，东湖高新区将适用中关村科技园区的有关政策措施，包括开展股权激励试点、深化科技金融改革创新试点、支持新型产业组织参与国家重点科技项目、组织编制发展规划，以及实施优惠税收政策等。

东湖高新区成立于1988年，建成面积约80平方公里，现有注册企业12784家，“十五”期间主要经济指标年均增速达28%，近3年主要经济指标均保持了30%以上的增长。

中国速度最快货运列车运行

1月14日　沿海快线甬温海铁集装箱班列在浙江省宁波市铁路北仑港站启动运行。该班列以铁路北仑港站、温州西站为装卸作业点，时速可达每小时120公里，是目前国内运行速度最快的货运列车。沿海快线甬温海铁联运的开通运行，可以降低浙东南沿线地区企业的商务成本。

中国去年引智48万人次

1月19日　全国引进国外智力工作会议19日上午在北京开幕，国家外国专家局局长季允石发表讲话并提出今年引智工作重点。据悉，2009年我国全年共引进外国和港澳台专家达到48万人次，选派近5万名各类人才出国、出境培训，新设中国国际人才市场以及全国地方市场25家，新开辟海外专家组织、培训机构合作渠道14家。

季允石表示，今年我国将更加注重引进国外高层次人才和紧缺人才，为经济发展方式转变和结构调整提供全方位服务。

一是在新能源、信息网络、新材料、生命科学、空间海洋地球科学等领域引进一批掌握关键技术的战略科学家和团队，推动发展战略性新兴产业，培育新的经济增长点。

二是依托国家重大科技专项，重点在尖端科技领域和前沿科研领域引进一批国际顶尖人才和优秀团队来华工作或开展学术交流，推动知识创新和技术创新。

三是继续做好高校学科创新引智项目、国际科技合作项目和创新团队国际合作伙伴项目等重点项目，力求突破更多重要关键技术。

四是引进数控机床、深海装备、大型飞机等先进制造业急需的国外人才，为落实重点产业调整振兴规划服务，支持物流配送、营销网络、电子商务、信息咨询等现代和新兴服务业加快发展。

中国最大油轮“新埔洋”交付

1月22日　我国自主研发、设计并拥有独立知识产权的最大型原油船“新埔洋”号在广州中船龙穴造船基地交付船东，成为我国自主运输船队中的一支重要力量。

“新埔洋”号全船长333米、宽60米，甲板比3个标准足球场还大；甲板面至船底型深29.8米，上层建筑高6层，该船可装载闪点低于60℃的原油30.8万吨，运力相当于一列31公里长的火车。甲板面上设有直升机停降平台，服务航速可达15.7节，从广州到中东原油港航期只需20天，该船可持续航行60天，续航力约20000海里，即便穿越惊涛骇浪，都能实现24小时机舱无人值班与自动导航。同时“新埔洋”配有十多门消防高压水炮，射程30多米，足以打翻海盗船。“新埔洋”号配备先进的淡水造水机，每天可通过海水淡化产生30吨生活用水，船员日常用水无忧。

能不能设计建造30万载重吨超大型船舶，是衡量一个国家造船能力的标尺。过去，国际船舶市场超大型油轮（VLCC）基本由日本、韩国垄断，“新埔洋”号的交付使用，标志着我国造船工业迈入一个新的阶段，表明中国有能力设计、建造世界上任一型号的船舶。

中国首个高铁产业园奠基

1月22日　我国首个以高速铁路产品为主题的产业园区——中昊创业高铁产业园在四川省广汉市奠基。作为四川灾后重建家园最大的工业投资项目，这一园区将为快速发展的中国高铁提供系列配件产品。

这一园区总投资50亿元，主要从事轨道材料、工务工程材料、牵引供电材料、列车车体材料与配件的生产制造以及电子工程技术、材料与结构技术、通信与计算机技术等系列高铁新技术研发。30余家高铁配件、附件企业将陆续入驻园区，预计2012年初建成投产后，年产值将达200亿元，为灾区提供约5000个就业岗位。园区中的轨道板厂将于今年6月率先投产，年产值达20亿元。

六个省区将建千万千瓦级风电基地

1月26日　中国风能协会副理事长施鹏飞26日在天津高新区举行的“2010天津风电产业形势报告会暨风能协会第三次年会”上透露，我国将在甘肃、新疆、河北、吉林、内蒙古、江苏6个省区打造7个千万千瓦级风电基地。

郑西高速铁路成功试运行

1月28日　郑州至西安高速铁路今天成功试运行。国产“和谐号”高速动车组从西安站至郑州站，用时1小时48分，最高时速达352公里。

郑西高速铁路于2005年9月25日开工建设，该线自郑州站引出，经河南荥阳、巩义、洛阳等市，终到西安站，线路全长505公里，工程概算353.1亿元，是世界上首条修建在大面积湿陷性黄土地区的高速铁路。通车运营后，列车运营时速350公里，郑州至西安列车直达最短时间将由6个多小时缩短至2小时以内。

二月

国家将投入3.1亿元保护西藏湿地

2月3日　从西藏自治区林业局获悉，作为西藏高原国家生态安全屏障建设项目中的一项，国家将投入3.1亿元对西藏湿地生态系统进行保护。

受喜马拉雅造山运动的作用及高原独特气候的影响，西藏形成了面积大、分布广、特征独特的高原湿地生态系统。西藏第一次湿地调查数据显示，西藏湿地面积为600.4万公顷，约占全国湿地面积的10%。西藏湿地生态系统主要包括湖泊湿地、沼泽湿地、河流湿地和人工湿地。其面积分别为253.9万公顷、320万公顷、26.4万公顷和0.1万公顷。

西藏自治区林业局野生动植物保护处相关负责人表示，西藏拥有我国面积最大、类型繁多的湿地生态系统。目前湿地保护现状良好。

中国自主研发成功新一代LNG船型

2月7日　中国船舶工业集团公司在京宣布，其在批量建造14.7万立方米LNG（液化天然气）船基础上，又自主研发成功新一代三款LNG船型。

这三款新船型是中船集团在14.7万立方米LNG船建造经验的基础上进行自主创新的成果，其总体性能指标均已达到国际先进水平，并具有安全、环保等特点。新一代LNG船在载重量、航速与主机功率比值与同类船相当的情况下，其载重量与主尺度比值、舱容利用率均优于同类型船。

当天，中船集团沪东中华造船（集团）有限公司与上海液化天然气海运有限公司的液化天然气（LNG）船建造项目正式签约。该项目船交付使用后，将为我国第三个液化天然气引进项目——上海液化天然气接收站，提供运输船舶，承担马来西亚到上海20多年的液化天然气运输任务。

塔河油田发现1亿吨稀油资源

2月11日　从中国石油化工股份有限公司西北分公司获悉，塔河油田发现了一个1亿吨级的稀油油藏，油田计划于2015年实现年产原油1000万吨。

塔河油田的油藏基本上在5000米以下的深度，原油品质黏度大，难以开采。此次发现的稀油资源为塔河油田增产提供了有力保障，同时也降低了开采成本。

塔河油田位于塔里木盆地北部的塔克拉玛干沙漠，自然环境恶劣。2005年塔河油田建立第一个整装气田，目前每天供应天然气达190多万立方米，向西气东输管线的天然气日供气量已达到120万立方米。

塔河油田是中国石化旗下的第二大油田。2009年塔河油田全年生产原油660万吨、天然气13.45亿立方米。

西气东输管道工程通过国家验收

2月24日　国家发展和改革委员会24日在京召开西气东输管道工程竣工验收会议，西气东输管道工程正式通过国家验收。截至2009年底，该天然气管道下游分输用户达124家，累计输送天然气659亿立方米。

西气东输管道由中国石油承建，历经4年建设，构成了横贯我国西东的天然气供应网络，被誉为我国“能源大动脉”。该管道以新疆塔里木气田为主供气源，以长江三角洲及沿线地区为主要目标市场，西起新疆轮台县，途经甘肃、宁夏、安徽、江苏、上海等九个省、区、市，线路全长3835千米。

西气东输管道于2004年12月投入商业运营，输送的天然气占近5年我国新增天然气消费量的50%以上，110多个城市、2亿多人口从中受益，对于保障国家能源安全、促进管道沿线地区的产业结构调整具有重要作用。

十种有色金属产量逾2600万吨

2月24日　从中国有色金属工业协会获悉，2009年中国10种有色金属产量为2604.88万吨，同比增长3.99%。其中，精炼铜410.95万吨，原铝1284.60万吨，铅370.79万吨，锌435.67万吨，镍16.48万吨，锡13.45万吨，锑16.58万吨，镁50.08万吨，海绵钛6.15万吨。2009年我国有色金属进出口贸易总额831.97亿美元，同比降幅为11.27%。

2009年10种有色金属产量超过100万吨的省区为：河南、山东、云南、湖南、内蒙古、甘肃、安徽、广西、山西、青海。这10省区的10种有色金属产量达到1878.10万吨，占全国总产量的72.10%。

中国银行业总资产突破80万亿元

2月26日　中国银监会26日发布的数据显示，截至今年1月末，银行业金融机构资产总额突破80万亿元，达到80.5万亿元，同比增长25.5%。

根据银监会最新统计，截至今年1月末，银行业金融机构负债总额75.9万亿元，同比增长26%。商业银行拨备覆盖率为161.3%，比上年末上升6.3个百分点；商业银行不良贷款余额4830亿元，比年初减少143亿元；不良贷款率1.48%，比年初下降0.1个百分点。

我国首艘超深水钻井平台出坞

2月26日　中国海洋石油总公司26日宣布，我国自行建造的3000米深水半潜式钻井平台“海洋石油981”顺利出坞。该钻井平台填补了我国海底油气勘探和深水装备领域的空白，计划于2011年投入使用。

“海洋石油981”属于第六代深水半潜式钻井平台，代表了当今世界海洋石油钻井平台技术的最高水平，具有勘探、钻井、完井与修井作业等多种功能，最大作业水深3000米，钻井深度可达10000米。平台稳性和强度按照南海恶劣海况设计，可在中国南海、东南亚、西非等深水海域作业，设计使用寿命30年。

中国海洋石油总公司预计，海洋蕴藏了全球超过70%的油气资源，全球深水区最终潜在石油储量高达1000亿桶，深水是世界油气的重要接替区。公司计划在2010年在国内建成一个油气产量达5000万吨油当量的海上油田。“海洋石油981”的建成，加强了我国深水油气资源勘探开发的能力和大型海洋装备建造水平。

三月

长江口打通12.5米水深航道

3月9日　从交通运输部长江口航道管理局获悉，长江口深水航道治理三期工程进入最后冲刺阶段，到3月中旬长江口将实现12.5米水深航道贯通。位于上海的长江入海口长期饱受“局部梗阻”之困。长江口深水航道整治前维护水深为7米，整治工程从1998年开工，分三期整治连续增深至8.5米、10米和12.5米，工程完工后，能满足第三、四代集装箱船和5万吨级船舶全潮双向通航的要求。

在华研发中心超1200家

3月16日　从商务部获悉，据不完全统计，目前跨国公司在华设立各类研发中心超过1200家。截至2009年底，商务主管部门批准的独立法人形式外商投资研发中心共465家，投资总额128亿美元，注册资本74亿美元，主要集中在上海、北京、广东、江苏和浙江。外商投资研发中心主要集中在技术密集型行业，如电子通讯、生物医药、交通化工、软件设计等行业。

商务部有关负责人表示，近年来，跨国公司在华研发投入不断加大，而且外商投资研发中心的基础型、创新型本地化研究所占比重有所上升，越来越多的跨国公司将在华设立的研发中心作为其亚太区研发总部，甚至升级为全球技术研发中心。

曹　甸30个产业项目开建

3月16日，河北省唐山市曹妃甸工业区2010年首批30个产业项目开工建设，项目涉及码头建设、钢铁深加工、修造船、机械设备制造、新能源、新材料和光电子等产业和领域。据唐山市政府介绍，2010年，曹妃甸计划完成固定资产投资1515亿元，日均投资4亿多元，同比增长50%。

中国首架大型民用直升机首飞成功

3月18日电　由中国航空工业集团公司（简称中航工业）自主研制的AC313大型民用直升机，今天在江西景德镇首飞成功。该机由中航工业直升机公司为主研制，中航工业所属多家企业参与研制。作为我国第一个大型民用直升机,该机完全按照适航条例研制，整机性能达到国际第三代直升机水平，填补了我国大型民用直升机研制的空白，使中国和欧、美、俄一样具备自主研制大型直升机的能力，在中国直升机发展史上具有重大意义。

AC313型直升机最大起飞重量为13.8吨，可一次性搭载27名乘客或运送15名伤员，最大航程为900公里，具有高安全性、可靠性和舒适性，可广泛用于人员和货物运输、搜索营救、抢险救灾、城市和森林消防、反恐维稳、近海石油和天然气开采、定期乘客往返运输、医疗救护、旅游观光、公务飞行等航空领域。目前，该机型已取得5架订购合同。

最大弧形闸门通过验收

3月21日　，黄河上游最大弧形闸门——积石峡水电站溢洪道弧形工作闸门顺利通过电站建设、监理及安装单位组织的联合验收。该弧门重达285吨，分为8节，门叶长15米，宽21.5米，弧面曲率半径为22米。积石峡水电站是黄河上游龙羊峡至青铜峡河段规划25座水电站的第11座。电站于2007年3月实现截流，计划在今年底3台机组全部投产发电。

海上悬索桥青岛合龙

3月23日，青岛海湾大桥大沽河航道桥成功合龙，这标志着世界首座海上大跨径自锚式悬索桥顺利合龙。大沽河航道桥为不对称独塔四跨连续钢箱梁自锚式悬索桥，该桥型为海上桥梁世界首创。

362吨水电机组座环吊装成功

3月23日，世界首台单机容量80万千瓦水电机组座环在位于四川宜宾的向家坝水电站吊装成功。这个座环直径长14.38米，重362吨。向家坝水电站是我国第三大水电站，也是金沙江流域梯级开发最后一级水电站。

中国现代最大人工运河开建

3月26日　长江荆江大堤的龙洲垸里，引江济汉工程今天拉开序幕——我国现代最大的人工运河将从这里穿越江汉平原，把长江和汉江连接起来。工程全长67.23公里，渠道底部宽60米，航道水深5至6米，可通行1000吨级船舶。

引江济汉工程是南水北调中线一期工程汉江中下游治理工程之一，是从长江荆江河段引水至汉江兴隆河段的大型输水工程，也是湖北省最大的水资源配置工程。引江济汉渠首位于荆州市龙州垸长江左岸，穿荆江大堤，在潜江市高石碑镇北穿汉江干堤入汉江。南水北调中线工程调水后，汉江中下游容水量将减少约30%。引江济汉工程就是引长江水，补充因南水北调一期工程调水而减少的水量，改善汉江兴隆以下河段的生态、灌溉、航运等用水条件。结合通航工程建设，还可缩短长江荆州段至汉江潜江段航程600多公里。引江济汉工程沿线各类建筑物共计107座，渠首泵站装机6×2800千瓦，设计提水流量200立方米每秒。工程施工总工期为48个月，工程静态总投资约为61.69亿元。

吉利18亿美元收购沃尔沃

3月28日　中国浙江吉利控股集团有限公司28日在瑞典第二大城市哥德堡与美国福特汽车公司签署最终股权收购协议，获得沃尔沃轿车公司100%的股权及相关资产。

吉利集团董事长李书福和福特汽车公司首席财务官刘易斯•布思当地时间28日下午在哥德堡沃尔沃轿车总部签署了协议。吉利集团收购价约为18亿美元，创下中国收购海外整车资产的最高金额纪录。

吉利计划利用中国市场的消费潜力及低劳动力成

截至2009年底，我国风电累计发电量约为516亿千瓦时，按照发电标煤煤耗每千瓦时350克计算，可节约标煤1806万吨，减少二氧化碳排放5562万吨，减少二氧化硫排放28万吨。

六月

中缅油气管道开工建设

6月4日电　从中国石油天然气集团公司获悉，中石油已于近日与缅甸国家油气公司签署协议，明确中石油所属东南亚管道公司作为合资公司的控股股东，负责中缅油气管道工程的设计、建设、运营、扩建和维护。中缅油气管道正式开工建设。

中缅天然气管道缅甸境内段长793公里，中缅原油管道缅甸境内段长771公里，并在缅甸西海岸皎漂配套建设原油码头。两条管道均起于缅甸皎漂市，从云南瑞丽进入我国。

根据此前签署的协议，中缅原油管道设计能力为2200万吨/年，中缅天然气管道输气能力为120亿立方米/年。

中国最大国家信息安全产业基地奠基

6月6日　天津国家信息安全工程技术研究中心暨产业化基地签约仪式6月6日在天津举行。国家信息安全工程技术研究中心、天津市科学技术委员会、天津市西青区委区政府和众多信息安全相关科研机构、信息安全领域专家及30多家入驻基地的国内知名信息安全企业参加仪式。

天津国家信息安全产业基地，是国家信息安全工程技术研究中心、天津市科学技术委员会和天津市西青区委、区政府共同支持建设的重大科技产业项目。基地坐落于天津市西青区学府示范工业园，总体规划面积2600亩，是中国最大的信息安全产业基地。该项目建设总投资98亿元。到2015年，产业基地将累计实现产值600亿元，引进和培育各类信息安全企业150家。

中央财政累计安排资金约224亿

6月21日电　从在陕西召开的全国巩固退耕还林成果部际联席会议第一次会议上获悉，从2007年我国作出从全面推进退耕还林工程转向巩固成果的重大决策以来，中央财政已累计安排巩固退耕还林成果专项资金约224亿元，两年多来的退耕还林成果巩固工作取得了显著的经济社会和生态效益。

两年多来的成果巩固工作，取得了显著的生态和经济社会效益：退耕农户收入明显增加。2009年退耕户人均纯收入3683元，比2008年增加381元，实际增长11.3%，高于全国平均水平；退耕户人均得到退耕还林生活费和现金补助326元，比2008年增长8.9%。退耕农户粮食自给能力增强，通过大规模的基本口粮田建设，单产水平有了较大提高。贫困缺粮农户也进一步减少。退耕还林工程县经济发展步伐加快，据有关部门退耕还林监测调查显示，被监测的372个县2009年地区生产总值约2.7万亿元，同比增长15%左右，明显高于全国平均水平。巩固退耕还林成果建设任务还安排了大量补植补造，连同以前退耕地造林，有效增加了工程区林草植被覆盖度，增强了生态功能。

南水北调中线穿黄工程上游线全线贯通

6月22日，南水北调中线穿黄工程上游线隧洞全线贯通。穿黄工程是通过明渠和并排的两条隧洞把中线调水从黄河南岸输送到北岸，隧洞工程从水下40米处横穿黄河，单洞长达4250米，是南水北调中线工程中的控制性工程。

两岸经济合作框架协议签署

6月29日　海峡两岸关系协会会长陈云林与台湾海峡交流基金会董事长江丙坤29日在重庆举行两会恢复协商以来的第五次领导人会谈。双方就签署两岸经济合作框架协议、两岸知识产权保护合作协议进行了磋商，回顾了两会所签协议的执行情况，讨论了两会第六次会谈议题规划及会务合作等事宜。

七月

武广高铁“公交化”运行

7月1日，随着全国铁路新列车运行图的实施，我国首条时速350公里的高速铁路——武（汉）广（州）高铁大幅度调整优化列车开行方案，实现“高密度”、“公交化”运行，始发站点的最短发车间隔由30分钟缩短至10分钟。

沪宁城际高铁开通运营

7月1日　从铁道部获悉，7月1日上午8时，上海虹桥站至南京站G5000次、南京站至上海虹桥站G5001次列车同时相向发车。这标志着沪宁城际高速铁路正式投入运营。

沪宁城际高速铁路运营里程301公里，列车最高时速350公里。它是目前我国乃至世界上标准最高、里程最长、运营速度最快的一条城际高速铁路。

三网融合试点启动

7月1日　经国务院三网融合工作协调小组审议批准，确定了第一批三网融合试点地区（城市）名单。这标志着三网融合试点工作正式启动。

这些地区（城市）是：北京市、辽宁省大连市、黑龙江省哈尔滨市、上海市、江苏省南京市、浙江省杭州市、福建省厦门市、山东省青岛市、湖北省武汉市、湖南省长株潭地区、广东省深圳市和四川省绵阳市。

今年新开工二十三项重点工程

7月5日　据国家发展和改革委员会5日介绍，为深入实施西部大开发战略，积极扩大内需，促进西部地区又好又快发展，国家计划2010年西部大开发新开工23项重点工程，投资总规模为6822亿元。

上述23项新开工重点工程包括：沪昆客运专线长沙至昆明段；成都至贵阳铁路乐山至贵阳段；西安至成都客运专线西安至江油段；宝鸡至兰州客运专线；成都至重庆客运专线；云南大理至丽江公路；新疆库车至阿克苏公路；甘肃雷家角（陕甘界）至西峰公路；贵州贵阳机场改扩建。

其他工程是：西部支线机场建设；广西防城港核电一期工程；四川大渡河猴子岩和雅砻江桐子林水电站；西部光伏电站建设；西部风电基地建设；西部农网改造升级工程；内蒙古胜利东二号露天煤矿二期工程；新疆大井矿区南露天煤矿一期工程；青藏直流联网工程；新疆电网与西北电网联网工程；贵州黔中水利枢纽一期工程；西藏旁多水利枢纽；内蒙古海勃湾水利枢纽；新疆兵团肯斯瓦特水利枢纽。

2000－2009年，西部大开发累计新开工重点工程120项，投资总规模2.2万亿元。

向家坝—上海特高压直流输电示范工程投产

7月8日电　向家坝—上海±800千伏特高压直流输电示范工程竣工投产。

向家坝－上海±800千伏特高压直流输电示范工程，是我国自主研发、自主设计和自主建设的，是世界上电压等级最高、输送容量最大、送电距离最远、技术水平最先进的直流输电工程，是我国能源领域取得的世界级创新成果，代表了当今世界高压直流输电技术的最高水平。

向家坝－上海±800千伏特高压直流输电示范工程承担着金沙江下游大型水电基地的送出任务，起于四川宜宾复龙换流站，止于上海奉贤换流站，线路全长1907公里。工程额定电压±800千伏，额定电流4000安培，额定输送功率640万千瓦，最大连续输送功率720万千瓦。工程由国家电网公司负责建设，动态投资3232.74亿元。

据了解，特高压直流输电示范工程投运后，每年可向上海输送320亿千瓦时的清洁电能，最大输送功率约占上海高峰负荷的1/3，可节省原煤1500万吨，减排二氧化碳超过3000万吨。

战略性新兴产业内资企业获支持

7月9日　从今天全国工商行政管理局长座谈会上获悉，截至6月底，全国新登记新能源、节能环保、新材料、新医药、生物育种、信息网络、新能源汽车等战略性新兴产业内资企业5045户，注册资本146.8亿元。以技术出资设立公司或者增资8013户，技术出资额469.6亿元。新登记重点产业调整和振兴规划内资企业7.3万户，注册资本1527.4亿元，有力地促进了经济结构和产业结构调整。

重庆两江新区成立

7月18日　继上海浦东新区、天津滨海新区之后，我国第三个国家级新区、内陆唯一国家级新区重庆“两江新区”18日挂牌成立，将重点探索内陆开放新模式，培育西部地区科学发展新的增长极。

新区位于重庆主城区长江以北、嘉陵江以东区域，包括江北、渝北、北碚三个行政区的部分区域，规划面积1200平方公里，其中可开发550平方公里。两江新区计划用10年时间实现ＧＤP6000亿元，工业销售值将超过1万亿元，常住人口约400万人。

据了解，除壮大既有汽车摩托车、装备制造、仪器仪表等优势产业外，重庆两江新区还将实施“５＋３”战略性布局，包括轨道交通、核电风电等电力装备等五大战略性产业布局，以及国家级研发总部、重大科研成果转化基地、灾备及数据中心等三大战略性创新功能布局。

辽河特大桥成功实现合龙

7月22日　随着56块钢架梁中的最后一块吊装焊接完毕，长江以北最大桥——辽河特大桥成功实现合龙。

辽河特大桥位于辽宁省西南部大辽河入海口附近，横跨大辽河，连接辽宁省营口、盘锦两市，工程于2008年8月11日正式开建，总投资达12.68亿元。

据介绍，辽河特大桥主跨度达到436米，是长江以北第一跨。同时辽河特大桥是东北地区第一个钢箱梁斜拉桥，在抗震方面的设计防烈度为7度。

据了解，辽河特大桥主桥长866米，加上引桥在内，全桥长3326米，主桥宽35米。大桥建成后将不设收费站，全线实行免费通行。

内蒙古赤峰市被命名为“有色金属之乡”

7 月25日　在2010中国（赤峰）有色金属产业发展高峰论坛上，赤峰市被中国有色金属工业协会正式命名为“中国有色金属之乡”，赤峰市成为全国唯一获此殊荣的地级城市。

赤峰市地处大兴安岭中南段和华北地台北缘，境内有色金属矿产资源富集，截至目前已发现矿产70余种，其中探明铜、铅、锌、钨、锡、钼、金、银等有色金属40多种，矿产地1200多处，其中大中型矿床25个。据专家初步估测，赤峰市有色金属、贵金属的远景储量价值在2万亿元以上。

2009年，有色金属产业实现增加值占到赤峰工业的55%，成为拉动赤峰经济增长的火车头。目前，赤峰市规模以上有色金属矿山企业已经达到110户，形成了日处理有色金属矿石8.3万吨、年冶炼62万吨、深加工13.2万吨的生产能力，采、选、冶、加产业链条初步形成。

中国高速铁路营业里程居世界第一

7月28日　从铁道部第七届世界高速铁路大会新闻发布会上获悉，截至目前，中国大陆投入运营的高速铁路已达6920公里，营业里程居世界第一位，在建的高速铁路达到一万公里以上。时速350公里的北京至天津、武汉至广州、郑州至西安、上海至南京等高速铁路已开通运营，运营速度世界最高。按照规划和目前的建设进度，到2012年，中国高速铁路总里程将超过1.3万公里；到2020年，将达到1.6万公里以上。

最大餐厨废弃物资源化处理厂完建

7月28日　位于北京朝阳区循环经济产业园内的高安屯餐厨废弃物资源化处理中心一期工程现已完成建设并进入设备调试阶段。该中心设计日处理能力400吨，采用高温发酵生化处理技术，可生产出微生物肥料菌剂和生物蛋白饲料，是目前国内规模最大的餐厨废弃物资源化处理厂。整个项目运行后，可基本解决北京市东部区域餐厨垃圾处理的循环利用问题。图为工作人员往有机垃圾生化处理机内投放原料。

八月

科技重大专项进口税收政策发布

8 月3日　财政部近日会同科技部、国家发展改革委、海关总署、国家税务总局联合下发了《关于科技重大专项进口税收政策的通知》。

通知规定，自2010年7月15日起，对承担《国家中长期科学和技术发展规划纲要（2006－2020年）》中民口科技重大专项项目（课题）的企业和大专院校、科研院所等事业单位使用中央财政拨款、地方财政资金、单位自筹资金以及其他渠道获得的资金进口项目（课题）所需国内不能生产的关键设备（含软件工具及技术）、零部件、原材料，免征进口关税和进口环节增值税。民口科技重大专项包括核心电子器件、高端通用芯片及基础软件产品，极大规模集成电路制造装备及成套工艺，新一代宽带无线移动通信网，高档数控机床与基础制造装备，大型油气田及煤层气开发，大型先进压水堆及高温气冷堆核电站，水体污染控制与治理，转基因生物新品种培育，重大新药创制，艾滋病和病毒性肝炎等重大传染病防治。

国产首架轻型多用途水陆两栖飞机下线

8月4日，中国首架具有自主知识产权的轻型多用途水陆两栖飞机——“海鸥300”，在中航工业石家庄飞机工业有限责任公司总装下线。这标志着“海鸥300”飞机研制将由设计制造转入试验试飞阶段。该飞机选装高性能大功率发动机，配置综合显示仪、雷达和大气数据计算机等先进航空电子设备，基本型为可载4至6名乘客的客运型，可广泛用于公务飞行、客货运输、医疗救护、航空探测、旅游观光等。按照设计计划，“海鸥300”将于8月下旬进行首飞。

建设国家现代农业科技城

8月16日　科技部与北京市人民政府今天在京签署协议，共建国家现代农业科技城。

现代农业科技城将按照“政府行政协调、投资管理运作”的原则，建立统一化、多元化、企业化的运行管理机制，在布局上采取“一城多园”，重点建设农业科技网络服务中心、金融服务中心、创新产业促进中心等5个中心。按照计划，科技部和北京市将利用5-10年时间，把国家现代农业科技城建设成为全国农业科技创新中心和农业产业链创业服务中心。

宜万铁路全线铺通

8月18日，宜（昌）万（州）铁路最后一段轨排在湖北省恩施土家族苗族自治州白果乡接轨点顺利实现接轨。至此，这条中国铁路史上施工难度最大的山区铁路全线铺轨贯通。宜万铁路全线共有253座桥梁，159座隧道，桥隧总长度占线路全长的74%，有“桥隧博物馆”之称。

世界最大跨度铁路转体连续梁对接

8月19日，京石铁路客运专线滹沱河特大桥分别平行于京广铁路两侧的单体预应力混凝土连续梁，通过千斤顶的连续牵引，在京广铁路上空成功对接。其单体主跨128米、转体重量12000吨，与京广铁路营运线交角28°17′。

该连续梁在目前高速铁路预应力连续梁转体施工跨度、高速铁路大节段连续梁转体施工技术方面，均位居世界同类桥梁之最。

大功率LED项目开工

8月20日　一项我国具有自主知识产权的大功率半导体照明（ＬＥＤ）生产项目20日在江苏宜兴开工建设，首期项目明年５月投产。这项技术生产的ＬＥＤ芯片首次突破国外半导体照明专利对中国的垄断，并可在国内大规模推广生产。该项目总投资8.5亿元。第一期投资3.5亿元，将在2011年5月建成第一条大功率芯片生产线。

中国式智能电网进入全面建设

8月22日，江苏省扬州市被国家科技部公布为国家火炬计划首个“智能电网特色产业基地”。此前的7月，上海市政府与国家电网公司正式签订《智能电网建设战略合作协议》，加快国家电网公司上海智能电网研究与发展中心建设。

中国国家电网公司总经理刘振亚认为，“中国式智能电网”的定义：以特高压电网为骨干网架、各级电网协调发展的坚强电网为基础，利用先进的通信、信息和控制技术，构建以信息化、自动化、互动化为特征的统一“坚强智能电网”。

我国水电装机2亿千瓦

8月22日　从国家能源局等单位主办的全国水电宣传工作会议上获悉：截至目前，全国水电装机总量突破2亿千瓦，稳居世界第一。国家能源局有关负责人在此间表示，水电在调整现有能源供应结构中发挥的作用越来越突出。

2009年，我国能源消费总量约为31亿吨标准煤，其中水电、核电、风电等商品化非化石能源消费量约为2.3亿吨标准煤，约占能源消费总量的8.3%。按到2020年我国能源消费总量达到45亿吨标准煤设计，为实现非化石能源达到15%的目标，水电装机应达到3.5亿千瓦，风电装机应达到1.5亿千瓦，太阳能发电装机应达到2000万千瓦，生物质发电装机应达到3000万千瓦，核电装机应达到8000万千瓦。

国家能源局有关负责人表示，到2020年如果我国水电顺利实现3.5亿千瓦的装机，我国能源供应结构将得到相当程度的改善。

四川震区重建完成投资935亿

8月27日　在福州参加第六届泛珠三角区域经贸合作洽谈会的四川省人民政府副秘书长蔡竞27日介绍，截至7月底，四川地震灾区重建累计完成投资935亿元，投资完成率85.0%。

蔡竞说，截至8月20日，纳入国家重建总体规划的29704个项目已经开工99.1%，其中完工83.6%，已完成概算投资84.4%。

截至７月底，18个对口援建省（市）确定的援建项目已经开工3451个，占99.8%，已建成项目3022个，占87.4%，对口支援资金累计完成投资661.2亿元，占86.6%。

四川省受灾规模以上工业企业复产率已达99.2%，工业恢复重建项目累计已开工建设3095个，开工率99.6%；累计竣工项目2726项，竣工率87.7%。

亚洲最大碳捕捉工程开工

8月27日　中国第一个、也是亚洲最大的碳捕捉与封存项目今天在内蒙古自治区鄂尔多斯正式开工，完工后将形成年捕捉封存二氧化碳10万吨生产能力，相当于4150亩森林吸收的二氧化碳。

为应对全球变暖、开展绿色能源生产，二氧化碳捕捉与封存（英文简称CCS）是近年欧美等发达国家探讨最热门的探索性技术项目，在少数国家有小规模实践。由安东石油提供一体化解决方案的神华集团鄂尔多斯CCS项目，是从煤制油生产线中捕捉二氧化碳，经过提纯液化等环节，运送、封存到地下3000米的咸水层，从而减少排放。这一技术还可填补油气田开发造成的地下空隙，平衡地层稳定。

九月

青藏联网工程拉萨换流站开工

9月2日　青藏交直流联网工程拉萨换流站土建主体工程２日在拉萨市林周县正式开工建设。这标志青藏联网工程进入正常的施工轨道，并计划于2012年9月建成投入运营，这将大大改变西藏冬春季节缺电现状。

青藏联网工程拉萨换流站是青藏联网工程受端换流站，位于拉萨市林周县甘曲镇境内，海拔3800多米。

青藏联网工程线路平均海拔4650米，最高点海拔5300米，海拔4000米以上地区的线路长度超过900公里，占到了线路总长的87%。沿线地质复杂，需穿越565公里多年连续冻土区，是世界上穿越冻土里程最长的直流输电线路。在多年冻土区施工是一项世界性技术难题，一年中的有效工期短，施工难度大。

青藏联网工程于2010年 7 月29日正式开工建设，计划于2012年建成投产；工程线路全长1038千米，分为10个标段，共有7家参建单位在全线同时施工。

中国对外直接投资连续8年增长

9月5日　商务部、国家统计局、国家外汇管理局今天在厦门联合发布《2009年度对外直接投资统计公报》。统计表明，2009年，我国对外直接投资再创新高，对外直接投资净额（以下简称流量）达565.3亿美元，较上年增长1.1%，占全球当年流量的5.1%，位居发展中国家、地区首位，名列全球第5位。至此，我国对外直接投资已连续8年保持增长势头。

商务部办公厅副主任沈丹阳说，2009年我国对外直接投资存量规模超过2000亿美元，比上年大幅增加，所投资的国家分布更为广泛。截至2009年底，我国1.2万家境内投资者在全球177个国家、地区设立境外直接投资企业1.3万家，对外直接投资累计净额2457.5亿美元，境外企业资产总额超过1万亿美元。

与以往我国对亚洲、非洲投资较快增长不同的是，2009年我国对欧洲、北美洲、拉丁美洲投资快速增长，其中对欧洲增长282.8%，对北美增长3.2倍，对拉丁美洲增长1倍。

广西石化千万吨炼油工程投产

9月8日　国家炼油工业“十一五”规划重点项目、广西北部湾经济区标志性工程——总投资151亿元的中国石油广西石化1000万吨/年炼油工程今天在广西钦州市竣工投产。

据了解，该项目主要包括1000万吨/年常减压蒸馏、350万吨/年重油催化裂化、220万吨/年连续重整、220万吨/年蜡油加氢裂化等10多套主体生产装置，以及公用工程、罐区、码头及码头库区、铁路专用线等配套工程。该项目于2007年2月获国家发改委核准，同年11月开始建设。

该项目采用当今世界先进的、环保的全加氢工艺流程，生产的油品全部达到欧III标准，70%达到欧IV标准；建立了环境风险事故水污染三级防控系统，并将污水排放标准由原来的国家二级调高到国家一级，污水回用率70%以上，清洁生产达到世界一流水平。

中缅油气管道中国段开工

9月10日　中缅油气管道工程中国境内段10日上午在云南省安宁市开工。同时，作为中缅原油管道配套建设项目，云南省1000万吨/年炼油项目在安宁市草铺镇奠基。整个项目计划于2013年建成。

中石油工程项目负责人介绍，中缅原油管道设计能力为2200万吨/年。中缅天然气管道输气能力为120亿立方米/年。天然气管道在缅甸境内段长793公里，原油管道在缅甸境内段长771公里。两条管道均起于缅甸皎漂市，从云南瑞丽进入中国。

中缅油气管道中国境内段工程入境后，在贵州安顺实现油气管道分离，输油管道经贵州到达重庆，输气管道经贵州到达广西。国内段天然气管道干线长1727公里，原油管道干线长1631公里。

中缅油气管道中国境内段途经4省区市、23个地级市、73个县市，穿跨越大中型河流56处，山体隧道76处。沿线地形地貌、地质条件复杂，地质灾害严重，是目前中国管道建设史上难度最人的工程之一。

青海引大济湟工程获得批复

9月14日　总投资13亿多元的引大济湟调水总干渠工程可研报告最近获得国家发改委批复。

青海省水利厅规划计划处负责人介绍,引大济湟调水总干渠工程是青海省规模最为宏大的大型综合水利工程。该工程计划从水量相对丰富的大通河引水至湟水干流地区,主要目的是缓解湟水干流地区城镇生活、生态、工业、农林牧业用水短缺问题。

这项工程总工期为53个月。工程建成后,2020年、2030年多年平均调水量将分别达到1.89亿立方米、2.56亿立方米,可有效保障西宁和北川工业园区的生活、工业供水,并向河道基流补水,兼顾发电。

中国钢企在美参建首个钢铁项目签约

9月15日　从鞍钢集团获悉,鞍钢与美国钢发展公司今天在北京签署正式协议,双方将合资在美国建设一个年产量30万吨的螺纹钢厂。这是中国钢企在美国参与投资建设的首个钢铁生产项目。

这座螺纹钢厂将建在美国东南部密西西比州的阿默利地区,总投资1.68亿美元,鞍钢持股14%。目前,阿默利钢厂所需的环保和其他许可证已经落实,前期建设工作已经完成。

我国电力装机突破9亿千瓦

9月20日　国家发展和改革委员会主任张平20日说，随着广东岭澳核电站二期工程一号机组投产，我国电力装机突破9亿千瓦，标志着我国电力工业发展又迈上了一个新的台阶。

新中国成立之初，我国电力装机为185万千瓦，1987年突破1亿千瓦。从2005年突破5亿千瓦到2010年实现9亿千瓦，我国仅用了不到5年的时间。

据了解，岭澳核电站二期建设两台108万千瓦压水堆核电机组，是国家核电自主化依托项目之一，国产化比例超过64%。岭澳核电站二期工程一号机组的商运投产，实现了中国百万千瓦级核电站的“自主设计、自主制造、自主建设、自主运营”。

我新探明铁矿资源超150亿吨

9月18日　从长沙召开的全国矿产资源开发管理工作会议上了解到,以部省合作为平台的地质找矿新机制取得显著成效,全国新查明一批大型特大型矿床,其中铁矿取得重大突破,累计总探明储量超过150亿吨。

据国土资源部副部长汪民介绍,鞍本、冀东、兖州、攀西、庐枞等铁矿集中区已累计探明铁矿资源储量近100亿吨,大批铁矿山正在规划建设中；辽宁本溪大台沟铁矿控制资源储量30亿吨,预测远景达70亿吨以上,虽然埋深较大,但易采易选；河北冀东探明马城大型铁矿10亿吨,埋藏浅、易开采,附近的司家营北矿段尚有未开发的10亿吨资源储量；安徽泥河铁矿、四川攀枝花兰家火山铁矿、山东颜店铁矿等通过整装勘查,探获铁矿资源储量近9亿吨,其中,泥河铁矿已规划建设。

杭汽轮7年抢占28%国际市场

9月18日　从裹足不前到彻底终结少数跨国集团对高端工业汽轮机市场的垄断,7年间,杭州汽轮动力集团占领了28%的国际市场,创造了“跨越式发展”奇迹。

昌九城际铁路运营,南昌武汉高速通达

9月20日　中国中部地区第一条城际高铁——昌九城际铁路20日正式开通运营,首次开行南昌至九江、南昌至武汉间250公里动车组,实现江西南昌与湖北武汉两个中部省份省会城市的高速通达。

更为重要的是,昌九城际这一江西省高铁的中心点,将与现有京九(北京-九龙)、武九(武汉-九江)、铜九(铜陵-九江)铁路和在建的京广(北京-广州)、沪昆(上海-昆明)客运专线、向莆(新南昌站-福州、莆田)等多条快速铁路线全面对接,形成中国中东部地区高效便捷的铁路运输体系。

总投资58.32亿元、全长135公里的昌九城际高铁,于2007年6月28日开工建设,是江西省第一条真正意义上的高速铁路。该线由铁道部、江西省合资建设,属国家I级双线电气化铁路干线,设计时速250公里。

拉萨至日喀则铁路开建

9月26日，在拉萨至日喀则铁路建设开工仪式上，宣布青藏铁路拉萨至日喀则铁路开工建设。拉日铁路初步设计概算总投资133亿元，工期4年。

十月

中国机动车保有量达1.99亿辆

10月7日　从公安部交通管理局获悉，目前中国机动车保有量已达1.99亿辆，其中汽车8500多万辆，每年新增机动车2000多万辆；机动车驾驶人达2.05亿人，其中汽车驾驶人1.44亿人，每年新增驾驶人2200多万人。

我国新发现矿产地900余处

10月10日　新一轮国土资源大调查取得可喜成果，累计发现矿产地900余处，其中大型、特大型矿产地152处。这些矿产地为商业性地质找矿工作降低了风险，提供了大量的勘查后备选区。

国土资源大调查矿产资源评价进展顺利，取得了一批积极成果，新增一批重要矿产资源量。其中煤炭1300亿吨、铁矿石50亿吨、铜3850万吨、铝土矿4.49亿吨、金1830吨、钾盐4.68亿吨。重要矿产资源均实现找矿突破。

2006年启动的全国矿产资源潜力评价对我国的矿产资源进行了一次全面的国情调查。调查显示，我国待查明矿产资源量巨大，总体资源查明率平均为36%。煤炭、铁、铜、铅锌、铝土矿、金、钾盐、钨、锑等预测资源量至少是查明资源储量的2—3倍；锰、镍、锡、钼、磷等预测资源量是查明资源储量的1倍以上。

中国首例跨省市轨道交通获批

10月11日　上海轨道交通11号线花桥段延伸项目近日获国家发改委批准。从上海至苏州昆山的花桥段延伸项目是全国首例跨省市轨道交通项目。

花桥延伸段总投资近17亿元，东起上海安亭站，西至江苏昆山花桥站，全长约6公里，设3座高架车站，增购车辆6列。该延伸段将于年内动工，预计2012年底建成通车。

哈尔滨松浦大桥全线通车

10月13日，总投资超过16亿元的黑龙江省哈尔滨市松浦大桥全线通车。大桥全长4.027公里，双向八车道，两侧各设两米宽人行道，最大高峰小时机动车流量9800辆，两岸居民开车过桥仅需5分钟。松浦大桥是目前松花江流域上工程规模最大、工艺最复杂、科技含量最高、

结构形式最新颖的越江通道。

5兆瓦海上风力直驱发电机问世

10月21日，中国首台具有世界领先科技水平的5兆瓦永磁直驱海上风力发电机在湖南湘潭成功下线。与欧洲已在试运行的几种同功率等级的风力发电机组比较，该发电机具有结构优化、可靠性强、轻量化和维护便捷等优势。此次下线的2台机组，年内将分别供应中国和欧洲市场。2011年，这种海上风力发电“巨人”将实现批量生产并供应全球市场。

中国核电站“神经中枢”自主研发获重大突破

10月24日　我国具有自主知识产权的核安全级数字化控制平台研制成果24日在京发布，标志着我国在核电站“神经中枢”——核电数字化仪控系统领域的研发取得重大突破性进展。

核电站数字化仪控系统是整个核电站的“神经中枢”，标志着一个国家在大型核电装备领域的现代化程度，长期以来我国在这一领域的产品绝大部分依赖进口。“该平台的各项性能指标均达到或超过了国外同类产品，填补了国内空白。”中广核集团董事长贺禹说。

据介绍，这个数控平台不仅可以直接应用于ＣＰＲ1000等二代改进型压水堆核电站的安全级保护系统，也可用于第三代ＡＰ1000和ＥＰＲ核电站，并且对第四代高温气冷堆和快中子堆核电站的保护系统研制具有推动作用。

沪杭高铁通车

10月26日　随着两列国产“和谐号”CRH380A新一代高速动车组从上海虹桥站、杭州站同时疾驶而出，沪杭高速铁路通车运营。至此，我国高速铁路运营里程已达7431公里，成为世界上高速铁路系统技术最全、集成能力最强、运营里程最长、运行速度最高、在建规模最大的国家。

沪杭高铁连接上海、杭州两大城市，运营里程202公里。沪杭高铁途经上海市闵行、松江、金山区和浙江省嘉兴、杭州市，全线设车站9座，新建车站7座，分别是松江南、金山北、嘉善南、嘉兴南、桐乡、海宁西、余杭站。

天保工程未来10年投2400亿

10月29日　国家林业局科技司司长魏殿生29日透露，未来10年我国将继续实施天然林资源保护工程，投入将达2400亿元。魏殿生在29日举行的“首届生态中国论坛”上表示，天保工程2000年在全国17个省区市全面启动，10年来，工程区森林资源持续增长，生态状况明显好转。

“世界华商中心”落户北京

10月29日　旨在集中展示和提升华侨华人整体实力和形象的“世界华商中心”28日落户北京ＣＢＤ（中央商务区）。北京向建设世界级ＣＢＤ的目标又迈出重要一步。

日喀则机场正式通航

10月30日　今天上午，随着一架空客A319试飞飞机平稳降落，西藏自治区第五个民用机场——日喀则机场顺利实现试飞通航。至此，西藏以拉萨为枢纽，昌都、林芝、阿里、日喀则为支线、辐射周边大中城市的航线结构基本形成。

据了解，日喀则机场是西藏“十一五”规划的重点建设项目，初步设计及概算批复5.32亿元。机场位于日喀则市江当乡境内，距离市区43公里，海拔3782米，机坪按3架C类飞机停放设计，满足空客A319、波音747等客机起降标准，航站楼面积4502平方米，设计目标满足2020年旅客吞吐量23万人次、货邮吞吐量1150吨、飞机起降2580架次需求。日喀则机场的通航将进一步提升西藏区内航空运输保障能力，完善区内航空运输网络布局和综合交通体系。

十一月

中越最大边境互市贸易区建成开业

11月1日　中越最大的边境互市贸易区——东兴互市贸易区于11月1日正式开业。

东兴互市贸易区位于中越界河北仑河东岸，是由广西壮族自治区政府支持开发的重要项目，是广西北部湾经济区商贸基地规划建设重大项目。项目总用地770亩，总建筑面积100万平方米，总投资20亿元人民币。项目建设包括进口商品市场、出口商品市场、城市商业、贸易配套体系和生活体系等。

重庆西永综合保税区通过验收

11月2日　我国西部内陆首个综合保税区——重庆西永综合保税区（一期）今天顺利通过海关总署等国家10部委正式验收，封关运行在即。

据重庆海关关长马忠源介绍，该保税区面积全国最大，规划面积10.3平方公里；经济规模最大，至2015年将实现进出口额1000亿美元；审批模式最新，先有企业落户，后申请设区；审批效率最高，从申报到批准设立仅用187天；建设速度最快，从规划到一期建成仅用了9

个月。据估算，到2015年，西永综保区进出口总额将相当于目前重庆进出口总额的10倍，将实现50万人就业。

我国自主研发AC311直升机首飞

11月8日　由中国航空工业集团公司自主研制的国产轻型多用途直升机AC311在中航直升机有限责任公司天津分公司完成总装下线，并成功首飞。

AC311直升机是一型具有国际先进水平的2吨级轻型多用途直升机，可广泛应用于飞行训练、人员运输、公安执法、通信指挥等任务。AC311直升机最大起飞重量2200千克，可乘座6人。AC311直升机计划于2011年10月取得中国民航型号合格证，2012年投入市场运营。预计该型机在未来10年内的市场需求将达到500架。

邛崃至名山高速建成通车

11月9日　成都邛崃至雅安名山高速公路正式建成通车，这是四川省首条采用BOT（即建设—经营—转让）方式建设的高速公路。

邛名高速公路地处成都大邑县、邛崃市和雅安名山县之间，总投资25.28亿元，线路总长52.67公里，双向四车道，与已经建成通车的成雅高速连接。

上海签百亿大单投资扶持喀什产业发展

11月11日　为贯彻上海市委、市政府对口支援新疆“民生为本、产业为重、规划为先”的方针，上海与新疆喀什地区11日签订25项企业间投资协议，总计意向投资金额101.36亿元，以加强古丝路重镇喀什的产业“造血”功能。

上海援疆前方指挥部总指挥陈靖介绍，此次投资协议涉及能源开发利用、水电开发建设、农产品采购和精深加工、建筑材料制造、电视节目制作等领域，为喀什地区打造“中亚南亚经济圈重心地位”提供产业支撑。

上海月星集团有限公司投资60亿元的“喀什月星上海商城”项目11日也在喀什奠基。上海月星集团董事长丁佐宏说，贯彻中央新疆工作座谈会与全国对口支援新疆工作会议精神，上海企业积极响应号召，纷纷到喀什考察、投资。“丝路古城的‘特区’建设，让每个考察者都热血沸腾。”

京沪高铁全线铺通

11月15日　今天上午，京沪高速铁路全线铺通仪式在安徽蚌埠南站举行。9时16分，随着铁道部部长刘志军和京沪高铁施工单位职工代表一起拧紧全线正线最后一根钢轨的扣件螺栓，举世瞩目的京沪高速铁路全线铺通。这是京沪高速铁路建设取得的又一重大阶段性成果。京沪高铁明年正式通车，最高时速将达380公里，北京到上海只需5小时。

京沪高速铁路贯穿北京、天津、河北、山东、安徽、江苏、上海7省市，连接环渤海和长江三角洲两大经济区，线路自北京南站至上海虹桥站，新建铁路全长1318公里，是世界上一次建成线路里程最长、标准最高的高速铁路。

京沪高速铁路项目总投资2209.4亿元。全线共设24个车站，其中始发终到站5个，分别为：北京南、天津西、济南西、南京南、上海虹桥站；中间站19个，分别为：廊坊、天津南、沧州西、德州东、泰山西、曲阜东、滕州东、枣庄西、徐州东、宿州东、蚌埠南、定远、滁州南、镇江西、丹阳北、常州北、无锡东、苏州北、昆山南站。线间距5.0米，最小曲线半径7000米，最大坡度20%。，列车类型为新一代高速动车组，规划输送能力为单向8000万人/年。

京沪高速铁路2008年4月18日全线开工，2010年7月19日，铺轨工程首先在徐州段拉开序幕，随后在济南、虹桥、南京、李窑铺轨基地陆续展开。

京沪高速铁路的全线铺通，标志着以线下工程和铺轨为主的站前工程全部结束，下一步将全力推进以牵引供电、通信、信号、电力“四电集成”施工和站房建设为主的站后工程施工，展开全线联调联试。

阳江核电站3号机组开工建设

11月16日　阳江核电站3号机组核岛主体工程15日开工建设。该机组国产化程度达到85%。

阳江核电站3号机组和后续机组采用ＣＰＲ1000＋技术方案，是国家“十一五”规划重点能源建设项目。2008年11月，国家一次核准阳江核电站建设6台百万千瓦级核电机组，是迄今我国一次核准建设机组数量最多的核电项目。

阳江核电站项目总投资近700亿元，工程建设期预计可拉动全社会总产出增长2000多亿元。阳江核电站6台机组全部建成后，年上网电量将达到450亿千瓦时。

国产Ｃ919客机获100架启动订单

11月16日　中国商用飞机有限责任公司在珠海航展与国航、东航、南航、海航等6家中外企业，签署了我国拥有自主知识产权的国产Ｃ919客机启动用户协议，中国商飞公司获得100架Ｃ919大型客机启动订单。这标志着国产Ｃ919大型客机已经确认了首批客户和订单。

中国商飞公司董事长张庆伟表示，启动用户的确定为C919大型客机研制顺利进入工程发展阶段奠定了市场基础。C919大型客机计划2010年完成初步设计，2012年完成详细设计，2014年实现首飞，2016年完成适航取证并投放市场。

国产C919大型客机是新型150座级单通道窄体客机。这种座级的客机是市场占有率最高的主力机型。

“天河一号”名列世界超级计算机首位

11月17日　“天河一号”在国际TOP500组织北京时间17日正式发布的世界超级计算机500强排行榜上名列第一之际，研制“天河一号”的中国专家认为，这台计算机的成功研制是我国超级计算机发展的重要里程碑。

排行榜表明，中国“天河一号”二期系统（天河一1A）以每秒4701万亿次的峰值速度和每秒2566万亿次的实测速度位居榜首。此前全球最快的超级计算机——美国“美洲虎”以每秒1759万亿次的实测性能名列第二，速度约为“天河一号”的2/3。

“这一成绩实现了我国自主研制超级计算机综合技术水平进入国际领先行列的历史性突破。”“天河一号”工程办公室主任李楠说，“天河一号”的应用将为解决我国重大挑战性问题提供手段，对提升我国综合国力具有战略意义。

吉化1000万吨炼油扩建项目投产

11月18日，中石油吉林石化公司宣布，该公司1000万吨炼油扩建项目已全部建成投产，6套主体装置及其配套工程一次开车成功，标志着吉林石化公司原油加工能力由750万吨/年提高到年1000万吨/年，跨入千万吨级炼化企业行列。图为新建成的部分炼油装置。

海南昌江核电首期工程开工

11月21日　海南昌江核电工程2号机组今天正式开工，这标志着海南核电首期工程全面开工建设。首期两台机组建成投产后，每年可为海南发电近90亿千瓦时。

海南昌江核电工程由中国核工业集团公司和中国华能集团公司共同出资建造，项目厂址位于昌江黎族自治县海尾镇塘兴村，可容纳4台大型核电机组。工程首期建设两台65万千瓦压水堆核电机组，总投资超过200亿元。1号机组于今年4月25日开工，计划于2014年底并网发电，2号机组计划于2015年投入商业运行。

我国发明高电导率纳米粉体材料

11月21日　从中国科学院长春应用化学研究所了解到，一种绿色环保型高电导率纳米粉体材料近日在该所研制成功，并获得国家知识产权局的专利授权。

据介绍，这种新型材料的全称为“高电导率铝掺杂氧化锌纳米粉体”，它具有高结晶度、均匀掺杂、形貌可控以及分散性和重复性好等特点，其体积电阻率最低可达15Ω·cm。该材料在科学研究和工业生产中应用前景广泛。

柴达木盆地新发现亿吨级油田

11月23日　青海昆北油田探明储量通过国家有关部门审查，目前探明储量再加上控制和预测储量，这里已形成亿吨级储量规模。

昆北油田位于柴达木盆地西部昆北断阶带。目前，昆北油田发现了切六、切十二等3个整装油藏（田）。昆北油田油藏埋深浅、储层物性好、储量规模整装、单井产量高、生产效益好，是近30年来青海油田在中浅层发现的储量丰度最高、勘探效益最好的整装油田。

中国物联网云计算中心启用

11月26日　由国内高性能计算机龙头曙光信息与江苏省无锡新区合作建设的中国物联网云计算中心26日启用，可为相关科研院所和企业提供云计算服务应用支撑，峰值性能将达百万亿次/秒。

云计算指的是一种超大规模、虚拟化、易扩展、廉价的服务交付和使用模式，用户通过网络可以按需获得服务，被看做整个信息产业的未来发展趋势。工信部和国家发改委已联合确定五个城市先行开展中国云计算服务创新试点，包括无锡、北京、上海、深圳、杭州。

中国物联网云计算中心今年7月在无锡开始建设，拥有5000平方米的机房，总投资超1.1亿元。二期扩建将于2012年前完工，系统峰值性能可扩充到100万亿次/秒。

中国发现新矿物“汉江石”

11月26日　中国地质大学（北京）教授刘家军在陕西发现一种具有新结构型的层状硅酸盐新矿物，将其命名为“汉江石”。国际矿物协会新矿物及矿物命名委员会日前投票通过，将“汉江石”确认为新矿物。

中国地质大学（北京）地质过程与矿产资源国家重点实验室教授刘家军说，2005年9月，他在大巴山地区的陕西石梯矿区进行野外调研时，在毒重石—重晶石—石英脉中观察到黄绿色、深绿色的片状矿物，与云母极为类似。后来，经过与该校地学实验中心、中国科学院地质与地球物理研究所电子探针分析室的合作，历经一年多时间的研究后，初步判断它是一种新矿物。

首家外商独资消费金融公司开业

12月1日　经中国银监会批准设立的国内首家外商独

资消费金融公司——捷信消费金融有限公司今天在天津经济技术开发区开业。该公司由总部位于荷兰的PPF集团全资建立，注册资金为3亿元人民币，在天津地区提供无担保大众消费贷款业务。至此，我国首批获准试点的4家消费金融公司分别在北京、上海、成都及天津全部营业。

根据中国银监会《消费金融公司试点管理办法》的规定，消费金融公司是“不吸收公众存款，以小额、分散为原则，为中国境内居民个人提供以消费为目的的贷款的非银行金融机构。”捷信消费金融公司的开业，标志着我国金融领域对外资的开放。

中石油等三家公司获准对外合作开采煤层气

12月3日　日前，经国务院同意，商务部会同有关部门研究确定了开展对外合作开采煤层气资源的第一批试点企业名单，分别是中国石油天然气集团公司、中国石油化工集团公司、河南省煤层气开发利用有限公司。这3家公司在国务院批准的区域内与外国企业开展合作开采煤层气资源的试点工作。商务部将会同发展改革委、国土资源部、能源局等部门对试点企业对外合作开展定期和专项检查。

内蒙古兆瓦级风

投资10亿元的通辽华创风能有限公司首批风电机组日前在内蒙古开鲁县下线。该公司专门生产具有自主知识产权的兆瓦级风机系列产品，年产800台兆瓦级风机，总产值65亿元，将为内蒙古自治区以及东北地区风电场，提供从1.5到3.0兆瓦的高品质风机产品和更为高效、快捷的运营服务保障。

开鲁县风力资源丰富，是经国家发改委批准建设的百万千瓦风电基地，现在，已有6家风电企业入驻开鲁。

青海发现首个亿吨级铁矿区

12月5日　青海省有色地质勘查局近日在海西州格尔木市尕林格地区新发现首个亿吨级铁矿，共有矿体5条，长约200米至450米，低缓地磁异常检查钻孔中发现视厚度共计217.36米的铁矿，铁矿体平均厚度为4.66米—11.35米，铁平均品位43.16%，新增铁矿石资源量6292.14万吨。该矿区铁矿石资源量有望累计达到1.7亿吨。

我国开发出新一代空管系统

12月6日　由中国民航局主持的“十一五”国家863计划重大项目“新一代国家空中交通管理系统”，6日在四川绵阳通过了国家验收，我国空管自主装备从此打破了欧美国家的垄断。

中国民航局副局长夏兴华在此间表示，此项目突破了新一代空管系统的核心关键技术，形成了我国具有自主知识产权的新一代空管系统核心技术架构。共申请发明专利140项、登记软件著作权81项。他介绍，此项目研发的系统已经应用于我国民航空管的导航认证、流量管理系统等空管建设中，项目的实施使我国高空空域容量增加了85%，华东地区前往北京落地的航班延误率下降了近20%。

夏兴华指出，我国航空运输总周转量目前已跃居世界第二位。我国民航业如果继续长期依靠大量引进国外技术，不仅要付出高额成本，而且会丧失竞争先机。

世界最高端城铁车

12月6日　中国北车长客股份公司今年生产的第1000辆城铁车在长春正式下线，创造了城铁车辆企业年产量的世界纪录。

自1969年为我国第一条地铁线——北京地铁一号线送去75辆地铁车以来，长客已累计取得国内外城铁车订单8443辆，出口签约额超过30亿美元，今年连续突破月产超百辆和年产超千辆大关。6日下线的第1000辆城铁车，是香港铁路公司（港铁）西港岛线项目首列车，也是目前世界最高端的城铁车，具有自主知识产权。该车车体强度、寿命、噪音控制、防火性能等方面均采用了国际最高标准，填补了国内A型高档不锈钢地铁车的空白。

中国高铁驰入美国本土市场

12月7日　美国通用电气（ＧＥ）公司7日在北京宣布，将与中国南车股份有限公司签订一个合作框架协议，在美国建立合资公司来共同促进高速铁路及其他轨道交通技术在美国市场的推广发展。

根据框架协议，中美两国企业将合作在美国本土制造高速列车，并用于未来美国高铁，中国高铁由此进入美国市场。

美国通用电气旗下的ＧＥ运输系统集团拥有超过100年历史，是全球领先的铁路、船用动力、钻井电机等的供应商，总部设在宾夕法尼亚州伊利，在全球范围内拥有8000多名员工。中国南车是中国最大的轨道交通制造商，其研制的“和谐号”ＣＲＨ380Ａ刚刚于12月3日创下时速486.1公里的世界铁路运营最高

甘肃发现亿吨级整装大油田

12月13日　长庆油田公司第七采油厂在甘肃环县北部地区探明一座储量超过1亿吨的整装大油田，每口油井平均日产约3吨。

1亿吨整装油田的发现，不仅打破了环江地区“无

油”的老观念，也加速了长庆油田在超低渗透油藏开发能力上的突破。上世纪70年代末，长庆油田就在环县北部地区进行深度勘探，但收效甚微。环县境内的环江地区属于典型的超低渗透油田，其呈现的低渗、低压、低丰度特征属世界级难题，且油藏埋藏深，开采难度大。

这一发现，使长庆油田开采区域扩大了1500平方公里以上，同时环江作业区原油日产突破1000吨，长庆油田公司也成为我国超低渗透油藏上产的主力区域。

高铁“中国芯”成功下线

12月15日　具有自主知识产权的首批最大功率IGBT产品14日在中国北车永济电机公司成功下线。中国北车永济电机公司成为国内第一个能够封装6500V以上电压等级IGBT的厂家。该产品的成功问世，标志着我国高铁、动车组等轨道交通装备在关键核心器件上有了“中国芯”。

IGBT是指绝缘栅双极型晶体管，是自动控制和功率变换的关键核心器件。

引进技术合同预计超1200亿美元

12月15日　“十一五”期间，我国技术引进保持较快增长。据商务部统计，2006年至2010年11月，我国共引进技术5万余项，合同总金额1194.9亿美元，比“十五”期间的技术引进总额增长63.9%。预计“十一五”期间我国引进技术合同总金额将超过1200亿美元。

数据显示，“十一五”期间我国技术引进合同金额增长较快，年均增长35.6%；技术引进质量明显提高。技术引进合同的技术费由2006年的147.6亿美元增加到2010年的217亿美元，年均增长率为10.11%，所占比重也从2006年的67%增长到2010年的85%。

全国首家地市村镇银行开业

12月16日　我国首家地市村镇银行——湖南湘西长行村镇银行16日正式开业。

湘西长行村镇银行由长沙银行发起设立，注册资本2亿元，其中民间资本投资入股0.98亿元，占比49%。该村镇银行设立后，将为辖内8个县（市、区）提供专业化的农村金融服务，其中国定贫困县7个，省定贫困县1个。

银监会有关负责人表示，银监会目前已先后批准湖南湘西、四川自贡、广西桂林等10个地区先行开展地市村镇银行试点。预计到今年年底，全国将会有7家左右地市村镇银行开业。首批地市村镇银行全部开业后，将可解决92个县（市、区）农村金融服务问题，其中国定贫困县27个，省定贫困县10个，农业种养殖大县37个。

国产新舟600首架飞机交付

12月17日　我国自主研制的新型涡桨支线客机新舟600，17日在西安向首家用户——中国民航飞行学院交付首架飞机。

据中航工业西飞国际总经理蒋建军介绍，新舟600飞机最大起飞重量21.8吨，商载5.5吨，载客60人；最大航程2450公里，具有在冰冻条件下飞行和跨海飞行的能力。

据中航工业西飞国际透露，截至目前新舟600飞机已获得了10多架订单及意向，其中在今年第八届珠海航展上，老挝政府订购了2架新舟600飞机，新舟600飞机将飞出国门。

新华社金融信息交易所开业

12月18日　新华社金融信息交易所18日在北京丽泽商务区正式开业。这是新华社旗下的中经社控股集团出资注册成立的专业交易中介机构，也是全球金融信息交易领域里首创的公司制交易所。

据了解，新华社金融信息交易所采用公司制的组织形式，结合了公司制和会员制交易所的优势，其会员包括战略会员、合作会员、服务会员和经纪会员四类，目前已有全国主要金融机构、大中型企业、资本要素市场会员近300家。该交易所自9月10日试营业以来，各项工作开展顺利。试营业期间，根据交易产品“标准化、产品化、可交易化”的原则，首批上线了全国银行理财产品发布交易、全国无线增值服务产品发布交易、全国专利技术转让项目交易等业务。

据介绍，新华社金融信息交易所的交易发布系统在国内首家采用云终端、云计算研发，可支撑全球最大的LCD屏幕墙，切换多形态分屏，实现同一界面多业务的实时同步展示。

新华社有关负责人表示，该交易所将充分发挥新华社遍布海内外的采集网络和丰富的新闻信息资源优势，按照一流的、专业化的水准，着力构建金融信息及文化产业交易服务领域公信、高效的中介平台，促进文化服务产业与实体产业以及资本市场的对接，最终建成国内最权威、全球最具影响力的金融信息及文化产业交易服务中心。

国际投资大事记

2010年1月—2010年12月

一月

中国VS东盟：一天签了49个亿

1月7日，在中国和东盟举行的自由贸易区建成庆典仪式上，中国和东盟国家还同时展开了密集签约仪式，向自贸区建成“献礼”。据《国际金融报》记者了解，合作涉及的东盟国家为菲律宾、柬埔寨、越南、缅甸、老挝、马来西亚和印尼。签约项目涉及通信技术、农业、电力等行业，其中电力项目就有6个，包括中国国家开发银行与菲律宾GNPOWER有限公司签订了“菲律宾马力万斯燃煤电站项目”、中国进出口银行与越南财政部签订了“越南永新二期燃煤电站项目”，共计18个项目、48.96亿美元。

二月

沙特对华石油出口首超美国

2月22日，沙特阿拉伯20年来对美国石油出口首次降至100万桶/日，而与此同时，中国从沙特进口的石油增至100万桶/日之上。

数据显示，2009年前11个月，美国进口的沙特原油为99.8万桶/日，创1988年以来历史新低。另一方面，2009年12月沙特对华石油出口则达到创纪录水平，突破了100万桶/日的重要心理关口。

美国总统奥巴马公布新的医疗改革方案

2月22日，新方案否定了国会共和党人将医改“推倒重来”的要求，着眼于在参众两院现有医改法案基础上弥合分歧，并采纳了共和党人的部分主张。

为此，奥巴马在新方案中显示了与共和党人合作的愿望。新方案吸收了共和党人有关医改的一些设想，如打击医疗保险的浪费、滥用和欺诈等。但美国媒体认为，新方案很难让共和党人满意，两党在一些核心问题上仍存在严重分歧。

无论是参众两院先前通过的医改法案，还是奥巴马刚刚提出的新主张，都将扩大医保覆盖范围、削减医疗开支、减轻政府财政负担作为重要政策考量。目前，约4600万美国人没有医疗保险，奥巴马新方案计划使这一群体中超过3100万人获保。同时，新措施实施后第一个10年内有望使美国政府预算赤字减少1000亿美元，在第二个10年内减少约1万亿美元。

朱民将任IMF总裁特别顾问

2月24日，国际货币基金组织（IMF）总裁卡恩任命中国人民银行副行长朱民为其特别顾问。朱民的任命可以说是继林毅夫之后，中国学者在进军国际金融机构进程中迈出的又一大步。

三月

中国仍是美最大债权国

3月15日，美国财政部公布的数据显示，今年1月份，中国持有美国国债8890亿美元，比上月减少58亿美元，中国仍是美国最大债权国。数据显示，1月份，日本减持美国国债3亿美元至7654亿美元，日本是美国第二大债权国。在其他持有美国国债的主要国家或地区中，巴西当月减持2亿美元，中国香港减持21亿美元，俄罗斯减持176亿美元，英国则大幅增持279亿美元。

FDI越冬

中国对外直接投资明显加快同比增长4.86%

3月15日，商务部发布的数据显示，2010年1至2月，我国境内投资者共对全球89个国家和地区的693家境外企业进行了直接投资，累计实现非金融类对外直接投资（下同）46.6亿美元，已超过去年1季度全季度投资额。

数据还显示，今年1至2月，全国新批设立外商投资企业3163家，同比增长14.56%；实际使用外资金额（FDI）140.24亿美元，同比增长4.86%。服务业中，房地产领域实际使用外资额同比增长3.64%。

中海油投资阿根廷第二大油气生产商

3月16日，中海油将以31亿美元现金收购阿根廷Bridas Corporation50%的股权，由此间接持有阿根廷第二大油气生产商、第一大原油出口商Pan American Energy的部分权益。中海油总裁杨华在3月15日早晨的电话会议上表示，这桩交易对于中海油进军拉丁美洲而言，是一个很好的开端，也是“中海油的全球计划”的一部分。

友达光电来大陆开工厂

3月17日　全球第三大液晶面板制造商台湾友达光电昨天宣布已正式向台湾当局“经济部”投审会递件申请，拟于江苏昆山投资兴建7.5代面板厂前段制程，友达光电预计该7.5代投资总金额约30亿美元。此举被认为是两岸近期进行ECFA第二轮协商的前兆。

按照友达光电说法，依台湾当局程序，此投资案送件后，尚待关键技术小组审查核准。预计此投资将为大陆客户提供更为实时便捷的服务。

另据路透社报道，台湾三位政府消息人士3月15日表示，台湾初步规划将面板业纳入对大陆提出的ECFA早期收获清单，目标为零关税。台“经济部长”施颜祥表示，两岸预计将在3月于台湾进行第二次正式协商，对于可提前适用降税的早期收获清单，台湾政府内部规划项目约为500项，面板产业就在此之列。

丰田关闭加州工厂

3月17日，丰田汽车在加州弗里蒙特市的一家汽车制造工厂——新联合汽车制造公司（NUMMI）4700名的雇员，正在对价值2.78亿美元的遣散费进行投票。根据遣散建议，每个工人的基本遣散费是21175美元，将于5月的第一周一次性支付给车厂工人。遣散条款将禁止工会和工人讨论任何关闭细节。

中铝找铁难缓谈判僵局

3月22日，力拓重新“牵手”曾经抛弃的中国铝业，走进非洲“再续前缘”。日前，中国铝业公司正式发出公告对外确认，已与力拓集团签署非约束性合作谅解备忘录，双方将联合开发力拓持有的位于西非几内亚的世界级铁矿西芒杜项目。

中铝在公告中称，将与力拓按47%、53%股权比例成立合资公司，合资公司将持有西芒杜项目95%的股权，剩余5%项目股权由世界银行下属机构国际金融公司持有。据悉，为获得上述股权，中铝将向合资公司分期注入共计13.5亿美元的资本金。在此投入基础上，中铝拥有西芒杜项目的实际权益为44.65%，力拓实际权益为50.35%。

吉利18亿吞下沃尔沃

3月28日，吉利集团与福特汽车签署最终股权收购协议，获得沃尔沃轿车100%的股权以及相关资产（包括知识产权）。李书福和福特汽车公司首席财务官布斯在瑞典哥德堡签署了该协议，工信部部长李毅中以及瑞典副总理兼企业能源部长奥洛夫松出席了签署仪式。

中国汽车界终于诞生了迄今为止最大的“蛇吞象”并购案例——吉利集团以18亿美元的价格，将美国福特汽车旗下的品牌沃尔沃揽入怀中。

中石化川气东送工程建成投产

3月29日，中石化宣布，由中石化投资建设和运营的国家“十一五”规划重大项目——川气东送工程建成投产。工程投产后，将每年向中国东部及沿线地区输送天然气120亿立方米。

川气东送工程是中石化在普光气田勘探取得重大突破的基础上，于2007年4月9日经国家核准，同年8月31日正式开工建设，具体包括普光气田勘探开发、酸性气体处理以及从四川达州到上海途径8省市的长输管线，总投资626.76亿元，设计年输净化天然气120亿立方米，是中国继西气东输工程后又一项宏大工程。

目前，川气东送工程输气管道主干线和三条支线已投入运行，今年投产后计划生产净化天然气4 0亿立方米。

四月

SAP中国换帅不为“业绩”为“机遇”

4月8日，新任SAP中国区总裁萧洁云在媒体见面会上表示，SAP看好中国近7亿的移动用户与企业管理软件的对接市场，未来SAP中国将重点在国内市场上推广移动应用型的解决方案。

中石化收购Syncrude　9.03%股权

4月12日，中国石化通过全资子公司 ——中国石化集团国际石油勘探开发有限公司(简称国际勘探公司)与康菲公司达成协议，以46.75亿加元的现金对价收购康菲公司在加拿大Syncrude 合资公司中9.03%的股权。该交易尚需取得中国政府和加拿大政府监管部门的审批。

Syncrude 公司拥有世界最大的油砂生产项目。该项目位于加拿大Athabasca油砂区核心位置，是一个世界级的上下游一体化项目，包括地表露天开采、萃取和沥青油改质。项目其他的合资方包括加拿大油砂信托、埃克森美孚旗下的帝国石油公司、Suncor Energy、Nexen、Mocal Energy以及Murphy Oil。截至2009年底，Syncrude项目的总剩余合成原油资源量为119亿桶。目前的合成原油产能约为每日35万桶。

我出口金额12亿美元

4月18日，第107届广交会透露，今年第一季度，共有10个国家对我国发起19起反倾销、反补贴、保障措施调查，直接涉及我国出口金额12亿美元。

澳门外汇储备近200亿美元

4月19日。澳门特区政府金融管理局公布的数据显示，截至今年 3 月底，澳门特区外汇储备资产总额为1562亿澳门元（约合195.3亿美元），较去年同期增长16.3%。

“未来10年，我国智能电网可实现碳减排105亿吨。”

4月19日，国家电网公司发布绿色发展白皮书，承诺加快建设坚强智能电网，更多地消纳清洁能源，并通过节能和提高能源利用率带动电力系统和全社会在未来十年实现二氧化碳累计减排105亿吨。

中国出口200强外企占近八成

4月20日发布的“2009年中国外贸200强”报告显示，2009年中国出口200强企业中，外商投资企业有153家，比上年增加12家，出口总额2507.4亿美元，占77.8%，比上年提高了3.7个百分点。

“数据表明，在我国出口中，外资占据绝对的主导地位。”报告指出。同时，在出口200强中，相当部分企业都是加工贸易出口，非常清晰地显示了我国作为全球生产基地的地位，表明加工贸易是我国参与国际分工的重要路径。

东亚将成为全球经济最具活力地区

4月21日中国商务部副部长易小准在第三届东盟与中日韩(10+3)媒体合作研讨会上表示，近年来东亚国家间对话与协调增强，相互依存加深，2010年东亚经济规模将超过欧元区，东亚将成为全球经济中最具活力的地区。

“美国银行业能从金融监管改革中受益。”

4月25日，美国财政部部长盖特纳表示，更加严厉的金融监管对于银行业来说不是威胁，最终银行业会从中受益。盖特纳表示，金融危机充分暴露出美国银行业已经严重偏离吸收储户存款的传统业务。金融监管改革不仅对未来经济增长有利，而且能维护美国公众利益。

盖特纳坦承，由于华尔街的一些公司担心其交易以及其他活动将会受到限制，金融监管改革正遭到反对。但是，他表示这些障碍都阻止不了改革的动力。

“2010年钢材价格将在高位区间震荡。”

4月28日，中国钢铁协会常务副秘书长戚向东在4月28日召开的行业信息发布会上说，受成本和需求推动，2010年我国钢铁价格将在高位区间震荡。中钢协常务副会长罗冰生分析说，造成钢材价格上涨的原因，主要是钢材生产成本上升，特别是国际市场铁矿石、炼焦煤价格大幅上涨的推动。

美联航拉大陆航空打造全球最大航企

美国联合航空公司本周宣布将与大陆航空公司合并，打造全球最大的航空公司。合并涉及金额超过30亿美元，合并后的公司将继续使用“美国联合航空公司”的名字。分析人士预计，两大航空公司的合并将伴随机票价格的上涨，公司雇员的裁减。

五月

中国全年顺差再减千亿美元

5月18日，“今年预计继续减少1000亿美元。”商务部新闻发言人姚坚昨日说，今年我国贸易顺差会在前年2900亿美元、去年1900亿美元的基础上大幅下降，中国的国际收支状况会有所改善。此外，在谈到希腊主权债务危机时，姚坚指出，虽然中国和希腊的贸易只占中欧贸易很小的比例，但欧洲整体的经济情况也会受到希腊主权债务危机的拖累。因为欧盟是中国最大的出口市场，占中国贸易规模的16%，因此这次债务危机会对整个中国的出口造成影响。他同时认为，今年以来，截至5月14日，人民币对欧元累计升值14.5%，这给中国的出口商造成巨大的成本压力，也会对贸易政策的调整产生影响。

美国国债吃香中日英齐增持

5月17日，美国财政部公布的国际资本流动报告（ＴＩＣ）显示，截至2010年3月末中国共持有8952亿美元美国国债，与2月份相比增持177亿美元，仍为美国国债最大的海外持有者。报告还显示，美国国债的第二、第三大海外持有者日本和英国在3月份都有较大幅度增持，分别增持164亿美元和455亿美元，持有量分别达到7849亿美元和2790亿美元。

中日韩自贸区争取2012成型

5月23日，第七次中日韩经贸部长会议在韩国首尔举行，中国商务部长陈德铭表示，目前中日韩自贸区已进入官产学联合研究阶段，争取于2012年三国领导人会议前结束；尽快推动三边投资协议谈判取得实质进展；进一步加强三国在二十国集团（G20）、亚太经济合作组织（APEC）等多边框架下的沟通与协调。

中美启可再生能源伙伴关系

5月24日，中美两国政府日前在北京签署了涉及5个领域的8项政府和企业间合作协议，正式启动中美可再生能源伙伴关系。中国国家能源局局长张国宝表示，美国在技术研发和产业化方面具有明显优势，中国则拥有全球增长最快的能源市场。

六月

跨境贸易人民币结算“双扩”启动

6月23日，我国跨境贸易人民币结算试点地区由4个城市扩大到20个省区市，而且参与跨境贸易人民币结算的境外地域不再受限制，扩展到所有国家和地区。

台湾金融业期待布局大陆西部

6月25日，海峡两岸投资与金融合作大会日前在西安举行，多位台湾金融界人士希望在大陆西部地区开展金融服务。台湾银行、台湾土地银行等多家台湾银行业代表在会上表示，希望有机会能在大陆西部地区进行贸易融资、企业金融、个人金融、现金管理等金融服务。

摩洛哥拟开发中国旅游客源市场

6月27日，摩洛哥国家旅游局中东及亚洲地区总裁代比•哈塔卜日前表示，摩洛哥政府正在实施开发中国旅游客源市场战略，以吸引更多中国游客到摩旅游。哈塔卜说，中国作为摩洛哥的旅游客源市场具有巨大发展潜力，摩洛哥国家旅游局将把开发中国客源市场作为重要的发展战略。

韩人均国民总收入今年或破两万美元

6月28日，韩国企划财政部透露，今年韩国的人均国民总收入预计比去年增加约3400美元，达2.06万美元，这将是该项统计2007年以来首次突破两万美元水平。

七月

复星医药chemo再投5亿元开发新药

7月15日，复星医药在上海宣布与阿根廷医药企业Chemo（金武制药）集团开启新一轮战略合作。作为阿根廷政府与中国政府一揽子双边合作协议的组成部分，双方计划共同投资5亿元开发单克隆抗体药物。复星医药集团董事长陈启宇表示，再次牵手Chemo是复星医药实施生物制药全球布局的重要举措。

Chemo公司为阿根廷最大的医药企业，非常看重中国市场，2008年曾与复星医药首次合作成立合资公司上海凯茂生物医药有限公司，复星和Chemo持股比例为7∶3。本次5亿元投资后，凯茂生物股权比例将变更为复星占60%，Chemo占40%，计划4年时间完成。

本次合作，复星医药将以控股公司万邦医药为投资主体，与全球综合性医药公司金武集团强强联盟，主推单克隆抗体药物，共同开发中国和海外市场。复星医药高级副总裁李显林表示：“此次合作将加速推进公司单克隆抗体药物实现产业化，且引进的是成熟的产业化技术，将大大缩短新药上市的时间，进一步提升复星医药在生物制药领域的竞争力。”

世行高度评价中国吸引外资成就

7月19日，世界银行中国代表处透露，世界银行近日发布了针对中国吸引外国直接投资的研究报告。报告高度评价了中国吸引外国直接投资取得的成功，并指出中国目前面临的挑战是吸引合适的外资，从而助力于经济结构调整、环境改善以及产业升级。

银监会与印尼央行签监管合作备忘录

7月19日，中国银监会透露和印度尼西亚中央银行于近日签署双边监管合作谅解备忘录，双方同意在信息交换等方面加强监管合作。

按照巴塞尔银行监管委员会确定的跨境银行监管原则，银监会积极主动推进与境外银行监管机构建立正式的监管合作机制。截至目前，已与美国、英国、澳大利亚、尼日利亚等39个国家和地区的金融监管当局签署了监管合作谅解备忘录或监管合作协议。

中国“入世”承诺全部履行完毕

7月20日，商务部新闻发言人姚坚说，截至2010年，中国加入世界贸易组织的承诺已全部履行完毕，建立起符合规则要求的经济贸易体制，成为全球最开放的市场之一。

2010年全球FDI有望至1.2万亿

7月22日联合国贸易和发展组织发布《2010年世界投资报告：投资低碳经济》，预计2010年全球外国直接投资（FDI）流入量有望升至1.2万亿美元以上，2011年进一步增长至1.3万亿至1.5万亿美元，2012年则上升至1.6万亿至2万亿美元。报告认为，全球FDI流量在2009年下半年跌至谷底，在2010年上半年出现了缓慢复苏，这意味着短期内FDI的前景比较光明。

欧盟对ＩＢＭ发起反垄断调查

7月26日欧盟委员会宣布，由于ＩＢＭ涉嫌滥用在大型计算机（大型机）市场上的优势地位，欧盟委员会将对其发起两项反垄断调查：第一项调查涉及ＩＢＭ可能将其大型机硬件设备与其占据市场优势的大型机操作系统软件绑定在一起；第二项调查则欧盟委员会主动发起，称ＩＢＭ对大型机维护服务提供商存在歧视性做法，包括限制或拒绝提供独家拥有的零配件。

八月

能源并购再度活跃

8月11日，据最新数据统计，7月中国并购市场共完成36起并购交易，披露金额的32起并购案例涉及金额20.31亿美元，环比上升4.1%，平均每起案例资金规模6345万美元。其中能源及矿产行业交易最为活跃，共完成8起并购案例。

中国再减持美国国债

8月16日，美国财政部公布的国际资本流动报告（ＴＩＣ）显示，截至2010年6月末中国共持有8437亿美元美国国债，继5月份减持325亿美元美国国债后，于6月再度减持240亿美元美国国债，但仍为美国国债最大的海外持有者。

俄上调石油出口税

8月16日，俄罗斯财政部官员宣布，自9月1日起，俄石油出口税将从现在的每吨263.8美元上调至273.5美元，上调幅度约为3.7%。

俄财政部官员萨科维奇当天对媒体表示，2010年7月15日至8月14日，俄罗斯石油的出口均价为每桶76.49美元。根据俄石油出口税计算公式，自下月起俄石油出口税征收标准应提升至每吨273.5美元。

中国马尔代夫签署环保备忘录

8月22日，马尔代夫总统纳希德在首都马累会见了到访的中国商务部长陈德铭，双方随后签署了加强节能环保领域合作的谅解备忘录以及关于中国向马提供优惠贷款的框架协议。

伊拟联俄生产核燃料

8月26日，伊朗原子能机构表示，伊朗向俄罗斯提出申请要求为布什尔核电站和以后的相关设施与俄方联合生产核燃料。

伊朗原子能机构主席萨利希称：“我们已经向俄罗斯提出联合生产(核燃料)的请求……一部分在俄罗斯生产，一部分在伊朗生产。”

必和必拓利润翻倍

8月25日，必和必拓公布，在截至2010年6月30日的财年里，必和必拓净利润翻一倍，由2009年同期的59亿美元提升至127亿美元。如此强劲的财报业绩无疑为其收购加拿大钾肥商Potash增加了砝码。早前彭博社对13位经济分析师进行了调查，他们认为必和必拓在该财年的利润应达到133亿美元。

九月

中乌签12项合作文件

9月3日，乌克兰总统亚努科维奇首次访华期间，中乌双方昨日在北京签署了12项合作文件。据悉，双方签署的《中乌关系2010年至2012年主要发展方向》等一系列合作文件，涉及双边关系、航空航天、基础设施、金融、检验检疫、海关、商业、轨道交通、电力等诸多领域。

根据双方签署的合同和相关融资协议，中方将承建乌克兰首都基辅一条约30公里长的机场轨道交通线及机场配套设施。中国国家开发银行和中国工商银行股份有限公司将为该项目提供总额约10亿美元的买方信贷。

中国再增持日本国债

9月13日，日本财政部昨日公布，7月份中国净增持日本国债5830亿日元，此举为中国连续第七个月增持日本国债。业内人士分析表示，中国选择在今年大幅增持日本国债，主要由于美元走势持续低迷，而欧洲深陷主权债务危机，欧元资产风险也在加大。

欧盟成中国第一大贸易伙伴

9月18日，正当美国与中国在贸易和汇率问题上争论不休时，欧盟已经悄悄超越美国，再次成为中国最大的贸易伙伴。截至今年7月，欧盟与中国的贸易额已经飙升至3060亿美元，而同期的美中贸易额为2430亿美元。

中俄原油管道工程竣工

9月28日，中俄原油管道工程昨日竣工。中国国家主席胡锦涛和俄罗斯总统梅德韦杰夫共同出席竣工仪式。中俄原油管道工程的竣工，标志着中俄能源合作进入新阶段。

中俄原油管道起自俄罗斯远东管道斯科沃罗季诺分输站，经中国黑龙江省和内蒙古自治区13个市、县、区，止于大庆站，管道全长约1000公里。按照双方协定，俄罗斯将通过中俄原油管道每年向中国供应1500万吨原油，合同期20年。

奥巴马签署支持小企业融资与减税法

9月29日美国总统奥巴马9月27日签署了一项旨在帮助小企业贷款和减税，以便增加就业的法案，使得这项讨论多时的法案终于成为法律。这项法案将创建一个总额为300亿美元的政府基金，帮助资产少于100亿美元的社区银行增加向小企业的放贷。该法案还将包括120亿美元的小企业减税政策。

十月

诺贝尔经济学奖三人共享

10月11日，瑞典皇家学院宣布，美国经济学家彼得•戴蒙德、莫特森，英裔、塞浦路斯籍经济学家克里斯托弗•皮萨里德斯三位学者共同获得2010年诺贝尔经济学奖。瑞典皇家科学院表示，他们三人对市场的分析使其可以得到这个奖项，他们的理论是基于微观经济学理论，并说明了雇佣工人要更加合理，在招聘人员和需求工作应该提供合理的机制。

中海油收购美页岩油气

10月12日，中国海洋石油有限公司宣布，其全资子公司中国海洋石油国际有限公司将购入美国切萨皮克能源公司鹰滩页岩油气项目共33．3%的权益，交易价格为现金10．8亿美元。

友邦保险香港启动IPO

10月17日，美国国际集团（ＡＩＧ）旗下的亚洲人寿保险公司友邦保险在香港宣布启动首次公开募股。友邦保险计划发行58.6亿股，有望集资高达1153亿港元，成为今年以来香港集资额度最大的首次公开募股之一。

中国竞争力略强印度

10月25日，2010年《国家竞争力报告》发布和研讨会在京举行，《中国国家竞争力报告》的主编倪鹏飞博士在发布会上表示，中国国家竞争力总体略强于印度，而印度在部分领域领先中国。日本的国家竞争力在亚洲有领先作用，中国相比日本还有很大的差距。

澳门发放32亿现金福利

10月26日澳门特区政府财政局宣布，“2010年度现金分享计划”的支票发放工作已顺利完成。至此，特区政府通过自动转账和支票方式向居民发放的总金额达到32.77亿澳门元。

根据“2010年度现金分享计划”的发放安排，所有于2009年12月31日持有效或可续期的澳门特区居民身份证的居民均可获发放款项，每名永久性居民可获发6000澳门元，非永久性居民可得3600澳门元。

十一月

中投在港成立子公司

中国投资有限责任公司11月７日宣布，已在香港注册登记、设立全资子公司中投国际（香港）有限公司，将充分利用香港作为国际金融中心及其所拥有的国际一流投资、金融服务环境拓展公司境外投资业务。

穆迪上调中国债券评级

11月12日，穆迪投资者服务公司昨日宣布，将中国政府债券评级由Ａ1上调至Ａａ3，并维持正面展望。其中，中国政府的外币及本币债券评级从Ａ1上调至Ａａ3，外币及本币银行存款评级的国家上限从Ａ1上升至Ａａ3，外币及本币债券评级的上限从Ａ1上升至Ａａ3，短期外币评级仍保持为Ｐ－1。

中航工业收购美国EPIC

11月16日，中航工业公司总经理林佐鸣昨日透露，中航工业集团下属的通用飞机公司（简称“通飞”）日前完成了对美国EPIC（埃佩克）飞机公司的收购。这笔交易的最终价格约为430万美元，通飞以此获得了世界上最先进的单发涡桨飞机知识产权。

九成创业板公司10年内退市

11月17日，中国人民大学金融与证券研究所所长吴晓求在深圳举办的资本论坛上表示，中国创业板问题复杂，90%以上的创业板上市企业10年内将退出资本舞台。

目前，备案创资实到资本超千亿，中国投资协会创业投资专业委员会秘书长洪显明在深圳透露，截至2010年第三季度末，全国备案的创投企业已达571家，实到资本1074亿元，注册资本已接近1500亿元。

中俄经贸：500亿再迈步

11月22日，外交部部长助理程国平在11月18日的新闻发布会上透露，温家宝总理此次访俄，双方将在经贸、能源、高科技、金融、农业、地方等重点领域合作深入交换意见，双方拟签署《中俄总理第十五次定期会晤联合公报》及一系列双边政府和部门间合作文件。

作为目前世界上重要的两大新兴经济体，中俄两国在经贸领域合作潜力在金融危机已经初露端倪。据商务部数据显示，今年1－10月份，中俄贸易额已经达到451亿美元，同比增长43.4%，照此速度计算，中俄全年贸易额将超过500亿美元。

十二月

欧盟批准对爱尔兰援助方案

12月7日，欧盟27国财政部长正式批准对爱尔兰850亿欧元的援助方案，并提出提供这一援助的严格条件。根据援助方案，将有100亿欧元用于注资陷入困境的爱尔兰银行业，250亿欧元用作解决银行业未来需要的应急储备资金，其余500亿欧元则用来满足爱尔兰的财政需要。

中国增持日本金融资产

12月8日，日本财务省公布的数据显示，今年10月份，中国于3个月来首次增持日本金融资产。

中国10月份买入的大部分资产是日本债券和短期债；当月净买入306亿日元的中长期债券，净买入2.319亿日元的货币市场工具。日本财务省未公布别国购买日本国债的具体数字。

最深实验室投入使用

12月12日，作为中国首个极深地下实验室，中国锦屏地下实验室在四川雅砻江锦屏水电站正式投入使用，这个世界岩石覆盖最深的实验室的启用标志着中国已经拥有开展物理学重大基础前沿科学研究的自主地下实验平台。清华大学副校长、中国锦屏地下实验室主任程建平说，实验室是清华大学和二滩水电开发有限责任公司合作，利用二滩公司为建设水电站修建的锦屏山隧道建成的，其垂直岩石覆盖达2400米，是目前世界上岩石覆盖最深的地下实验室。

中韩陆海联运开通

12月21日，中韩陆海联运汽车货物运输项目在山东威海港正式开通，通过这一新的快捷通道，往返中韩两国的货物在途中不必经过多次装卸，而是从工厂直达客户。中韩陆海联运汽车货物运输项目是2006年中日韩三国交通部长级会议确定的十二项重点行动计划合作项目之一。

南非加入“金砖国家”

12月23日，杨洁篪外长与南非国际关系与合作部长马沙巴内通电话。杨洁篪表示，近日，中国作为“金砖国家”合作机制轮值主席国，与俄罗斯、印度、巴西一致商定，吸收南非作为正式成员加入该合作机制。胡锦涛主席将就此致函南非总统祖马，并邀请祖马总统出席明年在华举办的“金砖国家”领导人第三次正式会晤。我们相信，南非的加入将有利于“金砖国家”合作机制的发展，促进新兴市场国家之间的合作。

首台国产核模拟机使用

12月28日，中国首台自主研发设计的百万千瓦级核电站全范围模拟机在福建宁德核电站正式投入使用。宁德核电1号机组主体工程于2008年2月开工，四台机组计划将于2012年至2015年建成投入商业运行。

投资动态与投资信息

北京 身全球会展业前十 大型会展猛增41.7%

衡量"世界城市"的一个重要指标——会展业正迎来"井喷"般的快速发展。市商务委昨日公布的最新数据显示，今年1至7月，本市八大主要会议中心及展览场所几乎"终日无休"，八家场馆共办展213场，展览密集程度超过日均一场。而其中四成都是展位面积在1万平方米以上的大型展览。

北京异军突起的会展业迅速成为全球关注的焦点。在国际大会及会议协会(ICCA)2010年公布的国际会议目的地城市最新排名中，北京是中国惟一入选前10名的城市。

"本市会展业高端化、品牌化、专业化的特点正日趋明显。"市商务委相关负责人表示。在2010年北京国际汽车展上，共有来自16个国家和地区的2100家车企参展，参展规模、参展厂商以及参展车辆数量刷新近年来各大车展纪录。专业人士表示，在各种行业展会上，该行业顶级巨头及"重量级"厂商的参与程度正是衡量展会权威性的重要标准。目前，北京国际汽车展已与底特律、法兰克福、日内瓦、东京汽车展这四大"老牌"展会一同位居世界五大汽车展。

数据显示，在今年各类会展中，国际化大型展览呈增长之势。今年1至7月国际化大型会展在京共举办51场，比去年同期猛增41.7%。会展业专家认为，国际化大型展会争相"落户"北京，将进一步提高本市会展业品牌的国际竞争力。目前，本市已有北京国际工程机械展、北京国际印刷技术展等21个展会通过国际展览联盟(UFI)认证，占全国总数的1/4以上。

中央两年投千亿 新能源车央企大联盟18日在京成立

国务院国有资产监督管理委员会拟组建"新能源汽车央企大联盟"。昨日，一家中央级汽车企业相关负责人向早报记者透露，由国务院国资委牵头的新能源汽车央企大联盟将于8月18日在北京举行成立仪式，公司已接到开会通知。

不过，据上海汽车工业协会网站和《汽车网-中国汽车报》的信息显示，此次央企大联盟中可能也包括了一些地方级国企。

据悉，央企联盟与中国汽车工业协会成立的TOP10电动汽车联盟没有任何关联，即将成立的这个联盟主要是在发展电动汽车资源整合、上下游产业链和产能配合等方面做好协调工作，并拟定电动汽车共同发展战略。

据了解，目前，参与该联盟的企业分为四大板块，一是汽车生产企业板块，包括中国一汽、东风汽车、长安汽车等；二是电池企业板块，包括中海油、中石油、中石化、中国普天、中航科技等；三是电驱动系统企业板块，包括东方电气、中国南车等；四是基础设施板块，包括国家电网、南方电网等。

据了解，该联盟还初步确定了技术、产品的发展方向，锁定了纯电动汽车及相关核心零部件技术。在参与企业的合作方式上，该联盟计划通过建立平台，对电动汽车的共性技术进行交流、探讨和研发。

由于此联盟由国资委牵头成立，业内认为，该联盟在相互协作上要优于其他同类联盟

财政牵头投资千亿 新能源车大投资时代来临

随着近日《汽车与新能源汽车产业发展规划》中"1000亿元"投资数额的曝光，中国新能源汽车正式迎来大投资时代。国内各车企及能源集团的投资计划也随之出台，投资额度至少都以百亿为底线。专家解读认为，若此番投资能"用在刀刃上"，则中国在新能源汽车研发和推广上有望缩小与欧美日先进国家的差距。

两个“一千亿”

日前，针对新能源汽车的两项“千亿”投资计划成为关注焦点，一个1000亿来自中央财政，另一个1000亿来自央企联盟。

作为对新能源汽车产业实施的“一揽子扶持政策”的重要部分，近日曝光的由工信部牵头的《汽车与新能源汽车产业发展规划》(2011-2020年)草案(下称《规划》)建议，未来十年，中央财政拿出超过1000亿元的巨额资金，用以扶持节能与新能源汽车产业链发展。这1000亿已经规划至关键技术研发和产业化、示范推广、核心零部件研发、试点城市基础设施建设等各领域。同时，中央财政将设立专项补贴资金，未来消费者买纯电动车、充电式混合动力汽车，车辆购置税、车船税等将减免征收。

据悉，该《规划》正在向各相关部委征求意见，将于本月最终定稿并上报国务院审议，最快有望年内实施。

与此同时，另一个“千亿”投资计划也即将出炉。而且将在两年内集中投放。据悉，由国资委组建“新能源汽车央企大联盟”将在8月诞生，其目标是“到2012年，联盟对新能源汽车领域投资将增至1000亿元。”与此同时，国内车企的投资计划也开始升级，8月初，江淮宣布了投资高达300亿、目标产能百万辆的新能源汽车计划。

此外，同济大学汽车学院院长余卓平日前透露，我国将投入60亿元人民币大力促进电池研发。目标是在2015年，中国电动汽车保有量达到50万至100万辆，中国也将成为电动汽车和充电设施最大的市场。

联盟并起 合力出击

据了解，在中央财政高达500亿元的新能源汽车产业发展专项资金中，部分将用于建立国家新能源汽车产业技术创新联盟，建立联合开发机制。《规划》提出要形成3至5家新能源汽车整车骨干企业，形成2至3家具有自主知识产权和较强国际竞争力的动力电池、电机等关键零部件骨干企业，产业集中度达到80%以上。

而除了将能源及相关行业的央企巨头纳入联盟外，新能源央企联盟也指出，“不排除将个别央企新能源汽车资产并入联盟的可能性。”据悉，在即将举行的新能源央企联盟成立大会上，东风、一汽等汽车业领军央企都将列席。而在这两个官方联盟出台之前，中汽协已经牵头国内车企成立了“Top10电动汽车联盟”。

参与联盟组建的相关人士表示，新能源汽车是一个需要高投入、高创新的产业体系，联盟的建立是为了整合优势资源，形成合力，避免各自为战。但日前有报道称，已有车企集团对成立“国家新能源汽车产业技术创新联盟”提出了异议，认为各企业大小不一，研发方向不一，标准不一，所谓的抱团只会形成牵制。但据了解，目前一汽、上汽、东风、长安、北汽等车企集团的新能源研发都已形成了各自的长远规划和方向。业内人士指出，世界汽车制造商组织曾经发布过一份文件，认为政府在现阶段技术线路的选择上应该“保持中立”，让企业去探索。就中国而言，政府和车企层面联盟并起的现象是会推动新能源的投资力度，但也不可避免地会造成研发方向和产业标准的混乱。

赶超发达国家非易事

《规划》提出的发展目标是，到2020年，新能源汽车产业化和市场规模达到世界第一，新能源汽车保有量达到500万辆。以混合动力汽车为代表的节能汽车销量达到世界第一，年产销量达到1500万辆以上。

业内专家指出，在传统内燃机汽车尤其是轿车发动机方面，中国至少落后于国外20年，已经没有机会赶上发达国家。相比之下，在电动汽车领域，目前虽然也有四、五年的差距，但并非不可赶超的。通用汽车公司全球车辆工程部副总裁Karl-Friedrich Stracke 也表示，在政府的大力资助下，中国在电动汽车方面有很好的机会获得行业领先优势。到2015年时，中国可能会有多达100万辆电动汽车上路行驶。

江苏将投资200多亿元开启新一轮淮河流域治理 2010/06/22

江苏省水利厅日前表示，江苏将投资超过200亿元用于新一轮淮河治理工作，年内将开工建设入江水道整治。新一轮淮河治理主要任务包括淮河入江水道整治、淮河入海水道二期、洪泽湖大堤加固、分淮入沂整治以及里下河洼地治理等项目，其中淮河入江水道是淮河洪水经洪泽湖、高邮湖下泄的主要通道。

江苏新一轮淮河流域治理将统筹考虑防洪工程与群众安居的关系、江河防洪与洼地排涝的关系、洪水出路与水资源配置的关系、工程建设与运行管理的关系，妥善解决治淮项目实施中土地征用、行蓄洪区移民迁建等涉及群众切身利益的问题。据测算，新一轮治淮工程启动后，全流域除涝防洪直接效益将达78亿元左右，增产粮食500万吨。

我国首制3000米深水半潜式钻井平台研制成功 2010/01/21

日前，我国首制3000米深水半潜式钻井平台在中国船舶重工集团公司大连船舶重工集团有限公司研制成功。大连船舶重工集团有限公司在引进技术消化吸收的基础上，突破了深水半潜式平台总体设计、运动分析和预报、结构设计和强度分析、关键系统和设备集成、建造和防腐等关键技术，并在该平台上成功应用和检验。该平台的研制成功，为我国海洋工程装备发展奠定了技术基础。

国产最大的3兆瓦风电叶片生产线投产 2009/11/17

国产最大的3兆瓦风电叶片生产线近日在连云港中复连众投产。位于连云港的中复3兆瓦风电叶片工厂隶属于中国建材集团旗下的中国材料复合集团公司，目前年产玻璃钢能力超过2万吨，风力发电叶片年产能超过3000套，已经成为全球产能最大叶片生产基地，已经累计生产了6600只兆瓦级叶片。

3兆瓦风电叶片主要用于海上风场和陆地的大风场，目前国际上多采用大功率叶片。3兆瓦风电叶片的投产，标志着中国风电从利用陆地风力资源已经走向利用海上风力资源；从满足国内市场需求走向满足国际市场需求。

国家严格控制风电叶片一般产能的盲目扩张，重点支持自主研发2.5兆瓦及以上风电整机和关键零部件，完善质量控制体系。积极推进风电叶片产业大型化、国际化，培育具有国际竞争力的风电叶片基地。

风电叶片产业只有落实好科学发展观，抓住大力发展风电可再生能源的历史机遇，坚持正确的产业政策导向，坚持自主创新，集中优势资源，努力调整产品结构，才能把我国的风电叶片培育成具有自主创新能力和国际竞争力的新兴产业。

西部地区最大炼化一体化工程建成投产

我国西部大开发标志性工程——中国石油独山子石化1000万吨炼油、100万吨乙烯工程近日在新疆建成投产。

该项工程是我国与哈萨克斯坦能源合作战略的重要组成部分，工程包括1000万吨常减压、200万吨加氢裂化等10套炼油装置，100万吨乙烯、90万吨聚乙烯、55万吨聚丙烯等11套化工装置以及公用工程，主要加工哈萨克斯坦高硫原油。该工程不仅是西部地区最大的炼化一体化工程，也是国内一次整体建成投产、规模最大的炼化一体化工程之一。工程采用了世界最先进技术，炼油产品全部达到欧Ⅳ标准，化工产品大部分为市场紧缺产品。

该工程的建成投产对于加快西部大开发战略的实施、增强我国市场成品油供应保障能力、促进经济社会协调发展，对于调整新疆产业结构、培育新的经济增长点、维护民族团结和边疆稳定都具有重要意义。

60万吨甲醇/40万吨二甲醚项目建成投产

近日，新奥集团股份有限公司年产60万吨甲醇/40万吨二甲醚项目在内蒙古鄂尔多斯市建成投产。目前装置运行平稳，生产负荷已达到70%以上。该项目采用水煤浆加压气化技术、耐硫变换及低温甲醇洗净化技术、低压甲醇合成技术和新奥节能型二甲醚合成技术，以国内设备为主，建成国内最大的单系列煤基二甲醚装置。项目的建成投产为我国大型煤制二甲醚示范装置的建设提供经验，具有重要的借鉴意义。

二甲醚是高纯度可燃物质，具有成份单一、燃烧性能好、可控性强的特点，燃烧后几乎不产生有害物质，在民用和车用燃料领域具有广阔的应用前景。

我国石油资源紧缺，随着经济社会的快速发展，我国已成为继美国之后的第二大石油进口国，2008年净进口石油1.97亿吨，石油对外依存度高达51%。我国煤炭资源丰富，煤炭占一次能源消费总量的70%左右。但由于加工利用方式不合理，煤炭直接燃烧利用已成为我国温室气体和酸雨成份排放的重要来源，面临巨大的生态和环境压力。因此，依靠技术进步，加快煤炭利用方式转变，发展煤基石油替代产品，对于促进煤炭产业可持续发展，增强石油安全保障能力，都是一项十分紧迫的任务。

煤炭加工转化工作要贯彻落实科学发展观，更加注重全生命周期评价、能源转化效率和生态环境保护。为实现煤基石油替代产品生产废弃物零排放和化石能源全部转化利用，新奥集团研究开发了“微藻转化二氧化碳制生物柴油集成技术”，并取得重大突破，有望在较短的时间内实现产业化。

6000亿温州民资迎来首个合法对接平台

作为本届温州市政府的重点工作项目之一，组建温州民间资本投资服务中心是温州市委、市政府贯彻落实国务院“非公经济新36条”及进一步深化改革创新，增强发展的活力和动力的实际举措之一。当地政府高度重视并批准组建该中心，意在通过这一平台保障温州丰厚的民间资本有序有效投入到基础设施建设、金融服务、社会事业、传统产业改造工程、电子信息、生物医药、文化创意、环保节能、高效农业、新材料等高新产业等多方面的领域。这在给温州民间资本投资带来福音的同时，也将使原本游走于灰色、非法边缘的温州民间资本实现转型，迈向阳光化、合法化、规范化。

温州民间一直蕴含大量的民间资本。据匡算，温州民间资本高达6000亿之巨。而以前由于缺乏有效的对接平台，这些民间资本有如“猛龙过江”，在各地炒房、炒煤、炒棉、炒股，不仅有损温州形象，也使温州实体经济不断“失血”。

温州民间资本投资服务中心成立后将集中发布供需双方信息，使“资本与项目”通过中心平台对接。这一市场化的规范运作方式将推进温州企业的重组兼并，做大做强行业龙头，促进中小企业在产业链、价值链分工中的专业化水平。随着民间资本运作的集中度得到提升，政府也可通过这一全新平台对合法主体进行监管，有效防范地方金融风险。而未来，该中心还将致力于探索创新，努力发展成为一个全国性的民间资本投资服务平台。

目前初步经筛选进入中心的项目已有200个，待审核的项目198个，提供基本材料有待核实的项目256个，这些项目既有来自温州本地的，也有其他省市的，项目内容涉及生物医药、电子科技、能源矿产、基础设施等16个行业。

与中心开业同时，由温州民间资本投资服务中心、中投信托联合各方共同设立的“中投•雁荡之星中小企业信托基金”也正式成立。该基金总规模10亿元，首期规模5000万到1亿元，由浙商银行温州分行以发行人民币理财的方式负责资金的募集，并委托中投信托进行管理，资金专项用于支持温州中小企业发展。

资料显示，温州民间资本投资服务中心由浙江民营投资企业联合会、温州经济师协会、温州市企业家协会共同发起组建，归口温州市经贸委。中心采用会员制，会员单位包括各类投资机构、投资人、企业、创业者、各类中介服务机构等。其服务内容包括：项目投融资咨询服务；项目投融资策划和方案编制；项目投融资发布和推介；项目考察、洽谈、交易；专业人才和企业高管的商务交流；项目和企业人员的培训；企业上市辅导等。

“十一五”重大工程和项目面面观

在即将过去的“十一五”，我国实施了上百项国家级重大工程和项目，进一步调整优化经济结构，促进区域协调发展，更好地发展教育、卫生、文化等社会事业，在全国范围内大力推进节能减排。

百亿巨资为农村提供安全饮水和沼气

2007年5月，国务院批准了《全国农村饮水安全工程“十一五”规划》，要求“十一五”期间解决1.6亿农村人口的饮水安全问题。

据国家发展和改革委员会介绍，2006年以来，国家发展改革委已累计安排此项工程建设中央投资590亿元，用于解决全国2.15亿农村居民及农村学校师生的饮水安全问题，超额完成“十一五”规划任务。

“十一五”以来，国家大力推广沼气工程，累计安排资金212亿元。

此外，2007年，我国规划实施6240座水库除险加固，总投资510亿元。

去年，国家启动了扩大农村危房改造试点工程。两年来，共安排中央补助资金115亿元用于支持改造200万户农村危房。

启动大型商品粮生产基地建设

为增加商品粮供应，缓解粮食供需紧张的状况，保障食品安全，“十一五”期间，国家启动大型商品粮生产基地建设项目、农产品质量安全检验检测体系建设项目和现代农业示范建设项目。

截至目前，已在黑龙江、山东、湖南等粮食主产省（区）建成一批大型商品粮生产基地，为实现粮食由长期短缺向供求总量基本平衡、丰年有余的转变，促进粮食生产稳定发展和品种结构优化发挥了重要作用。

为提高对农产品质量的检验和检测能力，2006年国家发展改革委批准了《全国农产品质量安全检验检测体系建设规划（2006－2010年）》。规划总投资59.06亿元，其中中央投资38.52亿元。截至今年，已安排中央投资32.3亿元，地方配套约14亿元，支持建设了36个部级研究中心和专业中心、13个部级区域中心、30个省级综合中心和935个县级质检站建设。

重大交通工程进展顺利

“十一五”期间，我国建设完成或启动了青藏铁路、铁路客运专线、五纵七横国道主干线、西部开发八条公路干线、上海国际航运中心洋山深水港区工程、长江口深水航道治理工程、北京首都国际机场扩建工程、上海浦东国际机场和虹桥机场扩建工程。

全长1142公里的青藏铁路格尔木至拉萨段项目于2006年7月1日建成通车。青藏铁路是国家重点工程和西部大开发战略标志性工程。

“十一五”期间，先后建成了武汉至广州、郑州至西安客运专线。实施了城际铁路规划和建设，包括京津城际铁路。

为满足2008年北京奥运会的需要，首都国际机场于2004年3月启动了第三次大规模的扩建，项目总投资为240.24亿元人民币。

浦东国际机场扩建工程项目总投资为185.81亿元人民币，虹桥机场扩建工程项目总投资为135.3亿元人民币。这两个扩建工程相继于2008年和2010年建成启用，对于成功举办2010年上海世博会、进一步提升上海城市综合竞争力具有重要的战略意义。

加大对高技术产业化项目的支持

“十一五”期间，我国还实施了高技术产业化重大专项、生物医药重大工程、国家高级别生物安全实验室体系建设、新型涡扇支线飞机项目、中国广播电视卫星直播系统项目、产业创新能力平台建设、第三代移动通信ＴＤ－ＳＣＤＭＡ建设、下一代互联网示范工程等高科技和信息化项目。

围绕《高技术产业发展“十一五”规划》，先后组织实施了41个高技术产业化重大专项、630项高技术产业化项目，国家投资超过95亿元，带动社会总投资近619亿元。

ＴＤ－ＳＣＤＭＡ是我国具有自主知识产权的第三代移动通信国际标准。自2006年3月起，国家发展改革委及原信息产业部、科技部共同组织了ＴＤ－ＳＣＤＭＡ规模网络技术应用试验。ＴＤ－ＳＣＤＭＡ的发展对于我国信息产业实现从长期跟随到创新引领的战略转变，通过自主创新推动信息产业结构调整具有里程碑的意义。

以更大力度推进节能减排

4年来，我国实施“十大重点节能工程”，主要包括：燃煤锅炉（窑炉）改造工程、区域热电联产工程、余热余压利用工程、节约和替代石油工程、电机系统节能工程、能量系统优化工程、建筑节能工程、绿色照明工程、政府机构节能工程、节能监测和技术服务体系建设工程。

“十一五”以来，国家通过中央财政资金，安排十大重点节能工程项目5037个，总投资约3566亿元，可形成1.5亿吨标准煤的节能能力。

针对我国重点流域水环境恶化的趋势，国家开展了水污染治理工程建设。截至去年年底，共安排重点流域水污染治理项目1267个，项目总投资1357亿元。

为节约能源资源，保护环境，国家还实施了“循环经济和资源节约重大示范项目”。近三年，发展改革委共安排275亿元中央预算内投资，支持城镇污水、垃圾处理设施建设。

财政经济名词解释

稳健的财政政策：即理论上的中性财政政策，指财政政策对总需求既不扩张也不收缩的情形，是介于扩张性和紧缩性财政政策之间的一种中间状态，是在经济总量基本平衡、物价比较稳定、结构性问题相对突出情况下实行的一种财政政策。

积极的财政政策：即理论上的扩张性财政政策，指财政通过减少税费或增加支出，扩张总需求，避免经济衰退的情况下实施的一种财政政策。

中央财政收入：指中央财政年度的收入，包括中央本级收入和地方上解收入。2009年取消地方上解收入科目后，中央财政收入即为中央本级收入。

中央本级收入：根据现行财政管理体制规定，划归中央财政的税收和非税收入，主要包括消费税、关税等固定收入，增值税、企业所得税、个人所得税等共享收入部分。

中央本级支出：指按照现行中央政府与地方政府事权的划分，经全国人大批准，用于中央政府本级事务所需的支出。

地方上解收入：指中央收到地方按照有关法律法规或财政体制规定上解的各项收入。主要包括1994年分税制改革时保留下来的地方原体制上解收入和出口退税专项上解收入。2009年，将地方上解与中央对地方税收返还作对冲处理，相应取消地方上解中央收入科目。

经济增长方式：经济增长的结构类型。这一概念于20世纪中叶在苏联东欧国家形成。苏联学者把经济增长方式分为“粗放式增长”和“集约式增长”两种类型。我国计划经济时期沿用苏联的相关理论和做法。20世纪80年代后期，我国开始注意和重视经济增长方式对经济发展的影响。1987年中共十三大提出“要从粗放经营为主逐步转上集约经营为主的轨道”，1992年的中共十四大继续坚持“促进整个经济由粗放经营向集约经营转变”。

GDP核算：计算一个国家的GDP，通常有三种方法，即生产法、收入法和支出法。我国目前主要采用生产法核算GDP，主要是对工农业的总产出与增加值分别进行测算。若按支出法计算GDP，则主要包括消费、投资和出口三驾马车，其实，更准确地说应包括最终消费支出、资本形成总额和净出口三项：最终消费支出要分为居民消费支出和政府消费支出，资本形成总额要分为固定资产形成和存货增加，净出口不仅包括货物的进出口，还包括服务的进出口。收入法则以收入形态计量，从本期生产过程形成的要素收入角度对常住单位的生产活动成果进行核算，要素收入主要包括劳动者报酬、固定资产折旧、生产税净额和营业盈余。

绿领：“绿领”一词最早由美国佛蒙特法学院教授帕特里克•赫弗南提出。1976年，他向美国国会提交了一份研究报告，题为《为环境就业：即将到来的“绿领”革命》。

在2007年，联合国环境规划署牵头发起绿色就业倡议，对绿色经济的兴起及对就业的影响展开了首次全面研究。根据联合国环境规划署的定义，“绿领”阶层指的是从事农业、制造业、研发、管理和服务活动的劳动者，他们的工作能对维护和恢复环境质量起到重要作用，如有助于保护生态系统和生物多样性、有助于通过提高效率减少能源等资源消费以及有助于减少废物和污染物排放等。

反补贴关税：反补贴关税是对接受任何津贴或奖金的外国进口商品附加征收的一种关税，是差别关税的重要形式之一。产品输出国为了加强本国输出产品在国际市场上的竞争能力，往往对输出产品予以津贴、补贴或奖励，以降低成本，廉价销售于国外市场。输入国为防止他国补贴产品进入本国市场，威胁本国产业正常发展，对凡接受政府、垄断财团补贴、津贴或奖金的他国输入产品，课征与补贴、津贴或奖金额相等的反补贴关税，以抵消外国商品因接受补贴所形成的竞争优势。

巨型城市区：巨型城市区（The Mega－City Region）的概念于1999年由P•Hall提出，是中心大城市向新的或临近的较小城市极度扩散后所形成的，是21世纪初正在出现的新城市模式，其概念强调区域在全球化中的作用，并认为城市间高级生产性服务业产生的联系与区域的多中心结构相关联。

联合国日前的一份报告称，世界上的一些大城市开始“合并”形成更大规模的“巨型城市区”，其地域延伸数百公里，生活在其中的人口可能超过一亿。负责制定人类居住计划的联合国人居署称，所谓的“无限扩张的城市”现象可能是目前人类社会最重大的发展之一，也可能是问题之一。这种全球性巨型城市区具体的空间形式也因各国文化和规划体制的不同而存在差异。世界上首个“巨型城市区”诞生，由香港、深圳和广州组成，生活着大约1.2亿人口。

高铁：高铁（高速铁路）是指通过改造原有线路（直线化、轨距标准化），使营运速率达到每小时200公里以上，或者专门修建新的“高速新线”，使营运速率达到每小时250公里以上的铁路系统。高速铁路除了在列车在营运达到速度一定标准外，车辆、路轨、操作都需要配合提升。广义的高速铁路包含使用磁悬浮技术的高速轨道运输系统。

冻雨：冻雨（freezing rain）是由过冷水滴组成的，与温度低于0℃的物体碰撞立即冻结的降水，是初冬或冬末春初时节见到的一种天气现象。 当较强的冷空气南下遇到暖湿气流时，冷空气像楔子一样插在暖空气的下方，近地层气温骤降到零度以下，湿润的暖空气被抬升，并成云致雨。当雨滴从空中落下来时，由于近地面的气温很低，在电线杆、树木、植被及道路表面都会冻结上一层晶莹透亮的薄冰，气象上把这种天气现象称为“冻雨”。我国南方一些地区把冻雨又叫做“下冰凌”，北方地区称它为“地油子”。

海洋经济： 是开发、利用和保护海洋的各类产业活动，以及与之相关联活动的总和。

海洋生产总值：是海洋经济生产总值的简称，指按市场价格计算的沿海地区常住单位在一定时期内海洋经济活动的最终成果，是海洋产业和海洋相关产业增加值之和。

增加值：是指按市场价格计算的常住单位在一定时期内生产与服务活动的最终成果。

海洋产业：是开发、利用和保护海洋所进行的生产和服务活动，包括海洋渔业、海洋油气业、海洋矿业、海洋盐业、海洋化工业、海洋生物医药业、海洋电力业、海水利用业、海洋船舶工业、海洋工程建筑业、海洋交通运输业、滨海旅游业等主要海洋产业，以及海洋科研教育管理服务业。

海洋渔业：包括海水养殖、海洋捕捞、海洋渔业服务业和海洋水产品加工等活动。

海洋油气业：是指在海洋中勘探、开采、输送、加工原油和天然气的生产活动。

海洋矿业：包括海滨砂矿、海滨土砂石、海滨地热、煤矿开采和深海采矿等采选活动。

海洋盐业：是指利用海水生产以氯化钠为主要成分的盐产品的活动，包括采盐和盐加工。

海洋化工业：包括海盐化工、海水化工、海藻化工及海洋石油化工的化工产品生产活动。

海洋生物医药业：是指以海洋生物为原料或提取有效成分，进行海洋药品与海洋保健品的生产加工及制造活动。

海洋电力业：是指在沿海地区利用海洋能、海洋风能进行的电力生产活动。不包括沿海地区的火力发电和核力发电。

海水利用业：是指对海水的直接利用和海水淡化活动，包括利用海水进行淡水生产和将海水应用于工业冷却用水和城市生活用水、消防用水等活动，不包括海水化学资源综合利用活动。

海洋船舶工业：是指以金属或非金属为主要材料，制造海洋船舶、海上固定及浮动装置的活动，以及对海洋船舶的修理及拆卸活动。

海洋工程建筑业：是指在海上、海底和海岸所进行的用于海洋生产、交通、娱乐、防护等用途的建筑工程施工及其准备活动，包括海港建筑、滨海电站建筑、海岸堤坝建筑、海洋隧道桥梁建筑、海上油气田陆地终端及处理设施建造、海底线路管道和设备安装，不包括各部门、各地区的房屋建筑及房屋装修工程。

海洋交通运输业：是指以船舶为主要工具从事海洋运输以及为海洋运输提供服务的活动，包括远洋旅客运输、沿海旅客运输、远洋货物运输、沿海货物运输、水上运输辅助活动、管道运输业、装卸搬运及其他运输服务活动。

滨海旅游业：包括以海岸带、海岛及海洋各种自然景观、人文景观为依托的旅游经营、服务活动。主要包括：海洋观光游览、休闲娱乐、度假住宿、体育运动等活动。

沿海地区：是指有海岸线（大陆岸线和岛屿岸线）的省（自治区、直辖市）。

环渤海经济区：是指环绕着渤海（包括部分黄海）的沿岸地区所组成的经济区域， 主要包括辽宁省、河北省、天津市和山东省三省一市的海域与陆域。

长江三角洲经济区：是指长江三角洲的沿岸地区所组成的经济区域，主要包括江苏省、上海市和浙江省两省一市的海域与陆域。

珠江三角洲经济区：是指珠江三角洲的沿岸地区所组成的经济区域，主要包括广东省所辖的广州、深圳和珠海等城市的海域与陆域。（上述海洋经济名词解释主要摘自《海洋及相关产业分类》GB/T 20794-2006、《沿海行政区域分类与代码》HY/T 094-2006）。

中国航空油料集团公司

中国航空油料集团公司（简称“中国航油”）成立于2002年10月11日，是以原中国航空油料总公司为基础组建的国有大型航空运输服务保障企业，是国内最大的集航空油品采购、运输、储存、检测、销售、加注为一体的航油供应商。中国航油也是国务院授权的投资机构和国家控股公司试点企业，是国务院国资委管理的中央企业。

中国航油拥有海内外企业11个，员工近万人。公司构建了遍布全国的航油销售网络和完备的油品配送体系，在全国150多个机场拥有供油设施。拥有专用卸油码头15个，1000多公里的输油管线和约100公里的铁路专用线，40余艘油轮，近百座地面加油站，总储油能力200余万立方米。中国航油已正式加入国际航空运输协会、国际航煤联合检查集团、美国试验和材料协会、英国石油协会、美国石油协会等多个影响显著的国际组织，具备参与国际航油市场标准制定的资格。

2009年，根据国际国内经济严峻形势，结合公司经营状况，中国航油研究确定了“适度从紧，集中资金确保战略性投资项目投入，紧紧围绕关系公司生存的主营业务重点投入”的基本投资原则，全年实际完成投资11.7亿元。2010年，在世界经济温和复苏、国内需求持续转暖的背景下，中国经济形势预期谨慎乐观，中国航油投资计划紧紧围绕持续提升公司核心竞争力和可持续发展能力，安排年度投资共计20.3亿元。投资指导方向为着力优化公司产业布局，完善油品配送网络；突出主营业务，加快重要战略区域基础设施建设；积极跟进民航机场设施建设；拓展国际化业务为投资指导思想，采取审慎、有保有压的投资原则，促进集团快速、健康和可持续发展。

中国航油保持强劲的发展势头，2009年在中国企业联合会发布的中国企业500强中位居第52位。

中国石油天然气集团公司

2008年8月，大连石化建成2000万吨含硫油集中加工基地，含硫油加工能力1600万吨/年成为中国石油迄今为止最大的炼

大庆油田开展高科技新会战，实现年产原油4000万吨连续8年持续稳产，2010年，"大庆油田4000万吨持续稳产技术"荣获国家科技进步特等奖。

一、企业简介

中国石油天然气集团公司（简称"中国石油"，英文缩写：CNPC）是根据国务院机构改革方案，于1998年7月在原中国石油天然气总公司的基础上组建的特大型石油石化企业集团，系国家授权投资的机构和国家控股公司，是实行上下游、内外贸、产销一体化、按照现代企业制度运作，跨地区、跨行业、跨国经营的综合性石油公司。主要业务包括油气业务、工程技术服务、石油工程建设、石油装备制造、金融服务、新能源开发等。公司实施资源战略、市场战略和国际化战略，目标是到2020年建设成为世界一流综合性国际能源公司。中国石油天然气股份有限公司是集团公司最大的控股子公司。

二、辉煌"十一五"

"十一五"时期是中国石油发展历程中极不平凡的五年，公司全面确立建设综合性国际能源公司的目标，油气勘探取得历史上获得储量多、成果大的好成绩，油气当量增长位列国际大石油公司前茅，海外业务和天然气业务实现快速发展，炼化布局战略性调整取得突破，四大战略通道和多元化的供应保障体系正在形成，工程技术服务保障能力和市场竞争力进一步增强，公司综合实力显著增强，跨入世界大石油公司行列。总体上，"十一五"全面完成了既定的各项目标和任务，公司发展质量提升，转变发展方式初见成效，形成了国内外重大战略布局，掌控了战略发展的主动权，公司发展更加成熟稳健，为"十二五"新发展奠定了坚实基础。

（一）综合实力显著增强，公司地位和价值大幅提升

规模实力显著增强，跨入世界大石油公司行列。2010年，国内外油气当量作业产量达到2.5亿吨、比2005年增长43.5%，国内油气当量产量占全国的60%左右；国内原油一次加工能力超过1.6亿吨/年、增长25%，加工量和成品油销量份额均保持在40%左右；油气管道总长度达到5.7万公里、增长77%，占全国的70%以上。世界50家大石油公司综合排名从2005年的第7位上升到第5位，全球500强排名从2005年的46位上升到第10位。

经济效益持续稳定，国有骨干企业作用充分发挥。"十一五"期间营业收入和资产总额均比"十五"末翻一番多，上市业务平均投资资本回报率达到15.3%。被国资委评为"2009年度中央企业负责人经营业绩考核A级企业"，授予"业绩优秀企业奖"。

（二）国内主营业务持续较快发展，布局结构逐步优化

油气核心业务持续稳定增长。5年国内累计新增探明油气地质储量当量超过50亿吨，是获得储量最多、成果最大的时期之一。原油产量保持1亿吨以上，天然气产量保持快速增长。大庆4000万吨持续稳产引领百年油田建设；长庆油气当量突破3000万吨，成为中国第二大油气田；塔里木油气产量突破2000万吨，建成中国第一大天然气田。

炼化布局和结构调整成效显著。广西石化建成投产，南方战略取得实质性突破；四川石化开工建设和云南石化奠基填补了西南炼化空白；天津东方石化奠基是中俄上中下游能源合作新的里程碑；广东石化获准开展前期工作，中委一体化合作进入新阶段。形成了大连、大连西太、抚顺、兰州、独山子、广西6个千万吨级炼油，吉林、兰州、独山子3个百万吨级乙烯基地和一批特色炼化企业，同时关闭8座小炼厂和170多套高耗低效装置。大连石化扩能改造投产，原油配套加工能力达到2050万吨/年，成为国内最大的炼油基地之一。独山子项目千万吨级炼油、百万吨级乙烯工程全面竣工投产，建成中国最大的炼化一体化项目，被评为新中国成立60周年"百项重大经典建设工程"。

天然气与管道和成品油销售业务蓬勃发展。中亚天然气管道和西气东输二线西段工程建成投产，成为我国首条引进境外天然气的陆上能源大动脉；中俄原油管道全面建成，开辟了我国从陆路进口俄罗斯原油的新通道；中缅油气管道开工建设，打通印度洋战略通道，将有效规避马六甲海峡运输风险；江苏、大连等LNG项目建设

送油下乡到田间地头，"支援三夏，服务三农"

作为西部大开发的标志性工程，西气东输二线创我国天然气管道建设史上投资最多、管线最长、输气量最大、设计压力最高、施工最难等多项纪录。

塔里木沙漠公路的建设是人类治理荒漠的伟大实践，荣获国家科学进步二等奖，国家环境友好型工程奖。

2009年7月，独山子石化千万吨炼油百万吨乙烯工程全面建成投产，成为国内迄今为止最大的炼化一体化项目。

有序展开。天然气和成品油销售营销网络快速发展壮大，在抗击雨雪冰冻地震灾害斗争中，在奥运会、世博会及一些特殊时段，多渠道组织资源，有效保障市场平稳供应。

（三）海外业务跨越式发展，正在向国际能源公司迈进

海外油气业务取得重大突破。初步形成了中亚、中东、非洲、美洲、亚太5个规模油气合作区。抓住海外油气资产价格走低的有利时机，与哈萨克斯坦、土库曼斯坦等国新签订一批油气合作协议，扩大了跨国油气管道的资源基础。特别是伊拉克鲁迈拉、哈法亚等重大战略项目的签署，使公司海外油气业务实现了跨越式发展。

国际贸易规模显著扩大。成功收购新加坡石油公司，亚太油气运营中心建设迈出重要一步。全球性营运网络加快布局，贸易方式和手段不断丰富，贸易量、贸易额年均增长20%和40%。

（四）发展方式逐步转变，管理体制机制不断完善

自主创新能力持续提升。按照“集成完善推广、攻关与试验、超前储备”三个层次集中力量开展了国家和集团公司50项重大科技攻关，研发形成20项具有国际竞争力的重大核心配套技术、10余项重大装备和软件及系列自主创新产品。“大庆油田4000万吨持续稳产技术”获国家科技进步特等奖。上游技术国内领先地位更加巩固，下游技术与国内外先进水平差距明显缩短，长输油气管道工程建设等领域的技术实现由追随向领跑的转化。以ERP为核心的集中统一信息系统平台基本形成。被批准为“国家科技创新型企业”，公司科技进步贡献率达到52.3%，获国资委“科技创新特别奖”。节能减排工作得到加强。累计实现节能937万吨标煤、节水3.02亿立方米。超额完成国资委第二任期节能减排任务，提前一年完成“十一五”节能减排目标，获“节能减排特别奖”。

持续重组深入推进。两级行政、三级业务的管理架构和集约化、专业化、一体化的体制格局基本形成；制定了一系列管理制度并有效实施，风险防范和控制能力明显增强。

三、展望“十二五”

“十二五”期间，坚持以科学发展观为统领，以建设综合性国际能源公司为目标，围绕发展、转变、和谐三件大事，把握科学发展主题、抓住加快转变发展方式主线、确保和谐稳定主旨，坚持实施资源、市场、国际化三大战略，统筹国内国际两个大局，突出集中发展油气主营业务，积极推进战略工程建设，着力提高质量效益，不断提升公司综合实力、国际竞争力和可持续发展能力，努力建设绿色、国际、可持续的中国石油。

通过五年的努力，发展质量效益稳步提高，业务布局和结构更加合理，自主创新能力和国际竞争力大幅增强，企业管理科学规范，绿色发展水平显著提升，国内外资源实现优化配置，各项业务整体协调发展，基本建成综合性国际能源公司。

2010年，长庆油田油气当量产量突破3500万吨，成为中国第二大油气田。

西气东输二线工程新疆果子沟一号隧道洞口前的1.4公里山路，竟有着38个回头弯，坡陡弯急。

截至2010年底，塔里木油田已累计向东部地区输送天然气超过760亿立方米，国内80多个大中型城市3亿多人口从中受益。

通过发展理念、发展模式、管理模式的变革和创新，实现平稳较快协调发展，提升管控能力，努力在转变发展方式上取得实质性进展，更好地解决制约公司科学发展的突出矛盾和问题，降低各种风险和不确定因素带来的不利影响，进一步提升发展的质量和效益。以降本增效为抓手，全面推进精细管理；大力推进科技创新，抢占科学发展先机；加快信息系统建设，提高经营管理效率；强化节能减排工作，实现绿色低碳发展。

2010年9月，广西石化千万吨炼油工程建成投产，南方沿海战略取得重要突破，对于优化炼化资源配置，改善华南地区成品油供应格局具有重要意义。

中国化工集团公司总经理任建新被评为
2007年度CCTV年度人物

中国化工集团公司（简称中国化工）是经国务院批准，在中国蓝星（集团）总公司、中国昊华化工（集团）总公司等原化工部直属企业重组基础上新设的国有大型企业。公司于2004年5月成立，总部设在北京。

中国化工现有6家专业公司，即：中国蓝星（集团）股份有限公司、中国昊华化工（集团）总公司、中国化工农化总公司、中国化工装备总公司、中国化工橡胶总公司、中国化工油气开发中心。直属单位还有中国化工财务公司、中国化工信息中心、中国化工数据中心。在全国有生产经营企业106家，科研、设计院所24个。控股"蓝星新材"、"沈阳化工"、"沙隆达"、"河池化工"、"沧州大化"、"黑化股份"、"天科股份"、"大成股份"、"风神股份"、"黄海股份"等A股上市公司。拥有法国安迪苏（Adisseo）公司、法国蓝星有机硅公司、澳大利亚凯诺斯（Qenos）公司等4家海外企业。在140个国家和地区建立了营销网络体系。

目前，中国化工的主营业务为化工新材料、基础化工、石油加工、农药化肥、橡胶轮胎、化工装备6个板块，正在进一步进行整合。现有多项业务位居全球和国内前列，其中蛋氨酸产量位居世界第二，有机硅产量位居世界第三；聚氯乙烯糊树脂、PBT树脂、工业硅生产规模位居亚洲第一；双酚A、TDI、壬基酚产销量全国第一；烧碱和氯丁橡胶产量全国第一；轮胎产能超过1000万条，橡塑机械制造总能力居世界第三，拥有国内唯一的离子膜电解槽生产企业；拥有全国最大的农药企业；拥有全国化工行业最大的综合性信息资源采集、研究和服务中心；拥有授权专利2004件。

截止2009年年底，公司资产总额为1676亿元， 2009年实现营业收入1080.3亿元。中国化工在国家统计局公布的中国企业500强中名列第28位，在化学原料及化学品制造业中位居第一位。在全球化工公司100强中排名第19位。

在"十一五"时期，中国化工深入贯彻落实科学发展观，紧紧抓住历史机遇，整合国内外化工资源，发挥集团优势和协同效应，深化企业改革，加快结构调整，提高经济运行质量，大力开拓市场，抓好项目建设，推进技术创新，实施国际化战略，加快信息化建设，实施管理变革，积极应对金融危机、化工行业周期性调整和产能过剩的挑战，实现了持续快速健康发展。

战略定位清晰有效。中国化工认真贯彻落实国务院批复精神，提出了"老化工、新材料"的企业发展定位，即传承几代化工人开创的基业，在重组改造国有化工企业的过程中，发展我国化工新材料、基础化工原料以及关系国家粮食安全的农用化学品，并适当向上下游延伸，增强中国化工在国民经济中的活力、影响力和带动力，通过研发、创新和国际化形成规模经济和技术优势，初步形成了中国化工在化工新材料和特种化学品领域的特色和核心竞争力。

整体实力不断增强。"十一五"时期，中国化工的资产规模和营业收入年均增长速度分别达到34%和31%，远高于同行业平均水平。集团公司成立时提出的用3—5年时间中国化工资产总额、销售收入均达到1000亿元的战略目标已提前实现，为打造具有较强国际竞争力的化工企业奠定了坚实的基础。

结构调整深入推进。中国化工按照"先做大，再做强"的既定策略，通过企业重组、行业整合，迅速扩大企业规模，从2006年开始实施战略转移，推进内涵式增长，按照突出主业和专业化协作的原则，完成了业务板块重组和资源整合，形成了化工新材料及特种化学品等6个业务板块。集团公司主业优势进一步突出，产品结构更加优化。在2010年，又进一步提出了将6个业务板块逐步调整为材料科学、生命科学、环境科学加基础化工的战略构想。

项目建设成效显著。"十一五"共完成重点建设项目投资485亿元。其中已有95个重点项目建成投产，主要产品的生产能力和竞争力进一步提升。围绕节能减排、提质降耗、消除瓶颈、安全生产，加大了现有装置的技术改造力度，取得显著成效。

国际化战略取得突破。坚持"走出去"和"引进来"相结合，充分利用国际国内两种资源、两个市场加快发展，成功并购了法国安迪苏、澳大利亚凯诺斯、法国罗地亚有机硅和英国纤维公司等4家海外企业，引进美国黑石集团6亿美元战略投资，促进了资本结构优化和公司治理结构的改善。国际合作不断扩大，对外贸易稳步增长，一批具有国际

中国化工集团公司办公楼

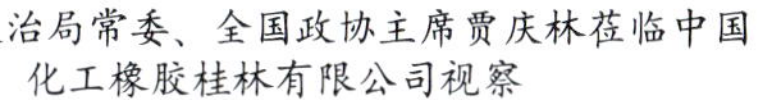
政治局常委、全国政协主席贾庆林莅临中国化工橡胶桂林有限公司视察

中共中央政治局常委、中央纪委书记贺国强到中国化工集团公司调研

全国人大副委员长顾秀莲视察中国化工博物馆

市场竞争力的产品及成套装置、技术跻身国际市场。

创新能力显著增强。开发了一批重大科研成果，获得国家和省部级以上科技奖励178项。目前共拥有授权专利2455件，位居中央企业前列。圆满完成军工配套任务，为神五、神六太空飞行、嫦娥探月和国庆60周年阅兵提供了重要保障。拥有25家科研和设计院所，10个国家级工程技术研究中心，6个国家认定的企业技术中心和14个省部级工程技术中心以及2家国家重点实验室，科研技术和业务覆盖化工各主要领域。中国化工被批准成为国家创新型试点企业，并成功入围"中国企业自主创新百强企业"前三强。

"零排放"彰显社会责任。中国化工把节能减排作为提升核心竞争力、履行社会责任的重要内容，在化工行业率先提出并实施"零排放"战略，明确了以技术创新、结构调整、加强管理、企业整合为主要途径，加强节能减排体系和机制建设，加大工艺技术改造力度，严格项目建设环保审查，加大环保投入，建设环保设施，从源头加强防控和治理，推动企业与社会、环境的全面协调可持续发展。2006年至2009年，列入国家支持的节能减排重点项目28项，节能量超过120万吨标煤/年，万元产值综合能耗比2005年降低46%；从2007年提出"零排放"理念到2009年底，废水、SO_2、COD减排量分别为：1632.22万吨、11788吨、2297吨。

展望"十二五"，中国化工根据"新科学、新未来"新的战略定位制定"十二五"发展规划。目标是：到2015年，资产规模和销售收入超过2000亿元，利润总额超过100亿元，进入世界500强。

中国化工将紧密结合国家"十二五"发展规划，以加快发展方式转变、推进结构调整优化为主线，不断提升企业核心竞争力，实现又好又快发展。突出抓好结构调整和管理变革，精心打造"四大"核心能力，即业务组合优化能力、低成本生产和世界级制造能力、投资和项目管理能力、营销和应用开发能力。在现有6个业务板块基础上，通过进一步调整产业产品结构，向以材料科学为核心、以培育生命科学和环境科学为未来、以基础化工为战略保障支撑的"3+1"产业格局迈出重要步伐，成为经济价值和社会价值持续创造、引领行业安全可持续发展、受人尊敬、关注新科学新未来的国际一流化工企业。

中国化工集团公司公司 与美国百仕通集团签订战略合作协议，引进百仕通战略投资

中国化工集团公司自主开发的大型海水淡化装置

中国化工集团所属蓝星公司成功并购法国安迪苏公司

华润电力控股有限公司

华润电力控股有限公司（以下简称“华润电力”）是华润（集团）有限公司的旗舰附属公司，于2001年8月在香港注册成立，法定股本100亿港元，主要从事电力投资、建设、经营与管理，于2003年11月12日在香港联合交易所有限公司主板上市（股份编号：0836.HK）。

成立伊始，华润电力仅拥有三间非控股电厂，总装机容量仅1200MW。经过8年的高速发展，截至目前，华润电力已发展成为拥有运营发电项目43间，运营总装机28479MW，在建总装机5220MW的独立发电商。

立足火电，华润电力还积极投资水电和风电等可再生能源与清洁能源，不断提高清洁能源占比，以自己的实际行动支持中国环保事业的发展；2006年，公司实现了在风电和气电业务上“零”的突破，其中风电装机由最初的24MW增加至现在的389MW，增长了近16倍；2007年，华润电力的第一个水电站——云鹏水电站正式投入商业运行；同年，华润电力还作为湖南桃花江核电项目第二大股东开始涉足核电，股权占比25%；此外，为控制煤炭资源，降低燃煤成本，自2007年开始涉足煤炭行业，目前已形成800万吨的煤炭产能。

华润电力高质量的快速成长，得到了国际资本市场和业内的高度评价。2004年3月，公司被纳入恒生综合行业指数（公用事业）、恒生香港中资企业指数；2005年5月，被纳入摩根士丹利资本国际中国指数；并于2009年6月，晋身恒生指数成份股行列，成为香港第4只蓝筹公用事业股，也是唯一一家入选恒生指数成份股的国内发电公司。

2005—2008年间，华润电力连续多次获《机构投资者》评选为中国及亚洲电力行业最佳投资者关系企业；于2006—2007年，连续2年获得“亚洲货币”颁发的“最佳管理企业”。于2007—2009年，三度入选《福布斯》全球上市公司2000强排行榜，并连续三年入选“普氏全球能源企业250强”，卫冕亚洲地区增长最快能源企业第一名。

在努力为股东创造价值的同时，华润电力也在积极实现超越利润之上的追求，履行企业对社会责任的担当。在业态发展、项目选点、工程设计、设备选型、施工安装、生产运营等全流程，深入践行节能减排理念，爱惜人类共有的环境和资源；通过参与华润希望小镇建设、参与中国青年创业国际计划、赈灾济困、捐资助学等，为需要帮助的地区和人们提供支持，至今已累计向社会捐赠财物超过7000万元。

2009年上半年，全国经济增长速度放缓，全国用电量持续下滑，并连续6个月录得与上年同比的负增长，直至2009年7月，在国家一系列宏观经济政策的刺激作用下，才扭转了负增长的势头。

在恶劣的市场环境下，为了建立和巩固华润电力的核心竞争力，华润电力持续聚焦价值链中电厂建设、燃料生产及供应、电厂运营三个环节，努力打造持久低成本的优势，深度挖潜，并取得进一步的成果。

电厂建设方面，华润电力本着“建设即运营”的理念，以“合理缩短工期，提高工程质量，降低工程造价，确保工程安全”为原则，坚定地执行工程建设低成本战略。华润电力建设项目的单位千瓦造价明显低于国内主要发电企业同类型机组造价水平，而工期方面，

燃气电厂

循环水—城市中水循环系统

水电站

一线员工剪影

发电机组

华润电力一直保持着中国电力行业300MW及600MW火电机组的最短工期纪录，2009年，华润电力下属南沙二期2×300MW项目首台燃煤发电机组以13.8个月的工期再次刷新300MW机组最短工期纪录。

火电厂日常运营中最主要的成本是燃料成本。为控制燃料成本，华润电力一方面从煤炭采购环节着手，在源头上控制燃料采购价格，并力争煤炭资源；另一方面通过不断提升运营管理水平，尽量降低单位能耗。

为降低煤炭采购价格，除了和煤炭供货商签订长期协议外，2009年华润电力还先后与中国最主要的煤炭企业，包括中国神华能源股份有限公司，中国中煤能源股份有限公司，大同煤矿集团有限公司，内蒙古伊泰集团有限公司，陕西省煤炭运销（集团）有限公司等签订了通常为期五年的战略合作协议。此外，为控制煤炭资源，以保障长期的燃料供应，降低燃料成本以及提升盈利能力，华润电力在2009年积极参与山西煤炭资源整合，投资整合太原、吕梁等地区的煤炭资源，并已形成初步规模。

在降低单位能耗方面，除了通过建设大型高效的燃煤电厂或高效的热电联产电厂以降低平均煤耗外，在电厂运营中，华润电力不断地挖掘管理潜力，通过技术改造和提高机组的稳定性能等措施进一步降低煤耗率。2009年，华润电力附属运营发电厂的供电标煤耗为337.8克／千瓦时，较上年的340.5克／千瓦时下降了2.7克／千瓦时。

员工业余生活

公司连续多年荣膺普氏全球能源企业250强，并卫冕亚洲第一

江苏分公司揭牌

为了充分利用区域优势，集中电厂资源以取得更大的协同效应，2009年，华润电力在公司管控模式上迈出了跨越性的一步。公司以湖南为试点，集中位于湖南省的三家电厂，包括鲤鱼江A厂、鲤鱼江B厂和涟源电厂，建立了区域公司管理模式试点，建立在燃料采购、电量营销、财务管理、人力资源管理等多方面的协同优势，进一步提升运营效率，降低成本。此外，公司也在河南集中我们位于该省的五家电厂建立第二个区域公司管理模式试点。

在公司战略的正确指引和公司全体员工的共同努力下，2009年，华润电力旗下32座可控运营电厂实现全年售电量75，248，994兆瓦时，比2008年的64，740，110 兆瓦时增长16.2%，增长幅度高于全国平均水平。其中，公司于2008及2009年全年投入运营的22座可比燃煤发电厂的平均利用小时由2008年的5，560小时上升到5，750小时，上升幅度为3.4%。

2009年度，公司实现营业收入332亿港元，较去年同期增长24.1%，税后净利润53.17亿港元，较上年同期的17.17亿港元增加209.6%。每股盈利1.19港元，较上年同期的0.41港元增长190.2%。

十一五规划中，华润电力将战略目标市场确定为：聚焦“三个三角洲，一条京广线”，在江苏、广东、河南、京津唐形成火电资产集中区，在四川、云南等西南省份形成水电资产集中区，在北京、上海、广州、深圳等核心城市形成气电布局，在沿海及风力资源丰富地区建设风电场”。各业态的发展优先序为：火电、水电、风电、核电、气电。

经过4年的快速成长，公司发展战略逐渐演变为：聚焦“三个三角，三条沿线”，在京津唐、长江三角洲和珠江三角洲地区，京广线、东部沿海线和国家特高压输电沿线形成火电资产集中区；在四川、云南等西南省份形成水电资产集中区；在北京、上海、广州、深圳等核心城市适时审慎地发展气电；在沿海及风力资源丰富地区建设风电场；在煤炭资源丰富地区、电厂集中区域及能够为电力业务提供有效支持的区域，形成煤炭生产与供应基地，并有限度、积极、稳健地开发东南亚及周边国家的电力项目。同时，将聚焦广东、山东、浙江、湖北、广西、福建等区域开发优越核电资源点，聚焦云南省，开展光伏发电试点；按照火电、煤炭业态布局，聚焦连接煤炭有效支持火电的物流线路。各业态优先序调整为：火电、煤炭、风电、水电、物流、以及核电、光伏发电等新能源。

截至2009年底，公司已实现运营总装机27120MW，其中火电装机（含气电，下同）26655MW，水电210MW，风电255MW，并

经理人年会合影

拥有煤矿项目公司4间，煤炭产量逾400万吨。

在规模扩张的同时，华润电力积极践行“节能减排”，坚持“创建节约环保型企业”的理念，在快速发展中优化结构，并取得优异的成绩。

1.在机组选型上，我们聚焦600MW以上高参数、高效率机组及热电联产机组，优化机组结构，推进节能减排。截至目前，600MW以上燃煤机组及高效率热电联产机组装机占比达69%。

2.在火电厂的运营管理方面大力推进节能减排。公司下属火电机组脱硫等环保设施覆盖率达98%，远高于全国60%的平均水平。同时，通过加强现役机组节能技术改造和节能管理，2009年公司供电煤耗率同比下降0.8克/千瓦时，平均供电煤耗指标比全国平均水平低6克/千瓦时，同比节约标准煤9.6万吨，减排二氧化碳23.09万吨。

十一五期间，公司在建设运营管理、环保、节能减排等方面取得的成绩：

——2006年，华润登封一期工程荣获国家环保总局首批十大“国家环境友好工程”；同年6月，徐州华润#1和#3机组在2005年度全国火电大机组（300MW级）竞赛第35届年会上荣获三等奖；

——2007年，华润常熟电厂二期工程荣获了2007年度中国建筑工程质量最高奖——“鲁班奖”；同年，华润常熟#2机组在2006年度全国火电600MW大机组竞赛第11届年会上荣获特等奖，焦作华润电厂#1号机组在全国发电机组竞赛中荣获100MW级特等奖；

——2008年，在全国发电机组竞赛中，华润电力旗下华润常熟#3机组、阜阳华润#2机组均获得600MW级三等奖，华润登封#1机组获得300MW级国产机组特等奖、华润登封#2机组、徐州华润#4机组均获得300MW级国产机组二等奖，焦作华润2号机组获得100MW级特等奖荣誉；同年，阜阳华润电厂一期（2×640MW）工程荣获2008年度中国电力优质工程奖；

——2010年，华润电力与华润水泥协同，高水平、高起点共建广西华润循环经济示范区。

此外，华润首阳山项目在中国电力行业开辟了一条规模化利用城市中水的新路，在国内率先成功利用城市中水作为循环水补充水，每年减少地下水开采1000万吨，并于2010年2月荣获“河南省污染减排十大领军企业”称号；华润湖北项目于2010年3月荣获“中华环境友好企业”称号；华润电力控股有限公司于2008年当选首届中国十佳绿色责任企业，并于2009年1月荣获2008年度中国企业社会责任突出贡献奖；

2010年，随着世界经济回暖，中国经济触底反弹，强势复苏，工业生产稳定增长，用电需求回升；同时，清洁能源成为国家重点支持的能源形式，发展前景乐观，步伐加快；部分省份煤炭行业整合，为能源企业提供了煤炭并购的机会。

面对机会，公司将在规划的战略目标市场，大力发展大容量、高参数燃煤发电机组，并积极发展技术成熟的清洁能源项目，提高清洁能源占比。2010年，公司将新增火电装机2600MW，风电装机560MW，并计划在未来几年，将包含风、水、气、核、光伏发电在内的清洁能源及新能源装机容量占比提高到15%以上；

为追求长期的核心竞争力和价值创造，华润电力将继续积极地向产业链上游延伸。在满足公司发展战略和技术审核的前提下，公司继续在山西寻找收购煤炭资源的机会。此外，公司还会继续在其它目标市场物色、收购及开发新的煤炭项目，以确保发电厂的煤炭供应及更好地控制经营成本。

预计到2010年，公司权益装机将达到31500MW，其中火电装机30090MW，水电210MW，风电1200MW，煤矿产量超过1000万吨。同时，由华润电力参股建设的湖南桃花江核电站，将于2010年开工建设，计划于2015年建成投产。

2010年，华润电力将坚守集中化成本领先战略，在驱动各业态快速外延增长的同时，不断提升各业态的内涵增长质量；在提升专业化运营品质的同时，推动更大范围、更深层次的协同；在不断创造经济价值的同时，实现与客户、与社会、与自然的和谐共赢发展。

公司荣获“首届中国十佳绿色责任企业”称号

公司积极赞助“血脉相连—救助白血病儿童”公益活动

华润人

新奥集团

世博会中国馆内低碳未来展区一角

集团董事局主席王玉锁向贾庆林介绍微藻培育技术

集团介绍

新奥集团创建于1989年，以创新清洁能源为使命，立志成为受人尊敬的全球清洁能源企业。公司在"C经济①，智能化"理念的指导下，依托系统能效技术和煤基低碳能源转化技术的创新，围绕节能减排、传统能源的高效、清洁利用和可再生能源开发，为客户提供清洁能源整体解决方案，满足客户日益增长的用能、节能和环保要求。

公司从燃气业务起步，经过持续的产业扩张与战略升级，构建了能源分销、太阳能源、能源化工、智能能源和能效城市开发等相关多元的业务组合。截止2009年底，集团拥有员工2.5万余人，总资产超过330亿元人民币，100多家全资控股公司和分支机构分布在国家80多座城市及美国、欧洲、香港等国家和地区。

自主创新

从"煤基能源生产零排放"到"系统能效"，从"C经济－智能化"理论到智能能源生态城建设，新奥在节能减排、传统能源的清洁高效利用和发展可再生能源方面积极探索。2009年，新奥产学研能力进一步增强，关键技术研发稳步推进，清洁能源核心技术取得重大突破。微藻生物能源技术完成产业化中试；地下煤气化技术成功发出第一度电；低温催化气化技术顺利打通技术链；太阳能薄膜产品光电转换率达到9%；废水处理技术在张家港应用达到国家一级排放标准……同年，新奥智能能源生态城建设启动，它将成为系统能效中试基地、智能能源服务中心、标准中心和展示体验中心，为人类智能能源描述美好未来。

国际合作

新奥集团与中科院、美国国家实验室、中美清洁能源实验中心、IBM、杜克能源等国内外科研院所和国际知名企业建立了广泛的产学研战略合作联盟，并承担了多个国家级重大科研项目。

2009年10月23日，新奥集团与美国杜克能源公司(Duke Energy)在河北廊坊正式签订光伏能源领域合作协议。全国政协副主席、全国工商联主席黄孟复，河北省副省长杨崇勇，河北省政府副秘书长王会勇等出席签约仪式。此项协议的签署，标志着新奥集团向世界级清洁能源整体解决方案服务商的目标迈出了坚实一步。

根据合作协议，新奥集团将与杜克能源在美国开展合作，充分利用杜克拥有的丰富市场资源，以及新奥拥有的世界上最先进的硅基薄膜太阳能电池组件及系统集成技术，共同开展光伏电站、光伏建筑一体化工程（BIPV）等业务。

同年11月21日，全球信息科技领袖企业IBM公司与新奥集团签署了一揽子战略合作协议，双方将从新奥实施的智能能源产业合作入手，推动IBM智慧城市战略在中国的落地。双方合作包括三部分：IBM将向新奥集团基于节能减排的能源服务业务进行战略投资；双方成立基于实现智能能源和智慧城市的信息技术公司；IBM将成为新奥集团成长和转型进程中的信息技术战略服务伙伴。

这次战略合作，新奥集团和IBM公司将整合优势资源，携手开拓能源服务创新业务，促进智慧城市的落地，进而在中国的企业和城市共建低碳经济，支持中国经济的可持续发展。双方共同表示，将立足中国、面向全球，携手开创能源应用的新模式，为城市和企业提供以系统能效技术为核心的能源服务，提高能源利用效率，提升节能减排水平。

① C经济：（Low—Carbon Economy）低碳经济，（Circular Economy）循环经济

领导来访

新奥在清洁能源技术研发与利用领域的积极实践，赢得了国家和世界瞩目。全国政协主席贾庆林、国务委员刘延东、科技部部长万钢、中科院长路甬祥，美国能源部长朱棣文等，先后莅临新奥视察参观。

2009年7月6日，中共中央政治局常委、全国政协主席贾庆林视察新奥团。推进结构调整，大力发展新能源和节能环保等新兴产业，是贾庆林分关心的问题。在新奥集团硅基薄膜太阳能电池生产线，煤基能源生产排放技术试验中心，地下气化、非燃烧催化气化车间，藻种培养室，基工程实验室等场所，贾庆林与科研人员深入交谈，详细了解可再生能源新能源研发生产情况。

2009年7月17日，美国能源部长朱棣文一行驱车专程访问位于河北廊的新奥集团，这是整个访华行程中，唯一一个中国清洁能源企业的访问排。他对新奥集团的清洁能源技术研发和实践活动表示赞赏和鼓励，希中美能源产业界加强交流，共同推进清洁能源技术的发展。

项目展示

2010年上海世博会，新奥集团作为中国清洁能源领域创新型企业，三项目服务上海世博会，倍受青睐。在上海世博会中国国家馆"低碳行动展区"取之有道"环节，新奥集团提供了整体解决方案与专业技术支持世博园最佳城市实践区的"沪上• 生态家"里，新奥集团提供光伏发电风力发电、基于燃料电池的家用热电联供等可再生能源系统的展示；并微藻生物吸碳技术、运动器材发电应用到现代家居生活中；由新奥运的世博园氢燃料加注网络，为世博会交通提供安全、便捷、及时的加氢务。世博184天，新奥集团向世界展示了中国清洁能源行业的大发展。

技术展示

系统能效技术，是一种新型的智能能源技术。它通过信息流与能量流物质流的耦合，形成多品类能源泛能流，构成能源生产、储运、应用与生四环节的智能闭环泛能网络。再通过对泛能流从输入到输出的跨时空同及泛能网内多角度智能互动，实现对环境势能的高品位吸收和对资源量的高效利用，产生系统能量在全生命周期的非线性增效，从而输出高质、高效率的智能能源。

煤基低碳能源转化技术

煤基能源的清洁利用技术，主要包括地下气化技术、煤催化气化技术、微生物吸碳等多项新能源技术。通过催化气化与地下气化两种方式，煤炭被转为合成气，之后合成气被转化为甲烷，转化过程中产生的二氧化碳被微藻生物吸碳和加氢方式吸收利用，分别转化为生物柴油和化工原料。这是新奥集团自主创新的一套完整的清洁煤技术体系，该体系不仅实现了煤的全价开发和清洁利用，产出天然气、电力、生物柴油及其他高附加值产品，还解决了二氧化碳的排放问题，从而真正实现了煤基能源的高安全、高效率、低成本、低污染。

与杜克能源等公司合作，进军国际市

中国长江三峡集团公司

三峡水利枢纽

一、企业简介

为兴建三峡工程，经国务院批准，中国长江三峡工程开发总公司于1993年9月27日正式成立，2009年9月，公司正式更名为中国长江三峡集团公司（以下简称三峡集团公司或集团公司），是国家实行计划单列的大型国有企业。三峡集团公司是三峡工程的业主，全面负责三峡工程的建设、资金筹集、工程建设投产后的经营管理，国家还授权三峡集团公司滚动开发长江上游水电资源。

三峡集团公司的战略定位是以大型水电开发与运营为主的清洁能源集团，企业发展目标是为社会提供清洁能源、成为在发挥长江流域综合效益中起主导作用的国际一流的现代化大型企业集团。经过十七年的建设和发展，三峡集团公司紧紧围绕着水电开发和运营主业逐步形成了企业的核心能力，在人才、管理、资金等方面确立了竞争优势，努力实现了由从事单个工程项目建设向流域梯级滚动开发转变，由单一的水电业务向以大型水电为主的综合性清洁能源开发转变，由单纯开发建设向开发建设与资本运营相结合的发展模式转变，由国内水电开发为主向国内水电开发和国际水电开发并举转变。截至2009年底，集团公司资产总额超过2800亿元，投产和在建水电装机容量约4500万千瓦，为全国最大的水电企业。

二、2009年企业发展情况

2009年，集团公司深入贯彻落实科学发展观，按照党中央、国务院的部署和国资委的要求，积极应对金融危机挑战，精心组织工程建设和电力生产，稳步实施主营业务整体上市，加快推进公司战略转型，全面超额完成了国资委下达的年度业绩考核指标，保持了持续稳定增长的态势，集团公司整体实力跃上了新的台阶。

（一）三峡工程初步设计建设目标如期实现

在党中央、国务院的正确领导下，经过数万名三峡建设者17年的艰苦奋斗，三峡工程初步设计建设任务除国家批准缓建的升船机外，均提前或如期完成，三峡左、右岸电站26台机组已全面投产，枢纽工程顺利通过了175米蓄水前验收，水库试验性蓄水至171.4米，从建设阶段全面转入以运行为主的阶段，全面发挥了三峡工程防洪抗旱、发电、航运、供水等综合效益。2009年汛期，三峡工程最大削减洪峰流量15000立方米/秒，减轻了长江中下游的防洪压力。在枯水期，三峡水库对中下游累计补水127.3亿立方米，保障了长江中下游通航水深和生产生活用水要求。特别是蓄水期间加大了下泄流量，放缓了蓄水进程，为缓解长江中下游干流的严重旱情发挥了重要作用。三峡过坝货运量也再创历史新高，2009年通过三峡坝区的货运量达到7426万吨，比上年增长8.5%。自2003年三峡船闸试通航以来，累计通过三峡坝区的货物已达3.6亿吨，有力地促进了长江航运业的繁荣和中西部经济的发展。

（二）电力生产经营安全平稳

2009年，面对长江来水比历史同期偏枯、丰水期来水严重偏少等诸多不利因素，集团公司以优化水库调度为龙头，设备管理为核心，诊断检修为保障，精心组织电力生产，加强电力市场营销，获得良好经济效益。2009年，三峡—葛洲坝梯级电站完成发电量960.96亿千瓦时，节水增发电量50.6亿千瓦时，实现了三峡电站全面投产后首个完整年度安全稳定运行。2009年6月30日，三峡电站26台机组首次全部并网发电，日发电量突破4亿千瓦时。8月8日，三峡电站首次达到全厂额定出力1820万千瓦。

（三）金沙江水电工程建设有序推进

三峡集团公司滚动开发金沙江下游溪洛渡、向家坝、乌东德、白鹤滩四个梯级电站，规划总装机容量超过4200万KW。溪洛渡水电站已于2005年12月26日正式开工，2007年11月提前一年顺利截流；向家坝水电站已于2006年11月26日正式开工建设，2008年12月成功截流。目前溪洛渡、向家坝两个工程建设进展顺利，大坝混凝土浇筑和电站厂房机电设备安装等主体工程施工全面展开；乌东德、白鹤滩水电站前期工作正在有序推进。

（四）风电、国际水电等新业务不断拓展

2009年，三峡集团公司加快了风能开发和国际水电业务的发展步伐。集团公司积极开拓内蒙古、新疆、辽宁、甘肃、吉林、浙江、江苏等地区风电市场，为近期大规模开发风电增加了储备，风电开发的区域布局初步形成；稳步探索海上风电开发，积极开展科研试验，完成了国家“十一五”科技支撑计划海上风电课题的主体工作任务，江苏响水近海2兆瓦试验风机吊装成功，为未来规模开发海上风电做了必要的技术准备。国际水电业务发展顺利，集团公司以EPC承建的马来西亚沐若项目施工情况良好，被当地媒体称为水电开发的示范性工程，初步树立了集团公司在国际水电

1997年，胡锦涛视察三峡工程

1994年江泽民视察三峡工程

1980年，邓小平视察葛洲坝建设工地

市场的品牌和形象；集团公司下属的中国水利电力对外公司积极开拓国际市场，市场占有率不断提高，首个BOOT项目老挝南立水电站成功下闸蓄水，承建的苏丹麦洛维电站正式发电。

（五）主营业务整体上市圆满完成

为了进一步深化改革，促进企业持续发展，经国资委、证监会同意，集团公司于2008年5月正式启动主营业务整体上市工作。将集团公司拥有的价值约1073亿元的三峡工程发电资产及相关专业化公司股权注入长江电力；三峡工程公益性资产继续保留在集团公司，由集团公司负责运行、管理及维护。2009年5月18日，长江电力股票复牌，在大盘跌幅较大（长江电力停牌期间）的情况下走势稳健。2009年9月28日，重大资产重组顺利实现资产交割。

三、企业科技创新情况

2009年，三峡集团公司围绕已制定的《中国三峡集团公司科技中长期发展战略规划》和《中国三峡集团公司创新型企业试点方案》，经过各相关部门和单位的共同努力，年度科技创新计划得到有效落实，创新型企业建设取得了一定的成效。

（一）集团公司设立具有独立研发性质的科研机构

2009年1月，中华鲟研究所正式划归三峡集团公司，成为公司下属独立研究机构。

2009年10月4日14时58分，在研究所三峡坝区基地成功培育出世界上第一尾全人工繁殖中华鲟鱼苗，标志着人类对中华鲟的保护研究获得重大技术突破。这是研究所并入集团公司后取得的第一项重大科研成就，也表明中华鲟研究所在集团公司这一集体中能出成果、出大成果。

（二）与中国科学院的战略合作走向深入

2009年5月，集团公司与中国科学院共同组建“三峡水库香溪河生态系统实验站”。

2009年5月，集团公司与中国科学院、云南煤化集团签订协议共同组建褐煤洁净利用工程研究中心，推动云南褐煤洁净的利用；这些工作对集团公司新能源业务的顺利开展起到了较大的推动作用。

为配合中科院“三峡创新工程”项目的展开，以及为集团公司的项目建设提供技术支撑，集团公司根据“三峡创新工程”项目进展情况，已对其中部分项目加大了配套研究力度，如百万千瓦机组蒸发冷却项目、金沙江库岸稳定项目等。

（三）积极参与国家重大科技计划

受科技部和国资委委托，由集团公司组织管理的国家“十一五”科技支撑计划项目《特大型梯级水利水电枢纽工程建设及高效运行安全关键技术研究》进展顺利，项目所属九个课题已全部进入实施阶段，2009年12月份进行了年度检查，项目进展均满足国家计划要求，公司承担的两个课题部分研究内容进展已经超额完成计划要求，得到两部委的充分肯定。

集团公司承担的国家“十一五”科技支撑计划《海上风电关键技术开发研究》项目中的两个课题《近海风电场选址及风电机组运行、维护技术开发》和《近海风电机组施工、测试专用设备的研制》进展顺利，课题将在2010年结题，研究成果已在江苏响水风场进行示范。

集团公司参加的国家“十一五”科技支撑计划项目《湖北省区域性巨型水库群经济运行关键技术研究与应用》，该项目主要针对长江三峡、葛洲坝、水布垭、隔河岩、高坝洲5库联合调度进行科技攻关，现已完成项目可行性论证。

（四）科技成果奖励申报

三峡工程是国家重大工程，作用巨大、影响深远，具备申报国家科技进步特等奖的条件。集团公司正积极开展工程建设管理成果总结和准备相关申报材料，拟于2010年申报国家科技进步特等奖。2009年，由集团公司牵头完成的科研项目“三峡巨型水轮发电机组创新研究与国产化实践”申报湖北省科技进步特等奖，已通过湖北省奖励委员会的评审。

（五）积极主持国家和行业的规程、规范编写

完成国家标准《海上风电工程施工规范》、电力行业标准《水电水利工程项目建设管理规范》（中英文）的报批稿，均为国内首部规范，填补相关领域空白。同时，还启动了国家标准《风力发电工程施工与验收规范》编写、电力行业标准《水工混凝土施工规范》修订等相关工作。

四、重点项目开发概况

（一）大型水电项目开发

1、三峡右岸地下电站：根据三峡工程初步设计报告，在三峡工程右岸预留扩建6台70万千瓦的地下电站，总装机420万千瓦。右岸地下电站计划2012年全部6台机组投产发电，目前项目建设顺利，电站机组埋件安装已全部展开，形象进度超过年度计划目标。

2、金沙江溪洛渡水电站：溪洛渡水电站位于四川省雷波县和云南省永善县交界的金沙江上，是一座以发电为主，兼有防洪、拦沙和

改善下游航运条件等巨大综合效益的工程。电站共安装18 台77万千瓦水轮发电机组，规划总装机容量1386 万千瓦，总工期12.5年。溪洛渡水电站工程于2003年底开始筹建，2005年底正式开工，2007年实现截流，计划2013年首批机组发电，2016年工程完工。

3、金沙江向家坝水电站：向家坝水电站位于四川省宜宾县和云南省水富县交界的金沙江下游，效益以发电为主，兼具改善通航、防洪、拦沙和灌溉效益。电站左、右岸各安装4台80万千瓦水轮发电机组，规划总装机容量640万千瓦，总工期9.5年。向家坝水电站于2004年开始筹建，2006年正式开工，2008年底实现截流，计划2012年首批机组发电，2015年工程完工。

长江及金沙江流域水能资源开发图

4、金沙江乌东德水电站：乌东德水电站位于四川省会东县和云南省禄劝县交界的金沙江干流上，是金沙江下游河段梯级开发规划中的第一个梯级电站。水电站具有以发电为主，兼顾防洪和拦沙等综合效益。电站规划总装机容量870万千瓦，总工期8年。乌东德水电站计划于2010年完成预可研报告审查，争取2012年前后主体工程开工，2018年首批机组发电，2020年工程完工。

5、金沙江白鹤滩水电站：白鹤滩水电站位于云南省巧家县和四川省宁南县交界的金沙江上。水电站具有以发电为主，兼顾防洪、拦沙和通航等综合效益，是西电东送骨干电源点之一，电站规划总装机容量1400 万千瓦。白鹤滩水电站于2006年6月通过国家预可行性研究报告审查，目前正在进行可行性研究，争取2012年前后主体工程开工，2020年前后工程完工。

（二）海外水电项目开发

1、马来西亚沐若水电项目：沐若（MURUM）水电站工程地处马来西亚婆罗洲岛的砂捞越州，坝址位于拉让(Rajang) 河流域源头沐若河上，距民都鲁市约200km，是拉让河上游四级梯级开发中的第2个梯级电站，总装机容量944MW。经项目业主邀请，三峡集团公司以EPC方式承担该项目，项目预计工期60个月，计划2013年项目完工。

2、老挝南立1-2水电站项目：老挝南立1水电站项目位于老挝首都万象西北，设计安装2台单机5万千瓦水轮发电机，年均发电量4.35亿度。三峡集团公司下属的中国水利电力对外公司获得该项目BOT开发权。该项目建设期39个月，包括6个月的筹建期，已于2007年9月正式开工建设，计划2010年首批机组发电。

（三）抽水蓄能项目开发

1、天荒坪二抽水蓄能电站：项目位于浙江省安吉县天荒坪镇境内，紧邻已建天荒坪抽水蓄能电站，地处华东电网负荷中心，上网条件方便。电站初拟装机容量为2100MW，施工总工期为6年3个月（不含筹建期）。三峡集团公司争取在“十一五”末完成天荒坪二抽水蓄能电站项目可研报告编制、可研综合报告与各专题报告的咨询、审查，准备项目筹建，争取在“十二五”期间核准开工建设。

2、内蒙古呼和浩特抽水蓄能电站：2009年9月8日，三峡集团公司与内蒙古电力公司抽水蓄能及风电项目合作协议在呼和浩特签订。根据协议规定，三峡集团公司作为控股方与内蒙古电力公司等投资主体共同建设呼和浩特抽水蓄能电站，并负责开展包头、乌海等抽水蓄能电站项目前期工作。呼和浩特抽水蓄能电站已于2006年8月完成国家发改委核准程序，位于呼和浩特市东北方约20公里处的大青山区，电站总装机容量120万千瓦，争取在“十二五”末建成投产。

三峡双线五级船闸鸟瞰

（四）风电项目开发

1、内蒙风电规模开发：2009年，三峡集团公司与内蒙古自治区政府签订战略合作框架协议，以抽水蓄能和风电组合开发的方式开发内蒙古的清洁能源，获取了449万千瓦风电场资源。

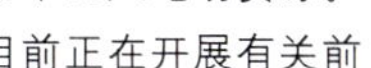

目前正在开展有关前期工作，将于近期启动首批项目建设。

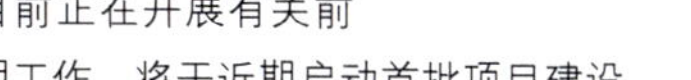

2、其他陆上风电开发：继续做好江苏响水20万千瓦风电项目、内蒙化德一期4.95万千瓦风电项目、吉林白城二期1.5万千瓦风电项目等的建设工作。在新疆、辽宁、甘肃、吉林、江苏、浙江等风资源富集地区积极开拓风电市场。

3、海上风电开发：海上风电建设是未来风电发展的方向，三峡集团公司初步规划在华东近海区域开展海上风电试点项目开发。

（五）参股投资核电项目

与中核集团共同开发湖南桃花江核电项目，三峡集团公司参股20%。湖南桃花江核电站位于湖南省中北部益阳市桃江县沾溪乡荷叶山，厂址规划容量400万千瓦，一期建设200万千瓦。目前已完成可研工作，于2008年开始筹建工程，争取2010年具备开工条件。

（六）配合解决水库移民问题，参与西部资源开发

从集团公司水电主营业务持续健康发展的战略需要，集团公司将加强与地方的密切合作，积极探索介入地方资源开发，促进地方经济社会发展。

中国有色矿业集团有限公司

“十一五”期间项目投资及节能减排取得显著成果

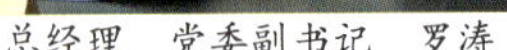
总经理、党委副书记　罗涛

党委书记、副总经理　张克利

中国有色矿业集团有限公司（以下简称：中国有色集团）是国务院国资委直接管理的中央企业。是我国有色金属行业最早实施“走出去”战略，以成功开发境外有色金属矿产资源为突出特色，业务遍布亚洲、中南部非洲、澳洲等20多个国家和地区。现拥有控（参）股企业35家，其中境内上市公司2家，境外上市公司4家；拥有各级境外企业25家，主要从事铜、铝、铅、锌、镍、钽、铌、铍等矿产资源的开发。在境外拥有重有色金属资源量逾2000万吨，铝土矿资源量超过3亿吨，是中国开发境外有色金属资源最多的企业之一。

几年来，中国有色集团的发展得到了党和国家领导人的高度关注，胡锦涛、吴邦国、温家宝、贾庆林、习近平及张德江等党和国家领导人曾亲临中国有色集团的境内外企业，为集团公司改革发展作了重要指示和批示。2009年，中国有色集团资产总额、营业收入和利润总额分别是2005年的6倍、5倍和4倍，实现了快速、持续、健康发展。

一、加大投资力度　为保增长促发展做出积极贡献

“十一五”期间，中国有色集团加大海外矿产资源的投资开发力度，加快国内外重点工程项目的建设进度，推进海外有色金属资源基地的建设，取得了显著成效。“十一五”期间对外投资额将超过20亿美元，拉动国内商品出口超过12亿美元；国内重点项目建设投资将达48亿元人民币。为保增长促发展做出了积极贡献。

“十五”期间，中国有色集团投资的赞比亚谦比希铜矿主矿体、谦比希湿法冶炼厂、谦比希硫磺制酸厂、蒙古国图木尔廷敖包锌矿等企业，先后投入生产，取得了良好的经济效益，为国家提供了紧缺的有色金属资源。这些企业在实现自身发展的同时，还为资源所在国创造税收收入和就业岗位，仅在赞比亚、蒙古国两地，中国有色集团累计交纳税金超过5000万美元，创造就业岗位4000多个，有力的促进了当地社会经济的发展。

“十一五”期间，中国有色集团国际化经营的步伐进一把加快，在全球有色金属市场配置资源的能力进一步增强。胡锦涛总书记亲自揭牌的谦比希铜冶炼项目于2009年7月建成投产，该项目总投资近3亿美元，设计生产能力为年产15万吨铜，29万吨硫酸，铜产品可全部运回国内。该项目已实现达产达标，其中粗铜综合能耗达到了国际先进水平。目前该项目扩产技改工作正在按计划推进，技改完成后将达到年产25万吨铜的产能。项目的建成使中国有色集团在赞比亚形成了采矿、选矿、冶炼完整的有色金属产业链，并为当地创造就业岗位近千个，每年增加税收超过500万美元。

赞比亚谦比希铜矿，主矿体于2003年建成投产，是迄今为止中国在境外投资建成的规模最大的有色金属矿山，是中非合作的标志性项目。谦比希铜矿西矿体项目是中国有色集团“十一五”期间加快海外资源开发的重要在建项目，总投资1.6亿美元，将于2010年

2010年2月25日，胡锦涛主席与赞比亚总统班达在人民大会堂出席中国有色集团签字仪式

2010年3月22日，中共中央总书记、国家主席、中央军委主席胡锦涛视察中色（宁夏）东方集团有限公司

2010年9月13日，中共中央政治局常委、全国人大常委会委员长吴邦国(中)视察中色（宁夏）东方集团有限公司

2008年8月15日，温家宝总理视察中色（宁夏）东方集团有限公司

底建成投产，可新增年产铜精矿含铜1.88万吨产能。谦比希铜矿东南矿体项目前期准备工作正在抓紧进行，预计项目总投资6亿美元，建成后将年产铜精矿含铜7.7万吨，钴精矿含钴2000吨。

2009年6月24日，中国有色集团抓住国际上有色金属资产价格调整的有利时机，收购了赞比亚卢安夏铜业公司，主要资产包括巴鲁巴铜矿和穆利亚希项目，保有地质资源量含铜257万吨，含钴10万吨。巴鲁巴铜矿已于2009年12月正式恢复井下采矿和选矿生产，实现了"当年收购、当年复产"，2010年1—9月生产铜精矿近4.2万吨，解决了2250余名赞籍员工的就业问题。穆利亚希湿法炼铜项目的建设施工工作已经全面展开，2011年一期工程可望建成投产。全部建成后将年产4.1万吨阴极铜，届时中国有色集团的盈利能力将跨上新的台阶。

这一年，中国有色集团出资企业中色股份认购了澳大利亚特拉明矿业有限公司定向配售的普通股，成为该公司的第一大股东。特拉明公司2003年在澳大利亚证券交易所上市，是澳大利亚一家重要的基本金属勘探、开发和生产公司，其控制的资源含铅锌金属量约430万吨。出资企业中色国际收购了英国恰拉特黄金控股有限公司19.9%的股权，成为其第一大股东。该公司探明金金属量334万盎司。2010年7月，中色国际又收购英国科瑞索资源公司29.9%股权，成为该公司第一大股东。科瑞索资源公司正在进行开发的帕鲁特金矿位于塔吉克斯坦首都杜尚别东北方向约112公里，具有符合JORC标准的黄金金属资源量300万盎司，进一步的探矿工作将会提高资源量。

总投资8.2亿美元的缅甸达贡山镍矿项目，截止2010年上半年，已实现投资21.66亿元人民币，项目设计工作和土建工程基本完成，设备安装工作大部分展开，生产准备工作有序进行。项目将于

2009年4月13日，习近平副主席视察中国有色集团

2010年8月19日，张德江副总理视察中国有色集团

中国在境外投资最大的铜冶炼厂——赞比亚谦比希铜冶炼厂

蒙古国图木尔廷敖包锌矿被称为“中蒙合作的典范”

2011年6月建成投产，达产后可年产镍铁8.5万吨，将大大缓解我国镍资源短缺的问题。

总投资4.3亿美元的赞比亚中国经济贸易合作区，是我国在非洲建立的首个经贸合作区，将在未来三年内吸引60家中外企业入驻，成为我国在非洲建设的一个新的产业聚集地。

到2014年，中国有色集团将在中南部非洲建成年产铜50万吨、钴5000吨的大型海外铜钴原料生产基地，将大幅提高有色金属战略资源的保障能力，为企业可持续发展增强后劲。

“十一五”期间，在中国有色集团的管理和指导下，出资企业在国内建设的有10个重点项目：年产3万吨/年高效节能内螺纹铜管生产线扩建项目、年产4万吨高精度铜合金板带技术改造项目、9200吨/年铍铜板带材技改项目、3000吨/年钛及合金管棒丝深加工项目、红透山铜矿深部技改项目、10万吨/年锌冶炼项目、赤峰锌冶炼铜镉钴渣综合回收项目、南方稀土项目、沈阳隔膜泵项目、天津新材料园项目等，总投资超过48亿元人民币，正在按计划建设，项目陆续建成投入生产后，将打造新的发展优势，并为国家经济建设做出积极贡献。

二、狠抓节能减排 做积极承担社会责任的表率

中国有色矿业集团处于能源消耗及主要污染物排放较高的有色金属行业，集团公司把节能减排作为转变发展方式，实现可持续发展的长远战略，积极推进节能减排工作，取得了明显成效。

“十一五”期间，中国有色集团逐步建立健全了节能减排统计、监测和考核“三大体系”，夯实各项管理基础，积极争取国家节能减排政策资金支持。截至2010年6月，集团公司工业企业万元产值综合能耗比2005年同期下降62%，非工业企业万元营业收入综合能耗比2005年下降29.7%，全面完成“十一五”节能任务，2010年上半年节能减排工作获得国务院国资委通报表扬。

几年来，中国有色集团的海内外业务量迅速增长，企业实现了跨越式发展。同时能耗和污染物排放也保持较快增长，节能减排任务艰巨。该公司把节能减排工作与企业发展战略和结构调整紧密结合，从整体发展战略到科技发展规划，从重点项目建设到日常经营，企业“从头到尾”都把节能减排作为工作的重中之重来抓。

一是大力开展技术创新，提升产业技术水平。仅2009年，中国有色集团申请节能减排方面授权专利 10项，这些节能减排科研成果在全集团公司范围内得到广泛推广。比如，中国有色集团出资企业谦比希铜冶炼公司，开展了艾萨工艺的核心设备改造，首创了艾萨炉分层排放技术、创新了转炉吹炼工艺、改变了制氧工艺，通过这些改造，粗铜综合能耗达到210千克标煤/吨，达到了国际先进水平。中色奥博特公司对原有的内螺纹铜管生产工艺流程进行了技术改进，把“在线连续感应式退火”这一新技术应用于生产，实现了内螺纹铜管生产的连续化，使生产效率提高25%，节约能源30%以上，产品质量达到国际先进水平。中色非矿公司成功研发中矿直接再选新工艺后，精矿品位和回收率分别比原流程提高了3.81和1.34个百分点，选矿电耗达到国际领先水平，该项目还获得中国有色金属工业协会科技进步二等奖。

二是大力实施循环经济和节能减排项目，推广节能产品和资源综合利用技术。“十一五”期间，中国有色集团大力推进循环经济和节能减排技术改造项目建设，支持重点出资企业的烟气脱硫、尾矿水循环回用、资源综合回收、污水治理、燃煤锅炉（窑炉）改造、余热预压、能量系统优化、电机系统节能等节能减排技术研发

中国有色集团与银行加强友好合作

中国有色集团承建的项目创造了伊朗、越南、哈萨克斯坦等国的诸多第一。图为伊朗哈通阿巴德铜冶炼厂

和项目实施。仅2009年，中国有色集团陆续开工较大规模的节能减排技改项目17项，循环经济项目4项。比如，中国有色集团出资企业中色锌业积极推进综合渣回收项目，采用湿法冶金工艺综合回收渣中有价金属，不仅可实现年回收精镉、二级电解铜、铟锭、铅锭、冰铜等金属产品1.3万吨，还大幅减少废渣的排放量。

三是加强节能减排基础管理。不断强化节能减排三大体系建设，全员参与、责任落实，严抓管理和目标责任考核，使节能减排渗透到了企业发展理念、业务模式、技术创新、企业文化的方方面面。中国有色集团建立健全各层级节能减排组织管理体系，打下了扎实有效的工作基础。集团公司建立了节能减排领导机构，负责节能减排总体工作，研究决定节能减排重大事项。同时认真督促出资企业建立与生产经营相适应、自上而下的节能减排协调、监督管理机构，设立节能减排管理岗位，配备专职节能减排管理人员，节能减排工作初步形成了互动有效的工作对接模式。

四是在海外企业加强节能减排工作。中国有色集团在实施“走出去”战略的过程中，积极落实节能减排社会责任，有力推进了海外矿产资源的开发和可持续发展。中国有色集团境外企业所在地，大多为工业不发达国家，环保和节能减排的基础十分薄弱。中国有色集团针对这一实际情况制定了《环境保护管理办法》，建立健全了“预防为主、保护优先、综合治理”的环保长效机制。赞比亚谦比希铜矿、蒙古锌矿投产后，先后投入了大量的技改资金，大力降低电耗、水耗，加大矿山复垦和尾矿库治理力度。蒙古锌矿建立了污水集中处理站，做到了无污水排放，并投入129万美元用于草原道路维修和排石场复耕，顺利通过当地政府每年两次的空气、土壤、地下水检测，被誉为“草原上的明珠”；谦比希铜冶炼厂的吨铜能耗和“三废”排放均达到了国际领先水平。中国有色集团在海外资源开发和投资中，狠抓节能减排，注重环境保护，树立了“走出去”中国企业负责任的国际形象，为中央企业赢得了良好声誉。

到2010年末，中国有色集团可超额完成万元产值综合能耗比2005年降低20%以上的“十一五”工作目标。中国有色集团正在向资源节约型环境友好型的企业发展目标迈进。（撰稿人：张培德）

中国有色集团与地方政府密切合作

中国有色集团投资的缅甸达贡山镍矿是中缅矿业领域最大的项目

中国中煤能源集团有限公司

中煤集团绿色环保的平朔

一、中煤集团企业发展简介

中国中煤能源集团有限公司（简称中煤集团）是国务院国资委管理的国有重点骨干企业，前身是1982年7月国务院批准成立的中国煤炭进出口公司。

中煤集团历经大规模开发建设和多次资产重组，成为依靠自主经营、从事跨区域、多产业经营的、中国煤炭行业最具特色的现代化大型能源企业，其主营业务包括煤炭生产及贸易、煤化工、坑口发电、煤矿建设、煤机制造、煤层气开发，以及相关工程技术服务，各产业均有较强的竞争优势，是中国最大的煤机制造企业、煤矿建设企业，并在煤炭行业连续多年排名第2位，在全国企业500强和世界煤炭公司中位居前列，在国资委对中央企业连续两个任期考核中均获A级。

中煤集团现有全资公司、控股和均股子公司43户，境外机构4户，参股企业11户，在册职工12.1万。截至2009年12月31日，总资产1495亿元。中煤集团主要矿区有山西平朔、离柳、乡宁矿区，江苏大屯矿区，内蒙古鄂尔多斯矿区，陕西榆林矿区，黑龙江依兰矿区，在建新疆哈密、准东、伊犁矿区，资源总量超过450亿吨。现有生产矿井22座，在建矿井25座，总产能超过1.6亿吨；拥有洗煤厂22座，生产能力1.2亿吨。中煤集团于2006年和2008年分别在香港、上海两地成功上市，募集资金408亿元，旗下另有上海大屯能源股份有限公司、太原煤气化股份有限公司分别在上海和深圳上市。

二、“十一五”发展成就

“十一五”以来，中煤集团抓住宏观经济和行业发展的机遇，加快改制上市步伐，做强主业实力，强化企业管理，提高核心竞争力，企业综合实力显著增强，继续保持煤炭行业领先地位。

一是主要生产经营指标不断提高，建成了亿吨级煤炭大集团。“十一五”期间，中煤集团迈上了资产过千亿，利润过百亿，产量过亿吨的新台阶，成为我国第二个亿吨级煤炭大集团。通过加快煤炭大集团、大基地建设，充分发挥现有矿井产能，加快新建和改扩建项目建设，煤炭产量连续年平均增长1000万吨以上。“十一五”前四年合计生产原煤4.35亿吨，焦炭2023.3万吨，发电135.89亿千瓦时，累计实现销售收入2519.5亿元，累计利润总额320.6亿元，为国民经济和社会发展做出了重要贡献。

中煤集团装备公司出口俄罗斯成套设备

二是综合实力显著提升，经营规模实现跨越式发展。中煤集团资产总额从2005年的459亿元，增加到2009年1476亿元，年均增长33.89%；企业营业收入持续增长，营业收入从2005年的523亿元增加到2009年702亿元，年均增长7.50%；企业盈利能力显著增强，利润总额从2005年的43.2亿元增加到2009年的104.7亿元，年均增长24.28%，在国资委中央企业的排名由27位上升至11位，步入中央企业第一方阵。

三是资源储备增加，可持续发展能力明显增强。中煤集团不断加强与重点产煤省和企业的战略合作，煤炭资源获取工作取得重大进展。中煤集团拥有煤炭资源量从2006年的150.6亿吨增加到目前的450亿吨，资源量成倍增长，为企业可持续发展奠定了坚实基础。

四是产业结构优化调整，主业竞争力进一步增强。中煤集团注重优化产业结构，做强做大主业。煤炭主业规模快速增长，2009年产能达到了1.25亿吨，比2005年翻一番；煤化工产业发展能力增强，一批大型煤化工项目开工建设，已形成甲醇生产能力45万吨，在建二甲醚规模300万吨/年；煤矿建设产业竞争力提升，煤矿深立井施工保持行业领先水平，同时推进矿建工程总承包和非煤建筑市场开发及海外市场，并已成功进入地铁施工市场；煤矿装备产业研发能力不断增强，生产的重型刮板输送机、液压支架、电牵引采煤机、薄煤层刨煤机等产品的技术水平和市场占有率领先国内，率先形成煤矿综采综掘装备成套研发、制造和供应能力。

五是积极转变发展方式，实现产业延伸。中煤集团提出了以循环经济模式构建煤炭综合利用体系，形成了平朔矿区以煤炭开采为基础、煤矸石及煤系伴生矿物的综合利用为重点，主要建设以煤为基础的煤—电—铝—建材工业产业链和以土地复垦为主线的农—林—牧—药—生态旅游生态产业链，上海能源“煤—电—铝—建材”，太原煤气化公司“煤—焦—化、煤—电”，龙化公司“煤—电—化”等循

王安总经理（前）在井下检查安全生产

中煤集团井下生产情况

环经济模式，实现了资源效益最大化和社会环境效益最优化。

六是科技创新成效显著，创新发展能力不断提高。中煤集团积极探索建立以集团公司研究机构为核心，国家级产业技术创新战略联盟和工程中心为支撑，各所属企业技术中心和高校及社会科研机构构成的自主集成创新体系。目前已建成2个国家级企业技术中心、7个省市级企业技术中心、5个国家认可实验室和2个博士后科研工作站，并于2009年成功进入国家第三批创新型试点企业行列。中煤集团持续加大科技投入，2009年科技投入达到16.3亿元，年均增长39%，技术投入比率达到2.35%，年均增长27%，有效保证了自主创新能力。2006年以来，获得国家科技进步奖3项，省部级科技进步奖51项，目前累计拥有有效专利261项，并在安全高效露井联采、浅埋深硬顶板硬煤层综采放顶煤安全高效开采、年产600万吨工作面综采机械研制、深立井快速施工等方面居世界领先地位，主要煤炭生产建设企业科技成果转化率达到80%以上。

发电厂

七是安全生产得到加强，安全保障能力明显增强。中煤集团坚持安全发展，煤炭生产机械化程度不断提高，采掘机械化程度达到93.99%，综掘机械化程度达到71.85%，煤炭生产百万吨死亡率总体呈下降趋势，从2006年的0.066降低至0.016，大大好于全国国有重点煤矿的平均水平。安全高效矿井建设保持行业领先水平，9处矿井被评为煤炭行业安全高效矿井，安全高效矿井产量占集团总产量的87.8%，在全国19个年产千万吨级安全高效矿井中，中煤集团有4个。

八是积极履行社会责任，社会价值贡献得到广泛认可。中煤集团产业分布于全国13个省、市、区，为解决当地就业和经济发展做出了积极贡献，2005年至2009年共缴纳税费375.2亿元。2009 年中煤集团万元产值能耗、二氧化硫排放、化学需氧量排放同比分别降低11.7%、15.1%、12%，提前完成“十一五”节能减排目标。近年来在抗击雨雪冰冻、抗旱、抗震救灾危机时刻，在奥运会、世博会和亚运会筹备及期间，中煤集团全力保障重点电煤供应，积极捐款，派队援建，被授予“中国红十字勋章”、“中央企业抗震救灾先进集体”等荣誉称号，以实际行动支援了社会公益事业，履行了中央企业社会责任。

三、“十二五”发展展望

中煤集团立足于建设具有国际竞争力的大型能源集团，凸显规模化、集约化、现代化的发展模式，凸显建设平朔循环经济示范区和蒙陕煤电化基地，凸显产品和产业结构调整，规划到“十二五”末，主要经济指标翻一番，再造一个新中煤的宏伟蓝图。“十二五”期间中煤集团的发展目标是实现“22255”，即：煤炭产量达到2亿吨；资产总额达到2000亿元；实现利润200亿元；建成山西、江苏、黑龙江、蒙陕、新疆等5大煤炭产业基地；形成煤炭生产、煤化工、发电、煤机制造、煤矿建设五大主业协同发展格局，进入全球领先煤炭公司行列，建设成具有国际竞争力的大型能源集团。

为确保上述目标的实现，中煤集团总体工作思路是“1458”，即：牢固树立以市场为导向、以客户为中心的经营理念，坚持生产规模化、技术装备现代化、队伍专业化、管理手段信息化的“四化”发展方向，树立高起点、高目标、高质量、高效率、高效益的“五高”标准，落实调整、改进、加强、提高八字方针，全面推进生产技术、经营管理和投资发展等各项工作，把中煤集团的改革发展推上新的台阶。

中煤集团装备公司金属切割机器手代替人工作业 有效提高切割效率与质量

中煤集团井工矿建设

中煤集团龙化化工公司全景

天津石化

由中国石化股份有限公司和沙特基础工业公司合资成立的中沙（天津）石化股份有限公司，在北京人民大会堂正式揭牌成立

国务院国资委主任李荣融、天津市市长黄兴国、中国石化集团公司总经理、股份公司董事长苏树林、沙特基础工业公司董事长阿尔•萨乌德亲王等领导和贵宾参加天津百万吨乙烯千万吨炼油投入商业运行剪彩

天津百万吨乙烯装置中交

一、企业基本情况

中国石化股份有限公司天津分公司（上市部分）和中国石化集团资产经营管理有限公司天津石化分公司（存续部分）合称天津石化，是隶属于中国石化的国家特大型炼油、乙烯、化工、化纤联合企业，成立于1983年12月28日，位于天津市滨海新区，东临渤海油田，南靠大港油田，占地面积14平方公里，与天津市区和塘沽新港有铁路、公路相通，与大港油田和天津港南疆石化码头有输油管线相连，具有发展国家大型石化基地的优越地理环境。

天津石化经过20世纪60年代初至80年代的第一次创业，综合规模曾列当时全国的四大化纤基地之一；从20世纪90年代开始，以20万吨聚酯一期工程开工为标志，天津石化迈出第二次创业的步伐，随着20万吨聚酯二期工程和14万吨乙烯的建成，天津石化的规模得以扩大，炼化一体化特点更加明显。2005年12月22日，国家发改委正式核准天津百万吨乙烯项目，标志着天津石化全面进入第三次创业发展的新阶段。

截至2009年底，天津石化正式职工总数1万余人。拥有的主要生产装置：炼油23套，化工24套，化纤3套；原油一次加工能力1550万吨/年；生产能力为：乙烯120万吨/年（含合资公司）、对二甲苯 38万吨/年、PTA 34.4万吨/年、聚酯20万吨/年、聚醚8万吨/年；生产石油炼制、石油化工、石油化纤三大类产品，产品具有较好的市场知名度，其中涤纶短纤维、3号喷气燃料为国优产品；“津港”牌车用汽油、“明珠”牌精对苯二甲酸、“大港”牌工业用纯苯、“TU”牌聚乙烯、“津化”牌聚醚多元醇等10个产品被评为“天津市名牌产品”。

二、“十一五”发展成就回顾

2006年以来，天津石化牢牢抓住100万吨/年乙烯及配套项目获得国家核准的历史性机遇，始终坚持以科学发展观统揽全局，确定了项目建设、改革稳定、生产经营三大任务和到“十一五”末基本实现“主业突出、结构优良、管理科学、文化先进、环境友好、企业和谐，成为具有较强竞争力的现代化石油化工企业”的发展目标。经过全体职工的共同努力，截至2009年底，天津石化运行体制和运行机制得到不断完善；有十项技术经济指标处于总部前茅；改制分流和清理整顿工作圆满完成；项目建设取得全面胜利，并成功实现了百万吨乙烯项目中国石化与沙特基础工业公司的合资合作（该合资公司由中国石化和沙特基础工业公司各投资50%设立，总投资183亿元人民币，为天津市最大的合资公司和全国最大的乙烯合资公司，中国石化授权委托天津石化管理），天津石化进入崭新的跨越式发展阶段。

（一）项目背景

天津石化100万吨/年乙烯及配套项目(以下简称大项目)原为中外合资天津60万吨/年乙烯工程，从1995年起开展前期工作，1999年11月中国石化上报项目建议书。在外方出于自身原因退出后，中国石化于2003年12月5日向国家发改委申请变更投资主体，依托天津石化，中国石化自主建设该项目。2004年3月16日国家批准大项目立项后，中国石化领导与天津市主要领导确定了乙烯项目建

设总体安排并签署了会谈纪要，成立了大项目建设领导小组。当年，中国石化根据国内市场需求、世界石化工业发展趋势等情况，按照炼化一体化的要求进一步优化调整了建设方案，将新建乙烯规模调整为100万吨，炼油、公用工程能力与之配套。2005年11月28日，项目核准报告通过国务院常务会议的审核，当年12月，国家发改委下发了《印发国家发展改革委关于核准中国石化股份公司天津分公司100万吨/年乙烯及配套项目的通知》，标志着大项目具备了全面启动建设的条件。2006年6月26日隆重举行了大项目开工奠基仪式，2007年3月9日，大项目总体设计得到中国石化批复，项目建设正式由准备和定义阶段进入实施阶段。

（二）项目概况

天津石化100万吨／年乙烯及配套项目是国家和中国石化“十一五”重点建设工程，是天津滨海新区开发开放的标志性工程和天津建设国家级石化产业基地的龙头项目。在满足国民经济增长需要、有效提升国内石化行业竞争力的同时，对促进天津社会经济实现跨越式发展，尤其是滨海新区的开发开放都具有十分重大的意义，预计项目建成投产以后，可拉动天津工业总产值4%以上，带动下游产业及配套工程投资约1000亿元，直接和间接新增就业岗位约20000个。

项目主要包括100万吨乙烯、1000万吨炼油、热电工程和区外工程四大部分，共205个工程主项。工程总占地面积297公顷，项目主体建设投资268亿元，加上配套工程，达到340亿元。

项目具体内容：

乙烯部分：新建100万吨/年乙烯装置、65万吨/年裂解汽油加氢装置、30万吨/年线性低密度聚乙烯装置、30万吨/年高密度聚乙烯装置、45万吨/年聚丙烯装置、35万吨/年苯酚丙酮装置、4/36万吨/年环氧乙烷/乙二醇装置、20/12万吨/年丁二烯抽提/MTBE联合装置等8套生产装置及配套的厂内公用工程和辅助设施。

炼油部分：新建1000万吨／年常减压装置、180万吨/年加氢裂化装置、130万吨／年蜡油加氢处理装置、100万吨/年重整－抽提装置、320万吨/年柴油加氢精制装置、80万吨/年航煤加氢精制装置、230万吨/年延迟焦化装置、20+6万吨/年硫磺回收装置、130吨/时酸性水汽提装置、气体脱硫及溶剂再生装置等11套生产装置及配套的厂内公用工程和辅助设施。改造原有Ⅱ套常减压、加氢裂化、焦化汽柴油加氢、制氢、延迟焦化、脱硫、酸性水汽提、催化柴油加氢精制等8套装置。

热电部分：新建3台420吨/小时循环流化床锅炉及2台10万千瓦发电机组、全厂化学水、凝结水处理系统、220千伏/110千伏总变电所、厂用电变电所及线路设施、外供系统管网等。

区外工程包括公用外管系统、给排水管网、供电外线、铁路系统等。

（三）项目特点

天津100万吨／年乙烯及配套项目是深入贯彻落实科学发展观的重大成果，其具有的集约、先进、创新、环保和经济五大特点，为石化行业今后的新建和改造项目提供了重要的借鉴。

——集约性：优化整体布局，合理配置装置结构，新建炼油装置全部布置在老厂区内，辅助生产和生产服务设施尽量依托原有能力，实现联合布置、集中控制、统一管理，现有资源得到充分利用。强调炼油、乙烯原料的优化配置，突出“短流程、低成本、高质量、高效益”的特点，确保油化一体化优势的发挥。

温家宝总理视察天津百万吨乙烯项目并看望慰问了石化干部职工。图为总理在乙烯中控室外的展厅参观并听取汇报

中央政治局委员、全国人大常委会副委员长、中华全国总工会主席王兆国视察天津百万吨乙烯中控室并与劳模代表亲切握手

中央政治局委员、天津市委书记张高丽视察天津百万吨乙烯中控室

——先进性：一是规模先进。乙烯部分的八套装置均达到世界级规模。其中，100万吨乙烯装置为国内少数达到百万吨级规模的单套装置，45万吨聚丙烯为全球规模最大的单套装置。二是技术先进。通过技术引进和技术创新，主要生产装置拥有世界上最先进的工艺流程和生产技术。三是管理先进。项目的生产管理模式与国际先进石化企业接轨，工艺操作采用集中控制，人员精干高效，达到国际先进水平。

——创新性：在工艺方面，除部分装置引进国外专利使用权和技术工艺包外，炼油基本上采用国内技术，乙烯大部分采用国内或合作开发技术。其中，100万吨乙烯装置采用中国石化与ABB Lummus合作开发的工艺技术，30万吨/年线性低密度聚乙烯为国内首套拥有自主知识产权的大型聚乙烯装置。在设备方面，天津100万吨/年乙烯及配套项目是我国乙烯技术装备国产化的依托工程，有10个攻关项目被列为中国石化重大装备国产化项目，其中有3个攻关项目被列为国家科技支撑计划。作为大型乙烯装置的核心设备——百万吨级乙烯裂解气压缩机和冷箱首次由国内厂家制造。

——环保性：项目环保总投入近20亿元，占总投资的7.3%，不但使新建装置实现达标排放，而且通过实施“以新带老”项目，使二氧化硫、烟尘和固体可吸入颗粒物的排放量在现有程度上均有不同幅度的削减。通过采用新工艺和新技术，汽柴油质量达到欧Ⅲ以上排放标准，可为社会提供高质量的清洁能源。

——经济性：整个项目依托现有装置建设，新征土地均为盐碱荒地，所增加的每天约9万吨工业用水全部通过海水淡化解决。项目水资源的重复利用率达到97%以上。乙烯综合能耗为580千克标油/吨，炼油综合能耗为69.51千克标油/吨，达到国际先进水平。

自2007年3月份项目施工以来，面对各种困难和挑战，在上级的正确领导下，全体参建单位和天津石化全体干部职工充分发扬“一家人、一个目标、

一条心、一股劲”的团结精神、“5+2、白+黑”的奉献精神，经过上千个日日夜夜的努力奋斗，炼油工程于2009年12月21日打通全流程，乙烯工程于2010年1月16日投料试车一次成功并生产出合格产品，标志着大项目全面建成投产，创出国内同类装置建设速度最快、开车时间最短、极端寒冷天气下开车成功、国产化率最高等多项新记录，得到了天津市委、市政府，中国石化集团及石化同行的高度评价。

项目建成投产后，天津石化原油一次加工能力达到1550万吨/年，乙烯生产能力120万吨/年（含合资公司），成为全国最大的乙烯生产企业和华北地区最大的炼油加工基地，每年可为社会提供高质量成品油587万吨、乙烯等化工基础原料320万吨、高端合成树脂和化纤150万吨、液化气等其它产品75万吨。天津石化固定资产超过400亿元（含合资公司），销售收入超过800亿元，无论从装置规模、技术，还是销售收入、盈利能力，都成为行业领先、国内一流的石化企业，核心竞争力和抗风险能力得到极大的增强。

三、2010年工作展望

2010年是天津石化实现“十一五”目标、夺取第三次创业发展全面胜利的收官之年，更是为“十二五”奠定良好开局的关键之年。结合面临的形势和任务，2010年天津石化的总体工作思路是：深入落实科学发展观，认真执行中国石化总部工作部署，围绕“开好大装置、管好大企业、做出大贡献”的新的“三大任务”，继续深化精细管理，精心组织生产经营，追求安全清洁发展，不断完善体制机制，大力提升队伍素质，全面打造文化“软实力”，持续推进和谐企业建设，努力把天津石化建设成为具有较强竞争力的现代化石油化工企业！

中央政治局常委、全国政协主席贾庆林视察天津百万吨乙烯，亲切看望和慰问了石化干部职工

天津市市长黄兴国视察天津百万吨乙烯现场

国务院副总理张德江视察天津百万吨乙烯项目建设现场

沙特阿美石油
Saudi Aramco

早在两千多年前，古丝绸之路将黄河、尼罗河和两河之间的流域联系在一起。丝路不但将中国的四大发明传入阿拉伯地区，同时也将阿拉伯地区的数学、天文学和医学传入中国。伊斯兰教先知穆罕默德早在公元七世纪就曾说过："学问，虽远在中国，亦当求之。" 因此，阿拉伯帝国第三任哈里发奥斯曼曾派使者来华拜会中国唐朝皇帝。到了公元十五世纪，中国明朝航海家郑和曾航行到佐法尔、亚丁、麦加和索马里等地，传播友谊，通商贸易。可见，中国与阿拉伯世界的确有着深远而悠长的友谊。

沙中之间的友谊并没有因为历史和时间而磨灭，反而到了二十一世纪的今天更为加深。十多年前，沙特阿美已经派学生赴中国留学，学习汉语和了解中国文化。这批毕业生现时已于沙特总部、阿美中国海外公司或福建联合石化项目的不同岗位上工作。

高海森是留学中国的沙特学生的典范。海森于1998年开始留学中国， 在厦门大学取得机械工程学士学位。除了是第一批 送到中国留学的非员工学生，海森更是阿美第一个在中国毕业的机械工程师。2000年毕业后，海森随即获阿美聘请，负责沙中天然气合资项目，其后更被派到阿美海外公司的上海办事处出任采购工程师。最近，他更取得由美国韦伯斯特大学与上海财经大学合办的工商管理课程硕士学位。

在华生活沓入第十二个年头，海森已经能操一口非常流利的普通话。不仅如此，他更对中国文化有著浓厚的兴趣，"中国人都很友善和包容。我在上海的生活，无论在工在私，差不多每一天都遇上不同的考验。因为每天总会发现一些新的词汇和谚语是我是没学过的。我希望能够把握在中国生活的每一天，不断锻炼我的中文。"

2010上海世界博览会的沙特阿拉伯馆是继中国馆之后最受欢迎的展馆之一。五月一日开幕当天已经有五十万人次在摄氏三十度炎热高温底下排队轮后，可见沙特馆的魅力所在。

有"月光宝船"之称的沙特馆，凝集沙特与中国工程师的心血结晶，是沙特参展世博会以来投入人力、物力、财力最大的一次，总投资额达人民币14亿，规模仅次于中国馆。

掩映在枣椰树的树荫下，被钢铁立柱悬空支撑起的圆弧形展馆，远看恰似一艘"绿色宝船"在沙漠中破浪前行。沙特政府希望把这艘象征从中国出发驶向西方的"丝路"宝船作为赠送中国的礼物，寓意沙中经济文化交流如古丝绸之路般频繁。

沙特馆的最大特色是展馆在地面和屋顶栽种了150棵外观看似椰子树的枣椰树，在屋顶的传统帐篷坐下，树影婆娑，刹那令人误以为是海市蜃楼，犹如置身风情浓郁的沙特阿拉伯。千百年来，枣椰树孕育了世世代代的沙特人。在沙特阿拉伯，有枣椰树的地方才有村庄，城市和人民，亦因如此，枣椰树是沙特的国徽。由于沙特的枣椰树对生长环境十分敏感，成功从沙特引种中国的难度很大，本想搁置在展馆内外种植枣椰树的计划之际，中国的科研机构终于找到一种生长在华南的枣椰树，使原定计划得以顺利进行。这150棵华南生长的枣椰树不单象征了沙中两国之间悠久的交往，更是两国友谊的使者。

以"生命的活力" 作主题的沙特馆，通过世界最大的立体影视屏、水流书写中文与阿拉伯文的高科技和精彩独特的民族文化表演，成功把沙特阿拉伯的四大特色 能源之城、绿之城、文化古城和新经济之城——活现眼前。展馆不但掀起沙特神秘的面纱，在视听感官科技的刺激下，新旧文化、绿洲和现代化城市产生了强烈的对比，使沙特阿拉伯更添诱惑力。

自1999年 沙中领导人宣布提升两国关系至"石油战略伙伴"后，沙特与中国的贸易往来日益活跃。

当中以2004年沙特阿美与中石化签署共同开发鲁卜哈利盆地（Rub Al-Khali Basin）油田的协议最具代表性。这块位于沙特阿拉伯东南部面积达四万平方公里的油田，是沙特二十五年来首次对外来投资者开放的三块油田其中之一块。

随着中国经济高速的发展，石油贸易已经成为沙中关系发展的重要核心。中国从沙特进口的原油量不断上升，由2005年的每天44万桶增至2009年12月的每天100万桶，首次超越美国。虽然短期内中国对石油的需求量与美国仍然有一段距离，但是在可见的未来，中国将会超越美国，成为全球石油需求量最大的国家。

事实上，从沙特阿美的海外投资策略可见中国市场对沙特石油业的重要性。过去，阿美曾大力投资在日本和南韩的炼油业。反观现在，阿美则更注重中国石油石化业的投资。

2009年11月11日是一个历史性的日子，沙特阿美与中国福建省、中石化及美国埃克森美孚在福建泉州市合资兴建的福建炼油乙烯一体化合资项目（Fujian Refining and Ethylene Project – FREP）在这一天正式投入商业运行。福建炼油乙烯一体化项目是中国首个集化工、千万吨炼油和成品油营销一体化的中外合资项目，占地437公顷，总投资达人民币384亿。

现时，项目的产油量由原来的每天8万桶提升至24万桶 ，提炼的原油主要是由沙特阿美供应的沙特含硫原油以生产高品质的汽车用燃料和其他石油石化产品，直接舒缓福建省在蓬勃经济发展下对燃油和化工制品紧张的需求。

在仪式当天，沙特阿拉伯石油大臣 纳依米（His Excellency Ali Al-Naimi），沙特阿美石油公司总裁兼执行长 法力赫(Khalid Al-Falih) 以及沙特阿美炼油、营销和国际业务高级副总裁 博纳恩先生(Khalid G. Al-Buainain) 远道莅临并主持剪彩仪式。主持当日仪式的还包括沙特阿拉伯驻华总领事、福建省省长 黄小晶、中石化主席 苏树林、总裁 王天普、埃克森美孚石油公司主席兼首席执行长 蒂勒森（Rex Tillerson）等等。

沙特阿拉伯石油大臣 纳依米认为福建炼油乙烯一体化项目，是沙中能源合作的议题上向前迈进的重要一步，见证著两国深厚的友谊。"中国对石油的需求急速增长，远远超越其他国家，沙特作为全球最大的石油出口国，只有透过提升两国的合作关系，才能实现互利共赢的基础。"

沙特阿美石油公司总裁兼执行长 法力赫称，"福建炼油乙烯一体化项目在福建省政府的大力支持下，凝集了沙特阿美、中石化和埃克森美孚的专长与优势。沙特阿美深感荣幸能够与石油业的两大巨头合作，我们期望在福建的项目能够获得空前成功。"

事实上，十年前中国从沙特进口的原油量不足沙特半日的产量。然而，今天中国除了是沙特三大原油出口国其中之一，更是沙特阿美全球增长速度最快的市场。现时，沙特阿美每天为中国提供大概100万桶原油，占中国四份一的进口原油量。

法力赫说，"在我身后的福建炼油乙烯一体化项目只是沙特对中国承诺的一小部分，为了确保向中国提供稳定的原油供应，沙特阿美投资了数以十亿的金钱改善上游设施以及相关的产业链，以应付中国高速经济增长对能源迫切的需求。"

福建联合石化公司（FREP）主席苏比翼（Abdallah Al-Subaiyyal），是首位沙特人获得国家友谊奖项。2009 年9月 29日，苏比翼在北京人民大会堂内从副总理张德江先生的手上接过奖项 。

国家友谊奖是表扬在华工作的外国专家最高的殊荣。每一年的国兴前夕，外交部会举行颁奖典礼，以表扬这些外国专家对中国作出的贡献。去年是中共建国六十周年，使奖项更加别具意义。

自2007年6月起，苏比翼开始担任福建联合石化公司主席，他在工作上专业杰出的表现和维系沙中关系作出的贡献，是获发奖项的主要原因。

2010年 2月 6日，苏比翼获得福建省政府颁发的2009年度福建省友谊奖。一同获得奖项的还有埃克森美孚的苏利民(Scott Sullivan) 先生。

双喜临门，对于再次获奖，苏比翼难以掩盖兴奋的心情，"我很幸运能够参与福建炼油乙烯一体化项目，我深信项目的商业运行，将会推动福建省的经济发展。能够代表沙特阿拉伯为中国和福建人民效力，是我毕生的光荣！"

今年，沙特阿美董事局会议选择在北京举行，是公司自1988年成立以来的第一次，标志著亚洲特别是中国市场对阿美以至整个石油业的重要性。籍着各位董事齐集中国的难得机遇，阿美特别在北京和上海举行了两场盛大的董事会晚宴，邀请中国以及亚洲地区的官贾政要，财经及银行界领袖、智囊团、顾问、独立分析员和商业伙伴莅临。两场宴会贵宾云集，济济一堂。董事局成员之一的沙特阿拉伯石油大臣 纳依米和沙特阿美石油公司总裁兼执行长 法力赫一同主持晚宴，并亲自接待来宾与他们作紧密接触。

两场晚宴的主题是"携手合作、互利共赢"，因此表演节目主要环绕沙中文化交流，以及播放阿美特别为这次晚宴拍摄、以"团队精神"为题的短片。其中，沙中乐师一同演奏乐曲的环节，把宴会的气氛推至高潮，获得宾客热烈的掌声。

此外，随董事会衍生的圆桌会议，议题主要集中在中国经济走势以及金融、工业、运输和能源等问题。出席的嘉宾与阿美董事局成员和管理层就每个议题上深入探讨，分享见解。

沙特阿美期望这次在北京和上海的晚宴能够加深沙中商界领袖的认识，为双方更紧密的合作关系打好基础。

山西焦煤集团有限责任公司

——打造亿吨级现代型国际化能源化工大集团

山西焦煤董事长、党委书记白培中

山西焦煤集团有限责任公司成立于2001年，是国务院规划的全国13个大型煤炭基地之一，也是中国目前规模最大、煤种最全的优质炼焦煤生产企业和炼焦煤市场主供应商，2009年入围“世界著名品牌500强”，2010年名列“中国企业500强”第76位。总部设在山西省会太原市。公司现有西山煤电集团、汾西矿业集团、霍州煤电集团、华晋焦煤公司、山西焦化集团、煤炭销售总公司、国际发展公司、国际贸易公司、投资公司、财务公司、公共事业发展公司、煤钢联能源公司、香港东方能源公司等13个直属子分公司，拥有西山煤电和山西焦化两个A股上市公司。

山西焦煤是以煤炭开采洗选、发电、焦炭化工、物流贸易为主业，兼营建筑、建材、机械修造、民爆化工、煤层气开发、矿用材料生产加工、商贸服务等产业的多元化大型企业集团。拥有六大主力生产和建设矿区，地跨山西省7个地市的29个县，现有101座煤矿，总产能13780万吨/年；洗煤厂28座，入洗能力8985万吨/年；焦化厂5座，焦炭产能1060万吨/年；坑口综合利用电厂7座，总装机2168MW；煤层气及余热余气电厂8座，发电装机153MW；水泥厂3座，产能130万吨；非煤生产厂（公司）288个，年销售收入近百亿元。

全国首家最大的燃用洗中煤坑口电厂

2010年是“十一五”收官之年，也是山西焦煤高速增长、跨上发展新平台的一年。一年来，山西焦煤全力抓安全生产、资源整合、经营调控和市场营销三件大事，全面铺开八项改革发展重点工作，形成了百座煤矿生产建设格局，实现了销售收入过千亿元，原煤产量跨亿吨的“双亿”跨越，成为中国第一大炼焦煤生产企业，第二家“双亿”级煤炭企业，山西第一家产量过亿吨的煤炭企业。

组建九年来，山西焦煤初步形成了五大优势和特点：

资源品牌化。致力于将优势甚至稀缺的焦煤资源打造成优势品牌，大力实施精煤战略、精品战略，细分焦煤品种等级、严格焦煤质量管理、以质论价、挂牌销售。公司以品种齐全、煤质优良确立了在国内外焦煤市场上的优势地位和强势话语权，与30多户冶金、电力大企业建立了中长期战略合作关系，炼焦煤供应量占到国内炼焦煤需求量的10%以上，占到十八大钢厂的20%以上，成为大钢厂大高炉不可缺少的骨架炉料。

企业规模化。把储备资源、扩大规模作为生存之本和取胜之道，抢抓山西省煤炭资源整合重组的历史机遇，见事早、行动快、措施实、步伐稳，在资源储备、规模扩张上捷足先登。目前，井田总面积近2400平方公里，焦煤资源储量达到224亿吨。在煤炭主业做强做大的同时，注重电力、焦化、贸易、新产业协调发展，2010年底新产业销售收入可达120亿元，贸易产业销售收入可达380亿元。

产业循环化。以焦煤加工转化和综合利用为主线，大力推进园区化产业模式的形成，构建

全国单套产能最大的30万吨煤焦油加工装置

循环经济园区

“煤-电-材”、“煤-焦-化”两条循环经济产业链，把80%以上的重点项目集中在太原古交、兴县斜沟、方山临县、河津王家岭、山西焦化、汾阳五麟等区域内，持续建设“六大循环经济园区”，其中西山煤电和山西焦化被列为国家级循环经济试点单位。与此同时跳出煤、超越煤，发展新型煤化工产业和新型绿色产业，已经形成非煤产业半壁江山的经济格局。目前，企业拥有焦炭产能1060万吨/年，已形成焦油加工能力30万吨/年、甲醇产能30万吨/年、粗苯精制能力10万吨/年、尿素产能13万吨/年、炭黑产能8万吨/年。煤层气利用从无到有，已建成投用8座煤层气及余热余气利用电厂，还有6座在建，每年可利用瓦斯2.03亿m3，减排CO2364吨。SO2和COD年排放量分别降至1.27万吨和1142吨，万元产值能耗达到1.94吨标煤。

技术现代化。积极对标行业先进技术水准，引进先进技术装备，加强科技研发，基本实现了技术装备现代化、人才队伍规模化、技术研发体系化。现有32座生产矿井全部实现了综采，综掘率达到93.56%，采区资源回收率达到80%以上。已经形成了一座千万吨级矿井和八座500万吨级矿井，装备了智能化工作面、大采高大功率综放工作面、薄煤层综采和全自动刨煤机工作面。掌握了从中厚煤层到薄煤层开采的世界领先技术。建立了国家级技术中心，初步形成了产学研结合的煤炭科技创新机制。

组织集团化。加快推进体制重组和机制再造，加快专业化、扁平化管理的改革步伐，放大煤炭集中销售平台优势，大力发展现代物流贸易产业。设立投资公司、财务公司、公共事业发展公司，促进了传统产业经济与现代新型经济的融合发展。增设新产业发展局、焦化产业发展局，加强向产业专业化管理过渡的步伐，有效提高了企业的整体运营效率。

展望“十二五”发展，山西焦煤将以2010年“双亿”跨越为起点，以打造山西省品牌支柱企业、中国一流能源企业、全球五百强企业为价值追求，全面夯实基础，坚定“一个目标”、实施“六大战略”，狠抓“五建设”、确保“五翻番”、实现“五转型”，全力布局和推动15个特色产业和循环经济工业园区建设，储备开发65个支撑项目，开启“十二五”转型跨越发展大幕。

坚定一个目标，即：建设亿吨级现代型国际化能源化工大集团。

实施六大战略，即：本质安全型支撑战略、规模品质领先战略、循环经济主导战略、新产业跟进推动战略、经济多元化促进战略、和谐创新廉洁文化引领战略。

狠抓五建设，即：本质安全型建设、内涵式管理机制建设、人才队伍和职工队伍建设、党风廉政建设和企业风气建设、企业和谐稳定建设。

确保五翻番，即：煤炭产量翻番，达到2亿吨以上；销售收入翻番，达到2000亿元以上；项目投资翻两番，达到1400亿元以上；资产总额翻一番，达到2500亿元以上；利税总额翻一番，达到350亿元以上。

促进五转型，即：

发展战略转型——核心是实施以煤为基多元发展战略和高碳产业低碳发展战略。

产业结构转型——做实延伸“煤炭——坑口发电——新型材料”、“煤炭——焦炭——精细化工”两条产业链，高起点发展新型煤化工，超越煤业发展金融、物流、文化等现代新型产业。

经济形态转型——构建传统产业经济和现代新型经

在全国2005年建设节约型社会展上温家宝同志观看山西焦煤循环经济模型并指导工作

胡锦涛同志慰问山西焦煤矿工

吴邦国同志在山西焦煤井下调研

综合机械化采煤工作面

济相融合的多元经济模式。

经营模式转型——主要有五个方面的转变：一是内涵质量方面，要由数量规模型增长向质量效益型增长转变；二是在增长动力方面，要由投资拉动型向创新驱动型转变，加快企业自主创新和职工队伍素质提升；三是管理方式上，要由粗放型管理向集约化管理转变；四是在节能减排方面，要由高耗能、高污染、高成本的生产经营模式向资源节约、环境友好型模式转变；五是在经济开放度上，要由过度依赖内部市场向开拓国内国际两个市场、利用国内国际两个资源转变，提高开放度，与国际化经营接轨。

体制机制转型——在管理体制上向"组织结构扁平化，煤业经营板块化，非煤产业专业化，要素配置科学化"转型。

实现转型跨越发展，还必须要有新的战略布局和科学的路径。山西焦煤选择了五条路径大力推进转型跨越：一是以整合重组煤矿改造、衰老矿井接续改造、洗选配套改造、煤炭销售通道建设、安全高效矿井建设为依托，把煤炭主业做强做大，保持焦煤产业基础优势；二是以煤炭加工转化和循环经济为主导方向，做实、做大、做长、做优"煤炭——焦炭——精细化工、煤炭——坑口发电——新型材料"两条主导产业链，先上几个百万吨级的煤化工项目。用信息化自动化和先进高端技术，对生产要素和资源高位谋划、高端开发、高效配置、推动产业升级和转型并形成新业态，实现产业结构多元化、合理化、高级化拓展和立体化开发利用。三是以提高资源、资本对加快发展的保障能力为目标，坚持优势互补、合作共赢的市场化原则，积极开展横向联合、上下游合作和资本重组。四是以增强企业转型翻番内在支撑力为紧迫任务，着力推进新体制建设、人才队伍建设和技术创新能力建设。五是以筑牢企业抵御风险的坚实基础为首要责任，切实做好保安全、稳营销、创和谐、促廉洁的各项工作。

山西焦煤将以实现转型跨越的大发展为目标，以更加广阔的胸襟和开放的眼光面向世界，始终秉承"以人为本，依法治企"的核心价值观、"团结、奉献、求实、进取"的企业精神和"诚信法治、合作共赢"的经营理念，与国内外朋友、合作伙伴同舟共济，当好转型发展先锋队，争做跨越发展排头兵，精彩谱写更加辉煌灿烂的明天！

商贸

现代化选煤厂

小区

科学发展路　辉煌十一五

——陕西煤化集团铜川矿业有限公司发展成就纪实

团结务实，争创一流的公司党政领导班子

2009年1月5日，中共中央政治局委员、全国人大常委会副委员长、中华全国总工会主席王兆国（右二），在省委书记赵乐际（右三）等陪同下，赴铜川矿务局视察指导工作，看望慰问困难职工。图为王兆国亲切会见铜川矿务局局长宋志刚（左三）、局党委书记杜树山（左二）等

陕煤化集团党委书记、董事长华炜（右四）一行，在铜川矿务局党委书记杜树山（右二）、局长宋志刚（右六）等陪同下，深入王石凹煤矿调研指导工作

公司党政领导进行建设文化大局调研

一、公司（局）简介

铜川矿务局成立于1955年11月1日，是陕西省国有重点煤炭企业，1998年，我局从原煤炭部下放到陕西省，现隶属陕西煤业化工集团管理。现有8对生产矿井，分布于铜川、焦坪两个自然矿区，井田面积174.23平方公里，保有地质储量9.11亿吨，可采储量5.73亿吨。现有矿井的综采机械化程度达到100%，掘进机械化程度达76%。其中5个矿井的采掘机械化达到100%。有生产辅助单位5个、其他辅助单位13个、代管矿井破产后新组建的社区6个。截止2009年底，全局在册职工24856万人，离退休人员36694人，职工家属21.7万人。企业改制后，成立矿业公司、公司党委，矿务局与矿业公司并存，公司党委设一套机构，各级纪委、工会、共青团组织健全。经过55年的发展，原煤年产量已由建局初期的30万吨提升到目前的1000多万吨，逐步成为一个集矿井设计勘探、施工、开采、机修、火工为一体的大型煤炭工业基地。公司建立55年来，累计生产原煤3亿多吨，上交税金45亿多元，生产生活环境得到改善，矿区面貌大为改观，为陕西省和国家经济建设做出了应有的贡献。

二、回　"十一五"

2006年以来，在党、政府各级组织的大力支持和陕西煤业化工集团公司的正确领导下，新一届党政领导领导班子带领各级组织和广大干部职工认真贯彻落实党的十七届一至五中全会精神，树立科学发展理念，克服金融危机影响，坚持以人为本，突出发展特色，紧紧围绕安全稳定"双零"目标，集中精力狠抓安全生产，全力维护矿区稳定，努力打造"三型六化"品牌，党建工作进一步加强，矿区物质文明、精神文明、政治文明和生态文明建设科学发展、安全发展、和谐发展，各项工作稳步推进，矿区形势基本稳定。

经营业绩持续攀升。2006至2009年，煤炭产量：连续四年保持在一千万吨以上，今年一至九月份生产原煤818.88万吨，产销平衡；销售收入：从2005年末的22亿元提升到2009年的46.59亿元，增长了一倍多；资产总额：从2005年末的39亿元增长到了120亿元（含柠条塔矿），增幅超过两倍以上；企业效益：保持稳步增长，补贴前分别实现利润9311万元、1.1亿元、1.58亿元和2.96亿元；职工收入：在克服诸多困难情况下，正常出勤职工年人均收入从2005年的1.67万元，增长到2009年的4.32万元，增幅达一倍多。

安全生产稳定发展。2006至2009年原煤百万吨死亡率分别为0.4、0.1、0.1、0.2。"一通三防"工作成效显著，完成钻孔施工量39万米，达0.6m/T，抽放瓦斯5200万m3，矿井瓦斯抽采率61%，采面瓦斯抽采率83%，利用瓦斯500万m3。安全质量标准化进一步提升，8对生产矿井中有6对达一级、两对达二级。安全投入3.73亿元，国债项目完成1.2亿元，在有效降低职工劳动强度的同时，采掘机械化水平大幅提升，全公司（局）安全生产形势基本稳定。

改革调整工作进一步推进。全局实施改制重组，完成了资产清查、剥离、评估、审计，建筑施工产业重组整合等工作。完成了历时十年的政策性破产工作，召开"改革攻坚总结表彰大会"，总结表彰了10年来三个项目政策性关闭破产工作。产业结构调整方面，全年项目先期累计投入8100万元，PVC、胶带输送机等项目新区征地700余亩。投资150亿元的航汽铝工业园区项目经与省有色金属集团子公司铜川市铝厂进行合作洽谈，已签订框架性协议，正在按规划组织实施。

重点工程项目建设如期进行。积极实施"项目兴局"战略，玉华矿选煤厂投入运行，东坡矿选煤厂已开工建设；加快铜川新区工业园PVC型材项目的建设进度，实施矸石电厂项目，提高煤矸石的综合利用率；下石节、金华山、陈家山矿二号风井等一批重点工程相继建成并投入使用；建成了下石节、陈家山瓦斯发电厂；并利用现有瓦斯发电厂，在下石节煤矿建成瓦斯发电厂余热利用工程，每年可节能500吨标准煤。建成了陈家山、下石节、王石凹、东坡、徐家沟、鸭口、玉华矿污水处理厂。新区PVC型材、皮带机生产线以及董家河航汽铝等项目都已进入实施阶段。。全面改造了矿区供电网络，实施了陈家山矿井下和生活污水管路并网工程。投入资金

9500多万元，实施了矿井节能改造。

企业管理水平显著提升。经营管理进一步深化和细化，召开了专题成本管理现场会，成本管理工作得到有效提高，库存资金在矿井升级改造工作繁重的情况下得到有效降低。生产管理及时周密，矿井设计管理更加优化、设备管理精细化水平稳步提高，机关和基层综合协调管理素质进一步提高，有力保证了每年1000万吨目标任务的完成。节能减排上，对王石凹矿污水处理系统进行了改扩建，恢复了玉华矿生活污水处理系统。陈家山矿率先实施了清洁生产改造。煤炭销售方面，运销公司优化运力资源配置，坚持煤炭销售“三不”政策，实施利润最大化战略，售价同比不降反升，货款回收达到100%，实现产销平衡，有力地保证了企业经营效益和职工收入增长。

人力资源管理进一步规范。在职工教育培训方面，2006年至今，采取脱产半脱产、以会代培等多种形式，组织职工岗位技术培训50653人次（其中岗前培训46239人次）。安全培训35685人次。与西北大学联合开办两期期工商管理硕士（MBA）研修班，全公司（局）80名副处级以上领导干部学习结业。与陕西师范大学联合举办了两期政治理论研修班，106名政治理论骨干学习结业。转变员工招收理念，变招工为招生，分两批招收非煤专业的大中专毕业生460人，经过培训后充实到区队生产一线，进一步改善了职工队伍的年龄结构和知识结构。人力资源管理创新方面，引进了技能培训仿真教学系统，对全局（公司）副处级以上干部进行了考核测评，依据考评结果实行了末位淘汰。

依法治企工作不断完善。依法收回红玫瑰大酒店和荔枝园土地，做好了北关煤台土地回收协调工作，完成陈家山和下石节瓦斯发电项目等合同及协议法律审核。加强了经济合同审核，法律顾问参与重大事项、招议标、劳动争议、经济案件、涉法案件诉讼代理等工作常态化，物资采购、产品销售等合同法律审核把关率100%。纪检监察部门向全局副处级领导干部发放《从政提醒》，1475名领导人员做出了廉洁承诺。2009年审计项目14个，查出违纪资金177.32万元，比价采购等审计节约资金和核减造价1100万元。

“三型六化”企业品牌建设扎实推进。围绕打造“三型六化”企业品牌，确立了“以实现安全与稳定 “双零”目标、打造 “三型六化”企业品牌、让职工快乐工作、体面生活”为内容的 “三大治企理念，形成了以创建“三型六化”学习型企业为载体，以建设铜煤文化大局为目标的企业文化管理模式。” 制定了《创建‘三型六化’学习型企业实施意见》，修订完善了《铜川矿务局创建‘三型六化’单位考核评估办法》。召开了流程管理工作交流推进会、安全文化建设现场观摩会。全局“三型六化”建设取得了阶段性成果。我公司（局）建成全国企业文化建设示范基地，被树为全国企业文化建设“百佳”贡献单位，王石凹矿被评为全国企业文化建设先进单位。

党建工作进一步加强。以学习实践科学发展观为主线，开展了多种形式的理论教育、专题研讨、深入调研、解放思想大讨论等活动，深化了对科学发展观的理解。坚持把领导班子建设作为党建工作的头等大事来抓强化后备干部动态管理，加强了干部队伍建设。我局领导班子连续两次被集团公司授予“四好”领导班子荣誉称号。党风廉政建设深入开展。扎实开展了廉洁文化“五进”和地销煤营运管理秩序、“四个禁止”规定“两个专项治理”和以强化思想作风建设、典型案例警示教育为内容的等活动。我局连续四年被集团公司评为效能监察工作先进集体，今年被陕西省委、省政府授予预防职务犯罪先进集体荣誉称号。

文明建设成果丰硕。狠抓了以科学发展观教育为主题的思想道德建设、精神文明创建工作，建成全国文明矿（单位）2个，全煤文明社区2个，全国煤炭系统“双十佳”矿2个、先进矿2个，优秀矿长4个，全国煤炭系统第七届“石圪节精神奖”1人，全国煤炭系统优秀党委书记3名；省级文明单位2个，集团公司文明单位8个（次），市级文明单位2个，铜川市道德模范5人。加强了社会治安综合治理工作，矿区治安案件、群体上访和越级上访事件明显减少，维护了矿区安定团结，实现了稳定工作“零”目标。

“民生工程”成效显著。东区四矿职工生活冬季供暖工程取得实质性突破，其他矿井职工家属冬季采暖工程按规划正有序实施。采煤沉陷治理工作接近尾声，累计完成投资5.76亿元，建筑面积69.19万m2，可安置职工住户近万户，生产生活环境得到改善，矿区面貌大为改观。截止年底，棚户区改造项目已完成投资4600万元。仅今年就投资7731万元。筹资1464.9万元进行了春节慰问、扶贫济困及助学活动。为老干部、离退休职工及一次性买断工龄人员发慰问金4159万元。举办了庆祝建国60周年文艺晚会等多项文化娱

铜川矿业公司机关大院

温馨和谐的职工家园

乐活动。成立了铜川矿务局军乐队。充分展示了我局所取得的辉煌成就，树立了良好社会形象。

三、展望“十二五”

2010年乃至“十二五”期间，面对新机遇、新挑战，公司党政一班人决心带领全局广大职工以党的十七届四中、五中全会精神为指导，深入贯彻落实科学发展观，按照陕煤集团公司整体部署，坚持煤与非煤并重战略，进一步理顺企业管理体制，编制了“十二五”规划，加快实施调整振兴发展规划，突出安全稳定工作重点，着力稳定煤炭产销量，扩张煤炭资源，提高非煤产业规模效益，加大节能减排工作力度，深化“三型六化”品牌建设，实现经济持续平稳较快发展。坚持“生命至上、安全第一”和“稳定高于一切”的理念，安全和稳定实现“双零”（安全生产实现矿井无死亡，地面无重伤，杜绝重大环境污染事件；稳定工作实现无越级上访、无群体上访）。力争到2015年末煤炭产销量分别达到2400万吨，全局销售总收入150亿元。强力推进文化大局建设，把全局60%以上的矿处级单位建成“三型六化”达标单位。使职工生产生活环境进一步改善，正常出勤职工年收入稳步增长到8万元。精神文明建设深入推进，努力营造“人人心情舒畅，户户安居乐业”的浓厚氛围，让全体职工共享企业发展成果，真正做到快乐工作，体面生活。

铜川矿业公司（局）广大干部职工愿与社会各界朋友携手，共创灿烂美好的明天！

井下治理标准化

组织干部职工进行安全宣誓

公司党政领导班子信心百倍，阔步奔向“十二五”

2010年3月26日上午，陕西煤业化工集团铜川矿区棚户区改造项目开工奠基仪式在铜川新区隆重举行。省政协副主席李进权、省人大副秘书长张建申、省政府副秘书长孙安会、省建设厅副厅长张阳、省重大项目办公室主任袁军建、陕西煤业化工集团公司党委书记、董事长华炜、陕西煤业化工集团公司总经理高仰才、铜川市委书记吴前进、铜川市市长冯新柱、铜川市政协主席袁树英、铜川矿务局（矿业公司）局长宋志刚等领导为棚户区改造项目开工奠基

集团公司最大的文化广场：下石节矿欣怡广场

科学发展

转变经济发展方式 实现跨越式发展

霍州煤电集团有限责任公司

霍州煤电办公楼

一、企业简介

霍州煤电集团有限责任公司前身霍县矿务局始建于1958年，2000年改制为霍州煤电集团有限责任公司（以下简称霍州煤电），2001年加入山西焦煤集团有限责任公司并成为其子公司。霍州煤电下辖分公司及全资子公司11个，控股子公司15个，参股公司6个，资产总额222亿元，员工4万人。2001年被国家工商局列为首批"守合同重信用企业"，2003年获"全国五一劳动奖状"。

霍州煤电位于晋中、晋北煤炭基地内，主要开采的煤田有霍西煤田、沁水煤田、河东煤田、宁武煤田，矿区分布在临汾、吕梁、忻州、长治和运城5市所辖10个县（市、区），目前拥有矿权的总面积718.5平方公里，地质储量54.86亿吨，主要赋存有肥煤、1/3焦煤、焦煤和贫瘦煤等煤种，主导产品为冶炼精煤、电煤、焦炭共20多个品种级别，享有"冶金工业细粮"之美称，市场覆盖国内20个省（市），并出口韩国、印度、日本等国家。

霍州煤电是一个以煤为主，多业并举，煤—电—材、煤—焦—化两条主产业链综合发展的大型企业。煤炭产业现有11座生产矿井，煤炭产能2240万吨/年；6座洗煤厂，入洗能力1680万吨/年。兼并重组整合矿井24座，产能1995万吨/年。

非煤产业由电力、焦化、机制、建筑建材、多种经营五个板块组成。现有3座坑口电厂，装机容量170MW。控股1座焦化厂，设计年产焦炭60万吨；控股1座柠檬酸厂，年产能4万吨；参股建设一座化肥厂，设计年产合成氨18万吨、尿素30万吨、甲醇2万吨。机械修造产值2亿元/年。建筑产值4亿元/年；水泥产能30万吨/年；粉煤灰制品年生产6000万块标砖和15万m^3混凝土砌块。多经综合销售收入15亿元/年。

公司将抓住本世纪前20年这一重要战略机遇期，以科学发展观为指导，全面落实山西焦煤发展规划，实施安全、高效、发展战略，到"十二五"末建成5000万吨级现代化煤电联合企业。

二、十一五回顾

1、跨越式发展

以解放思想为先导，艰苦创业，励精图治，坚忍不拔，敢为人先，抢抓历史发展机遇，外延规模扩大，内涵水平提升。

南下北上，东进西扩，四面出击，整合扩充占领资源，基本圈定后备资源量逾百亿，完全拥有的资源总量54.86亿吨。

高标准建设了干河煤矿，吕梁方山店坪、木瓜煤矿、大武工业园区和临县庞庞塔300万吨矿井，发电、机械修造、建筑建材、焦化和集体多经等非煤项目总产值26.6亿元，是2005年的3倍。

2、深化改革，扩大开放

2000年实现公司制改革，2001年组建了山

西焦煤集团公司。在现代企业制度的框架下，健全完善公司法人治理结构，健全“三会”、党委会、经理层职责和议事规则，规范决策程序，企业内部组织架构朝着减少层级、集约高效和扁平化方向发展，逐步形成集团公司、各独立安全生产经营单元“二元”管理结构，集团专业化加区域公司的管理体制日趋完善。内部市场化管理机制逐步形成。

与宝钢集团合作，共同建设了霍宝干河煤矿。与中国华电集团、京能国际、太原东盛、中煤地质、晋煤实业等国际国内知名企业合作，在煤—电—材、煤—焦—化两条产业链上建设的一大批工业园区和优势项目正在有条不紊的推进过程中。

3、科技支撑发展

推广应用先进的采煤、掘进、洗煤核心技术，综采、综掘和重介洗煤技术的普及和广泛应用，推动集团公司生产力水平从本质上得到提升。开展以矿井一通三防、防治水、安全供电、小煤窑灾害防治为重点的攻坚战，全面系统地对矿井生产系统进行改造、优化、简化。成功研发应用了极近距离煤层联合开采、厚煤层一次采全高、薄煤层综采、“三下”条带开采等企业拥有自主知识产权的高效采煤新技术。矿井顶板支护、井筒流沙层冻结滑模施工等一大批技术创新成果已转化为现实生产力。特别是加强管理、技术、操作三支人才队伍建设，知识化、专业化、自主研发和成果转化能力明显提高。

4、职工生活水平提高

2010年，企业员工平均年工资63000元，是2005年的2.6倍；职工养老保险、医疗保险、工伤保险、失业保险、住房公积金、企业年金等“四险二金”社会保障体系健全完善；逐年通过后勤补欠改善矿区水、电、暖、气、路、通信等基础设施；开展以矸石山为重点的废水、废气、扬尘等环境治理；组织实施“居者有其屋，劳者有其工，才者有其用，人人有梦想”的梦工程，将以人为本具体实在地体现在职工住房、子女就业等现实问题上，并开始步入系统化、制度化解决的轨道。

5、党建及企业文化建设成效显著

一流的企业做文化。在上级党委的正确领导下，集团公司党委始终把党建和企业文化建设有机结合和统一起来，实践探索党在现代企业管理中的准确定位和作用发挥。以深化人事制度改革为载体，健全完善“民主、公开、竞争、择优”干部选拔任用机制，强化干部管理，锤炼了一支政治可靠，品行端正，作风正派，忠诚于企业，忠诚于职工的过硬的干部队伍。建立和完善了教育、制度、监督并重的预防和惩治腐败体系，营造了风清气正的发展环境。坚持党建带工建，党建带团建，坚持职代会制度，推进民主管理，全面加强信访、离退休、统战、计生、公安、武装、保卫等工作，凝心聚气，群策群力，共同为企业发展贡献力量。用共产主义远大理想武装全员头脑，不断地统一思想，统一价值观念，统一行为规范，以“忠诚、自尊、进取”为核心的企业文化，成为企业改革发展的灵魂。

昔日矸石山　今日生态园
霍州煤电集团公司团柏矿荣获山西省生态示范矿井称号

三、十二五展望

1、工作主题：科学发展观。

2.工作主线：转变经济发展方式。

3、企业任务：安全生产长治久安。所有矿井全部实现六大安全生产目标，在此基础上，实现装备水平不断升级，环节系统不断优化、简化，管理行为、业务保安行为、员工操作行为达标规范，矿井安全管理水平和质量标准化水平在全国处于领先地位。

建成5000万吨级现代化煤电联合企业。“十二五”期间，总

建设绿色温馨家园

丰富的职工文化生活

霍州煤电开工建设的吕能千万吨煤电项目

霍州煤电集团建设高标准职工培训基地提高职工技术素质

投资500亿元。到“十二五”末，全集团共32座生产矿井，原煤生产能力5000万吨。新建9座选煤厂，共15座选煤厂，入选能力5340万吨。建设方山临县循环经济、乡宁河津循环经济、安泽循环经济、静乐煤化工、霍州新型产业“五大特色园区”。控股改造方山电厂，控股建设中峪瓦斯电厂，装机容量238MW；参股建设6座电厂，装机容量8890MW。煤化工控股2座焦化厂，年生产焦炭100万吨、尿素30万吨、合成氨18万吨；建设100万吨煤制烯烃及延伸产品项目。矿用设备制造、洗选设备制造、电器设备制造、煤矸石萃取、房地产、物流贸易、多经、人文旅游、公共事业等新型产业总产值150亿元。全集团销售收入500亿元。

现代企业制度建立。法人治理结构健全完善，集团专业化+区域公司管理体制形成，市场化机制形成。

3、企业战略：以煤为基，安全、高效、发展，到“十二五”末建成5000万吨级现代化煤电联合企业。

安全。坚持“管理、装备、培训”三并重，提高管理水平，突出重大灾害源防治，确保安全生产长治久安。坚持“教育、制度、监督”三并重，确保干部政治生命安全。防控经营风险。用“大安全”观，构建企业安全、平稳、健康发展长效机制和“大安全”格局。

高效。推广应用现代信息办公系统，研究改进集团管控模式，追求至易至简、集约高效的管理境界和管理水平。加大管理创新和技术创新力度，实现煤炭及其它产业“十二五”效率翻番。深入持久地推进内部市场化改革，精细化管理，实现集团经济效益最大化。

发展。确保“十二五”资源占有逾百亿。加快推进庞庞塔、中峪、谭坪、桑峨、泽新、顺昌等对企业具有战略意义的大项目。建设“五大特色园区”，做实延伸“煤炭–坑口发电–新型材料”、“煤炭–焦炭–精细化工”两条产业链，高起点发展新型煤化工、现代物流、房地产、现代服务业、文化旅游等新兴产业，实现转型发展，跨越式发展。

霍州煤电集团公司综合机械化掘进机

中国·桐昆化纤工业城鸟瞰图

桐昆集团股份有限公司

励精图治　再造桐昆

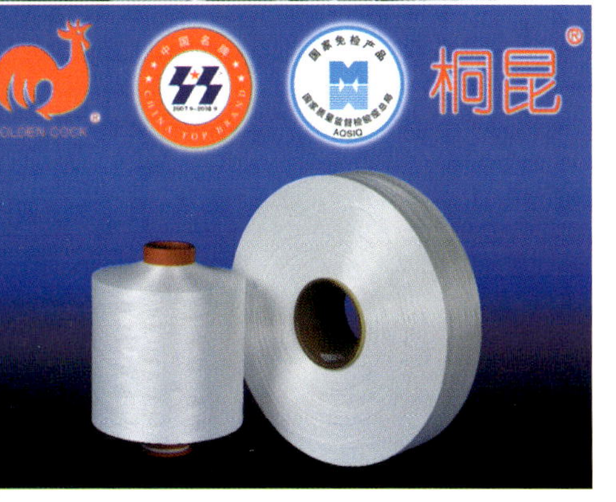

桐昆集团，地处杭嘉湖平原腹地桐乡市，是一家以聚酯和涤纶长丝制造为主业，兼跨房地产、金融、商贸、教育、新能源等领域的大型民营企业。企业前身是成立于1982年的桐乡县化学纤维厂，经过近三十年的发展，集团现有全资、控股、参股企业32个，统领化纤制造、综合投资、房地产三大板块，总资产50多亿元，员工一万余人。2009年公司实现销售收入155亿元，利税9.2亿元。

公司主导产品为"GOLDEN COCK"牌、"桐昆"牌涤纶长丝以及聚酯切片。其中，"GOLDEN COCK"牌涤纶长丝是中国化纤行业首批"中国名牌产品"和"国家免检产品"，在国内外化纤市场上拥有良好的知名度和美誉度，占据国内8%以上的市场份额，公司也是国内最大的化纤出口企业之一，产品远销东南亚、南非、拉美等地区。

2002年起，公司连续9年名列中国企业500强，2010年排名第376位。公司还先后被认定为国家大型企业、国家重点高新技术企业，并获得全国"五一"劳动奖状、全国精神文明建设工作先进单位、中国工业行业排头兵企业、浙江省省级文明单位等荣誉称号。

一、"十一五"回顾——乘风破浪

在国家经济平稳较快发展的大环境里，乘着化纤产业迅猛发展的东风，桐昆集团在"十一五"期间破浪前行，逐渐从行业主力军变成了领军者。这一重大角色的转变，离不开党和政府的大力支持，更是在桐昆决策层的英明领导下，万余桐昆儿女辛勤耕耘的结果。

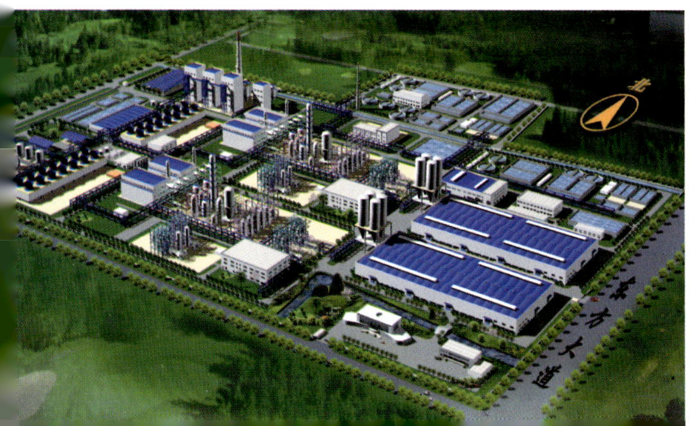

恒通大门

回顾过去的五年，桐昆集团始终坚持以"集聚发展、错位发展、配套发展"为原则，坚持以"技改"为策略求发展。管理机制和资产结构有了质的优化；重点工程和配套项目有了质的飞跃；科研能力和产品质量有了质的突破；企业文化和员工素养有了质的提升。

2006年至2008年中国桐昆化纤工业城项目通过最后五次技改全部完成，实现圆满收官。中国桐昆化纤工业城的全部建成投产，使桐昆一跃而成为世界上最大的涤纶长丝生产企业。2008年，总投资15亿元，高规格、高标准设计建造的世界单线产能最大熔体直纺项目——桐昆恒通公司顺利启动。2010年恒通公司全部建成投产以后年产涤纶长丝40万吨，进一步巩固了桐昆集团作为世界涤纶长丝行业老大的地位。随着企业的发展，桐昆还积极主动淘汰落实产能，对旗下切片纺企业的装备进行了更新换代，在降低能源消耗的同时稳步提升长丝产量。

在主业快速腾飞的过程中，相关配套项目也取得了长足发展。恒源化工POY油剂开发实现重大突破，质量可替代进口。2010年6月，公司又建成了恒隆化工项目，为桐昆在精细化工行业做大做强提供了更多的可能。另外，恒益纸塑随着化纤主业的发展，规模也不断扩大，现已成为国内最大的纸管生产商之一。

2010年，注定会成为桐昆历史上的重要坐标。恒通二期年产30万吨差别化纤维项目即将建成投产；倾心七年终偿所愿的嘉兴石化年产80万吨PTA项目动工建设，桐昆力争上游的梦想成真；IPO上市准备工作有序进行；前八个月销售收入、经济效益均创历史新高，为集团的进一步发展奠定了良好的基础。

二、"十二五"展望——振翅翱翔

未来五年，桐昆将立足现有产业格局，通过实施精细化管理和加大技术改造投入，继续保持规模、成本和品质领先，并不断提高产品附加值，到2015年末，涤纶长丝功能性、差别化产品比例达到65%以上，巩固中国聚酯涤纶行业领军企业地位。在此基础上，加快产业前向一体化进程，争取到2015年末基本实现精对苯二甲酸等主要原料以及油剂、纸管等辅料的自我配套供给，为公司在石化行业中向纵深发展奠定比较扎实的基础。争取在"十二五"末实现销售收入和利税比2010年翻倍的目标。

不管未来是平坦大道还是荆棘密布，桐昆人将始终秉承"团结、拼搏、务实、创新"的企业精神、以"行纤维之事，利国计民生"为使命，坚持先进科技配合卓越管理，在化纤业的宽广天空振翅翱翔，务求为中国化纤工业之腾飞和民族产业之振兴做出不懈之努力！

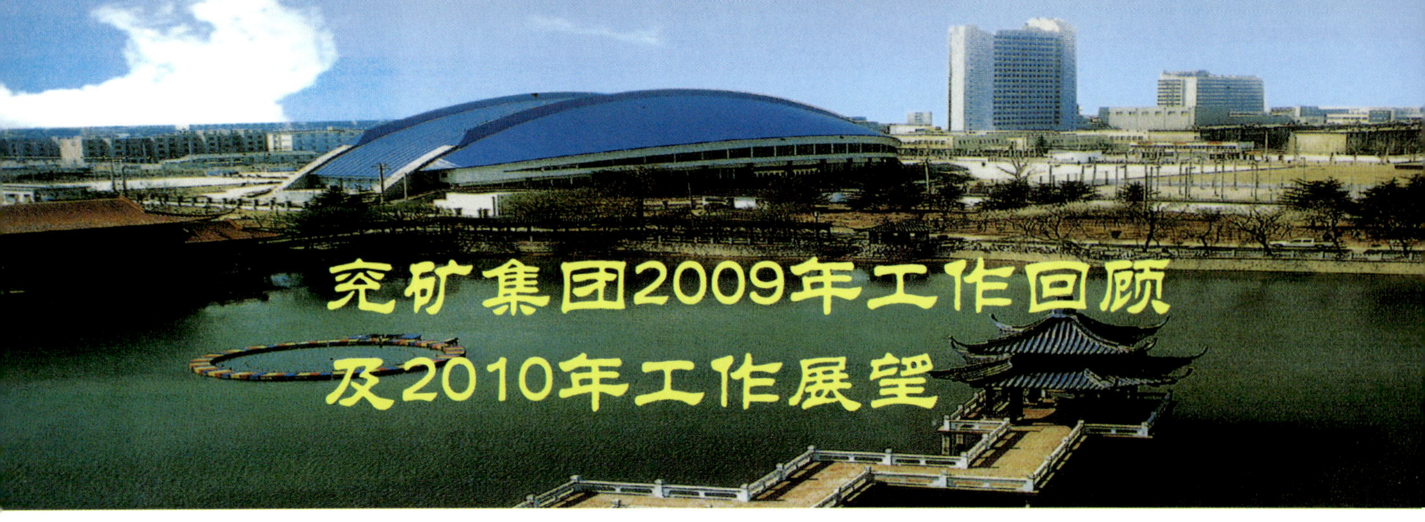

兖矿集团2009年工作回顾及2010年工作展望

吴邦国委员长视察兖矿 听取董事局主席耿加怀的介绍

2009年，兖矿集团面对国际金融危机的严重冲击，超前分析，正视困难，坚定信心，共克时艰，制定实施超常规措施，整体工作平稳发展，安全生产、资本运营、煤炭资源开发等实现了历史性突破。

1．在应对危机中实现稳健发展。集团公司实现销售收入526亿元，利润总额65亿元，上交税金54亿元，资产总额达到996亿元。

2．资本运营实现重大突破。成功收购澳大利亚菲利克斯公司100%股权，这是我国在澳规模最大的收购交易，标志着兖矿国际化迈出重要步伐。与澳大利亚铝土矿资源公司（BRL公司）合作项目获得澳大利亚外国投资审查委员会批准。国家银监会批准兖矿集团筹建财务公司。

3．煤炭资源开发取得重大进展。与鄂尔多斯市政府签订《关于鄂尔多斯煤电化综合开发框架协议》，收购建滔公司甲醇制烯烃项目并获得配置16亿吨煤炭资源的承诺。兖州煤业鄂尔多斯能化有限公司揭牌成立。

4．安全工作创出历史最好水平。截至2009年12月31日，连续安全生产1280天，安全产煤1.25亿吨；兴隆庄矿安全生产3044天。

5．技术创新取得新成果。全年完成科技成果98项，获得省部级以上奖励42项，其中国家科技进步二等奖2项。兖矿集团公司被确定为“国家级创新型试点企业”，获得“山东省产学研合作创新突出贡献奖”。

6．节能环保取得新成效。提前一年完成山东省政府下达的“十一五”节能减排指标。获得中华环境友好煤炭企业、中国节能减排十大功勋企业、煤炭工业节能减排先进企业和山东省重大节能成果奖。兖州煤业公司被评为中华环境友好煤炭示范矿区。

7．企业品牌持续提升。被评为全国推行全面质量管理30周年优秀企业、2008年度煤炭开采和洗选行业效益十佳企业、首批煤炭行业“AAA”级信用企业、全国第二次经济普查先进单位、山东省首批诚信示范企业。获得山东省首届省长质量奖个人贡献奖、山东省首届企业管理奖。兖州煤业公司居“2009年度普氏全球能源企业250强”第124位，位列“2009年上市公司中联百强”第一位。

山东省委书记姜异康到兖矿集团视察

中央政治局委员，国务院副总理张德江视察兖矿

全国劳模、兖矿集团董事局副主席总经理王信和青年员工在一起

在应对国际金融危机冲击这场重大考验中，兖矿集团积累了应对严峻复杂经济形势的宝贵经验。主要有五点：一是必须未雨绸缪、积极应对，坚定克难制胜、化危为机的信心。面对国际金融危机，我们充分认识到积极应对才能化危为机，预见早、行动快、措施准，增强干部职工战胜困难的信心，形成众志成城度难关、齐心协力谋发展的良好局面。二是必须坚持安全发展，营造应对经济困难的良好环境。我们树立"越是困难越要抓好安全、抓不好安全就更困难"的思想，把安全工作摆到"四个一切"的位置，坚持"四个不变"，突出"五个从严"，实施"一个决定、三个办法"，集中力量打好安全生产硬仗。三是必须采取超常规措施，创新和加强经营管理。充分运用国际金融危机的倒逼机制，制定实施超常规措施，严目标、严责任、严监督、严考核，突破常规、综合施治，在危机中实现了平稳较快发展。四是必须敏锐把握危中之机，在应对危机中加快发展。把经济波动期作为调整优化产业结构、转变发展方式、提升综合素质、实施低成本扩张的难得战略机遇期，发挥自身优势，敏锐把握危机中蕴含的机遇，超前思考，审慎决策，果断调整，强化内部管理，优化品种结构，推进资本运作，为企业在后危机时代实现跨越发展奠定基础。五是必须坚持以人为本，凝聚齐心协力、共克时艰的强大合力。我们更加注重发挥领导干部率先垂范作用，更加注重关心职工生活，更加注重推进和谐矿区建设，紧紧依靠广大干部职工应对危机、战胜困难、加快发展。全公司思想认识统一，行动步调一致，凝聚力明显增强。对这些重要经验，要总结完善，发扬光大，形成推动科学发展的长效机制。

2010年，兖矿集团总体工作要求是：以党的十七大、十七届四中全会和中央、全省经济工作会议精神为指导，坚决贯彻中央和省委、省政府及省国资委的决策部署，积极作为、科学务实，坚持"六化"方向，完善一个超常规措施，打好三大硬仗，加强六项建设，力求在转方式、调结构上有新突破，在谋长远、抓重点上有新推进，在搞改革、促开放上有新举措，在惠民生、保稳定上有新成效，全面完成2010年各项任务，在新的起点上实现新跨越，加快建设主业突出、核心竞争力强、国际化的企业集团。

坚持"六化"方向：一是发展战略国际化。坚持产业运作与资本运营相结合，坚持两个市场、两种资源同步开发，以全球化的视野，推进管理理念、体制机制、质量标准、技术研发、市场营销、资本运营国际化。二是产品调整高端化。坚持产业链向高端发展、资金向高新适用技术投入、人才向深加工项目聚集，优化产业布局、产品结构和市场定位，大力发展深加工、精细化工和高端产品，构建产业链条长、产品质量优、技术含量高、市场竞争力强、经济效益好的主导产业体系。三是体制机制科学化。坚持"国有体制、市场机制"，优化管理体制，完善法人治理结构，强化管控体系建设，深化三项制度改革，建立产权清晰、权责明确、管控有力、灵活高效的现代企业运行机制。进一步落实各级责权利，激发基层生机和活力。四是管理手段信息化。坚持信息化与工业化融合发展，加强基础设施建设和应用软件开发，加快实现数据采集自动化、业务信息集成化、信息管理网络化、企业管理科学化、装备制造智能化、安全生产监控远程化。五是技术研发先进适用化。坚持"自主创新、重点跨越、支撑发展、引领未来"，建设创新型企业，推动主导产业技术进步，保持煤炭、煤化工核心技术领先优势，提高电铝和机电装备制造技术研发能力。六是矿区环境生态化。坚持"清洁发展、节约发展、可持续发展"的理念，建设资源循环利用、能源消耗最低、污染达标排放、清洁文明宜居的生态型矿区。

国家科技进步特等奖、一等奖

完善一个超常规措施：完善"四保两分六压缩六降低八强化一完善"超常规措施，全面强化管理，把金融危机的倒逼机制变成企业管理的长效机制。分考核、目标、力争三个层次，制定下达经营指标，强化考核激励机制。对完成利润力争指标的专业公司领导班子和职工，实行特别奖励。完善绩效考核指标体系，实行工资分配分类指导、分阶段调控。建立煤化公司、电铝公司工资分配与成本、效益联挂考核机制。

打好"三大硬仗"：一是打好安全硬仗。这是完成全年奋斗目标、推动跨越发展的重要保障。要认真贯彻落实"安全第一、预防为主、综合治理"的方针，深化安全预控管理，实现第四个安全年。二是打好增盈扭亏硬仗。这是夺取应对国际金融危机全面胜利、推动跨越发展的前提和基础。盈利单位要力争更好的目标，亏损单位要扭亏为盈。三是打好转方式、调结构硬仗。这是落实科学发展观的重要目标和战略举措，也是跨越发展的重大任务和主攻方向。要高起点规划项目、高端化调整结构、高效能运作管理，尽快建成投产一批技术含量高、附加值高、投入产出比高的项目，实现快速调整、优化结构、提升档次、扩大规模、增加效益。

加强六项建设：以强化责任为主导，加强管控体系、领导班子、人才队伍、反腐倡廉、企业文化、和谐矿区建设。

兖矿集团总部办公楼

兖州煤业股份有限公司

兖州煤业股份有限公司副董事长、党委书记、总经理李位民在收购菲利克斯庆典仪式上讲话

姜省长一行视察兖煤澳洲

责任兖煤

兖州煤业股份有限公司作为国内煤炭行业唯一一家在纽约、香港、上海三地同时上市的公司，十几年来，始终坚持以人为本，怀着一种强烈的社会责任感和使命感，围绕建成国际化的公司这一愿景目标，忠实实践“贡献社会、服务客户、回报股东、激励员工”的核心价值观，志存高远，厚积薄发，凭借大规模集约化生产优势，综采放顶煤技术优势和低成本融资扩张优势，实现了发展内涵由主要依靠实业发展，转变为以品牌带动实业扩张和资本扩张；发展区域由以本部为主，转变为向国内外全面展开；经营领域由以煤为主，转变为向煤、电力和煤化工产品多元化发展。

产业结构优化升级

以综采放顶煤技术的国际领先优势为依托，发展煤炭主业。坚持引进先进适用装备与改造关键系统装备相结合，投资28.89亿元，装备4488台套先进综机设备，综采机械化程度100%。本部厚煤层矿井全部建成行业特级安全高效矿井，在做强本部煤炭产业的同时，发挥技术、人才、管理、品牌等比较优势，参与山东菏泽、山西、陕西榆林、内蒙古鄂尔多斯和澳大利亚煤炭资源开发。

在国际上率先研发出35吨/小时煤泥、煤矸石异比重循环流化床洁净燃烧发电技术，建设了总装机容量144兆瓦的6座煤泥、煤矸石低热值电厂，成为煤炭系统最早综合利用煤矸石、煤泥等热电联产节能项目基地。

大力推进煤化工核心技术工业化。坚持“大项目一产业链一产业基地”的发展方向，重点建设陕西榆林煤电化产业基地和鄂尔多斯煤化工产业基地。

兖州煤业榆林能化有限公司60万吨甲醇项目于2008年12月投入试运转，配套电厂总装机容量50兆瓦。

兖煤鄂尔多斯能化公司一期日产3000吨甲醇项目已完成主要设备的订货，将于2012年底投入商业运营。

跨国收购新突破

兖州煤业上市后以良好的业绩和市场形象累计5次发行股票，融资58亿元；实施10次战略性收购，2次资本性投资和2次股权运作，被美国标准普尔指数推为全球最具投资价值的30只股票之一。

2004年，兖州煤业在澳大利亚独资设立兖煤澳洲有限公司，通过竞标成功收购澳大利亚澳思达煤矿，成为我国第一家全资收购海外煤炭资源的企业。

2009年12月，兖州煤业斥资33.33亿澳元，收购澳大利亚菲利克斯100%股权，是迄今为止中国企业在澳大利亚的最大投资交易。按照“平稳接管、渐进整合、稳健发展”的思路，兖州煤业积极推进兖煤澳洲公司与菲利克斯公司体制及业务整合，在管理上实施本土化战略，充分利用当地优秀人才，确保了企业有序高效运营。1—11月份，兖煤澳洲公司完成煤炭产量1510万吨，实现销售收入54.93亿元人民币。经澳大利亚麦格里投资银行评估，菲利克斯公司目前价值达到64亿澳元，一年增值200亿元人民币。莫拉本煤矿于2010年5月建成投产，新增设计产能1600万吨，兖煤澳洲公司总生产能力可达到2760万吨。兖州煤业规划用2—3年时间将两座矿井建成投产，使兖煤澳洲公司煤炭年产量达到3500万吨。目前，兖州煤业正积极扎实地准备兖煤澳洲公司2011年在澳洲上市准备工作。

科技创新能力大提高

拥有国际领先水平和自主知识产权的“综采放顶煤开采技术”荣获国家科技进步一等奖，在中国、澳大利亚和南

全国第一座煤泥电厂—兴隆庄电厂

莫拉本煤矿装车系统

非获得专利。

2009年，“自动化放顶煤关键技术与装备研发及其在国内外的应用”技术成果荣膺国家技术进步二等奖。

自主研发的“两柱掩护式”液压支架专利技术向世界五百强德国鲁尔集团DBT公司转让专利技术有限使用权，实现中国煤炭行业向发达国家输出采矿技术的历史性突破。

节能环保成效显著

兖州煤业始终高度重视节能环保工作，通过不懈努力取得显著成效。2009年工业产值综合能耗为0.927吨标准煤/万元，比“十五”末下降17.23%，主要产品单位能耗均低于国家和山东省能耗限额标准，其中原煤生产综合能耗连年保持山东省煤炭行业领先水平，“十一五”预计实现节能量30.64万吨标准煤，提前一年完成山东省政府下达的“十一五”节能责任目标。

“十一五”期间，兖州煤业环保设施运转率和完好率均达到95%以上，矿井水处理达标率为100%，废气处理达标率为100%，噪声治理达标率为100%，建设项目环境影响评价和“三同时”制度执行率为100%。治理塌陷地6.26万亩，复垦5.4万亩。

李位民（左一）陪同张德江副总理视察济三煤矿

李位民陪同王军民副省长　　综采放顶煤工作面

企业形象大提升

兖州煤业股份有限公司获全国质量奖、中国质量鼎和亚太国际质量大奖；

“兖矿煤”被评为“中国公认名牌”和“同行业第一品牌”，入选首届中国品牌500强名列第68位；

从2007年以来，连续三年荣获由《中国证券报》组织评选的“上市公司金牛百强奖”；

荣膺“2009年上市公司中联百强”榜首；

被中国上市公司市值管理研究中心和经济观察报评为“2009年中国上市公司市值管理百佳”；

被理财周报和CCTV证券资讯频道评为“2009中国上市公司最佳董事会”和“2009中国上市公司最佳治理董事会”；

入选2009年度普氏全球能源企业250强，在全球煤炭与消费燃料类别中名列第4位；

近日，被称为中国上市公司治理状况晴雨表的“2010年中国公司治理指数”发布。兖州煤业被授予2010年度中国上市公司治理评价“最佳公司治理奖”。

“雄关漫道真如铁，而今迈步从头越”，经历了2009年的金融危机，兖州煤业将更加勇敢地面对国际产业转移，国家产业结构调整的大变革，全面实施“二次创业，加快发展”战略，抢抓机遇，激流勇进，在“十二五期间”，建成产能过亿吨，销售收入过千亿，煤、电、化多产业发展的大型跨国能源公司。

李位民在井下检查指导工作

兖煤澳洲莫拉本煤矿

陕西兖煤榆林能化全景图

科学发展路 辉煌十一五

——陕西煤业化工集团公司发展低碳经济纪实

陕西煤业化工集团

2006年，陕西能源产业一张响亮的“名片”——陕西煤业化工集团公司应运而生，集团自成立以来，紧密围绕‘打造中国一流安全节能环保能源化工企业’的企业愿景，以项目为纽带，以产业化为方向，通过结构调整、技术改造、产业升级、内部协作、科技创新等一系列措施，积极探索发展低碳经济实践，既实现了老企业转型和振兴，又抢抓机遇构建了新的竞争优势，呈现‘两年翻一番’的发展速度，各项事业稳步推进，一个亿吨级的煤炭航母在西部大开发中崛起。

一、技术改造全力助推老企业转型振兴

陕西煤业化工集团以老企业的技术改造作为企业做大做强的突破口。在煤炭产业上，推广以提高煤炭回收率和高效利用率为主的源头节煤技术，减少资源损失。对老矿井中具备资源条件的矿井大力发展采掘机械化，淘汰和更换高耗能低效率设备。同时，加快瓦斯抽采利用步伐，逐步建立了陈家山、大佛寺、象山、下石节四个瓦斯抽采利用示范矿井。通过改造矿井水处理系统，使矿井水处理能力与矿井涌水量匹配，确保了“十一五”末矿井水重复利用率达到70%以上。关闭了经济效益差、污染大的焦化厂。在化工产业上，陕煤化集团围绕原有化工企业进行产业升级和产品结构调整，分别实施了陕化工艺系统技改、陕焦公司95万吨焦炭及20万吨甲醇、渭化公司11万吨醋酐联产醋酸、陕化公司节能减排技改等7个项目。

在新矿区开发中，全部是按照节能减排的标准来设计、施工、建设、投用，全面采用新技术、新工艺和大型现代化装备，采掘机械化程度均为100%。在建设的同时，污水处理、环境保护、绿化、井下等建设，都要达到工厂一样的管理水平，建设矿井也同时就建设了一个花园。预计到2010年底，陕煤化集团将在煤炭板块累计完成投资212.8亿元，煤炭产能达到1亿吨/年，为把集团建设成为资源节约型、环境友好型企业打下了坚实的基础。

通过这几年老企业的技术改造和升级，使这批企业在节能减排和发展循环经济上取得了显著成效。从生产经营、效率与职工生活水平都有大幅度地提高。从技术含量到环境保护再到综合利用，走出了一条新型工业化路子。2009年，陕煤化集团万元产值能耗降为1.25吨标准煤，提前完成了“十一五”期间的节能减排指标。

二、产业升级构建节能高效的低碳新格局

陕煤化集团所属的黄陵矿业公司是目前国家规划建设的13个大型煤炭基地中的重点矿区。近年来，陕煤化集团在该矿区投资100多亿元，进一步延伸了煤炭产业链条，增加了煤炭资源的附加值。2008年，已建成投产的130MW煤矸石热电厂，年发电量达5亿多千瓦时，实现收入2亿多元，不仅消化煤矸石、煤泥超过80万吨，而且减少排矸支出3000多万元；煤矸石电厂产生的13万吨粉煤灰和炉渣被粉煤灰砖厂利用，形成了5000万块的产能，产值逾3000万元。目前正在建设的2×300MW的煤矸石电厂项目在配套粉煤灰砖厂的同时，还规划了一个以粉煤灰和炉渣为原料的水泥生产项目。该项目完工后，黄陵矿业公司的电力装机容量将达到730MW，每年可消化矸石、中煤、煤泥300万吨，年产粉煤灰砖2亿块、水泥60万吨，产值超过10亿元。

集团公司所属的渭河煤化工公司通过建设循环利用装置，每天回收100吨的二氧化碳，全部销售给相关企业。与之类似，合成氨过程中产生的硫化氢气体经

集团下属的数字化矿井的现代化生产调度中心

集团所属渭河煤化工公司生产区

集团所属黄陵矿区煤矸石电厂

集团所属彬长大佛寺煤矿瓦斯抽放站

过回收处理，变成了高纯度的硫磺副产品，回用系统每小时可以节省中水100多吨，氧、氮、氩等回收系统也变废为宝，每年增收3000万元。仅2009年，该公司就启动技术改造项目共56项，其中重大技改项目18项，累计完成节能量17.84万吨标准煤。集团公司所属的北元化工公司依托榆林地区丰富的电石、原盐资源优势和园区基础设施的有力保障，进一步完善产业链条，走可持续发展之路。目前，正在逐步形成"煤、焦、电、电石、聚氯乙烯、水泥、聚氯乙烯下游产品"的一体化循环生产模式，在更大范围内实现循环经济产业链，做到对既有资源的吃干榨尽。

三、调整结构发挥集团化规模运营优势

陕煤化集团立足于煤炭开发，充分挖掘煤炭资源的潜在价值，将煤炭初级产品向深度加工、综合利用转变，开发高附加值产品，以煤炭产品为龙头带动产业结构调整，实现了资源就地转化。围绕陕北新兴煤基产业升级，陕煤化集团重组北元化工、天元化工、富油科技等3个民营企业并对之进行了扩能改造，2010年底，将增加60万吨ＰＶＣ、60万吨燃料油产能。同时依托韩城、黄陵配焦煤煤种优势，走特色资源深加工路线，建设了韩城、黄陵各500万吨焦化及焦炉煤气综合利用项目。围绕北元ＰＶＣ项目及天元煤焦油加氢制油项目的上下游配套、发展循环经济、促进地方特色产业的绿色和谐发展，整合一批地方兰炭、电石企业，开展了柠条塔工业集中区煤焦电化循环经济集群项目、麻黄梁工业集中区煤焦油加氢及循环经济项目、府谷庙沟门工业园区240万吨兰炭及50万吨燃料油项目、锦界工业园区锦源30万吨电石项目等，其中部分工程已经建成，全部工程将于2011年建成投运。

集团还积极实施内部产业板块整合。2009年11月17日，西安重工装备制造集团公司成立，将陕煤化集团所属的西安煤机公司、陕西建设机械公司等10余个机械制造企业重组，全力进军机械制造业，为陕煤化集团在研发生产采煤机、掘进机等机械设备上提供了现代化装备，促进了机械化程度的大幅提升。积极开展集团内部协作。为提高集团内部资源利用率，增强各主体协同效应，集团公司制定出台了内部协作政策。在2010年初召开的内部产品与服务协作洽谈会上。陕煤化集团所属的19家单位参会，各所属企业共签订合同81份，签订框架协议61份，涉及总金额80多亿元。

四、科技创新确保产业发展与时俱进

煤化工技术工业化实验

近年来，陕煤化集团科研工作进展顺利，科研项目数量连年增长，在矿井安全治理、新型煤化工以及机械制造等方面的一些科技成果已达到国际国内一流水平。科研机构建设不断加强，与中科院大连化物所合作组建了"甲醇制烯烃国家实验室"和"煤制化学品国家地方联合共建工程中心"；组建的陕西煤化工技术工程中心、陕西省煤矿安全技术中心、陕西省煤矿机械工程中心，分别被列为陕西省"13115"工程中心。

新一代甲醇制取低碳烯烃（DMTO—II）工业化技术成果新闻发布会暨工业化示范项目技术许可签约仪式在京召开

陕煤化集团所属的彬长矿业公司将瓦斯治理与电力开发相结合，建成了目前全国装机容量最大的，年发电能力8000万度低浓度瓦斯电厂，每年减排二氧化碳37.8万吨。也是全国唯一利用低浓度瓦斯发电机组余热尾气发电的电厂，被国家发改委确定为陕西省首家ＣＤＭ清洁发展机制项目。根据规划，该公司还将陆续在胡家河、小庄、文家坡等矿井配套建设低浓度瓦斯电厂，使矿区瓦斯发电装机容量最终达到5万千瓦以上，年减排二氧化碳160万吨以上，届时将形成全国规模最大的低浓度瓦斯发电产业集群。

神木天元化工公司煤焦油加氢装置一角

富油科技公司树成摄

在化工板块，围绕甲醇制烯烃及下游产品、聚甲醛及"双醋"工艺催化剂回收、煤干馏焦油加氢、煤焦油深加工综合利用四条技术路线，增加资金投入，力争取得更大的突破，占领煤化工产业发展的制高点。2010年6月21日，神木天元化工有限公司历时17年研究开发的"块煤干馏中低温煤焦油制取清洁燃料工艺"顺利通过由中国石油和化学联合会组织的科技成果鉴定，为块煤干馏煤气和中低温煤焦油综合利用提供了一条新途径。6月26日，由陕西煤业化工集团公司参与开发的新一代甲醇制低碳烯烃技术通过鉴定，它是目前世界上第一套新一代甲醇制低碳烯烃技术的工业化试验装置，规模和技术指标均处于国际领先水平。

通过构建科学和谐的低碳经济发展体系，陕西煤业化工集团极大地提高了自身的核心竞争力，在全国500强企业中的排名持续快速提升。2008年，集团公司位居309位，比上年度提升了22位；2009年集团公司位居243位，比上年度提升了66位；2010年位居195，比上年度提升了48位，并再次进入"2010中国企业效益200佳"，排名上升到第142位，显示了突出的成长性。从今年以来的经济运行来看，集团公司经济运行良好，继续保持了持续快速发展的态势。2010年实现500亿元销售收入，再造一个"陕西煤业化工集团"也将变成现实。一个亿吨级的"煤炭航母"正在西部大开发的号角中迅速崛起。

2008年3月8日下午，第十一届全国人大代表，金能集团董事长、党委书记王社平，在人民大会堂前接受中央电视台《聚焦两会》主持人张泉灵采访

王社平看望和慰问困难职工

冀中能源集团有限责任公司（简称：冀中能源）是经河北省人民政府批准，于2008年6月由原金能集团和峰峰集团强强联合重组而成，属省政府国资委出资设立的国有独资公司，是以煤炭为主业，电力、航空、生物制药、建材、化工、机械、物流等多元发展的大型国有企业。2009年6月华北制药集团加盟冀中能源。2010年6月，冀中能源成功组建河北航空集团，成为我国首家拥有航空公司的煤炭企业。目前，冀中能源下辖峰峰集团、冀中能源股份公司、华北制药集团、河北航空集团、邯郸矿业集团、张家口矿业集团、井陉矿业集团、邢台矿业集团、山西冀中能源集团、机械装备公司等10个子公司，控股冀中能源、金牛化工和华北制药三个上市公司，地域纵贯河北，横跨晋冀，外延内蒙，拥有河北邯郸、邢台、井陉、张家口，山西晋中，内蒙古鄂尔多斯和锡林郭勒盟等煤炭生产矿区。企业在册员工12.3万人，资产总额820亿元，煤炭资源储量260亿吨。2010年中国企业500强97位；大型工业企业500强第117位；全国经济效益200佳88位；综合实力位居全国煤炭行业第7位，河北省企业第2位，是全国第二大主焦煤基地。

2010年上半年，集团公司完成煤炭产量3314万吨，同比增长53%，相当于增加了一个千万吨矿区，具备了年产6500万吨以上能力。实现销售收入592.5亿元，同比增长146%；利税52.9亿元，同比增长65%，其中利润25.1亿元，同比增加13.8亿元，比去年同期翻了一番还多，实现产量、收入和效益同步增长，各项生产经营指标创出新水平。

一、整合扩张资源，狠抓项目建设，发展后劲明显增强

集团组建后，我们充分利用集团优势，立足省内，放眼省外，不失时机地对外扩张，争取煤炭资源。一方面，实施“走出去”战略。在山西，我们积极开展资源整合，整合矿井9个，新增资源近4亿吨；在内蒙拥有了5家煤矿，产能达到1000万吨。在新疆争取了100亿吨的远景资源。另一方面，实施省内资源整合，在张家口、邯郸、邢台等地先后整合18家地方煤矿，新增煤炭储量1亿吨，新增产能300万吨。再就是，积极挖掘企业内部资源，进行老井改造，开发深部资源，改进采煤方法，提高了资源的利用率和回收率。

在重点项目建设上，按照“内延外扩”的原则，切实推进事关企业全年目标、事关企业长远发展的重点项目建设。大型矿井建设方面，峰峰梧桐庄矿扩能技改完成，产能达到400万吨；内蒙查干淖尔、鄂尔多斯两个千万吨矿井、山西文水300万吨矿井正在加快建设。省重点支撑项目建设方面，峰峰煤化工二期、矿山工程机械研发制造基地（石煤机整体搬迁）和华药头孢项目建设正在稳步推进；金化40万吨PVC项目再次启动。

二、转变发展方式，调整经济结构，发展质量进一步提升

我们按照河北省构建现代产业体系的要求，着力推进产业升级、结构调整、技术创新和节能减排等工作，进一步提升了企业的发展质量。

一是产业结构调整稳步推进。一方面，全力推进传统产业的现代化改造，主力矿井的采掘装备实现了向大功率、重型化、智能化升级，不仅提高了生产效率和生产能力，而且安全保障水平大幅提升。另一方面，加快发展现代物流、生物制药、装备制造等新兴产业，为企业发展提供重要支撑。

二是产品结构调整步伐加快。在主业方面，大力实施精煤战略，不断优化产品结构，开发了多个精煤品种，上半年精煤产量达到1227万吨，同比增加383万吨。在非煤产业方面，瞄准生物制药的高端领域，加快尖端产品研发，着力培育具有自主知识产权的替代产品。今年以来，新增文号3个，申请发明专利4项，授权专利7项，企业的核心竞争力进一步增强。

河北省委书记张云川、省长胡春华为集团成立揭牌

发挥规模优势 勇创一流水平 不断加快企业做大做强发展步伐

三是技术进步取得明显成效。依靠科技进步、实施绿色开采、发展循环经济，取得了重大进展。目前，冀中能源的煤炭采区的回收率达到98.85%，比国家规定的指标高出16.8个百分点。6.5米高架综采、矸石（膏体、高水、似膏体）充填开采、黄沙矿薄煤综采、生态矿山建设等方面，分别达到国内领先水平，引领了行业发展潮流。

四是节能减排有望提前实现。集团公司目前已累计实现节能量32.787万吨标煤，完成“十一五”计划的119%。峰峰集团、股份公司、邯矿集团三家“双三十”单位均提前完成了节能目标；主要污染物COD和SO_2排放量，分别实现减排35.88%和22.59%，达到了削减目标。

河北省省委书记张云川到冀中能源集团井下指导工作

三、实施资本运营，推进兼并重组，发展空间更加广阔

充分发挥集团优势，大力实施资本运作，用资本运营的高端形态，推动了企业的跨越发展。

一是完成了主业整体上市。通过深交所核准，公司证券自2010年14号起由“金牛能源”变更为“冀中能源”，并与6月7日实现增发股票上市，标志着煤炭主业整体上市基本完成，冀中能源集团在上市公司的股权比例上升到71.14%，为企业在资本市场融资搭建了广阔平台。

二是发行了中期票据。与中行、工行合作，分两期成功发行了20亿中期票据，仅这一项，就可以节约财务费用近1亿元。

三是开展了战略合作。我们与宝钢集团签约，共同开发磁西和九龙矿项目，引进资金30亿元。与省建投、宁晋县政府签署了合作开发宁晋盐矿资源、建设盐化工循环经济园区的框架协议，为下一步项目开发创造了条件，有效降低企业的投资风险。

峰峰集团大型综采工作面

四是成功重组了华药集团。2009年6月，按照省委省政府的战略部署，冀中能源对华药集团组实施了重组。明确了“实施三步走，实现‘123’，建设紧密型、高效能、可持续的国内领先世界一流的现代制药强企”的发展目标（第一步，到2011年销售收入达到100亿元；第二步，到2013年销售收入达到200亿元；第三步，到2015年销售收入达到300亿元）。通过理顺产权关系，调整治理结构，改革体制机制，完善规章制度，使华药改革发展实现了高效、有序、平稳推进。

煤化工厂景

五是组建了河北航空。在省委省政府和国资委的大力推动下，按照省政府批复的《组建方案》，我们积极跑办，多方沟通，与四川航空实施战略合作，完成了对东北航的收购，正式组建了河北航空公司，于6月29日正式挂牌并成功开航，同时组建了河北航空投资集团，不仅填补了河北航空运营主体缺失的空白，而且为冀中能源的可持续发展拓展了空间。规划到2015年，河北航空集团将实现营业收入100亿元以上，进入国内航空前十强，到2020年，实现营业收入300亿元以上，进入国内航空前五强，具备国际民用航空产业体系的一流水准的大型企业集团。

四、统筹谋划，科学定位，全力推进企业健康、可持续发展

我们认真分析当前经济发展形势，紧密结合企业实际，开展了“十二五”发展规划的制定工作。规划主要指导思想是：以邓小平理论和“三个代表”重要思想为指导，贯彻落实科学发展观，抓住国家实施能源变革、培育新兴产业的历史机遇，以市场为导向，重组扩张与增量扩能并举，推进科技创新、品牌带动、资本运营、文化引领，构建以煤炭为基础，医药、航空、化工、电力、现代物流、装备制造为支撑的多元化、规模化、集约化、开放式产业发展格局。

冀中能源装备公司石煤机公司现代化掘进机生产线

淮北矿业(集团)有限责任公司

——节能减排提高企业可持续发展中的创新力

淮北矿业(集团)有限责任公司坐落在安徽省淮北市，1958年开发建设，已逾50年历史。目前员工8万多人；生产矿井16对，在建和筹建矿井5对，精煤洗选厂年入洗能力1500万吨。2009年全公司实现销售收入223亿元，职工人均年收入突破4万元。在中国企业500强名列第246位，全国煤炭工业100强名列第19位。

作为千家重点耗能企业之一的淮北矿业集团公司，与安徽省政府签订节能目标责任书，"十一五"期间节能31.77万吨标准煤，每年节能量达到6.4万吨标准煤。

按照国务院要求，集团公司把节能工作作为可持续发展中关键环节，突出创新力，力争在五个方面努力：努力下降原煤生产主要耗能指标；努力增加原煤入洗量；努力加大瓦斯抽放和利用量；努力提高煤矸石、煤泥等固体废弃物和矿井水综合利用；努力创建循环经济的新模式。实现节能减排任务与"十一五"发展规划同步实施。

做法：

1、审计摸底，节能规划

审计表明，集团公司的煤炭主业万元产值综合能耗为0.22 吨标准煤/万元，电耗在综合能耗中所占比例为 63 %，单位工业增加值电耗高于全省的平均水平。集团公司立即对矿区能源消耗进行全面检查测试、诊断和评价，查找原因，寻找节能潜力，提出整改措施，制定节能目标和规划，实施节能技术改造。

同时，抓住能源计量。矿区所有高耗能设备配备齐能源计量器具，建立能源计量器具网络图，掌握用能设备耗能的基本情况。保证能源消耗数据准确可靠。

2、节能技改，技术先行

开展科技创新。2008年，淮北矿业报批核准为国家级"企业技术中心"，针对企业发展面临的资源、节能减排等瓶颈问题，广泛引进新技术，新设备，积极研究新规划、新方案，推动节能减排工作。矿区每年组织开展各项技术研发100余项，其中节能技术研发24项，投入研发资金约2000万元。

生产矿井按照要求，有计划地更新改造现有生产环节和装备。定期测试提升、运输、压风和排水系统能耗，达不到相关规定，对矿井供电系统、电压等级、设备运转等进行升级改造或更新。合理增加提升机的提升负载；矿井运输系统采用胶带输送机等节能设备；井下大功率刮板输送机、胶带输送机引进软启动装置，降低空载能耗；矿井主通风机应用电力电子调节和液压风叶调节等节能技术改造；矿井中央泵房排水采用集中自动控制技术，主排水设施及相关系统运行尽量实现"避峰填谷"、分时用电。多水平生产矿井避免矿井水倒流反排。

3、发展循环经济，进行综合利用

(1)推进瓦斯利用工程。全矿区每年可抽放瓦斯在1.4亿方左右，先后建立四座煤矿坑口瓦斯电厂，利用抽排得到瓦斯气4000万方以上，发电量 1亿多度，实现节能与资源利用的双赢。

(2)发展煤矸石发电项目。建成三座小型坑口煤泥煤矸石电厂，总装机规模60MW，每年消耗矸石约40万吨。在临涣工业园区又建设一座区域性、大型煤泥煤矸石发电厂，装机容量达到2x300MW。这样一来，矿区电力实现自发自用，多余电力反馈电网，贡献社会。

(3) 做好节约用水工作。淮北矿区年抽排矿井水2184万方。为利用这一水资源，集团公司建立了13座净化水厂，年处理能力达1790万方，利用矿井水1108万方，其中饮用水300万方、井下用水487万方。综合利用率达50.73%。

4、严格考核，奖罚分明

集团公司成立以总经理为为组长的节能领导小组，总工程师分管节能减排工作，节能办设在技术中心，负责日常工作，定期部署节能工作和召开节能工作例会。指导并推动淮北矿区节能减排工作。各矿厂也成立节能管理机构，制订了节能目标责任制。配备节能专职管理人员，制定工作责任制和各项管理制度，车间、班组聘请兼职节能管理网员，形成了节能管理体系，一级抓一级，人人有责任。

集团公司和基层单位分别建立节能目标责任制和节能评价考核办法。每年集团公司与重点耗能矿、厂签订了节能目标责任书，下达了节能考核指标和节能工作评价标准，矿厂主要负责人实行抵押金管理。各基层单位将节能指标进一步分解到车间班组，并签订节能责任书，由节能办逐月考核，按月评分，节能效果与奖金挂钩，按月兑现。

5、建立节能宣传机制

矿区全面贯彻国家有关节能法律法规，宣传资源节约的主要内容，落实国家、省政府有关能源节约的方针、政策和主要措施。集团公司启动了“矿区职工总动员、节能降耗做贡献”活动，动员全矿区职工千方百计把成本降下来，把各类消耗降下来。组织节约竞赛和优质供电，开展节电降耗增效竞赛。大力弘扬“节约光荣，浪费可耻”的社会风尚，营造节约能耗氛围，提高广大职工的节能自觉行动。

6、节能减排效果显著

在历年节能工作考核中，集团公司完成省政府下达节能指标，截至2009年，集团公司累计实现节能量27.07万吨标煤，已完成“十一五”节能目标31，77万吨标煤的85.2%。

近几年，淮北矿区节能工作受到了省、市政府和煤炭协会的表彰，被评为“安徽省节能工作先进企业”；授予淮北矿业集团公司为：“煤炭工业节能减排先进企业称号”。

攀　钢

国资委主任李荣融视察攀钢轨梁万能生产线

1.介绍企业发展（企业简介）和产业特色情况

建设攀钢是党和国家为开发攀西资源、改变我国钢铁工业布局、建设大三线做出的重大战略决策。四十多年来，攀钢坚持不懈地深度开发和利用攀西钒钛资源，依靠自主创新推动钢铁钒钛产业跨越式发展，通过一期、二期工程建设及近年来的技术改造和资本运营，形成年产铁890万吨、钢1000万吨、钢材940万吨、钒制品（以V2O5计）2万吨、钛精矿50万吨、高钛渣6万吨、钛白粉8万吨、钛材3000吨的综合生产能力，已发展成为我国最大、世界第二的产钒企业，我国最大的钛原料和重要的钛白粉生产基地，最大的铁路用钢生产基地，重要的无缝钢管及军工特钢生产基地。

攀钢以独有的资源、技术和特色产品优势在我国钢铁工业中具有独特地位。攀钢所处的攀西地区是中国乃至世界矿产资源最富集的地区之一，依托资源优势，攀钢在钒、钛、钢铁方面形成了独具特色的产品系列：钒产业技术和品种世界领先，拥有五氧化二钒、中钒铁、高钒铁、三氧化二钒、钒氮合金等系列产品；钛产业拥有钛精矿、高钛渣、钛白粉、钛材等系列产品；钢铁产业拥有重轨、绿色家电用钢板、高端无缝钢管和航空航天级特钢等特色产品。攀钢钒钛磁铁矿资源综合利用技术水平国际领先：普通高炉冶炼高钛型钒钛磁铁矿、钒氮合金、高速重载钢轨、大口径无缝钢管、高钒铁、微细粒级钛精矿等生产工艺技术世界领先。

2.2009年工作回顾

2009年，面对极其严峻的生产经营形势，攀钢着力科学发展上水平、打造竞争新优势，坚持“严管理、调结构、降成本、促改革、抓创新、保发展”，一手抓减亏控亏，一手抓改革发展，生产经营和改革发展取得来之不易的成绩。

采取超常规措施应对国际金融危机，全力减亏增效，生产经营呈现出平稳运行逐步回升的积极态势，主要产品产量稳步增长，实现了下半年持平不亏的目标。全年生产铁精矿702万吨、生铁835万吨、钢818万吨、钢材752万吨，钒制品（折合V2O5）2.23万吨，钛精矿23.32万吨、钛白粉5.91万吨、高钛渣4.32万吨。实现营业收入414.45亿元，实现出口销售收入4.2亿美元。

积极开展战略重点项目建设，全年共完成固定资产投资88亿元。钛材一期、选钛扩能等项目竣工投产，海绵钛、高钛渣二期建设步伐加快；方圆坯连铸、A-R轧机搬迁改造、高速线材等项目已建成投产，大型工模具钢锻材项目进入实施；西昌钒钛资源综合利用项目已顺利完成项目环评、建设用地预审等工作；白马二期、尖山露天转地下开采、本部矿山“摸边探底”等重点项目积极推进。

技术创新取得新成果。国家“十一五”科技支撑计划项目“攀枝花钒钛磁铁矿综合利用成套技术及装备研究”通过国家验收；攀钢钒全钒钛球团矿高炉应用等攻关效益显著；高品质钛原料、海绵钛、金属钛及钛制品加工等重点科技项目攻关加快推进；高效储能钒电池产业化等技术研究取得积极进展。

节能减排实现新突破。攀钢钒1-3#高炉TRT及干法除尘、烧结系统技术改造一期、6#烧结机烟气脱硫、3-4#焦炉易地大修，攀成钢105m2烧结烟气脱硫、转炉煤气回收系统等项目投入使用；攀钢钒烧结系统技术改造二期、5-6#焦炉干熄焦改造、利用余热余能发电二期等重点项目建设加快推进，技术经济及节能减排指标进一步优化。

3.“十一五”发展回顾

“十一五”以来，攀钢坚持“做大钒钛、做精钢铁、做好资源、做强企业”，狠抓结构调整、市场开拓和降本增效，生产经营保持平稳发展的运行态势。2007年实现利润20.49亿元，创历史最好水平；2008年完成营业收入506亿元，成为四川首家500亿元企业；2009年钒钛钢铁产量实现全面增长。

“十一五”期间，攀钢致力于做强主业和优化产业结构，集中抓好钒钛、钢铁、矿山、节能环保等重点工程建设，2006年以来完成固定资产投资219亿元。钒钛产业发展坚持增加规模、延伸产业链、提升附加值并举。建成7000吨三氧化二钒、钒氮合金扩能项目，进一步扩大了钒产业规模；进入钛金属领域，建设1.5万吨海绵钛生产线，完成了高钛渣、钛白及选钛扩能等项目，钛产业规模、品种和质量实现历史性跨越。钢铁产业升级改造稳步推进。焦炉易地大修、大型烧结机、石油管生产线、攀长特棒线材等项目竣工投产，钢铁生产工艺技术实现了质的提升。开发和建设年产铁精矿510万吨的白马矿，增强了资源保障能力。为加快攀西资源的开发利用和区域经济的发展，正积极推进西昌钒钛资源综合利用项目。

实施科技强企，自主创新结硕果。攀钢是国家首批自主创新型企业，2006年以来科技投入累计达到45.6亿元，形成了一批具有国际领先水平的钒钛钢铁核心技术，如攀枝花钒钛磁铁矿综合利用、350公里/小时高速钢轨、100米长尺钢轨在线热处理等关键技术和新工艺，开发形成了高速客运专线钢轨、高档钛白、PG4钢轨、石油钻具用钢、合金车轴钢、冷轧取向硅钢等等特色新产品，每年新试产品产量都超过200万吨。钒钛磁铁矿非高炉冶炼、高炉渣利用、金属钛提取、氧化钒清洁生产、核电管研制等技术攻关取得重大突破。

节能减排及循环经济发展卓有成效。“十一五”期间，攀钢列入全国首批清洁生产试点企业和循环经济试点企业，几年来累计投入34亿元实施老污染源治理和节能减排项目。2009年吨钢综合能耗、吨钢耗新水、SO2排放量、化学需氧量排放量分别比2006年下降6.15%、23.99%、24.94%和51.56%。目前高炉、焦炉煤气回收利用率达到95%以上，年回收能源折合超过29万吨标煤，“三废”产品年产值达8.5亿元以上。

4.2010年工作展望

2010年是攀钢“十一五”结构调整规划实施的关键之年。攀钢将全力扭亏增盈，坚定不移地推进二次创业，狠抓严格管理和技术创新，加快战略项目建设，积极深化改革，推进流程再造，强化节能减排，又快又稳推进联合重组，加快把攀钢建设成为具有国际竞争力的现代化大型钢铁钒钛企业集团。

2010年奋斗目标：钒钛铁精矿750万吨、钢811万吨、钒制品2.1万吨、钛精矿38万吨、高钛渣4.8万吨、钛白粉5.8万吨。营业收入420亿元以上，实现扭亏为盈。

攀钢钢轨广泛应用于世界海拔最高的铁路——青藏铁路（左）
我国首条时速350公里高速铁路——京津城际高速铁路全部采用攀钢钢轨（右）

攀钢拥有国内技术最先进、品种最齐全的340无缝钢管生产线

攀钢产品多姿多彩

攀钢是国内最大钛原料生产基地和重要的钛白粉生产基地

攀钢拥有世界先进水平的轨梁万能生产线

攀钢是国内重要的家电用板生产企业

南京市高新技术风险投资股份有限公司

南京市高新技术风险投资股份有限公司，是经南京市人民政府批准于2001年成立的专业创业风险投资机构。公司在南京市人民政府支持下，由南京市国资集团、南京新港开发总公司、南京医药集团有限责任公司、南京红太阳股份有限公司、南京高新技术产业开发区经济技术开发总公司共同发起。综合了南京市政治、经济、资本、技术、人才等多方面资源优势，并通过规范的股份公司形式运作。

公司坚持 “稳健、创新、高效、发展”经营方针，致力于推动高新技术企业发展，加速科技成果转化。公司重点投资节能环保、新能源、化工、新材料等领域的高新技术企业。

“十一五”期间，根据《南京市国民经济和社会发展第十一个五年规划纲要》确定的国民经济和社会发展主要目标，公司制定第二个《六年战略规划》，确立“市场化、规范化、国际化、信息化”发展战略，明确战略发展目标，深化体制机制改革和业务管理创新，不断拓展战略合作渠道，探索规模发展新路，各项工作取得了长足发展。

公司积极与国内外创业投资机构开展合作，先后发起设立了中新合作“南京增长基金”和内资“南京中成创投（基金）”，公司管理资产规模由成立初期的1亿元，发展到10亿元；投资总额2.25亿元，带动项目总投资 15亿元以上；投资项目18个，其中种子期项目占38.9%；高新技术企业项目占83.3%，投资项目成功率90 %以上。两个项目先后在香港和深圳上市，四个项目顺利退出，促进了一批重大科技成果转化，扶持了一批影响较大的高新技术企业。

2008年，南京风投公司按规范化、市场化管理模式和运行体制机制组建了南京创业投资管理有限公司，将南京风投公司逐步转变成为以投资创业基金为主的母基金，南京创投公司管理转型后的南京风投母基金，及由南京风投设立募集的创业投资基金。南京创投管理公司的成立运行，在规范化市场化运作、法人治理结构、组织管理体系、分配激励机制等方面，实现了创新发展，从根本上解决了限制南京风投公司规模发展的体制和机制问题。

2009年4月，南京风投公司和新加坡天宝富投资公司合作设立“南京增长基金”，基金规模8000万美元。

南京风投公司以新成立的南京创投管理公司为基金管理平台，按市场化要求，经过一年的努力，于2009年8月发起设立了规模达3.8亿元的南京中成创业投资（基金）公司。“中成创投基金”由国家资本发起，以私募的方式募集，社会、民营资本参与，实行基金投资方、管理方、监管方分离，按市场化、规范化模式进行投资运作，实现了南京以有限责任公司形式发展私募基金零的突破。

按照国家、省、市产业引导政策和发展规划要求，设立创业专项投资基金。2010年发起设立和参与管理“新能源、环保产业投资基金”、“文化产业投资基金”和“职业教育产业投资基金”。加强与市、区政府相关部门联系，加强合作，以规范化、市场化方式，积极参与市、区创业投资基金的管理和服务工作。

2010年，助推企业上市，重点培育南京天印科技有限公司、南京九康生物科技发展有限公司、南京乌江化工有限公司、北京东方网信科技有限公司、南京机床产业（集团）有限公司。力争3-5年内，在国内资本市场上市。

南京风投公司将以科学发展观为引领，以国家培育和发展战略性新兴产业为契机，加快发展步伐，不断开拓国际、国内合作新领域，培育上市企业，打造核心竞争力，努力实现跨跃式发展。公司将积极推进投资项目资源整合，以高技术、高附加值、节能、高效、可再生利用为产业发展方向，做强做大优势业务、优势产业。打造“投资+资本运作+资源整合”核心竞争力，形成以“稳健、高效、品质”为核心的品牌影响力，实现公司管理资产规模更大发展。

推进项目建设　拓宽融资渠道　加快企业发展

金阳集团公司2009年——2010年工作综述

公司总经理 吴军

建设中的贵阳奥体中心全景图

金阳集团公司建设的观山大桥

当前，随着贵阳金阳新区日新月异的变化，致力于新区开发建设的金阳建设投资集团（有限）公司（简称金阳集团公司）也逐渐发展成为一家实力雄厚、管理规范的现代化企业。

金阳集团公司前身系贵阳金阳新区开发建设有限公司，成立于2001年10月，专门从事金阳新区开发建设和投融资运作，具体承担整个金阳新区的城市基础设施和公建项目建设任务。2009年4月13日，根据市委八届六次全会提出的贵阳市投融资体制改革及组建贵阳市十大投融资平台的精神，在贵阳金阳新区开发建设有限公司基础上组建成立贵阳金阳建设投资（集团）有限公司，注册资本86.2亿元。截至2010年10月末，公司总资产249.2亿元，负债总额144.9亿元，净资产104.3亿元，资产负债率58.15%。

金阳集团公司组建近两年来，充分发扬“开拓创新、只争朝夕、苦干实干”的金阳精神，在项目建设，融资工作、企业发展上取得了令人瞩目的成绩。

一、项目建设成绩显著

开发建设金阳新区，是贵阳拓宽城市空间，提升城市品味的客观需要，是贵阳建城七百余年来，前所未有的浩大工程。近两年来，金阳集团公司在圆满完成新区17平方公里基础设施建设基础上，进一步推进新区40平方公里范围内基础设施建设，完成项目建设投资约60亿元。其中2009年完成建设投资约31亿元，2010年，截至10月30日，完成建设投资约39亿元。

长岭路、黔灵山大道、金朱东路、观山北路、永兴路二期、奥体路、兴筑东路三期、兴筑西路二期、金朱西路、观山西路二期等道路工程项目全面竣工；公建配套项目金阳客车站、金华园（南园）中、小学以及观山公园已建成并投入使用。其中，观山西路二期道路工程仅用160天，比合同工期提前545天；金阳客车站建设任务仅用40多天，创造了贵阳基础设施建设史上的奇迹。目前，公司正强力推进奥体中心主体育场、北二环、甲秀北路、金清路、栋青路等一批重大项目的建设。2011年公司还将组织建设白修线（白云至修文）和清镇至黔西高速，计划明年完成投资约100亿元。

二、融资工作取得实效

资金，是项目顺利实施建设的关键。为加快项目建设，缓解城市基础设施建设资金不足的矛盾，近两年来，金阳集团公司一方面致力于新区项目建设，一方面积极探索融资模式，拓宽融资渠道，通过发行企业债券、信托产品、加油站特许经营权融资、北二环BT建设、国家开发银行以及各商业银行信用贷款等方式融资108.4亿元，为新区建设提供了强有力的资金保障。特别是2010年8月，经国家发展和改革委员会批准，金阳集公司成功发行了28亿元企业债券。创造了五个第一：一是全国第一支市政基础设施债券；二是贵州城投类公司发行的第一支债券；三是发行规模第一；四是债券发行利率最低；五是开创了同等信用评级条件下，无担保、纯信用债券利率低于有担保、有抵押债券的先河。通过各种融资手段，全面破解了项目建设资金瓶颈。

三、发展步伐迅速加快

规范企业内部管理，是实现企业快速、持续、健康发展的需要。近两年来，金阳集团公司一方面加强推进项目建设、拓宽融资渠道，一方面不断加强内部管理：完善了授权批准制度、用人制度，推行了预算管理，目标责任制。同时，为迅速加快发展步伐，公司正努力抓好推进盘活新办公楼、开展土地一级开发、做大做强资产经营公司、做大做强物资公司、和贵州大学合作、对外谋求有实力的央企进行BT合作、与省建筑设计院合作、借壳上市、国际金融中心建设、入股低碳排放环境交易所等14件与公司发展密切相关的实事。

“雄关漫道真如铁，而今迈步从头越。”随着城市建设的加快，金阳集团公司将进一步发挥政府平台的引导作用，抓好项目建设、拓宽融资渠道，实现产业多元化，不断推进金阳新区及企业自身又好又快发展。

芬欧汇川中国践行、参与中国经济发展

具有上百年历史的芬欧汇川集团是世界领先的森林工业集团之一，集团以创新为动力，引领全新生物森林工业走向可持续发展的未来。自1998 年投资中国以来，芬欧汇川在华发展的脚步从未停顿。时至今日，集团已累计投资12 亿美元逐步在江苏常熟建成了亚洲级生产基地，集生产、研发、电力、环保、储运设施于一体。在为中国经济作贡献的同时，芬欧汇川在华业务得到了全面发展，而集团在中国的发展也为芬欧汇川这家百年芬企带来了新的增长点。

芬欧汇川常熟纸业的稳健发展

总部设于赫尔辛基的芬欧汇川集团，历史可以追溯到19 世纪末的芬兰，而今已发展成为专业从事森林工业的现代化企业，业务辐射能源和纸浆、造纸、复合材料三大业务领域。作为世界最大的杂志纸和印刷纸生产企业，芬欧汇川也同样在不干胶标签材料、RFID 电子标签和嵌入式标签等产品领域居于行业领先地位。集团生产企业位于15 个国家，销售网络遍布全球，年销售额超过110 亿美元。1998 年，芬欧汇川落户江苏常熟，在长江沿岸近200 公顷的常熟厂区内开始描绘集团中国践行的蓝图，相继建成芬欧汇川（常熟）纸业有限公司，芬欧蓝泰标签（常熟）有限公司和芬欧汇川（常熟）研究开发有限公司。芬欧汇川全球化的经营模式也决定了集团必将优秀、体系化的经营管理理念引入旗下的在华企业，贯穿包括生产、环保、产品质量、管理等诸多方面。

2010年3月26日在赫尔辛基芬兰总统府，芬欧汇川在江苏常熟经济开发区二期扩建项目建设《服务框架协议》在习近平副主席（左一）和芬兰总统哈洛宁（右三）的共同见证下隆重签署。芬欧汇川集团纸张事业部总裁奥瓦斯卡（右二），江苏常熟经济开发区管委会主任助理赵东方（左二）分别代表双方在《服务框架协议》上签字。

2009年9月9日，江苏省省长罗志军向芬欧汇川集团总裁兼首席执行官贝松宁授予新一届经济顾问证书。

芬欧汇川(常熟)纸业有限公司是芬欧汇川的全资子公司，芬兰在华最大单项投资项目，总投资额近11 亿美元，年生产能力超过80 万吨，是中国最大的全化学木浆胶版纸和复印纸生产企业之一。公司拥有代表当前最佳技术的两台纸机生产线，分别于1999 年和2005 年投产，公司已通过ISO9001、ISO14001、OHSAS18001体系认证。2007 年被评为中国进出口 "红名单"企业。

目前，芬欧汇川正在报批芬欧汇川(常熟)纸业有限公司二期增资扩建项目。该项目的环境影响评价报告已于2009 年3 月通过中国国家环境保护部核准，其他项目核准程序也正在进行之中。2010年3月26日在赫尔辛基芬兰总统府，芬欧汇川集团在江苏常熟经济开发区二期扩建项目建设《服务框架协议》在习近平副主席和芬兰总统哈洛宁的共同见证下隆重签署。芬欧汇川拟在中国进一步投资的举措，显示了集团对其在华企业取得成绩的肯定和芬欧汇川对中国这一新兴市场的信心。

芬欧汇川在江苏寻求自身业务发展的同时，也积极为江苏省的未来发展建言献策。2009年9月9日，芬欧汇川集团总裁兼首席执行官贝松宁先生应邀出席了"2009江苏发展国际咨询会议"。这是贝松宁先生自2005年以来以经济顾问的身份连续三届参加会议。针对"应对国际金融危机：江苏面临的挑战与展望"这一主题，贝松宁先生一方面对江苏省的未来发展提出了诚恳的建议，一方面介绍了芬欧汇川集团应对危机的准备和措施，显示了芬欧汇川与江苏省共同应对危机、寻求可持续发展的坚定信念。

芬欧汇川在华绿色践行

经历了百多年的发展，芬欧汇川集团始终坚持可持续发展的原则，不断提升自身的经济、社会和环境表现。在生产的每个环节，集团都力图减小对环境的负载，并通过投资环保设施不断改写环保记录，制定新的目标促进环保表现的持续提升。

作为在中国业界拥有突出环保表现的芬欧汇川(常熟)纸业有限公司，自投产以来，就将环保管理放在重中之重的位置上，从原料的获取、能源的利用到生产工艺及产品的开发，都力求将对环境的影响降到最低。凭借优秀的环保表现，芬欧汇川(常熟)纸业有限公司于2005 年被国家环保总局授予中国环保领域的最高荣誉——"国家环境友好企业"称号，并获得"中国环境保护百佳工程"、"江苏省环境友好企业"、"常熟市绿色环保企业"等有关部门授予的多项环保荣誉。2008 年，芬欧汇川(常熟)纸业有限公司率先成为首家持有中国环境标志的复印纸生产企业。2009 年6 月1 日，获得中国环境标志的"新绿佳印"复印纸被正式纳入中国政府绿色采购清单第四批目录。

芬欧汇川作为业界的领先企业，还积极参与了一系列中国造纸行业标准化的制定，推动中国造纸业的可持续发展。2008 年启动的国家"十一五" 十大科技项目"中国造纸典型产品生命周期评价工程"就是其中之一。该系统覆盖产品的整个生命周期，从原料采集到生产及产品的回收利用全过程，对产品的环保指标进行跟踪和评价。芬欧汇川应邀成为该工程的行业技术顾问，并由芬欧汇川(常熟)纸业有限公司担任技术支持单位。

芬欧汇川还在推动中国经济建设，推动造纸业健康发展之外，在加强产学研结合、推动中国专业人才培养，投身中国社会公益事业方面做出积极努力。